工商管理经典译丛 BUSINESS ADMINISTRATION CLASSICS

PRINCIPLES OF MARKETING

SEVENTEENTH EDITION

市场营销

原 理 与 实 践

第17版

菲利普·科特勒（Philip Kotler）
加里·阿姆斯特朗（Gary Armstrong） 著
楼 尊 译

中国人民大学出版社
·北京·

图书在版编目（CIP）数据

市场营销：原理与实践：第17版／菲利普·科特勒，加里·阿姆斯特朗著；楼尊译．-- 北京：中国人民大学出版社，2020. 6

工商管理经典译丛

ISBN 978-7-300-28119-3

Ⅰ．①市… Ⅱ．①菲… ②加… ③楼… Ⅲ．①市场营销 Ⅳ．① F713.50

中国版本图书馆 CIP 数据核字（2020）第 083376 号

工商管理经典译丛

市场营销：原理与实践（第 17 版）

菲利普·科特勒
加里·阿姆斯特朗 著

楼 尊 译

Shichang Yingxiao: Yuanli yu Shijian

出版发行	中国人民大学出版社		
社　　址	北京中关村大街 31 号	**邮政编码**	100080
电　　话	010－62511242（总编室）		010－62511770（质管部）
	010－82501766（邮购部）		010－62514148（门市部）
	010－62515195（发行公司）		010－62515275（盗版举报）
网　　址	http://www.crup.com.cn		
经　　销	新华书店		
印　　刷	涿州市星河印刷有限公司		
规　　格	185mm × 260mm　16 开本	**版　　次**	2020 年 6 月第 1 版
印　　张	38　插页 1	**印　　次**	2021 年 5 月第 4 次印刷
字　　数	982 000	**定　　价**	95.00 元

工商管理经典译丛

出 版 说 明

随着中国改革开放的深入发展，中国经济高速增长，为中国企业带来了勃勃生机，也为中国管理人才提供了成长和一显身手的广阔天地。时代呼唤能够在国际市场上搏击的中国企业家，时代呼唤谙熟国际市场规则的职业经理人。中国的工商管理教育事业也迎来了快速发展的良机。中国人民大学出版社正是为了适应这样一种时代的需要，从1997年开始就组织策划“工商管理经典译丛”，这是国内第一套与国际管理教育全面接轨的引进版工商管理类丛书，该套丛书凝聚着100多位管理学专家学者的心血，一经推出，立即受到了国内管理学界和企业界读者们的一致好评和普遍欢迎，并持续畅销数年。全国人民代表大会常务委员会副委员长、国家自然科学基金会管理科学部主任成思危先生，以及全国MBA教育指导委员会的专家们，都对这套丛书给予了很高的评价，认为这套译丛为中国工商管理教育事业做了开创性的工作，为国内管理专业教学首次系统地引进了优秀的范本，并为广大管理专业教师提高教材甄选和编写水平发挥了很大的作用。据统计，本丛书现已成为目前国内管理院校和企业培训中采用率最高、影响最大的引进版教材。其中《人力资源管理》(第六版)获第十二届“中国图书奖”;《管理学》(第四版)获全国优秀畅销书奖。

进入21世纪后，随着经济全球化和信息化的发展，国际MBA教育在课程体系上进行了重大的改革，从20世纪80年代以行为科学为基础，注重营销管理、运营管理、财务管理到战略管理等方面的研究，到开始重视沟通、创业、公共关系和商业伦理等人文类内容，并且增加了基于网络的电子商务、技术管理、业务流程重组和统计学等技术类内容。另外，管理教育的国际化趋势也越来越明显，主要表现在师资的国际化、生源的国际化和教材的国际化方面。近年来，随着我国MBA和工商管理教育事业的快速发展，国内管理类引进版教材的品种越来越多，出版和更新的周期也在明显加快。为此，我们这套“工商管理经典译丛”也适时更新版本，增加新的内容，同时还将陆续推出新的系列和配套的案例教材、教学参考书，以顺应国际管理教育发展的大趋势。

本译丛选入的书目，都是世界著名的权威出版机构畅销全球的工商管理教材，被世界各国和地区的著名大学商学院和管理学院所普遍选用，是国际工商管理教育界最具影响力的教科书。本丛书的作者，皆为美国管理学界享有盛誉的著名教授，他们的这些教材，经过了美国和世界各地数千所大学和管理学院教学实践的检验，被证明是论述精辟、视野开阔、资料丰富、通俗易懂，又具有生动性、启发性和可操作性的经典之作。本译丛的译者，大多是国内各著名大学的优秀中青年学术骨干，他们大都曾留学欧美，在长期的教学研究和社会实践中积累了丰富的经验，具有较高的翻译水平。

本丛书的引进和运作过程，从市场调研与选题策划、每本书的推荐与论证、对译者翻译水平的考察与甄选、翻译规程与交稿要求的制定、对译者质量的严格把关和控制，到版式、封面和插图的设计等各方面，都坚持高水平和高标准的原则，力图奉献给读者一套译文准确、文字流畅、从内容到形式都保持原著风格的工商管理精品图书。

本丛书参考了国际上通行的MBA和工商管理专业核心课程的设置，充分兼顾了我国管理各专业现行通开课与专业课程设置，以及企业管理培训的要求，故适应面较广，既可用于管理各专业不同层次的教学，又可供各类管理人员培训和自学使用。

为了本丛书的出版，我们成立了由中国人民大学、北京大学、中国社会科学院等单位专家学者组成的编辑委员会，德高望重的袁宝华同志、黄达教授和中国人民大学校长纪宝成教授，都给了我们强有力的支持，使本丛书得以在管理学界和企业界产生较大的影响。许多我国留美学者和国内管理学界著名专家教授，参与了原著的推荐、论证和翻译工作，原我社编辑闻洁女士在这套书的总体策划中付出了很多心血。在此，谨向他们致以崇高的敬意并表示衷心的感谢。

愿这套丛书为我国MBA和工商管理教育事业的发展，为中国企业管理水平的不断提升继续做出应有的贡献。

中国人民大学出版社

译者序

现代营销学的奠基人之一菲利普·科特勒教授与加里·阿姆斯特朗教授合著的《市场营销：原理与实践》是全球主流商学院广泛采用的经典教材。在我国营销实践和理论研究都日臻丰富、日新月异的今天，我很高兴能够继续将该书第 17 版的中译本介绍给各位读者朋友。

正如每一位市场营销者应该做的那样，《市场营销：原理与实践》（第 17 版）力求为读者（顾客）创造和提供卓越的价值。作者创建顾客价值和顾客关系的分析框架，在延续以往版本之精华的基础上，更加突出顾客在如今以互联网为媒介、高度联系和移动的多屏营销时代的角色变化。本书一如既往地涵盖了当今市场营销的基本要素，全面清晰地向读者呈现现代营销的精妙。

科特勒教授将市场营销视作一系列为顾客创造、递送和沟通价值的活动；企业为了获得来自顾客的价值回报，首先必须为顾客创造价值。他一再指出，市场营销者必须善于创造顾客价值和管理顾客关系。杰出的市场营销者是那些能够深刻理解市场和顾客的需要，设计创造价值的营销战略，制订整合营销计划来递送顾客价值并建立牢固顾客关系的人/组织。作为回报，他们将从顾客那里收获以销售额、利润和顾客忠诚为表现形式的价值。

如今，以移动互联等信息技术为代表的科技进步和以全球化为特征的经济发展正深刻地改变着企业的营销环境，尤其是消费者和市场营销者相互联系和互动的方式，使顾客与公司（或品牌）的关系呈现许多新的特点。消费者在产品设计和开发、分销和服务等营销活动中扮演着更加积极的角色。市场营销者要准确定位自己的品牌，并妥善管理它们，就必须与顾客建立紧密的品牌关系和体验。为此，市场营销者除了运用传统的营销方法，还可以利用从互联网、智能手机和平板电脑到移动应用和社交媒体等大量有效工具建立顾客互动，随时随地形成品牌对话、体验和社群，竭力与顾客共同创造和实现价值。

《市场营销：原理与实践》（第 17 版）还从多角度分析营销活动在企业乃至社会中的作用。它告诫市场营销者，关注测量和管理市场营销回报的重要性，有效地利用营销资源并获得合理回报已经成为所有营销管理者面临的重要挑战；它强调全球范围内可持续发展的市场营销的意义，指出今天的市场营销者必须善于在全球市场上营销其品牌，并承担社会责任、符合伦理道德……

值得一提的是，本书不仅科学严谨地系统阐述了市场营销的基本概念和理论，而且将大量营销实践栩栩如生地展现在读者面前，内容新颖而丰富，并从便于读者使用的角度进行组织和设计。正因为如此，本书的适用对象十分广泛，既符合本科、研究生以及各类职业培训的教学要求，也可以为市场营销从业人员或对此感兴趣的企业经营者提供极具价值的参考。

本书得以顺利地翻译出版，离不开众多参与者的合作和努力。在此，我要真诚地感谢所有帮助和支持本书成功翻译和出版的人：感谢上海财经大学商学院市场营销系各位同事给予的帮助；感谢我的 MBA 学生们和热心读者对本书第 16 版的学习和反馈；感谢中国人民大学出版社管理分社的各位编辑，正是他们积极的敦促、鼓励以及高效而细致的工作，保证了本书的顺利出版。最后，感谢家人的理解和关爱，他们一直是这个世界上最温暖的支持。

本书翻译的最后阶段正值 2020 年早春，人们在肆虐全球的灾难面前勇敢而艰难地战斗，也在积极地反思人类行为的影响和新环境下商业行为的变革。各种类型的营销活动自然也受到严峻的挑战。愿本书克服重重困难后的如期出版，能够为我们深刻理解营销现实、创新性地迎接市场挑战和承担营销社会责任提供坚实而可靠的基础理论指导和启发。

尽管我们为本书的翻译和出版工作付出了很大的努力，但鉴于时间、精力和水平有限，书中难免存在问题或不当之处，恳请广大的读者朋友批评指正。

楼　尊

前 言

第 17 版科特勒 / 阿姆斯特朗的《市场营销：原理与实践》！

全球营销教学的标杆

市场营销领域有许多激动人心的时刻。近年来数字技术的迅猛发展创造了一个崭新的、更加契合、更加互联的市场营销世界。除了传统的经过实践检验的市场营销概念和做法，如今的市场营销者已经增加了大量新时代的工具，吸引消费者、建立品牌以及创造顾客价值和顾客关系。在数字时代，物联网的全面进展——从移动与社交媒体、连接的数字设备以及新消费者赋能到大数据与新市场营销分析——对市场营销者及其服务的消费者都产生了重大影响。

世界各地——跨越 5 大洲、40 多个国家和 24 种语言——的学生、教授和商界人士长期信赖科特勒和阿姆斯特朗的《市场营销：原理与实践》，作为他们教授和学习基础市场营销概念与实践前沿发展时最可靠的教材。第 17 版一如既往地以一种全面、权威、新鲜、实用和有趣的方式向初涉营销的学生介绍现代市场营销无比奇妙的世界。

我们为本书增加了大量新内容，并对每一页文字、每一张图表和每一个实例倾注了努力，使之始终是市场营销教与学双方青睐的最佳教材。第 17 版保持了其在市场营销教学中的世界领先水平。

市场营销：在数字和社交时代创造顾客价值和顾客关系

那些最杰出的市场营销者有一个共同的目标：市场营销以顾客为中心。今天的市场营销就是在数字和社交网络日益发展的迅速变化的市场中创造顾客价值和建立盈利性顾客关系。

市场营销始于理解消费者的需要和欲望，决定组织能够为之提供最佳服务的目标市场，制定有说服力的价值主张来吸引和发展有价值的顾客。于是，不仅仅是实现销售，如今的市场营销者希望吸引顾客和建立牢固的顾客关系，使其品牌成为顾客谈话和生活中有意义的组成部分。在这个数字时代，除了运用传统的营销方法，市场营销者还有大量建立顾客关系的有效工具——新的网络、移动和社交媒体工具，随时随地形成品牌对话、体验和社群。如果市场营销者能够利用好这些，就可以得到以市场份额、利润和顾客权益等形式表现的丰厚回报。在第 17 版中，你将会学到顾客价值和顾客契合如何驱动每一项优秀的市场营销战略。

全新的第 17 版！

为了更好地反映今天强调顾客价值和顾客关系的数字时代中影响市场营销的主要趋势和力量，我们彻底地改进了第 17 版。你将会在本书中发现以下主要的变化：

- 无论是传统的营销领域还是快速变化和前沿的主题，诸如顾客契合营销、移动与社交媒体、大数据与市场营销分析、物联网、全渠道营销和零售、顾客共同创造和赋能、倾听与营销、建立品牌社群、营销内容创造与原生广告、社交销售、社交媒体货币化、动态定价、消费者隐私、可持续性、全球营销等等，第 17 版都增添了新鲜的内容和素材。

- 第 17 版在以往版本的基础上延续和扩展了创新的顾客契合框架——在建立品牌、品牌对话、品牌体验和品牌社群中创造直接和持续的顾客参与。为介绍最新的顾客契合工具、实践和发展，全书在内容和实例上进行了大量更新，特别在第 1 章（有关顾客契合与当代数字和社交媒体以及消费者生成的营销等内容）；第 4 章（有关通过大数据与网上营销调研获得深刻的顾客洞察等内容）；第 5 章（有关通过数字和社交媒体营销创造社会影响等内容）；第 9 章（有关顾客导向的新产品开发等内容）；第 13 章（有关全渠道零售等内容）；第 14 章和第 15 章（有关内容营销与原生广告等内容）；第 16 章（有关人员销售中的社交销售等内容）；第 17 章（有关直复、网络、社交媒体和移动营销等内容）。

- 没有哪个营销领域比网络、社交媒体和其他数字技术变化得更快。与时俱进地跟上数字概念、技术和实践已经成为当今市场营销者的首要任务和主要挑战。第 17 版在每一章中都提供了相关内容的更新和来自实践前沿的例子。例如，从第 1、5、14、15 和 17 章中关于网络、移动和社交媒体互动技术的讨论，到第 4 章的网络倾听和大数据调研工具、第 11 章的动态定价、第 13 章的全渠道零售和第 16 章的社交销售。第 1 章增加了题为“数字时代：

网络、移动和社交媒体营销”的全新内容，介绍数字和社交媒体营销令人兴奋的新发展。完全改版的第 17 章“直复、网络、社交媒体和移动营销”深刻剖析了诸如网站、社交媒体、移动广告和移动应用程序、网络视频、电子邮件、博客，以及其他借助电脑、智能手机、平板电脑、网络电视及其他数字设备随时随地吸引顾客的数字平台。

- 第 17 版继续追踪迅速变化的营销沟通和营销内容创造。市场营销者不再仅仅设计整合的促销方案，他们正实践在付费媒体、自有媒体、赢得媒体和分享媒体等各种媒体中进行营销内容管理。这方面的发展令人兴奋不已，目前尚无其他教材能够像本书一样提供最前沿的翔实内容。

- 第 17 版进一步改善了其创新性的学习设计。内容更加生动，结构更加完整，包括诸如引例、学习目标等大量学习指导。每章开篇的引例有助于学生预习和明确本章学习目标及重要概念。营销实例深度解读营销概念和工作实践。图表有助于学生简化和组织章节材料。章末的学习材料为总结重要概念和主题提供帮助。这些创新性学习设计促进学生理解，便于学习。

- 第 17 版在每章结尾提供一个全新或更新的公司案例，共计 20 个。学生可以针对所涉及公司的实际情境，学以致用地分析现实问题。更新后的“附录：营销计划”展示了一个完整的营销计划，学生借此可以将教材中的概念具体应用到一个假想的品牌及其面对的市场环境中。最后，本书更新了所有的开篇引例和营销实例。

- 第 17 版新增了不少材料来强调可持续市场营销日益提高的重要性。从第 1 章开始到第 20 章结束，本书都是在可持续市场营销的思想框架下讨论市场营销概念。其间，本书时常讨论和举例说明可持续市场营销如何通过承担社会和经济责任的行为，满足顾客、公司和社会整体当前和未来的需求。

- 第 17 版还对全球营销的增长展开实例讨论。随着世界变得越来越小、竞争变得越来越激烈，市场营销者面对新的全球营销发展机会，尤其是在中国、印度、巴西、非洲等迅速增长的新兴市场。你会发现本书增加了大量关于全球营销的新内容，从第 1 章开始到第 19 章都涉及这方面的讨论。

顾客价值和顾客契合的五大主题

自始至终，第 17 版不断建立起一个创新性的、涵盖当今市场营销基本要素的顾客价值和契合框架，重点提出了五个主要的价值主题：

1. 为了获取来自顾客的价值回报，首先要为顾客创造价值。今天的市场营销必须善于创造顾客价值、吸引顾客互动和管理顾客关系。杰出的市场营销企业理解市场和顾客的需要，设计创造价值的营销战略，制订整合的市场营销计划来传递顾客价值和顾客愉悦，建立牢固的顾客关系。作为回报，它们从顾客那里收获以销售、利润和顾客忠诚为表现形式的价值。

本书第 1 章就在包含五个步骤的市场营销过程模型中介绍了顾客价值和契合框架，详细展示了市场营销如何创造顾客价值和获得价值回报。本书前两章对该框架做出细致的解释，它们是本书其他章的基础。

2. 顾客契合与当今的数字和社交媒体。新的数字和社交媒体已经极大地改变了公司或品牌与消费者之间的互动方式，也改变了消费者之间相互联系以及对品牌行为的影响。第 17 版透彻地探讨了顾客契合营销的最新概念和帮助品牌吸引顾客更深入地参与和互动的新数字和社交媒体技术。从第 1 章的两个主要部分——“顾客契合与现代数字和社交媒体”和“数字时代：网络、移动和社交媒体营销”开始，全面更新的第 17 章“直复、网络、社交媒体和移动营销”总结了数字参与和关系建立工具的最新发展。在本书的各个章节都有关于如何运用数字和社交媒体工具创造顾客契合和建立品牌社群的新内容。

3. 建立和管理为顾客创造价值的优势品牌。拥有强势品牌权益的准确定位的品牌为建立顾客价值和盈利性顾客关系提供了坚实的基础。当今的市场营销者必须强有力地定位自己的品牌，并妥善管理它们来为顾客创造有价值的品牌体验。第 17 版非常重视对品牌的深入探讨，例如，第 8 章的“品牌战略：建立强势品牌”部分。

4. 测量和管理市场营销回报。市场营销经理必须确保自己的市场营销投入是明智的，在动荡的经济环境中尤为如此。以往，市场营销者在大规模、高成本的市场营销计划上挥金如土，常常不用仔细考虑营销支出带来的财务回报。但如今情况大不一样了，“市场营销责任”——测量和管理市场营销投资回报——已经成为制定营销战略决策的重要组成部分。这种对市场营销责任的重视贯穿全书，尤其在第 2 章。

5. 全球范围内可持续市场营销。技术的发展使世界越来越小、市场越来越细碎化，市场营销者必须善于以可持续发展的方式在全球市场上营销自己的品牌。第 17 版用大量的新材料突出了全球营销和可持续市场营销的理念——满足消费者和企业当前的需要，同时也保护和加强后代满足他们需要的能力。第 17 版通篇融合了全球营销与可持续发展的思想，并在第 19 章和第 20 章分别具体讨论了这两个主题。

强调营销实践和与生活实际相联系

第 17 版采用实用的营销管理方法，提供大量深入和真实的案例或故事介绍现代市场营销实践的发展。在第 17 版中，我们更新了每一章的引例和营销实例，为读者奉上与内容高度相关的最新营销实践。

- 亚马逊堪称直复与数字营销的典范。其对创造卓越的网上顾客体验的激情和投入，使之成为网络世界最强大的竞争者。
- 极具创新性的公司谷歌，如今母公司是 Alphabet，已经成为非常成功的新产品“登月工厂”，大多数产品都成为其类别中的市场领先者。
- 苹果的成功从来不依靠价格；它总是创造让人感到“生活如此美好”的用户体验，其产品尽管价格高昂却仍然非常畅销。
- 价格特别低廉的斯普瑞特航空公司尽管顾客体验行业垫底仍然繁荣发展。你在斯普瑞特航班上获得的利益很少，但是你也不必为没有得到的服务付费。
- 耐克——如今世界上最大的运动服装公司之一——令人瞩目的成功可不仅仅因为生产和出售优质的运动产品，更因为通过在品牌与其顾客之间建立深度契合和社群归属感来创造顾客价值。
- 哈雷－戴维森的市场主导地位来自其对消费者行为背后情感和动机的深刻理解。哈雷－戴维森不仅仅出售摩托，它出售的更是自由、独立、力量和真实。
- 强大的家乐氏——世界上最大的谷物早餐生产者，随着市场营销环境的变化和人们早餐习惯的改变，正逐渐失去昔日的风采。
- 玩具市场的领导者乐高运用创新的市场营销调研——大量的调研——挖掘新鲜的顾客洞察，依据这些洞察为全球的孩子们创造难以抗拒的玩乐体验。
- 网飞公司运用大数据使每位顾客的视觉体验高度个性化。在网飞的用户忙于观看视频时，网飞公司正在非常仔细地观察他们。
- 以移动应用程序为基础的优步迅速在全球重构城市交通渠道，迫使传统出租车服务要么创新，要么面临被淘汰的厄运。
- 行业巨头通用电气发布大量数字和社交媒体内容，连接品牌与其商业客户，使这个具有 130 多年历史的品牌在新的数字时代定位为充满活力的当代技术领导者。
- 畅销的激浪与品牌的超级粉丝一起成就品牌，建立狂热忠诚和契合的品牌社群。它不只是向顾客营销，而是使他们成为品牌建设的合作伙伴。

此外，本书的每一章都收录了众多真实、相关和最新的营销实例，力求在强化关键概念的同时密切联系营销实践。还没有哪一本营销教材能像本书这样将营销带入如此真实的生活。

学习辅助资源：创造更多价值和契合

本书在各章的开篇、正文和结尾部分提供了大量的学习辅助材料和工具，帮助学生学习、拓展链接和运用主要概念。

- 本章预览。本书为每章的开篇设计了有趣的重要预览，旨在简明扼要地提出重要概念，说明它们与前面章节的联系，并导入引例。这些开篇插曲——一个引人入胜、精心设计和解释性的营销故事既紧扣主题顺利地导入本章内容，又激发你的兴趣。学习目标帮助读者清晰地了解全章的信息内容和目的。
- 营销实例。几乎每章都包含了一个生动的营销实例，引导学生对大型或小型公司的市场营销实践进行深入的观察和思考。
- 关键术语。在每章的结尾对所学内容进行总结，复习关键术语。
- 概念讨论。每章结尾部分都包含涵盖主要内容的一系列讨论问题，帮助你学以致用。
- 案例。每章末的公司案例提供了全新的或更新的内容，帮助你将重要的营销理念运用于真实的公司和品牌。
- 营销计划。附录包含了一份营销计划范例，帮助学生掌握和运用撰写营销计划的概念和技巧。

第 17 版真正为你创造价值——它引导你在有效且愉悦的学习体验中，顺利地学习和掌握市场营销。

目 录

CONTENTS

CONTENTS

第 1 篇

定义市场营销和市场营销过程

1 营销：创造顾客价值和顾客契合

学习目标

- 定义市场营销，概述市场营销过程的主要步骤。
- 解释理解市场和顾客的重要性，掌握五个核心的市场概念。
- 掌握顾客导向的市场营销战略的关键要素，讨论指导营销战略的营销管理导向。
- 讨论顾客关系管理，解释为顾客创造价值并获得顾客回报的战略。
- 描述在关系时代推动市场营销变革的主要趋势和力量。

在这一章中，我们将向你介绍市场营销的基本概念。我们先从“什么是市场营销”这一基本问题入手。简单地说，市场营销就是管理有价值的顾客关系。市场营销的目的是为顾客创造价值，并获得顾客回报。然后，我们将讨论市场营销过程的五个步骤——从理解顾客需求，到设计顾客导向的市场营销战略和计划，再到建立顾客关系和为企业获取价值。最后，我们讨论在新的数字、移动和社交媒体时代影响市场营销的主要趋势和力量。理解这些基本概念并形成自己的感悟，将为你以后的学习打下坚实的基础。

让我们从耐克公司的市场营销实例开始。耐克是全球领先的运动服装公司，也是世界最知名的品牌之一。耐克实现卓越成功的原因绝非仅仅生产和出售优质运动服装及装备那么简单，还包括依靠以顾客为中心的营销战略，通过深度的品牌 – 顾客契合和紧密的品牌社群，不断为顾客创造价值。

引例 耐克的顾客价值驱动营销：吸引顾客融入，建立品牌社群

耐克的品牌标志——那个著名的钩形标记，可谓无处不在！当你阅读体育杂志、观看篮球比赛或者收看电视播放的足球比赛时，可以试着数一数它出现的次数。过去 50 年，耐克通过创新性营销把这个经常出现的钩形标记塑造成世界上最知名的品牌标志之一。

产品创新一直是耐克成功的基石。耐克为篮球、足球、棒球、高尔夫、滑板、自行车、攀岩等诸多运动领域生产优质的鞋子、衣服和装备。从一开始，这个年轻不羁的品牌就为体育宣传带来一场变革。为了树立品牌形象和增加市场份额，耐克斥巨资进行名人代言、开展引人瞩目的促销活动、推出高预算支持的冲击力极强的“勇敢去做”（Just do it）广告，其力度远远超过竞争对手。尽管竞争者在产品技术上频频施压，但耐克已建立起良好的顾客契合与顾客关系。

不止于出售产品，耐克更在宣传一种生活方式，一种对运动真挚的热爱与激情，一种“勇敢去做”的态度。顾客不仅仅使用耐克产品，更是体验它们。耐克曾在其网页上声明，“耐克一向洞察真相——关键不在于鞋子，而在于它们将指引你去往何方。”耐克的使命不只是生产更好的装备，还有帮助并激励专业的运动员取得最佳成绩。在顾客的生活和交谈中，很少有品牌能够比耐克更常见、更深入人心。

无论顾客与耐克的连接是通过广告、耐克商店的现场活动、当地的耐克跑步俱乐部、“Nike+”移动应用程序（App）实现的，还是通过耐克丰富的社区网站以及社交媒体实现的，都有越来越多的人与耐克品牌紧密联系在一起。以往，建立顾客关系只需要在主流媒体广告和名人代言上比竞争者投入更多即可。但在如今的数字时代，耐克倾力塑造新型的品牌 - 顾客联系——更深入、更个性化、更契合的联系。耐克不仅在传统广告上大量投资，还将宣传预算的更大比例用于数字和社交媒体宣传，不断扩大与顾客互动的范围以建立品牌契合、宣传和社群。

对网络、移动和社交媒体的创新性使用，最近为耐克品牌在一家数据咨询机构推出的 42 家运动装备企业“数码 IQ”排名中赢得了“最强天才”的称号。凭借社交媒体平台，例如脸书（Facebook）、推特（Twitter）、Snapchat、Instagram、YouTube 和 Pinterest 等的支持，耐克还在创造品牌“部落”——高度互动的顾客集群——方面排名第一。例如，耐克的脸书主页有超过 2 300 万粉丝，足球页面有 4 200 万粉丝，篮球页面有 700 万粉丝，跑步页面有 600 万粉丝。这可不仅仅是静态的数字，耐克在社交媒体中与顾客互动的程度相当高，吸引并激发顾客谈论品牌，并把品牌融入自己的生活之中。

为与顾客建立紧密的联系，耐克出色地整合数字媒体和传统工具开展跨媒体宣传运动。例如，最近专门围绕巴西世界杯设计的“不惜一切”（Risk Everything）运动。这场宣传运动始于时长 4 ～ 5 分钟引人入胜的视频，最初在耐克的各种社交媒体平台和该运动自己的网站上播出。视频由耐克赞助的足球明星如罗纳尔多（C.Ronaldo）、鲁尼（W.Rooney）、内马尔（Neymar）等出演，以鼓舞人心的世界杯故事为主线，展现勇于冒险、最终战胜对手夺取胜利的艰辛和荣耀。

在其中一则足球史诗级宣传视频《当仁不让》（Winner Stays On）中，两队年轻人在普通的足球场上相遇，互不相让。他们想象自己是（然后变身成）超级巨星，场景也由普通球场上的遭遇战变成世界杯耀眼赛场上的传奇较量。在视频结尾处，一个男孩上前取代罗纳尔多，在巨大的压力下射入制胜点球。据一位分析人士所言，“不惜一切”运动的视频是“产品植入、煽动性叙事手法和即时营销的完美融合”。尽管视频充斥着耐克品牌标志、产品和代言人，但高度投入的观众几乎没有意识到自己正在观看的是广告。

世界杯决赛结束时，“不惜一切”系列视频已经吸引了 3.72 亿次观看，2 200 万次互动（点赞、评论和分享），以及 65 万次以“# 不惜一切”（#riskeverything）为标签的话题讨论。根据对在线视频的统计，耐克是世界杯期间当之无愧的“观看次数最多的品牌”，大胜竞争对手阿迪达斯。实际上，耐克的在线视频观看量在该事件 1997 年世界杯营销运动总观看量中占到令人难以置信的半数——而耐克并非那届赛事的官方赞助商。除了视频，耐克还发布了一系列传统电视、平面、广播、影院和游戏广告。“不惜一切”运动作为一个整体，跨越各种媒体，在 35 个国家获得了超过 60 亿次的观看量，创造了极高的顾客契合度。

耐克还通过开创性的移动应用和技术，创造顾客价值和品牌社区。例如，“Nike+”移动应用程序帮助耐克成为全球上百万顾客日常健身的一部分。无论你是跑步、跳跃、打棒球、玩滑板、跳舞、玩竞技叠杯还是追击，都可以使用“Nike+”的各种 App 来“解锁你的潜能”。“Nike+”系列 App 让专业运动员制订健身计划、获取教练和训练工具、追踪个人进展、随时获得额外的激励，并和朋友、耐克社群中的人们分享，比较他们对运动和场所的体验。“Nike+”建立起一个关系密切的全球品牌社群，有超过 2 800 万的注册用户，并有望突破 1 亿用户的目标。

耐克传递的顾客价值远超其生产的产品，从而在耐克品牌和顾客群体间建立了深层次的归属感和社群观念。无论是通过当地跑步俱乐部、运动成绩记录、黄金时段的电视广告、视频来看，还是通过在其几十个品牌网站和社交媒体页面上的其他内容来看，耐克品牌都已经成为顾客的生活和时代重要的组成部分。

因此，耐克巩固了其全球最大运动服装公司的地位，销售业绩居然超过竞争对手阿迪达斯 44%。更令人惊叹的是，它在全美运动鞋市场的份额高达 62%，而第二名斯凯奇（Skechers）只有 5%，阿迪达斯的份额是 4.6%。过去十年间，尽管许多运动鞋和运动服装领域的竞争对手在不稳定的经济环境中苦苦挣扎，耐克的全球销售额和收入却飞速增长了两倍以上。

“过去，联结顾客通常是，‘这是产品，这是广告。我们希望你喜欢它’。”耐克的首席执行官（CEO）指出，“现在，联系意味着对话。”耐克的首席营销官说：“我们创造的顾客契合程度……为品牌带来了巨大的推进力。这只是我们联系和激励全球运动员的开始。”耐克的 CEO 总结道：“在耐克，追求永无止境。”[1]

今天的成功企业有一个共同点：它们与耐克公司一样，严格地以顾客为中心，并且非常重视市场营销。这些企业都具有理解和满足精确定义的目标顾客需要的激情，激励组织中的所有员工同心同德，在为顾客创造价值的基础上建立持久的顾客关系。

顾客关系和价值在今天尤为重要。面对巨大的技术变革，以及来自经济、社会和环境的严峻挑战，如今顾客与公司及其他顾客之间的联系日益数字化，顾客花钱也更加谨慎，并重新评价自己与品牌的关系。数字、移动和社交媒体的新发展彻底改变了消费者购物和互动的方式，反之也要求企业采用新的营销战略和策略。在这个快速变化的时代，基于真实和持久的顾客价值建立牢固的顾客关系，变得比以往任何时候都更重要。

我们将在本章后面的部分讨论顾客和市场营销者所面临的新挑战。首先，让我们了解一下市场营销的基本概念和思想。

1.1 什么是市场营销

与企业其他职能部门不同，市场营销着重处理与顾客相关的一切。尽管我们很快会更加详尽地讨论市场营销的定义，但在这里，我们先给出最简明的定义：市场营销就是吸引顾客投入并管理有价值的顾客关系。市场营销有双重目的：通过承诺卓越的价值吸引新顾客，以及通过创造满意来留住和发展现有顾客。

例如，通过递送所承诺的价值，激励和帮助运动爱好者“勇敢去做”，耐克一骑绝尘地甩开众多竞争者。亚马逊通过创造世界一流的网上购物体验，帮助消费者“找到和发现任何想要在网上买的东西”，主导网络市场。脸书吸引了 15 亿多活跃的网络和移动用户，帮助他们“在生活中与他人联系和分享”。可口可乐在全球碳酸饮料市场赢得高达 49% 的市场份额——比百事的两倍还要多——引导顾客“品味与感受”产品带来的“简单快乐，让每一天都很特别”。[2]

优秀的市场营销对每一个组织的成功都是至关重要的。例如，谷歌（Google）、塔吉特（Target）、宝洁、可口可乐和微软等。对学校、医院、博物馆、交响乐团甚至教堂等非营利组织也是如此。

你对市场营销一定不陌生——它就在你的周围。市场营销以传统的方式影响着你：在你附近的购物中心，在那些充斥你的电视屏幕、填满你的杂志或塞满你的邮箱的广告中，你都可以看到市场营销。但是近年来，又涌现了大量新的市场营销方式，从充满想象力的网站、智能手机应用到网上社交网络和博客等不胜枚举。这些新方法的目的不在于用“信息”轰炸大众，而是直接地、个性化地影响你。它们能够与你直接地、个人化地接触。今天的市场营销者希望成为你生活的一部分，并用他们的品牌丰富你的体验——帮助你与品牌建立联系。

在家、在学校、在工作场所……市场营销几乎无处不在。然而，市场营销远远不止于吸引消费者随意的目光。任何市场营销活动背后都有为争夺你的注意力和购买力而通力合作的企业网络。本书将为你完整地介绍当代市场营销的基本概念和实践。在本章中，我们从定义市场营销和市场营销过程开始。

定义市场营销

什么是市场营销？许多人认为市场营销仅仅是销售和广告。我们每天都受到电视广告、销售目录、销售电话、电子邮件的轰炸。然而，销售和广告仅仅是市场营销的冰山一角而已。

今天，不应该再以陈旧的达成销售的观念——“劝说和销售”，而要以满足顾客需求的新观念来理解市场营销。如果市场营销者很好地理解顾客需求，开发并提供高价值的产品、有效的定价、渠道和促销，这些产品就很容易售出。实际上，如管理大师彼得·德鲁克（Peter Drucker）所说，“市场营销的目的在于使推销成为多余”。[3] 推销和广告仅仅是“市场营销组合”——相互配合以满足顾客需要和建立顾客关系的市场营销工具的集合——的一部分。

广义上，市场营销是一种通过创造和与他人交换价值，来实现个人和组织的需要和欲望的社会和管理过程。在狭义的商业环境中，市场营销涉及与顾客建立价值导向的交换关系。于是，我们将**市场营销**（marketing）定义为：企业为获得利益回报而为顾客创造价值并与之建立稳固关系的过程。[4]

市场营销过程

图 1－1 中的简单模型展示了市场营销过程包含的五个步骤。在前四个步骤中，公司努力理解顾客，创造顾客价值，并建立稳固的顾客关系。在最后一步，公司因创造卓越的顾客价值而得到回报。正是通过为顾客创造价值，企业从顾客身上得到以销售额、利润和长期顾客权益为形式的价值回报。

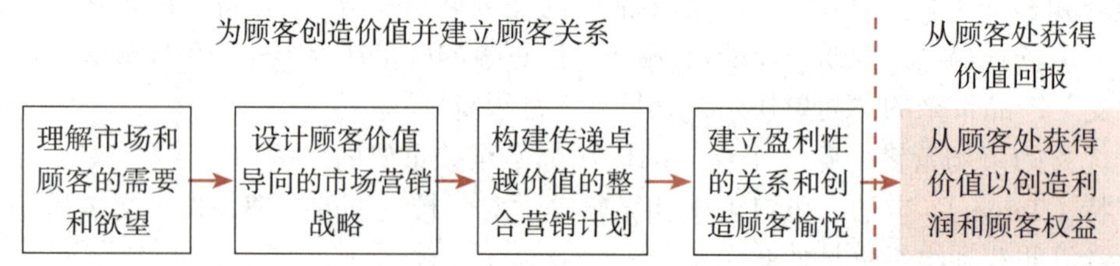

图 1－1　市场营销过程的简单模型

本书的第 2 章和第 3 章重点考察这一简单市场营销模型的主要步骤。本章先做简要的整体介绍，但重点集中在顾客关系的步骤上，即理解顾客、建立顾客关系和从顾客处获得价值回报。我们将在第 2 章中更加深入地考察第二步和第三步——设计市场营销战略和策划市场营销方案。

1.2　理解市场与顾客需求

理解顾客的需要和欲望，以及企业从事经营活动的市场，是市场营销过程的第一步。我们现在考察有关顾客和市场的五个核心概念：（1）需要、欲望和需求；（2）市场提供物（产品、服务和体验）；（3）顾客价值和满意；（4）交换和关系；（5）市场。

需要、欲望和需求

市场营销最基础的概念是人类的需要。人类的**需要**（needs）是一种感到缺乏的状态，包括对食物、衣服、温暖和安全的基本生理需要，对归属和情感的社会需要，以及对知识和自我表达的个人需要。这些需要并不是由市场营销者创造出来的，它们是人之所以为人的固有部分。

欲望（wants）是人类需要的表现形式，受到文化和个性的影响。一个需要食物的美国人会对巨无霸汉堡包、炸薯条和软饮料有欲望。而一个巴布亚新几内亚人需要食物时，则会对芋头、米饭和猪肉产生欲望。欲望由一个人的社会背景所决定，是明确表达的满足需要的指向物。在得到购买能力的支持时，欲望就转化为**需求**（demands）。在既定的欲望和资源条件下，人们会选择能够产生最大价值和满意的产品。

杰出的市场营销公司竭尽全力了解和理解其顾客的需要、欲望和需求。为此，它们往往要进行认真的市场调查，分析大量的顾客数据。包括高层管理者在内的不同层级的员工都要努力建立与顾客的紧密联系。[5]

塔吉特活力四射的CEO布莱恩·科内尔（Brain Cornell）定期陪同当地的妈妈们和忠诚顾客突然造访门店。科内尔喜欢在店内到处看看，真实感受当时的情况，获得"可靠、真实的反馈"。他和其他塔吉特管理人员甚至到顾客家中拜访，打开壁橱和食品柜看看，了解他们的产品选择和购买习惯。无独有偶，波士顿市场（Boston Market）的CEO乔治·米歇尔（George Michel）也经常巡视门店，在餐厅工作一会儿，和顾客交谈，理解在顾客眼中什么是"好的、坏的、讨厌的"。他还通过阅读顾客在波士顿市场网站上的留言与顾客保持联系，甚至随机给顾客打电话询问看法。"接近顾客非常重要，"米歇尔说，"只有这样，我才能够了解他们看重什么、欣赏什么。"

市场提供物——产品、服务和体验

消费者的需要和欲望通过**市场提供物**（market offerings）——提供给市场以满足需要、欲望和需求的产品、服务、信息或体验的集合——得到满足。市场提供物不仅仅局限于有形产品，还包括服务——供销售的活动或利益，基本上是无形的且不涉及所有权转移，如银行业务、航空旅行、住宿、税务筹划、维修服务等。

更广义地说，市场提供物还包括其他内容，诸如人员、场所、组织、信息和创意等。例如，圣迭戈市开展广告运动"幸福在呼唤"，邀请游客到该城享受温暖的气候和美好的时光——从宜人的海湾和海滩，到丰富的夜生活和美丽的城市风光。而广告协会和全美高速公路交通安全管理局发起的"停止发短信！停止事故！"宣传运动，号召人们在驾车时不要发短信。该运动指出驾车时发短信的司机遭遇事故的概率比不发短信的司机高23倍。[6]

销售人员常犯的错误是关注自己提供的特定产品甚于关注这些产品产生的利益和体验。这些销售人员受到**市场营销近视症**（marketing myopia）的困扰。他们过于关注自己为满足现有欲望而开发出来的产品，却忽视顾客需要的变化。[7]他们忘记了产品只是解决顾客问题的工具而已。一个1/4英寸钻头的制造商可能认为自己的顾客需要钻头。但顾客真正需要的是1/4英寸的洞。一旦出现能够更好或更便宜地满足顾客需要的新产品，这些销售人员就会遇到麻烦。顾客可能有相同的需要，但想要不同的产品。

精明的市场营销者不仅看到自己所售产品和服务的属性，还通过精心整合一些服务和产品，为顾客创造品牌体验。例如，人们到迪士尼乐园去可不仅仅为了观光，你和你的家人会沉浸在一个奇妙的世界中，一个充满梦想却又惟妙惟肖、特别真实的地方。水牛城烤翅餐厅（Buffalo Wild Wings）不只出售鸡翅和啤酒，它为顾客提供最佳的"鸡翅，啤酒，运动"体验。

同样，美泰公司（Mattel）麾下的品牌"美国女孩"（American Girl）不仅制作和出售高端娃娃，而且在娃娃与宠爱它们的女孩之间，创造情感联系与特殊体验。[8]

为了让喜爱"美国女孩"娃娃的姑娘们开心，美泰公司在全美20多个主要城市经营着规模巨大的"美国女孩"体验商店。每家店里都有数量惊人的娃娃和所有你可以想象到的服装和配饰。但是，“美国女孩”体验商店可不只是购物场所，它们本身就是一个令人兴奋的地方，为女孩、妈妈、祖母们，甚至父亲或祖父们，提供精彩的互动体验。体验商店设有店内餐厅，女孩们和她们的娃娃以及长辈们一起坐下来享用早餐、午餐、下午茶或晚餐。体验商店甚至还开办了娃娃美发沙龙，女孩们可以在那里给自己心爱的娃娃换个时髦发型。“美国女孩”还为顾客庆祝生日或其他任何值得纪念的日子提供“完美的聚会”和各种特别活动安排，从手工制作、游戏到短途旅行。该公司声称，公司绝非仅仅出售娃娃的商店，还是“放飞想象力的地方”。惠顾“美国女孩”可以创造“开心的一天，永远的记忆”。

顾客价值和满意

消费者通常面对大量可以满足某种特定需要的产品和服务。他们怎样在众多的市场提供物中进行选择呢？顾客对各种市场提供物将递送的价值和满意形成预期，并据此作出购买决定。满意的顾客会重复购买，并将自己的美好体验告诉别人；不满意的顾客向其他人抱怨和贬低产品，并转而向竞争者购买。

市场营销者必须谨慎设定恰当的预期水平。如果设定的预期过低，或许可以令那些购买者满意，但无法吸引足够多的买者。如果预期过高，购买者会失望。顾客价值和顾客满意是建立和管理顾客关系的关键。我们将在后面的章节再次讨论这些核心概念。

交换和关系

市场营销发生在人们决定通过交换关系来满足需要和欲望之时。**交换**（exchange）是一种为从他人那里得到想要的物品而提供某些东西作为对价的行为。广义上，市场营销者试图获得人们对某种市场提供物理想的反应。该反应的表现形式并不局限于产品和服务的购买或交易。例如，一位政治候选人想要选票，教堂想要吸纳信徒，乐队想吸引观众，一个社会活动小组希望得到创意支持，等等。

市场营销包括与需要产品、服务、创意或其他事物的目标人群建立和维持合理交换关系的所有活动。公司希望通过持续递送卓越的顾客价值来建立牢固的顾客关系。我们将在后面的章节内容中扩展管理顾客关系这一重要概念。

市场

我们从“交换和关系”的概念中可以导出市场的概念。**市场**（market）是某种产品的实际购买者和潜在购买者的集合。这些购买者具有共同的需要和欲望，能够通过特定的交换得到满足。

市场营销就是为建立有利可图的顾客关系而管理市场。然而，创造这些关系需要大量努力。销售人员必须锁定购买者，确认他们的需要，设计优秀的市场提供物，并制定价格，进行促销、储存和递送。诸如顾客调研、产品研发、沟通、分销、定价和服务等活动构成了市场营销的核心内容。

人们通常认为市场营销是卖方行为，其实买方也开展市场营销活动。当消费者搜寻产品、与公司互动，以便获得信息、执行购买时，他们也在从事市场营销。实际上，今天的数字技术，从网站和博客到移动电话以及其他无线设施，赋予了消费者能力并使市场营销成为一种真正互动的活动。市场营销者不仅要问"怎样能够影响我们的顾客"，更要问问"我们的顾客如何影响我们"，甚至是"我们的顾客如何彼此影响"。

图 1－2 展示了现代市场营销系统及其主要参与者。市场营销涉及在竞争中为最终消费者提供服务。公司和竞争者开展市场调研，与消费者互动，以理解他们的需要。然后，创造并直接或通过市场营销中介向消费者传递市场提供物和信息。系统中所有的参与者都受到主要环境力量（人口统计、经济、自然、技术、政治、法律以及社会文化）的影响。

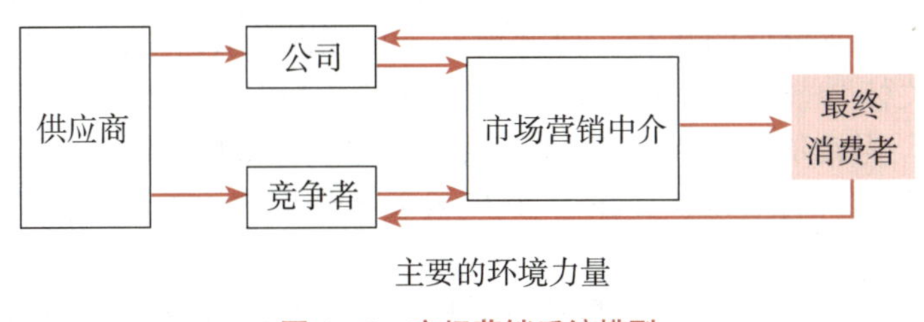

图 1－2　市场营销系统模型

该系统中的每一个参与者都为下一层次的参与者创造价值。箭线代表必须建立和管理的关系。于是，一个公司要想成功地建立有价值的顾客关系，不仅取决于自身的行为，而且取决于整个系统能够在多大程度上满足最终消费者的需要。如果没有供应商提供低成本的商品，沃尔玛就不能实现其低价承诺。除非经销商提供杰出的销售和服务，否则福特公司无法向购车者传递高品质。

1.3　设计顾客价值导向的市场营销战略和计划

顾客价值导向的市场营销战略

一旦充分地理解了消费者和市场，营销管理就能够设计顾客价值导向的战略。我们将**营销管理**（marketing management）定义为选择目标市场并与之建立有价值的关系的艺术和科学。营销管理者的目的是通过创造、递送和沟通卓越的顾客价值来发现、吸引、保持和增加目标顾客。

为设计制胜的市场营销战略，市场营销经理必须回答两个最重要的问题：我们将为哪些顾客服务（谁是我们的目标顾客）？我们怎样才能够最好地为这些顾客服务（我们的价值主张是什么）？本章先简明扼要地讨论这些市场营销战略的相关概念，然后在第 2 章和第 7 章中更加详细地探讨它们。

选择目标顾客

公司必须首先通过将市场划分为顾客群（市场细分）和选择将要追随的细分市

场（目标市场），决定将为谁提供服务。一些人认为，市场营销管理就是发现尽可能多的顾客并增加需求。但是市场营销经理明白，他们不可能为所有的人服务。如果尝试为所有人提供服务，那么可能最终任何顾客都服务不好。相反，公司希望只选择那些自己能够服务好并有利可图的顾客。例如，诺德斯特龙百货（Nordstrom）将目标瞄准富裕的专业人士；达乐公司（Dollar General）则以更加低廉的价格专为普通的家庭提供服务。

最后，市场营销经理必须确定自己希望瞄准哪些顾客以及这些顾客的需求水平、时机和特点。简而言之，市场营销管理就是顾客管理和需求管理。

选择价值主张

公司必须决定如何为自己的目标顾客提供服务——在市场中怎样将自己与竞争对手有效地区别开来。一个品牌的价值主张是它承诺的递送给顾客以满足其需要的所有利益或价值的集合。捷蓝航空（JetBlue）承诺“你最重要”，使“旅途充满人性关怀”。相反，斯普瑞特航空（Spirit Airlines）给你“裸价”：“价更低，飞更远。”当希尔顿酒店的家庭套房希望你“宾至如归”时，凯悦酒店（Hyatt Regency）却宣称有时“离家真好”，其广告表现旅行的快乐和人们出差离家时发生的趣事。

这些价值主张使品牌具有明显的差异性，并清晰地回答了顾客的问题：“为什么我们应该购买你的品牌而不是竞争对手的？”公司必须设计强有力的价值主张，使自己在目标市场上具有最强的优势。

营销管理导向

营销管理希望能够设计与目标顾客建立盈利性关系的战略。但是，应该以什么哲学指导营销战略呢？又该如何平衡顾客、组织和社会的利益呢？通常这三种利益相互冲突。

在设计和执行市场营销战略时，有五种可供选择的观念：生产观念、产品观念、推销观念、市场营销观念和社会营销观念。

生产观念。生产观念（production concept）认为，消费者会青睐买得到的价格低廉的产品。所以，管理者应该致力于提高生产和分销效率。这种观念是最古老的营销管理导向。

迄今为止，生产观念在某些情境下依然是行之有效的。例如，个人电脑制造商联想和家用电器厂商海尔曾通过低廉的劳动力成本、较高的生产效率和有效的大众分销，在竞争激烈、价格敏感的中国市场上占据垄断地位。尽管在有些情境下有效，但生产观念容易导致市场营销近视症。采用这一导向的公司常常面临极大的风险，可能过于狭隘地聚焦于自己的运营而迷失真正的目标——满足顾客的需要和建立顾客关系。

产品观念。产品观念（product concept）认为，消费者会偏好那些具有最高质量和性能水平、富有创新特点的产品。在奉行这种观念的企业中，市场营销战略往往强调持续的产品改善。

产品质量的提高是大多数市场营销战略的重要组成部分。但是，如果仅仅聚焦于公司的产品，则可能患上市场营销近视症。例如，一些制造商相信如果它们能够“制造出更好的捕鼠器，人们就会涌上门”。但是它们常常遭到市场无情的打击。人们可能为灭鼠问题寻求更好的解决之道，但不一定是更好的捕鼠器，可能是化学喷剂、灭鼠服务或其他比捕鼠器更好的东西。而且，除非制造商采用有吸引力的设计、包装和定价，选择方便的分销渠道，有效地引起那些需要灭鼠的人的注意，并说服他们相信自己的产品更好，否则，再好的捕鼠器也可能卖不出去。

推销观念。许多公司都奉行**推销观念**（selling concept），这种观念认为，如果不采用大规模的促销努力，消费者不会购买足够多的产品。推销观念通常适用于非索求产品——那些在正常情况下，消费者不会主动想到要购买的产品，如保险或献血。这些行业必须善于追踪潜在顾客并向他们宣传产品利益。

然而，这种激进的推销具有较高的风险。它关注的是达成销售交易，而非建立有价值的长期顾客关系。其目的常常是销售公司所制造的产品，而不是制造市场所需要的产品。它假设被规劝而购买产品的顾客会喜欢产品。或者，假如他们不喜欢，也会忘记失望，再次购买。可这些通常是妄想。

市场营销观念。市场营销观念（marketing concept）认为，实现组织目标的关键在于比竞争对手更好地了解目标顾客的需要和欲望，并使顾客感到满意。在市场营销观念指导下，顾客导向和创造价值是通往销售和利润的必由之路。与以产品为中心的“制造—销售”哲学不同，市场营销观念是以顾客为中心的“感知—反应”哲学。其任务不是为你的产品发现合适的顾客，而是为你的顾客发现恰当的产品。

图 1－3 对推销观念与市场营销观念进行了比较。推销观念采用由内而外的视角。它以工厂为起点，关注公司现有的产品，进行大量的推销和促销。它主要致力于吸引顾客，追求短期的销售，而很少关心谁买以及为什么买。

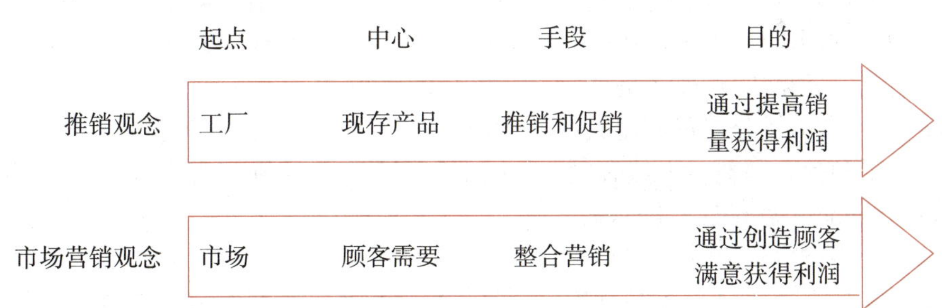

图 1－3　推销观念和市场营销观念的比较

相反，市场营销观念采用由外而内的视角。正如西南航空公司富有传奇色彩的 CEO 赫伯 · 凯莱赫（Herb Kelleher）所说，“我们没有市场营销部，只有顾客部。”市场营销观念以正确界定的市场为起点，关注顾客的需要，整合所有影响顾客的市场营销活动；通过创造顾客价值和满意，与合适的顾客建立持久的关系来产生利润。

奉行市场营销观念通常要求不仅仅对顾客明确表示的愿望和显而易见的需要作出反应。顾客导向的公司应深入地研究当前顾客，以了解他们的愿望，收集新产品和服务的创意，测试和改善产品。当市场上存在很清晰的需要，或顾客知道自己想要什么的时候，这种顾客导向的市场营销通常很有效。

但是，在很多情况下，顾客并不清楚自己到底想要什么，甚至是可以要什么。例如，亨利·福特（Henry Ford）曾经说过："如果我问人们想要什么，他们会说跑得更快的马。"[9]20 年前，有多少消费者想得到诸如平板电脑、智能手机、数码相机、24 小时网上购物以及车载卫星导航系统等现在非常流行的产品？这些情境要求顾客导向的市场营销甚至比顾客自己更好地理解顾客的需要，并创造产品和服务满足现存和潜在需要。正如 3M 公司的一位经理所说，"我们的目标是在顾客知道自己想去哪里之前就引导他们"。

社会营销观念。社会营销观念（societal marketing concept）对单纯的市场营销观念忽略在消费者短期欲望与其长期福利之间可能存在的冲突提出质疑。满足目标市场当前需要和欲望的企业，从长期看是否依然能够对顾客有利呢？社会营销观念认为，市场营销战略应该以维持或改善消费者和社会福利的方式向顾客递送价值。这要求可持续的市场营销，即承担社会和环境责任的市场营销，强调满足顾客和企业当前需要的同时也保护或增强子孙后代满足需要的能力。

甚至从更广的意义上说，许多领先的企业和市场营销学家现在倡导"分享的价值"这一概念，认为是社会需要，而不仅仅是经济需要界定了市场。[10]"分享的价值"强调以同时创造社会价值的方式创造经济价值。诸如通用电气、谷歌、IBM、英特尔、强生、雀巢、联合利华和沃尔玛等越来越多的公司，因其精明的生意经而著称。它们重新思考企业经营业绩与社会价值之间的关系，努力创造分享的经济和社会价值。这些企业关心的不仅仅是短期经济收益，还有顾客福利、对企业至关重要的自然资源的枯竭、重要供应商的行为，以及自己的生产和销售活动对所在社区经济福利的影响。

一位杰出的市场营销者将这种营销理念称为市场营销 3.0。"执行市场营销 3.0 的组织是由众多价值驱动的，"他说，"我说的不是一种价值，而是其复数形式，正是这些价值共同汇聚成对世界状况的关心。"另一位市场营销者称之为目标驱动的营销。他说："利润的未来才是目标。"[11]

图 1－4 展示了公司在制定其市场营销战略时应该平衡的三种要素：公司利润、消费者欲望和社会利益。天然有机食品网上零售商——门到门有机食品公司（Door to Door Organics）就是这样经营的。[12]

> 门到门有机食品公司为美国 16 个州的家庭、办公室、学校提供新鲜、优质、有机、天然的当地肉制品、奶制品和日用品。顾客在网上订购后，全年每周收到一次送至约定地点的产品。门到门有机食品公司不仅仅通过网上零售获得利润，更献身于感人至深的使命——"将更多的'好食品'——对地球、社区和环境有积极影响的食品——以可持续发展的方式带给更多的人"。它希望"对我们的食品体系有积极的影响，使人们更健康，联系社群，促进当地经济发展，激励人们选择'好食品'"。
>
> 为了实现其雄心勃勃的"好食品"使命，门到门有机食品公司所售产品大多数来自"致力于采用美国农业部认证的，对动物和人类更健康、对土地更友好并减少碳排放的做法"的当地家庭农场和企业。门到门有机食品公司在每周特定的日子将产品递送到特定区域，维持严格的递送半径以减少成本和碳排放量。通过精心的食品管理，公司需要填埋处理的浪费的食物减少了 44%。门到门有机食品公司也负责任地对待顾客。所有递送都有满意保证——

如果顾客有一丝不悦，公司会立刻采取措施进行改善。正因为其社会使命的指导，公司得以不断繁荣发展，这表明做好事既可以造福这个星球，也可以使公司受益。

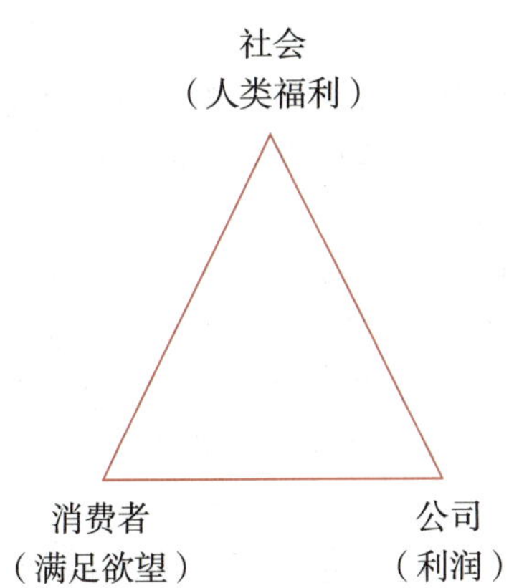

图 1-4　社会营销观念的基本要素

制订整合的市场营销计划和方案

公司的市场营销战略阐明了公司的目标顾客，以及如何为这些顾客创造价值。下一步，市场营销者应制订整合的市场营销计划，切实地向目标顾客递送计划好的价值。市场营销计划将市场营销战略转化为建立顾客关系的切实行动，这往往要用到市场营销组合，即公司用于执行市场营销战略的一套营销工具。

主要的市场营销组合工具可分为四大类，称为市场营销的 4P：产品（product）、定价（price）、渠道（place）和促销（promotion）。为传递自己的价值主张，公司必须首先创造能够满足需要的市场提供物（产品）。然后，确定为这一市场提供物收取多少费用（定价），以及如何使消费者买到该市场提供物（渠道）。最后，它还必须与目标顾客就该市场提供物的利益进行沟通，说服他们相信并购买（促销）。企业必须综合运用这些市场营销组合工具，制订细致、周到的整合营销计划，向选定的顾客沟通和递送既定的价值。我们将在以后的章节中详细地考察市场营销计划和市场营销组合。

1.4　管理顾客关系与获取顾客价值

吸引顾客与管理顾客关系

市场营销过程最初的三个步骤——理解市场和顾客需要、设计顾客导向的市场营销战略以及构建市场营销计划——都是为了第四步也是最重要的步骤：建立有价值的顾客关系。下面，我们首先讨论顾客关系管理的基础，然后考察公司如何在当今的数字和社交营销时代更深层次地吸引顾客。

顾客关系管理

顾客关系管理（也称客户关系管理）也许是现代市场营销最重要的观念。**顾客关系管理**（customer relationship management）可以广义地理解为通过递送卓越的顾客价值和满意，来建立和维持盈利性的顾客关系的整个过程。它涉及获得、维持和发展顾客的所有方面。

关系建立的基础：顾客价值和满意。建立持久顾客关系的关键是创造卓越的顾客价值和满意。满意的顾客更容易成为忠诚的顾客，并为公司带来更大的生意份额。

吸引和留住顾客是一项艰巨的任务。顾客常常面对大量可供选择的产品和服务。他们会选择能提供最高的顾客感知价值的公司。**顾客感知价值**（customer-perceived value）指与其他竞争产品相比，顾客拥有或使用某种市场提供物的总利益与总成本之间的差异。重要的是，顾客常常不能"准确"或"客观"地判断价值，他们依照感知价值行事。

对有些消费者而言，价值可能意味着以实惠的价格买到质量过得去的产品；对另一些消费者而言，价值却意味着以较高的价格换得优质产品。例如，斯坦威（Steinway）钢琴价格奇高，但是对那些拥有它的人而言，斯坦威就意味着高价值。[13]

一架斯坦威三角钢琴售价通常从61 000美元到数百万美元不等，最畅销的一款售价大约87 000美元。但是询问任何一位拥有斯坦威三角钢琴的人，他都会告诉你，说起斯坦威钢琴，价格根本不重要，斯坦威带来的体验才是关键。斯坦威制造品质卓越的钢琴——每一架斯坦威钢琴都有12 000多个零部件，用长达一年的时间手工精心打造而成。更加重要的是，斯坦威带给购买者一种神秘性。该品牌激发人们对经典音乐会舞台和160多年来演奏过它的名流和大师们的联想。不过，斯坦威并非仅仅以世界级钢琴家和富人为目标市场。99%的斯坦威买家是业余爱好者，他们只在自家休息室中弹奏。

与价格便宜的产品相比，斯坦威钢琴值那么昂贵的价格吗？对大多数消费者而言，答案是否定的。但对斯坦威的顾客而言，无论斯坦威价格是多少，都无法与拥有它的价值相提并论。正如一位斯坦威所有者所言："在我看来，没有斯坦威的钢琴家就像失去声音的歌者。"另一位说道："我与斯坦威钢琴的友谊是我生命中最重要和最美之所在。"谁能为如此美妙的感情标价呢？

顾客满意（customer satisfaction）取决于顾客对产品的感知效能与顾客预期的比较。如果产品的效能低于预期，顾客不满意。如果效能符合预期，顾客满意。如果效能超过预期，顾客非常满意或者惊喜。

杰出的市场营销者会想方设法使重要的顾客感到满意。大多数研究表明，高水平的顾客满意产生高水平的顾客忠诚，进而产生更好的公司业绩。精明的公司只承诺自己能够做到的，然后比所承诺的给予更多来取悦顾客。满意的顾客不仅会重复购买，还会成为热心的市场营销伙伴和"顾客传教士"，积极地向他人传播自己的美好体验。

对打算取悦顾客的公司而言，预期价值和服务是构成公司整体文化的重要组成部分。例如，里昂比恩户外用品公司（L.L.Bean）——美国代表性的户外服装和设备零售商自始至终坚信，保持顾客满意是建立持久关系的关键。[14]

年复一年，里昂比恩稳居各大优秀服务公司榜单的前十，包括 J.D.Power's 最近的“客户服务冠军”榜。客户服务文化早已深植于里昂比恩。100 多年前，里昂·里昂伍德·比恩（Leon Leonwood Bean）基于完全顾客满意的哲学创立了这家公司。“我完全不考虑销售，而追求直到商品损耗了消费者仍然满意。”到那时，消费者可以退还任何东西，没二话，即使是数十年前购买的。

创始人里昂对“谁是顾客?”这一问题的回答很好地总结了公司的顾客服务哲学。他的答案仍然是该公司价值观的支柱：“顾客——无论到店惠顾的还是邮购的——都是公司最重要的人。不是顾客依赖我们，而是我们依赖他们。顾客的到来和问询不是打断了我们的工作，而是我们工作的目的。为顾客服务不是我们在帮助他们，而是他们通过给我们这样做的机会来帮助我们。顾客不是用来争论和斗心眼的。与顾客争论没有赢家。顾客带来他们的欲求。我们的工作就是为他们也为我们自己满足这些欲求并盈利。”里昂比恩的前 CEO 里昂·格尔曼（Leon Gorman）补充说：“说到顾客服务，不少人有生动有趣的故事，但是说到底，它就是日复一日、永无止境、坚持不懈的富有同情心的善意行动罢了。”

还有很多公司，例如 Zappos、亚马逊、福乐鸡（Chick-fli-A）、诺德斯特龙百货和捷蓝航空等，都有各自的服务传奇。即便没有过多的服务，企业也能让顾客高兴。例如，即使顾客必须容忍自己装袋、不能使用信用卡等不方便，廉价连锁超市奥乐齐（ALDI）仍然拥有大量高度满意的顾客。奥乐齐以天天低价出售优质产品使顾客高兴和一再惠顾。因此，顾客满意不仅仅依靠服务的英雄事迹，更有赖于公司能否根据基本的价值主张递送服务，帮助顾客解决购买问题。“大多数顾客并不想要惊喜，”一位营销咨询专家说，“他们 [只是] 想要便利的体验。” [15]

尽管以顾客为中心的企业努力递送优于竞争者的顾客满意，但它们并不试图使顾客满意最大化。公司固然能够通过降低其价格或增加服务来提高顾客满意度，但这样做也往往会导致利润降低。市场营销的目的是创造有利可图的顾客价值。这要求非常精妙的平衡：市场营销者必须持续创造更多的顾客价值和满意，又不使自己赔得倾家荡产。

顾客关系水平与工具。公司可以根据目标市场的特点，将顾客关系划分为不同的等级。一种极端的情况是，拥有众多低毛利顾客的公司会追求与他们建立基本的关系。例如，耐克并不联系其所有顾客以获得个人信息，而是通过品牌广告、公共关系及其大量的网站和应用程序培育顾客关系。另一种情况是，拥有数量较少但毛利很高的顾客的公司则希望与关键顾客建立紧密的关系。例如，耐克的销售代表与运动权威（Sports Authority）、迪克运动用品（Dick's Sporting Goods）、富乐客（Foot Locker）及其他大型零售商密切合作。在这两种极端情况之间，还有一系列其他水平的顾客关系。

除了提供一贯的高价值和满意，市场营销者还可以运用特殊的营销工具与顾客建立牢固的关系。例如，许多公司现在提供常客计划，回报那些经常购买或大量购买的顾客。航空公司提供常旅客计划，酒店为常客升级客房，超市为“非常重要的顾客”提供惠顾折扣等。

如今，大多数处于领先地位的公司都建立了顾客忠诚和保持计划。这些计划可以巩固和强化顾客的品牌体验。例如，捷蓝航空公司的“真诚捷蓝忠诚计划”除提供一般的飞行里程奖励之外，增加了一些诸如取消失效期和家庭分享之类的优惠。更重要的是，捷蓝计划提供个性化顾客体验。每位“真诚捷蓝”的会员都有定制的网页和移动页面，记录表显示可用积分、捷蓝旅行历史记录、捷蓝忠诚计划合作伙伴的链接，以及旅行和航班计划等详细信息。个性化的页面不仅便于“真诚捷蓝”的会员有效管理自己的积分和奖励，而且是便捷的一站式旅行计划工具，完全符合会员个人的特征。一位会员这样描述：“一旦成为‘真诚捷蓝’的正式会员，你会高兴得发疯，赶紧填写你的个人信息，上传用蓝色滤镜自拍的酷炫照片作为自己的会员头像，挑选你最爱的捷蓝目的地，甚或创造一个终极梦想的蓝脊山（Blue Ridge Mountain）之旅，并添加到你的‘真诚捷蓝’心愿单上。”捷蓝向其会员保证：“真诚捷蓝。你若忠诚，我定不负。”[16]

顾客 - 品牌关系的性质与特点正发生巨大的变化。当今的数字技术——互联网络、移动通信以及社交媒体的发展——从根本上改变了这个星球上人与人之间的联系方式。进而，这些变化也显著地影响着公司及其品牌如何与顾客建立联系，以及顾客之间如何相互联系并影响彼此的品牌行为。

顾客契合与现代数字和社交媒体

数字时代涌现出许多有助于建立顾客关系的新工具，从网站、网络广告和视频、移动广告和应用程序、博客，到诸如推特、脸书、YouTube、Instagram 和 Pinterest 等重要网络社群和社交媒体。

以往公司主要集中于面向广大细分市场的大众营销。如今可大不相同了，许多公司运用网络、移动通信和社交媒体精确地瞄准并吸引顾客深度参与和互动。传统营销涉及向顾客推广品牌，新营销则注重**顾客契合营销**（customer-engagement marketing）——在形成品牌对话、品牌体验和品牌社群中培养直接和持续的顾客参与。顾客契合营销不仅仅是向顾客推广品牌，其目标是使品牌成为顾客谈话和生活的重要组成部分。

迅猛发展的互联网和社交媒体推动顾客契合营销的快速增长。如今的消费者比以往更加消息灵通、联系紧密，也更强势。他们通过大量的数字平台便捷地发布并与其他消费者分享对品牌的看法。因此，市场营销者现在不仅要进行顾客关系管理，而且涉及顾客管理的关系（customer-managed relationship），即顾客与公司和其他顾客联系以形成他们自己的品牌体验。

顾客控制能力的提高意味着，公司在建立顾客关系时不能再仅仅依赖灌输式的市场营销，而必须加强吸引式营销——创造市场提供物和信息吸引顾客主动参与，切忌一味地解释和灌输。于是，大多数市场营销者现在用网络、移动和社交媒体营销组合来拓展自己在大众媒体上的营销努力，来促进品牌与顾客之间的密切关系和沟通。

例如，公司在社交媒体网站上发布最新的广告和视频，希望它们引发关注和谈论。在推特、YouTube、脸书、Google+、Pinterest、Vine 和其他社交媒体维持密集的展示，以创造品牌蜂鸣效应。为了与顾客建立更加个性化、互动性更强的关系，公司还纷纷推出自己的博客、移动应用程序、微网站和顾客生成的评价系统。

以推特为例，从戴尔、蓝捷航空和唐恩都乐，到芝加哥公牛和洛杉矶消防局等各种组织，如今都创建了自己的推特页面开展宣传。它们运用微博与超过 3.07 亿推特注册用户发起对话，处理顾客服务问题，研究顾客反应，引流至相关文章、网络和移动营销网站，开展竞赛，发布视频以及其他品牌活动。

类似地，如今几乎所有公司都在用脸书。星巴克在脸书上有超过 3 600 万粉丝；可口可乐有 9 600 万。主要品牌的营销者都拥有 YouTube 频道，用于发布最新的品牌广告和其他娱乐或信息视频。Instagram、领英（LinkedIn）、Pinterest、Snapchat、Vine 在营销领域的运用都迅猛增长，这赋予品牌更多的途径吸引顾客参与和互动。巧妙地运用社交媒体能够有效地吸引消费者关注并积极参与谈论品牌。

顾客契合营销的关键是找到合适的方式加入消费者的社交谈话，引入有趣和重要的品牌信息。简单地发布幽默视频、制作社交媒体主页或者建立博客是不够的。不是所有的顾客都愿意与品牌进行深入和频繁的互动。成功的契合营销意味着对顾客的生活和谈话有重要和真实的贡献。以 T 恤和服装制造商“美好生活”（Life is good）为例[17]：

> 最初，“美好生活”品牌有真诚和值得投入的使命感：传播乐观的力量。该品牌帮助人们敞开心扉，与其他人建立联系和互动。其“生活如此美好”口号本身就最好地诠释了该公司极具感染力的哲学，而杰克（Jake）——那个戴着贝雷帽、无忧无虑的乐天形象，很快成为一种流行文化标志。“美好生活”用善举有力地支持其乐观主义哲学，每年将其净利润的 10% 捐赠给需要帮助的儿童。
>
> 网络与社交媒体是“美好生活”分享信息的最完美途径。如今，该品牌培养了一个庞大的乐天派社群，有超过 260 万脸书粉丝、在推特和 Instagram 上的粉丝分别为 30.4 万和 3.3 万，还有一个活跃的 YouTube 频道。不过，最强大的互动平台还属该品牌自己的网站——Lifeisgood.com，互联网上最具顾客契合度的最活跃的网站。该网站的“好好生活”（Live It）栏目让品牌粉丝们尽情地“随时分享”。在那里，他们分享照片、视频和故事，展示品牌在他们尝试和获得成功喜悦时的作用。对“美好生活”而言，真正的契合就是超越出售产品的意义深刻的关系。“美好生活”的 CEO 伯特·雅各布斯（Bert Jacobs）说：“只靠你自己无法建立品牌，我们已经步入了一个顾客与你合作书写品牌故事的时代。”

消费者生成的营销

消费者生成的营销（consumer-generated marketing）是顾客契合营销的一种形式，强调消费者在形成自己和他人的品牌体验中起到越来越重要的作用。这主要体现在消费者在博客、视频分享网站、社交媒体和其他数字论坛中自发地交换信息和看法。公司也越来越多地邀请消费者参与形成产品和品牌信息的过程，并承担更加积极的角色。

一些公司向消费者征集新产品和服务的创意。例如，乐高创意（LEGO Ideas）网站邀请顾客提交和评选新乐高拼装玩具的创意。借助“我的星巴克创意”网站（My Starbucks Idea），星巴克收集顾客关于新产品、店铺改善和任何可能提升顾客星巴克体验的想法与建议。“你比其他任何人都更了解自己想从星巴克得到什么，”公司的网站上说，“所以，请告诉我们你对星巴克有什么想法和建议，无论大小，我们都渴望倾听。”该网站邀请顾客分享他们的想法，评选和讨论其他人的建议，找到可以付诸实施的优秀创意。[18]

有些公司邀请顾客在广告和品牌内容的创作中发挥积极作用。例如，整整 10 年，百事公司的立体脆（Doritos）品牌每年都会举办“冲击超级碗”广告竞赛，邀请消费者创作时长 30 秒的广告，从中挑选最优秀的作品在超级碗期间播出。该竞赛在全球吸引了数千参加者，最受欢迎的消费者生成广告常常跻身《今日美国》广告排行榜前五。在“冲击超级碗”取得巨大成功的基础上，立体脆现在开展了一项新的运动，全年创造粉丝制作的趣味广告和其他营销内容。[19]

许多品牌将用户生成的社交媒体内容融合进自己的传统营销和社交媒体运动之中。例如，激浪（Mountain Dew）激发和利用用户生成的内容创造蜂鸣效应，在短时间内成功地重新推出其标志性的巴哈风味产品。以一次试探性的 Rogue Wave 乐队社交媒体运动起步，它在脸书、Snapchat、Instagram 和推特上发布撩人消息暗示巴哈风味产品回归。例如，激浪在 Snapchat 上发布瓶子的短片段。激浪粉丝反响热烈，推特和其他社交媒体上的讨论如潮水一般。“我们只是试探性地开了个头，很快激浪迷们就欢呼雀跃并呼吁传言尽快落实，”激浪的数字品牌经理说道，“甚至有粉丝将过去几天巴哈的图片制成了拼贴图画，向其他的激浪粉丝保证巴哈就要回来了。”激浪于是将消费者的推特融入在社交媒体和男性生活方式网站上播放的广告之中。结果：网上关于巴哈的话题暴涨 170%。[20]

尽管有许多成功的实例，但利用消费者生成的营销内容也可能是一个耗费时间和金钱的过程，公司可能会发现很难去芜存菁地找到真正的好作品。而且，因为消费者对社交媒体内容的生成及传播有很大的控制权，邀请他们参加即使看上去无害的社交媒体运动也可能引发事与愿违的后果。例如，麦当劳曾经利用推特开展了一场营销运动，以“#麦当劳故事”（#McDStories）为话题标签，鼓励人们畅谈有关开心乐园餐（Happy Meals）的感人故事。没想到遭到一位推特用户的干扰，将之改为具有负面影响的标签让人们发布在麦当劳连锁店就餐的糟糕经历。麦当劳被迫在仅仅两小时后撤回该运动，但该负面话题引发的大量不利影响仍然持续了数周。[21]

随着数字和社交媒体技术持续发展，消费者变得更具联系性和影响力，消费者品牌管理——无论营销者是否邀请——消费者生成的营销已经成为一种重要的营销力量。借助大量消费者生成的视频、评论、博客、移动应用程序和网站，消费者在形成自己和他人的品牌体验中发挥着越来越重要的作用。除了引发品牌讨论，顾客在从产品设计、用途、包装到品牌信息、定价和分销等各个方面的影响日益加强。品牌需要接受并利用这种消费者能力，掌握新的数字和社交媒体关系工具及其蕴含的潜在风险。

伙伴关系管理

如今的市场营销者明白，在创造顾客价值和建立牢固的顾客关系时，自己无法孤军奋战，而必须与各市场营销伙伴密切合作。除了善于管理顾客关系，市场营销者还必须擅长**伙伴关系管理**（partner relationship management）——与公司内部和外部的其他人紧密合作，共同为顾客创造和递送更多价值。

传统上，市场营销者负责理解顾客，向公司内部其他部门解释顾客需求。但是，在当今联系日益紧密的世界中，每个职能领域都可能与顾客互动。新的理念是，无论你在公司从事什么工作，都必须理解市场营销并以顾客为中心。公司不再让每个部门各自为战，而是将所有的部门整合到创造顾客价值的事业之中。

营销者还必须与供应商、渠道伙伴以及其他外部成员建立伙伴关系。营销渠道由分销商、零售商以及其他在公司与购买者之间起到媒介作用的组织构成。供应链指从原材料延展到零部件，再到向最终顾客提供产成品的过程，犹如一条长长的通路。如今许多公司正通过供应链管理，强化自己与供应链中各种伙伴之间的联系。它们明白，自己的财富不仅仅取决于自己的优良业绩。要想成功地建立顾客关系，还必须依赖整条供应链与竞争对手相比是否业绩更佳。

获得顾客价值

市场营销过程的最初四个步骤涉及通过创造和递送卓越的顾客价值建立顾客关系（见图1-1）。最后一步则是获得以当前和未来的销售、市场份额及利润等形式表现的回报。通过创造卓越的顾客价值，企业赢得高度满意的顾客，他们会保持忠诚并重复购买。这对公司而言，意味着更高的长期回报。在本章的这一部分，我们将讨论创造顾客价值的结果：顾客忠诚和维持，顾客份额，以及顾客权益。

建立顾客忠诚和维持

良好的顾客关系管理产生顾客愉悦。反过来，愉悦的顾客保持忠诚，并向其他人积极地介绍公司及其产品。研究表明，不太满意、某种程度上满意和完全满意的顾客在忠诚度上存在很大差异。即使与完全满意只有细微差别，也可能导致忠诚度的显著降低。于是，顾客关系管理的目标不仅仅是创造顾客满意，还包括顾客愉悦。

维护顾客忠诚的经济意义显而易见。忠诚的顾客通常花费更多，停留的时间也更长。研究还显示，争取一位新顾客与保留一位老顾客相比，前者的成本要高5倍。失去一位顾客的后果远不止损失一笔订单那样简单，而是意味着失去这位顾客一生中可能购买的总量。例如，以下有一个关于**顾客终身价值**（customer lifetime value）的经典解释。[22]

斯图尔特·莱昂纳多（Stewart Leonard）在康涅狄格州和纽约州经营着一家高盈利的连锁超市，有4家分店。他说，每当看到一位生气的顾客，就好像看到5万美元从他的商店飞走了。为什么？因为他的顾客平均每周消费约100美元，一年按50周计算，一般可以保持10年左右。如果这个顾客因不愉快的体验而转向另一家超市，斯图尔特·莱昂纳多的商店就会损失总计5万美元的收入。而且，一旦这位失望的顾客与其他顾客分享他那不愉快的体验而导致他们也离开的话，商店的损失会更大。

为了保持顾客的回头率，斯图尔特·莱昂纳多的商店创造了被《纽约时报》（*New York Times*）称为“店中迪士尼”的经营模式，包括化妆的卡通人物、定时的娱乐活动、宠物乐园以及动漫人物。自1969年从一家小型日用品商店艰难起步，斯图尔特·莱昂纳多的商店以令人吃惊的速度发展。它在原店的基础上一再扩张，现在每周能为30万名顾客提供服务。一大群忠诚购物者是商店为顾客提供热情服务的结果。斯图尔特·莱昂纳多奉行以下原则：“原则1——顾客永远正确；原则 2——如果顾客错了，参见第一条！”

在获取顾客终身价值的市场营销实践中，斯图尔特·莱昂纳多的商店并不缺少同道中人。例如，雷克萨斯（Lexus）估测出一位满意和忠诚顾客一生中会购买价值超过 60 万美元的产品。据估计，一位星巴克顾客的终身价值可达 1.4 万美元。[23] 实际上，即使在某次特定的交易上赔钱，公司仍然可以从长期的关系中获得利益。这意味着，公司必须致力于建立顾客关系。顾客愉悦能够在顾客与品牌之间创造一种情感联系，而不仅仅是理性偏好。正是这种联系使顾客一再惠顾。

提高顾客份额

好的顾客关系管理不仅能够留住好顾客以获得顾客终身价值，而且有助于市场营销者提高他们的**顾客份额**（customer share）——顾客所购买的某公司的产品占其同类产品购买量的比重。因此，银行希望增加“钱包份额”，超市和酒店希望获得更多的“美味份额”，汽车公司希望提高“汽油份额”，而航空公司则希望获得更多的“旅行份额”。

为提高顾客份额，公司想方设法为现有顾客提供多样化的产品和服务，或利用交叉销售和增值销售向现有顾客营销更多的产品和服务。例如，亚马逊在这方面可谓技巧高超，它利用与 2.37 亿顾客的关系来提升自己在每位顾客的支出预算中所占的份额。[24]

一旦登录亚马逊网站，顾客的购买数量常常超出计划。亚马逊竭尽所能促成这样的效果。这个网上巨头持续扩展商品种类，创造理想的一站式购物空间，并根据每位顾客以往的购买和搜索记录，推荐其可能感兴趣的相关产品。这一推荐系统对总销售的贡献超过 30%。亚马逊设计的独特而精巧的亚马逊超级会员服务（Amazon Prime）提供两天内送货到家服务，也有利于其抢占顾客的“钱包份额”。超级会员只需支付 99 美元的年费，就可以享受所购商品——无论是一本普通的笔记本还是一台 60 英寸的高清电视机——两天内送达的优质服务。根据一位分析人员所言，亚马逊超级会员服务项目“将偶然间随意逛逛的顾客转变为对在亚马逊购物成瘾的人，他们对下单后两天内就看到东西稳妥地送到手上充满期待和感激”。结果，亚马逊全美销售的一半以上来自其 5 400 万超级会员。平均而言，一名超级会员比非超级会员多花费 1.8 倍。

建立顾客权益

我们现在理解了不仅获得顾客很重要，维持和发展顾客更重要。公司的价值来自其当前和未来的顾客。企业需要对顾客关系管理从长计议，不仅希望赢得有价值的顾客，而且希望能够一直“拥有”他们，争取更大的购买份额，获得他们的终身价值。

什么是顾客权益。顾客关系管理的最终目标是产生高的顾客权益。[25] **顾客权益**（customer equity）是企业现有和潜在顾客的终身价值的贴现总和。因此，它可以衡量顾客基础的未来价值。显而易见，企业拥有的有价值的顾客越忠诚，其顾客权益就越高。与当前的销售和市场份额相比，顾客权益是衡量公司业绩更好的指标。销售和市场份额反映的是过去，顾客权益则意味着未来。以凯迪拉克（Cadillac）为例。[26]

20世纪七八十年代，凯迪拉克拥有行业内最忠诚的顾客。对整整一代汽车购买者而言，“凯迪拉克”的品牌定义了美国式的奢华。1976年，凯迪拉克在豪华轿车市场的份额高达令人赞叹的51%。从市场份额和销售来看，该品牌的前景一片光明。然而，对顾客权益的测量却为此蒙上一层阴影。凯迪拉克的顾客正在渐渐老去（平均年龄60岁），平均顾客终身价值正在下降。许多凯迪拉克的购买者买的是他们的最后一辆车。所以，尽管凯迪拉克的市场份额很高，但其顾客权益则不然。

与之相比，形象更加年轻也更具活力的宝马虽然在早期的市场份额之战中失利，但因其更年轻的顾客拥有更高的顾客终身价值而在顾客权益上远远胜出。随后几年，宝马的市场份额和利润一路飙升，而凯迪拉克的财富却被侵蚀得相当厉害。宝马于20世纪80年代击败了凯迪拉克。最近几年，凯迪拉克竭尽全力瞄准更年轻的消费者，凭借前卫和高性能的设计再次焕发活力。现在，该品牌基于“动力、性能和设计”等属性有效对抗宝马和奥迪，展开营销宣传，将自己定位为“世界的新标准”。但是，过去10年，凯迪拉克在豪华轿车市场的份额一直停滞不前。请记住：市场营销者不应该仅仅关注当前的销售和市场份额。顾客的终身价值和顾客权益才是根本。

与恰当的顾客建立恰当的关系。公司应该谨慎地管理顾客权益，应该把顾客视为需要管理和使之最大化的资产。但是并非所有顾客，甚至不是所有忠诚的顾客，都是好的投资。令人吃惊的是，一些忠诚顾客可能是无利可图的，而一些不忠诚的顾客倒可能是有价值的。公司应该争取和留住哪些顾客呢？

公司可以根据潜在盈利性将顾客分类并相应地管理顾客关系。图1－5根据顾客的潜在盈利性和忠诚度将顾客划分为四个群体。[27] 每个群体需要不同的顾客关系管理战略。“陌生人”代表低潜在盈利性和低忠诚度。公司的提供物不符合他们的需要。对这些人的关系管理战略很简单：停止投资；在每一笔交易上挣钱。

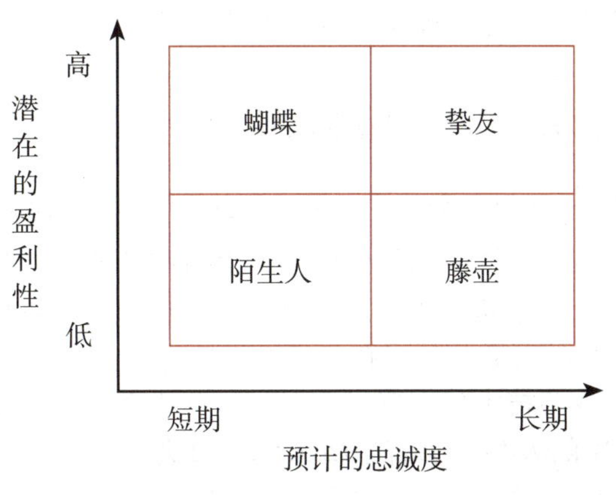

图1－5 顾客关系群体

“蝴蝶”具有高潜在盈利性但不够忠诚。在公司的提供物和他们的需要之间存在很好的适配性。但是，就像现实中的蝴蝶一样，我们只能欣赏它们一小会儿，它们就会飞走。股票市场的投资者就是一例，他们经常大量地交易股份，但始终在寻求最好的交易，不会与任何一家经纪公司建立稳固的关系。将“蝴蝶”转化为忠诚顾客的努力很少成功。相反，公司应该暂时欣赏“蝴蝶”。可以运用促销手段吸引他们，达成满意又有利可图的交易，即充分获取其价值，然后停止对他们的投资，直到下一次循环开始。

“挚友”是既有价值又忠诚的顾客。他们的需要和公司的提供物之间有很强的适配性。企业希望进行持续的关系投资来取悦这些顾客，并培育、留住他们和增加他们的数量。企业还希望将“真正的朋友”转化为“真正的信仰者”，后者经常惠顾并将自己的良好体验告诉其他人。

“藤壶”非常忠诚，但不能为公司带来盈利。他们的需要与公司的提供物之间的适配性有限。银行的小型顾客就是一例。他们经常去银行，但产生的回报不足以弥补维持和管理其账户的成本。就像吸附在船身上的藤壶，对船的行进是一种拖累。这类顾客也许是最有争议的。通过向他们出售更多产品、提高费用或减少服务，公司也许能够提高他们的盈利性。但是，如果他们不能为公司带来利润，就应该放弃。

关键之处是：不同类型的顾客要求不同的关系管理战略。企业的目的是与恰当的顾客建立恰当的关系。

1.5 市场营销领域的新变化

每天，市场中都发生巨大的变化。惠普公司的理查德·乐福（Richard Love）注意到，变化的速度是如此之快，以至于应对变化的能力现在已经成为一种竞争优势。富有传奇色彩的纽约扬基队接球手和管理者尤吉·贝拉（Yogi Berra）言简意赅地总结道：“未来可不同以往。”市场在变化，为其提供服务的人也必须随之改变。

在这一部分，我们考察给市场营销领域带来深刻变革和挑战市场营销战略的主要趋势和力量。我们将讨论五种主要的发展趋势：数字时代、变化中的经济环境、非营利组织的市场营销、迅速全球化，以及可持续市场营销。

数字时代：网络、移动和社交媒体营销

数字技术的迅猛发展彻底改变了我们的生活方式——我们如何沟通、分享信息、娱乐和购物。欢迎来到物联网时代——所有事物和所有人都数字化地联系在一起。据估计，33 亿人——占世界人口的 46%——是网民。64% 的美国成年人现在使用智能手机。这些数据随着数字技术在未来的发展，还会继续增长。[28]

大多数消费者被数字技术包围着。例如，一项研究表明，71% 的美国人睡觉时把手机放在枕边，3% 的人甚至拿着手机入眠。过去几年，美国人平均每天花在数字媒体上的时间（5.25 小时）已经超过了看电视的时间（4.5 小时）。[29]

消费者对数字和移动技术的热爱和追逐为市场营销者吸引顾客参与提供了沃土。所以不必惊讶，互联网、数字技术和社交媒体的进步已经给营销界带来改天换地的变化。**数字和社交媒体营销**（digital and social media marketing）涉及运用数字营销工具，诸如网站、社交媒体、移动广告和移动应用程序、网络视频、电子邮件、博客和其他数字平台，随时随地吸引消费者借助他们的电脑、智能手机、平板电脑、网络

电视和其他数字设备参与和互动。如今，几乎所有的公司都在运用多个网站、新颖的推特和脸书主页、YouTube 上的病毒广告和视频、富媒体电子邮件和移动应用程序，来影响消费者，解决消费者的问题，帮助他们购物。

最起码，市场营销者可以建立公司和品牌网站，提供信息和促销公司的产品。许多公司还创建品牌网络社群，顾客在此汇聚和交换与品牌相关的趣事和信息。例如，宠物零售店 Petco 的品牌社群是一个“宠物爱好者联系、分享和学习”的地方，有专注于狗（“犬吠”）、猫（“喵喵”）、鱼（“水花四溅”）、鸟（“啁啾”）、爬行动物（“嘶嘶声”）和其他各种宠物的博客和论坛。索尼的 PS 游戏论坛是一个 PS4 游戏迷们汇聚的网上中心。在这里，游戏迷们可以追踪社交媒体关于 PS4 的信息，观看最新的 PS4 视频，发现哪款 PS4 游戏在社交网络上即将流行，分享内容，以及与其他粉丝互动——而且，这一切全都是实时的。[30]

大多数公司不仅设立网站，还将社交和移动媒体整合进营销组合。

社交媒体营销

很难找到一个品牌网站，甚至一则传统媒体的广告没有提供与该品牌在脸书、推特、Google+、领英、YouTube、Pinterest、Instagram 和其他社交媒体平台上的链接。社交媒体提供令人兴奋的机会，拓展顾客参与和让人们谈论品牌。

一些社交媒体规模巨大，脸书月活跃成员超过 15.9 亿，Instagram 月活跃用户在 4 亿以上，推特月用户超过 3.15 亿，Google+ 月访问者达到 3 亿，Pinterest 吸引了 1 亿多用户。而其他更加聚焦的社交媒体也很繁荣，例如 CafeMom 是一个由 2 000 万妈妈组成的网上社群，她们在该社群的网站、脸书、推特、Pinterest、YouTube、Google+ 和移动网站上分享建议、趣事和情感。即使是不起眼的小网站也可以吸引活跃的受众，例如观鸟者喜爱的 Birdpost.com，编织爱好者喜爱的 Ravelry.com，等等。

网上社交网络营造了一个数字化的家，人们可以彼此联系、分享信息和生活中的重要时刻。正因为如此，它们为即时营销（real-time marketing）提供了理想的平台，市场营销者能够通过将品牌与重要的热点话题、真实事件、个人遭遇，或者发生在消费者生活中其他重要的事情联系起来，即时地吸引顾客参与（参见营销实例）。

营销实例　即时营销：在当下吸引顾客参与

有一件趣事发生在新奥尔良举办的第 47 届超级碗上。第三场比赛开始的时候，梅赛德斯奔驰体育场的灯光突然熄灭。在 71 000 名现场观众和 1.06 亿电视观众焦急的等待中，工程师勤奋地工作了足足 34 分钟才恢复了光明。尽管断电对体育场管理者和 CBS 体育台而言是灾难，对运动员和粉丝而言是烦心事，但至少有一位市场营销者将其视为机会。停电后不久，纳贝斯克食品公司（Nabisco）的奥利奥品牌在推特发出了一条简单的信息：“停电？没什么大不了的，你仍然可以在黑暗中泡一泡。”

这条现在出名了的推特，当时从提出构想并获得批准只用了短短几分钟时间，为奥利奥吸引的注意力超过了这一品牌投入巨大的第一半场广告。一小时内，这条“在黑暗中泡一泡”的信息被转发了将近 16 000 次并在脸书收获超过 20 000 个赞，导致了数千万次有利的曝光。在随后的数天里，有大量媒体报道此事，奥利奥被誉为“赢下了停电超级碗赛事的品牌”。对一个饼干厂商的一次应景调侃而言，这一成就相当令人惊叹。

奥利奥成功的超级碗俏皮话引发了即时营销的井喷式发展。各种各样的品牌从那时起开始试图创作自己的“奥利奥时刻”，通过实时发推特、视频、博客和社交媒体信息，把营销内容和真实事件及潮流话题联系起来。

现在，很多即时营销把努力集中于大媒体事件，例如超级碗、格莱美奖和奥斯卡奖。这些事件让营销者吸引大量现有的观众。例如，当得知自己的重量级大片《乐高大电影》（The LEGO Movie）没能在最近的奥斯卡奖上获得最佳动画长片奖，乐高公司立刻把这一挫折转化成了颁奖典礼进行期间与观众实时互动的机会。在电影中那首奥斯卡提名的主题曲响起时，演员们在观众中拿出用金色乐高积木拼成的奥斯卡奖杯以示庆祝。与此同时，这一品牌通过推特上传实时图片和信息“#奥斯卡现场#一切都很酷！”配上梅里尔·斯特里普（Meryl Streep）、克林特·伊斯特伍德（Clint Eastwood）、奥普拉·温弗瑞（Oprah Winfrey）和布莱德利·库珀（Bradley Cooper）等明星与乐高奖杯的合影，“#乐高奥斯卡”瞬间成为推特上最热门的话题。

其他公司则用实时的营销努力把品牌和对顾客而言重要的事件联系起来。星巴克长久以来一直以这种方式开展即时营销。例如，2013 年初冬季风暴“尼莫”袭击美国东北部，带来强降雪和狂风。星巴克在推特和脸书上提议给受灾地区的顾客免费提供“雪天咖啡”。“我们希望展示优良的（和与时俱进的）姿态。”一位星巴克的数字营销官说。在另一个例子中，红顶旅馆（Red Roof Inn）经常性地把来自航班追踪服务公司 FlightAware 的航线航班信息与谷歌的在线搜索广告系统联系起来，以此向面临航班取消的滞留旅客实时播送广告。例如，当芝加哥的奥黑尔国际机场（O’Hare）遭遇一大波航班取消时，红顶旅馆设法在 3/4 的“奥黑尔附近的酒店”谷歌搜索结果中保有头条广告位，结果这些搜索中有 60% 跳转到了它的订房页面。

公司有时候会组建临时的即时营销指挥中心，或者叫“作战室”，用来在重大事件期间产生快速回应甚至反击竞争对手的招数。例如，每当苹果公司推出新款 iPhone，其首席执行官还在舞台上揭晓新手机的各种功能时，三星的营销人员就已经在社交媒体平台发布即时信息“下一个最好的东西已经在这里了”。这种战略让三星得以利用网上围绕苹果发布会的讨论来推广自己的产品。

倘若做得好，即时营销可以立刻吸引消费者互动，并且提高品牌的关联性。但做得不好，即时互动则会导致不小的尴尬或不当的冒犯。很多时候，品牌仓促间将孤立的广告或者信息投入社交渠道，希望能撞个大运，做成一件希望不大的事情。但准备不足的即时营销可能彻底失败或者无法取得预期的效果。更糟糕的是，自卖自夸的即时信息很容易适得其反，给品牌增添机会主义和与现实脱节的色彩。

草率的营销尝试极少成功。恰恰相反，为了持续成功，企业必须制定战略使品牌成为消费者生活中极具吸引力的重要部分，即时营销只是这个企业范围更广的、深思熟虑的战略的有机构成。不要仅凭在某些展示活动中灵机一动的“奥利奥时刻”就奢望取得成功，一位战略专家指出，“跟上数字文化的速度实际上要求营销者提前计划”。另一位说：“作战室已经被野营地取代——实时营销需要内置于全年的战略之中。”明智的品牌建立机敏和持续的即时营销计划，在社交空间倾听顾客的看法和谈论，并随时用与顾客实时社交分享的动态相关联的重要营销内容做出回应。

例如，尽管奥利奥“在黑暗中泡一泡”的推特看上去纯属即兴为之，但实际上奥利奥为使品牌成为消费者日常交流的一部分设计了长期的即时营销努力，这次只是一系列努力的最新展现而已。在超级碗之前的好几个月，奥利奥就成功地开展了为期一百天的“每天扭一扭”运动。该品牌连续一百天发布与重要事件相关联、消费者创意的奥利奥饼干艺术。例如，火星探测器着陆奥利奥（打开的奥利奥饼干的红色奶油夹心上面有轮胎印记）、猫王周奥利奥（有摇滚之王的奥利奥饼干剖面）和鲨鱼周奥利奥（当然，有被鲨鱼咬掉一大口的印记）。“每天扭一扭”运动使奥利奥在脸书上的分享增加了 4 倍，Instagram 上的粉丝数量也从 2 200 人暴涨到 85 000 人。

奥利奥利用持续的社交媒体和移动营销运动在关键时刻吸引顾客互动，技巧高超地将品牌融入消费者的生活和日常交流之中。例如，广受欢迎的“扭一扭、舔一舔、泡一泡”移动游戏应用，吸引了 400 万用户浸泡 40 亿块虚拟奥利奥。随后，奥利奥又推出了时长 90 秒朗朗上口的《奥利奥饼干球》（Oreo Cookie Balls）说唱视频，在推特、YouTube 和其他社交媒体上发布，表现在年底假期如何制作和分享饼干球的妙招。视频一经发布迅速传播开来，仅在 YouTube 上的观看量就超过了 160 万次。在万圣节假期的《奥利奥实验室》（Oreo Laboratorium）——系列简单定格动画中，科学家们制造不同的奥利奥生物，让粉丝们给这些怪兽起名字。这些精华案例显示了奥利奥怎样让即时营销成为日常事件，从而将自己精准地置于消费者意识之中。

无论是否与社交动机、流行主题或事件、消费者的个人情景或者其他事情相关联，成功的即时营销背后的基本理念其实很简单：找到或创造品牌与消费者生活中正在发生的重要事情之间的持续联系，然后在关键时刻真诚地与消费者互动。一位营销经理建议，即时营销者应该等同于“在一个社交集会中遇到某人——你不应该唐突地上前搭讪，相反你需要尝试找到双方共同的兴趣点”。

资料来源：“Marketing in the Moments, to Reach Customers Online,” *New York Times*, January 18, 2016, p. B5; Danielle Sacks, “The Story of Oreo: How an Old Cookie Became a Modern Marketing Personality,” *Fast Company*, October 23, 2014, www.fastcocreate.com/3037068; Christopher Heine, “Ads in Real Time, All the Time,” *Adweek*, February 18, 2013, p. 9; Christopher Palmeri, “‘Lego Movie’ Picks Up Tweets Not Trophies at Academy Awards,” *Businessweek*, February 23, 2015, www.bloomberg.com/news/articles/2015-02-23/lego-movie-picks-up-tweetsnot-trophies-at-academy-awards-show; Tanya Dua, “You Can Still Dunk in the Dark, but You Don’t Need a War Room,” *Digiday*, February 4, 2016, http://digiday.com/agencies/super-bowl-war-room-rip/; and www.360i.com/work/oreo-daily-twist/ and https://twitter.com/oreo/status/298246571718483968, accessed September 2016.

运用社交媒体可能涉及比较简单的营销活动，例如通过竞赛或促销赢得脸书和推特上的点赞，或者 YouTube 上的发布。但如今，各种大型组织更乐于运用各种精心整合的社交媒体。例如，美国国家航空航天局（NASA）运用社交媒体的广泛组合来向下一代太空探索者宣传其“勇敢探索人类从未到达之处”的使命。NASA 有 480 多个社交媒体账户，涵盖各种主题和数字平台，拥有 1 400 万脸书粉丝、1 450 万推特好友、880 万 Instagram 好友和 7.6 万 YouTube 订阅者。NASA 有史以来最大的社交媒体运动之一是支持最近猎户座太空梭的测试发射，猎户座太空梭的最终目标是将人类带到诸如火星或小行星等遥远目的地[31]：

这场盛大的运动包括十几则 YouTube 视频《我登舱了》(I'm On Board)，由来自诸如《星际迷航》（Star Trek）和《无敌浩克》（The Incredible Hulk）等经典科幻影视作品中的演员出演。甚至《芝麻街》（Sesame Street）的玩偶艾摩（Elmo）也奉上了自己的支持，自豪地喊出"我登舱了"的登舱口令、与宇航员聊天，并在《芝麻街》的推特和其他数字平台上转发消息与发布信息。该运动还为社交媒体用户提供将自己的名字植入芯片带上太空梭的机会。此举吸引了超过 100 万人注册。在太空梭飞行期间，NASA 的社交媒体团队通过推特、脸书和 Instagram 定期向公众发布简报。总之，这次运动向人们展示了一个全新的 NASA。人们一度只是围坐在电视机前收看 NASA 的新闻，现在再也不是这样了。如今，NASA 通过互动的社交媒体直接与粉丝互动。"你可以向宇航员提问，" NASA 的社交媒体经理说道，"你可以……以前所未有的方式成为太空体验的一部分。我们已经不再是你父亲和祖父时代的 NASA 了。"

移动营销

移动营销也许是所有数字营销平台中增长最快的。智能手机随身携带、始终在线、精准定位，而且高度个人化。这使得它们成为营销者理想的数字营销工具，在整个购买过程中随时随地与消费者互动。例如，星巴克的顾客用移动设备可以完成从找到最近的星巴克门店、了解新产品到订购和支付等各种事情。

4/5 的智能手机用户在手机上购物——借助移动应用程序或移动网站浏览产品信息，进行店内价格比较，阅读线上产品评论，寻找和兑换优惠券，等等。约 30% 的网上购买如今通过移动设备完成，移动网络销售的增长速度比整体网络销售快 2.6 倍。在上一个圣诞节购物季，沃尔玛网站 70% 以上的访问量来自移动购物，而黑色星期五那个周末近一半的网上订单由移动购物完成。[32]

市场营销者应用移动渠道刺激即刻购买，使购物更便利，品牌体验更丰富。以自助式 DVD 租片公司红盒（Redbox）为例 [33]：

红盒 DVD 出租亭无人操作，所以公司必须寻求创新性的方法吸引顾客和提供个性化服务——大多通过其网站和移动应用程序、短信及电子邮件完成。顾客可以运用红盒的移动应用程序确定当地红盒出租亭的位置，查阅可供出租的电影或游戏，下单预约，等方便的时候再去取。移动应用程序用户还可以加入红盒信息俱乐部，收到关于红盒的新闻、最新发片和会员独享优惠。

信息俱乐部成员是红盒最有价值的顾客，所以公司开展了一场历时 10 天的移动营销运动以增加会员数量。通过出租亭张贴的鼓励大家打电话的醒目标志、电子邮件、在脸书和其他社交媒体页面发布消息，红盒为向 727272 发送短信 "DEALS"（优惠）的顾客提供下一次租片享受 0.1 ～ 1.5 美元不等的折扣优惠。该运动名为"10 天特惠"，产生了来自 40 万顾客的近 150 万条短信，为信息俱乐部吸引了超过 20 万新成员。"手机就像手中的出租亭，" 红盒的首席营销官解释说，"是我们 [营销] 战略格外重要的一部分。"

尽管网络、社交媒体和移动营销为市场营销者提供了令人振奋的巨大机会，大多数市场营销者仍然在学习如何有效地运用它们。关键是将新的数字方式与传统营销有效融合，创造完美的整合营销战略和营销组合。我们将在本书随后的各个章节考察数字、移动和社交媒体营销——它们几乎影响了营销战略和策略的所有领域。

在介绍营销基础之后，我们还将在第 17 章更加深入地探讨数字营销和直复营销。

变化中的经济环境

2008—2009 年的经济衰退及其后期影响沉重地打击了美国消费者。在经过 20 多年的过度消费之后，美国消费者面对新的经济现实，被迫开始遏制自己的欲望量入为出，并重新思考购买重点。

在如今的后萧条时代，消费者的收入和支出有所回升。但是，即使经济复苏，美国人也没有重拾以往随心所欲的支出方式，而是显示出对节俭前所未有的热情。理智消费占了上风，而且显然会持续下去。人们的新消费价值观强调更简单的生活，也更崇尚节约。尽管他们的收入增加了，但消费者继续少购买，更青睐优惠券，更少使用信用卡和更多地储蓄。

许多消费者重新考虑对优质生活的恰当定义。“人们在老式道德中寻找幸福——节俭、储蓄、DIY、自我完善、努力工作、信仰和社群，”一位消费者行为专家说道，“我们正从非理性消费向理性消费转变。”[34] 更加节俭的新消费价值观并不意味着人们刻意放弃享受。随着经济状况的改善，消费者又开始购买奢侈品和大笔花钱，只是比以前更加理智了。

相应地，各行各业的企业——从塔吉特这样的折扣商店，到雷克萨斯这样的奢侈品牌——为了应对这一变化，纷纷调整自己的营销战略以适应新的经济现实。市场营销者比以往更加强调其价值主张中的价值内涵，突出产品的物有所值、实用性和耐用性。

例如，折扣零售商塔吉特的价值主张是“期待更多，花费更少”。多年来，它一直比较偏重“期待更多”，在市场中悉心建立起“高端折扣商”的形象，从而成功地与沃尔玛坚定的“最低价”定位相区别。但是当经济不景气时，许多消费者认为，塔吉特提供的时髦商品和非常时尚的营销活动意味着较高的价格，这导致塔吉特的业绩一路下滑。为此，塔吉特将重心转向其口号的后半部分“花费更少”，保证其价格与沃尔玛相当，并努力让消费者知晓，引导他们改变原有的价格印象。现在，塔吉特的营销尽管仍然提倡时髦，但更加强调价格实惠和省钱的诉求。在塔吉特的使命中占据主导地位的是“为你所支付的金钱提供更多价值”。该公司承诺：“我们为你的预算着想，竭力使你每次来店购物时获得最佳价值。”[35]

为适应新的经济环境，不少企业试图削减营销预算和降低价格，努力诱导更加节俭的顾客打开钱包购物。但是，尽管削减成本和提供特惠折扣是重要的营销策略，但聪明的营销者明白，在不恰当的地方削减成本很可能会损害品牌形象和顾客关系。对市场营销者而言真正的挑战是，在调整品牌价值主张以适应当前经济环境的同时，也要强化长期的品牌权益。于是，许多市场营销者不是忙着在不确定的经济时代降低价格，而是在努力维持原有价格水平的同时解释为什么其品牌值得这一价格。

非营利组织市场营销的增长

近年来，市场营销也成为诸如学校、医院、博物馆、动物园、交响乐团甚至教堂等许多非营利组织的战略的重要组成部分。全国的非营利组织都在寻求支持和发展成员上面临激烈的竞争。优秀的市场营销能够帮助它们吸引成员、募集资金和争取支持。

例如，非营利的圣裘德儿童研究医院（St. Jude Children Research Hospital）有一项特殊的使命："寻找治疗方案。拯救生命。"它每年直接服务约7 800位患者，加上通过其在全美乃至全球的分支机构和诊所为不计其数的患者提供服务。患儿家庭从未收到圣裘德关于治疗、交通、住房或食品的账单。为完成其使命，圣裘德通过强有力的营销为其240万美元的日常运营费筹款。[36] 募集资金的努力包括从公共服务宣传、名流捐款、公司伙伴关系和广泛的网络显露，到诸如Math-a-thons和Up'Til Dawn学生挑战赛，以及圣裘德梦想之家派送等活动。包括塔吉特、达美乐（Domino's）、威廉姆斯－索诺玛（Williams-Sonoma）、Regal Cinema以及Expedia等在内的70多家公司与圣裘德建立了合作伙伴关系，参与其每年一度的"感恩与给予"运动，请求消费者"为你生命中健康的孩子感恩，为患病孩童施与"。结果，该品牌广为人知，每年吸引的私人捐赠超过10亿美元——从学龄前儿童和专业人士，到初中生和80岁老翁。

另一个例子是世界野生动物基金（World Wildlife Fund，WWF）——一个致力于保护自然环境和野生动物的全球非营利保护组织。WWF在100个国家和地区开展活动，资金来自政府、基金会、公司和个人——在美国有120万会员，在全球有500万会员。WWF运用娴熟的营销技巧筹集可观的资源，保证其宏大使命的实现。WWF最近主题为"#最后的自拍"（#LastSelfie）的Snapchat运动就是其中一个例子，成本低，但效果显著：

> WWF"#最后的自拍"运动的创意是世界濒危野生动物物种正在从地球上永远消失，犹如发一条Snapchat一样快。为了突出这一点，WWF通过Snapchat向全球的粉丝发送这些濒危动物的9秒图片，并附上信息"不要让这成为我#最后的自拍"，鼓励接收者截屏转发。仅仅8小时之内，该运动产生了5 000条推特，阅读量达600万次。一周之内，4万条推特到达了1.2亿用户。总之，这次"#最后的自拍"运动影响了一半以上的推特用户，帮助WWF仅仅3天就完成其月度筹款目标，通过WWF网站收养动物的数量也破了纪录。更长远地看，多亏了这一营销努力，尽管营销预算有限，WWF去年筹得近2.9亿美元资金，占个人捐赠总量的1/3强。

政府机构也表现出对市场营销日益高涨的兴趣。例如，美国军队运用市场营销为其不同的服务吸引应征者，各种政府机构正在设计社会营销运动来鼓励保护能源和关注环境，或禁止吸烟、过量饮酒和吸毒。即使是一度落伍的美国邮政局也制定了创新性市场营销方案来销售邮票、推广其优先邮递业务，以及提升其作为一个有竞争力的当代组织的新形象。总体而言，美国政府在全美最大的广告商中位列第39名，每年的广告预算超过9.8亿美元。[37]

迅速全球化

在重新定义自己与顾客和伙伴之间关系的同时，市场营销者还需要重新审视自己与周围更广泛的世界的联系方式。如今，几乎所有的公司，无论规模大小，都以某种方式参与全球竞争。街边不起眼的小花店里的鲜花可能来自墨西哥的苗圃；大型电器制造商在美国本土市场遭遇强大的韩国竞争对手的挑战。网上零售商发现自己收到来自世界各地的订单，而与此同时，美国消费品制造商正在将新产品推向国外的新兴市场。

美国企业在本土一直面临拥有高超营销技巧的欧洲和亚洲跨国公司的挑战。例如丰田、诺基亚、雀巢和三星等外国公司，常常在美国市场上比本土对手表现得更好。同样，各行各业的美国公司展开了真正的全球运作，在世界范围内制造和销售其产品。目前，美国最具代表性的公司麦当劳——分布在全球 100 多个国家的 3.6 万家连锁店，每天为 7 000 万名顾客提供服务——大约 68% 的销售收益来自美国以外的市场。耐克公司在全球 190 多个国家和地区营销其产品，美国之外的销售占其全球销售总额的 52%。[38] 如今，企业不仅在国际市场上卖力地推销它们在本土生产的产品，而且从国外采购更多的原材料和零部件。

因此，世界各地的管理者越来越习惯于用全球而非本土的视角看待自己所处的行业、竞争对手和市场机会。他们一再询问：什么是全球营销？它与本土营销有什么区别？全球竞争者和其他环境力量如何影响我们的生意？我们应该“全球化”到什么程度？我们将在本书的第 19 章详细地讨论全球营销。

可持续市场营销——承担更多的社会责任

市场营销者正重新审视他们与社会价值和责任、人们赖以生存的地球的关系。随着世界范围内消费者主权运动和环境保护主义运动的兴起，今天的市场营销者需要开展可持续市场营销。企业伦理和社会责任已经成为几乎所有企业的热点话题。很少有企业可以忽视更加苛刻的新环保运动。所有的公司行为都可能影响顾客关系。如今的顾客希望企业以具有社会和环境责任的方式递送价值。

社会责任和环境保护运动未来对公司提出的要求将更为严格。一些公司抵制这些运动，只在迫于法律或有组织的消费者抵制时才稍微采取一点行动。但是，更具前瞻性的公司已经准备好接受自己应该承担的社会责任。它们将社会责任行为视为一种机会，通过做正确的事取得好业绩。它们通过服务于顾客和社区的当前需求和长期利益来获利。

一些公司——例如巴塔哥尼亚（Patagonia）、本杰瑞（Ben & Jerry's）、天伯伦（Timberland）、Method 等，通过公民意识和责任使自己与众不同。它们在公司价值观和使命陈述中明确所承担的社会责任和采取的行为。例如，联合利华旗下的本杰瑞品牌一直以自己是一家“价值领先企业”，为与品牌相关联的所有人——从供应商、员工到顾客和社区——合作“创造共同繁荣”而深感自豪。[39]

> 本杰瑞的使命由三部分构成：制作卓越的冰激凌（产品使命）、管理公司取得可持续的财务增长（经济使命）和以创新的方式使世界更美好（社会使命）。本杰瑞以实际行动践行其使命。例如，该公司坚持使用卫生、天然、非转基因、公平贸易认证的原料，从当地农场采购。它开展“尊重地球和环境”的商业实践，投资风能，利用太阳能，减少碳排放。其“关心乳业”计划帮助农场

主发展更加可持续发展的农场经营方式（“关心乳业意味着快乐的奶牛、快乐的农场主和快乐的地球”）。本杰瑞基金每年用近 200 万美元资助全美基层社区服务组织和项目。本杰瑞还经营 14 家伙伴店（PartnerShop），即由社区非营利组织独立所有和经营的小店铺。该公司对这些商店免收标准的特许经营费。

对市场营销者而言，可持续市场营销既创造了机会，也带来了挑战。我们将在第 20 章中更加详细地讨论市场营销与社会责任这个话题。

综上所述，什么是市场营销

在本章开头，图 1-1 展示了市场营销过程的简单模型。现在，我们已经讨论了这一过程所包含的所有步骤。图 1-6 展示的扩展模型将有利于你将所有内容整合起来，形成较为完整的观点。什么是市场营销呢？简而言之，市场营销就是通过为顾客创造价值和从顾客那里获得价值回报来建立有价值的顾客关系的过程。

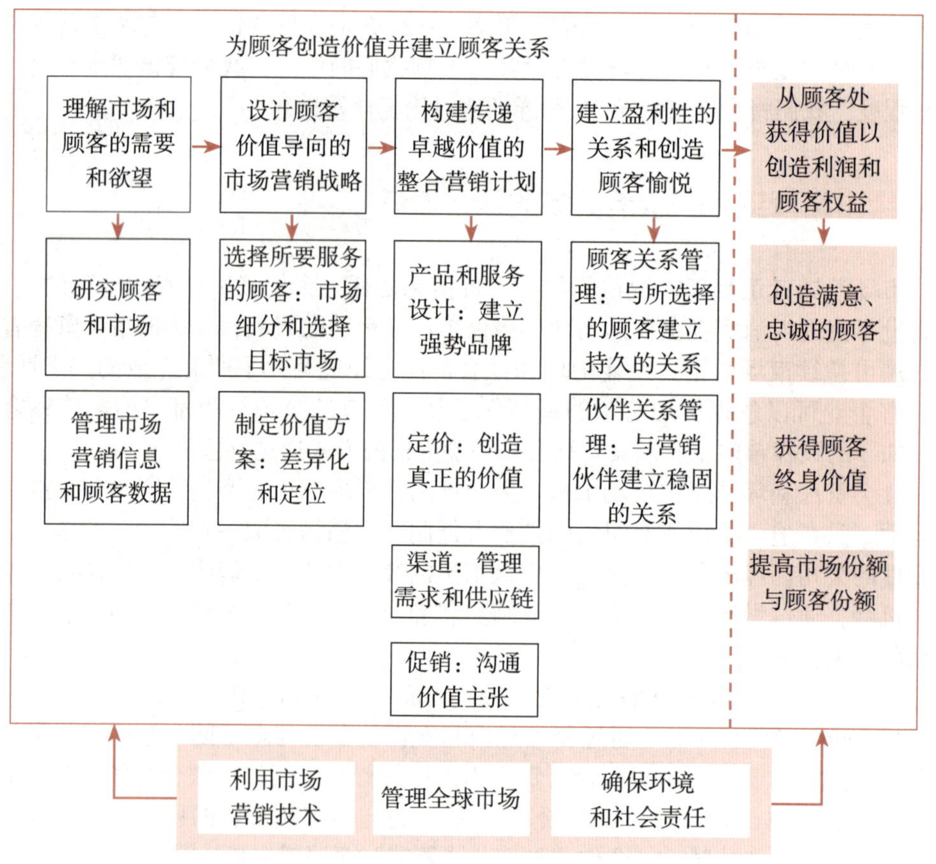

图 1-6 市场营销过程的扩展模型

市场营销过程最初的四个步骤集中于为顾客创造价值。公司首先必须通过调查顾客的需求和管理市场营销信息获得对市场的全面理解。然后，以对两个基本问题的回答为基础，设计顾客价值导向的市场营销战略。第一个基本问题是“我们为谁提供服务”（市场细分和目标市场选择）。优秀的市场营销者明白，自己不可能周全地为所有人提供服务。相反，企业需要将资源集中于自己能够最好地服务并且盈利性最高的顾客。第二个基本问题是“怎样才能够最好地为目标顾客服务”（差异化和定位）。此时，市场营销者必须明确提出为赢得目标顾客需要传递的价值主张。

依据确定的市场营销战略，公司要制定一套由四种市场营销组合要素，即4P，相互配合而构成的整合的市场营销方案，将既定的市场营销战略转化为真正的顾客价值。公司开发产品并为它们创立强势的品牌识别；为这些产品制定价格以创造真实的顾客价值，并合理地分销使目标顾客方便地买到它们；最后，公司还要设计促销方案，向目标顾客沟通价值主张，说服他们对市场提供物作出积极的反应。

市场营销过程中最重要的一步，也许是与目标顾客建立以价值为基础的、能为企业带来盈利的关系。纵观整个过程，市场营销者都在为创造顾客满意和顾客愉悦而进行顾客关系管理。然而，在创建顾客价值和顾客关系的过程中，公司不能孤军奋战。它必须与公司内部和整个市场营销系统中的营销伙伴紧密合作。因此，除了做好卓越的顾客关系管理，公司还必须进行有效的伙伴关系管理。

市场营销过程的最初四个步骤为顾客创造价值。最后一步则是公司从顾客那里获得价值，从稳固的顾客关系中收获回报。递送卓越的顾客价值能培养出一批高度满意的顾客，这些顾客将更多地购买公司的产品或服务，并乐意一再惠顾。这有利于公司获得顾客终身价值和更大的顾客份额。其最终结果是公司长期顾客权益的提升。

最后，面对当今不断变化的市场营销环境，公司必须关注额外的三个因素。在建立顾客关系和伙伴关系时，它们必须强化市场营销技术，利用全球机会，并确保以符合伦理和社会责任的方式行事。

图1-6提供了本书随后各章的结构图。第1～2章介绍市场营销过程，聚焦于建立顾客关系和从顾客那里获得价值回报。第3～6章讨论市场营销过程的第一步，理解市场营销环境、管理市场营销信息，以及理解消费者和组织购买者的行为。我们将在第7章更深入地探讨市场营销战略的两个重要决策：选择为哪些顾客提供服务（市场细分与目标市场选择）以及制定什么价值主张（差异化和定位）。第8～17章将依次讨论市场营销组合变量。第18章总结顾客导向的市场营销战略以及建立市场竞争优势的途径。最后两章考察特殊营销问题：全球营销与可持续市场营销。

关键术语

市场营销（marketing）
需要（needs）
欲望（wants）
需求（demands）
市场提供物（market offerings）
市场营销近视症（marketing myopia）
交换（exchange）
市场（market）
营销管理（marketing management）
生产观念（production concept）
产品观念（product concept）
推销观念（selling concept）
市场营销观念（marketing concept）
社会营销观念（societal marketing concept）
顾客关系管理（customer relationship management）
顾客感知价值（customer-perceived value）
顾客满意（customer satisfaction）
顾客契合营销（customer-engagement marketing）
消费者生成的营销（consumer-generated marketing）

伙伴关系管理（partner relationship management）
顾客终身价值（customer lifetime value）
顾客份额（customer share）
顾客权益（customer equity）
数字和社交媒体营销（digtal and social media marketing）

概念讨论

1. 定义市场营销并说明市场营销过程的主要步骤。
2. 什么是市场提供物？举一个最近满足你的需要或欲望的市场提供物。
3. 解释顾客驱动的市场营销战略的关键要素，并论述指导市场营销战略的营销管理导向。
4. 什么是顾客满意？顾客关系管理和顾客感知价值如何影响顾客满意？
5. 解释数字和社交媒体营销日益提高的重要性。

案 例

福乐鸡：做大之前先做强

福乐鸡正在统治美国快餐市场。当麦当劳、赛百味、汉堡王和塔可钟为保护自己的地位而艰苦奋斗时，福乐鸡已经悄然从美国东南部最受欢迎的炸鸡店变成了全美最大的炸鸡连锁店和第八大快餐店。该品牌的单店平均销售额远远超过了所有竞争对手——2 倍于塔可钟和温迪（Wendy's），3 倍于肯德基。福乐鸡甚至是在星期日不营业的情况下做到了这一点。坐拥超过 60 亿美元的年销售额和平均 12.7% 的年增长率，这家来自亚特兰大的炸鸡冠军的增长势头没有丝毫放缓的迹象。

福乐鸡是怎么做到的？通过专注于顾客。自从第一家福乐鸡于 20 世纪 60 年代末开业以来，该连锁店的创始人就始终恪守其哲学：让生意可持续发展的最有效方法就是为顾客提供最佳体验。

施加压力

福乐鸡的创始人楚埃·凯西（S. Truett Cathy）对餐饮业并不陌生。20 世纪 40—60 年代，他在佐治亚州拥有并运营过数家餐馆，丰富的经验引导他钻研更好（和更快）的鸡肉烹饪方法。他发明了一种压力炸锅，能在制作一个快餐汉堡的时间里烹饪鸡胸肉。开发出鸡肉三明治作为汉堡包的替代品之后，他注册了“福乐鸡”这个品牌名称并于 1967 年开办了第一家福乐鸡餐馆。

餐馆很快开始扩张，但速度远不及行业领头羊。甚至直到现在，福乐鸡每年也仅仅增加大约 100 家新店。尽管它目前在全美范围内拥有 2 000 多家门店，这一数字相对肯德基的 4 100 家、麦当劳的 13 000 家、赛百味的 27 000 家而言，仍然较小。福乐鸡受控制的增长水平与其“顾客为先”的金科玉律有直接关联。作为家族企业，这家公司从未偏离“专注于在做大之前先做强”的核心价值观。慢增长的策略促进了“做强”的目标。

该品牌另一个将生意完美化的方法是，坚持使用严格限制的菜单。最初的面包糠炸鸡三明治今天仍然处在福乐鸡菜单的核心位置——“一块去骨鸡胸经过完美的料理，再经手工裹上面包糠，加压在精炼花生油中炸熟并搭配烘焙过的黄油面包和调味腌黄瓜片”。事实上，这家公司注册过的标语——“我们没有发明鸡肉，只发明了鸡肉三明治”——已经帮助公司长达数十年保持在正确的轨道上发展。尽管它出于战略考量小心翼翼地在菜单上增加了新菜品，但主要还是那标志性的鸡肉三明治及其改良版构成了品牌形象和公司发展的康庄大道。正是这种数十年如一日的专注确保了公司年复一年地给予顾客他们想要的，同时无须为尝试研发“本月最佳口味”之类的新产品而劳心费神。

做对它

对福乐鸡的使命而言，同样关键的是“对所有与福乐鸡有联系的人产生积极影响”。尽管这一目标似乎高得有些离谱，但这种情怀已经渗透到生意的各个方面。不久之前，现任福乐鸡 CEO 丹·凯西（Dan Cathy）深受他妻子贴在冰箱上的留言的触动。她在最近一次惠顾福乐鸡时，不仅收到错误的订单，还遭遇了过度收费。她在收据上圈出错误的金额，在边上标注“把它做对了我再回来”，然后把收据贴在冰箱的醒目位置。

这促使丹·凯西在顾客服务上投入更多。他发起了一个项目：所有福乐鸡的员工都再次参加服务培训，以便向“第二英里”发起冲锋。这个“第二英里”意味着不仅仅要达到整洁和礼貌的基本要求，还要实现超越——通过上菜时提供意想不到的小惊喜，例如新鲜的花枝或搭配胡椒碎的沙拉。

最近一位老主顾的经历形象地说明了顾客在福乐鸡能够预期什么样的服务水平，以及那种使得这种服务成为可能的创新精神：

> 我和我女儿在回家的路上顺道去了福乐鸡。停车场满了，免下车窗口也堵车了……但我们对鸡肉三明治和华夫薯条爱得深沉！所以我们认定等待是值得的。当我们走上人行道时，看到有两位员工在招呼通过免下车窗口的每一辆车并用小平板电脑记下顾客的订单。一名经理在店外巡视，朝离开的车辆微笑招手。
>
> 我们进店一看，里面全是人！但收银员立刻热情地接待了我们。塞斯（Seth）正好来为我们点菜。他笑容灿烂、举止得体、口齿清晰，是一个充满活力的年轻人。他递给我们候餐号码并且答应马上端来饮料。此时正好有顾客吃完离开，我们很幸运地找到了座位。我们刚落座饮料就端上来了！塞斯走开后，另一个友善的小伙子为我们呈上了食物。我和我 15 岁的女儿都为如此快的速度赞叹不已。我们是如此地震惊，以至于忍不住观察起来，兴致勃勃地评论他们是如何为随后涌进来的一大群顾客服务的。
>
> 我们发现，柜台后的每一个人通力合作，使用礼貌用语且面带微笑。这种团队合作非常神奇！这时候罗恩（Ron）——一位和善的银发男人——一桌接一桌地招呼顾客，询问感受和提供续杯，用涂色书和小冰激凌甜筒逗孩子们开心。他周到地问候了我们两次并给我们续杯一次。

最近，这家公司推出了“家长代客服务”，邀请家长哄着小孩通过免下车通道点单，停车后再进店。他们进去后会发现，自己所点的食物已经和高脚凳一起在桌边静候了。除了标准的服务策略外，福乐鸡还训练雇员自主地探索提高服务的特殊方法——例如，从垃圾桶里帮顾客找回牙套，或者交还顾客遗忘的钱包和手机。

给顾客些事情做

除了高水平店内服务，福乐鸡还专注于其他能增强顾客体验的品牌建设元素。当福乐鸡首次在广告牌发布其三维立体的奶牛形象，喊出如今大家都耳熟能详的广告语——“多吃鸡”后，该连锁店迎来了销售激增。这些广受喜爱的奶牛和简洁明了的口号在过去 20 年里成为福乐鸡所有宣传材料的恒定主题和必要元素。它们还是另一项福乐鸡顾客体验强化战略的关键——让顾客参与做些事情，吸引他们互动。

展示任何奶牛主题的马克杯、T 恤、毛绒玩具、冰箱贴、笔记本电脑保护套以及其他在官网上销售的物品当然都可以称得上是“能做的事情”。但福乐鸡的营销人员吸引顾客互动的手段远不止提供这些促销物品。他们设计了“奶牛共赏日”——每年 7 月的特定日子，穿成奶牛造型的顾客可以到福乐鸡免费就餐。去年是这个年度节日的 10 周年，当天大约 100 万奶牛顾客受邀进入福乐鸡店内享受优待。

品牌狂热者的另一项传统是在新店开业之前搭帐篷宿营等候。福乐鸡用“前 100”促销来激励这种热心的行为——在这个官方认可的活动中，前 100 名为新店开张排队的顾客可以获得一整年福乐鸡正餐代金券。丹·凯西本人以和顾客一起露营、为 T 恤签名、合影和亲自给优胜者颁发代金券而闻名。除了定期举办一些以顾客为中心的大型促销活动之外，福乐鸡还随机开展许多其他活动。例如最近的“家庭挑战”活动，奖励那些用餐时将手机放进“手机笼”的堂食顾客一个免费的甜筒冰激凌。

为了让顾客即使不在店内，也可以保持与品牌的联系和互动，福乐鸡成了社交和数字媒体的专家。它新近开发的移动应用程序——“福乐鸡第一”，在发布仅仅数小时后就登上 iTunes 榜首，随后 9 天内下载量超过 100 万次。这款移动应用程序让顾客可以随时下单，并提出个性化的要求、在线支付避免在收银台前排队。社交媒体追踪调查公司“契合实验室”（Engagement Labs）最近的调查显示，福乐鸡摘得“主流社交媒体平台上最受欢迎的美国品牌”的桂冠，这些主流媒体包括脸书、推特和 Instagram。

每一年，赞美之声都不绝于耳，很显然福乐鸡“以顾客为中心”的文化不只是纸上谈兵。最近《消费者报告》（Consumer Reports）关于快餐连锁的调查中，福乐鸡在顾客服务方面从众多竞争者中脱颖而出拔得头筹。而在最新的年度客户服务美誉榜中，福乐鸡在 15 个行业 151 家最知名的公司中位列第二，仅次于亚马逊。高达 47% 的顾客将该公司的服务评为“优秀”，并且福乐鸡是唯一连续两年上榜的快餐连锁店。

对于数十年现象级的成长和成功，福乐鸡解雇了理查兹集团（Richards Group）——它长久以来的广告代理商——以示庆祝。除此之外，广受喜爱、被大众视为品牌标志的奶牛形象也将逐渐淡出。“那些奶牛是品牌不可或缺的一部分，它们是我们的吉祥物，如果你愿意这么讲的话。”福乐鸡首席营销官乔·布里杰斯（Jon Bridges）表示，“但它们不是品牌。品牌不止于此。”目前，布里杰斯只透露说奶牛形象不会彻底消失。新的“奶牛 +”正在酝酿之中，而品牌的宣传信息将会更加丰富，讲述更有吸引力的品牌故事——关于食物、人，还有让品牌如此特殊的服务。这是一着险棋。福乐鸡目前的发展快于任何其他大型快餐连锁店，它迫切地想知道如此大幅度地改变品牌标志是否会影响其保持现有的增长，或者使部分顾客疏离。

基于公司最近的声明，有人估计福乐鸡会在未来数十年继续保持正轨并增加 60 亿～ 90 亿美元的收入。与此同时，巨头麦当劳的国内销售额可能会增长高达 100 亿美元，也有可能只增长 10 亿美元。很明显，这些增长都不是巧合。正如一位食品行业的分析人员所言，“福乐鸡正在努力维持高水平的服务和优异的质量，避免过于突然的偏离，并给予顾客值得期待的创意。”只要福乐鸡继续把消费者放在首位，我们就可以期待有越来越多的机会品尝到那些美味的鸡肉三明治。

资料来源：Jessica Wohl, “Chick-fil-A Drops The Richards Group After 22 Years,” *Advertising Age*, July 21, 2016, www.adage.com/print/305057; Micah Solomon, “Chick-fil-A Becomes a Customer Experience Thought Leader by Asking Families to Ditch Cell Phones,” *Forbes*, March 3, 2016, www.forbes.com/sites/micahsolomon/2016/03/03/chik-fil-a-rewardsfamilies-for-ditchingcellphones-the-genius-customer-experience-moveof-2016/#4e1830e65858; Micah Solomon, " The Chick-fil-A Way of Customer Service and Employee Engagement, " *Forbes*, June 14, 2016, www.forbes.com/sites/micahsolomon/2016/06/14/the-chick-fil-a-wayof-customer-service-and-employee-engagement/#8587848660eb; Hayley Peterson, " How Chick-fil-A's Restaurants Sell Three Times as Much as KFC, " *Time*, August 5, 2015, www.businessinsider.com/how-chick-fil-a-is-dominating-fast-food-2015-8; Michael B. Sauter, "2015's Customer Service Hall of Fame, " *USA Today*, August 2, 2015, www.usatoday.com/story/money/business/2015/07/24/24-7-wall-stcustomer-service-hall-fame/30599943/; " Chick-fil-A One Surges to No. 1 Slot in iTunes App Store, " QSR, June 10, 2016, www.qsrmagazine.com/news/chick-fil-one-surges-no-1-slot-itunes-app-store; " Chick-fil-A Beats Amazon, Netflix in Social Media," *QSR*, January 12, 2016, www.qsrmagazine.com/news/chick-fil-beats-amazon-netflix-social-media; and www.chick-fil-a.com/Company/Highlights-Fact-Sheets and www.chick-fil-a.com/Story, accessed June 2016.

讨论题

1. 举例说明福乐鸡顾客的需要、欲望和需求，区分这三个概念。
2. 描述福乐鸡为顾客递送的价值。福乐鸡是如何吸引顾客互动的？
3. 根据顾客期望评估福乐鸡的表现。
4. 在五种营销管理导向中，哪一种最适合福乐鸡？
5. 福乐鸡能否继续提供杰出的顾客服务并且维持它现在的增长水平？为什么？

注 释

请扫描二维码或登录中国人民大学出版社官网 www.crup.com.cn 下载本书注释。

公司战略与营销战略：合作建立顾客契合、价值与关系

学习目标

- 解释公司层面的战略规划及其四个步骤。
- 讨论如何设计业务组合和制定增长战略。
- 解释市场营销在战略规划中的作用，以及如何与伙伴一起创造和递送顾客价值。
- 描述顾客价值导向的市场营销战略和组合的构成要素及其影响因素。
- 列举营销管理的职能（包括市场营销计划的要素），讨论衡量和管理营销投资回报的重要性。

在上一章，我们探讨了企业通过为顾客创造价值获得顾客回报的市场营销过程。现在，我们要更深入地研究市场营销过程的第二步和第三步——设计顾客价值导向的市场营销战略和制订市场营销计划。首先，我们考察组织的整体战略规划，它指导市场营销战略和计划。随后讨论在战略规划的指导下，市场营销者如何与企业内外部的其他人紧密合作为顾客创造价值。接着考察市场营销战略和计划——市场营销者如何选择目标市场，明确市场提供物的定位，制定市场营销组合决策，以及管理市场营销方案。最后，讨论如何衡量和管理市场营销投资回报（营销 ROI）。

首先，让我们来看一家著名的公司与优秀的市场营销者——星巴克的战略故事。星巴克早期杰出的成功源于其不是以咖啡而是以喝咖啡的体验为中心。公司曾经从高峰跌入低谷，后又重振雄风。一路走来，它认识到，优秀的营销战略不仅仅意味着增长、销售和利润，更意味着富有技巧地吸引顾客，并为他们创造价值。从本质上说，星巴克出售的不只是咖啡，更是“星巴克体验”。

引例 星巴克的营销战略：递送“星巴克体验”

30多年前，霍华德·舒尔茨（Howard Schultz）将欧洲风格的咖啡屋带到美国，改变了咖啡产业。他相信人们需要放慢节奏——“品味咖啡”和更多地享受生活，用吸引顾客和创造顾客价值的全新战略创立了星巴克。

星巴克出售的不只是咖啡，更是“星巴克体验”——“一种令人振奋的体验，一个人、一杯品质非凡的咖啡，生活瞬间变得丰富了”。星巴克为顾客创造除家和工作场所之外的“第三生活空间”。在星巴克，浓郁的咖啡香味，研磨咖啡豆的声音，咖啡师制作店内特有的精品咖啡的过程——所有这些，都与咖啡本身一样，成为顾客体验重要（甚至更重要）的组成部分。

随后的20多年，星巴克咖啡店吸引了众多顾客，发展势头迅猛。到2007年，大约1.5万家星巴克遍布美国和全球，公司的销售和利润蒸蒸日上。但是，星巴克的巨大成功也吸引了大批竞争者——从独立的咖啡屋到快餐连锁店——都纷纷兜售自己的精品咖啡品牌。

为了在竞争越来越激烈的咖啡市场维持强劲的增长，星巴克提出一项野心勃勃的增长战略。它以惊人的速度开设新店，网点几乎随处可见。例如，在芝加哥，三个街区的范围内就有6家星巴克时尚咖啡吧。在纽约，一家梅西百货店内居然有两家星巴克。实际上，如此之多的店铺密集地挤在一起导致有一篇文章调侃地打出这样的标题：“在星巴克的卫生间里又开了一家新的星巴克。”公司还用从塔吉特商店和超市到各旅馆大堂都随处可见的星巴克售货亭和咖啡摊位席卷全美，从航空公司到汽车经销商的各种服务企业也纷纷声称，“我们以提供星巴克咖啡为傲”。

但是，星巴克越发展，越是偏离了促使其获得巨大成功的核心使命和价值观。公司几乎沉迷于为增长而增长，并开始损害一度广受称颂的“星巴克体验”。远离了其作为一家温暖而亲切的咖啡屋的根本，星巴克开始演化为一家咖啡填充站。这个溢价品牌逐渐发现自己居然开始与麦当劳等品牌争夺相同的顾客。

2000年已卸下CEO一职的创始人霍华德·舒尔茨对此非常担忧。2007年，舒尔茨在一份给星巴克管理层的备忘录中，痛惜公司对增长的执迷已经“导致星巴克体验大滑坡”，星巴克“正失去灵魂”。舒尔茨是对的，星巴克的确有些不对头了。2008年早期，舒尔茨重新担任星巴克总裁和CEO之职时，公司已经处于水深火热之中了。有史以来第一次，星巴克美国网点的平均交易数量下滑，同店销售增长放缓，股票市值也在前两年暴跌了几乎80%。一位分析人员这样形容当时的惨淡状况：“金融秃鹫在盘旋。讣告在草拟中。”

舒尔茨迅速做出反应力挽狂澜，恢复品牌昔日的荣耀。他减缓了星巴克的增长速度，关闭了一些业绩不佳的门店，替换了公司大多数高层经理人员。最重要的是，舒尔茨提出计划重新建立品牌的核心使命和价值，让公司重新聚焦为顾客提供真实的星巴克体验。“随着我们的快速增长和现象级的成功，”舒尔茨说道，“我们的顾客焦点开始模糊，未能继续致力于创新性地强化星巴克体验。”星巴克需要重新聚焦顾客——“重新建立与顾客之间的情感联系。”

为了强调这一点，舒尔茨不惜耗费300万美元召集10 000家星巴克店铺的经理到新奥尔良参加一次鼓舞士气的重新上岗培训。不久，星巴克又令人吃惊地将全美所有门店关闭三小时进行全国范围的员工培训，为重塑创造令人满意的顾客体验夯实基础。

这些初步举措开启了舒尔茨通过新产品、创新的店铺形式和吸引顾客的新媒体平台重新激发星巴克顾客体验的持续革新过程。除了改进其标志性咖啡产品之外，星巴克还开发了将星巴克体验带入新领域的新产品。例如，几年前，星巴克成功地推出了 Via，一种品质与店里的新鲜冲调咖啡相似的速溶咖啡。最近，星巴克在其菜单上又增添了 Fizzio——经典口味的手工现制苏打水。

公司还尝试新的店铺形式，例如在西雅图推出高端的星巴克精品烘焙体验店（Starbucks Reserve Roastery and Tasting Room），这家店堪称“星巴克梦工厂”，部分是咖啡店，部分是展示区，部分是烘焙工坊。舒尔茨将这种顾客高度互动的新型商店描述为“耐克城、苹果零售店遇上星巴克”，其所创造的新型星巴克体验简直令人兴奋不已。另一项重大的举措是，星巴克收购茶瓦纳（Teavana）——一家在北美有 400 多家门店的茶品专卖企业。舒尔茨将收购茶瓦纳的决定视为改造和重塑星巴克的关键。茶是“全球高达 900 亿美元的成熟品类，有待创新，”他说，“我们将像经营咖啡那样经营茶。”

星巴克的改造很好地拓展了星巴克体验，不仅是员工的再学习、新产品和创新的店铺形式。像其他品牌一样，星巴克在过去十多年通过数字和移动平台鼓励顾客参与，建立品牌社群。公司的数字总监说，取得高度成功的星巴克移动支付 App、星巴克奖励计划（My Starbucks Rewards）和星巴克预付卡使星巴克建立起“一种与顾客直接、即时、个性化和双向的数字关系”。星巴克移动支付 App 目前有 110 万活跃用户，在星巴克全美店内交易总量占到 20% 的比重。

如今，重生的星巴克再次做到全心全意以顾客为中心，递送独特的星巴克体验。销售和利润也随之重振雄风。每周，遍布 70 个国家的 23 500 家星巴克为超过 7 000 万顾客提供面对面的服务。在过去的 6 年间，星巴克的收入几乎翻番，利润更是增长了 5 倍之多。

星巴克的故事激励人心：卓越的营销战略意味着持续关注递送顾客价值。营销目标不仅仅是销售或利润的增长，而是以有意义的方式吸引顾客并为他们创造价值。假如一家公司关心顾客契合和顾客价值，优秀的业绩自然水到渠成。“这不仅仅是接受订单和完成任务，”舒尔茨说，“更是与我们的顾客建立一种长期关系和情感联系。从根本上，我们珍视通过咖啡体验建立起来的与顾客的互动。生活因咖啡而丰富生动。”[1]

2.1 公司范围的战略规划：明确市场营销的作用

每一个公司都必须为在特定的情境、机会、目标和资源下谋求长期生存和增长找到最有效的游戏规则。这是**战略规划**（strategic planning）——在组织的目标和能力与不断变化的市场机会之间建立和维持战略适配的过程——的核心。

战略规划为公司中其他的计划设定了舞台。公司通常准备年度计划、长期计划和战略规划。年度和长期计划安排公司当前的业务，并指导如何使这些业务保持良好状态。而战略规划涉及通过整合公司资源，利用环境变化中蕴含的机会。

在公司层面，战略规划的制定过程始于对整体目标和使命的确定（见图 2-1）。使命随即被转化为详细的目标以指导整个公司的发展。然后，总部决定什么业务组合和产品最适合公司，以及给予每种业务或产品多少支持。相应地，每种业务和产品都要制订详细的市场营销计划以及其他职能部门的计划，以支持公司层面的总体计划。也就是说，市场营销规划是在业务单位、产品和市场层面上的。它针对特定市场营销机会制订更加详细的计划，有力地支持公司整体的战略规划。

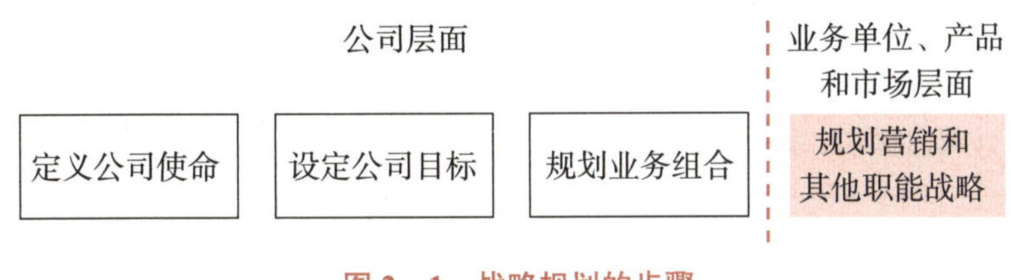

图 2－1　战略规划的步骤

确定市场导向的使命

一个组织之所以存在是为了完成某些事情，这一目的应该被清晰地陈述出来。可以借助以下问题形成清晰的使命：我们的企业是干什么的？谁是我们的顾客？顾客看重什么？我们应该成为什么样的企业？这些听上去简单的问题却是公司不得不面对的最困难的问题。成功的公司不断地提出这些问题，并慎重和完整地给予回答。

许多组织制定正式的**使命陈述**（mission statement）来回答这些问题。使命陈述是对组织目标的说明——组织希望在大环境中实现什么。清晰的使命陈述犹如"看不见的手"引导着组织中的每一个人。

一些公司根据产品或技术定义它们的使命（"我们制造和出售家具"或者"我们是化学加工企业"）。但是，使命陈述应该是市场导向的，根据所要满足的顾客的基本需求来定义。产品和技术最终总会过时，但是基本的市场需求将永远存在。例如，IBM 从不把自己定义为一个制造计算机硬件和软件的企业，而是将自己的使命确定为提供技术方案帮助顾客"建设更智慧的地球"。同理，奇宝特公司（Chipotle）的使命不是出售墨西哥玉米饼，它承诺提供"真正的食物"，强调致力于改善顾客与环境当前和长远的福祉。正是为了严格遵循这一使命，奇宝特所出售的食品只采用最天然、可持续和当地的原材料。表 2－1 以一些公司为例，对比产品导向和市场导向的业务定义有何不同。[2]

表 2－1　产品导向与市场导向的业务定义

公司	产品导向的定义	市场导向的定义
奇宝特	我们出售玉米饼和其他墨西哥食品。	我们为顾客提供"真正的食品"，并致力于改善顾客和环境的长期福祉。
脸书	我们是在线社交网络。	我们联系全世界的人，帮助他们分享生活中的重要时刻。
家得宝	我们出售工具和家庭维修装潢产品。	我们使消费者有能力实现他们关于家庭的梦想。
IBM	我们制造计算机硬件和软件。	我们提供帮助顾客"建设更智慧的地球"的技术方案。

续表

公司	产品导向的定义	市场导向的定义
美国国家航空航天局（NASA）	我们探索外部空间。	我们到达新的高度、探索未知，以使我们所做和所知造福全人类。
露华浓（Revlon）	我们制造化妆品。	我们出售生活方式和自我表达；成功和地位；记忆，希望和梦想。
丽思卡尔顿酒店	我们出租客房。	我们创造"丽思卡尔顿体验"——激活感受，享受体贴，甚至满足客人没有表达的愿望和需求。
星巴克	我们出售咖啡和小食。	我们出售"星巴克体验"，通过一杯品质非凡的咖啡、一个人、一段时光让生活丰富起来。
沃尔玛	我们经营折扣店。	我们提供天天低价，让普通人有机会购买富人享用的东西。"省钱，生活更美好。"

使命陈述应该是有意义的、明确的和具有激励性的。但是，许多使命陈述往往出于公共关系的目的，缺乏针对性，空洞、笼统，不能对企业发展起具体、有效的指导作用。而且，使命陈述应该强调公司在市场中的优势，并明确地阐述公司希望如何在市场中获胜。

最后，正如我们在本章的开篇案例——星巴克的故事中所学习到的，公司的使命不应该过多地关注销售或者利润——利润只是为顾客创造价值的回报。相反，使命应该强调顾客以及公司力求创造的顾客体验。例如，丽思卡尔顿酒店就不把自己视为出租客房的。其使命是创造"丽思卡尔顿体验"，一种让人赏心悦目、幸福洋溢的体验，竭力满足顾客的愿望与需求，哪怕这些愿望与需求未被明确表达出来。为实现这一使命，丽思卡尔顿酒店设计具体的服务措施，所有员工共同努力将该使命变为现实。[3]

确定公司目标

企业必须将其宏大的使命转化为各个管理层的具体支持性目标。每一位管理者都应该有相应的目标和实现它们的责任。例如，大多数美国人都知道 CVS 是一家出售处方与非处方药、个人护理品及其他多种保健品的连锁零售商。但是，CVS 最近更名为"CVS 健康"（CVS Health），提出了更加宏大的使命，将自己定位为"帮助人们追求更好的健康状态"的"医药创新公司"。该公司如今的座右铭是"健康即一切"。[4]

CVS 健康公司的宏大使命引导企业制定不同层次的目标体系，包括业务目标和营销目标。CVS 健康公司的总体业务目标是提高便利性、降低成本和改善健康质量。通过在零售药店出售的产品做到这一点的同时，公司借助研究、消费者服务与教育、支持与健康相关的项目与组织等，致力于在整体健康管理中发挥更加积极的作用。

但是，这些行动代价高昂，必须得到企业不断提高的利润的支持，所以提高利润成为 CVS 健康公司另一个重要的目标。增加利润可以通过提高销售额或降低成本来实现。吸引更多的顾客和提高公司在保健市场中的份额可以促进销售增长。这些便成为公司当前的营销目标。

为实现既定的市场营销目标，企业必须制定市场营销战略和项目计划。因此，为吸引更多顾客、提高销售和扩大市场份额，CVS 健康公司着手建立和扩大其产品线和服务范围。例如，它停止出售不符合其“更加健康”使命的烟草产品。在 9 500 家店铺中的 1 000 多家设立了 CVS 快速门诊，自 2000 年以来为 1 800 万上门患者提供无须预约的医疗服务。CVS 还扩大了其顾客服务活动的范围，为顾客管理慢性疾病和特殊健康状况提供建议。

这些是 CVS 健康公司的总体市场营销战略。必须将总体市场营销战略落实为更详尽和具体的行动计划。例如，公司要大力扩张快速门诊，就会需要更多的广告和促销努力，因此需要仔细地计划和落实这些努力。CVS 健康公司的宏大使命正是这样转化为一系列具体的短期目标。

2.2 规划业务组合

在公司使命和目标的指导下，管理者必须规划**业务组合**（business portfolio）——公司所有业务和产品的集合。最佳业务组合往往是公司的优势和弱点与环境中的机会最佳匹配的结果。

大多数大型公司有复杂的业务和品牌组合。为这些业务组合制订战略计划和营销计划是令人望而却步但格外关键的任务。例如，娱乐与体育节目电视网（Entertainment and Sports Programming Network，ESPN）的品牌组合包括 50 多个商业实体，从多个 ESPN 有线频道到 ESPN 广播、ESPN.com、*ESPN* 杂志、甚至还有一家体育主题餐厅——ESPN 地带。不过，ESPN 只是其业务更加复杂多样的母公司——华特迪士尼公司——的一个业务单位。通过高超的业务组合管理，ESPN 成为一个协调一致的整体品牌，各项业务在其使命的引导下紧密合作为体育迷提供服务，使其“随处观看、收听、讨论、争论、阅读或参与”。

公司业务组合规划涉及两个步骤。第一，公司必须分析当前业务组合，并决定哪些业务应该得到更多的支持，哪些业务应该减少投入或者不再投入。第二，它必须制定增长和精简战略，构建未来的业务组合。

分析当前的业务组合

组合分析（portfolio analysis）是战略规划中的主要任务，管理者借此对构成公司的各项业务和产品进行评价。公司希望将优势资源投入盈利潜力较大的业务，削减或者剔除较弱的业务。

管理者的第一步工作是确定构成公司的关键业务，即所谓的战略业务单位（SBU）。一个战略业务单位可以是公司的一个部门、一个部门中的一条产品线，或者是一个产品或品牌。确定战略业务单位后，管理者紧接着评估各个战略业务单位的吸引力，并且决定应该给予各项业务何种支持。当设计业务规划时，增加和支持符合公司的核心哲学和竞争优势的产品与业务是明智的做法。

战略规划的目的在于寻求最佳途径使公司能够发挥自身优势，以利用环境中最有吸引力的机会。所以，大多数标准的业务组合分析都从两个维度评价各个战略业务单位：市场或行业吸引力；战略业务单位在该市场或行业中的地位。最著名的业务分析方法是由领先的管理咨询公司波士顿咨询集团开发的。[5]

波士顿咨询集团法

通过使用经典的波士顿咨询集团（BCG）法，公司根据**增长－份额矩阵**（growth-share matrix），将其所有战略业务单位进行分类（见图2－2）。在纵轴上，用市场增长率度量市场的吸引力；在横轴上，用相对市场份额度量公司在市场中的实力和地位。增长－份额矩阵定义了四种类型的战略业务单位。

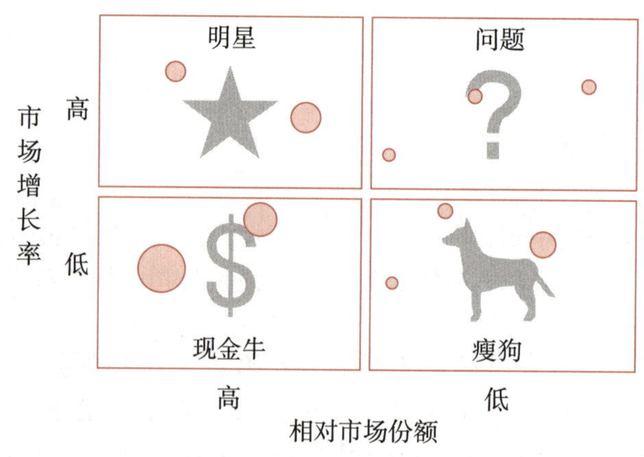

图2－2 BCG增长－份额矩阵

1. 明星类。明星类是高市场增长率、高市场份额的业务或产品。它们常常需要大量投资以支持其快速发展。最终它们的增长会放慢，转变成现金牛类业务或产品。

2. 现金牛类。现金牛类是低市场增长率、高市场份额的业务或产品。这些已经成功的战略业务单位需要较少的资金投入来维持其市场份额。因此，现金牛类业务和产品为公司贡献大量现金，用于支付各种费用和贡献其他战略业务单位所需的投资。

3. 问题类。问题类是高市场增长率中低市场份额的业务。要维持其份额需要投入大量的现金，更不用说提高份额了。管理者必须考虑哪些问题类业务应该尽力支持，使之转化为明星类，而哪些应该淘汰。

4. 瘦狗类。瘦狗类是低市场增长率、低市场份额的业务和产品。它们也许可以产生足够的现金自给自足，但不可能为公司贡献大量现金。

增长－份额矩阵中标识的十个圆圈代表公司当前的十项业务。该公司有两项明星类业务、两项现金牛类业务、三项问题类业务和三项瘦狗类业务。圆圈的大小与该战略业务单位的销售额成正比。该公司目前的状态不是很好，只能说勉强过得去。它希望向较有潜力的问题类业务投资，使之成长为明星类；维持明星类业务，以使其在市场成熟时转化为现金牛类。幸运的是，它有两项规模较大的现金牛类业务，可以从财务上给予问题类、明星类和瘦狗类业务以支持。该公司应该对瘦狗类和问题类业务采取果断措施。

一旦已经将自己的战略业务单位分好类，公司就必须确定每个战略业务单位在未来将发挥什么作用。每一个战略业务单位可选择下列四种战略之一。公司可以向某业务单位大量注资以提高其市场份额。或者少量投资，只求维持其现有的市场份额。公司还可以采用收获战略，榨取短期的现金流而不考虑长期效果。最后，公司可以通过出售或淘汰，放弃某项业务，将资源挪作他用。

随着时间的推移，战略业务单位在增长 – 份额矩阵中的位置会发生改变。许多战略业务单位从问题类起步，如果取得成功会转化为明星类。随着市场增长速度放慢，再转变为现金牛类，最后衰亡或沦落为瘦狗类，走向生命周期的终点。公司需要持续增加新产品和业务，促使其中一些成长为明星类，最终变成能够为其他战略业务单位提供财务支持的现金牛类。

矩阵方法存在的问题。波士顿咨询集团法和其他正规的方法为战略规划带来了变革。但是，这些集中化的方法也存在局限性：它们执行起来费时费力，而且成本很高。管理者可能会发现，要确定战略业务单位并评价其市场份额和增长速度非常困难。另外，这些方法侧重于对现有业务进行分类，对将来的业务规划未予考虑。

鉴于以上问题，许多公司放弃正规的矩阵方法，转而选择更适应公司特殊情况的更具定制特征的方法。与以往的战略规划主要掌握在公司总部的高层管理者手中不同，现在的战略规划已经分权化。越来越多的公司将战略规划的责任交由更接近市场的各部门经理组成的跨职能团队来完成。在如今的数字时代，这些经理手头都有丰富和及时的信息，能迅速调整计划以适应市场中不断变化的条件和突发事件。

计划业务组合可能充满挑战。以通用电气公司（GE）为例，这个营业额高达 1 170 亿美元的工业巨头经营范围涉及数十个消费者市场和企业市场，为世界提供非常广阔的产品组合[6]：

> 大多数消费者知道 GE 是因为其家用电器和照明产品，这是通用照明部门和以前的通用家电部门的一部分。但这仅仅是认识 GE 的开始，公司的其他部门——诸如 GE 运输、GE 航天、GE 能源管理、GE 水电、GE 石油、GE 医疗等——提供从飞机引擎、无影灯、风能发电机和离岸钻井方案，到航天系统和医疗影像设备的各种产品和服务。GE 资本提供范围很广的企业和消费者融资产品和服务。近年来，GE 大幅度调整其范围广阔的业务组合，从消费者产品和金融服务转向新的目标，成为更加聚焦于“工业基础设施的公司”，奉行“为建设、驱动、赋能和治愈世界，创造下一个数字工业时代”的使命。
>
> 目前，GE 来自消费者产品的年收入不足 8%，而且这一比例还在不断下降。公司最近把整个家电事业部出售给了海尔公司，GE 资本金融服务事业部正待价而沽。这样的组合决策对公司的未来意义深远。例如，在出售其家电事业部之前，仅 GE 家电和照明业务的年收入就达到 88 亿美元，超过捷蓝、网飞、哈雷 – 戴维森或好时等公司的总收益。因此，成功地管理 GE 这种广阔的产品组合需要大量的管理技巧和——正像 GE 公司的长期口号所言——大量的“工作中的想象力”。

制定增长和精简战略

除了评价当前业务，业务组合规划还涉及寻找公司未来要考虑的业务和产品。要想更有效地竞争、满足利益相关者的需要和吸引人才，公司就需要不断地增长。“增长就好比公司的氧气，”一位经理人员说道，“增长使公司充满活力和激情，使每个人看到真正的发展机会。”与此同时，公司必须提防为了增长而增长。公司的目标必须是管理“有利可图的增长”。

营销对公司实现有利可图的增长负有主要责任。市场营销需要识别、评价和选择市场机会，并制定抓住机会的战略。**产品 / 市场扩张矩阵**（product/market expansion grid）是一种确定增长机会的有用工具，如图 2－3 所示。[7] 我们运用它来分析运动服装制造商安德玛公司（Under Armour）。[8]

	现有产品	新产品
现有市场	市场渗透	产品开发
新市场	市场开发	多元化

图 2－3　产品 / 市场扩张矩阵

大约 10 年前，安德玛以“通过激情、设计和对创新无尽的追求，让所有的运动员取得更好的成绩”为使命，推出创新型舒适、快干的运动衣和短裤产品线。从那以后，它以惊人的速度飞快增长。仅仅 5 年时间，安德玛的销售实现了翻番，成为美国仅次于耐克的第二大畅销品牌。展望未来，安德玛必须寻求维持增长的新途径。

第一，安德玛会考虑公司是否能够实现更深的**市场渗透**（market penetration）——无须改变其原有的产品就从当前顾客那里争取更多销售。它可以通过该改善营销组合——调整产品设计、广告、定价和渠道策略，来促进销售增长。例如，安德玛在其最初的服装产品线中不断增加新的款式和色彩。它最近大幅度提高自己用于广告和赞助专业运动员及运动队的投入，比上年提高了 35%。公司还增加了直营零售店和销售网站等直接面对消费者的营销渠道。直销的收入在过去的 8 年间增长了 3 倍，目前占到公司总销售收入的 30% 左右。

第二，安德玛可能考虑**市场开发**（market development）战略——为其当前的产品寻找和开发新的顾客群。安德玛可能评估和尝试开发具有新人口统计特征的市场。例如，公司最近尝试吸引女性消费者，推出一系列新产品，投入 150 万美元制作专门针对女性消费者诉求的广告《成为我想的那样》（I Will What I Want）等都受到高度赞扬。安德玛还进入新的地理市场。例如，它迅速在包括日本、欧洲、加拿大和拉丁美洲在内的国际市场打响知名度。最近，安德玛首家品牌店在中国开业。尽管去年安德玛的国际销售收入增长了 70%，但仍然只占到公司总销售收入的 12%，国际市场还有很大的增长潜力。

第三，安德玛可能考虑**产品开发**（product development）战略——向现有的市场提供改良的或者全新的产品。例如，公司于 2006 年在运动服产品线外增加了运动鞋，并持续推出创新型运动装备产品。比如，最近拟推出的安德玛 SpeedForm 运动鞋产品线。去年运动鞋的销售收入增长了 44%，但在总销售收入中的比例仍然只有 13%，同样有很大的增长空间。

第四，安德玛可以考虑**多元化**（diversification）战略——创办或者收购当前产品和市场之外的业务。例如，公司最近通过收购三家健身 App 公司——MapMyFutness、MyFitnessPal 和 Endomondo，扩张到数字个人健康和健身追踪市场。它还与 IBM 合作增加了智能追踪技术，可以把健身、睡眠和营养等信息连接到其产品上，借助技术和服务，而不仅仅是运动服产品，将消费者与品牌紧紧地联系在一起。安德玛还考虑进入非比赛休闲服市场，或者开始制造和营销安德玛健身装备。不过，执行多元化战略的时候，公司必须谨慎，不要因过分扩张而影响品牌定位。

公司不仅要为其业务组合制定增长战略，还要制定精简战略（downsizing）。企业希望放弃某些产品或市场的原因有很多。可能是增长太快或进入了自己缺乏经验的领域；也可能是市场环境变化，致使某些产品或市场变得无利可图。例如，在低迷的经济环境下，许多公司削减实力较弱的、盈利性差的产品和市场，将其有限的资源集中到最有优势的产品和市场上。最后，一些产品或业务单位会因过时而衰亡。

当企业发现旗下的品牌或业务不能盈利或不再适合其总体战略时，就必须谨慎地调整、收获或者剥离它们。例如，过去几年间，宝洁公司出售了 10 多个重要品牌——从 Crisco、Folgers、Jif 和品客（Pringles），到金霸王（Duracell）电池、Right Guard 除味剂、Aleve 缓痛片、封面女孩（CoverGirl）和蜜丝佛陀（Max Factor）化妆品、Wella 和伊卡露（Clairol）护发产品，以及爱慕思（Iams）和其他宠物食品品牌，这一举措使公司更加聚焦于家庭护理与美容产品。同样，通用汽车公司将一些业绩不佳的品牌从其业务组合中剔除，包括奥兹莫比尔（Oldsmobile）、庞蒂亚克（Pontiac）、土星（Saturn）、悍马（Hummer）和萨博（Saab）。处于劣势的业务通常会分散管理层过多的注意力。管理者应该将注意力集中在有前途的增长机会上，而不是为挽救已经衰弱的业务而徒劳地耗费自己的精力。

2.3 营销计划：合作建立顾客关系

公司的战略规划明确了公司将经营何种业务以及每种业务要达到的目标。接着，必须为各个业务单位制订更加周详的计划。每个业务单位内的主要职能部门——市场营销、财务、会计、采购、运营、信息系统、人力资源和其他——必须紧密合作，齐心协力实现战略目标。

在公司进行战略规划的过程中，市场营销在许多方面发挥着重要作用。首先，市场营销提供一种指导哲学——市场营销理念，即公司的战略应该围绕与主要顾客群建立有价值的顾客关系展开。其次，市场营销通过帮助识别有吸引力的市场机会和评价公司利用这些机会的潜力，为战略规划者提供依据。最后，在单个业务单位中，市场营销为实现其目标而设计营销战略。战略业务单位的目标一旦确定，市场营销的任务是以有利可图的方式实现目标。

顾客价值是市场营销者成功秘诀中最关键的部分。但是，正如我们在第 1 章中提到的，市场营销者无法单独为顾客创造卓越的价值。尽管市场营销扮演着领导角色，但在吸引、留住和发展顾客中，它只能是一个合作者。因此，除了顾客关系管理，市场营销者还必须进行伙伴关系管理。他们必须与公司其他部门的伙伴紧密合作，形成有效的价值链为顾客服务。同时，必须与市场营销系统中其他公司有效地合作，构成有竞争力的价值递送网络。我们现在深入地讨论公司价值链和价值递送网络的概念。

与公司其他部门合作

公司的每个部门都可以视为公司**价值链**（value chain）的一个环节。[9] 也就是说，每个部门都执行着价值创造活动来设计、生产、营销、递送和支持企业的产品。企业成功与否不仅取决于每个部门能否出色地履行自己的职责，还取决于各个部门之间能否很好地彼此配合。

例如，真值五金店（True Value Hardware）的目标是通过以适宜的价格为购物者提供满足需求的五金和家装产品及优质服务，来创造顾客价值和满意。该零售商的市场营销人员积极配合，发挥了重要作用。他们了解顾客需要什么，帮助 3 500 家下属的独立零售商在货架上摆满以极具竞争力的价格出售的符合顾客期望的产品。通过这些行为和其他一些措施，真值五金店的市场营销人员帮助各店铺有效地递送顾客价值。

但是，真值五金店在总部和网点的市场营销人员本身也需要公司其他部门的帮助。真值五金店之所以能够帮助消费者“现在就开始，就从这里开始”，依赖于采购部门是否有能力开发理想的供应商并从它们那里以低成本进货；信息技术人员能否就每一家店铺的商品销售情况提供及时和准确的信息；运营部门的人员能否提供高效、低成本的配货和递送工作。

公司价值链的优劣是由最薄弱的环节决定的。成功则取决于各个部门在增加顾客价值方面表现是否出色，以及公司如何协调各部门的行动。真值五金店最近的营销运动——“每一个项目背后是真值”，认识到让组织中从门店经理和员工到总部运营经理和营销调研人员在内的所有人，理解 DIY 顾客的需求和想法，并帮助他们处理家装项目的重要性。

理想的状况是，公司不同的部门能够以协调一致的合作方式为顾客创造价值。但是，部门之间的关系难免存在矛盾和误会。市场营销部门以顾客的观点看问题。但是当市场营销部门试图使顾客满意时，可能会降低其他部门的工作绩效。市场营销部门的行为可能增加采购成本，打乱生产进度，增加库存，或给预算制造麻烦。于是，其他部门可能不愿意鼎力支持市场营销部门的努力。

但是，市场营销人员必须使所有部门都“为顾客着想”，并建立一条能够顺畅地完成各项职能的价值链。一位市场营销专家说道：“真正的营销导向并不意味着以营销为中心，而意味着整个公司都致力于为顾客创造价值，并将自己视为通过确定、创造、沟通和递送顾客价值来盈利的一系列过程的整合……不论职能或部门，每一个人都在从事营销。”另一位说道：“如今，吸引顾客需要整个公司的投入。人人都是市场营销者。”[10] 于是，无论你是会计、运营经理、财务分析师，还是信息技术（IT）专家，或者是人力资源经理，都需要理解市场营销，认识自己在企业创造顾客价值的过程中所扮演的角色。

与营销系统内的其他企业合作

为完成吸引顾客互动和创造顾客价值的任务，企业需要超越自己的价值链，将视野扩展到供应商、经销商以及最终顾客所构成的价值链。以麦当劳为例。人们涌入麦当劳并不仅仅因为喜欢它的汉堡包。实际上，消费者青睐的不只是麦当劳的食品，更是它的运作系统。在世界范围内，麦当劳精确调节的系统严格地执行着公司称为 QSCV 的高标准——质量、服务、清洁和价值。只有成功地与特许经销商、供应商和其他企业通力合作，为“我们的顾客创造最佳就餐场所和就餐方式”，麦当劳的努力才是有效的。

如今，越来越多的公司与供应链中的其他成员——供应商、分销商以及最终顾客紧密合作，以改善顾客**价值递送网络**（value delivery network）的业绩。当今的市场竞争已不再发生在单个的竞争者之间。相反，它发生在由这些竞争者创造的整个价值递送网络之间。丰田的业绩之所以优于福特，取决于丰田整体价值递送网络相对于福特价值递送网络的杰出质量。即使丰田制造出了世界上最好的汽车，如果福特的经销网络能够提供令顾客更满意的销售和服务体验，丰田也会失去市场。

2.4 市场营销战略与市场营销组合

战略规划确定了公司的整体使命和目标。图 2-4 展示了市场营销的作用和活动，总结了管理顾客价值导向的市场营销战略和市场营销组合所涉及的主要活动。

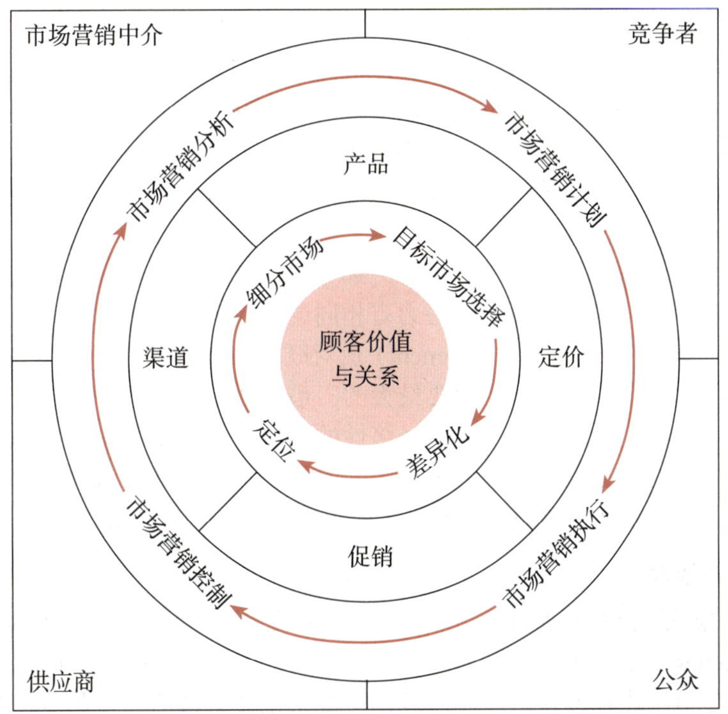

图 2-4　管理市场营销战略和市场营销组合

顾客永远居于中心地位。市场营销的目的是为顾客创造价值和建立有利可图的顾客关系。接下来是**市场营销战略**（marketing strategy）——公司借以创造顾客价值和实现有利可图的顾客关系的市场营销逻辑。公司决定自己将为哪些顾客服务（市场细分和目标市场选择）以及如何为他们服务（差异化和定位）。为此，公司必须了解整个市场，然后将其划分为较小的细分市场，选择最有潜力的部分，并集中精力服务和满足这部分细分市场中的顾客。

在市场营销战略的指导下，公司设计由可控制的要素——产品、定价、渠道和促销（4P）构成的、协调有序的市场营销组合。为寻求最佳的市场营销战略和组合，公司需要致力于市场营销分析、计划、执行和控制。通过这些活动，公司监测并适应市场营销环境中的组织者和力量。我们现在先简要介绍营销组合的各项活动，在随后的各章再进一步讨论。

顾客价值导向的市场营销战略

要在今天的市场竞争中获胜，企业需要以顾客为中心。它们必须从竞争者那里获取顾客，然后通过递送更高的价值来留住顾客并不断增加顾客。但是，在使顾客满意之前，公司必须先了解他们的需要和欲望。于是，成功的市场营销需要细致的顾客分析。

公司不可能通过为市场中所有的顾客服务来盈利——至少不可能以同样的方式服务所有人。消费者有许多不同的类型，他们的需求千差万别。大多数公司寻找自己更有优势的细分市场。因此，市场营销者必须将整体市场划分成细小的部分，选择其中最好的细分市场，为之设计战略并盈利。这一过程包括市场细分、目标市场选择、差异化和定位。

市场细分

市场由各种各样的消费者、产品和需求构成。市场营销者必须决定哪些细分市场为自己提供了最好的机会。可以根据地理、人口统计、心理和行为因素将消费者分组，有针对性地提供服务。将市场划分为独特的购买者群体（各个群体之间在需要、特征或行为上存在明显差异，需要不同的产品或市场营销计划），这一过程称为**市场细分**（market segmentation）。

每个市场都可以细分，但不是所有的细分方式都有效。例如，如果不同收入的患者对镇痛药生产厂家的市场营销努力有相同的反应，泰诺根据收入进行市场细分就没有意义。**细分市场**（market segment）由对既定市场营销努力具有类似反应的消费者构成。例如，在汽车市场，想要最大的、最舒适的汽车而不在乎价格的消费者组成一个细分市场。关心价格和使用经济性的消费者构成了另一个细分市场。通过制造一种型号的汽车在这两个细分市场中同时成为消费者的首选是极其困难的。明智的做法是，公司将其注意力集中于满足单个细分市场的独特需求。

目标市场选择

公司完成市场细分之后，可以进入一个或多个细分市场。**目标市场选择**（market targeting）涉及评价各个细分市场的吸引力并选择其中一个或几个细分市场提供服务。公司应该瞄准自己能够通过创造最大化顾客价值而盈利并长期保持竞争优势的细分市场。

资源有限的企业可以只服务一个或几个专门的细分市场或缝隙市场。这种拾遗补缺者专门为被大公司轻视或忽略的细分顾客群提供产品和服务。例如，法拉利（Ferrari）每年在北美市场只出售 2 200 辆高性能汽车，其价格也高得惊人——一辆加州法拉利（Ferrari California）的售价是 19.8 万美元，740 马力的 F-12 Berlinetta 售价更高，达到令人咋舌的 31.2 万美元。美国公司中也有很多拾遗补缺者：盈利的低成本航空公司忠实航空（Allegiant Air）为避免与大型航空公司直接竞争，专门瞄准被忽略的小型市场和初次飞行者，努力“到竞争者不去的地方”。小型搜索引擎初创公司 DuckDuckGo 在谷歌和微软必应（Bing）等巨头留下的缝隙市场中存活下来，并不断增长（参见“营销实例”）。

营销实例 DuckDuckGo：谷歌最小但最凶猛的竞争者

谷歌凭借其 64% 的市场份额，主导着美国的网上搜索业务。另两个巨头——微软必应（Bing）和雅虎（Yahoo！）——共同占据了另外的 34% 的市场。只剩下 2% 的市场缝隙留给其他试图占得一席之地的搜索引擎。而且，谷歌等搜索巨头还能从非搜索业务获得丰厚利润，这使得它们有充裕的资金用于维持和提高市场份额。所以，小型搜索引擎如何与这些全球大鳄竞争？最好的答案是：不竞争——至少不直接竞争，而是发现一个独特的市场缝隙，进入大佬们不涉足的领域。

一家颇有勇气和胆量的搜索引擎初创公司 DuckDuckGo，开创了自己特殊的缝隙市场。DuckDuckGo 不与谷歌和其他巨头正面交锋，而是为顾客创造市场领导者不能够提供的利益——保护隐私。随后，用品牌个性和用户社群增强这一独特市场缝隙的吸引力和活力。看看 DuckDuckGo 的品牌标志——一只系着领结的古怪鸭子，感觉有点像儿童故事中的机车头，这或许就是“小引擎的样子”。

DuckDuckGo 不仅在缝隙市场中存活下来，而且取得了迅猛的增长。公司的规模仍然很小——平均一年 30 亿次搜索，与谷歌超过 1.2 万亿的搜索量相比简直不值一提。但 DuckDuckGo 可不容小觑，其日搜索量在过去 3 年中增长了近 10 倍，而谷歌则一直停滞不前。

8 年前，当加布里埃尔·温伯格（Gabriel Weinberg）创立 DuckDuckGo 的时候，许多人都质疑他是否明智。一个这么小的初创企业怎么可能挑战庞大的谷歌呢？温伯格不是简单模仿谷歌，而是选择了完全不同的方向，凭借一个差异化的关键点建立了一个优质搜索引擎。DuckDuckGo 如今将自己牢牢地定位于“智慧搜索，排除广告，真正安全”。

DuckDuckGo 只聚焦搜索，不经营赞助广告，提供效率更高的、没有广告干扰的定制化用户界面。DuckDuckGo 质疑基于第三方来源的搜索结果，帮助用户过滤和重组结果，甚至消除搜索引擎中的垃圾信息。对于大多数基础性搜索，除给出一般的搜索结果链接，DuckDuckGo 在搜索结果之上以零点击信息框的形式提供直接的“即刻答案”。“你搜索时，通常想要一个答案，”温伯格说道，“帮助你立刻获得一个答案正是我们的工作。”有了即刻答案，DuckDuckGo 可以“帮助你用更少的点击次数找到你所要的结果”。

“即刻答案”的特性太好了，以至于谷歌和必应也照着做了。例如，在谷歌上搜索“davinci”或“长城有多长？”除了熟悉的蓝色链接列表，你还会得到一个包含了达·芬奇简要生平或中国长城的长度及其他有趣事实的白色信息框。

DuckDuckGo会告诉你它的“即刻答案”功能通常更好用。其答案不仅仅依赖于第三方数据来源，更有赖于不断增长的、活跃而忠诚的用户与开发者社群提供的深刻和多样的知识。社群为DuckDuckGo搜索引擎提供了额外的力量。按照类似维基百科的方式，DuckDuckGo用户提出关于答案应该是什么的看法、推荐参考来源，甚至自己开发答案。“DuckDuckGo是一个由社群驱动的搜索引擎——你是团队的一员！”公司说，“我们不仅仅是服务者和算法，我们做得更多。”

虽然DuckDuckGo在谷歌之前很早就推出了“即刻答案”功能，但谷歌的反应恰恰说明了什么是典型的拾遗补缺者困局。市场领先者通常拥有巨大的资源，并能够很快地复制初创企业最受欢迎的特点。一位分析人员说道：“谷歌、脸书或苹果之类的企业，随时可以模仿你的差异点，轻而易举地碾压你的梦想，并把它丢进科技历史的垃圾箱。”

DuckDuckGo是幸运的，它有一个谷歌等企业模仿不了的特点——真正的隐私安全。谷歌的整体模式是建立在为顾客提供个性化服务，为广告商提供针对性营销。后者要求收集和分享关于用户及其搜索行为的数据。当你用谷歌搜索，该公司便能掌握并详细记录你是谁、你搜索了什么、什么时候搜索的。然后，将你的网上身份和数据与其服务整合起来。

相反，DuckDuckGo的独特之处在于它是专门为减少入侵和追踪而设计的。它不追索用户的IP地址或运用小程序长时间追踪用户访问的其他网址。用户没有账号。实际上，DuckDuckGo甚至不保存用户的搜索历史记录。也许最重要的是，当用户点击DuckDuckGo上的搜索结果链接，所链接的网站收不到任何由搜索引擎产生的信息。正如一位隐私推崇者所言，“DuckDuckGo是一个可靠的搜索引擎，让你在网上放心地冲浪，身后不遗留山姆大叔或其他任何人可追踪的痕迹……你访问的网站都保密。”

所以DuckDuckGo是担忧网络安全的人们特别偏爱的搜索引擎，这一群体人数现在增长越来越快。“人们登录网站搜索什么应该是互联网上最私密的事情，”温伯格说，“与你在脸书上可以自己选择发布什么不同，你在搜索引擎中往往无法选择。你键入医疗和财务问题，或其他各种事情都会留下记录。”如今，越来越多的人担心自己的搜索历史会泄露隐私。“以前人们不太重视，我们这样做显得有些极端，”温伯格谈及DuckDuckGo的早期隐私定位时说。但是如今，他补充说：“显然，人们并不想被追踪。”

DuckDuckGo如何挣钱呢？去年，谷歌745亿美元的收入中有90%来自与搜索相关的广告，该业务主要涉及大量的行为针对性广告，其所依赖的追踪工具恰恰是DuckDuckGo故意避开的。但是，即使不追踪用户，小小的DuckDuckGo仍然可以盈利。它只聚焦于谷歌业务的其他部分——递送与语境相关的搜索广告，基于搜索本身的主题。所以当用户搜索“曲面液晶电视”，DuckDuckGo会显示为相关关键字付费的电视制造商和零售商的广告语链接。

于是，如果说谷歌是巨人歌利亚（Golia）的话，DuckDuckGo是在许多方面与他对战的勇士大卫（David）。但是，与大卫不同，DuckDuckGo并不奢望杀死巨人。它深知自己不可能与这世界上的“谷歌”“必应”们正面交锋——也压根就没尝试过这样做。于是再一次，凭借深度的顾客契合和高度的顾客忠诚，DuckDuckGo为自己在网上搜索引擎市场赢得了一席之地，谷歌与其他巨头发现自己很难在看重隐私的用户中与DuckDuckGo竞争。根据每月访问者数量，DuckDuckGo目前是美国第

11 位最受欢迎的搜索引擎。随着人们日益关注隐私问题，DuckDuckGo 也必将越来越受重视。

这就是缝隙营销的真谛——一个精确定义的品牌用富有意义的品牌关系，吸引一个聚焦的顾客社群，即使是资源富足的大型竞争者也无法遏制它。一位分析人员说，正是明智的拾遗补缺战略成就了 DuckDuckGo，使之成为“谷歌最小但最凶猛的竞争者”。DuckDuckGo 说：“我们的使命很清晰，在不侵犯个人隐私的情况下为你提供优秀的搜索结果。”

资料来源：“ comScore Releases February 2016 U.S. Desktop Search Engine Rankings, ” March 16, 2016, www.comscore.com/Insights/Rankings/comScore-Releases-January-2016-US-Desktop-Search-Engine-Rankings; “ DuckDuckGo Direct Queries per Day, ” https://duckduckgo.com/traffic.html, accessed July 2016; John Paul Titlow, “ Inside DuckDuckGo, Google’s Tiniest, Fiercest Competitor,” *Fast Company*, February 20, 2014, www. fastcompany.com/3026698/inside-duckduckgo-googles-tiniest-fiercest-competitor; Susan Adams, “ The Founder of DuckDuckGo Explains Why Challenging Google Isn’t Insane, ” *Forbes*, February 19, 2016, www.forbes.com/sites/forbestreptalks/2016/02/19/the-founder-of-duckduckgo-explains-how-to-get-customers-before-you-have-aproduct-and-why-challenging-google-isnt-insane/#5899487d593c; “Top 15 Most Popular Search Engines—March 2016,” www.ebizmba.com/articles/search-engines, accessed July 2016; and https://duckduckgo.com/about, accessed September 2016.

或者，公司可以选择同时为几个相关联的细分市场提供服务——也许那些不同类别的顾客具有相同的基本需求。例如，Gap 公司以五大不同的商店和网上品牌——Gap、香蕉共和国、老海军、Athleta 和 INTERMIX，瞄准不同年龄、收入和生活方式的人群，提供服装及配饰。Gap 商店甚至将其消费者市场分成更小的缝隙市场，包括 Gap、Gap 童装（Gapkids）、Gap 婴儿装（babyGap）、Gap 孕妇装（Gap Maternity）、Gap 男装（GapBody）等。[11] 一些大型公司（例如丰田和福特等汽车公司）可能为所有的细分市场提供完整的产品系列。

大多数公司借助服务于某个细分市场进入新市场，取得成功之后，再扩张到更多的细分市场之中。例如，耐克起步时只为专业运动员提供创新型跑鞋。大型公司最终往往谋求覆盖所有的细分市场。耐克现在为所有人制造和销售种类繁多的运动产品，其目标是“帮助各种水平的运动者发掘潜在能力”。为此，它设计不同的产品来满足每个细分市场的特殊需要。

差异化与定位

公司选定目标市场之后，就必须决定如何使自己的提供物差异化，即希望自己在目标市场占据什么位置。产品的定位是与竞争者相比，自己的产品在消费者的心目中处于什么位置。市场营销者希望为自己的产品树立独特的市场定位。如果人们感到某种产品与市场上其他产品非常相像，就没有充分的理由购买它。

定位（positioning）是相对于竞争者的产品而言，设法使自己的产品在目标顾客的心目中占据一个清晰、独特而理想的位置。市场营销者应该策划能够使自己的产品与竞争性品牌相区别，并在目标市场中具有最大竞争优势的定位。

宝马承诺“纯粹的驾驶乐趣”，而斯巴鲁（Subaru）是“愉悦与安心的驾驶感受”。可口可乐是“欢乐无限”，百事说“活在当下”。Del Monte 食品是“充满活力”，Cascadian 农产品是“认证过的有机食品，保证美味”。在 Panera 面包店，你可以“放心生活，畅享美食”，而在温迪，“质量是我们的配方”。

恰恰是这些貌似简单的陈述，构成了以上产品营销战略的支柱。例如，西南航空公司从创立之初就将自己定位为“LUV航空”。最近，其新标识和飞机图形设计中的彩色心形图案强化了这一定位。正如西南航空最近的一则广告所强调的：“如果没有心，那就只是一部机器。”该航空公司始终在所做的每一件事情上全心投入。

在为品牌定位的过程中，公司首先要确定顾客可能看重的差异点，这些差异点往往是为其定位提供依据的竞争优势。公司可以通过两种途径为顾客提供更大的价值：要么比竞争者收取更低的价格，要么提供更多的利益来使较高的价格合情合理。但是，如果公司承诺更多的价值，就必须递送更多的价值。于是，有效的定位始于**差异化**（differentiation）——切实地将公司的市场提供物与竞争者区别开来以为顾客提供更多的价值。一旦公司选择了理想的定位，就必须采取强有力的措施向目标顾客传达和沟通这一定位。公司整体营销方案应该全力支持既定的定位战略。

制定整合的市场营销组合

确定整体市场营销战略之后，公司要着手策划市场营销组合的细节。**市场营销组合**（marketing mix）是现代营销中最重要的概念之一，它指公司为使目标市场产生预期反应而整合使用的一系列策略性的营销工具。公司为营销产品或服务所采取的一切措施构成了营销组合。这些措施可以归纳为四组变量——“4P”。图2-5总结了每个P中包含的市场营销工具。

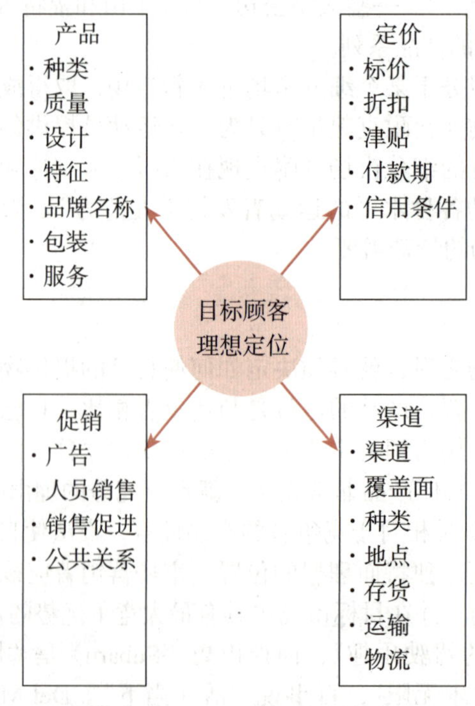

图2-5 市场营销组合的4P

● 产品是指公司向目标市场提供的产品和服务的组合。福特翼虎（Escape）汽车由螺母和螺钉、火花塞、活塞、头灯及其他数千种零部件构成。福特提供多种型号和数十种风格的翼虎车供目标市场选择。福特车提供的服务周全，并提供全面担保，即使排气管这样的小零件也包括在内。

● 定价是指顾客为获得产品必须支付一定的货币。例如，福特计算出其经销商对每辆翼虎车的建议零售价。但是，福特的经销商很少严格执行这一价格。相反，它们会与每一位顾客就最终售价讨价还价，提供折扣、交易津贴和信用条件。它们会调整价格来适应当时的竞争状况，并符合购买者对汽车价值的预期。

● 渠道包括公司使自己的产品送达目标消费者的各种活动。福特与大量独立经销商合作，由后者负责出售公司各种型号的汽车。福特谨慎地选择经销商，并给予它们强有力的支持。经销商则持有福特汽车的存货，向潜在顾客展示，协商价格，达成交易，并提供售后服务。

● 促销指向目标顾客沟通产品价值，说服他们购买的活动。福特汽车公司每年在美国市场上宣传公司和产品的广告投入超过 23 亿美元。[12] 同时，经销商的销售人员为潜在购买者提供多种帮助，说服他们相信福特汽车是最理想的选择。福特及其经销商提供诸如优惠、现金返还、低利率贷款等多种特别促销活动，以刺激购买。而福特的脸书、推特、YouTube 和其他社交媒体平台吸引众多粉丝与品牌建立紧密的关系和互动。

有效的市场营销方案将市场营销组合的所有要素协调在一起形成一个整合营销计划，借此向目标顾客递送价值，实现公司的营销目标。市场营销组合犹如公司在目标市场建立强有力定位的“百宝箱”。

一些批评者认为，4P 可能忽略或不重视某些重要的行为。比如，他们问道：“服务在哪里？”不能仅仅因为不是以字母 P 开头就把它们忽略了。答案是：服务，比如银行、航空和零售服务，也是产品，我们或许可以称它们为服务产品。批评者还可能问“那包装呢？”市场营销者回答说，他们将包装仅仅作为众多产品决策中的一项。所有这些在图 2－5 中得到了体现，许多看上去被营销组合遗漏的活动实际上被包含在 4P 的某个方面之中。问题不在于应该有 4 个 P、6 个 P 还是 10 个 P，而是什么样的框架对设计整合营销计划最有帮助。

不过，还有一种观点，也有一定的道理。这种观点认为，4P 的概念是站在卖方而非买方的角度看待市场。从买方的视角看，在这个强调顾客价值和关系的时代，4P 最好描述为 4A。[13]

4P	4A
产品（Product）	可接受性（Acceptability）
定价（Price）	可负担性（Affordability）
渠道（Place）	可到达性（Accessibility）
促销（Promotion）	知晓度（Awareness）

在这一更加以顾客为中心的框架中，可接受性指产品超过顾客预期的程度；可负担性指顾客愿意和能够支付产品价格的程度；可到达性指顾客可以方便购买产品的程度；知晓度是指顾客了解产品特征、被说服使用和提醒重购的程度。这 4A 与传统的 4P 紧密相连。产品设计影响可接受性；定价影响可负担性；渠道影响可

到达性；促销影响知晓度。市场营销者应该首先从消费者的角度思考 4A，然后以此为基础制定自己的 4P 决策。

2.5 管理市场营销活动和营销投资回报

管理市场营销活动

公司在营销管理中除了善于“营销”，还需要重视“管理”。图 2－6 显示了市场营销管理过程需要的四种营销管理职能——分析、计划、执行与控制。公司首先制订整体战略规划，然后将它们转化为每个部门、产品和品牌的市场营销计划或其他计划。通过执行，公司将计划转化为行动。控制是测量和评价市场营销活动的结果，并且在必要的时候采取纠偏措施。最后，市场营销分析为所有其他营销活动提供信息和评估。

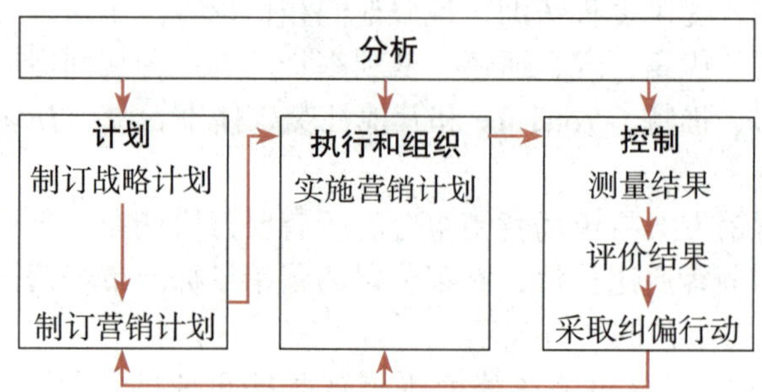

图 2－6 管理市场营销：分析、计划、执行与控制

市场营销分析

对市场营销职能的管理始于对公司环境的全面分析。市场营销者应该进行 **SWOT 分析**（SWOT analysis），即评价公司的优势（S）、弱点（W）、机会（O）和威胁（T）（见图 2－7）。优势包括有助于公司为目标顾客提供服务并实现目标的内部能力、资源以及积极的环境因素。弱点包括损害公司业绩的内部局限性和负面的环境因素。机会是公司能够利用其优势的外部环境中的有利因素或趋势。威胁是对公司业绩构成挑战的不利的外部因素或趋势。

公司应该仔细地分析市场和营销环境，发现有吸引力的机会和识别环境威胁。它应该分析公司的优势和弱点以及当前或可能的市场营销行为，借此判断自己能够最好地抓住哪些机会。目的是将公司的优势与环境中有吸引力的机会相匹配，消除或克服弱点以使威胁的影响最小。市场营销分析为其他市场营销管理职能提供了基础。我们将在第 3 章中更加全面地讨论市场营销分析。

市场营销计划

通过战略规划，公司明确了各个业务单位所从事的活动。营销计划涉及决定有助于公司实现总体战略目标的市场营销战略。每项业务、每个产品或品牌都需要一份详细的市场营销计划。市场营销计划究竟是什么样的？我们的讨论将集中于产品或品牌的市场营销计划。

	积极的	消极的
内在的	优势（S） 可以帮助公司实现其目标的内在能力	弱点（W） 可能损害公司实现其目标的能力的内在局限性
外部的	机会（O） 公司可以利用其优势的外部因素	威胁（T） 可能影响公司业绩的当前或即将出现的外部因素

图 2－7　SWOT 分析：优势（S）、弱点（W）、机会（O）和威胁（T）

表 2－2 总结了一份典型的产品或品牌市场营销计划应该包含的主要内容。计划的第一部分是概述，简明扼要地阐述主要评价、目标和建议。计划的主体部分是对当前的营销环境及潜在机会和威胁的详细的 SWOT 分析。然后，计划阐述品牌的主要目标，并说明为实现该目标应该采取的具体的市场营销战略。

表 2－2　市场营销计划内容

内容	目的
概述	对计划的主要目标和建议进行简要的总结，便于管理层评价计划，帮助高层管理者尽快发现计划的要点。概述之后应该跟有目录。
当前的营销环境	描述目标市场以及公司在其中的定位，包括市场、产品偏好、竞争和分销方面的信息。这部分包括： ● 市场描述，界定市场和主要的市场细分，进而评价营销环境中可能影响顾客购买行为的顾客需要和其他因素。 ● 产品评价，显示产品线中主要产品的销售额、价格和毛利。 ● 竞争评价，确定公司的主要竞争对手，并评估其市场定位以及为产品质量、定价、分销和促销所制定的战略。 ● 渠道评价，评价近期的销售趋势和主要分销渠道的其他动态。
威胁和机会分析	评价产品可能会面临的主要威胁和机会，帮助管理层预测对公司及其战略可能产生影响的重要的积极或消极动态。
目标和问题	陈述公司在计划期间要实现的营销目标，讨论可能影响目标实现的关键问题，例如，假如目标是获得 15% 的市场份额，这部分就要考察如何使这一目标得以实现。
市场营销战略	简述业务单位为实现营销目标所依据的总体营销思维逻辑，以及目标市场、定位和营销费用水平的具体情况。市场营销战略阐释营销组合各个要素的具体战略，并解释每项战略如何应对计划中已经指出的威胁、机会和关键问题。
行动计划	清晰地说明营销战略如何转化为行动计划，回答下列问题：做什么？何时做？谁对此负责？费用是多少？

续表

内容	目的
预算	详细说明支持性的营销预算，实质上就是预计的损益表。预算列明预期收益（预测的销售量和平均净价）与预期成本（生产、分销和营销）。二者之差就是预计的利润。预算一经管理高层批准，就成为原材料采购、生产计划、人员计划和营销运作的基础。
控制	简要说明用于监控进展的控制措施，使高层管理者能够评估实施结果并发现未能实现目标的产品。包括测量市场营销投资回报。

市场营销战略由目标市场选择、定位和市场营销组合以及市场营销费用水平等具体战略要素构成。它说明公司为了获得利益回报，打算如何为目标顾客创造价值。在这一部分，计划制订者解释各项战略如何应对计划中已经指明的威胁、机会和关键问题。市场营销计划的其他部分根据支持性营销预算的细节，为执行营销战略安排行动方案。最后一部分阐述控制活动，用于控制进程、衡量市场营销投资回报和采取必要的纠偏措施。

市场营销执行

制订优秀的计划只是成功营销的开始。如果无法恰当地执行，再出色的营销战略规划也会黯然失色。**市场营销执行**（marketing implementation）是为了实现公司的战略营销目标，将市场营销计划转化为市场营销行动的过程。市场营销计划解决的是采取什么营销行为以及为什么要这样做的问题，市场营销执行则解决谁、何地、何时以及如何做的问题。

许多管理者认为与“做正确的事”（战略）相比，“正确地做事”（执行）同样甚至更加重要。实际上，两者都是成功的关键，公司可以通过有效的执行获得竞争优势。一家企业可能与另一家企业有着大同小异的战略，但可以在市场上通过更灵活、更有效的执行获胜。然而，市场营销执行比较困难——构思一个好的市场营销战略往往比执行要容易得多。

在当今这个联系日益紧密的世界，市场营销系统中各个层次的成员必须通力合作确保营销计划和战略得以落实。例如，约翰迪尔公司（John Deere）要执行针对居民、商业、农业和工业设备的营销计划，需要组织内外数千人的行动和日常决策。营销经理制定关于目标市场选择、品牌建设、产品开发、定价、促销和分销渠道的决策。他们与工程部门谈产品设计，与制造部门谈生产和存货水平，与财务部门谈融资和现金流。他们还要与外部合作者商谈，例如与广告公司共同策划广告运动，联系新闻媒体以获得舆论支持。销售团队敦促和支持独立经销商和像劳氏（Lowe's）这样的大型零售商，说服居民、农业和工业客户相信：“没有什么能像约翰迪尔一样高效。”

市场营销组织

公司必须建立执行市场营销战略和计划的营销组织。如果公司非常小，一个人或许就可以包揽调研、销售、广告、顾客服务及其他营销工作。但是，随着公司的扩张，会出现专门执行市场营销活动的营销部门。在大公司，这一部门往往汇聚了众多专家——产品和市场经理、销售经理和销售人员、市场调研人员、广告专家以及其他许多领域的专业人员。

为指挥如此庞大的市场营销组织，许多公司设立了首席营销官（CMO）这一职位。CMO 指挥公司的整体营销运营并在公司的高层管理团队中代表市场营销部门。CMO 的职位将市场营销置于与其他 C 层级的经理人员——如首席运营官（COO）和首席财务官（CFO）平等的地位。作为高层管理者中的一员，CMO 的作用是捍卫顾客利益——做一位"首席顾客官"（chief customer officer）。为此，英国航空公司（British Airways）甚至将其最高营销岗位重新命名为顾客体验经理。[14]

现代营销部门可以按照以下几种方式来组织。最常见的市场营销组织形式是职能型组织（functional organization）。在这种组织中，不同的市场营销活动分别由相应领域的职能专家掌管，如销售经理、广告经理、市场营销调研经理、顾客服务经理、新产品经理等。跨国销售或国际化经营的公司常常采用地理型组织（geographic organization）。其销售和营销人员被分派到特定的国家和地区。地理型组织要求销售人员在某个地区常住，了解当地顾客，以最少的差旅时间和费用完成工作。拥有众多不同产品或品牌的公司，常常建立产品管理组织（product management organization）。对向需求和偏好各异的不同类型的市场和顾客出售单一产品线的公司而言，市场或顾客管理组织（market or customer management organization）最合适不过了。生产多种不同产品并销往不同地理区域和顾客群的大公司通常采用职能、地理、产品和市场组织形式的某种组合。

市场营销组织近年来已经成为日益重要的问题。越来越多的公司正将自己的重点从品牌管理转向顾客管理——从只关注产品或品牌的盈利性，转为关注管理顾客价值和顾客权益。与其说公司在管理品牌组合，不如说它们在管理顾客组合。与其说它们在管理品牌财富，不如说它们在管理顾客对品牌的体验和关系。

市场营销控制

由于在营销计划的执行过程中会发生许多意想不到的情况，市场营销者必须进行持续的**市场营销控制**（marketing control）——评价市场营销战略和计划的结果，并采取纠偏措施以确保既定目标的实现。市场营销控制涉及几个步骤。管理层首先要设定具体的营销目标。然后，衡量其市场业绩，找到造成预期业绩和实际业绩之间缺口的原因。最后，管理层采取纠偏措施缩小目标与业绩之间的差距。这可能要求改变行动计划，或者改变目标本身。

执行控制（operating control）涉及根据年度计划检查当前的绩效，并在必要的时候采取纠偏措施。其目的在于确保公司实现年度计划中设定的销售、利润和其他目标。执行控制还要判断不同产品、区域、市场和渠道的盈利性。战略控制（strategic control）就是考察公司的基本战略是否很好地与市场机会相匹配。市场营销战略和计划可能会很快过时，每个公司都应该定期重新评估其整体市场战略。

测量与管理市场营销投资回报

市场营销管理者必须确保自己的营销费用支出恰当。过去，许多市场营销者在代价不菲的大型营销方案上随意支出，常常没有仔细地考虑财务回报问题。他们的目标往往很笼统——"建立品牌和消费者偏好"。他们认为，营销会产生无形的收益，而不必烦心考虑测量生产率或回报。但在今天愈发不景气的经济环境下，一切都在改变。

如今，随意支出的日子已一去不复返，取而代之的是，人们更重视营销业绩及其测量方法。与以往相比，越来越多的公司热衷于将营销活动与市场结果联系起来。**市场营销投资回报率**（marketing return on investment，营销 ROI）是一种测量营销业绩的重要方法，是指用市场营销投资的净回报除以市场营销投资成本。它衡量企业对市场营销活动的投资所产生的利润。

营销 ROI 的确很难度量。通常，在测量财务投资回报率时，R（回报）和 I（投资）都需要以货币（美元）来计量。例如采购一台设备可能带来劳动生产率明显提高。但在营销领域，人们对投资回报的界定尚不统一。比如，诸如顾客契合、广告和品牌建设的效果很难用金钱衡量。

公司可以根据标准的营销业绩衡量指标来评估营销 ROI，比如品牌知名度、销售额和市场份额等。许多公司正将这些度量指标综合为"市场营销仪表盘"——重要的市场营销业绩测量指标被集中展示，用于监测战略性营销的业绩。就像汽车的仪表盘将关于汽车运作状况的细节一览无余地展示给司机一样，市场营销仪表盘为市场营销者评价调整其营销战略提供所需的详细测量数据。例如，VF 公司运用营销仪表盘追踪其 30 多个休闲服装品牌——包括威格（Wrangler）、Lee、北面（The North Face）、Vans、Nautica、7 for All Mankind 等。VF 的营销仪表盘在全球主要市场中不仅监测自己的品牌，而且包括竞争者品牌，涉及品牌权益及其变化趋势、收视份额、市场份额、网络舆情以及市场营销投资回报率等多项内容。[15]

除了运用标准的业绩测量方法，越来越多的市场营销者开始采用以顾客为中心的测量指标度量市场营销的影响，如获得顾客、留住顾客、顾客终身价值以及顾客权益等。这些测量指标不仅反映营销业绩，而且可以帮助市场营销者从可靠的顾客关系中预测未来业绩。图 2－8 将市场营销费用视为一种投资，其回报体现为更有价值的顾客关系。[16] 市场营销投资能够产生持续改善的顾客价值和满意，进而提高企业吸引和留住顾客的能力，最终增加单个顾客的终身价值和企业总体的顾客权益。不断增加的顾客权益与市场营销投资的成本相比，决定了营销 ROI。

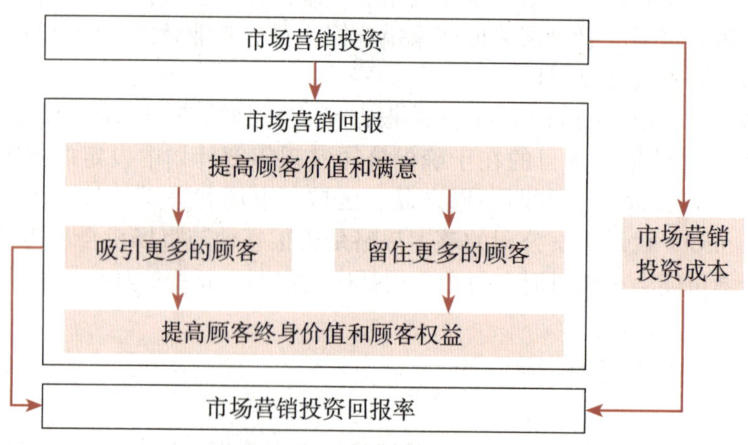

图 2－8 市场营销投资回报率

资料来源：Adapted from Roland T.Rust，Katherine N.Lemon，and Valerie A.Zeithaml，"Return on Marketing：Using Consumer Equity to Focus Marketing Strategy，" *Journal of Marketing*，January 2004，p.112.Used with permission.

正如一位市场营销经理所言："你必须考察反映顾客契合的更加深入的业绩指标，证明自己的花费是值得的。各个营销项目的效果应该以是否推动顾客契合、最终促进了购买行为和提高了收入来衡量。"[17]

关键术语

战略规划（strategic planning）
使命陈述（mission statement）
业务组合（business portfolio）
组合分析（portfolio analysis）
增长－份额矩阵（growth-share matrix）
产品 / 市场扩张矩阵（product/market expansion grid）
市场渗透（market penetration）
市场开发（market development）
产品开发（product development）
多元化（diversification）
价值链（value chain）
价值递送网络（value delivery network）
市场营销战略（marketing strategy）
市场细分（market segmentation）
细分市场（market segment）
目标市场选择（market targeting）
定位（positioning）
差异化（differentiation）
市场营销组合（marketing mix）
SWOT 分析（SWOT analysis）
市场营销执行（marketing implementation）
市场营销控制（marketing control）
市场营销投资回报率（marketing return on investment）

概念讨论

1. 什么是战略规划？简要说明战略规划过程的四个步骤。解释市场营销在该过程中有什么重要作用。

2. 描述四种产品 / 市场扩张矩阵战略。列举执行这四种战略的公司。

3. 说明价值链和价值递送网络之间的差别。

4. 讨论整合营销组合的各个要素，解释市场营销者如何运用这些工具为产品和服务定位。

5. 市场营销者为什么一定要进行营销控制？如何进行？

案　例

脸书：让世界更开放更互联

这个世界正在快速地网络化、社交化和移动化。没有哪家公司比脸书更具在线、社交和移动的特点。尽管现在可选择的社交媒体越来越多，脸书一直是个中翘楚。只用了十年略长一点的时间，脸书就积聚了 16 亿多的每月活跃用户——超过 20% 的世界总人口，其中大约 15 亿用户现在通过移动设备上网。10 亿多脸书用户每天都会登录，每秒钟有 5 个新脸书账号注册。在美国，人们用于脸书的时间多于任何网站。脸书社群每天总共上传 3.5 亿幅图片，点赞 45 亿次，分享 47.5 亿条信息。

在这么短的时期内取得如此现象级的影响，脸书的成功主要归功于其始终如一地坚持使命——"赋予人分享的权力，让世界更开放更互联"。脸书是与朋友和家人汇聚、分享故事、展示照片、传递信息和记述生活的地方。一大批人将脸书视为自己全天候的数字之家。

从简单的事情做起

最初，执行这一使命相对简单。当脸书CEO马克·扎克伯格（Mark Zuckerberg）和朋友们于2004年推出thefacebook.com网站时，它只对哈佛学生开放。然而，凭借其清晰的设计（“没有迪士尼乐园，没有‘裸体女孩’”），这一初出茅庐的网站在第一天就获得1 200位注册用户，从而引起广泛关注。第一个月内就有一半以上的哈佛本科生加入。如此强烈的反应预示着巨大的尚未被重视的需求。最初，该社交网络一度只在一个大学校园中发展。不久，脸书就对公众开放，数百万世界各地的人纷纷加入。

脸书的界面也随着人数的增加一直在不断完善。为了吸引更多人，脸书增加了一些功能，也调整了一些功能。该网络的增长和发展也赋予它聚焦精确定义的细分市场提供特定内容的能力。但是，脸书的“为所有人提供一切”的做法让许多用户，尤其是年轻人，减少了访问量，将时间转而投向更加特别的竞争性社交网络。为应对越来越强的竞争威胁，脸书及时调整战略，从“面向所有人的网站”转为“为每个人”提供价值的“多种应用程序”战略。按照扎克伯格的说法，“脸书的愿景是创造一系列的产品，帮助你与任何你希望的观众分享任何你愿意的内容”。

在这一“多种应用程序”战略下的首个举措是，脸书用当时令人惊叹的10亿美元高价收购Instagram——一款茁壮成长的图片分享应用程序。虽然脸书已经具有自己的图片分享功能，但收购Instagram为脸书带来2 700万更加年轻的用户基础。收购Instagram之后，脸书并没有简单地将它归入脸书作为一个附加特色。而是让Instagram作为一个独立品牌，依靠原班人马和顾客基础继续发展。Instagram和脸书的顾客可以选择他们理想的融合水平，包括即使没有脸书账户照样可以有Instagram会员身份。扎克伯格说：“Instagram不通过脸书也能连接其他服务是其体验的重要部分。”

收购Instagram后不久，出于增加独特新产品和用户细分市场的需要，脸书宣布创立“创新实验室”（Creative Lab）——负责开发单一目标的移动应用程序的脸书事业部，还透露了该新事业部的首个产品——Paper，这款移动应用程序能够让用户便利和个性化使用脸书的动态消息（News Feed）。尽管核心的脸书应用已经提供了对该内容的使用，但Paper可以让用户根据主题、兴趣和来源组织动态，并在一页屏幕上完整呈现，排除其他信息的干扰。

与Paper接踵而至的是脸书另一项令人震惊的大手笔收购。脸书为收购独立的信息应用程序WhatsApp花费190亿美元，令与Instagram的交易也相形见绌。脸书自己的信息应用程序Messenger已经发展到近2亿用户。但与Instagram类似，WhatsApp立刻给脸书带来仅凭借自己很难建设的东西——拥有4.5亿国际注册用户的独立品牌，其中很多人没有使用脸书。

通过开发和收购这些新产品和移动应用程序，脸书做着自己擅长的事情——发展用户，为其多样化的用户提供更多方式和理由来彼此连接与互动。脸书更加充分的业务组合让用户在不断扩展的脸书家族中满足自己的个性需要。

平步青云

脸书在为更多用户开发更多理由进行连接和互动的同时，也在追求一些可能让观察者费解的技术。例如，几年前，这位社交媒体巨人斥资20亿美元收购Oculus

VR——一家虚拟现实初创企业。去年，脸书还开发了一款被称为脸书 Surround360 的装置——脸书自己的 360 度 3D 摄像机，拥有 17 个摄像头。为什么要进行这些收购和开发？按照扎克伯格的介绍，这与“第一步”有关。

当扎克伯格学会走路迈出自己人生中的第一步时，他父母只在日记中记录了此事。后来，当他的一个表兄初学走路，他的妈妈和爸爸用照片捕捉了这一时刻。再后来，他侄女的第一步被摄像记录下来。但是，对自己的女儿，扎克伯格希望更进一步。“当麦克斯（Max）迈出她的第一步，我们可以捕捉整个场景，而不是仅仅写下来、拍照或拍一段视频，”扎克伯格说，“我们希望与之分享的人们……可以身临其境。他们可以体验那个时刻。”

扎克伯格希望分享女儿第一步时大家可以好像身临其境一般，只是脸书如何持续聚焦于其中心使命——世界互联——的一个例子。“许久以来，人们获得越来越丰富的工具，沟通和表达自己所关心的一切。”扎克伯格说。脸书期望这类视频可以引导全新的沟通模式，可以扩展到脸书自己的 Oculus 虚拟现实头戴式视图器。

3D 虚拟现实视频听上去像一个希望不大的尝试，但相比于脸书当前最宏大的倡议可谓唾手可得了。扎克伯格一直在世界各地奔波，与从全球领导人到年轻创业者的许多人交谈，推动他认为是我们这个时代最重要的社会努力成为现实——使互联网成为一项基本人权，像保健或清洁的饮用水一样。正如他所言，不能自由和公开接触信息是消除世界贫困的最大障碍。然而，迄今为止全球仍有上亿人口没有连接互联网。扎克伯格和脸书团队立志通过让所有人都能够使用互联网，来消除这个障碍。

为了实现这一目标，脸书组建了自己的创新智囊团——连接实验室（Connectivity Lab）。这群人在一年之内拥有了撒哈拉以南非洲上空的卫星轨道。但是使用卫星非常昂贵，所以他们还在努力寻找其他方案。最有可能的方案是天鹰（Aquila）——一个精巧的、飞镖形状的太阳能无人机，有波音 737 的翼幅，重量不到 1 000 磅，可以停留在 65 000 英尺的高空数月之久。即将被投入测试的天鹰将从地面站点接收广播信号，通过激光器将这些信号转发到地面的应答器上，再将信号传递到 Wi-Fi 或 4G 网络。脸书的愿景是最终有 10 000 个天鹰飞行在全球天空，成为在高空提供无线网络的“空中基站”。

免费提供

脸书花费 5 年多的时间建设其用户基础，而且基本没有顾及是否能够产生收入，只想着要弥补失去的时间。在过去 5 年间，脸书的收益一路飙升——从 20 亿美元到 180 亿美元，增加到了 9 倍。而 20% 的利润率说明它的净收入也很不错。尽管脸书尝试了多种创造收入的途径，其收入的主要部分还是来自百试不爽的网络广告。

由于脸书还致力于诸如无人机、激光器、虚拟现实和 3D 摄像等各种炫酷的技术开发，你可能会以为它打算多元化发展，进入可以产生现金和利润的新业务领域。但是，事实胜于雄辩。实际上，随着脸书推出这些以及其他技术，它都是免费提供开源设计。数年前，当脸书建设自己的服务器和数据中心时，就立刻公开设计，让世界免费共享。对 Cassandra 和 Hadoop 等大数据分析工具也是这样。尽管这看上去好像损失金钱，但却非常符合脸书的使命。当大多数公司通过一种技艺定义自己，例如生产最好的消费者电子设备或者解决公司的效率问题，脸书始终围绕自己的使命专心致志地发展。

出于这一原因，脸书聚焦自己最擅长的——成为最好的社交网络。不分心发展多种业务和通过多元化的方式尽力挣钱，它始终聚焦于建设自己的用户基础，不断完善核心的社交媒体产品。对那些将连接实验室产出的项目视为不相关的人，扎克伯格指出，“根据我们的使命，它们实际上都毋庸置疑地聚焦着。我们真正的目的在于建设社群。实践证明，技术进步的最佳道路是让一个社群来完善它”。

有许多公司已经在研究脸书正试图推进的技术，看上去脸书似乎并未有太大进展。但是扎克伯格很有耐心，他感到技术世界提供得太少、太迟。例如，与当前由电信公司开发和使用的系统相比，脸书的太阳能无人机能够用极高的带宽，以更高的速度、更低的经济成本覆盖整个郊区、山村和城市。“我们需要世界上存在特定的技术，所以我们将建设它们，”扎克伯格说道，“我们不出售服务器或摄影机或连接服务。但是如果没有其他人建设它们，我们来做。”

无论未来如何，脸书为实现其使命不遗余力。脸书多种应用程序、多个细分市场的新战略，结合其巨大的、紧凑的社交结构，使其具有令人难以置信的发展潜力。推动世界向所有人使用互联网发展，将有助于所有人可以使用脸书的应用程序组合和产品。数年来，脸书内部的一种流行说法是：“我们只完成了1%的使命。”近来，他们已经取得了进步——比如，也许是2%了！对质疑者，想想脸书是如何起步的：

> 那是在[扎克伯格]推出网站几天之后的一个晚上。他和搞计算机科学的朋友一边吃着比萨饼一边聊天。扎克伯格告诉他的朋友，有人要建立一个社交网络，因为它的存在太重要了。但是那时候他没有猜到，他就是那个要这样做的人。有更年长的人和更大的公司。但是，为什么扎克伯格才是那个建立了脸书的人？“我想是因为我们在意。很多时候，在意一些事并相信它会成功，”他说，“我们不能从一开始就知道那个网站会发展成脸书。对我而言，有太多[脸书的未来]故事也是这样。”

资料来源：Based on information from Cade Metz, “How Will Zuckerberg Rule the World? By Giving Facebook’s Tech Away,” *Wired*, April 12, 2016, www.wired.com/2016/04/mark-zuckerberg-giving-away-facebooks-techfree/; Jessi Hempel, “Inside Facebook’s Ambitious Plan to Connect the Whole World,” *Wired*, January 19, 2016, www.wired.com/2016/01/facebook-zuckerberg-internet-org/; Sarah Kessler, “With Paper, Facebook Stops Trying to Be Everything for Everyone,” *Fast Company*, January 30, 2014, www.fastcompany.com/3025762/with-paper-facebook-stops-trying-to-be-everything-for-everyone; Josh Constine, “Zuck Says Ads Aren’t the Way to Monetize Messaging,” *Techcrunch*, February 19, 2014, www.techcrunch.com/2014/02/19/whatsapp-will-monetize-later/; and information from www.facebook.com/facebook/info/?tab=page_info and www.zephoria.com/top-15-valuable-facebook-statistics/, accessed June 2016.

讨论题

1. 脸书的使命陈述是市场导向的吗？请解释。
2. 脸书的使命是怎样驱动其战略的？
3. 脸书免费提供其技术是否明智？为什么？
4. 在努力实现其使命的过程中，脸书未来会遇到什么挑战？

注 释

请扫描二维码或登录中国人民大学出版社官网www.crup.com.cn下载本书注释。

第2篇

理解市场和顾客价值

3 分析市场营销环境

学习目标

- 描述影响企业顾客服务能力的环境因素。
- 解释人口统计和经济环境的变化如何影响营销决策。
- 确定自然环境和技术环境中的主要趋势。
- 解释政治和文化环境中的关键变化。
- 讨论公司应该如何应对市场营销环境的变化。

前面，我们学习了市场营销的基本概念，以及与目标顾客建立盈利性关系的市场营销过程及其步骤。现在，我们开始深入讨论市场营销过程的第一步——了解市场，了解顾客的需要及欲望。在本章中，你将会看到市场营销的运行环境复杂多变。这一环境中的其他行为者——供应商、中间商、顾客、竞争者、公众等——可能支持也可能阻碍公司的发展。重要的环境力量——人口、经济、自然、技术、政治和文化——可能形成市场营销机会，也可能造成威胁，影响公司建立顾客关系的能力。为制定有效的市场营销战略，必须首先理解市场营销运行的环境。

让我们从家乐氏公司（Kellog）的案例开始，它是世界上最大的谷物早餐制造商，也是全球最受尊重的知名品牌之一。家乐氏的谷物早餐曾得到数代美国家庭的钟爱。但是，随着人口、文化、生活方式以及其他方面的环境变化逐渐改变了人们的早餐模式，即使强大如家乐氏也不得不艰难适应。如今，这家传奇公司已经努力将自己重新带回了现代早餐者的餐桌。

引例 家乐氏：失去昔日风采了吗？

100 多年来，自从密歇根州巴特尔克里市的家乐氏兄弟首次掌握完美的烤玉米片制作工艺，早餐一碗谷物已经是美国家庭的日常仪式。数代睡眼惺忪的美国人来到早餐桌前，倒上一大碗松脆的家乐氏玉米片，津津有味地嚼着，那种满足感足以延续到午餐时间。

这种早餐仪式已经使家乐氏成为世界上最大的谷物早餐生产商。一个多世纪以来，该公司的传奇品牌——例如家乐氏玉米片（Kellogg's Corn Flakes）、糖霜玉米片（Frosted Flakes）、果脆圈（Fruit Froot Loops）、脆米花（Rice Krispies）、糖霜迷你麦片（Frosted Mini-Wheats）、葡萄干麦片（Raisin Bran）和 Special K 等——帮助美国人定义他们的早餐体验。

从最开始，家乐氏就一直利用环境趋势和变化，甚至引领环境的变化。在家乐氏之前，大多数人用头天的剩饭当早餐，常常引发上午消化不良。约翰（John）和维尔（Will）家乐氏兄弟俩发明了制作健康早餐——“玉米片”的工艺，并申请专利，推出其首个成功的产品“家乐氏玉米片”。首个电视广告于 1950 年代发布时，家乐氏创造性地为各品牌搭配了现在人们已经耳熟能详的卡通形象，例如，糖霜玉米片的托尼虎，果脆圈的巨嘴鸟山姆，脆米花的“咔吧，噼啪，砰”小精灵。1980 年代谷物食品销量萎缩时，家乐氏用定位于营养和便利的产品瞄准“婴儿潮”一代消费者，几乎以一己之力在仅仅 5 年时间内使该品类的市场销售增长了 50%。

但是最近几年，在人口、文化和生活方式转变带来的环境变化中，家乐氏的谷物早餐失去了昔日风采。如今，人们越来越追求格兰诺拉棒或无糖酸奶，冷食谷物销量骤减。人们的早餐行为模式已经改变，但家乐氏没有变。结果，最近几年，家乐氏总体收入和利润失去了像“咔吧，噼啪，砰”小精灵那样的活力。早餐食品销售——曾经占家乐氏总销售收入的主要部分——受到重创。例如，去年家乐氏 25 种最畅销的谷物食品中，有 19 种下降了 14% 以上。

美国人现在不再吃那么多谷物食品了。爸爸去上班，妈妈在家做午餐和接送孩子上下学之前，一家人围坐在早餐桌前的时代一去不复返了。冷食谷物的确很适合那个时代，但如今是一个通常父母都上班，匆匆带上即食早餐就出门的世界，时间紧张的人们已经不愿在一碗葡萄干全麦麦片和晨报上花费时间。“曾几何时，早餐燕麦也是方便食品，”一位食品历史学家说道，“但是便利性是相对而言的。如今从速食店匆匆买一份早餐棒、一瓶酸奶和一个水果，或一份早餐三明治带走，比吃一碗早餐燕麦要方便多了。”家乐氏也的确营销一些带走即食早餐产品线——例如，Eggo 速冻华夫、PopTarts 烘焙糕点和 Nutri-Grain 谷物棒。但是这些产品的市场业绩平平，不能抵消家乐氏主要谷物产品销售下滑造成的巨额亏损。

还有一个重要的生活方式变化影响了家乐氏的谷物业务——美国人的健康意识变得更强了。消费者越来越多地追求具有诸如“低碳水化合物”“无麸质”“有机”“非转基因”等属性的食品。这无疑给家乐氏带来很大的问题，一盒盒谷物食品恰恰是用玉米、燕麦、小麦和大米加工生产而来的高碳水化合物食品。

人们对健康问题日益担忧，也为食品运动人士一直以来对谷物食品产业向孩子叫卖垃圾食品的谴责增添了砝码。“许多以孩子为目标市场的谷物食品都含有大量的糖分，”一位家乐氏的批评者说，“Eggo 华夫主要成分就是精白面粉。PopTarts 则是面粉加糖。对一家起步时号称是健康食品的公司而言，已今非昔比了。”对一些有识别力的早餐食用者而言，一位分析人员说道：“托尼虎和巨嘴鸟山姆看上去不像友好的儿童化身，更像是坏心肠的糖贩子。”

家乐氏对这些担心做出了回应。近年来，它减少了自己最畅销的儿童谷物产品的含糖量，增加了不少无麸质和非转基因谷物产品和其他更健康的产品项目。例如，含蔓越莓的葡萄干全麦和 Special K 红莓，已经成为公司目前最畅销的产品。2000 年，家乐氏还收购了

Kashi——一家以自然和有机成分闻名的加利福尼亚健康食品公司的谷物品牌。不到十年的时间，Kashi 利用家乐氏的资源和知识产权，年收入从 2 500 万美元增加到 6 亿美元以上。

但是，一些与顾客当前的生活方式和偏好背道而驰的决策，打乱了家乐氏对健康形象的追求。例如，家乐氏一方面往自己主要的品牌中增加更加健康的产品项目，另一方面却对自己的健康品牌——例如 Special K 和 Kashi——进行了不那么健康的产品线延伸，例如，推出 Special K 巧克力裹椒盐圈饼、Special K 乳脂软糖布朗宁块、Kashi GoLean 香草全麦脆和 Kashi 蓝莓冷冻华夫——这些都是含大量碳水化合物和热量的加工食品。Kashi 现在除了早餐食品还出售曲奇、薄脆饼干、比萨饼和速冻主菜。结果，一些原本"更健康"的家乐氏品牌受到负面影响。去年，一些 Special K 产品项目的销售出现了两位数的减少。Kashi 品牌现在也在为其形象和销售苦苦挣扎。"Kashi 是一个迷了路的品牌，"一位分析人员说，"其许多产品项目是非有机食品，不少含有转基因成分。"

家乐氏已经计划重振其早餐燕麦的销售，例如在追求健康食品的购物者中恢复 Kashi 的可信度，将 Special K 从节食品牌重新定位为专门针对健康意识强的消费者诉求。公司忙于开发紧跟潮流的新早餐食品。家乐氏还通过收购诸如品客和奇宝（Keebler）等零食品牌，减少对谷物产品的依赖——谷物如今占其总业务的比例从 15 年前的 70% 下降到 45%。

但是一些分析人员仍然对家乐氏的核心是否真正跟上了健康生活方式的新趋势心存疑虑。例如，它最近推出一款新的无麸质 Special K 产品，却因为一种有悖于美国流行饮食文化趋势的产品——花生酱与果酱 PopTarts——大张旗鼓地上市而蒙上阴影。尽管家乐氏已经有 15 种新的无麸质燕麦在超市货架上亮相，但是背地里该公司正花费数百万美元阻挠西部三州进行要求其在产品标签上标明转基因成分的无记名投票。最后，收购品客和奇宝不仅没有更加顺应潮流，反而使公司的发展与早餐食品的核心业务渐行渐远。

尽管最近处境艰难，家乐氏仍然是一个标志性的强势品牌。家乐氏的 CEO 似乎不太焦虑："这家公司已经成功运营 109 年了，我们有时间也有计划重振雄风。"但是，一位分析人员却不这么看："碳水化合物、糖和固执己见正在杀死家乐氏。"无论各自的观点如何，所有观察者都认同家乐氏到了生死攸关的时刻。消费者变了，家乐氏除了与他们一起变化别无选择。该公司的困境为其他企业敲响了警钟：当一家企业——即使是主导市场的领先者——如果不能适应不断变化的营销环境，将会遭遇什么。唯有那些很好理解和及时适应环境的企业才能繁荣发展，否则将难以生存。[1]

公司的**营销环境**（marketing environment）由影响市场营销管理者与其目标顾客建立和维持牢固关系的能力的所有外部行为者和力量构成。比如家乐氏，公司必须持续关注和适应不断变化的环境——或者，在许多情况下引领变化。

与公司中的其他团队相比，市场营销者必须对环境趋势和机会更加敏感。尽管组织中的每位经理都需要关注外部环境，但市场营销者有两种特殊的专长。他们拥有有章可循的方法——市场调研和市场营销情报——收集关于市场营销环境的信息。他们在顾客和竞争者环境研究上投入更多的时间。唯有通过认真、系统的环境研究，市场营销者才能够及时地调整战略，适应新的市场挑战和机会。

3.1 微观环境与宏观环境

市场营销环境由微观环境和宏观环境构成。**微观环境**（microenvironment）由影响企业顾客服务能力的联系紧密的组织或个人——企业、供应商、市场营销中介、顾客、竞争者和公众——构成。**宏观环境**（macroenvironment）由影响微观环境的较大的社会力量——人口、经济、自然、技术、政治和文化——构成。我们首先讨论企业的微观环境。

微观环境

市场营销管理者的工作是通过创造顾客价值和顾客满意与顾客建立关系。但是，市场营销经理不能独自完成这一工作。图 3－1 展示了市场营销者所处的微观环境中的主要行动者。要取得市场营销的成功，必须与企业内部其他部门、供应商、市场营销中介、顾客、竞争者和各种公众建立关系，正是他们联合在一起组成了企业的价值递送网络。

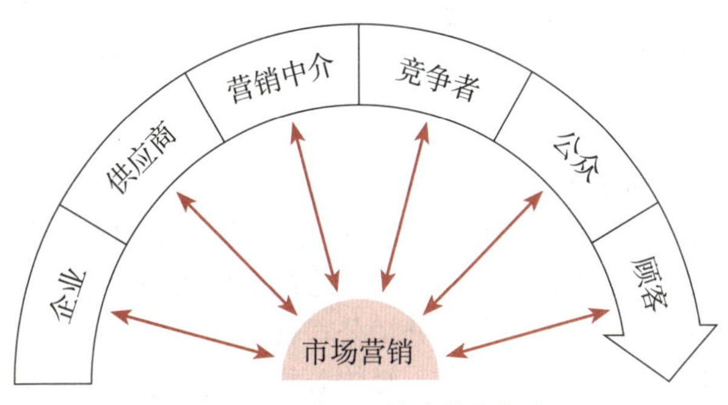

图 3－1　微观环境中的参与者

企业

在制订市场营销计划时，市场营销管理者需要兼顾公司内部的其他团队——诸如高层管理者、财务部门、研发部门、采购部门、运营部门和会计部门。所有这些彼此关联的群体构成了企业的内部环境。高层管理者确定公司的使命、目标、总体战略和政策。市场营销经理在由高层管理者决定的战略和计划内制定决策。正如我们在第 2 章中讨论的，市场营销经理必须与公司内部其他部门紧密合作。在市场营销理念的指导下，所有部门——从制造和财务到法律和人力资源——共同负责理解顾客需要和创造顾客价值。

供应商

供应商是公司整个顾客价值递送系统中的重要一环。它们为公司提供生产产品和服务所需要的多种资源。供应商问题可能严重影响市场营销活动。市场营销经理必须关注供应的稳定性和成本。供应短缺或延迟、工人罢工以及其他事件会在短期内影响销售；从长期看，会破坏顾客满意。不断增加的供应成本会迫使价格上升，减少公司的销售量。

如今大多数公司懂得善待供应商的重要性，与供应商建立合作伙伴关系，共同创造和递送顾客价值。例如，丰田深知与供应商网络建立紧密关系的重要性——他们供应了从燃油箱、刹车控制和座椅系统，到生产设备和办公用品等各种东西。[2]

每年，仅仅在美国，丰田公司就从遍布 34 个州的 557 家战略供应商处采购价值超过 230 亿美元的汽车零部件和原材料，还投入数十亿美元从其他 16 800 家供应商那里购买维护、修理和运营（MRO）服务。外部采购占丰田汽车总制作成本的 75%。所以，丰田将战略供应商视为自己能否成功的关键参与者，与它们建立稳定的关系与紧密合作。“这些供应商其实可以视为丰田的延伸。”一位丰田内部员工如是说。

例如，丰田要求战略供应商开放系统，为丰田提供充分的财务信息。这有助于丰田采购中心、丰田的工程师与供应商的工程师有效开展团队合作，实现成本目标与质量标准，这一过程往往也可以帮助供应商提升业绩与利润。供应商的人员还可以参与丰田关于领导力、财务、质量和其他主题的培训。丰田每年与其战略供应商举行正式会议共同评测上一年的结果，并设定下一年度的目标。正是借助如此紧密的合作，丰田建立起健康、持久的供应商关系。“1980 年代晚期选定的供应商，几乎 100% 迄今仍然是丰田忠实的伙伴。”那位内部员工说。最近的一次行业调查显示，在全球领先的六大汽车制造商中，汽车供应商将丰田评为“最完美”的顾客。

营销中介

营销中介（marketing intermediaries）帮助企业促销、销售和配送产品给最终购买者。营销中介包括转售商、实体分销公司、营销服务机构以及金融中介。

转售商是帮助公司寻找顾客并向他们销售的分销渠道企业，包括批发商和零售商，它们购买商品再转售出去。实体分销公司帮助公司储存和运送商品。营销服务机构包括营销调研公司、广告代理商、媒体公司以及营销咨询公司等，它们帮助公司选择恰当的目标市场并促销产品。金融中介包括银行、贷款公司、保险公司以及其他机构，它们帮助公司融资或抵御与交易相关联的风险。

与供应商类似，营销中介也是公司整体价值递送系统中的重要组成部分。为创建令人满意的顾客关系，公司不能仅仅优化自己的业绩，还必须与营销中介紧密合作，优化整个价值递送系统的业绩。

因此，如今的市场营销者清楚地意识到把中介当作合作伙伴，而不是仅仅出售其产品的渠道商有多么重要。例如，当可口可乐公司签约成为麦当劳、温迪或赛百味等快餐连锁的独家饮料供应商时，它不仅提供软饮料，还保证给予强有力的营销支持。[3]

可口可乐组建了一支跨职能的团队致力于理解零售伙伴的需求和业务发展的每一个细微之处。它针对软饮料消费者开展大量的市场调研，并与零售伙伴分享调研结果。它分析美国各地区的人口统计特征，帮助合作伙伴判断所在区域的消费者更偏好哪种可乐产品。可口可乐甚至研究免下车餐厅菜单牌的设计，以更好地了解何种排版、字体、大小、色彩和图案能刺激消费者购买更多的食物和饮料。基于对消费者的深入了解，可口可乐食品服务（Coca-Cola Food Service）小组制订市场营销计划，开发配货工具，帮助其零售伙伴改善饮料销售和盈利能力。其网站 www.CokeSolutions.com 向零售商提供丰富的信息、业务解决之道、组织货品的诀窍以及环保技术。可口可乐对其零售商伙伴承诺：“我们愿意不遗余力地为你们提供帮助。”这种紧密的伙伴关系使可口可乐始终是美国碳酸软饮料市场中的领导者。

竞争者

市场营销理念告诉我们，一个企业要取得成功，就必须为顾客提供比竞争者更高的价值和满意。所以，市场营销者不能仅仅适应目标消费者的需求，他们还必须通过在消费者心目中建立比竞争对手更强势的定位来获得战略优势。

世界上不存在适合所有公司的所谓“最佳竞争战略”。每个公司都应该根据自己的规模以及自己在行业中相对于竞争者的地位，选择最适合自己的竞争战略。处于行业领导地位的大公司可能运用一些小企业无力承担的战略。但仅有规模是不够的，有些战略可以使大公司获胜，但也有一些战略会使它们惨败。小公司则可以采用大公司无法实施的高回报率的战略。

公众

公司的市场营销环境还包括各种公众。**公众**（public）是对组织实现其目标的能力有实际或潜在利益关系或影响的任何群体。我们可以确定七种类型的公众。

- 金融公众。金融公众影响公司的融资能力。银行、投资公司和股东是主要的金融公众。
- 媒体公众。媒体公众掌控新闻、报道和社会舆论，主要包括电视台、报纸、杂志、博客和其他社交媒体。
- 政府公众。管理层必须考虑政府的要求。市场营销者必须经常向律师咨询，以了解政府对产品安全、广告真实性等方面的规定。
- 民间团体公众。公司的市场营销决策也许会受到消费者组织、环境保护团体、少数族裔团体和其他民间组织的质疑。公司的公共关系部门帮助公司与消费者和民间团体保持接触。
- 内部公众。内部公众包括员工、管理者、志愿者以及董事会成员。大公司运用时事通讯和其他方式向内部公众传递信息和给予激励。如果员工对自己的公司感觉良好，其正面态度会传递给外部公众。
- 一般公众。公司需要考虑一般公众对其产品和行为的态度。公司在一般公众心目中的形象会影响人们的购买决策。
- 当地公众。当地公众包括公司营业场所附近的居民和社区组织。大公司通常任命社区关系官员专门处理社区事务，参加会议，回答问题，以及参与一些有意义的社区活动。

例如，家得宝公司通过家得宝基金（Home Depot Foundation）服务于社区[4]：

> 家得宝基金的使命简单明了：改善人们的居住与生活。通过支持当地非营利组织，提供专项资金和不计其数的员工志愿者服务，该基金除了帮助自然灾害之后的重建工作之外，还致力于为退伍军人维修和翻新住宅和设施。例如，如果发生自然灾害，家得宝基金会向社区提供救灾物资、资源，并派出员工志愿者帮助重建家园和社区。它还提供社区影响资金（Community Impact Grants）资助当地社区项目。
>
> 家得宝基金现在非常重视为重返家园后面临日益严重的财务和身体困境的退伍军人提供帮助，旨在“确保每一位退伍军人有一个可以称之为‘家’的安全居所”。为实现这一目标，该基金为帮助建设和维修退伍军人住房的非营利组织提供退伍军人住房专项资金（Veteran Housing Grants），并且通过“得宝之队”（Depot Team）——公司员工牵头的志愿者项目——为当地社区提供员工志愿者服务，对退伍军人的生活产生积极影响。“从翻新受伤者的住房，到帮助修缮相关设施使之宜居，”公司说道，“我们的得宝之队与当地非营利组织合

作，改善了数以千计退伍军人的住房和生活。”自2002年创立以来，家得宝基金在当地社区的投入已经超过3 800亿美元。

公司可以像为其顾客市场制订市场营销计划那样，为这些公众准备市场营销计划。如果公司希望从某一类公众那里得到特定的反应，比如商誉、良好的口碑或者人力和资金的捐赠，公司就必须为这类公众设计有足够吸引力的提供物，争取得到所期待的反应。

顾客

顾客是公司微观环境中最重要的行为者。整个价值递送网络的目的就在于为目标顾客提供服务并与他们建立牢固的关系。公司可以选择任何一类或全部五类顾客市场。消费者市场由为个人消费而购买产品和服务的个人和家庭构成。企业市场购买产品和服务以便进一步加工或用于生产过程。转售商市场购买产品和服务旨在通过转售来谋取利润。政府市场由购买产品和服务用于生产公共服务或将产品和服务转移给需要者的政府机构构成。最后，国际市场由其他国家的上述购买者构成，包括消费者、生产者、转售商和政府。每一种市场类型都有自己的独特之处，需要销售人员仔细研究。

宏观环境

公司和微观环境中的其他所有行为者在一个更大的宏观环境中活动。宏观环境因素既给公司带来机会，也给公司造成威胁。图3-2显示了公司宏观环境中六种主要的力量。即使最强大的公司在营销宏观环境动荡和持续变化的力量面前，也可能不堪一击。虽然通过优秀的管理我们可以预测和控制其中的一些力量，但大多数宏观力量是不可预测且不可控制的。只有理解并很好地适应所处环境的公司才能发展，做不到的公司将举步维艰。我们将在本章以下的部分考察这些力量，并说明它们是如何影响市场营销计划的。

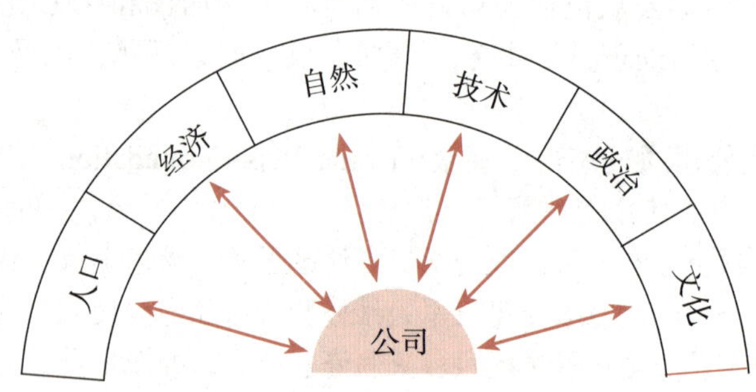

图3-2 宏观环境中的主要因素

3.2 人口与经济环境

人口环境

人口统计（demography）是根据人口规模、密度、地理位置、年龄、性别、种族、职业和其他一些统计量进行的人口研究。由于人口环境与人相关，而正是人构成了市场，因此，营销者对其格外感兴趣。世界人口正在爆炸式增长。现在世界人口规模已经达到 71 亿人，到 2030 年将超过 80 亿人。[5] 大规模和高度多样化的人口既带来机会，也构成挑战。

世界人口环境的变化对企业有重要的意义。因此，市场营销者要密切追踪国内外市场中的人口变化趋势和动态，关注不断变化的年龄结构和家庭构成、人口的地理迁移、教育特点以及人口多样化。下面讨论美国最重要的人口变化趋势。

人口年龄结构的变化

美国现在的人口近 3.2 亿，到 2030 年将达到 3.64 亿。[6] 美国最重要的人口统计变化趋势是人口年龄结构的变化。由于出生率降低和预期寿命提高等基本原因，美国人口正迅速老龄化。1980 年，美国人口的年龄中位数是 23 岁；到 2050 年，估计会达到 38 岁。[7] 人口老龄化对市场以及为市场提供服务的营销者产生了重大影响。

美国人口包含七代人。我们讨论其中三个最大的群体——“婴儿潮”一代、X 一代和千禧一代——以及他们对当今市场营销战略的影响。

“婴儿潮”一代。美国在第二次世界大战后出现了生育高峰，1946—1964 年间共有 7 800 万名婴儿出生。多年来，**“婴儿潮”一代**（baby boomers）一直是构成市场营销环境的最强大的力量之一。这代人中最年轻的现在也有 50 多岁；最年长的已经接近 70 岁快要退休了。

“婴儿潮”一代仍然是美国历史上最富有的一代，被称为“市场营销者的梦想”。如今他们在美国人口中约占 35%，却控制着这个国家约 70% 的可自由支配消费支出。[8] 这一代人构成了金融服务、新住房和房屋装修、新汽车、旅游和娱乐、外出就餐、保健品等众多产品市场的中流砥柱。人们一般认为这一代人仍停留在原来的生活方式中，但最近的一项调查显示，82% 的“婴儿潮”一代对新品牌持开放态度。一位调查者说：“改变和尝试新品牌帮助‘婴儿潮’一代感觉自己免于落伍。”[9]

认为日益老龄化的“婴儿潮”一代已出局或衰微的想法是错误的。他们不认为自己已经过时，反而相信自己正步入生命的新阶段。这一代人中那些特别活跃的人——被称为变焦者（zoomer）或活力“婴儿潮”一代——根本不想随着年老而放弃自己年轻时的生活方式。例如，50 岁以上的成年人在美国豪华旅游支出中的占比为 80%。“婴儿潮”一代还是数字化生活的活跃者，并越来越擅长使用社交媒体。他们是增长最快的网上购物人群，以 2 比 1 的优势胜出年轻一代。他们还是增长最快的社交媒体用户。在过去 5 年间，他们中的 80% 用过脸书。[10]

因此，尽管他们购买许多帮助自己对抗衰老的产品——从维生素到降压药，再到 Good Grips 厨具——他们更欣赏针对他们依然年轻的思维而不是日渐增长的年龄进行诉求的营销者。例如，沃尔格林公司（Walgreens）最近开展了一场名为“活在当下”的运动，告诉步入老年的“婴儿潮”一代消费者如何“抓住现在”，在沃尔格林充分享受生活和联邦医疗保险处方药福利，不仅仅在处方药上节省开支，而且获得使他们看上去和感觉良好的产品。[11] 其中一则“活在当下”的广告表现了一位处于该年龄段的活泼时髦的女性，发间有一抹亮眼的紫色，广告标题是“谁说金发更有趣？”在另一则广告中，两位老妇人在沃尔格林取药后，戴上太阳镜驱车前往裸体海滩享受日光浴。“沃尔格林保护你，”广告说道，“谁说接受美国联邦健康保险计划（Medicare）的人就不能再时髦了？”*

X 一代。在“婴儿潮”之后是一个“生育低潮”，造就了大约 4 900 万在 1965—1976 年出生的另一代人。作家道格拉斯 · 库普兰德（Douglas Coupland）称之为“**X 一代**”（Generation X），因为他们生活在“婴儿潮”一代的阴影里，缺乏明显的特征。

由于规模较小，在“婴儿潮”一代和千禧一代之间的 X 一代有时是被忽略的消费者群体。他们追求成功，但并非物质主义者；他们看重经验，而非结果。对许多已为人父母的 X 一代来说，家庭是最重要的——包括孩子和逐渐年迈的父母，事业其次。

在市场营销者看来，X 一代是更加多疑的群体。他们在考虑购买之前常常研究产品，对营销手段持谨慎态度；偏重质量而不是数量，往往不愿接受老套的营销手段；更可能接受那些拿老套和传统开涮的看似不太恭敬的广告。作为在互联网时代成长起来的第一代，X 一代是充分享受新技术的利益且高度联系的一代。

X 一代现在已经 40 多岁，他们成长起来并开始成为世界的主宰。他们正取代“婴儿潮”一代成为生活方式、文化和物质价值观的主导力量。他们中的许多人正一步步攀向事业的高峰，拥有不断扩大的家庭和住房。他们是迄今为止美国受教育程度最高的一代，拥有强大的购买能力。尽管他们在美国成年人总人口中的比例不足 1/4，却挣得了 29% 的国民总收入。

因其具有如此高的潜力，许多品牌和组织仍然将 X 一代视为主要的目标市场。例如，82% 的 X 一代拥有自己的住房，使他们成为家装市场中备受市场营销者青睐的重要细分市场。家装零售商劳氏主要以 X 一代户主为目标市场，敦促他们“不要停止改善”。通过广告、网络视频和大量社交媒体展示，劳氏针对各种室内和室外家装项目和问题提供创意和建议，为繁忙的 X 一代户主及其家人提供使生活更简单的解决方案。myLowe's 手机应用程序就好比是一个全天候的家装管家，让消费者为其住房建立每个房间的档案，记录和保存在劳氏的采购信息，用图片建立产品清单，接收例如更换火炉滤网的提醒，甚至可以在计划家装项目时通过网络咨询店员。[12]

千禧一代。“婴儿潮”一代和 X 一代终将有一天会把控制权交给**千禧一代**（Millennials'，也称为 **Y 一代**（Generation Y）或回声“婴儿潮”一代）。出生于 1977—2000 年之间，这些“婴儿潮”一代的子女有 8 300 万之众，其规模让 X 一代相形见绌，甚至超过了“婴儿潮”一代。在最近的经济衰退之后，千禧一代是经济状况最为窘迫的一代。面对越来越高的失业率和债务压力，这些年轻消费者中有不少人囊中羞涩。然而，由于数量庞大，无论是现在还是未来，千禧一代仍然是一个很有吸引力的巨大市场。

千禧一代有一个共同特点，他们极端喜爱和经常使用电脑，对数字和互联网技术运用自如。他们不仅仅是掌握技术，技术几乎是他们的生活方式。千禧一代是第一个在充满了计算机、移动电话、卫星电视、iPod 和 iPad，以及在线社交网络的世界中成长起来的世代。他们以全新的方式看待品牌以及移动或社交媒体。

相较于其他世代的消费者，千禧一代往往更节俭、务实，重视联系、移动，缺

---

* 美国联邦健康保险计划面向残障人士和 65 岁及 65 岁以上的人。——译者

乏耐心。与接收市场营销者的促销宣传相比，他们更愿意寻求机会形成他们自己的品牌体验并与他人分享。AT&T 的一位营销人员如是认为："千禧一代的普适真理：透明、真实、直接和多才多艺。"[13]

许多品牌现在针对千禧一代的需求和生活方式开发特殊的产品和策划营销运动。例如，许多金融服务企业改变原本刻板的形象以期自己的品牌能够更好地吸引千禧一代消费者。五三银行（Fifth Third Bank）就是一例[14]：

> 五三银行明白对时间紧张的千禧一代而言，等待是难以接受的。因此它开展了一场名为"无须等待"的运动，显示其移动 App 如何使顾客避免等待。该运动针对那些不喜欢传统银行服务的年轻消费者。除电视广告之外，该运动还包括数字视频和社交媒体内容，甚至一款虚拟手机游戏，旨在吸引缺乏耐心、擅长社交媒体的千禧一代。生动有趣的数字视频进行了幽默的一对一比较，显示用五三银行 App 存钱比仓鼠吃下 5 颗奶酪球，或一位风琴手演奏童谣《玛丽有只小羊羔》还要快。该运动还发行了一款卡通手机游戏《TXT 对战 TXT》（TXT vs TXT），测试用户输入信息的速度。你绝对想不到银行会这样做。这款手机游戏提供一种另类的方式让特别善于发送信息的千禧一代检测自己的手指点击技巧，在脸书上向朋友发起挑战，赢取从"蜜糖手"到"劲酷键盘手"等称号对应的各种小奖品。千禧一代"希望更快捷，无论是短信对话还是在五三银行移动 App 上查看账户余额，"一位五三银行的营销经理说道，"我们的移动银行无须等待，我们相信 [该运动] 用一种有趣的互动方式清楚地讲述了这一点。"

Z 一代。紧随千禧一代的是 **Z 一代**（Generation Z），即 2000 年之后出生的年轻人（尽管许多分析人员将 1995 年后出生的人也包括在这一群体中）。大约 8 200 万 Z 一代构成了儿童和青少年市场，除每年消费支出达 440 亿美元外，还影响其父母辈价值约 6 000 亿美元的消费决策。[15] 而且，这些年轻人还代表了明天的市场——他们现在形成的品牌关系会影响未来的购买行为。

Z 一代最主要的特点是他们甚至比千禧一代更热衷和擅长数字技术。Z 一代自如地使用智能手机、平板电脑、iPod、网络游戏、无线网络、数字和社交媒体。一位分析家调侃道："只要他们醒着，他们就在网上。"另一位分析家说："数字化已经进入他们的 DNA。"[16]

Z 一代在他们的社交生活和购物中完美地融合了线上和线下活动。根据一项最近的研究，尽管他们还年轻，超过半数的 Z 一代青少年在购买产品之前会进行产品研究，或者让他们的父母为他们购买。在有网购经历的人当中，一半以上偏爱网购，产品种类多种多样，从电器、书籍、音乐、运动器械和美容产品，到服装、鞋和时尚配饰等。

几乎各行各业的公司都针对 Z 一代营销产品和服务。例如，许多零售商为吸引 Z 一代及其父母，开发了特殊的产品线甚至是单独的商店——阿贝克隆比童装（Abercrombie kids）、Gap 童装、老海军童装和 Pottery Barn 童装等。Justice 连锁店瞄准少女，推出专门迎合她们的偏好和生活方式的服装和配饰。尽管这些年轻的顾客常常由她们的母亲陪伴，"10 ～ 12 岁的女孩最不愿看上去像她们的妈妈"，Justice 的 CEO 说道。Justice 的店铺、网站和社交媒体网页根据少女的喜好而设计。"你必须吸引她们的注意，"这位 CEO 说，"她们喜爱强烈的感性刺激——鲜艳的颜色、音乐视频、各种商品，或者所有这些汇聚一起的热闹劲儿。”[17]

媒体公司和出版商也瞄准今天联系紧密、热衷技术的 Z 一代及其父母。例如，网飞公司开发了“只为孩子”（Just for Kids）的网页和移动应用程序，孩子们可以用任何屏幕——电视机、计算机、平板电脑或其他移动设备体验网飞。“只为孩子”专为 12 岁及以下的孩子提供电影和电视节目，以孩子们喜爱的方式组织在一起，配上他们偏爱的主角和剧情的大幅图片。

向 Z 一代及其父母营销意味着特殊的挑战。传统媒体对该群体仍然很重要。诸如 *J-14* 和 *Twist* 等杂志、Nickelodeon 和迪士尼等电视频道在 Z 一代中非常流行。但是，市场营销者知道必须在 Z 一代喜欢闲逛和购物的地方满足他们，即网络和移动世界。尽管 13 岁以下的孩子尚不能使用脸书和 Instagram 等社交媒体，至少官方是这么说的，这些社交媒体随着儿童成长为青少年和步入 20 多岁的年纪，将发挥日益重要的营销作用。

要长时间地吸引如今的孩子越来越困难，他们的注意力停留不了多长时间。关键是吸引这些年轻的消费者高度参与和互动，让他们定义自己的品牌体验。例如，为更深入地吸引年轻消费者，北面甚至邀请他们参与设计户外服装和装备[18]：

> 北面青年设计团队（Youth Design Team）在夏令营期间邀请 9 ～ 12 岁青少年及其父母进行焦点小组调研，以期获得他们对该品牌户外儿童服装的看法。“我们发现这些孩子刚开始确立自己的个人风格，并能够影响父母的购买决策。”一位北面的营销者说道。为了更深入地吸引孩子们互动，北面最近举办了一场设计大赛，邀请 6 ～ 12 岁的未来年轻艺术家们提交关于新服装和装备的设计，表达该品牌“永不停止探索”的座右铭对他们而言意味着什么。10 位胜出者的艺术作品将出现在北面青年系列之中。“孩子是我们重要的灵感来源，”青年设计团队的一位营销人员说，“使事情有趣非常重要，那么还有什么比让孩子们亲手设计产品更有趣呢？”因此而不断提高的顾客契合度有助于北面在美国青少年市场成为当今最热销的品牌之一。

关于 Z 一代的另一种忧虑是孩子的隐私和他们日益受到营销活动的影响。向该群体营销的企业必须注意自己所承担的社会责任，否则有可能惹怒他们的父母和公共政策的制定者。

针对不同世代的营销。市场营销者需要为每一代消费者创造不同的产品和市场营销方案吗？一些专家警告说，市场营销者专门为有效地吸引某一代人而创造产品或信息时，需要格外小心。也有人告诫，每一代人都跨越几十年，处于不同的社会经济水平。例如，市场营销者常常将“婴儿潮”一代分成三个更小的群体——最早的一群、核心群和末尾一群——每个群体都有他们自己的信念和行为特征。类似地，他们将 Z 一代划分为儿童、少年（8 ～ 12 岁）和青少年（13 ～ 19 岁）。

因此，市场营销者需要在每一代群体中形成更加精确的年龄细分。值得重视的是，通过出生日期界定人群可能不如根据生活方式、生命阶段，或在所购买的产品中追求的共同价值等标准划分市场更有效。我们将在第 5 章和第 7 章中讨论其他细分市场的办法。

变化中的美国家庭

传统家庭由丈夫、妻子和孩子（有时候包括祖父母）构成。然而，美国传统的理想家庭——两个孩子、两辆车、住在郊外——已经渐渐失去了吸引力。

在今天的美国，不足一半的家庭由已婚配偶构成，比 1940 年的 76% 大幅度降低。在全国 1.25 亿个家庭中，抚育不到 18 岁孩子的已婚配偶只占 19%。没有孩子的已婚夫妇占 23%；单亲家庭占 14%；非家庭住户——独居、异性（或同性）同居的成年人，占到 34%。[19]

越来越多的人离异或分手，选择不结婚、晚婚或婚后不要孩子。现在，15% 的新婚家庭是跨种族的结合，7.3% 的同性伴侣抚育孩子。[20] 现代美国家庭结构变化对流行电影和电视节目影响越来越大，例如关于扩展的非传统家庭的获奖电视剧《摩登家庭》（Modern Family）。市场营销者必须更多地考虑非传统家庭的特殊需要，因为他们现在比传统家庭增长更快。每一个群体都有自己独特的需要和购买习惯。

职业女性的数量增长也很快，从 20 世纪 70 年代不到美国就业人口的 38% 到今天的 47%。在所有养育 18 岁以下孩子的已婚家庭中，女性作为家庭主要收入者的占 40%。在所有有孩子的家庭中，双职工家庭的比例为 60%；只有丈夫外出工作的家庭占 27%。如今，丈夫在家里看孩子、做家务而妻子出门上班已不是新鲜事。[21]

企业纷纷调整自己的市场营销战略以适应不断变化的美国家庭。例如，三星 Galaxy 手机广告表现了一位父亲在妻子出去上班时在家哄婴儿，给他换尿布。母亲不放心，打电话回家查问情况时，新晋的“尿布大师”回答说：“我们正享受纯爷们的一天，一切都好着呢。如果你愿意，周末交给你。”

还有些广告反映了现代美国家庭日益突出的多元化特点。例如，金宝汤公司最近的一则广告《你的父亲》（Your Father）——作为该品牌“真实产品，真实生活”营销运动的一部分——表现了现实生活中一对同性伴侣一边模仿《星球大战》中达斯·维德（Darth Vader）那句著名的台词“我是你爸爸”，一边哄喂他们的儿子喝金宝汤。这则广告，像该运动中的其他广告一样，符合该品牌的企业目标：“为重要的真实生活场景提供真材实料的食品。”类似地，通用磨坊公司（General Mill）为其晶磨（Cheerios）品牌制作的广告表现了一对跨种族的夫妻及其女儿——女儿得知晶磨麦片对心脏有好处，趁爸爸熟睡的时候将它倾倒在他的胸口，得知自己将会有一个小弟弟出生，与父母谈判要求一只新的小狗。通用磨坊的一位营销人员说：“我们知道存在各种各样的家庭，并且热爱他们。”[22]

人口的地理迁移

这是一个大量人口在国内和国际迁移的时代。例如，每年大约 12% 的美国人口进行迁移。在过去的 20 年间，美国人口分别向阳光地带的各州移动。西部和南部的人口增加，而中西部和东北部各州的人口减少。[23] 这样的人口迁移引起了市场营销者的注意，因为不同区域的人们购买行为很不一样。例如，美国中西部的人比东南部的人购买更多御寒衣物。

而且，一个多世纪以来，美国人不断从乡村迁移到大都市地区。而从 20 世纪 50 年代开始，大量人口离开城市，来到郊区。今天，向郊区的迁移仍然在继续。越来越多的美国人迁移到“小城镇”，这些小城镇位于拥挤的大都市之外，诸如北达科他州的米诺特、加利福尼亚州的布恩、密歇根州的特拉弗斯城和新罕布什尔州的康科德。这些小城镇由于可以提供大都市区域具有的许多优势——工作机会、餐馆、娱乐、社区组织，却没有大都市的弊端——人口拥挤、交通堵塞、高犯罪率和高财产税，因而吸引了大量从大都市迁移而来的人口。[24]

人口的地理迁移也带来了工作地点的改变。例如，向小城镇和乡村的迁移催生了大量的“电子通勤”工作者——他们在家里或别处的办公室工作，通过电话或网络处理业务。这一趋势创造了一个繁荣的 SOHO（小型办公室和家庭办公室）市场。越来越多的人利用通信技术带来的便利性，借助个人电脑、智能电话以及便捷的网络连接在家工作。最近有一项研究估计，24% 的在职人员在家完成部分或全部工作。[25]

许多市场营销者正在积极占领这一有利可图的电子通勤市场。例如，诸如 Citrix 公司的 GoToMeeting 和思科公司（Cisco）的 WebEx 等网络应用，帮助电子通勤或远程工作人员。借助这种网络技术，无论工作地点在何处，人们都可以在网上会面和协作。从 Salesforce.com 到谷歌和 IBM 等许多公司，通过网络和移动设备提供云计算应用。

另外，诸如 ShareDesk、DaVinci 和 Regus 等公司向不能完全在家工作的电子通勤者出租设备齐全的办公室。不在总部办公室工作的电子通勤者可以按天、月或年租用与常规办公室拥有同样设备和设施——从连接网络的计算机、打印机和复印机，到会议室和休息区的共享空间。

受教育程度更高、更白领化、更专业的人口

美国人的受教育程度越来越高。例如，2012 年，25 岁以上的美国人中有 88% 完成了高中教育，32% 完成了大学教育，而 1980 年这两个数字分别只有 66% 和 16%。[26] 而且，现在近 2/3 的高中毕业生在毕业一年内申请进入大学学习。劳动力中白领的比例也在增加。专业人士的就业增长最为强劲，而制造业工人的就业增长最弱。据测算，2014—2024 年，就业增长最快的 30 种职业中，绝大多数要求有高等教育背景。[27] 受教育程度较高的专业人士数量不断增加不仅会影响人们买什么，还会影响人们怎么买。

不断增长的人口多样性

各个国家的民族和种族结构很不一样。日本是一个极端，几乎所有人都属于一个民族。美国则是另一个极端，有来自几乎世界各国的人。美国常常被称为“大熔炉”——来自不同国家的多样性人群和文化融合成一个整体。但美国又好比一个“沙拉碗”，各种群体混合在一起，却又因保持和看重各自伦理与文化的重要差异，而维持着多样性。

随着国际化经营范围的不断扩大，市场营销者现在无论在国内还是在国外，面对的都是越来越多样的市场。美国人口中大约有 62.2% 是非西班牙裔白人，西班牙裔占 17.4%，非裔占 13.2%，亚裔超过 5.4%，余下的是夏威夷和太平洋岛屿的原住民、美洲印第安人、因纽特人和阿留申人。而且，在美国生活的每 8 个人中，就有一个出生在其他国家，约占人口总数的 13%。美国的少数族裔人口在未来的数十年预计会出现较大增长。到 2060 年，西班牙裔估计会超过美国总人口的 28%，非裔会接近 14%，而亚裔会增加到 9%。[28]

大多数大型公司，从宝洁、沃尔玛、好事达保险公司（Allstate）和富国银行（Wells Fargo）到麦当劳和李维斯（Levi Strauss），现在都专门针对一个或几个人群设计产品、广告和促销。例如，富国银行针对西班牙裔、非裔和亚裔美国人分别设计广告运动。西南航空公司为吸引亚裔消费者，担任中国新年庆典和旧金山大巡游的冠名赞助商，这是美国规模最大的夜间巡游，也是仅次于梅西感恩节巡游的北美第二大巡游[29]：

> 旧金山中国新年庆典和巡游通常吸引成千上万的观众，并通过英语和亚洲语言的电视台向全球播报。快速增长的富裕的亚裔美国消费者细分市场经常旅行，且大多集中在加利福尼亚、纽约等重要地区，这使他们很容易被识别，也让他们成为西南航空公司理想的目标市场。西南航空公司偏爱草根营销项目，将自己定位于瞄准当地"激情点"（在这里指与文化和家庭相关的庆典活动）的让乘客感到亲切的运营商，中国新年庆典和巡游活动与之非常符合。为做好冠名赞助商，西南航空公司通过各种促销努力将自己的品牌与春节联系起来，从花车和机票抽奖，到在街边横幅、公交车站、广告牌，以及传统的广电和平面广告上传达"构思巧妙的祝福和对社区的亲切问候"。效果一定很好，因为西南航空公司成为该活动的冠名赞助商已经有15年了。

多样性不仅仅是种族问题。例如，许多著名的公司最近开始把目标放在同性恋顾客上。据估计，6%～7%的美国成年人承认自己属于同性恋者、双性恋者和跨性别者（LGBT），他们拥有超过8 840亿美元的购买力。[30] 伴随着诸如《摩登家庭》（Modern Family）、《透明家庭》（Transparent）和《哥谭镇》（Gotham）等电视剧，《断背山》（Brokeback Mountain）和《卡洛儿》（Carol）等影片的热映，以及尼尔·帕特里克·哈里斯（Neil Patrick Harris）、艾伦·德杰尼勒斯（Ellen DeGenerse）、戴维·塞达里斯（David Sedaris）和苹果CEO蒂姆·库克（Tim Cook）等明星和公众人物公开出柜，LGBT社群越来越多地出现在公众的视野中。

各行各业的企业——从亚马逊、阿迪达斯、好事达保险和苹果，到凯撒健康计划与医疗集团（Kaiser Permanente）、富国银行、梅西百货和百思买等——如今都开始采用特殊的广告和营销方法针对LGBT社群诉求。例如，好事达保险最近开展了一场名为"所有人都值得被善待"的运动，广告表现了同性恋者，并运用"# 紧握手"（#OutHoldingHand）的话题标签引发讨论。去年情人节，阿迪达斯在Instagram上发布一张表现同性情侣的图片，并引用甲壳虫乐队的名句："你得到的爱与所付出的爱相同。"梅西百货和百思买常常发布广告，表现同性恋者的婚礼。菲多利（Frito-Lay）推出一款限量版彩色薯片产品，以印证该品牌"表达包容和支持个性"。

富国银行最近成为率先在电视广告运动中表现LGBT伴侣的银行之一。这则表现了一对女同性恋情侣收养一名失聪儿童的暖心广告，是表现从亚裔美国人到小企业主等多样性顾客群的系列广告之一。一位富国银行的代表说："我们从各个方面，无论内部还是外部，都欢迎多样性。我们始终坚持多样性和包容。这场运动表现了我们如何服务顾客的价值观，是一次非常重要且水到渠成的进步。"[31]

在美国，另一个吸引人的多样性细分市场是超过5 300万名残疾人——比非裔美国人或西班牙裔美国人市场更大——拥有每年2 000亿～5 000亿美元的消费能力。许多残疾人是积极的消费者。例如，最近的一项研究发现，该细分市场每年在7 300万次商务或休闲旅行上花费173亿美元。因为残疾人出行往往有1个以上的人员陪同，据估计该细分市场在此项支出上的经济影响力很可能会翻番。[32]

公司应该如何努力影响残疾消费者呢？现在，许多市场营销者意识到残疾人的世界与非残疾人是相同的。诸如麦当劳、威瑞森、耐克、三星、诺德斯特龙百货、丰田和苹果等公司已经在其主流广告中采用了残疾人形象。例如，三星和耐克就与残奥会运动员签约进行广告代言。最近，苹果 iPad Air 的广告表现了一位真实的旅游作家奇瑞·金（Cherie King）带着她心爱的 iPad 环游世界，iPad 一路帮助她经历各种各样的全球环境。她用 iPad 与家人沟通、发布照片、撰写文章，并翻译她想对店员和其他不说英语的人所说的话。广告只在结尾处透露了她的残疾——她是一位听障人士。[33]

随着美国人口越来越多样化，成功的市场营销者将继续使他们的市场营销方案多样化，以期充分地利用这些快速增长的细分市场带来的商机。

经济环境

对市场而言，购买力与人口同样重要。**经济环境**（economic environment）由各种影响消费者购买力和支出模式的因素构成。经济因素对消费者的支出和购买行为有着巨大的影响。例如，美国消费者在收入增长、股市繁荣、住房增值以及其他经济财富增加的推动下，直到最近几年还一直痴迷于狂热的消费。他们肆意消费，丝毫不顾及巨额债务。然而，2008—2009 年的经济衰退使曾经的随心所欲和高预期荡然无存。

结果，正如我们在第 1 章中所讨论的，消费者现在不得不接受更为朴素、低调的生活方式和支出模式。而且据估计，这一变化将会持续数年。消费者如今纷纷紧缩消费开支，购物时更强调物有所值。于是，价值营销成为众多市场营销者的口号。各行各业的市场营销者都想方设法为手头拮据的消费者提供更多价值——公平价格与优质产品和服务的恰当组合。

人们希望日用品零售商提供高价值的产品。例如，塔吉特公司开始强调“更便宜”，将其口号改为“期望更多，花费更少”。公司网站上一度雅致时髦的标题，也被“本季最低价”“快乐、阳光、省钱”“天天免运费”等更为实用的文字取代。如今，甚至奢侈品牌的市场营销者也开始强调高价值。例如，蒂芙尼（Tiffany）一直以出售价格在 5 000 ～ 50 000 美元甚至更高的高档“精品珠宝”和“点睛配饰”闻名。当时，经济衰退瓦解了公司高端珠宝的销售，公司开始提供“买得起的奢华产品”——称之为“时尚珠宝”——价格只有 100 ～ 500 美元。这些相对便宜的产品项目现在占到蒂芙尼总销售额的 1/4 左右。[34]

市场营销者在关注收入水平的同时，还应该关注收入的分配情况。在过去数十年间，富人更富，中产阶层萎缩，穷人更穷。美国 5% 的人口占有国家调整后的总收入的 22%，最富裕的 20% 人口拥有全美总收入的 51%。相反，底层 40% 的人口只占总收入的 11%。[35]

收入的这种分配状况创造出一个层级划分明显的市场。许多公司，例如诺德斯特龙和内曼·马库斯（Neiman Marcus）积极瞄准富人。而其他公司，例如达乐和 Family Dollar 则面向收入较低的消费者。实际上，这些廉价商店现在是美国增长最快的零售商。还有一些公司对从富人到中低收入者的各种市场，有针对性地展开营销努力。例如，福特公司出售从起价 14 090 美元的低价福特嘉年华，到起价 63 195

美元的林肯巡航 SUV 等不同档次的产品。

诸如收入、生活成本、利率和储蓄与借贷模式等主要经济变量的变化，会对市场产生重大影响。公司通过经济预测，关注这些变量及其变化。企业在经济衰退时不一定被淘汰，在经济繁荣时也不一定就能发展。唯有高度警觉，才能利用经济环境中的变化。

3.3 自然与技术环境

自然环境

自然环境（natural environment）指市场营销者需要投入的或受到市场营销活动影响的物质环境和自然资源。最基本的，自然环境中意想不到的事件——从气候变化到自然灾害——都可能影响公司及其营销战略。例如，最近出人意料的寒冬，让美国人熟悉了“极地旋涡”（polar vortex）一词，直接导致汽车、客房、航空和旅游景点服务的销量锐减。相反，严寒的天气刺激了人们对盐、吹雪机、冬装和汽车维修服务的需求。

尽管公司不能阻止这些自然灾害，但应该准备应急计划从容应对。[36] 例如，联邦快递和 UPS 等运输公司，员工队伍中有一群气象学家，预测可能阻碍公司全球准时递送的气候条件。“在曼谷等待包裹的人可不会关心肯塔基的路易斯维尔是否在下雪，”一位 UPS 的气象学家说道，“他们只希望自己的货品准时送达。”

过去 30 年间，人们越来越关注环境保护问题。在全球许多城市，空气污染和水污染已经达到非常危险的程度；全世界日益担忧气候变暖；许多环境保护主义者担心，人类很快就会被自己制造的垃圾淹没。

市场营销者应该意识到自然环境中的主要趋势。第一种趋势是原材料的短缺。空气和水看上去是取之不尽、用之不竭的，但是有些人从长远看到了危险。空气污染问题使世界上许多大城市的人们呼吸困难，而缺水已经成为美国和世界一些地区的大问题。到 2030 年，全世界超过 1/3 的人将没有足够的饮用水。[37] 诸如森林和粮食等可再生资源也不得不谨慎地使用。诸如石油、煤和各种矿藏等不可再生资源的稀缺给全球带来严峻的挑战。对需要利用这些稀缺资源来制造产品的企业而言，原材料即使可以获得，也面临成本的大幅增加。

第二种趋势是不断恶化的污染问题。化学废料和核废料的处理，海洋中的汞含量，土壤和食物中的化学残留物的数量，随意丢弃的不可降解的塑料和其他包装材料，这一切都表明，工业几乎毁掉了自然环境的质量。

第三种趋势是政府加强了对自然资源管理的干预。各国政府对环境保护的关注和努力程度不同。一些国家的政府，如德国政府，正在努力追求环境质量。其他一些国家，尤其是许多贫穷的国家，对污染听之任之，主要原因是缺少必要的资金或政治意愿。即使是较富裕的国家，也往往缺少足够的资金和一致意见来支持世界范围的环境保护活动。但愿全世界的企业会承担更多的社会责任，找到比较经济的方法来控制和减少污染。

为建立和监督污染标准和进行污染研究，美国于 1970 年创立了环保署（EPA）。

将来，在美国经营的公司会受到来自政府和环境团体的更多制约。市场营销者不应该消极地对待这些管制，而应该协助寻求解决之道，以应对世界面临的原材料和能源问题。

对于自然环境的关注在全球掀起了一场轰轰烈烈的绿色运动。今天，一些开明的公司所做的远远超过了政府的规定。它们制定战略并积极行动，支持**环境的可持续发展**（environmental sustainability）——致力于创建一种地球可以无限提供支持的世界经济。它们用更加环保的产品响应消费者需求。环境可持续发展意味着在不牺牲后代满足其需要的能力的情况下，满足当前消费者的需要。

许多公司推出更加环保的产品以应对消费者需求。还有些公司开发可循环使用或可生物降解的包装、可循环利用的材料和零部件，进行更严格的污染控制和更节能的运营。例如，通过自己的环境可持续性行动及对供应商行为的影响，沃尔玛近年来成为世界超级“生态保姆”。[38]

> 提及可持续性，世界上也许没有哪家公司比沃尔玛做得更多和更好了。对，你没听错，就是又大又坏的沃尔玛。这个零售巨人现在因为其为子孙后代拯救世界的事业而成为全球最大的环保斗士之一。沃尔玛陆续开业的新店格外强调高效率，每一家都比上一家更节能。这些商店使用风力发电、高效能的线型荧光灯照明以减少商店能耗，采用本土的美化景观以减少灌溉和施肥。商店的供暖系统则燃烧回收的食用油和从轮胎与润滑油中心回收的废油。所有的有机废料，包括农产品、肉类和纸张，都经专业处理公司转化为花园肥料。沃尔玛希望通过努力最终在其所有的店铺和分销中心使用 100% 的再生能源（目前只有 26%），并不再填埋处理任何垃圾（目前低至 19%）。
>
> 沃尔玛不仅自己做到环保，而且敦促其广大的供应商网络践行与自己同样的生态规范，要求它们检查各自产品的碳生命周期，反思自己如何采购、制造、包装和运输产品。沃尔玛制定了《沃尔玛可持续发展指数》（Walmart Sustainability Index），帮助供应商理解、监测和强化其产品与供应链的可持续性。结果，沃尔玛的供应商也有效地减少使用能源、水、材料、有害原料和其他投入，并产生更少的废弃物和碳排放——为他们自己，也为沃尔玛和消费者。凭借自身巨大的购买力，沃尔玛足以让最顽固的供应商顺服。沃尔玛对供应商提出的环保要求有时甚至比政府的规定更加严格。美国环保署的罚款让企业不痛不痒，而沃尔玛威胁的可是供应商数目可观的大笔订单。

越来越多的企业认识到，良好的生态环境和健康发展的经济之间存在联系，对环境负责的行为也可以使企业发展。例如，沃尔玛的生态行动不仅仅是在做好事，而且很有商业意义。更高效地运营和更少地产生废弃物不仅对环境有利，而且极大地节省了沃尔玛的资金。反过来，更低的成本使沃尔玛更好地完成其一直以来最擅长的事情——为顾客省钱。

许多公司如今不仅仅做善事。越来越多的企业将保证环境可持续发展作为自己核心使命的一部分。例如，户外服装和设备制造商巴塔哥尼亚将其年收入的 1% 捐赠给环保事业，并严格奉行“5R”原则：减少（Reduce）、修理（Repair）、再利用（Reuse）、循环利用（Recycle）和再想象（Reimagine）。除了开展可持续发展实践，巴塔哥尼亚还希望“重新想象一个世界，我们只拿取大自然可以替代的东西”。它最近告诉消费者“不要买我们的产品”，将可持续性提升到新的高度。

技术环境

技术环境（technology environment）现在也许是影响我们命运的最具戏剧性的力量。技术既创造了诸如抗生素、器官移植、微电子、笔记本电脑和互联网之类的奇迹，也创造了诸如原子弹、化学武器和机关枪之类的令人恐惧的东西，还创造了像汽车、电视机和信用卡这样利弊参半的东西。我们对技术的态度取决于我们是对它带来的奇迹还是错误印象更深。

新技术为市场营销者带来令人兴奋的机会。例如，假如在你购买的每件产品中装上一个微型发送器，用来跟踪产品从生产到使用和废弃的过程，你会怎么想？一只植入芯片的手镯，可以让你决定购买和支付、在零售店接收个性化的优惠信息，或者追踪你或朋友的所在位置，怎么样？一方面，这会给买者和卖者提供许多好处；另一方面，这听起来多少有点吓人。无论哪种情况，都要归功于微型无线射频识别（RFID）发送器的进步，它使这一切真真切切地发生了。

许多企业已经使用 RFID 技术在分销渠道中追踪自己的产品。例如，沃尔玛敦促其供货商将产品运输到山姆会员店的配送中心，在产品的运输托盘上贴上 RFID 标签。迄今为止，已有 600 多家供货商这样做了。美国服饰（American Apparel）、梅西百货、布鲁明戴尔百货和 JC 彭尼（JCPenney）等零售商现在也将 RFID 系统用于店内陈列的产品上。时装及配饰制造商博柏利（Burberry）甚至将芯片嵌入产品之中，并与智能手机连接，在店内和展厅中为顾客提供个性化的互动体验。[39]

迪士尼用其炫酷的新 MagicBand RFID 腕带将 RFID 技术的应用带到了一个新的水平。[40]

> 在迪士尼乐园戴上 MagicBand 腕带，你就打开了迪士尼奇幻世界的全新境界。在注册了基于云计算的 MyMagic+ 服务之后，轻按腕带就可以浏览主题公园所有项目、购买晚餐或纪念品，甚至打开你的旅馆房间。但是，迪士尼目前只是刚开始发掘 MagicBand 用于个性化游客的体验的潜力。未来的应用才真正神奇。例如，想象一下一个孩子得到米老鼠的热情拥抱和白马王子的鞠躬，说出他的名字并送上生日快乐的祝福，该有多么美妙。卡通人偶可以根据事先掌握的信息，与附近的游客个性化地互动。你和家人或朋友走散了？没关系，在附近的服务台快速扫描一下你的腕带，就可以帮助你找到他们。与你的迪士尼手机应用连接后，MagicBand 可以提供主题公园的特色、排队等候时间、快速免排队选择以及你预订的游玩时间等详细信息。当然，MagicBand 还为迪士尼带来了关于游客行为和路线的庞大数据，有助于改善后勤、服务和销售。如果所有这些看上去有点过了，也可以有比较私密的选择——例如，让父母选择不透露孩子的姓名。总之，这一数字技术确保为游客提供丰富的迪士尼体验。

技术环境变化很快。想想看，今天很常见的产品在 100 年前甚至 30 年前还根本不存在。亚伯拉罕·林肯（Abraham Lincoln）对汽车、飞机、收音机或电灯一无所知；伍德罗·威尔逊（Woodrow Wilson）对电视机、易拉罐、自动洗碗机、空调、抗生素或计算机闻所未闻；富兰克林·罗斯福（Franklin D. Roosevelt）不知道静电复印机、合成洗涤剂、录音带、避孕药和人造地球卫星；约翰·肯尼迪（John F. Kennedy）不了解个人电脑、互联网或者谷歌，而罗纳德·里根（Ronald Reagan）对智能电话或社交媒体一无所知。

新技术创造了新的市场和机会。新技术也终将无情地淘汰老技术。晶体管摧毁了真空管产业，数字成像技术伤害了胶卷业，而 MP3 播放器和数字下载正在消灭 CD 和 DVD 业务。如果旧产业忽略甚至抵制新技术，只能日渐衰败。因此，市场营销者应该密切关注技术环境。不能紧跟技术进步步伐的公司很快会发觉自己的产品已经过时，并错失了推出新产品的市场机会。

随着产品和技术越来越复杂，公众常常担心它们的安全性。于是，政府机构调查和禁止具有潜在危险的产品。在美国，食品与药品管理局（FDA）确立了测试新药的复杂规定。消费者产品安全委员会（CPSC）为消费者产品制定了安全标准，并对达不到要求的公司进行处罚。这些管制措施使研发成本大大提高，新产品从提出概念到最终进入市场时间大大延长。市场营销者在应用新技术和开发新产品时，应该了解这些规定。

3.4 政治－社会与文化环境

政治与社会环境

市场营销决策受到政治环境变化的显著影响。**政治环境**（political environment）由在特定社会中影响或制约各种组织和个人的法律、政府机构及压力团体构成。

规制企业的法律

即使是自由市场经济最激进的倡导者，也赞同经济系统只有在一定的规制下才能最好地运行。精心设计的规制可以鼓励竞争，确保产品和服务市场的公平。因此，政府制定公共政策指导商业活动——为全社会的利益制定限制企业的一系列法律和规定。几乎每一项市场营销活动都受到一系列法律和规定的管辖。

多年来，世界各地影响企业的立法越来越多。美国有许多法律，覆盖了诸如竞争、公平贸易、环境保护、产品安全、真实广告、消费者隐私、包装和标签、定价以及其他重要领域的各种问题（见表 3－1）。

表 3－1 美国影响市场营销的主要法律

立法	目的
《谢尔曼反托拉斯法》（Sherman Antitrust Act，1890）	禁止限制各州之间交易和竞争的垄断和行为（价格共谋、掠夺性定价）。
《联邦食品和药品法》（Federal Food and Drug Act，1906）	禁止生产和销售掺假的或贴有虚假标签的食品或药品。食品与药品管理局因此而产生。
《克莱顿法案》(Clayton Act，1914）	《谢尔曼反托拉斯法》的补充，禁止一些特定的交易行为，如价格歧视、附加条件的合同、独占协议等。
《联邦贸易委员会法》(Federal Trade Commission Act，1914）	建立委员会以监控和纠正不正当交易行为。

续表

立法	目的
《鲁宾逊－帕特曼法案》（Robinson-Patman Act，1936）	《克莱顿法案》的补充，认为价格歧视是违法的。赋予联邦贸易委员会（FTC）如下权力：制定数量折扣的限制；禁止某些佣金折扣；禁止促销折扣，除非向所有各方以按比例同等的条件提供。
《惠勒－利法案》(Wheeler-Lea Act，1938）	禁止不公平和欺诈性行为，即使它们没有损害竞争；将食品与药品的广告置于 FTC 的监管之下。
《兰哈姆商标法》（Lanham Trademark Act，1946）	保护和管理独有的品牌名称和商标。
《国家交通和安全法》（National Traffic and Safety Action，1958）	制定汽车和轮胎强制性安全标准的规定。
《公平包装和标签法》（Fair Packaging and Labeling Act，1966）	对消费品包装和标签加以限制，要求生产商说明包装物的名称、原材料和数量。
《儿童保护法》(Child Protection Act，1966）	禁止销售危险的儿童玩具和物品，制定少儿不宜包装的标准。
《联邦香烟标签和广告法》（Federal Cigarette Labeling and Advertising Act，1967）	要求香烟的包装上必须含有以下警句：“警告：国家卫生局认为吸烟危害健康。”
《国家环境政策法》（National Environmental Policy Act，1969）	制定关于环境的国家政策，1970 年成立环保署。
《消费者产品安全法》（Consumer Product Safety Act，1972）	建立消费者产品安全委员会，授权它制定消费品的安全标准，并对不达标者进行惩罚。
《马格努森－莫斯担保法案》（Magnuson-Moss Warranty Act，1975）	授权 FTC 制定关于消费者担保的规则，保证消费者要求赔偿的权利，如提出集体诉讼。
《儿童电视法》（Children's Television Act，1990）	限制儿童节目中的商业广告。
《营养标签和教育法》(Nutrition Labeling and Education Act，1990）	要求食品标签注明有关营养成分的详细信息。
《消费者电话保护法案》(Telephone Consumer Protection Act，1991）	制定法规保护消费者不受电话骚扰，限制营销人员应用自动拨号系统。
《美国残疾人法案》(Americans with Disabilities Act，1991）	在公共场所、交通和电信领域歧视残疾人非法。
《儿童网上隐私保护法》（Children's Online Privacy Protection Act，2000）	禁止网站或网上服务经营者在没有征得父母同意的情况下从儿童那里收集个人信息，并允许父母审查从其子女那里收集的信息。
《请勿来电执行法》(Do-Not-Call Implementation Act，2003）	授权 FTC 从卖者和电视营销者收费用于国家“请勿来电注册”(Do-Not-Call Registry）的执行和强化。

要理解公共政策对于特定市场营销活动的含义并不是一件简单的事情。例如，在美国，国家、州和地方层次都有许多法律，而且这些法律常常相互重叠。在达拉

斯出售阿司匹林就要受到联邦标签法和得克萨斯州广告法的管制。而且，法规在不断地变化——去年允许的现在可能被禁止，以前被禁止的现在可能得到允许了。市场营销者必须努力跟上各种法规及其解释的变化。

有多种原因使得政府立法很有必要。第一个原因是保护公司的利益。虽然企业经理都赞同竞争，但是当竞争威胁到自己的利益时，他们有时会破坏公平竞争。所以有必要通过法律来界定和阻止不公平的竞争行为。在美国，这类法律由联邦贸易委员会和美国司法部反垄断局来执行。

政府立法的第二个原因是保护消费者免受不公平的商业活动的损害。如果不加管制，一些公司可能制造伪劣产品，发布虚假广告，通过包装和价格来蒙骗消费者。在美国，不公平的商业活动已经被明确界定，并由各种机构监管。

政府立法的第三个目的是保护社会的利益免受无序商业活动的损害。以盈利为目的的企业行为并不总是能够提高生活质量。政府制定法规，以确保企业对其生产行为或产品带来的社会成本负责。

国际市场营销者会遇到十几种乃至数百种为执行贸易政策和规定而设立的形形色色的机构。在美国，国会已经建立了一些联邦监管部门，如联邦贸易委员会、联邦食品与药品管理局、联邦通信委员会、联邦能源管理委员会、联邦航空管理局、消费者产品安全委员会以及环保署等。这些政府机构在执法时有一定的自主权，因此它们会对公司的市场营销活动产生重要影响。

新的法律及其执法部门持续增加。企业管理者在制定产品和市场营销方案时，必须关注这些发展。市场营销者需要了解地方、州、国家和国际各个层次的保护竞争、消费者和社会的重要法规。

对伦理和社会责任活动的日益重视

书面的法规不可能涵盖市场营销活动中的所有问题，而且现有的法规常常难以执行。不过，除了正式的法律和规章，企业还受到社会准则和职业道德的制约。

具有社会责任的行为。明智的公司鼓励其管理者不仅要遵守法律和法规，还要“做正确的事情”。这些具有社会责任的企业积极寻求有效途径保护顾客和环境的长远利益。

几乎市场营销活动的所有方面都涉及这类问题。遗憾的是，因为这些问题通常涉及利益冲突，在特定的情况下，即使是初衷良好的人也可能对正确的行为提出异议。因此，许多行业协会和专业贸易协会提出了道德准则。为应对复杂的社会责任问题，越来越多的公司开始制定政策、指南或采取其他措施。

互联网市场营销的蓬勃发展带来一系列新的社会和道德问题。评论家最担忧的是网上隐私问题。可获得的个人数字资料爆炸式增长。人们自愿将个人数字信息放在诸如脸书或领英等社交网站或宗谱网站上，任何人只要有电脑就能够很方便地搜寻到这些信息。

但大多数信息是由致力于更好地理解顾客的企业系统地开发出来的，消费者常常没有意识到自己处于监测之下。企业合法地追踪消费者的网络浏览和购买行为，收集、分析和分享消费者的网上行为数据。评论家担心公司现在知道得太多，一些公司可能运用数字资料不公平地利用消费者。尽管大多数公司充分地披露了其互联网的隐私政策，并努力运用这些数据造福顾客，但数据滥用仍然时有发生。消费者保护组织和政策制定者正采取行动保护消费者隐私。我们将在第 4 章和第 20 章深入讨论这些和其他社会营销问题。

事业关联营销。为履行社会责任和建立更加积极的形象，许多公司现在将自己与有意义的事业联系在一起。近年来，几乎所有产品似乎都与某种事业有联系。例如，宝洁公司旗下的品牌汰渍开展了“载荷希望”爱心项目，为受灾地区的家庭提供移动洗衣设备和洗涤剂——宝洁公司为这些家庭免费洗衣、干衣和整理衣物。沃尔格林公司赞助了“与沃尔格林同行”项目——消费者只要做一些简单的事情，例如走路并记录步数、实现自己的既定目标，或者仅仅是对其他步行者在网站上发布的信息进行评论，就可以得到由诸如拜耳（Bayer）、凡士林（Vaseline）、Degree、Slimfast、Dr.Scholls 或其他参与该项目的合作企业提供的优惠券或指定商品。竞争者 AT&T、威瑞森、斯普林特和 T-mobile 联合发起了“可以等待”运动，敦促不同年龄的人们不要在驾驶车辆时发短信。这场事业关联营销运动向大众传递的信息很明确：“没有什么短信值得以生命冒险。可以等待。”[41]

一些公司成立之初就确立了事业关联使命。在“价值引导型企业”等理念的引导下，它们的使命是使世界更美好。例如，低成本预配眼镜的网上营销者沃毕帕克（Warby Parker）成立之初就明确了为大众提供廉价眼镜的目标。该公司出售“承担使命的眼镜”。每出售一副眼镜，它就为需要的人送出一副眼镜。该公司还与非营利组织合作培训低收入创业者出售低价眼镜。该公司说：“我们相信每一个人都有看见的权利。”[42]

事业关联营销已经成为公司奉献社会的主要方式。通过将购买公司的产品或服务与为有意义的事业或慈善组织筹集资金相联系，公司可以“因为做好事而发展得更好”。沃毕帕克将“做好事”与“发展好”并重。除了因承担社会责任受到尊重，“买一副就替你送一副”项目还为顾客和公司本身带来了良好的经济收益。“公司可以做到在做好事的同时实现盈利，”沃毕帕克的联合创始人尼尔·布卢门撒尔（Neil Blumenthal）说道，“赠送一副阅读眼镜的公益事业促使我们的收入增加了 20%。眼镜是世界上缓解贫穷最有效的工具之一。”[43]

事业关联营销也引发了一些争议。批评者担心事业关联营销与其说是奉献社会的战略，不如说是销售战略——“事业关联营销”的真实动机是“利用事业”来营销。于是，运用事业关联营销的公司可能会发现自己行走在增加销售和改善形象的夹缝之间，面临利用事业的指责。但是，如果处理得当，事业关联营销可以为公司和事业都带来巨大的利益。公司在建立更加积极的公众形象的同时，也获得了一种有效的市场营销工具。美国用于事业关联营销的花费已从 1990 年的 1.2 亿美元激增到 2016 年的 20 亿美元。[44]

文化环境

文化环境（cultural environment）由制度和影响社会的基础价值观、认知、偏好及行为等其他力量构成。人们在特定的社会中成长，逐步形成自己的基本信念和价值观。以下文化特点可能影响市场营销决策的制定。

文化价值观的一致性

特定社会中的人们持有多种信念和价值观，但他们的核心信念和价值观具有高度的一致性，例如，大多数美国人相信个人自由、努力工作、结婚以及成就和成功。这些信念形成了日常生活中的具体态度和行为。核心信念和价值观从父辈传到孩子，并通过学校、宗教机构、企业和政府得到强化。

非核心的信念和价值观相对容易改变。相信婚姻是核心信念；信奉早婚则是次级信念。市场营销者有可能影响次级价值观，但不可能改变核心价值观。例如，家庭规划的市场营销者说服人们应该晚婚比说服人们根本不结婚要有效。

次文化价值观的变化

尽管核心价值观非常稳固，但文化的确也会改变。试想流行音乐组合、电影明星以及其他名人对年轻人的发型和着装的影响。市场营销者希望预测文化的变化，以识别新的机会或威胁。社会主要的文化价值观体现在人们关于自己和他人，以及组织、社会、自然和宇宙的看法之中。

对自己的看法。在对待自己和他人的态度方面，人与人之间存在很大的差别。一些人追求个人的幸福，渴望生活丰富多彩、富有变化，没有多少负担。一些人则通过宗教、娱乐活动，或对事业及其他生活目标的追求来实现自我。人们把产品、品牌和服务当作自我表达的手段，购买与自我看法相匹配的产品。

市场营销者可以将自己的品牌定位于吸引具有特定自我看法的细分市场。例如，斯佩里（Sperry）——富有故事性的斯佩里 Top-Sider 船鞋制造商——就是一例[45]：

> 1935 年，斯佩里首次推出其标志性的船鞋 Top-Sider——一种完美的防滑船鞋，特别适用于波涛汹涌的大海中船只湿滑的甲板。航海传奇始终是斯佩里定位的重要部分。该品牌最近的营销运动“等待艰苦跋涉”再次强调其防滑鞋专为那些不甘平庸、敢于冒险的灵魂而生产。该运动瞄准“勇敢的消费者”——认为自己敢于冒险、真实、勇敢和具有创造性的积极的千禧一代。“千禧一代中有一群人，的确将生命视为一次机会，”一位斯佩里的营销者说道，“他们希望拥有富有意义的体验，与提供这类体验的品牌相得益彰。”“等待艰苦跋涉”运动将品牌与海洋联系起来，展现了一些勇敢的消费者，他们进行航海冒险、跃下船只、驾驶帆船、纵身跳下悬崖。公司采用诸如“最好的故事由你的双脚写就”“系紧鞋带，寻求自由”“尝试值得的生活”“如果地球有边界，找到它”等标题，宣扬斯佩里船鞋不是普通的船鞋，它们是顾客自我认知和生活方式的化身。

对他人的看法。人们对他人的态度和交往在不断变化。近年来，一些分析家对互联网时代可能导致人际交往减少深感忧虑，人们埋头于电子产品，通过电子邮件和短信联系而不是面对面交往。另一种观点认为，如今的数字技术似乎已经开启了一个被趋势观察家称为“大众交往”的时代。人们非但没有减少互动，反而借助社交媒体和移动通信增加了彼此间的联系。而且，网络和移动互动的增加常常引发更多的线下交往。事实上，人们越是用推特和社交网站在网上约会、建立社交圈子，就越可能最终在真实世界中与朋友和关注者见面。

但是，现在即使人们聚到一起，也常常“共同孤独”。一群人坐在一起，但可能各自摆弄着手机或键盘，沉浸在个人世界中。一位专家这样描述最新的沟通技巧：“与某人保持目光接触，同时给另一个人发送短信。这听上去很难，但的确可以办到。”她说：“凭借技术，我们能够与远方的人联系和交流。”[46] 于是，人们对由技术驱动的新沟通技巧是好是坏争论不休。

这种新的交往方式对公司如何营销自己的品牌以及怎样与顾客沟通产生了极大的影响。消费者越来越多地建立由自己的朋友、粉丝和关注者构成的关系网络及参与品牌社群，以了解和购买产品、形成和分享品牌体验。所以，对品牌而言至关重要的是，确保自己也参与到这些网络中。

对组织的看法。人们对公司、政府机构、行业协会、大学和其他组织的态度各异。一般来说，人们愿意为重要的组织工作，并希望其履行对社会的责任。

过去的20年间，人们对美国企业、政治组织和机构的信心和忠诚度明显下降了。在工作场所，组织忠诚度整体下滑。公司裁员的浪潮滋生了愤世嫉俗和不信任。过去10年，公司丑闻、由经济衰退引起的大规模裁员、由华尔街金融家的贪婪和无能导致的财产损失，以及其他不良行为，致使人们进一步失去对大企业的信任。许多人现在并不把工作视为满意的源泉，而是挣钱去享受非工作时间的必要手段。这一趋势表明，组织需要寻求新的方法赢得消费者和员工的信任。

对社会的看法。人们对所处的社会抱有不同的态度。爱国者捍卫它，改革者希望变革它，不满者想逃离它。人们对于社会的看法会影响他们的消费模式和对市场的态度。

过去20年，美国的爱国主义日渐高涨。一项年度消费者调查显示，有些品牌与爱国主义紧密相连，例如吉普（Jeep）、可口可乐、迪士尼、哈雷－戴维森、吉列和苹果。相应地，市场营销者推出了表达爱国主义情怀的主题促销活动“美国制造”。例如，去年夏天，可口可乐推出了一款由美国国旗三种颜色组成的限量版产品在7月4日假期发售，并在产品标签上标注爱国主义歌词：“我为自己是美国人而自豪。”苹果公司最近推出新款高端Mac Pro个人电脑时，投入1亿美元宣传“美国制造”。Mac Pro是“最强的Mac电脑”，在得克萨斯州奥斯汀生产，零部件全部国内制造。吉普公司最近的《爱国者》超级碗广告表现了一些著名的和普通的美国人面孔，75年来他们驾驶吉普车经历了战争、和平、繁荣和低谷。该广告引起美国人强烈共鸣。广告最后总结道：“并非我们制造了吉普，是你们！”[47]

尽管这些营销努力大部分效果不错，反应良好，但是高调的爱国主义也可能招致诡计多端的恶名。除非公司将产品销售收入捐赠给慈善事业，否则这些以爱国主义为主题的促销活动可能被视为利用胜利或悲剧挣钱。例如，一些批评者指出，苹果的“美国制造”运动迄今为止并没有取得显著的影响。Mac Pro在苹果公司的总收益中所占比重不足1%。为公司创造70%以上收益的iPhone和iPad都在中国制造。进行爱国主义和强烈国民情绪诉求的市场营销者必须格外小心。

对自然的看法。人们对自然界的态度也很不一样——有些人感觉受到自然的支配，有些人认为应该与自然和谐相处，还有一些人试图努力掌控自然。长期以来，人们一直认为自然界是取之不尽、用之不竭的，借助技术可以增强对自然的控制。但是，最近人们已经认识到自然界是有限的和脆弱的，人类的活动可能伤害甚至摧毁它。

人们重新焕起了对自然事物的喜爱，由此产生一个规模可观的消费者市场，他们追求从自然的、有机的、营养的食品到节能汽车和药物替代品等各种产品。例如，食品生产商发现天然和有机产品市场增长迅速。美国有机／天然食品市场如今年零售总额为450亿美元，并且会在2019年达到近2 000亿美元。[48]

通用磨坊公司旗下的安妮特产（Annie's Homegrown）用可持续发展的、全天然的食品迎合了这一市场，包括从芝士煮通心粉，到比萨饼、意大利面、点心和沙拉调味汁等，都以可持续发展的方式制作与销售。[49]

> 安妮特产立志用营养食品和“永远善待地球”的负责任的行动创造更加幸福和健康的世界。安妮特产的产品由农民伙伴用简单的天然原料制成。产品“不含任何人工添加剂”，公司声称，“安妮的产品绝对真材实料。”公司与其食品供应系统中的伙伴们紧密合作，共同实现可持续和有机的目标。安妮特产还在包装上突出自己对可持续发展行动的重视，其所有包装材料中总量的 90% 以上是可循环利用的。最后，安妮通过可持续农业奖学金、学校花园项目以及支持同样致力于使地球成为更理想的生活和饮食之所的其他组织，用行动回馈社区。

对宇宙的看法。最后，人们对宇宙起源以及人类在宇宙中的地位也抱有不同的看法。尽管大多数美国人都有宗教信仰，但近年来人们对宗教的信仰和参与逐渐弱化。最近的一项民意调查显示，现在有 22% 的美国人没有特定的宗教信仰，而 7 年前这一数字还只有 17%。这一比例在 18 ～ 29 岁的美国人当中达到 1/3。[50]

但是，人们减少参与有组织的宗教并不意味着他们放弃了自己的信仰。一些未来学家注意到，也许是因为人们更加普遍地追求一种新的内在目标，新的精神信仰已经出现。人们抛弃了物质主义和为了进入更高的社会阶层而相互倾轧的野心，开始追求更加持久的价值——家庭、社区、地球、信仰——以及更为明确的是非观。他们宁愿称它为“灵性”，而不是“宗教”。最近的一项调查发现，尽管近年来美国人变得不太虔诚，但深入感受“精神安宁和健康”以及“宇宙奇观”的人增加了。[51] 这种精神信仰的改变影响着消费者的各个方面，从观看的电视节目和阅读的书籍，到购买的产品和服务。

3.5 应对市场营销环境

有人观察到，“存在三种类型的公司：引起事情发生的、观望事情发生的和对发生什么茫然不知所措的”。许多公司将市场营销环境视为一种必须对其作出反应和适应的不可控因素。它们被动地接受市场营销环境，并不试图去改变。它们分析环境力量，并设计战略，帮助公司避免环境造成的威胁和利用环境带来的机会。

另一些公司对环境采取一种更为积极的态度，并不认为战略一味受到环境限制，而是采取战略改变环境。这些公司及其产品常常创造和形成新行业及其结构，从福特的 T 型车到苹果的 iPod 和 iPhone，再到谷歌搜索引擎和亚马逊的网上商店，不胜枚举。

更有甚者，对环境中发生的事件不是简单地观望和反应，而是采取积极的措施影响公众和环境。例如，雇用游说者影响与其行业相关的立法；策划媒体活动来获得更有利的媒体关注和报道；发布软广告和博客来形成公众舆论；利用保护公平竞争的法律和规章来避免官司和投诉；签订合约来更好地控制自己的分销渠道。

通过采取积极的行动，公司常常能够有效应对看上去似乎无法控制的环境事件。虽然有些公司对关于其产品的负面评论束手无策，一些公司却积极主动地应对不实之言。当一张显示“机械分割鸡”（也被称作“粉红肉糊”）令人倒胃口的图片在网上流传并暗指公司的麦乐鸡时，麦当劳是这样做的[52]：

> 麦当劳迅速发布声明宣称那张粉红肉酱的照片是骗局，指出麦乐鸡只用无骨白鸡胸脯肉制作，加工过程中从未添加任何粉红物质。而且，麦当劳采取进一步措施。为了彻底清除网上关于麦乐鸡原材料的负面传闻，麦当劳制作了一部时长3分钟的社交媒体视频。该视频在公司位于加拿大的加工厂中现场拍摄，展示了麦乐鸡制作的全过程：新鲜的鸡胸脯肉被绞碎并拌入调料，做成4种形状（圆球、钟形、块状和弯条状），上浆、快速油炸、冷冻、包装，运送到各地的麦当劳餐厅，再被充分加工和烹饪。整个过程中没有添加任何粉红肉酱。这一传递正面信息的视频在网上广泛传播，YouTube上的观看次数在不到6周的时间内就超过350万。随后，麦当劳推出“我们的食品，你的问题”运动，邀请消费者通过脸书、推特、YouTube和其他社交媒体，提交关于食品制作过程的疑问。然后在一系列“幕后”网络视频中解答消费者最关心的问题。

市场营销管理者并不总是能够影响环境因素。在很多情况下，它只能关注环境，并对它作出反应。例如，公司如果想要影响人口的地理迁移、经济环境或重要的文化价值观的话，注定徒劳无功。但是只要有可能，聪明的市场营销管理者就会对市场营销环境采取积极主动而非消极被动的行动（参见“营销实例”）。

营销实例　社交媒体时代：当对话变得肮脏

市场营销者已经将互联网和社交媒体誉为接触顾客和培育顾客关系杰出的新方法。因此，今天更强有力的消费者运用新的数字媒体与公司和其他消费者分享自己的品牌体验。这类沟通对公司及其顾客有所帮助。但难以避免的是，对话有时会变得肮脏。考虑以下例子。

● YouTube的一位用户goobie55在收到被联邦快递严重损坏的电脑显示屏后，将其安保摄像机拍摄下来的画面上传至网络。该视频清晰地显示一位联邦快递的送货员将装有电脑显示屏的包裹举过头顶，隔着围栏直接扔进收货人的院子，根本没有尝试按门铃、打开大门或将包裹放到门口。在司机的衬衫、包裹及卡车上，联邦快递那为众人熟悉的标识在视频中清晰可见。这一视频如同病毒般在网络上迅速传开，仅仅5天，点击量就超过500万人次，并引发众多电视新闻和脱口秀节目的狂热谈论。

● 在印度，福特汽车公司广告代理商的一支年轻创意策划团队，未经授权就制作福特菲戈（Ford Figo）的平面广告并发布到互联网上。广告画面表现了三位被缚住、堵住嘴巴且衣着暴露的女性挤在福特菲戈的后备厢中，方向盘后坐着的西尔维奥·贝卢斯科尼（Silvio Berlusconci，性丑闻缠身的意大利前总理）露出嘲讽的笑容。广告的标语是：将你的烦恼扔进菲戈超大的后备厢。虽然福特公司很快就删除了这则广告，但它还是像病毒一样迅速传播开来。仅仅几天，全球就有数百万人观看，网上一片哗然，给福特公司造成了极其恶劣的影响。

● 8岁的哈利·温莎（Harry Winsor）将自己的一幅飞机蜡笔画寄给波音公司，满心希望波音公司愿意制造它。波音公司却回复了一份冷酷的公文信件。“我们不接受未经邀请的创意，”该信件称，“我们很遗憾地通知你，你的来信已被处理并且没有保留任何备份。”这一令人尴尬的错误原本可能不会被公众注意。但这个小男孩的父亲约翰·温莎（John Winsor）恰好是一位著名的广告经理，他将这一事件通过博客和推特公之于众，立刻演变成一则全国性新闻。

这些是个别的极端事件吗？不再是了。互联网和社交媒体已经完全颠覆了企业与顾客之间的权力关系。以前，不满意的顾客除了向公司的服务代表抱怨几句或在背地里怒骂发泄一下之外，几乎无能为力。现在，只需笔记本电脑或者智能手机，他们就可以将事件公之于众。他们在博客、社交媒体平台上发泄自己的不满，甚至在网站上曝光自己最不喜欢的公司。“有时一个顾客引发的效应甚至超过一个品牌，”一位广告经理说道，“一个人只要通过在脸书、推特、Instagram 或者其他社交论坛上分享经验和观点，也许就能够轻而易举地让一家巨型公司低头。”

网络上标注有“我憎恶”（I hate）和“丑闻”（Sucks）的网站比比皆是。这些网站专门瞄准一些备受尊敬的公司，为它们打上恶性标签。例如，Walmartblows.com、PayPalSucks.com（aka NoPayPal）、IHatestarbucks.com、DeltaREALLYsucks.com 和 UnitedPackagesmashers.com（UPS）等等，不胜枚举。YouTube 和其他视频网站上的“丑闻”视频多如牛毛。例如，在 YouTube 上搜索“苹果丑闻”（Apple Sucks），找到的视频超过 60 万条；搜索“微软”，得到的视频也有 14.3 万多条。在脸书上搜索“苹果丑闻”可以链接到数百个群。如果这还不足以说明问题，你再试试输入“Apple suks”或者“Apple sux”，又可以找到数百个群。

在这些网站、视频和网络批评中，有些投诉是合理的，企业应该予以重视并及时处理。但其他的往往只是报复性的匿名诽谤，对品牌和企业声誉造成不公正的损害。有些攻击只是喧闹一时，但有些会引发公众的高度关注，给企业带来真正的麻烦。

公司应该如何应对网络攻击？对受攻击的公司而言，真正的困难是明确做到何种程度的回应，既能保护自己的形象又不至于加剧已有的怒火。几乎所有专家都认同的一点是：“不要试图报复。”一位分析师说：“真正的好主意是在炸弹爆炸之前拆除。先发制人、寻求协议和谈判是比较理智的手段。”这种批评往往源于顾客真实的担心和未平息的怒火。因此，最好的策略是主动监控这些网站和诚实地回应他们所表达的忧虑。

例如，波音公司迅速对不当处理小哈利·温莎设计图画的错误采取弥补措施，把一次潜在的公关危机转变成难得的机会。公司打电话邀请小哈利参观波音公司的工厂，在推特上承认：“我们是飞机专家，却是社交媒体上的新手。我们正在学习中进步。”同样，为应对菲戈汽车平面广告事件，福特公司的首席营销官作出了诚挚的道歉，称福特公司并没有批准那则广告。公司将吸取教训，从此修改广告和广告审查程序；相关广告公司立即解雇了那个不守规矩的创作团队。

类似地，联邦快递也因很快在 YouTube 发布视频，公开自己对这起显示屏破碎事件的处理，而赢得好评。联邦快递高级运营副总裁马修·桑顿（Matthew Thornton）在视频中说，他亲自会见了愤愤不平的顾客，代表公司致歉。桑顿表示：“[快递员的做法] 完全违背了联邦快递的价值观。”联邦快递的视频引起了大众的强烈共鸣，无数的记者和博客作者纷纷用联邦快递卓越的包裹处理和递送故事进行声援。

如今，许多公司创建专家团队监控在线交谈，及时发现不满意的顾客。例如，西南航空公司的社交媒体团队包括：一名专门跟踪推特评论和监视脸书群组的推特总监；一名负责核查事实、与博客作者互动的网络代表；还有一位成员专门管理公司在 YouTube、Instagram、Flickr、领英等网站上的形象。所以，一旦有人发布一条在线评论，公司可以立即与这个人取得联系。

不久前，西南航空的这一团队成功地阻止了一起很可能引发重大公关危机的事件。在从凤凰城到萨克拉门托的航班上，飞机机身上突然出现了一个洞。该航班上有 Wi-Fi，乘客可以将事件和完整的相关图片发送到网上。在乘客关于该事件的第一条推特信息发布后仅仅 9 ～ 11 分钟内，西南航空公司就在自己的页面发出了官方报道。飞机紧急降落亚利桑那州的尤马后不久，西南航空的网络监控团队就找到相关社交媒体，起草了一篇博客并制定了其他的社交媒体对策。在主流媒体报道这一事件之前，那位最早通过推特发布消息的乘客已经在推特上盛赞西南航空的机组人员对这一状况的专业处理了。

因此，通过对环境中看似无法控制的事件进行监测和积极应对，公司可以避免突发事件失控带来的负面影响，甚至将它们扭转为机遇。谁知道呢？也许措施得当的话，打击沃尔玛的网站（“Walmartblows.com”）甚至会成为赞扬它的地方（“Walmartrues.com”）。当然，也可能不会。

资料来源：See Matt Wilson, “How Southwest Airlines Wrangled Four Social Media Crises,” *Ragan.com*, February 20, 2013, www.ragan.com/Main/Articles/How_Southwest_Airlines_wrangled_four_social_media_46254.aspx#; Vanessa Ko, “FedEx Apologizes after Video of Driver Throwing Fragile Package Goes Viral,” *Time*, December 23, 2011, http://newsfeed.time.com/2011/12/23/fedex-apologizes-after-video-of-driver-throwing-fragile-packagegoes-viral/; Michelle Conlin, “Web Attack,” *BusinessWeek*, April 16, 2007, pp. 54-56; “Boeing's Social Media Lesson,” May 3, 2010, http://mediadecoder.blogs.nytimes.com/2010/05/03/boeings-social-media-lesson/; Brent Snavely, “Ford Marketing Chief Apologizes for Ads,” *USA Today*, March 27, 2013; Benet J. Wilson, “Southwest Airlines Steps Up Its Social Media Game during Jonas Snowstorm,” *Airways News*, February 3, 2016, http://airwaysnews.com/blog/2016/02/03/swa-sm-jonas/; and www.youtube.com/watch?v=C5uIH0VTg_o, accessed September 2016.

关键术语

营销环境（marketing environment）
微观环境（microenvironment）
宏观环境（macroenvironment）
营销中介（marketing intermediaries）
公众（public）
人口统计（demography）
“婴儿潮”一代（baby boomers）
X 一代（Generation X）
千禧一代（Y 一代）（Millennials（Generation Y））
Z 一代（Generation Z）
经济环境（economic environment）
自然环境（natural environment）
环境的可持续发展（environmental sustainability）
技术环境（technology environment）
政治环境（political environment）
文化环境（cultural environment）

概念讨论

1. 指出和描述企业营销环境中的各类公众。
2. 什么是营销中介？为什么它对市场营销者而言非常重要？
3. 描述 Z 一代。他们与“婴儿潮”一代、X 一代和千禧一代等其他人口群体有什么不同？

4. 阐述不断变化的人口结构对消费者支出模式和购买行为的影响。为什么这一趋势对市场营销者非常重要？

5. 市场营销者为什么要密切关注文化环境？

案 例

Fitbit：顺应健身的潮流实现发展繁荣

2009 年，詹姆斯·帕克（James Park）和艾瑞克·弗雷德曼（Eric Friedman）正处于崩溃的边缘。他们已经在亚洲盘桓数月之久，为公司的首款产品 Fitbit 记录器建立供应链。为这款看上去就像是装在一个软木盒子里的电路板成功融资之后，他们现在就差按下按钮启动生产线了。但是，有数千份订单亟须完成的他们却发现，设备上的天线不能工作。最后，他们在电路板上粘了片泡沫解决了问题，并声称“足够好了”。5 000 位顾客将在假日之前及时收到全新的 Fitbit 记录器。

让一家新创公司顺利起步充满挑战性。使一家硬件新创公司取得成功几乎不可能，尤其当它是一家先锋企业时。但是在营销环境如此多变的情形下，帕克和弗雷德曼明白自己的独到之处。随着个人健身与健康趋势的发展，计步器已经畅销数年。但是那些产品的科技含量低，为消费者提供的信息也非常有限。对小型高科技装置的需求似乎没有止境，帕克和弗雷德曼看到了在小型可穿戴设备中运用传感器的巨大潜力。

两位创业者无疑是正确的。仅仅 7 年之内，Fitbit 就生产了 12 种以上不同的产品，并售出数百万件。仅去年一年，该公司就售出 2 100 万件——这一数字几乎是上一年的翻倍——实现了 18.6 亿美元的收入和 1.16 美元的利润。Fitbit 创造了一个正在快速增长的细分市场——可穿戴科技产品。在其巅峰时刻，Fitbit 股票市值达 41 亿美元。该公司是如何从小小的软木盒起步，在一个爆炸性增长的行业登上巅峰的呢？帕克说：“Fitbit 就是在正确的时机以恰当价格出售的产品。”

奇妙的装备

尽管帕克的回答听上去有点过于简单，但恰恰一语中的。在消费者需要的时间，为他们提供创造恰当利益的产品，正是任何新产品成功面市的关键。以 Fitbit 为例，消费者渴望拥有不仅能记录步数，而且可以计算行走的距离、消耗的热量、攀爬的楼层以及运动时长和密度的小巧装置，Fitbit 毫不招摇的小圆盒——可以很方便地放进裤子口袋——可以提供以上一切消费者所需的信息，还可以根据休息时间、入睡之前的时间和实际睡眠时间来记录睡眠质量。

更吸引消费者的是，该装置可以将数据上传到计算机中，并在 Fitbit 网站上显示。用户能够在该网站监测自己的运动情况、设定和检查目标、持续记录所吃的食品和该设备未追踪的额外活动。最重要的是，用户除了上传信息之外，还可以在社交媒体发布和分享个人信息。意识到 Garmin 等其他硬件设备公司已经由于软件的不足而发展受阻，帕克与弗雷德曼特意在 Fitbit 软件上加大投入。

但是 Fitbit 的成功也归因于其新型商业模式。意识到设备的生命周期有限，竞争者将努力改善产品，Fitbit 使开发成为一个持续的过程。从最初的记录器到当前带有 GPS、心率监测和打电话、发短信、日历提醒等功能的 Blaze 智能手表，Fitbit 在满足消费者真实需求方面遥遥领先。

出人意料的机会

然而，Fitbit 通往成功的道路依然充满挑战。从一开始，公司就面对一个重大挑战：

如何留住顾客。与众多运动设备一样，用户最初被产品那些能够改善其健康的特色属性所吸引，但新鲜劲儿和热情一过，很快就会无果而终。如果用户停止使用设备，就不可能购买“新的改良版”产品，更不可能推荐给其他人。正当 Fitbit 努力寻求持续发展之策时，一件有趣的事情发生了。不少企业的人力资源部打来电话或发来消息求购。为什么这么多企业客户想要大量购买 Fitbit 的产品呢？感到困惑的公司派出专人寻找原因。

原来，美国公司正推动员工加入健康福利项目。之所以这样做，不仅仅是出于对员工健康与福利的关心。健康的员工能为企业带来诸多利益。他们往往更少生病，生产效率也更高，在健康医疗方面的成本也更低。尽管健康饮食和锻炼不能消除所有糟糕的健康状况，但对诸如血压、胆固醇和血糖等有积极影响，这些因素往往与心脏病、中风和糖尿病等常见疾病相关。所以，企业难怪有动机想方设法激励员工照顾好自己的身体。

Fitbit 告诉企业客户，它发现大多数公司即使非常努力，也无法招募充足比例的员工加入企业员工健康项目——许多情况下不足 20%。其中的一个大问题是，即使来自 Fitbit 及其竞争者的最新可穿戴产品如今在办公室很常见，企业员工健康项目仍要求参与者使用公司配发的笨重的老式记步器。Fitbit 的公司业务负责人艾米·麦克多纳（Amy McDonough）沉思着自言自语：“你能想象要求工程师携带笨拙的老式计步器写下他们的步数吗？”当然，Fitbit 提供优异得多的高科技选择，让用户很容易地追踪更加复杂的数据，也让人力资源部门方便地编辑和分析这些数据。企业客户的大批量销售开始迅猛增长。

令 Fitbit 特别惊喜的是，通过公司出售 Fitbit 产品比销售给个人，客户保留率要高得多。在公司健康项目中，健康记录器常常被用于健康挑战——每天坚持行走至少 10 000 步，就可以获得带薪假期或者健康保险费折扣等奖励。通常人们在挑战结束后，会停止使用他们的健康记录器，这无可厚非。但是两年间向员工派发 40 000 个 Fitbit 记录器的 IBM 发现，不仅 96% 的员工定期更新他们的健康数据和饮食习惯，而且 63% 的员工在挑战结束数月后仍然继续佩戴 Fitbit 记录器。

其他公司注意到一些甚至更加有形的利益。云服务创业公司 Appirio 为其 400 位员工购买了 Fitbit 设备。凭借这一可穿戴设备提供的数据，Appirio 有效地说服其健康保险提供商 Anthem 同意将增加的健康利益转化为更低的健康护理成本。这让 Appirio 在降低保费的谈判中具有一定的优势，使年度保费节省 28 万美元。

如今，Fitbit 的健康装备部门为员工提供专门设计的工具，例如仪表盘、专门的服务支持和网络研讨会。企业客户包括 BP 美国、金佰利（Kimberly-Clark）、时代华纳和巴克莱银行（Barclays）等众多知名企业。例如，塔吉特为其 335 000 名员工提供 Fitbit Zip 记录器。企业销售目前占到 Fitbit 总收益的 10%。而且，这一份额会不断提高，企业客户的采用速度明显高于消费者市场。创立者帕克声称，在员工健康项目中使用 Fitbit 设备不仅对健康和福利有积极影响，而且有利于工作安全。企业发现，员工间彼此团结合作、共同实现健康目标，可促进办公室文化的改善，进而有利于企业留住优秀的员工。

遭遇阻碍

有着高增长率和巨大的市场潜力的 Fitbit 一时间似乎前景无限。但实际上，Fitbit 仍然面对大量阻碍。首先，随着技术进步带来搜集和分享信息的新方式，隐私问题日益受到关注。最初，Fitbit 用户登录的信息默认可以公开。这意味着，一旦用户将自己的信息与社交网络连接，他们的健康、饮食、睡眠，有时候甚至是性行为都会被发布出去，任何人都可以看到。虽然将默认设定为“隐私”并不难，而且 Fitbit 保证不分析个人数据或者出售和分享消费者数据，人们仍然普遍担忧上传个人数据可能带来的风险。

另一种隐私问题一直不太容易控制。健康记录器及其产生的数据不受管制。这意味着任何组织都必须符合《美国健康保险可携性和责任法案》（HIPAA），采用数字记录设备时不得不小心谨慎。Fitbit 始终积极对待隐私和信息安全问题，引领行业，推动议会在该领域的立法。Fitbit 最近取得 HIPAA 的许可，在消除雇主对隐私和安全的担忧方面取得了长足的进步。

但是，雇员和雇主双方仍然心存顾虑。Fitbit 及其企业客户竭尽所能保护隐私，许多员工仍然对公司不当使用数据深感忧虑。关于搜集什么数据、这些数据将被如何使用的担心导致一些员工非常不安，他们想知道假如自己彻夜狂欢之后谎称请假，或者在会议中感到紧张，甚至是怀孕了的话，手腕上的 Fitbit 记录器是否会出卖自己，把这一切报告给雇主？

尽管将 Fitbit 纳入员工健康项目及其相关挑战的总体利益很清楚，但也存在一些负面后果。健康专家指出，它可能造成“做”与“不做”之间的歧视。有残疾、慢性疾病或者不良健康习惯的员工可能被排除在这类项目之外。尤其是在项目使用参与者积分榜和团队激励的情况下，结果可能是表彰了健康员工，但打击那些没有做到的员工的士气。给那些参与和成功员工的奖励，往往被视为对被排除在外者的惩罚。

欺骗者也是一个隐患。一些健康项目的参与者发现了愚弄 Fitbit 记录器的方法。例如，一条项圈上戴着 Fitbit 记录器的狗可能每天记录走 13 000 ～ 30 000 步，轻而易举实现 10 000 步的目标。社交媒体网站突然激增了许多技巧分享信息。“想骗过你的 Fitbit 吗？试试小狗或电钻。”一条推特如此建议，还附上指导链接。其他提升步数的手段包括将 Fitbit 记录器放进甩干机、晃动拳头、粘在小孩身上和弹钢琴等。甚至骑哈雷－戴维森摩托或使用割草机造成的抖动都可以欺骗 Fitbit 谎报步数。

除了这些横亘在让市场更广泛接受和使用产品的道路上的障碍之外，Fitbit 最大的挑战也许是竞争。Fitbit 在其开创的迅猛增长的产品类别中占有主导性的市场份额，你可能会以为没有对手与之抗衡了。但是，随着数字技术在所有领域迅猛发展，健身记录器已经不是一个产品，而是一个属性。这一点在苹果手表面市时格外明显。苹果手表作为拥有无尽移动应用程序潜力的 iPhone 戴在手腕上的延伸，让公众眼前一亮。其健康记录功能看上去简直就是迷你版的 Fitbit。如果苹果可以将 Fitbit 记录器的功能作为自己更加精巧的产品的一项简单附加，那么其他公司和设备也可能纷纷仿效侵入 Fitbit 的领域，那可怎么办呢？而且，关于软件和分析方面，苹果健康（Apple Health）和谷歌健康（Google Fit）似乎凭借相匹配的多个移动平台已经开始染指该市场了。

Fitbit 正努力使自己的产品保持差异化，而不是仅仅将自己定位为健康记录器制造商。它已经推出了自己的智能手表，而“下一个大跳跃”是超越健康记录功能，进入医疗诊断领域。通过与能够将 Fitbit 产品与更加详细的诊断研究联系起来的组织合作，Fitbit 设备能够很快地替代血糖仪，甚至是提醒用户危险的健康状况和疾病。如果 Fitbit 能够在竞争者难以复制的优势上成功定位，将前途无量。

资料来源：Based on information from Christina Farr, “ Fitbit at Work,” *Fast Company*, May 2016, pp. 27-30; Robert Hof, “ How Fitbit Survived as a Hardware Startup,” *Forbes*, February 4, 2014, www.

forbes.com/sites/roberthof/2014/02/04/how-fitbit-survived-as-a-hardwarestartup/# 5e2a544e4f42; Lance Whitney, " Fitbit Still Tops in Wearables, but Market Share Slips," *Cnet*, February 23, 2016, www.cnet.com/news/fitbit-still-tops-in-wearables-market/; Jen Wieczner, " Fitbit Users Are Finding Creative Ways to Cheat," *Fortune*, June 10, 2016, http://fortune.com/2016/06/10/fitbit-hack-cheat/.

讨论题

1. 自成立以来，Fitbit 受到哪些微观因素的影响？
2. Fitbit 受到哪些宏观因素的影响？
3. Fitbit 应该如何克服所遭遇的威胁与阻碍？
4. 还有哪些本案例中未提及的可能影响 Fitbit 的营销环境因素？

注　释

请扫描二维码或登录中国人民大学出版社官网www.crup.com.cn下载本书注释。

管理市场营销信息获得顾客洞察

学习目标

- 解释信息在获得市场和顾客洞察中的重要性。
- 定义市场营销信息系统并讨论其组成部分。
- 简述市场营销调研过程的各个步骤。
- 解释公司如何分析和运用市场营销信息。
- 讨论营销调研人员面对的特殊环境，以及公共政策和伦理问题。

本章，我们继续探讨市场营销者如何了解消费者和市场。我们将考察公司如何开发和管理关于重要的市场元素——顾客、竞争者、产品和市场营销方案——的信息。为了在当今的市场中取得成功，公司必须知道如何将堆积如山的市场营销信息转化为可以帮助自己吸引顾客互动和递送更高价值的、新鲜的顾客洞察。

让我们先看一个关于营销调研和顾客洞察的真实案例。过去10年间，乐高集团运用创新性的营销调研获得深度洞察，了解孩子们怎样真实地玩耍，据此为全球的儿童创造出极具吸引力的玩乐体验。同时，它将自己从破产的边缘拯救回来，成为全球最大的玩具制造商。正如一位分析者所言：乐高集团如今成了"玩具行业的苹果公司"。

引例 乐高集团：挖掘新鲜的顾客洞察

经典的乐高塑料拼装玩具畅销全球已经超过65年了。去年，乐高集团生产了破纪录的

550亿块乐高积木，连起来足以绕地球20多圈。每年，乐高在130个国家将其广受欢迎的拼搭积木套装和玩具送到大约1亿消费者手中。乐高集团现在是全球最大的玩具公司，领先于竞争者美泰和孩之宝。当美泰和孩之宝的销售面临增长停滞甚至下滑时，乐高集团的销售却增长迅速。在过去10年间，其收入增加了4倍达到57亿美元，仅去年的增长率就接近25%。

但是就在10多年前，乐高几近破产，员工士气低落，每天亏损100万美元。问题在于：这家经典玩具公司脱离了顾客。在互联网时代，视频游戏、移动设备和高技术产品使得像乐高这样的传统积木玩具被消费者束之高阁。2004年，公司开始下决心彻底变革其老化的产品和经营方式。

值得注意的是，乐高的变革没有从设计实验室里的工程师开始。首先，乐高集团必须重建顾客关系。它从营销调研开始——大量地调研，倾听顾客的心声，深度了解全球的孩子们究竟如何玩耍。公司组建了一支全球洞察团队——一群专门负责探索和发现创新途径、挖掘新鲜顾客洞察的营销调研人员。

除了传统的调研方法和数据分析，乐高集团运用创新性的沉浸式调研方式理解人们愿意购买和玩乐高玩具的深刻动机。例如，乐高集团的调研团队进行“近距离和个人化”的人种志研究。调研人员深入家庭，观察孩子们玩耍、与他们的父母谈话、同家庭一起购物、研究玩具店的内部流程。这些沉浸式研究产生了大量让人耳目一新的“啊哈时刻”（恍然大悟），击碎了该品牌数十年来许多传统的顾客理解。

例如，乐高集团长期坚持“保持简单”的准则。从一开始，它就只提供基本的玩具套装——积木、底板、梁、门、窗、轮子和斜屋顶，很少有说明书。其哲学是，给孩子非结构化的建筑积木套装玩具能激发他们的想象力和培养创造性。但是研究表明，这一理念并不适合技术丰富的现代世界。现在的孩子容易厌倦，而且在当前快速变化的环境中，他们接触到大量更加丰富的主题、人物和技术。与以往认为孩子们追求即刻赞赏的设想不同，乐高集团发现如今的孩子们偏爱有挑战性的任务，诸如拼搭更复杂的乐高套装。

针对这一洞察，乐高集团转向更专业、更结构化的玩耍体验。它现在大量生产种类繁多的主题型玩具线和特殊的建筑项目，配有详细的说明书。所以，与以往只需仅仅购买一套基础的乐高积木块，然后搭建自己的家或车不同，现在孩子们可以购买专门的配套元件搭建从消防车和直升机到值得期待的忍者城堡等各种东西。为了增加多样性和亲近感，乐高集团还提供以从《星球大战》和《DC漫画》（DC Comics）到《漫威超级英雄》（Marvel Super Heroes）和《迪士尼公主》（Disney Princess）的各种授权为基础的产品线，并不断变化。为了满足孩子们对技巧挑战的需求，乐高集团还开发了高度参与的游戏体验，例如乐高机器人（LEGO MINDSTORMS），借助积木套装搭配硬件和软件，可制作通过移动应用程序编程的个性化机器人。乐高机器人最新款是EV3——有601个元件，包括软件、马达，以及控制机器人移动和说话的传感器。

人种志研究获得的另一种顾客洞察是，孩子们不再认为数码和有形玩具之间存在明显差异。对如今的孩子们来说，这两个世界是合二为一的。这一洞察催生了乐高的“一种现实”（One Reality）产品，混合了数字和现实世界的游戏体验，不仅涉及用实物乐高积木搭建，而且通过在手机或平板电脑上的应用软件进行。例如，乐高融合（LEGO Fusion）产品线让孩子们用乐高积木搭建出房屋或城堡等有形模型，再通过手机或平板电脑上的应用程序扫描自己的创作，上传至虚拟世界。孩子们可以通过“乐高融合：城主”玩具创造出一个小型的虚拟乐高城镇，然后在移动应用程序中像市长那样管理它。这款产品成为去年最畅销的圣诞玩具。

乐高集团的营销调研人员还发现男孩与女孩玩玩具时的重要差异，据此推出聚焦女孩的产品线，例如“乐高朋友”（LEGO Friends）。男孩和女孩都喜欢搭建乐高积木。但是，男孩往往更倾向于较强的故事背景，像忍者、奇玛传说等以故事为基础的玩具受到男孩的追捧。相反，女孩常常用她们的玩具套装来进行角色扮演，正如以粉色和紫色为基调的“乐高朋友”所体现的那样，聚焦社群和友谊主题。乐高对全球 3 500 个女孩及其母亲进行调研，理解以前不玩乐高产品的女孩可能想从积木玩具中得到什么，以此为基础耗时 4 年开发了“乐高朋友”。这款产品无论在美国、德国还是中国，都受到女孩们的热烈欢迎。

当然，爱玩乐高积木的不只是孩子。经典的积木套装拥有庞大的成人粉丝基础，他们从不曾舍弃年轻时就热爱的乐高。全球成千上万的乐高成年粉丝（AFOL）在乐高产品上花费不菲。这些成年人还开办了数以千计的乐高粉丝网站和博客，组织聚会，比如一年一度的粉丝节——积木大会。乐高集团积极参与 AFOL 社群以期获得最新的顾客洞察与创意。它还组织一批定期提供意见的品牌大使，甚至邀请顾客直接参与产品开发过程。例如，它曾经邀请 250 位乐高小火车的热爱者访问其纽约办公室并评价新设计。乐高圣达菲火车就是一例从中获益的产品，即使在公司尚未开始营销的情况下，首批 1 万套在不到两周的时间内销售一空。类似地，乐高集团运用顾客合作开发了其有史以来最成功的产品——乐高机器人。

于是，在过去 10 年间，多亏了顾客洞察驱动的营销调研，乐高集团重新与顾客也与时代紧密联系在一起。关于孩子如何玩耍，乐高集团也许与世界上其他公司知道的一样多，但它将这些知识充分运用在为孩子提供难以抗拒的游戏体验中并获利。正如一位分析人士总结的，“在过去 10 年，乐高已经成长为玩具界的苹果，一个由设计驱动的盈利奇迹——围绕年轻粉丝热烈追捧的高端、时尚的游戏体验而建立。”[1]

乐高集团的故事启发我们，优秀的产品和市场营销方案始于优质的顾客信息。公司还需要关于竞争者、转售商和其他行动者及市场力量的大量信息。但是，除了收集信息，市场营销者还必须运用信息来获得可靠的顾客和市场洞察。

4.1 市场营销信息和顾客洞察

要想为顾客创造价值并与他们建立可盈利的关系，市场营销者必须首先获得关于顾客需要和欲望的新鲜的、深入的洞察。公司正是运用这种顾客洞察来建立竞争优势。

例如，6 年前，世界上最大的图片社交分享网站 Pinterest 创建时，需要使自己与数十家乃至数百家已有的社交网站区别开来。[2]

> Pinterest 的调研发现了重要的顾客洞察：许多人希望不仅仅像推特或脸书那样交换信息和图片，他们还需要一种在网上收集、组织和分享兴趣和激情的方法。所以，Pinterest 创建了一个社交剪贴簿网站，允许用户创建和管理主题图片合集，把感兴趣的东西用图钉固定在钉板上。该公司说：“Printerest 是只有你喜爱的内容的你自己的小互联网。”
>
> 多亏这一独特的顾客洞察，Pinterest 受到热烈的欢迎。如今，超过 1 亿名 Pinterest 用户每天上传 500 万篇文章，每月浏览 25 亿个 Pinterest 网页。超过

50 万家企业运用 Pinterest 吸引和激发它们的顾客社群。例如，里昂比恩有 510 万 Printerest 粉丝，诺德斯特龙有 430 万，劳氏有 340 万。大约 47% 的美国网上购物者根据 Printerest 的推荐购买物品。

尽管顾客洞察和市场洞察对建立顾客价值和顾客关系非常重要，但是要获得这些洞察并不容易。顾客需要和购买动机常常不明显——常常连消费者自己也不能准确地说出需要什么以及为什么购买。为获得优质的顾客洞察，市场营销者必须有效地管理来自各种渠道的市场营销信息。

市场营销信息与大数据

随着信息技术的迅猛发展，公司现在可以产生和生成大量的市场营销信息。市场营销世界充满了各种来源的海量信息。如今，甚至消费者本身就能产生大量的营销信息。他们通过电子邮件、短信、博客、脸书、推特和其他的草根数字渠道，自发地向公司提供并与其他消费者分享大量信息。

实际上，大多数市场营销管理者根本不是缺乏信息，而是数据载荷太大，甚至常常被淹没其中。“**大数据**”（big data）的概念很好地总结了这一问题。大数据是指由如今日趋成熟的信息生成、收集、存储和分析技术所产生的大量复杂数据。每年，世界上的人和系统产生大约 1 000 万兆字节信息。这些数据足以灌满 2.47 兆张旧式 CD-ROM，堆起来的话长度足以往返月球 4 次。全球所有数据的 90% 都是在过去两年间创造出来的。[3]

大数据给市场营销者带来机会的同时，也提出了严峻的挑战。有效利用大数据的公司能够获得丰富、及时的顾客洞察。但是，评价和挖掘如此多的数据几乎是无法完成的任务。例如，当诸如可口可乐或苹果等大型消费者品牌在推特、博客、社交媒体网站和其他来源监测网上关于其品牌的讨论时，可能发现讨论量大得惊人，每天超过 600 万次公开谈论，每年超过 20 亿次。这一信息量远远超出了任何管理者的消化能力。因此，市场营销者不是需要更多的信息，而是需要更好的信息。他们需要更好地利用已有的信息。

管理市场营销信息

市场营销调研和市场营销信息的真正价值在于如何运用——用于其提供的**顾客洞察**（customer insights）之中。基于这一认识，从百事、星巴克和麦当劳到谷歌和政府雇员保险公司（GEICO）等各类企业着手重构和重新命名市场营销信息和调研部门。它们创建“顾客洞察团队”，其工作是依据市场营销信息建立可行动的洞察，与营销决策制定者合作共同运用这些洞察。以百事公司为例[4]：

数年前，百事公司的营销调研部门还主要是数据的提供者。但是，如今情况已经发生根本改变。他们被整合进“顾客洞察团队”之中，负责以品牌、业务和消费者为中心提供洞察。该团队从丰富且持续演进的各种资源搜集洞察，从食杂店收银机、焦点小组、调查、潜意识测量，到与顾客混在一起并观察他们，监测消费者的数字和社交媒体行为。该团队不断改进新方法，以发现可能预测市场行为的消费者真实情况。他们运用数据和观察，辅以直觉判断，形成具有真实商业启示的、可行的消费者洞察。最终，他们与来自百事、激浪、纯水乐（Aquafina）以及百事麾下其他品牌的团队分享这些洞察，以帮助他们制定更好的决策。

除了将那些通过传统的基于事实的呈现、报告和报表所得到的信息和发现转化为洞察，消费者洞察团队还用更生动、更易于理解和消化的方式分享他们的洞察。例如，百事北美饮料（NAB）消费者洞察团队甚至开发了一款消费者洞察App，将度身定制的数据和内容传递给营销和品牌决策者。不仅仅是搜集和递送数据，百事消费者洞察团队更是营销者的战略伙伴。“我们驱动的决策最终为企业带来持续增长，”一位百事公司消费者战略与洞察高级经理说道，“我们所做的一切对企业盈利有重要影响。”

因此，公司必须设计有效的市场营销信息系统，为管理者在恰当的时候、用恰当的形式提供恰当的信息，以帮助他们运用这些信息创造顾客价值和更加有利的顾客关系。**市场营销信息系统**（marketing information system，MIS）由人和程序构成，致力于评价信息需要，开发所需信息，帮助决策制定者使用这些信息以获得和证实可靠的顾客和市场洞察。

图4－1显示市场营销信息系统的起点和终点都是信息使用者——市场营销管理者、内部和外部伙伴以及其他需要市场营销信息的人。首先，它与这些信息使用者互动评价信息需要。然后，它与市场营销环境互动，通过公司内部的数据库、市场营销情报收集和市场营销调研活动获取所需要的信息。最后，它帮助使用者分析和使用信息，以建立顾客洞察、制定市场营销决策和管理顾客关系。

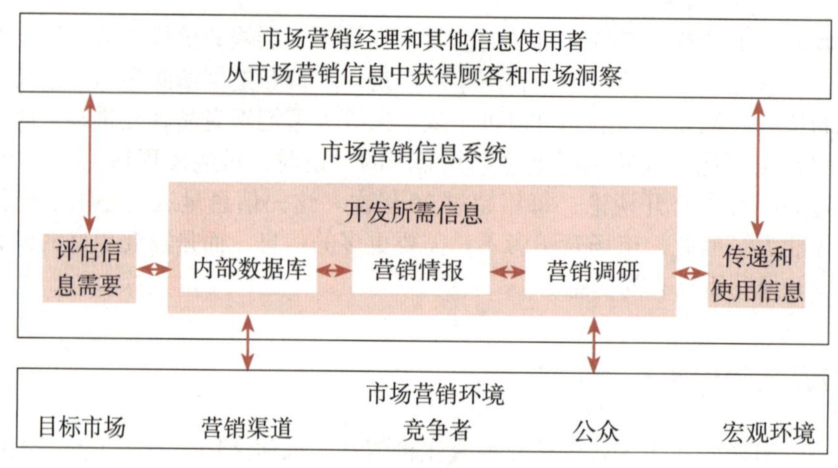

图4－1 市场营销信息系统

4.2 评价信息需要和开发数据

评价市场营销信息需要

市场营销信息系统首先服务于公司的市场营销部门和其他部门的管理者。同时，它还为外部伙伴，诸如供应商、转售商或市场营销服务机构等提供信息。例如，沃尔玛的零售链接系统（Retail Link）让重要的供应商接触从顾客购买模式和存货水平，到过去24小时之内各家门店销售情况的各种信息。[5]

一个优秀的市场营销信息系统会在信息使用者想要得到的信息与他们真正需要并可获得的信息之间取得平衡。一些管理者会想要所有能够得到的信息，而不仔细考虑自己真正的需要是什么。其实，信息过量与信息不足一样有害。另一些管理者忽略应该知道的信息，或者他们并不清楚自己需要什么信息。例如，管理者或许需要知道有利或不利的消费者网络口碑，即消费者在博客或线上社交网络中关于品牌的讨论。如果他们对这些讨论浑然不知，自然就想不到要去了解。市场营销信息系统必须监督市场营销环境，以便为决策制定者提供所需信息，帮助他们更好地理解顾客和制定市场营销决策。

最后，获得、分析、存储和传递信息的成本可能迅速增加。公司必须判断从额外信息中获得的洞察的价值与为此付出的成本相比是否值得，但价值和成本常常很难评价。

开发市场营销信息

市场营销者可以从内部资料、市场营销情报、市场营销调研中获得所需信息。

内部资料

许多公司建立了大规模的**内部数据库**（internal database），即从公司内部数据来源收集的关于消费者和市场的电子信息。数据库中的信息有多种来源。市场营销部门提供关于顾客特点、交易情况以及网站浏览行为的信息；客户服务部门记录顾客满意度或服务问题；财务部门编制财务报表，详细记录销售额、成本和现金流；运作部门报告中间商的反应和竞争者动态；市场营销渠道伙伴提供销售点交易的数据。妥善利用这些信息，可以提供有力的顾客洞察和竞争优势。

例如，保险与金融服务商USAA运用其内部数据库创造的忠诚顾客基础令人赞叹[6]：

> USAA主要借助电话、互联网和移动渠道，通过直复营销为美国军人及家属提供金融服务。它建有巨大的顾客信息库，涵盖从顾客购买历史、交易数据、顾客调查或监测顾客网上浏览行为等途径获得的信息。USAA运用这一数据库针对每位顾客的需求度身定制直复营销方案。例如，向希望退休的顾客发送有关房产计划的信息。如果家中有孩子要上大学了，USAA会给这些家庭发送关于如何管理信用卡的信息。
>
> 一位记者是USAA的客户，她欣喜地介绍了USAA如何帮助她教会自己16岁的女儿开车的经历。女儿没有驾照，USAA在她生日之前发来一个“材料包，内含有调研依据的信息，帮助我教女儿如何驾驶，帮助她联系，还帮助我们确定她一旦获得驾照后安全驾驶的要求”。通过如此富有技巧地运用其数据库，USAA独具匠心地为每一位顾客提供贴心的服务，创造了堪称传奇的高顾客满意度和忠诚度。更为重要的是，这家年收入240亿美元的公司顾客保有率高达98%。

与其他信息来源相比，公司内部资料通常可以更迅速和更便宜地获得，但也存在一些问题。由于内部信息常常是出于其他目的而收集的，用于市场营销决策的话，可能会不完整或者不正确。数据老化的速度快得惊人，保持数据库的更新要耗费大量资源。最后，管理如此之多的信息往往要求非常精良的设备和技术。

竞争性市场营销情报

竞争性市场营销情报（competitive marketing intelligence）是指系统地收集和分析关于消费者、竞争对手和市场发展趋势的可公开获得的信息。市场营销情报的目的是，通过理解消费者环境、评价和追踪竞争者行为，以及提供关于机会和威胁的早期预警，帮助营销者更好地制定战略决策。市场营销情报技术包括实地观察顾客、询问自己的员工、瞄准竞争者的产品、搜索互联网、舆情监测等。

优质的市场营销情报可以帮助市场营销者获得关于消费者如何谈论品牌以及与品牌发生联系的洞察。许多公司派出由训练有素的观察人员组成的团队与顾客打成一片，和他们混在一起使用和谈论公司的产品。还有一些公司，例如百事、万事达、卡夫和戴尔，建立监控中心定期监测与品牌相关的消费者网上聊天和购买行为（参见“营销实例”）。

营销实例　社交媒体监控中心：在社交空间倾听和吸引顾客

如今的社交空间充满关于品牌及其事件和趋势的议论。于是，许多公司纷纷建立世界一流的社交媒体监控中心，围绕各自的品牌来追踪甚至阻拦社交媒体活动。

有些社交媒体监控中心是围绕特殊事件运行的。例如，捷豹（Jaguar）建立的“恶人的巢穴”（The Villain’s Lair）就是一个为管理消费者与其以采用著名反派电影角色的超级碗广告互动的短期目标而建立的社交媒体监控中心。但是，从金融机构和消费者产品公司到非营利组织等许多组织，都纷纷建立持久性的数字监控中心来制衡如今蓬勃发展的社交媒体谈话。

例如，万事达数字情报监控中心——被称为“谈话室”——实时控制、分析和响应全球数百万网上谈话。它在43个市场中监测网上与自己品牌相关的26种语言的谈话。追踪社交网络、博客、网上与移动视频，以及传统媒体——所有可能包含有关万事达的内容和议论的数字渠道。

在万事达纽约总部，谈话室的员工与来自万事达各个部门和业务单位的管理者在一块巨大的LED屏幕前沟通，屏幕上显示着对全球市场网上品牌对话的实时总结，每四分钟刷新一次。营销与顾客服务人员轮流每天在这个监控中心工作2～3小时。“这就像是实时的焦点小组，”一位万事达营销经理说道，“我们追踪所有万事达时刻和任何有关我们的产品以及竞争者的信息。”

万事达运用在谈话室中看到的、听到的和学习到的信息改善产品与营销决策，追踪品牌业绩，并引发有意义的顾客议论和互动。万事达甚至训练“社交大使”，他们加入网上对话，直接与顾客和品牌影响者互动。“如今，几乎整个公司所做的每一件事都以我们从谈话室中获得的顾客洞察为基础，”另一位管理者说，“这改变了我们做生意的方式。”

百事的佳得乐是最早建立社交媒体监控中心的品牌之一，名为“佳得乐使命监控中心”。该中心对与品牌相关的社交媒体活动进行大量的实时监控。一旦有人在重要的社交媒体或博客中提及任何与佳得乐相关的事（包括与竞争者、佳得乐签约的运动员和运动饮料相关的话题），监控中心的屏幕会迅速显示图形和数据分析。佳得乐使命监控中心的员工还监测数字广告、网站和移动网站的流量，反映可靠的品牌网络形象。佳得乐运用其在监控中心看到和了解到的信息改善产品、营销和与顾客的互动。

佳得乐使命监控中心还使得品牌更好地与消费者实时互动，不时地增加甚或形成网络热点讨论。例如，在2014年NBA总决赛的首场比赛期间，当时的迈阿密热火队前锋勒布朗·詹姆斯（LeBron James）因为大腿抽筋被迫下场，大量推特评论说，喝佳得乐也没法阻止詹姆斯抽筋啊。尽管这位佳得乐的前发言人已经转投其竞争者可口可乐的品牌Powerade，但大多数粉丝并不知情，依然将詹姆斯与佳得乐联系在一起。一发现粉丝发推特对品牌表达关注，佳得乐使命监控中心的团队立刻幽默地作出回应："抽筋的人不是我们的顾客。我们的运动员可以取而代之。"一位粉丝在推特问道："当勒布朗有需要时，佳得乐在哪里？"团队回应说："就在一边待命啊，可他选择了喝别的。"这样，实时社交媒体监测帮助佳得乐将潜在的负面议论转为有利的宣传。

各种组织如今都设立社交媒体监控中心，甚至非营利机构也是如此。例如，美国红十字会与戴尔公司合作在华盛顿特区建立了一个数字运营中心，帮助该人道主义救援组织改善对突发事件和自然灾害的响应能力。红十字会在一次民意调查之后，开始充分重视对社交媒体的监测。该调查显示80%的美国人希望突发事件应急者监控社交网络；1/3的美国人期望灾难发生时，如果自己在社交媒体发布求助信息，一小时内可以得到帮助。仿照戴尔公司自己的示范级的社交媒体中心，红十字会的数字运营中心以创新性的志愿者项目体现了新突破，增加了全美数以千计经过培训的志愿者，帮助处理灾难发生时的巨大社交媒体流量。

数字运营中心帮助改善红十字会日常救助工作，例如应对大都市公寓着火的突发事件。"我们不仅仅扫描社交媒体寻找需要求助行动的情报，"一位红十字会管理者说，"我们还扫描社交空间看是否有人获救后需要信息和情感支持。"

正是重大灾难彰显了中心的最大潜力。例如，在美国历史上最大的自然灾害之一——桑迪飓风肆虐的那一周，数字运营中心在指导美国红十字会的救援行动中发挥了至关重要的作用。除了从政府部门得到的普通数据、实地评测和传统媒体的受损报告之外，中心仔细钻研来自推特、脸书、博客的数百万则信息和网络图片。它总计追踪超过200万条信息，直接对数千人的求助作出响应。在至少88个案例中，社交媒体发布的信息直接影响了红十字会的行动。"我们将卡车派往最需要的区域，我们将帆布床送到最缺乏补给的救助点。"一位红十字管理人员说。当时，即使是"缺少社交媒体活动"本身也是一个重要指示。某个特殊地区出现社交媒体"黑洞"，很可能意味着那里有某些因素阻碍人们发送信息，他们或许更需要帮助。

所以，无论是万事达、佳得乐还是美国红十字会，社交媒体监控中心都可以帮助市场营销者实时地彻底监测数字环境，分析与品牌相关的谈话，以获取营销洞察，进而做出迅速和恰当的反应。最终，社交媒体倾听给予消费者一种参与的途径，对顾客和品牌都有利。"它让我们的决策桌旁为'公众'留出一席之地。"美国红十字会管理者说。富国银行的社交媒体经理表示赞同："消费者希望参与公司如何为他们提供服务的决策"，"我们的领悟是，如果有人为我们提供了真正有帮助的想法、建议或反馈，我们应该直接响应"。

资料来源：" Mastercard Conversation Suite Video, " http://newsroom.mastercard.com/videos/

mastercard-conversation-suite-video/, accessed September 2016; Sheila Shayon, " Mastercard Harnesses the Power of Social with Innovative Conversation Suite, " *brandchannel*, May 7, 2013, www.brandchannel.com/home/post/2013/05/07/Mastercard-Conversation-Suite-050713.aspx; Giselle Abramovich, " Inside Mastercard's Social Command Center, " *Digiday*, May 9, 2013, http://digiday.com/brands/inside-mastercards-social-command-center/; Anthony Shop, " Social Media Lessons from Gatorade Mission Control," *Socialmediadriver.com*, August 28, 2013, http://socialdriver.com/2013/08/28/social-media-lessons-from-gatorade-mission-control/; Evan Hanson, " PepsiCo Drinks In Gatorade's Social Media Performance at Game One of NBA Finals," *24/7 Wallstreet,* June 7, 2014, http://247wallst.com/general/2014/06/07/pepsico-drinks-in-gatorades-social-media-performanceat-game-one-of-nba-finals/#ixzz3O6SWtQJt; Ariel Schwartz, " How the Red Cross Used Tweets to Save Lives during Hurricane Sandy, " *Fast Company*, October 31, 2013, www.fastcoexist.com/3020923/how-the-red-crossused-tweets-to-save-lives-during-hurricane-sandy; " Gatorade Mission Control, " *YouTube*, www.youtube.com/watch?v=YPBUZOX36DQ, accessed September 2016; and " Examples of Ten Social Media Command Centers, " *Salesforce*, www.exacttarget.com/sites/exacttarget/files/10-Examples-of-Social-Media-Command-Centers.pdf, accessed June 2016.

公司还需要积极监控竞争者的行动。他们可以关注竞争者的网站和社交媒体网站以获得相关信息。例如，亚马逊的竞争情报部门定期从竞争者网站购买产品，分析和对比它们的配货、速度和服务质量。公司可以运用互联网搜寻特定的竞争者及其活动或趋势，并观察市场结果。追踪消费者关于竞争性品牌的谈话，常常可以与追踪有关公司自己品牌的谈话一样获得丰富的信息。

企业利用竞争性市场营销情报获得竞争者行动和战略的早期洞察，快速制定竞争对策。例如，三星公司常常实时监控其竞争者苹果公司推出最新款 iPhone、iPad 和其他设备时各大主要社交媒体上的动态，并为它自己的 Galaxy S 智能手机和平板电脑制定营销对策。就在苹果公司 CEO 蒂姆 · 库克发布人们翘首以待的新型号时，三星公司的营销战略家们聚集在数百英里之外的战略研讨室内，围着电脑和电视屏幕密切关注着事件的动态。他们不仅仔细地查看苹果展示的每款新产品的特点，而且追踪席卷各大博客和社交媒体的如潮水般汹涌的消费者评论。随着大量实时的消费者和竞争性数据的涌现，三星团队开始制定营销对策。在苹果新型号产品刚刚上架销售的几天之内三星团队已经作出应对，在电视、平面媒体和社交媒体上发布信息，成功地分流人们的热情，促进自己的 Galaxy S 手机创出销售新高。

大多数竞争者情报可以从公司内部的员工——经理、工程师和科学家、采购代理和销售人员等——那里收集。公司还可以从供应商、中间商和关键顾客那里获得重要的情报信息，也可以监控竞争对手的网站。情报收集人员还可以搜索数以千计的网上数据库，其中有些是免费的。例如，美国证监会（U.S. Security and Exchange Commission）的数据库提供上市公司的大量财务信息；美国专利和商标局的数据库发布竞争者提交的专利信息。倘若花上一定的费用，公司还可以直接订阅网上数据库和信息搜索服务，包括 Hoover's、LexisNexis 和邓白氏（Dun & Bradstreet）在内的 3 000 多个网上数据库。如今的市场营销者只要按几个关键的按键，就可以获得数量惊人的信息。

情报战从来不会是单方面的。面对竞争对手收集重要市场营销情报的决心和努力日益明显，大多数公司现在都已采取措施保护自己的信息安全。一位自称曾是公司间谍的人建议说，企业应该尝试开展自己的市场营销情报调查，发现存在潜在信息泄露风险的漏洞。它们应该从检视所有在公共媒体上发布的信息开始，包括工作招聘、法庭记录、公司广告和博客、网页、新闻发布、网上业务报告、由消费者和员工发布的社交媒体信息，以及其他可获得的信息。[7]

市场营销情报的广泛使用产生了一些道德问题。有些情报搜集技术会引发道德争议。显然，公司应该利用可以公开获得的信息，而不应该求助于窃听。公司现在拥有充分的合法情报来源，不必为获得情报而违反法律或公认的道德准则。

4.3 市场营销调研

除了关于一般消费者、竞争者和市场动态的市场营销情报信息，市场营销者还常常需要开展正式调研，为特殊的市场营销情况和决策提供有关消费者和市场的洞察。例如，百威（Budweiser）希望知道，在其超级碗广告中，最有效的诉求是什么。雅虎希望了解网络搜寻者对其网站的改版会有何反应。而三星则希望知道有多少和什么类型的顾客会购买新一代超薄电视机。在这些情况下，管理者需要进行针对性的市场调研。

市场营销调研（marketing research）是指针对组织面对的特定市场营销问题，系统地设计、收集、分析和报告信息。公司在许多情况下都需要市场营销调研。例如，市场营销调研使市场营销者了解顾客动机、购买行为和满意度，帮助他们评价市场潜力和市场份额，测量定价、产品、渠道和促销行为的效果。

一些大型公司有自己的调研部门，在市场营销调研项目上与市场营销经理合作。此外，这些公司——它们的小规模对手也一样——常常雇用外部调研专家与管理层沟通、商讨特殊的市场营销问题和进行市场营销调研的研究。有时，公司干脆直接购买由外部公司收集的数据来帮助其制定决策。

市场营销调研的过程包括四个步骤（见图4-2）：确定问题和调研目标，制订调研计划，执行调研计划，以及解释和报告调研结果。

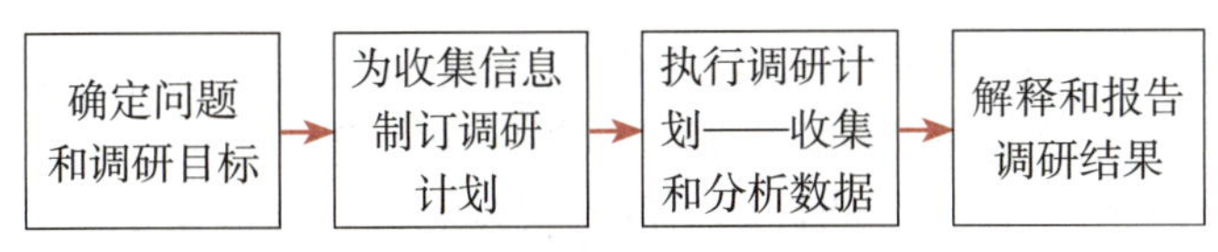

图4-2 市场营销调研过程

确定问题和调研目标

市场营销管理者必须与调研人员紧密合作，共同确定调研问题，并在调研目标上达成一致。经理们最了解是什么决策需要信息，调研者最精通市场调研以及如何获得这些信息。确定问题和调研目标常常是整个调研过程中最困难的步骤。有时，管理者也许知道出错了，但不知道具体原因。

在仔细地确定调研问题之后，营销管理者和调研人员必须确立调研目标。市场营销调研项目的目的可能是以下三种之一。**探索性调研**（exploratory research）的目标是收集初步信息，确定问题并提出假设。**描述性调研**（descriptive research）的目标是描述情况，例如某种产品的市场潜力或购买者的人口统计特征和态度等。**因果性调研**（causal research）的目标是检验关于因果关系的假设。例如，一所私立大学如果将学费降低 10%，入学人数增加带来的收益提高是否可以抵消减少的学费收入？管理者常常从探索性调研开始，再进行描述性和因果性调研。

问题和调研目标的陈述将指导整个调研过程。营销管理者和调研人员应该将这一陈述书面化，以确保他们在调研的目标和预期结果上达成一致。

制订调研计划

一旦确定调研问题和目标，调研人员必须确认所需要的信息，为有效地收集这些信息制订计划，并将该计划呈报给管理层。调研计划应该列明数据的来源，指出具体的调研方法、接触方法、抽样计划以及收集数据的手段。

调研目标必须转化为具体的信息需要。例如，假设奇宝特墨西哥餐厅打算进行一次调研，了解消费者对其餐厅增加免下车外卖服务有何反应。目前，美国快餐连锁企业中大约有 24% 的销售收入通过免下车外卖模式实现。但是，奇宝特——将自己定位于“真诚的食品”、具有可持续性理念的休闲快餐店——尚未提供免下车外卖服务。增加这种服务模式或许可以帮助奇宝特利用其优势品牌定位吸引新销售。为此，营销调研可能需要收集以下具体信息：

- 当前奇宝特顾客的人口统计、经济和生活方式特点：现在的堂食顾客也会使用免下车外卖服务吗？这一服务模式符合他们的生活方式吗？奇宝特是否需要开发新的细分市场？
- 速食与快休闲晚餐消费者的人口特征和使用行为模式：他们对这类餐厅有何需要和期望？在哪里、何时以及如何消费？市场上哪种质量、价格和服务水平最受欢迎？新奇宝特服务在竞争激烈的快餐市场中，需要清晰、重要和差异化的定位。
- 对顾客体验的影响：免下车外卖服务与奇宝特提供的优质休闲快餐体验是否一致？
- 奇宝特员工对免下车外卖服务的反应：饭店员工支持免下车外卖服务吗？增加免下车服务是否会打乱运营和影响员工为堂食顾客递送优质食品和服务的能力？
- 预测堂食和免下车外卖两种渠道的销售及利润：新的免下车外卖服务会创造新销售和顾客吗？还是仅仅分流当前堂食顾客？

奇宝特营销管理者需要这些和许多其他类型的信息，以决定是否推出免下车外卖服务；如果要推出，最好采用什么方法。

该调研计划应该以书面形式表述出来。当调研项目庞大且复杂，或者交由外部公司执行时，书面计划尤其重要。书面计划应该涵盖拟解决的管理问题和调研目标、打算获得的信息，以及调研结果将如何帮助管理层制定决策等内容。书面调研计划还应该包括调研成本分析。

为满足管理者的信息需求，调研计划可以要求收集二手数据、原始数据，或者两者兼顾。**二手数据**（secondary data）指已经存在的为其他目的而收集的信息。**原**

始数据（primary data）指为当前特殊的目标而专门收集的信息。

收集二手数据

调研人员通常从收集二手数据开始。公司的内部数据库提供了一个很好的起点。但是公司也可以利用多种外部数据来源，包括商业数据服务机构和政府数据来源。

公司可以从外部供应商那里购买二手数据。例如，尼尔森公司（Nielsen）出售来自全球 25 个国家超过 25 万户家庭的消费者购物数据，包括试用和重购、品牌忠诚度以及购买者人口统计特征等。Experian Simmons 进行全面的消费者调研，能够提供美国消费者的完备信息。未来公司（The Futures）麾下的美国 Yankelovich MONITOR 出售关于社会和生活方式重要趋势的信息。这些公司可以提供满足各种营销信息需求的优质数据。[8]

运用商业性网上数据库，市场营销调研人员可以自己搜索二手数据来源。诸如 Dialog、ProQuest 和 LexisNexis 等通用数据库服务商将丰富的信息呈现在市场营销决策者的电脑上。除了必须付费的商业性网站，几乎所有的行业协会、政府机构、企业出版物和新闻媒体都提供免费信息，只要你能找到它们的网站和移动应用。

网络搜索引擎也可以是寻找相关二手数据来源的大帮手。但是，它们也可能会非常无效且令人沮丧。例如，奇宝特墨西哥餐厅的一位市场营销人员在谷歌上搜索“速食免下车外卖”，会出现 680 万个条目！但是，经过严格定义和精心设计的网页搜索才是市场营销调研项目的良好开端。

与原始数据相比，获得二手数据通常更快，成本也更低。而且，二手数据来源有时可以提供单个公司无法凭借自己的力量获取的信息——不能直接找到，或寻找起来代价不菲的信息。例如，对可口可乐或汰渍等消费者品牌而言，通过持续的零售商审计来发现自己和竞争者品牌的市场份额、价格和陈列情况的代价太高。但是，他们可以从 IRI 集团购买商店销售和审计数据，该项服务提供全美 3.4 万家零售商店的扫描数据和其他信息。[9]

二手数据也可能带来一些问题。所需信息可能不存在——调研人员很少能够从二手数据中获得他们所需要的全部信息。例如，红牛找不到关于消费者对新强化水产品线的反应的现成信息，因为该产品尚未投放市场。即使数据可以找到，信息也可能无法使用。调研人员必须仔细地评估二手数据，确保其相关性（符合当前调研项目的目标）、准确性（可靠地收集和报告）、及时性（数据很新，符合当前决策的需要）以及无偏性（客观地收集和报告）。

原始数据收集

二手数据为调研提供了一个很好的起点，有助于确定调研问题和目标。不过，在大多数情况下，公司还必须收集原始数据。表 4－1 展示了为收集原始数据而制订的计划，涉及调研方法、接触方法、抽样计划和调研工具等多方面的决策。

表 4－1 原始数据收集计划

调研方法	接触方法	抽样计划	调研工具
观察法	邮寄	抽样单位	问卷
调查法	电话	抽样规模	仪器
实验法	个人访谈	抽样程序	
	网络		

调研方法

收集原始数据的调研方法包括观察法、调查法和实验法。下面依次讨论这些方法。

观察法。观察法（observational research）是指通过观察相关的人员、行为和情景来收集原始数据。例如，食品零售商乔氏（Trader Joe's）可能通过考察交通模式、街区条件，以及诸如全食、新鲜市场（Fresh Market）等竞争性零售连锁品牌的网点分布，来评估自己新店的理想选址。

调研人员常常观察消费者行为，来探寻那些不可能通过简单地询问顾客问题就能获得的消费者洞察。例如，费雪公司（Fisher-Price）建立了一个观察实验室来发现儿童对新玩具的反应。费雪公司的观察实验室是一个堆满玩具的快乐空间，幸运的孩子们在那里尝试各种各样的新型玩具，希望了解是什么使孩子们对玩具如此着迷的设计者在一旁悄悄地仔细观察孩子们的一举一动。在实验室里，每年大约 3 500 个孩子测试 1 200 种产品。“我们的设计师观察和了解孩子们如何玩耍，”费雪儿童调研经理说道，“这对我们生产更好的产品有很大帮助。”[10]

营销者不仅观察消费者做什么，还要观察他们说什么。正如前面讨论的，市场营销者现在常常在博客、社交媒体和网站上倾听顾客的交谈。观察这些自然产生的反馈，可以获得采用更加结构性和正式的调研方法根本得不到的信息。

大量的公司现在运用**人种志学研究**（ethnographic research）。该调研方法指派训练有素的调研人员，在自然状态下观察顾客，并与他们互动。观察者可能是训练有素的人类学家、心理学家，或者公司的调研人员和经理。例如，Coors 的洞察团队经常造访一个高度保密的小镇。这个小镇距芝加哥不到一天车程，被他们称为“前哨”。调研者将该镇作为真实的实验室，匿名与酒吧惠顾者、超市购物者、餐厅就餐者、便利店店员及其他居民闲聊，围绕 Coors 及其竞争性啤酒品牌收集关于美国中部消费者如何购买、饮酒、就餐和社交的真实洞察。[11]

全球品牌设计顾问公司朗涛（Landor）启动了一项名为“朗涛家庭”（Landor Families）的研究，在过去 7 年间紧密跟随 11 户法国家庭。朗涛的研究者们每年两次到这些家庭访问，仔细观察他们的冰箱、食品采购行为和决策。研究者还与这些家庭一起去当地的超市购物，在一旁观察他们上网购物。这些家庭按时提交月度报告，详细记录自己的购买行为和决策。“朗涛家庭”研究项目为朗涛客户——例如达能、卡夫食品和宝洁公司，提供了丰富的行为洞察。如今的大数据分析可以提供关于消费者买什么、什么时候买以及在哪里买的重要洞察。“朗涛家庭”研究项目专为探索“为什么买”这一问题而设计。正如朗涛公司所言，“要理解消费者，没有比在现实生活中观察他们更好的方法了。”[12]

观察法和人种志学研究方法常常可以揭示出一些用传统的调研问卷或焦点小组访谈方法无法得到的细节。传统的定量研究方法追求检验已知的假设，寻找经过精确定义的产品或战略问题的答案，但观察法可以产生新鲜的顾客和市场洞察，而这些往往是人们不愿或者不能提供的。它打开了一扇窗，让我们能够探知顾客潜意识行为和无法清晰表达出来的需求及情感。

相反，有些信息无法通过观察得到，比如感觉、态度、动机和私下的行为等。另外，长期或偶然的行为也不容易观察到。最后，观察到的现象有时很难解释。由于这些局限，调研人员在运用观察法的同时，常常配合使用其他数据收集方法。

调查法。调查法（survey research）是收集原始数据最常用的方法，最适用于收集描述性数据。希望了解人们的认知、态度、偏好或购买行为的公司常常通过直接询问消费者发现这些信息。

调查法的主要优点是其灵活性——可以在许多不同情况下获得不同的信息。调查法几乎适用于任何市场营销问题或决策，一般通过电话或邮寄、个人或网络等方式进行。

但是，调查法也存在一些问题。有时人们拒绝回答调查问题，可能是因为他们不记得或从来没有想过要做什么和为什么做；也可能有些人不愿意回答陌生人的问题和讨论他们认为私密的话题；还有些人可能太忙不愿意花时间，或者不愿意让他人知道自己的隐私。不过，有时被调查者为了显示自己很聪明或更见多识广，即使在不知道答案的时候也胡乱提供不真实的信息。或者，他们为了帮助访谈者，故意顺着调查人员的意图回答问题。

实验法。观察法最适用于探索性调研，调查法最适用于描述性调研，而实验法则最适用于收集反映因果关系的信息。**实验法**（experimental research）指选择配对的实验组，在控制无关的因素的前提下，分别给予他们不同的处理，从而考察不同组间被试的反应有何不同。因此，实验法试图解释因果关系。

例如，在菜单上添加新口味的三明治之前，麦当劳也许会运用实验法测试两种不同的价格对其销量的影响。在一个城市以某种价格推出这种新的三明治，在另一个城市则用不同的价格。如果两个城市很相似，并且该三明治的其他所有营销活动都相同，那么价格就很可能是造成这两个城市三明治销售差异的原因。

接触方法

信息可以通过邮寄、电话、个人访谈和网络获得。每种接触方法各有利弊。

邮寄、电话和个人访谈。要以较低的人均成本收集大量信息时，一般使用邮寄问卷法。与电话访问或陌生人访谈相比，被调查者回答邮寄问卷上的个人问题会更加诚实，而且不受访问者的影响。

但是，邮寄问卷不够灵活——所有的被调查者都回答按固定顺序排列的相同问卷。邮寄调查通常需要较长的时间来完成，回收率（完整地填写并返回问卷的人数）很低。而且，调查人员对邮寄问卷样本缺少控制，即使有一份优质的邮寄名单，也不能保证谁会填写问卷。由于这一缺点，越来越多的市场营销者现在转而使用更快速、更灵活、成本也更低的电子邮件和网上调查。

电话访问是迅速收集信息的最佳方法。它比邮寄问卷更灵活。访问者可以向被调查者解释比较难懂的问题，也可以根据得到的答案跳过某些问题或深入追问某些问题。电话访问的应答率比邮寄问卷高，还可以更好地控制样本。调查人员可以请求与符合某些特点的人，甚至点名与特定的被调查者交谈。

但是，电话访问的成本比邮寄问卷高。而且，人们可能不愿意谈及私人问题。这种方法会引入调查人员的偏见——调查人员的谈话方式、提问方法以及其他差异都会影响被调查者的回答。不同调查者的解释和记录也可能不同。在时间压力下，一些调查人员可能自己编造答案。最后，随着人们对电话促销骚扰的日益警觉和排斥，潜在的被调查者越来越多地挂断访问者的电话拒绝交谈。

人员访谈有两种形式——个人访谈和小组访谈。个人访谈可以在家里或办公室、街上、购物中心进行。这种访谈非常灵活。训练有素的访谈者可以引导访谈，解释难懂的问题，根据实际情况调整问题。他们可以出示真实的产品、广告或包装，观察对方的反应和行为。但个人访谈的成本几乎是电话访问的 3 ～ 4 倍。

焦点小组访谈指邀请潜在消费者构成小规模群组，由训练有素的主持人引导，讨论一种产品、服务或组织。参与者通常会得到一小笔报酬。主持人鼓励自由和轻松的讨论，希望小组成员之间的互动会带来真实的情感和想法。同时，主持人引导讨论“聚焦”某个主题，确保不偏离——故而称为“**焦点小组访谈**”（focus group interviewing）。

在传统的焦点小组调查中，调研人员和市场营销者在单面镜后面关注焦点小组的讨论，并将参与者的评论记录或拍摄下来以备日后研究。现在，焦点小组调研人员甚至可以在焦点小组访谈现场利用可视会议和互联网技术与市场营销者远程联系。借助摄像机和双向音响系统，远离访谈现场的市场营销管理者仍然可以看到和听到，甚至运用远程控制系统随意放大面部特写或切换镜头。

焦点小组访谈法已经成为有效了解新鲜的消费者想法和情感洞察的重要的市场营销定性调研工具之一。在焦点小组调查中，调研者不仅倾听消费者的想法和观点，而且观察他们的面部表情、肢体动作、小组互动以及谈话方式。但是，焦点小组访谈也带来一些挑战。为节省时间和成本，调研人员通常采用较小的样本规模，这样就很难得到可推广的一般性结论。而且，参与焦点小组的消费者在其他人面前并非总是坦诚地表达自己的真实情感、行为和意图。

为克服这些问题，许多调研人员正在修正焦点小组的设计。一些公司改变焦点小组的环境以帮助消费者放松情绪，流露更加真实和自然的反应。例如，雷克萨斯在顾客家中与豪华车买主举办“与雷克萨斯共度良宵”晚宴，直接向消费者个人了解他们为什么买或不买雷克萨斯。一些公司偏好“浸入小组”（immersion group）——一小群消费者在没有焦点小组主持人的情况下直接、非正式地交谈。

研究与创新咨询公司 The Mom Complex 运用这种浸入小组方法帮助联合利华、强生、金佰利、家乐氏、Playskool 和沃尔玛等公司的品牌营销人员理解和联系他们的“妈妈顾客”[13]：

> 根据 The Mom Complex 的统计，美国 8 000 万妈妈控制了 85% 的家庭购买，然而 3/4 的妈妈说营销者根本不知道成为母亲意味着什么。为了改变这一状况，The Mom Complex 设计了“母亲浸入项目”（Mom Immersion Sessions），品牌营销人员直接与一群妈妈互动，参与者可以收到 100 美元作为酬劳。与普

通焦点小组调研将营销人员安排在单面镜后观察一群妈妈讨论品牌的做法不同，该项目的参与者与营销人员共处一室。在一名讨论协调员的导引下，妈妈们敞开心扉讨论自己面临的实际情况——“关于成为一位母亲原始的、并不那么美好的真实信息”。然后，妈妈们与营销人员共同处理一些具体的品牌问题——要么是新产品创意、当前产品的问题，要么是定位和沟通战略，目的是“将身为人母所面临的挑战和困难转化为品牌的增长机会”。

与更加数字导向的大数据调研方法相比，个人访谈和焦点小组访谈的突出特点是人际接触，能够提供数字和分析背后关于动机和情感的丰富洞察。“焦点小组是运用最广泛的定性调研工具，”一位分析人员说道，“这是很有道理的。焦点小组调查促成了成果丰富的讨论，能够提供关于顾客和潜在顾客的需要、欲望、想法和情感的独特洞察。”只有当你倾听人们谈论他们自己时，所得信息才是真正有生命力的。[14]

网上营销调研。互联网的发展对市场营销调研活动产生了巨大影响。调研人员越来越多地利用**网上营销调研**（online marketing research）收集原始数据——互联网调查、网上小组讨论、实验，以及网上焦点小组访谈与品牌社区监测等。

网上调研的形式多种多样。公司可以利用互联网作为调查媒介，在自己的网站上发布问卷，或用电子邮件邀请人们回答问题，创建网上小组，提供定期反馈或进行现场讨论、网上焦点小组访谈。调研人员还可以在网上进行实验。他们可以通过在不同的网页或同一网页的不同时间设定不同的价格、标题或产品属性，来比较不同取值的营销变量效果如何。他们可以创造虚拟的购物环境，测试新产品和市场营销方案。公司还可以通过跟踪浏览记录了解顾客的网上行为，包括他们如何访问网站，又是如何转到其他网站的。

互联网尤其适用于定量调研——进行市场营销调查并收集数据。目前，超过90%的美国人是网民，这使得网络成为到达各种消费者群体的有效渠道。[15] 随着传统调查方式应答率下降和成本提高，网络迅速取代邮件和电话，成为主要的数据收集方法。

基于互联网的调查研究提供了电话、邮寄和个人访谈等传统方法不可比拟的优势。最明显的就是高速度和低成本。借助网络，调研人员可以采用电子邮件或在精心挑选的网站上发布等方式，迅速、便捷地将网上调查问卷同时分发给数以千计的被调查者。几乎即刻就可以收到回应，因为被调查者也是通过电子渠道传回信息，调研人员在收到信息时，就可以列表、评价和分享调研数据。

网上调研的费用通常远远低于邮寄、电话或人员访谈等传统的调研活动。互联网的运用节省了传统方法所需的邮寄、电话、访谈者和数据处理等费用。而且，网上调查的样本规模对成本的影响很小。一旦准备好调查问卷，在网上调查10位和1万位消费者，或调查当地和相距甚远的全球消费者之间的成本并没有太大的差别。

低成本使得网上调研几乎能够被任何企业——无论规模大小——方便地使用。实际上，由于网络的发展，一度由调研专家主导的调研如今几乎任何调研者都可以进行。即使是缺乏调研经验的小型企业，也可以借助诸如Snap Surveys（www.snapsurveys.com）和SurveyMonkey（www.surveymonkey.com）等网上调查机构，便捷地创造、发布和分发自己的调查问卷。

基于网络的调查与传统的邮寄或电话调查相比，常常具有更强的互动性和参与性、更容易完成、调研人员的干预较少等特点。因此，网上调查通常具有更高的应答率。对一般很难接触到的消费者——例如，总是难以捉摸的青少年，单身、富有和受过良好教育的消费者而言，互联网是理想的调研媒体。要到达有工作的母亲和其他公务繁忙的人，互联网也是不错的媒介，他们可以在自己方便的时间和合适的地点作出回应。

市场营销调研人员原先大量地使用互联网进行定量调研和数据收集，现在也采用定性的网络调研方法——例如网上焦点小组、博客和社交网络监控。许多市场营销者已经认识到互联网可以提供一种快速、低成本的方式获得定性的顾客洞察。

网上焦点小组（online focus groups）是最重要的基于网络的定性调研方法。例如，网上调研公司 FocusVision 提供 InterVu 服务，即利用网络视频会议的功能让相距遥远的参与者进行焦点小组调查，而且随时随地。凭借先进的网络摄影技术，InterVu 的参与者可以在家或办公室登录参与焦点小组讨论，彼此看到、听到，并现场互动，进行实时的、面对面的讨论。[16] 这样的焦点小组可以使用任何语言，实现同步翻译。网络很有效地将来自全美甚至全球不同地域的人们低成本地联系在一起。而且，调研人员可以从任何地方组织和监督网上焦点小组，节省了差旅、住宿和设施成本。最后，虽然网上焦点小组需要一些事先计划，但几乎即刻就可以得到结果。

尽管增长迅速，但网上定性与定量调查也存在一些弊端。一个主要问题是如何控制网上样本。因为看不到被调查者，就很难了解他们的真实身份。为了克服样本和网络情境问题，许多网上调研公司运用选择性加入的社群和样本群。或者，许多公司现在建立自己的顾客社交网络，借此吸引顾客参与调研，获得顾客洞察。例如，纳斯卡（NASCAR，全美运动汽车竞赛协会）建立了一个拥有 1.2 万核心粉丝的网上社群，名为“纳斯卡粉丝理事会”，借此从粉丝那里获得及时且重要的反馈。类似地，女性杂志《魅力》（*Allure*）也构建了自己的洞察社群——名为“颜控”，有 3.5 万名中坚成员——借此得到关于内容和广告商品牌的反馈。颜控成员注册加入社群时，需要提供自己个人特征、产品需求和偏好等信息。品牌因此可以与特定的颜控社群粉丝就品牌认知、产品创意、美容趋势和营销方案进行网上互动。一位分析人士指出，“当人们写下自己在现实世界中对产品的反应时，反馈综合了精准的定量调研与焦点小组的定性结果”。[17]

追踪网上行为和社交与目标市场选择。近年来，互联网成为开展调研和开发顾客洞察的重要工具。但是，今天的营销调研者甚至走得更远——远不止结构性的网上调查、焦点小组和网上社群。他们越来越多地通过积极地挖掘由消费者自发提供的、未经组织的、自下而上的大量顾客信息来倾听和观察消费者。如果说传统营销调研能够得到消费者对营销者提出的结构性问题更具逻辑性的反应，那么网络倾听得到的消费者自发提供的观点和看法则更具激情和主动性。

在网上追踪消费者动态既可能是监控顾客在公司品牌网站，或诸如亚马逊或百思买等购物网站上的评分和评论那么简单，也可能是运用复杂的网络分析工具深入分析从博客或诸如脸书、Yelp、YouTube、推特等社交媒体网站上收集的海量的消费者评论或信息。在网上倾听和观察消费者可以提供有价值的洞察，了解消费者对品牌正在说什么或有什么感觉。它还可以提供建立积极的品牌体验和关系的机会。许多企业如今特别擅长网上倾听并快速作出恰当的反应。正如前文指出的，越来越多的企业设立社交媒体监控中心来监测数字环境和分析与品牌相关的评论和议论，获得有价值的营销洞察。

关于消费者在日益发展的互联网上做些什么的信息——他们搜索什么、访问什么网站、如何购物，以及购买什么——对市场营销者而言，简直就是一座诱人的金矿。如今的市场营销者忙于挖掘这一金矿，然后开展称为**行为锁定**（behavioral targeting）的实践，即市场营销者利用网上数据瞄准特定的消费者递送广告和产品。例如，如果你在亚马逊购物车里放入了一部手机最后没有付款购买，下次你访问最喜爱的 ESPN 网站追看最新的比赛得分时，就很可能恰好收到该型号手机的广告。

网络分析和目标市场选择的最新发展将网络倾听更加推进了一步——从行为锁定发展到社交锁定（social targeting）。如果说行为锁定是追踪消费者在不同网站上的行动，社交锁定则从社交网站上挖掘消费者的网上社交联系和谈话。研究表明，消费者的购物习惯与其朋友的购物习惯非常相似，对品牌广告的反应更是如此。因此，不是仅仅因为你最近搜索了运动鞋的信息，屏幕上就跳出一则 Zappos.com 运动鞋的广告（行为锁定），特定品牌的运动鞋广告弹出屏幕，也可能是因为你在推特上关联的好友上周刚从 Zappos.com 上购买过这双运动鞋，这就是社交锁定。

网络倾听、行为锁定、社交锁定，所有这些都对市场营销者从网上大量的消费者信息中努力挖掘消费者洞察很有助益。那么，当市场营销者越来越擅长使用各种博客、社交网络以及其他基于互联网的应用软件时，人们开始担心消费者隐私问题。如何界定网络营销推进到何种程度算是侵犯了消费者隐私呢？支持网络营销的人认为，行为锁定和社交锁定对消费者而言利大于弊，因为这样做能够向消费者提供他们更感兴趣的产品和广告。但是许多消费者和公众认为，对消费者进行网上跟踪并有针对性地发布广告信息是非常可怕的。

于是监管者采取了干预。联邦贸易委员会已经推荐了一种“拒绝跟踪”系统（相当于互联网上的“拒绝销售电话”签名）——这种签名能使用户摆脱网络监视。有些网页浏览器已经考虑到消费者的这一需求，增加了“无痕浏览”功能。[18]

抽样计划

市场营销调研者通常根据小样本研究来推断出关于消费者总体的结论。**样本**（sample）是从总体中挑选出来并能代表总体的一部分。理想的样本能够代表并解释总体的情况，从而帮助调研人员对人们的想法和行为作出准确的估计。

确定理想的样本涉及三个决策。首先，调查谁（抽样单位）？这个问题的答案并不总是明确的。例如，为了解家庭汽车购买决策的制定，调研人员应该访问丈夫、妻子、其他家庭成员、经销商还是他们所有人呢？其次，调查多少人（抽样规模）？大样本比小样本的结果更可靠，费用通常也更高。没有必要抽取整个目标市场或者很大的比重来得到可靠的结果。

最后，如何选择样本（抽样过程）？表 4－2 描述了不同的抽样类型。运用随机抽样，每一个总体成员都有机会进入样本，调研人员可以计算出样本的置信区间。但是，如果随机抽样所需要的成本太大或者时间太长，即使无法测量抽样误差，调研人员通常也会使用非随机抽样。这些不同的抽样方法所需的成本不同，时间限制也不同，得到的结果在准确性和统计性能上也各异。哪种方法最好取决于调研项目的需要。

表 4－2 抽样类型

概率抽样	
简单随机抽样	每个总体成员有已知并相等的机会被选中。
分层随机抽样	统计总体被分成互不相容的几组（如根据年龄分组），从每个组中抽取随机样本。
分群（地区）随机抽样	统计总体被分成互不相容的几组（如街区），调研人员从这几组中随机抽取一组来调查。
非概率抽样	
任意抽样	调研人员选择最容易接近的总体成员，从他们那里获得信息。
判断抽样	调研人员根据自己的判断，选择有可能提供准确信息的总体成员。
配额抽样	调研人员从各种类型的人中选取规定的人数进行调查。

调研工具

在收集原始数据时，市场营销调研人员有两种主要工具可供选择：问卷和仪器。

问卷。迄今为止，问卷一直是最常用的调研工具，无论是以面谈、电话还是网络形式进行的调研都是如此。问卷非常灵活——问题的方式多种多样。封闭性问题包括所有可能的答案，被调查者从中作出选择，例如多项选择题和量表。开放性问题则请被调查者用自己的语言回答问题。在一次对乘客的调查中，西南航空公司可能简单地问："你对西南航空公司有什么看法？"或可能要求人们完成下面的句子："当我选择航空公司时，最重要的考虑是……"由于被调查者的答案不受限制，所以开放性问题比封闭性问题能够反映更多的情况。

开放性问题在探索性调研中尤其有用，因为调研者试图发现人们在想什么，而不是有多少人这样想。而封闭性问题更容易解释和统计。

调研者还应该在问卷的措辞和顺序上加倍小心。他们应当运用简单、直接和无歧义的措辞。问题应该以逻辑顺序排列。可能的话，第一个问题就应该引起被调查者的兴趣，比较难回答的和私人的问题应该放在最后，这样才不会引起被调查者的戒备之心。

仪器。尽管调研问卷是最常用的调研工具，但调研者也时常使用仪器来观察消费者的行为。尼尔森媒体调研公司将仪表安装在被测家庭的电视机上，记录谁看了什么电视节目。零售商则运用收银扫描仪记录购物者的购买行为。一些市场营销者运用移动电话 GPS 技术追踪消费者在店内或附近的移动。

还有一些市场调研人员正在运用"神经元营销"通过核磁共振（MRI）影像和脑电图装置，追踪脑电波活动，以了解消费者的情感和反应。神经元营销测量常常结合生物特征的统计指标（例如心率、呼吸率、出汗程度，以及面部表情和眼睛的变化），可以为企业提供关于是什么促使或阻碍消费者青睐其品牌和营销活动的顾客洞察。例如，尼尔森媒体调研公司和广告协会运用神经元营销为"收容所宠物项目"（Shelter Pet Project）——一场致力于提高收容所中宠物收养率的公共服务运动——提高广告效果[19]：

运用神经科学的方法，尼尔森记录人脑对现有的"收容所宠物项目"公共服务广告及其犬类明星——朱勒犬的反应。调研者综合运用脑电图和视觉追踪测量，逐秒、逐个场景地判断观看者的注意力、情感投入和记忆程度。他们发现，当小狗朱勒出现在屏幕上的时候，观看者的关注度和情感投入度提高。他们还了解到，广告的结尾由于同时出现朱勒、标志和网站的网址，而分散了人们的注意力并导致困惑。于是，他们重新编辑了广告，增加了朱勒的画面，并且在广告结尾呼吁行动。第二轮神经科学测试显示，重新制作的广告能够更好地抓住观众的注意力，使他们更持久地投入，并且提升了广告回忆率。结果，在新版广告播出后的最初三个月中，收容所宠物项目的网站访问量几乎翻番，这一变化对收容所的宠物而言是生死攸关的。

尽管神经元营销技术可以测量每一分钟消费者的卷入度和情感反应，但这种大脑反应可能很难解释。因此，神经元营销通常与其他调研方式配合使用，力求全面理解消费者的头脑里到底在想些什么。

执行调研计划

调研人员的下一步工作是将调研计划付诸实施。这涉及收集、加工和分析信息。数据收集可以由市场营销调研部门的员工完成，也可以由其他公司代办。调研人员应该密切关注以确保计划得以正确实施。必须提防以下错误：与被调查者联系失误；被调查者拒绝访问或提供有偏差的数据；访问人员出错或投机取巧。

调研人员还必须加工和分析收集来的数据，分离出重要的信息和发现。他们需要检查数据的准确性和完整性，并将数据转化为可以分析的形式。然后，调研人员将结果编制成表格，并计算统计量。

解释和报告调研结果

市场调研人员必须解释调研所得到的发现，提出结论并向管理者报告。调研人员不应该试图用数字和繁复的统计技巧难倒管理者，而应该将对管理者的重要决策有用的主要发现和洞察明确、精炼地展示出来。

但是，解释工作不应该只交给调研人员。他们是调研设计和统计分析方面的专家，市场营销管理者对自己面临的问题和决策更了解。如果管理者盲目地接受调研人员错误的解释，再好的调研也毫无意义。类似地，管理人员也可能有偏差——他们也许更倾向于接受与自己的预期相符的调研结果，而拒绝他们不希望看到的结果。在很多情况下，如果发现可以用不同的方法进行解释的话，调研人员与管理者一起讨论将有助于找到最佳解释。于是，在解释调研结果时，管理者和调研人员必须紧密合作，双方都应该对调研过程和相应的决策承担责任。

4.4 分析和运用市场营销信息

从内部数据库、营销情报和营销调研中获得的信息，通常需要进一步分析。为了应用这些信息建立有助于改善市场营销决策的顾客和市场洞察，管理者也许需要一些帮助。例如先进的统计分析，以便在一系列数据中挖掘出更多的关系。信息分析还涉及应用分析模型，帮助管理者制定更好的决策。

信息加工和分析之后，必须在合适的时间传递给恰当的决策制定者。接下来，我们将深入讨论市场营销信息的分析和运用。

顾客关系管理

如何最佳地分析和使用顾客数据是一个特殊问题。在如今的“大数据”时代，许多公司近乎被淹没在海量的顾客信息中。实际上，聪明的公司在每一个可能的顾客接触点上捕捉信息。这些接触点包括顾客与公司之间的每一次接触，例如，顾客购买、销售人员联系、服务和支持电话、网站访问、满意度调查、信贷和支付、市场调研等。

遗憾的是，这些信息通常广泛地分散在组织内部，隐藏在不同的数据库和不同部门的记录之中。为克服这一问题，许多公司现在求助于**顾客关系管理**（customer relationship management，CRM）系统，管理所有顾客的详细信息，并仔细管理顾客接触点，以使顾客忠诚度最大化。

CRM 由复杂软件和分析工具组成。Salesforce.com、甲骨文、微软以及 SAS 等公司都能提供相应的产品和服务。CRM 将不同来源的顾客信息整合起来，进行深度分析，并将结果应用于建立更加牢固的顾客关系。它能够整合公司销售、服务和市场营销团队所了解的有关每个顾客的所有信息，全方位审视顾客关系。例如，大都会人寿保险有限公司（MetLife）最近建立了一个名为“大都会人寿之墙”（The MetLife Wall）的 CRM[20]：

> 对大都会人寿保险公司的销售和服务代表而言，顾客服务最大的挑战之一曾是迅速找到和获得顾客信息。这些信息包括以不同形式存储在公司各个数据库之中的多种记录、交易和互动。“大都会人寿之墙”使这一难题迎刃而解。它运用类似脸书的界面提供每位大都会顾客服务经历的合并信息。这一创新性顾客关系管理系统从包含了 4 500 万份顾客合约和 1.4 亿次交易的 70 个不同的大都会人寿系统中提取信息。将某位顾客的所有信息和相关链接置于一个页面的单一记录中，几乎可以做到实时更新。现在，多亏了“大都会人寿之墙”——只要单击一下，而不是以前 40 多次点击——销售和服务代表就可以看到某个顾客的完整信息，包括保单、交易以及索赔和支付等，顾客在多个接触点与大都会的所有互动历史，所有这一切都沿着一条清晰的时间线展开。该系统极大地促进了大都会顾客服务和交叉销售的增长。按照大都会人寿保险公司的营销经理所说，它还“对顾客满意度产生了巨大影响”。

通过使用 CRM 更好地理解顾客，公司可以提供更高水平的顾客服务和建立更加深入的顾客关系。营销者可以运用 CRM 找出高价值的顾客，更有效地瞄准他们，开展交叉销售，并针对顾客的特殊要求度身定制产品和服务。

大数据与营销分析

正如本章开篇所指出的，如今的大数据影响深远。但是，仅仅搜集和存储海量数据是没有价值的。营销者必须从庞杂的数据中筛选出“宝石”——产生顾客洞察的数据。正如一位营销经理所言：“这本质上就是从大数据中找到大洞察的过程。我们可能需要丢开 99.999% 的数据，才能发现行之有效的东西。”另一位数据专家说道：“恰当的数据远胜大量的数据。”[21] 而这正是营销分析人员的工作。

营销分析由分析工具、技术和过程构成，营销人员借此在大数据中挖掘出有意义的模式获得顾客洞察，判断营销业绩。[22] 营销人员对他们通过追踪网络、移动和社交媒体、顾客交易与互动以及其他大数据来源所取得的庞大而复杂的数据，进行应用营销分析。例如，网飞公司维护着一个巨大的客户数据库，运用复杂而巧妙的营销分析获得洞察，然后据此向用户推荐和提供节目，甚至还开发自己专有的节目内容，更好地服务其客户。

另一个成功运用营销分析的实例来自巨型食品企业卡夫，在 98% 的北美家庭中都可以看到其经典品牌的身影，从 JELL-O、Miracle Whip、卡夫 Macaroni 和卡夫乳酪，到奥斯卡梅耶（Oscar Mayer）香肠、Philadelphia 奶油乳酪、Lunchables 和 Planters 坚果[23]：

> 卡夫有着大量宝贵的营销数据，来源于其多年来与顾客的互动和其名为“镜子”（Looking Glass）的社交媒体监控中心。该监控中心在社交媒体和博客上追踪信息。卡夫还从顾客与《卡夫食品与家庭》（Kraft Food & Family）杂志、电子邮件沟通，以及其麾下庞大品牌组合的 100 多个网站和社交媒体网站的互动中获取信息。总之，卡夫拥有 18 年来 22 000 种不同属性的顾客数据。
>
> 卡夫对这些数据财富进行高水平的营销分析，挖掘有价值的顾客洞察。然后运用这些洞察制定大数据驱动的营销战略和策略，从开发新产品到创造更加聚焦和个性化的网络、移动和社交媒体内容。例如，卡夫通过分析确定了 500 多个特色目标市场。在这些细分市场中，卡夫详细地了解消费者需要和喜欢什么。一位分析人员说，卡夫了解“他们的饮食特点和限制——是否偏爱无麸质、低糖、低热量的食品，是否吃大量零食、家庭套餐，是否烹饪新手，等等”。卡夫运用这些知识与顾客进行个性化的数字互动，深入到细微之处。“如果卡夫知道你不吃培根，”一位分析人员说道，“你永远不会收到卡夫的培根广告。”于是，精巧的分析帮助卡夫做到用恰当的信息以恰当的媒体在恰当的时刻瞄准恰当的顾客。

CRM 与大数据分析的利益也并非没有成本和风险。最常见的错误是只将 CRM 和营销分析视为一种技术过程。或者被大数据淹没，看不到全局。[24] 然而，光靠技术不能建立有盈利潜力的顾客关系。公司不能仅仅通过安装一些新软件就改善顾客关系。相反，市场营销者应该从管理顾客关系的基础开始，然后运用高技术的数据和分析方案。他们应该首先聚焦于“R”（关系）——它才是 CRM 的核心。

分配和使用市场营销信息

市场营销信息如果没有用于制定更好的市场营销决策，就没有价值。因此，市场营销信息系统必须使信息便于管理者和其他制定决策或接触顾客的人获得和使用。在有些情况下，这意味着向管理者提供定期的业绩汇报、不断更新的情报和调研结果报告。

但有些时候，市场营销管理者还因为特殊的情境和即时的决策需要一些非常规的信息。例如，一位销售经理在应对大客户时遇到了麻烦，他也许希望得到过去几年内关于该客户的销售和利润的总结报告。或者，一家零售商店的经理在店内热销的产品销售一空时，希望了解其他连锁商店当前的库存水平。所以，信息分配越来越多地涉及将信息输入数据库，并使管理者可以方便、及时地使用它们。

许多公司运用内部网和内部 CRM 系统来加快这一过程。这一系统能够让使用者方便地获得调研信息和情报、顾客交易信息、报告、公开的工作文件等内容。例如，电话和网络礼品零售商 1-800-Flowers 的 CRM 系统使面对顾客的一线员工能够实时获得顾客信息。每当一位老顾客打电话来，系统立刻自动找出其以往的交易数据和相关信息，帮助销售人员创造更加轻松和难忘的顾客体验。比如，如果数据显示这位顾客总是为其妻子购买郁金香，销售人员就向他推荐最新和最好的郁金香及相关礼品。这种联系带来了更高的顾客满意度和忠诚度，也促进了公司的销售增长。“我们可以实时地完成这一切，”一位 1-800-Flowers 的经理说，“这很好地强化了顾客体验。”[25]

另外，公司越来越多地允许关键顾客和价值网络成员通过外部网接触到账户、产品和其他关于需求的数据。供应商、顾客、转售商和其他网络成员可以与公司的外部网连接，更新它们自己的账户、安排购买或根据存货确认订单，从而改进顾客服务。例如，网上鞋品及配饰零售商 Zappos 将供应商视为“ Zappos 家族的一部分”和其通过卓越的顾客服务递送“惊喜”的关键。所以，它将供应商视为重要的合作伙伴，与它们分享信息。通过 ZUUL 企业间网络（Zappos Unified User Login，即 Zappos 用户统一登录系统），数千名供应商可以全面接触与品牌相关的 Zappos 存货水平、销售数据，甚至包括盈利情况。供应商还可以使用 ZUUL 与 Zappos 创意团队互动，为 Zappos 买家提供建议。[26]

多亏了先进的技术，今天的市场营销管理者可以随时随地登录信息系统——在家、酒店、当地的星巴克，或者任何能够使用电脑和智能手机上网的地方，进入信息系统，直接、迅速地获得所需要的信息。

➡ 4.5 其他市场营销信息问题

这一部分讨论两种特殊环境中的市场营销调研：小企业和非营利组织的市场营销调研；国际市场营销调研。最后，我们将讨论有关市场营销调研的公共政策和伦理问题。

小企业和非营利组织的市场营销调研

就像大企业一样，小型组织也需要市场信息和顾客洞察。小企业和非营利组织的管理者往往认为，市场营销调研只有大公司中拥有大笔调研预算的专家才能完成。诚然，小企业确实难以承担大规模的调研。但是，本章讨论的许多市场营销调研技术也适用于小企业，形式可以不那么正规，费用也不大。让我们看看以下例子中，一个小企业主是如何在开张之前对目标市场进行营销调研的。[27]

> 罗伯特·贝耶利（Robert Byerley）在当地干洗店的糟糕经历刺激了他，他一气之下决定创办自己的干洗企业。但是，他并没有盲目去做，而是在起步之前进行了充分的市场调研。他需要关键的顾客洞察：怎样使自己的干洗店与众不同？最初，贝耶利花了整整一个星期的时间沉浸在图书馆和互联网中研究干洗行业。为从潜在顾客那里获得有用的信息，在一家市场营销公司的帮助下，贝耶利就商店的名字、外观和手册等举办了焦点小组讨论。他还将衣服拿到镇上最有竞争力的 15 家干洗店去洗，召集焦点小组讨论，对它们的工作提出批评。基于这些调研工作，他为自己的新企业确定了一系列特征。其中，质量是第一位的。其他的一切都围绕这一点展开。它没有将廉价作为特点，因为完美的干洗服务不适合折扣经营。
>
> 在完成这些调研之后，贝耶利创办了自己的 Bibbentuckers——一家定位于优质服务和便利的高端干洗店。它以免下车直接交货区域为特色。计算机化的条形码系统读取顾客洗衣的偏好，并在整个干洗过程全程追踪衣物。贝耶利还增加了其他差异化措施，例如精心装饰过的雨篷、电视屏幕、美味的甜点（甚至“为我最好的朋友准备了给孩子的糖果和宠物护理”）。他说：“我希望这个地方……提供五星级的服务和品质，看上去不像一家普通的干洗店。”市场调研带来了丰厚的回报。现在，Bibbentuckers 已经拥有 8 家分店，正在蓬勃地发展。

小企业和非营利组织的管理者仅仅通过观察他们周围的顾客或小样本的非正式调查，也可以获得优质的市场营销洞察。而且，许多行业协会、当地媒体、商务部门、政府机构都为小企业提供特殊的帮助。例如，美国小企业管理局提供多种免费出版物和网站，提供从企业开办、融资、扩张到订购名片等多方面指导和建议。小企业可利用的其他优质网站资源，包括美国人口普查局和经济分析局。最后，小企业能以非常低的成本在网上收集数量可观的信息。它们可以查找竞争者和顾客的网站，运用互联网搜索引擎研究特定的公司和问题。

总之，只有少量预算的小型组织同样可以有效地运用二手资料收集、观察、调查和实验等方法。尽管这些非正式的调研方法不是很复杂，花费也不大，但是执行起来仍然应当认真。管理者必须仔细考虑调研的目的和问题，认识到由于样本规模较小和调研人员技术不熟练可能带来的问题，并系统地展开调研活动。[28]

国际市场营销调研

国际市场营销调研在过去 10 年中增长迅猛。国际市场营销调研遵循与国内调研相同的步骤——从确定问题和调研目标，到解释和汇报调研结果。但是，国际调研人员常常面临更多、更困难的问题。国内调研人员处理的是一国之内相对比较同质的市场，国际调研人员则面对多个不同国家多样化的市场。这些市场常常在经济发展水平、文化习俗和购买模式方面大相径庭。

在许多外国市场，国际市场营销调研人员很难找到优质的二手数据。美国市场营销调研人员可以从数十个国内调研服务机构获得可靠的二手数据，但许多国家根本就没有调研服务机构。一些大型的国际调研服务机构的确在许多国家运营，例如，尼尔森公司（全球最大的市场营销调研公司）在 100 多个国家设立办事处。[29] 但是，大多数调研公司只在少数国家运营。于是，即使二手数据可以获得，通常也必须根据不同国家的实际情况从多种不同的来源获得，这往往使得信息难以汇总或比较。

由于优质二手数据的稀缺，国际市场营销调研人员常常必须收集原始数据。此时，他们可能发现建立优质样本很困难。美国的调研人员可以运用最新的电话簿、邮件名单、人口普查数据和任何社会经济数据等多种来源来构建样本。但是，这些信息在许多国家是缺失的。

建立样本后，美国调研人员通常可以通过电话、邮件、互联网或人员方便地联系大多数被调查者。但是，接触样本在其他国家常常并非易事。墨西哥的调查人员无法依赖电话、互联网和邮件收集数据——大多数数据是通过挨家挨户的访问得到的，并且集中在 3 ～ 4 个最大的城市。在一些国家，拥有个人电脑的人很少，更不用说上网了。例如，美国网民占总人口的 81%，但墨西哥的这一比例只有 38%。在马达加斯加，网民的数量只有区区 2%。有些国家的邮政系统非常不可靠。例如在巴西，大约 30% 的邮件永远送不出去。在许多发展中国家，糟糕的道路和交通运输系统使得许多地方根本无法到达，导致人员访问非常困难，而且成本高得离谱。[30]

国家之间的文化差异给国际市场营销调研人员带来另一些问题。语言是最明显的障碍。例如，用一种语言编写的问卷必须用各国语言进行翻译。回答也必须翻译回最初的语言用于分析和解释。这些无疑都增加了调研成本和出错的风险。即使在有些国家内部，语言也是问题。例如，在印度，商业语言是英语，但消费者的母语却有 14 种之多，更不要提多种多样的方言了。

将问卷从一种语言翻译为另一种语言非常困难。许多方言、词组和句子在不同的文化中存在歧义。例如，一位丹麦经理说："通过把从英语翻译过来的内容由不同的译者再翻译回去的方法进行检查非常必要，你可能会对结果感到震惊。我记得有一次'眼不见，心不烦'回译后竟然成了'看不见的东西是愚蠢的'。"[31]

不同国家的消费者对待市场营销调研的态度也存在差异。一个国家的人们可能非常乐意接受调研，而在另一个国家，最大的问题可能是人们拒绝参与。某些国家的风俗可能禁止与陌生人说话。在特定的文化中，调研问题常常被认为过于私密。例如，在许多拉丁美洲国家，与调研人员谈论关于洗发水、除臭剂或其他个人护理产品时，人们会感到难堪。类似地，在大多数信仰伊斯兰教的国家，不同性别的人参加焦点小组是犯忌的，而给全部由女性参加的焦点小组录像也是不允许的。由于一些国家文盲率很高，即使被调查者愿意参与，也不能很好地回答。

尽管存在这些问题，随着全球市场营销的发展，全球公司除了进行国际市场营销调研，别无选择。尽管与国际调研相关的成本很高、问题很多，但是不进行调研的成本——错过市场机会和决策失误——甚至会更高。一旦得到重视，许多与国际市场营销调研相关的问题是可以克服或避免的。

市场营销调研中的公共政策和伦理

大多数市场营销调研对企业和消费者都是有利的。通过市场营销调研，公司更加了解消费者的需求，从而提供更加令人满意的产品和服务，建立更强有力的顾客关系。但是，滥用市场营销调研也可能伤害或惹恼消费者。市场营销调研中两种主要的公共政策和道德问题是：侵犯消费者隐私和滥用调研结果。

侵犯消费者隐私

许多消费者对市场营销调研抱有积极的态度，相信它的确有用。一些人实际上乐意被访问并说出自己的看法。但是，有些人很讨厌甚至不信任市场营销调研。他们不愿意被调研者打扰，担心市场营销者正在建立充斥顾客个人信息的庞大数据库，或者害怕调研人员会利用令人生畏的技术探知自己内心深处的秘密，在他们购物时监视他们，或窃听他们的谈话，然后借助这些知识操纵他们的购买。[32]

例如，塔吉特最近根据以往的购买资料发现一些顾客即将生孩子，并准确预测婴儿的性别和预产期，这让这些顾客很不安。[33]

> 塔吉特给每一位顾客一个会员身份号码，与他们的姓名、信用卡或电子邮件地址联系在一起，然后追踪并详细记录他们的购买活动以及从其他来源获得的人口统计特征。通过研究以前注册过婴儿档案的女性的购买历史，塔吉特发现可以根据她们对 25 个产品类别的购买模式，为每位顾客进行“怀孕预测”。塔吉特根据这一预测，针对不同的孕期阶段，向准父母们发送包含婴儿用品优惠券的个性化促销目录。
>
> 该战略看上去很具有营销战略眼光——通过锁定准父母，塔吉特可以伴随家庭发展周期将他们转化为忠诚的顾客。但是，当一位愤怒的男人出现在当地的塔吉特商店，抱怨他尚在高中读书的女儿居然收到了塔吉特关于婴儿床、学步器和孕妇装的优惠券时，该战略遇到了麻烦。“你们想鼓励她怀孕吗？”他质问道。该店经理赶紧道歉。几天后，当他再次打电话致歉时，却意外地得知，实际上塔吉特的市场营销人员比这位懊恼的父亲更早地得知了他女儿怀孕的事实。这导致许多顾客担心和怀疑塔吉特在她们告诉家人和密友之前就知道了自己怀孕的事儿。他们担心塔吉特公司可能还追踪和收集了其他隐私。正如一位记者写道：“这家商店的牛眼标识也许正发出银光……刺探购物者的一切。”

挖掘顾客信息时，市场营销者必须特别小心不要跨过侵犯隐私的界线。提到市场营销调研和隐私问题，没有明确的答案。例如，市场营销者追踪和分析消费者的网上点击情况，并根据他们的浏览习惯和在社交网络中的行为有针对性地进行广告，是好还是坏呢？类似地，当公司监测消费者在脸书、推特、YouTube 或其他公开的社交网络中的对话，以便更好地对顾客需求作出反应时，我们应该喝彩还是抵制呢？[34]

> SAP 的“消费者洞察 365”服务帮助移动服务提供商“提取关于用户及其以手机为中心的生活方式的数据”。它搜集多个运营商的多达 2 000 万～2 500 万移动用户搜索网页、发短信、打电话以及每天其他移动事件的数据。这些数据详尽地告诉营销者顾客来自哪里、到哪里去。一位分析人员介绍，通过结合移动数据和其他信息，该项服务可以告诉企业“购买者是否用手机查阅竞争者价格，或者只是给朋友发送电子邮件。它可以报告上午十点至中午时分网点惠顾者的年龄范围和性别，将地点和人口特征数据与购物者的网站浏览历史相联系。零售商可以运用这些信息在一天内不同的时间段，安排店内陈列，吸引特定的细分顾客群；或者帮助判断开设新店的选址”。尽管这样的信息可以帮助

市场营销者用更恰当的产品和服务吸引目标顾客，但从顾客隐私的视角看，它也可能“因过于亲密而引起不适”。

对市场营销调研行业而言，消费者对隐私的日益重视已经构成了一个重要问题。在挖掘有价值但消费者可能敏感的数据时，公司必须小心翼翼地维持消费者的信任。这并不容易做到。与此同时，消费者陷入在个性化和隐私之间作出取舍的两难境地。他们希望获得满足自己需要和欲望的实时的、个性化的产品和服务，但又反感公司追踪自己的网购和浏览记录。关键问题是：在有争议的和可接受的顾客数据收集行为之间，有没有合理的界线？

不能妥善处理这类隐私问题，很可能导致消费者生气、拒绝合作，甚至引发政府的介入。市场营销调研行业正在考虑如何应对这一问题。典型的例子是，市场营销调研协会（Marketing Research Association）提出“你的观点很重要”和“被调查者权利案”，呼吁教育消费者了解市场营销调研的利益，区分电话推销和正当的数据库建设行为。[35]

大多数知名组织——包括脸书、微软、IBM、运通，甚至是美国政府——现在已经任命“首席隐私官”（CPO），其工作是保护客户的隐私安全。最终，如果调研人员提供有价值的东西与顾客交换信息，顾客会乐意接受。例如，如果亚马逊建立顾客所购产品的数据库以便在未来的购买中进行产品推荐，顾客并不介意。这样做既节省顾客的时间，又提供价值。对调研人员而言，最好的方法是只询问自己所需要的信息，负责任地使用这些信息为顾客提供价值，并避免在没有顾客许可的情况下分享信息。

滥用调研结果

调查研究可以是强有力的说服工具；公司常常在其广告和促销中公开调研结果作为依据或证言。但是现在，许多调研看上去与产品推销工具差不多。实际上，调研人员有时会有意地按照自己预期的结果来设计和执行调研。例如，黑旗（Black Flag）的一项调查曾经问道：“蟑螂盘……慢慢地让一只蟑螂中毒。这只垂死的蟑螂返回巢穴，死后被其他蟑螂吃掉。结果这些蟑螂也会中毒和死掉。你认为这种产品能否有效地消灭蟑螂？”一点也不奇怪，79% 的被调查者回答有效。

广告主很少公开地篡改它们的调研设计或明目张胆地谎报调研结果；大多数滥用往往是巧妙地“牵强附会”，或者对可靠性、解释和调研发现的使用等存在争议。几乎任何调研结果都可能遭遇不同的解释，这取决于调研者的偏见和观点。

认识到调研结果可能被滥用，一些协会——包括美国市场营销协会（AMA）、市场营销调研协会（MRA）和全美调查研究组织委员会（CASRO）——制定了调研道德规范和执行标准。例如，CASRO 的调研准则和规范列明了调研人员应当对被调查者承担的责任，包括保密、尊重隐私、避免骚扰。它还列明了向顾客和公众报告结果时的主要责任。[36]

但是，不可能仅仅依靠几条规定就消除所有不道德或不恰当的行为。所有企业都必须在进行市场营销调研和报告结果时承担社会责任，最大限度保护消费者和自己的利益。

关键术语

大数据（big data）
顾客洞察（customer insights）
市场营销信息系统（marketing information system，MIS）

内部数据库（internal database）
竞争性市场营销情报（competitive marketing intelligence）
市场营销调研（marketing research）
探索性调研（exploratory research）
描述性调研（descriptive research）
因果性调研（causal research）
二手数据（secondary data）
原始数据（primary data）
观察法（observational research）
人种志学研究（ethnographic research）
调查法（survey research）
实验法（experimental research）
焦点小组访谈（focus group interviewing）
网上营销调研（online marketing research）
网上焦点小组（online focus groups）
行为锁定（behavioral targeting）
样本（sample）
顾客关系管理（customer relationship management，CRM）

概念讨论

1. 什么是大数据？它为市场营销者带来了哪些机遇和挑战？

2. 解释营销情报与营销调研的区别。哪种对企业更有价值？为什么？

3. 什么是顾客关系管理（CRM）？企业如何将这一信息融入其市场营销和企业经营过程？举例说明。

4. 市场营销者运用大量原始数据和二手数据。什么是原始数据？什么是二手数据？各有什么利弊？

5. 在本国和其他国家开展市场营销调研有什么异同？公司在不同的市场应该运用什么调研战略应对这一差异？

案　例

金宝汤公司：关注你吃什么

你也许认为一家像金宝汤公司这样经验丰富的知名消费品公司会比较轻松。毕竟，当人们提及汤，就会想起金宝汤。在价值高达 50 亿美元的美国汤品市场中，金宝汤以 44% 的市场份额雄踞霸主地位。在如此标志性品牌名称下出售产品应该毫不费力。但是，如果你询问金宝汤的 CEO 丹尼斯·莫瑞森（Denise Morrison），她会告诉你一个完全不同的故事。仅仅数年之前，当莫瑞森接手这家世界上历史最悠久、最知名的汤品公司时，面临着巨大的挑战——在一个消费者偏好不断变化、口味持续增加却不接受价格上涨的低增长、易变的成熟市场中，逆转一个有着 145 年历史的品牌市场份额不断下滑的趋势可不是什么轻松的事情。要扭亏为盈，就必须重振公司品牌，既吸引新顾客，又不疏远数十年来一直购买金宝汤产品的老顾客。

莫瑞森推出一项计划，其核心要素是如激光般保持聚焦顾客。“消费者才是我们的衣食父母，”莫瑞森说，“[坚持以顾客为中心] 要求清晰、即时的消费者理解，以创造更多有吸引力的产品。”莫瑞森的计划涉及将公司恐龙般传统呆滞的文化改变为富有创造性和灵活性的文化。但是，这首先要运用创新性的方法，帮助品牌经理和产品开发者建立迫切需要的顾客理解。也就是说，金宝汤的市场营销调研亟须变革。

消费者的“读心人”

在美国，汤是一种被广泛接受的产品，几乎家家户户的食品柜里都有它的身影。

但是，不久以前，金宝汤的研究发现产品营销中存在一些独特的问题。人们并不渴求汤。当然，在寒冷的雨天外出后回到家中，有一碗热气腾腾、味道鲜美的汤再好不过了。但是，汤并不是首选餐食或快餐选择，只是更有趣的主菜的典型前奏。说到底，消费者对汤并不真正在乎，这使有意义的营销调研很难开展。

数年来，金宝汤公司的调研者依赖出色的问卷调查和传统的访谈获得消费者洞察为制作广告、设计标签和包装、改善产品提供依据。但是，金宝汤公司这些营销调研的经验显示，传统方法并不能获得消费者购买汤时所经历的、重要的潜意识想法、情感和行为。

所以，为了更接近消费者心中的真实想法，金宝汤调研者开始运用最先进的神经科学方法。他们请购物者穿上特别的背心，测试其选购汤品时的出汗程度、心率、呼吸深度和频率，以及姿势。传感器还能追踪眼球的移动和瞳孔大小。然后，综合以上生物统计数据与记录每一位购买者经历的视频来进行解释。

这一高技术的调研产生了一些令人吃惊的洞察。金宝汤了解到，人们对喝汤有着强烈的情感。毕竟，谁会忘记自己生病或寒冷的时候从母亲手中接过的一碗热乎乎的汤？但是，新的生物统计测试发现，当消费者在一家典型的食品超市面对汤品货架上一大片整齐划一的红白两色金宝汤罐头“海洋”时，所有那些温暖和积极的情感都消散一空了。

以往，典型的超市货架在顶部会陈列大大的金宝汤标志，明亮的红色背景非常醒目。但是，新的研究表明，这种标志使各种金宝汤混在一起，造成一种充满压迫感的情境，导致购物者不愿意在货架前驻足浏览。生物统计研究方法还发现，汤罐头上的标签本身缺乏情感共鸣——金宝汤标签上所展示的一大碗汤并不能让人感到温暖，那只盛满汤的大勺子也不能激起任何情感反应。

基于这些调研所得的洞察，为了努力促进和保持消费者围绕汤品消费的重要情感，金宝汤开始对其陈列、标签和包装的特定方面进行改进。这催生了一系列看上去不显著但很重要的变化。首先，货架上金宝汤的标志现在更小、更低，最小化“罐头海洋”的压迫感。为进一步鼓励浏览，罐头标签现在根据不同的类别设计了差异化的视觉线索。如牛肉汤和花椰菜奶油浓汤等在消费者的食谱中很常见，这些汤罐头的中部是一道窄窄的蓝色条纹和“烹饪佳品”的标签。绿色条纹和“98% 脱脂”标签是低脂产品的特色。作为金宝汤“拉丁灵感”产品线的一部分，番茄辣椒与橄榄油汤用了黑色而不是传统的白色背景。诸如鸡肉面条、番茄与奶油蘑菇汤之类的爆款则用了传统的标签配上安迪·沃霍尔（Andy Warhol）对金宝汤罐堪称传奇的再创造。为了激发温暖的情感，如今的金宝汤标签由更醒目和明快的图画装饰。画面中，热气腾腾的金宝汤盛在一只更具现代感的白色碗中，删去了那把没有情感的汤勺。

汤罐上的这些细小变化能否带来不同凡响的效果？是的，它们可以！金宝汤声称自改变以来，其浓汤的销售提升了两个百分点。听上去不是很多，但对一个 20 亿美元的消费者品牌而言，哪怕是微小比例的销售提升都意味着一大笔钱。销售提升还意味着消费者通过更好的购物体验获得了更大的价值。

深度挖掘顾客洞察

尽管事实证明，金宝汤公司生物统计营销调研获得的顾客洞察很有价值，但要获得新一代顾客的关注，适应消费者不断变化的口味与偏好，还需要更多的努力。而且，现在金宝汤公司生产和营销的产品远远不止汤。数年来，公司增加或创造了诸如 Pepperidge Farms、史云生（Swanson）、Pace、Prego、V8、Bolthouse Farms 和 Plum Organics 等品牌。金宝汤的包装食品品牌屋包括满足各类需求的产品。拥有如此丰富的产品组合，要基于清晰和即时的顾客洞察维持和创造有吸引力的产品，是一件特别令人望而生畏的事情。

为了获得清晰和即时的顾客洞察，金宝汤的调研者采用深潜营销调研——在人类学和其他社会科学领域，为开展近距离个人研究所使用的定性研究方法。金宝汤的调研者和营销者深入消费者家中，与他们一起度过一段时间。“我们就在他们家中，”金宝汤的消费者与顾客洞察副总裁查尔斯·维拉（Charles Vila）说道，“和他们一起做饭，一起吃饭，一起购物。”与消费者相处数小时，在尽量不干扰的环境下观察他们，调研者能够发现那些连消费者自己都不清楚的深度洞察。

通过运用深潜营销调研方法，金宝汤调研者确定了 6 个不同的消费者群，每个都具有显著特征。针对这些群体，金宝汤在新泽西卡姆登的总部建造了 6 个设备完善的厨房，完全模仿这 6 个群体的典型居家情况。每个厨房都有独特的设计、不同的电器、不同的特点，更为重要的是，在橱柜和冰箱里有不同的食品。

在这 6 个群体中的一个极端是被称为“不开伙的快速搞定者”群体。这些人和家庭不熟悉或不擅长烹饪。他们的厨房堆满比萨饼盒，冰箱门上装点着各种外卖菜单。他们的烤箱和灶台看上去就像从未使用过。金宝汤的测试设施经理解释说：“他们经常使用微波炉加热速冻食品。”

6 个群体的另一个极端是“激情的厨艺大师”。他们的厨房往往充满了经常使用的高端电器。他们的冰箱塞满了新鲜食材、牛奶和肉类。讲究的酱汁、手工制作的面包和意大利面食，搭配着各种香料。

如此层次丰富的细节帮助金宝汤的市场营销者发现和理解每一个顾客群以及整体市场中现有的和正在发展的趋势。例如，姜日渐流行。仅仅数年以前，这一植物还只出现在具有民族风味的餐馆和少数人的菜谱中，现在却受到追捧。金宝汤公司预期它很快将在 6 个消费者细分市场中都成为重要成分，对开发新产品而言是一项很有价值的洞察。

金宝汤公司的深潜调研得到的另一个结论是，尽管“激情厨艺大师”类的消费者比其他群体的消费者更少使用半成品和包装食品，他们仍然购买大量加工食材——例如牛肉汤。大多数消费者都会购买牛肉汤。但是对喜欢烹饪的人而言，它是汤、酱汁和炖肉的重要原料。

以金宝汤和史云生品牌出售的牛肉汤为金宝汤公司创造了大约 4 亿美元的生意。其由于改变标签带来的大约 2% 的销售增长中，仅高汤的销售收入就高达 800 万美元。这就是金宝汤调研者为什么对消费者趋势，无论大小都那么感兴趣的原因。

金宝汤的主要目标是强化顾客的食品体验。例如，泰餐日渐流行。但准备柠檬草等关键成分费时且昂贵。“即使对最自信的厨师而言，为了备齐材料、一一采购回来，按有效的方式真正调制它们，都不是容易的事。”负责史云生和其他品牌的金宝汤副总裁戴尔·克莱密斯（Dale Clemiss）说道。将此与金宝汤公司调研发现的另一项洞察结合，一款新的高汤诞生了——史云生泰式姜汤，一款“混合了酱油、椰子、柠檬草和姜等多种味道的高汤——一种在家中制作出和饭店出品的菜肴同样美味的便捷方法”。

世上并没有完美的营销调研方法，所以金宝汤综合多种调研方法以使误判的可能性最低。除了神经科学和深潜调研，公司也利用传统的调查和访谈方法。各种方法所得的数据的相互印证，保证了更高的准确性，并提高了覆盖更多消费者样本的能力。

在包装食品行业，每个微小的进步都意义重大。关键在于密切跟踪消费者偏好的变化——无论大小。这一哲学过去在金宝汤公司一直很有效。而且，随着金宝汤通过多种营销调研方法深入理解顾客，这一哲学将进一步发扬光大。最近3年，金宝汤公司的收益增长了12.6%，净利润每年增长6%～10%。在此期间，金宝汤公司的股票价格也提升了60%以上。正如公司网站所言："一代又一代，人们信任金宝汤公司提供的货真价实、美味和便利的食品和饮品，它们使他们彼此相连，给他们留下温暖的记忆，如今更应珍惜。"在金宝汤公司营销调研项目的帮助下，消费者很有可能继续世代信任金宝汤公司。

资料来源：" Soup in the U.S., " *Euromonitor International*, December 2015, www.euromonitor.com/soup-in-the-us/report; Mark Garrison, " How Food Companies Watch What You Eat," *Marketplace*, December 2, 2013, www. marketplace.org/topics/business/how-food-companies-watch-what-you-eat; Ilan Brat, " The Emotional Quotient of Soup Shopping, " *Wall Street Journal*, February 17, 2010, p. B1; Bonnie Marcus, " Campbell Soup CEO Denise Morrison Stirs the Pot to Create Cultural Change, " *Forbes*, April 25, 2015, www.forbes.com/sites/bonniemarcus/2014/04/25/campbellsoup-ceo-denise-morrison-stirs-the-pot-to-create-cultural-change/; and information from www.campbellsoupcompany.com/about-campbell/ and www.google.com/finance, accessed September 2016.

讨论题

1. 金宝汤公司市场营销信息系统的优势与弱点是什么？
2. 本案例介绍的金宝汤公司营销调研活动的目标是什么？
3. 比较金宝汤公司生物统计研究与深潜研究的效果。
4. 说明如何整合传统营销调研与本案例中金宝汤的调研活动。

注　释

请扫描二维码或登录中国人民大学出版社官网www.crup.com.cn下载本书注释。

5 消费者市场与消费者购买行为

学习目标

- 定义消费者市场，构建消费者购买行为的简单模型。
- 指出影响消费者购买行为的四类主要因素。
- 列举和定义购买决策行为的主要类型及购买决策过程的步骤。
- 描述新产品的采用和扩散过程。

我们已经学习了市场营销者如何获得、分析和运用信息来理解市场和评价市场营销方案。本章将进一步探讨市场最重要的因素——消费者。市场营销的目的是影响消费者的想法和行为。为了影响消费者买什么、何时买以及怎样买，市场营销者必须首先理解他们为什么买。本章考察影响最终消费者购买的因素和过程。在下一章，我们将学习企业购买者的购买行为。你将看到理解购买者行为是一项重要而艰巨的任务。

为了更好地认识理解消费者行为的重要性，让我们首先来看看美国最畅销的重型摩托制造商哈雷－戴维森的故事。谁是驾驶这些大家伙的“哈雷－戴维森车主群”（Hogs）成员？是什么驱动他们将哈雷－戴维森的品牌标志文在自己身上，离开家和温馨的家庭生活驱车上路，成千上万人聚集在一起共赴哈雷之盟？你也许会对这些问题的答案感到吃惊，但是哈雷－戴维森公司非常了解。

引例 哈雷－戴维森：出售自由、独立、力量与真实

很少有品牌能够像哈雷－戴维森那样激发出顾客发自内心的忠诚。哈雷－戴维森机车车

主对该品牌的热爱像花岗岩般坚不可摧。你不会看到人们将雅马哈、川崎或丰田的标志文在自己的身上。哈雷–戴维森的骑手要的可不仅仅是随便一辆摩托——他们想要的是哈雷–戴维森。标志性的哈雷–戴维森品牌就是这么牛。

据估计，有 10 万～20 万人汇聚密尔沃基——哈雷–戴维森诞生之地，参加其 110 周年庆祝活动。一位记者这样描述活动开幕式的壮观场面："当 7 000 名骑手从密尔沃基驶过，哈雷–戴维森摩托的轰鸣声如此令人震撼，堪称美国最伟大的奇迹……"在 3 天的狂欢中，来自全美的骑手在各自心爱的哈雷–戴维森上，分享着彼此的经历和故事，他们身上的 T 恤印着这样的宣言："发动，让我们跑起来""我宁愿推着哈雷–戴维森也不要骑雅马哈"。

凭借顾客对品牌如此浓烈的感情，哈雷–戴维森在美国摩托车市场长期居于主导地位。占据美国重型摩托市场一多半份额。尽管受到经济衰退后行业停滞的拖累，其销售收入和利润却一直保持稳步增长。过去 4 年间，哈雷–戴维森的销售增长超过 30%，利润更是猛增了 7 倍之多。

哈雷–戴维森的市场营销人员花了大量的时间思考顾客及其购买行为。他们希望了解：谁是他们的顾客？他们想些什么？如何感受？为什么他们购买哈雷–戴维森软尾（Softail），而不是雅马哈、川崎或者大型的本田金翼（Gold Wing）？是什么使哈雷–戴维森购买者具有如此疯狂的忠诚？这些都是难题，甚至连哈雷–戴维森车主们也不清楚究竟是什么激励了自己购买。哈雷–戴维森的管理者将理解顾客及其购买动机视为头等重要的事。

什么人才骑哈雷–戴维森摩托？答案也许会令你惊诧。绝不是以前提及哈雷–戴维森时人们会联想到的不法之徒或坏小子。该品牌的摩托深深吸引了完全不同的人群——更加年长、更富有、教育程度也更高。丢开硬核的哈雷–戴维森狂热拥趸的头盔和皮衣，这些不能告诉你他们是谁。那个拥有文身和任性发型的家伙，恰恰可能是一名 CEO、投资银行家或美食大厨。

通常，哈雷–戴维森的顾客是 50 岁左右的男性，拥有大约 87 000 美元的中等家庭收入。如今，女性的购买量占到哈雷–戴维森总销量的 12% 以上。"哈雷–戴维森的顾客遍布各行各业，"哈雷–戴维森的首席营销官说道，"你会发现一位神经外科医生与一位看门人谈起骑行来就像是一家人那样相谈甚欢。"这是一个大家庭。哈雷–戴维森车主群——"因驾驶激情而紧密联系的全球哈雷–戴维森车主"的官方俱乐部——成员超过百万之众。该品牌的脸书账号有 700 多万粉丝。

最近几年，公司一直在将哈雷–戴维森家族扩张到核心细分市场（较为年长的白人男性，目前这群人占到其买者的 2/3）之外。公司专门打造产品和设计营销方案以吸引所谓的"外围顾客"，诸如年龄 18～34 岁、女性、非裔或西班牙裔美国人。去年，对外围顾客群体销售收入的增长是其传统核心顾客的两倍。例如，为了扩大市场覆盖率，哈雷–戴维森最近推出了 13 年来首个全新的摩托——Street 系列——重量轻、重心低、小巧灵活但功效更高，专为年轻的都市骑手设计。尽管轻便许多，这些新型摩托仍然保有了哈雷–戴维森的神秘感。"这些新车是我们的尝试，还不够完美，"哈雷–戴维森的首席营销官说，"但它们真的很实惠，由钢制成。"

哈雷–戴维森制作优质摩托，并始终贴近持续变化的市场，公司不断升级展厅和销售方式。但是，一辆优质的摩托和精彩的营销广告远远不能打动哈雷–戴维森的顾客。为了更好地理解顾客的深层动机，多年来，哈雷–戴维森一直开展着似乎无休无止的调查、焦点小组访谈和分析研究，不断深入地理解顾客对哈雷–戴维森的情感。除了调研，每一个与哈雷–戴维森品牌有联系的人——从 CEO 和首席营销官到广告代理商文案人员，都参加骑手活动，将自己深深浸入骑手文化之中。他们花费无数个小时在车座上亲历驾驶，力求理解究竟是什么打动和激励了核心顾客。

所有的调研产生了有力和一致的结果。无论他们是谁，从事什么工作，或者来自哪里，哈雷 – 戴维森的门徒们都被该品牌的魅力深深吸引。哈雷 – 戴维森持久的魅力在于：自由、独立、力量和真实。哈雷 – 戴维森可不仅仅是一辆摩托，它为顾客提供自我表达、生活方式、激情和梦想。“它是一种体验，”一位分析师说，“一种在重金属轰鸣中锻造的，在 66 号公路上风驰电掣、自由自在的体验，一种允许中年会计师暂时忘记借方与贷方，身着布满钉饰的皮衣化身唐 · 布莱克（Don Black）的体验。”

对硬核的狂热者而言，哈雷 – 戴维森摩托绝不仅仅是一辆机车。它是他们自身的一部分，是他们理想的生活。哈雷 – 戴维森摩托唤醒你的精神，宣告你自由与独立。在哈雷 – 戴维森，最流行的一句话是：“按下拇指启动哈雷 – 戴维森可不只是点燃发动机，你同时点燃了想象。”经典的外形、低沉的轰鸣声、哈雷 – 戴维森的每一个创意——都构成了它的神秘。拥有这一“美国传奇”，成为哈雷 – 戴维森家族的一员，使你人生更有意义。

一则经典的哈雷 – 戴维森平面广告捕捉到了支撑哈雷 – 戴维森消费者行为的强烈情感和动机。该广告展示了一个手臂的特写，文着哈雷 – 戴维森的标志。标题是：“你上一次拥有这种强烈的感情是什么时候？”该广告文案提出了问题并给出解决方案：“清晨醒来，生活继续……那些曾经令你兴奋的事情如今变成僵化麻木的惯例。所有的事物都一成不变。除了当你拥有一辆哈雷 – 戴维森。神经被冲击，心跳加快，拒绝雷同。忽然间情况不一样了。更清晰、更真实。一切就像它们应该的那样。驾驶哈雷 – 戴维森从内在改变了你。这种影响是持久的。也许是时候开始强烈地感受这些了。哈雷 – 戴维森上的世界不同凡响。”[1]

哈雷 – 戴维森的例子表明，许多不同的因素影响着消费者的购买行为。购买行为从来就不简单，理解它是市场营销管理者的首要任务。**消费者购买行为**（consumer buyer behavior）是指最终消费者——为个人消费而购买产品和服务的个人或家庭——的购买行为。所有这些最终消费者组成**消费者市场**（consumer market）。美国消费者市场由 3.23 亿消费者组成，他们每年消费价值超过 11.9 万亿美元的产品和服务，使之成为世界上最有吸引力的消费者市场之一。[2]

全球各地的消费者在年龄、收入、教育水平和品位上有很大不同，所购买的产品和服务也千差万别。这些多样化的消费者如何与他人及周围各种环境元素相互联系，影响着他们在各种产品、服务和公司之间的选择。这里考察影响消费者行为的主要因素。

5.1 消费者行为模型

消费者每天都制定购买决策，而购买决策是市场营销者努力影响的重点。为准确地回答消费者买什么、在哪里买、如何买、买多少、何时买以及为什么买等问题，大多数大型公司仔细地研究消费者购买决策。市场营销者可以通过研究消费者的实际购买来发现他们买什么、在哪里买和买多少。但是，要了解消费者为什么购买并不是件容易的事情——答案常常深藏于消费者的心中。通常，消费者自己也不能准确地说明是什么影响了他们的购买。

对市场营销者而言，核心的问题是：消费者对公司可能采取的市场营销努力会作何反应？首先研究图 5－1 所示的购买者行为的“刺激—反应”模型。它表明，市场营销和其他刺激进入购买者的大脑，即“黑箱”，并产生某种反应。

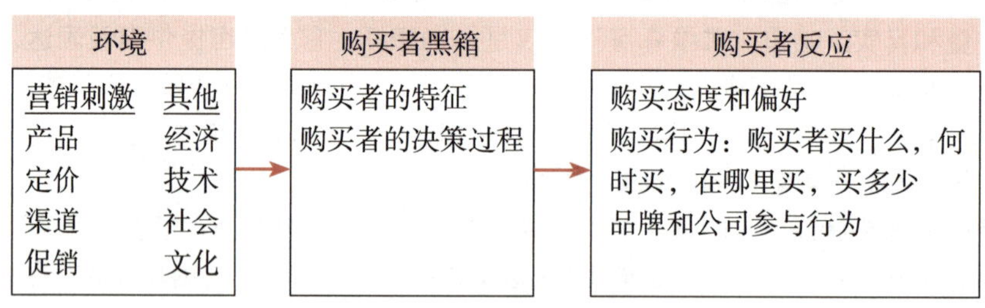

图 5－1　购买者行为模型

市场营销者需要理解刺激怎样在购买者的黑箱中转化为反应，这主要由两部分构成。首先，购买者的特征影响他对刺激的感知和反应。这些特征包括各种文化、社会、个人和心理因素。其次，购买者的决策过程本身影响购买者行为。这一决策过程——从确认需求、收集信息和评价方案到购买决策和购后行为——在实际购买决策做出之前早就发生了，并持续至决策之后的很长时间。我们首先讨论购买者的特征对购买者行为的影响，然后讨论购买者的决策过程。

5.2　影响消费者行为的因素

消费者购买行为主要受到文化、社会、个人和心理因素的影响（见图 5－2）。大多数情况下，市场营销人员难以控制这些因素，但是他们必须考虑这些因素。

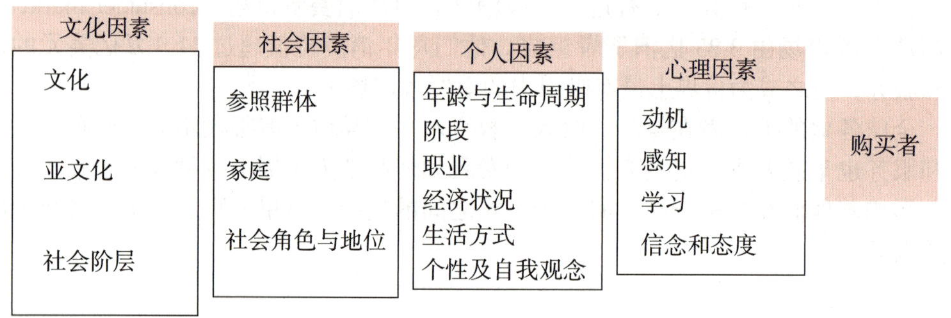

图 5－2　影响消费者行为的因素

文化因素

文化因素对消费者行为具有广泛而深远的影响。市场营销者需要了解购买者的文化、亚文化和社会阶层所起的作用。

文化

文化（culture）是引起个人愿望和行为的最根本原因。人类的行为方式大多是通过学习获得的。孩子在社会中成长，从家庭和其他重要机构中学习并建立基本的价值观、认知、喜好和行为。生活在美国的孩子通常会受到下列价值观的影响：成就和成功、行动和参与、效率和实践、进取、努力、物质享受、个人主义、自由、人道主义、青春活力以及健身和健康等。每个群体或者社会都有自己的文化，同时，文化对购买行为的影响在不同国家存在很大差异。

市场营销者总是试图发现文化变迁，以发现潜在的新产品需求。例如，当人们更多地关注健康和健身时，提供健身服务、运动器械和服装、有机食品和瘦身饮食的庞大产业随之兴起。

亚文化

每种文化都包含更小的亚文化。**亚文化**（subculture）是因相同的生活经历和背景而拥有共同价值体系的人群。亚文化包括民族、宗教、种族和地域等。许多亚文化形成了重要的细分市场，市场营销者常常根据他们的需要设计产品并制订市场营销计划。美国重要的亚文化群体主要有西班牙裔消费者、非裔消费者、亚裔消费者和老年消费者。

西班牙裔消费者。西班牙裔消费者代表了一个增长迅速的大市场。全美 5 500 万西班牙裔消费者（大约 1/6 美国人）年购买力达到 1.7 万亿美元。预计到 2030 年，西班牙裔人口将激增到 1.3 亿以上，接近美国总人口的 1/3。西班牙裔消费者是一个年轻的细分市场——目前 52% 以上美国西班牙裔消费者不到 30 岁。[3] 美国西班牙裔市场根据族裔、年龄、收入和其他因素可以划分为多个子市场。某个企业的产品或信息可能对某个族裔的细分市场更加重要，例如墨西哥、哥斯达黎加、阿根廷或古巴血统的美国人。

尽管西班牙裔消费者和主流购买大众有许多相同的特征和行为习惯，但也存在显著差异。他们往往以家庭为导向，认为购物是整个家庭的事情——孩子们在购买什么品牌的决策上有很大的发言权。年长的西班牙裔消费者，尤其是第一代移民，有极高的品牌忠诚度，他们喜欢那些对他们特别关注的公司。年轻的西班牙裔消费者近年来却表现出越来越高的价格敏感度，并乐意转向商店品牌。西班牙裔消费者比其他消费市场在移动和社交网络上更加活跃，这使得数字媒体成为影响该细分市场的理想渠道。[4]

从宝洁、麦当劳、AT&T、沃尔玛和州立农业保险公司（State Farm），到谷歌、欧莱雅等许多企业，都专门针对这一迅速增长的细分市场制定特殊的营销战略。例如，丰田公司与拉美广告代理商 Conill 长期合作，推出声势浩大的营销运动，帮助其品牌成为西班牙裔购买者最偏爱的汽车品牌。以其最近获奖的不仅仅是一辆车（Mas Que Un Auto）运动为例：

> 去年秋天，为庆祝在西班牙裔美国人中第十年蝉联最受喜爱的汽车品牌，丰田发起一场主题为“不仅仅是一辆车”的运动。该运动的诉求点是，西班牙裔消费者特别喜爱自己的车，而且他们嗜好给所有的东西取超个人化的昵称，包括自己的车。该运动向西班牙裔消费者提供标有独特车名的免费铭牌，采用与正式丰田品牌一样的字体和材料。现在，除了丰田车牌和型号标志，他们还可以为自己的爱车打上个性化的、看上去非常正式的独特品牌标记——Pepe、E1Nino、Trueno、Monster，或者只是普通的 Oliver、Ellie 或者 Rolly the

Corolla。

这场获奖的营销运动创造了西班牙裔消费者与丰田车之间强烈的情感联系。短短的几个月时间，顾客订购了 10 万块顾客铭牌，远远超过 2.5 万块的目标。数千位品牌粉丝在该运动的专属网站和其他社交媒体上发布图片和分享爱车的故事。丰田现在正策划下一阶段的“不仅仅是一辆车”运动，例如将某些粉丝与爱车的故事制作成商业广告，或者请顾客设想广告应该如何表现他们驾驶爱车的场景，然后挑选最佳创意制作实际播出的广告。[5]

非裔美国消费者。非裔美国人越来越富裕和精明。超过 4 400 万非裔消费者拥有约 1.3 万亿美元的年购买力。尽管他们比其他群体更在意价格，但也很看重质量和选择性，非常重视品牌。非裔消费者是数字和社交媒体的大量使用者，营销者可以通过丰富多样的营销渠道影响他们。[6]

近年来，许多公司都为非裔消费者推出了特制的产品、包装和营销方案，从福特和现代（Hyundai），到像宝洁这样的消费者产品公司，甚至是非营利组织和政府机构，如美国林务局。例如，美国林务局与广告协会最近联合发起了“发现森林”（Discover the Forest）公共服务运动，以促进人们认识到带孩子多进行户外活动、亲近大自然的好处。其中有一部分专门针对非裔青少年的父母的诉求[7]：

有研究显示，尽管超过 2.45 亿美国人生活在国家森林或绿地附近 100 英里的范围内，某些细分人群中的大多数孩子几乎不进行户外活动。例如，在 6～12 岁的非裔美国孩子中只有 37% 经常参加户外活动，而这一比例在美国同龄人群中为 67%。为缩小差距，美国林务局和广告协会发起“发现森林”运动，发布一系列广告服务信息：从户外广告牌和广播广告，到社交媒体和网站上的互动内容。这些冠以“拔掉电视机插头”“好奇心爆棚的地方”“想象力萌芽的地方”等标题的广告，主要针对非裔美国家庭，帮助非裔父母认识到促进发现和想象力的户外活动有助于孩子们加强身心健康和丰富情感。“森林是一片如此神奇美妙的地方，孩子可以通过探索和发现锻炼自己的想象力。”一位与该运动相关的营销人员说道。

亚裔美国消费者。亚裔美国人是美国最富裕、受教育程度相对较高的细分市场，目前人数超过 1 850 万（占总人口的 5%），年购买力在 2018 年接近 10 000 亿美元。其增长速度仅次于西班牙裔美国人，位居第二。与西班牙裔人口类似，亚裔美国人也是一个多样化的群体。其中，美籍华人最多，其次是菲律宾裔、印度裔、越南裔、韩国裔和日本裔。但是，与西班牙裔消费者都说西班牙语不同，亚裔消费者使用多种完全不同的语言。例如，2010 年美国人口普查广告就分别使用了从日语、粤语、柬埔寨语、韩语、越南语、泰语到印度式英语和菲律宾式英语等不同版本。[8]

亚裔美国人购物频率较高，他们是各族裔中最具品牌意识的消费群体，而且他们的品牌忠诚度很高，对那些努力与他们建立关系的品牌尤其如此。因此，许多公司以亚裔美国人为目标市场。不少零售商，尤其是奢侈品零售商，例如美国著名百货公司布鲁明戴尔每年在中国春节期间都会举办特色主题活动和促销。对美国华裔消费者而言，春节期间的购物支出相当于圣诞季。布鲁明戴尔百货雇用会说汉语的员工，提供中式主题的时装和其他产品，采用亚洲文化风格的陈列和装饰，甚至在全美许多门店内开设季节性的限量版快闪店。

布鲁明戴尔快闪店用在中国文化中象征财富的红色和金色等色彩为主基调设计得富丽堂皇，以高端中国风时装及其他产品为特色，专为庆祝中国春节而设。一些当地的赞助商开展诸如舞狮、书法、制作灯笼、茶艺和免费生肖美甲等活动。有些门店邀请顾客抽取中式红包，里面有面额为8美元、88美元或888美元的礼品卡（8在中国文化中是一个吉祥数字）。除了快闪店之外，布鲁明戴尔在中国春节期间和之前的数周就在精心挑选的传统和网络媒体发布汉语广告和促销活动。该零售商还有175名能说汉语的销售助理。布鲁明戴尔的CEO说："中国消费者，包括游客和当地华裔，是布鲁明戴尔整体业务的重要组成部分。"[9]

总体市场战略。除了以特定的营销方案瞄准诸如西班牙裔、非裔和亚裔消费者细分市场之外，许多市场营销者现在采用**总体市场战略**（total market strategy）——在他们的主流营销中包含多种族主题和跨文化视角。例如晶磨（Cheerios）和Honey Maid面向一般市场展示国际家庭和情侣的广告。总体市场战略强调不同亚文化消费者的共性而非差异。[10]

许多市场营销者发现从一个族裔消费者那里获得的洞察可以影响更广泛的市场。例如，如今西班牙裔和非裔艺人极大地影响着年轻化的生活方式。因此，消费者希望在广告和产品中看到许多不同的文化和族裔。例如，麦当劳从非裔、西班牙裔和亚裔美国人汲取灵感，开发菜单和创作广告，以期鼓励主流消费者购买冰沙、咖啡和快餐卷，一如他们消费嘻哈和摇滚。或者麦当劳可能基本上参照非裔美国人策划广告，再在一般市场媒体上投放。

社会阶层

几乎每个社会都存在社会阶层结构。**社会阶层**（social class）是一个社会中因具有相同价值观念、兴趣和行为而稳定存在的、有序的组成部分。社会学家认为美国有七个社会阶层：上等上层、下等上层、上等中层、中层、劳动阶层、底层和下等底层。

社会阶层不是由单一因素例如收入造成的，而是职位、收入、教育、财富和其他各种变量共同作用的结果。在某些社会体系中，社会成员的阶层是天生的，并且无法改变。然而在美国，社会阶层间的界线不是严格固定的，人们可以提升至上一阶层或沦落到下一阶层。

市场营销者对社会阶层比较感兴趣，是因为同一社会阶层中的成员具有相似的购买习惯，而不同的社会阶层在服装、家居装饰、休闲活动和汽车等领域具有不同的产品和品牌偏好。

社会因素

消费者行为同样受到社会因素的影响，这些社会因素包括消费者所处的小群体、家庭以及社会角色与地位等。

群体和社会网络

个体行为受到许多小**群体**（groups）的影响。个人所从属且受到直接影响的群体称为成员群体。相比之下，参照群体是个人态度或行为形成过程中直接（面对面）或者间接对比或参照的对象。人们经常受他们所在群体外的参照群体的影响。崇拜性群体是一个人想要加入的群体，就像一个篮球少年希望有一天能和勒布朗·詹姆斯一样，站在 NBA 的赛场上。

市场营销者试图在目标市场上寻找参照群体。参照群体展示了新的行为和生活方式，影响着人们的态度和自我观念，进而可能影响人们对产品和品牌的选择。群体影响程度随产品和品牌的不同而不同。若某个产品和品牌恰是购买者所仰慕之人的偏好，参照群体的影响力就很大。

口碑的影响（word-of-mouth influence）对消费者购买行为影响很大。信赖的朋友、亲人和其他消费者提供的人际信息和推荐网文，比诸如广告或销售人员等商业来源的信息更可靠。一项最新的研究表明，只有 49% 的消费者说他们信任或相信广告，但有 72% 的消费者说信任家人和朋友，72% 的消费者说信任网上评论。[11] 大多数口碑的影响是自然而然发生的：消费者开始谈论一个自己使用的或知晓的品牌。但是，口碑的发生也不一定是偶然，市场营销者可以帮助创造关于其品牌的积极谈话。

对于容易受到参照群体影响的品牌，市场营销者应该弄明白如何找到**意见领袖**（opinion leaders）——从属某参照群体，凭借自身专业技能、知识、特殊个性或其他特征而对他人施加社会影响的人。一些专家称他们为有影响力的人（influentials）或率先采用者（leading adopter）。当这些有影响力的人发表看法时，消费者会倾听。营销者尽力为其产品确定意见领袖，并直接针对他们开展营销活动。

蜂鸣营销（buzz marketing）指营销者找出甚至自己培养意见领袖，让他们以“品牌形象大使”的身份传播产品信息。让我们看看梅赛德斯 - 奔驰获奖的网红运动“开动起来”（Take the Wheel）[12]：

> 梅赛德斯 - 奔驰希望让更多的人谈论其即将上市的售价 29 900 美元的全新 CLA，旨在为梅赛德斯品牌吸引更加年轻的新一代消费者。所以，它挑战 Instagram 上最有影响力的 5 位摄影者——这几位 Y 一代消费者曾凭借自己令人赞叹的图集赢得了成千上万的粉丝——每人花 5 天跟随一辆 CLA，用照片记录他们的旅程并通过 Instagram 分享。获得最多点赞的摄影者可以留下这辆 CLA。这一短期的运动真的引发了人们对这款车的热议，获得了 8 700 万社交媒体曝光和超过 200 万次点赞。90% 的社交谈论是积极的。当梅赛德斯在一个月后推出 CLA 时，创造了新的销售纪录。

有时候，普通消费者也会成为品牌最好的宣传者。例如，阿兰·克莱恩（Alan Klein）喜爱麦当劳的烤汁猪排堡（McRib）——用猪肉饼做成肋排形状，厚厚地涂上烧烤酱，再撒上泡菜和洋葱的三明治。全美的麦当劳餐厅每年只有很短的时间出售烤汁猪排堡。克莱恩如此地喜爱烤汁猪排堡，以至于制作了一款烤汁猪排堡定位移动应用程序和网站（mcrib-locator.com），烤汁猪排堡的粉丝们可以在那里谈论他们最近在哪里看到了梦寐以求的三明治。[13]

过去几年，在线社交网络这种新型的社会互动方式迅速发展起来。**在线社交网络**（online social networks）是人们交流或交换信息和意见的在线交流社区。社交网络媒体的范围从博客（Consumerist、Gizmodo、Engadget）、信息板（Craigslists）到社交网站（脸书、推特、YouTube、Pinterest 和 Foursquare）以及虚拟世界（SecondLife 和 Everquest）。这种新型的 B2B 和 B2C 对话方式给市场营销者带来很大的启示。

市场营销者开始利用新出现的社交网络和其他“网络语言”来推销他们的产品，建立更紧密的顾客关系。相比于单向地朝已对广告感到厌倦的消费者投放商业信息，市场营销者更希望通过使用社交网络与消费者进行互动，从而成为他们谈话和生活的一部分。

例如，红牛在脸书上的粉丝量达到惊人的4 400万之众；推特和脸书已经成为红牛与大学生沟通的主要途径。唐恩都乐（Dunkin Donuts）用网络红人罗根·保罗（Logan Paul）推广其移动应用程序和忠诚计划（DD Perks），在Vine和其他社交网站上发布广告。人们发现，保罗是唐恩都乐的天才粉丝，他向自己的870万Vine粉丝、540万脸书粉丝、240万Instagram粉丝和615个推特好友积极地推荐该品牌。[14]

还有市场营销者正努力利用已经在网上建立影响力的网红——独立博主。信不信由你，现在以当博主谋生的人已经与律师一样多了。关键是找到拥有强大相关读者网络、声誉可靠且与品牌高度契合的博主。例如，你会遇到登山和滑雪爱好者为巴塔哥尼亚的博客、骑手们为哈雷-戴维森、吃货为全食或乔氏点赞。诸如宝洁、麦当劳、沃尔玛和迪士尼等公司与有影响力的“妈妈博主”或“社交媒体妈妈”紧密合作，将她们转化为品牌的倡导者（参见“营销实例”）。

营销实例　发动社交媒体妈妈们担任品牌大使

美国的妈妈们构成了巨大的市场。女性购买支出占到所有消费者购买支出的85%，而全美8 500万妈妈们年消费支出高达32 000亿美元。妈妈们还是社交媒体分享和购物的主力。她们比其他消费者使用社交媒体的可能性高20%，而44%的妈妈在过去一周内有用智能手机购物的经历。

很多妈妈严重依赖社交媒体彼此分享经验，包括品牌和购买体验。例如，使用博客的美国妈妈数量达到1 420万，有些妈妈的博客可影响数百万关注者。大约55%的妈妈在社交媒体上定期分享自己的真实经历和购买决策，进行推荐，或转发她们在博客中或其他社交媒体上发现的产品评论。

鉴于这些惊人的数据，如今许多营销者培养或选择有影响力的社交媒体妈妈群体担任品牌推广大使，利用妈妈们之间的影响就不足为奇了。以下有三个实例：麦当劳、沃尔玛和迪士尼。

麦当劳的妈妈博主

麦当劳系统性地关注重要的“妈妈博主”，她们影响着全美主妇，进而影响家庭外出就餐的决策。例如，麦当劳最近为15位有影响力的博主组织了一次访问其芝加哥地区总部的免费旅行。博主们参观了麦当劳的主要设施（包括公司的实验厨房），见到了麦当劳美国总裁，并在附近的罗纳德·麦当劳家与罗纳德像合影。

麦当劳知道这些拥有忠实粉丝的妈妈博主会在她们的博客中大谈自己的麦当劳之旅。所以，组织这次旅行的目的是让她们亲眼看到幕后情况并转化为品牌信徒。麦当劳没有试图告诉这些博主在她们发布关于此次旅行的信息时应该说什么。只是要求她们如实介绍这次旅行即可。但是，最终的博客（多亏了博主与麦当劳的联系）大多数都非常正面和积极。借助这种和其他类似的努力，全美的妈妈博主们现在更了解麦当劳，也与麦当劳有更好的联系。一位著名的妈妈博主说，“我了解到麦当劳有奶昔、酸奶和其他适合我孩子的食物。”随后补充道：“但我的确不能告诉你汉堡王现在在做什么，我对它毫不知情。”

沃尔玛妈妈团

8年前，沃尔玛选出11位有影响力的妈妈博主——最初称为“11妈妈团”——“代表所有妈妈发声”。现在成员数量增加到22位，名称是“沃尔玛妈妈团”。这些有影响力的社交媒体妈妈代表所有的美国妈妈联系沃尔玛，同时代表沃尔玛影响她们数量庞大的粉丝。

正如沃尔玛所形容的，沃尔玛妈妈团成员跨越不同的地理、种族和年龄界线，都是普通的妈妈。“沃尔玛妈妈团与大多数妈妈非常相像，”沃尔玛说，“她们知道如何在家庭、工作、诸如寻找丢失的垒球手套之类的杂事，以及其他所有事情之间寻求平衡。她们总是寻求既省钱又能生活得更好的方法。”

沃尔玛妈妈团成为重要和有影响力的沃尔玛品牌大使。通过调查、焦点小组访谈和店内活动，这些妈妈博主及其读者为沃尔玛及其供应商提供了关于商店和产品的重要顾客洞察。沃尔玛妈妈团创造重要文字和视频内容——从省钱小窍门到制作手工的建议和菜谱——在她们的博客上分享，并提供沃尔玛及其社交媒体网站的链接。

沃尔玛妈妈团会试用产品，并获得一些报酬。她们的博客常常提及沃尔玛售卖的产品并提供沃尔玛网站上该产品的链接。但是沃尔玛和沃尔玛妈妈团成员都知道，她们的优势在于真诚和与读者的相互信任。所以，凭借沃尔玛的督促和全力支持，妈妈们写下自己乐于分享的真实观点和看法。“沃尔玛只要求我们做自己，保持真诚发声。”一位妈妈博主说。如果不是这样，沃尔玛妈妈团所言所写都会被认为比付费促销好不了多少的把戏。

迪士尼社交媒体妈妈

迪士尼早就认识到妈妈们在社交媒体中的力量，以及妈妈们在制定家庭假日计划中的重要性。5年前，公司组织了一支名为“迪士尼社交媒体妈妈”的团队，大约1 300位被精心挑选出来的妈妈博主（有些是父亲）、旅游博主和特别关注迪士尼的社交媒体活跃发布者。

迪士尼寻找有影响力的妈妈，她们符合品牌重视家庭和友爱的要求，大量使用社交媒体，在她们的线上线下社群中都非常活跃。瑞秋·皮泽尔（Rachel Pitzel）就是其中一例，她是两个孩子的妈妈，也是一家为妈妈、准父母和家庭举办活动的社交与教育集团ClubMomMe的CEO，还维持着一个活跃的博客。另一个例子是温蒂·赖特（Wendy Wright），她是两个孩子的母亲，在家教育孩子，也是一位作品丰富的博主。温蒂形容自己是一位“迪士尼铁粉”（她给自己的猫取名米奇和米妮），她的博客中有很多计划迪士尼主题公园之旅的建议、举办迪士尼主题派对的小贴士和迪士尼电影影评。

迪士尼社交媒体妈妈没有报酬，她们之所以参与是出于对迪士尼的热爱和激情。但是，她们的确受到来自迪士尼的特别关注，获得内部信息和偶尔的额外待遇。例如，迪士尼每年邀请175～200位妈妈及其家人参加在佛罗里达举办的迪士尼社交媒体妈妈周年庆典，并为其提供大力度折扣的4日旅行。庆典包含公关活动、教育会议和家庭假日，并为这些重要的妈妈网红准备大量迪士尼奇幻体验。

迪士尼社交媒体妈妈没有义务发布任何关于迪士尼的内容，公司也不会告诉她们在发布时应该说什么。但是，最近一次的庆典活动产生了 28 500 条推特、4 900 张 Instagram 图片以及 88 篇博客，都是旅行评论、家人与迪士尼人偶相遇的视频，以及大量非常积极欢乐的时刻。“对我们大多数游客而言，是妈妈决定出行计划。”一位迪士尼高级经理说。“迪士尼社交媒体妈妈”的做法只花费公司很少的成本，却非常有效地利用了妈妈间强大的影响力，帮助将迪士尼的魅力传递给重要的购买者群体。

资料来源：See Mindy Rasledvich, “ Harnessing the Power of Mom-to-Mom Influence,” *Dedicated Media*, May 19, 2015, www.dedicatedmedia.com/articles/harnessing-the-power-of-mom-to-mom-influence-2; Elizabeth Segran, “ On Winning the Hearts—and Dollars—of Mommy Bloggers, ” *Fast Company*, August 14, 2015, www.fast company.com/3049137; Keith O’Brien, “ How McDonald’s Came Back Bigger than Ever,” *New York Times*, May 6, 2012, p. MM44; “ Who Are Walmart Moms?” http://learn.walmart.com/Tips-Ideas/Articles/Walmart_Moms/19242/, accessed June 2016; “ How Walmart Made 11 Moms Become Its Brand Ambassadors, ” http://crezeo.com/how-11-moms-became-walmart-brand-ambassadors/, accessed June 2016; Lisa Richwine, “ Disney’s Powerful Marketing Force: Social Media Moms, ” *Reuters*, June 15, 2015, www.reuters.com/article/us-disney-moms-insightidUSKBN0OV0DX20150615; and “ Disney Parks Social Media Moms Celebration, ” http://disneysmmoms.com/, accessed September 2016.

甚至百慕大也频繁使用社交媒体。百慕大旅游局运营着脸书、Instagram、Pinterest、推特、YouTube 和其他社交媒体账号，两个移动应用程序（其中包括百慕大独家移动端活动应用程序），以及以“来自天堂的信息”为特色的博客“发现百慕大”。它还雇用在 Instagram 和以饭店搞怪视频为特色的时髦的 Tastemade 等社交媒体上广受欢迎的网红上岛，并敦促他们及时发布和分享自己的访问。[15]

我们将在第 17 章深入探讨在线社交网络作为营销工具的应用。但是，尽管目前人们谈及社会影响时非常关注互联网和社交媒体，约 90% 的品牌谈话依然通过传统途径发生——面对面的人际交谈。因此，大多数有效的口碑营销活动始于创造有关品牌的人际对话和整合线上线下的社会影响战略，旨在为顾客创造机会与品牌建立联系，帮助他们既在现实世界，也在虚拟的社交网络中与他人分享品牌情感和体验。以男装品牌 Chubbies 为例 [16]：

> Chubbies 是一家规模虽小，但时髦且增长迅速的新创企业，以年轻男性为目标市场，提供“反大口袋短裤”(和复古的 5.5 英寸下缝长度)。以前，该品牌只通过社交媒体来营销。该品牌在 YouTube、脸书、推特、Instagram、Pinterest 和 Chubbies 网站以及 ChubsterNation 博客上，用图片、视频和故事积极地建立影响力。但是现在，Chubbies 开始建立一支面对面的影响力大军，由全美大学校园里 140 位学生大使组成。这些大使——Chubbies 称之为“勇敢解放大腿的叛逆者”——传播该品牌的宣言“我们不要长裤，不要，也不要工装裤。我们穿短裤，只穿短裤。”“长裤是上班工作时才穿的。”他们宣传说，“运动、娱乐、泡吧或者爬喜马拉雅山的时候，穿 Chubbies 短裤。”这些品牌大使在野餐聚会和其他校园活动中展示可靠的影响力，扩展和丰富了 ChubsterNation 博客，为这个桀骜不驯的品牌赚得更多好口碑。

家庭

家庭成员对购买者的行为也有很大的影响。作为社会中最重要的消费购买组织，家庭的消费行为已得到广泛的关注和研究。市场营销者对丈夫、妻子和孩子在不同产品和服务的选择和购买上所扮演的角色很感兴趣。

对不同产品类别而言，夫妻在不同购买阶段的参与程度差别很大。购买角色也随消费者生活方式的不同而改变。例如，在美国，妻子一般在食品、家居用品、服饰方面是家庭的主要采购者。但是近年来，随着71%的妻子外出工作，而丈夫愿意承担更多的家庭购买活动，这一情况正在改变。最近的调查发现，41%的男性现在是家庭日用品的首要采买者，39%的男性承担了家里大部分的洗衣任务。而如今女性在新科技产品购买上的支出已经以3 ：2的比例胜过男性，并且影响了超过80%的新车购买决策。[17]

这些改变意味着新的营销现实。从日用品、个人护理产品到汽车和家用电器等原来只向男性或女性出售产品的行业，市场营销者现在应该争取相反性别的消费者。有些公司在“现代家庭”环境中展示产品。例如，通用磨坊公司的一则广告表现一位父亲早上将Go-Gurt酸奶放进为儿子准备的校园午餐之中，广告语说“称职的爸爸，用Go-Gurt”。通用磨坊公司最近为其品牌晶磨开展的广告运动“怎样做父亲”表现了一位在家中承担多项任务的超级英雄似的父亲。与以往出现在食品广告中笨手笨脚的父亲惯有形象有所不同，这位父亲把一切安排得有条不紊，包括给孩子吃健康的晶磨早餐。“做一名父亲太棒了，”广告宣称，“就像晶磨很棒。这是为什么它能成为父亲慎重考量后的首选早餐。”[18]

孩子们对家庭的购买决策有重要影响。据估计，美国儿童和青少年对家庭购买的影响高达80%，相当于对应每年大约12 000亿美元消费支出。最近的一项研究发现，十几岁的孩子对父母的消费支出有显著影响，从去哪里就餐（95%）和度假（82%），到他们用什么移动设备（63%）和购买什么汽车（45%）。[19]

社会角色与地位

个体可能同时归属于家庭、俱乐部、组织等多个群体，每个人在群体中的位置由其社会角色和地位决定。角色是在群体中人们被期望进行的活动内容。每个角色代表一定的社会地位，反映了社会的综合评价。

人们通常选择适合自己角色和地位的产品。一位有工作的母亲可能扮演多种角色：在公司，她是品牌经理；在家里，她是妻子和母亲；在她喜爱的体育赛事中，她是狂热的体育迷。作为一个品牌经理，她将购买那些符合她职场角色和地位的服饰。在观看比赛时，她可能借助服装来表示对所喜爱的球队的支持。

个人因素

购买者的行为还受到购买者自身的职业、年龄与生命周期阶段、经济状况、生活方式、个性及自我观念等个人因素的影响。

职业

个人的职业会影响他所购买的产品和服务。蓝领工人倾向于购买更结实的工作服，而高级管理人员更多购买职业装。市场营销者试图识别对其产品和服务更感兴趣的职业群体。一家公司甚至可以专门为某一职业群体提供产品。

例如，Red Kap 为汽车制造和建筑行业生产结实耐用的优质工作服和制服。自 1923 年以来，该品牌恪守其“做好”的口号——做到“工作服，成就更美好”。该公司说：“如果说我们的成功有什么秘密，那一定是我们的设计团队在汽车修理厂和车库里花费的优质时间。我们的最佳创意正是来源于那里。也是在那里这些好的创意得到测试、改良、再测试，不断地精益求精。结果是可以让任何严苛的机工穿起来感觉良好的顶级工作服。舒适、耐用，从容应对艰苦的白天、油污的夜晚以及任何工作环境。”[20]

年龄与生命周期阶段

人们一生中不断更换产品和服务。他们对食物、衣服、家具以及娱乐等方面的品位往往与年龄密切相关。购买情况也受到家庭生命周期阶段——家庭随着成员个人的成长和发展可能经历的不同阶段——的影响。个人特征和改变生活的事件，诸如结婚、生育、购房、离婚、孩子就读大学、个人收入改变、搬离住房和退休等都会导致生命周期阶段的改变。市场营销者常常通过定义目标市场人群所处的家庭生命周期阶段，制订适合不同阶段的产品和营销计划。

一个领先的生命阶段细分市场系统是尼尔森的 PRIZM 生命阶段群系统（Nielsen PRIZM Lifestage Groups）。该系统把美国家庭分成 66 个不同的生命阶段细分市场，再根据富裕程度、年龄和其他家庭特点构成 11 个主要的生命阶段群。这一分类考虑了诸如年龄、受教育程度、收入、职业、家庭结构、种族和住房情况等大量人口统计因素，以及诸如购买、业余活动和媒体偏好等行为和生活方式因素。

主要的 PRIZM 生命阶段群包括“奋斗的单身”、“中年成功人士”、“青年才俊”、“勉力维持的家庭”、“富裕的空巢家庭”和“保守阶层”等。其中，“保守阶层”又包括诸如“清淡的城市”、“儿童与死胡同”、“灰色力量”和“大城市蓝调”等子群。“青年才俊”包括“年轻电脑专家”、“波西米亚混合风格”和“有影响力的年轻人”等 7 个细分市场。“青年才俊”包括时髦的、租住在都市内或邻近都市的公寓中的 20 多岁的单身人群。他们的收入范围从劳动阶层到比较富裕，但整个群体倾向于政治自由，喜欢听音乐，享受夜生活。[21]

不同的生命阶段群体有着各不相同的购买习惯。生命阶段细分市场为各行各业的市场营销者提供了更有力的营销工具来寻找、理解和吸引消费者。凭借消费者生命阶段的数据，市场营销者可以根据人们如何消费、如何与品牌和周围的世界互动，制定切实可行的、个性化的营销宣传运动。

经济状况

个人的经济状况会影响产品选择。受收入影响较大的商品的市场营销者比较关注个人收入、储蓄和利率的变化趋势。在经济衰退后的节俭时期，大多数公司纷纷采取措施重新设计产品和服务，改变定位和调整价格。例如，高档折扣商店塔吉特就用“实惠”替代了原先的“时髦”，更强调其定位“预期更多，支付更少”中所承诺的支付更少。

类似地，为顺应全球经济趋势，一度只提供高端产品的智能手机厂商现在也为本国及新兴经济体市场的消费者推出了低价型号的产品。微软的诺基亚事业部最近针对新兴市场推出低端 Lumia 型号，价格不到 100 美元。苹果公司据说也准备推出 iPhone 的低价版本。随着比较富裕的西方市场日渐饱和和竞争日趋激烈，手机厂商希望低端产品能够帮助自己在诸如中国和东南亚等欠发达的东方新兴市场，与低成本的智能手机厂商（例如来自中国的强劲对手小米）展开有效竞争。[22]

生活方式

即使来自相同亚文化、社会阶层和职业的人群，也可能具有完全不同的生活方式。**生活方式**（lifestyle）是个人表达自己心理的一种生活模式。它需要衡量消费者的 AIO 维度，即活动（工作、爱好、购物、运动、社交活动等）、兴趣（食物、服装、家庭、娱乐等）和观点（关于自我、社会问题、商务和产品等）。生活方式不仅反映了个人的社会阶层或个性，而且集中体现了个人在整个社会环境中的互动模式。

如果运用得当，生活方式的概念可以帮助市场营销者了解消费者不断变化的价值观及其对购买行为的影响。消费者不仅购买产品，而且购买产品所代表的价值观和生活方式。例如，Title Nine（T9）营销的不仅仅是女性服装：

> 该品牌以联邦法案命名，希望帮助消除高中和大学体育运动中的性别歧视，营销“进取的体育运动装和便装”，适合积极参与运动和活动的生活方式。“我们积极倡导女性参与运动和健身。”T9 说。在 T9 的网站和社交媒体、产品目录以及博客中，有大量健康、自信和活跃的女性形象，她们或戴着反光装置、穿着雪地鞋与小狗奔跑在乡间小径，或在热带水域立于冲浪板上，或穿着更加休闲、有趣的服装在滑雪胜地的小镇上办事。T9 的模特都是真实的消费者，T9 通过积极的社交媒体展示加上由其零售店资助的当地活动传播她们的生活方式和故事。“她们都是平凡的女性，却具备不凡的能力，”该公司说，“而且，正像你们中的许多人，她们总能够想办法将运动和健身融入繁忙的生活之中。”这正是 T9 的生活方式。

市场营销者寻找生活方式细分市场，通过特殊的产品或市场营销手段满足特定细分市场的需求。可以通过家庭特征、是否对户外活动感兴趣等各种因素界定这些细分市场。例如，快餐连锁品牌塔可钟最近重新定位为一个体验品牌，与其首要的目标顾客——千禧一代的生活方式相吻合。

个性及自我观念

每个人的购买行为都受其独特个性的影响。**个性**（personality）是指使一个人或一群人区别于其他人或群体的独特的心理特征。个性通常用自信、优越、善于交际、自主、防御性、适应性和进取等特征来描述。个性是分析消费者产品或品牌选择的有用变量。

品牌也有个性，消费者更倾向于选择与自身个性相符的品牌。品牌个性（brand personality）是品牌所具有的人类特质的具体组合。一位研究人员将品牌的个性特征划分为下列五种：真诚（朴实、诚实、健康、开朗）；兴奋（勇敢、坚定、创意、时尚）；能力（可靠、智慧、成功）；成熟（高档、迷人）；强健（适合户外、坚强）。一位消费者行为专家说：“你的个性决定了你消费什么，观看什么电视节目，购买什么产品，以及你作出的其他决策。”[23]

许多知名品牌都有自己独特的个性：福特 F150 属于“强健型”，苹果属于“兴奋型”，《华盛顿邮报》属于“能力型”，而 Method 属于“成熟型”，古驰（Gucci）则体现着“经典”和“成熟”。因此，这些品牌能够吸引那些与其个性高度匹配的人群。例如，快速增长的生活方式品牌 Shinola，塑造出“真诚、底特律打造”的个性特征，使之成为美国最炙手可热的品牌之一。

市场营销者经常运用一个和个性相关的概念——自我观念（self-concept）（或自我形象（self-image））。自我观念的基本前提是人们拥有的产品决定和反映了他们的身份，即“我们消费什么就是什么”。因此，想要了解消费者的行为，就要先明白消费者自我观念与其拥有物之间的关系。

因此，品牌将吸引具有相同个性特征的人们。例如，MINI 汽车的个性特征非常鲜明：一款灵巧、时髦、自信同时强劲有力的小车。MINI 车主——有时候称自己为“ MINIacs”——与他们的爱车有着紧密的情感联系。MINI 不仅针对特定人口特征的细分市场，也对个性细分市场展开诉求——吸引“冒险、个性鲜明、思维开阔、创造性、热爱技术和心理年轻”的人，就像这个品牌的车。[24]

心理因素

个人的购买决策还受到四种主要的心理因素影响，它们分别是：动机、感知、学习、信念和态度。

动机

个人在任何时候都有许多需要。有些需要是生理方面的，比如饥饿、干渴和不安等；有些则是心理方面的，如认可、尊重或归属等。当一种需要强烈到一定程度时，它就变成了一种动机。**动机**（motive/drive）也是一种需要，它促使人们去寻求满足。心理学家已经提出了多种人类动机理论。其中最著名的是西格蒙德·弗洛伊德（Sigmund Freud）的理论和亚伯拉罕·马斯洛（Abraham Maslow）的理论，他们对消费者分析和市场营销产生了完全不同的影响。

西格蒙德·弗洛伊德假定人们对形成其行为的真正的心理动机并不了解。他的理论认为，个体的购买决策受到潜意识动机的影响。即使是购买者自己，也不能充分认识到这些动机。因此，一位“婴儿潮”时期出生的消费者购买了一辆宝马运动型敞篷车，可能会解释说仅仅是因为喜欢风拂过自己稀疏头发的感觉。但在内心深处，他们可能正竭力向他人展示自己的成功。而在更深处，他们购买这款车的原因很可能是为了再次感觉年轻和独立。

消费者常常不清楚或者不能解释他们自己的行为。因此，许多企业聘请大量的心理学家、人类学家和其他社会科学家进行动机研究，发掘品牌态度和购买行为背后的潜意识情感。一家广告公司定期对消费者进行一对一的心理诊疗式访问，以深入探究他们的心理活动。另一家公司则要求消费者将他们喜爱的品牌描述成动物或汽车（比如梅赛德斯或雪佛兰），以此来评定各种品牌的声誉。另外，还有企业通过催眠、梦疗法或者用柔和的灯光和情调化的音乐，来探究消费者模糊的深层次心理。

有些投射技术看起来很愚笨，而且一些市场营销者认为这类动机研究过于烦琐，对此不屑一顾。但是，许多市场营销者运用这种现在称为解释性消费研究的方法挖掘消费者深层次心理，更好地制定市场营销战略。

亚伯拉罕·马斯洛试图解释为什么人们在特定时期会有特定的需要。为什么当一个人花费大量时间和精力来满足个人安全需要时，另一个人在努力获取他人的尊重？马斯洛的答案是，人类的需要是分层次排列的，如图 5-3 所示，按最迫切的到最不紧迫的从低到高依次排列[25]，分别是生理需要、安全需要、社会需要、尊重需要和自我实现需要。

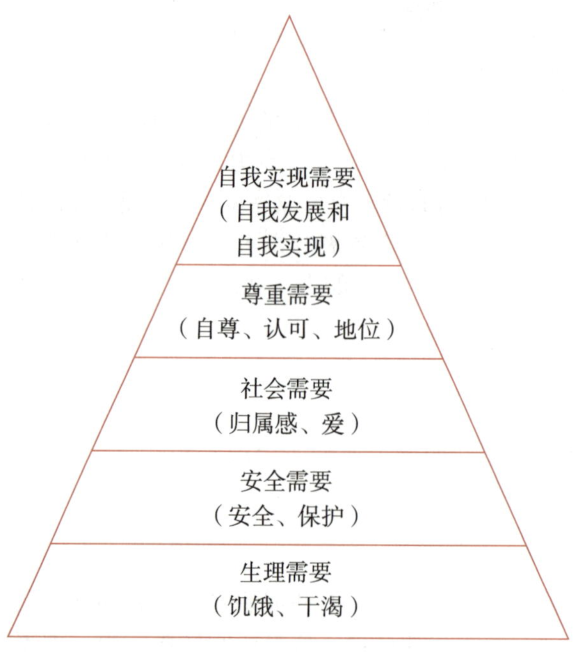

图 5-3　马斯洛需要层次理论

个人总是先满足最重要的需要，当这种需要得到满足后，就不再是一种激励因素，此时，个人将会转向满足次重要的需要。例如，饥饿的人（生理需要）不会对艺术界最新发生的事（自我实现需要）感兴趣，也不会在乎别人如何看待自己（尊重需要），甚至不会关心自己是否在呼吸洁净的空气（安全需要）。但随着当前最重要的需要被满足，下一层次的需要就将发挥作用。

感知

受动机驱使的人随时准备行动。个人的行为受其对情境感知的影响。我们依靠自己的五种感官知觉来了解身边的信息，分别是视觉、听觉、嗅觉、触觉和味觉。然而，每个人接收、组织和解释这些感官信息的方式各不相同。**感知**（perception）是人们通过收集、整理并解释信息，形成有意义的世界观的过程。

由于选择性关注、选择性曲解和选择性记忆这三种认知过程的存在，人们对同样的刺激因素可能会产生不同的感知。人们每天都要接收各种刺激。例如，人们平均每天接触到 3 000 ～ 5 000 条广告信息——从电视和杂志广告，到户外广告牌，再到社交媒体广告和智能手机上的信息。[26] 人们不可能关注所有的刺激信息。选择性关注（selective attention）——人们常常忽略他们所接触到的大多数信息——意味着市场营销者需要格外努力地吸引消费者的注意力。

即使刺激因素被注意到了，它们也不一定会产生预期作用，因为人们总是按既有的思维模式处理接收到的信息。选择性曲解（selective distortion）说明人们倾向于选择符合自己意愿的方式理解信息。人们也会忘记自己接触过的大多数事情，而常常只记住那些符合自己的态度和信念的信息。选择性记忆（selective retention）意味着消费者很可能只记住自己喜欢的品牌的优点，而忽视竞争性品牌的长处。因为存在选择性关注、选择性曲解和选择性记忆，市场营销者必须努力使营销信息到达消费者，让他们正确接收并记住。

有趣的是，尽管大多数市场营销者担心他们的信息能否被消费者接受，一些消费者却在担心他们由于潜意识广告（subliminal advertising）而不自觉地受到营销信息的影响。50多年前，一位研究人员称，在新泽西州一家影院的屏幕上，“吃爆米花”和“喝可口可乐”的标语每隔5秒闪现一次，每次1/300秒。他说，尽管观众并未有意识地接收这些信息，但他们在潜意识里接收了它们，因此会比原来多买58%的爆米花和18%的可乐。忽然间，广告主和消费者保护群体对这种速闪意识产生了浓厚的兴趣。尽管事后该研究人员承认这一数据是捏造的，但相关争论并未平息。一些消费者仍然害怕自己会被潜意识信息操控。

心理学家和消费者研究人员的大量研究发现，消费者行为与速闪信息之间鲜有或者根本没有联系。最近的脑电波研究发现，在某些情况下，我们的大脑可能会记录速闪信息。然而，速闪广告看起来并没有批评者所说的那种能力。[27] 美国市场营销协会的一则经典广告对潜意识广告进行了嘲讽。“所谓的‘潜意识广告’根本就不存在。”这则广告说，“只是想象力过于活跃罢了，大多数人的确这样。”

学习

人们总是在实践中学习。**学习**（learning）是指由经验引起的个人行为的改变。学习论者认为，大多数人类行为是通过学习获得的。学习是通过驱动、刺激、诱因、反应和强化间的相互作用发生的。

驱动（drive）是一种激发行动的强烈的内部刺激。当驱动直接指向某种具体的刺激目标时，它就变成一种动机。例如，消费者自我实现的驱动可能促使他想购买一台相机。消费者对购买相机想法的反应又与周围的诱因有关。诱因（cues）是决定人们何时何地以及如何反应的微弱刺激。例如，注意到商店橱窗里的相机品牌，听到一个特别的报价，或者和朋友讨论等，都可能成为影响消费者购买相机的诱因。

假如消费者买了一台尼康（Nikon）相机。如果这次经验是物有所值的，消费者就可能更多地使用这台相机，并且他的这种反应会被强化。然后，下次再购买相机、双筒望远镜或类似产品时，他购买尼康产品的可能性会更大。学习理论对市场营销者的实际意义在于，他们可以把产品与强烈的驱动联系起来，利用激励性诱因，并提供积极的强化，使人们产生产品需求。

信念和态度

人们在实践和学习中形成信念和态度，信念和态度反过来又影响人们的购买行为。**信念**（belief）是个人对事物持有的具体看法。信念可能建立在现实的知识、观念或信仰之上，可能夹带着情感因素。市场营销者对人们形成的关于特定产品和服务的信念感兴趣，因为这些信念构成了产品和品牌的形象，进而影响人们的购买行为。如果存在某些阻碍购买行为的错误信念，市场营销者就需要开展宣传活动来予以纠正。

人们的态度涉及宗教、政治、服装、音乐、食品和其他任何事物。**态度**（attitude）是个人对事物或观念相对稳定的评价、感觉和偏好。态度导致人们喜欢或不喜欢某种事物，并表现出亲近或疏远。相机购买者可能会持有以下态度：“要买就买最好的”“日本制造的电子产品是世界上最好的”“创造性和自我表达是生活中最重要的”等等。如果是这样的话，尼康相机正好符合消费者的这种态度。

态度一旦形成很难改变。人们的态度形成一种固定的模式，要改变态度就需要调整其他许多相关因素。因此，公司应该让它的产品适合既有的态度，而不是试图改变态度。当然，也有例外。进行品牌重新定位或者扩展可能改变态度。例如吉米·迪安（Jimmy Dean）的尝试[28]：

> 当你想起泰森食品（Tyson Foods）麾下的品牌吉米·迪安，你也许会理所当然地想起香肠和其他早餐食品。吉米·迪安占有53%的冷冻便携早餐食品细分市场和36%的冷冻早餐主菜细分市场。所以，当该品牌最近推出午餐和晚餐产品线时，它知道自己必须改变消费者的态度。新的产品项目包括手撕烤猪肉、熏火鸡、牛肉和熏香肠三明治，配有各种肉、土豆、意大利面和乳酪的盒装食品。这些新产品中，近一半以子品牌吉米·迪安喜悦（Jimmy Dean Delights）营销，热量最多只有300卡路里。
>
> 为改变消费者的态度，吉米·迪安斥资约2 000万美元开展了一场“不再仅仅是早餐”的营销运动，展示了其广为人知的太阳造型的角色，说服感到失望的食品街和熟食店，新上市的吉米·迪安喜悦三明治才是更好的选择。吉米·迪安的广告经理说：“感觉就像太阳照耀着的一整天，随着时间自然推移，从早餐，到中午，再到晚上。”这个太阳造型的吉祥物并没有出现在吉米·迪安最新的营销运动“照耀”之中。但是，该运动还是强调了温暖和积极乐观的态度，向消费者保证吉米·迪安的产品就像阳光明媚的日子里的事物。

现在，我们已经了解了影响消费者行为的众多因素。消费者的选择受到文化、社会、个人和心理因素的相互作用。

5.3 购买决策行为和购买决策过程

购买决策行为类型

消费者对牙膏、iPod、金融服务、新车等产品的购买行为各不相同。越复杂的决策往往包含越多的购买参与者，消费者也越慎重。图5-4显示了根据购买者介入度和品牌差异度两个维度划分的消费者购买行为类型。

	高介入	低介入
品牌间差异显著	复杂的购买行为	寻求多样性的购买行为
品牌间差异较小	降低失调的购买行为	习惯性的购买行为

图5-4 四种购买行为类型

资料来源：Adapted from Henry Assael, *Consumer Behavior and Marketing Action* (Boston: Kent Publishing Company, 1987), p. 87. Used with permission of the author.

复杂的购买行为

当消费者高度介入且认为品牌间存在显著差异时，将采取**复杂的购买行为**（complex buying behavior）。在购买价格高、风险大、不常购买且高度自我表现的产品时，消费者可能高度介入，尤其是当消费者对此类产品不太熟悉的时候。例如，个人电脑的购买者可能不知道应优先考虑何种性能。许多产品属性根本没有实际意义，消费者对各种核心处理器、图形处理器或者内存等计算机知识可能一窍不通。

这个购买者将经历一个学习过程：首先产生对产品的信念，然后逐渐形成态度，深思熟虑之后做出购买选择。高介入产品的营销者必须了解高介入的消费者如何收集和评价信息。他们需要帮助购买者了解产品属性及其相对重要性；他们需要突出自身品牌的特性，利用平面媒体和详细的广告文案来描述品牌优点；他们需要谋求商店销售人员和购买者朋友的支持，从而影响购买者对品牌的最终选择。

降低失调的购买行为

降低失调的购买行为（dissonance-reducing buying behavior）发生在消费者高度介入购买，所购产品价格昂贵、低频率、有风险，但品牌间差异并不大时。例如，购买地毯可能是一个高介入决策，因为地毯价格昂贵并且表现自我。然而，购买者可能认为一定价格范围内不同品牌的地毯大同小异。因此，购买者可能在货比三家之后，会因为品牌间差异不大而快速作出购买决策。购买者主要关心的是价格或购买的便利程度。

如果消费者在购买地毯后发现所买品牌的缺点，或者了解到未买品牌的优点，就可能会经历购后失调（或售后不适）。为了应对这种失调感，市场营销者应该注重售后沟通，提供能让消费者对他们的品牌选择感觉良好的证据和支持。

习惯性的购买行为

习惯性的购买行为（habitual buying behavior）发生在消费者介入低和品牌差异细微的情况下。比如购买食盐，消费者对这种产品的介入度很低。他们通常进入商店随意选择一个品牌。如果他们一直购买同一品牌，那也只是出于习惯，而不是强烈的品牌忠诚。消费者对大多数低成本、经常购买的产品介入度较低。

在这种情况下，消费者行为并不经过通常的“信念—态度—行为”模式。消费者不会仔细搜索品牌的信息，也不会评估品牌的特征，更不会对购买何种品牌反复推敲、慎重决策。因为消费者对产品选择介入度低，即使购买后，他们也不大会对所做的选择作出评价。因此，这一购买过程涉及通过被动学习形成的品牌信念，随后产生购买行为，事后可能有也可能没有评价。

因为购买者对任何品牌的投入都不高，品牌差异小且介入度低的产品的市场营销者经常通过价格和促销来刺激产品的购买。或者，他们增加产品属性或强调几个关键点来差异化自己的品牌和提高消费者介入度。

例如，以看上去并不复杂的面粉和燕麦为例。为了使其品牌与众不同，鲍勃的红磨坊公司（Bob’s Red Mill）在所生产的各种烘焙、谷物和燕麦产品上添加了“真心向善”的标签，承诺只用最有营养的全谷物和传统的石磨生产工艺。鲍勃的红磨坊不只是出售普通的传统面粉，它提供“全美最佳的烘焙面粉”，有 9 种与众不同的面粉，从未经漂白处理的优质白面粉和超优糕点面粉，到 100% 全谷物有机精白面粉。其燕麦产品也是如此——名为“世界上最好的燕麦”（World's Best Oatmeal）——从特浓燕麦片到高纤维燕麦麸热食燕麦，再到有机苏格兰燕麦，有 24 种之多。

寻求多样性的购买行为

消费者在低介入度、高品牌差异的条件下，采取**寻求多样性的购买行为**（variety-seeking buying behavior）。在这种情况下，消费者经常转换品牌。例如，消费者在选购曲奇饼干时可能会带着某种看法，简单地选择一个品牌，然后在食用过程中对这个品牌进行评价。然而下次购买曲奇时，消费者可能出于厌倦或想尝新而选择另一个品牌。品牌的转换并不是因为感到不满意，而是为了寻求多样性。

在这种情况下，在市场中占据领导地位的品牌和小品牌的营销战略有所不同。市场领导者通过占据主要货架空间、不断补充货架商品和经常投放提示性广告，来鼓励习惯性的购买行为。作为市场挑战者的公司则通过提供低价、优惠、折扣、免费样品和倡导试用新鲜事物的广告，来鼓励寻求多样性的购买行为。

购买决策过程

我们已经考察了影响购买者行为的主要因素，接下来将要了解消费者是如何作出购买决策的。图 5-5 展示了购买决策过程的五个阶段：确认需要、搜索信息、评估备选方案、购买决策以及购后行为。购买过程早在实际购买发生前就已经开始，在购买后还会延续很长时间。市场营销者需要关注整个购买过程，而不是只注意购买决策阶段。

图 5-5 购买决策过程

图 5-5 表明，消费者每次购买都要依次经过上述五个阶段。但是，购买者完成整个购买过程的速度可能很快，也可能很慢。在经常性购买中，消费者常常跳过或颠倒某些阶段，主要取决于购买者特点、产品属性和购买情境。一位购买常用牙膏品牌的女士在确认需要牙膏后，会越过信息搜索和选择评估阶段，直接进入购买决策阶段。这里我们仍将运用图 5-5 中的模式，阐述消费者面临一项新的复杂的购买时所发生的全部思考过程。

确认需要

购买过程从购买者确认某一个问题或某种需要开始，即**确认需要**（need recognition）。需要可能由内部刺激引起，当一个人的正常需要——比如饥饿、干渴或性——强烈到某种程度时，就变成了一种驱动力。需要也可能由外部刺激引起。例如，广告或与朋友的讨论可能让你考虑是否要买辆新车。在这一阶段，市场营销者应该进行消费者研究，找出他们的问题、需要及其产生的原因，思考如何引导消费者关注某种特定的产品。

搜索信息

当消费者对某种产品感兴趣时，可能会搜寻更多的信息。如果消费者的需要强烈或满意的产品恰巧在手边，他很可能购买。反之，消费者会暂时将这个需要记在心里，然后进行与之有关的**信息搜索**（information search）。例如，你已经决定购买一辆新车，那么至少你可能会更多地关注汽车广告、朋友的车以及关于汽车的话题。或者，你会主动在互联网上搜索，和朋友交流，或通过其他方式收集信息。

消费者可从以下渠道获取信息：个人来源（如家庭、朋友、邻居和熟人）、商业来源（广告、销售人员、经销商网站、移动网站、包装和展览）、公共来源（大众传媒、消费者评审组织和网络搜索）和经验来源（对产品的操作、检查和使用）。这些信息来源的相对影响因产品和购买者而异。

一般情况下，消费者得到的大多数产品信息来自商业渠道，即市场营销者所控制的来源。然而，最有效的信息来源是个人来源。商业来源一般起告知作用，但个人来源具有判断或评价产品的作用。很少有广告运动可以比一个邻居靠在篱笆上说一句“这个产品很棒”更有效。

如今，“邻居的篱笆”越来越数字化了。消费者自由地在各种社交网站上分享商品评论、图片和经验。购买者可以从诸如亚马逊、百思买、TripAdvisor、Epinions 和 Epicurious 等众多网站中，获得大量关于拟购买产品的用户评价。例如，Yelp 的目标是通过提供大量可搜索的、由已有消费经历的人们提供的评价，来“连接人们和优秀的当地企业”。过去 10 年间，Yelp 用户就当地餐厅、服务企业、艺术和娱乐活动以及全美各大城市的其他服务撰写了 9 000 多万条评论。该网站每月吸引超过 8 900 万名访客搜索评论和评价。[29] 尽管在 Yelp 和其他网站上，个人用户的评价常常在质量上良莠不齐，但总体上能够提供较为可靠的评价，更何况它们直接来自自己类似的实际购买者或使用者。

随着获取信息的增多，消费者对各种品牌和特征的认知与了解也逐渐增加。在对汽车信息的搜索中，你可能了解到许多品牌信息。这些信息帮助你在再三思考后放弃了一些品牌。公司必须设计营销组合，以使消费者了解其品牌。另外，市场营销者应该认真识别消费者的各种信息来源，分析、评估其相对重要程度。

评估备选方案

消费者使用各种信息筛选出一组最终可供选择的品牌之后，是如何从中选择的呢？市场营销都需要了解**评估备选方案**（alternative evaluation），即消费者如何处理信息并选择品牌的过程。遗憾的是，没有适合所有购买情况的简明、单一的评估过程。相反，目前流行几种不同的评估过程。

购买方案的评估根据消费者个人和特定购买情形而定。在某些情况下，消费者会精打细算，缜密思考。在其他情况下，同一位消费者却可能很少甚至不加思考，他凭直觉或冲动进行购买。有时，消费者会自行决策；有时，他们会向朋友、网上评论或销售人员寻求购买建议。

假如你备选的汽车购买方案已被缩减到三个品牌。同时，假设你主要看中四个属性——款式、油耗、保修服务和价格。而且，你已经了解每个品牌在各个属性上的表现。那么，如果某款车在所有属性上都表现最好，显然市场营销者能够预测到你的选择非它莫属。然而，实际上每个品牌无疑有着不同的吸引力。你也许仅仅根据一个属性作出购买决策，那也很容易预测你的选择。比如你更重视汽车款式，就会购买自认为款式最好的那款。但是，大多数消费者会综合考虑几种因素，而且每一种的权重不同。只有了解这四种属性对你而言的相对重要性，市场营销者才能更加可靠地预测你的选择。

因此，市场营销者应该研究购买者评估品牌方案的实际过程。只要知道了消费者是如何评估产品的，市场营销者就能采取措施去影响他的选择。

购买决策

在评估选择阶段，消费者对品牌进行排序，并形成购买意图。一般地，消费者的**购买决策**（purchase decision）将是购买他们最喜爱的品牌，但有两个因素会影响他们的购买意图和最终的购买决策。第一个因素是其他人的态度。如果某个人对你很重要，而他认为你应该买价格最低的汽车，那么你选择高价汽车的可能性就会降低。

第二个是意想不到的环境因素。消费者可能将购买意图建立在预期收入、预计价格和期望产品利益等因素之上。然而，突发情况可能会改变消费者的购买意图。例如，经济开始恶化，竞争对手降低价格，或朋友认为你中意的汽车不好，等等。因此，偏好和购买意图并不总是会导致实际的购买行动。

购后行为

产品售出后，市场营销者的工作并没有结束。消费者是否满意以及他们的**购后行为**（postpurchase behavior）也是市场营销者应该关注的。哪些因素决定了购买者是否满意？答案取决于消费者预期（consumer’s expectations）与产品感知绩效（perceived performance）之间的关系。如果产品未达到预期，消费者会感到失望；如果产品符合预期，消费者会感到满意；如果产品超过预期，消费者会感到高兴。预期绩效与实际感知绩效之间的差距越大，消费者越不满意。这说明为使消费者感到满意，销售人员应该如实介绍产品的真正绩效。

然而，几乎所有重要的购买行为都会产生**认知失调**（cognitive dissonance），或是购后认知冲突而引起的不适。购买之后，消费者对所选品牌的优点感到满意，并庆幸避免了未购买品牌的缺点。然而，所有购买行为都涉及权衡。消费者会为所选品牌的缺点而担心，也会为没有得到未购品牌的好处而感到不安。因此，消费者每次购买后，或多或少都会存在心理不平衡感。

为什么让顾客感到满意如此重要呢？顾客满意是建立盈利性的顾客关系的关键，它能吸引和保留顾客，获得顾客终身价值。满意的顾客会再次购买，并向他人推荐产品，他们更可能购买该企业的其他产品，而且不太重视竞争品牌及其广告。许多营销者不仅仅满足于达到顾客的期望，他们的目标是取悦顾客。

不满意的消费者有截然不同的反应。“好事不出门，坏事传千里。”对企业及其产品的差评能很快地破坏消费者对公司及其产品的印象。不满的顾客很少投诉。多数不满的顾客不会主动向公司反映他们遇到的问题。因此，企业应该经常测量顾客满意度，建立鼓励消费者投诉的机制。这样，企业就能了解自己的业绩，知道应该如何改进。

通过研究完整的购买决策过程，市场营销者或许能找到帮助消费者顺利决策的方法。例如，如果消费者因为没有发觉需要而不购买某种新产品时，市场营销者也许可以通过广告信息来激发需求，充分展示该产品能为消费者解决的问题。如果消费者知道这个产品，但因为缺乏好感而不购买，营销者就想方设法要么改变产品，要么转变消费者的观念。

5.4 新产品购买决策过程

现在，让我们来看看购买者是如何购买新产品的。**新产品**（new product）指潜在消费者眼中新的产品、服务或观念。尽管它们可能在市场上已经存在了一段时间，但我们感兴趣的是消费者怎样第一次了解该新产品，并作出接受或拒绝的决策。我们将**采用过程**（adoption process）定义为“个人初次知晓一项创新到最终采用的心理过程”。采用是指个人作出成为某产品固定用户的决定。[30]

采用过程的各个阶段

消费者采用新产品时要经过五个阶段：

- 认知：消费者知道了新产品，但缺乏相关信息。
- 兴趣：消费者寻找新产品的相关信息。
- 评价：消费者考虑是否试用该新产品。
- 试用：消费者少量试用新产品，以改善对该新产品价值的评价。
- 采用：消费者决定全面地或经常性地使用该新产品。

这个模型表明，新产品的市场营销者应该考虑如何帮助消费者经历这些阶段。例如，如果公司发现不少消费者考虑其产品，但迟迟未采取购买行动，就很可能提供零售优惠、补贴或其他价格激励，帮助消费者尽快作出购买决策。为了帮助有意购买汽车的消费者克服2008年经济不景气的影响，快速完成购买决策过程，现代汽车提供了独特的保证计划（Hyundai Assurance Plan），承诺贷款购买或租赁新现代汽车的买家可以无成本退货；如果一年内失业或收入下降，不损害他们的信用评级。该运动推出仅一个月，现代索纳塔汽车的销量就飙升了85%。

创新精神的个体差异

人们尝试新产品的意愿有很大差异。在各个产品领域，都有“消费先锋”和早期采用者。其他人采用新产品则要晚得多。人们采用新产品的情况可以划分成图5-6所示的几类。[31] 如图中曲线所示，经过最初阶段的缓慢增长，越来越多的人开始采用新产品。随着后面的消费者陆续采用，购买者数量逐渐达到顶峰。创新者（innovators）是最先接受新产品的人，占购买者总量的2.5%（在平均采用时间2个标准差之外）；早期采用者（early adopters）是紧随其后的13.5%（位于均值1～2个标准差之间）；然后是早期大众（early mainstream）和晚期大众（late mainstream）；最后是落伍者（lagging adopters）。

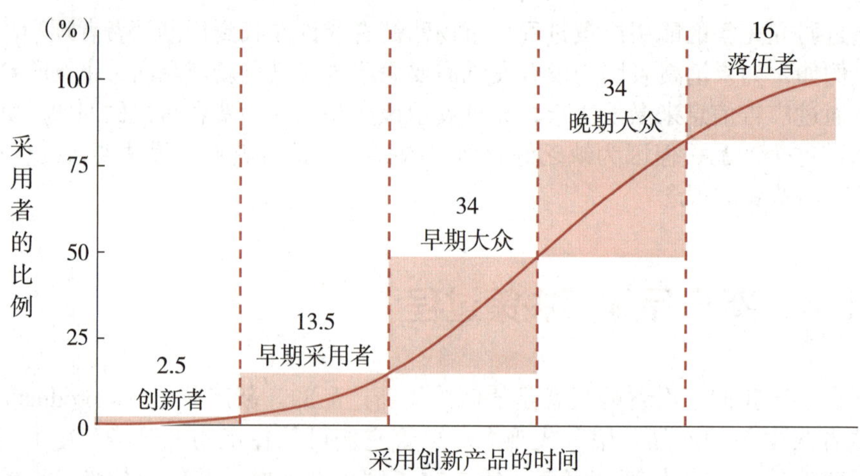

图 5-6　根据采用创新产品的相对时间对采用者的分类

这五类采用者拥有不同的价值观。创新者有冒险精神，他们乐于尝试有风险的新观念。早期采用者在意他人对自己是否尊重，他们是某些领域内的意见领袖，较早采用新观念，但态度谨慎。早期大众更加小心谨慎，尽管他们不是领导者，但比普通大众更早采用新观念。晚期大众往往疑虑重重，他们要等到大多数人都尝试之后才接受这项创新。最后，落伍者受到传统的约束，他们往往持怀疑的观点，只有在创新成为一种传统之后才采用。

对采用者的分类表明，不断创新的公司应该侧重研究创新者和早期采用者的特点，制定直接针对他们的营销活动。

产品特征对采用率的影响

新产品自身的特征会影响其采用率。有些产品几乎一夜之间就大受欢迎，例如，苹果公司的 iPod、iPhone 和 iPad 甫一问世，销量就迅速增加。而有些产品则需要经过一段较长的时间才会被接受。例如，在日产聆风（Nissan Leaf）和特斯拉 S 型（Tesla Model S）等品牌的引领下，纯电动汽车早在 2010 年就进入美国市场了。但是目前，它在美国汽车总销售中的比重仍然远不及 1%。很可能还需要数年甚至数十年，纯电动汽车才能取代汽油动力汽车。[32]

以下五个特征对提高创新采用率特别重要。我们将结合纯电动汽车的采用率，对这些特征进行分析：

- 相对优势：创新产品优于现有产品的程度。纯电动汽车不适用汽油，只用清洁的低成本能源。这将加速其采用率。但是，充电限制了行驶范围，加上初始成本较高，将延缓其采用率。

- 匹配程度：创新产品符合潜在消费者的价值观和经验的程度。纯电动汽车和燃油汽车驱动的方式相同。但是，却没有遍布全国的充电网络与之匹配。充电桩很少，而且相距很远。采用率能否提高很大程度上取决于全国充电站网络的建设，而这需要可观的时间。

- 复杂程度：了解和使用创新产品的难易程度。驾驶纯电动汽车并不困难也不复杂，这有助于加速其采用率，但是新技术的“感知复杂性”和对使用效果的顾虑会减缓其采用率。

- 可分程度：创新产品可以较小的单位或代价试用的程度。消费者可以试驾纯电动汽车，这对提高采用率有利。但是，目前拥有和充分体验这项新技术所需要的高昂价格很可能减缓采用率。
- 可沟通程度：人们使用创新产品后，可以观察到或向他人描述优点的程度。纯电动汽车本身展示和说明的程度越好，其优点在消费者之间就传播得越快。

其他影响采用率的特征还有初始成本、运行成本、风险、不确定性和社会认可度。在开发新产品和制订营销计划时，新产品的营销人员必须研究所有影响因素。

关键术语

消费者购买行为（consumer buyer behavior）
消费者市场（consumer market）
文化（culture）
亚文化（subculture）
总体市场战略（total market strategy）
社会阶层（social class）
群体（groups）
口碑的影响（word-of-mouth influence）
意见领袖（opinion leaders）
在线社交网络（online social networks）
生活方式（lifestyle）
个性（personality）
动机（motive/drive）
感知（perception）
学习（learning）
信念（belief）
态度（attitude）
复杂的购买行为（complex buying behavior）
降低失调的购买行为（dissonance-reducing buying behavior）
习惯性的购买行为（habitual buying behavior）
寻求多样性的购买行为（variety-seeking buying behavior）
确认需要（need recognition）
信息搜索（information search）
评估备选方案（alternative evaluation）
购买决策（purchase decision）
购后行为（postpurchase behavior）
认知失调（cognitive dissonance）
新产品（new product）
采用过程（adoption process）

概念讨论

1. 定义消费者市场，并描述影响消费者购买行为的四类主要因素。当你决定进入哪所大学时，哪些因素影响了你的选择？它们与你决定周六晚上干什么的影响因素相同吗？

2. 什么是总体市场战略？市场营销者为什么运用这种战略？举一例新近运用总体市场战略的产品或服务，并论述使之有效或无效的要素。

3. 什么是亚文化？描述至少两种你所属的亚文化，并说明可能影响你的消费行为的参照群体。

4. 简要说明影响消费者购买行为的四种心理因素。

5. 列举和描述采纳过程的主要阶段。一名学生选择大学时怎样经历这一采纳过程？

案 例

GoldieBlox：沿着消费者感知逆流而上

黛比·斯特林（Debbie Sterling）在高中的时候，数学老师发现她有数字天赋，建议她选择工程学作为大学专业。那时候，斯特林不知道为什么她的老师认为她会以开火车为生。但是，这一建议足以促使她选择一条正确的道路。在斯坦福完成 4 年的学业之后，斯特林从机械工程专业毕业。但是，在学过的所有课程中，斯特林注意到工程领域中始终缺少女性的身影——该领域典型的特征是，男性的比例（86%）远远高于女性（14%）。这一观察点燃了斯特林的热情。她立志打破玩具店的粉色通道，激发未来一代的女性工程师。

几年来，斯特林获得了众多荣誉，她被选为《时代》的“重要人物”和《商业内幕》（*Business Insider*）的“改变世界的 30 位女性”。为什么？因为斯特林创立了使命独特的玩具公司 GoldieBlox 并担任 CEO。

一家另类的玩具公司

毕业之后，斯特林开始研究从童年发展到性别角色等各种问题。她发现，要在一个特定的领域建立兴趣和追求，一个人必须在幼年就接触并恰当地投入。可斯特林了解到玩具销售的情况后非常不安。商店玩具销售区的陈列常常被分成两种截然不同的货架通道：女孩的玩具在粉色通道，主要是娃娃、毛绒动物和公主，蓝色通道中男孩的玩具则充斥着各种阳刚的人物形象、玩具武器和种类繁多的建筑积木。大多数专家都认同为女孩提供的玩具无法鼓励她们对 STEM 学科（科学、技术、工程和数学）的兴趣。这一认知促使斯特林制订计划为女孩创造不同的玩具种类。

在她开始开发玩具创意时，一项发现震撼了她——女孩们拥有杰出的语言技巧并倾向于更好地通过与故事互动学习。这一洞察对 GoldieBlox 建筑拼装玩具套装产品线的创造起到了重要的推动作用。她设计了建筑拼装玩具与故事书的组合，鼓励女孩们搭建建筑模型，并运用她们的语言技巧讲述 Goldie——一个穿着工装裤、系着工具带，脸上有雀斑的金发小姑娘——的冒险经历。尽管 Goldie 行事风格像个假小子，但依然少女心爆棚。她有着苗条、金发的可爱形象，最喜爱粉色和紫色。玩具与故事中有动物和丝带等元素，而且人物更愿意帮助他人，而不是追求个人成功。

尽管她的创新性玩具在纽约举办的美国国际玩具展销会上乏人问津，斯特林还是创办了自己的公司。这一决定激发的关注超过了她的预期。为争取首轮生产所需要的 15 万美元资金，斯特林发起了 Kickstarter 众筹运动。仅用 4 天就达成了她的融资目标，获得 28.5 万美元的资金。

斯特林在传统广告上花费很少，主要通过 YouTube 上的广告推销其发明的玩具，例如视频《公主机器》（Princess Machine），表现带着典型女孩玩具的小女孩，创造出精密的 Rube Goldberg 装置。该视频迅速传播开来，在一周多的时间观看量达到 800 万人次。紧接着，GoldieBlox 最初的两项产品在玩具行业最火的 12 月成为亚马逊最畅销的两种玩具。如果这一切还不够的话，GoldieBlox 在财捷公司（Intuit）的“小企业大比赛”超级碗广告赛中击败了 15 000 位竞争者，赢得了价值 400 万美元的赛场广告时间。

在其首个产品问世几年之后，GoldieBlox 的玩具在塔吉特、玩具反斗城、亚马逊和全球 6 000 多家零售店有售。该品牌为年龄在 3～11 岁的女孩设计数十款拼装玩具、Bloxtown互动网站和移动应用程序、原创音乐视频、GoldieBlox行动方案以及“不只是公主”（More Than Just a Princess）T恤和卫衣产品线。GoldieBlox赢得了巨大的行业回报，其玩具成功地唤起了人们对技术和科学领域缺少女性参与以及与传统粉色通道相关联的问题的关注。

Goldie并非总是熠熠生辉

因为所有这些成功，你可能会想GoldieBlox应该被所有想改变玩具性别偏见的人视为先驱。但是，GoldieBlox却激起了巨大争议，人们质疑它是否真正有助于其声称所追求的事业。受到许多女权主义者声音的引导，反对者声称GoldieBlox的方法只是弄虚作假地装饰门面。争议在GoldieBlox的新拼装玩具游行花车（Parade Float）上市后，变得更加不堪入目。这款玩具是Goldie和朋友们面对的新挑战——为选美比赛的获胜者建造一辆花车。“当你起步于‘我们知道所有的女孩都爱公主’时，并不能创造一个旨在打破偏见的玩具。”梅丽莎·沃迪（Melissa A. Wardy）说。反对阵营里的人呼吁中性玩具。沃迪说：“当我们运用公主文化、粉色花和美貌规范来向女孩们推销STEM玩具时，只是自我愚弄罢了，好像我们很了不起、很激进，培育了一代杰出的女性工程师。其实，我们只不过在继续迷惑我们的女孩。”而且，尽管玩具的设计初衷是通过让女孩们建设和创造来激发她们对工程的兴趣，批评者们担心GoldieBlox玩具过于简单化了。

但是，斯特林迅速对所有这些质疑进行了回应，表明GoldieBlox可不是用没有实现的噱头来吸引父母。“成为公主本身并没有错，”这位32岁的创业者说道，“我们只是认为女孩们也可以建设她们自己的城堡。”这一创意得到许多认为有必要打破粉色通道的赞同者的支持，但你不能从试图毁掉它开始。

为了通过玩耍影响女性所追求的爱好的类型和学术领域，一家公司首先必须在一个激烈竞争的市场中获得一席之地。全新玩具要赢得女孩们的青睐，不得不包含能让女孩们争抢的新款贝兹（Bratz）或者迪士尼公主娃娃的某些特点。GoldieBlox玩具也许并没有彻底清除传统的性别成见，但它们对其加以调整和重构。GoldieBlox花费数年时间研究性别差异，从哈佛神经科学家那里寻求重要的依据和启发，并观察女孩们的玩耍模式。斯特林强调说：“我们的故事利用女孩优秀的语言能力帮助开发和建立她们在空间能力方面的自信。”

另外，斯特林才刚刚起步。如今，GoldieBlox产品组合不仅仅在拼装玩具数量上增长，人物也更加丰富多样，先后有三个女孩们喜欢的新人物加入Goldie团队：露比·瑞尔斯（Ruby Rails），一个广受喜爱的善于编程的非裔美国女孩；瓦伦蒂娜·沃尔兹（Valentina Voltz），一位西班牙裔工程师；李庄严（Li Gravity），Goldie多年的邻居和最好的朋友，同时也是一位物理专家，知道如何运用自己最喜爱的科学知识，可以做到超级英雄般精确。这些人物一起带领女孩们进行各种冒险，可不是公主的恶作剧，而是高空跳伞、滑索和赛车。随后，GoldieBlox还推出了“发明公寓”——一套被斯特林称为“反玩偶屋”的300片拼装玩具，可以构建或重构为数百种不同形式的“黑客掩蔽所”。

无论两个阵营的争议在努力实现相同目标的过程中能否解决彼此的差异，GoldieBlox给玩具行业造成的巨大冲击毋庸置疑。如果最近的北美国际玩具年度展销会预示着什么，那就是小GoldieBlox之风已经席卷整个行业。GoldieBlox在展销会上设立展台的第一年，技术玩具部门就是一片荒地。如今，几乎所有展台都有为女孩提供的STEM玩具、机器人和大量非粉色玩具。

尽管有着终结玩具与娱乐产业许久以来持有的性别成见的明确动机，斯特林很清楚自己的目标是让 GoldieBlox 像迪士尼那样成为跨平台人物品牌。“我们想成为孩子们热爱的品牌。”如果随后几年 GoldieBlox 能够保持最初几年的增长势头，很可能在当地超级购物中心会出现一种新的玩具货架通道——主要是 GoldieBlox 的跨平台品牌。

资料来源：John Kell, “ How Toy Startup GoldieBlox Made Diversity a Priority, ” *Fortune*, April 1, 2016, www.fortune.com/2016/04/01/goldieblox-toy-startup-diversity/; “ Hottest Toys of 2016: On the Ground with GoldieBlox at the Toy Fair,” *GeekGirlRising*, www.geekgirlrising.com/hottest-toys-of-2016-focus-on-steam-ggr-and-goldieblox-onthe-ground-at-ny-toy-fair/, accessed June, 2016; Katy Waldman, “ GoldieBlox: Great for Girls? Terrible for Girls? Or Just Selling Toys? ” *Slate*, November 26, 2013, www.slate.com/blogs/xx_factor/2013/11/26/goldieblox_disrupting_the_pink_aisle_or_just_selling_toys.html; Jennifer Reingold, “ Watch Out Disney: This Toy Startup's Coming for You,” *Fortune*, November 26, 2014, http://fortune.com/2014/11/26/goldieblox-toy-startup/; and information from www.goldieblox.com, accessed June 2016.

讨论题

1. 在影响消费者行为的诸多因素中，哪一类或哪几类（文化、社会、个人或者心理）因素可以最好地解释蓝色玩具通道和粉色玩具通道的存在？为什么？

2. 选择对蓝色或粉色通道现象最有解释力的具体因素（例如，文化、家庭、职业、态度）。解释 GoldieBlox 努力营销“与主流背道而驰”的玩具时所面临的挑战。

3. GoldieBlox 反抗现有的蓝色或粉色通道制度的程度如何？

4. 如果 GoldieBlox 成功地售出大量玩具，能否实现增加工程领域女性比例的使命？

注 释

请扫描二维码或登录中国人民大学出版社官网www.crup.com.cn下载本书注释。

6 组织市场与组织购买者行为

学习目标

- 定义组织市场并解释组织市场与消费者市场的区别。
- 识别影响组织购买者行为的主要因素。
- 列举和定义组织购买决策过程的步骤。
- 比较机构和政府市场，解释机构和政府购买者如何制定购买决策。

在上一章中，我们学习了最终消费者的购买行为及其影响因素。现在，我们讨论组织客户——那些为了转售给其他人或者为满足自己的生产所需而进行购买的组织。与向最终消费者出售产品和服务类似，组织市场中的市场营销者也必须创造卓越的顾客价值，与组织客户建立盈利性的关系。

让我们先来看看 IBM 的故事。尽管大多数消费者对 IBM 品牌并不陌生，但该公司约 1 000 亿美元的年收入几乎都来自企业和机构客户。IBM 不仅出售产品和服务给 B2B 客户，还成功地与它们紧密而深入地合作，为它们开发完整的解决之道，应对信息和数据分析问题。从其顾客解决之道的崇高使命到“立足当地”的市场战略，IBM 希望成为其企业客户信息和洞察方面的战略合作伙伴。

引例 IBM：世界上最有价值的 B2B 品牌

对我们大多数人来说，IBM 是家喻户晓的品牌。但是，纵观其漫长的历史，IBM 的财富并不是来自最终消费者，而是来自大型企业和机构客户。这个“蓝色巨人”——就像人们常常称呼的——本质上是一个 B2B 品牌。从事公司品牌研究的米尔沃德·布朗（Millward Brown）最近将 IBM 称为世界上最有价值的 B2B 品牌。其价值高达 960 亿美元，比位居第二的 B2B 品牌 GE 高出 50%。尤其令人印象深刻的是，IBM 历经 100 多年依然兴盛，没有任何其他《财富》25 强的公司能够做到这一点。

某种程度上，在 B2B 市场销售的 IBM 与向最终消费者出售产品的宝洁公司类似。两者都要求深入透彻地理解顾客需要，并制定以顾客为中心的市场营销战略，吸引顾客和递送卓越顾客价值。不过，除此之外两者就鲜有共同点了。不是面向大量个体消费者的小额交易，IBM 与大规模的购买者完成复杂的大笔交易，每次购买可能涉及数十位决策制定者。所以，与其说 IBM 的 B2B 业务重在向客户出售产品，不如说是与它们合作，帮助它们解决复杂的信息和分析问题。

解决客户问题始终是 IBM 战略、文化和成功的核心。长期以来，IBM 多次自我转型来满足不断变化的客户需要。例如，20 年前，IBM 最知名的业务是商用大型计算机、个人电脑和其他基础的计算机系统零部件。那时，如果你问这个蓝色巨人的高层管理者什么是他们的使命，他们也许会回答："出售计算机硬件和软件。"

但是，IBM 的销售在 1990 年代早期遇到瓶颈。为找到原因，IBM 派出其高级经理与重要客户面对面地了解情况——被称作"熊抱客户"——重新认识它们的问题和选择产品时最看重的属性。管理者发现在新的、以互联为特征的数字时代，企业面临令其倍感困惑和无措的海量数据和信息技术。当今的客户需要的不仅仅是计算机和软件。相反，它们需要应对前所未有的大量数据信息及其合理分析的整体解决之道。

这一认识导致 IBM 业务的重大转型。如今，如果你请 IBM 的管理者定义一下公司使命，他们会告诉你"我们针对客户的数据和信息问题，递送洞察和解决之道"。在这一"客户解决之道"新战略核心的指导下，IBM 的重点不再放在主机和计算机硬件之上。相反，它增加了将信息技术、软件和咨询服务整合在一起的全面计划。最近，为满足客户日益变化的数字需要，IBM 更深入地转向数据分析、云计算、社交网络和移动技术的解决方案。

现在，客户仍然可以从 IBM 那里购买主机和硬件，但他们更可能购买跨越互联网、移动和社交媒体的，整合了硬件、软件、服务、咨询和建议的复杂的解决方案。转型后的 IBM 如今与其 B2B 客户在从评估、计划、设计和执行数据与分析系统，到为客户运营这些系统等各个方面紧密合作。

根据 IBM 的 CEO 罗睿兰（Ginin Rometty）所言，使得 IBM 与众不同的是，公司始终以与客户紧密合作并不断调整自己来满足客户需要为核心。"我们有 104 年历史了，"她说，"104 年来，我们是唯一岿然不倒的技术公司，原因就在于我们多次成功转型。"IBM 新的营销运动总结了其对客户解决方案的聚焦："智慧商业：深谋远虑。"该运动将 IBM 定位为一家帮助客户在新的"智能时代""深刻思考客户所面临的挑战、竞争者和局限"的公司。

但是，IBM 优秀的 B2B 营销远不止客户解决之道的崇高使命、彻底的转型和富有想象力的定位运动。在最基础的层次，它"脚踏实地"——IBM 团队和个人与客户建立紧密的日常工作关系。

考虑 IBM 员工魏维克·古普塔（Vivek Gupta）如何在增长最迅速的行业（电子通信）和发展最快速的市场（印度）成为最好的销售人员的经典例子。数年前，古普塔刚刚加入 IBM 时，他奋力在印度这个 70% 以上的公司是家族企业，关系、信任和家族纽带比任何事情都重要的市场拼得一席之地。除了从 IBM 的正规培训中学到的方法，古普塔自己独创了一套密集调查法，广泛结交、深入了解 IBM 及其客户，扎实积累关于公司的产品和服务，以及如何适应客户需要的知识。

当古普塔首次拜访潜在客户沃达丰——印度飞速发展的手机市场中的主导企业，那里的运营主管告诉他，“我与 IBM 没有任何生意往来，我也不想有”。但是，意志坚决的古普塔不放弃，结识了沃达丰的重要决策人，耐心倾听和观察，思考 IBM 能够如何帮助沃达丰在激烈竞争的市场中取得成功。

结果，古普塔对沃达丰的了解甚至胜于其员工。花了近 4 年的时间，古普塔最终成功地争取到沃达丰——正是那个曾经信誓旦旦不会与 IBM 做生意的企业——签下了为期 5 年、金额高达 6 亿美元的巨大的交钥匙合同，包括沃达丰从客户服务到财务管理等各项业务。古普塔成为沃达丰孟买办公室里的知名人物，那里的许多人都吃惊他佩戴的徽标上写着“IBM”而不是“沃达丰”。古普塔成功地发现了客户需要解决的问题。“你必须理解客户的痛点，”他解释说，“它们不会明明白白地写在那儿。”

受到成功的激励，古普塔瞄准了更大的目标。他认识到许多大型印度电信公司为应付基本的后勤运营系统就已经殚精竭虑，以至于根本没有资金和人力思考战略、品牌化和营销问题。IBM 恰好有建立和维持这一系统所需要的所有技术和专长。如果由 IBM 来承担系统的内部管理工作，客户不就可以解放出来专心考虑战略和营销了吗？古普塔向当时印度通信行业相对比较年轻的企业 Bharti Airtel 提出了清晰的设想。最终的结果是：IBM 现在帮助管理着 Bharti Airtel 大部分的后台运营工作，而 Bharti Airtel 专心照顾它自己的顾客。在最初的 5 年间，这笔交易为 IBM 带来了惊人的 10 亿美元销售额。Bharti Airtel 如今也成长为印度通信行业的领导者。该交易成为 IBM 在新兴市场销售培训的示范案例。

IBM 与魏维克·古普塔的故事彰显了 B2B 营销成功的要义。始于以顾客为中心的使命，并落实到与顾客紧密合作、共同发现解决方案。古普塔不仅仅出售 IBM 计算机硬件、软件和分析服务，他与客户合作，感受它们的痛点、发现解决方案，并出售能够为客户解决问题的 IBM 系统和服务。“非常简单和清楚，”一位分析人员说道，“他想说服你 IBM 能够比你更好地运营你的企业——你整个的业务，让你专心于战略和营销。”[1]

许多大型公司通过各种途径向其他组织出售产品和服务。例如，杜邦（DuPont）、波音、卡特彼勒（Caterpillar）等众多企业将大部分产品出售给其他企业。即使是大型的消费者产品制造商，虽然它们的最终用户是广大的消费者，但也必须先将产品出售给其他企业。例如，通用磨坊公司麾下有许多广为人知的消费者品牌——BigG 燕麦系列（晶磨、Wheaties、Trix、Chex）、烘焙产品（品食乐（Pillsbury）、贝蒂妙厨（Betty Crocker）、Gold Medal flour）、零食（Nature Valley、Bugles、Chex Mix）、优诺（Yoplait）酸奶、哈根达斯冰激凌等。但是要将这些产品送到最终消费者手中，通用磨坊公司必须首先将它们出售给批发商和零售商，由后者向消费者市场出售。

组织购买者行为（business buyers behavior）指一些组织为了出售、租赁或供应其他组织用于生产而购买产品和服务的行为。它也包括零售和批发企业的购买行为，它们购买产品和服务是为了转售或出租给其他人谋利。在**组织购买过程**（business buying process）中，组织购买者首先决定需要什么产品和服务，然后寻找备选的供应商和品牌，并进行评价和选择。组织市场中的营销者必须竭尽所能理解组织市场和组织购买者行为。与面向最终购买者的企业一样，组织市场的营销者必须通过创造卓越的顾客价值来与组织客户建立盈利性的关系。

6.1 组织市场

组织市场规模巨大。实际上，组织市场涉及的销售金额和产品项目数量远远大于消费者市场。例如，仅仅一只固特异（Goodyear）轮胎的生产和销售就涉及大量的企业间交易。各种供应商向固特异出售橡胶、钢铁、设备和生产轮胎所需要的其他产品。固特异随后将生产出的轮胎出售给零售商，后者再将轮胎出售给消费者。于是，仅仅为了向消费者出售一套轮胎，企业要进行多项购买活动。另外，固特异还将轮胎作为原始装备出售给汽车制造商安装在新车上，或者作为更换轮胎出售给其他企业用于轿车、卡车、公交车或其他车辆的维护。

组织市场与消费者市场在某种程度上类似。两者都涉及为满足需要而承担购买角色和制定购买决策的人。但是，组织市场在许多方面与消费者市场存在区别，主要体现在市场结构和需求、购买单位的特点、涉及的决策类型和决策过程等方面。

市场结构和需求

与消费者市场的市场营销者相比，组织市场中的市场营销者通常面对数量较少但规模更大的买者。即使在规模巨大的组织市场中，大部分的购买需求也常常来自少数买家。例如，固特异向最终消费者出售替换轮胎时，其潜在市场包括遍布美国和全球的数百万在用车车主。但是，固特异在组织市场的命运则取决于能否从屈指可数的大型汽车厂商那里争取到订单。

此外，许多组织市场的需求具有刚性，而且波动更大。价格变动对许多工业产品的总需求影响不大，短期内更是如此。皮革价格的下降不会吸引制鞋商采购更多的皮革，除非它导致更低的鞋价，进而提高了人们对鞋子的需求。与消费者产品和服务的需求相比，许多工业产品和服务的需求往往变化更大、更快。消费者需求的略微提高都可能导致企业需求的大量增加。

最后，企业需求是**衍生性需求**（derived demand）——它最终来源于人们对消费者产品的需求。例如，厂商之所以需要 Gore-Tex 面料，是因为消费者购买用这种面料制作的户外服装。同样，只有当消费者购买采用了大猩猩玻璃屏的笔记本电脑、平板电脑和智能手机时，诸如苹果、三星、联想、戴尔、惠普、索尼和微软等厂商才会购买康宁的大猩猩玻璃。如果消费者对这些产成品的需求上升，厂商就会增加对 Gore-Tex 面料或大猩猩玻璃的采购。

所以，B2B 市场营销者为提高销售，有时会直接向最终消费者推销他们的产品。例如，康宁长期开展“坚固而且美丽”的消费者营销运动，用大猩猩家族生动形象地说服最终购买者相信只有选择采用大猩猩玻璃屏幕的数字设备才是明智的。这类广告运动既对康宁，也对采用其持久、防划痕玻璃的合作品牌有利。康宁的大猩猩玻璃如今被全球 40 多个重要品牌的 45 亿台设备所采用，这很大程度上归功于其消费者营销运动。[2]

购买单位的特点

与消费者购买相比，组织购买常常涉及更多的决策参与者和更加专业的购买工作。通常，组织购买由受过训练的采购代理人完成，他们一直在实践中学习怎样买得更好。购买决策越复杂，参与决策过程的人就越多。通常，在采购重要产品时，技术专家和高层管理者会共同组成采购小组。不仅如此，B2B 市场营销者现在要面对更高水平、更加训练有素的供应链管理者带来的新挑战。所以，公司必须有训练有素的市场营销和销售人员来应对这些专业而精明的购买者。

决策类型与决策过程

与消费者购买相比，组织购买者的购买决策常常更加复杂。组织购买常常涉及大量的资金、复杂的技术和经济条件，以及与买方组织中不同层次的多个人员的互动。这种购买行为更加繁复，组织购买的决策周期也因此往往历时很长。大规模的组织购买常常要求详细的产品说明、书面的购买单据、细致的供应商筛选和正式的审批流程。

最后，在组织购买的过程中，买卖双方常常相互依赖。在所有的购买阶段——从帮助客户确定问题，到寻求解决之道，再到对售后运作的支持服务，B2B 市场营销者都需要积极投入与客户紧密合作。他们常常针对某个客户的特别需要提供定制的产品和服务。从短期来看，满足购买者当前产品和服务需要的供应商会赢得销售。但是，从长期来看，B2B 市场营销者更应该通过满足客户当前需要，并与客户建立伙伴关系来帮助其解决面临的问题，进而保持对客户的销售和创造顾客价值。以农业与食品巨人嘉吉（Cargill）的可可与巧克力部门为例[3]：

> 嘉吉公司的可可与巧克力部门向全球的组织客户出售可可和巧克力产品，包括像玛氏（Mars）和亿滋（Mondelez）这样的巨型公司。其成功源于不只是向这些客户出售产品，而是与它们紧密合作，运用其精深的专长帮助客户用嘉吉的巧克力产品更好也更盈利地为各自的顾客服务。例如，嘉吉公司的研究者始终与客户分享全球消费者食品趋势的最新数据和研究成果。公司的研发团队为客户提供个性化的产品开发支持；技术服务专家帮助客户解决食品成分和应用方面的难题。“无论你需要实验室，还是对产成品的前期工作，抑或帮助启动生产，”公司说，“嘉吉的应用专家都可以帮助你——无论是开发新的产品配方，为你的产品制定更好的价格，还是更快地推向市场。”嘉吉不是仅仅出售产品，而是帮助客户使用这些产品获得成功。其目标是“运用我们精深的巧克力专长和广博的食品知识……为你提供品种多样的可可和巧克力产品及其应用……帮助你在现在和将来实现繁荣和发展”。[4]

就像嘉吉公司一样，近年来，顾客和供应商之间的关系已经从完全对抗转向紧密合作。事实上，许多公司正在实施**供应商开发**（supplier development），系统地建立和发展供应商伙伴网络，确保及时提供恰当和可靠的产品及原材料用于制造产品或转售给他人。例如，沃尔玛没有“采购部”，却建立了“供应商开发部”。这个零售巨头深知自己不可能仅仅依靠一旦有需要时恰好有供应商在身边的碰巧情况。为此，沃尔玛管理着一个健全的供应商伙伴网络，每年为其提供数千亿美元的商品满足广大消费者的需求。

6.2 组织购买者行为

市场营销者最起码应该了解组织购买者对不同的市场营销刺激会作出怎样的反应。图 6－1 展示了一个组织购买者行为模型。在这个模型中，营销和其他刺激影响买方组织并引起购买者反应。为使买方组织接触到这些刺激并产生对企业有利的购买反应，B2B 市场营销者必须理解在特定的营销刺激下，买方组织中会发生什么，进而设计优秀的市场营销战略。

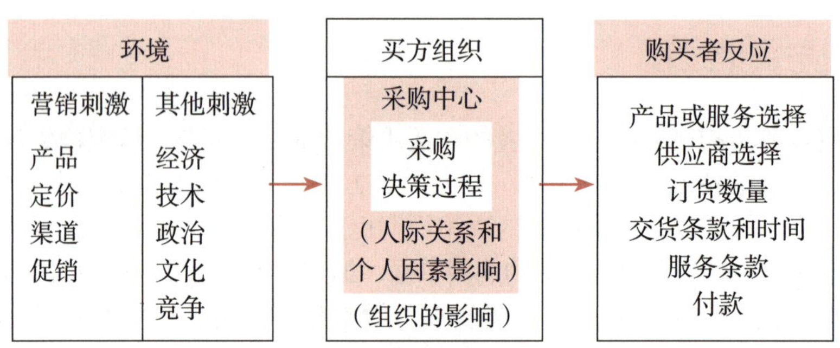

图 6－1 组织购买者行为模型

在组织内部，购买行为由两个主要部分构成：一是采购中心，由采购决策所涉及的所有人组成；二是采购决策过程。图 6－1 中的模型表明，采购中心和采购决策过程既受到内部组织、人际关系和个人因素的影响，也受到外部因素的影响。

该模型提出了四个与组织购买者行为有关的问题：组织购买者制定什么购买决策？谁参与购买过程？影响组织购买者的主要因素是什么？组织购买者如何制定购买决策？

购买情况的主要类型

组织购买有三种主要类型。[5] **直接重购**（straight rebuy）指按部就班地重复以往的购买决策，通常由采购部门按常规完成即可。被选中的供应商会努力维持产品和服务质量。落选的供应商则试图发现新方法增加价值或消除不满，以便购买者在下一次购买时会重新考虑它们。

调整的重购（modified rebuy）指购买者希望调整产品要求、价格、交易条件或供应商。现有的供应商因感到压力而紧张，它们会竭力表现以保护自己的地位。而落选的供应商则把调整的重购视为一次难得的机会，试图通过提供更好的产品和服务来争取获得新生意。

首次购买一种产品或服务的公司面临**新购**（new task）的情况。此时，成本越高或风险越大，决策参与者就越多，收集信息的工作量也越大。对市场营销者而言，买方新购是最好的机会，也是最大的挑战。需要尽可能多地接触购买决策的关键影响者，积极地提供尽可能多的帮助和信息。在直接重购中，购买者制定的决策最少，而在新购的情况下，购买者制定的决策最多。

许多组织购买者偏好从一个供应商那里购买一整套解决方案，而不是分别向多个供应商采购产品和服务，再组合到一起。所以，只有能够提供最完备的系统来满足客户需要和解决其问题的企业才能赢得销售。这种**系统销售**（systems selling）（或称为**出售解决之道**（solutions selling））往往是企业赢得和维持客户的关键战略。请思考 IBM 与其客户六旗娱乐公司（Six Flags Entertainment Corporation）的例子。[6]

> 六旗娱乐公司在美国、墨西哥和加拿大经营着 19 家区域性主题公园，以令人兴奋的游戏和水上游乐、世界领先的过山车以及新颖特别的秀和演出为特色。为了给游客带来欢乐和安全的体验，六旗必须非常细致和高效地管理其数以千计的公园资产——从游戏装备和设备到建筑和其他设施。六旗需要一种工具来高效率和高效果地管理所有资产。它找到 IBM，后者有著名的 Maximo 资产管理软件——正好能够完美地处理这一问题。
>
> IBM 不是仅仅将该软件交给六旗，然后预祝它使用顺利。相反，IBM 的 Maximo 专业服务团队将软件与维持该软件运行所需的整套服务结合起来。IBM 与六旗紧密合作，为其度身定制应用程序，战略性地在六旗广布各地的所有设施中实施，并辅以现场浸入式培训和研讨。“我们目前已经在 5 个公园实施了该方案，执行团队逐个公园逐个设施地完成每一项部署，”六旗公司的项目管理负责人说道，“我们有一个专门的执行团队来确保各个公园的所有部署协同一致。”IBM 与六旗在整个过程中通力合作。它不仅仅出售软件，还针对六旗复杂的资产管理问题提供一整套解决方案。

购买过程的主要参与者

是谁承担了组织所需要的价值数百万亿美元的产品和服务的采购任务？买方组织的决策制定单位被称作**采购中心**（buying center），由在企业采购决策制定过程中发挥作用的所有个人和单位组成，包括产品或服务的实际使用者、购买决策的制定者、购买决策的影响者、实际购买者以及控制购买信息的人。

采购中心包括在购买决策过程中发挥以下五种作用之一的所有组织成员。[7]

- **使用者**（users）是将要使用该产品或服务的组织成员。在许多情况下，使用者发起采购建议并帮助确定产品的具体要求。
- **影响者**（influencers）常常帮助确定产品的具体要求，并提供评价备选方案所需要的信息。技术人员是特别重要的影响者。
- **购买者**（buyers）有正式的权力选择供应商和提出采购条件。购买者帮助形成产品要求，但他们的主要作用是选择供应商和谈判。在一些复杂的采购谈判中，购买者会包括高层管理者。
- **决策者**（deciders）拥有正式或者非正式的权力选择或批准最终的供应商。在常规购买中，购买者常常就是决策者，或至少是审批者。
- **守门人**（gatekeepers）是控制信息流向采购中心的其他人。例如，采购代理常常有权阻止销售人员见到使用者或决策者。其他守门人包括技术人员甚至是秘书。

采购中心不是购买组织中一个固定的、正式的单位。它是由不同的人为了不同的采购任务而组织起来的一系列采购角色。在组织内部，采购中心的规模和组成因不同的产品和采购类型而各异。对一些常规购买，一个人——或者说一位采购代理——就可以胜任采购中心的所有角色，独自一人完成采购决策。对更加复杂的采购，采购中心可能包括来自不同部门和层级的人员，有时多达 20 ～ 30 人，也可能更多。[8]

采购中心战略给 B2B 市场中的市场营销者带来了重要的挑战。他们必须了解买方组织中谁参与购买决策的制定，以及每一位参与者的相对影响及其运用的评价标准。要做到这些，可能非常困难。

采购中心通常包括一些明确的成员，他们正式参与购买决策。例如，购买公司专用飞机的决策也许涉及公司的 CEO、机长、采购代理、律师、高层管理者以及其他正式参与购买决策的人。采购中心还可能包括一些不很明显的非正式参与者。他们也许制定决策，或者对购买决策产生强有力的影响。有时，即使采购中心内部的人也不清楚所有的采购参与者。例如，关于购买哪一家公司的飞机的决策，实际上由对飞行感兴趣和熟谙飞机的董事作出。这位董事也许在幕后操控最终的决策。许多组织购买决策是不断变化的采购中心参与者之间复杂互动的结果。

影响组织购买者的主要因素

在制定购买决策时，组织购买者受到许多因素的影响。一些市场营销者认为，经济是其中最重要的影响因素。他们相信，购买者偏爱提供最低价格，或最佳产品，或最多服务的供应商。因此，这些市场营销者将所有的精力都集中于为顾客提供最大的经济利益。这些经济因素对购买者而言的确非常重要，在经济低迷时期尤其如此。但是，组织购买者实际上受到经济和个人两种因素的共同作用。组织购买者远非冷静的、精于算计的和缺乏人情味的，他们也具有人性和社会性，在进行购买决策时，既有理性的又有情感的反应。

如今，大多数 B2B 市场营销者认识到，情感在组织采购决策过程中发挥着重要作用。请考虑下面这个例子。[9]

> USG 公司是建筑和装修行业用石膏墙板和其他建筑材料的生产商，在行业中居领先地位。因为其广告的受众是建筑承包商、经销商和建筑商，你可能以为 USG 公司的 B2B 广告一定会专注于诸如坚固、稳定、易于安装和低成本等性能特征和利益。但是，公司最近的营销运动围绕全新的主题“这是你的世界，建设它”展开，加入了大量情感因素。该运动没有聚焦 USG 的产品性能多么好，而是强调公司及其产品代表了什么，有什么意义。例如，一则广告将画面一分为二，一侧显示兴奋的孩子们正在建造沙子城堡，另一侧显示一位建筑工地的工人，手拿安全帽。广告标题写道：“孩童时我们想象伟大的王国。建造它。”一位分析人员指出：“你可能不会认为建筑材料和情感有什么直接联系，但是 USG 的运动抓住了人类强烈的情感：对建设的需要。”

图 6－2 列示了对组织购买者有影响的各类因素——环境、组织、人际关系和个人。组织购买者在很大程度上受到当前和预期经济环境的影响，如基本需求水平、经济概况以及货币成本。还有一种环境因素是关键原材料的短缺。许多公司现在更愿意购买稀缺原材料并持有大量存货，以确保充足的供给。组织购买者还受到技术、政治和竞争动态的影响。最后，文化与习俗也可能强烈地影响组织购买者对市场营销者的行为和战略的反应，尤其是在国际市场营销环境中（参见“营销实例”）。B2B 市场营销者必须关注这些因素，判断它们如何影响购买者，并尽力将这

些挑战转化为机会。

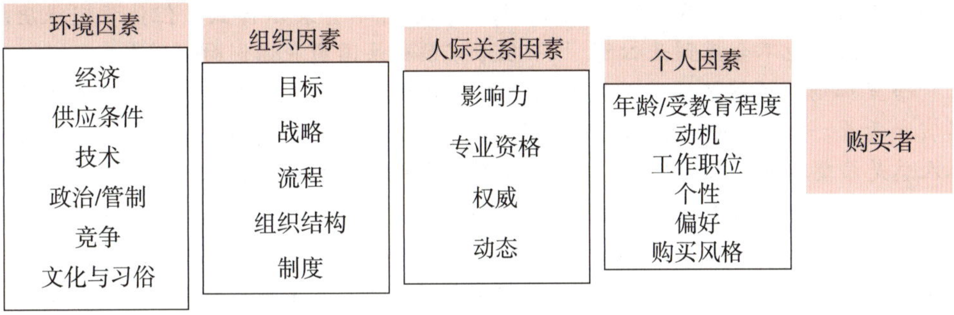

环境因素	组织因素	人际关系因素	个人因素	购买者
经济 供应条件 技术 政治/管制 竞争 文化与习俗	目标 战略 流程 组织结构 制度	影响力 专业资格 权威 动态	年龄/受教育程度 动机 工作职位 个性 偏好 购买风格	

图 6-2　影响组织购买者行为的主要因素

营销实例　国际市场营销方式

想象一下：统一联合公司（Consolidated Amalgamation）认为，是时候让世界其他地方的人们也享受到自己已经为两代美国消费者提供的优质产品了。于是，它派遣副总裁哈里·斯里克斯迈尔（Harry E. Slicksmile）到欧洲、非洲和亚洲开发市场。哈里首站来到伦敦，他与一些银行家进行了短暂的接触——给他们打了一圈电话。随后，他轻松地搞定了巴黎人：在法国著名的 La Tour d'Argent 餐厅订好位，向其宴请的午餐客人——一位工业工程公司的总经理热情地打招呼说："就叫我哈里好了，雅克（Jacques）。"在德国，哈里充分地显示了他精力充沛的特点，用 iPad 和一台微型投影仪利索地做了一次令人印象深刻的、华丽的多媒体营销展示，让听众明白他这个佐治亚男孩是知道怎样挣大钱的。

在前往莫斯科的航班上，哈里与邻座的日本商人开始交谈。哈里多次夸赞这位先生的袖扣，认出他是一个重量级人物。当两人道别时，日本商人将袖扣作为礼物送给了哈里，并双手递上自己的名片。哈里将手放在这位日本商人的背部表示诚挚的谢意，随后将自己的名片插进了对方的衬衫口袋。

哈里与一家俄罗斯新创技术公司的 CEO 会面时掀起一阵热聊。哈里与那位俄罗斯经理在一起时特别放松，披着外套，仰面靠在椅子上，跷着二郎腿，把手插在口袋里。接着，哈里来到中国北京，与中国经理在饭桌上谈起了生意。吃完饭，他很随意地把筷子插在一碗米饭里，而且给客人送上一只时钟作为礼物，借此表达自己希望与其做生意的诚意。

很棒的旅行，一定会带来成堆的订单，对吧？错了!6 个月之后，这次旅行除了给公司带来一大堆账单外，别的什么也没有。在国外，人们并没有为哈里的到来而欣喜若狂。

当然，这个典型的案例为了强调而做了夸大。美国人很少这样愚蠢。但是，专家指出，要想在国际商务中取得成功，就必须了解东道国及其居民。通过学习英语和其他途径丰富自己，世界上许多企业领导者了解美国人胜于美国人对他们的了解。相反，美国人总是以为别人也会按自己的鼓点前进。"旅行时，我们希望事情是'美国化的'：迅速、便捷、轻松。所以，我们因为一味地要求其他人改变而成为'丑陋的美国人'，"一位专家说道，"我认为如果更努力一些的话，我们会有更多的生意。"

是的，可怜的哈里努力了，但是全都弄错了方向。通常，英国人不像美国人那样多地通过电话谈生意。文化差异造成了人们偏爱不同的交往方式。一位得体的法国人从不喜欢与他人立刻熟络起来——谈论关于家庭、教堂或母校的问题——也不对陌生人直呼其名。“那个可怜的人，雅克，也许不会表示什么，但他肯定很厌恶哈里那样做。他不会感到开心的。”一位专家解释法国商业惯例时说道。

哈里那场炫耀技艺的营销展示在德国人看来很可能一败涂地，他们不喜欢言过其实和卖弄。哈里在刚刚结识的日本商人面前，行为举止也有诸多失礼之处。因为日本人总是希望取悦他人，尤其是当有人夸赞他们的东西的时候，这位经理很可能被迫而不高兴地送出自己的袖扣。哈里把手放在人家背上也很可能被认为是缺乏尊重和非常冒昧的举动。在一些亚洲国家，包括日本，主要是“不接触文化”，即使握手也比较少见。哈里随意对待名片的做法使事情更糟了。日本人恭敬地将名片视为自己的延伸和地位的标志。他们不是把名片递给别人，而是将它呈送出去——用双手。

在俄罗斯，事情也不对头。俄罗斯商人保持一种保守和职业的装束，一般身着深色西装和皮鞋。在任何类型的谈判中脱下外套预示着示弱信号。将手放在口袋里，则被认为是粗鲁的，而露出鞋底更是一种令人厌恶的举止。在中国，哈里插筷子的无心之举可能被错误地理解为一种挑衅行为。哈里当作礼物送出去的钟也证实了不祥的意图。“送钟”在汉语中的发音听起来与“送终”相同。

因此，为了在全球市场竞争中获胜，或者与国际企业在异国开展有效的合作，美国公司必须帮助管理者理解国际购买者的需要、风俗和文化。一些公司现在开发出手机应用程序，为国际旅行者提供注意事项，帮助他们避免在国外犯下令人尴尬的错误。世界各地的文化千差万别，市场营销者必须深入理解以确保自己适应这些差异。“当在外国和外国文化中做生意时——尤其非西方文化——千万不要想当然，”一位国际商务专家说道，“应该非常仔细，多问问题、多请教，重视所有的细节。”

资料来源：Portions adapted from Susan Harte, “ When in Rome, You Should Learn to Do What the Romans Do, ” *The Atlanta Journal-Constitution*, January 22, 1990, pp. D1, D6. Additional information and examples can be found in Susan Adams, “ Business Etiquette Tips for International Travel,” *Forbes*, June 6, 2012, www.forbes.com/sites /susanadams/2012/06/15/business-etiquette-tips-for-international-travel/; Jeanette S. Martin and Lillian H. Cheney, Global Business Etiquette (Santa Barbara, CA: Praeger Publishers, 2013); “ A Quick Guide to Business Etiquette around the World,” *Business Insider*, May 12, 2015, www.businessinsider.com/a-guide-to-business-etiquette-around-the-world-2015-5; and “ International Business Etiquette, Manners, & Culture,” www.cyborlink.com, accessed September 2016.

组织特征也很重要。每一个购买组织都有自己的目标、战略、结构、制度和流程，组织市场中的营销者必须很好地理解这些因素，回答好以下问题：买方有多少人参与购买决策？他们是谁？他们的评价标准是什么？公司的政策及其对购买者的限制是什么？

采购中心通常包括许多彼此影响的参与者，所以人际关系因素也影响组织购买的过程。但是，评价这些人际关系因素和群体动态常常非常困难。采购中心的参与者不会佩戴写着“关键决策制定者”或“没有影响”的标签。并非总是采购中心最高级别的参与者影响最大。其他参与者如果掌握奖罚权，拥有特殊专长，或与其他重要成员有非常特殊的关系，也可能影响采购决策。人际关系因素常常非常微妙。只要有可能，组织市场中的市场营销者必须尽力理解这些因素，并制定周全的策略。

参与企业采购决策的每一个人都具有个人动机、感知和偏好。这些个人因素受到诸如年龄、收入、教育、专业资格、个性和对风险的态度等个人特征的影响。而且，购买者具有不同的购买风格。有些人是技术型的，习惯在选择供应商之前对竞争性提案进行深入的分析。另一些购买者是天生的谈判高手，善于在卖者之间挑起竞争，借此获得最优惠的交易条件。

6.3 组织购买者决策过程

图 6－3 列出了组织购买过程的八个阶段。[10] 在新购情况下，购买者通常会经历购买过程的所有阶段。而在调整的重购或直接重购时，购买者很可能略过其中的某些阶段。我们将以典型的新购情况为例，依次考察这些步骤。

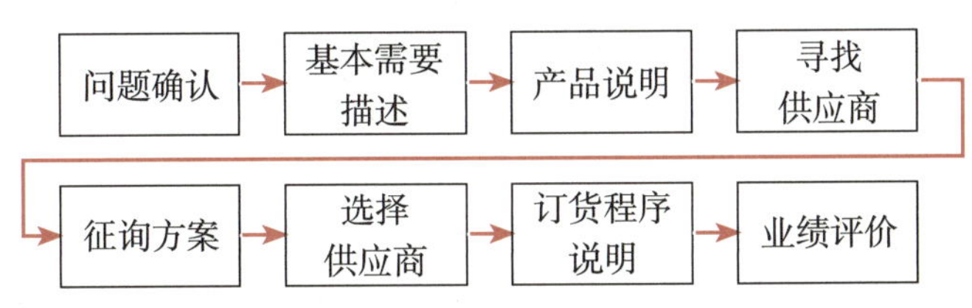

图 6－3 组织购买过程的主要阶段

问题确认

采购过程始于公司中的某个人认识到产生了某种问题或需要，可以通过购买特定的产品或服务来解决或满足。**问题确认**（problem recognition）是内部或外部刺激的结果。从内部来看，可能是公司决定推出一种新产品，因而要求添置新的生产设备和原材料；也可能是机器出了故障，需要更换新的零部件；还可能是采购经理对当前供应商的产品质量、服务或者价格不满意。从外部来看，购买者在展销会上获得一些新想法，看到一则新广告，或者接到销售人员声称可以提供更好的产品或更低价格的电话。

实际上，组织市场营销者常常在广告中激发客户对潜在问题的认识，声称自己的产品可以提供解决之道。例如，咨询公司埃森哲（Accenture）名为《高业绩，必达》（High Performance. Delivered）的 B2B 广告就是这样做的。埃森哲的一则广告为希望跟上移动技术发展的企业明确了当前的需要。该广告表现了一群飞蛾被明亮的手机屏幕吸引，诺语是："埃森哲数字服务能够帮助你吸引更多客户。"同时强调埃森哲的解决方案："我们的行业专长，与我们整合互动、分析和移动的能力一起，能够帮助你充分利用机会进行创新和竞争。"该系列的另一则广告讲述了埃森哲如何成功地帮助企业客户识别和解决其他问题的故事。[11]

基本需要描述

认识到需要之后，购买者会着手准备**基本需要描述**（general need description），说明所需产品项目的特点和质量。对标准的产品项目而言，这一过程很简单。但是对复杂的产品项目而言，购买者需要与其他人——包括工程师、使用者和咨询师等——合作确定产品项目的各个细节。他们可能会对产品的可靠性、耐久性、价格和其他属性的重要性排序。在这一阶段，精明的组织市场营销者可以帮助购买者明确具体需要，并提供详细信息说明不同产品特征的价值。

产品说明

随后，购买者会就该产品项目的技术性能制定**产品说明**（product specification），这常常需要工程师团队帮助进行价值分析。产品价值分析是一种降低成本的方法。工程师仔细地研究产品成分或部件，看看能否重新设计、标准化或用成本较低的方法生产制造。该团队决定最佳的产品特征并对它们作详细说明。销售者也可以利用价值分析方法，作为一种寻找新客户的有用工具。通过向购买者展示制造产品的更好方法，外部的销售者可以将直接重购转化为新购，争取获得新业务的机会。

寻找供应商

然后，购买者开始**寻找供应商**（supplier search），以便发现最佳人选。购买者可以借助考察工商名录、进行网上搜索或电话征询其他公司的推荐等方法，列出一份合格供应商的名单。如今，越来越多的公司求助于互联网来寻找供应商。对市场营销者而言，这开辟了一个大有作为的天地——互联网使小型供应商在许多方面具有与大规模竞争者同等的机会。

采购任务越新，产品项目越复杂和昂贵，购买者用于搜寻供应商的时间就越长。供应商必须想方设法使自己的名字出现在重要的工商名录上，并在市场上建立良好的声誉。销售人员应该注意那些正在寻找供应商的公司，并争取让它们考虑自己的公司。

征询方案

在**征询方案**（proposal solicitation）阶段，购买者邀请一些通过资格审核的供应商提交方案。相应地，一些供应商会发送相关产品目录或者委派销售人员上门。但是，当产品项目复杂或昂贵时，购买者通常会要求每位备选供应商提供更为详细的书面方案或进行正式的展示。

组织市场营销者必须具备根据购买者征询方案的要求调研、撰写和展示方案的技能。提交的方案应该是市场营销的文件，而不仅仅是技术文件。市场营销者的展示应该充满自信，使自己的公司在众多竞争者中脱颖而出。

选择供应商

采购中心的成员仔细评价方案并选择一位或几位供应商。在**供应商选择**（supplier selection）期间，采购中心常常列出理想供应商应该具备的特点及其相对重要性。这些特点包括产品和服务质量、声誉、及时交货、公司行为的规范性、沟通的诚实度和价格的竞争力等。采购中心的成员根据这些特点为供应商打分，最终确定最佳供应商。

在作出最终选择之前，为了获得更好的价格和交易条件，购买者会与比较青睐的供应商谈判。最后，他们可能选择一个供应商或几个供应商。许多购买者偏爱多个供应来源，以避免过分依赖某个供应商，也促使几个供应商之间进行长期的价格和绩效比较。如今的供应商开发经理希望建立一个全面的供应商伙伴网络，帮助公司为最终顾客带来更多的价值。

订货程序说明

接着，购买者开始准备**订货程序说明**（order-routine specification），包括向选中的供应商订货，并列明诸如技术要求、所需数量、交货时间、退货政策和保证等条件。关于维护、维修和运营条件，购买者可能运用"一揽子"合同而不是定期购买订单。一份"一揽子"合同可以缔结一种长期关系，供应商承诺在设定的时期内，以协议好的价格在购买者需要时重复供应。

许多大型组织购买者现在执行供应商管理库存（vendor-managed inventory），它们将订货和存货的责任转移给供应商。在这种制度下，购买者直接与少数关键供应商分享销售和存货信息。由供应商控制存货和在需要时自动补货。例如，沃尔玛、塔吉特、家得宝和劳氏等大型零售商的大多数主要供应商都承担了供应商管理库存的责任。

业绩评价

最后是**业绩评价**（performance review）阶段，购买者评价供应商的业绩。购买者联系使用者，请他们对满意程度作出评价。根据业绩评价的结果，购买者会沿用、调整或者剔除原有的供应商。供应商需要监控买方用以评价业绩的因素，确保自己能够达到预期的满意水平。

总之，图6-3所示的八阶段购买过程模型描述了组织购买的概况，在新购的情况下尤为如此。但是，实际的组织购买过程通常要复杂得多。在调整的重购或直接重购情况下，其中的某些阶段会被压缩或跳过。每个组织都有自己的购买方式，对各种不同的购买情况也往往有独特的要求。

采购中心的成员可能分别参与该过程不同的阶段。尽管购买过程中的某些阶段一定会发生，但购买者并不总是遵循相同的程序按部就班地完成购买，他们可能增加一些其他步骤，也时常重复某个步骤。特别值得注意的是，顾客关系对组织购买具有显著的影响，不同的顾客关系可能会带来不同的购买类型和不同的购买过程。销售者必须管理好顾客关系，而不是局限于一次单独的购买。

6.4 用数字和社交媒体营销吸引组织购买者

与其他营销领域一样，信息技术和网络、移动以及社交媒体的迅猛发展改变了B2B购买和市场营销过程的面貌。在这一部分，我们将讨论两种重要的技术进步：电子采购与网购，以及组织间数字和社交媒体营销。

电子采购与网购

信息技术的进步已经极大地改变了B2B购买过程。网上购买，通常称为**电子采购**（e-procurement），近年来发展迅猛。电子采购在20年前还鲜有人知，今天却已经成为大多数公司的标准程序。电子采购可以使购买者接触到更多供应商，降低采购成本，加快订货过程和缩短交货期。反过来，组织市场营销者可以在网上联系客户，分享市场营销信息，销售产品和服务，提供客户支持服务，以及维持现有的客户关系。

公司可以用下列任何一种方式开展电子采购。（1）进行反向拍卖（reverse auctions），在网上发布自己的采购要求，邀请供应商投标。（2）从事网上贸易交换（trading exchange），集中地促进交易过程。（3）建设自己的公司采购网站（company buying sites）专门执行电子采购。例如，通用电气公司运营了一个公司交易网站，在上面发布其采购要求并邀请供应商投标，就相关条件进行谈判以及下订单。（4）创造与关键供应商的外部网络链接。例如，与诸如戴尔、史泰博（Staple）等供应商建立直接采购账户，从而直接采购设备、原材料和办公用品。史泰博建立了一个名为史泰博优势（Staple Advantage）的B2B采购分部，专门为各种规模的企业——从只有10名员工的小企业到《财富》500强大企业——提供办公用品和采购服务。

B2B电子采购带来许多益处。首先，它为买卖双方大幅削减了交易成本，创造了更高的采购效率。电子采购显著地缩短了订购与交货之间的时间间隔。一个由网站支撑的采购计划消除了传统购买和订货程序所需的大量文案工作，并能帮助组织更好地追踪所有的采购活动。最后，除了节约成本和时间，电子采购还将采购人员从烦琐的事务性工作中解放出来，将精力集中于更具战略性的问题，例如寻找更好的供应来源，与供应商合作降低成本和开发新产品。

但是，电子采购的迅速推广也带来一些问题。例如，互联网在使供应商和顾客有可能分享业务数据甚至合作进行产品设计的同时，也侵蚀了数十年之久的客户-供应商关系。许多购买者现在利用网站的力量使供应商彼此竞争，为每一次购买寻求更好的交易价格、产品和交货期。

组织间数字和社交媒体营销

为应对组织客户快速转向网上购买的趋势，如今的组织间市场营销者更多地运用种类繁多的数字和社交媒体营销方式——从网站、博客、移动应用程序、电子实时通信和专有网络，到诸如脸书、领英、YouTube、Google+和推特等主流社交媒体——随时随地吸引组织客户和管理客户关系。

组织间数字和社交媒体营销（B-to-B digital and social media marketing）不只在增长，简直是爆发。数字和社交媒体营销迅速成为吸引组织客户的新空间。全球领先的集装箱运输公司马士基（Maersk Line）就是一个典型实例，该公司通过遍布全球160个国家和地区的分支机构为组织客户提供服务[12]：

> 你也许不太相信老派的集装箱运输公司在新时代的营销方式上有什么作为，但是请三思。马士基是所有行业中最有前瞻性和技艺高超的组织间数字和社交媒体营销者之一。它在脸书、领英、推特和YouTube等重要社交媒体上有

8个全球账户，在社交媒体“水域”全速前进。马士基有超过110万脸书粉丝，每次发布平均可以吸引7%的响应，使得脸书成为吸引对品牌感兴趣的顾客和其他利益相关者的重要平台。公司在Instagram上分享客户与员工的图片和故事，帮助品牌加强视觉化。在YouTube上发布告知和教育视频，详细介绍马士基的活动、服务与人员。马士基的推特账户向12.3万粉丝展示最新的消息和活动，创造话题引发对话和议论。公司的领英账户有15.5万粉丝，让马士基与顾客、意见领袖以及行业影响者互动，与运输和物流专家分享信息、讨论行业机会与挑战。为什么要采用这些社交媒体？“目的是运用社交媒体与我们的客户建立更加紧密的联系。”马士基说。

与传统的媒体和销售方式相比，数字和社交媒体能够创造更好的顾客契合与互动。组织间营销者知道他们真正要瞄准的并非组织，而是组织中影响购买决策的个人。如今的组织购买者通常借助其数字设备保持网络联系——个人电脑、平板电脑或智能手机。

数字和社交媒体在吸引这些始终保持网络联系的商业买者中发挥了重要作用，这是单凭人员销售难以做到的。与销售代表上班时间访问商业客户或在展销会上与客户会面的陈旧模式不同，新型的数字模式促进销售人员和客户组织中的各种成员随时随地联系，给予买卖双方更多的控制和接近重要信息的能力，组织间市场营销本身一直是社交网络营销，如今的数字环境为构建和维护社交网络提供了大量令人兴奋的新工具和运用。

一些组织间公司错误地认为今天的数字和社交媒体营销只对消费者产品和服务公司有用。其实，不论何种行业，数字平台都是吸引顾客和其他重要公众的强有力工具。例如，行业巨擘通用电气公司运用各种数字和社交媒体，不仅直接吸引和支持其商业客户，而且更广泛地讲述富有魅力的品牌故事和保持公司与各界的紧密联系，树立不落伍和易于接近的良好形象。

6.5 机构和政府市场

迄今为止，我们关于组织购买的讨论基本上集中于企业购买者的购买行为。以上讨论的大部分内容同样适用于机构和政府组织的采购活动。但是，这两种非企业市场有一些另外的特征和需求。在本章的最后部分，我们探讨机构和政府市场的特殊问题。

机构市场

机构市场（institutional market）包括学校、医院、诊所、监狱等为其照顾的人提供产品和服务的机构。机构在资金支持和目标上彼此不同。例如，社区卫生系统（Community Health Systems）在美国29个州经营203家营利性医院，每年创收180亿美元。相反，雪林纳斯儿童医院（Shriners Hospital for Children）是一个拥有21家医院的非营利组织，为孩子们提供免费的专业医疗。而由政府运营的遍布全美的退伍军人医疗中心（Veteran Affairs Medical Centers）为退伍军人提供特殊的服务。[13]

每一个机构都具有不同的采购需要和资源。

机构市场的规模是巨大的。让我们来看看庞大的、仍然不断扩张的美国监狱经济。

> 平均每 10 万美国人中有超过 720 人在监狱服刑，总计服刑者大约 220 万人。每年为维护监狱设施的运行大约需要 740 亿美元——平均每个犯人每年大约花费 3.1 万美元——比 133 个国家的 GDP 还要多。这是个非常有吸引力的市场，为那些试图挤进该市场分一杯羹的公司提供了大量机会。“我们的核心业务涉及许多方面——安全、医药、教育、食品服务、维护、技术——对任何与我们做生意的供应商而言，监狱经济都意味着独特的机会。”美国最大的私有监狱运营商美国改造公司（Corrections Corporation of America）的经理说道。[14]

许多机构市场以低预算和拉赞助为特点。例如，医院病人除了接受医院供应的食品，很少有别的选择。于是，医院采购代理必须决定为病人购买的食品的质量。因为这些食品是作为整体服务的一部分提供的，利润不是采购目标。严格的成本最小化也不是目的——收到劣质食品的病人将对他人抱怨进而有损医院的声誉。于是，医院采购代理必须寻找质量符合或超过既定的最低标准，并且价格较低的机构食品供应商。

许多市场营销者建立单独的分部来满足机构购买者的特点和需求。例如，除了便利店等传统的组织客户，通用磨坊公司的便利与食品服务事业部加工、包装和营销其种类繁多的燕麦、饼干、小食和其他产品，以便更好地服务于医院、学校和其他机构市场的特殊要求。[15]

政府市场

政府市场（government market）为各种规模的公司提供了大量机会。在大多数国家，政府是产品和服务的主要购买者。美国的联邦、州和地方政府就包含超过 8.9 万个采购单位，每年采购超过 3 万亿美元的产品和服务。[16] 政府购买与企业购买在许多方面相似。但是，两者之间也存在明显的差别，希望出售产品和服务给政府的公司必须理解这些不同之处。为了在政府市场中取得成功，销售人员必须找到关键的决策制定者，确定影响购买者行为的主要因素，并理解购买决策过程。

政府组织通常要求供应商参加竞标，然后选择报价最低的公司。在有些情况下，政府会为供应商的卓越质量或及时履行合同提供奖励。政府采购也以通过谈判达成的合同为基础，但是，当项目复杂，涉及巨大的研发成本和风险时，政府会倾向于避免竞争。

政府倾向于选择本国的供应商。在欧洲经营的跨国公司总是抱怨，即使外国公司提出更优惠的报价，所有国家都更青睐本国企业。欧洲经济委员会（European Economic Commission）正着手逐步消除这种偏见。

与消费者和企业购买者相似，政府购买者受到环境、组织、人际关系和个人因素的影响。但不同的是，政府采购会受到外部公众的密切关注和监督，从议会到对政府如何花纳税人的钱感兴趣的各种私人团体。由于政府的支出决策受到公众舆论的影响，它往往要求供应商提交大量的书面材料，供应商常常对繁重的文案工作、官僚作风、管制、决策滞后和采购人员的频繁更换而抱怨不已。

既然存在如此多的繁文缛节，为什么还有那么多公司希望与美国政府做生意呢？原因非常简单：美国政府是世界上最大的产品和服务采购者——每年的价值超过 4 500 亿美元——而且它的支票不会落空。政府几乎购买所有东西，从短袜到隐形轰炸机，应有尽有。例如，联邦政府今年花费惊人的 800 亿美元采购信息技术，其中 114 亿美元用于管理公共健康与社会福利部（Department of Health and Human Service）的技术。[17]

大多数政府向潜在供应商提供详细的指南，指导它们如何向政府出售产品和服务。例如，美国小企业管理局在其网站上为寻求政府合同的小企业提供详细指导。美国商务部的网站也有大量关于国际贸易机会的信息和建议。

在一些主要城市，总务管理局（General Services Administration，GSA）下属的企业服务中心（Business Service Centers）负责提供完整的培训，涉及政府机构如何采购、供应商应该遵循哪些步骤以及可获得的采购机会有哪些。各种贸易杂志和协会也会提供相关信息，告诉供应商如何联系学校、医院、高速公路部门和其他政府机构。几乎所有这些政府组织和协会都设立了提供最新信息和建议的网站。但是，供应商必须透彻地理解这一系统，并发现规避不利因素的办法。

非经济标准在政府采购中的作用越来越重要。政府部门的采购人员被要求照顾那些不景气的企业和地区、小企业、少数族裔企业，以及避免种族、性别或年龄歧视的企业。销售者在寻求政府业务时，应当关注这些因素。

许多向政府销售产品和服务的公司，由于种种原因并没有建立营销导向。政府的总支出是由委派的官员决定的，而不是取决于为开发这一市场所进行的营销努力。政府采购强调价格，这就迫使供应商重视能够削减成本的技术。如果非常详细地规定产品的特点和性能，差异化就不再是一个营销要素。广告和人员销售对企业能否在公开招标中获胜影响甚微。

包括通用电气、波音和固特异在内的一些公司建立了独立的政府营销部门。还有些公司主要与政府采购者做生意，例如洛克希德·马丁公司（Lockheed Martin）82% 的销售来自美国政府，有时作为主承包商，有时作为分包商。这些公司预测政府的需要和可能实施的项目，在确定产品说明的阶段就参与进来，收集竞争性情报，精心准备标书，并加强沟通展示和强化公司的声誉。

其他公司为政府购买者建立定制化的市场营销计划。例如，戴尔公司设有专门的业务部门，负责满足联邦、州和地方政府购买者的需求。它为客户提供量身定做的网页 PremierDell.com，对各个市、州和联邦政府机构提供具体价格、在线购买以及服务和支持。

在过去十年间，大量的政府采购已经在网上进行。联邦商业机会（Federal Business Opportunities）的网站提供唯一的进入点，借此卖家和政府购买者可以发布信息、搜寻信息、进行监督以及争取由联邦购买机构征询的机会。作为政府其他机构的采购代理的三大联邦机构——总务管理局、国防后勤局（Defense Logistics Agency，DLA）和退伍军人事务部（Department of Veteran Affairs），也先后建立了支持在线采购的网站。

这类网站允许授权的国防和市政机构通过网络购买从办公用品、食品和信息技术设备到建筑服务的所有产品和服务。总务管理局、国防后勤局和退伍军人事务部三大机构不仅通过其网站出售存货，而且在购买者和合约供应商之间创造直接联系。例如，向军队出售 16 万种医疗用品的 DLA 的分支机构将订单直接转交给诸如百时美施贵宝公司（Bristol-Myers Squibb）之类的卖家。这种互联网系统消除了在与政府交易时可能出现的争端。[18]

关键术语

组织购买者行为（business buyers behavior）
组织购买过程（business buying process）
衍生性需求（derived demand）
供应商开发（supplier development）
直接重购（straight rebuy）
调整的重购（modified rebuy）
新购（new task）
系统销售（出售解决之道）(systems selling (solutions selling))
采购中心（buying center）
使用者（users）
影响者（influencers）
购买者（buyers）
决策者（deciders）
守门人（gatekeepers）
问题确认（problem recognition）
基本需要描述（general need description）
产品说明（product specification）
寻找供应商（supplier search）
征询方案（proposal solicitation）
供应商选择（supplier selection）
订货程序说明（order-routine specification）
业绩评价（performance review）
电子采购（e-procurement）
组织间数字和社交媒体营销（B-to-B digital and social modia marketing）
机构市场（institutional market）
政府市场（government market）

概念讨论

1. 对比组织市场与消费者市场，解释两者在市场结构和需求上的差异。
2. 组织营销者运用哪些工具吸引顾客互动？组织间社交媒体营销面临什么挑战？
3. 简要说明直接重构和调整的重构战略。两者有何异同？分别适用什么情况？
4. 列举企业购买过程的参与者。什么因素影响购买决策？
5. 机构市场与政府市场有何区别？解释机构和政府购买者如何制定购买决策。

案 例

宝洁公司：像战略伙伴一样对待企业客户

数十年来，宝洁公司几乎一直位居所有专家杰出营销公司榜单的首位。专家指出，多年来，宝洁始终是最畅销的消费者品牌，也是世界上最大的广告商。消费者也赞同。在 99% 的美国家庭中，你可以发现至少一个宝洁非常成功的品牌。在许多家庭，你可能会发现十几个甚至更多的宝洁产品。当然，宝洁还因为其他事情受到高度尊敬——与企业客户维持战略伙伴关系。

宝洁意识到，建立与消费者同其品类领先品牌之间的持久关系，始于与其大型零售客户建立持久关系。这一努力的前线是宝洁公司标志性的销售团队。提及选择、培训和管理销售人员，宝洁设定了全球标准。公司在全球拥有由 5 000 多名销售人员构成的庞大销售团队。但是，在宝洁公司，不仅仅是“销售”，更是“客户业务发展”（Customer Business Development，CBD）。这看起来有些微不足道，但是在宝洁公司，这一差别恰恰是客户关系战略的核心。

开发客户的业务

宝洁知道，如果其企业客户干得不好，自己也不会好。所以，为了自己业务增长，宝洁公司必须首先帮助出售宝洁品牌给最终消费者的零售商实现业务增长。用宝洁公司自己的话来说，“CBD 不仅仅是‘销售’，更是宝洁公司特有的方法，通过与最终向消费者出售我们产品的企业成为‘战略伙伴’（而不仅仅是供应商）那样合作来实现我们的增长”。一位 CBD 经理说道：“我们依赖他们不亚于他们依赖我们。”通过彼此合作，宝洁与其客户创造双方共同繁荣的双赢关系。

大多数宝洁公司客户是有着复杂业务的大型企业——诸如沃尔玛、沃尔格林或达乐——有数千家店铺和数十亿美元的收入。向这些客户出售产品并合作是一项非常复杂的任务，远非任何一个销售人员或常规销售团队能够胜任。因此，宝洁公司为每一位大客户指派一支完善的 CBD 团队。CBD 团队不仅包括销售人员，还配备了在零售层次出售宝洁消费者品牌的各个方面的专家。

根据客户，团队规模各不相同。例如，350 位宝洁专家组成的团队专门恰当地服务沃尔玛。与此对照的是，宝洁的达乐团队只有大约 30 人。不论规模大小，每支团队都构成了一个完整的、多功能的客户服务单位。每一团队包括经理和几位客户执行经理（分别负责一种宝洁公司特定的产品类别），并得到来自市场营销战略、产品开发、运营、信息系统、物流、财务和人力资源等领域专家的支持。

为有效地服务大客户，宝洁的销售人员必须敏锐、训练有素和开展战略协作。他们每天应对年采购宝洁及其竞争性品牌动辄上千万美元产品的高水平的零售买家。与这类客户互动靠的可不仅仅是友好的微笑和热情地握手寒暄。但是单个销售人员不可能知道所有的事情。而且由于宝洁公司 B2B 互动的特点，他们也不必要这样。宝洁销售人员手头有他们应对哪怕是最具挑战性的客户问题所需要的各种资源。“我随时拥有所需要的一切，”一位家庭护理产品客户经理说道，“如果一位客户需要我们帮助进行店内促销，我可以直接到大厅与团队中的销售人员讨论如何开展促销。就这么简单。”

CBD 团队多功能的特点还意味着协作远不止内部互动。当一位团队成员联系客户，他就代表着整个团队。例如，在一位客户打电话来说遇到促销、物流或财务问题时，客户经理就成为该领域专家的联络人。所以，尽管不是每一位 CBD 成员在所有方面都具有专业知识，但 CBD 团队作为一个整体是拥有的。

竞争者一直试图模仿宝洁公司多职能方法的某些方面。但是，宝洁公司在 CBD 结构上是先锋，并形成了一些自己的特点，使之可以比竞争对手更好地利用团队结构的力量，创造真正的竞争优势。

竞争优势

提及与企业客户维持深入持久的关系，给宝洁公司带来优势的原因之一是其更加广泛和全面的 CBD 结构，使之比竞争者采用的类似团队结构功能更加完备。但是，也许更为重要的是，宝洁的结构为实现四大重要目标而精心设计。这些目标如此重要，以至于它们相互关联构成客户发展的“核心工作”。这四大目标是：

- 协同战略：通过战略制定中的协作，为宝洁公司及其顾客创造获益的机会。
- 创造需要：通过消费者价值和购物者满意为宝洁及其客户创造有利可图的销售量。
- 优化供给：最大化从宝洁公司到售点的供应链效率，以最优化成本与反应。

- 赋能组织：通过创造经常有突破的产能建立最大化业务的能力。

这些可不只是草草记录在公司员工手册中的流行语，对宝洁公司的销售人员而言，这些就是生活的忠告。宝洁公司销售人员培训的主要内容就是如何实现各项目标，并根据他们实现每一目标的效果进行评价。实际上，宝洁公司的客户关系战略要得以实现，就必须与每位客户建立真正的双赢关系，因此宝洁需要实现第一个目标。正如一位客户经理所言，“我们通过从基础的销售到战略性客户协作都运用多职能方法取得真正的竞争优势！”如果CBD团队可以有效地实现战略一致性的第一个目标，并在战略制定上协作，随后三个目标的实现就会容易得多。

建立这样的战略伙伴关系可以在商店层次创造惠顾者价值和满意，驱动有利可图的销售。针对如何让汰渍、帮宝适、吉列或者其他宝洁品牌进入消费者的购物车中，宝洁公司的代表及其团队常常比向他们寻求建议的零售商了解得更多。实际上，宝洁的零售商伙伴常常依赖CBD团队来帮助自己，不仅是管理货架上的宝洁品牌，还涉及整个产品类别，包括竞争品牌在内。

给出关于自己和竞争品牌的存货和陈列的建议看上去不太明智。但是信不信由你，在宝洁这可是司空见惯的事情。事实上，对宝洁的销售代表而言，告诉零售商备货更少的宝洁品牌和更多的竞争品牌也不是什么罕见的事。尽管这看上去像是零售自杀，但记住CBD的首要目的是帮助顾客在每个产品类别中获胜。有时候，分析表明，客户的最佳解决之道是“更多其他公司的产品”。对宝洁公司而言，这没什么不可以。公司知道，为零售商创造最好的环境最终吸引更多客流，这反过来可能提高同品类中其他宝洁品牌的销售。因为大多数宝洁品牌都是市场份额的领导者，这意味着比竞争者更多地从客流增加中获益——这是双赢的情形。

开诚布公和开放透明的交易也有助于建立长期客户关系。宝洁的销售人员成为他们的零售伙伴值得信赖的顾问，他们努力维持这一地位。“我花了4年时间建立与客户之间的信任，”一位资深宝洁客户经理说道，“如果我告诉她购买卖不出去的宝洁产品或者她原本可以销售的竞争品牌却断货了，我就很可能立刻失去信任。”

在宝洁，协作通常是双向的——宝洁给与和顾客回报。“我们帮助顾客运营系列广告或开展产品促销活动，但是常常有投资回报，”另一位CBD经理说道，“比如帮助我们分销新产品或增加洗涤剂的货架空间。如果这一努力为我们、客户以及最终消费者创造价值，我们非常乐意为之。”

给与比接受更好

作为与客户协作的结果，宝洁收获的与其给与的一样多，甚至更多。

最起码，宝洁获得有助于自己保持创新和创造更好产品的信息。其客户关系的协作特点还使宝洁得以最优化产品组合，最大化销售收入。而且，由于战略伙伴关系导致的透明性，宝洁可以维持高效率和低成本。的确，在21世纪首个十年，宝洁的收入、利润和股票价值都保持了健康的增长。

但是，宝洁的优秀业绩随着其庞大的品牌组合开始显露重要弱点而停滞。尽管在众多产品类别中保持着领先地位，但宝洁的不少品牌份额不高、业绩不佳，或者两者兼而有之。这限制了其优势品牌的增长和盈利。所以，宝洁对其产品组合进行了重大重组。在过去几年间，为了聚焦其65%业绩最强的品牌（例如佳洁士、汰渍和吉列等），宝洁公司已经出售了大约100个品牌（包括金霸王、Aleve、Noxema、爱慕思、伊卡璐、Wella）。听起来宝洁公司甩掉了一大块，其实余下的

65%品牌占到总收入的90%和利润的95%。

如今更加精简的品牌组合也更好地契合宝洁战略性客户伙伴关系的方法。余下的品牌中，18个年销售额超过10亿美元，另外17个年销售额至少5亿美元。去年，仅仅帮宝适一个品牌就售出了价值超过100亿美元的尿片产品。清除薄弱的品牌不仅减轻了宝洁公司繁重的财务负担，而且更强的组合使得公司可以更好地满足客户需求。公司预期为客户最好的解决之道而推荐一个竞争品牌的情况会大大减少。

宝洁维持客户关系的方法远不只是“销售”。正如宝洁公司CBD网站上所言，“这一宝洁公司的独特做法，让我们通过与我们的客户像‘战略伙伴’一样合作，聚焦互利的业务发展机会来谋求增长”，“所有的客户都希望改善他们的业务，我们的作用是帮助他们确定最大的机会”。在宝洁，建立和维持持久的客户关系涉及与客户合作为双方的互利，解决他们的问题。公司知道只有客户成功了，公司才会成功。

资料来源：Based on information from numerous P&G managers, with additional information from Demitrios Kalogeropoulos, “ The Procter & Gamble Company’s Best Product in 2015, ” *Motley Fool*, December 27, 2015, www.fool.com/investing/general/2015/12/27/the-procter-gamble-companys-best-product-in-2015.aspx; Penny Morgan, “ Why Procter & Gamble Is Selling Some of Its Brands,” *Market Realist*, March 8, 2016, www.marketrealist.com/2016/03/pgs-sale-brands-johnson-johnson-kimberly-clark/; Phil Whaba, “ Procter & Gamble Selling Beauty Brands Like Clairol, ” *Fortune*, July 9, 2015, www.fortune.com/2015/07/09/procter-gamble-coty/; and www.us.pgcareers.com/career-areas-find-your-fit/sales/and www.pg.com/vn/careers/our_functions/customer_business_development.shtml, accessed June 2016.

讨论题

1. 针对某一特定的宝洁产品，对比组织市场与消费者市场的结构与需求。
2. 针对上题中的产品，讨论组织市场与消费者市场在决策类型和决策过程上的不同。
3. 本案例包括了各种宝洁CBD团队。具体解释对一个宝洁公司的企业客户而言，其采购中心的不同角色如何与CBD团队互动。
4. 讨论宝洁公司CBD结构比个体销售代表更有效的方面。
5. 为什么宝洁公司的竞争者不能复制其客户关系战略?
6. 宝洁公司出售了大约100个品牌是成功之举吗？为什么?

注 释

请扫描二维码或登录中国人民大学出版社官网www.crup.com.cn下载本书注释。

第3篇

设计顾客价值导向的市场营销战略和市场营销组合

7 顾客价值导向的市场营销战略：为目标顾客创造价值

学习目标

- 明确设计顾客价值导向的市场营销战略的主要步骤：市场细分、目标市场选择和定位。
- 列举和讨论细分消费者市场和组织市场的重要基础。
- 解释公司如何识别有吸引力的细分市场并选择目标市场战略。
- 讨论公司如何进行产品差异化和定位，使其在市场上具有最强的竞争优势。

到目前为止，我们已经学习了什么是市场营销，并且了解了消费者和市场环境的重要性。在这些知识的基础上，我们现在可以较深入地讨论市场营销战略和策略。在这一章中，我们将探寻顾客价值导向的市场营销战略决策——将市场划分为有意义的顾客群（市场细分），选择公司要服务的顾客群（选择目标市场），创造最好地满足目标顾客的市场提供物（差异化），以及在顾客的心目中为该提供物树立独特的形象（定位）。本书随后的章节将进一步探索策略性市场营销工具——4P，市场营销者正是借助它们实施市场营销战略的。

让我们以唐恩都乐为例开始对市场细分、目标市场选择、差异化和定位的讨论。近年来，唐恩都乐迅速扩张，成为一个与星巴克势均力敌的全美知名品牌。但是，唐恩都乐与星巴克大相径庭。实际上，它也不希望自己与星巴克相像。它用截然不同的价值主张瞄准迥异的目标顾客。给自己泡上一杯咖啡，仔细读一读它的故事。

引例 唐恩都乐：针对普通消费者

几年前，唐恩都乐向凤凰城、芝加哥和北卡罗来纳州夏洛特市的数十位忠实顾客每周支付 100 美元，请他们去星巴克喝咖啡。与此同时，这家朴素的咖啡连锁店付钱给星巴克的顾客让他们到唐恩都乐尝尝咖啡。仔细询问两组顾客的感受之后，唐恩都乐发现这两组顾客是如此截然不同，以至于公司的研究人员形象地将他们称为两个“部落”，相互厌恶对方偏爱的咖啡店的所有特点。唐恩都乐的粉丝认为星巴克新潮而自命不凡；星巴克的拥趸则认为唐恩都乐太平淡、毫无创意可言。“我无法接受那样的咖啡店，”一位唐恩都乐的常客在惠顾星巴克之后告诉调查者，“如果想一个人坐在沙发里，我不如待在家里好了！”

在与全美最大的咖啡连锁企业星巴克的竞争中，唐恩都乐正快速成长为全美咖啡巨头。这次调查证明了一个简单的事实：唐恩都乐不是星巴克。事实上，唐恩都乐也并不想成为星巴克。想要取得成功，唐恩都乐必须对自己打算为哪些顾客服务以及怎样为他们提供服务有清晰的认识。唐恩都乐和星巴克瞄准不同的顾客，他们希望从自己钟爱的咖啡店里获得的体验是不一样的。星巴克明确地定位为一个高格调的第三场所——除了家和办公室之外——以设计独特的舒适沙发、不拘一格的音乐、无线网络连接和洋溢艺术气息的墙面设计为特色；而唐恩都乐的定位显然更加大众化，对普通人更有吸引力。

唐恩都乐一直以实惠的价格向劳动阶层的顾客提供简单的食物。长期以来，作为每天为顾客提供甜甜圈和咖啡的清晨早餐供应站，唐恩都乐为自己赢得了较好的名声。最近，为了扩大吸引力和规模，都乐开始升级改造——改变了一点，但是与原来的定位没有偏离很多。它翻修了店面，增加了新的菜品，例如拿铁咖啡和配有烧烤酱的炸鸡三明治等非早餐产品项目。唐恩都乐对数十家店的格局和氛围进行了重新设计，包括从增加免费 Wi-Fi、增设电子菜单板及为笔记本电脑和智能手机充电的插座，到播放轻松的背景音乐等诸多改变。唐恩都乐的加盟商可以从“深焙”“滤泡”“爵士酿造”等主题颜色中挑选一种进行重新装修。其中“爵士酿造”以暗橘色和棕色的舒适座椅及悬垂式照明设施为特色，悬垂的灯具发出柔和暗淡的光，投射到印有诸如“休息”“新鲜”“优质”等词语的墙纸上。

不过，在渐渐变身高档的时候，唐恩都乐小心翼翼地避免自己疏远原有的顾客群。在重新装修过的门店里未设沙发座。甚至在顾客抱怨把一种新三明治叫做帕尼尼（Panini）太矫情了之后，唐恩都乐将其重新命名为“夹心酥”。后来忠实消费者又认为它太没条理，唐恩都乐干脆放弃了这种产品。“我们必须特别小心，”唐恩都乐的顾客洞察副总裁说道，“关于唐恩都乐部落的一切，顾客说了算。”

唐恩都乐的调查显示，尽管忠诚的顾客希望有设施更好的店面，但是他们对星巴克的气氛感到困惑，并不喜欢。他们抱怨一大群人抱着笔记本电脑在星巴克里，要找个空位都很难；他们不喜欢星巴克用“tall”“grande”“venti”这三个标志表示大杯、中杯、小杯咖啡；他们也无法理解为什么有些人愿意花这么多钱买一杯咖啡。一位唐恩都乐的广告代理商说：“这简直就像是一群火星人在谈论一群地球人。”那些唐恩都乐支付 100 美元来唐恩都乐店里喝咖啡的消费者也感觉不自在。那位广告经理说：“星巴克的顾客不能忍受他们不再显得特殊了。”

鉴于两家咖啡店的顾客差异如此明显，他们关于咖啡体验有彼此相反的观点就不足为奇了。唐恩都乐的顾客主要是中等收入水平的蓝领和白领工作者，包括各种年龄段和族裔。相比之下，星巴克更专注于收入较高、更加专业化的人群。但是，唐恩都乐的研究者总结道：导致两个部落如此不同的首要原因，是理念，而不是收入。唐恩都乐部落的成员想要成为大众中的一部分，而星巴克部落的成员想要成为独一无二的个体。一位零售业专家说："你可以紧挨着星巴克开一家唐恩都乐，结果发现两群完全不同类型的消费者互不打扰，各进各的门。"

在过去几年中，唐恩都乐和星巴克都在迅速发展，它们各自瞄准自己的目标市场，努力适应和推动着美国人对咖啡的消费需求。现在，它们都在竭力寻求新的增长机会，例如说服喜欢外卖早餐的顾客更频繁地光临自己的咖啡店，并且停留更长的时间。尽管唐恩都乐的规模目前仍然小于星巴克——星巴克占据美国市场 33% 的份额，唐恩都乐仅有 16% 的市场份额，但唐恩都乐是美国国内业绩增长最快的零食和咖啡连锁店。唐恩都乐希望最近的重新定位和升级改造能够帮助自己保持业绩上涨的趋势，它计划使美国国内的连锁店数量到 2020 年实现翻番。

在翻新店面和重新定位时，唐恩都乐始终忠于顾客的需要和偏好。一位分析师说："唐恩都乐绝不追随星巴克的脚步，而是紧跟普通人的需要。"到目前为止一切顺利。经过 7 年的努力经营，在一项关于顾客忠诚和参与的领先企业的调查中，唐恩都乐超过位列第二的星巴克，拔得咖啡行业的头筹。根据这项调查，唐恩都乐是在口味、质量和顾客服务等方面一直符合甚至超越顾客期望的顶尖品牌。

唐恩都乐那句广为流传的广告语"美国人的一天从唐恩都乐开始"很好地总结了它的目标市场和定位。它如今早已不再只是个早餐供应点，更是美国人偏爱的、可以全天随时停留喝咖啡和吃点心的地方。"我们致力于在亲切友好的环境中，用优质咖啡、烘焙食品和小食，为美国人提供高价值的体验。"唐恩都乐的全球营销官说。无须多么华丽，只要切切实实地满足唐恩都乐部落成员每天的日常需求就可以了。[1]

目前，许多公司已经意识到，自己根本不可能吸引市场中所有的购买者，或者至少不能以相同的方式吸引所有人。购买者数量众多且分布广泛，他们的需求和购买行为有很大差异。而且，公司自身在不同细分市场中的服务能力也很不同。就像唐恩都乐那样，一家公司必须确定自己能够通过提供最好的服务争取最大盈利的市场部分。它们设计顾客导向的市场营销战略，与恰当的顾客建立良好的关系。于是，大多数公司纷纷放弃大众市场营销，转而采用目标市场营销——进行市场细分，从中选择一个或几个，针对每个目标市场开发独特的产品和市场营销方案。

7.1 市场营销战略

图 7－1 展示了制定顾客价值导向的市场营销战略所包含的四个步骤。企业通过前两个步骤，选择自己将要服务的顾客。**市场细分**（market segmentation）指将市场划分为较小的顾客群，这些顾客群具有不同的需求、特点或行为，并需要不同的市场营销战略或组合。为此，企业应该确定不同的细分方式，并了解所有顾客群体的大致情况。**目标市场选择**（market targeting）指评价每一个细分市场的吸引力，并从中选择一个或几个细分市场进入。

在后两个步骤中，企业需要明确自己的价值主张——如何为目标顾客创造价值。**差异化**（differentiation）指使企业的市场提供物与众不同，从而为顾客创造独特的卓越价值。**定位**（positioning）指使市场提供物在目标顾客的心目中占有一个清晰、独特和理想的位置。接下来，我们将依次讨论这些步骤。

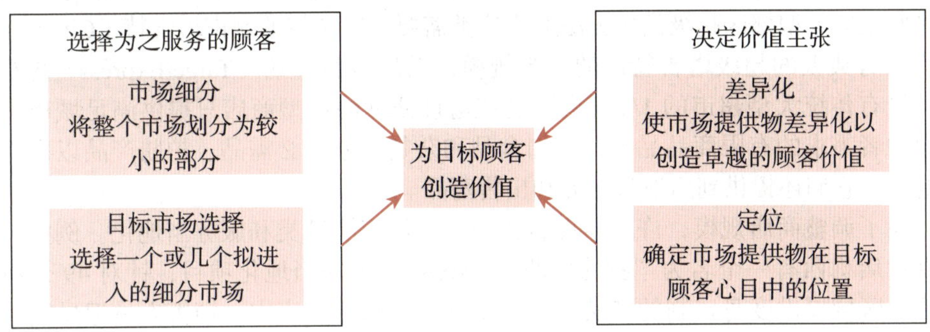

图 7-1　设计顾客价值导向的市场营销战略

7.2　市场细分

任何市场中的购买者在欲望、资源、地点、购买态度和购买行为等方面，都存在很大的差别。通过市场细分，公司将庞杂的大市场划分为需要用不同的产品和服务有效满足其独特需要的较小的细分市场。这里，我们将讨论细分市场的主要问题：细分消费者市场、细分组织市场、细分国际市场和有效市场细分的标准。

细分消费者市场

市场细分的方法并不唯一。市场营销者必须单独或综合运用多种细分变量，以便找出考察市场结构的最佳方法。表 7-1 列出了细分消费者市场的主要变量，包括地理、人口、心理和行为四类。

表 7-1　消费者市场的主要细分变量

细分变量	例子
地理	国家、地区、州、县、城市、街区、人口密度（城市、郊区、农村）、气候
人口	年龄、生命周期阶段、性别、收入、职业、教育、宗教、种族、世代
心理	生活方式、个性
行为	时机、利益、使用者情况、使用频率、忠诚度

地理细分

地理细分（geographic segmentation）指将市场分成不同的地理区域，诸如国家、地区、州、城市或者街区。公司可以决定在一个或几个地理区域从事经营活动；或者在所有区域内经营，但同时关注需要和欲望的地理差异。目前，许多公司努力使自己的产品、广告、促销和销售努力本土化，以适应各个地区、城市甚至街区的需要。

例如，许多大型零售商——从塔吉特和沃尔玛到科尔氏（Kohl's）和史泰博——如今都开办了专门为适应人口密集的都市内社区的需要而设计的小型业态，它们原先那些典型的大型郊区超级商店无法适应这类需要。塔吉特的城市塔吉特（CityTarget）平均只有典型的超级塔吉特店的一半规模；其塔吉特速店（TargetExpress）甚至更小，只有传统大型超市的 1/4 规模。这些选址便利的小型商店只提供满足城市居民和通勤者需求的有限商品品类，例如食品和杂货、家居必需品、护肤产品以及消费者电器。它们还提供到店取货服务和出售药品。[2]

除了调整商店规模，许多零售商还进一步使产品种类和服务当地化。例如，连锁百货店梅西有一个名为“我的梅西”（MyMacy）的当地化项目，针对 49 个不同的地理区域提供度身定制的产品。在遍布全美的梅西门店中，销售人员记录当地购物者的要求，并报告地区经理。地区经理综合顾客的要求与商店的交易数据，针对性地调整商品组合。比如，密歇根的梅西商店出售更多当地产的 Sanders 巧克力糖果；在奥兰多，水上乐园边上的梅西商店有更多泳装，附近有出租公寓的梅西商店中有更多寝具；而位于长岛的店铺里额外备有咖啡过滤器。总之，“我的梅西”战略更好地满足了当地市场的需要，使该零售巨头看上去更小巧、更令人有亲近感。[3]

人口细分

人口细分（demographic segmentation）是将市场按年龄、性别、家庭规模、生命周期阶段、收入、职业、教育、宗教、种族和世代等人口统计因素划分为多个群体。人口统计因素是最常用的市场细分基础。原因之一是消费者的需要、欲望和使用频率往往与人口统计变量密切相关。另一个原因是，人口统计变量比其他类型的变量更容易测量。即便市场营销者最终采用诸如所追求的利益或行为等其他细分基础定义细分市场，也必须先了解细分市场的人口统计特征，以便评价目标市场的规模和策划有效的营销计划。

年龄和生命周期阶段。消费者的需要和欲望随着年龄的增长而变化。一些公司利用年龄和生命周期阶段细分市场，针对不同的**年龄和生命周期阶段细分**（age and life-cycle segmentation）的消费者提供不同的产品或运用不同的市场营销方法。例如，卡夫公司的奥斯卡梅耶品牌向儿童营销 Lunchables——一种儿童方便午间套餐，取得了巨大成功。为了进一步扩大战果，奥斯卡梅耶随后推出了 Lunchables Uploaded——为满足青少年的口味和感官而设计的升级版。最近，该品牌又推出了成人版，不过用了更适合成人的名字 P3（Portable Protein Pack，方便蛋白质套餐）。现在，各个年龄段的美国消费者都可以享用最受欢迎的午餐了。

运用年龄和生命周期阶段细分市场时，市场营销者必须仔细提防落入陈规和俗套。例如，尽管一些年逾八旬的老人已经老态龙钟，但有一些仍在滑雪和打网球。类似地，一些 40 多岁的夫妇已经把孩子送去读大学，有一些才刚刚开始组建新家庭。于是，仅凭年龄常常不能很好地预测一个人的生命周期阶段、财富、工作或家庭情况、需要以及购买能力。

性别。性别细分（gender segmentation）一直被用于服装、化妆品、洗漱用品和杂志的市场细分。例如，宝洁是最早采用性别细分市场的公司，其领先品牌“秘密”（Secret）是专门为展现女性魅力而提供的产品，其包装和广告都强化了女性形象。

最近，男性护肤品行业迅猛增长，许多以前主要生产女性化妆品的品牌——从欧莱雅、妮维雅和丝芙兰到联合利华的多芬——现在纷纷开始成功地营销男性产品系列，只是不叫“化妆品”而已。例如，多芬的男士护肤系列（Man+Care）通过为男士个人护理问题提供实用的解决之道，尽力表现更具男性气质的定位。多芬的男士护肤系列将自己定位为“男士护理的权威”，提供沐浴露（自然护肤）、止汗剂（强力对付汗液，温柔对待皮肤）、面部护理（更好地照顾你的面容），以及护发产品（“3X 更强韧发质”）等完整的产品线。[4]

也有些原先以男士为目标市场的品牌，选择了另一个方向，开始瞄准女性消费者。例如，GoldieBlox 向女孩营销工程类玩具。而为了迎合越来越多女性将健身服作为日常时尚的“运动休闲”趋势，运动服装生产商和零售商——从耐克和安德玛到迪克运动用品商店——都针对女性买者倾注更多营销努力。女性如今占到所有运动用品购买者的一半。迪克运动用品商店最近开展了一场声势浩大的营销运动——“你想成为谁?”推出了公司有史以来首个直接针对注重健身的女性诉求的广告。广告表现了为实现健身目标必须费心安排繁忙生活的女性。系列广告的第一则展示了一位母亲小跑而不是开车去学校接孩子，另一位母亲一边留意婴儿监护器一边在跑步机上慢跑。广告问道：“你想成为谁?”“每一次奔跑。每一次健身。每一天。每一次选择。每一个从迪克运动用品开始的季节。”迪克运动用品商店希望女性购买者知道“我们理解她们每一天为健身而不得不做出的选择……”该零售商的营销总监如是说。[5]

收入。汽车、服装、化妆品、理财和旅游等产品和服务的市场营销者一直运用**收入细分**（income segmentation）市场。许多公司为富有的消费者提供奢侈的商品和便利的服务。另一些营销者则采用高接触的营销手段来追求富裕的消费者。高档零售商萨克斯第五大道精品百货店（Saks Fifth Avenue）为其第五大道俱乐部成员中一年在萨克斯用于服装和饰品的花费高达 15 万～ 20 万美元的精英客户提供专属服务。例如，第五大道俱乐部成员可以有萨克斯个人造型师服务。这些深谙时尚且交际广泛的个人形象顾问会主动了解客户，帮助他们形成自己的风格，进而指导他选择“纷繁复杂的时尚必备品”。个人造型师将客户放在第一位。例如，如果萨克斯没有该客户渴求的时尚必备品，个人造型师会从其他地方为他们找到，而不会额外收费。[6]

当然，不是所有运用收入细分的公司都为富有的消费者服务。例如，许多零售商店，如达乐、Family Dollar 和 Dollar Tree 等连锁商店，都成功地瞄准中低收入人群。这些商店的核心市场是收入低于 3 万美元的家庭。当 Family Dollar 的房地产专家为新店物色地址时，往往寻找以中低阶层消费者为主的街区，那里的人们穿着便宜的鞋子，开着寒酸的旧车。凭借低价战略，廉价商店现在已经成为美国快速增长的零售业态。

心理细分

心理细分（psychographic segmentation）根据社会阶层、生活方式或个性特征将购买者划分为不同的群体。具有相同人口特征的人，在心理特征上可能大相径庭。

我们曾经在第 5 章中讨论过人们的购买行为反映其生活方式。因此，市场营销者常常根据消费者的生活方式进行市场细分，并将市场营销战略建立在生活方式诉求上。例如，零售商 Anthropologie 用异想天开的法国跳蚤市场式商店氛围，向年轻的女性顾客兜售令她们钟情的波希米亚生活方式。Athleta 通过其瑜伽、慢跑和其他运动服装，以及都市休闲和健身后服装向女性推销一种充满都市活力的生活方式。

> 快休闲餐厅 Panera 迎合不仅希望食品美味，而且对自己的健康有利的生活方式细分市场。为了更好地满足这一健康生活的生活方式细分市场的需求，Panera 最近宣布它将在食品中禁止使用超过 150 种人工保鲜剂、甜味剂、色素和香精。它开展了一场名为“食品应该有的样子”的营销运动，展现顾客在 Panera 吃得更好、更开心。“吃得干净，”一则广告说道，“因为干净的食品恰恰更加美味。”Panera 认为食品应该不仅仅填饱你的肚腹。“食品应该美味。应该令人感觉良好，应该对你和你周围的世界有利。这才是食品应该有的样子。”Panera 的营销经理说，如果这种思维与你的生活方式不谋而合，“那么太好了，来 Panera 店里吧……我们就是为此而存在的”。[7]

市场营销者还常常以个性变量为基础进行市场细分。例如，Sherwin Williams 油漆的广告——冠以“用最好的油漆调出你最理想的色彩”的标题——似乎在吸引年纪较长、个性更加务实的 DIY 消费者。相反，本杰明·莫尔（Benjamin Moore）的广告和社交媒体宣传旨在吸引更年轻、更开朗和追求时尚的个体。本杰明·莫尔的一则广告——由一长串有着浮夸字体的字符构成——这样描述其热唇（Hot Lips）油漆的色彩：“介于你 12 月份湿着头发外出时的唇色与混合着止咳糖浆颜色的、融化了的葡萄棒冰的颜色之间。热唇。完美。”

行为细分

行为细分（behavioral segmentation）根据人们对产品的了解、态度、使用情况或反应，将购买者划分为不同的群体。许多市场营销者认为，行为变量是进行市场细分的最佳起点。

时机。市场营销者可以根据购买者产生购买意图、实际购买行动或使用所购买产品的时机来细分市场。**时机细分**（occasion segmentation）有助于公司确定产品的用途。金宝汤在寒冷的冬季加大汤品的广告投放；家得宝为其除草和园艺产品开展春季特别促销活动。10 多年来，星巴克一直用南瓜拿铁（Pumpkin Spice Latte，PSL）迎接秋季的到来。这款只在秋天出售的产品每年为星巴克带来约 1 亿美元的收入。[8]

还有一些公司利用非传统的时机开展促销来刺激消费。例如，大多数消费者早晨饮用橙汁，但橙子种植户把橙汁宣传为一种很酷的健康饮品，适合全天饮用。类似地，消费者倾向于在白天晚些时候喝软饮料，激浪推出“早晨的激浪”（Mtn Dew A.M.）——一种激浪和橙汁的混合饮料——来增加早晨的消费量。塔可钟的“第一顿饭”（First Meal）运动试图通过向消费者宣传“早晨的激浪”（仅在塔可钟有售）搭配自己的“清晨玉米卷”（A.M.Crunch-wrap）和其他早餐食品是迎接新的一天最好的方式，希望借此来增加销售。

利益。市场细分的有效形式之一是，根据消费者希望从产品中获得的不同利益，将他们划分为不同的群体。**利益细分**（benefit segmentation）要求发现人们希望从某个产品类别中寻求哪些主要利益，并据此划分不同的利益群，明确递送不同利益的主要品牌。

例如，购买可穿戴健康和运动记录器的人们可能寻求多种利益，从计算步数和消耗的热量到监测心率、追踪和报告健身成绩。为满足这些不同的利益偏好，Fitbit针对三大主要利益细分市场的买者制作健康和健身追踪设备：日常健身、积极健身和追求运动成绩的健身[9]：

> 日常健身者仅仅需要记录非常基础的健身数据。所以Fitbit最简单的设备Fitbit Zip为这些消费者提供“简单而有趣的方式记录日常活动”，追踪步数、距离、消耗的热量和活动的时间；Fitbit One也是针对日常健身者的，除了可以做到以上一切，还能监测睡眠的时间和质量；Fitbit Charge增加了腕带和手表。对追求运动成绩的健身人群，高科技的Fitbit Surge帮助他们“更智慧地训练，更进一步”。Surge是“极致的健身超级手表”，有GPS定位、心率监测、全天候运动追踪、自动健身追踪和记录、睡眠监测、短信提醒、音乐控制，可以无线连接到智能手机和计算机中的Fitbit应用程序。总之，在Fitbit的健身产品大家庭中，无论你追求什么利益组合，“总有一款适合你”。

使用者情况。市场营销者可以根据使用者情况，将消费者分成不同的群体：尚未使用者、曾经使用者、潜在使用者、首次使用者和经常使用者。市场营销者希望巩固和留住经常使用者，吸引目标市场的尚未使用者，以及重建与曾经使用者的关系。潜在使用者群体中的消费者遇到生活阶段的变化——诸如新婚和新晋父母——可以转化为大量使用者。例如，为了从一开始就抓住初为父母的消费者，宝洁公司确保帮宝适是大多数美国医院为新生儿提供的尿片，进而把它们宣传为“医院的第一选择”。

使用频率。市场还可以划分为少量使用者、一般使用者和大量使用者。大量使用者在市场上只占很小的份额，但在总消费量中却占有很高的比重。例如，卡乐星汉堡（Carl’s Jr.）和哈迪斯餐厅（Hardee’s）的母公司都是CKE，以“饥饿的年轻男性”为目标市场。这些年轻的男性顾客年龄大约在18～34岁之间，非常喜爱该连锁品牌“如果你要用餐，那就认认真真地吃”的定位。这意味着你可以放纵一下自己，大口吞下该餐厅菜单上推荐的加厚汉堡包和其他诱人的食品。为更好地吸引这一目标群体，该公司发布了其著名的比基尼热辣模特广告，通过凯特·阿普顿（Kate Upton）、帕德玛·拉克施密（Padma Lakshmi）等模特来推广其品牌形象。这类广告清晰地展示了“这就是我们年轻、饥饿的目标顾客”，CKE的总经理说道。[10]

忠诚度。市场还可以根据消费者的忠诚度来细分。消费者或许忠诚于一个品牌（例如汰渍）、商店（例如塔吉特）和公司（例如苹果）。营销者根据购买者的忠诚度将他们划分为不同的群体。一些消费者绝对忠诚，他们始终购买一个品牌，而且迫不及待地要告诉别人。例如，无论是拥有一部Mac电脑，还是一部iPhone或iPad，苹果迷执迷着地信仰这个品牌。对Mac电脑非常满意的顾客，用它收发电子邮件、上网浏览和参与社交网络。但是，也有极端的狂热分子——所谓的“苹果脑袋”（MacHead）或“苹果教徒”（Macolytes）——迫不及待地要与能够联系到的所有人谈论最新的苹果配件。如此狂热的忠诚者帮助苹果在经济不景气的日子里依然得以维持，现在他们又站到了苹果公司新兴的iPod、iTunes和iPad帝国的最前沿。

有些消费者忠诚于某类产品的两三个品牌，或在偏爱一个品牌的同时也偶尔购买其他品牌，他们只是一般忠诚者。还有一些消费者不忠诚于任何品牌。他们每次购买不同的品牌，或者只购买特价促销的产品。

公司应该从理解自己的忠诚顾客开始，通过分析市场中的忠诚模式了解很多情况。高度忠诚的顾客是企业宝贵的资产。他们常常通过个人口碑和社交媒体宣传品牌。公司应该不仅仅向其忠诚顾客营销，更应该充分吸引他们参与，使他们成为建设品牌和讲好品牌故事的一部分。例如，激浪将其忠诚顾客转化为“激浪国度”成员，正是这些激情的超级粉丝使其成为仅次于可口可乐和百事，位居全美第三的软饮料品牌。

一些公司实际上鼓励忠诚者为品牌工作。例如，顶级户外品牌巴塔哥尼亚依赖其经验最丰富的顾客——被称为巴塔哥尼亚大使——在严酷的环境中实地测试公司的产品，为这些由“大使推动的”服装和设备产品线提供建议，与其他人分享他们的产品经验。[11] 相反，通过研究自己忠诚度不高的顾客，公司可以发现哪些品牌是自己最强有力的竞争对手。通过研究不再购买自己品牌的顾客，公司可以了解自身的营销弱点，及时采取改进措施。

运用多种细分标准

市场营销者很少运用一个或少数几个变量进行市场细分。相反，他们常常运用多种细分基础尽力确定更小、更好识别的目标顾客群。一些商业信息服务组织——例如尼尔森、Acxiom、Esri 和 Experian——提供多变量细分系统，结合地理、人口、生活方式和行为数据，帮助公司细分市场，细致到邮政区划、街区，甚至家庭。

一个领先的消费者细分系统是 Experian 的 Mosaic 美国系统，它根据收入、年龄、购买习惯、家庭构成和行为将美国家庭分成 71 种生活方式细分市场和 19 种富裕水平。Mosaic 美国细分系统为这些细分市场提供了颇具异国情调的名称。[12] 如此丰富多彩的名称给各个细分市场带来了活力。

例如，“勃肯鞋和宝马车”群体指高富裕水平的中产阶层，年龄一般在 40 ～ 60 岁之间，已经取得一定财务安全，居住在小城市边上令城里人羡慕不已的乡村和艺术氛围浓郁的社区。他们认为灵性比宗教更重要。“学院和咖啡馆”细分市场的消费者指单身、初步富裕的人，大多为年龄在 35 岁以下的白人大学毕业生，他们还在寻找自我，常常受雇为大学支持者或服务人员。他们收入不高，而且不太喜欢储蓄。

Mosaic 美国和其他类似的细分市场系统可以帮助市场营销者将人群和区域划分为具有相似看法的适合营销的群体。每一个细分市场都有自己独特的喜好、厌恶、生活方式和购买行为模式。例如，“波希米亚风格”消费者是重要的单身群体，大多为年龄在 45 ～ 65 岁、生活在诸如加利福尼亚州萨克拉门托和宾夕法尼亚州哈里斯堡等小城市的单身人士。他们乐于助人，维持庞大的朋友圈，在社区活动中表现活跃。他们欣赏音乐、爱好和从事艺术活动。外出就餐时，他们会选择诸如 Macaroni Grill 或 Red Robin 等餐厅。他们最喜欢的电视频道是 Bravo、LifeTime、Oxygen 和 TNT，他们收看《犯罪现场调查》(CSI) 的时间是一般美国人的 2 倍。市场营销者借助 Mosaic 系统，可以令人惊奇地准确描述你是谁以及你会买什么。

如此丰富的市场细分为不同行业的市场营销者提供了有力的工具，有助于企业更好地识别和了解关键顾客群，更有效地选择目标市场，并针对目标顾客的特殊需要调整市场提供物和信息。

细分组织市场

消费者市场和组织市场的许多细分变量是相同的。市场营销同样可以根据地理、人口（行业、公司规模）、追求的利益、使用者地位、使用频率和忠诚度来细分组织市场。不过，组织市场的营销者还会用到一些额外的变量，如顾客经营特点、采购方式、环境因素和采购人员的个人特征等。

几乎所有的公司都或多或少地服务于组织市场。例如，星巴克为自己的两大组织市场——办公室咖啡和食品服务——分别制定了不同的营销方案。在办公室咖啡和贩卖机市场，星巴克的“办公室咖啡解决之道团队”（Office Coffee Solutions）为不同规模的企业提供多种多样的现场咖啡服务，帮助它们在办公场所为员工制作星巴克咖啡及其相关产品。星巴克帮助这些企业设计采用其咖啡（星巴克或Seattle’s Best 品牌）、茶（Tazo 品牌）、糖浆和印有品牌标识的纸杯等产品的最佳咖啡解决方案，以及恰当的服务方法——每份单独包装、单杯或者贩卖机。星巴克食品服务（Foodservice）部门则与从航空公司、饭店、大学和医院到棒球场等各种企业客户或组织合作，帮助它们为各自的客户提供著名的星巴克产品。星巴克不仅向这些食品服务伙伴提供咖啡、茶、纸杯，还提供设备、培训以及配货和营销支持。[13]

许多公司为服务规模较大或分支较多的客户建立独立的系统。例如，办公家具的主要生产商铁柜（Steelcase）首先将顾客分为几个细分市场：法律、教育、美国和加拿大政府、州和当地政府、保健以及医疗等。然后，公司的销售人员与独立经销商合作，在每个细分市场中为小型的、当地或区域性的客户服务。但是，诸如埃克森美孚（ExxonMobil）和 IBM 这样的全国性多分支客户，具有的特殊需求超出了个体经销商的服务能力和服务范围。所以，铁柜公司要求其全国客户经理帮助经销商网络为这些全国性客户提供专门的服务。

细分国际市场

很少有公司有资源或者意愿在全球所有国家或大多数国家经营。尽管一些大型公司，如可口可乐或索尼，在 200 多个国家和地区出售产品，但大多数公司只集中于世界市场的一小部分。跨国经营意味着新的挑战：不同的国家，即使是那些相互比邻的国家，在经济、文化和政治上也存在很大的差异。于是，与国内市场一样，跨国公司需要根据不同的需求和购买行为细分国际市场。

公司可以运用一个或一组变量来进行国际市场细分。首先，它们可以通过地理位置细分，把国际市场划分为不同的区域，例如西欧、环太平洋、中东或者非洲。地理细分的前提是相邻的国家有许多共同的特征和行为。尽管一般情况下的确如此，但是也有很多例外的情况。例如，一些美国市场营销者将所有中南美洲国家混在一起。但是，多米尼加共和国与巴西一点也不像，就好比意大利与瑞典一样。许多中南美洲人甚至不讲西班牙语，2 亿多巴西人说葡萄牙语，而在其他国家有数百万人口讲各种各样的印第安方言。

世界市场也可以根据经济因素细分。根据收入水平或总体经济发展水平，世界市场可以划分为不同的国家群。一个国家的经济结构形成其独特的产品和服务需要，进而产生不同的市场营销机会。例如，许多国家的市场营销者现在比较关注金砖国家——如巴西、俄罗斯、印度和中国，它们是增长迅速的发展中经济体，购买力不断提高。

还可以根据政治和法律因素细分国家，例如政府的类型和稳定性、对国外公司的接受程度、金融监管以及官僚程度等。运用文化因素，例如语言、宗教、价值观和态度、风俗以及行为方式来细分国际市场也很重要。

基于地理、经济、政治、文化和其他因素细分国际市场的前提是，认为世界市场是由一个个国家组成的。但是，随着卫星电视和互联网等新通信技术的发展，全球消费者越来越便捷和紧密地联系在一起，市场营销者可以识别和影响具有相似想法的消费者细分市场，无论他们在世界上哪一个国家。运用**跨市场细分**（intermarket segmentation，cross-market segmentation），即使位于不同国家的消费者也可以形成具有相似需求和购买行为的消费者细分市场。

例如，零售商 H&M 以全球 43 个国家中既有时尚意识又比较节俭的购物者为目标，为他们提供低价、新潮的服饰。可口可乐将全球的青少年作为其软饮料的核心消费者，针对他们开发特殊的市场营销计划。到 2020 年，全球 1/3 的人口——25 亿人以上——是 18 岁以下的年轻人。可口可乐利用全球青少年都感兴趣的主题，比如音乐，来吸引这一重要的全球细分市场。例如，它最近与 Spotify 合作推出一个全球音乐网络，帮助青少年发现新音乐、与其他热爱音乐的青少年联系、在线上和线下与世界各地的朋友分享自己的体验。其聚焦青少年的“Ahh 效应”（The Ahh Effect）数字运动提供“快餐式内容”——游戏、视频和音乐——以吸引世界青少年与可口可乐品牌互动。“Ahh 效应”是“畅饮冰镇可乐之后人们体验到的幸福感、满足感和爽快与惬意——听上去就像微笑的声音，假如微笑有声音的话”。[14]

有效市场细分的标准

市场细分的方法很多，但并非所有的市场细分都有效。例如，可以将精制食盐的购买者分为金色头发和棕色头发的顾客。但头发的颜色显然不会影响食盐的购买。而且，如果所有的食盐购买者每月购买数量相同的食盐，认为所有食盐都具有一样的品质，并愿意支付相同的价格，公司就不可能通过市场细分得到好处。

有效的市场细分必须具备以下条件：

- 可测量性。细分市场的规模、购买能力和基本情况是可以测量的。
- 可接近性。公司可以有效地影响和服务细分市场。
- 规模大。细分市场要足够大，或有利可图。一个细分市场应该是值得公司用度身定做的市场营销方案去追求的尽可能大的同质群体。例如，对汽车制造商而言，为身高超过 7 英尺的人专门开发汽车得不偿失。
- 差别性。细分市场在理念上应该容易区分，并对不同的市场营销组合要素和计划有不同的反应。如果已婚女性和未婚女性对一种香水的销售有相似的反应，她们就不能各自构成独立的细分市场。

- 可操作性。企业必须能够设计有效的营销方案吸引并服务于细分市场。例如，尽管一家小型航空公司确定了七个细分市场，但因其员工太少而不可能针对每一个细分市场分别开发市场营销方案。

7.3 目标市场选择

市场细分有助于公司识别不同市场的机会。随后，公司必须评价各个细分市场并决定自己能够最好地服务于哪些细分市场。以下我们讨论公司如何评价细分市场和选择目标市场。

评价细分市场

评价细分市场时，公司必须考虑三类因素：细分市场的规模和增长潜力，细分市场的结构和吸引力，以及公司的目标和资源。首先，公司应当收集和分析各个细分市场的资料，包括细分市场当前的销售量、增长速度和预期的盈利性等。公司往往更加青睐那些具有恰当规模和增长速度的细分市场。但是"恰当的规模和增长"是相对而言的。规模最大、增长速度最快的细分市场并非对所有公司都有吸引力。小公司可能由于缺乏为规模较大的细分市场提供服务所需要的技能和资源，或者这些细分市场竞争过于激烈，而选择绝对规模较小的细分市场。这些市场在大公司看来也许吸引力不大，但是对小公司而言具有盈利潜力。

公司还需要考察影响细分市场长期吸引力的结构性因素。[15] 例如，一个细分市场如果已经有很多强大且激进的竞争者，吸引力就不大。如果细分市场存在许多现有或潜在的替代产品，价格和盈利会受到影响。购买者能力也会影响到细分市场的吸引力。购买者如果议价能力很强的话，就会试图压低价格，提出更苛刻的服务和质量要求，甚至引起卖者之间相互竞争——这些都会降低卖方的盈利性。最后，有能够左右价格、质量和供应量的强大供应商的细分市场，吸引力也不大。

即使一个细分市场有恰当的规模和增长潜力，并且具有结构优势，公司也必须考虑自身的目标和资源。一些有吸引力的细分市场可能由于与公司的长期目标不相符，或者公司缺乏取得成功所需要的技能和资源而被舍弃。例如，汽车市场的经济型细分市场规模比较大，而且持续增长。但是，根据自己的目标和资源，对以豪华和性能著称的汽车制造商宝马而言，进入这一市场意义不大。公司应该只进入那些自己能够创造卓越顾客价值并获得超越竞争对手的优势的细分市场。

选择目标市场

对各个细分市场作出评价之后，公司必须决定以哪几个细分市场为目标。**目标市场**（target market）指公司决定为之服务的、具有共同需要或特点的购买者群体。目标市场的选择可以有不同的层次。如图 7-2 所示，公司选择目标市场时可以非常广泛（无差异营销），或者非常狭窄（微观营销），或者介于两者之间（差异化营销或者集中营销）。

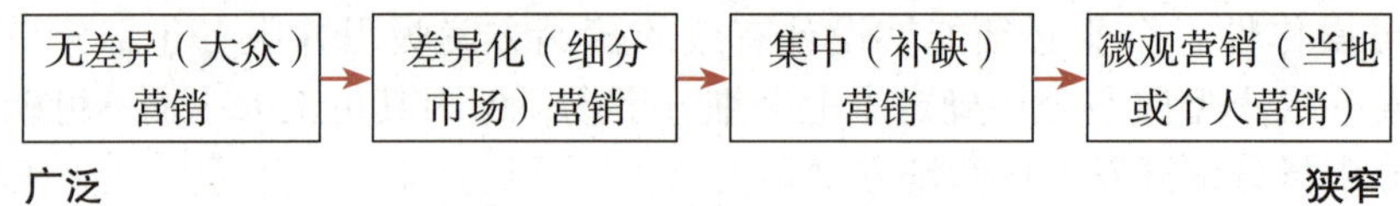

图 7－2　市场营销目标市场选择战略

无差异营销

运用**无差异营销**（undifferentiated marketing）（或者**大众营销**（mass marketing））战略的公司决定忽略细分市场的差异，用一种产品和服务满足整个市场。这种大众营销战略注重的是消费者需求的共性而非个性。公司为吸引绝大多数购买者而设计产品和市场营销战略。

正如本章前面所指出的，许多现代市场营销者对这一战略心存疑虑。如今，要开发一个满足所有消费者的产品或品牌实在太难了。而且，不少公司已经通过满足特殊细分市场和缝隙市场的需要取得了成功，大众市场营销者常常发现自己很难与这些更加聚焦的公司竞争。

差异化营销

运用**差异化营销**（differentiated marketing）（或者**细分市场营销**（segmented marketing））战略的公司决定瞄准几个细分市场，并分别为它们设计不同的产品和服务。宝洁公司在美国营销六种不同的洗衣剂品牌（Bold、Cheer、Dash、Dreft、Gain 和汰渍），这些品牌在超市的货架上相互竞争。宝洁甚至进一步细分每个品牌以服务更狭窄的缝隙市场。例如，你可以买到数十种版本的汰渍——从原创汰渍、冷水汰渍、汰渍洗衣球，到针对敏感皮肤的清爽柔和汰渍、汰渍亮白、汰渍固色，以及添加了清新剂的汰渍，或者添加了柔顺剂的汰渍。

公司为了在每一个细分市场中获得更高的销售收益和更强大的市场地位，会针对不同的细分市场提供产品和采取恰当的营销措施。与在所有市场中开展无差异营销相比，在数个细分市场中建立优势地位能够创造更高的总销售。正是因为差异化的营销措施，宝洁在美国 150 亿美元的洗涤剂市场中占有绝对优势的地位。令人难以置信的是，仅汰渍家族品牌就在公司北美销售额中占 38% 的份额；Gain 品牌为公司赢得了另外 15% 的销售收入。甚至更加让人咂舌的是，所有宝洁洗涤剂品牌共同占据 60% 的美国市场份额。[16]

但是，差异化营销显然增加了经营成本。与开发和生产 100 个同种产品相比，生产 10 种不同产品、每种 10 个的成本要高得多。针对不同的细分市场分别开发不同的市场营销计划，要求额外的市场营销调研、预测、销售分析、促销计划以及渠道管理等工作。以不同的广告运动影响不同细分市场的营销努力无疑增加了促销成本。因此，公司决定采用差异化市场营销战略时，必须仔细地衡量销售额增量与成本增量之间的关系。

集中营销

运用**集中营销**（concentrated marketing）（或者**补缺营销**（niche marketing））战略的公司，不是追求大市场中的小份额，而是力求在一个或几个较小的补缺市场中占据大份额。例如，考虑一下补缺者斯坦丝袜子（Stance Socks）的例子[17]：

“斯坦丝袜子将‘袜子’变成了世界上最令人兴奋的配饰之一。从蕾哈娜到 Jay Z，无数明星、艺术家、运动员的双脚都被它征服。但世界上还有很多人不太了解它。”一位观察者说道。斯坦丝甚至成为 NBA 的官方赛场用袜，是比赛日许多职业球员的最爱。补缺者斯坦丝出售袜子，只有袜子。然而它在那些将袜子作为副产品的强大得多的竞争者的阴影下迅速发展。5 年前，斯坦丝的创立者发现袜子市场需求量巨大但却被严重忽视和低估。斯坦丝的 CEO 和共同创始人杰夫·科尔（Jeff Kear）从当地塔吉特商店的袜子销售区走过时说道：“它们大多是黑色、白色、棕色和灰色——有着菱形图案——装在塑料袋里。我想，我们可以彻底改变袜子，因为人们忽略了它们。”

斯坦丝开始创造技术先进且提供乐趣、彰显时尚和地位的袜子，为该品类注入全新的活力。使命必达。你现在能够在 40 多个国家的商店里看到斯坦丝舒适而古怪的袜子色彩缤纷地陈列着，从当地的冲浪商店到富乐客，再到诺德斯特龙、布鲁明戴尔和梅西百货。每双售价 10 ～ 40 美元不等，斯坦丝去年大约售出 1 200 万双袜子。这一规模对诸如恒适（Hanes）或耐克等竞争巨头而言，不值一提，但对补缺者斯坦丝而言利润可观。下一步呢？公司瞄准了另一个经常被忽略的缝隙市场——男性内衣。

通过集中营销，斯坦丝因为在其服务的缝隙市场中更了解顾客的需要而赢得赞誉，获得了强有力的市场地位。该公司谨慎确定细分市场中的顾客需要，精心地调整其产品、价格和促销计划，使营销活动更有效果。只有针对自己能够最好地服务并获得最大盈利的消费者市场设计产品或服务、渠道和沟通方案，营销才更有效。

拾遗补缺的战略使小公司能够将自己有限的资源集中于为那些在大公司看来不重要或被忽略的缝隙市场提供服务。许多公司先从补缺者开始，建立起借以与资源雄厚的大公司竞争的根据地，然后逐步成长为强大的竞争者。例如，西南航空公司最初只在得克萨斯州为州内不需要附加服务的通勤者提供服务，但是现在已经跻身美国最大的航空公司之列。Enterprise 租车公司起步于建立街区网络，而不是与赫兹、安飞士等大公司竞争机场网点。现在，它已经成为美国最大的汽车租赁公司。

如今，在网上开办商店的成本很低，这使得为小型缝隙市场服务更加有利可图。对小企业而言尤为如此，它们正因借助网络为小型缝隙市场服务而获得丰厚的收益。网上女性时装零售商 Stitch Fix 就是网络拾遗补缺者的典型。[18]

Stitch Fix 为繁忙的女性随时提供价格优惠的线上个人造型服务。它将自己定位于“你的个人造型师”。尽管“个人服务”与“线上”看上去似乎有些矛盾，但 Stitch Fix 凭借其 2 000 多人的造型师团队，运用精细成熟的算法决定每位顾客独特的风格，使自己崭露头角。一开始，顾客需要填写的就不只是简单的尺码信息，而包括详细的个人风格及特征。它通过诸如“你喜欢夸耀什么？”“你希望你的 Fix 选择有多冒险？”（其中的一个答案是：“经常：冒险是我的天性，尽管做！”）等问题发现顾客的个人偏好。顾客还评价不同时尚的照片剪辑，甚至可以提供她们自己的 Pinterest 或其他社交媒体主页的链接。

结合算法和大量的人员判断（造型师也许完全比算法更重要），个人造型师搭配和发出顾客的首个时装套餐（Fix）——一个包含五件迎合顾客独特口味的衣服及配饰的盒子。“我们的专业造型师会挑选出她们认为你会喜爱的产品——有时候甚至可能挑战你的舒适区，但那也恰恰是最有趣的部分，”公司宣称。顾客留下自己喜欢的产品，将余下的寄回，并附上详细的反馈。搭配首个 Fix 盒子最难，因为造型师和算法还在学习。但是，从那以后，Stitch Fix 体验令许多顾客沉迷其中。超过 80% 的顾客在 90 天内访问网站进行第二次订购，1/3 的顾客将自己的服装预算投向 Stitch Fix。多亏互联网的力量和个性化特征，Stitch Fix 日益引起关注并迅速增长。该网上补缺者激发了大量宣传 Stitch Fix 的博客和社交媒体发布，其年收入猛增到 2 亿多美元。

集中营销在带来更高盈利性的同时，也蕴含高于一般水平的风险。依赖一个或几个细分市场的公司可能会在细分市场萎缩，或资源雄厚的大公司侵入同一细分市场时遭受重大损失。实际上，许多大公司通过开发或收购的方式建立自己的缝隙品牌。例如，可口可乐的创业和新兴品牌部（Venturing and Emerging Brands）营销种类丰富的缝隙饮料。其品牌包括 Honest Tea（美国第一的瓶装有机茶品牌）、NOS（在赛车爱好者中流行的功能饮料）、FUZE（茶、水果和其他香味的混合饮料）、Zico（高档纯椰子水）、Odwalla（“使你生活更健康”的天然饮料）、Fairlife（未经过滤的牛奶）等等。这些品牌让可口可乐在更小、更专业的市场中有效竞争，有些可能在未来成长为强大的品牌。[19]

微观营销

差异化市场营销者和集中市场营销者根据不同的细分市场和补缺市场的需要，来调整自己的产品、服务和市场营销方案。但是，他们并没有针对单个顾客的需要提供定制的产品或服务。**微观营销**（micromarketing）指为适合特定个人和特定地区的偏好而调整产品和营销策略。微观营销不是在人群中寻找顾客，而是在每位顾客身上探寻个性。微观营销包括当地营销和个人营销。

当地营销。当地营销（local marketing）指根据当地顾客群——城市、街区甚至特定的商店——的需要和欲望，调整品牌和促销策略。例如，万豪万丽酒店（Marriot’s Renaissance Hotels）实施其导航项目，使其全球 155 家生活方式酒店的客人具有高度的当地化体验。[20]

通信技术的进步促进了高技术版当地营销的发展。多亏了具有定位技术的智能手机和平板电脑的爆炸性增长，无论消费者身处何地，企业现在都可以追踪他们的位置，发送附近的促销信息与之互动。这被称为 SoLoMo 营销——社交（Social）+ 当地（Local）+ 移动（Mobile）。诸如 Foursquare 和 Shopkick 的服务商，以及包括 REI、星巴克、沃尔格林和梅西百货在内的零售商，纷纷借助智能手机和平板电脑上的移动应用程序投身 SoLoMo 营销的潮流。移动应用程序 Shopkick 特别善于 SoLoMo 营销。[21]

只要购物者步入诸如塔吉特、梅西百货、老海军、百思买或 Crate & Barrel 等零售店，就能收到由 Shopkick 提供的优惠和奖励。当购物者接近这些商店时，他们手机上的 Shopkick 应用程序会自动接收商店的信号，下载其优惠券、优惠活动和产品信息。当使用 Shopkick 的购物者走进自己偏爱的连锁店时，该移动应用程序自动登录，为他们累计奖励积分。如果购物，将得到更多的积分。用户可以用积分兑换免费商品或购物折扣。Shopkick 帮助用户在既定的地理区域找到积分机会，使自己的购物努力价值最大化。Shopkick 增长很快，已经成为美国领先的购物应用程序之一，拥有150多万用户和300多个品牌合作伙伴。

当地营销也存在一些弊端。它会降低规模经济，从而造成制造成本和营销成本的上升。当公司试图满足不同地区和当地市场的不同要求时，还会引发一系列的物流问题。但由于公司面对的市场越来越细碎，又有不断发展的新技术支持，当地营销常常利大于弊。

个人营销。极端的微观营销就是**个人营销**（individual marketing）——根据个体顾客的需要和偏好调整产品和营销策略。个人营销也称为一对一营销（one-to-one marketing）、大规模定制营销（mass customization）或者单人市场的营销（markets-of-one marketing）。

大众营销的广泛使用模糊了数百年来消费者一直被单独服务的事实：裁缝为顾客量身定做服装，鞋匠为顾客设计鞋子，木匠根据顾客要求定制家具。不过现在，新技术使得许多公司可以回归定制营销。高效的计算机、详尽的数据库、机械化生产和精益制造，以及诸如手机和互联网等互动媒体的发展——所有这一切都共同孕育了“大规模定制”。大规模定制是这样一个过程：公司与大量的顾客进行一对一的相互交流，根据个人需要度身定制地设计产品、服务和营销方案。

如今，企业正对从食品、艺术品、耳机和运动鞋到高端奢侈品的各种商品高度定制化。一方面，糖果爱好者可以在mymms.com网站，购买嵌有个人信息和图片的M&M巧克力；线上访问耐克ID或彪马工厂（PUMA Factory）设计和订购自己的个性化运动鞋。位于奥兰多的JH音响公司（JH Audio）根据顾客的耳形制作音乐耳机，提供最合适、音质更好也更安全的声音。公司甚至在小耳机上激光打印特别的设计——有些人要求打印孩子的照片；有些人偏爱小狗。

奢侈品的提前定购（对“度身定制”或“定制”的另一种说法）是另一个极端。只要价格合适，富有的顾客可以购买为其独家设计的产品，从爱马仕和古驰的时装和配饰，到阿斯顿·马丁或劳斯莱斯汽车。[22]

> 95%的劳斯莱斯买家都在某种程度上定制自己的汽车。顾客可以与劳斯莱斯定制团队——色彩专家、皮革匠、木工匠人——在装备了大量图片、材料和其他激发灵感的元素的会客室坐下来，共同设计自己独特的劳斯莱斯。想让外部油漆和内部皮饰搭配你最爱的淡粉色皮手套？没问题。想定制你的门把手，或者将你独创和有意义的标志缝进头枕之中，或者安装贝壳镶嵌、鳄鱼皮座椅、兔毛皮内衬、红木边框？都可以方便地得到满足。一位顾客甚至希望用最近倒在自家院中的一棵树制作车的内饰。经过取样分析之后，劳斯莱斯的工匠认为其木质可以接受，这棵顾客最喜爱的树如今在其定制的劳斯莱斯的仪表板和车门镶板上得到了永生。“除非在车的安全性上妥协——或者有损劳斯莱斯天使商标——否则，我们不会对顾客说不。”一位劳斯莱斯的经理说道。

除了定制产品，市场营销者还定制市场营销信息以吸引顾客一对一的互动。例如，耐克收集使用FeulBands和诸如“耐克加跑步”（Nike+Running）等移动应用程序进行训练的顾客的信息。然后，利用这些信息，针对每一位的实际健身活动制作10万定制的动画视频。例如，一则视频巾展示了一个动画人物在洛杉矶跑过好莱坞地标；另一则视频显示纽约人沿着东河在雨中跑步。耐克将这些独特的定制化视频用电子邮件发送给10万“耐克+”移动应用程序用户，激励他们在来年更上一层楼。这些视频不仅吸引了大量的粉丝互动，而且在更广阔的耐克品牌社区中扩散。

“这些是世界上最热爱社交的人，”一位运动经理说道，“他们热衷于分享。所以共同成就了耐克一场非常精彩的代表性营销运动。”[23]

选择目标市场战略

选择目标市场战略时，公司需要考虑许多因素。究竟哪一种战略最理想，取决于公司的资源。当资源有限时，集中营销是最佳选择。最理想的战略还取决于产品的差异性。无差异营销对诸如柚子或钢铁等同质产品更加适合；而相机、汽车等在设计上存在很大差异的产品，则更适合差异化营销或集中营销。产品的生命周期阶段也必须予以考虑。当公司导入一个新产品时，只推出一种型号也许更切合实际，此时无差异营销或集中营销最为适用。在产品生命周期的成熟阶段，差异化营销将更有意义。

市场差异程度是另一个需要考虑的因素。如果大部分购买者都具有相同的偏好，购买相同的数量，对市场营销努力具有相似的反应，无差异营销就是合适的选择。最后，竞争者的市场营销战略也很重要。当竞争者运用差异化营销或集中营销时，企业采用无差异营销无异于自杀。相反，如果竞争对手运用无差异营销，企业就可以借助差异化营销或集中营销获得竞争优势。

具有社会责任的目标市场选择

明智的目标市场选择使公司聚焦于自己能够最好地服务、最有利可图的细分市场，从而获得更高的效率。目标市场选择对于消费者而言也是有益的，因为公司向特定的消费者群体提供为满足其需要而度身定做的产品。但是，目标市场营销有时也会引发争议和担心。最大的问题通常涉及向那些容易受到影响、处于不利地位的消费者提供具有争议或者潜在危害的产品。

例如，多年来，快餐连锁店针对城市里少数族裔消费者营销的行为引发诸多争议。它们因向低收入的城市居民兜售高脂肪、高盐的食物而受到指责，这些人比住在郊区的富裕人群更可能大量消费垃圾食品。类似地，大型银行和信托公司因以贫困市区的消费者为目标市场，用很有诱惑力的可调整利率吸引他们接受根本不可能承担的抵押贷款而遭到批评。

儿童被视为特别脆弱的人群。数年来，从燕麦和玩具到快餐食品和时装等众多行业的市场营销者，因为直接向儿童进行营销活动而受到指责。批评者担心，赠品和借可爱的卡通人物之口说出来的强效广告词会轻易地突破儿童的防线。例如，近年来麦当劳一直受到担心其流行的开心乐园餐——往往搭配吸引孩子们的小玩意儿，有时是与儿童电影或电视节目相关的玩偶——诱惑孩子们消费过多高脂肪和高热量食品的各种健康团体和父母的批评。麦当劳对这些批评作出回应，它将儿童开心乐园餐改为健康套餐，总体热量削减了 20%，增加了水果，配饮只提供牛奶、水和果汁。每年有两周时间，麦当劳用儿童读物替换掉开心套餐中的玩具。[24]

数字时代甚至使孩子在针对他们的营销信息面前更加脆弱。传统以孩子为目标受众的电视广告通常推销的痕迹很明显，家长比较容易识别和控制。但数字媒体中的营销很可能非常巧妙地嵌入内容，孩子们通过自己的小屏幕设备观看，即使最警觉的父母也很难监控。在数字平台上，教育、娱乐和商业内容之间的界限往往非常模糊。因此，当孩子们消费越来越多的网络和数字内容时，一位专家建议，“不应该完全放任孩子使用自己的电子设备”。[25]

而且，互联网、智能手机和其他精心瞄准目标的直接媒体的增长，增加了不当目标市场选择错误的危害。互联网和移动营销允许更加精准的目标市场选择，让存疑产品的制造商或欺骗性广告者瞄准最脆弱的受众。不择手段的市场营销者现在可以将经过度身定制的欺骗性信息通过电子邮件直接发送给数百万毫不知情的消费者。例如，美国联邦调查局的互联网犯罪投诉中心网站仅去年就收到超过 269 000 起投诉。[26]

如今的市场营销者还应用成熟的分析技巧追踪消费者的网上行为，建立包含个人私密信息的详细的顾客档案。市场营销者利用这些档案，用度身定制的品牌信息和产品（服务）精准地针对每个消费者营销。高度精准的营销能够使市场营销者和消费者双方受益，向恰当的顾客传递恰当的品牌信息。但是，运用这种目标市场选择，市场营销者常常需要在更好地服务顾客和惹怒他们之间拿捏好分寸：

> 你的智能手机有多了解你？你的个人电脑诉说什么故事？实际上，你的数字设备也许比你自己还要了解你。智能手机和其他数字设备已经成为我们生活的重要延伸。无论你干什么——上班、游戏、社交还是购物——你的手机、平板电脑、个人电脑或台式电脑几乎都是行动的一部分。这些设备伴随着你休闲娱乐、与朋友联系、浏览和购物，给你提供新闻和信息，并且偷听你最私密的声音、短信和邮件聊天。更有甚者，这些设备与市场营销者分享所有个人信息。有些企业现在已经开发出成熟的新途径来获得关于消费者的密切洞察。对品牌和市场营销者而言，这些信息简直是熠熠生辉的金矿。
>
> 市场营销者认为运用所有这些紧密和个性的信息可以更好地为顾客和公司服务。顾客收到度身定制的重要信息和来自真正理解和关心他们的品牌的提供物。但是，许多消费者和隐私的倡议者担心这些私密信息被不择手段的市场营销者掌握，可能对消费者弊大于利。他们认为与其说大数据和超级瞄准有助于“逐渐更好地了解消费者以更好地服务他们”，不如说更善于“跟踪”消费者和“描述”他们。尽管大多数消费者愿意分享一些个人信息，换取更多的服务或优惠，仍有一些消费者担心市场营销者可能太过分。

因此，在目标市场营销中，真正的问题不在于以谁为目标，而在于如何选择目标市场和为什么选择。当市场营销者试图以牺牲目标市场的利益为代价换取盈利——不公正地以易受影响的细分市场为目标，或者向他们推出有问题的产品或营销战略时，就会引发争议。具有社会责任的市场营销要求细分市场和目标市场选择不能只考虑公司自身的利益，还要考虑目标顾客的利益。

7.4 差异化与定位

除了决定将要进入哪一个细分市场，公司还必须确定一种价值主张——如何为目标市场创造差异化的价值，以及希望在目标市场中占据什么位置。**产品定位**（product position）是消费者根据产品的重要属性定义产品的方式——相对于竞争性产品而言，公司的产品在消费者心目中占据的位置。产品在工厂中生产，但品牌在消费者心目中创造。

Method 定位为一种更智慧、更便捷和更环保的洗衣剂；Dreft 定位为清洗婴儿衣物专用的柔和洗衣剂。在 IHOP，你“来时饥肠辘辘，归时欢天喜地”；在奥利弗花园（Olive Garden），你“宾至如归”。日产 Versa 和本田飞度（Fit）定位于经济；梅赛德斯和凯迪拉克定位于奢华；保时捷和宝马定位于性能。Folgers 咖啡是“醒来时最好的享受”；Honest Tea 则有着“发酵的有机茶叶，天然成分”，是“新鲜的真实”。劳氏家装店帮助你“永不停止改善”；宜家可不仅仅出售舒服的家具，它是一家致力于“改善生活品质的商店”。

消费者因关于产品和服务的信息太多而不堪重负。他们不可能在每一次作出购买决策时都重新评价产品。为简化购买过程，消费者将对产品、服务和公司的认识组合起来进行分类，并在自己的心目中确定位置。因此，产品定位是消费者对产品的认知、印象和情感的复杂组合，是将其与竞争者的产品相比较而形成的。

无论是否有市场营销者的帮助，消费者都会给产品定位。市场营销者可不希望让自己的产品听天由命，为此，他们必须策划能够使自己的产品在目标市场中获得最大优势的定位，并且设计恰当的营销组合来实现所策划的定位。

定位地图

在规划差异化和定位战略时，市场营销者常常采用概念定位地图来描绘消费者在重要的购买维度上对公司及其竞争者的品牌认知。图 7－3 展示了一张美国大型豪华 SUV 市场的定位地图。[27] 图中每个圆圈的位置表明从价格和导向（强调豪华还是强调功能）两个维度对品牌的认知定位。圆圈的大小表明该品牌的相对市场份额。

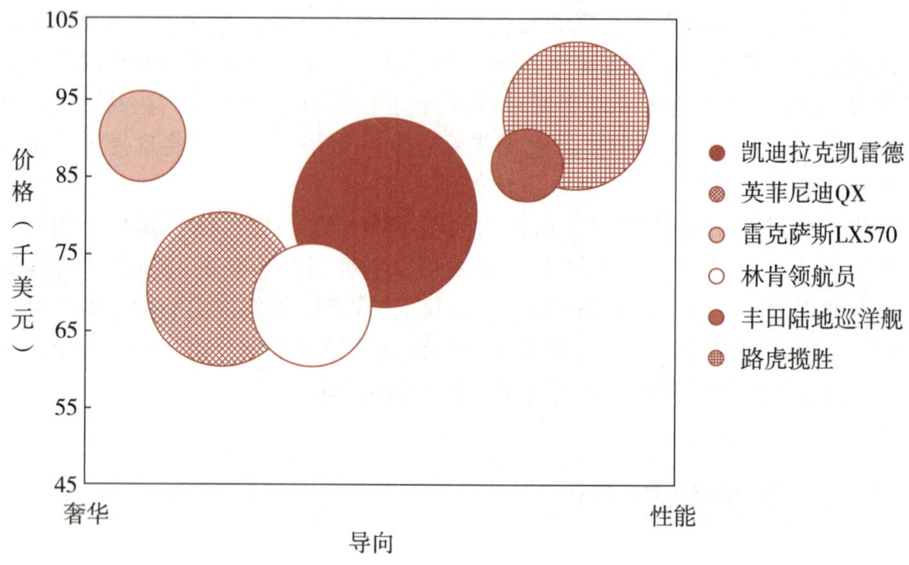

图 7－3　定位地图：大型豪华 SUV

由此可见，顾客将市场领先者凯迪拉克凯雷德（Escalade）视为一种在豪华和性能两方面比较平衡的、价格适中的大型豪华 SUV。凯雷德被定位为城市中的豪华 SUV，因此，其高性能就意味着动力和安全表现。你会发现，凯雷德的广告从未提及越野、探险。

相反，路虎揽胜（Range Rover）和陆地巡洋舰（Land Cruiser）被定位为具有极佳越野性能的豪华 SUV。例如，丰田于 1951 年推出的陆地巡洋舰，是专为征服世界上最苛刻的地带和气候而设计的四轮驱动日式汽车。陆地巡洋舰一直保持“冒险和性能”的定位，不过最近几年，它在此基础上增加了豪华性。丰田公司的网站夸耀其“传奇式的越野能力”，凭借诸如声控感应系统（Acoustic Control Induction System）等越野技术可以有效地操控最高转速，“这使你翻山越岭如履平地”。公司还提醒说，尽管其个性粗犷，但“卓越的蓝牙技术、尖端的 DVD 娱乐设备以及奢华的内部装饰展示了它舒适的柔性优势”。

选择差异化和定位战略

一些公司发现选择差异化和定位战略很容易。例如，在某一细分市场因质量而闻名的公司，可以在另一个细分市场中沿用该定位，只要这一新细分市场中注重质量的消费者足够多。但是，在许多情况下，两个或者更多的公司会在同一细分市场中追求相同的定位，为此它们不得不另辟蹊径使自己区别于他人。每个公司都需要建立一套独特的利益组合，使自己的产品或服务差异化，从而吸引细分市场中的重要群体。

最重要的是，品牌定位必须满足精心确定的目标市场的需求和偏好。例如，正像前面曾经讨论过的，尽管唐恩都乐和星巴克都经营咖啡店，但各自面对需求和偏好截然不同的目标顾客。星巴克瞄准更高级的专业人士，定位也更高。而唐恩都乐面对普通的美国人，采用截然不同的亲民定位。尽管它们各自提供的产品种类和商店气氛截然不同，但都因为针对目标顾客的需求创造了恰到好处的价值主张而获得成功。

差异化和定位包括三个步骤：确定赖以建立定位的可能的价值差异和竞争优势；选择恰当的竞争优势；制定整体的定位战略。然后，公司必须向目标市场有效地沟通和传达所选择的定位。

确定可能的价值差异和竞争优势

为与目标市场建立盈利性的关系，市场营销者必须比竞争者更好地理解顾客需要和递送更多的顾客价值。只有能够有效地差异化并定位为向目标市场提供卓越顾客价值的公司，才可能获得**竞争优势**（competitive advantage）。

但是，稳固的定位不能只建立在口头承诺上。如果公司将其产品定位为提供最佳的质量和服务，就必须真正使其产品差异化，以递送所承诺的质量和服务。公司要做的可不仅仅是在广告口号和宣传语中喊出定位，而必须首先切实做到口号中所承诺的价值。例如，如果没有真正杰出的顾客服务的支持，在网上销售鞋子和配饰的零售商 Zappos 的“服务取胜”定位就只能是无源之水、无本之木。Zappos 所有员工团结一致提供最优质的顾客服务。该网上零售商首要的核心价值是“通过服务递送顾客惊喜”。[28]

为了找到恰当的差异点，市场营销者必须仔细分析顾客对公司产品或服务的全面体验。明智的公司能够在每一个顾客接触点找到差异化的方法。那么，公司可以运用什么特殊的方式，使自己的产品和服务与竞争对手相区别呢？公司可以从产品、服务、渠道、人员或形象等多方面进行差异化。

通过产品差异化，品牌可以根据特征、效能或风格和设计使自己与众不同。顶级音响品牌博世（Bose）将其产品定位于创新的优质聆听体验。博世承诺“通过研究开发更好的声音”。宝马将自己定位为“专为驾驶乐趣”而设计的“终极座驾”。

除了在实体产品方面差异化，公司还可以在伴随产品的服务方面进行差异化。一些公司通过速度、方便或仔细递送来实现服务差异化。吉米・约翰（Jimmy John）不仅仅提供快餐食品，其美味三明治“出奇地快”。另一些公司承诺优质的顾客服务。例如，在航空业的顾客服务满意度持续下降的时代，新加坡航空公司通过卓越的顾客服务和优雅的空乘人员而独树一帜。

进行渠道差异化的公司通过渠道的覆盖面、专业性和效率来获取竞争优势。亚马逊和美国政府雇员保险公司运用顺畅的直接渠道使自己与众不同。公司还可以通过人员差异化来获得竞争优势——比竞争对手更好地雇用和培训员工。例如，迪士尼的员工被认为是友善和热情的；新加坡航空享有盛誉，很大一部分原因是其空姐的优雅得体。人员差异化要求公司仔细选择与顾客接触的员工，并很好地培训他们。例如，东海岸的连锁超市威格曼斯（Wegmans）一直被视为顾客服务的楷模，拥有众多狂热而忠诚的粉丝。其杰出顾客服务的秘密在于精心选择和充分培训的欢乐员工。他们是威格曼斯致力于顾客服务的人格体现。他们“每一天竭尽全力地”服务顾客。该连锁店的收银员也要接受至少 40 小时的培训后才能上岗。“员工是我们最重要的资产。”连锁店的人力资源副总裁说道。[29]

即使市场中的竞争性产品看上去差不多，购买者也会根据公司或品牌形象的不同而感受到差异。因此，公司或品牌应该传达产品的独特利益和定位。建立鲜明、独特的形象需要创造性和大量的营销努力。公司不能指望仅仅通过几个广告，就在公众的心目中一蹴而就地树立形象。如果丽思卡尔顿酒店意味着质量，这一形象必须由公司的言行来支持。

标志——诸如麦当劳的金色拱门、耐克的钩形标记或者谷歌的彩色标志——可以提供公司或品牌识别和形象差异化。公司可以借助名人树立品牌，就像耐克对其乔丹气垫篮球鞋和老虎伍兹高尔夫产品所做的那样。一些公司甚至将自己与某种颜色联系起来，例如 IBM（蓝色）、UPS（棕色）或者可口可乐（红色）。选定的标志、人物和其他形象元素必须通过传达公司或品牌个性的广告来进行沟通。

选择恰当的竞争优势

假如公司很幸运地发现了几个可以提供竞争优势的潜在差异点，就必须从中选择其赖以建立定位战略的差异点。它必须决定宣传多少差异点和宣传哪些差异点。

宣传多少差异点。许多市场营销者认为，公司应该只向目标市场重点推广一项利益。例如，广告人罗瑟・瑞夫斯（Rosser Reeves）曾经指出，公司应该为每个品牌开发一个独特的卖点（unique selling proposition，USP）并始终坚持。每个品牌应该挑选一种属性，并一再宣称自己在该属性上是“最好的”。购买者往往容易记住“第一”，尤其是在如今这个过度沟通的时代。因此，沃尔玛宣传其天天低价，汉堡王则宣传个性化的选择——“按你自己的方式吃”。

也有些市场营销者认为，公司应该根据一个以上的因素进行定位。尤其当两家或者更多的公司在同样的产品属性上宣称自己是最好的，就很有必要这样做。例如，凭借其“期望更多，花费更少”的定位，塔吉特通过在低价格之上增加更多利益，将自己与沃尔玛成功地区别开来。

如今，在这个大众市场碎片化为众多小细分市场的时代，企业和品牌为吸引更多的细分市场，纷纷努力扩展自己的定位。

宣传哪些差异点。并非所有差异点都有意义或值得宣传，也不是每一个差异点都能够有效地进行差异化。一种差异在增加顾客利益的同时，也有可能增加公司的成本。公司可以根据以下标准，选择差异点：

- 重要性：对目标顾客而言，该差异点非常有价值。
- 独特性：竞争者不能够提供，或者公司与竞争对手相比具有明显的优势。
- 优越性：与向消费者提供相同利益的其他方法相比更加优越。
- 可沟通性：该差异点适于沟通，购买者可以看到。
- 专有性：竞争者不能轻易模仿。
- 经济性：购买者能够买得起。
- 盈利性：推广该差异点可以为公司带来利润。

许多公司选择的差异点并不符合上述一个或几个标准。威斯汀·史丹佛酒店（Westin Stamford Hotel）在新加坡做广告声称自己是世界上最高的酒店，这一特点确实很突出，但游客并不太在意这点——实际上，许多人因此反而不去了。类似地，可口可乐曾有一次重大的产品失误，新可乐（New Coke）在其核心顾客群中未能通过优越性和重要性测试：

> 大量的口味盲试显示，软饮料消费者中有 60% 认为口感偏甜的新可乐配方要优于原始配方，52% 的人认为它优于百事可乐。因此，可口可乐公司将其原始配方可乐撤出市场，大张旗鼓地用口味更甜、口感更柔顺的新可乐取而代之。但是，可口可乐在其调查中疏漏了那些真正使可口可乐流行 125 年而长盛不衰的无形因素。对忠实的可口可乐饮用者而言，原始配方可口可乐与棒球、苹果派和自由女神像一样已经成为美国文化的标志。这意味着，使可口可乐品牌差异化的不仅仅是口味，更是传统。可口可乐公司撤回原始配方可乐，践踏了其广大核心顾客的情感，他们热爱可口可乐，不仅仅因为口味。结果，仅仅 3 个月之后，公司不得不恢复原始配方的经典可乐的生产和销售。

因此，选择竞争优势作为一种产品或服务的定位基础并不容易，但却是成功的关键。选择恰当的差异点可以帮助品牌在众多竞争者中独树一帜。

制定整体的定位战略

品牌的整体定位称为该品牌的**价值主张**（value proposition）——该品牌赖以差异化和定位的所有利益的组合。价值主张直接回答顾客的问题——“我为什么要购买你的品牌？”沃尔沃的价值主张以安全为核心，并包括可靠性、宽敞和时尚，售价高于平均水平，但对其提供的利益组合来说，算得上公平合理。

图 7－4 显示了公司赖以定位的可能的价值主张。图中白色的方格代表成功的价值主张——也就是能够使公司获得竞争优势的差异化和定位。深色的方格代表失败的价值主张。中间浅色的方格代表边缘性的价值主张。下面讨论公司可以用来成功定位的五种价值主张：优质优价、优质同价、同质低价、低质更低价、优质低价。

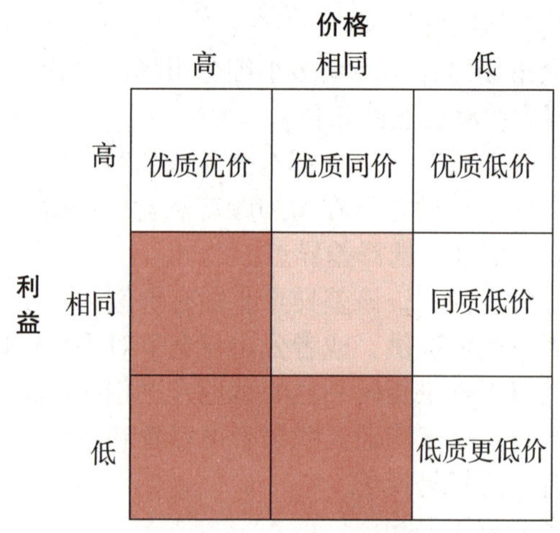

图 7-4 可能的价值主张

优质优价。优质优价（more for more）的定位指提供最高档次的产品和服务，同时收取更高的价格来补偿较高的成本。采用优质优价定位的市场营销者不仅提供上等品质的产品或服务，还为购买者带来了声望，标志着地位和高档的生活方式。四季酒店、劳力士手表、星巴克咖啡、梅赛德斯汽车、SubZero 电器，都具有品质优异、精心打造、经久、性能卓越或风格独特等特点，并收取与之相匹配的高昂价格。苹果公司推出质量属性比传统手机高得多的 iPhone 时，价格也比一般的产品高很多。

类似地，Hearts on Fire 钻石的市场营销者以“世界上切割最完美的钻石”创造了一个优质优价的缝隙市场。该钻石有独特的“心和箭”设计。从底部透过放大镜，你会看到 8 颗完美的心型钻石环绕；光线进入钻石会直达底部后完全反射，呈现最完美的亮光与火花。该公司宣称，Hearts on Fire 钻石并不针对大众市场，而是为那些“期望更多，也愿意支付更多”的顾客准备的。与同类竞争品牌相比，该品牌的价格要贵 15% ～ 20%。[30]

总之，公司应该密切关注在任何有待开发的产品或服务类别中推出优质优价品牌的机会。但是，优质优价品牌极易受到攻击。它们常常吸引大批模仿者，号称自己可以用较低的价格提供同样的质量。在经济繁荣时期销售良好的奢侈品，在经济低迷时期就有风险，因为此时购买者花钱更加谨慎。

优质同价。优质同价（more for the same）是指公司可以通过以较低的价格引入提供相同质量的品牌来攻击竞争者的优质优价定位。例如，塔吉特将自己定位为“高端折扣商”。它声称在商店氛围、服务、时尚产品和经典品牌形象方面更好，但价格与沃尔玛和其他折扣店相当。

同质低价。同质低价（the same for less）可能是一种强大的价值主张——每个人都喜欢价廉物美。例如沃尔玛之类的折扣店，以及诸如百思买、PetSmart、David’s Bridal 和 DSW 鞋业之类的“品类杀手”，通常采用这一定位。它们从不标榜自己能够提供不同或更好的产品。实际上，它们提供的产品和其他商店或专卖店差不多，但是基于卓越的采购能力和低成本的运营，它们可以提供很大的价格优惠。还有些公司开发价格较低的模仿品牌，力图将顾客从市场领导者那里吸引过来。例如，亚马逊提供 Kindle Fire 平板电脑，其售价不及苹果 iPad 或三星 Galaxy 平板电脑价格的 40%。亚马逊声称它“以平价提供优质产品”。

低质更低价。低质更低价（less for much less）是指质量不太好、价格也不高的产品也总能在市场上找到一定的生存空间。很少有人对所有需要的产品和服务都买得起“最好的”。在很多情况下，消费者乐意为更实惠的价格，放弃最佳效能或一些非必需的特点。例如，许多旅行者在寻找住宿地时，并不愿意为诸如游泳池、附属餐厅或枕边的薄荷糖等不必要的额外服务付费。华美达（Ramada Limited）等连锁酒店便取消了这些服务，因此可以降低收费。

低质更低价的定位指以更低的价格满足消费者较低的性能或质量要求。例如，开市客（Costco）仓储式商店的商品在可选择性和一致性方面都比较差，服务水平也不太高，但它只收取最低的价格。类似地，在奥乐齐（ALDI），顾客付超级低的价格，也享受更少的额外服务。奥乐齐公司说：“虚饰又不能吃，何必为其花钱？”（参见“营销实例”）。

营销实例 奥乐齐低质更低价的价值主张：虚饰又不能吃，何必为其花钱？

如果被问及谁是世界上规模最大的零售商，你可能会说沃尔玛；世界上最大的食品杂货连锁店，也许是克罗格（Kroger）——美国最大的专注经营食品杂货的商店。人们不大会想起德国折扣食杂店奥乐齐（ALDI）。然而，令人吃惊的是，年收入超过 810 亿美元、在 17 个国家拥有逾万家店铺的奥乐齐是世界上第八大零售商和仅次于克罗格的第二大食品杂货零售商。而且，奥乐齐正席卷美国和其他国家的市场，比其所有大型竞争对手增长得都要快。

奥乐齐是如何做到的呢？凭借低质更低价的价值主张。在奥乐齐，你得到较少，你为此付出的更少。该连锁商店只为顾客提供基本类别的优质日常用品，没有任何虚饰的服务，每天的价格都特别低。近来，许多食品杂货店都吹嘘自己低价。但在奥乐齐，这是绝对的事实。这家快速扩张的连锁店向顾客承诺“这就是更加明智的购物”。奥乐齐有一份长长的《奥乐齐真相》清单，这份清单表示“以不可能的低价提供令人印象深刻的优质”（奥乐齐真相第一条：在吃得好和省钱之间决策时，始终选择两者）。奥乐齐重新设计食品购物体验，减少成本，并给顾客低于竞争超市近 50% 的低价。

然而，为获得这些超级低价，奥乐齐顾客必须接受放弃许多从竞争者那里可能获得的服务。例如，他们的选择余地较小。为了维持成本和低价，奥乐齐的店铺往往规模较小以节省能源（大约只有传统超市的 1/3 规模），每家店铺只出售大约 1 800 种快消品（典型的超市有约 4 万种）。奥乐齐经营的制造商品牌也很少；几乎 95% 的产品项目是自有品牌。（奥乐齐声称顾客为产品本身付款，不为制造商品牌的广告和营销费用买单。）奥乐齐不采用促销定价或搞价格匹配——只坚持其高效的天天极低价策略（奥乐齐真相第十二条：我们不与其他商店比价，因为那样会抬高我们的定价）。

在削减成本和让利顾客方面，奥乐齐不遗余力，竭尽所能。甚至顾客自己为维持低成本做贡献：他们自带购物袋（或者低价从奥乐齐购买），自己装袋（奥乐齐没有员工提供装袋服务），自己归还购物车（拿回 25 美分押金），用现金和借记卡付款（大多数的奥乐齐商店都不接受信用卡）。但是对奥乐齐粉丝们而言，即使他们获得的选项和服务较少，但由此所节省的开支完全值得。（奥乐齐真相第十四条：虚饰又不能吃，何必为其花钱？）

奥乐齐虽然大刀阔斧地削减运营成本，但在质量上并未含糊。凭借其商店品牌的优势，奥乐齐可以控制所售产品的质量，该连锁店承诺所销售的产品保证新鲜和美味（奥乐齐真相第六十条：我们以低成本生产美味——这条说得很清楚，该连锁店承诺的不仅仅是低价）。奥乐齐用对所有产品实施双重保证来支持其承诺："对任何产品，无论出于何种原因，只要你不是百分之百满意，我们都乐意为你替换产品并且退还钱款。"

为了提高产品质量，奥乐齐大力增加了那些一般不会与折扣超市联系在一起的产品项目。除了典型的罐装、盒装和速冻食品等基础产品之外，奥乐齐还提供特殊产品，例如奥乐齐甚至提供无麸质和有机食品。凭借这些产品项目和洁净、明亮的商店环境，奥乐齐不仅以低收入的顾客群为目标市场，还能够吸引节俭的中产阶层和中高阶层的顾客。

这些对德国购物者不是什么新闻，他们已经热爱奥乐齐 20 年了。在德国，该连锁运营着 4 200 多家店铺，占到 28% 以上的市场份额。这或许可以解释为什么沃尔玛进入德国市场仅仅 9 年就折戟而归。对于像奥乐齐这样的竞争者，沃尔玛通常的低价策略对节俭的德国消费者而言还是太贵了。

奥乐齐这种"无附加服务，低质更低价"的方式并不适合所有人。一些购物者喜爱低价格，基本的产品品类和朴素的商店氛围，而一些购物者无法想象没有奢侈和便利设施以及优雅服务的生活。但是大多数惠顾奥乐齐的人很快会成为其忠实的信徒。网络上遍布"投诚者"的证言。一位顾客宣称："我最近才从一家'高级'超市转到奥乐齐……那省钱的劲儿彻底征服了我！"一位更加热忱的粉丝是家庭购物预算紧张的母亲，以前常常彻查报纸上的优惠券，每次日常超市购物都要跑两三家不同的商店。现在，她只去一趟奥乐齐就可以买到购物清单上的所有商品，还可以省下些钱用于计划之外的产品。"我不敢相信我节省了那么多钱！"她说，"奥乐齐现在是我的首选商店！我彻底爱上了它！"

凭借这背后的传统和其坚守的价值主张，奥乐齐在全美迅速扩张。公司很快在 32 个州开出 1 400 多家店，每天吸引 100 多万消费者惠顾。这一巨大的成就与其他竞争者相比太令人赞叹了。比如英国折扣连锁商店 Tesco——世界上第二大零售商——进入美国 7 年之后，因巨额亏损黯然离开。奥乐齐在美国市场仍然有很大的增长空间，它计划在未来三年扩张到 2 000 多家店铺。这对公司和顾客而言，都是好消息。当奥乐齐来到你的社区，"你的钱包和味蕾都会爱上它"（奥乐齐真相第三十四条）。

资料来源：Walter Loeb, " ALDI Is a Growing Menace to America's Grocery Retailers, " *Forbes*, April 14, 2015, www.forbes.com/sites/thehartmangroup/2015/04/14/aldi-is-a-growing-menace-to-americas-grocery-retailers/; " Top 250 Global Powers of Retailing 2015," Deloitte, https://nrf.com/2015/global250-table; Craig Rosenblum, " Aldi's Jason Hart: Relentless Focus on Cutting Costs, " *Supermarket News*, December 16, 2015, http://supermarketnews.com/limited-assortment/aldis-jason-hart-relentless-focus-cutting-costs#ixzz3wb9dWnMj; and www.aldi.us, www.aldi .us/en/new-to-aldi/aldi-truths/, and www.aldi.us/en/new-to-aldi/switch-save/, accessed September 2016.

优质低价。当然，优质低价（more for less）会是成功的价值主张之一。许多公

司声称自己就是这样做的。从短期来看，某些公司确实能够做到这样高端的定位。例如，家得宝在开业之初，与当地五金商店和其他家装连锁商相比，确实做到了最佳的产品选择、最优的服务和最低的价格。

然而，长期来看，公司会发现维持这种两全其美的定位非常困难。提供更多利益往往意味着成本增加，使得“低价”递送优质的承诺很难兑现。力图在两方面都做好的公司反而可能输给更加专注于其中某一方面的竞争对手。例如，面对来自劳氏的明确竞争，家得宝现在必须决定是希望在卓越服务还是更低的价格上建立竞争优势。

众所周知，所有的品牌都必须采用服务于其目标市场需求的定位战略。优质优价吸引一个目标市场，低质更低价吸引另一个，依此类推。因此，在任何市场中，各种公司通常都能够找到属于自己的发展空间，成功地占据不同的定位。重要的是，每个公司都必须为自己制定成功的定位战略，专门服务于特定的目标市场。

制定定位陈述

公司和品牌定位应该总结为**定位陈述**（positioning statement）。定位陈述将采取下列形式：对于（目标细分市场及其需要）而言，我们的（品牌）是一种（如何与众不同的概念）。[31] 以当下流行的数字信息管理应用程序 Evernote 为例：“对需要帮助记住事情的多任务执行者而言，Evernote 是一个数字内容管理应用程序，帮助你借助计算机、电话、平板电脑和网站轻松捕捉和记录日常生活中的瞬间和创意。”

注意，定位首先要明确产品的类别（数字内容管理应用程序），然后指出其与该类别的其他产品相比有什么不同之处（便捷地抓住创意，随后记住）。Evernote 让你用任何设备随时随地——居家、上班抑或在旅途中，记笔记，照照片，制订行动计划和记录声音备忘录，并让它们易于找到和管理，帮助你“记住所有的事情”。

将品牌置于某个具体的产品类别之中，表明它与该类别的其他产品具有共性。而产品的优越性恰恰突出了其差异性所在。例如，美国邮政局（Postal Service）像 UPS 和联邦快递一样递送包裹，但其以便利、低价、只要不超过 5 千克的箱子和信封均一费率，使自己的优先邮件与竞争者区别开来。美国邮政局承诺：“只要合适，就递送。”

沟通和递送既定的定位

一旦确定定位，公司必须采取有力的措施向目标顾客传达和沟通既定的定位。公司所有的市场营销组合策略必须给予该定位战略有力的支持。

定位需要切实的行动，而不仅仅是高谈阔论。如果公司选择定位于更好的质量和服务，就必须首先按照该定位向目标顾客递送卓越的质量和服务。市场营销组合——产品、定价、渠道和促销——的设计，就是在安排定位战略的战术细节。因此，追求优质优价定位的公司知道，自己必须生产高质量的产品，收取高价，通过优质的经销商分销，在高质量的媒体做广告。必须雇用和培训更多的服务人员，寻找服务声誉好的零售商，设计能够传播其卓越服务品质的促销和广告信息。这是建立一致的和可信的优质优价定位的不二之选。

公司常常发现，提出好的定位战略比执行该战略要容易得多。建立或者改变定位通常需要花费很长时间。相反，历经数年树立起来的定位却可能毁于一旦。一旦公司建立起理想的定位，就必须通过一致的表现和沟通来小心维持。公司必须始终密切监控和调整定位，以适应消费者需要和竞争者战略的变化。不过，公司应该竭力避免可能让消费者感到混乱和困惑的突然变化。相反，产品的定位应该根据变化的市场营销环境而循序渐进地改善。

关键术语

市场细分（market segmentation）
目标市场选择（market targeting）
差异化（differentiation）
定位（positioning）
地理细分（geographic segmentation）
人口细分（demographic segmentation）
年龄和生命周期阶段细分（age and life-cycle segmentation）
性别细分（gender segmentation）
收入细分（income segmentation）
心理细分（psychographic segmentation）
行为细分（behavioral segmentation）
时机细分（occasion segmentation）
利益细分（benefit segmentation）
跨市场细分（intermarket（cross-market）segmentation）
目标市场（target market）
无差异（大众）营销（undifferentiated（mass）marketing）
差异化（细分市场）营销（differentiated（segmented）marketing）
集中（补缺）营销（concentrated（niche）marketing）
微观营销（micromarketing）
当地营销（local marketing）
个人营销（individual marketing）
产品定位（product position）
竞争优势（competitive advantage）
价值主张（value proposition）
定位陈述（positioning statement）

概念讨论

1. 企业为什么纷纷从大众营销转向目标营销？简要说明顾客价值驱动战略的步骤。

2. 如何在消费者市场中进行人口细分？举例说明。

3. 讨论市场营销者在国际市场细分中遇到的挑战。

4. 细分市场的方法有多种，但并非所有的市场细分都有效。解释有效市场细分的条件。

5. 解释微观营销、当地营销和个人营销。市场营销者在什么情况下应该考虑运用这些细分战略？

6. 企业如何通过差异化获得竞争优势？举例说明本章所讨论的每一种差异化类型。

案 例

维珍美国：为精通技术者提供的飞行服务

在办公室经历了预料之中的精疲力竭的一天，杰西卡（Jessica）开始奔赴她最喜欢的三个地方之一。当她步入机舱，柔和的灯光立刻使她放松下来，她深深地吸了一口气。她很高兴自己喜欢的位置还空着——机舱后部角落里的一张舒适皮椅，在那里她可以用面前小桌上的触摸屏点一杯最爱的饮料，然后戴上防噪声耳机，开始通过个人娱乐接口补看自己最喜爱的电视节目。

这听起来像在当地的星巴克或时髦夜总会，但都不是。杰西卡刚刚登上维珍美国航空公司的航班。维珍美国是美国最年轻的航空公司之一，也是目前最炙手可热的航空公司，在各种行业和顾客调查中都超越竞争对手。营业仅仅六年之后，维珍美国就实现了盈利，比任何其他一家航空公司都要快。

一家新创的航空公司是如何在世界上竞争最激烈、对进入者壁垒重重的行业中脱颖而出的呢？对维珍美国而言，答案有两方面——将顾客置于第一位和瞄准恰当的顾客细分市场。

瞄准恰当的顾客

维珍美国于2007年首航。对理查德·布兰森（Richard Branson）——母公司维珍集团的创立者——而言，这已经不是他第一次创办航空公司。维珍的国际航空公司——维珍大西洋自1984年以来已经横跨美洲与欧洲。但是维珍美国是一家完全独立的企业。虽然布兰森与维珍集团其他经理人员并不参与制定维珍美国的日常决策，但维珍品牌的非常规文化——有趣、创新甚至有些怪诞——在维珍美国也确认无疑。

布兰森的核心价值观之一早已渗透维珍美国：首先照顾好你的人员，利润会跟随而至。在一个以顾客的服务投诉居高不下为特点的行业中，看上去一种以顾客为中心的方式足以在市场中获得一片立足之地。但是，当维珍美国在美国开始飞行服务时，至少另有几家航空公司已经基于“顾客第一”的经营理念取得了成功，包括行业领先者西南航空。维珍美国知道自己不可能期望依靠玩低价游戏取得成功。不仅是因为西南航空已经稳居价值定位之首，而且由于大量竞争性的航空公司正为了取得低价优势鏖战不已。

维珍美国发现了一个截然不同的竞争点。它以年轻、精明、有影响力，愿意为特别关心自己的航空公司多支付一点的消费人群——硅谷派——为目标市场。通过提供吸引这群特殊乘客的额外服务和设施，维珍美国不仅能够收取稍微高一些的价格，而且建立起迅速增长的忠诚顾客基础。

细节取胜

在航空业提供独特的设施对所有公司都是一项挑战。但是从一开始，维珍美国就把其目标顾客放在心中来设计飞行体验。维珍美国的机队有61架全新的A300系列飞机，使因为维护和修理无法预期的延误时间降到最低。定做的皮椅比一般的机舱座椅更加宽敞和舒适。情景照明设施不仅让整个机舱沉浸在柔和、适宜的紫色光线内，还可以根据机舱外部的光线自动调节12种不同的色度。

为了吸引硅谷的技术高手们，维珍美国特别重视采用最新的硬件和软件。开业之初，维珍就是美国第一家提供全程机上Wi-Fi的国内承运商——这是它保留至今的一项特色，甚至一直通过升级网络以确保机上最快网速来保持竞争优势。每一个座椅都有电源接口、USB端口、9英寸的触摸屏和一个QWERTY键盘/遥控器。

顾客可以借助触摸屏在空中使用最新的娱乐和信息系统。维珍美国的专属Red系统让每一位顾客按需选择电影、电视节目、音乐或者视频游戏。Red系统还允许顾客在互动的谷歌地图上追踪航班信息，与其他乘客聊天，为自己或机上其他人订购视频和饮料。这是一个专为让顾客体验飞行过程中控制感而设计的系统，大多数因素乘客以往都无法控制。

这些创意大多来自维珍美国精于技术的硅谷乘客们。公司将总部安排在加利福尼亚州的伯林格姆，距离旧金山机场仅数英里之遥，这绝非偶然。实际上，维珍美国是唯一一家立足于硅谷的航空公司。公司不仅持续地改进各个方面的业务，而且非常努力地让硅谷的创业者和经理人参与这一过程，帮助维珍像其颠覆性创新的客户一样思考。维珍美国的首席营销官罗安·卡尔弗特（Luanne Calvert）说："我们更愿意将自己视为创意孵化器。"

例如，将 VX Next——一群频繁飞行的人——作为维珍美国的智囊团为公司免费提供了不少创意。在众多优秀创意中，该群体帮助开发了公司最近的互动促销运动就是一例。运动的中心是一个可以转动的影视区间，为观众提供虚拟的维珍美国飞行之旅。展示该航空公司机上服务的人包括潘多拉（Pandora）、Gilt 和 Pitchfork 等不同企业的创始人或 CEO。参观者还会在旅程中发现一些机上乘客是维珍美国的常旅客和硅谷的名流，他们为该航空公司的服务做出了创新性贡献，诸如策划机上音乐和菜单项目。

维珍美国的独家技术团队也在制作公司最新的安全视频中贡献良多。公司开始运营之际，曾用非常独特的一则安全视频让乘客耳目一新，开心不已——这则动画短片表现了一位技术员和一位带着公牛的斗牛士。该视频也在网上发布，获得了数百万次观看，人们赞叹维珍美国对任何事情都能找到新奇创意，连依照联邦法律提醒乘客系好安全带都如此！该形象通过维珍美国的新安全视频得到很好的传播和强化——视频由好莱坞顶级导演和世界级摄影师制作，表现了 10 位《舞林争霸》明星、两位前奥运选手和一位《美国偶像》决赛选手。在时代广场首映并获得大量媒体报道，这则新的安全视频在不到两周的时间内获得 600 多万次观看。

云霄之上

尽管有大量的轶闻趣事表明维珍美国的顾客对其服务非常满意，行业质量排行榜更有说服力。实际上，维珍美国一直是《航空公司质量年报》排行中的第一名——这份排名基于过去三年遗失行李、顾客投诉、取消登机和准点到达率等指标的调查。在一份最近的航空业消费者满意度调查的最新报告中，维珍美国不仅获得了第一的荣誉，而且取得了所有美国航空公司多年来的最高分数。

尽管维珍美国取得了成功，但航空行业是一个难以生存和发展的地方。在美国，仅 4 家航空公司就控制了 80% 以上的市场。维珍美国知道维持其高排名会是一项艰巨的挑战，特别是当它扩张进入新市场——尤其是气候严寒的地区，天气是造成航班取消和延误可能性提高的重要因素。随着航班乘客数量的上升，登机和下飞机的时间也增加了，影响多项顾客服务业绩。维珍的乘客精于技术和高度联网，任何失误都可能由他们通过短信、推特或博客很快传遍全世界。在环境属性和装饰优雅方面寻求突破也困难重重。今天让顾客开心的事情明天就成为大家习以为常的沉闷之举了，尤其是当竞争者也持续努力改善它们的提供物时，更是如此。

为了在未来的竞争中维持竞争力，维珍美国最近宣布它同意被阿拉斯加航空公司收购——另一家以高水平的服务和顾客忠诚著称的小规模西海岸航空公司。合并后的航空公司有 280 架飞机，每天 1 200 多次航班，将在西海岸提供更加强势的竞争力，甚至与最大的航空公司叫板。这应该对两家航空公司的顾客都有益，它们过去一直受到较少航班选择的困扰。

但是，有针对行业特殊细分市场的、如此之强和独特的定位，许多人疑惑这两家航空公司的联合会给维珍美国的风格和服务质量造成什么影响。毕竟，如果说“时髦”一词可以最好地形容维珍美国的风格，那么“务实”就是对阿拉斯加航空公司最恰当的描述。“我希望阿拉斯加航空公司能够用更加开放的心态加入并且学到一些东西，”一位旅行行业的分析人员说道，“阿拉斯加航空不时髦，也不性感，但是它有很多有利条件。”

该交易仍然有待管理当局审批，航空公司兼并可能历经数年才能完成。但是，至少有一件事情是确定无疑的。阿拉斯加航空公司不仅收购拥有强势服务记录的航空公司，它还接手了一个不一般的盈利性航空公司。维珍美国在创办仅仅6年后就开始盈利。在质疑者面前飞翔，这个勇猛的航空公司继续前行。今年，维珍美国取得15亿美元的收入、2.01亿美元的利润——比去年提高139%，对一家年轻的航空公司公司而言，这是史无前例的。该公司最近的公开上市，是有史以来第二大规模的航空公司IPO。问题是：新的维珍美国能否继续它过去所做的——用卓越的服务给每一位顾客惊喜，给技术社群提供额外的利益？维珍美国独特的品牌个性是否会在历史更久也更成功的阿拉斯加航空公司品牌的阴影中慢慢消失？

资料来源：Matt Krupnick, “ Virgin America Fans Ask If Alaska Airlines Takeover Will Mean Loss of Cool, ” *New York Times*, April 11, 2016, www.nytimes.com/2016/04/12/business/virgin-america-fansaskif-alaska-airlines-takeover-will-mean-loss-ofcool.html; Melanie Hanns, “ Airline Quality Rating: 2015, ” *Embry-Riddle Newsroom*, April 4, 2016, www.news. erau.edu/top-news/airline-quality-rating-report-reveal-top-carriers-2015; Lauren Schwartzberg, “ Most Innovative Companies: 2015, Virgin America, ” *Fast Company*, March, 2015, pp. 135-137; Matt Richtel, “ At Virgin America, a Fine Line between Pizazz and Profit, ” *New York Times*, September 8, 2013, p. BU1; Charisse Jones, “ Virgin America Posts Record Profit for 2014, ” *USA Today*, February 18, 2015, www. usatoday.com/story/money/2015/02/18/virgin-america-posts-record-profit/23608205/; and information from www.virginamerica.com/cms /about-our-airline/corporate-facts.html and www.virginamerica.com/cms /news/virgin-america-merger-with-alaska-airlines, accessed June 2016.

讨论题

1. 用各种细分变量描述维珍美国是如何对航空服务进行市场细分和目标市场选择的。
2. 维珍美国采用了哪种市场定位战略？请说明你的理由。
3. 为维珍美国写一份定位陈述。
4. 阿拉斯加航空公司收购维珍美国有什么潜在问题吗？维珍美国能否继续吸引相同类型的顾客？为什么？

注 释

请扫描二维码或登录中国人民大学出版社官网www.crup.com.cn下载本书注释。

8 产品、服务和品牌：构建顾客价值

学习目标

- 定义产品，并说明产品和服务的主要分类。
- 描述企业作出的关于单个产品、产品线以及产品组合的决策。
- 说明服务营销的四个特点以及服务所需的其他营销条件。
- 讨论品牌战略——企业关于品牌建设和管理的决策。

到目前为止，我们对顾客导向的市场营销战略已经有了很好的了解。接下来，我们将更加深入地探讨市场营销组合——市场营销者用以实施战略和传递顾客价值的战术工具。在本章和下一章，我们将研究企业如何开发和管理产品和品牌。然后，在后面的章节里，我们将研究定价、渠道以及营销沟通工具。提及营销，人们首先想到的就是产品。我们将从一个看似简单的问题入手：什么是产品？实际上，答案并不简单。

我们由 GoPro 的例子开始深入探究这个问题。你可能没有听说过 GoPro，这家快速增长的公司生产可穿戴式微型高清摄像机。说起在顾客心目中创造的热情和忠诚，很少有品牌能与 GoPro 匹敌。GoPro 深知其产品绝非仅仅是耐用的小型摄像机，它给与顾客的是一种与朋友分享运动时刻和激情的方式。

引例 GoPro：成为英雄

有一支迅速增长的、以极限运动爱好者为主的 GoPro 用户大军，喜欢把惊人而小巧的

GoPro 摄像机佩戴在身上，或安装在从赛车的前缓冲器到跳伞靴的鞋跟等你能够想到的任何物件上，捕捉他们生活中的巅峰时刻。事后，他们会迫不及待地与朋友分享那些充满激情的 GoPro 时刻。其实，你很可能已经在 YouTube 或脸书，甚至是电视里看过用 GoPro 拍摄的视频！

可能是那个滑雪者在瑞士阿尔卑斯山的悬崖边跳伞逃离雪崩的视频——这段业余爱好者制作的视频得到的点击量在 9 个月内突破了 260 万。也可能是那段海鸥抓起游客的摄像机拍下的、鸟瞰戛纳的一座城堡的视频（7 个月内有 300 万点击量）。或者是那个非洲山地车骑行者被一头成年羚羊猛烈攻击的视频（4 个月内有 1 300 万点击量）。或者是那爱尔兰技术菜鸟想用儿子的 GoPro 拍摄自己整个拉斯维加斯假期，却误把镜头朝向了自己而不是风景的视频。这一视频在 6 天里吸引了 690 万次观看。

GoPro 激情四射的顾客们已经成为其忠诚的品牌大使。GoPro 在运动型摄像机市场占有 47.5% 的份额。去年，销售激增到 140 亿美元以上，仅 4 年间就提高了 5 倍。

是什么使 GoPro 如此成功？秘诀之一在于摄像机本身：GoPro 摄像机是用现代科技打造的奇迹，尤其是入门级型号不到 200 美元的实惠价格。GoPro 高清摄像机看起来像一个不起眼的灰色小盒子，但它纤巧的外表下蕴含了异常强大的功能，能轻松便捷地拍摄炫目的高清视频。可装卸外壳使它在 130 英尺深的水中依然使用自如。另外，（一位跳伞者证实说）GoPro 摄像机具有 3 000 英尺高的防坠落功能。

但 GoPro 知道自己出售的不仅仅是一个可以拍摄动作视频的小金属盒。GoPro 用户——无论是运动的终极狂热者，还是寻常的摄影爱好者——不仅想拍视频，他们更想讲述生活中的故事和分享充满激情的时刻。“我们所做的就是使你能通过精彩的照片和视频分享你的生活，”GoPro 说，“我们帮助大家捕捉、分享、纪念生命中最有意义的经历。”

当人们看到一段令人咋舌的 GoPro 视频——比如新西兰的杰德·米尔顿（Jed Mildon）在自行车越野赛中以头盔摄像机记录下前所未有的三重后空翻——某种程度上，人们体验了视频主角的经历和那种激情澎湃。此时，GoPro 就创造了一种视频创作者与观众之间的情感联系。

因此，拍摄精彩视频只是 GoPro 成功的开始。GoPro 创始人尼克·伍德曼（Nick Woodman）本身也是一位极限运动发烧友。他认为帮助消费者讲述故事、分享情感分为四个阶段：捕捉，创作，发布，认可。“捕捉”由摄像机完成——摄像以及摄影；创作是编辑和出品的过程，将未经加工的连续镜头转为精彩的视频；发布是把视频传送给观众；认可则是对内容创作者的肯定和报偿，可能表现为 YouTube 访问量，或脸书上“赞”和“分享”等形式。当然，认可更通常是从亲朋好友们观看视频时发出的惊叹声中得到满足。企业的口号全面地概括了消费者内心深处的动机：GoPro——成为英雄！

目前，GoPro 主要集中在消费者讲述奇特经历的“捕捉”阶段。它提供完备的配套设备，包括底座、系带等，消费者可以将 GoPro 摄像机轻松地安装在任何地方。你可以把小巧的 GoPro 摄像机捆绑在手腕上，或安装在头盔上、滑雪板尖端、滑板底部，甚至是遥控直升机的腹部。不久，GoPro 还会出售无人机——“为你的 GoPro 摄像机添加终极配件”——让 GoPro 迷从高空拍摄激动人心的视频。即使是最挑剔的视频爱好者，也能用精巧便携的 GoPro 捕捉到精彩绝伦的镜头。

不过，伍德曼明白，企业要想持续增长，必须提供更多产品，持续挖掘消费者需求和动机——不仅是“捕捉”，还包括“创作”、“发布”和“认可”。比如，在“创作”上，GoPro 提供免费 GoPro Studio 软件，让用户方便地将自己拍摄的素材制作成专业水平的优质视频。在“发布”方面，运用 GoPro 应用程序，用户可以“控制、观看、分享”——用手机、平板电脑或苹果手表遥控他们的GoPro，修饰和编辑画面，通过短信或者发布在诸如YouTube、脸书、推特、Instagram、Vimeo、Pinterest等社交媒体和GoPro.com/Channels上与朋友们分享。在“认可”方面，GoPro播出由顾客在其网站上发布的优秀视频改编制作的广告。GoPro的未来会更加致力于提升并整合全面的用户体验，从拍摄视频到与他人分享故事与情感。

GoPro深刻地理解究竟是什么使消费者如此痴迷，这对企业的发展非常重要。GoPro的热心顾客是所有品牌中最忠诚、参与度最高的。比如说，GoPro的脸书粉丝群已经超过920万，仍在迅速扩大。比GoPro规模大得多的企业美国佳能（Canon USA）也只有110万脸书粉丝。GoPro的粉丝不仅一年上传将近50万个视频，同时还在广泛的社交媒体上积极互动。例如，GoPro的推文话题每天在社交媒体网站上被使用超过45 000次。“我觉得我们拥有全世界所有品牌中最迷恋社交媒体的消费者。”伍德曼说。

这些消费者的参与和热情促使GoPro成为全球成长最快的摄像机企业。今天，GoPro摄像机在遍布100多个国家的超过4万家商店出售，小至体育爱好者用品店，大至REI、百思买和亚马逊网站。GoPro高性能的小小摄像机不仅深受视频业余爱好者喜爱，甚至成为专业摄影师的标配——不论是探索频道的摄影师，还是拍摄搜救行动、野生动物、风暴的新闻摄影师，或是需要拍摄水下蟹笼或深海船舷的当红电视真人秀《致命捕捞》（Deadliest Catch）制作组，都是GoPro的用户。当菲力克斯·鲍姆加特纳（Felix Baumgartner）在太空边缘纵身一跃完成其突破性的12.8万英尺高空跳伞时就戴着5部GoPro摄像机。专业人士对GoPro摄像机的青睐进一步激发了普通消费者的需求。

GoPro的故事给我们的启发是：成功从理解消费者的需要和动机开始。GoPro明白自己不仅仅生产摄像机，更是要让消费者分享生命的重要时刻和激情。伍德曼说：“我们对‘我们究竟要做什么’这个问题思考了很久。现在，我们愈发清楚地认识到摄像机是这个时代与社交网络结合最紧密的设备。很显然，我们不仅在生产硬件。”该公司总结说：“梦想、行动。用你的GoPro捕捉。捕捉和分享你的世界。”[1]

正如GoPro案例所表明的，在努力建立顾客关系时，市场营销者必须创造和管理与顾客相联系的产品和品牌。本章从一个看似简单的问题“什么是产品”开始。回答了这个问题之后，我们再来看看在消费品市场和产业用品市场进行产品分类的方法。接着，讨论市场营销者针对单个产品、产品线和产品组合的重要决策。然后，我们考虑在建立和管理品牌时，市场营销者需要解决的最重要的问题。最后，我们考察服务这种特殊产品形式的特点及其对市场营销的要求。

8.1 什么是产品

我们把**产品**（product）定义为向市场提供的，引起注意、获取、使用或消费，以满足欲望或需要的任何东西。产品不仅包括有形产品，如汽车、电脑和手机。广义上，产品还包括服务、事件、人员、地点、组织、观念或者上述内容的组合。这里，我们用产品这个术语来涵盖以上任何一项或全部。因此，苹果iPod、丰田凯美瑞汽车、星巴克的摩卡咖啡是产品，去拉斯维加斯旅行、富达（Fidelity）网上投资服务、家庭医生的建议同样也是产品。

鉴于服务在世界经济中的重要地位，我们将给予特别关注。**服务**（services）是由活动、利益或满足组成的用于出售的一种产品形式，它本质上是无形的，对服务的出售不会带来所有权的转移。服务的实例包括银行业务、酒店服务、航空运输、零售、电子通信和家居维修等。我们将在本章后面详细地讨论服务。

产品、服务和体验

在市场提供物中，产品是最关键的因素。营销组合策划就是从为目标顾客设计他们需要的有价值的东西开始的。这些提供物是企业与顾客建立可盈利关系的基础。

企业的市场提供物既包括有形产品，又包括服务。在一个极端，提供物可能由纯粹的有形商品组成，比如肥皂、牙膏或者食盐——无须提供与产品配套的服务。另一个极端则是纯粹的服务，提供物主要是由服务组成，比如体检和金融服务。在这两个极端之间存在许多可能的产品和服务的组合。

今天，随着产品和服务商品化的程度越来越高，许多企业正不断努力为顾客创造更多、更好的价值。为了使提供给顾客的产品能够差异化，除了简单地制造产品和传递服务，企业正致力于创造和管理顾客对企业和品牌的体验。

对有些企业而言，体验通常是其市场营销的重要组成部分。迪士尼一直在通过电影和主题公园为消费者创造梦想和难忘的回忆——它希望主题公园中从事角色扮演的员工能够为每一位顾客递送各种“小惊喜”。同样，耐克也一直宣称：“鞋子并不那么重要，重要的是你穿着它的感觉。”如今，各行各业的企业为了创造顾客体验，都在对传统产品和服务进行重新设计。例如，特别成功的苹果零售店不是仅仅出售产品，而是努力创造一种引人入胜的苹果品牌体验。[2]

苹果零售店是格外诱人的所在，在那儿充满了令人愉悦的体验。商店设计呈现干净、简洁和时尚的风格——恰如苹果 iPad 或轻巧的 MacBook Air 电脑。熙熙攘攘的苹果商店让人感觉更像是社区中心，而非零售网点。成群的顾客沉浸其中一边试用产品，一边兴奋地谈论着关于苹果的一切。商店鼓励购买，这点毫无疑问。但是它们还鼓励逗留和闲逛，台子上陈列着各种功能齐全的 Mac、iPod、iPad 和 iPhone 供访客试用，数十位亲切有礼的苹果员工随时回答疑问和迎合每一个奇思妙想。商店在“天才吧”(Genius Bar) 提供技术帮助和安排得井然有序的工作坊，不同经验水平的顾客在那里都可以学习到与苹果设备相关的知识和技巧，探索其创造潜能。你不是仅仅到访一家苹果店——你在以一种其他任何一家消费者电器公司都无法提供的方式体验。正如一位苹果店经理所言：“我步入一家商店时可不希望被推销。不要推销！不要！因为那会使潜在顾客失去兴趣。只要建立美妙的品牌体验，[销售] 便是水到渠成的事情。”

产品与服务的层次

产品策划者需要考虑产品和服务的三个层次（见图 8－1）。每一个层次都会增加顾客价值。最基础的层次是核心顾客价值，它提出这样一个问题：购买者真正购买的是什么？市场营销者设计产品时，必须首先确定顾客所追求的旨在解决问题的核心利益或服务。一位购买唇膏的女士所购买的不仅仅是唇膏的色彩。露华浓公司的查尔斯·莱弗森（Charles Revson）早就预见到了这一点："在工厂，我们制造化妆品；在商店，我们出售希望。" 同样，购买一款苹果 iPad，可不只是购买了一台平板电脑，他们在购买娱乐、自我表达、效率以及与亲朋好友的关系——简直就是一个面向世界的个人移动窗口。

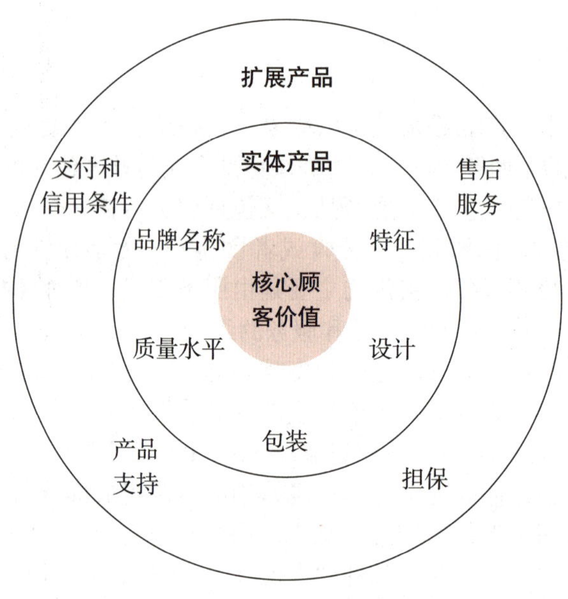

图 8-1 产品的三个层次

在产品的第二层次，产品策划者必须围绕产品的核心利益构造一个实体产品。他们需要构建产品和服务的特征、设计、质量水平、品牌名称和包装。比如，iPad 就是一个实体产品。它的品牌名称、构件、风格、特征、包装以及其他属性被精心地组合在一起，用以递送"保持联系"这一核心顾客价值。

最后，产品策划者还要向顾客提供一些附加服务和利益，以便围绕核心利益和实体产品构造扩展产品。iPad 不仅仅是一种数字设备。它向顾客提供的是一个完整的解决移动联系问题的方案。因此，当顾客购买了一部 iPad，苹果公司及其分销商还会向顾客提供一份对部件和工艺的保修单、一份教顾客如何使用的说明书、必要的快速维修服务、当顾客有任何问题或者疑问时可以随时联系的免费电话，以及让顾客有机会接触到种类繁多的应用软件和配件的网站。苹果还提供种类丰富的应用和配件，以及将购买者多个数字设备上的图片、音乐、文档、应用、日历、联系和其他内容随时随地整合在一起的 iCloud 服务。

顾客往往把产品看做满足需要的各种利益的复杂组合。在开发产品的时候，市场营销者必须首先识别顾客希望从产品中寻求哪些核心顾客价值，然后设计实体产品，并且找到扩展的途径，以创造顾客价值和最令人满意的顾客体验。

产品和服务的分类

根据使用产品和服务的顾客类型，可以将产品和服务分成两大类——消费品和产业用品。从广义上讲，产品还包括其他可供出售的内容，比如体验、组织、人员、地点和创意。

消费品

消费品（consumer product）是最终消费者购买的用于个人消费的产品。营销人员根据消费者购买产品的方式，将消费品进一步分成便利品、选购品、特殊品和非渴求品。消费者对不同种类的产品有不同的购买方式，因而要求不同的销售策略（见表 8-1）。

表 8-1 消费品的营销问题

营销问题	消费品的类型			
	便利品	选购品	特殊品	非渴求品
消费者购买行为	频繁购买；很少计划，很少作比较或花费精力；顾客介入度低	不经常购买；较多的计划并为购物花费较多的精力；比较品牌的质量、价格和样式	强烈品牌偏好和高度忠诚；为购买付出特别努力；很少比较品牌；价格敏感度低	对产品了解很少（或者即使了解，也没什么兴趣或唯恐避之不及）
定价	低价格	比较高	高价格	不确定
分销	渠道广泛；网点便利	在较少的商店进行选择性分销	在每个市场区域只有一家或几家商店专卖	不确定
促销	制造商大量促销	生产商、经销商的广告和人员销售	生产商和经销商针对性更强的促销	生产商、经销商的强力广告和人员销售
实例	牙膏、杂志、洗衣粉	大家电、家具、服装	奢侈品，如劳力士手表或精美的水晶制品	人寿保险、红十字会的献血活动

便利品（convenience product）是消费者经常购买的产品和服务，购买的时候几乎不做比较，也不费精力，很快就能拿定主意。比如洗衣粉、糖果、报纸和快餐。便利品通常价格低廉，市场营销者把它们摆放在很多地方，以确保顾客在需要它们的时候总能买得到。

选购品（shopping product）是消费者购买频率比较低的产品和服务，顾客会仔细比较其适用性、质量、价格和款式。比如家具、服装、二手车、大家电以及酒店和航空服务。这类产品的市场营销者通常选择较少的商店进行分销，但是提供深入的销售支持帮助顾客进行比较。

特殊品（specialty product）具有独一无二的特点或品牌识别特征，以致会有一个重要的购买者群体愿意为了购买它而特别花费精力。比如特定品牌的汽车、高价的摄影器材、设计师量身定做的服装，以及医疗或法律专家的咨询服务。兰博基尼（Lamborghini）汽车就是特殊品，因为购买者通常为了买到一辆兰博基尼汽车而愿意跑很远的路。购买者一般不去比较特殊品，只把时间用于找到经营所需商品的经销商。

非渴求品（unsought product）是顾客要么不了解，要么虽然了解但一般不考虑主动购买的消费品。大多数新产品在消费者通过广告了解它们之前，都是非渴求品。人们了解但是仍然不主动购买的产品和服务的典型实例包括：人寿保险、预先计划的葬礼服务、红十字会的献血活动等。非渴求品的特性决定了它需要大量的广告、人员销售和其他营销努力。

产业用品

产业用品（industrial product）是购买后用于进一步加工或企业经营的产品。消费品与产业用品之间的显著区别就在于它们被购买的目的。如果一位顾客购买一台割草机修剪自家草坪，那么，这台割草机就是消费品。如果该顾客购买割草机用于做园艺生意，这台割草机就成了产业用品。

主要有三类产业用品和服务：材料和零部件；资本项目；辅助品和服务。材料和零部件包括原材料以及加工过的材料和部件。原材料包括农产品（如小麦、棉花、牲畜、水果和蔬菜）和天然产品（如鱼、木材、原油、铁矿石）。加工过的材料和零部件包括构成材料（如钢、纱、水泥、金属丝）和构成部件（如小马达、轮胎、铸件）。大多数加工过的材料和零部件可以直接销售给产业用户。此时，价格和服务是主要的营销因素，品牌和广告往往不太重要。

资本项目是帮助购买者生产和运营的产业用品，包括设施和附属设备。设施包括建筑物（如工厂、办公室）和固定设备（如发电机、钻床、大型计算机系统、电梯）。附属设备包括易于搬动的机器和工具（如手工工具、自卸卡车）以及办公设备（如电脑、传真机、办公桌）。与设施相比，附属设备使用寿命较短，在生产过程中简单地发挥作用。

最后一组产业用品是辅助品和服务。辅助品包括运作辅助品（如润滑剂、煤、纸、铅笔）和维修维护品（如油漆、钉子、扫帚）。辅助品是产业领域的便利品，在购买过程中人们很少花费精力或进行比较。服务包括维护和维修服务（如卫生保洁、计算机维修）以及商务咨询服务（如法律、管理咨询、广告）。这些服务通常根据协议提供。

组织、人员、地点和观念

除了有形产品和服务，营销专家把产品的概念进一步扩展到其他市场提供物——组织、人员、地点和观念。

组织经常采取行动“推销”组织自身。组织营销（organization marketing）指创造、维持或改变目标消费者对一个组织的态度和行为的活动。营利性组织和非营利组织都在实践着组织营销。

企业投资发展公共关系或发起企业形象广告（corporate image advertising）来营销自己和美化自己的形象。例如，工业巨头通用电气公司长期开展“工作中的想象力”运动，将自己营销为一家用充满想象力的产品和技术使世界更美好的公司。以最近一则名为《孩子似的想象力》（Childlike Imagination）的获奖电视广告为例。这则怪诞的广告将通用电气公司的产品——从飞机发动机和柴油机车，到巨型风力发电机和医用诊断设备——通过一个母亲在通用电气工作的大眼睛小女孩的视角赋予了生命。通用电气在“建设、赋能、改变和治愈世界”，“不仅仅是想象。切实在进行中。通用一直在卓有成效地努力”。[3]

人员也可以看成是产品。人员营销（person marketing）是指创造、维持或改变对特定人员的态度和行为的活动。从总统、娱乐明星、体育名人到诸如医生、律师和建筑师这样的专业人士，都通过自我营销来建立声誉。商业组织、慈善机构以及其他组织利用著名人物帮助其销售产品或成就事业。娴熟地运用营销技巧能够使一个人名也具有强大的品牌力量。例如，耐克每年花费高达 10 亿美元与世界上所有主流运动领域的多位明星签约代言，包括网球高手玛利亚·莎拉波娃（Maria Sharapova）和罗杰·费德勒（Rodger Federer），世界足球超级明星克里斯蒂亚诺·罗纳尔多（Cristiano Ronaldo）和内马尔（Neymar），以及 NBA 明星迈克尔·乔丹（Michael Jordan）、科比·布莱恩特（Kobe Bryant）、勒布朗·詹姆斯和凯文·杜兰特（Kevin Durant）等在内的头牌人物。[4]

地点营销（place marketing）涉及为创造、维持或者改变对某一特定地点的态度和行为而开展的活动。城市、州、地区，甚至整个国家，都在为吸引游客、新移居者、大型会议，以及招徕企业兴建办公楼和工厂而竞争。新奥尔良市的网站打出"去奥尔良吧"（Go NOLA）的口号，宣传诸如四旬斋前的狂欢节（MardiGras Festival）和新奥尔良爵士与传统盛典（New Orleans Jazz and Heritage Festival）等年度盛事。澳大利亚旅游局通过广告声称"澳洲独一无二"，并借助网站和手机应用程序提供丰富的视频、假日攻略、景点信息，以及旅行者计划澳大利亚假期可能需要的其他内容。[5]

观念也可以营销。从某种意义上说，几乎所有的营销都是对某个观念的营销。比如，高露洁牙刷所创造的"为生活展露健康漂亮的微笑"这样的特殊观念。这里，我们将重点放在对社会观念的营销上，这一领域被称作**社会营销**（social marketing），即将传统的商业营销概念和工具用于鼓励改进个人和社会福利的行为。

社会营销项目泛围广阔。美国广告理事会（Ad Council of America）已经开展了数十种社会营销运动，从预防保健、教育和个人安全到保护环境。但社会营销所涉及的远不止广告，而是包括为实现其社会变革的目标设计的市场营销战略和营销组合工具。[6]

8.2 产品和服务决策

营销者在三个层次进行产品和服务决策：单个产品决策、产品线决策以及产品组合决策。我们将逐一加以讨论。

单个产品和服务决策

图 8-2 显示了开发和营销单个产品和服务的重要决策。我们将重点讨论产品和服务属性、品牌、包装、标签和产品支持服务等方面的决策。

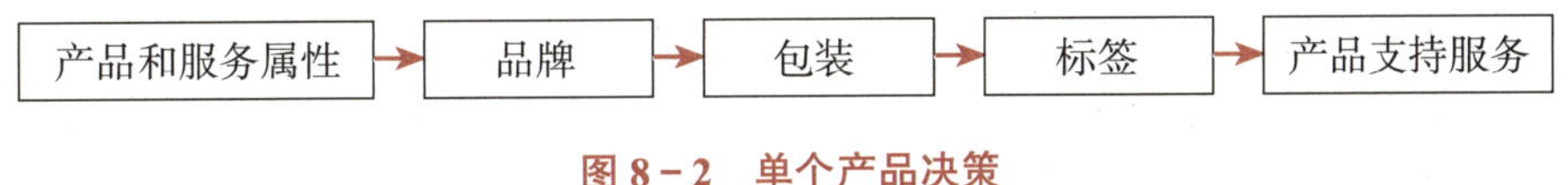

图 8-2 单个产品决策

产品和服务属性

开发一个产品或服务首先涉及如何定义它所提供的利益。这些利益往往通过诸如质量、特征以及风格和设计来沟通和传达。

产品质量。产品质量（product quality）是市场营销者进行市场定位的主要工具之一。质量对产品和服务的性能具有直接影响，因而与消费者价值和消费者满意息息相关。狭义上，质量可以定义为“没有缺陷”。但是，许多以顾客为中心的企业远远超出了这个定义。取而代之的是，它们从创造顾客价值和顾客满意两方面来定义质量。美国质量协会（American Society for Quality）认为，质量是由产品或服务的特征所提供的使之能够满足顾客现实或潜在需要的性能。类似地，西门子这样定义质量：质量就是要求我们的顾客回头，产品不回头。[7]

全面质量管理（TQM）要求企业所有的员工一起努力，不断改进产品、服务和业务流程中的质量。对于许多一流公司而言，顾客导向的质量已经成为一种经营方式。如今，企业正在采取一种“质量回报”的做法，将质量视为一项投资，对企业利润有所贡献。

产品质量有两个维度——（质量）水平和一致性。在产品开发过程中，市场营销者必须首先选择一个质量水平，以支持产品在目标市场的定位。这里，产品质量意味着性能质量——产品执行其功能的能力。例如，一辆劳斯莱斯汽车提供的性能质量就要高于一辆雪佛兰汽车：前者拥有更灵活的发动机，提供更多“创造性的舒适体验”，同时也更耐用。企业很少提供尽可能高的质量水平，因为很少有顾客想要或者买得起像劳斯莱斯汽车、Viking系列或者劳力士手表这样高质量水平的产品。相反，企业往往选择一个符合目标市场需要以及与竞争对手的产品相当的质量水平。

类似地，福乐鸡快餐连锁并不渴求为美食家提供晚餐体验。但是，通过始终如一地坚持满足甚至超过目标顾客的质量预期，该连锁店因其顶级食品和服务质量赢得了诸多奖项。例如，去年，基于一项由2 500位成人参与的关于美国15个行业中最著名的150家公司的顾客服务质量调研结果，该连锁店成为唯一一家入选“《24/7华尔街》顾客服务排行榜”的餐厅。福乐鸡与亚马逊、万豪和苹果这样的著名公司一起入选，并在所有公司中位列第二。[8] 尽管它并不试图成为丽思卡尔顿，仍然派其经理们参加丽思卡尔顿的质量培训项目，学习如何问候顾客，如何探究和满足未被表达的需求。这种满足质量预期的不懈努力帮助福乐鸡建立忠诚的顾客群基础。

除了质量水平，高质量还意味着高度的质量一致性。这里，产品质量意味着高度的一致性——没有缺陷并且始终如一地提供既定的性能水平。所有的企业都应当追求高水平的一致性。就这个意义而言，一辆雪佛兰的质量可以和一辆劳斯莱斯同样好。尽管雪佛兰的性能不及劳斯莱斯，但是它同样能够一致地递送消费者愿意承担并期望的质量。

产品特征。一件产品可能有多种特征。产品的起点通常是一个没有任何额外附加特征的基础原型。企业可以通过添加更多特征来创造更高水准的产品式样。特征是将本企业的产品与竞争对手的产品区别开来的一种竞争工具。率先提供有价值的新特征是最有效的竞争方法之一。

企业如何识别新特征并决定为自己的产品添加哪些特征呢？企业应当定期向使用过产品的顾客开展调查，询问以下问题：你觉得产品怎么样？你最喜欢产品的什么特征？我们增加哪些特征可以改善产品？消费者对这些问题的回答可以为企业提供丰富的产品特征创意。企业可以逐一评估每项特征带给顾客的价值以及给企业造成的成本，进而采用那些性价比较高的特征。

产品风格和设计。独特的产品风格和设计是另一种增加顾客价值的方法。设计是比风格更广的一个概念。风格只是简单地描述了一个产品的外观。风格既可能引人注目，也可能朴实无华。赏心悦目的风格可以引起人们的关注并带来令人愉悦的美感，但未必能够提高产品的性能。与风格不同，设计直接切入产品的中心，因而更加深入。优秀的设计既能美化产品外观，又能提高产品的有用性。

优秀的设计并非始于新创意和营销模式的头脑风暴，而是起步于顾客观察，以及对顾客需要的深刻理解。它包括实现顾客的产品使用体验，而不仅仅是简单的创造产品和服务特征。例如，利用基于消费者需求的智慧设计，索诺思（Sonos）创造了一款借助无线网络连接的扬声系统，非常方便使用，让整个屋子充满美妙的声音。

过去，安装一套覆盖全屋的娱乐或音响系统要求穿过墙壁、地板和天花板布线，造成一片狼藉和大笔开销，搬家时还无法带走。索诺思将家庭音响和影院系统带入一个适合数码时代的新水平。这家创新性的公司创造了一种无线扬声系统，时尚且易于安装，便于使用和移动，满足不断变化的需要。有了索诺思，你只需要在自己的手机上安装一款移动应用程序，就可以在家中任何地方享受优质的声音。智慧设计给索诺思带来丰厚的回报。这家成立于 2002 年的公司，年销售收入在过去两年间已经翻了 3 倍，估计达到 10 亿美元。[9]

品牌

专业营销人士最独特的技能就在于建立和管理品牌的能力。**品牌**（brand）是用于识别产品或服务的生产者或销售者的名称、术语、标记、符号、设计，或者上述因素的组合。消费者将品牌视为产品的重要组成部分，品牌管理能够为产品增加价值。消费者赋予品牌含义，并且发展品牌关系。所以，品牌所拥有的意义远远超过产品的物质属性。让我们看看下面这个例子。[10]

> 1 月份的一个星期二的晚上，世界最优秀的小提琴家之一约书亚·贝尔（Joshua Bell）在波士顿的音乐厅演出，尽管平均票价高达 100 美元，仍然座无虚席。由于约书亚·贝尔的盛名，其演出具有强大的吸引力，这位天才音乐家在全球各地的音乐厅都受到了热烈的欢迎。3 天后，作为《华盛顿邮报》的一项社会实验，贝尔身穿牛仔裤、T 恤衫，戴着棒球帽，来到华盛顿特区的地铁站。地铁站中，进进出出的人川流不息，贝尔拿出他那把价值 400 万美元的小提琴，把打开的琴盒放在脚边，开始演奏他在波士顿演出时的经典保留曲目。在随后的 45 分钟内，大约 1 100 人走过，但只有极少数人驻足聆听，贝尔总共挣得了 32 美元。无人认出“没有品牌”的贝尔，所以很少有人欣赏他的艺术。从这个故事中，你能否领悟强大的品牌意味着什么？

品牌化趋势如此强劲，以至于如今几乎找不出什么东西是没有品牌的。连食盐也被包装在标有品牌的容器里面，普通的螺钉和螺母也带上了分销商的标签包装起来，汽车部件——火花塞、轮胎、滤油器——标有不同于汽车制造商的品牌。甚至水果、蔬菜、乳制品和家禽也有品牌。

品牌为消费者带来多种利益。品牌名称帮助消费者识别那些可能对自己有益的产品。品牌还告诉购买者有关产品质量和一致性方面的信息——经常购买同一品牌的顾客知道自己每次购买都将获得相同的特征、利益和质量。品牌也给卖方带来不少好处。品牌名称使有关产品独特质量的“事迹”得以传播。卖方的品牌名称和商标为其独特的产品特征提供法律保护，否则这些可能被竞争对手模仿。品牌还能帮助卖方细分市场。比如，丰田汽车公司主要提供雷克萨斯、丰田和赛恩品牌，每个主品牌下又有许多子品牌——凯美瑞、普锐斯、Matrix、雅力士（Yaris）、坦途（Tundra）、陆地巡洋舰。

最后，品牌名称为构建有关产品独特质量的故事提供了基础。例如，柑橘品牌 Cuties 承诺“孩子们喜爱 Cuties，因为 Cuties 就是为孩子们而生产的”，并借此成功地将自己与普通的橙子区别开来。它们是完美适合孩子的健康零食：甜、无籽、适合孩子的分量和容易剥开。[11] 创建和管理品牌也许是营销者最重要的工作。我们将在本章的后面部分更详细地讨论品牌战略。

包装

包装（packaging）涉及产品的容器和包装材料的设计和生产。传统上，包装的首要功能是容纳并保护产品。不过近来，多种原因使得包装也成为重要的营销工具。竞争越来越激烈，零售商货架日益拥挤杂乱，这些意味着包装现在必须担负起许多销售职责——从吸引人们的注意，到介绍产品，再到促成销售。并不是所有的顾客都能看到某品牌的广告、社交媒体网页或其他促销活动，但是购买和使用该产品的人通常都会与包装互动。因此，包装意味着重要的营销空间。

企业正意识到良好的包装在帮助消费者迅速识别本企业品牌方面的作用。比如，一个普通的超级市场经营 4.2 万种商品；沃尔玛超市经营多达 12 万种商品。典型的顾客每分钟经过 300 种产品，而且 70% 以上的购买决策是在商店里作出的。在高度竞争的环境下，包装可能是卖方影响买方的最后、同时也是最好的机会。因此，对许多企业而言，包装本身就成为一个重要的促销媒介。[12]

新颖的包装能够为公司创造竞争优势和促进销售。独特的包装甚至可以成为品牌形象的重要组成部分。例如，一个原本平淡无奇的棕色纸盒，一旦印上了亚马逊公司标识中的曲线箭头——有各种有趣的解释，“从字母 a 到 z”（表示范围广泛）或一张笑脸——谁在你家门廊前递送包裹便一目了然。蒂芙尼与众不同的蓝色包装盒彰显着这家高档珠宝商的传奇和定位。正如公司所言，“无论是在繁忙的街道匆匆一瞥，还是在手掌中仔细端详，蒂芙尼蓝色包装盒都能使你怦然心动，它浓缩了蒂芙尼的伟大传统——优雅、独特和无瑕工艺。”[13]

糟糕的包装会令顾客头疼并且减少企业的销售。想想那些很难打开的包装，例如用非黏性标签密封的 DVD 盒子；有些包装用绳子扭成的结容易划伤手指；难以打开的塑料盒令消费者抓狂，产生“包装愤怒”，每年造成的撕裂或刺穿伤害导致数千人就医。包装的另一个问题是过度包装——一个小小的 U 盘先被粘在超大尺寸的纸盒中，再放入塑料的陈列包装中，最后装运时，还要加上一个巨大的硬卡纸盒子。过度包装造成大量的浪费，不少环保人士深感忧虑。

亚马逊最近提出了简化包装（Frustration-Free Packaging）的倡议来减少包装愤怒和过度包装。这位网上零售商与费雪、美泰、联合利华、微软等 200 多家公司合作，减少包装材料、塑料盒或尼龙带的使用量，创造更小的、易于开启的和可循环使用的包装。它所提供的这类产品超过 20 万种，迄今为止已经向 175 个国家和地区的消费者发送了7 500万件以上。在这一过程中，总计节省了近6 000万平方英尺的硬卡纸，减少了2 500万磅包装废料。[14]

近年来，产品的安全性成为人们关注的另一个重要的包装问题。比如那些不易打开的“防止儿童误食”的包装。20世纪80年代，在一阵骇人的产品被偷换或投毒风波*之后，大多数制药企业和食品制造商现在采用防偷换包装。在进行包装决策时，企业还要留意人们日益提高的环保意识。幸运的是，许多企业开始通过减少包装和使用环保的包装材料等方式“变绿”。

标签和标识

标签包括附着在产品上的小标牌，也包括构成包装的一部分的复杂图形。标签具有多种功能。最起码，它起到识别产品或品牌的作用，比如橙子上面贴着的新奇士品牌名。标签还能够描述产品其他方面的情况，比如，谁制造的，在哪里制造的，何时制造的，内装何物，有什么用途，以及如何安全使用等。最后，标签能够帮助推广品牌，支持其定位，以及联系消费者。对于许多企业而言，标签已经成为拓展营销运动的一个重要元素。

标签和品牌标识可以支持品牌的定位，增加品牌的个性魅力。实际上，品牌标签和标志已经成为品牌–顾客联系中的关键因素。想想诸如可口可乐、谷歌、推特、苹果和耐克等公司，它们的标识无疑能够激发消费者浓厚的情感。标识必须不时地重新设计。例如，从雅虎、eBay、西南航空到温迪、必胜客、百得（Black Decker）和好时（Hershey）都成功地调整自己的标识，以保持现代感及适应诸如网络和移动等新型互动媒体的应用软件和浏览器的需要。

但是，企业在改变如此重要的品牌标识时务必格外小心谨慎。对自己所熟悉和热爱的品牌，顾客对其视觉展示有着强大的联系，并对变化反应强烈。例如，当Gap公司几年前推出更具现代感的设计替代其原有的标识——大家熟悉的那个蓝底白字的正方形标识时，顾客纷纷抗议，在网上给公司造成极大的压力。仅仅一周之后，公司就不得不重新启用原有标识。

长久以来，关于包装和标签的法律问题一直备受关注。1914年《联邦贸易委员会法》确认不实、误导性或欺骗性的标签或包装构成不公平竞争。没有说明重要的成分，或者遗漏了必要安全警示的标签，可能误导消费者。所以，联邦和州政府都颁布了一些专门监管标签的法规。其中，最突出的是1966年《公平包装和标签法》，该法明确了强制性的标签要求，鼓励自愿的行业包装标准，并且允许联邦政府部门在特定行业建立包装管制规则。

标签管理近来受到单位定价（标定每标准计量单位的价格）、注明期限（标明产品的预期保质期）和营养标注（说明产品的营养价值）等规定的影响。1990年《营养标签和教育法》要求卖方对食用产品提供营养方面的详尽信息。最近由食品与药品管理局发起的席卷全美的行动对与健康有关的词语（比如“低脂肪”“易消化”“高纤维含量”）的使用进行了整顿。卖方必须确保标签包含所有必要的信息。

---

① 当时数家著名制药和食品企业的产品在超级市场的货架上被恶意竞争对手偷换成有毒的产品，造成严重的人身伤亡，给企业带来重大损失。——译者

产品支持服务

顾客服务是产品战略的另一个要素。企业的市场提供物通常包括一些支持服务，它们是企业整体提供物的很小或者主要的组成部分。在本章的后面部分，我们将把服务作为产品单独进行讨论。在这里，我们讨论产品支持服务。

支持服务是顾客整体品牌体验的重要组成部分。雷克萨斯深知优秀的市场营销不能满足于达成交易。在销售之后保持顾客愉悦是建立长久关系的关键。雷克萨斯坚信假如能使顾客愉悦，并始终如此，就能一直留住他。所以全美的雷克萨斯经销商不遗余力地关照它们的顾客，使其一再惠顾[15]：

> 代表性的雷克萨斯经销商一点都不典型。例如，佛罗里达有一家雷克萨斯经销商，除了自己的星巴克店，它的特色之处是有四把按摩椅、两个练习轻击的小型高尔夫球场、两间顾客休息室和一家图书馆。而附近城市的另一家雷克萨斯经销商，设有欧洲风格的咖啡吧，由在罗马接受培训的主厨为“客人们”精心准备意式浓缩咖啡、卡布奇诺。在雷克萨斯，顾客服务远比普通的经销商要深入和丰富。从一开始，雷克萨斯就打算变革车主体验。
>
> 当然，雷克萨斯知道最好的情况是不需要售后服务。所以它从制造取悦顾客的汽车开始。在《雷克萨斯契约》中，公司郑重承诺制造“最好的汽车”——优质的汽车几乎不需要服务。同时，契约承诺重视每一位顾客，“我们对待每一位顾客就像自己家的客人”。所以，当一辆车的确需要服务，雷克萨斯竭尽全力使之轻松便捷。大多数经销商甚至会登门取车，并在完成维修保养后送回。因为还提供免费清洁车辆的额外服务，所以送回时车辆常常干净无瑕。你甚至会惊喜地发现车门的轻微受损也被修补好，使车辆恢复到仿佛刚出厂般光亮如新。
>
> 雷克萨斯千方百计地兑现自己关于顾客满意的雄心勃勃的承诺，创造了显然是世界上满意度最高的车主。雷克萨斯不仅常常在行业质量排行榜名列前茅，而且在美国和全球顾客满意排名中也在前列。“我妻子非雷克萨斯不买，”一位满意的雷克萨斯车主说道，“他们来到我家，取走车辆去更换机油，车被送回来的时候焕然一新。他们提供终身服务。”

设计支持服务的第一步是定期进行顾客调查，估计当前服务的价值，并且为今后的服务寻找创意。企业一旦估计出了不同支持服务质量对顾客的影响，就要采取措施解决问题，并增加那些既能取悦顾客又能为企业带来盈利的新服务。

现在许多企业通过电话、电子邮件、互联网、社交媒体、手机以及语音系统和数据技术的复杂集成，提供以前根本不可能实现的支持服务。例如，家装零售商劳氏在门店和网上开展大量的客户服务，使购物更加便捷、回答顾客的疑问和处理各种问题。顾客可以通过电话、电子邮件、网站、移动应用和推特等渠道获得广泛的支持。劳氏的网站和移动应用链接购物指南和装修图书馆。在门店，劳氏为员工配备了 4.2 万部预装顾客移动应用软件和必要硬件的 iPhone，让他们高效地完成诸如检查附近店铺的存货、查阅特定顾客过往的购买数据、分享装修视频和查询竞争者价格等工作——就在顾客身边完成这一切。劳氏甚至尝试在店内投放能够互动、交谈和移动的机器人，会在顾客进店时致以问候，回答令他们烦恼的问题，指引他们找到需要的商品。[16]

产品线决策

除了单个产品和服务的决策，产品战略还包括建立产品线。**产品线**（product line）就是一组密切相关的产品，它们以相似的方式发挥效用，销售给相同的顾客群体，通过相同类型的渠道分销，或者属于既定的价格区间。比如，耐克运营数条运动鞋和运动服产品线；万豪国际酒店经营数条酒店产品线。

确定产品线的长度是最主要的产品线决策——某条产品线中所包含的产品项目的数量。如果经理人员可以通过增加产品线中产品项目的数量来提高利润，那么产品线就太短了；如果经理人员能够通过削减产品项目来增加利润，那么产品线就太长了。经理人员需要定期分析其产品线，以估计各产品项目的销售和利润情况，同时了解每个产品项目对其所在产品线的整体绩效所作的贡献。

企业可以通过两种方式扩展其产品线：产品线填充和产品线延伸。产品线填充指在现有的产品线范围内补充一些新的产品项目。产品线填充可能出于多种原因：争取更高的利润，取悦经销商，利用过剩的生产能力，成为产品线完备的领导型企业，或者填补市场空缺以阻止竞争对手进入。然而，如果产品线填充的结果会导致各个产品项目之间互相残杀，弄得顾客也稀里糊涂，这种填充就做过头了。企业必须确保新产品项目与现有产品项目之间有显著区别。

如果企业超出现有范围来增加其产品线长度，就叫做产品线延伸。企业可以向下延伸、向上延伸或者双向延伸。最初定位于高端市场的企业可能向下延伸。例如，梅赛德斯向下延伸其 CLA 产品线以吸引年轻的初次购买者。企业将产品线向下延伸填补现有的市场空缺，可能是因为如果不这样做，会吸引新的竞争对手，也可能是为了应对竞争者对高端市场的攻击。或者，企业增加低端产品，在低端市场上寻求更高的增长率。公司也可能向上延伸产品线。有时，公司向上延伸产品线，在已有的产品中增加高端项目，获取更高利润。宝洁公司 Cascade 餐具洗涤剂和 Dawn 洗洁精产品线中以较高的价位增加“白金”版，就是如此。

随着增长和扩张，许多公司双向延伸其产品线。以宝马为例[17]：

> 过去几年，宝马集团将自己从单一品牌、5 种型号的汽车制造商转变为拥有 3 大品牌、14 个系列和数十种不同车型的强大集团。公司用 MINI Cooper 向下延伸，用劳斯莱斯向上延伸。其宝马产品线也从低端到高端丰富完备。该品牌 7 大系列产品线从入门级的“1 系列”低端紧凑型、“3 系列”豪华紧凑型，到中型“5 系列”厢式轿车和豪华大型的“7 系列”。在产品线中，还用其 X1、X3、X4、X5 和 X6 等运动实用型 SUV，极富性能感的“M 系列”，Z4 敞篷双座小汽车，以及混合动力车 i3 和 i8 来填补空白。于是，通过产品线延伸和填充，宝马在坚守其高端定位的同时，如今拥有成功吸引富有、超级富豪和希望富有的不同人群的多个品牌和产品线。

产品组合决策

拥有数条产品线的企业需要制定产品组合决策。企业所销售的所有产品线和产品项目构成了**产品组合**（product mix/product portfolio）。例如，高露洁公司最著名的也许是其牙膏和其他口腔护理产品。但实际上，高露洁是一家规模高达 173 亿美元的消费者产品公司，生产和营销包括数十个大家熟悉的产品线和品牌在内的完整产品组合。高露洁的产品组合包括四条重要的产品线：口腔护理、个人护理、家庭护理和宠物营养。每条产品线包括多个品牌和产品项目。[18]

企业的产品组合包括四个重要的维度：宽度、长度、深度和一致性。产品组合的宽度（width）指企业经营的不同产品线的数量。例如，高露洁营销范围比较广的产品组合，麾下的数十个品牌共同构成了“高露洁护理世界”——“每天，人们放心地用这些产品来关爱自己和所爱之人。”而通用电气公司制造的产品项目多达 25 万个，涉及从灯泡到医疗设备、飞机引擎和柴油机车等广阔的产品范围。

产品线的长度（length）是指企业经营的产品线中所包含的产品项目的总数量。高露洁公司的每条产品线中都包括好几个品牌。例如，个人护理产品线就包括 Softsoap 液体肥皂和沐浴露、Irish Spring 肥皂、Speed Stick 香氛以及高露洁浴室用品和剃须产品等诸多品牌。高露洁家庭护理产品线包括 Palmolive 和 AJAX 洗涤剂产品、Suavitel 织物柔顺剂、AJAX 和墨菲油皂液（Murphy Oil Soap）清洗剂。宠物营养产品线有希尔斯（Hills）和科学饮食（Science Diet）等宠物食品品牌。

产品组合的深度（depth）是指产品线中每项产品所提供的型号的数量。高露洁的牙膏产品项目和型号非常多，拥有一个非常深的产品组合，包括从高露洁全效、高露洁亮白和高露洁除牙垢，到高露洁抗敏、高露洁健康，高露洁和高露洁儿童牙膏等众多产品。每一个品种又会有几种形式和配方、香型和规格。例如，你可以买到普通、清新薄荷、高级增白、深度清洁、全天护理、二合一液体牙膏，或其他多种型号的“高露洁全效”产品。

最后，产品组合的一致性（consistency）指不同的产品线之间在最终用途、生产要求、分销渠道或其他方面相互关联的紧密程度。高露洁公司的产品线目前非常一致，都是消费者产品，并且通过系统的分销渠道出售。但对购买者而言，这些产品线在功能上不尽相同。

产品组合的这些维度为界定企业的产品战略提供了依据。企业可以从四个方面发展业务。企业可以增加新的产品线，拓宽产品组合。同时可以借助现有产品线的声誉开发新产品线。企业还可以延长现有的产品线，使自己的产品线更加完备。或者企业可以为每种产品增添新的品种、样式，提高产品组合的深度。最后，企业可以提高或降低产品线的一致性，这取决于企业希望在单一领域还是多个领域确立强有力的声誉。

通常，企业为了重新聚焦，也可能精简其产品组合，剔除利润贡献低的产品线或产品项目。例如，正如上一章所讨论的，宝洁公司追求多品牌战略，在家居护理和美容品类中建立了 20 多个 10 亿美元级别的品牌。在过去 10 年间，这个消费者产品巨头先后出售了数十个重要品牌，这些品牌要么不再适合公司的发展重心，要么没有达到 10 亿美元的门槛，包括从 Jif 花生黄油酱、Crisco 奶油、Folgers 咖啡、品客薯片和 Sunny Delight 饮料，到 Noxema 护肤产品、Right Guard 除臭剂和 Aleve 止痛药、金霸王电池和蜜丝佛陀化妆品、Wella 和伊卡璐护发产品，以及爱慕斯及其他宠物食品品牌。这种大刀阔斧的精简对宝洁公司聚焦投资和发展那些为其创造 90% 销售收益和 95% 利润的 70 ～ 80 个核心品牌很有必要。宝洁的 CEO 说：“‘更少’反而可以带来‘更多’。”[19]

8.3 服务营销

近年来，服务业增长显著。服务如今在美国 GDP 中占的比重接近 80%。服务业仍然在增长。服务在世界经济中的增长甚至更快，构成了全球生产总值的 64%。[20]

服务产业之间差异很大。政府通过法院、就业服务机构、医院、军队、警察局和消防部门、邮局以及学校来提供服务。民间非营利组织通过博物馆、慈善机构、教堂、大学、基金会和医院来提供服务。大量的工商企业也提供服务——航空公司、银行、酒店、保险公司、咨询公司、法律事务所、娱乐公司、房地产公司、零售商等。

服务的本质和特点

在设计营销方案的时候，企业必须考虑服务的四大特点：无形性、不可分性、可变性和易消失性（见图 8－3）。

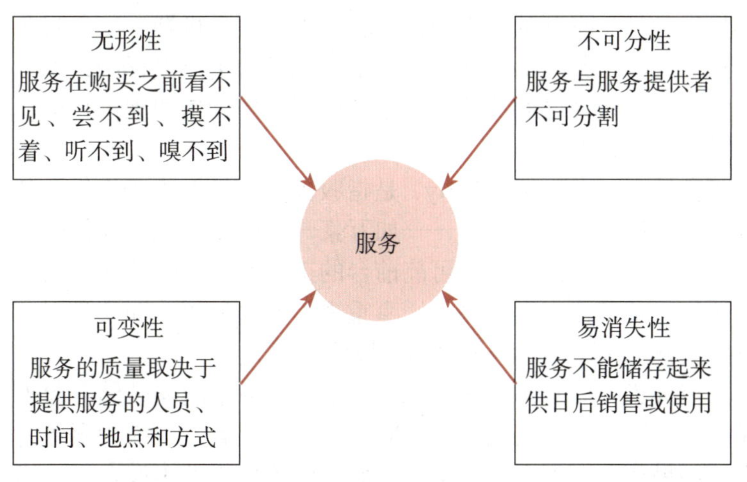

图 8－3 服务的四个特点

服务的无形性（service intangibility）意味着，它在购买之前看不见、尝不到、摸不着、听不到、嗅不到。例如，做美容的人在购买美容服务之前，并不能看到结果。民航乘客除了一张机票和关于他们及其行李会安全、有望准时到达目的地的承诺之外，什么也没有。为了减少不确定性，购买者会寻找表明服务质量的“标志”。他们通过自己所观察到的地点、人员、价格、设备和宣传材料，得出有关服务质量的判断。

因此，服务提供方的任务就在于通过一种或多种途径让服务变得有形，同时发送正确的服务质量信号。在这方面，梅奥医疗中心是一个很好的例子。[21]

> 就医院服务而言，一般的病人很难判断“产品”的质量。医疗是一种难以理解的复杂服务，在购买之前你无法尝试，也不可以因为不喜欢而退货。因

此，当我们选择一家医院时，经常需要找出证据证明该医院有能力、细心，并且值得信赖。梅奥医疗中心在这方面不遗余力地力求做到最好。通过精心管理一些可见并且可感受的信号，梅奥医疗中心给病人及其家属提供了能够表明医院优势和价值的具体证据。

在医院内部，明确地教导所有的医疗人员都要把病人放在第一位。例如，医生会主动打电话到患者家中，询问情况。他们与患者一起商定在方便的时间提供服务。梅奥医疗中心的医疗实体设施也发出了正确的信号。它们被设计成能减轻压力的庇护所——创造积极轻松的环境；表达爱心、尊敬和能力；安排家属住宿；让你很容易找到路线。要寻找外在的肯定吗？上网直接听听到过医疗中心和在那里工作的人怎么说的吧。梅奥医疗中心现在运用社交网络——从博客到脸书和 YouTube 等各种渠道——强化患者的体验。例如，在“分享梅奥医疗”的博客中，患者及其家属讲述自己在梅奥的经历；梅奥的工作人员提供一些幕后花絮。结果怎样呢？这些积极的信号为梅奥医疗中心带来了超乎寻常的正向口碑和持久的顾客忠诚，帮助梅奥医疗中心用极少的广告成就了最强的医疗服务品牌。

实体产品先是被生产出来，然后经由储存、销售，最后被消费。与此相反，服务先是被销售，在生产的同时被消费。**服务的不可分性**（service inseparability）意味着服务与其提供者是分不开的，不论提供者是人员还是机器。如果服务是由人员提供的，那么这个人就是服务的一部分。由于在服务的生产过程中，顾客也在场，因此这种服务提供者与顾客之间的互动关系构成了服务营销的独有特征。服务提供者和顾客都会影响服务的结果。

服务的可变性（service variability）是指服务的质量取决于提供服务的人员、时间、地点和方式。例如，一些酒店——如万豪——以提供优于其他酒店的服务而著称。即使是在某一家万豪酒店内，可能前台的工作人员心情愉快、效率很高，而站在几英尺外的另一位工作人员就可能心事重重、行动迟缓。即便是同一位万豪员工的服务，也会随着接待顾客时的体力和心情而变化。

服务的易消失性（service perishability）是指服务不能够被储存起来，留待日后销售或使用。一些医生对于错过预约时间的病人也要收费，因为服务的价值仅存在于那个时点，如果病人在那个时候不来，服务的价值也就不存在了。当需求很稳定的时候，服务的易消失性还不算什么大问题。但是，当需求发生波动的时候，服务企业经常面临难题。例如，由于高峰期的需求量大，公交企业就必须增加更多的交通工具。因此，服务企业在制定战略的时候，经常要考虑如何实现需求与供给之间更好地匹配。比如，酒店和旅游胜地在淡季以低价吸引更多的游客；餐馆雇用一些兼职人员来补充用餐高峰期的服务供给能力。

服务企业的营销战略

与制造企业一样，优秀的服务企业通过营销在选定的目标市场建立强有力的定位。Enterprise 租车公司给你“汽车租赁及更多服务”；Zipcar 提供“随时需要的汽车”。在 CVS 药房可以“预期额外的服务”；沃尔格林帮你实现“身边的快乐和健康”。同样，圣犹达儿童医院是“找到治疗方法，挽救孩子”。上述服务企业以及其他服务企业利用传统的营销组合活动，确立了自己的定位。然而，由于服务不同于有形产品，它们通常需要一些额外的营销方法。

服务利润链

在服务企业，顾客需要与一线服务人员互动来共同创造服务。而有效的互动取决于一线服务人员的技巧和后台人员的支持性工作。因此，成功的服务企业既关注顾客，也关心员工。它们理解服务企业的利润与员工和顾客的满意联系在一起，即所谓的“**服务利润链**”（service profit chain）。这一链条包括五个连接[22]：

- 内部服务质量：出色的员工甄选和培训，优质的工作环境，以及直接为顾客服务的员工的有力支持，这些将带来……
- 满意且高效的服务员工：更满意、忠诚和勤奋的员工，这些将带来……
- 更高的服务价值：更有效果和效率的顾客价值创造和服务提供，这些将带来……
- 满意且忠诚的顾客：满意的顾客会保持忠诚，重复购买，并且向其他顾客推荐，这些将带来……
- 健康的服务利润和增长：卓越的服务企业绩效。

例如，顾客服务“全明星”Zappos 公司——鞋、服装和饰品配件的网上零售商——深知顾客满意和企业利润都始于快乐、训练有素和热情投入的员工（参见“营销实例”）。类似地，在四季酒店，创造顾客满意度和价值不仅仅涉及制定卓越的市场竞争战略并由上而下地贯彻落实。在四季酒店，为顾客创造价值关系到每个人。一切都是从照顾好那些服务顾客的员工开始的[23]：

> 四季酒店掌握了集非凡体验和精心照料于一体的服务艺术。无论是在有着热带岛屿天堂之称的毛里求斯四季度假村，还是在位于撒哈拉沙漠以南非洲大陆之上奢华的野营式塞伦盖蒂四季酒店，客人每晚需要支付至少 1 000 美元获得优质服务。四季酒店从不会让客人失望。正如一位毛伊岛四季酒店的顾客对该店经理所讲的：“如果世界上有天堂，我真的希望由四季酒店来经营。”是什么使得四季酒店如此特别呢？这已经不是什么秘密了——是四季酒店员工的素质。公司深知，快乐且满意的员工才能使顾客感到快乐和满意。就像为顾客所做的那样，四季酒店尊重并且精心服务于它的员工。
>
> 四季酒店雇用最好的员工，提供良好的薪酬，认真地引导和培训，逐步灌输和培养职业自豪感，对优秀的服务行为予以认可和奖励。对待员工就像是最尊贵的客人。例如，所有的员工——下至打扫房间的服务员，上至总经理——共同在酒店餐厅免费就餐。最棒的当属每位员工都能在其他四季酒店免费住宿：工作满一年之后，就可以有 6 个或更多的免费夜晚。这种免费住宿制度让员工感到自己与他们服务过的顾客一样重要和受宠，激励他们在自己的工作中实现更高的服务水平。一位员工说：“当你结束令人兴奋的旅行回来之后，满脑子想的是要为自己的顾客做很多很多。”因此，四季酒店全职员工的年离职率仅为 18%，只有行业平均离职率的一半。四季酒店已经连续 18 年入选《财

富》杂志“100家最佳雇主”。这就是四季酒店如此成功的最大秘密。

营销实例 Zappos：照顾好你的员工，他们会照顾好顾客

想象一家零售商的服务如此之好，以至于顾客希望它能够接管美国国内收入署或者开办航空公司。这也许听起来像是一个营销噱头，但这确实发生在客服服务“全明星”企业Zappos。顾客体验在Zappos被置于首位，这家公司简直每日沉迷于此。公司低调的CEO谢家华说：“在Zappos，我们的品牌总目标是最佳的顾客服务和顾客体验。”服务使Zappos成功和强大。

从一开始，这家经营鞋品、服装和配饰的网上零售商就很独特，居然将顾客服务作为其营销的基石。结果，Zappos取得了令人惊叹的增长。事实上，Zappos网上顾客服务的成功和热情使之与另一家热衷于顾客服务、高度成功的网上零售商亚马逊成为绝配，后者几年前收购了Zappos，并允许它作为一个独立的分支继续经营。

在Zappos，关爱顾客始于深刻的、以顾客为中心的文化。Zappos是如何将这一文化转变为现实的顾客服务的呢？一切始于公司的顾客服务代表——公司称之为“顾客忠诚团队”。驱动Zappos的大部分业务的是口碑和顾客与公司员工的互动。Zappos深知快乐的顾客始于快乐、尽职和热情的员工。所以，公司一开始就雇用恰当的人，全面培训顾客服务的基本功，并激励他们不断追求顾客服务的新高度。

“让顾客为他们在Zappos获得的服务兴奋不已是再自然不过的事情，”一位Zappos的营销经理说道，“你无法教会人们这点，所以你必须雇用有这种天性的人。”要雇用恰当的人，从申请过程开始时就要重视。Zappos网站上的招聘广告说明了Zappos要寻找哪种人：

> 在申请之前请务必考察Zappos家庭的十大核心价值！它们是我们的文化内核和灵魂，也是我们做生意的核心方法。如果你“有趣，还有点怪异”——那么除了这一点，你一定要考虑是否也适合另外9条核心价值——请看看我们的开幕式！又及：在Zappos家庭中，过分自尊不受欢迎。但是超大的华夫饼最受欢迎和欣赏！

一旦被雇用，为确保Zappos的顾客服务贯彻整个组织，每一位新员工——从CEO、首席财务官，到儿童鞋的采购人员——都要通过为期四周的顾客忠诚培训。实际上，Zappos为了剔除那些不能全心全意进行顾客服务的人员，甚至出钱请他们离开。在四周的顾客服务培训期间，Zapoos为离开公司的员工提供相当于全额月工资的现金，外加对他们工作时间的报酬。这样做的理由是，凡是愿意拿钱走路的人并不适合Zappos的文化。

一旦正式入职，Zappos对待员工就像对待顾客一样好。“公司表面上提供了什么并不那么重要，”谢家华说，“重要的是员工最终的内心感受。”Zappos家庭文化强调“一个满意而充实的工作……你能够引以为傲的职业。努力工作，尽情玩乐。一直如此！”谢家华还说，“我们认为有趣对员工而言很重要……它促使员工投入。”Zappos创造一种放松的、喜欢玩乐和紧密团结的家庭氛围，提供免费饮食、休息室，举办软弹枪大战和吃奥利奥大赛，更不用说充足的福利——对Zappos.com上的所有产品可以享受40%的员工折扣、全职人生教练。这一切使得Zappos成为一个理想的工作之所。实际上，它多年来是《财富》杂志“100家最佳雇主”榜单

上的常客。

结果是如一位观察者所言，公司拥有“1 550 名永远生机勃勃的员工”。每年，Zappos 都会出版一本《文化手册》，里面是未经编辑的、大多来自 Zappos 员工关于在这里工作像什么的深情证言。“哦，我的上帝，”一位员工说，“这就是我的另一个家……它改变了我的人生……我们的文化就是在这里工作的最好理由。”另一位说道：“来这里工作最令人惊喜的事情是，没有局限。你热切想做的事情都有可能成功是多么美好！”什么是 Zappos 员工最充满激情的事情？Zappos 家庭的第一条核心价值：“通过服务让顾客惊喜。”

如此热情洋溢的员工，反过来塑造了杰出的品牌大使。许多公司将联系方式深深地藏在网页后面很难找到，因为并不真正想听取顾客的声音，Zappos.com 将顾客服务电话号码放在每一页的顶部，呼叫中心全天候开放。谢家华将每次顾客联系都视为一次机会，“我们实际上希望与我们的顾客交谈”，“如果我们很好地处理电话，就有机会创造情感影响和持久的记忆”。而且，因为任何原因给公司打电话的顾客的终身价值是没有打过电话的顾客终身价值的 5 ～ 6 倍。

谢家华坚持顾客服务代表为顾客打电话询问的任何事情提供帮助——他对此绝对认真。一位顾客打进电话来问在加州圣莫尼卡哪里能够找到午夜仍然营业的比萨店。两分钟后，Zappos 服务代表为他找到了一个。Zappos 不限制代表们接电话的时间。最长的一通电话居然持续了 10 小时。还有一位顾客在电话中希望服务代表帮她检查数千双鞋子，电话持续了大约 6 小时。

在 Zappos，每个员工都像一个小型营销部。公司内部和外部关系在 Zappos 意味着一切。谢家华和许多其他员工坚持与顾客、与彼此、与任何对公司感兴趣的人直接联系。他们运用诸如脸书、推特、Instagram 和博客等社交网络分享信息——无论好的还是坏的。如此的开放让有些零售商担忧，但 Zappos 欣然接受。

Zappos 甚至在其营销中变现员工形象。例如，它请员工在短视频中描述和介绍产品。去年，Zappos 共播放了 10 万则这样的视频，由员工而非职业模特展示鞋子、包包和服装。Zappos 发现，如果产品介绍中包括一则个人视频介绍的话，往往购买量提高、退货率下降。

就像服务利润链理论所阐明的，照顾好你的顾客始于照顾好那些照顾顾客的人。CEO 谢家华的《递送欢乐：通往利润、激情和目标之道》(*Delivering Happiness: A Path to Profits, Passion and Purpose*) 一书的书名也许最贴切地总结了 Zappos 的顾客驱动哲学。Zappos 的热情和文化是可以传染的。当 Zappos 快乐的服务代表遇上快乐的顾客，美好的事情就发生了。“实际上，有顾客问我们，是否愿意开办航空公司或运营国内收入署。”谢家华说。随后他又补充道：“未来 30 年，我不排除会开办 Zappos 航空公司，但只能是以最佳服务为前提。”

资料来源：Portions based on http://about.zappos.com/jobs, accessed June 2016; and Natalie Zmuda, “ Zappos: Customer Service First—and a Daily Obsession, ” *Advertising Age*, October 20, 2008, p. 36; with additional information and quotes from Jim Edwards, “ Check Out the Insane Lengths Zappos Customer Service Reps Will Go To, ” *Business Insider*, January 9, 2012, www.businessinsider.com/zappos-customer-service-crm-2012-1; Tony Hsieh, “ Zappos’s CEO on Going to Extremes for Customers,” *Harvard Business Review*, July-August 2010, pp. 41-44; Christopher Mims, “The Customer-Service Quandary: Touchy Feely or Do It Yourself? ” *Wall Street Journal*, November 2, 2015, www.wsj.com/articles/the-customer-service-quandary-touchy-feely-or-do-it-yourself-1446440460; “ Zappos

Corporate Culture: Innovating for Employees, Clients, and the Ecosystem," *Innovation Is Everywhere*, www.innovationiseverywhere.com/zappos-corporate-culture-innovating-employees-clients-ecosystem/, accessed June 2016; and www.youtube.com/users/zappos and www.zappos.com, accessed September 2016.

运用 4P 的传统外部营销不足以满足服务营销的要求。图 8－4 显示，服务营销还要求内部营销和互动营销。**内部营销**（internal marketing）意味着服务企业为取得顾客满意，必须引导和激励那些与顾客直接接触的一线员工和提供支持服务的员工开展团队合作。营销者必须使组织中的每一个人都以顾客为中心。四季酒店杰出的顾客服务始于雇用恰当的人员并精心地引导和激励他们。理想的状态是，确保员工本身坚信品牌以至于他们真诚地向顾客递送品牌所承诺的价值。

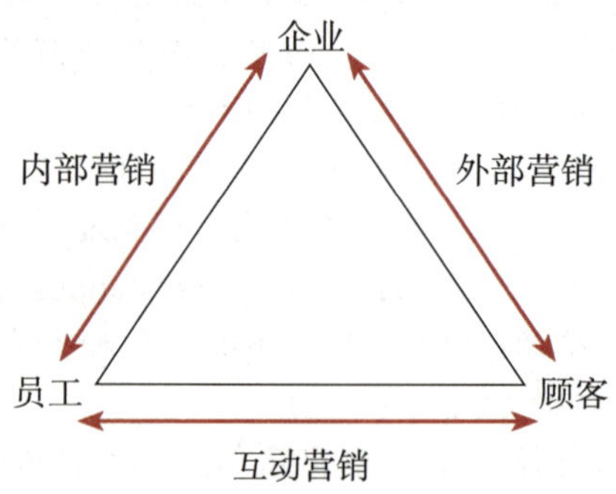

图 8－4　服务营销的三种类型

互动营销（interactive marketing）意味着，服务质量在很大程度上取决于服务接触过程中买者与卖者之间互动的效果。在实体产品的营销中，产品质量通常很少受到产品获得方式的影响。但是在服务营销中，服务的质量既取决于服务的提供者，也取决于服务传递过程的质量。因此，四季酒店只选择具有内在"服务激情"的人，并精心地指导他们与顾客互动、满足顾客的各种需求。所有新聘员工都必须完成为期 3 个月的培训，以帮助他们提升与顾客互动的技巧。

如今，随着竞争的加剧、成本的提高以及生产率和质量的下降，企业迫切需要将服务营销推向更高水平。服务企业面临三项主要的营销任务：提高服务差异化程度、服务质量以及服务生产率。

服务差异管理

近年来，随着价格竞争日趋激烈，服务营销人员经常抱怨，很难将自己提供的服务与竞争对手的服务区别开来。在某种程度上，顾客认为不同提供者的服务都差不多，他们更关心服务的价格，而不是服务由谁提供。在产品及其提供方式和形象上进行差异化是应对价格竞争的有效方法。

服务产品可以包含区别于竞争对手的创新性特点。例如，除出售的实体产品之外，一些零售商通过让消费者感觉良好的服务使自己与竞争对手区别开来。苹果高度成功的零售店开设"天才吧"，提供技术支持和大量工作坊，主题涉及从 iPhone、iPad 和 Mac 电脑基础，到学习 iMovie 烦琐复杂的应用，让家庭影片拍出大片效果。

类似地，在任何一家大型 REI 商店，消费者可以在购买之前借助山地自行车测试小道、准备测试站、巨大的攀岩墙或者店内模拟下雨装置获得一手体验。

服务企业可以通过下列措施实现服务提供方式的差异化——更有能力、更可靠的一线员工；改善传递服务的硬件环境；重新规划服务提供流程。例如，许多零售连锁店为顾客提供网上购物和送货上门服务，使顾客无须再遭受开车、停车、排队等候和搬运的麻烦。而大多数银行提供移动手机应用程序，让消费者更方便地转账和查询余额。许多银行甚至允许消费者使用移动支票存款。“你可以随时随地签字、拍摄快照、提交支票，”一则花旗银行的广告声称，“这比去银行网点方便多了。”

最后，服务企业还可以通过标识和品牌实现形象的差异化。美国家庭人寿保险公司（Aflac）采用鸭子作为其广告标识，甚至做成填充动物玩偶、高尔夫俱乐部的垫子。知名的 Aflac 鸭子，伴以喜剧演员吉尔伯特・戈特弗里德（Gilbert Gottfried）独特的嗓音，使得这家先前鲜有人知的大型保险企业树立了既令人难以忘记又平易近人的形象。其他知名的服务标识包括美国政府雇员保险公司（GEICO）的壁虎、前进保险公司（Progressive）的弗洛、麦当劳的金色拱门、好事达保险公司的“呵护的双手”、推特的小鸟，以及温迪长着雀斑、梳着红发小辫的女孩。前进保险公司的代言人弗洛在脸书上的粉丝有 500 多万。

服务质量管理

服务企业可以通过比竞争对手更稳定地提供更高的质量来实现差异化。就像以质取胜的制造企业一样，大多数服务企业现在也加入了顾客导向的质量运动中。与实体产品的市场营销者一样，服务提供者需要识别目标顾客对服务质量的预期。

然而，服务质量比实体产品的质量更加难以定义和判断。例如，就一次理发的质量达成一致意见，要比就一个电吹风的质量达成一致意见困难得多。顾客保留率可能是衡量服务质量的最好标准——一个企业留住其顾客的能力取决于其能否始终如一地向顾客递送价值。

顶尖的服务企业设立了较高的服务质量标准。它们密切观察自己及竞争对手的服务表现。它们并不满足于良好的服务，而是要实现 100% 无缺陷服务。98% 的绩效标准听起来似乎很不错，但是如果按这样的标准，美国邮政局每小时就要丢失或者误递 35.6 万封邮件，美国医生每周要误开近 150 万张处方。[24]

与制造企业可以调整其机器设备和各种生产要素来控制质量不同，服务质量受到员工与顾客之间相互作用的影响而经常波动。即使竭尽全力，最好的企业偶尔也会发生递送延误、烤焦牛排、员工大发脾气这样的情况。然而，巧妙的服务补救可以把愤怒的顾客转变为忠诚的顾客。事实上，与一开始就进行得很好的服务相比，巧妙的服务补救有时反而能够赢得更多的顾客购买和顾客忠诚。

例如，西南航空有一支主动顾客沟通团队，他们的工作是找出出差错的情况——机械延误、糟糕的天气、紧急医疗事件或狂怒的乘客——迅速弥补糟糕的体验，尽量在 24 小时之内完成。[25] 该团队通常通过电子邮件与乘客沟通，沟通包含三项主要内容：诚挚道歉，对发生的事情进行简明的解释，最后附上可用于下次购票的抵用券。调查表明，如果西南航空能够很好地处理延误问题，顾客的评价甚至比一般的准点航班还要高出 14 ～ 16 分。

如今，公司可以利用诸如脸书和推特等社交媒体发现和弥补顾客对服务的不满。

正如我们在第 4 章中讨论的，公司现在监控数字空间迅速发现顾客问题，实时做出反应。例如，西南航空公司有一支由 29 人组成的专职团队，每月处理大约 8 万份脸书和推特帖子。迅速和周到的反应能够将不满的顾客转化为品牌的倡导者。[26]

服务生产率管理

随着成本的快速上涨，服务企业面临提高生产率的巨大压力。它们可以采用多种方法实现这一目标：把现有员工培训得更好，或者雇用能更勤奋工作或工作技能更熟练的新员工；通过牺牲一部分质量来提高服务的数量。最后，服务提供者还可以利用技术的力量。我们经常认为技术是制造企业节省时间和成本的手段，其实技术在使服务员工提高工作效率方面也有巨大的潜力，只是这种潜力尚未开发出来。

不过，企业应当避免过分追求生产率而损害质量。“服务工业化”生产或者削减成本的做法虽然可以在短期内提高服务企业的效率，但是从长期而言，却会削弱企业的经营能力，如创新能力、维持服务质量的能力以及对顾客的需要和渴求迅速作出响应的能力。例如，许多航空企业迫于不断上涨的成本，在试图精简和节约时吃了苦头。许多航空公司现在采用“节省时间”的自动值机而不是人员服务。大多数航空公司还停止提供免费的小东西——例如机上零食，对从行李到过道边的座位等所有可能的项目收取额外的费用。结果顾客怨声载道，这些航空公司只顾提高服务生产率，却损害了与顾客的关系。

因此，在尽力提高服务生产率的同时，企业必须留意自己是怎样创造和传递顾客价值的。简而言之，务必小心，不要将“服务”从服务中拿走。实际上，有些企业为了提高服务质量，反而故意降低服务生产率，最终得以维持较高的价格和利润。

8.4 品牌战略：建立强势品牌

不少分析人员认为，品牌是企业最持久的资产，比企业任何具体产品或生产设施的生命都要长。桂格（Quaker）燕麦的前 CEO 约翰·斯图尔特（John Stewart）曾经说过：“如果一定要拆分这家企业，我愿意放弃土地和厂房。只要保留品牌和商标，我依然会做得比你好。”麦当劳的一位前 CEO 说：“如果我们拥有的每一项资产、每一座建筑，以及每一套设备都毁于一次可怕的自然灾难，只要还有品牌，我们就可以再融资，使这一切重新恢复……品牌的价值比这一切都贵重。”[27]

品牌是强有力的资产，需要妥善地经营和管理。在这一部分，我们将讨论创建和管理品牌的核心策略。

品牌权益和品牌价值

品牌并不仅仅是一个名称或者一个象征。它是企业与顾客关系中一个关键的要素。品牌表达了消费者对某种产品及其性能的认知和感受——该产品或服务在消费者心中的意义。归根结底，品牌存在于消费者的头脑中。正如一位备受尊敬的营销者曾经说过的，“在工厂里制造产品，在头脑中创造品牌。”[28]

强势品牌具有较高的品牌权益。**品牌权益**（brand equity）是一种差异化的效应，指品牌名称影响下消费者对产品及其营销的反应。它是对品牌能够获得消费者偏好和忠诚的能力的一种测量方法。与具有普通品牌或者无品牌的相同产品相比，消费者更偏爱某一品牌的产品时，该品牌就拥有了正的品牌权益。与无品牌的产品相比，消费者对某一品牌的相同产品较少好评时，该品牌的品牌权益为负。

品牌在市场上的影响力和价值各不相同。一些品牌——如可口可乐、耐克、迪士尼、通用电气、麦当劳、哈雷－戴维森等——多年来，甚至历经数代人，在市场上保持了强势地位。另一些品牌创造了新的顾客喜爱和忠诚，包括谷歌、YouTube、苹果、脸书、ESPN和维基百科（Wikipedia）。这些品牌在市场中获胜，并不仅仅是因为它们传递了特殊的利益或者可靠的服务，更在于它们与顾客建立了深厚的联系。例如，对全球忠诚的耐克迷而言，该品牌并不仅仅意味着运动鞋、服装和运动装备，而是代表着朝气蓬勃的运动精神、健康和成就感——一种“想做就做”的态度。正像耐克曾经表达的：“重要的并非鞋子本身，而是它将带你到达的地方。”

广告代理商扬罗必凯（Young & Rubicam）从四个消费者感知维度测量品牌优势：差异化（是什么使得该品牌独树一帜）、关联度（消费者感知的产品满足其需要的程度）、品牌知识（消费者对该品牌的了解程度）、尊重（消费者关心和敬重该品牌的程度）。拥有强势品牌权益的品牌在这四个维度上都得分很高。一个品牌必须是容易识别的，否则消费者没有理由在众多的品牌中选择它。但事实上，品牌具有高度的差异性并不一定意味着消费者就会购买。品牌还必须在与消费者的需要相关联的各个方面表现突出。但即使是一个差异明显且关联度高的品牌，仍然与成功相去甚远。消费者在对品牌作出反应之前，必须首先知道并且了解它。同时，这种熟悉度必须形成一种强有力的、积极的消费者－品牌关联。[29]

因此，正的品牌权益源于消费者对该品牌的感觉及其关联度。消费者有时会与一个特定品牌结合得非常紧密。一个拥有高品牌权益的品牌是企业非常有价值的资产。**品牌价值**（brand value）是一个品牌所具有的财务价值。评估这一价值比较困难。根据一项评估，苹果的价值高达2 460亿美元，谷歌1 740亿美元，微软1 150亿美元，IBM 940亿美元，AT&T 920亿美元，威瑞森860亿美元。其他全球最具价值的品牌包括麦当劳、脸书、阿里巴巴和亚马逊等。[30]

高品牌权益为企业提供了多方面的竞争优势。强势品牌享有很高的消费者品牌知晓度和忠诚度。由于消费者期望商店经营高品牌权益的商品，所以企业在与经销商谈判时就拥有更大的主动权。因为优秀品牌的可信度高，企业利用强势品牌能够更容易地推出新产品线或者进行品牌延伸。强势品牌为企业抵御激烈的价格竞争和其他竞争性营销行动提供了一定的保证。

总之，强有力的品牌为企业与顾客建立盈利性的牢固关系奠定基础。构成品牌权益的基本资产是顾客权益——品牌所创造的顾客关系的价值。强势品牌非常重要，但是它真正代表的是可盈利的忠诚顾客。营销的正确焦点应当是运用品牌管理作为主要的营销工具，来建立顾客资产。企业应当把自己视为顾客的组合，而不是产品的组合。

建立强势品牌

品牌化要求市场营销者作出富有挑战性的决策。图8-5列示了主要的品牌战略决策，包括品牌定位、品牌名称选择、品牌持有和品牌开发。

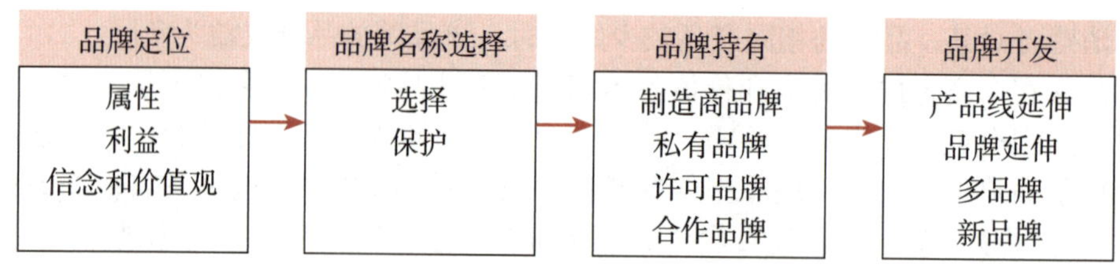

图8-5 主要的品牌战略决策

品牌定位

市场营销者需要在目标顾客心目中为其品牌进行清晰的定位。他们可以在任意三个层次上定位其品牌。[31] 在最低层次，他们可以通过产品属性来进行品牌定位。例如，宝洁公司发明了一次性婴儿纸尿裤，取名“帮宝适”。早期帮宝适的营销集中在诸如吸水性、适合性和一次性等产品属性上。但一般来说，产品属性是品牌定位最不可取的层次。竞争者可以很容易地模仿这些产品属性。更重要的是，消费者对产品属性本身并不感兴趣，他们感兴趣的是这些产品属性能为自己带来什么利益。

品牌可以将其名称与某种顾客渴求的利益相联系来进行更好的定位。因此，帮宝适可以超越产品的技术属性，谈论干爽的肌肤可能带来的健康利益。一些通过强调利益而成功定位的品牌包括联邦快递（保证及时递送）、耐克（性能）、沃尔玛（省钱）和脸书（联系和分享）。

最强的品牌定位层次超越了对产品属性或者产品利益的强调，它们定位于强大的信仰和价值，在深刻的情感层次上锁定顾客。例如，惠而浦的研究表明，家用电器对顾客而言并非“冷冰冰的金属”。它们意味着深刻含义的价值联系，在顾客的生活和关系中发挥至关重要的作用。所以，惠而浦开展了一场名为“关爱，每一天”的重要定位运动——突出用惠而浦电器照顾你所爱之人的温暖情感。一则广告表现一位父亲在儿子的午餐中留言，背景音乐是约翰尼·卡什（Johnny Cash）演唱的《你是我的阳光》（You Are My Sunshine）。另一则广告围绕一位母亲与女儿关于惠而浦干衣机的互动，还有一则广告表现一对情侣一起准备晚餐，许愿说“希望你的土豆松软可口”。让冷冰冰的金属产品温暖起来给惠而浦带来丰厚的回报。仅仅6个月内，该品牌的销售额提高了6.6%，市场份额增加了10%，积极的社交媒体评论猛增了6倍。[32]

广告代理商盛世（Saatchi & Saatchi）建议，品牌应该追求成为顾客的挚爱，“无须理由就能激发消费者”忠诚于产品或服务。苹果、谷歌、迪士尼、可口可乐、耐克、乔氏超市、脸书和Pinterest等众多品牌，都做到了这一点。至爱品牌对顾客产生情感冲击。顾客不仅喜爱这些品牌，而且与之有强烈的情感联系，无条件地热爱它们。[33] 例如，迪士尼就是一个经典的至爱品牌。正像一位迪士尼乐园的常客所重申的那样，“我对迪士尼的一切有着深深的热爱。每次沿着主街漫步和游历白雪公主的城堡，都让我兴奋不已。这是我可以放心和信赖的时刻。在我的生命中一直是这样。无论我正在经历什么……[只要来到迪士尼，] 世界突然又再次充满了魔法、奇迹和可能性，我全身感受到幸福的暖流，一个微笑悄悄绽放在我的脸庞上，不勉强也不虚假。是一个真实、会心的微笑。”[34]

进行品牌定位时，市场营销者应当建立品牌使命和该品牌必须成为什么以及做些什么的愿景。品牌就是企业始终如一地向顾客传递特定的特征、利益、服务和体验的承诺。品牌承诺必须是简练、诚实的。例如，Motel 6 提供整洁的房间、低廉的价位和良好的服务，并不承诺昂贵的家具或者宽敞的浴室。与之相比，丽思卡尔顿提供奢华的房间和真实难忘的体验，但并不承诺低价。

品牌名称选择

一个好名字可以极大地促进一种产品的成功。然而，找到最佳品牌名称却是一项艰巨的任务。首先，需要认真地评价产品及其利益、目标市场以及拟实施的营销战略。为一个品牌命名部分是科学，部分是艺术，也是对营销者直觉的一种考量。

理想的品牌名称具有以下几个属性：（1）应当表明产品的质量及其所带来的利益。例如，甜梦（Beautyrest）、健康饮食（Lean Cuisine）、Snapchat、Pinterest。（2）应当易于发音、识别和记忆：iPad、汰渍、Jelly Belly、推特、捷蓝航空。（3）应当独特：Panera、Swiffer、Zappos、Nest。（4）应当便于品牌延伸。亚马逊起初是一个在线图书销售商，但选择了一个可以扩展到其他品类的名称。（5）应当易于翻译成其他语言。微软的搜索引擎 Being 在中国的正式名称是“必应”，意思是“一定会应答”。（6）应当能够注册并得到法律保护。如果一个品牌名对现有的品牌构成侵权，就无法注册。

选择一个全新的品牌名称是非常艰难的工作。近十年，继选择古怪的名字——雅虎、谷歌，或者由商标构成的名字——比如诺华（Novartis）、安万特（Aventis）、利考斯（Lycos）之后，当今的风格是围绕拥有现实意义的名称建立品牌。例如，丝润（Silk，豆奶）、方法（Method，家庭用品）、智慧水（Smartwater，饮料）以及黑板（BlackBoard，学校软件）这些名称都很简单，并给人很直观的感觉。但是，由于商标申请数量的飞涨，有时很难找到合适的新名称。自己尝试一下，选择一个产品，看你能不能为它取一个更好的名字。考虑 Moonshot、Tickle、Vanilla、Treehugger 或者 Simplicity。用谷歌搜索一下，你就会发现，这些名称都已经有人用了。

品牌名称一经选定，就必须严加保护。许多企业竭力树立自己的品牌名称，希望它能够最终代表整个产品类别。舒洁（Kleenex，面巾纸）、JELL-O（果冻）、邦迪（BAND-AID，创可贴）、Scotch Tape（透明胶带）、Formica（家具塑料贴膜）和 Ziploc（食品密封塑料袋）等品牌都以这种方式取得了成功。但是，这种成功可能会危及企业对这一名称的所有权。许多起初受到保护的品牌名称，比如 cellophane（玻璃纸）、aspirin（阿司匹林）、nylon（尼龙）、kerosene（煤油）、linoleum（油布）、yo-yo（悠悠球）、trampoline（弹簧床垫）、escalator（自动扶梯）、thermos（热水瓶）和 shreddedwheat（精小麦），现已成为任何经销商都可以使用的普通名称。

为了保护自己辛苦树立的品牌，市场营销者使用“品牌”这一词汇以及注册商标的符号 ®，就像“邦迪 ®”创可贴一样。使用了很久的“我喜欢邦迪，邦迪也喜欢我”广告语也变成了“我喜欢邦迪牌，邦迪也喜欢我”。类似地，最近舒洁面巾纸的广告建议广告主和其他人，舒洁的名称后面应该始终标明注册商标的符号和“品牌纸巾”的文字。“你也许都没有意识到，就将舒洁的名称作为所有纸巾的通称，”一则广告说道，“你可能抹杀了我们努力这么多年才建立的品牌名称。”

公司常常不遗余力地保护自己的名称和品牌标志。例如，保险公司 Travelers 执着地追究哪怕最轻微地侵害其商标——红伞标志——的公司。最近，它警告一家位于阿拉斯加安克雷奇市的小型咨询公司——人力资源伞（Human Resource Umbrella）——要对后者在名称中的两个字母“l”上悬挂一把伞的做法追究法律责任。这类行动看起来也许小题大做没有必要，但 Travelers 将其视为极其严肃而重要的事情。一位行业律师打趣说，“电影《欢乐满人间》（Mary Poppins）也可能要考虑找律师了”。[35]

品牌持有

有四种品牌所有权形式可供制造商选择。产品可以用一个全国性品牌（或制造商品牌）推出，就像索尼公司和家乐氏公司用自己的品牌出售产品。或者，制造商可以把产品出售给经销商，由经销商给产品标注私有品牌（也叫做商店品牌或者经销商品牌）。尽管大多数制造商创造了自己的品牌名称，但是另一些使用许可品牌经销产品。最后，两个企业可以联合对一种产品使用合作品牌。让我们依次讨论这些选择。

全国性品牌和商店品牌。全国性品牌（制造商品牌）长期以来统治着零售业。不过近年来越来越多的零售商和批发商纷纷开发了自己的**商店品牌**（store brand）或**私有品牌**（private brand）。近 20 年来，商店品牌逐渐壮大，最近低迷的经济更是促使商店品牌激增。研究显示，消费者现在甚至购买更多的商店品牌，平均可以节约 25% 的开支。[36] 节俭时代对私有品牌而言是发展的大好时机，因为如今的消费者价格意识更高，而品牌意识更低。

事实上，商店品牌的增长要比全国性品牌快得多。最近一项调查显示，65% 的消费者表示只要可能，他们会购买商店品牌。商店私有品牌的服装销量猛增。例如，科尔士百货的私有品牌销售占到其年销量额的一半以上。[37]

许多大型零售商策略性地营销商店品牌。例如，克罗格超市的私有品牌——如 Private Selection、Heritage Farm、Simple Truth（自然和有机）、Psst 和 Check This Out（廉价）等等——在这家大型食品杂货零售商的销售额中占到令人惊叹的 25%，价值高达 250 亿美元。而廉价连锁超市奥乐齐的销售收入 90% 以上来自诸如 Bakers Choice、Friendly Farms、Simple Nature、Mama Cozzi’s Pizza Kitchen 等私有品牌。甚至网上零售商亚马逊也开发了一大批私有品牌，包括 AmazonBasics（电子产品）、Pinzon（厨具）、Strathwood（户外家具）、Pike Street（洗浴和家居产品）以及 Denali（工具）。[38]

商店品牌曾经被认为是“没有商标”或者“没有名称”的品牌，如今它们正迅速摆脱自己作为制造商品牌的廉价替代品的形象。商店品牌如今提供更多的选择和更高的质量。实际上，诸如塔吉特和乔氏超市等零售商在创新上甚至超过了许多制造商品牌。结果，消费者对商店品牌的忠诚度逐步提高，不仅是因为价格。最近的研究表明，80% 的购物者相信，商店品牌的质量相当于或优于全国性品牌。“有时候，我认为他们实际上并不知道什么是商店品牌。”一位零售分析专家说。消费者甚至愿意为那些一直定位于美食或溢价的商店品牌支付更高的价格。

在所谓的全国性品牌和私有品牌的“大战”中，零售商拥有很多优势。它们控制着采购什么产品，货品在哪里上架，收取怎样的价格，以及在当地宣传哪种产品。零售商对其商店品牌的定价往往低于同类全国性品牌，从而吸引有预算意识的购买者。虽然商店品牌很难建立，并且存货和促销的成本很高，但是它们仍然能够为零售商带来较高的利润率。同时，它们使零售商拥有一些顾客无法从竞争者处购买到的独家产品，导致更高的客流量和忠诚度。快速成长的零售商乔氏超市拥有的商店品牌占 85%，它很大程度上掌握了自己的品牌命运，由自己而不是依赖于生产者制造和管理那些最好地服务顾客所需要的品牌。

为了同商店品牌竞争，全国性品牌必须改善价值主张，尤其是对如今更加节俭的消费者作出诉求时更是如此。为了保护自己的市场份额，许多全国性品牌通过推出更多折扣和优惠券来还击。但是，长期而言，领先品牌的市场营销者必须在研发上投入更多，开发更多的新品牌、新特征以及持续改进质量。他们必须在设计强势的广告方案以维持较高的知名度和市场绩效的同时，想方设法与主要的分销商合作，降低分销成本和提高联合绩效。

例如，为了应对最近私有品牌激增带来的挑战，消费者产品巨头宝洁公司已经在开发和推广更新、更好的产品上投入了双倍的努力，尤其是低价位的产品。“我们每年在研发上投入 20 亿美元，消费者知识上投入 4 亿美元，并将销售额的 10% 用于广告宣传，”宝洁的 CEO 鲍勃·麦克唐纳（Bob McDonald）说，“商店品牌可没有这种能力。”结果，宝洁品牌仍然成功地在其品类中保持了主导地位。例如，在北美价值 86 亿美元的洗涤剂市场中，宝洁公司的汰渍、Gain、Cheer 等高档洗涤剂品牌共占有 50% 的市场份额。[39]

许可。大多数制造商花费多年时间和耗资数百万美元创建自己的品牌名称。一些企业通过许可的方式使用其他制造商已经建立的名称或符号、知名人士的名字或者流行电影及图书中的角色名。这些企业支付一定的费用，便能够很快获得已经被认可的品牌名称。例如，想想柯达（Kodak）那令人熟悉的红色和黄色标志，甚至在公司破产终止其消费者产品的生产之后，仍然可以创造价值[40]：

> 伊斯曼·柯达公司不再生产持有柯达名称的消费者产品。几年前公司破产后，就专门聚焦于与打印相关的商业设备和技术。但是柯达品牌名称和与之关联的“柯达时刻”依然让消费者产生强烈的共鸣。所以，即使柯达已经剥离了消费者产品线，我们仍然可以看到许多由其他公司依据与伊斯曼·柯达公司的许可协议而生产的柯达牌消费者产品。例如，萨卡国际（Sakar International）如今生产柯达相机及配件，布利特集团（Bullit Group）很快将推出各种柯达电子产品，包括安卓智能手机和平板电脑。而视频监控公司 Seedonk 生产和销售柯达婴儿监控系统。
>
> 因此，对伊斯曼·柯达公司和将其用于产品之上的被许可商而言，柯达这个令人尊敬的老品牌还具有价值。这是一件两全其美的事情。对伊斯曼·柯达公司而言，品牌许可协议为公司挣得一年近 2 亿美元的收益。而对被许可商而言，获得立刻令市场熟悉和信任的品牌——营销一部柯达手机比一部布利特手机，或营销柯达婴儿监控系统比 Seedonk 产品，要容易得多。“很难找到一个

> 能够让消费者产生如此共鸣的品牌——家庭价值观、关心所爱，”一位Seedonk的经理人员说道，“于是柯达的机会来了。柯达时刻，对我们的顾客而言非常重要。”

服装及服装配饰的经销商要支付很高的许可费来为自己的产品——从短衫到领带，从亚麻织物到皮箱——使用知名时装设计师的名字或姓氏来装点门面，例如卡尔文·克莱恩（Calvin Klein）、汤米·希尔费格（Tommy Hilfiger）、古驰或阿玛尼（Armani）。儿童产品的经销商没完没了地把卡通形象的名字用在服装、玩具、文化用品、亚麻织物、玩具娃娃、午餐盒、麦片和其他产品上。这些角色的名字，从经典的诸如芝麻街、迪士尼、豆宝宝、维尼熊、Muppets木偶、史努比以及儿童作家苏斯博士（Dr. Seuss）书中的角色，到《小冒险家朵拉》《飞天小女警》《淘气小兵兵》《可爱小蓝狗》《哈利·波特》中的角色。目前，许多畅销的玩具都源自电视节目和电影。

近年来，名称和影视角色的许可业务发展迅速。在美国和加拿大，许可产品每年的零售额已经从1977年的区区40亿美元增长到1987年的550亿美元，进而达到现今的2 590亿美元以上。许可对许多企业来说是一项高利润的业务。例如，Nickelodeon儿童频道广受欢迎的海绵宝宝形象在过去15年间创造了约120亿美元的许可交易。迪士尼是世界上最大的许可商，拥有一个电影制片厂，麾下的众多角色广受欢迎，从迪士尼公主和迪士尼仙女，到《玩具总动员》和《汽车总动员》中的英雄们，再到诸如米奇和米妮等经典角色。去年，迪士尼角色周边产品的全球销售近450亿美元。[41]

合作品牌。合作品牌（co-branding）就是将不同企业的现有品牌用在同一个产品上。采用合作品牌有很多好处。由于每个品牌分别在不同的产品类别中占有优势，那么联合后的品牌将创造对消费者更强的吸引力和更高的品牌权益。例如，本杰明·摩尔（Benjamin Moore）和波特·巴恩（Pottery Barn）联合创造了一个特殊的本杰明·摩尔油漆色彩系列，专门与波特·巴恩独特的装修和格调完美协调。塔可钟和立体脆合作创造了立体脆卢卡斯玉米卷（Doritos Locos Taco）。该产品推出仅10周，塔可钟就售出了1亿份以上。于是，塔可钟赶紧增加了农场口味（Cool Ranch）和辛辣口味（Fiery），销售超过10亿美元。不仅仅是简单的合作品牌，它们还“合作生产”这些产品。

如果品牌单独进入新市场则可能会困难重重，但合作品牌可以利用两个品牌的互补优势，并帮助企业将其现有品牌扩展到新的产品类别。比如，耐克和苹果的合作品牌“Nike+iPod”让跑步者将他们的耐克鞋与iPod连接起来，实时追踪和强化跑步效果。“你的iPod Nano或者iPod Touch将成为你的教练。你专属的私人教练。你最喜爱的伙伴。”Nike+iPod品牌给苹果公司创造了在运动和健身市场展露身手的机会。同时，帮助耐克为其顾客创造新价值。

合作品牌的做法也存在一些局限。要达成这种关系通常需要签署复杂的法律合同和许可证书。合作品牌的双方必须周密地协调其广告、促销和其他营销努力。一旦开始采取合作品牌策略，双方都必须精心呵护自己的品牌。如果其中一个品牌的声誉受损，很可能会株连另一个品牌。

品牌开发

在品牌开发方面，有四种策略供企业选择（见图8-6）。企业可以采用产品线延伸、品牌延伸、多品牌或者新品牌策略。

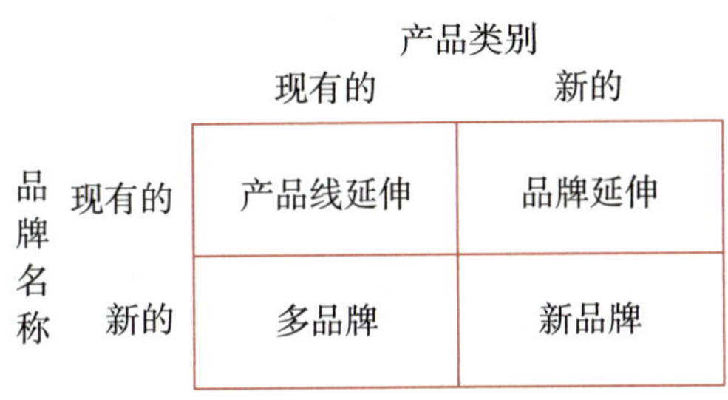

图8-6　品牌开发战略

产品线延伸。产品线延伸（line extension）就是企业将现有的品牌名称运用于现有产品类别中的新样式、新颜色、新型号、新成分或者新口味。例如，肯德基历经数年，已经成功地将其"吮指原味鸡"产品线从最初的肯德基炸鸡扩展到多种产品。它现在提供烤鸡、无骨炸鸡、辣鸡翅、鸡块，以及最近推出的肯德基外带杯（KFC Go Cups）——装在一个方便汽车杯中的鸡块和薯条，顾客可以在路上吃。

企业可以将产品线延伸作为一种低成本、低风险的推出新产品的方法。企业这样做的目的可能是以此来满足消费者多样化的需求，利用过剩的生产能力，或者只是从分销商那里争取更多的货架空间。不过，产品线延伸也有风险。品牌名称延伸过度，会失去特定的内涵。

例如，在试图为所有人——从基本的汉堡包爱好者，到务实的父母，再到关心健康的快餐食客——提供食物的努力中，麦当劳的菜单因为众多选择而迅速膨胀。一些顾客发现拥挤的菜单有些信息过量了，而提供如此众多的选择，使该快餐连锁公司的加工过程变得复杂，无论在柜台还是驾车通过的售点，服务速度都大大放慢。为了应对这一问题，麦当劳最近已经开始努力删减产品项目，简化菜单，尤其是在占其销售70%以上的外卖车道售点。[42]

同样值得注意的是，额外的延伸为产品线带来的价值可能微乎其微。例如，最初的立体脆薯片在美国如今演变为22种不同口味的薯片，在外国市场上还有几十种。口味从Nacho Cheese和Pizza Supreme到Blazin Buffalo & Ranch，再到FieryFusion和Salsa Verde。或者来一份鸭子味的北京烤鸭薯片、山葵味的日本龙先生薯片？尽管整条产品线看起来运营得很好，全球销售额近50亿美元，但最初的立体脆薯片更像是另外一种口味。[43] 增加另一种口味会从立体脆自己的销售而非竞争者的手中抢夺多少市场？产品线延伸最好能够抢走竞争品牌的销售量，而不是与本企业的其他产品同室操戈。

品牌延伸。品牌延伸（brand extension）就是使用一个已有的品牌在新产品类别中推出新产品或者改进的产品。例如，Nest公司生产可以用手机远程控制的、时尚且智能的温度计，并将产品线延伸到同样智能和时尚的烟雾和一氧化碳报警器——Nest Protect。如今，该品牌已进一步延伸产品线，包括"与Nest一起工作"（Works with Nest）系列——与多个合作伙伴一起开发的移动应用程序，让其智能设备与从家庭视频监视设备、智能门锁装置、家居照明系统，到家用电器和健身腕带等连接和互动，并有效控制它们。所有这些延伸彼此配合，很好地体现了该品牌智慧家居的使命。[44]

如今，大量重要的新产品都是现有成功品牌的延伸。与树立新品牌相比，品牌延伸以较低的开发成本使新产品能够迅速被人们熟悉和接受。例如，不只是新的移动设备无线充电器，还是金霸王充电宝。不只是无名的助眠胶囊，更是 Vicks ZzzQuil。诸如金霸王充电宝和 Vicks ZzzQuil 的品牌延伸效果良好——它们与核心品牌的价值完美契合，并建立自己的优势。

同时，品牌延伸战略也有风险。品牌延伸可能会模糊主导品牌的形象——如果推出 Zippo 牌香水或胡椒博士牌腌肉，后果如何？诸如奇多唇膏、海因兹宠物食品和救命口香糖等品牌延伸都很快失败了。[45] 而且，一个品牌未必适合某个特定的新产品，即使产品本身制造精良、令人满意——你会考虑乘坐警笛航空公司的航班或饮用警笛牌功能饮料吗？依云（Evian）水垫文胸又如何？品牌延伸一旦失败，会损害消费者对同一品牌的其他产品的态度。因此，公司不能轻率地尝试把品牌“嫁接”到新产品上。相反，好的品牌延伸应该与母品牌相互匹配，母品牌也应该在新产品类别中给延伸产品带来竞争优势。

多品牌。企业经常在同一个产品类别中引入新品牌。例如，百事在美国营销至少 8 种软饮料品牌（百事、Sierra Mist、激浪、Manzanita Sol、Mirinda、IZZE、Tropicana Twister 和 Mug 根啤）、3 种运动和能量饮料品牌（佳得乐、AMP Energy、Starbucks Refreshers）、4 种瓶装茶和咖啡品牌（立顿、SoBe、Seattle’s Best 和 Tazo）、3 种瓶装水（纯水乐（Aquafina）、H2OH! 和 SoBe）以及 9 种果汁品牌（纯果乐、Dole、IZZE、立顿、Looza、优鲜沛（Ocean Spray）等）。每一种品牌又分别包括众多子品牌。例如，SoBe 就包括 SoBe Teas & Elixers、SoBe Lifewater、SoBe Lean 和 SoBe Lifewater with Coconut Water。纯水乐包括普通纯水乐、纯水乐果味苏打水和纯水乐气泡水。

多品牌为树立不同的特色以迎合不同的购买动机提供了一种有效的途径，使企业能够锁定分销商更多的货架空间，占领更多的市场份额。例如，百事的众多饮料品牌在超市货架上彼此竞争，但总体上能够获得任何单个品牌都难以企及的更大的市场份额。类似地，通过在不同的细分市场定位不同的品牌，百事的 5 种软饮料品牌联合起来远比单个品牌获得的市场份额要大。

多品牌战略的主要缺陷在于，每个品牌可能都只占有较小的市场份额，并且每个品牌都不能获得丰厚的利润。企业最后可能因为资源分散在过多的品牌上，却没有建立几个达到高利润水平的品牌而被拖垮。这时，企业应当减少在某一产品类别中销售的品牌数量，并且建立更加严格的新品牌筛选程序。通用汽车就是这样做的，近年来它从自己的品牌组合中删减了许多品牌，包括土星、奥兹莫比尔、庞蒂亚克、悍马和萨博。类似地，福特公司在扭亏为盈的战略中，剔除了水星产品线，出售了沃尔沃，并将福特麾下的车型从 97 个减少为不足 20 个。

新品牌。企业可能会认为，现有品牌名称的力量正在衰减，从而有必要引入一个新的品牌名称。或者，当企业进入一个新的产品类别，而现有的品牌名称又都不合适的情况下，可以采用一个新的品牌名称。例如，丰田为瞄准豪华车消费者建立了雷克萨斯品牌，针对千禧一代的消费者专门打造了赛恩品牌。

就像采取多品牌策略一样，建立过多的新品牌也可能导致企业资源过度分散。在某些行业，比如包装消费品业，消费者和零售商对于品牌过多而彼此之间鲜有差异的现状已经深感忧虑。于是，宝洁、百事、卡夫和其他巨型消费品营销者正在追寻“大品牌”战略——剔除那些较弱的或者增长缓慢的品牌，将营销支出集中于那些在产品类别中能够占据第一或第二位市场份额，同时具有良好增长前景的品牌。

品牌管理

企业应该谨慎地管理自己的品牌。首先，必须持续地与顾客沟通品牌的定位。为了创造顾客知晓以及顾客偏好和忠诚，世界上主要品牌的营销者往往在广告上花费巨资。例如，可口可乐公司每年在全球范围投入30亿美元为多个品牌做广告；通用汽车的广告支出为34亿美元；联合利华为79亿美元；而宝洁公司的广告费更是高达惊人的115亿美元。[46]

这些广告运动可以帮助创造品牌名称识别、品牌知识，甚至品牌偏好。然而，实际上，维护品牌依靠的不是广告，而是品牌体验。如今，顾客通过广泛的联系和接触点来了解某个品牌，既包括广告，也包括对该品牌的亲身体验、口碑传播、企业网页以及其他很多方式。企业必须像对待广告一样，谨慎地管理好这些接触点。“管理好每一个顾客的体验或许是建立品牌忠诚最重要的因素，”一位品牌专家说，“每一次难忘的互动……必须出色地完成……必须强化品牌本质。”迪士尼公司的一位前CEO也同意这种说法：“一个品牌就是一个有生命的存在，它随着时间逐渐流逝而强大或衰弱，由上千个细节构成。”[47]

企业的品牌定位要想取得成功，必须让员工也参与进来。因此，企业必须让员工树立“以顾客为中心”的思想。有些企业更进一步，积极开展内部品牌建设，帮助员工理解企业的品牌承诺并对其保持热情。更有甚者，许多企业培训和鼓励分销商和经销商为顾客提供优质服务。

最后，企业需要定期审计品牌的优势和劣势。为此，企业应该时常问自己：我们的品牌是否能够传递对顾客真正有价值的利益？品牌是否被很好地定位？是否所有的消费者接触点都支持这一品牌定位？品牌经理是否知道品牌对消费者意味着什么？品牌是否能够得到合适的、持续的支持？通过品牌审计，企业可以了解哪些品牌需要更多的支持，哪些品牌应该被撤掉，哪些品牌由于消费者偏好的改变或者新竞争者的出现而必须重新定位。

关键术语

产品（product）
服务（services）
消费品（consumer product）
便利品（convenience product）
选购品（shopping product）
特殊品（specialty product）
非渴求品（unsought product）
产业用品（industrial product）
社会营销（social marketing）
产品质量（product quality）
品牌（brand）
包装（packaging）
产品线（product line）
产品组合（product mix/product portfolio）
服务的无形性（service intangibility）
服务的不可分性（service inseparability）

服务的可变性（service variability）
服务的易消失性（service perishability）
服务利润链（service profit chain）
内部营销（internal marketing）
互动营销（interactive marketing）
品牌权益（brand equity）
品牌价值（brand value）
商店品牌（私有品牌）(store brand（private brand））
合作品牌（co-branding）
产品线延伸（line extension）
品牌延伸（brand extension）

概念讨论

1. 什么是消费品？说明每类消费品的特点，并分别举例。

2. 比较产品质量的两个维度。

3. 什么是产品线？阐述市场营销者需要制定的各种产品线决策。公司可以怎样扩张产品线？

4. 解释什么是品牌权益和品牌价值。市场营销者如何运用这些概念建立优势品牌？

5. 解释企业进行品牌建设所面对的四个选择，并分别举例。

案 例

爱彼迎：让住宿体验更加真实

与许多服务行业一样，旅馆业为通过标准化服务确保顾客体验质量付出巨大的努力。人们通过任一主流酒店连锁预订客房，都可以很放心地得到基本服务。他们进入面积 13 英尺 ×25 英尺大小的房间，一般有个短过道，一边是卫生间，另一边则是壁橱。卫生间里有基本的卫浴用品，乏味地摆放着肥皂、护发产品和其他洗浴用品。房间里有一张或两张床，两侧的床头柜上放着台灯。一张软垫椅子和一个垫脚软凳放在书桌对面的屋角。床脚的化妆台上有平板电视机。或者你还能发现一台迷你冰箱和一台微波炉。

艺术品和装饰风格比较现代，尽管因多为印刷品而显得不伦不类。整个酒店的其他细节也可想而知。尽管不同酒店连锁在这些特征上的豪华程度各不相同，氛围却大同小异。许多旅行者信赖这种标准化的体验——确保他们的体验在一个安全、预期的范围内。人们力求使负面结果的风险最小化，通常导致大多数客人大多数时间对旅馆入住体验表示满意。

但旅馆供应商——爱彼迎（Airbnb）瞄准有着不同需求和预期的旅行者，它正彻底颠覆旅馆服务，所承诺的入住体验与主流酒店连锁所提供的截然不同。作为新型共享经济的重要参与者，爱彼迎是一个网上社群市场，连接需要出租自家多余空间的人与寻找住宿的人。作为真实的网上市场，爱彼迎并不拥有实体酒店物业。它只是将买者和卖者联系到一起并促进交易的达成。但是真正使爱彼迎有别于传统旅馆业的是其价值承诺。这个新入行的旅馆供应商宣传一种真实的体验——像你到访之处的当地人一样生活的真实感受。

爱彼迎挑战旅馆业花费数十年塑造的标准化服务模式，仅仅用 8 年就建立起一个拥有 200 多万待租房屋和由遍布 191 个国家和地区的 34 000 个城市的 6 000 万客人构成的全球网络，市场价值超过 250 亿美元。尽管这些数据本身听上去已经令人印象深刻，但更让人震惊的是，在其短暂的发展历程中，爱彼迎已经成功地超越了世界上规模最大的酒店连锁——拥有 765 000 间客房和 4 660 家酒店，市场价值达到 220 亿美元的有百年历史的希尔顿。

爱彼迎是如何实现这一壮举的？按其创立者布莱恩·切斯基（Brian Chesky）和乔·吉比亚（Joe Gebbia）的说法，爱彼迎只是认识到传统旅馆行业只在弥漫着防腐剂味道的酒店和度假村内提供千篇一律的平庸单调的房间，已经失去了对顾客的吸引力。传统标准化的模式似乎预示着整个旅馆行业潜意识的目标——确保不会发生无趣的事情。切斯基和吉比亚意识到这一点之后，就开始制定战略将真实性还给酒店业。

200 万个房间——没有相同的

一切始于两位创立者试图获得额外的收入来补贴他们旧金山顶楼公寓房租的率性想法。在一次重要的会议期间，所有的酒店都客满了，他们在自己公寓地板上以每晚 40 美元的价格出租三个充气床垫。在这一过程中，他们发现租客不仅仅是找一个在最需要的时候可以容身和停留之所——他们还获得了独特的社交机会。从那个时候起，切斯基和吉比亚迅速行动开发和构思商业概念。

如今，通过爱彼迎人们可以方便地出租房产，或者租用一个停留之所。对房东——希望出租空间的业主，爱彼迎的官方条件就是注册和审查以确保合法性。出租的可以是从沙发、单独的房间、套间或一套公寓，到游艇、船屋、整套别墅，甚至是城堡（爱彼迎目前有 1 400 座城堡出租）等形式多样的物业。一些房东甚至出租后院空间供客人搭帐篷。爱彼迎有超过 200 万个待租房间，每一个都不相同。因为出租的是私人住房和公寓之类，通常坐落在居民社区中，而非当地或全球酒店品牌扎推的商业中心。可以按天、周或月出租，房东决定价格和服务及物业的其他细节。爱彼迎收取 3% 的预订费，将余下的钱款 24 小时内交付房东。

对租客，该过程就像在网上购买或预订其他商品一样。注册用户按照城市、房间类型、价格范围、设施、语言，或各种其他选项搜索房源，包括提出自己的特殊要求。大多数房东会提供待租房源的照片和细节信息，让潜在租客对自己将要停留的地方是什么样的有合理的认识。客人在预订之前可以联系备选房东询问问题。房客通常想要支付一点定金，并向爱彼迎支付 6% ～ 12% 的服务费。预订通过爱彼迎完成，所以资金只通过安全的界面交易。当客人抵达所选择的物业，房东可能亲自迎接他们，也可能安排自助入住。

爱彼迎创立之时，面临很大的挑战。许多人——包括投资人——都对此商业模式心存怀疑。实际上，在爱彼迎创立之初的第一年，其创立者遭到了所有风险投资人的拒绝。“我们开创这家公司时，人们都以为我俩疯了，”切斯基说，“他们说陌生人不可能住在一起，会发生可怕的事情。”要说服租客也很难：很少有人愿意冒险与素昧平生的人同住。

但是爱彼迎采用各种方法克服了这些困难。首先，它为房东和租客都设定了标准的打分系统，允许双方彼此评价并且查看其他人对以往经历的评价。“超级房东”指有频繁的预订经验和优质服务。“适合出差”则说明房东提供特别的设施，例如上网、书桌和基本的洗浴用品。爱彼迎还提供让房东和房客都感到便利的核实程序，安全和令人满意的预订提示，以及 24 小时热线电话处理信任和安全问题。房东受到包括金额最高达到 100 万美元的房产损毁保险在内的进一步保护。爱彼迎承认尽管这些措施并不能保证坏事就不会发生，但负面结果的可能性不会比待在连锁酒店中更大。

像当地人一样看世界

最初，爱彼迎基本上为计较预算的顾客服务，与相似的酒店客房相比价格较低。

但是后来逐渐地，爱彼迎开始转向休闲和商务旅行者——他们希望的不仅仅是低价格。实际上，这并非偶然。爱彼迎有意通过品牌化、沟通和其他活动将自己定位为独特和真实体验的提供者。这样，爱彼迎将待在陌生人家中的不确定性转化为一种资产。传统酒店之间彼此在价格和便利性上竞争，他们无法在客人和房东的关系上建立竞争优势。“客人寻求一种与人和文化建立联系的体验，”切斯基说，“不应该使住宿自动化。”

这正是爱彼迎开业两周年庆典——这是在公司最大的市场巴黎举办的一场激励活动，有来自 110 个国家的 5 000 位房东参加——的主题。切斯基在主旨演讲中说，整个酒店行业都以让客人觉得自己是游客的方式提供服务。但在爱彼迎，客人们可以感受到自己融入当地社区和城市。

在其演讲中，切斯基用活动前几天其父母抵达巴黎的经历形象地总结了爱彼迎的哲学。在大屏幕上首先展示了他们到达巴黎第一天的图片——犹如典型的游客观光指南。有一张他们坐在双层观光巴士的图片，另一张在乘坐游艇，第三张是在卢浮宫前排队。切斯基为每张图片配上了滑稽辛辣的解说。“每年，3 000 万人来到巴黎。他们到处游览却什么也没看到。我们不需要非去纪念馆和地标打卡才能体验文化。我们可以实实在在地与人们共处。”然后，切斯基展示了其父母在巴黎的第二天——由爱彼迎热情的房东担任导游——他们从当地人的视角体验这个城市：在正宗的街边咖啡馆品尝咖啡；在花园散步；在让人倍感舒适的小夜总会饮酒和舞蹈。“也许我们不应该在巴黎旅游，”切斯基建议说，“我们应该在巴黎生活。”

遵从承诺

公司放弃原来直接的文字标志，转而采用更加抽象的符号——一个膨胀变形的字母“A”，两边彼此交叉。这一创意——得到所有爱彼迎员工的支持——成为这家技术新创企业最近雄心勃勃的品牌重塑努力背后的驱动力。爱彼迎称其为“贝洛”（belo）、“统一的归属符号”。新标志传达一种超越语言、文化和地理差异的归属感。配合该标志的新口号是：“四海有家，心有归属。”

为确保爱彼迎住客的体验尽可能地真实和独特，公司把聚焦房东社群作为首要工作。实际上，爱彼迎把房东视为自己的首要顾客。所以，爱彼迎一直致力于建设一个真正相信爱彼迎使命的住宿提供者组成的庞大的全球社群。受到如企业积极参与者那样的对待，房东们建立一种归属感和忠心。通过这种方式，爱彼迎引导和约束房东遵循明确的指南，创造尽可能最佳的住客体验。这样做的目的绝不是创造标准化的模式。但是，通过促进房东提供诸如接机、导游等服务，爱彼迎强化了与客人之间的联系。切斯基在爱彼迎周年庆典的开幕式上告诉人们，“在你的世界中，真正特殊的不只是你的家，而是你的整个生活”。

爱彼迎在全球每个市场上爆炸性增长当然引起大型酒店连锁企业的关注。开发商开始在它们通常忽视的地方建造酒店。例如，在布鲁克林地区的威廉斯堡新建了 8 家酒店，那里是爱彼迎巨大的市场，但不是传统的旅游场所。但是即使酒店连锁试图侵入爱彼迎的领地，它们也很难复制爱彼迎的体验。

尽管不断扩张和成功，爱彼迎仍然发现自己不得不为合法性而抗争。一些城市不允许个人物业按不足 30 天的时间出租。许多更喜欢爱彼迎体验的游客仍然担心与陌生人共处。爱彼迎正以理想主义者的热情积极地面对这些挑战。实际上，切斯基已经深谋远虑地建议爱彼迎的使命超越提供一种真实的住客体验，进入建立世界和平领域。他解释说，与来自其他文化的人近距离生活，能使人们更大程度上理解彼此。他的结论是：“我认为，世界上的许多冲突大多发生在彼此不理解的群体之间。”

资料来源：Max Chafkin, “ Airbnb Opens Up the World? ” *Fast Company*, February 2016, pp. 76–95; Marshall Alstyne, Geoffrey Parker, and Sangeet Choudary, “ Pipelines, Platforms, and the New Rules of Strategy, ” *Harvard Business Review*, April, 2016, pp. 54–62; Dan Peltier, “ Airbnb ’ s CMO on Authentic Travel Experiences, ” *Skift, July* 14, 2015, https://skift. com/2015/07/14/skift-global-forum-2015-airbnbs-cmo-on-the-meaningof-authentic-travel-experiences/; and additional information from www. investopedia.com/articles/personal-finance/032814/pros-and-consusing-airbnb.asp?performancelayout=true and www.airbnb.com/about/about-us, accessed July, 2016.

讨论题

1. 服务的四大特征如何运用于爱彼迎？爱彼迎如何应对每一特征？
2. 运用服务利润链的概念分析爱彼迎。
3. 爱彼迎如何差异化其产品、递送和形象？
4. 爱彼迎面临多大的竞争威胁？
5. 爱彼迎能与希尔顿一样长久发展吗？请解释。

注　释

请扫描二维码或登录中国人民大学出版社官网www.crup.com.cn下载本书注释。

开发新产品与管理产品生命周期

学习目标

- 解释企业如何寻找和开发新产品构思。
- 列举并定义新产品开发过程的各个阶段，以及管理这一过程应注意的主要问题。
- 描述产品生命周期的各个阶段，说明营销战略如何随着产品生命周期的变化而改变。
- 讨论另两个产品问题：产品决策中的社会责任与产品和服务的国际营销。

在上一章中，我们学习了市场营销者如何管理和开发产品和品牌。本章，我们将讨论另两个有关产品的话题：新产品开发和产品生命周期战略。新产品是一个组织的新鲜血液。然而，新产品开发是有风险的，并且很多新产品最后以失败告终。因此，本章首先力图为寻找和培养成功的新产品设计一个流程。一旦引入了新产品，市场营销者就希望产品的生命期能够长久和愉快。然后，我们将会看到每一个产品都会经历若干生命周期阶段，并且每一个阶段都会带来新的挑战。针对这些挑战，企业需要不同的市场营销战略和战术。最后，我们将以两个扩展的考虑因素来结束关于产品的讨论——产品决策中的社会责任以及产品和服务的国际营销。

我们以三星——全球领先的消费者电器制造商和最具创新力的公司——的故事作为开篇案例。在过去20年间，三星通过创造以顾客为中心的创新文化成功转型，源源不断地推出设计新颖、技术创新、使生活丰富多彩的新产品，为人们带来诸多惊喜。

引例 三星：通过新产品创新丰富顾客的生活

你也许对三星的品牌很熟悉。或许你恰巧有一台炙手可热的新三星 Galaxy 智能手机，可以通过追踪你的视线移动来帮助你进行屏幕操作；抑或你已经看到过三星那拥有全弧度屏幕和纳米晶体技术的、炫目的新款超级 4k 超高清智能电视机。世界上最大的消费者电器制造商三星，生产几乎所有品类的电器产品，从电视机和蓝光播放器，到平板电脑、移动电话和智能手表，再到智能家居设备和各种家用电器。

但是仅仅 20 多年前，三星还名不见经传，没有任何优势可言。那时候，三星只是如果你买不起索尼——全世界消费者都梦寐以求的电子品牌，就退而求其次地从开市客超市的货架上买到的一个模仿的韩国品牌。1993 年三星制定了一个鼓舞人心的决策，停止廉价的模仿，开始与索尼竞争。为打败消费电子巨头，三星首先不得不改变其整体文化：从模仿到领先。为在销售上胜过索尼，三星决定首先必须在创新上实现超越。

三星戏剧性的转变始于由上而下的改革。三星开始成为一个高端品牌和开创性产品的领导者。它雇用大批有活力的年轻设计师和管理者，新产品如开闸之水奔涌而出，源源不断——不再是单调乏味的仿制品，而是瞄准高端消费者的精致、大胆和时尚的产品。三星称这些产品为“生活方式的艺术品”。所有新产品都要通过“惊喜”测试：如果不能在市场试销时给顾客带来“惊喜”——让他们发出“哇”的惊叹，就直接退回设计室重新打造。除了领先的技术和时尚的设计，三星还始终坚持将顾客置于创新运动的中心。其首要的创新目标是改善顾客体验，给人们的生活带来真实而有意义的改变。

凭借这种焕然一新的、顾客为中心的新产品聚焦，三星在不到 10 年的时间内就打败了索尼。如今，三星年销售收入 1 960 亿美元，是索尼的 2.5 倍强，位居《财富》500 强第 13 位——比苹果领先两位。如今的三星，不仅规模巨大，还取得了一直追求的目标——新产品令人耳目一新。例如，近年来三星在美国工业设计优秀奖（IDEA）的角逐中战绩骄人，该奖被称为设计界的“奥斯卡”——根据外观新颖、功能性和富有灵性的思维来评判新产品。过去三年间，三星一直是获奖公司中的翘楚，获奖数量是第二名的两倍以上。

在数码、网络连接和移动时代，三星已经不把索尼视为重要对手，更多的是与苹果这样的创新标杆企业展开较量。三星绝不故步自封。例如，在移动设备上，三星已经迅猛地发展为市场第一。仅仅几年前，三星的目标还是将其智能手机的份额从 5% 增加到 10%。但是，Galaxy 系列产品的成功一举将其全球市场份额提升为 22%，领先于苹果的 18.5%。

更为有利的是，三星在苹果不具备技术优势的领域一枝独秀——大屏幕。实际上，三星连续 8 年一直是电视机销售的全球领先者。其智能电视不仅可以通过手势、声音和面容识别进行遥控，而且可以与互联网无缝连接，让电视用户使用脸书、Skype 和下载网上内容，挥挥手就可以使用心仪的移动应用程序。同时控制多种屏幕的能力使得三星在如今这个互联的时代与其他单一技术的竞争者相比更胜一筹。

不过，三星清醒地认识到，今天消费者渴求的产品可能明天就泯然众人矣。未来的增长将不仅来自更大的电视机和更好的智能手机。相反，这个电子产品巨鳄不断地搜寻“下一个重大突破”，不受产品类别的局限。为实现这一目标，三星遍及全球的市场情报和产品创新团队不断地研究产品使用、购买行为和生活方式的变化趋势，寻求消费者洞察和满足消费者需要的创新性方式。

例如，三星如今重金投入“物联网”（Internet of Things，IoT）——从家用电子和电器产品，到汽车、建筑，甚至是服装，一切都将数字化地连接在一起的全球环境。基于三星生产的产品已经覆盖几乎所有的电子产品类别，物联网为未来的创新和发展提供了沃土。最近几年，三星开始开发将其产品与世界连接在一起的“联系性网络”，旨在建立三星“与生活同步”的物联网产品和技术。公司已经推出大量的“智能”产品——包括全智能电视机阵容，16项厨房电器和移动应用程序——实现产品间的彼此连接，以及产品与用户的连接。

从三星即将发布的睡眠追踪器（SleepSense），我们可以管中窥豹地认识公司的物联网未来：

> 三星的睡眠追踪器可以帮助你更好地了解和管理睡眠。这是一款插入床垫下的磁盘，可以监测你睡眠时的心率、呼吸和翻身次数，然后通过一款智能手机应用程序，向你报告每天的睡眠数据，并根据你的新陈代谢和其他个人特征提供专家建议和推荐。最妙的是，睡眠追踪器还可以与三星电器和第三方物联网设备相连。例如，当它发现你在深夜观看网飞节目时入睡，会自动关掉电视机，调整空调至舒适的睡眠环境。未来，如果你的三星家庭中心冰箱（Family Hub Refrigerator）发现你在糟糕的睡眠之前往往食用奶制品，睡眠追踪器甚至会建议你替换更好的深夜食品。

三星目前的物联网产品组合还仅仅是冰山一角。据估计，间接的设备数量到2020年将从现在的10亿飙升至250亿，代表了价值3万亿美元的市场。到那时，三星希望其生产的所有产品都将实现网络互联。

20年前，很少有人会想到三星能够如此迅速和彻底地从一家低成本仿制品制造商转型为时尚、性能卓越的高档产品创新者而傲视群雄。但是，通过对以顾客为中心的新产品创新的不懈追求，它做到了！甚至直到最近，很少有人相信三星会在创造数字互联的世界中成为主要的驱动力量。然而，三星同样在这条道路上取得佳绩。三星的CEO说：“我们必须向消费者显示物联网对他们有何意义，可以取得什么成就。”三星的一位经理人员补充说：“我们将聚焦创造令人惊叹的体验，做对顾客而言正确的事情。”总之，无论如何让顾客感到“惊喜”！[1]

正如三星的故事所表明的，擅长开发和管理新产品的企业将获得巨大回报。每一种产品都会经历一定的生命周期——上市，经历若干阶段，随着另一种能为消费者创造更高价值的新产品的出现而最终走向衰亡。

这种产品生命周期带来了两个主要的挑战：第一，由于所有的产品最终都会消亡，企业必须善于开发新产品以替代过时的产品（新产品开发的挑战）；第二，企业必须擅长在产品生命周期的各个阶段，根据不断变化的消费者品位、技术及竞争压力来相应地调整营销战略（产品生命周期的挑战）。我们首先讨论寻找和开发新产品的问题，然后探讨产品生命周期的管理。

9.1 新产品开发战略

一个企业可以通过两种途径获得新产品：其一是直接获取——购买企业、专利或生产许可等；其二是通过企业自身的研发努力进行的**新产品开发**（new product development）。所谓“新产品”，是指企业新开发的产品、改进或调整的产品以及新品牌。本章将集中讨论新产品的开发问题。

无论是对消费者还是市场营销者而言，新产品都很重要：它们将新的解决办法和多样性带入生活当中，也是企业成长的重要来源。在当今快速变化的环境中，许多公司的增长主要依赖新产品。例如，近年来新产品几乎完全改变了苹果公司。iPhone 和 iPad 问世仅仅 10 年左右，却已是苹果公司如今最畅销的产品，单单 iPhone 的销售就占苹果公司全球总收益的 62% 以上。[2]

然而，创新可能非常昂贵和高风险。新产品面临严峻的考验。据估计，由现有公司推出的新产品有 66% 在两年内就以失败告终。另一项研究表明，96% 的创新产品不能收回研发成本。[3] 为什么这么多的新产品都失败了呢？存在很多原因。有可能产品本身的设计很糟糕；也有可能新产品的构思虽然很好，但是企业对市场规模的估计过高；或者定位错误，在错误的时间推出，定价过高，广告很差劲；也可能是高层管理者不顾不利的市场调研结果，执意推行自己偏爱的产品构思；有的时候，还可能是因为新产品的开发成本高于预算，或者竞争对手的激烈反击超出了预期。

所以，企业面临一个两难的问题——它必须开发新产品，但高失败率又令其望而却步。总之，要创造一个成功的新产品，企业必须理解它的消费者、市场和竞争对手，并且开发能够向消费者传递优异价值的产品。

9.2 新产品开发过程

在寻求和发展新产品的过程中，企业不能凭运气，而必须制定强有力的新产品开发计划，并建立一个系统的、顾客导向的新产品开发过程。图 9-1 描述了新产品开发过程的八个主要阶段。

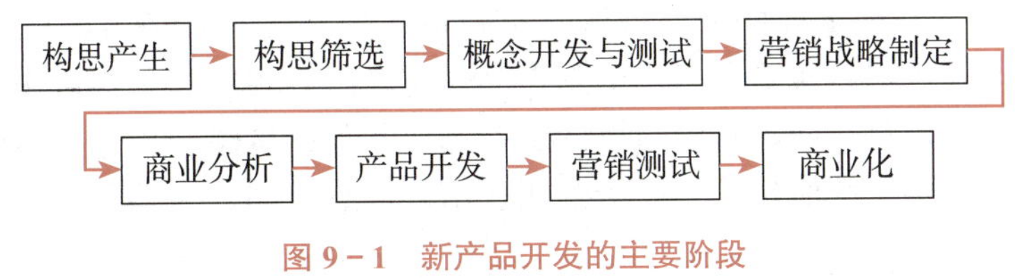

图 9-1 新产品开发的主要阶段

构思产生

新产品开发始于**构思产生**（idea generation）——系统地寻找新产品构思。一个企业通常产生成百上千的产品构思，以从中选出最理想的。新产品构思的主要来源包括内部资源和外部资源，如顾客、竞争者、分销商和供应商等。

内部构思来源

使用内部资源，企业可以通过正规的研发活动来寻找新的产品构思。例如，福特公司在硅谷运行一个由工程师、移动应用程序开发人员和科学家组成的创新和移动中心，致力于从无人驾驶汽车到与 Nest 公司合作让消费者在车里控制家中室内取暖、照明和电器的移动应用程序的各项研发工作。福乐鸡建立了一个名为“孵化”

的大型创新中心，其员工和合作伙伴在那里探寻关于食品、设计和服务的创意。该创新中心还是一个“设想、探索和想象未来、孵化新的食品和餐厅创意，并实现它们的地方”。[4]

因此，除了内部研发过程，公司也可以撷取员工的智慧——从高层管理人员和销售人员，到科学家、工程师、生产人员。许多公司已经建立起成功的内部社交网络和内部创业机会，鼓励员工开发新产品创意。例如，AT&T 建立了一个名为“创新通道”（The Innovation Pipeline，TIP）的内部网上创新社群，来自公司内部所有领域和不同层级的员工都可以借此提交、讨论和票选新产品和服务创意。每个季度，获得最高票数的创意的提出者向 AT&T 高级管理团队宣讲自己的创意，最佳的三个创意将获得进一步的资金和开发。自 2009 年成立以来，AT&T 的员工已经在 TIP 社群中提交了超过 2.8 万项创意，公司资助了 75 个 TIP 项目，涉及从强化顾客服务到新产品多个方面。[5]

像脸书和推特这样的技术公司定期举办编程马拉松（hackathons），员工在日常工作中抽出一天或一周专门开发新创意。拥有 3 亿成员的专业社交媒体网络领英则开展“黑客日”（hackdays）活动，每月有一个周五，鼓励员工做他们想做的有利于公司的任何事情。领英还推出 InCubator 项目，进一步推进内部开源创新的努力，每个季度员工可以组成团队向领英的经理们展示新创意。获得通过的团队有 90 天的时间暂停日常工作，将自己的创意付诸实施。迄今为止，该项目已经调动了全公司员工的积极参与，成功地开发出多个新产品、新业务、内部工具和人力资源项目。[6]

外部构思来源

企业也可以通过许多外部资源来获得优秀的新产品构思。例如，分销商和供应商可以贡献构思。分销商与市场联系紧密，它们更了解消费者的问题和新产品的可行性。供应商可以向企业提供可用于开发新产品的新观念、技术和材料。

竞争者也是一种重要的外部资源。企业可以通过关注竞争者的广告来获取其新产品线索。还可以购买竞争对手的新产品，将其拆开观察它怎样运作，分析它的销售情况，并决定是否应该推出自己的新产品。其他的构思来源包括商业杂志、展览、网站、研讨会、政府机构、广告公司、市场调查公司、大学及商业实验室，以及发明家等。

或许，新产品构思最重要的来源在于消费者自身。企业可以分析消费者的提问和抱怨，找到能更好地解决消费者问题的新产品，或者邀请顾客分享建议和创意。例如，乐高集团系统地鼓励用户通过“乐高创意”（LEGO Ideas）网站提出新产品创意。[7]

借助乐高创意网站，这家巨型玩具制造商已经多次成功地将用户创意转变为畅销的乐高拼装玩具。乐高邀请用户在该网站上提交创意，并为其他用户的创意投票。如果某个创意获得的支持达到 1 万票，就会提交给乐高评审委员会，由包括营销、设计在内的各个部门进行内部评价。通过内部评价的创意会投入生产，制成正式的乐高产品。作为回报，创意被选中的消费者，每卖出去一套拼装玩具可以获得该产品销售净额的 1%，并作为“乐高创意”拼装玩具的创造者得到奖励。迄今为止，“乐高创意”已经产生了 12 个重要的新产品，包括乐高神秘博士、乐高鸟、乐高生活大爆炸、乐高捉鬼敢死队

（Ghostbusters）、乐高瓦力（Wall E）、乐高回到未来德罗宁时间机器（Back to the Future DeLorean Time Machine）和乐高迷宫（Ladyrinth Marble Maze）等。

众包

更为广泛地，许多公司现在建立**众包**（crowdsourcing）或开放创新的新产品创意计划。众包将创意之门敞开，邀请各种人——顾客、员工、独立科学家和研究者，甚至是广大公众——投入新产品创新过程之中。利用公司内外部各种来源集思广益，可以产生意想不到的好点子。

各行各业、各种规模的公司如今都运用众包，而不是仅仅依靠自己的研发实验室产生支持增长所需的所有新产品创新。例如，运动服装生产商安德玛知道，公司内部无论有多少顶尖的开发人员，有时候产生优质新颖创意的有效途径是求助于公司之外的力量。所以，为寻找下一个重要产品，安德玛赞助名为“未来秀创新挑战”的年度众包竞赛[8]：

> “未来秀创新挑战”邀请全美的企业家和投资人提交新产品创意。安德玛团队从数千个创意中选出 12 个胜出者，他们要在一档引人注目的电视节目中向 7 位评委介绍和推销自己的产品。最终的赢家能获得 5 万美元和与安德玛合作开发获胜产品的合同。“未来秀创新挑战”的目的在于“吸引顶级创新者来到安德玛”，CEO 凯文·普兰克（Kevin Plank）说。首个赢家，也是普兰克迄今为止最喜爱的，是为运动员制造的拉链——安德玛磁吸拉链（UA MagZip）——可以单手轻松开合。安德玛内部研发团队两年来一直想开发一款更好的拉链，但“我们没有做到”，公司的创新副总裁说道。这款拉链只是数十个来自“未来秀创新挑战”的富有创意的新产品中的一个。但是就其本身而言，已经让整个众包努力值得了。“我们需要足够谦卑，因为下一个重要的想法很可能来自碰巧有更好创意的、在学校踢球的孩子。”安德玛首席创新官说。

众包可以产生大量新鲜的创意。实际上，向所有人打开创意之门，那些或好或坏的点子可能将公司淹没。所得到的创意常常超过公司的预期。例如，当思科赞助一次名为 I-Prize 的开放创新活动从外部征求创意时，来自 156 个国家的 2 900 位创新者贡献了 820 多个杰出创意。“评价过程花费的人力远远超过我们的预期。”公司的首席技术官说道。这需要“投入大量的时间、精力、耐心和想象力……去粗取精”。最终，由 6 位思科员工组成的团队全力以赴地工作了 3 个月，才甄别出 32 个创意进入半决赛，来自世界各地的 9 支代表队进入决赛的竞争。[9]

真正具有创新力的公司不会仅仅依靠单一的来源寻求新产品创意。相反，它们建立从员工和顾客到各种外部创新者组成的广泛的创新网络，从各种可能的来源集思广益。

构思筛选

构思产生阶段的目的是形成大量的构思。随后各阶段的任务就在于逐步削减这一数量。首先，**构思筛选**（idea screening）是一个去芜存菁的过程，即尽可能地留住好的构思，去掉不好的构思。在后面的产品开发阶段成本将大幅上升，因此企业只希望进一步开发能盈利的新产品。

为便于新产品委员会审核，许多企业要求用标准的形式来描述新产品构思。这一描述包含产品或服务构思计划、顾客价值主张、目标市场以及竞争状况，并大致估计市场规模、产品价格、开发时间和成本、制造成本，以及收益率。然后由新产品委员会根据一整套标准审核每一个新产品构思。

一位营销专家提出了一个"R-W-W"（real，win，worth doing）新产品筛选框架，它询问三个问题。[10] 第一，它是否真实？即对这一产品是否存在真正的需要和渴求，消费者是否会购买？是否存在一个清晰的产品概念？这一产品能否满足市场需求？第二，我们能否获胜？即这一产品是否能够提供持久的竞争优势？企业有没有资源成功地开发和经营这一产品？最后，它是否值得做？即这一产品是否符合企业长期的发展战略？它能否产生足够的潜在利润？企业必须在对这三个"R-W-W"问题都作出肯定回答之后，才可进一步开发某个新产品构思。

概念开发与测试

有吸引力的产品构思必须发展成为有效的**产品概念**（product concept）。这里，有必要区分产品构思、产品概念和产品形象的含义。产品构思是企业希望提供给市场的一个可能产品的设想；产品概念是从消费者的角度，用消费者的语言详尽描述的构思；产品形象是消费者感知到的实际产品或潜在产品的特定形象。

概念开发

假定一个汽车制造商开发出了一款实用电动汽车。其原型时尚、动感十足，售价约 10 万美元，紧随其后的是价格 7.1 万美元的大型运动型厢式轿车。[11] 但是，在不久的将来，它打算推出一款更多人能买得起的、适应大众市场的车型，借此与诸如日产聆风、雪佛兰 Volt、起亚 Soul EV 和雪佛兰 Bolt EV 等最近推出的混合动力或电动汽车竞争。这一完全靠电力驱动的汽车可以在 4 秒内从 0 加速到 60 英里 / 小时，用一个普通的 120 伏电源插座 45 分钟即可充满电，一次充电可行驶 300 英里。

展望未来，市场营销者的任务就是要把这一新产品转化为若干产品概念，了解每一种产品概念对消费者有多大吸引力，并从中选出最好的那一种。对于这一电动车，或许可以开发出以下的产品概念：

- 概念 1：价格合理的中型轿车，可作为家庭的第二辆车，适合在城市中走亲访友或外出办事。
- 概念 2：中等价位的小型运动型汽车，适合年轻人。
- 概念 3："绿色"汽车，适合那些关心环境的人，他们需要实用的、低污染的交通工具。
- 概念 4：一种高端的多功能车，适合那些偏爱更大空间和更低油耗的消费者。

概念测试

概念测试（concept testing）是与合适的目标消费者一起测试这些新产品概念。

概念可以用符号或实物形式来表示。比如，概念 3 可以用文字详细表述如下：

这是一种高效的电池动力纯电动小型汽车，可以容纳 4 人且富有驾驶乐趣。完全使用电能使得该汽车不愧为一种无污染的实用交通工具。它充电一次可以行驶 300 英里，每英里的驾驶成本仅为几美分。相对当今高污染、高油耗的车辆而言，该汽车无疑是一种明智的、负责任的选择。其全部配置的价格在 2.88 万美元左右。

许多企业在开发新产品之前，都会与消费者一起进行有关新产品概念的常规测试。对于一些概念测试，使用文字或图片描述就足够了。但是，如果有实实在在的实物展示，则会增加测试的准确性。参与测试的消费者针对企业所展示的产品概念回答以下类似的问题（见表 9 - 1）。

表 9 - 1　纯电动汽车概念测试问题

1. 您了解电池动力电动汽车的概念吗？
2. 您相信关于该汽车性能的说法吗？
3. 与普通汽车相比，该纯电动汽车的主要优点是什么？
4. 与油电混合动力车相比，该纯电动汽车的优势在哪里？
5. 您认为该汽车在哪些方面还需要改进？
6. 同普通汽车相比，您偏爱纯电动汽车的何种用途？
7. 该汽车的合理价格是多少？
8. 谁将会影响您对该汽车的购买决策？谁将驾驶它？
9. 您会购买这种车吗？（肯定会买，可能会买，可能不会买，肯定不会买）

消费者对这些问题的回答将有助于企业确定哪种产品概念对消费者最有吸引力，并预测市场潜力。例如，最后一个问题了解消费者的购买意愿。如果 2% 的消费者说“肯定会买”，5% 的消费者说“可能会买”，企业就可以利用这些数据来估计整个目标市场的销售量。值得注意的是，企业的估计往往是不精确的，因为人们的意图并非总能转化为行动。

营销战略制定

假设汽车制造商发现，对于电动汽车来说，概念 3 的测试效果最好。接下来，企业需要进行**营销战略制定**（marketing strategy development），即为把该电动汽车推向市场设计初步的市场营销战略。

市场营销战略计划包括三个部分。第一部分描述目标市场、计划的价值主张、预计的销售量和市场份额，以及最初几年的利润目标。

电池动力电动汽车的目标市场是年轻一代、受过良好教育、收入水平中上的个人、情侣或小家庭，他们寻求实用且环保的交通工具。该汽车将被定位为富有驾驶乐趣，与一般的燃油汽车或混合动力汽车相比污染较小。企业第一年的目标是销售 5 万辆，亏损不超过 1 500 万美元。第二年的目标是销售 9 万辆，计划获利 2 500 万美元。

市场营销战略计划的第二部分描述产品在第一年的计划价格、分销策略和营销预算。

电池动力电动汽车将以三种颜色面市——红色、白色和蓝色，以全套配件为标准配置。零售价格为 2.88 万美元，其中 15% 为经销商利润。每月销售 10 辆以上的经销商还将获得当月销售车辆每辆 5% 的额外折扣。营销预算为 5 000 万美元，按 40 ∶ 30 ∶ 30 的比例用于全国性的媒体宣传、网络和社交媒体营销以及当地事件营销。广告、网站和各种数字内容将强调该车的驾驶乐趣和低排放理念。第一年市场调研的费用为 10 万美元，用以研究什么样的消费者会购买该汽车及其满意水平。

市场营销战略计划的第三部分描述预计的长期销售量、利润目标，以及营销组合战略。

公司计划最终获得 3% 的轿车市场份额，并实现 15% 的税后投资回报。为了实现这一目标，一开始就要生产优质的产品，并不断地通过技术改进来进一步提高质量。如果竞争和经济状况允许的话，价格将在第二年或第三年有所提高。营销总预算每年增加 10%。第一年后，每年的营销调研费用将减少为 6 万美元。

商业分析

一旦管理层决定了产品概念和营销战略，就开始评价其商业吸引力。**商业分析**（business analysis）包括审查新产品的销售量、成本和利润计划，以确定它们是否符合企业的目标。产品概念通过商业分析之后，就可以进入产品开发阶段。

为了估计销售量，企业需要查看以往同类产品的销售记录，并且进行市场调查。随后，企业会评估最大销售量和最小销售量，以确定风险范围。完成销售预测后，企业就可以估计产品的预期成本和利润，包括营销、研发、运营、会计和融资成本。最后，企业运用预测的销售和成本数据分析新产品的财务吸引力。

产品开发

在新产品概念开发阶段，许多产品只是以一段文字描述、一张样图或一个粗糙的模型的形式存在。通过商业测试的产品概念将进入**产品开发**（product development）阶段。此时，研发部门或工程部门将产品概念转化为实体产品。这一阶段往往需要大量的投资，其工作效果将决定产品构思能否转化为技术和商业上可行的产品。

研发部门将开发并测试产品概念的一种或多种实体形式。研发部门希望设计出既符合成本预算要求，又能满足消费者需要的样品。开发一个成功的样品可能需要耗费数日、数周、数月甚至数年，这取决于产品概念本身的复杂性以及样品的制造方法。

通常情况下，产品需要经过严格的测试，以确保能安全有效地执行其功能，或让消费者发现其价值。公司可以自己进行产品测试，也可以外包给专业测试公司。

市场营销者常常鼓励真实的顾客参与产品测试。例如，巴塔哥尼亚公司挑选参加穿着测试产品的顾客——称为“巴塔哥尼亚大使”，他们与公司的设计部门紧密合作，在严酷的条件下现场测试和评价产品。类似地，卡尔哈特（Carhartt）生产坚固耐用的工装和户外服装，该公司招募了一支开创大军（Groundbreakers），“正是那些努力工作的人帮助我们创造下一代产品”。这些志愿者与卡尔哈特的设计师在网上互动聊天，评价新产品概念，现场测试他们帮助创造的产品。[12]

新产品不仅要在功能上符合既定的要求，而且要传达预计的心理特征。例如，电动汽车应该使消费者感到质量好、舒适且安全。管理层必须了解消费者根据什么因素来判断车辆的优势。对有些消费者来说，这意味着关车门时的声音听起来可靠；对另一些消费者而言，这意味着汽车在试验中经得住撞击。企业还会邀请消费者参加试驾来评价汽车的性能。

营销测试

产品通过概念和产品测试之后，就可以进入**营销测试**（test marketing）阶段。在这一阶段，企业将新产品及其营销计划置于更为真实的市场环境中。在大规模投入生产之前，营销测试可以帮助市场营销者提前了解产品正式上市时可能出现的具体情况，以检验产品和营销计划，包括目标市场选择和产品定位策略、广告策略、分销策略、定价策略、品牌策略、包装策略以及预算水平。

不同产品进行的营销测试规模不同。当推出一款新产品需要大量资金投入且风险较高，或者管理层对该产品或其营销计划没有十分的把握时，企业就需要做大量的营销测试。例如，塔可钟在推出立体脆卢卡斯玉米卷之前，花费 3 年测试了 45 种产品原型。现在，该产品已经成为公司有史以来最成功的产品。星巴克花了 20 年开发 VIA 速溶咖啡，这是公司有史以来最大规模、最具风险性的产品上市。在全国范围推出该产品之前，星巴克先在芝加哥和西雅图的门店中进行了为期数月的营销测试。这样的营销测试是值得的。如今，星巴克 VIA 速溶咖啡的年销售额超过 3 亿美元。[13]

但是，营销测试可能花费很高，而且如果时间太长，也容易使竞争对手占到便宜。当开发和推出新产品的费用较低，或者管理层对新产品很有信心时，企业只需进行少量的营销测试或根本不进行营销测试。事实上，消费品企业近几年已经减少了营销测试。对于产品线延伸出来的产品或者对竞争者的成功产品的模仿品，企业一般不进行营销测试。

为抓住瞬息万变的市场机会，企业也可能缩短或跳过市场测试环节。例如，为利用数字和移动趋势，星巴克迅速导入一款并不完美的移动支付应用程序，然后在推出后的 6 个月中逐渐改善其不足之处。这款星巴克应用程序如今每周完成 800 万次交易。“我们并不认为不完美也可以接受，”星巴克的首席数字官说，“只是我们更愿意创新并加速市场化，在过程中确保它达到完美。”[14]

公司可以运用受控的市场测试或模拟市场测试，来替代广泛的、代价昂贵的标准市场测试。通过受控的市场测试，企业可以在受控制的购买者和商店样本中测试新产品和营销战略。通过综合每位受测消费者的购买信息及其人口统计特征和媒体信息，公司评价店内和到户营销努力的影响。研究人员运用模拟市场测试，可以测量消费者对在实验商店或模拟网站上出售的新产品及其营销战略的反应。受控测试和模拟测试都能有效地降低测试成本，加快测试过程。

商业化

市场测试大体上为管理者提供了制定是否推出新产品的最终决策所需要的信息支持。如果企业决定将产品**商业化**（commercialization）——将新产品推向市场——将面临高昂的成本。企业可能需要建立或租赁生产设施。如果是包装消费品，企业第一年可能还要花费数亿美元的广告、促销及其他营销努力。例如，在推出苹果手表（Apple Watch）的一个月内，苹果公司仅为新产品在电视广告上的花费就高达3 800万美元。汰渍为了在竞争异常激烈的美国洗涤剂市场推出汰渍Pods，投入1.5亿美元进行营销推广。而为了推出原创的Surface平板电脑，微软公司花费近4亿美元掀起了一场广告风暴，包括电视广告、平面广告、广播广告、户外广告、网络广告、事件营销、公共关系和样品展示等各种宣传和促销手段。[15]

企业要推出新产品，首先要确定上市时机。如果汽车制造商的新型电池动力电动汽车将会影响企业其他汽车的销售，推出时间就可能会被延迟。如果该电动汽车能够进一步改进，或者当前经济形势不好，企业也可能等到下一年再推出。但是，如果竞争对手准备推出电池动力电动汽车，那么企业就要赶紧跟进。

接下来，企业需要决定在什么地方推出新产品——在一个城市、一个地区、全国市场还是国际市场。有些企业或许会以很快的速度在全国市场推出新型号。拥有国际分销系统的企业可能会在全球市场迅速推广新产品。例如，苹果公司以其有史以来最快的速度在全球市场推出iPhone 6和iPhone 6 Plus，使之面市不到3个月的就在115个国家有售。[16]

管理新产品开发

图9－1所示的新产品开发过程强调了发现、开发和导入新产品的各项重要活动。然而，新产品开发不仅仅是按部就班地完成这一系列步骤。企业还必须采取一套整体的方法来管理这一过程。成功的新产品开发要求以顾客为中心、以团队为基础的系统化的努力。

以顾客为中心的新产品开发

新产品开发必须是以顾客为中心的，这一点最为重要。在寻找和开发新产品的时候，企业往往过多地依赖其在研发实验室中的技术研究。但是，正如市场营销中的其他所有决策一样，成功的新产品开发始于对顾客需要和偏好的透彻理解。**以顾客为中心的新产品开发**（customer-centered new product development）强调找出解决顾客问题的新方法，同时创造更多令顾客满意的体验。

最近一项研究发现，最成功的新产品往往能解决顾客的主要问题，并提出一个引人注目的独特的价值主张。另一项研究表明，由顾客直接参与新产品创新过程的企业与那些没有这样做的企业相比，拥有2倍的资产回报和3倍的运营收入增长。因此，顾客介入度对新产品开发过程和新产品的成功有积极的影响。"选择你的创新将创造的价值类型并始终坚持它至关重要。"一位专家说道。[17]

TurboTax、QuickBooks和Quicken等著名财务软件的开发商财捷是以顾客为中心开发新产品的典范之一。[18]

> 财捷遵循"为欢乐而设计"(Design for Delight，D4D)的产品开发哲学，认为产品应该提供超乎顾客预期的体验，使顾客高兴。D4D始于顾客移情——比顾客更了解他们自己。每年，财捷要进行1万小时的"跟我回家"活动，设计人员现场观察顾客在家里和工作场合如何使用产品。他们努力理解顾客自身也许都没有意识到的问题和需求。以顾客观察为基础，D4D的随后步骤是"扩展、精简"——先开发许多顾客驱动的产品创意，然后精简到一个或几个能够最好地解决顾客问题的产品创意。D4D的最后步骤涉及将优秀的创意转化为创造顾客愉悦的实际产品和服务，并在整个开发过程中不断收集顾客反馈。财捷始终坚持并在其文化中深深地融入D4D理念。"你可以感觉到它，"公司的设计创新副总裁说，"它不是仅在你的脑子里，而是渐渐深入内心，成为你的本能。我们希望将它植入我们的产品。"

当今的创新型企业正越来越多地走出研究室，与顾客直接互动以找到新的顾客价值。以顾客为中心的新产品开发，始于理解顾客需求，终于解决顾客问题，并让顾客参与其中。

以团队为基础的新产品开发

良好的新产品开发还需要企业整体的、跨职能的努力。一些企业按图9-1所示的过程按部就班地组织新产品开发，从构思产生开始，以商业化结束。在这种序贯的产品开发模式下，企业各部门单独工作来完成其在整个过程中承担的任务，然后将新产品移交到下一个部门或阶段。这种序贯的、一步接一步的过程有助于控制复杂性和项目风险。但它也可能异常缓慢。在快速变化、高度竞争的市场中，这种缓慢但可靠的新产品开发最终可能会导致新产品失败、销量和利润损失，甚至动摇企业的市场地位。

为了让自己的产品快速进入市场，许多企业运用**以团队为基础的新产品开发**(team-based new product development)方法。在这种方法下，企业各部门在跨职能的团队中密切合作，产品开发过程中的各个步骤可以同时进行，从而节约时间、提高效率。企业从各个部门调集一些人员组成一个专门的团队，他们自始至终追踪新产品的进程，而不是像之前那样将新产品从一个部门转移到另一个部门。这一团队通常包括来自营销、财务、设计、制造以及法律等多个部门的人员，甚至还包括供应商和顾客。在以往的序贯过程中，某个阶段一旦出现瓶颈，就可能严重阻滞整个项目的进程。而在以团队为基础的方法中，如果某个部门碰了钉子，那么由它致力于解决这一问题，整个团队仍然可以继续前进。

以团队为基础的新产品开发方式确实也存在一些局限。例如，与序贯进行的方法相比，它有时会在组织内部制造更多的紧张和混乱。然而，在快速变化的产业环境下，产品的生命周期越来越短，快速、灵活的新产品开发带来的回报远远超过其造成的风险。企业结合以顾客为中心与以团队为基础的新产品开发方法，才能够在将适销产品快速推向市场方面获得强大的竞争优势。

系统化的新产品开发

最后，新产品开发过程应该是整体性和系统化的，而不是局部分割和杂乱无章的。否则，很少有新的产品构思能够产生，或者即使有了好的构思也会夭折。为了避免这些问题，企业可以建立一个创新管理系统来收集、审查、评估和管理新产品构思。

企业可以任命一位德高望重的长者来担任企业的创新经理，建立基于网络的构思管理软件，并且鼓励企业所有的利益相关者——员工、供应商、分销商、经销商——加入寻找和开发新产品的行列中。企业还可以组建一个跨职能的创新管理委员会来评估新产品构思，帮助将好的产品构思最终推向市场。此外，还可以设立奖励计划来奖赏那些贡献最好构思的人。

创新管理系统的方法产生了两个有利的结果。首先，它有助于营造一种创新导向的企业文化。它显示了高层管理者支持、鼓励和奖励创新。其次，它将产生大量的新产品构思，在这些构思中或许可以发现一些的确很好的新产品构思。良好的新产品构思将会被更加系统化地开发，促进更多的新产品取得成功。好的产品构思将不会因为缺少宣传者或高级管理者的支持而夭折。

因此，新产品的成功不仅仅是想出一些好的产品构思、将其转变为产品并为它们找到顾客那么简单，它要求运用系统的方法找到创造良好顾客体验的新方式，从产生和筛选新产品构思到创造和推出满足顾客需求的产品。不仅如此，成功的新产品开发还需要全公司的投入。那些因新产品开发的杰出成绩而闻名遐迩的企业，如三星、谷歌、苹果、3M、宝洁和通用电气等公司有一个共同点——企业的整体文化鼓励、支持和奖励创新。

9.3 产品生命周期战略

管理层在推出新产品后，总希望它能够经历一个较长且顺利的生命周期。虽然企业不指望产品能够永久地在市场上存在，但还是期望它能够补偿为开发和推广所付出的努力和所经历的风险，并获得合理的利润。管理者也知道每个产品都有生命周期，只是事先不了解该生命周期的确切情况和长度。

图 9－2 展示了一个典型的**产品生命周期**（product life cycle，PLC）曲线，包括产品在整个周期内的销售和利润情况。产品生命周期可以分为五个不同的阶段。

1. 产品开发期。开发期是指企业找到新产品构思并进行研究开发的时期。在产品开发过程中，销售为零，并且需要投入大量的资金。

2. 介绍期。介绍期是指新产品被引入市场、销售缓慢增长的时期。在这一时期，由于新产品引入市场需要巨额的推广和分销费用，企业几乎没有利润。

3. 成长期。成长期是指产品被市场迅速接受，利润大幅增长的时期。

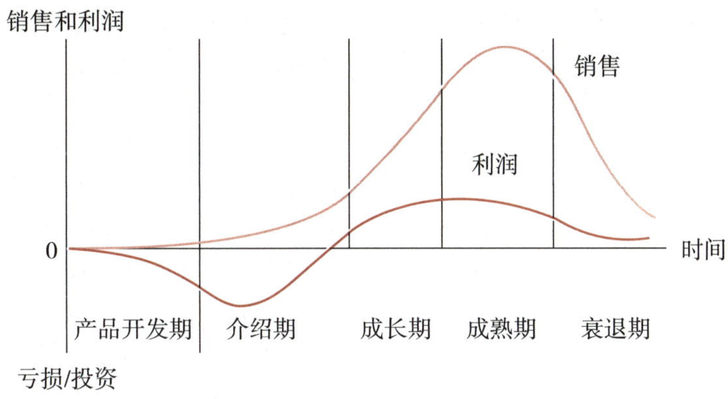

图 9-2 产品生命周期的销售和利润

4. 成熟期。成熟期是由于大多数潜在购买者已经接受并购买产品，造成销售增长放缓的时期。这一时期，为了对抗竞争、维持产品的地位，企业不得不提高营销费用，最终造成利润的停滞或下滑。

5. 衰退期。衰退期是指销售和利润不断下滑的时期。

并非所有的产品都依次遵循这样的生命周期。一些产品被引入市场不久便很快地消失了；一些产品在成熟期停留很久；还有一些产品在进入衰退期后，由于大规模的促销活动或重新定位，又重返成长阶段。一个经营良好的品牌看起来似乎可以活力长存。这些历史悠久的品牌包括可口可乐、吉列、百威、健力士（Guinness）、美国运通、富国银行、日本万字酱油（Kikkoman）以及塔巴斯科（TABASCO）等，历经百余年，它们仍保持强劲的势头。

产品生命周期的概念可以用于描述产品种类（燃油汽车）、产品形式（小型SUV）或者品牌（福特公司的土星汽车）。在不同情况下，产品生命周期的概念运用不同。产品种类拥有最长的生命周期——许多产品种类的销售都会在成熟期停留很长一段时间。相比之下，产品形式趋向于体现标准的产品生命周期曲线。例如，拨号电话和 VHS 录像带等产品形式都经历了介绍期、成长期、成熟期和衰退期这一常规的生命周期过程。

由于不断变化的竞争形势，特定品牌的生命周期迅速变化。例如，洗衣剂（产品种类）和洗衣粉（产品形式）的生命周期很长，但某个品牌的洗衣粉生命周期就可能比较短。如今，洗衣粉的主流品牌是汰渍和 Gain，而 100 年前的主导品牌是 Fels-Naptha 和 Octagon。

产品生命周期的概念也可以运用于所谓的风格、时尚和热潮。它们各自特定的生命周期如图 9-3 所示。**风格**（style）是一种基本且独特的表现方式。例如，风格存在于住宅（殖民地式、大牧场式、传统式）和艺术（现实的、超现实的、抽象的）中。一种风格一旦被创造出来，就可能维持很多年，并在此期间时而风行，时而衰落。风格曲线呈现出一种人们对其不断重新感兴趣的周而复始的周期。

时尚（fashion）是在某一领域里当前被接受或流行的一种风格。例如，20 世纪八九十年代的职业装流行比较正式的款式，到了 21 世纪就演变成比较随意的休闲款式。时尚倾向于缓慢地发展，通常保持一段时间的流行，然后缓慢地衰退。

热潮（fads）是由消费者的热情所驱动的大量销售或产品、品牌迅速流行的一个短暂阶段。[19] 热潮很可能是其他正常的生命周期的一部分，就如同最近扑克筹码的销量激增。或者这一热潮即为一个品牌或产品的整个生命周期。“宠物石”就是一个典型的例子。广告文案撰写人加里 · 达尔（Gary Dahl）在听到他的朋友抱怨养狗是多么费钱时，就拿他的宠物石开玩笑，很快写了一篇名为《照顾和训练你的宠物石》（The care and Training of Your Pet Rock）的有关驯狗手册的讽刺文章。不久，达尔就以每块 4 美元的价格销售了近 150 万美元这种普通沙滩鹅卵石。这一热潮爆发于某年的 10 月，然而在次年的 2 月就像石头一样沉寂下去了。达尔告诫那些想依靠热潮成功的人：“趁它流行的时候，赶快榨取价值。”其他有关热潮的例子包括傻蛋橡皮筋、菲比小精灵和自拍杆。[20]

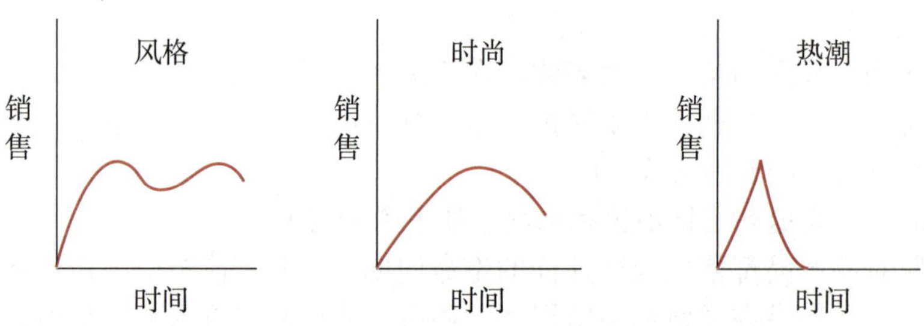

图 9－3　风格、时尚和热潮

市场营销者可以将产品生命周期的概念作为一个有用的分析框架，用于描述产品和市场如何运转。如果运用恰当，产品生命周期的概念有助于市场营销者针对不同阶段制定恰当的市场营销战略。但是，使用产品生命周期的概念来预测产品的市场绩效或制定市场营销战略时也存在一些操作方面的问题。例如，实践中，预测产品生命周期每个阶段产品的销售额、每个阶段的长度以及产品生命周期曲线的形状都是很困难的。使用产品生命周期的概念来制定市场营销战略也不容易，因为市场营销战略既是产品生命周期的原因，又是其结果。产品当前在生命周期中的位置决定了最佳的市场营销战略，这个战略反过来又影响产品在后续阶段的表现。

此外，市场营销者不应该盲目地按照产品生命周期各个传统的阶段来经营产品。与此相反，市场营销者经常违反这一生命周期“规则”，以一种不可预期的方式定位其产品。企业可以借助这种做法，在产品生命周期的成熟期挽救产品，使之重新回到成长阶段；或者跃过可能延缓消费者接受的重重障碍，将新产品迅速推入成长期。

产品生命周期理论的要义是，企业必须不断地创新，否则会有被淘汰的危险。无论目前的产品线多么理想，为了更大的成功，企业必须熟练地管理现有产品的生命周期。同时为了实现持续增长，企业必须开发一个能够给顾客带来新价值的、稳定的新产品流。玩具生产商美泰付出不小的代价才学会这一点。它长期以来凭借诸如芭比、风火轮（Hot Wheels）、费雪和美国女孩等经典品牌在世界玩具行业居于主导地位。然而，近年来，随着其核心品牌进入成熟期，美泰面对更加敏捷和更具创新性的竞争者，销售停滞不前（见“营销实例”）。

营销实例 管理美泰的产品生命周期：这可不是闹着玩的

美泰公司凭借诸如芭比娃娃、风火轮、费雪、美国女孩等一大批经典品牌，数十年来统治着美国玩具行业。50多年来，美泰的玩具一直在美国孩子的心愿清单上位列前茅。

但是，最近随着多个核心品牌步入成熟期，美泰的销售迅速下降。声誉颇高的品牌芭比，现在已经50多岁了，过去3年经历了两位数的销售下滑。销售同样不景气的还有费雪和美国女孩品牌，如今的玩具购买者远不如老一辈那么青睐传说中的名牌了。美泰的风火轮品牌，现在似乎更吸引怀旧的老爸，而不是他们年幼的孩子。

美泰当然可以将其销售颓势归咎于整个玩具行业的趋势——出生率下降、成本提升、经济条件不利，以及数码技术蓬勃发展使许多传统玩具显得像旧时代的遗物般失去光彩。全球玩具产业近年来困顿不前，像美泰和孩之宝这样的市场领导者受到的打击最大。但是，以上不利因素并没有减缓美泰的主要竞争对手——乐高集团的发展。过去10年间，尽管玩具产业了无生机，乐高的收入却增长了4倍，仅去年一年就提升了15%。乐高最近超越美泰和孩之宝，成为世界上最大的玩具制造商。

乐高的成功说明美泰的问题不仅仅是行业的沉浮。显然，公司存在产品生命周期管理问题——经典老品牌很多，但缺少优秀的新品牌。在一个面临一连串热点新事物打击的行业中，美泰在产品开发上落后，且不能适应玩具趋势和偏好的快速变化。

以美泰最大、历史最悠久的芭比为例。诞生于1959年，芭比很快成为各地小女孩们的必备玩具。1970年代晚期，在5～10岁的美国女孩中，90%至少有一个芭比娃娃。50多年以来，芭比一直是美泰公司最大的摇钱树，占到其总收益的30%之多。但是，过去几年间，芭比的受欢迎程度逐步下降。尽管依然是世界上最大的玩具品牌之一，但芭比目前的年收入不足10亿美元，是其高峰时期的一半都不到。去年，芭比的销售更是令人心痛地下降了16%。一位分析人员甚至建议“是时候考虑让芭比退休了”。

这个情况虽然不会马上发生，但是像许多美泰公司的其他品牌一样，芭比的老态和颓势越来越明显了。设计者不辞劳苦地努力开发新型号和新属性。比如，企业家芭比——首款有自己智能手机和领英账号的芭比。最近美泰推出了“芭比你好”——一个可以说话、互动和连接网络的娃娃。但是，随着玩具货架上时尚产品越来越多，芭比不断失去吸引力。例如迪士尼的冰雪奇缘玩具产品线和套装所具有的强大力量，似乎更令女孩们难以抗拒。

美泰还在现代化芭比的营销努力上频频失误。例如，芭比用“不道歉”运动——用“只要你梦想，就可以成功”的口号——试图拥护女权运动。尽管其以3～12岁的女孩作为目标市场的事实和所设定的不真实的形体与美貌标准数十年来备受诟病，美泰仍用《运动画报》(*Sports Illustrated*) 50周年泳装版封面上刊登的芭比广告揭开这场运动的序幕。这一举措引起全美无数母亲的愤怒。

数年来，随着芭比逐渐变老，美泰也试图引入更年轻的新娃娃来丰富产品线。1990年代晚期，公司购买了广受欢迎的高价玩具品牌美国女孩，并推出了怪兽高中（Monster High）——由诸如德库莱拉（Draculaura）、霍利雅（Ghoulia Yelp）和艾比·波米诺卜（Abbey Bominable）等人物形象组成的娃娃及其配件产品线——一举成功。但是，与芭比非常相似的是，美国女孩和怪兽高中如今也步入成熟期，销售开始下降。批评者指责美泰毫无想象力的设计、保守的创新理念和无法让品牌与时俱进地保持新鲜感和价值。

由于大多数核心品牌处于生命周期的成熟和衰退阶段，美泰不得不进行艰苦的战斗。以风火轮——玩具车市场长期的领导者为例。美泰通过制造市场热点，比较成功地使这一成熟品牌重新焕发活力。例如，随着近年来遥控直升机和无人机迅猛发展，风火轮推出街鹰（Street Hawk）——一款会飞的遥控汽车。街鹰在第一个圣诞购物季成为最大的赢家之一。然而，这一成功持续太短，也间隔太久。即使有不同年龄的收集者做后盾，风火轮品牌还是难敌更新颖和时尚的竞争性产品。

随着其核心品牌日渐老去，美泰通过获取流行电影、电视剧和漫画书中热点人物的许可为其产品线注入新活力。特别是，美泰凭借许可的迪士尼公主和冰雪奇缘娃娃和玩具小挣一笔。最近，它推出星战风火轮汽车产品线，并与华纳兄弟合作，人物出自根据 DC 漫画改编的 10 部即将上映的电影。但是，这些许可产品的盈利不足以弥补美泰在重振自己品牌和开发新产品上的欠缺。例如，美泰最近在争夺迪士尼公主和冰雪奇缘人物许可权上败给了孩之宝，留下巨大的收入亏空亟待弥补。

因此，为在如今动荡和快速变化的玩具市场重新获得优势地位，美泰必须制定更快、更敏捷也更加以顾客为中心的流程来开发有意义的新产品，并引导它们顺利经历生命周期获取利润。除了重塑其经典品牌，美泰必须创造稳定持续的令人兴奋的新产品流，引领不断变化的消费者趋势和偏好。对美泰而言，掌控好产品生命周期可不是闹着玩的，事关增长、繁荣，甚至是长期生存。

资料来源：“Mattel Has 20% Upside, Yields 5%,” *Barron's*, January 2, 2016, www.barrons.com/articles/mattel-has-20-upside-yields-5-1451704412; Claire Suddath, “The Princess Makeover: How Hasbro Stole Disney's Dolls from Mattel,” *Bloomberg Businessweek*, December 17, 2015, pp. 40-45; John Kell, “Mattel's Barbie Sales Down for Third Consecutive Year,” *Fortune*, January 30, 2015, http://fortune.com/2015/01/30/mattels-barbie-sales-drop-third-year/; Laura Stampler, “Bye, Bye Barbie: 2015 Is the Year We Abandon Unrealistic Beauty Ideals,” *Time*, January 30, 2015, http://time.com/3667580/mattel-barbie-earnings-plus-size-body-image/; Rachel Abrams, “Mattel Aims to Reanimate Sales with Talking Barbie,” *New York Times*, October 16, 2015, p. B2; and www.barbie.com and http://corporate.mattel.com, accessed September 2016.

我们在本节的第一部分讨论了产品生命周期中的产品开发阶段，现在讨论其他阶段的营销战略。

介绍期

新产品一经推出，**介绍期**（introduction stage）也就开始了。介绍期需要花费一些时间，此时的销售增长比较缓慢。一些著名的产品，如速溶咖啡、速冻产品、高清电视机在进入快速成长阶段之前，都经历了多年的缓慢增长。

与其他阶段相比，由于较低的销售收入和高昂的分销及促销费用，企业在介绍期往往亏本经营或利润很低。企业需要大量的资金来吸引分销商，鼓励它们保持库存。为了让消费者知晓新产品并吸引他们试用，促销费用通常很高。在这一阶段，市场还没有成熟，公司和为数很少的竞争者只生产基本型的产品，瞄准那些做好充分购买准备的消费者。

企业必须根据其设定的产品定位来选择新产品的上市策略，市场开拓者尤其应该如此。企业应当意识到，上市策略只是产品生命周期总体营销战略中谨慎选择的第一步。如果先入企业选择的是“狠赚一笔”，那么它将为短期利润而牺牲长远利益。先入企业如果一开始就能采取正确的策略，则很可能抓住时机建立并保持市场领先地位。

成长期

如果新产品满足了市场需要，就将进入**成长期**（growth stage）。在该阶段，销售会迅速攀升。早期采用者将会继续购买产品，其他消费者也会追随购买，尤其在获悉产品的正向口碑之后。此时，受利润的吸引，新的竞争者也会进入市场。它们引入新的产品特性，市场也将随之扩大。随着竞争者的不断加入，分销网点的数量也将增加；同时，在销售增长的同时，中间商的存货也将增加。价格维持不变或略有下降。促销费用停留在原来的水平上或者再增加一些。培育市场依旧是企业的目标，只是企业还必须面对竞争。

在这一阶段，不断扩大的销量分摊了促销费用，单位制造成本下降，利润有所增长。企业会采取多种策略来维持市场尽可能长时间快速增长，包括：改进产品质量以及增加新产品的特色和式样；进入新的细分市场或者分销渠道；将一些广告诉求由建立产品知晓度转向说服购买；在适当的时候降低产品价格，以吸引更多的购买者。

在成长阶段，企业面临高市场份额与高利润之间的取舍。通过在产品改进、促销和分销上投入大量资金，企业可能获得市场主导地位。但是，这样便放弃了现有利润的最大化，期望在下一阶段得到补偿。

成熟期

产品的销售增长在达到某一峰值时就会放缓，进入**成熟期**（maturity stage）。这一阶段的持续时间一般会比前面几个阶段长，并给营销管理部门带来严峻的挑战。目前，大多数产品都处于生命周期的成熟阶段，因此大部分营销管理人员需要处理的也正是这些成熟期的产品。

销售增长的减缓导致整个行业的生产能力过剩，而生产能力的过剩又会导致竞争加剧。竞争者纷纷开始降低产品价格、扩大广告和促销投入、增加研发预算，试图进一步改进该产品。所有这些都意味着利润的减少。此时，一些较弱的竞争者开始退出竞争。最后，行业内只剩下一些地位稳定的竞争者。

尽管许多产品在成熟期会保持较长时间不变，但事实上，多数成功的产品会不断发展以满足消费者不断变化的需要。产品经理不应仅仅随遇而安地听之任之或者一味保护其成熟产品——善于进攻才是最好的防守。他们应当考虑调整市场、改进产品，以及调整市场营销组合。

在市场调整中，企业应当通过寻找新的使用者和新的细分市场，尽力增加现有产品的消费数量。例如，哈雷－戴维森摩托和 Axe 香氛等品牌，通常以男性为目标市场，如今开始针对女性消费者推出产品和设计营销方案。相反，Weight Watchers 和美体小铺（Body Shop）以往的目标市场为女性，现在开发了针对男性的产品和项目。

公司应该想方设法增加当前顾客的使用量。例如，3M 公司最近发起一场营销运动激励人们更多地使用其即时贴产品。[21] 即时贴“Post-It”品牌的“尽管去做”（Go Ahead）营销运动希望使顾客信服，小小的黏性纸片不仅可以用于临时记录和提醒，还可以有其他多种用途。运动之初的一则广告展示了一个发生在大学校园中的场景，人们用即时贴在一座建筑物的外墙上回答问题：“是什么启发了你？”画外音说道：“来吧，让我们在一面真实的墙上分享。”广告中表现的其他场景包括：一个年轻人用各种颜色的即时贴在一面墙上创作出一幅镶嵌艺术作品；教师运用即时贴把教室装点得生动多彩……在这则广告的结尾，一页页即时贴被撕下展示意想不到的新用途，例如，“尽管去做，联系”、“尽管去做，灵感”和“尽管去做，探索”。

企业也可以试图改进其产品——改变产品特点，如质量、特征、风格、包装或者技术平台，来留住当前的使用者或吸引新顾客。因此，为使自己的产品焕然一新，从而吸引如今越来越迷恋新技术的孩子，众多经典玩具和游戏的制造商纷纷推出新的数码版本或为曾经的畅销品增加新属性。例如，令人尊敬的绘儿乐（Crayola）品牌加大马力完善产品线以满足新一代的技术品位。运用绘儿乐“我的模拟时装秀”绘画套装和应用程序，孩子们首次借助彩色铅笔和画图板设计时装。然后用智能手机或电脑拍照，观看自己的原创作品奇迹般地在应用程序中出现在 3D 模特身上，亮相米兰、纽约和巴黎的时装秀。[22]

最后，企业还可以试图改进营销组合——通过调整营销组合的一个或几个要素来提高销售。企业可以向消费者提供新的或改进的服务，也可以降低价格以吸引新的使用者或竞争者的顾客，还可以推出更好的广告运动或采取激进的促销活动——商业折扣、代金券、抽奖或竞猜等。除了定价和促销，企业还可以进入新的营销渠道为新用户提供服务。

百事运用所有这些市场、产品和营销组合调整方式来振兴其拥有 137 年历史的桂格品牌，避免其衰退。为了重新焕发该品牌的活力，桂格得到大约 1 亿美元预算的支持，开展了一场重要的新营销运动——“桂格激情”[23]：

> “桂格激情”运动瞄准 35 岁以下年轻母亲这一新细分市场，将桂格热燕麦和冷燕麦产品线、零食棒、饼干和其他产品定位为健康生活方式的选择，帮助年轻家庭获得度过一整天所需的能量和动力。该运动提出家庭“桂格激情——在重要的时刻用桂格的优质能量”。作为瞄准新细分市场和重新定位战略的一部分，桂格调整品牌的所有元素，从产品和包装，到店内陈列和广告平台。运动开始时，桂格还特意将品牌标志中的男人形象瘦身了 20 磅，使之看上去更加健康、强壮，也更具现代感。该品牌还增加了补充能量的产品，例如桂格混合型燕麦（Medleys）——一种由丰盛的燕麦、谷物与水果、坚果混合的产品；桂格软饼（Soft Baked Bars）——富含纤维、蛋白质和维生素 B；桂格蛋白

饼（Protein）——富含蛋白质的速食燕麦能量棒。为适合如今年轻父母们更具移动化和连接性的生活方式，“桂格激情”运动还整合了大量优质数字媒体，包括旗帜广告、YouTube 视频、脸书应用、“桂格激情”社群网站，以及大量的其他数字内容。总之，桂格这个历史悠久的品牌，如今正重新焕发活力吸引大批年轻消费者。“这个品牌以往就有很高的知名度，人们喜爱它，但是我们现在更需要与当代母亲们建立强有力的联系。”桂格的首席营销官如是说。

衰退期

大多数产品形式和品牌的销售最终都会走向衰退。这种衰退也许很缓慢，例如麦片；也许很迅速，如留声机唱片。销售可能会下降为零，也可能在一个低水平上维持很多年。这就是**衰退期**（decline stage）。

销售衰退的原因有很多，其中包括技术进步、消费者口味变化以及竞争日益加剧等。随着销售和利润的衰退，有些公司退出了市场。留下来的企业可能会减少产品供应，也可能会放弃一些较小的细分市场或盈利状况不佳的分销渠道，或者削减促销预算和进一步降低价格。

经营一种衰退的产品对企业来说代价很大，不仅是在利润上，还有很多隐性成本。衰退的产品可能会占用管理者太多的时间，因为它往往需要频繁地调整价格和存货。而且，它还消耗着广告和销售队伍的精力，如果将这些精力用于“健康”产品的话，可能更加有利。某一产品的失败会引起消费者对企业及其其他产品产生怀疑。更大的问题还在后面，继续经营衰退的产品会延误积极寻找替代品的工作，进而使产品组合失去平衡，降低现有利润，同时削弱企业未来发展的基础。

基于这些原因，企业必须识别处于衰退阶段的产品，决定是否维持、收获或放弃它们。管理者可以决定维持处于衰退期的品牌，重新定位或注入新的活力，帮助它重新回到产品生命周期的成长阶段。针对洁碧先生（Mr.Clean）和欧仕派（Old Spice）等品牌，宝洁公司就是这样做的。过去的 10 年间，宝洁公司通过调整目标市场和重新定位，重振和延伸了这些老品牌，将它们从被市场淘汰的边缘带回“10 亿美元品牌”之列。

管理者也可以采取收获策略，这意味着减少各种成本（包括厂房和设备、维修服务、研发、广告投入和销售渠道建设等），希望销售持续。一旦这种策略成功，便会在短期内增加企业的利润。或者，管理层也可以决定从其产品线中剔除该产品，将它卖给其他企业，或者简单地以残值清算。如果公司计划寻找买家，就不会采取收获策略使之衰败。宝洁公司卖掉了许多正在衰退或者不再适合公司战略的品牌，如 Folgers 咖啡、Crisco 油、Comet 清洁剂、Sure 除臭剂、Noxema 剃须泡沫、Duncan Hines 蛋糕混合料、封面女孩和蜜丝佛陀化妆品、金霸王电池、爱慕思宠物食品等。[24]

表 9－2 总结了产品生命周期各阶段的主要特征，同时也列出了相应的营销目标和战略。[25]

表 9-2　产品生命周期各阶段的特征、目标和营销战略

	介绍期	成长期	成熟期	衰退期
项目				
销售	低销售额	销售剧增	销售高峰	销售衰退
成本	单位顾客成本高	单位顾客成本一般	单位顾客成本低	单位顾客成本低
利润	亏本	利润增长	利润高	利润下降
顾客	创新者	早期使用者	中期大众	落伍者
竞争者	很少	增多	稳中有降	减少
营销目标				
	建立产品知名度，提高产品试用率	市场份额最大化	保护市场份额，争取最大利润	压缩开支，榨取品牌价值
营销战略				
产品	提供基本产品	产品延伸、提供服务和维修保证	品牌和型号多样化	逐步撤出衰退产品
定价	成本加成法	渗透市场定价法	与竞争对手抗衡或领先它们	降价
分销	选择性分销	密集分销	更密集的分销	有选择地淘汰无利润的分销渠道
广告	在早期使用者和分销商中建立知名度	在大众市场建立知名度并引起兴趣	强调品牌差异和利益	降低，维持绝对忠诚者的水平
促销	加强促销，吸引试用	减少促销，利用使用者需求	加强促销，鼓励转换品牌	降至最低标准

资料来源：Based on Philip Kotler and Kevin Lane Keller, *Marketing Management*, 15th ed. (Hoboken, NJ: Pearson Education, 2016), p. 358. © 2016. Printed and electronically reproduced by permission of Pearson Education, Inc., Hoboken, New Jersey.

9.4　产品和服务的其他问题

这里，我们将用另外两个问题来结束对产品和服务的讨论：产品决策中的社会责任以及产品和服务的国际营销。

产品决策中的社会责任

产品决策已经吸引了公众越来越多的关注。市场营销者制定产品决策时，应当周详地考虑有关产品开发和淘汰、专利保护、产品质量和安全性，以及产品担保等方面的公共政策和法规。

如果企业并购的结果可能会削弱竞争，那么政府就会阻止企业通过并购的方

式来增加新产品。那些打算淘汰某些产品的企业必须意识到，它们对于供应商、经销商和顾客——这些因产品而存在利益关系的各方——都负有明示或暗示的法律责任。企业开发新产品时，也必须遵守专利法。企业不能非法仿制其他企业的现有产品。

制造商必须遵守关于产品质量和安全性的专门法规。《联邦食品、药品和化妆品法》（Federal Food, Drug, and Cosmetic Act）保护消费者免受不安全或以次充好的食品、药品和化妆品的危害。多项法律规定了肉类和家禽加工业的检验和卫生条件。管制纺织品、化工原料、汽车、玩具以及药物和有毒物品的安全立法也已经获得通过。1972 年《消费者产品安全法》创建了消费者产品安全委员会，该委员会有权取缔、没收或查封具有潜在危害的产品，并且对违反该法案的企业处以重罚。

如果消费者因使用设计有缺陷的产品而受到伤害，那么他们有权起诉该产品的制造商或经销商。最近一项有关制造企业的调查显示，产品可靠性是困扰企业的第二大法律问题，仅次于劳动和就业问题。虽然在所有关于产品可靠性的案件中，真正由于制造商过失而引起的仅占很小的比重，但是一经发现有罪，企业不得不承担数额惊人的赔偿，赔偿金额可达数百万美元甚至上亿美元。例如，在因油门踏板问题召回 1 100 万辆汽车之后，丰田公司面临 100 多起集体和个人诉讼，最终为补偿车主与油门踏板相关的经济损失而赔付 16 亿美元。无独有偶，通用汽车也曾因导致 120 多位司机死亡的点火开关故障支付 20 亿美元罚款和赔偿。[26]

这种现象导致产品可靠性保险的费用骤增，给某些行业带来很大的影响。一些企业通过提高价格把增加的保费转嫁给消费者。一些企业则被迫放弃高风险的产品线。现在，有些企业任命“产品管家”来主动清查潜在的产品问题，从而保护消费者免受伤害，减少企业可能承担的风险。

产品和服务的国际营销

产品和服务的国际市场营销者面临特殊的挑战。首先，他们必须确定应当在哪些国家推出什么产品和服务。然后，他们必须决定在多大程度上保持产品的标准化，在多大程度上对产品和服务作出调整以适应世界市场。

一方面，企业希望使其市场提供物标准化。标准化有助于企业在世界范围内树立一致的形象，还可以降低设计成本、制造成本和营销成本。另一方面，世界各地的市场和消费者差别很大。企业通常必须通过调整自己的产品来对这些差别作出响应。

例如，麦当劳在 100 多个国家开展经营活动，各地的食品偏好截然不同。所以，你除了能够在全球大多数的麦当劳门店发现其标志性的汉堡包和薯条，还能看到该连锁店提供适合当地市场顾客独特口味的项目。麦当劳在挪威提供三文鱼汉堡包，在中国出售土豆泥汉堡包，在日本推出鲜虾汉堡包，在泰国出售日式猪肉汉堡包，在马来西亚出售鸡肉粥，在夏威夷提供午餐肉和鸡蛋，等等。

在许多主要的全球市场，麦当劳不仅仅是调整菜单那么简单，它还改变餐厅的设计和运营方式。例如，法国麦当劳将自己重新定义为一家迎合法国消费者的需求和偏好的法国公司[27]：

> 一位观察家断言："法国——高级烹饪、优质葡萄酒和奶酪的国度——是麦当劳最不可能发展的地方。"然而，这家快餐巨头却成功地将法国变为其第二大盈利的海外市场。尽管巴黎的麦当劳乍一看和芝加哥的没多大不同，实际上麦当劳精心地调整了其在法国的运营以适应当地顾客的偏好。尽管大多数的收益仍然来自汉堡包和薯条，法国麦当劳为取悦法国人的鉴赏力改变了菜单。例如，提供的汉堡包有各种法国奶酪——山羊奶酪和青纹奶酪等。法国消费者酷爱法棍面包，于是麦当劳在店里现烤并制作麦法棍（McBaguette）三明治。
>
> 但是，最大的差异也许还不是食品，而是使餐厅本身的设计适应法国人的生活方式。例如，法国就餐时间偏长，每个餐位需要更多的食物。所以，麦当劳改良餐厅内部装饰，创造舒适、热情的环境，让顾客愿意停留，或许再额外地点上一份咖啡或甜点。法国麦当劳甚至提供上餐服务。结果，法国麦当劳平均每位顾客的停留时间是美国顾客的四倍。

在进行国际化的时候，服务营销者也面临特殊的挑战。一些服务行业具有悠久的国际化经营的历史。比如，商业银行就是最早实现国际化经营的服务行业之一。为了满足那些打算将产品销往国外的本国客户在外汇兑换和信托方面的需要，银行不得不提供国际化的服务。近年来，一些银行开始了真正意义上的全球化运作。比如，德国的德意志银行（Deutsche Bank）在 70 多个国家通过 2 984 个分支机构为超过 1 900 万顾客服务。对于世界各地希望全球化发展的客户而言，德意志银行不仅在法兰克福，还可以在苏黎世、伦敦、巴黎、东京和莫斯科为他们筹措资金。[28]

零售是最晚走向全球化经营的行业之一。随着本国市场日渐饱和，诸如沃尔玛、办公用品经销商欧迪办公，以及萨克斯第五大道精品百货店等美国零售商开始加速向海外市场扩张。例如，沃尔玛在 28 个国家每周为 2.6 亿顾客提供服务；其国际事业部的销售额占公司销售总额的 29%。其他国家的零售商也在采取相似的策略。亚洲的顾客现在可以在法国的家乐福超市购买美国商品。家乐福是全球第四大零售商——紧随沃尔玛、开市客和英国的 Tesco 之后，已经在 34 个国家开设了 1 万多家门店。它在欧洲、巴西和阿根廷都是处于领导地位的零售商。[29]

服务企业的全球化发展趋势仍将继续，尤其是在银行业、航空运输业、电信业以及专业服务领域。如今，服务企业不再简单地跟随其制造商客户的脚步。相反，它们正在国际化扩张的浪潮中引领潮流。

关键术语

新产品开发（new product development）
构思产生（idea generation）
众包（crowdsourcing）
构思筛选（idea screening）
产品概念（product concept）
概念测试（concept testing）
营销战略制定（marketing strategy development）
商业分析（business analysis）
产品开发（product development）
营销测试（test marketing）
商业化（commercialization）
以顾客为中心的新产品开发（customer-centered new product development）
以团队为基础的新产品开发（team-based new product development）

产品生命周期（product life cycle，PLC）
风格（style）
时尚（fashion）
热潮（fads）
介绍期（introduction stage）
成长期（growth stage）
成熟期（maturity stage）
衰退期（decline stage）

概念讨论

1. 为什么新产品失败率很高？

2. 什么是构思产生？列举和解释新产品构思的来源。

3. 新产品开发过程中的商业分析阶段需要开展哪些活动？企业如何完成这一步骤？

4. 企业如何采用全面的方式管理新产品开发？

5. 说明在产品生命周期的衰退阶段可供市场营销者选择的方案。

案　例

博世：通过研究开发更好的产品

品牌战略公司 Lippincott 最近的调研发现，最受信赖的消费者电子产品品牌不是苹果，也不是三星、索尼或者微软，而是博世，这个相对规模较小的家族企业 50 多年来始终致力于生产创新性的音响设备。尽管单单耳机一项，公司去年就为顾客提供了 3 000 万套，但博世 40 亿美元的年收益与苹果公司 2 340 亿美元的年收益相比，仍然相去甚远。不过提起顾客对品牌的热爱，这家以马萨诸塞州为基地的技术公司甚至能让苹果公司也相形见绌。博世基于产品简约的设计和卓越的功能性建立起与消费者之间的深度联系。

博世笃信一套自初创以来就一直引导公司的价值观。如今，大多数公司都非常看重提高收益、利润和股票价值。它们试图用竞争者所没有的产品特征和属性来差异化产品线，获得竞争优势。博世当然不会忽视这些因素，但其竞争优势深深根植于独特的公司哲学。公司的 CEO 鲍勃·马雷斯卡（Bob Maresca）说：“我们并不一味要求挣钱。”基于公司对研究和产品创新的聚焦和重视，他指出：“生意反而是我们次要考虑的。”

博世哲学

为了理解博世公司，你必须首先看看博世家族。1950 年代，创立者阿玛尔·博世（Amar Bose）正在麻省理工学院攻读第三个学位。他对电子工程各个领域的研究和学习非常感兴趣，而且酷爱音乐。他购买了第一台音响——他认为当时性能最好的型号，却对系统还原真实声音的能力非常失望。于是，他开始大量研究探寻自己的解决之道。他最终于 1964 年创立了博世公司，并提出了公司后来坚持多年的口号“更优质的声音源于研究”。

从那些早期的岁月开始，阿玛尔·博世的工作就围绕日后明确地指导公司哲学的核心原则。在最初关于扬声器和声音的研究过程中，他就确定了一些从此以后在博世公司始终坚持的事情。他无视现存的技术，完全重新开始研究的做法，在产品开发战略中可不常见。

另一个与典型的公司战略大相径庭的是，阿玛尔·博世将这家私人持股公司的全部利润用于研究和开发，这一做法体现了他对研究的热爱和对生产最优质产品的执着。为了这样做，他还绕开发现顾客想要什么的过程，取而代之的是将自己的研究限制在实验室中，以创造卓越产品的技术优势为中心。

如今，这一方法在创新领域被认为异端邪说。阿玛尔追求这种做法，是因为他能够。他常常指出公众持股的公司有太多的限制条件，私人持股公司可以不受限制。他说："如果我为其他公司工作，可能早就被开除了。"正因为如此，博世始终坚称自己不会让公司上市。"对我而言，上市就相当于失去了公司。我真正的兴趣是研究——多么令人兴奋的事情——如果有华尔街那帮人紧跟在我后面，我就不能开展长期研究项目了。"

变革博世道路

这家起步如此谦逊的公司，如今除了其核心的家庭音响产品线外，已经具有很广的产品组合。多年来，阿玛尔·博世的创造力在不同产品线上发挥得淋漓尽致，包括军用产品、汽车、住房建设 / 改造、航空以及专业和商用音响系统等。它甚至有一个部门专门向全球的研究机构、大学、医疗设备公司和工程公司营销测试设备。以下仅仅是博世众多重大创新性产品中的几个例子。

（1）扬声器。博世的第一个产品是 1965 年面市的扬声器。第一年，预期售出价值 100 万美元的扬声器，博世制造了 60 件，却只售出 40 件。经过改良，最初的博世扬声器发展为 1968 年上市的 901 直接 / 反射扬声器系统。该系统的设计基础是，现场的声音通过直接和反射渠道（墙面、天花板和其他物体）传入耳中。该扬声器以完全非传统的构造为特点。形状像八分之一的球体，装置在房间角落，声波经墙面反射后充盈整个房间，似乎到处都有又没有特定的地点。该扬声器没有低音和高音音箱，取而代之的是 8 个 4.5 英寸的中音单元。该扬声器与当时高端产品相比，体积非常小巧。其设计比市场上所有其他产品都更接近真实的音质，极富感染力，立刻引起业内人士的交口称赞。反射方式如今在整个行业的家庭影院系统中很常见，但在当时可是突破性创新。

但是那时候，博世却很难说服消费者相信这些创新产品的优越性能。人们都看重低音和高音音箱及其大小，901 系列产品最初不得不被搁置。1968 年，一位零售商这样向阿玛尔·博世解释为什么这种音响卖不出去：

> 你看，我喜欢你的扬声器，但是我没办法卖出去，因为它几乎使我失去了作为销售员的可靠性。我无法解释为什么 901 系列产品既没有低音音箱，也没有高音音箱。一位顾客走进店里，看到它如此小巧，开始四处寻找音箱。我走过去，他问"你把音箱藏哪了？"我告诉他："根本没有音箱。"结果他说"你这个骗子"，然后掉头走了。

为解决可信度问题，博世开发了另一项核心能力——确定和瞄准恰当的顾客，他们相信产品卓越，甚至是最好的。对博世而言，这通常意味着瞄准高收入的顾客，他们不一定是音响爱好者，但希望拥有优质产品并愿意为之支付溢价。这包括对 901 系列产品运用创新的陈列和展示策略。该方式非常适合博世。尽管即使现在也有铁杆发烧友嘲笑博世产品不可信，但也有不受成见左右的顾客认为博世的产品令人耳目一新。901 系列产品如此成功，以至于阿玛尔·博世因凭借这一优秀的扬声器系列产品创建博世公司而闻名遐迩。

博世在扬声器上有诸多创新。1970 年代，公司推出可以营造音乐会效果、却只有书本大小可放在书架上的 301 直接 / 反射扬声器系统。历经 14 年的研究，终于开发出音频导波管扬声器技术。该技术如今仍然用于广受赞誉的无线广播、无线音乐系统和声波音乐系统。1980年代，公司再次改变传统的扬声器大小与声音的关系。新技术使得巴掌大的扬声器也能产生与体积数倍于自己的高端扬声器媲美的音质——这一设计如此受欢迎，迄今仍然是博世的产品组合中的畅销项目。最近，博世又推出一流的MusicMonitors，一对紧凑型计算机音响，音质可以比得上三件低音炮系统。博世还引导了对无线音响系统的开发，其他竞争者纷纷跟随。这些扬声器系统不仅当时都是突破性创新，即使现在也是技术领先的产品，博世仍然在销售，包括最初的901系列。

（2）耳机。马雷斯卡回忆说："在耳机产品实现盈利之前，博世投资数百万美元历时19年进行研究和开发。如今，耳机是企业业务的重要组成部分。"最初，博世致力于通过减少噪声的技术为飞行员制造耳机，阻隔飞机产生的强噪声干扰。博世耳机不仅能够阻隔噪声，而且可以电子消除周围的噪声，以便戴上耳机的飞行员只能够通过话筒听到想听到的声音。博世很快发现飞机上的乘客也可以从其耳机技术中受益。如今，博世的QuietComfort系列产品，被广泛地用于各种消费品之中，在消除噪声耳机行业设立了标杆。一位记者认为该产品是如此重要，以至于将其列入"改变世界的101项发明"——与阿司匹林、纸张和灯泡媲美。

（3）汽车悬架。1980年以来，博世那执着于创新的文化甚至导致公司开始开发汽车悬架。阿玛尔对悬架的兴趣要追溯到1950年代，他购买了雪铁龙和庞蒂亚克汽车，它们都有着非传统的空气悬架系统。从那以后，他就痴迷于这项在不牺牲流畅驾驶的情况下取得卓越弯道能力的工程挑战。

博世开发的系统以安装于每个车轮上的电磁调速发动机为基础。根据路面传感器获得的数据，发动机几乎可以瞬间做出反应和伸展。对路面的凸起，该悬架系统"跳过"它；对路面的凹坑，则让轮子向下延展，反应速度快到乘客根本感觉不到凹坑的存在。除了这些产生舒适的能力，车轮马达还被设计为在拐弯或停止等剧烈移动期间保持水平。该系统符合阿玛尔·博世的愿景，即生产优于任何赛车，同时为乘坐者提供最舒适的乘车体验的产品。

博世在这一突破性悬架系统的研究上投入超过1亿美元，历时30多年。最终，该系统太重太贵而无法用于乘用汽车。博世并没有将之束之高阁，而是采取它一贯的行动——找到技术可以提供真实顾客价值的市场。公司现在为重型卡车营销博世驾驶座位系统——一种小型轻便版的博世悬架系统。在性能上远远超过目前空气悬架系统和其他传统技术，其6 000美元的定价也比卡车座椅系统的通行价格贵5～10倍。大多数公司和司机起初颇有疑虑，一位得克萨斯州司机的反馈中肯地说明了这一价格昂贵的产品的价值："我一直背痛。以往路面的任何不平，都让我的背和脖子受罪。现在感觉简直就像漂浮一样，我仿佛与卡车超然分离了。卡车仍然在路上颠簸，但我不会了。"

博世对研发的执着产生了最先进的产品，这些产品赢得了顾客对公司的信任。顾客知道公司更关心他们的兴趣所在——制造最好的产品——而不是一味追求利润最大化。但是对一家不受利润驱动的公司而言，博世的市场业绩并不差。在个人耳机市场，博世以11%的市场份额仅次于苹果公司旗下的Beats。在现在主导扬声器销售的无线扬声器市场，博世以决定性的市场份额（22%）居于领先地位，比第二名索诺思整整领先6个百分点。

阿玛尔·博世几年前去世了，享年83岁。这位充满激情的天才科学家80多岁高龄的时候还坚持每天工作。"他比18岁的小伙还有能量，"马雷斯卡说，"所有反对者只会强化他的决心。”这一工作伦理标准正是这个男人激情的写照，他创建了今天最具创新性和最受信任的公司。他的哲学已经成就了博世长长的突破性创新产品的名录。即使今天，公司仍通过遵循阿玛尔·博世的另一条基本哲学持续获得成功——“市场潜在的规模？我们真的不知道。我们只知道我们拥有人们都想要的，如此不同、如此优异的技术。”

资料来源：David Carnoy, “Bose’s New Beat,” *CNet*, February 3, 2016, www.cnet.com/news/bose-new-beat-ceo-maresca-profile/; Jeff Berman, “ Trying to Beat Beats in the Headphone Category Remains a Challenge, ” *Home Theater Review*, March 21, 2016, www.hometheaterreview.com/trying-to-beat-beats-in-the-headphone-category-remains-a-challenge/; Brian Dumaine, “ Amar Bose, ” *Fortune Small Business*, September 1, 2004, http://money.cnn.com/magazines/fsb/fsb_archive/2004/09/01/8184686/; Olga Kharif, “ Selling Sound: Bose Knows, ” *Bloomberg*, May 14, 2006, www.bloomberg.com/news/articles/2006-05-14/selling-sound-bose-knows; “ The Most Trusted Brands Are Like People—Open, Real, and Even Flawed, ” January 16, 2014, www.lippincott.com/en/news/the-most-trusted-brands-are-like-people-open-real-and-even-flawed/; and www.bose.com/en_us/about_bose.html, accessed July 2016.

讨论题

1. 根据本章所讨论的概念，描述使博世的新产品获得成功的主要因素。
2. 博世的产品开发过程是以顾客为中心的吗？解释你的理由。
3. 博世的产品生命周期管理有多么独特？
4. 关于产品生命周期，博世在管理产品组合方面遇到了哪些挑战？
5. 如果没有阿玛尔·博世，博世是否能够维持其创新文化？

注　释

请扫描二维码或登录中国人民大学出版社官网www.crup.com.cn下载本书注释。

10 定价：理解和获得顾客价值

学习目标

- 回答“什么是价格”，价格在如今快速变化的环境中有何重要性。
- 讨论制定价格时顾客价值感知的重要性。
- 讨论制定价格时公司目标与产品成本的重要性。
- 识别和定义影响公司定价决策的其他内外部因素。

接下来，我们讨论市场营销组合的第二种要素——定价。如果说有效的产品开发、促销和分销播撒了成功的种子，有效的定价就是收获。运用市场营销组合的其他活动成功地创造顾客价值的企业，必须通过定价获得回报。在这一章中，我们将讨论定价的重要性，详细介绍主要的定价战略并考察影响定价决策的内外部因素。下一章，我们将深入地探讨其他定价因素和方法。

首先，让我们来看看网上零售商定价的重要性。你注意到了吗？世界上最大的零售商亚马逊正在与沃尔玛展开一场战争。双方都备足弹药全力应战。迄今为止，焦点是价格。但是，长期看来，要赢得这场战争，仅靠低价是远远不够的。只有递送最佳网上顾客体验和价值的公司能够胜出。

引例 亚马逊对阵沃尔玛：为争夺网上霸权的价格战

新闻标题醒目地写着“沃尔玛对阵亚马逊：让我们拭目以待！”阿里（Ali）对弗雷泽（Frazier），洋基队对红袜队，可口可乐对百事，这些都是死对头。现在，两个重量级零售商在网上零售领域发动了战争。目的是什么？争夺网上霸权。选用何种武器？价格，至少现在是这样——考虑到双方长期以来的低成本定位，这不足为奇。

双方在各自的地盘都是令人生畏的强者。沃尔玛主导线下零售，其价格驱动的“省钱，生活更美好”的定位使其一骑绝尘地成为世界上最大的零售商，也是世界上规模最大的公司。反之，亚马逊是“网上沃尔玛”——网络世界最大的零售商。尽管沃尔玛的年销售收入达到令人吃惊的 4 820 亿美元，是亚马逊年收入（1 070 亿美元）的 4.5 倍多，但论起网上销售，亚马逊几乎是沃尔玛的 8 倍。据估计，在最近一次的年底购物季，亚马逊独占全部网上销售的近四成，比其后 21 家网上竞争者的总和还要多。

为什么沃尔玛要提防亚马逊呢？毕竟，网上销售目前在全美零售总额中只占大约 7% 的比例。沃尔玛的主要业务来自其麾下 1.1 万家实体门店——网上购买在其总销售额中只有微不足道的 2.8%。但是这场战争不是关乎现在，而是事关未来。网上销售的增长速度是实体店的 3 倍。在未来的 10 年，网络和移动购买将会增长到零售购买总量的 1/3。因为亚马逊统治着网上销售，过去 4 年间，其收益每年以 20% 甚至更快的速度迅猛增长。与此同时，沃尔玛总销售收入的增长却停滞不前。亚马逊的收益达到 1 000 亿美元标杆的速度比任何一家公司都要快。

亚马逊已经彰显了其在网上提供几乎所有产品的雄心。它开始只经营图书，现在出售从图书、电影和音乐，到消费者电子产品、家居和园艺产品、服装、珠宝、玩具、工具，甚至食杂用品的各类商品。于是，亚马逊的网上优越地位开始对沃尔玛构成严重威胁。如果亚马逊持续扩张，而网上销售又如预期的那般迅猛发展，数字商人将进一步蚕食沃尔玛的生命线——实体店的销售。

沃尔玛当然不会坐视不管，听任这一切发生。相反，它在亚马逊的根据地——网络与移动购买领域发起了战争。采用其最擅长的策略——低成本和价格。通过激进的定价、沃尔玛现在开始争夺消费者在网上花费的每一美元。如果你比较一下沃尔玛和亚马逊网站上的价格，就会发现价格战的硝烟在很广的产品范围内弥漫。

在价格战中，沃尔玛似乎有一定的优势。低成本和定价是其 DNA。历经数年，沃尔玛运用其高效的运营和强大的采购能力将价格一再降低，击溃一个又一个竞争者。但是，亚马逊可不像大多数其他竞争者。其具有适合网上购物的最优网络，而且网上销售商没有运营实体店的成本负担。结果，亚马逊能够在自己的网上定价博弈中与沃尔玛不相上下，甚至更胜一筹。

这两大巨头如今在低价上僵持不下，都无法取得明显优势。实际上，长期而言，无休止的降价无论对沃尔玛还是亚马逊都很可能弊大于利。所以，尽管低价很关键，但不足以赢得网上购买者的芳心。如今的网上购买者希望得到更多：低廉的价格和充分的选择、速度、便利，以及令人满意的整体购物体验。

目前，亚马逊似乎在大多数非价格因素上更有优势。其专为网购而建立的分销网络更快速和更便捷地送货到家——包括在同一市场的当日送达和周日递送。亚马逊网上商品种类也超过沃尔玛，这家网络和移动购物奇才如今进军食品杂货领域，该领域目前占到沃尔玛销售额的 56%。至于亚马逊没有实体店——没有问题，亚马逊大量采用移动应用程序让顾客在公司网站上便利购物，甚至当他们在沃尔玛店内浏览的时候也可以登录亚马逊下单。最终，亚马逊无人匹敌的、大数据驱动的顾客互动界面创造了令人高度满意的个性化网上购物体验。亚马逊常常在各行业顾客满意度评选中位列前茅。根据一位分析人员所言，“消费者说亚马逊购物体验显然比沃尔玛好。实际上，亚马逊提供的购物体验有时甚至是最好的。”

相反，沃尔玛是网上销售的后来者。它除了在电子商务上倾注数十亿美元的巨资，还在试图搞清楚如何将商品高效率地递送到网上购物者手中。随着其网上销售的增长，这家以实体店为基础的零售巨头，用闲置的商店分销中心拼凑一个权宜之计的网上配送网络。这家仍然以实体店为主的零售商，尚未能提供与亚马逊接近的网上顾客购物体验。即使有着令人印象深刻的低价传奇，沃尔玛发现自己在网上仍处于追赶的地位。

为了赶上亚马逊，沃尔玛斥巨资创造下一代配送网络。重要的是，利用亚马逊无法匹敌的重要资产——有机会整合网上购物与巨大的实体店网络。例如，沃尔玛现在让店内员工选取和包装产品，然后邮寄或递送到顾客家中，可以更快速、更便宜地处理 1/5 的网上订单。2/3 的美国人居住在离沃尔玛店铺 5 英里的范围内，有可能提供 30 分钟送达服务。

通过融合其线上和线下运营，沃尔玛可以提供一些独特的服务，诸如免费和便利地到店领取和退回网上订购的商品（沃尔玛网站会给你三种购买选择：线上、店内、到店自取）。运用沃尔玛网站和移动应用程序还可以使店内购物更加流畅。顾客可以提前准备购物清单，确定好物品的货架位置以减少购物时间，并事先用手机下载好优惠券，结账时自动使用。在店内自取网上订购商品的顾客可以用现金支付，便于沃尔玛 20% 没有银行账户或信用卡的顾客也能进行网络购物。对在网上支付的顾客，沃尔玛推出店内储物柜服务，顾客可以直接去指定的储物柜取货。

谁能最终赢得这场争夺网上购物者芳心和金钱的战争？当然，低价依然很重要。但是，取得网上霸主地位涉及的不仅仅是发起和赢得网上价格战，更要求递送低廉的价格和充分的选择性、便利性，以及亚马逊很久以前就已经做到几近完美的最佳购物体验。对沃尔玛而言，在网上追赶和超越亚马逊需要时间、资源和远不止其标志性的天天低价的技能。正如沃尔玛全球电子商务总裁所指出的，赢得网上竞争“将是我们今后的工作和投资重点。这不是一个项目，而是事关公司的未来”。[1]

如今，公司面临激烈的竞争和快速变化的定价环境。追求价值的顾客给许多企业带来越来越大的定价压力。由于近年来的经济衰退、互联网的比价能力增强，以及诸如沃尔玛之类的价值驱动型零售商的不断发展，如今更加节俭的消费者到处搜寻少花钱的门道。一时间，似乎所有的公司都在想办法降价。

然而，降价并不总是一种好办法。不必要的降价会导致利润损失或引发毁灭性的价格战，还可能暗示顾客，价格比品牌所递送的价值更重要。实际上，无论经济情况是好是坏，企业都应该销售价值，而不是价格。有时，这意味着以最低的价格出售较少的产品。但是在大多数情况下，这意味着说服顾客，为获得公司（品牌）提供的特殊利益，值得支付更高的价格。

10.1 什么是价格

狭义上说，**价格**（price）是为产品或服务收取的货币总额。广义上说，价格是顾客为获得、拥有或使用某种产品或服务的利益而支付的价值。长期以来，价格一直是影响购买决策的重要因素。最近数十年，非价格因素越来越受重视。即使这样，价格始终是决定企业市场份额和盈利性的最重要的因素之一。

定价是营销组合中唯一与收益直接相关的要素；其他营销组合要素都意味着成本。定价还是最灵活的市场营销要素之一。与产品特征和渠道投入不同，公司可以迅速地改变价格。但制定合适的价格却是许多营销经理遇到的最重要而且最棘手的问题，不少公司无法妥善地处理定价问题。许多管理者认为定价是一个令人头痛的难题，他们宁可关注营销组合中的其他要素。

但是，明智的管理者将定价视为创造和获得顾客价值的重要工具。价格很小比例的提升都可能大幅增加盈利。更重要的是，作为公司整体价值主张的一部分，价格在创造顾客价值和建立顾客关系中发挥着关键作用。对价格，聪明的市场营销者不是畏惧和逃避，而是善加利用。[2]

10.2 主要的定价战略

公司的价格介于两种价格水平——太低以至于没有利润和太高以至于没有需求——之间。图 10－1 总结了制定价格需要考虑的主要因素。顾客对产品价值的感知设定了价格上限。如果顾客认为价格高于产品的价值，他们就不会购买产品。产品成本设定了价格的下限。如果公司的产品价格低于产品成本，公司将亏损。公司在这两种极端的价格水平之间制定价格，必须考虑一些其他的内外部因素，包括竞争者的战略和价格、公司整体的营销战略和营销组合、市场和需求的特点。

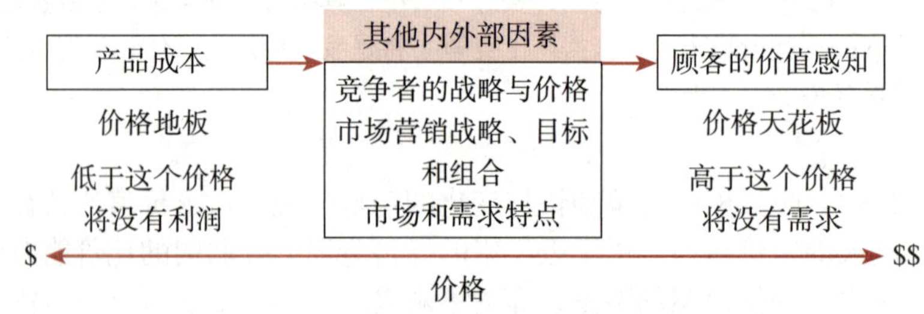

图 10－1 影响定价的因素

图 10－1 暗示了三种主要的定价战略：基于顾客价值的定价、基于成本的定价和基于竞争的定价。

基于顾客价值的定价

产品价格是否合适，最终由顾客决定。定价决策，就像其他营销组合要素决策一样，必须以顾客价值为基础。当顾客购买产品时，他们交换有价值的东西（价格）以获得另一种有价值的东西（拥有或使用产品的利益）。有效的顾客导向定价包括理解顾客感知价值，并设定获得这一价值的价格。

基于顾客价值的定价（customer value-based pricing）运用顾客的价值感知作为定价的关键，这意味着市场营销者不可以先设计产品和市场营销方案，然后再制定价格。在制定市场营销方案之前，市场营销者就应该全面考虑营销组合变量，包括定价。

图 10－2 比较了基于价值的定价方法和基于成本的定价方法。尽管成本是制定价格时必须考虑的重要因素，但以成本为基础的定价通常是产品导向的。公司设计

一种自以为不错的产品，然后汇总制造该产品所需的成本，制定一个能够弥补成本和实现目标利润的价格。再由市场营销者说服顾客相信，以这一价格购买是值得的。如果价格太高，公司要么降低价格，要么减少销量，两者都将导致不理想的盈利水平。

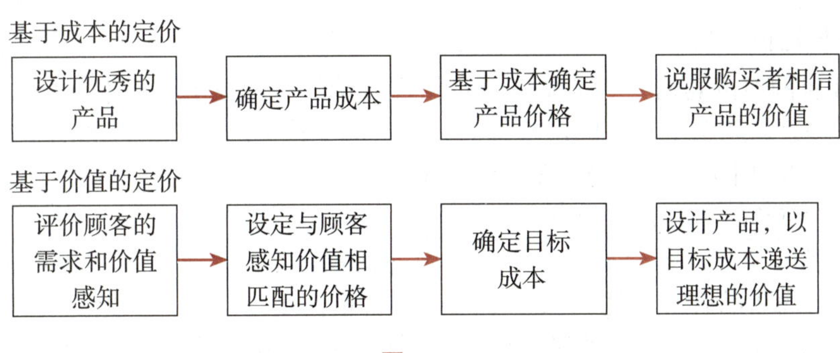

图 10－2

基于价值的定价方法与以上过程截然相反。公司首先评价顾客的需要和价值感知，然后根据顾客的感知价值制定目标价格。公司以这一目标价值和价格决定目标成本，并以此引导产品的设计和开发。也就是说，定价决策始于对顾客需要和价值感知的分析，制定的价格符合顾客的感知价值。

重要的是，切记“好价值”不等于“低价格”。例如，百达翡丽手表价格不菲，售价高达令人瞠目的2万～50万美元。但是对那些拥有者而言，它绝对物有所值。[3]

> 请听仔细了，因为我要告诉你为什么一块2万美元甚至50万美元的手表实际上并不贵，而是价值很高。每块百达翡丽手表都由瑞士制表师用最好的原材料费时一年以上精心手工打造。还不够有说服力？除了精准计时，百达翡丽手表还是不错的投资。它们价格高昂，但随着时间的推移，能够保值甚至增值。许多型号的百达翡丽受到崇拜者虔诚的追捧，后者使之成为世界上最具吸引力的手表。对许多人来说，百达翡丽不仅仅是一种计时手段或良好的投资，更为重要的是拥有一块百达翡丽手表所带来的心理和情感价值。它是如此独特，会承载珍贵的记忆，成为传家宝。据该公司所言，“人们往往将购买一块百达翡丽手表与自己人生中的重大事件相联系——职业生涯的成功、结婚或者是孩子的出生。作为礼物，它是爱和情感最动人的表达。”一块百达翡丽手表不仅可以用一辈子，而且可以代代传承。正如一则广告所说：“实际上你从来不曾拥有一块百达翡丽手表，你只是为下一代照顾它。”这使它真的很合算，即使价格如此昂贵。

企业往往发现要衡量顾客对产品附加价值的感知非常困难。例如，计算在特色餐厅就餐的成本相对容易，但是评价诸如口味、环境、气氛、互动和尊重等其他满意因素的价值就另当别论了。这些价值非常主观，因不同的消费者和不同的情境而变化。

然而，消费者恰恰运用这些感知价值来评价产品的价格，所以公司必须不断地测量它们。有时，公司询问消费者愿意为基础产品付多少钱，为每一种增加的利益付多少钱。或者，公司会通过试验来测试顾客对不同产品和服务的感知价值。正如一句古老的俄罗斯谚语所说，每一个市场里都有两种傻瓜——定价太高的和定价太低的。如果卖者要价高于买者的感知价值，公司的销售会下降。如果卖者的要价过低，虽然产品畅销，但所得利润低于按感知价值定价可以获得的利润。

我们现在考察两种基于价值的定价方法：高价值定价和价值增值定价。

高价值定价

2008年的经济衰退导致消费者对价格和质量的态度发生了根本和持久的变化。为此，许多公司调整了自己的定价方法，以适应变化中的经济条件和消费者价格感知。越来越多的市场营销者采用**高价值定价**（good-value pricing）战略——以公平的价格提供优质产品和服务的恰当组合。

在许多情况下，这涉及推出知名品牌的便宜版本。例如，沃尔玛推出了一个特别优惠的商店品牌“价优”（Price First），价格甚至比已经很实惠的品牌“惠宜”（Good Value）还要低，为特别节省的顾客提供价格最低的日用品。高价值定价是相对而言的——即使高端溢价品牌也可以推出高价值版本。梅赛德斯－奔驰最近发布了CLA Class产品——售价3.15万美元起的入门级车型。从其翼状仪表盘到大功率涡轮增压发动机，CLA Class给予顾客“用较低的价格享受艺术级产品”的机会。[4]

在另一些情况下，高价值定价涉及重新设计现有的品牌，以按既定价格提供更高的质量或者以更低的价格提供相同的质量。一些公司甚至通过以非常低的价格提供较低的价值取得成功。例如，斯普瑞特航空公司为顾客提供“裸价”——你得到的服务虽然少，但也不必为你不想要的服务付钱。

零售业高价值定价的重要形式被称为“天天低价”（everyday low pricing，EDLP）。天天低价指日常的价格很低，但很少或没有临时的价格折扣。奥乐齐连锁超市通过给顾客更多实惠建立起让人印象深刻的高价值定价定位。但是，EDLP之王当属沃尔玛，实际上正是它确立了这一概念。除了每月有些促销项目外，沃尔玛承诺其出售的所有商品每天低价。相反，高低定价（high-low pricing）指平常收取较高的价格，但是经常选择性地对某些产品暂时低价促销。科尔士和JC彭尼等百货公司采用这种定价战略，时常进行促销、早市折扣和为持有商店信用卡的顾客提供特别优惠。

价值增值定价

基于价值的定价方法并不意味着顾客希望支付多少，公司就制定什么价格，或者一味地以低价格适应竞争。相反，许多公司采用**价值增值定价**（value-added pricing）战略，它们不是为适应竞争而降低价格，而是通过增添提高价值的属性和服务，使产品或服务差异化，进而维持高于平均水平的价格。

例如，高端音响品牌博世并未试图对其扬声器、耳机和家庭影院系统等产品运用提供折扣或出售更经济实惠的低端版本来赢得竞争。相反，50多年来，博世在研究和创新上倾注资源，创造与所收取的高价相配的优质产品。博世的目标是“通过研究创造更好的声音——一种创新性的优质聆听体验”。公司承诺：“我们是充满激情的工程师、开发者、研究者、零售商、营销者……和梦想家。我们为一个目标而团结在一起——创造我们的顾客无法在其他地方得到的产品和体验。”结果，博世开发出众多具有突破性创新的优质产品，为其顾客带来价值增值。或许正是因为这点，尽管博世的产品价格不菲，但在其服务的市场中始终是领先者。[5]

基于成本的定价

顾客价值感知确定价格上限，成本则设定了公司定价的底线。**基于成本的定价**（cost-based pricing）指在生产、分销和销售产品的成本基础上，加上目标回报率来制定价格。成本是公司定价战略中的重要因素。

一些公司，诸如沃尔玛或西南航空，努力成为各自行业中的“低成本生产者”。拥有较低成本的公司可以制定较低的价格，通过薄利多销来提高收益。但是，也有一些公司，例如苹果、宝马和斯坦威，特意采用较高的成本以收取较高的价格和利润。例如，制造一台“纯手工打造”的斯坦威钢琴的成本远远高于以雅马哈的生产模式提供的产品，由此产生的卓越品质使其惊人的 8.7 万美元售价合情合理。关键是管理成本和价格之间的空间——公司凭借其递送的顾客价值赚了多少钱。

成本类型

公司的成本有两种形式。**固定成本**（fixed cost）是不随产量或销售量的变化而变化的成本。例如，不论产出水平如何，公司都必须每月支付租金、能源费用、利息和工资。**变动成本**（variable cost）指随着生产水平而直接变化的成本。惠普生产的每台个人电脑都包括芯片、电线、塑料、包装和其他投入。对于企业所生产的每件产品而言，这些成本是相同的，之所以称作变动成本，是因为它们的总量随着产量而变化。**总成本**（total cost）是一定生产水平下固定成本与变动成本的总和。管理者制定的价格至少要弥补既定生产水平下的总生产成本。

公司必须密切关注其成本水平。如果公司的生产和销售成本高于竞争对手，就不得不收取更高的价格或者赚取较少的利润，从而处于竞争劣势。

不同生产水平下的成本

为了明智地定价，管理者必须清楚公司在不同生产水平下的成本情况。例如，假设得州仪器公司（TI）建造了一家工厂，每天可以生产 1 000 台计算器。图 10－3（a）表示典型的短期平均成本曲线（SRAC），说明如果该工厂每天只生产几台计算器的话，每台计算器的成本很高。但是，随着产量逐步上升到每天 1 000 台，单位平均成本随之下降。因为固定成本被分摊到更多的产品上，平均每件产品所承担的固定成本就减少了。但是，当得州仪器公司每天的产量超过 1 000 台时，平均成本会提高，因为工厂效率降低。工人不得不等待设备，而设备因为过度使用会更加频繁地出问题，工作人员也会碍手碍脚地相互影响。

如果得州仪器公司每天可以出售 2 000 台计算器，就应该考虑建立一个规模更大的工厂。工厂需要准备效率更高的机器设备，优化工作安排。这样，每天生产 2 000 台的单位成本将比每天生产 1 000 台的单位成本低，如长期平均成本曲线（LRAC）所示（见图 10－3（b））。实际上，如图 10－3（b）所示，产能为日产量 3 000 台的工厂可能更有效率。不过，日产量一旦超过 4 000 台，效率降低，因为规模不经济——有太多的工人需要管理，大量的文案工作延缓了进度，等等。图 10－3（b）表示，如果有足够的需求支撑的话，日产量 3 000 台是工厂最理想的规模。

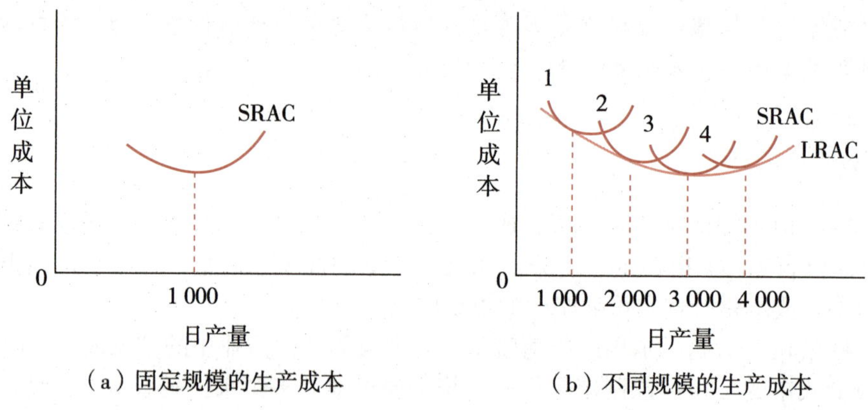

图 10-3 不同生产能力下的单位成本

生产经验与成本函数

假设得州仪器公司经营一家日产量 3 000 台计算器的工厂。随着其生产经验的不断积累，公司学会了如何做得更好。工人逐渐摸索出生产窍门，对设备操作也更加熟练。通过实践，工作的安排和组织也做得更好。公司找到了更好的生产设备和流程。随着产量达到更高水平，公司的效率也提高了，实现了规模经济效益。结果，随着不断积累的生产经验，平均成本下降，示意图如图 10-4 所示。[6] 于是，生产首批 10 万台计算器的单位平均成本是 10 美元。公司完成前 20 万台计算器后，平均成本下降到 8.5 美元。生产经验继续积累，当产量再次翻番达到 40 万台后，平均成本为 7 美元。随着生产经验积累，平均成本不断下降，这种现象称作**经验曲线**（experience curve，或者**学习曲线**（learning curve））。

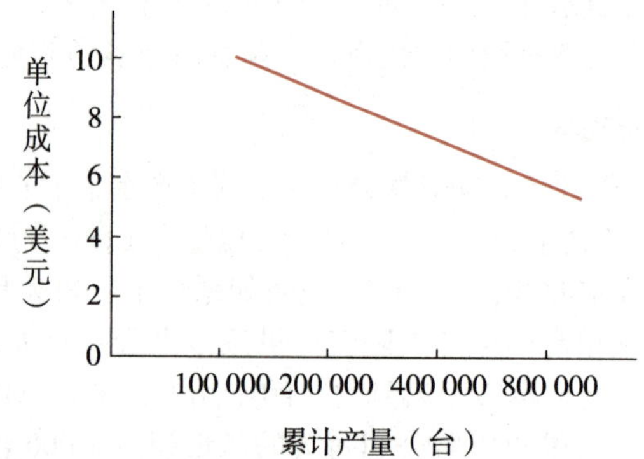

图 10-4 单位成本是累计产量的函数：经验曲线

如果存在向下倾斜的经验曲线，对公司而言非常有意义。不仅公司的单位生产成本会下降，而且如果公司在既定的时间内制造和销售更多，它还会下降得更快。但是，市场需求必须很强，足以购买更多的产出。为利用经验曲线，得州仪器公司必须在产品生命周期的早期就获得较大的市场份额。这表明以下定价战略可能有用：得州仪器公司为其计算器制定低价以增加销售；获得更多的经验积累后，成本会下降；然后公司可以进一步降低售价。

一些公司围绕经验曲线制定了成功的战略。但是，一心一意地致力于降低成本和利用经验曲线并不总能生效。经验曲线定价存在一些风险。不断降价可能在市场上造成产品廉价的形象。这一策略的前提是假设竞争者较弱，不可能对公司降价作出积极回应。最后，当公司在一种技术下增加产量，即按传统经验曲线经营时，竞争者可能找到成本更低的技术，并借此以更低的价格进入市场。

成本加成定价

成本加成定价（cost-plus pricing）或者**加成定价**（markup pricing）是最简单的定价方法，指在产品成本上加一个标准的加成。例如，建筑公司往往先估计项目的总成本，再加上一个标准的利润加成，来确定竞标的价格。律师、会计师和其他专业人士也是在成本上加一个标准加成来确定价格。一些销售人员告诉顾客，他们收取的价格就是成本加上一个特别的加成。例如，航空航天公司通常就是这样对政府报价的。

为解释成本加成定价法，假设一家烤面包机制造商的成本和预期销售如下：

变动成本	10 美元
固定成本	300 000 美元
预期销售量	50 000 台

于是，该制造商烤面包机的单位成本通过以下计算可得：

$$单位成本 = 变动成本 + \frac{固定成本}{销售量}$$

$$=10+\frac{300\ 000}{50\ 000}=16（美元）$$

现在，假设该制造商希望获得 20% 的利润加成，其成本加成价格为[7]：

$$成本加成价格 = \frac{单位成本}{1-预期销售回报}$$

$$=\frac{16}{1-0.2}=20（美元）$$

该制造商以 20 美元的价格销售烤面包机，每台可以获得 4 美元利润。经销商依次在烤面包机上加成。如果经销商希望赚取销售价格的 50%，就会为烤面包制定 40 美元的价格（20 美元 +40 美元的 50%）。这一数字等于在成本之上加成 100%（20 美元 /20 美元）。

成本加成定价有效吗？一般来说无效。任何忽略需求和竞争者价格的定价方法都不大可能得到最理想的价格。然而，成本加成定价由于一些原因仍然受到欢迎。首先，与需求相比，卖者对成本信息更有把握。与需求相比，成本更加稳定；通过将价格与成本联系起来，卖者可以简化定价决策过程——它们不需要随着需求变化而频繁地调整价格。其次，如果行业中所有的企业都运用这一定价方法的话，市场价格会倾向于一致，价格竞争的可能性最小。最后，许多人感到成本加成定价对买者和卖者都更加公平。卖者以其投资为基础赚取公平的回报，不会在买者需求变得强烈时利用买者。

盈亏平衡分析和目标利润定价

另一种成本导向的定价方法是**盈亏平衡定价法**（break-even pricing），或者一种称为**目标利润定价法**（target return pricing）的变化形式。企业试图找到使其盈亏平衡或者在制造和营销产品的成本基础上实现期望回报目标的价格。

目标利润定价法运用了盈亏平衡图的概念，反映不同销售量水平下总成本与总收益的关系。图 10－5 是前面讨论的那家烤面包机制造商的盈亏平衡图。不论销售量多少，固定成本都是 30 万美元。变动成本加固定成本形成总成本，因此总成本随着销售量增加而提高。总收入曲线由零开始，随销售量的增加而增加。总收入曲线的斜率表示产品单价为 20 美元。

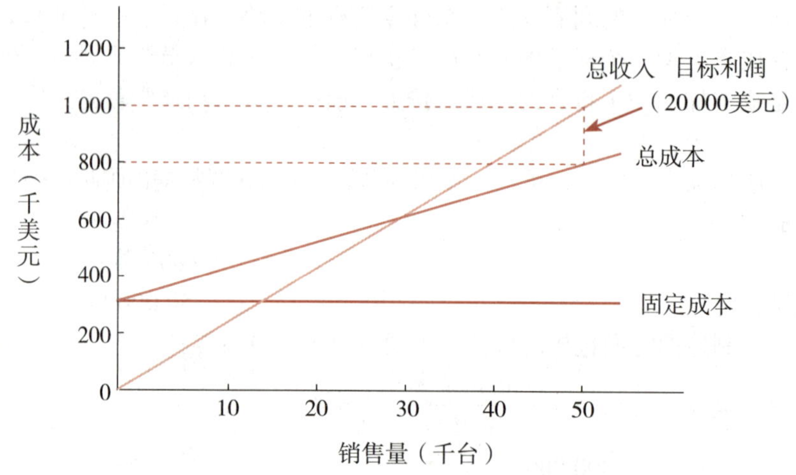

图 10－5　确定目标价格的盈亏平衡图

总收入和总成本曲线在产量为 3 万台的时候相交，这一产量就是盈亏平衡点的产量。单价为 20 美元时，公司至少要销售 3 万台烤面包机才能够达到盈亏平衡，也就是说，总收益刚好弥补总成本。盈亏平衡量可运用以下公式计算得到：

$$盈亏平衡量=\frac{固定成本}{价格-变动成本}$$

$$=\frac{300\ 000}{20-10}=30\ 000（台）$$

如果公司希望获得一个目标利润，就必须以 20 美元的价格出售 3 万台以上。假设该烤面包机制造商在这笔生意上共投资 100 万美元，并期望获得 20% 的投资回报（20 万美元），它必须以 20 美元的单价售出至少 5 万台才行。如果公司提高价格，不必出售这么多的烤面包机就可以实现其盈利目标。但是，如果价格过高，市场需求可能不足，这在很大程度上取决于价格弹性和竞争者的价格。

制造商应该考虑不同的价格，估计不同价格下的盈亏平衡产量、可能的需求量和利润水平，如表 10－1 所示。表 10－1 显示了随着价格的提高，盈亏平衡产量逐步下降（第二列）。但是与此同时，对烤面包机的需求随着价格的提高也在下降（第三列）。售价为 14 美元时，由于每台利润只有 4 美元（14 美元－10 美元变动成本），制造商必须使销售量非常大才能实现盈亏平衡。即使低价格会吸引许多购买者，需求量仍然低于盈亏平衡产量，公司出现亏损。在另一个极端，当单位售价为 22 美元时，制造商每出售一台烤面包机可盈利 12 美元，只需出售 2.5 万台就可实现盈亏平衡。但是在如此高的价格下，消费者的预期需求量太少，利润依然为负。表 10－1 显示售价为 18 美元时，利润最大。请注意，没有一种价格可以使该制造商达到其 20 万美元的目标利润。为实现这一目标，制造商必须想方设法降低固定成本或变动成本，使盈亏平衡产量下降。

表 10－1　不同价格下的盈亏平衡产量和利润　　单位：美元

价格（1）	盈亏平衡产量（台）（2）	既定价格的期望需求量（台）（3）	总收入（4）=（1）×（3）	总成本*（5）	利润（6）=（4）－（5）
14	75 000	71 000	994 000	1 010 000	–16 000
16	50 000	67 000	1 072 000	970 000	102 000
18	37 500	60 000	1 080 000	900 000	180 000
20	30 000	42 000	840 000	720 000	120 000
22	25 000	23 000	506 000	530 000	–24 000

* 假定固定成本为 30 万美元，变动成本为 10 美元 / 台。

基于竞争的定价

基于竞争的定价（competition-based pricing）涉及根据竞争者的战略、成本、价格，以及产品和服务制定价格。消费者往往根据竞争性产品的价格来判断一种产品的价值。

在评价竞争者的定价策略时，公司应该思考以下几个问题。首先，公司与竞争者相比，谁的产品或服务提供更多的顾客价值？如果消费者对公司的产品或服务有更高的感知价值，公司就可以收取更高的价格。如果消费者感到竞争者的产品或服务价值更高，公司就只能收取较低的价格，或者改变消费者的感知价值，使其相信高价的合理性。

其次，公司目前面临的竞争者有多强？它们的定价战略是什么？如果市场中的竞争者定价高于递送的价值且规模较小的话，公司可能以低价将较弱的竞争者逐出市场。如果市场有规模较大的低价竞争者，公司可能会瞄准尚未满足的市场缝隙，以较高的价格提供价值增值的产品。

重要的是，目标并不是价格一定要与竞争者相当或更低。相反，目标是根据相对于竞争者而言所创造的相对价值来设定价格。如果公司能够为顾客创造更高的价值，收取更高价格是理所当然的事情。例如，卡特彼勒制造优质的重型建筑和挖掘设备。尽管价格高于诸如小松等竞争者，它却在行业中确立了主导地位。一位商业客户曾经问一位卡特彼勒的经销商，为什么自己应该为一台大型卡特彼勒推土机支付 50 万美元，而购买一台小松制造的类似产品却只要 42 万美元？卡特彼勒经销商提供了一份著名的分析清单，内容如下：

420 000 美元	卡特彼勒的价格，如果与竞争者的推土机一样
50 000 美元	卡特彼勒卓越的可靠性和耐用性带来的增加价值
40 000 美元	卡特彼勒更低的终身操作成本带来的增加价值

40 000 美元	卡特彼勒卓越的服务带来的增加价值
20 000 美元	卡特彼勒更长时间的零部件质保带来的增加价值
570 000 美元	卡特彼勒推土机以价值为导向的定价
–70 000 美元	折扣
500 000 美元	卡特彼勒的最终价格

于是，尽管客户为卡特彼勒推土机支付了 8 万美元的溢价，实际上却获得了产品使用寿命中 15 万美元的增加价值。顾客当然选择卡特彼勒推土机。

相对于竞争者制定价格决策的原则是什么？答案说说容易，实践起来往往很难：无论你制定什么价格——高、低或者适中——务必在这个价格水平上为顾客提供更多的价值。

10.3 影响定价决策的其他内外部因素

除了顾客感知价值、成本和竞争者的战略之外，公司制定价格决策时还必须考虑其他许多内外部因素。影响定价的内部因素包括：公司的整体市场营销战略、营销目标、营销组合，以及其他组织因素。外部因素包括：市场和需求的特点以及其他环境因素。

整体市场营销战略、营销目标和营销组合

价格只是众多市场营销战略要素中的一种。公司在制定价格之前，必须为产品或服务确定其整体市场营销战略。有时，一个公司围绕其价格 – 价值定位制定自己的整体战略。例如，零售商乔氏超市独特的价格 – 价值定位使之成为美国增长最快、最受欢迎的食品商店 [8]：

> 乔氏超市对其食品价格 – 价值等式进行了特别的调整——称之为“实惠的美食”。它以低廉的价格提供特色美食，店内欢快、休闲的氛围使购物充满乐趣。乔氏超市是美食家的乐园，提供从爆米花、有机草莓味柠檬水、奶油瓦伦西亚花生酱、公平贸易咖啡，到泡菜炒饭和姜饼等各种食品。如果问起来，几乎所有顾客都能如数家珍般说出一长串自己在乔氏超市必购的心仪产品——这份清单还在快速增长。
>
> 乔氏超市的产品很特别——店内 90% 的品牌是私有标签。绝对价格并不都是很低，但与你在别处要想获得相同质量和时尚所需要支付的价格相比，的确非常合算。“这并不复杂，”乔氏超市说，“我们只是聚焦真正重要的——优质食品 + 实惠的价格 = 价值。所以，你可以在没有太大经济负担的情况下，大胆尝试我们独特的产品。”乔氏超市创新性的价格 – 价值定位为其赢得了大批坚定的拥趸，他们喜爱在乔氏超市购物时物超所值的体验。

发现魔法般的价格 – 价值平衡也许非常困难，定价战略常常要求随时适应定价环境的变化。例如乔氏超市的竞争者全食超市发明了高端有机和天然食品超市的概念。近年来，在公司努力寻求恰当的价格 – 价值等式的过程中，全食尽力调整着定价战略（见“营销实例”）。

营销实例 全食：找到恰当的价格－价值等式

实际上是全食发明了具有社会责任的高档超市的概念。在其“全食物，全人类，全地球”的使命指引下，该连锁企业以溢价提供天然、有机和美味的食品，全都符合地球日（Earth Day）。其高端、健康意识的消费者乐意和能够为自己获得的额外价值支付更高的价格。整个 1990 年代和 2000 年代，该连锁超市的销售和利润激增。

2008 年爆发经济衰退，各行各业的人们开始重新思考价格－价值等式，并想方设法节省开支。他们提出诸如“我热爱全食超市店内精美的食物和味道，但是它值得比在沃尔玛购物贵 30% 吗？”之类的尖锐问题。即使相对富裕的顾客也开始缩减开支。于是突然之间，全食近乎完美的溢价营销战略变得不那么称心了，仿佛更像一个伤痕累累的有机香蕉。一些顾客甚至将公司的口号恶搞成“全食物，全薪水”。于是，公司有史以来首次出现同店销售额下降，股票价格暴跌。

在其赋予的顾客削减食物预算的同时，全食的早期成功吸引了新的低价竞争者蜂拥而至——从乔氏超市、萌芽农贸市场（Sprout Farmers Market）和奥乐齐，到诸如克罗格、沃尔玛、塔吉特和开市客等——纷纷在各自的货架上增加有机食品。正如全食的 CEO 所指出的，“所有人都想迎合天然和有机品牌的潮流，分得一杯羹。很显然，许多都是我们的成功使然。”于是，即使随着经济改善，许多购物者继续在低价商店增加食品购买。

受到这些新市场现实的重击，全食面对严峻的挑战。它是否应该继续坚持以往取得巨大成功的高端定位？抑或应该降价并重新定位以适应更节俭和竞争更激烈的时代？面对这些选择，全食决定坚持其高端市场定位的核心战略。同时也适应新形势巧妙地调整了价值主张，以更好地满足节俭意识增强的顾客的需要。它开始低调处理其定位中关于美食的成分，转而强调其所提供的食品的健康价值。

首先，全食并没有降低所有产品的日常售价，而是调低了许多顾客最需要的基础产品项目的价格，并精选一些其他产品项目提供特惠价来加固省钱的价格形象。它还开始强调其私有品牌“365 每日优值”（365 Everyday Value）。随后，全食推出了一项新营销运动，旨在缓和连锁店的高价格声誉，说服顾客全食超市实际上是一个支付得起的购物之所。为帮助顾客理解价值，它通过新闻通讯、优惠券、公司网站和社交媒体增强关于私有品牌的沟通，并安排员工担任“价值导游”陪同购物者店内购物，指出价值产品。新广告以“买我们的 365 每日优值产品无损钱包”和“价签冲击，如你所愿”为标题。

但是，除了降低一定的价格和巧妙地突出其价格实惠的产品项目，全食还积极说服购物者，店内惯常的产品和价格也提供高价值——如果强调优质食品，价格并非意味着一切。正如一位导购人员所指出的，无论你到哪里，你都必须为有机食品支付溢价。“价值意味着让你同样的钱获得更多利益。”这样的谈话有助于将顾客的关注点从价格转回价值。

全食摆脱其“全食物，全薪水”形象的努力取得了一些成效。自 2008 年全球经济衰退之后的暗淡日子里，其销售几乎翻番，利润增长了 5 倍。但面对财力雄厚的竞争者带来持续的价格压力，全食的增长最近再次趋缓，同店销售额和利润都停滞不前，公司股价也有所下降。

因此，发现和营销恰当的价格－价值等式依然是全食执着追求的目标。在价值方面，最近的营销运动“重要的是价值”强调价值与利益不可分离。当顾客在全食超市购物，可以对“食品来自哪里，原料是如何种植、饲养或加工的”完全放心。该零售店的产品是“负责任地培育或饲养的”。该运动总结道：“全食超市：美国最健康的食品商店”，在全食超市购物得到的额外利益与溢价相比，物超所值。

在主要门店中维持高端价值主张的同时，全食还寻求通过令更加节俭的年轻消费者这一新目标市场感到惊喜来实现增长。它最近推出了一个新的分支连锁品牌——“全食超市365”——瞄准财力略逊但精于价值计算、有技术头脑的千禧一代。“全食超市365”专为“向更多人提供新鲜、健康的食品和现代化的、质量与价值相配的购物体验”而设计。新店铺提供全食自己的365品牌产品，加上精心挑选的其他产品，价格上更像乔氏超市的水平，而有别于普通的全食超市。“我们认为全食品牌对特定的顾客确实有吸引力，但对有些人则显得魅力不足，”全食的CEO说，“我们认为现代的、时尚新潮的、技术导向的店铺——与你以往看到的全食店很不相同……对特殊的一代更有吸引力。”

全食的定价努力凸显了许多企业在寻求价格和价值之间的平衡时所面对的困难。全食的挑战是如何既保持多年来使之在顾客眼中显得独特的经营方式，又适应如今日益激烈的竞争性定价环境下不断变化的需求。总之，如今在当地的全食超市，的确与以往有很大不同。更多促销产品项目，更突出地陈列私有品牌365每日优值，不过顾客仍然可以找到符合“全食品，全人类，全地球”使命的高质量天然食品。

但这是一种微妙的平衡。“我们有能力开展价格竞争，我们也愿意这样做。”全食CEO说，“但是这不仅仅是价格竞赛。我们将开始一场高端的新竞赛，为我们的顾客提供更优质的食品、更高的标准、更丰富的体验，以及在市场上更高水平的透明和责任。”即使这意味着收取略高的价格。

资料来源：Brad Stone, “ Whole Foods, Half Off, ” *Bloomberg Businessweek*, January 25, 2015, pp. 45-49; Alison Griswold, “ Whole Foods Wants to Woo Millennials with a ‘ Hip, Cool, Technology-Oriented Store, ’” *Slate*, May 16, 2015, www.slate.com/blogs/moneybox/2015/05/06/whole_foods_q2_2015_earnings_stock_plunges_on_comps_miss.html; “ Whole Foods Market Announces Three Additional 365 by Whole Food Market Store Leases, ” Whole Foods News Room, November 4, 2015, http://media.wholefoodsmarket.com/news/whole-foodsmarket-announces-three-additional-365-by-whole-foods-market-sto; Palbir Nijjar, “3 Risks Facing Whole Foods Market, ” *The Motley Fool*, January 31, 2016, www.fool.com/investing/general/2016/01/31/3-risks-facing-wholefoods-market-investors.aspx; and www.wholefoodsmarket.com and www.wholefoodsmarket.com/company-info/investor-relations/annual-reports, accessed September 2016.

一旦公司仔细地选择了目标市场和定位，市场营销组合战略（包括定价）将显而易见。例如，亚马逊将其Kindle Fire平板电脑定位为以较低的价格提供相同（甚至更多）的价值，其价格不足苹果iPad和三星Galaxy的40%。最近，它开始瞄准有孩子的家庭，将Kindle Fire定位为“完美的家庭平板电脑”，价格低至159美元，与Kindle FreeTime捆绑销售，后者是一种将适合3～8岁孩子的书籍、游戏、教育应用软件、电影和电视剧打包在一起，每月2.99美元起的订阅服务。因此，市场定位在很大程度上决定了Kindle的定价策略。

定价在公司实现不同层次目标的过程中，发挥着重要的作用。企业可以制定价格吸引新顾客，或者有利可图地留住现有顾客。它可以将价格定得较低，阻止竞争者进入市场，或者跟随竞争者定价来稳定市场。它可以通过定价来争取中间商的支持，并保持它们的忠诚，或者避免政府的干预。它还可以暂时降低价格，造成某种品牌的热销。一种产品的价格还可以用来促进产品线中其他产品的销售。

定价决策应该与产品设计、分销和促销决策相互协调，形成一致而有效的整体营销方案。其他营销组合因素的决策亦会影响定价决策。例如，将产品定位于高质量的决策意味着卖者必须制定一个较高的价格以弥补高成本。当需要中间商支持和促销其产品时，生产者必须在定价时考虑为较高的商业折扣留有空间。

公司常常根据价格为产品定位，然后设计其他市场营销组合策略。此时，价格是产品定位的关键因素，决定产品的市场、竞争和设计。许多公司运用一种非常有效的战略性武器——**目标成本法**（target costing）来支持这种价格定位战略。目标成本法与通常的先设计新产品、决定其成本，然后问“我们能否以高于成本的价格售出该产品”的定价过程相反。它先确定一个以顾客感知价值为基础的理想售价，然后以与价格相匹配为目标确定成本。例如，当本田公司开始设计飞度（Fit）时，它最初的理想是一种每加仑汽油可以行驶33英里、初始价格为13 950美元的产品。然后，在能够允许它为目标顾客提供以上价值的成本条件下，设计出一辆在高速运行时性能良好的时尚小型车。

另一些公司不那么强调价格，而是运用其他市场营销组合工具来建立非价格定位。很多情况下，最佳战略并不是收取最低价格，而是以差异化营销提升顾客的感知价值，并获得相匹配的价格。例如，Sleep Number为其床垫产品确立高价值，并收取符合这一价值水平的高价。

> Sleep Number床垫最基本的特点是，可以让你调整不同睡姿以获得理想的硬度和支撑水平。该产品增加了SleepIQ技术，帮助你监测和创造最佳的夜间睡眠。Sleep Number让你“知道，调整，入睡”。置于床垫内的SleepIQ技术监测有效睡眠时间、心率、呼吸频率等指标。然后SleepIQ移动应用程序报告你睡眠的SleepIQ得分和你的睡眠状况。移动应用程序甚至会推荐帮助你获得更佳睡眠所需要的调整。Sleep Number的儿童床垫系列产品帮助父母记录孩子的睡眠情况，甚至在孩子夜间翻下床时通知父母，还包括倾斜的床头、对睡眠习惯的奖励星，以及一个聪明的“怪兽监测器”。Sleep Number床垫比传统产品贵不少——与传统优质床垫售价最多在1 000美元相比，它不同型号的产品在1 000美元至7 000美元不等。但是对Sleep Number满意的顾客愿意支付更高的价格以获得更多利益。全球资讯公司JD Power的2015年床垫满意度报告表明，Sleep Number在床垫的顾客满意度上拔得头筹。毕竟，有钱难买好睡眠。[9]

因此，市场营销者在制定价格时，必须考虑整体的市场营销战略和营销组合策略。但是，即使以价格为主要特征，市场营销者也需记住，顾客不是仅仅根据价格购买。相反，他们比较所得的利益与所付的价格，寻求那些能够为自己提供最高价值的产品。

组织因素

管理者必须确定组织内部由谁来决定价格。公司定价的方式有很多。在小公司里，价格常常由最高管理层而非营销或销售部门决定。在大公司里，定价工作通常由分部经理或产品经理负责。在组织市场中，销售人员有权在一定的价格范围内与顾客协商价格。通常，高层管理者确立定价目标和政策，批准由下级或销售人员提出的价格方案。

在那些定价是关键要素的行业（如航空、钢铁、铁路、石油），公司往往设立专门的定价部门来制定最佳价格，或者帮助其他部门制定价格。这个部门向市场营销部门或最高管理层汇报。其他对定价工作有影响的人包括销售经理、生产经理、财务经理和会计等。

市场和需求

正如本章前面指出的，理解顾客的感知价值及其如何影响顾客愿意支付的价格，是有效定价的第一步。消费者和组织购买者都根据所得的利益，来判断某种产品或服务的价格。于是，在制定价格之前，市场营销者必须理解产品价格与顾客需求之间的关系。在这一部分，我们先深入考察价格 - 需求关系及其如何因不同类型的市场而变化，然后讨论分析价格 - 需求关系的方法。

不同市场类型中的定价

市场类型决定了卖者的定价自由度。经济学家划分出四种类型的市场，分别代表了不同的定价挑战。

在完全竞争情况下，市场中有众多的买者和卖者，他们交换同质的商品，例如铜或金融证券等。单个买者或卖者都不能对流行的市场价格产生影响。在完全竞争的市场中，市场营销研究、产品开发、定价广告和促销几乎不起作用。所以，在这样的市场中，卖者不会在市场营销战略上花费多少时间。

在垄断竞争的情况下，市场由许多按不同价格而非单一价格交易的买者和卖者构成。之所以存在多种价格，是因为卖者可以使其为买者提供的产品或服务差异化。由于存在众多竞争者，每一家企业受竞争者价格策略影响的程度低于寡头市场。卖者努力为不同的细分市场开发差异化的提供物和价格，利用品牌化、广告和人员销售来使自己的提供物区别于竞争对手。因此，箭牌糖果公司（Wrigley）依靠品牌建设而非价格，使彩虹糖（Skittles）从众多的糖果品牌中脱颖而出——通过构思巧妙的广告和在诸如 Tumblr、Instagram、YouTube、脸书和推特等社交媒体上的大量呈现，确立了“彩虹的味道”这一聪明的定位。这一善于使用社交媒体的品牌获得了 2 400 多万次脸书点赞和 33.4 万推特粉丝。

在寡头竞争的情况下，市场上只有少数大型卖者。例如，4 家公司——康卡斯特、时代华纳、AT&T 和 Dish Network——控制了美国有线 / 卫星电视服务市场的绝大部分份额。由于市场上卖者较少，每一个卖者都对竞争对手的定价策略高度警觉和迅速反应。在争夺用户的战役中，价格成为主要的竞争武器。例如，为从康卡斯特、时代华纳和其他有线电视公司那里吸引顾客，AT&T 的 DirectTV 部门提供低价转网优惠、锁定价格以及免费的高清服务。

在完全垄断的情况下，市场上只有一个卖者。它可能是政府垄断（美国邮政局）、私有限制性垄断（电力公司）或私有非限制性垄断（戴比尔斯（De Beers）钻石）。情况不同，定价也有所不同。

分析价格－需求关系

公司的每一种定价都可能导致不同水平的需求。企业设定的价格与其导致的需求水平之间的关系可以用需求曲线来表示（见图 10－6）。**需求曲线**（demand curve）显示了一定时期内，不同价格水平下的市场购买量。在正常的情况下，需求和价格呈反向关系；也就是说，价格越高，需求量越低。于是，如果公司将售价从 P_1 提高到 P_2，销售量会下降。短期内，如果价格太高，预算有限的消费者就可能会减少购买。

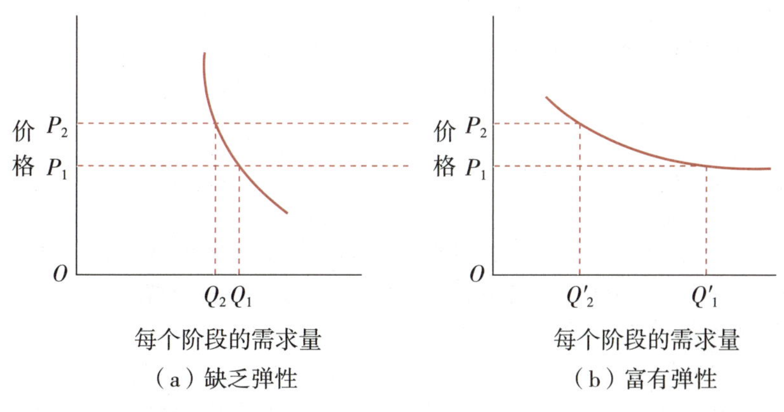

图 10－6　需求曲线

理解品牌的价格－需求曲线是制定优秀价格决策的关键。ConAgra 食品公司在为其速冻主餐品牌 Banquet 定价时对此深有体会。[10]

> Banquet 每份晚餐 1 美元的定价可以追溯到其 1953 年创立之时，但顾客对此形成了较为稳定的预期，迄今为止不曾变过。1 美元已经成为其品牌诉求的关键要素。六年前，当 ConAgra 公司试图通过将 Banquet 主餐价格从 1 美元提高到 1.25 美元来弥补日益增长的原材料成本时，消费者可不高兴了。结果，销售下滑，迫使 ConAgra 以折扣价格出售积压产品，并恢复了原来的 1 美元定价。为了在该价格上挣钱，ConAgra 正努力通过缩减分量和替换价格太高的配料来控制成本。但是，随着成本一再上涨，公司根本无法再以 1 美元的价格提供一份像样的晚餐了。Banquet 再次面临涨价的压力。只有一些分量较小的餐食仍然维持了 1 美元的定价。例如，鸡肉条仍然配芝士通心粉，但不再包含布朗宁蛋糕了。而像索尔兹伯里牛肉饼这样的经典餐食如今涨回了 1.25 美元，ConAgra 还以惊人的 1.5 美元推出了 Banquet 精选配方产品。价格上涨后，该品牌最初的销售难免下降，但还不足为惧。Banquet 是一个入门级品牌，ConAgra 的 CEO 认为，“这并非意味着永远只能 1 美元。应该为我们的核心顾客提供最佳价值”。

大多数公司通过估计不同价格水平上的需求量，努力测量自己的需求曲线。不同类型市场的需求曲线存在差异。在垄断市场中，需求曲线表示不同价格造成不同的市场总需求量。如果公司存在竞争对手，不同价格水平上的需求量，将受到竞争者价格变动的影响。

需求的价格弹性

市场营销者还需要了解**需求价格弹性**（price elasticity)，即需求对价格变化的反应。如果价格小幅的变化几乎没有引起需求变动，我们说需求是缺乏弹性的；如果需求变动很大，就说需求是富有弹性的。

如果需求富有弹性，卖者会考虑降低售价，因为此时较低的价格能够产生更大的销售量，从而获得更高的总收益。只要生产和销售更多产品的额外成本不会超过增加的收益，这一做法就是可取的。同时，大多数公司希望避免将自己的产品变成同质商品的定价。近年来，许多环境因素，例如经济下滑、放松管制、使消费者可以方便迅速地进行价格比较的互联网技术，都提高了消费者的价格敏感度，使从电话和计算机到新汽车等诸多产品都成为消费者眼中的同质产品。

经济条件

经济条件对企业的定价策略有强烈的影响。诸如繁荣或衰退、通货膨胀和利率等经济因素之所以会影响定价决策，是因为它们既影响消费者对产品价格和价值的感知，也影响产品的制造成本。

在 2008—2009 年经济衰退之后，许多消费者重新思考价格 – 价值等式。他们紧缩开支，价值意识变得更强。即使经济复苏，消费者也很可能会继续较为节俭的生活方式。结果，许多市场营销者愈发强调物有所值的定价策略。

对新经济现实最为明显的反应是降价和折扣。数以千计的企业已经这样做了。较低的价格使产品更便宜，刺激了短期销售。但是，这种降价很可能带来不利的长期后果。较低的价格意味着较低的利润。大幅度的折扣也许贬低了品牌在消费者心目中的价值。而且，公司一旦降价，在经济复苏时很难再将价格恢复到原有的水平。

许多公司不是削减其主打品牌的价格，而是维持它们的价格定位，但在其价值定位中重新定义“价值”。一些公司建立“价格层级”，增加更实惠和更高端的产品线，跨越不同购买能力和偏好的多个细分市场。例如，为了迎合消费者紧缩的预算和越来越节俭的消费习惯，宝洁公司为其品牌增加了价廉物美的低价版本，比如为 Bounty 和 Charmin 品牌增加了售价较低的基础版产品，为汰渍推出了名为“汰渍简洁清新”（Tide Simple Clean and Fresh）的低价版本。与此同时，宝洁也为一些品牌增加了高端产品，例如 Bounty DuraTowel 和 Cascade 铂金版洗涤剂，以比平均水平高出两倍的价格提供卓越性能。

记住，即使在严峻的经济条件下，消费者也不会仅仅根据价格购买。他们衡量付出的价格与得到的价值。例如，根据一项调查，尽管耐克的鞋子售价高达 150 美元一双，它仍然在运动鞋细分市场中享有最高的消费者忠诚。消费者认为，相对于价格来说，耐克产品和拥有耐克的体验绝对物有所值。因此，不论你收取什么价格——高还是低——都需要为这一价格提供高价值。

其他外部因素

除了市场和经济因素，企业还必须考虑外界环境中的其他影响因素，了解其价格可能对其他环境力量产生的影响。例如，中间商怎样看待公司的价格？公司在制定价格时，应该为中间商留出公平的利润空间，争取它们的支持，帮助它们有效地销售产品。政府是影响公司定价决策的另一个重要外部因素。最后，公司还需要考虑社会舆论。在制定价格时，公司的短期销售、市场份额和利润目标都要考虑更广泛的社会因素。我们将在第 11 章中讨论定价的公共政策问题。

关键术语

价格（price）
基于顾客价值的定价（customer value-based pricing）
高价值定价（good-value pricing）
价值增值定价（value-added pricing）
基于成本的定价（cost-based pricing）
固定成本（fixed cost）
变动成本（variable cost）
总成本（total cost）
经验曲线（学习曲线）（experience curve（learning curve））
成本加成定价（加成定价）（cost-plus pricing（markup pricing））
盈亏平衡定价法（目标利润定价法）（break-even pricing（target return pricing））
基于竞争的定价（competition-based pricing）
目标成本法（target costing）
需求曲线（demand curve）
需求价格弹性（price elasticity）

概念讨论

1. 为什么制定和执行恰当的定价决策对企业的成功至关重要？
2. 说出并解释两种类型的基于价值的定价方法。
3. 什么是基于成本的定价？企业在基于成本的定价模式中如何运用固定成本和变动成本？
4. 解释价格 - 需求关系。卖者在不同类型的市场中设定价格时需要考虑哪些因素？
5. 定义需求价格弹性，并解释为什么对市场营销者而言理解这一概念很重要。

案 例

乔氏超市：实惠的美食——对价格 - 价值等式进行的特殊修正

近来，不是只有苹果店开业时门前会排长队。一个夏日的早晨，一大群热情洋溢的人聚拢而来，翘首等待一家乔氏超市新店开业。等候的人群纷纷谈论着乔氏超市，包括自己最喜爱的产品。一位顾客说即使这个邻里社区周边已经有不少提供食品和日用品的超市，其中还包括高端的食品店，乔氏的开业依然是件大好事儿。

这家以南加州为基础的超市连锁每次新店开业都给人这种感觉——机不可失。每当新店开业，人潮涌动，人们在过道上挤来挤去，几乎无法接近货架，收银台前排起了“长龙”。顾客在购物车里塞满了乔氏独家销售的价格仅2.99美元的查理·肖（Charles Shaw）红葡萄酒——人们一直津津乐道的“两元恰克酒”（Two Buck Chuck）——以及其他以难以置信的低价出售的独家美食。在悬挂着的塑料龙虾和手写标志中间，身着夏威夷衬衫的经理（“船长”）和员工（“船员”）不得不反复向第一次惠顾的顾客解释这些价格并非开业大促，而是日常的价格。

是什么促使各处的消费者对乔氏的到来如此迫不及待？乔氏似乎已经通过提供完美的利益和价格等式，成功破解了顾客价值密码。

提高利益

乔氏超市不是一家真正的美食商店，也不是一家折扣食品商店。它实际上有点像这两者的混合物。作为美国最炙手可热的零售商，乔氏超市为食品提出了自己独特的价格－价值定位——称为“便宜的美食”。它以非常实惠的价格提供各种优质的食品，并创造一种使购物充满乐趣的节假日气氛。它既不属低端，也不属高端，而且绝非主流。一位商学教授研究该公司之后说：“它的使命是成为全美范围的社区食杂专卖店。”无论你如何界定它，乔氏超市创新性的价格－价值定位为其赢得了忠诚顾客近乎崇拜的追随，他们喜欢以恰当的价格从乔氏超市买到的东西。

乔氏超市将自己描述为一个“天堂岛”，每天你都可以在那里发现“价值、冒险和美味的宝贝”。购物者熙熙攘攘，四周是雪松木板装饰的墙壁和人造棕榈树，收银台的铃声偶尔响起提醒人们注意一些特殊的通告。身穿夏威夷衬衫的工作人员耐心而快乐地与顾客聊天，从天气到晚上聚会的菜单建议，亲切随和。顾客在乔氏超市不仅仅是购物，还是在体验。

乔氏超市的货架上是精挑细选的优质食品。通常，它只储备有限的种类，大约4 000种特殊的产品（一家典型的超市平均有4.5万种产品）。但是，这些产品是乔氏超市特有的，包括独特口味的调料、包装食品和酱、罐头汤、新鲜或冷冻的主菜、点心和甜点，所有食品都不含人造色素、香精和防腐剂。

乔氏超市简直是美食主义者的天堂，从芥末豆、有机草莓柠檬汁、有机芒果酱、裹黑巧克力的橘子糖以及公平贸易咖啡，到辣椒酸橙鸡肉汉堡包和姜汁脆饼等，应有尽有。乔氏出售其他商店里有的各种商品，像有机香草酸奶、杏仁牛奶、特浓橙汁、熏制荷兰高德干酪和蒜香烤鹰嘴豆泥。但这家怪异的零售商还通过出售独有的特色商品维持其价格力量。你可以试试到其他商店里找找姜味猫饼干、藜麦和黑豆墨西哥薄饼或者芒果椰子爆米花。

该商店80%以上的品牌是私有品牌，由乔氏超市独家专卖。随便问一问，几乎每个顾客都能说出一长串自己钟爱且难以割舍的乔氏超市产品，而且这份“至爱”名单上的产品项目还在迅速增加。人们为了一两件喜爱的东西而来，却满载而归。“我想消费者肯定心中窃喜：‘我可以在这里买到在别处根本找不到的东西’，”一位食品行业的分析家说道，“乔氏仿佛有让顾客兴奋起来的魔力。”

降低价格

别具一格的商店气氛、独家的美食产品、乐于助人的工作人员——这些听起来就似乎应该收取高价。但乔氏没有这样做。高端竞争者，例如全食超市，就收取与其高档产品相匹配的昂贵价格（“全食食品，物有所值”）。乔氏超市用其相对节俭的价格让顾客感到惊喜。当然，从绝对值来看，价格也不是很低，但是与相同品质的产品在别处的售价相比，的确很实惠。“在乔氏超市，我们出售优质食品，尤其注重提供高价值，”乔氏超市说，“所以，你可以大胆尝试特色产品，而不必担心经济负担。”

低价与消费者利益特别吻合。德意志银行最近的一份报告比较了乔氏超市与全食超市 77 种产品——包括鲜活产品、私有品牌产品和非食品项目。乔氏比全食便宜 21%，并且 78% 的产品项目价格最低。即使在私有品牌的比较中，乔氏也便宜 15%。而且，乔氏的价格优势日趋提高，尤其是在过去几年全食超市战略性地聚焦于降低价格的情况下，依然如此。

乔氏超市是如何使其美味食品的价格如此之低的呢？是精心打造的非价格因素支持着整体的价格－价值战略。首先，乔氏开展精益运营并近乎狂热地重视省钱。为保持低成本，乔氏超市往往把门店开办在租金低廉、比较偏僻的地方，例如郊区的购物中心。较小的商店规模和有限的产品种类降低了相关设施和存货成本。不开设规模较大的加工部门及昂贵的现场烘焙、肉铺、熟食和海鲜柜台等为乔氏节省了一大笔开支。而且，凭借其私有品牌，乔氏超市直接从供应商购买，力争最有利的价格。

最后，这个节俭的零售商从不做广告，不提供优惠券、折扣卡或任何形式的特别促销。乔氏超市专卖产品和低廉价格的独特组合，引发了如此多的口碑宣传和购买欲望，以至于公司根本不需要做广告和进行价格促销。仅有的正式宣传活动是公司的网站或每月向自愿接受者邮寄的新闻通讯。

乔氏超市最强大的促销武器就是其忠诚的追随者队伍。如果你对狂热的乔氏超市粉丝的重要性和影响力存疑，看看他们建立的网站吧（www.traderjoesfan.com，whatsgoodattraderjoes.com，clubtraderjoes.com，livingtraderjoes.com，以及 cooktj.com），他们在这些网站上自发讨论新产品和门店，交换菜谱和交流购物经验，推荐自己最喜爱的乔氏超市门店。

额外收益

尽管收益与价格之比的简单计算具有强大的价值，但乔氏超市之所以如此成功，还有其他更重要的因素发挥着作用。除了优质和独特的产品，亲和的员工、新颖的商店设计等所有这些因素组合在一起产生了协同效果。这无疑创造了一种大多数公司难以取得的氛围和信任。一位并不是超市购物粉丝的行业观察者这样总结：

> 步入乔氏超市，我的行为举止都与在其他地方购物时有明显的不同。通常我不喜欢去购物，但对乔氏超市——我仍然很难相信我说的是关于购物——我实际上会盼望去做。乔氏超市让我身心愉悦，就像数百万其他惠顾者一样。我与它的交易远比其他购物场所要更加透明。你可以感受到真诚——这是引发口碑效应的关键。乔氏超市证明了，即使你得到恰当体验的其他要素的时候，人仍然是最重要的。

由于找到了恰当的价格－价值定位，乔氏超市成为美国国内增长最快和最受欢迎的食品商店之一。它在全美 45 个州有 482 家门店。据一位分析人员估计，其年销售额至少达到 130 亿美元（这家私有公司对其财务数据三缄其口），是 10 年前的 4 倍之多。乔氏超市每平方英尺的产出高达惊人的 1 750 美元，比超市行业平均水平的两倍还要多。过去 5 年，乔氏超市在《消费者报告》“最佳超市连锁”评选中，一直是最佳的两个企业之一。

问题的核心是价值和价格——你的所得和所失。来问问乔氏超市的一名普通顾客克丽丝·赖特（Chrissi Wright）吧，我们在周五清晨遇到她时，她正在俄勒冈州本德的一家乔氏超市中挑选着自己中意的产品。

克丽丝计划购买8瓶流行的售价2.99美元的查理·肖红葡萄酒。“我喜爱乔氏超市，因为它让我不必花光所有的钱就可以像雅皮士一样享受美食，”克丽丝说道，“这里的产品都是美食，通常很环保和漂亮……而且，当然，还有查理·肖牌的两元恰克酒——这也许是我们这个时代最伟大的创新了。”

资料来源：Kathleen Elkins, “I Compared Prices of Trader Joe’s Items to Those of Whole Foods 265 Everyday Value—Here’s What I Found,” *Business Insider*, February 29, 2016, www.businessinsider.com/i-compared-the-price-of-whole-foods-365-items-to-trader-joes-heres-what-ifound-2016-2; Craig Giammona, “Whole Foods Is Ready to Convince You That It Can Do Cheaper,” *Bloomberg*, May 18, 2016, www. bloomberg.com/news/articles/2016-05-18/whole-foods-seeks-to-shedwhole-paycheck-rap-with-new-format; Kathryn Vasel, “Who’s Got Better Prices: Whole Foods or Trader Joe’s?” *CNNMoney*, March 31, 2016, www.money.cnn.com/2016/03/31/pf/trader-joes-whole-foods-prices/; David DiSalvo, “What Trader Joe’s Knows about Making Your Brain Happy,” *Forbes*, February 19, 2015, www.forbes.com/sites/daviddisalvo/2015/02/19/what-trader-joes-knows-about-making-yourbrain-happy/#27f0f6f41539; Beth Kowitt, “Inside the Secret World of Trader Joe’s,” *Fortune*, August 23, 2010, accessed at www.fortune.com; and “SN’s Top 75 Retailers & Wholesalers 2016,” *Supermarket News*, www.supermarketnews.com/rankings-research/top-75-retailers-wholesalers and www.traderjoes.com, accessed June 2016.

讨论题

1. 以基于顾客价值的定价理念解释乔氏超市成功的原因。
2. 乔氏超市采用高价值定价还是增值定价方法？请解释。
3. 乔氏超市的定价战略是否真正使之与竞争对手差异化？
4. 乔氏超市的定价战略可持续吗？为什么？
5. 你有什么帮助乔氏超市进一步改善的建议？

注　释

请扫描二维码或登录中国人民大学出版社官网www.crup.com.cn下载本书注释。

11 定价战略：其他问题

学习目标

- 描述主要的新产品定价战略。
- 说明公司如何定价才能使产品组合利润最大化。
- 讨论公司如何调整价格以适应不同的顾客和环境。
- 讨论发动与响应价格变动的关键问题。
- 了解影响定价决策的社会和法律问题。

在上一章中，我们已经认识到，在公司通过为顾客创造价值而实现盈利的过程中，价格是一种非常重要的营销组合工具。我们考察了三种基本的定价方法——以顾客价值为基础的定价、以成本为基础的定价和以竞争为基础的定价，以及影响企业价格决策的诸多内外部因素。本章将考察其他定价战略：新产品定价、产品组合定价、价格调整以及发动和响应价格变动等，最后还将讨论定价与公共政策。

我们从苹果公司的溢价战略开始。苹果公司的定价显著地高于竞争者。但是苹果吸引顾客之处从来不是价格。相反，苹果的愿景是始终提供创新性设计和卓越的用户体验，正是这些使价格在渴望苹果产品的顾客心目中退居次要地位。

引例 苹果：溢价但值得

苹果公司是典型的溢价定价者。无论是 iPhone、iPad、Mac 笔记本电脑，还是苹果手表，价格都要比竞争性产品高——高出很多。去年，全球 iPhone 平均售价达 624 美元，相比之下安卓智能手机的平均价格才 185 美元。即使与三星——其最接近的高端竞争者——相比，最新款 iPhone 的售价比三星 Galaxy 的相近型号高 100 ～ 200 美元。类似地，一台标准的 MacBook Pro 比戴尔或惠普类似型号的计算机贵 300 美元。

然而，尽管价格如此昂贵，苹果的产品却长盛不衰，热情的顾客总是排长队抢购最新型号的产品。例如，仅去年一年，苹果就售出 2.31 亿部 iPhone。这使得苹果处于让竞争者羡慕嫉妒恨的地位：在其大多数产品类别中，它价格最高，还能夺取市场领先的份额。苹果是如何做到的呢？

对苹果而言，成功从来不是因为价格，而是苹果用户的体验。许多技术型公司生产具备特定效用的产品。苹果不同，它创造“生活如此美好”的体验。问问苹果用户，他们会告诉你自己的苹果设备性能更好也更容易使用。他们热爱苹果干净、简洁的设计和高贵的风格。

苹果对加深用户体验的痴迷体现在公司的一切行动上。从一开始，苹果就是一位创新领导者，先进产品层出不穷。生产顾客想要的产品——甚至常常在消费者意识到自己想要之前——导致苹果引领了一场又一场革命。苹果始终具有将技术以顾客优先的方式完美满足其需要的天赋。

因而，苹果发展了数量庞大的狂热苹果迷。在近 40 年的时间内，顾客将苹果奉为无可争议的时尚先锋和引领者。你购买苹果产品，就是加入了由虔诚信徒组成的社群。在铁杆粉丝面前一提“苹果”两个字，他们会对该品牌的优越性赞不绝口。如此的热情和支持创造了对苹果产品超越价格限制的需求。苹果粉丝们不仅愿意支付高价，他们还对自己得到的价值完全值得这一高价深信不疑。

苹果溢价能力最具有说服力的例子之一是苹果手表。在推出智能手表方面，苹果并非先行者。数十家公司已经在较宽的价格范围内出售可穿戴设备。在苹果推出苹果手表之前一年，竞争者以均价 189 美元出售了 680 万块智能手表。苹果手表发布时有三个版本。基本款苹果运动手表售价 349 美元，不是最贵的版本，却已经几乎是行业平均价格的两倍。而最贵版本的苹果手表，有 18k 金和蓝宝石水晶玻璃表面，功能配置齐全，售价高达 17 000 美元。如此高昂的价格简直要吓跑买家。但是，据估计，仅第一年苹果手表就售出了 2 100 万块，如今在急剧扩张的智能手表市场占到 74% 的份额。

苹果收取高价和利润的能力在更广阔的市场创造了令人吃惊的销售和利润业绩。以智能手机为例，苹果因在全球总销售中占到令人瞩目的 20% 而高兴。但是，在高端智能手机市场，其拥有的份额更是高达令人震惊的 50%。最出人意料的是，多亏了其溢价战略，苹果常常将行业利润的最大份额收入囊中。例如上个季度，它在全球前八位智能手机生产者的总利润中独占了令人赞叹不已的 92%。类似地，苹果在竞争非常激烈的个人计算机市场中也占到近 50% 的利润。

总之，过去 4 年间，苹果的销售翻了一番多，达到破纪录的 2 340 亿美元，公司跻身《财富》500 强前五位，超过了诸如通用汽车和通用电气等传统工业巨头。品牌资讯公司 Interbrand 最近将苹果评为全球最有价值的品牌。公司飙升的股价也让苹果成为世界上价值最高的两家公司之一，与谷歌的母公司 Alphabet 比肩。

然而，尽管取得了这些成功，苹果的溢价战略却的确存在一定的风险。例如，在一些市场——尤其是世界上快速增长的新兴市场——苹果的高定价使其很难与低价竞争者竞争。例如占到全球智能手机总销量足足 1/3 的中国，苹果如今的市场份额只处于第三位，屈居快速增长的低价竞争者小米和华为之后。

中国市场领先者小米三年前横空出世，成为仅次于苹果和三星的全球第三大智能手机制造商。它生产形式与苹果相近的低成本智能手机、笔记本电脑和其他电子设备，甚至提供应用程序、游戏和其他内容。小米在非常便宜的手机内汇合了强大的技术和精妙的设计，其价格只是苹果售价的一小部分。例如，入门级 iPhone 在中国的售价是 833 美元——高于中国消费者的平均月工资。相反，小米智能手机的均价只有 149 美元。

一位技术博主总结说，凭借其漂亮的设计和极低的价格，小米瞄准“热爱技术、追求时尚的年轻消费者，他们财力有限买不起特别高端的苹果或三星手机”。这类消费者不仅在中国，而且在诸如印度、巴西等其他新兴国家构成了快速增长的技术细分市场。迄今为止苹果没有——也不打算——为这类消费者提供买得起的产品。低端产品根本就不适合苹果的运营风格或溢价定位。

但是，借助迎合数量同样增长迅速的、希望获得也买得起苹果产品的奢华和尊贵身份的富裕消费者，苹果仍然在中国和其他新兴市场繁荣发展。与其他地方一样，这类消费者认为苹果产品的确值得高价。一位分析人员说，在中国“人们愿意支付高价，尤其因为它贵才买”。例如，记得苹果手表那过分高价的版本吗？在中国，不到一小时就销售一空了。

因此，无论是国内还是国外，苹果的溢价战略可能继续有效。“苹果的主导性地位是很难超越的，”一位行业管理者说，“苹果或许会遇到挫折，但我认为那不大可能发生。”道理很简单：好货值高价。[1]

正如苹果公司的故事所表明的，以及我们在上一章所讨论的，定价决策受到诸如公司、环境和竞争者等许多复杂因素的影响。公司制定的不是一个价格，而是包含产品组合的价格结构，涉及产品线中各种不同的产品项目，这使得定价决策更为复杂。而且，该价格结构随着产品生命周期的变化而改变。公司调整价格以适应成本和需求变化的同时，还要考虑购买者和购买情况的差异。在不断变化的竞争环境中，公司还需考虑何时发动价格变动，以及怎样应对竞争对手的价格变动。

本章考察特殊定价环境下的定价方法以及为适应变化中的环境而采取的价格调整策略，具体包括处于生命周期导入阶段即介绍期的新产品定价战略、用于产品组合中相关产品的产品组合定价战略、为适应顾客差异和环境变化的价格调整战略，以及发动或应对价格变动的战略。

11.1 新产品定价战略

定价战略常常随着产品生命周期的变化而变化。介绍期尤其具有挑战性。公司推出新产品时面对首次定价挑战，可以采用以下定价战略：市场撇脂定价或市场渗透定价。

市场撇脂定价

许多公司将发明的新产品推向市场时，制定很高的初始价格，在市场上一层一层地“撇取”收益。苹果公司经常运用这种被称为**市场撇脂定价**（market-skimming pricing）或**价格撇脂**（price-skimming）的战略。苹果公司每次都以高价推出新一代苹果 iPhone、iPad 或 Mac 电脑，待更新的型号面市时，再将价格向下调整。用这样的方法，苹果在各种细分市场获得了最大的收益。例如，通过智慧地运用高价战略，苹果独占智能手机市场利润总额的 92% 之多。[2]

只有在特定条件下，市场撇脂定价法才是可取的。首先，产品的质量和形象必须支持其高昂的定价，并且有足够的购买者愿意在高价位购买。其次，小批量生产的成本不会太高，以至于抵消高价带来的收益。最后，竞争对手不能轻易地进入市场和降低价格。

市场渗透定价

有些公司不采用在规模较小但利润率较高的细分市场中以高价格迅速获得厚利的撇脂定价方法，而是选择**市场渗透定价**（market-penetration pricing）。它们制定一个较低的初始价格，旨在迅速和深入地渗透市场——短时间内吸引大量购买者，赢得较高的市场份额。高销售量可以降低成本，允许公司进一步降低价格。例如，阿吉特全球公司（AGIT Global）运用渗透定价很快建立起对其风暴潮（Wavestrom）冲浪板的市场需求[3]：

> 在风暴潮冲浪板问世之前，冲浪者和潮流爱好者通常只能在当地的冲浪商店购买定制的或高端的冲浪板，入门级产品的售价往往在 300 ～ 1 000 美元之间。阿吉特全球公司有完全不同的想法。心怀让更多的成年人和孩子接触这项运动的使命，它 10 年前开始大规模生产优质软头泡沫冲浪板，并以渗透价在大型商超出售。例如，蓝白色 8 英尺入门级的风暴潮冲浪板在开市客超市的售价只有 99.99 美元。多亏了渗透定价，风暴潮如今已经成为市场领导者，销量比其他最大的冲浪板品牌高出 5 倍以上。其平价冲浪板甚至成为高级冲浪选手的最爱，作为礼物赠送给他们的朋友或孩子。“在开市客出售的利润的确很薄，”阿吉特全球公司的销售副总裁马特·兹林斯卡斯（Matt Zilinskas）说道，“但是我们销售量大，而且回款及时。”

要使这种低价战略生效，必须符合一些条件。首先，市场必须对价格高度敏感，从而低价格会产生更大的销售量和市场份额。其次，产品的生产和分销成本必须随着销售量的增加而降低。最后，低价必须有助于排斥竞争者，而且采取渗透定价的公司必须保持其低价定位。否则，价格优势只是暂时的。

➡ 11.2 产品组合定价战略

如果某产品是产品组合的一部分，其定价战略往往必须改变。在这种情况下，企业将寻求一组能够使产品组合整体利润最大化的价格。由于产品组合内各种产品之间存在相互关联的需求和成本，并且各自面对的竞争程度不同，所以定价难度很大。我们现在仔细考察五种产品组合定价战略（见表 11－1）：产品线定价、备选产品定价、附属产品定价、副产品定价以及一揽子定价。

表 11－1 产品组合定价战略

定价战略	描述
产品线定价	对同一产品线内的不同产品差别定价
备选产品定价	为与主要产品一起出售的选择性产品或附加产品定价
附属产品定价	为必须与主要产品一起使用的产品定价
副产品定价	为低价值的副产品定价，以弥补处理它们所花的成本或利用它们挣钱
一揽子定价	为共同出售的产品组合定价

产品线定价

公司常常会开发产品线，而非单一的产品。在**产品线定价**（product line pricing）战略中，管理者必须决定同一条产品线中不同产品的价格差距。确定同一产品线中不同产品之间的价格差距，应该考虑不同产品之间的成本差异。更重要的是，应该反映顾客对不同产品属性的感知价值。

例如，Quicken 公司提供家庭及个人财务管理软件，具有产品项目全面而丰富的产品线，包括新手版（Starter）、豪华版（Deluxe）、卓越版（Premier）、家庭与商务版（Home & Business）和房产中介经理版（Rental Property Manager）等，售价分别为 29.99 美元、64.99 美元、94.99 美元、104.99 美元和 154.99 美元不等。尽管 Quichen 公司生产卓越版的成本并不比新手版的更高，但买者乐意支付更高的价格获得卓越版额外的利益，比如财务计划、退休和投资监管等工具。当然，Quicken 必须建立可感知的质量差异来支持价格的差别。

备选产品定价

许多公司在销售与主要产品配套的备选产品或附加产品时，运用**备选产品定价**（optional-product pricing）。例如，一位购买汽车的顾客可能会配置 GPS 装置和高级娱乐系统。购买冰箱的顾客可能顺带买好制冰器。顾客购买个人电脑时，往往可以选择各种令人眼花缭乱的处理器、硬盘、内存系统、软件、服务计划。为这些备选产品定价是一个棘手的问题。公司必须决定哪些项目应该包括在基本价格之内，哪些作为备选产品。

附属产品定价

出售必须与主要产品一起使用的产品时，公司会运用**附属产品定价**（captive-product pricing）。附属产品定价的例子有剃须刀片、游戏和打印机墨盒。公司常常对其主要产品（剃须刀、电子游戏机和打印机）低利定价，但在耗材上设定较高的利润率。例如，亚马逊以低利或无利的价格推出 Kindle 电子书和平板电脑，希望通过出售在该设备上观看的电子书、音乐、电影和其他内容来弥补这一亏损，并挣更多的钱。亚马逊的 CEO 杰夫 · 贝佐斯声称：“我们希望在人们使用我们的设备时挣钱，而不是在他们购买时。”[4]

附属产品可能在一个品牌的销售和利润中占很大比重。例如，Keurig 的收益只有很少的份额来自其单杯蒸馏式咖啡机。该品牌的大部分收益——近 77%——来自其 K-Cup 小份包装咖啡的销售。[5] 但是，运用附属产品定价法的公司必须慎重。在主要产品和附属产品的定价之间寻求恰当的平衡并非易事。更有甚者，被迫购买高价附属产品的消费者可能会因此对它们心怀怨恨。

例如，购买单杯蒸馏式咖啡机的消费者也许会对自己必须高价购买那些便利的小份咖啡包而心存畏惧。尽管与星巴克相比每杯咖啡的成本似乎要合算多了，但折合成每磅计算这一价格看上去仍然有趁火打劫的味道。一位调查者发现其每磅的价格居然高达 50 美元。[6] 按这一价格，你最好还是煮一大杯高档咖啡然后分成小份。对许多购买者而言，单杯蒸馏式咖啡机提供的便利和选择性胜过了其额外成本。但是，这种附属产品定价可能使打算初次尝试的消费者望而却步，或者购买之后在使用时心里感到不舒服。

在服务行业，这种附属产品定价法称为二分定价（two-part pricing）。服务的价格被分为固定费用和可变动使用费两部分。因此，在六旗和其他主题公园，一张日票或季票的价格中并不包括食物和公园内其他设施的使用费。

副产品定价

产品和服务的生产常常会产生副产品。如果这些副产品没有价值，而且处理成本很高，就会影响到主要产品的定价。此时，公司运用**副产品定价**（by-product pricing），为这些副产品找到一个市场，弥补储存和运输成本，从而使主要产品的价格更有竞争力。

有时，副产品本身也能有利可图——变废为宝。例如，威斯康星州的奶酪厂商发现一种有效方法来利用废弃盐卤——奶酪生产过程中的盐溶液。非但不用付钱请人处理这些废料，反而将它们变成了有价值的副产品，出售给当地城市和乡村高速公路管理部门，它们与盐配合使用可融化路面积冰。类似例子还有很多。在新泽西州，腌制食品生产商也用类似的方式处理废弃的卤液。在田纳西州，酿酒商们出售伏特加蒸馏过程中的副产品——土豆汁。在全美许多高速公路上，工作人员使用一种甜菜片（Beet Heet）的产品，你能猜得到吗？是用甜菜汁卤水副产品制成的。这些卤液唯一的副作用是有轻微的气味。一位高速公路部门的官员说起奶酪卤液，“你如果恰巧在养护车后面的话，立刻就能闻到”。[7]

一揽子定价

运用**一揽子定价**（product bundle pricing），公司常常将几种产品组合在一起，以低于各项单品价格之和的价格出售。例如，快餐店将汉堡包、薯条和软饮料打包，以“套餐”价格出售。美体小铺（Bath & Body Works）为其香皂和浴液提供“三件套装”（例如，三块抗菌香皂售价 10 美元）。康卡斯特、时代华纳、威瑞森和其他电信公司将有线电视服务、电话服务和高速网络连接打包，以一个较低的组合价出售。这种一揽子定价可以促进消费者购买一些原本不会购买的产品，但是组合的产品价格必须足够低，以吸引消费者购买。

11.3 价格调整战略

公司经常调整其基础价格，以适应各种顾客差异和不断变化的形势。这里，我们考察七种价格调整战略（见表 11－2）：折扣与津贴定价、细分市场定价、心理定价、促销定价、地理定价、动态定价和国际定价。

表 11－2 价格调整战略

定价战略	描述
折扣与津贴定价	为回报顾客大量购买、较早付清货款或促销产品等行为而降低价格
细分市场定价	调整产品的基本价格以适应不同的顾客、产品和销售地点
心理定价	根据心理因素调整价格
促销定价	暂时降低产品价格，以促进短期销售
地理定价	针对顾客的地理位置差异调整价格
动态定价	持续地调整价格以符合个体顾客需要和环境特点
国际定价	为国际市场调整价格

折扣与津贴定价

大多数公司调整其基础价格，以回报顾客的特定行为，例如较早地付清货款、大量购买和反季节购买等。这些价格调整称为折扣与津贴，有多种形式。

现金折扣（cash discount）是一种主要的**折扣**（discounts）形式，是对及时付款的购买者的价格减让。典型的例子是“2/10，n30”，意思是 30 天之内应该付清货款，如果购买者在 10 天之内付清的话，可以得到 2% 的折扣。数量折扣（quantity discount）是给予大批量购买者的价格减让。这种折扣激励购买者更多地从某个特定的销售商那里购买，而不要寻求其他采购源。功能折扣（functional discount）又称为交易折扣（trade discount），指由卖者提供给执行特定职能（例如促销、仓储、记录等）的渠道成员的价格折扣。季节折扣（seasonal discount）是对购买过季产品或服务的顾客提供的一种价格折让。

津贴（allowance）是另一种类型的价格减让。例如，以旧换新津贴（trade-in allowances）是对购买新产品时返还旧商品的顾客提供的价格减让。这在汽车行业最为普遍，但也适用于其他耐用品。促销津贴（promotion allowance）是为回报经销商对广告和促销活动的参与而提供的报酬或价格减让。

细分市场定价

公司常常会根据不同的顾客、产品和销售地点，调整其基础价格。在**细分市场**

定价（segmented pricing）战略中，公司以两种或更多价格出售某种产品或服务，价格差异并不以成本为基础。

细分市场定价有多种形式。在顾客细分定价的情况下，不同的顾客为相同的产品或服务支付不同的价格。例如，博物馆、电影院和超市对学生和老年人收取较低价格。科尔士百货每周三为 60 岁或更年长的顾客提供 15% 的折扣。而沃尔格林定期举办“老年人折扣日”活动，为美国退休人员协会（AARP）成员和本店信用卡 55 岁及以上的持有者提供 20% 的价格折扣。一则沃尔格林的广告建议“带上奶奶来购物！”

基于位置的定价指根据不同销售地点，即使提供产品的成本一样，也收取不同的价格。例如，州立大学对外州学生收取更高的学费。剧院对不同的座位收取不同的价格，因为观众偏好特定位置。最后，时间定价是指产品的价格根据季节、月份、日期甚至小时而改变。公用事业公司按照一天中的不同时段向商业用户收取不同的费用，工作日和周末的价格也有所不同。旅游景点会向顾客提供周末和季节性折扣。

要想让细分市场定价战略有效，必须满足一些条件。首先，市场必须是可以细分的，不同的细分市场必须在需求程度上存在差异。再者，进行市场细分和差异营销的成本不能超过从差别定价中获得的额外收益。当然，细分市场定价必须是合法的。

最重要的是，细分市场定价应该反映消费者感知价值的真实差异。支付高价的顾客必须觉得他们多付出的金钱是值得的。否则，差别定价会引起顾客的愤怒。例如，人们对纽约消费者事务局的一项调查的结果表示愤慨。该调查发现，女性常常为一些产品的女性版本支付更多，而实际上，这些产品除了性别专有的包装之外，其他方面与男性专用版本并无差别。[8]

纽约消费者事务局比较了近 800 种产品针对不同性别消费者的版本的价格——包括儿童玩具和服装、成人服装、个人护理产品以及家居用品。结果发现，针对女性营销的产品项目成本比针对男性的产品价格平均高出 7%。在护发产品类别中，女性为诸如洗发水、护发素等产品多支付 48%，为剃刀等多付 11%。例如，一家大型连锁商店中蓝盒的 5 片装刀片售价为 14.99 美元，而几乎一模一样的只是颜色（紫色盒装）和名称不同的女性产品售价 18.49 美元。无独有偶，塔吉特以 24.99 美元向男孩出售红色雷德福莱尔滑板车（Radio Flyer），但以 49.99 美元向女孩出售粉色同款滑板车。纽约消费者事务局公布调查报告之后，塔吉特赶紧降低了粉色滑板车的售价，声称之前的价格差异是由于“系统出错”。尽管没有法律禁止基于性别的价格差异，但这种明显的不平等可能毁掉品牌的可信度和声誉。

公司还必须小心，不要怠慢支付低价的顾客。否则，长期看来，差别定价会引起顾客的愤怒和反感。例如，最近几年，航空公司已经发现，飞机两端的顾客越来越多地表示不满和愤怒。为商务舱或头等舱支付全价票的旅客常常感到自己陷入了圈套。而与此同时，购买低价舱位的旅客感到自己被忽视或者受到虐待。总之，航空公司如今面临许多棘手的定价问题。

心理定价

价格传递着关于商品的信息。例如，许多消费者利用价格来判断质量。售价

100 美元的香水也许只含价值 3 美元的香料，但之所以有人愿意为此支付 100 美元，是因为价格暗示了一些特别的东西。

采用**心理定价**（psychological pricing）的公司认为，价格不仅具有经济意义，而且具有心理作用。例如，消费者通常感知价格较高的产品拥有较高的质量。如果他们能够通过检查产品或回忆以往的经验来判断产品的质量，就会较少地根据价格做出判断。但是，当他们因为缺乏信息或技能而不能直接判断产品质量时，价格就会成为重要的质量标签。例如，两位每小时报价分别为 50 美元和 500 美元的律师，你认为谁更好？要客观地回答这个问题，你可能不得不分别对这两位律师的学历和资质做大量深入研究；即便如此，你可能还是无法准确判断。因此，我们大多数人会仅仅假设要价高的律师更好一些。

心理定价的另一方面是**参考价格**（reference pricing），即购买者在考察某种特定产品时，心里会想到的价格。购买者可能因为注意到了当前的价格，记起了过去的价格，或者评价当时的购买情境而形成参考价格。企业在制定价格时，可以影响或者利用消费者的参考价格。例如，超市将其标价为 2.49 美元的私有品牌葡萄干燕麦紧挨着标价 3.79 美元的桂格燕麦陈列在一起。或者公司可能提供并不热销的高价型号以使其价格不菲的其他型号相比较而言更容易被接受。例如，威廉姆斯 – 索诺玛一度提供价格高达 279 美元的昂贵的面包机。随后增加了一款售价 429 美元的产品。后者自然乏人问津，前者却销量翻番。[9]

在大多数购买情况下，消费者并不具备足够的技能或信息来判断自己所支付的价格是否合理。他们没有时间、能力或兴趣调查不同的品牌或商店进行价格比较，来为自己争取最佳的交易条件。相反，他们会依赖某种暗示价格高低的线索。有趣的是，这种价格线索往往是由销售商以促销标志、价格匹配政策、招徕定价和其他有用的暗示形式提供的。

即使微小的价格差异，也可以显示产品的差别。以 9 或 0.99 结尾的价格常常意味着实惠。这样的定价随处可见。例如，浏览一下塔吉特、百思买或 Overstock.com 等著名折扣商店的网站，几乎所有商品价格的最后一位数字都是 9。相反，高端零售商更喜欢以整数定价（例如，6 美元、25 美元或 200 美元）。还有一些零售商常规价格用整数定价，折扣商品用 99 美分结尾。尽管实际价格差别不大，这种定价策略的心理影响却很大。例如，在一项研究中，让人们在只有价格不同的 LASIK 激光视力矫正手术——一款标价为 300 美元，另一款标价为 299 美元——中进行选择。两者之间实际的价格差异只有 1 美元，但是心理差异要大得多。选择 300 美元的人明显更多。被试认为 299 美元的价格要低许多，这使他们非常担心手术质量和风险。一些心理学家认为，每一个数字都有在定价时应该予以考虑的象征意义和视觉感受。例如，数字 8 是圆形和平滑的，给人一种舒心的效果，而数字 7 则有棱有角，造成不协调的感觉。[10]

促销定价

公司运用**促销定价**（promotional pricing）时，会暂时制定低于正常价格甚至低于成本的价格，以促使购买者产生兴奋和急切的心情。促销定价有多种形式。公司可能只是简单地在正常价格的基础上提供折扣，来增加销售和减少存货；或者在特定的季节运用特殊事件定价（special-event pricing），吸引更多的顾客流。因此，每年 11 月和 12 月，电视机及其他家用电器商会大促销以吸引假日购物者进店消费。网上秒杀等限时促销活动（limited-time offers）能制造购买的紧迫感，让消费者感觉得到某种优惠自己很幸运。

制造商有时会向那些在特定的时段购买产品的顾客提供现金返还（cash rebates）的优惠，直接向顾客返还现金。近年来，汽车、手机和小家电的生产商经常使用现金返还的方法。这种定价方法也适用于日用消费品。一些制造商提供低息贷款、长期质量担保或免费维修等服务，来降低顾客的心理“价格”。这种做法在汽车行业广受欢迎。

促销定价有助于推动顾客尽快做出购买决策。例如，为鼓励顾客转而使用其 Windows10 操作系统，微软发起一场名为“轻松以旧换新”（Easy Trade-Up）的促销运动，向在微软商店以 599 美元或更高的价格购买预装 Windows10 操作系统的个人电脑的消费者，提供 200 美元的以旧换新优惠。针对苹果 MacBooks 或 iMacs 旧电脑，提高优惠力度至 300 美元。过去，微软还曾为以旧 MacBook Air 电脑换购 Surface Pro 电脑的消费者提供高达 650 美元的优惠。如此积极的价格促销能够激发强有力的购买和品牌转换动机。

但是，促销定价也可能带来负面影响。例如，许多产品会在节假日爆发价格战。市场营销者用优惠价对消费者发动地毯式轰炸，导致消费者感到厌倦和价格困惑。持续降低的价格可能侵蚀品牌在顾客心中的价值。如果太频繁地使用，或者被竞争者模仿，促销价格可能创造“追随优惠”型顾客，他们只等品牌打折或促销时才购买。例如，问问大多数在家居商品零售商 Bed Bath & Beyond 购物的常客，他们很可能告诉你，如果手头没有 20% 折扣或 5 美元优惠券自己是不会进店购物的。正如一位记者所言：“人们已经感觉用优惠券在 Bed Bath & Beyond 理所当然，而非一种特殊待遇。这对商店的利润而言可不是个好消息。”实际上，最近较高的优惠券使用率已经进一步侵蚀了该零售商的毛利率。[11]

地理定价

公司还必须决定如何为销往国内或全球不同地区的产品定价。由于为远距离顾客提供产品需要较高的运费，公司应该冒失去远距离地区顾客的危险向他们收取更高的价格，还是应该不论顾客所在地域的远近制定统一的价格？我们将针对以下假想的情景，考察五种不同的**地理定价**（geographical pricing）策略。

> 皮尔莱斯纸业公司（Peerless）位于佐治亚州的亚特兰大市，向遍布全美的顾客出售各种纸类产品。货物高昂的运输成本直接影响到顾客的供应商选择。皮尔莱斯纸业公司希望建立一种合理的地理定价政策。它正尝试如何为一份价值 1 万美元的订单，对三个特殊的顾客——客户 A（亚特兰大）、客户 B（印第安纳州的布卢明顿市）和客户 C（加利福尼亚州的康普顿市）——制定价格。

皮尔莱斯纸业公司的一种选择是，要求每一位顾客支付从亚特兰大工厂到顾客所在地的运输费用。所有三家顾客支付统一的出厂价 1 万美元，加上各自的运输费：顾客 A 支付 100 美元，顾客 B 支付 150 美元，顾客 C 支付 250 美元。这种方法称为 **FOB 原产地定价**（FOB-origin pricing），意思是产品免费装上运输工具

（FOB），从那一刻起，货物和责任就都转交给购买者，由顾客支付从工厂到目的地的运费。由于每位顾客承担各自的运输成本，FOB 定价法的支持者认为，这是评估运输费用最公平的方式。但不利的是，对于远距离的顾客（例如顾客 C）而言，向皮尔莱斯纸业公司订货的成本显然太高。

统一交货定价（uniform-delivered pricing）与 FOB 定价截然相反。公司向所有顾客，不论远近，都收取统一的价格和运费。运费以平均运输成本计算，假设是 150 美元。运用统一交货定价法，亚特兰大的顾客承担较高的运费（支付 150 美元而不是 100 美元），康普顿的顾客负担较少的运费（支付 150 美元而非 250 美元）。在这种情况下，尽管亚特兰大的顾客可能更倾向于从另一家运用 FOB 原产地定价法纸业的当地纸业公司购买，但皮尔莱斯纸业公司有更多的机会赢得加利福尼亚的顾客。

地区定价（zone pricing）介于 FOB 原产地定价与统一交货定价之间。公司将市场划分为两个或更多的区域。对同一地区的所有顾客收取统一的运费；地区越远，价格越高。例如，皮尔莱斯纸业公司可能将市场划分为东部地区、中部地区和西部地区，对相应区域内的顾客分别收取 100 美元、150 美元和 250 美元运费。这样，同一地区内的顾客不会从公司得到价格优势。例如，亚特兰大和波士顿的顾客需要支付相同的价格。但是，也有人抱怨说，亚特兰大的顾客替波士顿的顾客承担了一部分运输成本。

公司还可以运用**基点定价**（basing-point pricing），选择一个特定的城市作为“基点”，向所有顾客收取从该基点城市到顾客所在地的运输成本，而不考虑商品实际装运的城市。例如，皮尔莱斯纸业公司可能将芝加哥作为基点城市，向所有顾客收取 1 万美元产品价格和从芝加哥到目的地的运费。这意味着，即使商品是从亚特兰大装运的，亚特兰大的顾客也需支付从芝加哥到亚特兰大的运输成本。如果卖方公司都选用相同的基点城市，就可能消除价格竞争。

最后，如果公司亟须与某个顾客或地区做生意，可能会运用**减免运费定价**（freight-absorption pricing），即由卖者承担部分或全部实际运费，以争取所期望的生意。这是因为如果能够获得更多生意，平均成本就会下降，所得利润会超过额外的成本。减免运费定价适用于市场渗透，以及竞争日益激烈的市场。

动态定价与网上定价

在很长的历史时期，价格都是由买卖双方谈判决定的。固定价格政策——为所有购买者制定统一的价格——是伴随大规模零售商的崛起而在 19 世纪末兴起的相对现代的思想。今天，大多数价格仍然是按这种方式制定的。但是，一些公司正反其道而行之，运用**动态定价**（dynamic pricing），即持续调整价格，以适应个体消费者的需要和购买情境的特点。

动态定价在网上特别普遍，互联网将我们带回浮动定价的时代。这种定价给市场营销者带来不少好处。例如，里昂比恩、亚马逊或戴尔等公司可以通过挖掘各自的数据库探寻特定购物者的期望，衡量其行为方式，度身定制产品来适应其消费需求，并相应地制定产品价格。

从航空公司和酒店到运输队等提供的各种服务都可以根据需求或成本的变动灵活改变价格，每天甚至每小时更新特定产品项目的定价。应用得当的话，动态定价可以帮助企业最大化销售和更好地服务顾客。但是，如果应用不当，则可能引发侵蚀利润的价格战，损害顾客关系和信任。公司必须小心谨慎，把握好明智的动态定价和损害性的动态定价之间的界线（参见“营销实例”）。

营销实例 动态定价：实时价格调整的奇迹与灾难

如今，几乎所有的商家都知道价格竞争者在如何定价——为其出售的一切，精细到每分钟和每分钱。更有甚者，如今的技术赋予商家足够的灵活性随时调整自己的价格。这常常导致一定程度上古怪的价格动荡。

例如，在最近黑五周末期间，最新版 Xbox 游戏的定价经历了价格大跳水。感恩节的前一天，亚马逊将该款游戏标价 49.96 美元，以匹配沃尔玛的价格，并以 30 美分的差距打击塔吉特的定价。感恩节那一天，亚马逊又将价格砍掉一半降为仅 24.99 美元，与百思买的感恩节特价匹配。沃尔玛很快用 15 美元的超低价作出回应。而亚马逊立刻跟上。你可能会问，“这不是一种疯狂而愚蠢的定价吗？”欢迎领略动态定价的奇迹与灾难。

从积极的方面看，动态定价可以帮助商家通过与市场条件相吻合的定价最优化销售，并更好地服务顾客。例如，航空公司通常根据竞争者的价格和预期的座位供给量，运用动态定价来持续调整特定航线的票价。正如任何一位经常搭乘航班飞行的人都知道的，如果你现在电话订购一个下周飞往阳光明媚的佛罗里达的位子，会得到一个报价。一小时之后你再试试，会得到一个不同的报价——也许更高，但也许更低。相同的座位如果提前一个月订购，可能价格便宜许多。

动态定价不仅仅发生在快速变化的网络环境。例如，折扣百货商店科尔士已经用电子价签取代了以往的静态价签。这些电子价签可以集中控制，随时改变特定店铺或整个连锁集团中每件商品的价格。这一技术使得科尔士运用网络风格的动态定价，随着环境变化每小时或每分钟调整价格，而无须承担改变有形价签所需的时间和成本。

除了运用动态定价与竞争者进行价格匹配之外，许多商家还借助它根据顾客特征或购买场景特征定价。在这个大数据时代，卖家常常可以根据顾客的购买历史或个人数据，因人而异地收取不同的价格。例如，一些网上公司为购物车里待付款项目较多的顾客提供特别折扣。还有一些公司为生活在较富裕社区的顾客报价较高。一家网上旅行社甚至对使用 Mac 和 iPad 的用户报价较高，因为苹果迷们的家庭收入高于平均水平。

当消费者知道在大多数情况下根据顾客的购买行为因人而异地定价是完全合法的之后，都会感到吃惊。实际上，一项调查发现 2/3 的网上购物者认为这种做法违法。当他们获悉真相时，几乎 90% 的人表示不赞同。

不论合法与否，动态定价并不总是被顾客接受。操作不当的话，可能令顾客感到困扰、有挫败感，甚至愤怒，将好不容易建立起来的顾客关系毁于一旦。例如，美国铁路客运公司（Amtrak）因编号 188 次列车灾难性脱轨，被迫关闭华盛顿特区与纽约市之间的铁路服务近一周时间，这导致对两地之间机票的需求猛增。随着需求激增，航空公司动态定价的自动程序开始生效，冷酷地将票价提升 5 倍之多，激怒了旅行者并导致美国运输部介入调查。

但是，更常见的是，糟糕地执行动态定价直接导致购物者困惑或者不满。例如，根据媒体报道，亚马逊的自动动态定价系统根据一系列市场因素，在一天内调整网站中8 000万件产品项目的价格。考虑一下亚马逊购物者的体验吧：

> 南希·普拉姆利（Nancy Plumlee）刚选中了一副麻将。她浏览亚马逊网站，对几个备选产品反复比较之后，确定一套售价54.99美元的产品。她将其置于购物车内，继续选购一些计分卡和游戏配件。几分钟之后，她瞥了一眼购物车，惊觉价格已经从54.99美元跃升至70.99美元了。布鲁姆利觉得自己要疯了，赶紧查阅自己的计算机浏览历史，的的确确，该麻将的初始价格就是54.99美元没有错。她一狠心清空购物车，从头来过。[这一次，]这款麻将的价格从54.99美元提高到59.99美元。"一点也感受不到诚信。亚马逊真差劲！"普拉姆利说到，她致电亚马逊要求退还自己5美元。

有时候的确很难判断明智的动态定价战略与过分动态定价战略之间的恰当界限，往往造成的对顾客关系的损害甚于对公司利润的贡献。以优步公司为例，这家汽车共享和派遣服务公司，让顾客通过手机应用程序预订出租车、汽车或其他交通工具：

> 优步运用名为"动态提价"（Surge Pricing）的动态定价形式。在正常的情况下，顾客只需支付合理的车费。但是，如果预约车辆需求较大，峰时溢价会逐步增加车费。例如，在疯狂购物季期间的一个周六夜晚，优步在曼哈顿报出——并收取了——平常车费8倍的价格。尽管优步的手机应用程序在处理订单之前已经警告过乘客车费暴涨，许多乘客还是很愤怒。一位乘客在Instagram上贴出了一张415美元的车费收据。另一位乘客发布推特说："这简直就是抢劫！"但是，尽管遭到抗议，优步在纽约市区域的需求量并未受到影响。看起来，对大多数支付得起优步费用的人，决定性因素是便利性和派头，而非价格。

因此，运用恰当的话，动态定价可以通过追踪竞争者定价和迅速调整价格以适应市场变化，进而帮助商家最优化销售和利润。但是，一旦操作失误，有可能引发侵蚀利润的价格战，并损害顾客关系与信任。通常，动态定价以卖者之间价格角逐的形式出现，过分强调价格，不惜以牺牲建立顾客价值的其他重要因素为代价。定价——无论是否动态定价——都只是购买等式的一部分。公司必须小心维持价格与顾客看重的其他要素之间的平衡。

资料来源：David Morris, " Are Airline Passengers Getting Ripped Off by Robots? " *Fortune*, August 4, 2015, http://fortune.com/2015/08/04/airline-pricing-algorithms/; David P. Schulz, " Changing Direction, " *Stores*, March 2013, p. 30; Laura Gunderson, " Amazon's ' Dynamic ' Prices Get Some Static, " *The Oregonian*, May 5, 2012, http://blog. oregonlive.com/complaintdesk/2012/05/amazons_dynamic_prices_get_som.html; Jessi Hempel, " Why Surge-Pricing Fiasco Is Great for Uber, " *CNNMoney*, December 30, 2013, http://tech.fortune.cnn.com/2013/12/30/why-the-surge-pricing-fiasco-is-great-for-uber/; Greg Petro, " Dynamic Pricing: Which Customers Are Worth the Most? " *Forbes*, April 17, 2015, www.forbes.com/sites/gregpetro/2015/04/17/dynamic-pricing-which-customersare-worth-the-most-amazon-delta-airlines-and-staples-weigh-in/#5ce4c853b516; and " Flexible Figures, " *The Economist*, January 30, 2016, p. 64.

还有的公司从顾客网上浏览和购买历史中进行数据挖掘，获得顾客的特点和行

为特征，并以此为基础定制产品和价格。如今，企业往往可以根据顾客的信息搜寻和购买活动、购买的金额、是否愿意和能够花费更多等在网上提供特定的产品和价格。例如，一位最近上网购买去伦敦的头等舱机票或定制一辆新梅赛德斯车的顾客可能随后会收到一份新款博世妙韵音响（Bose Wave Radio）的报价信息。一位网上搜索和购买历史更节俭的朋友可能收到相同音响5%的折扣和包邮的优惠。[12]

动态定价不仅仅发生在网上。许多零售店和其他组织现在也可以每天、每小时甚至每分钟调整价格。例如，科尔士在百货店内使用电子价格标签，根据供求情况和店内客流量等随时调整价格。它现在可以在数小时之内组织促销，而不是像以前那样需要数天时间，与其网上竞争者很接近了。像优步和Lyft这样的共享出行服务公司采用所谓的"动态提价"做法，在需求量高峰或低谷时动态地调整价格。类似地，从演出门票到停车位和高尔夫球场费用等各种产品或服务如今都可以根据供求变化实时调整价格。One Dollars高速公路甚至根据车流每5分钟改变一次价格——例如，7英里的费用一周的变动范围可能在90美分到4.5美元之间。[13]

但是，互联网对定价的影响是双向的，消费者也常常从网上和动态定价中获利。多亏了网络，消费者可以通过诸如ShopSavvy、亚马逊的PriceCheck或者eBay的RedLaser等手机应用程序随时比较众多卖家的产品和价格。例如，RedLaser手机应用程序让顾客在商店购物时扫描条形码或QR代码（或者通过语音和图像搜寻），然后搜索网上和附近的店铺找到数千条评论或价格比较，甚至包括可以立刻进行网上购买的链接。

掌握了这些信息，消费者常常可以更好地议价。机敏的购物者利用卖者之间持续的价格竞争，或利用零售商价格匹配政策获得优惠。实际上，许多零售商发现便利地进行网上比较赋予了消费者太多优势。大多数零售商现在纷纷制定战略应对顾客"逛展厅"的行为。拥有智能手机的消费者来到店里检视产品，进行网上比价，然后以更低的价格在网上购买。这一行为被称为"逛展厅"，因为消费者运用店铺零售商作为亚马逊等网上零售商的展厅。

实体店如今正采取各种战略对抗逛展厅和跨渠道购物行为，甚至成功地将此转化为一种优势。例如，百思买日常与亚马逊和其他重要网上零售商进行价格匹配。百思买推测，一旦弱化价格作为购买因素，它就可以凭借其训练有素的店员随时提供帮助、便利的选址、网上下订单店内取货或退货的能力等诸多非价格优势，将只逛不买的惠顾者转化为店内购买者。同时，它也加强了网上和移动营销的力度。"逛展厅……并不是一种理想的体验，"一位百思买的市场营销者说，"顾客在家里收集信息，到店里来进一步了解情况，然后下订单，希望商品能如期送达。实际上可以有更好的方法。"[14]我们将在第13章关于零售的讨论中，再详细展开关于这一话题的讨论。

国际定价

从事国际市场营销的公司必须在不同国家制定价格。有时，公司能够在世界范围内收取统一的价格。例如，波音公司在所有地方以同样的价格出售其喷气式飞机——无论在美国、欧洲，还是第三世界国家。但是，大多数公司会根据当地市场条件和成本因素调整价格。

公司在某个国家制定价格应该考虑许多具体的因素，包括经济条件、竞争情况、法律法规以及批发和零售系统的特点等。不同国家的消费者在价值感知和偏好上存在很大的差异，要求不同的价格；公司在世界不同的市场有不同的市场营销目标，也要求在定价战略上有所变化。例如，苹果在发达国家精心挑选成熟的细分市场和新兴经济体中富裕的消费者群，采用撇脂定价推出设计精巧、功能齐全的高档智能手机。现在却面临在规模巨大但富裕程度不高的发展中国家市场对旧机型折让和开发简单机型的压力，在那里即使折价让利的苹果旧机型的售价也是其竞争性低价产品的 3 ～ 5 倍。

成本在国际定价中起到很重要的作用。国际旅行者常常惊异地发现，在母国比较便宜的商品在其他国家居然标着惊人的高价。一条李维斯牛仔裤在美国售价 30 美元，在东京却高达 63 美元，在巴黎 88 美元；一个麦当劳巨无霸汉堡包在美国的售价是 4.2 美元，在挪威要 7.85 美元，在巴西要 5.65 美元；一支欧乐 B 牙刷在美国售价为 2.49 美元，在中国卖 10 美元；一只古驰手袋在意大利米兰仅 140 美元，在美国要卖 240 美元。

有些情况下，这种价格阶升现象是销售策略或生产条件的不同造成的。但在大多数情况下，仅仅是因为在另一个国家有较高的销售成本，包括运营成本、产品调整费用、运输和保险、进口汇率波动以及实体分销等的额外费用。此外，关税和税收也会增加成本。例如，中国对诸如手表、设计师时装、鞋和皮制手袋等西方进口奢侈品征收 25% 的关税，还对化妆品和高档手表分别征收 30% 和 20% 的消费税。结果，在中国国内西方奢侈品的售价比欧洲价格高 50%。[15]

对那些试图进入新兴市场的公司而言，价格已经成为国际市场营销战略的关键要素之一。典型地，进入诸如中国、印度、俄罗斯和巴西等经济一直保持两位数增长速度的市场，意味着瞄准这些市场中迅速增长的中产阶层。但是，最近随着经济在美国国内和新兴市场的增长速度都有所放缓，许多公司正将它们的视线转向新的目标市场——所谓的“金字塔底层”，由世界上最贫穷的国家构成的许多公司尚未涉足的广大市场。在这一市场中，价格是主要的考虑因素。让我们看看联合利华针对发展中国家的定价战略。

不久前，许多西方公司在印度等发展中市场营销产品时偏爱的方式还是贴上新标签，以溢价出售给少数买得起的权贵。但是，这种定价战略往往将发展中国家数千万低收入的消费者拒之门外。现在，许多公司果断地采取了截然不同的营销方式，它们针对这些市场开发更小的、简单的和实惠的产品型号。例如，拥有多芬、立顿和凡士林等著名品牌的联合利华公司缩小产品包装，制定低价，让世界上最贫穷的消费者也能够买得起。通过开发一次用量包装的洗发水、洗衣液和其他产品，联合利华在新兴市场出售小包装产品获得利润。如今，联合利华 50% 以上的收入来自新兴市场。[16]

尽管这一战略对联合利华来说是成功的，但大多数公司仍然在学习如何适应金字塔底层的特殊要求实现销售盈利，而不仅仅是改变包装或简化现有的产品然后以低价出售。与那些越来越富有的消费者相同，低收入的消费者也想要功能性和情感性的产品。许多公司正努力创新，力求开发不仅能以非常低的价格销售，而且会带给金字塔底层消费者更多价值的产品。

国际定价体现了一些特殊的问题和复杂性。我们将在第 19 章中更加详细地讨论国际定价方法。

11.4 价格变动

在制定价格结构和策略之后，公司还必须决定何时主动发起价格变动，或者何时以及如何回应由竞争对手发起的价格变动。

发动价格变动

有时，公司有必要主动发起降价或提价。在这两种情况下，公司都必须预测购买者和竞争者可能的反应。

发动降价

有几种情况可能导致公司考虑削减价格。其中之一是产能过剩。另一种情况是，面对激烈的价格竞争或低迷的经济，市场需求下降。此时，公司可能大幅降价以促进销售和维持市场份额。但是，就像航空公司、快餐、汽车和其他产业最近几年已有的教训，在一个产能过剩的行业内降价将会引发残酷的价格战，因为所有的竞争者都想竭力维持自己的市场份额。

公司削减价格的原因还可能是希望通过成本领先的优势主导市场。在这种情况下，公司要么一开始就比竞争对手成本更低；要么寄希望于通过降价获得更大的市场份额和销量，从而进一步降低成本。例如，如今已经成为中国智能手机市场领导者的低价手机制造商小米，正迅速向印度等其他新兴市场拓展。[17]

发动提价

成功的提价可以在很大程度上增加盈利。例如，如果公司的利润率是销售额的 3%，假如销售量不受影响的话，价格提高 1%，利润就会增加 33%。促进价格提升的一个重要因素是成本的增加。不断上升的成本挤压了利润空间，导致公司将成本的增加转嫁到消费者身上。诱发提价的另一个原因是需求过旺。当公司不能供应顾客需要的所有产品时，就可能抬高价格、限量销售，或者两者兼而有之。目前世界石油产业就是一例。

提价时，公司必须避免被消费者视为“价格暴徒”。例如，面对快速上涨的燃油价格，愤怒的消费者控诉大型石油公司为了敛财而牺牲消费者利益。顾客不会轻易忘记和原谅，他们将最终离开那些要价过高的公司，有时甚至是整个行业。极端的情况下，关于价格欺骗的诉讼甚至会引发政府加强管制。

有一些技巧可以帮助公司避免这类问题。一是任何提价行动都要保持公平。公司的提价需要辅以恰当的沟通活动，告诉消费者为什么价格会上涨。

只要有可能，公司应该想方设法在不提高价格的情况下，解决成本增加或需求过量问题。例如，公司可以考虑采用更高效的方式来生产或分销产品；可以分拆其产品，删除一些属性、包装或服务，对各个组成部分分别定价；或者简化产品，推出低端版本，更换便宜的零部件或成分，而不是一味地提高价格。就像宝洁公司最近为维持汰渍品牌的价格不变，而将原本 100 盎司的包装缩减到 92 盎司，50 盎司的缩减到 46 盎司。实际上，在没有改变产品原来售价的情况下，每盎司单价的增幅超过了 8%。类似地，金佰利通过减少包装内卫生纸和面巾纸的张数来提价。士力架巧克力棒以前重 2.07 盎司，现在只有 1.86 盎司，有效地将价格提升了 11%。[18]

购买者对价格变动的反应

顾客并不总是以简单的方式理解价格变动。提价通常会降低销量，对购买方而言，也可能有一些积极的意义。例如，如果劳力士提高其新款手表的售价，你会怎么想呢？一方面，你会认为该手表更加独特或者制作工艺更加精良；另一方面，你会认为劳力士很贪婪。

类似地，消费者对削减价格也会有多种看法。例如，如果劳力士突然宣布降价，你会怎么想？你也许会认为以低价获得一件独特的产品，真是一笔合算的买卖。但是更有可能，你担心其质量下降了，品牌的奢华形象受到玷污。

竞争者对价格变动的反应

打算发动价格变动的公司不仅要考虑顾客的反应，而且要担忧竞争者会如何应对。当竞争对手数量不多，产品同质性较高，购买者掌握充分的产品和价格信息时，竞争者最有可能作出反应。

企业如何预测竞争者可能的反应呢？这个问题很复杂，因为与顾客一样，竞争者对公司的降价可能有多种解释。它可能认为公司试图抢占更大的市场份额，或者认为公司目前处境不佳，正努力促进销售，或者认为公司想让全行业降价以增加总需求。

公司必须猜想每个竞争对手可能会采取的行动。如果所有竞争者的行动类似，只需分析一个典型的竞争者就够了。相反，如果竞争者由于不同的规模、市场份额或政策等而采取不同的做法，就有必要分别进行分析。但是，如果有一部分竞争者紧跟价格变动而调价，就有充分的理由相信其他竞争者也会跟着采取类似的行动。

响应价格变动

现在换一个角度看问题，讨论公司应该如何应对竞争者的价格变动。公司需要考虑以下几个问题：竞争者为什么改变价格？其价格变动是暂时的还是永久的？如果公司不采取应对措施的话，市场份额和利润会受到什么影响？其他竞争者会做出反应吗？除了这些问题，公司还必须考虑自己的处境和战略，及其顾客对价格变动可能会有的反应。

图 11－1 展示了公司评估和应对竞争者降价的方法。假设公司了解到一位竞争者削减了价格，并判断这一降价行为很可能影响公司的销售和利润。它可以简单地决定保持现有价格和利润率不变，之所以这样做，可能是因为公司认为自己不会失去太多的市场份额，或者如果也跟着降低价格的话，会损失太多利润。它也可能决定先观望一阵子，等掌握更多相关信息后再采取应对措施。但是，等待时间太长，会让竞争者扩大销售，并因此变得更强大和更有信心。

如果公司决定采取有效的应对措施，它可以采取以下四种做法。首先，如果公司认为市场具有较高的价格敏感度，竞争者降价会抢走自己大量的市场份额，就可能也降低价格与竞争者针锋相对。降价会导致公司损失短期利润，有些公司力图通过降低产品质量、减少服务和市场营销沟通来维持原有的利润水平。但是从长期来看，这样做最终会损害顾客关系并影响市场份额。公司即使在降价时，也必须保持产品质量。

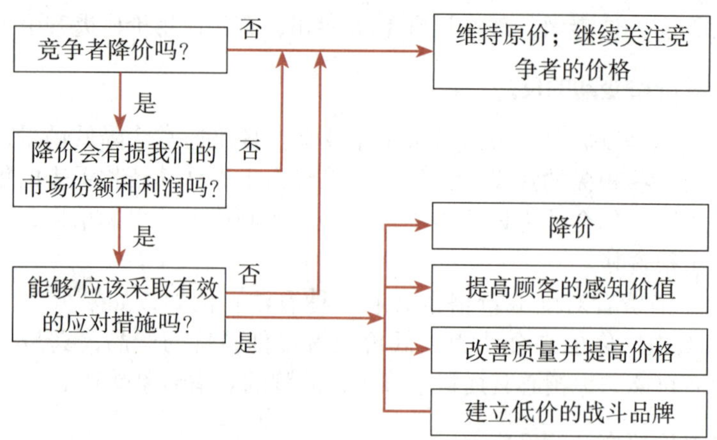

图 11-1 评估和应对竞争者的价格变动

另一种方案是维持价格不变，但提高产品或服务的感知价值。公司可能改善和加强沟通，强调产品的价值比低价竞争者高。公司也许会发现，维持原价，将钱用于提高感知价值要比降低价格、减少利润更合算。

再者，公司可以改善产品质量并提高价格，使其品牌进入一个更高端的定位。唯有有高质量支持的高价格才能保证公司获得更高的利润率。

最后，公司可以推出一个低价的战斗品牌，即在产品线中增加一个价格较低的产品项目，或者另外推出一个低价位的品牌。如果竞争者降价威胁到的细分市场对价格高度敏感，而且对高质量不太在乎的话，就很有必要采用这种方法。例如，星巴克收购以劳动阶层为目标市场的品牌“西雅图最好的咖啡”（Seattle's Best Coffee）时就是这样做的。“西雅图最好的咖啡”通常比星巴克要便宜，其“亲民式溢价”的诉求与星巴克主品牌更加专业、溢价的诉求形成对比。因此，作为零售商，星巴克能够通过特许经营网点，以及与赛百味、汉堡王、达美航空、AMC 影院、皇家加勒比游轮等其他品牌合作，直接与唐恩都乐、麦当劳和其他大众化的溢价品牌开展竞争。在超市的货架上，它与商店品牌以及诸如 Folgers Gourmet Selections、Millstone 等其他大众化的溢价咖啡争夺顾客。

在经济低迷时期，为应对商店品牌和其他低价进入者，宝洁公司将其麾下的一些品牌转变为战斗品牌。比如乐芙适（Luvs）尿片为父母“以实惠的价格提供高端防渗漏保护”。同时，宝洁为其很多主要品牌提供受欢迎的经济型基础版。例如，Charmin Basic“每天维持低价”，Bounty Basic“比其他廉价品牌更持久”。但是，公司导入战斗品牌时必须格外慎重，因为这些品牌可能玷污主品牌。另外，尽管战斗品牌可能从低价竞争者那里吸引预算紧张的消费者，但也可能抢走公司自己的高端品牌的生意。

11.5 公共政策与定价

虽然价格竞争是自由经济的核心要素，但公司通常不能随心所欲地定价。许多联邦、州和地方的法律法规都要求并监督定价的公平性。而且，公司在制定价格时，必须考虑更广泛的社会问题。例如，制药公司在定价时，必须在研发成本和利润目标与药品消费者生死攸关的需求之间寻求平衡。

在美国，影响定价的最重要的法律是《谢尔曼反托拉斯法》、《克莱顿法案》和《鲁宾逊－帕特曼法案》。这些法律最初旨在阻止垄断的形成，控制不公平地限制贸易的商业行为。因为这些联邦法律适用范围有限，一些州已经出台了类似的法律规范企业在当地的经营活动。

图 11－2 展示了定价中主要的公共政策问题，包括在同一渠道层级中（价格操纵和掠夺性定价）以及不同渠道层级间可能的破坏性定价行为（零售价格维持、歧视定价和欺骗性定价）。[19]

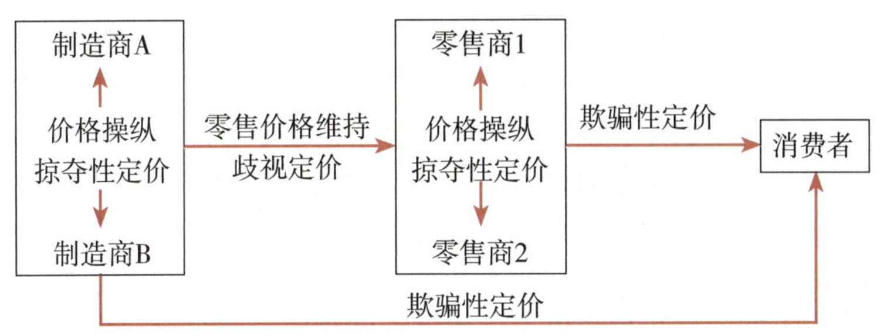

图 11－2 定价中的公共政策问题

渠道层级内的定价

联邦政府有关价格操纵（price-fixing）的法律规定，卖者在定价时不能与竞争者商讨，否则就有价格共谋的嫌疑。价格操纵本质上是违法的，也就是说，政府不接受任何辩解。最近，州政府和联邦政府已经在多个行业中大力加强对价格操纵的管制，包括汽油、保险、水泥、信用卡、计算机芯片和电子书等。进行价格操纵的公司被认为有罪，并将受到严厉的处罚。例如，苹果公司最近因与出版商共谋操纵电子书的价格而被罚款 4.5 亿美元。四大主要美国航空公司——联合航空、达美航空、西南航空和美国航空——正因共谋操纵机票价格以“获取巨额利润”而面临一项可能代价巨大的集体诉讼和美国司法部调查。[20]

相关法律禁止使用掠夺性定价——为了将竞争者逐出市场来惩罚竞争者或获得较高的长期利润，而以低于成本的价格出售。这种规定保护了小型企业，避免大公司为了将它们逐出市场，而暂时或在特定地区以低于成本的价格出售产品。但最大的问题是，如何确定何种行为构成了掠夺性定价。低于成本出售以处理过多的存货不是掠夺性定价，但是为了驱逐竞争者以低于成本价销售产品就是。于是，相同的行为可能是也可能不是掠夺性的，取决于定价者的意图，但意图是很难判断或证实的。

最近几年，一些强有力的大型公司受到了掠夺性定价的指控。但是将指控转化为诉讼可能很困难。例如，许多出版商和书店对亚马逊的掠夺性定价深表忧虑，尤其是其图书的定价。[21]

> 许多书店和出版商抱怨亚马逊的图书定价政策正在毁掉整个行业。亚马逊通常将最畅销的精装书作为诱饵，进行招徕定价，并以极低的价格出售电子书

以便为其Kindle电子书阅读器和平板电脑争取消费者。这种非常低的图书价格给竞争书商带来巨大损害，它们将亚马逊的价格视为掠夺性的。一些行业组织认为，这种做法“伤害了美国读者的利益，使整个图书出版行业困顿不已，还阻碍创意在我们的社群中自由流动”。不过，至今没有人对亚马逊的掠夺性定价加以干涉。要证明这种招徕定价是故意掠夺而不是普通的竞争性营销行为非常困难。“但是请等一下，”一位分析人员说，“这难道不是企业应该做的——为更低的价格竞争？”

不同渠道层级间的定价

《鲁宾逊－帕特曼法案》规定，公司必须对所有的顾客索取相同的价格，以避免不公平的价格歧视。例如，所有零售商都有权从某个制造商处获得相同的价格条件，无论该零售商是REI（全球最大的户外用品连锁零售组织）还是当地的自行车商店。但是，如果制造商能够证明自己向不同的零售商销售产品的成本有所不同，就可以实行差别定价——例如，出售大量自行车给REI的单位成本要低于向当地经销商出售几辆自行车。

如果公司为不同的零售商提供不同质量的同种产品，也可以进行差别定价。但公司必须证实这些差异是合适的。价格歧视还可能用于善意地“应对竞争”，但这些差别定价必须是暂时的、当地的、防卫性而非进攻性的。

法律还禁止零售（或转售）价格维持（retail（or resale）price maintenance），即制造商不能要求经销商为其产品收取特殊的零售价。尽管制造商可以向经销商提出建议零售价，但不可以因为某个经销商采取独立定价行为，就拒绝把产品卖给它；也不可以通过延迟装运或取消广告津贴等方式惩罚它。例如，佛罗里达正在调查耐克涉嫌操纵零售价，对那些不以耐克认为合适的价格出售其鞋子和服装的零售商故意不供货。

欺骗性定价（deceptive pricing）指公司制定可能误导消费者或实际上消费者根本无法得到的价格或价格折扣。这种情况可能涉及伪造参考价格或比较价格，比如，零售商制定一个较高的虚假“常规”价格，然后公布一个与真实的常规价格接近的“促销”价格。例如，奢侈服装及配饰零售商迈克高仕（Michael Kors）最近忙于平息一场集体诉讼，该诉讼称它在奥特莱斯店内运用欺骗性定价。该零售商在产品标签上虚假地列示“制造商建议零售价”，使折扣价显得更有吸引力。而实际上，这些产品只在奥特莱斯店铺中销售。这种虚假的价格比较在零售业非常普遍。[22]

尽管只要公司设定的参考价格真实，这种行为就是合法的，但是联邦贸易委员会的《反欺骗性定价指导意见》（Guides Against Deceptive Pricing）警告企业：不要宣传降价，除非价格真的低于平时的零售价；不要宣传“出厂价”或批发价，除非事实的确如此；也不要对有缺陷的产品宣传参考价格。[23]

其他欺骗性定价问题包括扫描仪造假（scanner fraud）以及价格模糊。电脑扫描结账被广泛运用，导致越来越多的消费者抱怨零售商多收钱。大多数问题应该归咎于糟糕的管理，例如系统无法输入当前的或促销的价格，当然也有一些是故意多收钱。

许多联邦政府和州政府的法律禁止欺骗性定价。例如，《汽车信息披露法》

（Automobile Information Disclosure Act）规定，汽车制造商必须在新车的窗户上贴上一份陈述，说明制造商的建议零售价、备选装备的价格以及经销商的运输费用。但是，令人尊敬的公司常常比法律所要求的做得更好。它们公平地对待顾客，保证他们充分地理解价格和定价条件，这对建立紧密和持久的顾客关系非常重要。

关键术语

市场撇脂定价（价格撇脂）（market-skimming pricing（price-skimming））
市场渗透定价（market-penetration pricing）
产品线定价（product line pricing）
备选产品定价（optional-product pricing）
附属产品定价（captive-product pricing）
副产品定价（by-product pricing）
一揽子定价（product bundle pricing）
折扣（discounts）
津贴（allowance）
细分市场定价（segmented pricing）
心理定价（psychological pricing）
参考价格（reference pricing）
促销定价（promotional pricing）
地理定价（geographical pricing）
FOB 原产地定价（FOB-origin pricing）
统一交货定价（uniform-delivered pricing）
地区定价（zone pricing）
基点定价（basing-point pricing）
减免运费定价（freight-absorption pricing）
动态定价（dynamic pricing）

概念讨论

1. 说出并解释两种主要的新产品定价方法及其适用条件。
2. 定义产品组合定价。举例说明企业在什么情况下适宜使用这一定价战略。
3. 什么是心理定价？卖者如何运用这种定价战略？举例说明。
4. 说明企业发起提价时需要制定的主要决策。
5. 简要论述既定渠道层级内和不同渠道层级间定价的主要公共政策问题。

案 例

露露柠檬：以溢价骄纵顾客

一个夏日之夜，在位于布鲁克林的前景公园中，数百位瑜伽练习者——通常被称为瑜伽信徒——正为一场免费课程聚拢而来，在草地上整齐划出的小格子上，铺好瑜伽垫，然后听从课程导师的指导，完成长长的一套瑜伽练习。这些纽约人来自各行各业，但他们大多数人有一个共同之处：穿着露露柠檬的服装——最受欢迎的正宗瑜伽服品牌。该品牌在参加者当中具有主导地位一点也不奇怪，因为正是露露柠檬赞助这项每周一次的免费活动，由曲美（Bend & Bloom）、普拉纳力量瑜伽（Prana Power Yoga）和橘子热瑜伽（Tangerine Hot Yoga）等当地瑜伽馆提供瑜伽音乐和教师。但是这些露露柠檬的拥趸还有一个共同点：他们都为自己的服装支付了溢价——并心甘情愿。

以温哥华为基地的露露柠檬在热闹的市场中迅速发展成领军品牌，并在定义该市场中发挥重要作用。凭借全球大约 400 家店铺，露露柠檬将自己的品牌塑造为代表瑜伽精神的服装品牌，其标识的辨识度非常高——一个抢眼的小写字母 a，看起来很像欧米茄符号。远不止服装，该品牌还代表了一种形象和生活方式。该公司的宣言彰显了其奉行的哲学理念：“我们热衷于流汗，并希望全世界都知道。深呼吸、喝水和户外活动是我们必不可少的三件事。”换言之，该品牌是积极、健康和回归自然的，并且丝毫不羞于表达。正是这种形象加上不打折扣的信条，使它拥有狂热忠诚的顾客，愿意购买露露柠檬的所有产品，并且毫不犹豫地支付全额高价。

乘风破浪

瑜伽练习自1960年代就已经进入美国，但在过去20年间突然从一种小众的活动演变成主流文化的一部分。瑜伽如此流行，这项具有5 000年悠久历史的运动吸引了从学生到不堪重负的年轻职场人士，再到退休人员在内的众多信徒和爱好者。过去4年，仅在美国，瑜伽练习者的数量就增加了50%。达到3 600万之众，主要是女性。而说自己在未来一年内想要开始尝试的人数更是这个数字的两倍以上。他们不需要远求——在健身房就有10余种不同类型的瑜伽课程，包括哈他瑜伽、双人瑜伽、艾扬格瑜伽、高温瑜伽、力量瑜伽、孕期瑜伽和养生瑜伽等等。消费者用于瑜伽课程、服装和装备的开支在过去4年也猛增，提高了60%达到惊人的160亿美元。

在这项运动出现爆炸性增长端倪的时候，露露柠檬的创立者奇普·威尔森（Chip Wilson）就注意到了。威尔森并非服装行业的新手，他在冲浪、滑冰和滑雪领域从业20多年的经验中早就建立起对技术运动纤维的热爱。1990年代中期，他在参加完第一堂瑜伽课之后就割舍不下了。意识到瑜伽时代来临，他全力以赴开发能够替代那时候普通棉质瑜伽服的产品。在他看来，全棉面料完全不适合以多汗、延展力为特点的瑜伽运动。

威尔森于1998年创立公司之后，就开始通过瑜伽导师出售露露柠檬服装。2000年11月，首家露露柠檬店在温哥华附近的海滨小镇开业。这家店最初的理念是出售服装的同时，成为教授和交流如何健康地生活等灵修问题的社群中心。但是，露露柠檬的服装太流行了，以至于员工除了销售根本无暇顾及其他事情。人们被由尼龙和莱卡混纺而成可全方位拉伸的面料深深吸引。子品牌“Luon”——一种吸汗且棉柔的材料，很快成为公司的标志性面料。

自首个产品面市以来，露露柠檬一直聚焦于开发适合不同应用的创新性面料，包括Luxtreme，专为核心训练而设计的Luon新版本；Swift，一种专为活动自由而设计的轻型强力面料；Boolux，一种自然纤维混纺面料，追求保暖和透气性；Nulu，如黄油般软滑的Luon超轻版，穿在身上几乎感觉不到它的存在；Vitasea，一种超级柔软的面料，由棉、弹性纤维和海藻混纺而成——没错，是海藻。

除了开发面料以强化瑜伽运动的体验，露露柠檬还非常重视时尚感。凭借独特的剪裁和色彩，露露柠檬开发了瑜伽服装完整的产品线，包括长裤和短裤、运动文胸、内衣和头带。女人们对露露柠檬的产品怎么也买不够，该品牌成为“运动休闲”时尚——一种将运动服装外穿至休闲和社交场合，甚至穿着上班的时尚趋势——的巨大推动力。露露柠檬抓住这股潮流，为跑步、游泳、训练和健身开发了多条服装和配饰产品线。露露柠檬还为男性顾客推出了完整的产品线，在为瑜伽信徒提供适合各种情况的产品方面做得特别出色。

价格不是目标

随着品牌的受欢迎程度飞涨，露露柠檬很快成为美国最富裕地区固定的身份标志和文化资本。韦斯切斯特的一位本地人告诉新迁入者：“你最好喜欢露露柠檬，因为这里的女人都穿它。”一位科罗拉多州博尔德露露柠檬店的员工说：“女人们开着SUV从阿斯彭和威尔赶来，她们很轻松地花掉2 000美元，说‘我喜欢这件上衣，每种颜色来一件’。”公司的产品线并不局限于服装。该公司可重复利用的购物袋——塑料袋上面印有自我表达的句子，例如“每天做一件你害怕的事情”——都成了女人们的挚爱，骄傲地拿着出入各种场合，就好像它们是古驰一样。借助上面展示的品牌，“露露迷”（Luluheads）——她们这样称呼自己，也希望被别人这样称呼——向人们表明自己是精神的、健康的，并且非常灵活，还可以买得起 68 美元一件的 T 恤。

溢价是身份品牌的典型标志，这对露露柠檬也不例外。其代表性的产品是售价 98 美元的长裤（Groove Pant）。所有的高端运动服装品牌如今都纷纷跟风推出自己的瑜伽服装产品线，露露柠檬是其中定价最高的。耐克与之最接近的产品售价 90 美元，而 Athleta（Gap 公司麾下子品牌）、安德玛和锐步的售价分别为 79 美元、60 美元和 50 美元。露露柠檬其他服装产品项目的定价与竞争产品相比也是类似情况。使露露柠檬与竞争品牌之间的价格差距进一步扩大的是，该品牌不喜欢打折。产品很少在店内削价销售。相反，未售出的存货只通过 10 家奥特莱斯或公司网站以不高的折扣出售，还用清晰的字体写着“不退不换”。

昂贵——但是值得

露露柠檬的产品真的值那么多钱吗？这是一个大问题。对任何溢价产品，广大消费者会作出自己的比较，并借助社交媒体发表自己的看法。商业和时尚媒体也会进行更加正式的调查。这些比较表明了各品牌之间的差异。通常面料差别不太大，风格、合身性和其他属性也是。但对于大多数服装产品，质量感知来自个人偏好。问问“露露迷”，她们会坚定地告诉你露露柠檬的产品比其他任何竞争产品更合身、感觉更好、更耐穿，也使人显得更加漂亮。

除了最高的产品质量感知，露露的信徒们还青睐露露柠檬的购物体验。就像在星巴克买咖啡，顾客被气氛与格调所吸引，论起买运动服装，只能在露露柠檬店里能感受到。商店设计让人立刻感觉温暖、热情、不拘一格和有亲近感。顾客由“导师”或“领队”——露露柠檬对“销售员”和“店长”的称呼——细心照顾。威尔森最初作为社区大使的零售愿景取得了成果——当地专家可以获得露露柠檬产品 30% 的折扣并展示自己的企业，提供店内工作坊和课程，涉及健康生活的各个方面。与安德玛相比，露露柠檬更像维多利亚的秘密，露露柠檬作为唯一一家纵向一体化的女性运动服装零售商，对其零售体验具有完全的控制。正如一位投资银行家所言：“你可以到 Sports Authority 去买由耐克为女性制作的产品，但你在那里完全感受不到被宠爱。”

许多人指出，具有讽刺意味的是，该品牌因为出售瑜伽服而成为一种物质主义的象征。可瑜伽恰恰是一项根植于避免各种形式自我放纵的哲学的运动或修行。但是露露的信徒们才不理会什么讽刺，或者压根就不在乎。过去 4 年间，露露柠檬的收益从 10 亿美元翻番至 20 亿美元，并维持了 13% 的利润率，健康地发展着。公司的股价几年前在各种争议中曾经下跌不少，现在已经扭转颓势，其市值已经恢复至近 100 亿美元。在一个已经很拥挤的领域对抗越来越多的竞争，公司当然也面临挑战。公司声称展店数量不希望超过 400 家，这也许已是峰值。但是只要露露迷们还大量存在，露露柠檬就会一直积极努力创造市场佳绩。

资料来源：Based on information from Murray Newlands, “ How Lululemon Made Their Brand Iconic, ” *Forbes*, February 21, 2016, www.forbes.com/sites/mnewlands/2016/02/21/how-lululemon-madetheir-brand-iconic-an-interview-with-svp-of-brand-programs-ericpetersen/3/#869e22340aad; “2016 Yoga in America Study Conducted by Yoga Journal and Yoga Alliance Reveals Growth and Benefits of Practice," *PR Newswire*, January 13, 2016, www.prnewswire.com/newsreleases/2016-yoga-in-america-study-conducted-by-yoga-journal-andyoga-alliance-reveals-growth-and-benefits-of-the-practice-300203418. html; Bryant Urstadt, "Lust for Lulu," *New York Magazine*, July 26, 2009, www.nymag.com/shopping/features/58082/; Joe Avella and Sara Silvertein, "Here's How $98 Lululemon Yoga Pants Compare to Cheaper Alternatives," *Business Insider*, January 23, 2015, www.businessinsider.com/yoga-pants-lululemon-reebok-athleta-price-value-2015-1; Brittany McAndrew, "Lululemon Goes Beyond the In-Store Experience," *Alu Mind*, April 15, 2014, www.alumind.com/article/lululemon-goes-beyondstore-experience/; and information from www.info.lululemon.com/about and http://shop.lululemon.com/, accessed June 2016.

讨论题

1. 相对于顾客价值，解释顾客愿意为露露柠檬的产品支付溢价的原因。
2. 用本章所学的原理阐明价格如何影响露露柠檬品牌的消费者认知。
3. 如果露露柠檬采用其他定价战略，能否同样成功？
4. 露露柠檬能否通过采用相同的溢价战略继续取得成功？请解释。

注 释

请扫描二维码或登录中国人民大学出版社官网www.crup.com.cn下载本书注释。

12 营销渠道：递送顾客价值

学习目标

- 解释企业采用营销渠道的原因并讨论渠道的主要职能。
- 讨论渠道成员如何相互影响和组织起来发挥渠道作用。
- 确定企业可以采用的主要渠道方案。
- 解释企业如何选择、激励和评价渠道成员。
- 讨论营销物流和整合供应链管理的特点和重要性。

现在我们来介绍第三种营销组合工具——渠道。公司很少独自为顾客创造价值并建立盈利性的顾客关系。相反，大多数公司只是更庞大的供应链和营销渠道中的一个环节。因此，一家公司的成功不仅取决于其自身的表现，还取决于整个营销渠道与竞争者相比是否更有优势。本章首先介绍营销渠道的性质、市场营销者的渠道设计和管理决策，然后讨论实体分销——或者可以称作“物流”——这一在重要性和复杂性上都颇受关注的领域。下一章中，我们将侧重讨论两类主要的渠道中间商——零售商和批发商。

本章开篇案例我们关注优步公司，这家借助移动应用程序提供网约车服务的企业增长迅速，在全球各大城市蓬勃发展。优步几乎颠覆了现有的城市交通渠道，对传统出租车和汽车服务公司构成极大的威胁。随着优步的发展，传统竞争者必须创新，否则就有被淘汰的风险。

引例 优步：彻底颠覆城市交通渠道

虽然并不常见，但时不时会有企业出来彻底变革产品或服务的分销方式。联邦快递革新了小型包裹递送渠道；亚马逊极大地改变了网上销售；苹果的 iTunes 和 iPod 颠覆了音乐分销。现在轮到优步了，这家以移动应用程序为基础的驾驶服务公司，彻底改变了城市交通。快速增长的优步让传统出租车和汽车服务公司倍感压力。仅仅 7 年的时间，优步已经迅速在 67 个国家数百个大城市开展运营，通过其数量逾百万的司机构成的庞大网络，年订车收入已经超过 100 亿美元。

为什么全球如此多的顾客放弃传统的出租车服务，转而投向优步呢？就是因为便利和心情放松。不用再站在喧闹的街头对每辆路过的出租车使劲挥手。相反，优步的智能手机应用程序让乘客随时随地召唤最近的出租车或豪华轿车，然后在电子地图上追踪其路线。乘客还可以提前准确估算到达目的地的车费（通常少于普通出租车的费用），避免猜测和不确定性。到达之后，乘客只需下车离去，优步会自动从乘客的优步预付账户中直接扣款给司机（包括小费），避免了太长的不方便且令人尴尬的付款时刻。从洛杉矶、伦敦、巴黎或迪拜，到美国北卡罗来纳州的阿什维尔，或者佐治亚州的阿森斯，这一过程在全球任何地方都一样。

比较优步体验与使用标准出租车服务的不确定和常常不舒服的体验，一位财经记者这样描述自己在出租车停靠点排队等候的经历：司机试图竭力劝服一位完全陌生的乘客拼车，以多挣些钱。出租车又破又旧，座椅开裂破损。行车期间，司机全程通过耳机在电话中聊天，在繁忙的城市街道上如此不专心使驾驶充满安全隐患。司机只会说点蹩脚的英语，让人难以听懂。“这也许不是坏事，”这位记者说，“因为当他羞辱我没有给足小费时，我就听不懂他说什么了。”他还总结说，“在我家门前下车时，我意识到自己终于可以不必再忍受这些废话了。优步完全不同，它改变了我的生活。[上帝可以作证] 只要有优步的地方，我绝不再坐出租车了。”

优步的司机有从传统出租车公司和运输公司转来的专业司机，也有想在业余时间挣点外快的普通人。所有的优步司机必须通过上岗测试，要求会流利地使用当地通用的语言，确保他们能够有效地与顾客交流。优步用车必须至少是 2010 年之后的车型，顾客通常可以选择自己偏爱的车型，从入门级的普锐斯到加长版梅赛德斯 S-Class。双向互评系统——乘客可以评价司机，司机也可以评价顾客——有助于约束和维持双方都行为得体。得到差评的司机有可能会遭到未来乘客的拒绝；司机也可以拒绝接受口碑较差的乘客发出的订单。

优步的颠覆性创新给急需改变的行业带来新鲜空气。目前的城市交通渠道常常以出租车公司和当地政府之间的联盟关系、高昂的固定费用、糟糕的服务水平和缺乏责任心为特点。正如一位经济学教授所指出的，出租车行业“渴望新创企业进入，因为所有人都讨厌它”。

像任何创新者一样，初创的优步面临诸多严峻挑战。例如，优步因对司机素质和安全性缺乏控制而受到批评。迄今为止，公司通过不雇用司机（所有的优步司机都是独立的签约人）、不拥有任何车辆（所有的车都是司机自己的）而逃避行业监管。但是，尽管一些地方当局通过了对优步运营有利的法令或条例，仍有一些地方会颁布新监管限制和许可要求，甚至全面禁止这类网上订车服务。

优步还因其“涨价”的做法受到诟病。优步采用动态定价机制，价格在供不应求时会上涨，有时候导致车费高得惊人，乘客控诉其漫天要价敲竹杠。优步通过提供绩点来激励更多的司机在最需要他们的时候接单，限制价格暴涨。根据优步所言，如果一位乘客因为动态定价而面对高于正常水平的车费，一定是处于如果不用优步的话，更有可能是根本找不到出租车服务的情况。而且，优步提前告知顾客可能的费用。如果他们不喜欢，可以寻找其他出租车、乘坐公共交通工具或者步行。

优步的巨大成功吸引了众多竞争者，诸如 Lyft、Gett、Carma 和 Curb 等。甚至有报道称谷歌（本身也是优步的主要投资人）也准备推出自己的即时用车服务，很可能最终采用谷歌正在研发的无人驾驶汽车。但是优步有巨大的先入优势。它的预订量是最大的竞争者 Lyft 的 10 倍，而且一直在以更快的速度增加新顾客。

即使竞争越来越激烈，优步对观念相似的竞争者也没什么好怕的。实际上，越多的竞争者采用这一新模式，这一创新渠道相对于传统渠道而言就越增长和繁荣，为所有新进入者创造更多的机会。相反，这一新分销模式对传统出租车和车辆出租公司构成了最大的威胁，如今它们的顾客和司机都流失到优步及其竞争者那里去了。

在美国取得成功之后，优步迅速在全球扩张。诸如中国和印度这样的巨大市场特别有吸引力。在这些市场，没有私家车的人很多。在印度，优步需要与已经成功的市场领导者 Ola 较量。

尽管增长迅速，优步——像所有即时用车服务的企业一样——仍然尚未盈利。在当代互联网驱动的经济中，和脸书、亚马逊等许多其他的革新型公司一样，优步初创的模式首先要建设庞大的用户基础，然后才能考虑挣钱。优步收取车费的 20% ～ 30%——其余的给司机，并将所得的大部分用于扩张和促销。投资者们对优步信心满满。优步获得风险投资超过 100 亿美元，目前估值超过 620 亿美元，使之成为世界上最有价值的非上市技术公司。

优步模式甚至蔓延到其他行业。近来，几乎所有行业都出现了以移动应用程序为基础的“优步式”即时服务——洗衣与干洗服务（Washio）、上门按摩服务（Zeel）、全天候递送服务（Postmates），甚至酒吧服务（Minibar）。实际上，优步 CEO 特拉维斯·卡兰尼克（Travis Kalanick）认为优步服务模式的应用前景无限，远不止将人们送达目的地一种用途。他预测，一旦优步在每个城市建立了密集的网络，就可以运用该网络递送包裹、零售、外卖食品等各种产品和服务。正如卡兰尼克所言，“一旦你能够在 5 分钟之内为顾客派出车辆，也就可以在 5 分钟之内递送许多其他东西。”[1]

我们从优步公司的案例中可以看到，卓越的渠道战略不仅为顾客价值作出了很大的贡献，而且为企业及其渠道伙伴创造了竞争优势。公司无法独自递送顾客价值。相反，它们必须与价值递送网络中的其他公司紧密合作。

12.1 供应链和价值递送网络

企业生产产品或服务，并将其提供给购买者。这一过程不仅需要与顾客建立关系，还要与企业供应链中关键的供应商和分销商建立关系。供应链包括“上游”和“下游”合作者。企业的上游合作者是指那些为生产产品或服务供应所需原材料、零部件、信息、资金和专业技术的企业。但市场营销者一般更关注供应链的下游部分——面向顾客的营销渠道（marketing channels，或称为分销渠道（distribution channels））。下游营销渠道伙伴，例如批发商和零售商，在生产企业与其最终顾客之间形成了至关重要的联系纽带。

供应链（supply chain）这一术语的内涵可能过于狭窄——它以企业的“产销”

观念看待问题，认为原材料、生产投入和工厂产量应当作为市场计划的起点。需求链（demand chain）才是更好的观点，因为它从市场感知和反应的角度来看待问题。在这一观念下，市场计划始于目标顾客的需求，企业根据创造顾客价值的目标，通过组织资源和行动链来响应这些需求。

即使是企业需求链的观点也显得过于狭窄，因为它采取了一种按部就班的、线性的视角来看待"采购—生产—消费"活动。相反，大多数大型公司如今致力于建立和管理复杂的、持续改善的价值递送网络。正如我们在第 2 章中所定义的，**价值递送网络**（value delivery network）由企业自身、供应商、分销商和最终顾客组成，这些成员彼此成为"伙伴"，通力合作使整个系统的绩效得以改进。例如，百事公司生产优质饮料。但是仅仅为了制造和营销其众多产品线中的一种——比如经典可乐——百事公司需要管理组织内庞大的人员网络，涉及从市场营销和销售到财务和运营等不同部门。公司还要协同数千位供应商，从家乐氏到沃尔玛、棒约翰比萨等零售商，广告公司以及其他营销服务公司。整个网络必须紧密合作，方能共同创造顾客价值，建立该产品线"百事：活在当下"的定位。

本章关注营销渠道——价值传递系统中的下游部分。我们主要讨论营销渠道的四个主要问题：营销渠道的性质是什么以及为什么它如此重要？渠道企业应当如何相互联动和组织运作？企业在设计和管理渠道的时候面临哪些主要问题？实体分销和供应链管理在吸引和满足顾客的过程中有何作用？在下一章中，我们将从零售商和批发商的角度来分析营销渠道问题。

营销渠道的性质和重要性

很少有制造商将产品直接卖给其最终用户。相反，大多数企业通过中间商将产品投放到市场上。这些企业努力建立由一系列独立的组织组成的**营销渠道**（marketing channel，或者称为**分销渠道**（distribution channel））。正是有赖于这些组织的协助，企业的产品或服务得以顺利地供消费者消费或企业用户使用。

企业的渠道决策直接影响其他营销决策。企业定价决策取决于其采用的是全国折扣连锁经销商、高质量的专卖店，还是通过网络直接向顾客销售。企业的销售队伍和营销沟通决策取决于其渠道伙伴需要多大力度的说服、培训、激励和支持。企业是否需要开发或获取某些新产品取决于这些产品在多大程度上符合渠道成员的能力。

企业通常很少关注其分销渠道，这样的行为很可能造成破坏性的后果。相反，很多公司通过建立创造性的分销系统获得了竞争优势。Enterprise 租车公司通过在机场外建立网点变革了汽车出租业务。苹果凭借通过网上 iTunes 商店为 iPod 出售音乐彻底颠覆了音乐零售业务。联邦快递借助富有创新的庞大的分销系统发展成为快递业的领导者。而亚马逊没有实体店却出售各种商品永远改变了零售业的面貌，成为网上的沃尔玛。

分销渠道决策常常涉及与其他公司订立长期合同。例如，像福特、惠普、麦当劳这样的公司可以很容易地改变广告、定价和促销计划。只要市场需要，它们可以抛弃旧产品，推出新产品。但是，一旦它们通过合同与特许经销商、独立经销商或大型零售商建立起分销渠道，就不能在情况变化时随意地用自营店铺或网站销售去替代它们。因此，管理者必须小心谨慎地设计渠道，在考虑当前销售环境的同时，也要考虑未来的环境趋势。

渠道成员如何增加价值

为什么制造商将一部分销售工作交给渠道伙伴完成？毕竟，这样做意味着制造商在如何销售、销售给谁等方面丧失了部分控制权。制造商之所以使用中间商，是因为后者在为目标市场提供产品方面具有更高的效率。凭借所拥有的关系、经验、专业知识和经营规模，中间商常常可以做到很多制造商独自无法达成的事情。

图 12－1 表明了使用中间商是如何获得经济效益的。图 12－1（a）表示有 3 家制造商，分别采取直销的方式到达 3 个顾客。这一系统需要完成 9 次不同的交易。图 12－1（b）表示 3 家制造商通过一家联系 3 个顾客的分销商进行销售活动。这一系统只需要 6 次不同的交易。通过这种方式，中间商减少了以往由制造商和顾客完成的大量工作。

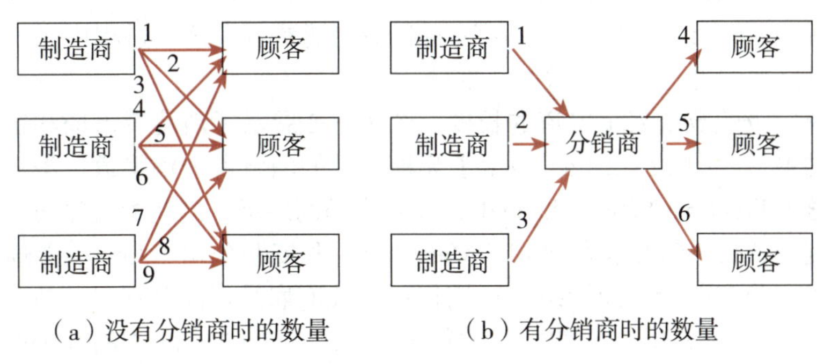

图 12－1　如何通过增加分销商来减少渠道交易

从经济系统的观点来看，营销中介的作用是将制造商制定的产品分类转换成消费者需要的分类。制造商大量生产种类有限的产品，但是消费者需要多种产品，且每种数量不多。营销渠道成员大批量地向多个制造商采购产品，然后将这些产品分装成消费者需要的小包装和多品种。

例如，联合利华每天生产数百万块 Lever 2000 香皂，但是消费者一次最多只想购买几块。所以，大型食品、药品和折扣零售商，如西夫韦、沃尔格林以及塔吉特，采购大量 Lever 2000 并存放在货架上。然后，消费者可以在购买一块 Lever 2000 香皂的同时购买少量牙膏、洗发水和其他所需的关联产品来装满购物车。因此，中间商在协调供给和需求上发挥着重要的作用。

产品和服务与那些需要它们的消费者之间在时间、空间和所有权上存在差距，在将产品和服务递送给消费者的过程中，渠道成员通过消除这些差距实现了增值。营销渠道成员承担了许多关键职能，有些职能协助完成交易：

- 信息：收集和发布计划及协助交易所需要的关于顾客、生产者与营销环境中其他行动者和主要影响因素的信息。
- 促销：开发和传播具有说服力的沟通信息。
- 联系：寻找潜在购买者，并与之沟通。
- 匹配：根据购买者需求形成提供物，包括生产、分类、组装和包装等活动。

- 谈判：就价格和其他条件形成协议，以实现所有权或使用权转移。

其他有助于达成交易的职能有：

- 实体分销：运输和储存货物。
- 融资：获得和使用资金，补偿渠道工作的成本。
- 风险承担：承担渠道工作的风险。

问题不在于以上工作是否要执行——因为这些工作总是要做的——而在于由谁来执行。如果由制造商来承担这些职能，成本就会增加，产品价格也会随之上涨。当这些职能中的一部分转由中间商来承担时，制造商的成本和产品价格就会下降，但是中间商必须以更高的价格来补偿其工作的成本。在分配渠道工作的时候，应将不同的职能分配给那些在一定成本下可以使价值增值最大化的渠道成员。

渠道层级的数量

企业可以设计不同形式的分销渠道，使消费者更容易获得产品和服务。凡是可以完成某些工作从而使得产品及其所有权更贴近消费者的每一层营销中介都代表一个**渠道层级**（channel level）。由于制造商和最终消费者在这一过程中也发挥了一定的作用，所以他们也是分销渠道的一部分。

中间商层级的数量表示渠道的长度。图12－2展示了消费者市场和组织市场中不同长度的渠道。图12－2（a）展示了几种常见的消费者分销渠道。渠道1称为**直接营销渠道**（direct marketing channel），没有中间商层级；制造商直接将产品出售给消费者。例如，玫琳凯化妆品公司（Mary Kay）和安利公司（Amway）通过上门推销、家庭或办公室聚会以及网络进行销售；而政府雇员保险和奥马哈牛排（Omaha Steaks）等公司则通过互联网和电话直接销售产品。12－2（a）中的其余渠道是**间接营销渠道**（indirect marketing channel），包含一家或多家营销中介。

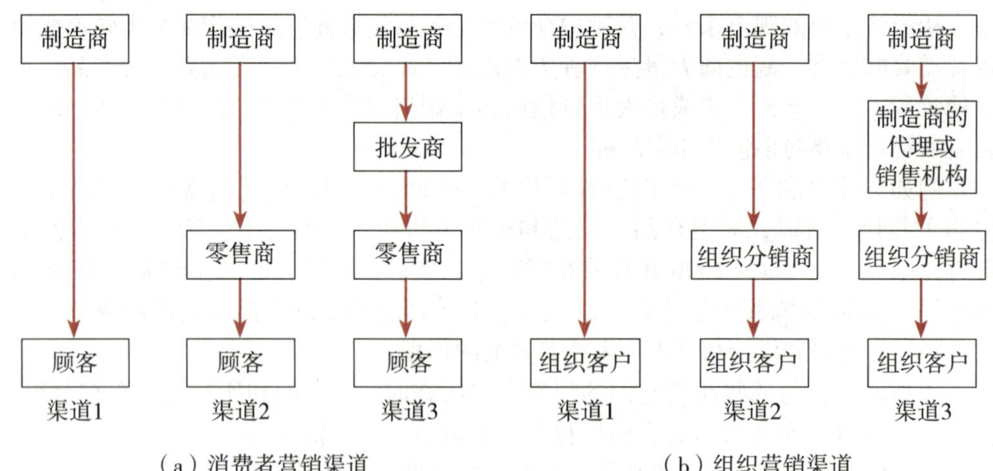

图12－2 消费者和组织营销渠道

图12－2（b）显示了几种常见的组织市场分销渠道。企业可以依靠自己的销售人员直接向组织客户进行销售，也可以将产品销售给不同类型的中间商，再由这些中间商销售给客户。有时还可以看到包含更多层级的消费者和组织营销渠道，但并

不常见。从制造商的角度来看，更多的渠道层级意味着更弱的渠道控制力和更复杂的渠道结构。而且，渠道中的所有组织都由几种“流”联系在一起。这些“流”包括产品的物流、所有权流、付款流和信息流。这些“流”的存在使得即使只有一个或几个层级的渠道，也会变得非常复杂。

12.2 渠道行为和组织

分销渠道并不仅仅是通过各种“流”将一组企业连接起来那么简单。分销渠道是复杂的行为系统，在这一系统中，个人与企业互动以达成个人、企业和渠道目标。有些渠道系统只包括组织松散的公司之间的非正式接触，其他则是在强有力的组织结构下的正式互动。而且，渠道系统并不是一成不变的——新型的中间商不断出现，全新的渠道系统因此而不断发展。我们现在考察渠道行为，以及渠道成员是如何组织起来发挥作用的。

渠道行为

营销渠道是由那些因为共同利益而成为合作者的公司组成的。渠道成员之间相互依赖。例如，福特汽车的经销商依赖福特公司设计满足消费者需求的汽车。福特公司则依靠经销商吸引消费者，说服他们购买福特汽车，并提供售后服务。每个经销商又依赖其他经销商良好的销售和服务表现，从而维护福特品牌的声誉。事实上，单个福特经销商的成功取决于整个福特营销渠道与其他汽车制造商渠道的竞争状况。

每个渠道成员都在渠道中扮演特定的角色。例如，消费电子产品制造商三星的角色是，制造消费者喜欢的产品并通过全国性的广告运动来创造需求。百思买的角色则是，在便利的地点展示三星的产品，回答消费者的问题并完成销售。如果每个渠道成员都能出色地完成任务，那么整个渠道就最有效。

由于单个渠道成员的成功依赖整个渠道的成功，因此理想的状况是渠道内的所有企业都紧密合作，实现协同。它们应当充分理解和接受自己担当的角色，协调行动，通力合作，实现渠道的整体目标。然而，单个渠道成员很少这样全面地考虑问题。对单个渠道成员而言，合作实现渠道目标有时意味着放弃自己的目标。虽然渠道成员互相依赖，但通常还是难免以短期利益最大化作为行动指南。它们经常在谁做什么、应该得到什么样的回报等问题上发生争执。而对于目标、角色、回报的不同意见往往导致**渠道冲突**（channel conflict）。

水平冲突（horizontal conflict）发生在处于同一渠道层级的企业之间。例如，福特公司在芝加哥的一些经销商抱怨这个城市中的另一些经销商，指责它们通过低价或在签约经销区域之外做广告“抢走”了自己的生意。假日酒店（Holiday Inn）的特许经营者抱怨，其他假日酒店的经营者收取的费用过高或者服务欠佳，损害了整个企业的形象。

垂直冲突（vertical conflict）发生在同一渠道内处于不同渠道层级的企业之间，这种冲突在现实中更为常见。例如，麦当劳与其大约 3 100 家独立特许经营者的冲突最近越来越激烈[2]：

> 麦当劳最近的特许经营者调查表明，越来越多的特许经营者对公司感到不满。最主要的冲突源于近年来整个特许经营系统内的销售下滑。本质上是财务问题。麦当劳的收入来自整个系统内特许经营者以销售额为基础缴纳的特许费，而特许经营者的收入则来自扣除成本之后的利润。为了逆转销售颓势，麦当劳愈发重视大力度折扣，这种战略虽然可以增加公司销售量，但挤压了特许经营者的利润。特许经营者热衷于增加诸如可定制汉堡包、麦咖啡饮品和全天候早餐等受消费者欢迎且更加复杂的产品，这些产品可以增加麦当劳的利润，但在降低服务速度的同时也增加了备餐和员工成本。麦当劳还要求特许经营者进行成本颇高的店面升级和更新。尽管最近销售有所回升，特许经营者们仍然不满意。在最近一次的调查中，他们将麦当劳目前的特许经营关系评价为历年新低，只有 1.81 分（满分 5 分），介于一般和糟糕之间。这对麦当劳来说特别糟心，因为特许经营者拥有并经营着 90% 的麦当劳门店。研究显示特许经营者的满意与顾客服务之间具有高度相关性。

不过，有些渠道冲突也可以带来有利于渠道发展的良性竞争。如果没有这种良性竞争，渠道可能会丧失活力和创新性。然而，麦当劳与其特许经营者之间的冲突可能代表了渠道伙伴之间各自利益的零和冲突。严重或长期的冲突会破坏渠道效率，并对渠道关系产生持久的伤害。麦当劳应当妥善地进行渠道关系管理，确保其在自己的掌控范围之内。

垂直营销系统

为了确保整体渠道运行良好，每个渠道成员都应承担特定的工作，很好地管理渠道冲突。如果渠道系统中存在一个企业、机构或者机制，拥有领导地位或权力来分配任务和进行冲突管理，渠道就会有更好的表现。

历史上，传统的分销渠道往往缺乏这种领导性企业和权力，以至于产生破坏性的渠道冲突和不良业绩。近年来，分销渠道领域最大的发展之一就是垂直营销系统的出现。图 12－3 比较了这两种不同的渠道类型。

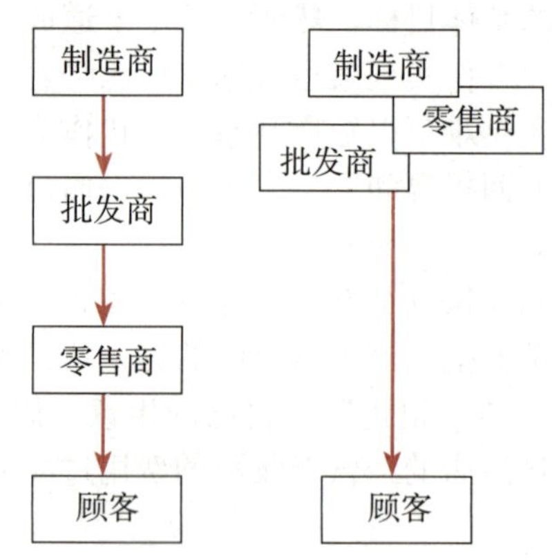

图 12－3　传统分销渠道与垂直营销系统的比较

传统分销渠道（conventional distribution channel）由一个或多个独立的制造商、批发商和零售商构成。每个成员都经营独立的业务，寻求自身利润最大化，为此甚至不惜牺牲整个渠道的利益。渠道中没有一个成员可以对其他成员进行控制，也不存在划分职能和解决渠道冲突的正式方式。

相比之下，**垂直营销系统**（vertical marketing system，VMS）中的制造商、批发商和零售商作为一个统一的系统采取行动。其中一个渠道成员通过订立合同的方式控股其他成员，或者拥有一定的权力以至于其他成员必须配合。垂直营销系统可以由制造商、批发商或者零售商来主导。

我们重点讨论三种主要的垂直营销系统：公司型、契约型和管理型。每种类型都采取不同的方法来建立渠道领导地位和权力。

公司型垂直营销系统

公司型垂直营销系统（corporate VMS）在单一所有权下整合了从生产到分销的一系列步骤，通过常规的组织渠道来完成协作和管理冲突。例如，杂货业巨头克罗格拥有和运营着 37 家工厂——17 家牛奶加工厂、6 家面包烘焙工厂、5 家日用品工厂、1 家熟食加工厂、2 家冷冻面团厂、2 家饮料工厂、2 家奶酪工厂以及 2 家肉类加工厂，其销售的 1.3 万多个私有品牌产品项目中 40% 以上由这些工厂直供商店，从而大大加强了对渠道的控制。[3]

类似地，低调的意大利眼镜制造商 Luxottica 生产许多著名的眼镜品牌——包括其自有品牌 Ray-Ban、奥克利、Persol 和 Vogue Eyewear，以及诸如博柏利、香奈儿、拉尔夫·劳伦、杜嘉班纳（Dolce & Gabbana）、DKNY、普拉达和迈克高仕等许可品牌。Luxottica 在一些世界上最大的眼镜连锁企业——比如 LensCrafters、Pearle Vision、Sunglass Hut、Target Optical、Sears Optical——也有一定股份，控制这些产品的分销。总之，通过垂直一体化，Luxottica 控制着大约 60% ～ 80% 的美国眼镜市场。[4]

契约型垂直营销系统

契约型垂直营销系统（contractual VMS）由处在不同生产和分销层次的企业组成，它们通过订立合同联系在一起，从而获得比独自经营更大的经济规模或销量。渠道成员通过订立契约来协调行动和管理冲突。

特许权组织（franchise organization）是最常见的契约型关系。在这一系统中，渠道成员被称为特许经营授权商，它们把从生产到分销的各个环节联系起来。仅在美国就有 77 万家特许经营店，每年的经济产出达到 8 300 亿美元。据行业分析家估计，在美国每 8 分钟就有一家新的特许经营店开张，每 12 家零售商店中就有一家是特许经营店。[5]

几乎所有的行业都涉及特许经营——从汽车旅馆、快餐店到口腔门诊和婚介服务；从婚礼咨询和保姆服务到殡仪馆和瘦身中心。例如，宣称“周到的搬家者”的“两人一车”搬家公司（Two Men and a Truck）正是通过特许经营，从两个渴望用一辆皮卡车挣点外快的高中生，迅速发展为一个拥有超过 380 个特许经营网点的国际网络。过去 6 年间，该公司实现了破纪录的增长，完成了 550 万次搬家服务。[6]

有三种特许权类型。第一种是制造商主导的零售商特许权系统。例如，福特汽车与其独立专营经销商。第二种类型是制造商主导的批发商特许权系统。在不同市场中的可口可乐特许装瓶企业（批发商）购买可口可乐浓缩液，将装瓶后的成品出售给当地零售商。第三种是服务企业主导的零售商特许权系统。例如，汉堡王及其全球近 1.21 万家特许经营店。其他例子涉及从汽车租赁（赫兹、安飞士）、服装零售（如 The Athlete's Foot 和 Plato's Closet）和汽车旅馆（如假日酒店、华美达旅馆（Ramada Inn））到补充教育（如 Huntington Learning Center 和 Kumon）和个人服务（如 Great Clips 和 Mr.Handyman）。

大多数消费者无法区分契约型和公司型垂直营销系统，契约型组织亦可以成功地与连锁店竞争。我们将在下一章更加详细地讨论各种契约型垂直营销系统。

管理型垂直营销系统

管理型垂直营销系统（administered VMS）中的领导地位并不是通过所有权或契约建立的，而是一个或几个占统治地位的渠道成员凭借其规模和实力赢得的。一个拥有顶级品牌的制造商可以获得中间商强有力的促销协助和支持。例如，通用电气、宝洁以及卡夫等公司可以获得中间商不同寻常的协助，包括商品展示、货架空间、促销和价格政策。相反，诸如沃尔玛、家得宝、克罗格和沃尔格林等大型零售商可以对其供应商施加很大的影响。

例如，在沃尔玛与其消费品供应商之间的拉锯战中，沃尔玛——拥有美国日用品销售总额 1/4 占比的美国规模最大的日用品销售商，往往占据先机。以高乐氏公司（Clorox）为例，尽管该公司拥有很强的消费者品牌偏好，使之讨价还价的实力比较强，但是沃尔玛更有利。因为对沃尔玛的销售占高乐氏销售总额的 26%，而高乐氏的产品在沃尔玛 1% 的采购量中只占 1/3，这使沃尔玛掌握了绝对的主动权。Cal-Maine Foods 公司的 Eggland's Best 品牌的情况甚至更糟，近 1/3 的销售依赖沃尔玛，但自己只占沃尔玛 1% 销售量中的 1/10。对这类品牌而言，与这个零售巨头维持良好关系非常重要。[7]

水平营销系统

渠道的另一个发展方向是**水平营销系统**（horizontal marketing system）。在这一系统中，处于同一层次的两家或多家公司为抓住新的营销机会联合起来。通过合作，这些企业可以将财务、产能和营销资源优势结合起来，以达到单个企业无法实现的目标。

企业可以与竞争者或者非竞争者联合，进行暂时或长期的合作，甚至可以成立一家新企业。例如，沃尔玛与麦当劳合作，在沃尔玛门店中开设“快捷”餐厅。麦当劳从沃尔玛门店内川流不息的客流中获利，而沃尔玛也留住了在购物中感到饥饿的惠顾者，避免这些人去别处就餐而损失客流。

类似的渠道安排在全球市场上也运作良好。例如，全球主要航空公司基本上都是三大全球联盟之一的成员：星空联盟（Star Alliance）、星合联盟（Skyteam）或者寰宇一家（Oneworld）。星空联盟由 27 家“协调行动”的航空公司组成，包括美国联合航空、加拿大航空、汉莎航空、中国航空、土耳其航空以及其他 20 多家航空公司。星空联盟日发送全球旅客量达 18 500 人次，航线目的地超过 190 个。这类联盟将单个承运商联合起来组成巨大的全球航空运输网络，联合进行品牌宣传和营销推广、机场协同定位、航线网络、贵宾候机室、值机服务、票务，共享常旅客奖励和权益。[8]

混合营销系统

过去，很多企业都采用单一渠道在一个或多个细分市场上进行销售。如今，随着消费者细分市场多样化和渠道形式不断增加，越来越多的企业开始采用**混合营销系统**（multichannel distribution systems）。当一个企业为到达一个或多个消费者细分市场而建立两个或多个营销渠道时，就产生了混合营销。

图 12－4 展示了混合营销系统。在图中，制造商通过直邮目录、电话营销和互联网直接将产品出售给消费者细分市场 1；通过零售商出售给消费者细分市场 2；通过分销商和经销商出售给组织细分市场 1；通过自己的销售人员出售给组织细分市场 2。

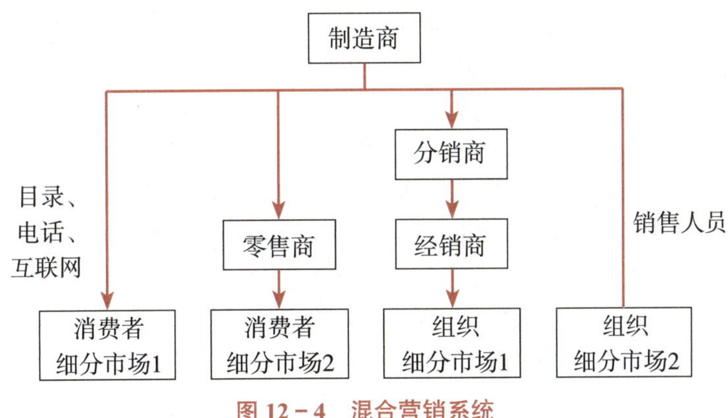

图 12－4　混合营销系统

当今，几乎所有大型企业和多数小型企业都通过多渠道进行分销。例如，约翰迪尔公司通过多种渠道将其绿色和黄色的草坪、庭院拖拉机、割草机和户外电力产品出售给消费者和商业用户，这些渠道包括约翰迪尔的零售商、劳氏家庭装修商店和在线销售。该公司通过高效的约翰迪尔经销商网络出售拖拉机、联合收割机、播种机和其他农业机械设备，并提供相关服务。另外，它还精选大型的全面服务经销商来负责销售大型建筑和林业设备。

混合营销系统为那些面对大规模且复杂的市场的企业带来很多好处。企业可以利用新渠道来提高销量和市场占有率，并且争取机会调整自己的产品以满足不同细分市场的特定需求。然而，这些混合营销系统很难控制，当更多不同的渠道为争夺消费者和销售量展开竞争的时候，就会产生多渠道间的冲突。例如，约翰迪尔公司开始通过劳氏家庭装修商店销售某些产品的时候，很多经销商非常不满地抱怨。为了避免互联网营销渠道中也产生这样的冲突，公司将其所有的网上销售都交给了约翰迪尔经销商。

渠道组织的演变

技术的变化以及直接渠道，尤其是网络营销的迅猛发展，对营销渠道的特征和设计产生了深远的影响。其中一个主要趋势就是**“去中介化”**(disintermediation)，这个术语传递了清晰的信息和重要的结果。去中介化是指制造或服务企业摒弃中间商，直接面对最终消费者，或者用全新的渠道中介替代传统的渠道中介。

如今，在很多行业中，传统中间商被弃之不用。例如，网络营销正快速崛起，逐步代替传统的实体零售商。诸如 iTunes 和亚马逊 MP3 等网上音乐下载服务已经对传统音乐商店构成了致命的威胁。CD 销售迅速萎缩，如今只占音乐市场不足 1/3 的份额。相反，诸如 Spotify、Rhapsody 和苹果音乐等流媒体数字音乐服务成为主流，去年数字下载再创新高，音乐流媒体服务增长了 29%。[9]

去中介化对生产商和中间商来说，既是机遇，也是挑战。那些找到新途径为渠道增加价值的渠道创新者可以摒弃传统中间商，获得回报。而传统中间商必须持续创新以避免被抛弃。例如，网飞公司率先尝试通过邮件开展网上视频出租服务，将 Blockbuster 等传统实体音像店推向毁灭。随后，网飞自己也面对来自更加热门的渠道——视频下载的去中介化挑战。但是网飞对这一发展并没有仅仅采取观望的态度，而是积极应对，成为盈利颇丰的领导者。

类似地，巴诺书店（Barnes & Noble）曾经是以海量选择和低廉价格为特色的超级书店的先锋，逼迫大多数小型独立书店倒闭。然后，通过网络销售图书的亚马逊来了，即使是规模最大的实体书店也难以招架。亚马逊几乎在不到 10 年的时间内就凭一己之力把美国第二大传统图书零售商 Borders 逼得破了产。现在，无论线上还是线下，纸质书的销售都受到电子书下载和电子阅读器的威胁。但是，亚马逊没有臣服于电子书的威胁，而是用非常成功的 Kindle 电子阅读器统帅了电子书市场。相反，巴诺——这个曾经让那么多独立书店倒闭的巨头却反应迟钝，较晚才推出 Nook 电子阅读器，结果发现自己已然陷入生存危机。[10]

为了保持竞争力，产品和服务提供商必须发展新的渠道机会，如互联网和其他直接渠道。然而，这些新渠道常常与已经建立的渠道产生直接的竞争，从而导致冲突。为了解决这一问题，企业常常想方设法使直接销售作为整个渠道的补充，而不是竞争。

例如，沃尔沃汽车集团（如今属于中国汽车厂商吉利）最近宣布计划开始在其所有的市场通过互联网出售沃尔沃汽车。大约 80% 的沃尔沃买家已经在网上购买过其他商品，所以汽车也似乎是自然的延伸。很少有汽车厂商尝试过网上直接销售，特斯拉是个例外，它所有的电动汽车都绕过经销商在网上销售。“只要说起电子商务，最初经销商们都感到非常紧张。”沃尔沃的营销负责人说。所以，为了避免渠道冲突，沃尔沃将所有的网上销售通过已有的经销商发货。这样，沃尔沃自己和渠道伙伴都能在由直复营销取得的销售增长中获益。[11]

12.3 渠道设计决策

接下来，我们讨论制造商面临的一些渠道决策。在设计营销渠道时，制造商常常需要在理想中的设计方案与现实中可操作的设计方案之间艰难取舍。资金有限的新企业刚起步时，通常只在有限的市场区域内进行销售。决定最好的渠道设计方案也许并不是问题，问题在于如何说服一家或几家优秀的中间商来参与渠道管理。

如果前期取得成功，这家新企业就可以通过现有的中间商扩张到新的市场。在规模较小的市场中，企业可以直接将产品出售给零售商；在规模较大的市场中，企业可能需要通过分销商进行销售。在国内的某个区域，企业可以授权给排他性特许经销商；在其他区域，则可以利用一切可能的终端。此外，企业还可以通过网店将产品直接销售给其他渠道难以到达的消费者。通过多种方式，渠道系统逐步演化和发展，以适应不同的市场机会和情况。

不过，为了达到最佳效果，企业应当有目的地进行渠道研究和决策制定。**营销渠道设计**（marketing channel design）要求分析消费者需要、制定渠道目标、确定主要的渠道备选方案并对这些方案进行评估。

分析消费者需要

如前所述，营销渠道是顾客价值递送系统的一部分。每个渠道成员和渠道层级都为顾客增加价值。因此，营销渠道设计的第一步是找出目标顾客希望从渠道中获得什么。顾客希望在附近的区域购买产品还是愿意前往更远的中心城区？他们喜欢人员销售、电话订购还是在线购买？他们喜欢多样化的还是专业化的产品？他们是需要大量的附加服务（送货、修理、安装），还是愿意从别的地方获得这些服务？一般来说，送货速度越快，产品类型越丰富，提供的附加服务越全面，渠道的服务水平就越高。

提供最快的送货、最丰富的产品类型和最全面的服务，对企业来说也许是不现实的。企业及其渠道成员可能不具备提供所有理想服务所需的资源和技术。而且，提供的服务水平越高，渠道成员承担的渠道成本就越高，从而导致顾客支付更高的价格。当代折扣零售店的成功表明，顾客在低价格的情况下，通常可以接受较低水平的服务。例如，沃尔玛通常在《消费者报告》根据顾客购物体验和满意度进行的食品杂货业零售商排名中垫底，比不过韦格曼斯（Wegmans）、Publix、家乐氏、全食等其他零售商，但它仍然占据了美国食品杂货市场 25% 的份额。[12]

当然，许多公司将自己定位于较高的服务水平，顾客也愿意为此支付更高的价格。例如，与沃尔玛在《消费者报告》对食品杂货行业顾客满意度的排名中落后不同，东海岸的超市连锁商店韦格曼斯一直位列第一[13]：

> 韦格曼斯超市以其广泛和深刻的选择性、整洁的店铺、非常高的服务水平、训练有素且友好的员工为傲。一位顾客在其 Yelp 评论中说："韦格曼斯是周边最好的超市，不接受反驳。员工的知识和帮助都很到位。"另一位说："除了从世界各地精选来的琳琅满目的商品，韦格曼斯还是一个令人惊喜的地方。我在里面逛的时候就想……好吧，太棒了！"韦格曼斯赢得了大批忠诚的顾客。据报道，演员亚历克·鲍德温（Alec Baldwin）的母亲之所以拒绝从纽约搬到洛杉矶去，就是因为她不想离开自己最喜爱的韦格曼斯超市。所以，对忠诚的顾客而言，虽然在沃尔玛购物可以省钱，但韦格曼斯更高的质量和非凡的服务值得他们支付略高的价格。

因此，不仅要平衡顾客需要与提供服务的可行性和相关成本，还要平衡顾客需要与其价格偏好。

制定渠道目标

企业应当根据上一步确定的目标顾客服务水平来制定渠道目标。通常，企业会发现不同细分市场对服务水平的需求是不同的，企业应当确定服务于哪些细分市场以及不同市场中的最佳渠道设计。针对每个细分市场，企业应当在满足顾客服务需求的前提下，使渠道总成本最小化。

企业的渠道目标常常受到企业性质、产品、营销中介、竞争者以及环境的影响。例如，企业的规模和财务状况决定了其自身可以完成哪些营销职能，哪些必须交给营销中介。销售鲜活、易腐商品的企业可能需要更多地采用直销，以避免因过多的处理环节而耽搁时间。

在某些情况下，企业可能需要与竞争者在同一零售店内或附近展开竞争。例如，美泰克（Maytag）和其他电器制造商希望将自己的产品与竞争品牌摆放在一起便于购物者比较选择。而在其他情况下，企业可能会避开竞争者采用的渠道而另辟蹊径。例如，Pampered Chef 没有与其他厨具生产商针锋相对地争夺零售店中稀缺的货架空间，而是通过其全球 6 万多名咨询师直接将产品出售给顾客。Stella & Dot 通过 3 万多名被称为造型设计师的独立销售代表出售优质珠宝，他们举办像特百惠公司那样的家庭“非正式时尚发布会”。[14] 政府雇员保险公司通过电话和网络，而非代理商，直接向消费者推销车险和家庭财产险。

最后，经济形势、法律约束等环境因素也可能会影响渠道目标和设计。例如，在经济萧条时期，制造商需要采用最经济的方法来分销产品。它们通常会采用较短的分销渠道，摒弃那些可能抬高产品价格但并不必需的附加服务。

确定备选的渠道方案

企业在确定渠道目标之后，就应该明确主要的备选渠道方案，包括中间商的类型、营销中介的数量以及渠道成员的责任。

中间商的类型

企业应当明确能够承担其渠道职能的渠道成员的类型。大多数企业都面临很多可选择的渠道成员。例如，直到最近，戴尔公司还是只通过其复杂而精准的电话和互联网营销渠道向最终消费者和组织客户进行直销；还通过自己的直销人员向大型企业、机构和政府进行销售。然而，为了到达更多的消费者，与像惠普这样的对手竞争，戴尔也开始通过百思买、史泰博和沃尔玛这样的零售商销售。同时，戴尔还通过“增值中间商”进行间接销售，这些拥有计算机系统和应用程序的独立分销商和经销商可以很好地满足中小型组织客户的需求。

在同一渠道中使用多种类型的中间商既有好处，也有弊端。例如，戴尔将经销商和增值中间商作为其直销渠道的补充，这样就可以到达更多不同类型的消费者。然而，新的渠道会加大管理和控制的难度。直接和间接渠道会因为共同的顾客而互相竞争，从而引起潜在的冲突。事实上，戴尔已经发现自己处于进退两难的尴尬境地，直接销售代表抱怨零售店带来了新的竞争，与此同时，增值中间商抱怨直接销售代表通过降价抢生意。

营销中介的数量

企业还必须确定各渠道层级的渠道成员数量。有三种策略可供选择：密集性分销、独家分销和选择性分销。便利品和普通原材料制造商通常采取**密集性分销**（intensive distribution）的方式。在这一策略下，它们会要求尽可能多的零售商店备货，以便消费者需要其产品时，无论何时何地都可以买到。例如，牙刷、糖果和其他类似的便利品在成千上万的零售店里销售，这些零售店尽可能多地陈列各种品牌，为消费者提供便利。卡夫、可口可乐、金佰利和其他消费品公司都通过这种方式销售产品。

相比之下，一些制造商有意地限制中间商的数量。这种做法的极端形式就是**独家分销**（exclusive distribution）。采用这种方式的制造商将专卖权只授予少量的经销商，限定它们可以在特定的区域内销售产品。独家分销常常用于奢侈品牌的销售。例如，定位于“为专业人士打造的精密仪器”的百年灵手表（Breitling）售价从 5 000 美元至 10 万美元以上，在任何特定市场范围内只通过少数授权经销商销售。这种独家分销策略既强化了百年灵的品牌定位，也获得了经销商有力的销售支持和顾客服务。

选择性分销（selective distribution）介于密集性分销与独家分销之间。在这一方式下，制造商采用多于一家但又非全部愿意经销公司产品的经销商进行销售。绝大多数的电视机、家具和家用电器品牌都采用这种分销方式。例如，户外电动设备制造商 STIHL 不通过诸如劳氏、家得宝或西尔斯等大型零售商来销售其链锯、鼓风机、绿篱修剪机和其他产品。相反，它通过精挑细选的独立五金、草坪和园艺经销商销售。通过选择性分销，STIHL 与渠道成员建立了良好的合作关系，并获得高于平均水平的销售努力。选择性分销还强化了 STIHL 的品牌形象，使其能更好地在经销商增值服务中获得更高的利润。STIHL 的一则广告说：“我们始终信赖我们精挑细选的经销商，你也可以。”

渠道成员的责任

制造商和中间商需要就合作条款和每个渠道成员的责任达成一致，包括各方遵守的价格政策、销售条件、区域特权和具体服务。制造商应当为中间商提供价格清单和公平的折扣政策。另外，还必须划定每个渠道成员的经营区域。在安排新的经销商时，要特别注意这一点。

渠道成员的义务和责任应当仔细地以书面方式明确，尤其是特许经营和独家分销渠道。例如，麦当劳为特许经销商提供促销支持、记录保存系统、培训课程以及一般的管理协助。反过来，特许经销商必须符合公司制定的标准，包括达到实体设施和食品质量标准、配合新的促销计划、提供必要的信息，以及购买指定的产品。

评价主要的渠道方案

假设企业已经明确了几个可行的渠道方案，希望从中选出一个能最好地满足其长期目标的方案。那么应该按照经济性、可控性和适应性标准对每种方案进行评估。

在使用经济性标准的时候，企业需要比较各渠道方案的潜在销量、成本和盈利性。每种渠道方案需要多少投资，会带来多少回报？企业还必须考虑可控性。使用中间商通常意味着要将一些产品营销方面的控制权让渡给它们，而有的中间商会要求更多的控制权。在其他条件相同的情况下，企业倾向于尽可能多地保留控制权。最后，企业还要考虑适应性标准。渠道成员之间通常会达成长期的合作，但是企业希望能够根据环境的变化灵活调整渠道策略。因此，若要建立长期的渠道契约，这一渠道系统必须在经济性和可控性上都具有明显优势才行。

设计国际分销渠道

国际市场营销者在设计营销渠道时，面临很多额外的复杂情况。每个国家都有其独特的分销体系，这些体系都是经过长时间发展而来的，变化非常缓慢。各个国家的渠道系统差别很大。因此，全球营销者必须调整自己的营销战略，使其与各国现有的渠道结构相适应。

有些市场的分销系统非常复杂，难以融入。例如，许多西方公司发现很难找到正确方法对付印度复杂的分销系统。在印度巨大的市场中，大型折扣商店、百货商店和超级市场只占很小的一部分。相反，大多数购物发生在小型邻里商店，这些由店主自己经营的小店叫做“ kirana”，因为提供个人服务和信用而受到欢迎。而且，大型西方零售商很难应对印度复杂的政府管制和糟糕的基础设施状况。

发展中国家的分销系统可能结构分散、效率低下，或者甚至几乎不存在像样的分销体系。例如，中国的乡村市场非常分散，由众多截然不同的小市场构成，每一个小市场都有特定的亚文化。中国的分销系统高度分散，以至于包装、捆扎、装卸、分拣、重新装卸和运输等物流成本达到了 GDP 的 16%，这一数字远远高于其他许多国家（美国的物流成本在 GDP 中的比重还不到 8.3%）。即使是沃尔玛的管理人员，在经过多年的努力之后也不得不承认，他们还未能在中国整合出一条高效的供应链。[15]

有时，当地环境会极大地限制企业在全球市场中进行分销的方式。例如，巴西低收入群体中的消费者很少去超市购物，雀巢公司雇用数以千计的个体销售人员用冷藏车挨家挨户地推销来补充自己的分销渠道。在亚洲和非洲一些大城市，街道异常拥挤，物业成本高昂，在那里经营免下车门店几乎不可能，诸如麦当劳和肯德基之类的快餐店提供送餐上门服务。大批摩托车送餐员身着颜色亮丽的制服，给通过电话或网上订购的顾客送上巨无霸和炸鸡块。在埃及和新加坡，送餐服务如今已经在麦当劳的总销售额中分别占到 30% 和 12% 的比重。类似地，肯德基在科威特总销售额的近一半、在埃及总销售额的 1/3 来自外卖。[16]

因此，国际市场营销者面临更广阔的渠道选择范围。针对不同国家和同一国家内部不同的市场设计有效果和高效率的渠道系统，是一个巨大的挑战。

12.4 渠道管理决策

一旦企业经过仔细的评估，选择了最合适的渠道设计方案，就必须有效地实施和管理。**营销渠道管理**（marketing channel management）要求企业选择、管理和激励每个渠道成员，并定期评价其工作表现。

选择渠道成员

不同的制造商在吸引合格的营销中介的能力上存在差异。一些制造商很容易就可以找到合适的渠道成员签订合约。例如，丰田公司的雷克萨斯汽车在美国市场刚刚面市，就轻易地吸引到了新的经销商。事实上，它还不得不拒绝很多想要成为其经销商的中介。

一个极端的情况是，制造商必须做出很大努力，才能招募到足够的合格中间商。例如，当天美时（Timex）刚开始销售其低价手表的时候，几乎所有的珠宝店都表示拒绝。公司不得不设法通过量贩店进行销售。事实证明，这是一个明智的决定，因为量贩店不久便飞速发展起来。

即使是已经成功的品牌要获得和保持理想的分销渠道也不容易，尤其与强势零售商打交道时更是如此。例如，你在当地的 CVS 药店中找不到万宝路、云斯顿、骆驼等香烟品牌。CVS Caremark 公司最近毅然宣布停止在其店内出售香烟，尽管这将导致其年收入损失 20 亿美元以上。“这样做是正确的，”公司宣称，“我们认识到在同一环境中出售香烟和提供保健产品很不协调。”大约 20 年前，塔吉特公司停售香烟，相关公众团体也一直对沃尔玛施压，敦促它采取同样的行动。如果主要的折扣店和诸如沃尔格林、来爱德（Rite Aid）等连锁店也跟随，菲利普·莫里斯（Philip Morris）、雷诺（R.J.Reynold）和其他烟草公司将不得不为其品牌寻找新的销售渠道。[17]

在选择中间商的时候，企业应当明确具有哪些特质才是好的中间商，评价每个成员的从业年限、经销的其他产品线、增长和盈利记录、合作意愿和声誉。如果中间商是销售代理，企业需要评价其现有的其他产品线的特点和数量，以及销售队伍的规模和资历。

管理和激励渠道成员

一旦选定渠道成员，企业就需要不断地管理和激励它们发挥最大潜力。企业不能仅仅通过中间商完成销售，更要与其并肩作战。大多数企业将中间商视为首要的客户和伙伴。它们通过有效的伙伴关系管理与渠道成员形成长期的伙伴关系，从而建立起可以同时满足企业和营销伙伴需求的价值递送系统。

为了管理渠道成员，企业必须说服分销商，彼此联合形成具有凝聚力的价值递送网络能够比单独行动取得更大的成功。公司必须与渠道中的其他成员密切协同，寻找为顾客递送价值的更好方法。因此，宝洁公司与亚马逊为实现它们的共同目标——在网上出售消费者包装产品来获利——而紧密合作。亚马逊借助其厂商柔性（Vendor Flex）计划，在宝洁的仓库中运营以便有效降低分销成本和加快递送速度，合作双方和顾客都从中获益（参见“营销实例”）。

营销实例　与渠道伙伴合作为顾客创造价值

今天的成功企业深知它们不可能单独为顾客创造价值。相反，它们必须创造由同心同德、团结合作的供应商、生产商和分销商构成的有效的价值递送系统。与供应商和分销商合作可以产生显著的竞争优势。以下是三个实例。

丰田

建立令人满意的供应商关系一直是丰田令人赞叹的成功的基石。长期以来，丰田的美国竞争者常常通过自助服务、高压交易疏远供应商。“[美国汽车制造商为所采购的零部件］设定年度成本降低目标，”一位供应商说，“为了实现这些目标，他们不择手段。［他们引发］恐怖，而且情况逐年恶化。”另一位供应商说：“［汽车厂商］好像专门送员工进入‘憎恨学校’学习，让他们学习如何憎恨供应商。”

相反，丰田很久以前就明白与供应商建立紧密关系的重要性。不是欺负供应商，而是与它们成为合作伙伴，帮助它们达到丰田非常高的预期。它了解它们的业务，开展联合改善行动，帮助培训供应商的员工，每天给予绩效反馈，并主动发现供应商的担忧。它甚至每年给最优秀的供应商颁发绩效奖。

结果，过去 15 年中有 13 年，丰田公司在被业界公认的北美汽车供应商工作关系指数研究中得分最高。该研究根据与供应商的财务交易、重视供应商并公平地对待它们、公开和真诚地沟通、提供盈利机会等方面给汽车公司打分。该研究表明，许多丰田供应商自认为是这家汽车巨头真正的伙伴。

如此可靠的供应商关系意味着丰田可以依赖供应商帮助改善质量、降低成本、和迅速开发新产品。例如，当丰田最近推出一项计划，要将为下一代汽车采购的零部件降价 30%。供应商们得知后并没有抱怨。相反，它们积极响应，相信丰田会帮助它们共同实现这一降价，进而使它们在未来更具竞争力和盈利性。总之，创造满意的供应商能够帮助丰田生产低成本、高性能的汽车，进而让顾客更加满意。

欧莱雅

欧莱雅是世界上最大的化妆品制造商，有 23 个全球品牌，从美宝莲和科颜氏，到兰蔻和列德肯（Redken）。与丰田公司一样，欧莱雅密集的供应商网络——提供从聚合物和油脂，到喷雾罐和包装，再到生产设备和办公用品等各种供应物——是取得成功的关键。

欧莱雅对待供应商就像受尊重的合伙人。一方面，欧莱雅对供应商在设计创新、质量和社会责任行动等方面有很高的预期。公司仔细遴选新供应商和定期评价当前供应商的业绩。另一方面，欧莱雅与供应商紧密合作，帮助它们达到明确的标准。有些公司为追求短期利益，对供应商提出不合理的要求并“压榨”它们，欧莱雅却始终以互惠互利和共同增长为基础，与供应商发展长期的关系。

根据公司的供应商网站所示，它对待供应商“完全尊重它们的业务、文化、增长，以及工作人员”。每个关系都建立在对话和共同努力之上。欧莱雅追求的不仅仅是帮助供应商达到自己的期望，而且通过提升创新和竞争力的机会来帮助它们实现增长。结果，75% 的欧莱雅供应商伙伴与公司合作长达 10 年甚至更久，大部分都有好几年。公司采购部门的负责人说：“CEO 希望使欧莱雅成为业绩突出，且全球最受尊敬的企业之一。被尊敬也意味着受到我们供应商的尊敬。”

亚马逊－宝洁

直到最近，如果你从亚马逊网站上订购 Bounty 纸巾、帮宝适尿片、Charmin 卫生纸或者其他数十种宝洁公司的消费品，它们都很可能通过曲折迂回的配送路线才抵达你家。以纸巾为例，在宝洁位于宾夕法尼亚州东北部的大型工厂生产，然后由拖车运输到附近的唐克汉诺克仓库，卸载后与其他宝洁产品一起重新包装，运输至亚马逊在弗吉尼亚州丁威迪的配送中心。在配送中心，它们被再次卸载并储存，最后经亚马逊员工分拣包装成包裹，通过 UPS、联邦快递或者 USPS 递送到你手上。

但今天，云技术给包裹运输带来了翻天覆地的变化。亚马逊和宝洁正悄悄地为这些产品推出一种更简约、成本更低的新配送方式。举例来说，现在不需要将宝洁的产品装运至亚马逊的配送中心，而是在宝洁宾夕法尼亚工厂的仓库中划出一片亚马逊作业区域。宝洁的员工将生产好的产品送到这里，再由亚马逊的员工包装、贴标后直接快递给网购的顾客。亚马逊称这种合作为厂商柔性——这将变革低价低利日用品的购买方式。

亚马逊的厂商柔性计划将渠道合作推向一个新的高度。驻扎在“同一个帐篷里”为合作双方都创造了利益。对亚马逊来说，厂商柔性计划降低了在自己的配送中心储存厕纸等大体积物件的成本，也增加了配送中心储存高利润商品的空间。合作让亚马逊在无须建立更多物流中心的前提下，扩大了消费者包装产品的选择。例如，宝洁的仓库同时也存放着吉列剃须刀、潘婷洗发水、宠物食品等其他深受消费者喜爱的宝洁品牌产品。而且，驻扎在供应商仓库保证了亚马逊第一时间获得宝洁的产品，并快速送达顾客。

宝洁公司也从厂商柔性计划中获益良多。它节省了运送货物到亚马逊配送中心的费用，进而使其价格更具竞争力。尽管宝洁已是杰出的店内销售品牌，但在如今已成为公司首要任务的网上零售方面仍相对年轻。随着与亚马逊的合作越来越深入，宝洁能够获得亚马逊专长的帮助，推动品牌的网上销售。

亚马逊和宝洁的厂商柔性合作关系，符合两家公司的利益和目标。如果宝洁想更加有效地发展网上销售，还有哪个合作伙伴能够比亚马逊——网上零售业中毋庸置疑的主宰者更好呢？如果亚马逊想在主要日用品的销售上更有影响力，除了宝洁——这一在消费者包装产品市场中众所周知的领导者，还有哪家公司是更合适的合作伙伴呢？总之，在亚马逊的厂商柔性计划中，这两位在各自行业中处于领导地位的参与者可以发挥彼此的分销实力共同获益，并使它们共同服务的消费者获利。

资料来源：Alex Short, “Amazon and P&G Blow Business Collaboration Wide Open!” *Vizibl,* July 21, 2015, http://blog.vizibl.co/amazon-pg-blow-business-collaboration-wide-open/; Serena Ng, “Soap Opera: Amazon Moves In with P&G,” *Wall Street Journal*, October 15, 2013, p. A1; Jeffery K. Liker and Thomas Y. Choi, “Building Deep Supplier Relationships,” *Harvard Business Review*, 2004, pp.104–113; “OEM-Supplier Relations Study Shows Strong Gains for Toyota and Honda, with Ford, Nissan, FCA and GM Falling Well Behind,” *PR Newswire*, May 8, 2015, www.prnewswire.com/news-releases/oem-supplier-relations-study-shows-strong-gains-for-toyota-and-hondawith-ford-nissan-fca-and-gm-falling-well-behind-300084605.html; and www.toyotasupplier.com and www.loreal. com/_en/_ww/html/suppliers/, accessed October, 2016.

类似地，重型设备制造商卡特彼勒与其卓越的经销商网络精诚合作——共同主导了全球建筑、采矿和挖掘设备的市场：

> 重型设备制造商卡特彼勒生产优质且新颖的工业设备。但是如果询问卡特彼勒公司的员工，他们会告诉你卡特彼勒之所以能够在市场中取得主导地位，最重要的原因是由分布在180多个国家和地区的189位独立经销商构成的杰出经销网络使然。经销商是在前线与顾客打交道的人。一旦产品运离工厂，就由经销商接手负责。顾客看见的是它们。因此，卡特彼勒不是仅仅将产品出售给经销商或通过经销商出售，而是将它们视为公司内部伙伴。一旦一台大型卡特彼勒机器出现故障，顾客知道它们可以信赖卡特彼勒公司及其经销商的支持。正是强大的经销商网络成就了强大的卡特彼勒，反之亦然。从更深的层次上说，从产品设计和递送到顾客服务和支持，几乎在卡特彼勒经营的各个方面，经销商都发挥了重要作用。与经销商之间的这种紧密联系为公司带来了巨大收

益。卡特彼勒主导着全球重型建筑、采矿和挖掘机械市场。其广为人知的黄色拖拉机、履带式起重机、装载机、推土机和卡车牢牢地占据着全球重型机械市场的 1/3 份额，是其最大的竞争对手、该行业位列第二的小松制造的 2 倍以上。

很多企业都在安装高科技的渠道伙伴关系管理系统（PRM），以协调整个渠道的营销努力。正如利用顾客关系管理（CRM）软件系统来协助进行重要顾客关系管理一样，企业现在可以利用伙伴关系管理（PRM）和供应链管理（SCM）软件来招募、培训、组织、管理、激励和评估公司与渠道伙伴的关系。

评估渠道成员

企业必须定期检查渠道成员的绩效，包括销售定额完成情况、平均存货水平、交货时间、损毁和丢失货物的处理、企业促销和培训计划的配合度以及顾客服务水平。企业应当认可和奖励有卓越表现、为顾客增加价值的中间商；对于表现欠佳的中间商则应给予协助，必要的时候进行替换。

最后，企业应当对渠道伙伴的需求保持高度敏感。那些苛刻地对待经销商的企业不仅会面临失去经销商支持的风险，还会导致一些法律问题。下一节，我们将讨论制造商及其渠道成员的各种权利和义务。

公共政策与分销决策

在大多数情况下，企业可以依法自由地选择适合自己的渠道方案。而事实上，一些与渠道相关的法律会限制企业采取排斥性的策略，这些策略使得其他企业无法使用所需渠道。绝大多数关于渠道的法律都致力于处理渠道关系形成之后渠道成员彼此的权利和义务。

许多生产商和批发商都喜欢为自己的产品建立排他性渠道。当卖方只允许唯一的零售商销售其产品时，这种策略称为独家分销（exclusive distribution）。当卖方要求经销商不得销售竞争对手的产品时，其策略称为独家经销（exclusive dealing）。双方都可以从这种排他性安排中获益：卖方可以获得更加忠诚和可信赖的零售商，经销商则获得了稳定的货源和强有力的卖方支持。但是，这种排他性策略使得其他生产商无法通过这些经销商进行销售。在这样的情况下，独家经销合同必须符合《克莱顿法案》的规定。这些合同只要没有在很大程度上限制竞争或形成垄断且合同双方出于自愿，就是合法的。

独家经销通常包含排他性区域协议。生产商可能会同意在特定的区域不将产品销售给其他经销商，或者中间商可能会同意只在自己的区域内进行销售。第一种情况在特许经销体系下作为一种提高经销商积极性和参与度的方法很常见。同时，这种方式也是完全合法的，卖方没有法律上的义务来通过比它希望的更多的零售商进行销售。而生产商通过第二种情况来努力避免经销商在限定的区域之外销售，否则会引发严重的法律问题。

有时拥有强势品牌的制造商会规定：只有经销商承销整个产品线中的一部分或全部产品，才会把产品卖给经销商，这种策略称为全线逼销（full-line forcing）。这种搭配销售协议未必是违法的，但是如果协议内容在实质上造成限制竞争，就违反了《克莱顿法案》。这种策略可能使消费者无法自由地在其他竞争性的供应商品牌中进行选择。

最后，制造商可以自由地选择经销商，但是与经销商解除契约的权利受到法律的限制。一般来说，卖方可以“找理由”淘汰经销商，但在有法律争议的合约中，比如独家经销或捆绑销售协议等，如果经销商拒绝合作，制造商无权撤换经销商。

12.5 营销物流与供应链管理

在当今的全球市场中，有时销售一件产品比将产品送到消费者手中更容易。企业必须决定仓储、装卸和运送产品或服务的最佳方法，在正确的时间和地点为消费者提供理想的花色品种。物流的效率对顾客满意和企业成本都有重要影响。这里，我们考察供应链中物流管理的特征和重要性、物流系统的目标、主要的物流职能以及整合供应链管理的必要性。

营销物流的特征和重要性

对某些管理人员而言，营销物流仅仅意味着卡车和仓库，但是现代物流远远不止这些。**营销物流**（marketing logistics），亦称为**实体分销**（physical distribution），涉及计划、实施和控制产品、服务以及其他相关信息从起运点到达消费地的实体流动，以满足消费者的需求并赚取利润。简而言之，就是将恰当的产品在恰当的时间和地点送到恰当的消费者手中。

过去，实体分销商通常从产品在工厂时开始规划，试图以低成本的解决方案将产品送达消费者。然而，今天的市场营销者更倾向于以顾客为中心的物流思路。这一思路始于市场，反向延伸至工厂甚至供应源。营销物流不仅涉及输出物流（outbound logistic）（将产品从工厂运送到中间商和最终消费者），还涉及输入物流（inbound logistic）（将产品和原材料从供应商处运送到工厂）以及反向物流（reverse logistic）（将消费者或经销商退回的破损、滞销或者多余的产品运回到工厂）。也就是说，这一思想涉及整个**供应链管理**（supply chain management）——管理那些在供应商、企业、中间商和最终消费者之间流动的、涉及上下游渠道增值的原材料、最终产品和相关信息，如图 12－5 所示。

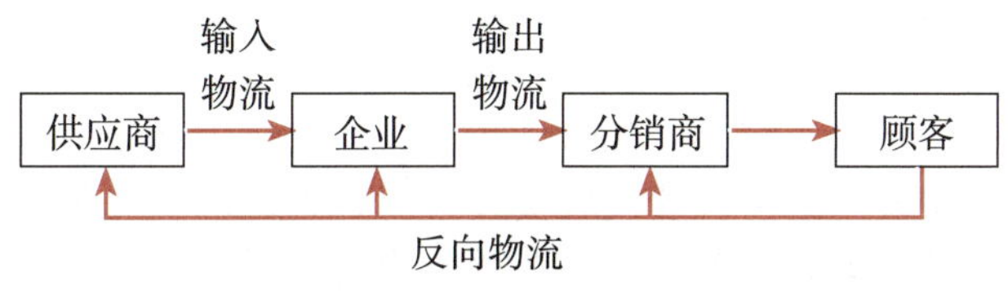

图 12－5　供应链管理

物流管理人员的任务是协调供应商、采购代理、营销者、渠道成员和消费者的行动。这些行动涉及预测、信息系统、采购、生产计划、订单处理、存货、仓储以及运输计划。

如今，基于以下原因，企业越来越重视物流。第一，通过改进物流可以为消费者提供更好的服务和更低的价格，从而获得强大的竞争优势。

第二，无论对企业还是顾客而言，物流水平的提高都可以极大地节约成本。平均而言，高达 20% 的产品成本是由运输成本构成的。这一比例远远超过了广告及其他营销成本。美国企业每年用于包装、捆绑、装载、卸载、分类、重新装载以及运输产品的花费超过 1.45 万亿美元，几乎占 GDP 的 8.3%。这一数字超过 12 个国家的 GDP 总和。

物流成本只要削减一小部分就意味着极大的节约。例如，沃尔玛最近开展了一个通过提高外包效率、优化存货管理和提高供应链劳动生产率来改善物流的项目，有望在未来的 5 年内将供应链成本降低 5% ～ 15%——这意味着惊人的 40 亿～ 120 亿美元。通用汽车自身任何时候都有亿万吨成品车、生产零部件、售后市场零件在运输途中，年物流费用高达 80 亿美元左右。即使某个环节的物流成本略微降低也可能意味着巨大的节约。例如，通用汽车最近宣布的一项物流改革两年内仅在美国境内就可能节约近 20 亿美元。[18]

第三，产品种类的激增也从客观上要求物流管理必须改进。例如，1916 年，一个传统的 Piggly Wiggly 食品杂货店仅仅出售 605 种商品。而如今，Piggly Wiggly 根据门店的不同规模，大约出售 2 万～ 3.5 万种商品，令人眼花缭乱。一家沃尔玛购物广场出售的商品超过 10 万种，其中 3 万种是日用品。[19] 订购、运输、储存和控制如此种类繁多的产品对物流工作而言是相当大的挑战。

信息技术的进步为极大地改善分销效率创造了机会。当今的企业正在应用完善的供应链管理软件、基于互联网的物流系统、自动销售扫描系统、无线射频标签、卫星追踪，以及订单和支付数据的电子传输。这些技术使得企业可以迅速、高效地通过供应链来管理产品流、信息流和资金流。

第四，物流比其他任何一种营销职能都更显著地影响着环境以及企业为实现环境可持续发展所付出的努力。通常情况下，运输、仓储、包装和其他物流职能是供应链中对企业环境影响贡献最大的部分，同时也是最可能实现成本节约的部分。所以，许多公司如今开始建设绿色供应链。

可持续的供应链

公司有许多理由减少其供应链对环境的影响。一方面，如果它们不自愿“绿色化”，全球各地颁布的大量可持续发展规定很快会迫使它们这么做。另一方面，许多大客户——例如，从沃尔玛和耐克，到联邦政府——也会如此要求。消费者甚至也这样要求：根据一份调查结果，50% 的千禧一代愿意为环保产品多付钱，39% 在购买产品之前会了解公司的可持续发展实践。[20] 因此，环境可持续性成为供应商选择和业绩考评的重要因素。与其被迫而为之，也许更重要的是，设计可持续的供应链才是应该做的正确事情。为了后代子孙拯救我们的世界，公司可以用不止一种方式有所贡献。

但那都是令人激动的内容。事实证明，公司有更紧迫和实际的原因将自己的供应链“绿色化”。可持续发展的渠道建设不仅对世界有利，也对企业盈利有益。许多物流活动——诸如运输、仓储和包装——都产生重大的环境影响，也占到物流成本的很大比例。公司通过更高的效率使自己的供应链变得绿色环保，而更高的效率也意味着更低的成本和更高的利润。换言之，建立绿色供应链不仅是出于对环境保护的责任，而且是有利可图的。以耐克为例 [21]：

> 标志性的运动鞋和服装品牌耐克，为使其供应链的每个阶段都绿色环保制定了一个广泛而彻底的战略。例如，耐克最近与李维斯、REI、塔吉特及永续成衣联盟（Sustainable Apparel Coalition）的其他成员合作建立了生态服装的新评定标准 Higg 指数——一项测量单件成衣产品在整个供应链中如何影响环境的工具。耐克运用 Higg 指数与供应商和分销商合作，减少其供应链对环境的影响。例如，仅过去 3 年中，在全球范围内超过 900 家生产耐克鞋的外包工厂在产量提高 20% 的情况下，使碳排放降低了 6%。这相当于减少了 10 亿英里汽车行驶里程的碳排放。
>
> 耐克发现即使看上去简单的供应链调整也会产生很大的利益。例如，公司在亚洲外包生产的鞋子，大多数在北美出售。直到大约 10 年前，这些鞋子从工厂到商店都是通过飞机来运输。在更加仔细地分析了分销成本之后，耐克将其大部分货物改为海运。这一运鞋方式的简单改变让环保人士喜笑颜开，因为每件产品的碳排放减少了 4%；也让公司的会计师兴奋不已，因为每年的运输成本降低了大约 800 万美元。

物流系统的目标

一些企业将其物流目标描述为：以最低的成本最大化地提供顾客服务。遗憾的是，现实远没有听上去那么好，几乎所有的物流系统都不可能同时做到顾客服务最大化和成本最小化。顾客服务最大化意味着迅速交付、大量存货、灵活搭配产品种类、自由退货政策以及其他方面，所有这些服务都会提高成本。相反，成本最小化则意味着更慢的交付、更小规模的存货、更大的装运批量，而这些往往代表了更低水平的顾客服务。

营销物流的目标应该是以最低成本提供既定水平的顾客服务。首先，企业必须分析各种分销服务对消费者的重要性，然后为每个部分制定期望的服务水平。正确的目标是利润最大化，而非销售额最大化。因此，企业必须权衡提供更高水平的服务带来的收益和导致的成本。一些企业比竞争对手提供更少的服务，收取更低的价格。而另一些企业提供更多的服务，但收取更高的价格以弥补更高的成本。

主要的物流职能

确定了物流目标，企业就应着手设计物流系统，这一系统应当以最小的成本实现目标。主要的物流职能包括仓储、存货管理、运输和物流信息管理。

仓储

生产和消费周期很难完全匹配，所以大多数企业必须将待售的产品储存起来。例如，斯奈波公司（Snapper）、托罗公司（Toro）以及其他割草机制造商的工厂全年都在生产，它们在淡季将产品储备起来以应对春夏时节的购买旺季。储备功能克服了生产和需求在数量和时间上的差异，保证了在消费者打算购买时能够及时提供产品。

企业必须决定仓库的数量、类型以及地理位置。企业可能会采取储备仓库（storage warehouses）或配送中心的形式。储备仓库用于中长期的货物储存，而**配送中心**（distribution centers）则是用于配送货物而非仓储。配送中心是高度自动化的大型仓库，它们接收各个工厂和供应商的货物，接受订单并高效地供应相应的货物，最终尽快将货物交付顾客。

例如，亚马逊运营着 100 多个配送中心，称为“订单履行中心”，履行网上订单和处理退货。这些中心规模巨大且高度自动化。例如，位于加利福尼亚特雷西的亚马逊订单履行中心占地面积达 120 万平方英尺。4 000 位员工在此控制着 2 100 万个产品项目的存货，每天向居住在加州北部和西北太平洋部分区域的亚马逊顾客发送多达 70 万件包裹。去年网购星期一（Cyber Monday）那天，亚马逊的订单履行中心网络在全球以每秒 500 多件的速度处理顾客订单。[22]

像当今的其他绝大多数事物一样，仓储技术近年来发生了巨大的改变。过时的物资处理方法正在被日新月异的、需要更少员工的计算机控制系统取代。计算机和扫描器读取订单信息，指示升降运送车、电动起重车或机器人来汇总货物，最后将货物运至装载码头并开具发票。例如，为提高其分销中心的效率，亚马逊最近收购了机器人制造商基瓦系统公司（Kiva System）。[23]

> 当你在亚马逊网站上购物时，你的订单仍然很可能是由人工从货架上取物装配。但是，亚马逊分销中心的员工正越来越多地得到一支体形矮胖的幻彩荧光机器人队伍的帮助。这些机器人将装着商品的货车送到工人身旁，然后由工人负责核对和包装顾客的订单商品。这些称为“神奇货架”的机器人将装有商品的货架直接送到工人面前，用红色的激光指出应该拣选出的商品项目。之后机器人很快离开，不一会儿另一个货架又出现了。这些超级高效的机器人每天 16 小时、一周 7 天不知疲倦、不厌其烦地工作着，从不抱怨工作负担过重或要求涨工资，维护费用也很低。“当电力不足时，它们会自动前往充电区，”一位观察员说，“或者，就像一位仓库工作人员所说的那样，‘去给自己找口水喝’。”

存货管理

存货管理也会影响顾客满意。在这里，管理者必须保持精准的均衡，存货不能不足，也不能过量。若存货不足，企业就会面临在顾客需要产品的时候却断货的风险。为避免这一情况，企业需要以极高的代价来建立应急运输和生产机制。而存货过量将导致不必要的存货成本和损耗。因此，在进行渠道管理的时候，企业必须在持有大量存货的成本与销售和利润之间进行权衡。

很多企业通过准时制物流系统大大降低了存货水平及相关成本。在这一系统中，制造商和零售商只储存少量的零部件或商品，通常只能维持几天的运营。新的存货会在需要的时候准时到达，而不是事先储存在仓库中等待。为保证所需货物及时送到，准时制系统要求进行精确的预测和快速、频繁、灵活的货物递送。但它确实能够大大降低存货水平和经营成本。

市场营销者一直在寻求使存货管理更有效率的新方法。在不远的将来，存货管理可能实现完全自动化。例如，通讨论过射频识别技术（RFID），或称为“智能标签”（smart tag），将智能芯片嵌入或放置在从花卉、剃须刀到轮胎等各种产品或包装上。“智能”产品可以使整个供应链——通常占产品成本的 75%——实现智能化和自动化。

使用射频识别技术的企业能够随时精确地跟踪产品在供应链中所处的位置。“智能货架”不仅可以让企业知晓何时需要下订单，还可以自动地直接向供应商下单。如此令人兴奋的新型信息技术的应用将会彻底变革原有的分销系统。很多营销资源丰富的大企业，例如，沃尔玛、宝洁、卡夫、IBM、惠普都在射频识别技术的全面应用上投入了大量资源。

运输

运输公司的选择影响产品的定价、递送效率和到达时货物的状况，而这些因素又进一步影响消费者满意。在将产品运送至仓库、经销商和顾客的时候，企业可以选择的运输模式主要有五种：卡车、铁路、水运、管道和空运，还有数字产品的递送模式——网络。

卡车运输所占的比例一直稳步上升，按重量和运输里程计算，现在已经占美国货物运输总量的 40%。卡车运输在行程和时间安排上非常灵活，通常可以提供比铁路更迅速的服务。对于高价值商品的短途运输而言，这一方式效率较高。近年来，卡车公司致力于成为全面国际运输服务的提供商。大型卡车运输公司如今提供卫星定位卡车运输、基于网络的运输管理以及过境运输运营物流计划软件等各种服务。[24]

铁路运输占总货物的 26%（以吨英里计），是像煤炭、沙土、矿石、农产品、林业产品这样的大批量、远距离货物运输最具成本效益的方式之一。最近几年，铁路增加了多种运输服务，例如设计处理特殊产品品类的新型设备、提供平台车厢装运卡车（背负式装运）服务，以及提供诸如在途货物转港、转关之类的在途服务。通过这些方式，铁路运输拓展了客户服务范围。

通过沿海和内陆航道输送大量货物，水运占到了总货物的 7%（以吨英里计）。虽然水运对于像沙土、煤炭、谷物、油类、金属矿石等大批量、低价值、不易腐烂的货物而言，运输成本非常低，但水运是一种最慢的运输方式，而且受天气影响大。

作为将石油、天然气以及化工产品从来源地运送至市场的专门运输方式，管道运输占到了总货物的 17%（以吨英里计）。绝大多数的管道都由所有者使用，通常只运输自己的产品。

虽然全美只有不到 1% 的货物通过空运方式运输，但空运仍是一种重要的运输模式。空运费率比铁路和卡车要高得多，但是当时间紧、距离远时，空运是理想的选择。最常采用空运方式的产品是易腐烂的产品（如活鱼、鲜花）和高价值、小批量的产品（如技术设备、珠宝）。企业发现空运方式可以降低存货水平、包装成本以及需要的仓库数量。

互联网通过人造卫星、电缆、电话线路或无线信号将数字产品从生产商处传输给消费者。软件企业、媒体、音乐和视频公司以及教育行业都在利用互联网进行数字产品传输。互联网在降低分销成本上极具潜力。飞机、卡车和火车转移的是货物和包装，而数字技术转移的则是信息比特（bit）。

托运人还经常采取**联合运输**（multimodal transportation）的方式，即将两种或两种以上的运输方式结合起来。总运输量的 8% 通过多种方式联运完成。背负式装运（piggyback）是铁路和卡车的联合；卡车渡运（fishyback）是水运和卡车的联合；车船运输（trainship）是水运和铁路的联合；空中卡车（airtruck）则是空运和卡车的联合。将几种模式结合起来可以提供单个模式无法实现的优势。每种联合模式都为托运人带来了一定的好处。例如，与卡车运输相比，背负式装运不仅成本低廉，而且更具灵活性和便利性。巨型物流公司往往可以提供单一来源的多形式运输方案。

无论其主要的运输形式是什么，大多数物流承运商现在都意识到了联合运输的重要性。例如，以铁路运输为主的承运商联合太平洋公司（Union Pacific）为其客户提供“门到门”的协同服务。根据其广告所言，“轨道的终点恰恰是我们发挥能力的地方。每天，我们为上千家公司协同铁路、公路和海洋运输。由于不少公司铁路未达，如果我们仅仅经营铁路运输，将很难令顾客满意。但我们并非如此。我们是真正的物流专家。”

物流信息管理

企业利用信息管理供应链。渠道伙伴之间通常会互相连接共享信息，以便制定更好的联合物流决策。从物流的观点出发，如顾客交易、账单、装载量和存货水平甚至顾客数据等组成的信息流与渠道效率紧密相关。企业需要建立一个简单、易操作、快速、精确的流程来获取、处理和分享渠道信息。

可以通过多种方式分享和管理信息，但目前绝大多数分享是通过传统的或基于互联网的电子数据交换（electronic data interchange，EDI）即组织间计算机化的数据交换来进行的。例如，沃尔玛要求其 10 多万家供应商保持 EDI，并以此联系销售数据系统。如果新的供应商不具备 EDI 能力，沃尔玛会与它们合作开发和实施所需要的工具。[25]

有时，供应商可能会被要求为顾客生成订单并安排送货。很多像沃尔玛和家得宝这样的大型零售商都会与宝洁或摩恩（Moen）这样的主要供应商保持紧密合作，建立供应商库存管理（VMI）系统或连续存货更新系统。借助 VMI，顾客可以与供应商分享销售和当前存货水平的实时数据，从而由供应商全权负责存货管理和运送。一些零售商甚至会更进一步，将存货和运送成本全部转移给供应商。这样的系统需要买卖双方密切协作。

整合物流管理

如今，越来越多的企业开始接受**整合物流管理**（integrated logistics management）的理念。这一理念认为，要提供更好的顾客服务并降低分销成本，需要企业内部及所有营销渠道成员组织之间的团队合作。就企业内部而言，不同部门必须紧密合作以使企业自身的物流绩效最大化。就企业外部而言，企业必须整合其自身的、供应商的以及顾客的物流系统，以使整个分销网络的绩效最大化。

企业内部跨职能的团队协作

大多数企业会将物流活动中的不同职能分派给不同的部门——营销、销售、财务、运营以及采购。在很多情况下，各职能部门都会努力使自身的物流绩效达到最优，而忽视了与其他职能部门的配合。然而，运输、存货、仓储和信息管理等各项活动相互影响，而且常常是一种相互制约的关系。更低的存货水平虽然使存货持有成本降低，但有可能降低顾客服务水平，并因短缺损失、延期交货、特殊生产和加急运输而提高成本。由于分销活动涉及多方因素的权衡，所以不同职能部门的决策必须相互协调，才能取得最佳的整体物流绩效。

整合供应链管理的目标是协调企业所有的物流决策。部门间的密切合作可以通过几种方式来实现。一些企业已经建立了由不同实体分销活动的管理者组成的永久性物流委员会。企业还可以设立供应链管理职位来衔接不同职能领域的物流活动。例如，宝洁公司设立了供应经理，负责管理每类产品供应链的相关活动。不少企业还设置了在多个职能领域具有授权的物流副总裁一职。

最后，企业还可以购买复杂的系统供应链管理软件，如今许多不同规模的企业都提供这类管理软件，如 SAP、甲骨文、Infor 和 Logility 等公司。例如，甲骨文公司的供应链管理软件解决方案帮助企业“获得可持续的优势，并通过将传统供应链转化为整合的价值链来促进创新”。[26] 这套软件工具协同了从价值链协调到存货优化再到运输和物流管理等供应链各个方面的管理。关键是企业必须协调其物流和营销活动，从而在合理的成本条件下创造高水平的市场满意。

建立物流伙伴关系

企业不能仅仅满足于改进自身的物流系统，还必须与其他渠道成员共同协作来改进整个渠道系统。营销渠道成员在创造顾客价值和建立顾客关系时是不可分离的，一家企业的分销系统就是另一家企业的供应系统。每个渠道成员的成功都取决于整个供应链的绩效。例如，宜家凭借其供应链得以提供样式流行却价格适中的家具，向消费者传递“宜家生活方式”。宜家包括成千上万个产品设计师、供应商、运输公司、仓库以及服务提供商在内的整条供应链以顾客为中心高效地运作。

精明的企业总是协调其物流战略与供应商和顾客建立紧密且稳定的合作关系，从而改进顾客服务、降低渠道成本。很多企业都已经建立起跨职能、跨企业的团队。例如，雀巢 Purina 宠物食品部门有一支数十人的工作团队常驻阿肯色州本顿维尔，这里是沃尔玛总部所在地。Purina 的工作人员与沃尔玛公司的人员协作，寻求削减分销系统成本的方法。他们的合作不仅有利于 Purina 和沃尔玛，还使他们共同的最终用户受益。

另一些企业通过共同项目进行合作，例如，很多大型零售商会与供应商联合实施店内计划项目。家得宝允许其主要供应商将自己的门店作为新产品测试基地。供应商在家得宝的店铺中观察产品的销售情况和消费者的反应，然后为家得宝及其顾客度身定制特殊的销售计划。很明显，供应商及其顾客都可以从这样的伙伴关系中获益。关键是，所有的供应链成员都必须在“为最终消费者带来价值”的目标下通力合作。

第三方物流

尽管大多数大公司都喜欢制造和销售自己的产品，但许多公司对与物流相关的工作感到厌烦。打包、装载、卸载、分类拣选、储存、再装载、运输、顾客结算以及跟踪在途货物，它们憎恶这一系列枯燥乏味的工作，以至于越来越多的企业将部分或全部的物流工作外包给莱德供应链解决方案（Ryder Supply Chain Solutions）、潘世奇物流（Penske Logistics）、BAX环球有限公司（BAX Global）、敦豪物流（DHL Logistics）、联邦快递物流、UPS Business Solutions等**第三方物流提供商**（third-party logistics（3PL）providers）。

例如，UPS深知对许多公司而言，物流堪称真正的噩梦。但是，物流恰恰是UPS最擅长的。对UPS来说，物流是如今创造竞争优势最强大的力量。“我们爱物流，”UPS宣称，“它使你更便利地经营业务，使你的顾客更开心。它是一种全新的思维方式。”一则UPS的广告总结道：“我们热爱物流。让UPS为你分忧，你也会爱上物流的。”

在最初的层次，UPS可以简单地处理公司的包装运输。但在较深的层次，UPS可以帮助企业改善自己的物流系统来削减成本和为顾客提供更好的服务。在更深的层次，公司将部分甚至全部物流运营活动交给UPS来管理。例如，消费者电器制造商东芝公司就让UPS处理其整个笔记本电脑的维修过程——锁定、存货和运输。UPS不仅为鞋和配件网络营销商Zappos递送包裹，而且以令顾客满意的高效方式管理Zappos重要且复杂的订单退换货过程。[27]

UPS和其他第三方物流企业帮助客户整顿松散冗余的供应链，降低存货水平，使产品更快速、更可靠地送达顾客。根据对《财富》500强公司的首席物流官的调查，这些公司中86%采用第三方物流（也称为外包物流或合约物流）服务。通用汽车、宝洁和沃尔玛都采用了50家或更多的第三方物流公司。[28]

企业通常出于以下原因采用第三方物流服务：第一，由于让产品抵达市场是物流提供商的主业，所以它们通常可以更加有效且低成本地完成这一工作。物流外包一般可以为企业节约15%～30%的成本。[29]第二，物流外包使企业可以从枯燥的物流工作中解放出来，更加专注于核心业务。第三，整合物流公司更加了解日益复杂的物流环境。

关键术语

价值递送网络（value delivery network）
营销渠道（分销渠道）（marketing channel（distribution channel））
渠道层级（channel level）
直接营销渠道（direct marketing channel）
间接营销渠道（indirect marketing channel）
渠道冲突（channel conflict）
传统分销渠道（conventional distribution channel）
垂直营销系统（vertical marketing system，VMS）
公司型垂直营销系统（corporate VMS）
契约型垂直营销系统（contractual VMS）
特许权组织（franchise organization）
管理型垂直营销系统（administered VMS）
水平营销系统（horizontal marketing system）
混合营销系统（multichannel distribution systems）
去中介化（disintermediation）
营销渠道设计（marketing channel design）
密集性分销（intensive distribution）
独家分销（exclusive distribution）
选择性分销（selective distribution）
营销渠道管理（marketing channel management）
营销物流（实体分销）（marketing logistics

（physical distribution））
供应链管理（supply chain management）
配送中心（distribution centers）
联合运输（multimodal transportation）
整合物流管理（integrated logistics management）
第三方物流提供商（third-party logistics（3PL）providers）

概念讨论

1. 比较企业供应链中的上游和下游合作伙伴。解释为什么“价值递送网络”一词优于“供应链”。

2. 比较直接营销渠道与间接营销渠道，并分别为每种营销渠道举例。

3. 制造商为实现最佳效果，需要制定什么渠道设计决策？

4. 说出和解释企业在决定营销中介数量时可采用的三种战略。

5. 列举和简要说明物流的主要职能。举例说明物流管理者为完成每种职能所制定的决策。

案 例

苹果支付：成为移动支付的主流

泰格（Tag）离开位于曼哈顿的办公室，在附近的 Panera 店停留了一会儿，买了一份鸡肉煎饼和冰沙当作简易晚餐，准备在去看望朋友的路上吃。付款的时候，戴着苹果手表的他走到收银台旁的无接触式阅读器前面，用手指轻按小屏幕上的 TouchID 指纹识别，余下的付款工作就交给苹果支付（Apply Pay）去完成了。

为了尽快到达，泰格用优步移动应用程序招来一辆 UberX 车。在行驶期间，他忽然想到自己需要两件新衬衫。快速地在苹果手表上点了几下之后，他通过梅西百货的移动应用程序挑选了两件。再简单一按，用苹果支付完美地完成了交易。快要抵达目的地时，他又通过优步移动应用程序为此次出行进行了支付，因为事先已经设定苹果支付作为默认的支付方式，所以只需将手指轻轻按在 TouchID 上就完成了，他愉快地下了车。

三次购买——离线、线上和两者之间——都不需要钱包。或者说，不需要传统的钱包。这种新的现实——许多早期采用者已经这样了——很快推广开来，一些专家预测未来每个人都会这样。像泰格这样的人甚至不再携带传统的钱包，只需带上他们的移动设备、身份证明和备用的信用卡，因为有些零售商还不接受移动支付。人们预测数年以后，移动支付会最终替代现金和信用卡。有迹象表明这一切实际上正在发生。苹果支付一路领先。

并不很新

用移动设备为交易付费的能力并不是什么新鲜事儿。实际上，三星在 1989 年就发明了首个移动支付技术，并于 1997 年首次在中国香港的地铁系统投入使用，2001 年开始扎根日本。精通技术的日本人很快接受了这一创新，在手机上使用的移动钱包应用程序到 2004 年已经在日本被普遍接受。从那时起，超过 2.45 亿部日本移动电话就具备了移动支付功能，日本消费者运用移动支付完成从交通到食品和日用品购买等各种交易。

所以，尽管并不缺乏尝试，但类似的系统没有在美国扎根看上去颇有些奇怪。多年来，美国企业已经用不同的方式进行了多次实验。贝宝是首个利用智能手机革新的企业，它开发支付应用程序使每部智能手机都具有移动支付的潜力。一年之后，谷歌推出谷歌钱包，正式加入移动支付领域。过去六年间，大量其他公司——从小型新创企业到零售巨头——纷纷在移动支付领域为获得市场接受而努力。它们中包括三星、Square和CurrentC（一款失败的移动钱包应用程序，曾得到沃尔玛和希望将信用卡及其费用排挤出购买过程的众多美国零售商的支持）。

但是这些努力——无论是单打独斗还是合作努力——都无法在数万亿美元的美国零售市场中取代传统信用卡和现金作为支付形式。尽管移动支付概念看上去似乎对热爱便利的美国消费者来说是理所当然的，但买卖双方都存在大量障碍使其难以取得进展。苹果支付较晚加入，显然只是市场跟随者。但创新性极强的苹果却在完美的时机，再次通过“采用新技术、使之比以往的产品更好”完成了又一壮举。随着苹果版的移动支付成为市场领导者，移动支付市场迅猛增长。

克服负面的消费者认知

像每一种涉及支付的新技术一样，消费者担心移动支付的安全性。贝宝、谷歌和其他企业都竭尽全力设计安全的系统。但是，大多数消费者就是不能坦然接受，担心自己的手机一旦落入坏人之手，可能带来侵入信用卡和银行账户的隐患。虽然钱包或手袋也可能遭到盗窃，但“设备”更不安全。

意识到消费者不愿意将他们的数字版财务账户托付一个移动应用程序，苹果将安全级别提升到新水平。要求校对指纹使得支付过程比普通的密码输入要安全得多。一旦移动设备丢失或被盗，主人可以运用“找到我的iPhone”功能立刻锁死苹果支付，甚至彻底清除设备中的数据。

另外，每个兼容的苹果设备都分配了一个独特的设备账户号，被加密后安全地存储在该设备上的专用安全芯片中。它与特殊交易安全码是苹果转给商户的唯一数字。实际上，商户甚至不需要知道顾客的姓名。信用卡和借记卡账号只存储在当地设备上，而不在苹果服务器上。这使得苹果支付甚至比信用卡更安全和更私密。

除了消费者关于安全性的担忧，以往移动支付应用程序的推广还因为用户体验拙劣而受阻。如果说便利性对消费者最具吸引力，那么任何比简单刷一下信用卡更烦琐的支付行为都不能被消费者青睐。设置和使用现有移动支付应用程序都比刷卡费时费力。在销售场所使用这些应用程序常常不流畅，尤其是当技术尚不成熟的时候。“我可不想在结账的队伍中笨手笨脚搞不定，耽误后面的顾客，”一位财经专栏记者说道，“就像我不希望成为队伍中那个由于手机登机牌无法被识别而耽误大家登机的家伙。”在苹果支付面市之前的移动支付应用程序都要求输入密码，往往需要按好几个键才能完成。即使一切条件正常，也比传统的刷卡支付费时。

有了苹果支付，用户仍然需要配置移动应用程序。但是苹果凭借其在iTunes商店中已有8亿信用卡记录进入数字钱包业务。不仅可以加快相比于现有应用程序已经效率很高的设置过程，也表明iTunes用户更乐意使用苹果应用程序，因为他们已经向苹果提供了自己的信用卡信息。而且凭借指纹解锁传感器，只需轻轻一触，苹果就能完成交易，比刷卡和通过典型的菜单选择都要快，更不用说与输入密码相比了。

扩充接受移动支付的网点

要让移动支付成功实现市场渗透，必须要消费者先接受。但是企业在使该项技术获得成功的努力中，面临双重挑战。如果零售商不接受，消费者不会采用；而零售商不愿投入必要的资源来接受它，除非有足够的消费者需求。缺乏消费者需求是阻碍零售商投身移动支付的最大问题。结果，接受移动支付的零售商太少又成为说服消费者放弃使用信用卡的最大障碍。

但是，多亏了品牌的力量，这种情况正在迅速改变。也许是因为苹果品牌的影响力，也许是因为其巨大和忠诚的用户基础。在不到一年的时间内，苹果签下的零售商就远远多于以往所有移动支付提供商的总和。如今，在美国超过 250 万无接触授权终端接受苹果支付，这一水平正是保持苹果居于增长轨迹的动力。“你需要开发尽可能多接受支付的网点，才能让移动支付有用，”一位福里斯特研究公司的移动支付分析人员说，“苹果做成了这件事，与各行各业的全美诸多优秀品牌建立战略伙伴关系，让消费者有很多机会使用移动支付服务。”苹果还与足够多的信用卡发卡银行和信用合作社签约，承担主要的费用。

由于该市场的巨大潜力，竞争一直很激烈。谷歌虽然撤回了谷歌钱包，但推出了更易于使用和被广泛接受的安卓支付（Android Pay）。贝宝拥有规模庞大的网上支付网络和先发优势。三星希望三星支付（Samsung Pay）成为其进入物联网领域的促进因素。诸如美国第一资本（Capital One）、摩根大通（JPMorgan Chase）和富国银行等想用各自的移动应用程序将支付交易保持在银行业务之中。还有大量的新创企业在推广自己的数字钱包应用程序，包括 Coin、eWallet、Gyft、KeyRing 和 LevelUp 等等。更有甚者，这些数字钱包中的大多数使用已经安装在售点终端上的无接触读取技术，避免了零售商接受这一进入障碍。

除了激烈的竞争，苹果还面临其他的挑战。首先，虽然苹果的市场渗透远超竞争者并持续以每周百万用户的速度增长，但在数字钱包仍然只占零售交易总量的一小部分的情况下，这位移动支付的市场领导者要获得重要大众市场还征途漫漫。而且，支付行业的复杂性要求苹果和其他公司聚焦开发一个系统。从智能手表到电冰箱等所有东西都具有潜在的支付能力，消费者支付行为的改变已经不可避免。在如此急剧动荡的环境中，任何替代性技术都可能掀翻苹果的战车。

但是，苹果仍然充满信心。随着浏览器中点对点支付已露端倪，交易量的增长潜力之大前所未有，而且安卓设备也不排斥苹果支付。总之，专家预测今年将是支付行业的分水岭。尽管尚有许多人对移动支付能否取代信用卡作为消费的必然选择心存疑虑，但也有不少人对此坚信不疑。虽然苹果公司目前明显领先，但其成功也是竞争者的好兆头。随着越来越多的人接受这一支付方式和技术日趋成熟和适配，非苹果用户的需求也会增加。

资料来源：Andrew Meola, “Apple Pay Is Showing Promising Growth,” *Business Insider*, April 28, 2016, www.businessinsider.com/apple-pay-isshowing-promising-growth-2016-4; Jason Del Rey, “Apple Pay Coming to Mobile Websites before Holiday Shopping Season,” *Recode*, March 23, 2016, www.recode.net/2016/3/23/11587214/apple-pay-coming-tomobile-websites-before-holiday-shopping-season; Robert Hof, “Apple Pay Starts to Take Off, Leaving Competition in the Dust,” *Forbes*, January 27, 2015, www.forbes.com/sites/roberthof/2015/01/27/apple-paystarts-to- take-off-leaving-competition-in-the-dust/; Robert Hof, “Apple Pay Momentum Keeps Growing Despite Challenges in Stores,” *Forbes*, April 27, 2015, www.forbes.com/sites/roberthof/2015/04/27/apple-paymomentum-keeps-growing-despite-challenges-in-stores/; and information from www.apple.com/apple-pay/, accessed June 2016.

讨论题

1. 尽可能详细地描述苹果支付的价值递送网络。

2. 对苹果支付而言，苹果是生产商、消费者还是中介？请解释。
3. 为什么苹果的合作伙伴关系对苹果支付的成功至关重要？请详细说明原因。
4. 从营销渠道看，未来苹果支付将面临哪些威胁？

注 释

请扫描二维码或登录中国人民大学出版社官网www.crup.com.cn下载本书注释。

13 零售与批发

学习目标

- 解释分销渠道中零售商的作用并描述主要的零售商类型。
- 描述零售商的主要营销决策。
- 讨论零售的未来发展趋势。
- 解释批发商的主要类型及其营销决策。

我们现在更加深入地关注两种主要中介的营销渠道职能：零售与批发。你应该已经对零售有所了解——每天你都会接触到形形色色的零售商提供的服务。然而，对隐藏在幕后工作的批发商，你很可能就知之甚少了。在本章中，我们将会考察不同类型的零售商和批发商的特点、它们所作的营销决策以及未来的发展趋势。

谈到零售商，你可能首先会想到沃尔玛。这个零售巨头令人瞩目的成功源于其不懈地为顾客创造价值。日复一日，沃尔玛践行着它的承诺："省钱，生活更美好。"关注顾客价值使沃尔玛不仅成为世界最大的零售商，而且是全球最大的企业。然而，尽管有如此辉煌的成功，沃尔玛仍然在面对大量新机会的同时，也不得不应对一些严峻的挑战。

引例 沃尔玛：世界上最大的零售商、最大的企业

沃尔玛庞大得几乎难以想象。它是世界上最大的零售商，也是世界上最大的企业。去年，销售额达到了令人咋舌的 4 820 亿美元——比竞争对手开市客、塔吉特、梅西百货、西尔斯百货、凯马特、JC 彭尼和科尔士百货销售额的总和还要多。如果沃尔玛是一个国家，其

销售额在全球各国 GDP 排名中可以位列第 28 位，在挪威之后、奥地利之前。

沃尔玛在许多消费品品类中都是销售冠军，包括食品杂货、服装、玩具、DVD 和宠物护理产品。其食品的销售量是居领导地位的专营食品杂货的零售商克罗格的 2 倍以上；仅服装和鞋类的销售比梅西百货和布鲁明戴尔百货的母公司梅西公司的总收益还多 20%。其玩具市场的份额是竞争者塔吉特和玩具反斗城的两倍。

平均而言，遍布全球 28 个国家的 11 500 多家沃尔玛商店每周为 2.6 亿名消费者提供服务。衡量沃尔玛对美国经济的影响并不容易。它是美国最大的雇主——每 231 个美国人中，就有一个人的工作与沃尔玛有关。

如此辉煌的成功有什么秘诀呢？首先，沃尔玛长期执着地坚持其低价的价值主张，对于沃尔玛的消费者来说低价意味着“省钱，生活更美好”。为了实现这一使命，沃尔玛日复一日以无可争议的低价出售范围广泛的商品。没有一家零售商能够比沃尔玛更精通天天低价和一站式采购的理念。山姆・沃尔顿（Sam Walton）自己最完美地总结了沃尔玛的使命，他说：“只要我们团结一致，就能降低每个人的生活成本……我们会让全世界看到，什么是既节省开支又过上更美好的生活。”

沃尔玛是如何凭借如此低的价格实现盈利的呢？沃尔玛简直是一部精益的分销机器——它拥有行业中最低的成本结构。正是低成本使这个零售巨头得以在坚持低价的同时维持盈利。低廉的价格吸引更多的购物者，实现更多的销售，使企业更有效率，也使它能够进一步降低价格。

沃尔玛的低价得益于其杰出的运营管理、精确的信息技术和严苛的采购。它庞大的全自动分销中心高效地为各大门店供货。它使用连美国国防部都嫉妒不已的信息技术系统，为遍布全球的经理提供即时的销售和运营信息。沃尔玛为人熟知的另一点是，通过大批量采购想方设法地压低供应商的价格。“不要奢望有迎宾员，也不要期待友好的态度，”一位访问过沃尔玛采购办公室的供应商销售经理说道，“你刚被引入一间简朴而窄小的采购办公室，就能感觉到一双锐利的眼睛越过办公桌盯着你看，你就准备好削减价格吧。他们是非常执着的人，并且拥有比其他美国采购商更强大的买方力量。”

尽管沃尔玛那令人难以置信的成功已经持续了 50 年，但是这个强大的企业也面临着严峻的挑战。沃尔玛已发展到非常庞大，以至于这个成熟的行业巨头要维持快速增长可不太容易。过去几年其同店销售额的增长停滞不前。想想看：对沃尔玛而言，年增长速度为 6% 意味着销售额比上一年增加 290 多亿美元。这一增长量比《财富》500 强的前 100 家企业——包括麦当劳、梅西百货、美国运通、施乐、固特异、耐克等——的销售额之和，或者两个全食还要大。沃尔玛发展得越大，就越难维持高增长率，尤其还要面对来自网络巨头亚马逊和如今炙手可热的折扣店的挑战。

为了维持增长，沃尔玛积极推动增长更快的新产品和服务线，包括有机食品、商店品牌、店内健康诊所和消费者金融服务。为了应对诸如塔吉特等更年轻、更新潮的竞争者，沃尔玛甚至适度地改善了自己的形象，营造更加干净、明亮和开放的空间让购物者感受轻松友好的氛围。为了吸引更广泛的人群，它还增加了不少高质量的新产品。例如，许多沃尔玛门店如今都针对高端消费者提供优质电子产品，从三星超薄电视机到戴尔、东芝的笔记本电脑，再到 iPhone 和 iPad。而且，沃尔玛目前正对大型超市和小型社区店的食品和日用品供应进行升级。

尽管已经拥有规模庞大的业务，但是沃尔玛仍然在不断探索地域扩张的机会。近年来，这一零售业巨头正在迅速地进行国际市场扩张。如今，海外市场销售占到其销售总额的 28%。沃尔玛还在网上、移动和社交媒体商业领域加大投入，建立自己全渠道分销的能力。尽管在电子商务方面仍然落后于亚马逊，但沃尔玛已经是全美第四大网上零售商，去年其网上销售增长了 12%。沃尔玛将“赢得全球电子商务”作为未来的首要任务之一。

沃尔玛在持续地调整和成长，但有一件事情是不变的。这一零售巨头或许会增加新的产品线和服务，向数字化和全球化转变，提升外观和形象，但它永远不会放弃核心价值主张——低价。归根结底，沃尔玛是一家折扣零售商。“我认为沃尔玛永远不会变得高大上，”一位沃尔玛营销人员说道，“这可不符合我们的品牌定位。我们的品牌是节省开支。”它要使人们生活得更美好。[1]

沃尔玛的故事为我们考察中间商所面对的变幻莫测的世界做了一些准备。本章的主要内容是零售和批发。首先，我们分析零售的特点和重要性、店铺零售商和无店铺零售商的主要类型、零售商所作的决策以及零售的未来发展趋势。之后，我们就同样的主题围绕批发商展开讨论。

13.1 零 售

什么是零售？我们都知道开市客、家得宝、梅西百货、百思买以及塔吉特是零售商，但雅芳的销售代表、亚马逊网上书店、当地的汉普顿酒店，甚至一位正在给病人看病的医生其实也是零售商。**零售**（retailing）包括直接向最终消费者销售产品或服务以满足个人或非商业目的的所有活动。很多机构——制造商、批发商以及零售商——都在从事零售活动。但绝大多数零售活动都是由**零售商**（retailer）——那些销售额主要来源于零售业务的企业来完成的。在绝大多数营销渠道中，零售商都扮演着非常重要的角色。2013 年，零售商向最终消费者销售了超过 5.3 万亿美元的产品或服务。[2]

零售：联系品牌与消费者

在购买的最后阶段和售点，零售商在顾客与品牌的联系中扮演着重要角色。事实上，很多市场营销者正在接受**惠顾者营销**（shopper marketing）这一概念，着眼于整个市场营销过程——从产品和品牌开发到物流、促销以及交易——最终落实到在销售点将惠顾者变成购买者。当然，所有精心设计的营销努力都会关注消费者购买行为。

惠顾者营销战略围绕被宝洁公司称为“第一真理时刻”——惠顾者考虑是否购买货架上的产品时那关键的 3 ～ 7 秒而制定。但是，网上购物和移动购物的惊人增长已经为惠顾者营销增加了新的维度。零售业的“真理时刻”不再仅仅发生在实体店内。相反，谷歌定义了“零真理时刻”（zero moment of truth），指购买阶段伊始，消费者在网上搜索和学习产品信息的时刻。[3]

如今越来越多的消费者是全渠道购物者（omin-channel shopper），他们不认为店内和网上购物之间有很大的差别，他们往往运用多种渠道来进行零售购物。对这些消费者来说，一次购买很可能包括在网上搜索产品后就在某家网店下单，根本无须进入实体店。也可能，他们在飞机上抑或甚至在商店里运用智能手机研究如何购买。例如，一位顾客在塔吉特店内检视货架上的某件产品，同时用手机应用软件查阅产品评价和亚马逊网站上的售价。这种情况已经屡见不鲜。

于是，惠顾者营销和“售点”（point of purchase）如今不仅仅针对店内购买了，而是涉及消费者跨越多种渠道的购买行为。要影响消费者购买决策，就必须采用多渠道零售策略，整合店内、网络和移动购物的各种营销努力创造无缝衔接的跨渠道购物体验。[4]

虽然绝大多数零售交易仍然在零售店内完成，但是近年来直复营销和网上零售的增长速度已经远远超过店铺零售。我们将在第 17 章具体讨论直复营销和网络营销。本章，我们关注店铺零售。

零售商类型

零售店铺具有各种形式和规模——从当地的美发沙龙或家庭式餐馆，到诸如 REI 或者威廉姆斯 - 索诺玛等全国性的专业连锁零售商，再到开市客或者沃尔玛等大型折扣零售商。表 13 - 1 对主要的店铺零售商类型进行了总结，我们在随后的章节会进一步讨论。这些零售商可以根据好几个不同的特征分类，包括提供服务的数量、产品线的宽度和深度、索要的相对价格以及如何组织管理等。

表 13 - 1　主要的店铺零售商类型

类型	描述	举例
专卖店	经营狭窄的产品线但产品线内花色品种繁多，例如服装店、运动用品商店、家具店、花店以及书店。一家服装店可以称作单一产品线的商店，男士服装店则可以称作有限产品线的商店，而男士衬衫商店则可称为超级专卖店	REI、Sunglass Hut、丝芙兰、威廉姆斯 - 索诺玛
百货店	经营数条产品线——一般为服装、家具以及家居用品——每条产品线都作为一个独立的部门，由专业的采购人员或经销商进行管理	梅西、西尔斯、内曼 · 马库斯
超级市场	相对大规模、低成本、薄利多销、自助式运营管理，以满足消费者对食品杂货和家居用品的全面需求	克罗格、西夫韦、超价商店（Super Valu）、Publix
便利店	规模相对较小、邻近居民区，一周 7 天长时间营业，以稍高的价格出售有限产品线、快速周转的便利品	7-11、Stop-N-Go、CircleK
折扣店	以薄利多销的方式通过低价销售标准规格的商品	沃尔玛、塔吉特、科尔士
廉价零售商	以低于零售标价的价格出售以低于常规批发价的价格从制造商或其他零售商处购得的库存剩余品、过时商品和特号商品。这种类型的零售商包括制造商所有或经营的工厂直销店，由企业家或更大规模的零售企业的部门所有或运营的独立低价零售店，以及向缴纳会费的消费者以高折扣出售限量精选的品牌日用百货、家用电器、服装以及其他商品的仓储（批发）会员店	日本三笠（Mikasa）（工厂直销店）、TJ Maxx（独立廉价零售商）、开市客、山姆会员店、BJ 批发俱乐部（BJ’s wholesale club）（仓储会员店）

续表

类型	描述	举例
超级商店	传统意义上的超大型零售店，旨在满足消费者对日常食品和非食品商品采购的全面需求。包括由超级市场、折扣商店和品类杀手构成的超级购物中心	沃尔玛购物广场（Wal-Mart Supercenter）、超级塔吉特（SuperTarget）、梅耶尔（Meijer）（折扣店）、百思买、PetSmart、史泰博、Bed Bath & Beyond

提供服务的数量

不同类型的消费者和产品所需要的服务数量各异。为了满足这些不同的服务需要，零售商可以提供以下三种水平的服务：自助服务、有限服务以及全面服务。

自助服务零售商服务于那些为了节省时间和金钱而自己完成“寻找—比较—选择”过程的消费者。自助服务是所有折扣零售商运营的基础，一般为销售便利品（例如超级市场）和全国品牌的快速消费品（例如沃尔玛或科尔士）的零售商所采用。有限服务零售商，例如西尔斯或JC彭尼，提供更多的销售支持。因为它们更多地销售那些消费者需要了解相关信息的选购品，运营成本较高，所以价格也比较高。

在全面服务零售店中，例如高端专卖店（如蒂芙尼或者威廉姆斯－索诺玛）和一流的百货商店（如诺德斯特龙或者内曼·马库斯），销售人员在购物流程的每个环节都会为消费者提供协助。全面服务零售店通常销售消费者在购物过程中需要或想要店员协助或建议的特定商品。它们提供更多的服务，因而导致了更高的运营成本。这些成本通过更高的价格转嫁给消费者。

产品线

我们也可以根据产品组合的长度和宽度对零售商进行分类。一些零售商，例如**专卖店**（specialty store），经营的产品线数量有限，但产品线内花色品种繁多。如今，专卖店正在蓬勃发展。随着市场细分、目标市场选择以及产品专门化日益广泛的应用，零售店越来越需要专注于特定的产品和细分市场。

相比之下，**百货店**（department store）经营更加宽泛的产品线。近年来，百货店受到了来自两方面的挤压，一边是更加专注和灵活的专卖店，另一边是高效率的低价格折扣店。为此，很多百货店增加了促销性定价来对抗折扣店的威胁。另一些百货店则积极发展商店品牌，开设单一品牌的“设计师商店”来与专卖店抗衡。还有一些则正在尝试进行商品目录、电话以及网络销售。服务仍然是关键的差异化因素。例如，诺德斯特龙、萨克斯、内曼·马库斯以及其他高端百货商店通过强调高档商品和高质量的服务而取得业绩增长。

超级市场（supermarket）是消费者最常惠顾的一种零售店。然而，如今的超级市场正在因为人口增长的放慢以及来自折扣超级商店（如沃尔玛、开市客和达乐）和高级食品专卖店（如全食、乔氏、奥乐齐和Sprouts）的双重夹击而增长乏力。超级市场在美国包装食品销售总额中的份额从1988年的53%跌至2012年的37%。[5]过去20年间，超级市场还因为消费者快速增长的外出就餐而备受打击。

在这场争夺“胃口份额”的战争中，一些超市正努力削减成本，建立更有效的运营机制，降低价格，与开市客和沃尔玛之类的大型食品折扣零售商展开正面交锋。例如，美国西部快速增长的区域性连锁折扣杂货店 WinCo 就将自己定位为“超市中的低价领先者”，直接对抗强大的沃尔玛。WinCo 大型、高效但简朴的商店内仅提供种类有限的基本快消品，顾客需要自己装袋和用现金付账（不接受信用卡）来帮助进一步降低成本。结果，WinCo 不仅和沃尔玛的低价相当，而且常常更低。

另一些超市向高端转移，提供优化的商店环境和更高品质的食品，比如提供现烤面包、美味熟食专柜、天然食品，以及新鲜海产品。还有一些超市引入自己小规模的新业态店与诸如全食、Sprouts 或 Fresh Thyme 等高端专卖店竞争。这些新业态商店迎合那些追求健康、偏爱在更加小巧而温暖氛围中购物所带来的舒适性的顾客，专门提供新鲜现制食品和优质半成品——都以经济实惠的价格出售。家乐氏的 Main & Vine 商店就是一例，“在那里，饮食是健康、实惠和充满乐趣的”。[6] 根据其网站所言，“ Main & Vine 是一处令人惊叹的新市场（绝无虚言，真的很奇妙！），提供既新鲜又美味的食品。你会找到心爱的食品、友善的建议和更多……是你生活、工作和娱乐的好去处。”

便利店（convenience store）是那些经营周转速度快的便利品、产品线较短的小商店。经过几年的销售停滞，便利店如今正在经历健康的增长。许多连锁便利店的主要市场是年轻的蓝领男性。近年来，为了吸引女性顾客，许多便利店进行了重新设计。它们正在摆脱以往那种男人们停车购买啤酒、香烟或者滚动烤架上干巴巴的热狗的“路边停靠站”的形象，转而营造出提供新鲜精致美食，以及更干净更安全的高档购物环境。

便利店正扩大供给以吸引“补充型”购物者——希望在去大型超市购物间隙临时补充一些所缺物品的人。例如，除了超市，家乐氏运营着大约 800 多家便利店。目前正测试在其 Loaf’N Jug 连锁便利店中这一“补充购物”的概念。[7]

> Loaf’N Jug 便利店提供汽油和有丰富选择的新鲜食品、肉产品、速冻食品和乳制品，以及种类繁多的零食、饮料、日用品和其他便利品。它还提供一系列更为健康的选择，例如新鲜水果、沙拉、坚果和干果。Loaf’N Jug 店内还有家乐氏价格实惠的天然和有机食品私有品牌 Simple Truth。“我们尽力为希望补充临时所缺物品的顾客提供一个一站式购物之所：新鲜食品、肉类及肉类加工品，无论是加热的还是冷冻的，” Loaf’N Jug 的总裁说道，“这里可以满足各种对便利性的需求。”

超级商店（superstore）比常规的超级市场要大得多，提供日常购买的多种食品、日用品及服务。沃尔玛、塔吉特、梅耶尔和其他折扣零售商都开设购物广场（supercenter），它是食品商店与折扣店的大型融合体。传统食品杂货店每周的销售额为 51.7 万美元，而购物广场则可以达到 140 万美元。[8]

近年来，同样可以看到那些实际上是巨型专卖店的超级商店呈现出的爆炸式增长。这种巨型专卖店被称为**品类杀手**（category killer），其特点是拥有像飞机库一样庞大的建筑规模，通过具备专业知识的员工来销售某种特定的产品线内花色品种繁多的商品。品类杀手在很多商品种类中都十分盛行，包括图书、婴儿服装、玩具、电子产品、家装产品、亚麻织物和毛巾、聚会用品、运动用品，甚至是宠物用品。

最后，许多零售商经营的产品线实际上是一种服务。**服务零售商**（service retailer）包括酒店和汽车旅馆、银行、航空公司、大学、医院、电影院、网球俱乐部、保龄球馆、餐馆、维修服务、美发沙龙以及干洗店。在美国，服务零售商的发展速度比产品零售商更快。

相对价格

零售商也可以根据其制定的价格进行分类（见表 13－1）。绝大多数零售商都收取常规价格，提供标准质量的产品和服务。另一些则以更高的价格提供更高质量的产品和服务。折扣店和廉价零售商就是以低价为特色的零售商。

折扣店。折扣店（discount store），例如塔吉特、凯马特或沃尔玛，通过薄利多销的方式，以更低的价格出售标准化的商品。早期的折扣店为了削减费用几乎不提供服务，在类似于仓库的简陋建筑设施中营业，在租金低廉、人流量大的地区选址。如今的折扣零售商已经改善了自身的店铺环境，并增加了服务内容，同时还通过精益、高效的运营将价格维持在低水平。

如今，领先的“大盒子”折扣零售商，例如沃尔玛、开市客和塔吉特，在零售业占据了主导地位。在当前经济环境中，即使“小盒子”也在不断兴盛发展。曾几何时，一美元店主要出售稀奇古怪的产品、工厂的积压品或过季清仓货，大部分商品标价 1 美元。现在可大不相同了。全国最大的“小盒子”折扣零售商达乐，为当今时代做出这样的承诺：“省时、省钱。每一天！”[9]

达乐的口号可不是仅仅为了宣传的需要，而是对商店价值定位的谨慎表述。该零售商的目标其实很简单，即在规模不大但较便利的地方以天天低价的方式提供种类不多的畅销品牌。达乐精简的产品线和规模较小的商店（沃尔玛购物中心的平均规模比 25 个达乐门店还要大）使购物非常便捷——顾客从进店到出店的时间平均不到 10 分钟。而且，其持有的畅销品牌产品价格比杂货店价格低 20% ～ 40%。总的来说，达乐现在运行良好。而且，这个快速增长的零售商有光明的未来。我们“看到了新消费主义的信号，”达乐的总裁说，“因为人们改变购物场所，转向低成本品牌，更加节俭。”看起来，便利和低价永远不会过时。

廉价零售商。随着主要的折扣店纷纷提高档次，新一轮的**廉价零售商**（off-price retailer）涌入市场，填补以超低价出售大批量商品的空白。普通的折扣商以常规批发价采购商品，通过压低利润率来维持低价格。相比之下，廉价零售商以低于常规批发价的价格采购商品，从而收取比其他零售商更低的价格。廉价零售商涉及众多的商品领域，从食品、服装、电子产品到经济型银行业务和折扣经纪行。

廉价零售商有三种主要类型：独立廉价零售商、工厂直销店和仓储会员店。**独立廉价零售商**（independent off-price retailer）可能是由企业独立拥有或经营的，也可能是更大规模的零售企业的下属部门。虽然很多廉价零售店都由较小型的独立企业经营，但是绝大部分的大型廉价零售店隶属于更大型的零售连锁企业。例如店铺零售商 TJ Maxx、Marshalls 和 Home Goods 隶属于 TJX 公司，网络零售商 Overstock.com 也是如此。TJ Maxx 保证其品牌服装和设计师时装的价格比百货商店便宜 20% ～ 60%。它是如何做到这一承诺的呢？其采购者始终关注和寻找优惠信息。“所以，一旦发现设计师产量过剩或百货商店采购过多，”公司解释说，“我们就赶紧出手，通过谈判争取尽可能的低价，然后让利给顾客。”[10]

工厂直销店（factory outlets）——由制造商所有或由诸如 J.Crew、Gap、李维斯和其他企业经营的零售店——有时聚集在一起形成工厂直销购物中心（factory outlet malls）和超值零售中心（value-retail centers），数十家工厂直销店以低于零售价 50% 的价格出售各种剩余、打折和断码商品。工厂直销购物中心主要由制造商的工厂直销店构成，而超值零售中心则是制造商直销店、低价零售店以及百货商店清仓直销店的集合。

工厂直销购物中心正在向高端发展，甚至正在将自己名称中的“工厂”二字丢掉。越来越多的直销店购物中心以销售像蔻驰、拉夫·劳伦、杜嘉班纳、阿玛尼、博柏利以及范思哲这样的高端品牌为特色。由于消费者越来越看重价值，甚至高端零售商也开始加快推进工厂直销战略，更加重视诸如 Nordstrom Rack、Neiman Marcus Last Call、Bloomingdale's Outlet 和 Sakes Off 5th 等直销店。许多公司现在认为直销店不仅是处理问题商品的途径，而且是为新产品获得生意的附加途径。[11] 直销店中高端品牌和低廉价格相结合，对购物者有很强的吸引力，尤其是在这个重视节俭的时代。

仓储会员店（warehouse club）(或者称批发会员店或会员式仓储店)，例如开市客、山姆会员店和 BJ 批发俱乐部，在庞大、简单、类似于仓库的建筑物中经营，几乎不做任何不必要的修饰。但它们的确提供超低的价格和令人惊喜的优惠。近年来仓储会员店增长迅速。这些零售商不仅吸引了低收入、寻求特价商品的消费者，而且几乎吸引了所有类型的消费者，提供包括从必需品到奢侈品在内的范围广泛的商品。

以开市客为例，它如今已是全美仅次于沃尔玛的第二大零售商。低价是开市客成功的重要秘诀之一，但真正使之与众不同的是其特有的产品和急迫感，这些构成了开市客独特的购物体验（参见“营销实例”）。

营销实例　开市客：竞争者无法匹敌的商品企划能力

零售巨头沃尔玛常常实力碾压竞争对手。在玩具上击败玩具反斗城，在消费者电器上让百思买头痛，比 PetSmart 或 Petco 出售更多狗粮，售出的服装比 Gap、美国之鹰（American Eagle Outfitters）与阿贝克隆比费奇（Abercrombie & Fitch）的总和还要多。凭借在食品杂货市场 24% 的份额，沃尔玛远超专注经营食品杂货的零售商家乐氏。无论什么产品类别，几乎所有的零售商都竭尽全力备好各种战略，以期能够与沃尔玛竞争，谋求生存。

但是，我们现在要讲的故事主角并不是沃尔玛，而是开市客——能够与沃尔玛正面交锋并最终获胜的、炙手可热的仓储式零售商。沃尔玛的山姆会员店规模巨大。山姆会员店有 652 家店铺和 570 亿美元的销售收入，如果将它视为一家独立的公司，其规模相当于全美第 8 大零售商。但是提及仓储式零售行业，开市客才是最厉害的。

开市客只比山姆会员店多 60 家门店，销售收入却是后者的两倍以上，而且这一收入差距每年都在加大。开市客凭借 1 160 亿美元的销售收入成为仅次于沃尔玛的全球第二大零售商。今年开市客在《财富》500 强中的排名上升至第 18 位。与山姆会员店的销售收入增长停滞甚至下滑不同，开市客的销售迅速增长。在过去 4 年间，开市客的销售收入猛增了 30%。利润提高了 50%。开市客是如何在山姆会员店擅长的低价游戏中击败对手的呢？这两大零售商在许多方面有相似之处。但是，开市客在自己的门店内加入了商品企划的魔法，这是山姆会员店恰恰无法匹敌的。

让我们从相似性开始。开市客和山姆会员店都是仓储式零售商，以非常低的价格向预付年度会员费的购物者提供品类繁多但选择有限的产品，包括制造商品牌和私有品牌。两家零售商都备有4 000多种产品项目，常常只有大包装（一家典型的超市备有4万种产品项目；一家沃尔玛购物中心提供大约15万种产品项目）。为了保持低成本和低价格，两者都采用敞亮通风、不加修饰的大型店铺，并运用各自强大的采购能力千方百计地从供应商那里获得低价。

价格是等式中的一个重要部分，开市客和山姆会员店都痴迷于以尽可能低的价格出售产品。但是开市客不仅重视低廉的折扣价格，而且不论最终价格如何，强调低加成率创造的高价值。从一开始，折扣在开市客就是一个不好的词——它意味着“廉价”。相反，开市客的战略是通过低利给顾客最好的价值，无论是普通罐头食品还是价格不菲的红酒。开市客的利润率很薄，平均只有3.1%。其实，山姆会员店也差不多，只有3.5%。

因此，开市客和山姆会员店都在低成本运营和低价格竞争上表现出色。那么，究竟是什么使开市客能够胜出呢？关键就在于开市客独特的价值主张——其提供的产品和在购物体验中营造的紧迫感。当山姆会员店和其他批发零售商全力聚焦于低价格时，开市客就像是一个零售珍宝猎手，在那里无论高端还是低端的产品，价格都有很大的折扣。出售一加仑罐装花生黄油和大包Q-Tips的同时，开市客也提供多不断变换的优质产品——甚至是奢侈品——利润低得不可思议。

去年，开市客出售了超过1.1亿份热狗和汽水组合（售价只有1.5美元，这一价格它已经维持了30多年）。同时，它也售出了10万克拉钻石（每件10万美元）。它是全美最大的家禽加工出售商（每天以4.99美元的价格出售70 000多只烤鸡，在圣诞季售出100万只火鸡），也是全美最大的优质酒销售商（包括1 750美元一瓶的白马酒庄圣埃美隆产区顶级酒）。特别有趣的是，亚利桑那州的开市客曾经以17 000美元出售过一瓶限量版的麦卡伦·拉利克单一麦芽苏格兰威士忌这样的珍稀佳酿（实际折扣达6 000美元）。更有甚者，开市客网站曾经以129 999.99美元出售过毕加索的画作！

开市客为枯燥沉闷的仓储式购物环境带来诸多新颖别致的亮点。除常规货品外，开市客以炫目的、不断变化的一次性特惠品牌为特色，如Andrew Marc、Calvin Klein、香奈儿、普拉达和Breathing——都是你在其他商店绝对找不到的优惠。它发现高端电子产品和电器最受欢迎，就以最低价出售。实际上，开市客持有的产品中，有25%是有意设计的“珍宝项目”(用开市客的话来说)。“珍宝”不断变化的种类和极其优惠的价格吸引人们一再惠顾，争相购买。

一旦置身其中，许多顾客不自觉地受到“开市客效应”的影响——比原计划花费更多。有些人甚至染上了“开市客瘾”，就像一位记者报道的故事所描述的：

> 我的一位好朋友最近对开市客如痴如醉，总是念叨她抵抗不了一周至少要去那里购物2～3次的诱惑。她说有时候她甚至根本没有要购物的计划，纯粹就是喜欢在那个面积相当于两个足球场的巨大仓库里四处逛逛，寻找有什么新货上架了。她还沉迷于每周奢侈品的大“惊喜”，可能是蔻驰的包包或者欧米加手表等等，不胜枚举，这些都会以令人狂喜的价格瞬间被抢购一空。她说即使自己原本没想买什么，也总会发现诱惑她掏钱购买的东西。

以往，只有手头不是很宽裕的普通人才在廉价零售商那里购物，但是开市客颠覆了这一切。现在，即使阔绰的人也涌入店中购物。在选址上，开市客店铺所在的区域常常比山姆会员店的更富裕，这可不是什么偶然。开市客会员的平均家庭年收入接近 10 万美元。

开市客的新颖别致甚至扩大到其商店品牌——Kirkland Signature。山姆会员店 Member's Mark 商店品牌覆盖种类有限的有机食品、家居用品和服装等，开市客 Kirkland Signature 应用的产品范围要广泛得多。顾客争购 Kirkland Signature 产品不仅因为价格，更因为质量。开市客的顾客可以买到 19 美元一瓶的 Kirkland Signature 红酒，甚至是 3 799 美元一人的 Kirkland Signature 法国 7 日游船票。

所以，在仓储式俱乐部的零售领域，是开市客，而不是沃尔玛获胜。实际上，强大但受挫的沃尔玛花费数年时间试图让山姆会员店更像开市客。开市客远不止一个“货物堆得高高的、售价低廉的”大盒子般的商店——一个吸引顾客来购买大包装便宜货的地方，每一家开市客就像是零售剧场，为顾客创造着购买紧迫感和兴奋感。

归根结底，零售业就是以恰当的价格在恰当的时间和地点出售恰当产品的艺术，听起来颇为枯燥。但是，开市客的价值主张却丰富多彩。开市客的创立者和前 CEO 吉姆·施内格（Jim Sinegal）说：“千万不要枯燥乏味。这才是我们的窍门。”

资料来源：Robin Lewis, “‘Costoholics’: Costco's $113.7 Billion Addicts,” *Forbes*, February 16, 2016, www.forbes. com/sites/robinlewis/2016/02/16/costcoholics-costcos-113-7-billion-addicts/#179cdc9b5f73; “Top 250 Global Retailers,” *National Retail Federation*, https://nrf.com/2016/global250-table, accessed July 2016; “The Sorry State of Sam's Club, and Why Walmart Stores, Inc. Can't Give Up on the Warehouse,” *The Motley Fool*, January 1, 2015, www.fool.com/investing/general/2015/01/25/sams-clubs-sorry-story-and-why-wal-mart-cannot-giv.aspx; Matthew Boyle, “Why Costco Is So Addictive,” *Fortune*, October 25, 2006, pp. 126–132; Stan Laegreid, “The Choreography of Design, Treasure Hunts, and Hot Dogs That Have Made Costco So Successful,” *Fast Company*, January 24, 2014, www.fastcompany.com/3025312; John Kell, “Dancing in the Aisles,” *Fortune*, December 15, 2015, p. 26; Phalguni Soni, “Analyzing Walmart—The World's Largest Retailer,” *Market Realist*, February 18, 2015, http://marketrealist.com/2015/02/analyzing-walmart-worlds-largest-retailer/; “Costco Wholesale Corporation: Key Statistics,” *Yahoo! Finance*, https://finance.yahoo.com/q/ks?s=COST, accessed March 2016; and information from www.corporate.walmart.com, www.costco.com, http://phx.corporate-ir.net/Phoenix.zhtml?c=83830&p=irol-news, and www.costco.com/insider-guide-amazing-facts.html, accessed October 2016.

零售商组织管理

尽管许多零售店是独立经营的，但有一些则以某种形式的公司或契约组织联合起来。表 13－2 总结了零售组织的四种主要类型：公司制连锁店、自愿连锁、零售商合作组织、特许经营组织。

表 13－2　零售组织的主要类型

类型	描述	举例
公司制连锁店	共同所有和控制的两家或多家零售店。虽然公司制连锁店涉及零售业的所有领域，但在食品杂货店、食品店、药店、鞋店以及女装店领域最为强大	西尔斯、克罗格（食品杂货店）、CVS（药店）、威廉姆斯－索诺玛（烹饪用品和家庭用品）

续表

类型	描述	举例
自愿连锁	由批发商发起的独立零售商连锁，采取联合采购和统一推销	独立零售商联盟、最棒五金店（Do-It Best)、西部汽车（Western Auto)、真值五金（True Value）
零售商合作组织	独立零售商群体通过成立共同所有、集中采购的企业，实施联合推销和促销活动	联合杂货（Associated Grocers）（日用杂货)、艾斯五金（Ace Hardware)(五金）
特许经营组织	由特约经销授权方（一家制造商、批发商或服务组织）和被特许经营人（通过购买获得权利在特许经营体系中经营一家或多家零售店的独立商家）组成的契约型组织。特许经营组织通常建立在特约经销授权方的某种独特的产品或服务、商业模式、商标或名称、商誉或专利的基础之上	麦当劳、赛百味、必胜客、捷飞络（Jiffy Lube)、万利捷消音器（Meineke Mufflers)、7-11

公司制连锁店（corporate chains）是共同所有和控制的两家或多家零售店。相对于独立经营的零售店而言，它们具有很多优势。较大的规模使得它们可以通过大批量地采购商品获得更低的价格，并取得促销的经济性。它们有能力雇用专家来处理定价、促销、推销、存货控制和销售预测等领域的事务。

公司制连锁店的巨大成功使得许多独立经营的零售店采用以下两种形式之一的契约型联盟结合在一起。其中一种形式是自愿连锁（voluntary chain）——由一家批发商发起的独立零售商联盟，进行集团采购和共同推销。采取这种形式的企业包括独立杂货店联盟（IGA)、西部汽车以及真值五金。另一种类型的契约型联合是零售商合作组织（retailer cooperative）——一群独立零售商成立共同所有的集中采购中心，实施联合备货和促销活动。这一类型的例子包括联合杂货和艾斯五金。这些组织使得各独立零售商可以联合起来获得采购和促销上的规模经济，从而达到可以与公司制连锁店抗衡的价格水平。

还有一种形式的契约型零售组织**特许经营**（franchise)。特许经营和其他契约型系统（自愿连锁和零售商合作组织）的最大区别在于，特许经营通常建立在某种独特的产品或服务、商业模式、商标或名称、商誉或专利的基础上。特许经营在快餐店、汽车旅馆、健身中心、汽车销售和服务，以及房地产行业中十分普遍。

然而，特许经营涉及的领域远远不止汉堡包店和健身中心。特许经营已经如雨后春笋般发展起来，可以满足任何需求。例如，疯狂科学集团（Mad Science Group）连锁店针对学校、童子军和生日聚会推广科学项目；射门高手（Soccer Shots）在日托中心、幼儿园和公园为 2 ～ 8 岁的孩子介绍足球的基本技巧；汉迪曼先生（Mr.Handyman）为私有房主提供房屋修缮服务；美美清洁（Merry Maids）则提供室内清洁服务；超级剪（Supercuts）以经济实惠的价格提供随时上门的理发服务；提供报税服务的 H&R Block 旗下 12 000 家网点中超过 1/3 由加盟商所有和经营。[12]

特许经营如今占美国零售总额的 45%。当你沿着城市的街道漫步或者驱车行驶在郊区，几乎不可能看不到麦当劳、赛百味、捷飞络或者假日酒店。作为最著名同时也是最成功的特许经营授权方之一，麦当劳如今在 100 多个国家开设了 3.6 万家门店，仅在美国就有 1.4 万家。它每天接待近 6 900 万名消费者，整个特许经营体系年销售额近 980 亿美元。全世界超过 80% 的麦当劳餐厅是由特许经营者所有并运营的。[13]

13.2 零售商营销决策

零售商总是在寻求新的市场营销战略以吸引和保留顾客。过去，零售商凭借独特的产品和更多、更优质的服务来吸引顾客。如今，零售产品组合和服务正在变得越来越相似。你不仅可以在百货商店看到绝大多数消费品品牌，还可以在低价折扣店以及网络上找到它们。因此对于任何一家零售商而言，想要提供独一无二的商品变得非常困难。

零售商间的服务差异也不明显了。很多百货店削减了服务项目，而折扣零售商则增加了服务项目。顾客变得更加聪明且更具价格敏感性。他们认为没有理由为同样的品牌支付更多金钱，特别是当服务差异在逐渐缩小的时候。鉴于这些原因，很多零售商正在重新思考自己的营销决策。

如图 13-1 所示，零售商面临的主要营销决策包括：市场细分和目标市场选择、差异化和定位，以及零售营销组合。

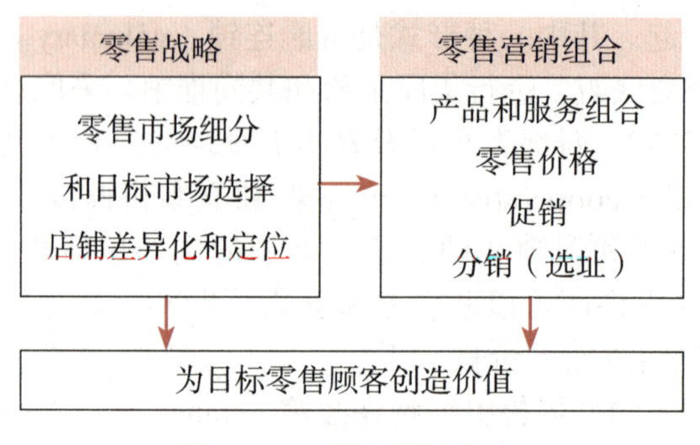

图 13-1 零售营销战略

市场细分、目标市场选择、差异化和定位决策

首先，零售商必须进行市场细分并定义自己的目标市场，然后决定在这些目标市场中如何差异化和定位。零售商应当关注高端、中端还是低端消费者？目标顾客需要的是多元化、深入的产品组合，便利，还是低价？零售商只有准确地定义和剖析自己的市场，才能做出与其定位相一致的关于产品组合、服务、定价、广告、店面装饰等的一系列决策。

太多的零售商——甚至是大型零售商——未能清晰地定义自己的目标市场并明确地定位。例如，Gap 的目标市场是什么？其价值主张是什么？如果你无法回答以上问题，没什么可不安的，因为 Gap 的管理者也一样未能成功地回答这些问题。[14]

在全盛时期，Gap 坚定地定位于“轻松时尚”——这个一度年轻的品牌聚焦于舒适的休闲服装和轻松购物体验。但是当其核心顾客 X 一代日渐年长和改变的时候，Gap 却停留在原地没有变化。进入 2000 年代后，Gap 曾努力迎合其忠诚顾客偏爱的短期时尚，试图树立新定位以吸引如今愈加年轻的购物者，但并未成功。更加现代的快时尚零售商，例如 H&M、Forever 21，Zara 和优衣库大肆侵入 Gap 的领地。与这些品牌清晰地定位和瞄准目标顾客相比，Gap 的形象越发模糊不清。结果，该连锁店的销售一落千丈，去年其在北美市场的 675 家门店关闭了 175 家。一位零售行业分析人员说：“无论是 Gap 还是其消费者都搞不清楚，它究竟以谁为目标顾客。”另一位分析人员认为 Gap “没弄明白自己究竟要做什么”，它是在“试图向我太太、我女儿抑或两者推销吗？我可不认为你可以同时说服她们俩”。为了重振品牌，Gap 且必须“明确品牌的核心顾客是谁，并且符合她们的预期”。

相比之下，成功的零售商能够很好地定义其目标市场并准确定位。例如，乔氏超市将自己牢牢地定位于“平价美食”的价值主张。沃尔玛则稳稳地定位于低价格以及顾客所认为的“永远低价”应有的内涵。非常成功的户外用品零售商 Bass Pro Shops 将自己定位为“你可以放心购买的优质户外用品”。

凭借精细的目标市场选择和定位，一个零售商甚至可以有效地与最大、最强的竞争者一较高下。例如，与快餐巨头麦当劳相比，In-N-Out 实在太小了。它目前只在美国 5 个州经营大约 300 家门店，销售额仅 7.5 亿美元；而麦当劳有 36 000 家门店，遍布全球 100 多个国家和地区，年销售额达到 980 亿美元。这家规模如此小的 In-N-Out 是如何与世界最大的快餐连锁店竞争的呢？它没有——至少没有直接竞争，而是通过巧妙定位成功地避免与麦当劳正面冲突。[15]

In-N-Out 从未想过像麦当劳那样，迅速增长和扩张菜品和店铺的数量。相反，In-N-Out 通过不可思议的做法实现繁荣发展：缓慢增长，以及坚守不变。从一开始，In-N-Out 始终坚持的口号是“你可以品尝出的质量”。用 100% 纯牛肉制作汉堡包——没有添加剂或腌制材料——所有食材始终新鲜、非冷冻。薯条用整颗土豆制成，对了，还有奶昔由真正的冰激凌制成。你在 In-N-Out 店内找不到冷冻柜、加热箱或微波炉。不像麦当劳那样不停地更换新菜单，In-N-Out 坚持自己一直的强项：制作真正好吃的汉堡包、薯条和奶昔——就这样。

而且，与标准化的收费不同，In-N-Out 的顾客乐于定制化任何菜单项目。菜单调整在 In-N-Out 很常见，以至于出现了不写在菜单板上的“秘密”订餐码。心照不宣的顾客可以选择他们的“野兽风”汉堡包（配菜、额外涂抹的酱料、烤洋葱和一块芥末味炸肉饼）。尽管菜单中有“双份 - 双份”（指双份肉、双份乳酪），汉堡包实际上还可以是 3×3 或 4×4。薯条也有“野兽风”（双份乳酪、烤洋葱，外加酱料）、重口味或清淡等多种选择。还有一件使顾客感到特别的事是 In-N-Out 热情、友好和能干的员工，他们提供格外友好服务。这些你在麦当劳可得不到。最后，与麦当劳一味沉迷于增长、增长还是增长的情况截然不同，In-N-Out 缓慢而稳定的增长意味着你无法在身边轻易找到它。但 In-N-Out 的稀缺恰恰提高了它的魅力。顾客通常想尽办法特意长途驱车，只为到 In-N-Out 大快朵颐。

所以，In-N-Out 无法与麦当劳巨大的规模经济、惊人的采购量、卓越的物流效率和低价格相匹敌。不过，它压根也没想这么做。通过与麦当劳和其他大规模的竞争对手截然不同的定位，In-N-Out 拥有众多狂热的追随者。谈到顾客满意度的话，In-N-Out 通常在美国市场所有快餐店中得分最高。每逢午餐时间，In-N-Out 的门前总是蜿蜒着长长的队伍，其平均单店销售额是行业平均水平的两倍。

产品组合和服务决策

零售商必须决定三个主要的产品变量：产品组合、服务组合和店铺氛围。

零售商的产品组合应当在满足目标市场消费者期望的同时，使零售商自身实现差异化。一种策略是提供具有高度针对性的产品组合来实现差异化：LaneBryant 出售加大码服装；Brookstone 连锁店出售各种不寻常的小玩意；BatteryDepot.com 提供各种备用电池。另一种策略是提供竞争者没有的商品，如开发私有品牌或取得全国性品牌的独家经销权。例如，科尔士百货取得著名品牌的独家经销权，包括王薇薇麾下的品牌简单薇薇（Simply Vera),《美食网络》(*Food Network*) 杂志命名的厨具、灶具和家用电器等。科尔士还提供自己的私有品牌产品线，例如 Sonoma、Croft & Barrow、Candies 和 Apt.9 等。

服务组合也可以帮助零售商区别于其他对手。例如，一些零售商邀请顾客亲自到店向服务代表咨询或通过电话、网络进行询问。家得宝向 DIY 顾客提供多种服务组合，从“基本知识介绍”课程到专属信用卡办理。诺德斯特龙则承诺“不惜一切代价照顾好顾客”。

店铺氛围是零售商“武器库”中另一项重要内容。零售商希望创造符合目标市场的要求并且能够促进顾客购买的独特的店铺体验。许多零售商开展体验式零售。例如，里昂比恩将其位于缅因州福里波特的旗舰店打造成全效户外探险中心，顾客可以在那里徒步、骑单车、打高尔夫、划皮划艇，甚至到附近的西斯科湾去观看海狮和垂钓。除了提供种类齐全的户外服装和用具之外，里昂比恩还举办免费店内集训营，配合户外探索学校的项目，涉及雪地健走、越野滑雪、立式单桨冲浪、飞蝇钓、独木舟、打猎等十几种户外活动。

类似地，高端家具零售商 Restoration Hardware（RH）在芝加哥、亚特兰大、丹佛、坦帕和好莱坞发布了新一代的家具艺术馆，部分是商店、室内设计工作室，也有部分是饭店、家[16]：

> 想象一下这样的画面：你品尝着一杯美酒，房间内有着豪华舒适的家具和水晶吊灯，背景音乐柔和地响起。你犹豫着是否再点一杯红酒、一份简便午餐，或者两者都点，但已决定要买下自己坐着的家具。此时，你不在一家奢华餐厅，而是在 RH 芝加哥（RH Chicago)，体验一种由 Restoration Hardware 提出的新型零售概念。大多数家具零售商店或多或少都按功能陈列自己的产品。但 RH 艺术馆不这样。“我们希望模糊居住与零售之间的界线，创造一种与其说是商店，不如说是家的感觉。”Restoration Hardware 的 CEO 说道。RH 亚特兰大（RH Atlanta）艺术馆占地两英亩，有一幢 70 000 平方英尺、6 层楼的宏伟建筑，入口处是一个 40 英尺高的圆形大厅，两侧有楼梯、花园、阳台和 50 英尺长的倒影池，以及一个屋顶停车场。其房间和户外都成为 Restoration Hardware 展

示所售产品的展厅，从玻璃器皿、家具、地毯到园艺产品，但是给人的感觉更像是一个气派的家。你几乎不是在看家具，而是在体验它们。“我们创造空间，使参观我们新家的客人们由衷地说‘我想住在这儿’。”CEO 说，“我在零售业干了几乎 40 年，从来没有听到客人说想住在零售商店里，直到现在。”

当今成功的零售商都在精心地设计和安排顾客店铺体验的各个方面。下次你步入一家零售店——无论它是出售消费者电子产品、五金件还是时装——停下来仔细地观察一下四周。看看这家店的布局和陈列，听听其背景音乐，闻一闻气味。店里的一切，从布局和灯光到音乐甚至气味都是精心设计以帮助强化消费者购物体验，进而使消费者打开钱包购物。

例如，零售商仔细选择店标和室内的色彩：黑色意味着成熟，橙色让人联想到公平和实惠，白色暗示简洁和纯粹（想想苹果店），蓝色传递信任和可靠（金融机构常用）。大多数大型零售商开发独特的气味，只有在它们的商店里才闻得到。[17]

随时健身（Anytime Fitness）传递激情，用一种桉树薄荷香味创造所有门店的统一味道，成为健身的标志。布鲁明戴尔百货在不同的货品区采用不同的气味：在婴儿用品区用柔和的痱子粉味道；在泳衣区采用椰子味；紧身衣区是淡淡的丁香味。奢侈男鞋雨果·博斯（Hugo Boss）为其所有的门店精心选择一种柔和的麝香味。“我们希望这能让人感觉像在家中一样随意。”雨果·博斯的营销人员说道。香味可以巧妙地强化品牌形象和定位。例如，奥兰多的硬石咖啡酒店（Hard Rock Café Hotel）在大堂内增加了一种海洋的味道，帮助客人想象入住海边度假村（即使该酒店离海岸还有 4 小时车程）。为了吸引顾客进入常常被忽视的地下冰激凌店，该酒店在楼梯顶部和底部分别释放一阵阵甜曲奇和华夫冰激凌甜筒的味道。在随后的 6 个月里，冰激凌的销售量上升了 45%。

这种体验式零售证明，零售店绝不仅仅是简单的商品集聚之地。它们是购物者所体验的环境。

定价决策

零售商的价格政策必须符合目标市场和定位、产品和服务组合、竞争情况和经济因素。所有的零售商都想既赚取高利润又获得高销量，但是很少能两全其美。绝大多数的零售商要么追求高利润，从而接受较低的销量（绝大多数的专卖店），要么接受低利润，以获取更高的销量（大路货零售商和折扣店）。

例如，具有 110 年历史的 Bergdorf Goodman 出售由香奈儿、普拉达和爱马仕设计师出品的服装、鞋和珠宝。这家高档零售商用诸如私人商店、提供鸡尾酒和精致点心的店内流行趋势新品秀等服务来善待顾客。相反，TJ Maxx 针对美国中产阶层以折扣价格出售品牌服装。该折扣零售商坚持每周为精打细算的顾客提供新品。“从不促销，也从不要花招，”该零售商说，“就是适合你的品牌和设计师时装……比百货商店的价格便宜 60%。”

零售商还必须决定在多大程度上采取降价和其他价格促销手段。一些零售商从来不进行价格促销，它们通过产品和服务而不是价格来展开竞争。例如，即使在经济不景气的时候，我们也很难想象 Bergdorf Goodman 会对香奈儿包开展“买一送一”的促销活动。而像沃尔玛、开市客、Family Dollar 等其他零售商则采取天天低价的定价战略，制定稳定、低廉的价格，但很少降价或者打折。

还有一些零售商采用高－低定价法——平常价格较高，但辅以经常性的降价和其他价格促销手段，来提升店铺客流量，建立起一种低价的形象，或者吸引那些愿意付全价购买其他产品的顾客。最近的经济下滑导致这种定价方法的大量使用，零售商纷纷降价和促销来劝诱热衷购买便宜货的顾客进店消费。究竟采取哪一种定价战略最优，要取决于零售商的营销战略和竞争对手的定价方法。

促销决策

零售商会使用以下任何一种或全部促销工具——广告、人员销售、销售促进、公共关系和直复营销——来影响消费者。它们在报纸、杂志、广播、电视和互联网上做广告，广告还可能采取报纸插页、产品目录的方式。店内销售人员与顾客打招呼、满足客户的需求以及处理他们的投诉。销售促进包括店内演示、展示、价格特惠和顾客忠诚计划。公共关系活动对零售商也同样适用，例如记者招待会和宣讲、开业仪式、特殊事件、时事通讯和博客、商店杂志和公益活动。

绝大多数零售商通过网站和电子目录、网络广告和视频、社交媒体、移动广告和应用程序、博客和电子邮件与顾客互动。几乎所有的零售商，无论规模大小，都尽力维持自己在社交媒体中的展露度。例如，零售巨头沃尔玛在社交媒体上的粉丝数量遥遥领先，其粉丝数量分别为：脸书 3 300 万，Pinterest 6.6 万，推特 75.4 万，YouTube 10.9 万。相反，小型但增长迅速的纽约连锁杂货店 Fairway Market 提供范围很广的产品——从成堆的农产品、满箱的新鲜海产品到现磨咖啡，它只有 11.8 万脸书粉丝。但一点儿也不需要抱怨，因为它每 100 万美元销售额的粉丝数量接近沃尔玛的 2 倍。[18]

数字促销让零售商能够向每个顾客传递针对性的信息。例如，为更加有效地应对网上竞争对手，CVS 每周向常客计划 ExtraCare 的成员分发名为《我的广告周刊》（myWeekly Ad）的个性化促销目录。顾客通过计算机、平板电脑或智能手机登录在 CVS.com 网站上的个人账户就可以看到。根据 ExtraCare 成员的特点和以往购买记录，这一个性化的电子目录为每位顾客推荐特别的优惠和可能感兴趣的热销产品。负责这一营销计划的 CVS 营销者说，借助《我的广告周刊》，“我们尝试改变顾客的行为”，“上网获得更加个性化的体验”，而不是查阅每周标准化的促销传单。[19]

渠道决策

零售商成功的三个关键因素是地点、地点、地点！在与定位一致的区域内选址，接近目标市场，对零售商而言非常重要。例如，苹果公司将零售店设在高端购物中心和时尚购物区——例如“奇迹英里”（Miracle Mile）、芝加哥的密歇根大道或者曼哈顿的第五大道——而不是位于城镇边缘、租金低廉的商业购物中心。相反，乔氏超市在租金低廉、位置较偏的地方开店，以维持较低的成本和支持其“平价美食”的定位。小型零售商可能不得不将店址定在那些它们能够找到并负担得起的地方。而大型零售商通常聘请专家采用先进的方法进行选址。

现在，绝大多数零售店都集聚在一起，以提高它们对顾客的吸引力并为顾客提供一站式购物的便利。1950 年代之前，中央商业区是零售聚集的主要形式。每一座大型城镇都有一个汇聚了百货商店、专卖店、银行和电影院的中央商业区。然而，当人们开始向郊区迁移，这些中央商业区由于交通、停车和犯罪率等问题而渐渐失去商业活力。市区商家纷纷在郊区购物中心开设分店，中央商务区持续衰落。近年来，很多城市与商家共同兴建购物中心，提供地下停车场，尝试复兴市中心的购物区域。

购物中心（shopping center）是作为一个整体来计划、发展、拥有和管理的零售企业群。地区性购物中心是该地区规模最大且最吸引人的购物中心，包括 40 ～ 200 家商铺，其中有 2 家或多家商品齐全的百货商店。它就像是有屋顶的迷你市区，吸引着广阔区域的消费者。社区购物中心包含 15 ～ 40 家零售店，通常有一家百货商店的分店或者杂货店、一家超级市场、一些专卖店和专业写字楼，有时还会有一家银行。绝大多数购物中心是邻里购物中心或小型购物中心，一般包括 5 ～ 15 家商铺，对于消费者而言邻近且方便。它们通常包括一家超级市场，可能有一家折扣店和几家服务型商铺——干洗店、药店、五金店、当地餐馆或其他商铺。[20]

超级购物广场（power centers）是一种较新的购物中心形式。这是一种巨型开放式购物中心，由分布成狭长带状的一系列零售店组成。其中包含大型、独立式的锚店，例如沃尔玛、家得宝、开市客、百思买、Michaels、PetSmart。每个店铺都有可供直接停车的入口，为只想光顾一家店铺的顾客提供便利。

与之相反，生活方式中心（lifestyle centers）是一种规模较小的露天购物中心，包含高端零售店，位于便利的区域，设有诸如游乐场、溜冰场、酒店、餐馆和电影院等非零售场所。实际上，最初的超级购物广场与生活方式中心概念现在已逐渐融合演变为生活方式－超级购物中心，将邻里购物中心的便利和社区感与超级购物中心的粗犷随性相结合。同时，传统的区域购物中心也在增加生活方式元素——诸如健身中心、公共区域和有多个放映厅的影院等，使自己更具社交性也更受欢迎。总之，如今的购物中心更像是休闲场所而不仅仅是购物的地方。

过去几年，购物中心时日艰难。许多专家认为美国的购物中心已经过于饱和。难怪最近的经济衰退使购物中心的发展雪上加霜。消费者缩减开支迫使不少零售商——无论规模大小——关门歇业，购物中心的废弃率增加。[21] 超级购物广场尤其艰难，因为其“大盒子”的天性不适应经济衰退时期。诸如电路城（Circuit City）、Borders、Mervyns 和 Linens N Things 等纷纷关闭，而百思买、巴诺书店和欧迪办公等削减了商店数量和规模。生活方式中心的魅力也逊色很多，其中高阶层的顾客大多受到经济衰退的影响。

但是，随着经济好转，各种类型的购物中心或多或少有些复苏。例如，一度空空荡荡的超级购物中心开始有各种零售商入驻，从 Ross Dress for Less、Boot Barn、Nordstrom Rack 之类的折扣商店，到一美元店、仓储式超市和沃尔玛、塔吉特这样的传统折扣店。

13.3 零售趋势和发展

零售商面临残酷而又瞬息万变的经营环境，既为它们造成了威胁，也带来了机遇。顾客的人口统计学特征、生活方式和购物模式正在快速改变，与此同时零售技术也在飞速发展。为了赢得成功，零售商必须谨慎地选择目标市场并有效定位。在规划和执行竞争战略的时候，应该思考以下零售业发展趋势。

消费支出紧缩

零售商在经历了多年好时光之后遭遇了寒冬，经济衰退使许多零售商的财富化为乌有。甚至即使经济开始复苏，零售商也感到消费者支出模式的变化对未来仍然有着深远影响。

有一些零售商实际上从低迷的经济环境中获利。例如，随着消费者紧缩开支，转而寻求以更低的价格购物，大型折扣商比如开市客从热衷打折的消费者那里获得新生意。类似地，诸如奥乐齐、达乐和 TJ Maxx 等价格导向的廉价零售商受更加节俭的消费者的青睐。

但是，对大多数零售商而言，紧缩的消费支出意味着时日艰难。在最近的经济衰退期间，许多人们熟悉的大型零售商宣告破产或者永远停业了——包括 Linens N Things、电路城、KB Toys、Borders Books 和 The Sharper Image 等，不胜枚举。还有一些零售商，从梅西百货和家得宝到星巴克，则纷纷裁员、降低成本以及提供更大幅度的价格折扣和促销，吸引预算紧张的顾客重新回到店里消费。

现在，尽管经济环境有所好转，但消费者继续节省开支，许多零售商在自己的定位中增加了新价值内容。例如，家得宝用更加节俭的定位“更省钱，更多行动”替代了以前的“你动手，我们来帮助”的定位。从沃尔玛到梅西百货和全食等零售商纷纷致力于发展更加实惠的私有品牌。为了与诸如 Panera Bread 和奇宝特等迅速发展的休闲快餐厅竞争，传统的堂食餐厅都增加了各自的价值提供。例如，苹果蜂（Applebee’s）的“两人 20 美元”菜单——两份餐加一份开胃菜，仅售 20 美元。TGI Fridays 提供 474“少即是多”菜单，推出普通分量的特色菜品组合：开胃菜 4 美元、主菜 7 美元、甜点 4 美元。

为应对艰难的经济环境，零售商必须提防自己的短期行为损毁长期形象和定位。例如，幅度惊人的价格折扣可能增加当期销售但损害品牌忠诚。一位分析人员称之为“死于折扣”，并提醒说：“所有零售商——无论高端还是低端——都深陷折扣陷阱之中，折扣已经成为顾客的预期而不再是一种意外收获。”[22] 到你附近的购物中心逛逛，就会发现此言不虚。与其依赖于削减成本和降低价格，零售商更应该致力于在长期的定位战略中确立更高的顾客价值。

新的零售业态和不断缩短的零售生命周期

为适应新形势、满足消费者的新需求，新的零售业态不断出现。然而与此同时，新零售业态的生命周期正在变得越来越短。百货店经过大约 100 年的发展，才达到了生命周期中的成熟阶段；晚一些出现的业态，例如仓储商店，进入成熟期只用了 10 年时间。在这样的环境中，看起来很稳固的零售定位很快就可能被推翻。1962 年（第一家沃尔玛、凯马特、塔吉特和科尔士开业）排名前十位的折扣零售商到现在已经全部不复存在了。即使最成功的零售商，也不能固守一种成功模式高枕无忧。

新的零售业态层出不穷。如今最显著的零售趋势是网上零售借助网站、手机应用程序和社交媒体迅猛发展，既包括单纯的电商，也包括实体店零售商。但是，通常也有些创新程度略低的形式出现。例如，许多零售商现在尝试短期经营的时尚潮店（pop-up store），向季节性购物者推广自己的品牌或在闹市区创造蜂鸣效应。NBA 全明星赛的周末，耐克在纽约布鲁克林的巴克莱中心（Barclays Center）开设了乔丹主题快闪店。而诺德斯特龙每月的 The Pop-In @ Nordstrom 快闪店，是专门设计的店中快闪店，以轮流采用的不同主题、新的专卖产品为特色，与合作品牌一起致力于创造令顾客兴奋和感兴趣的体验。“我喜欢快闪店概念所引发的热情——那份率性和情感正是我在零售业工作中最喜爱的。”诺德斯特龙的创意项目经理说道。[23]

互联网和移动网上也有类似的闪销（flash sales）网站，例如诺德斯特龙的 HauteLook 和亚马逊的 MyHabit，为最流行的生活方式品牌举办限时促销活动。类似地，Gilt.com 只对会员开放，设计师品牌服装折扣高达 70%；Groupon 通过 Groupon Gateways 提供旅游闪销；Zulily 闪销妈妈、婴儿和儿童用品，提供“为新活动清仓”的限时促销活动。闪销增加了购买的兴奋感和紧迫感。Zulily 称：“在这儿购物就像每天打开一个新的藏宝盒。你永远不会准确地知道自己将会发现什么，但可以肯定有珍宝在等着你。”[24]

如今的零售形式越来越集中。不同类型的零售商越来越向相同的顾客以相同的价格出售相同的产品。例如，就品牌家用电器而言，百货商店、折扣店、家装产品商店、廉价零售商、电子产品超级商店以及大量的网站都在为争夺同样的消费者而展开竞争。假如你在西尔斯没有找到自己心仪的微波炉，只需穿过街道，就可以在劳氏或者百思买找到，而且价格可能更加优惠——或者直接从亚马逊上订购一台。这种消费者、产品、价格和零售商之间的融合称为零售集中（retail convergence）。这种集中意味着不同类型的零售商很难在产品种类上进行差异化，它们之间的竞争将更加惨烈。

巨型零售商的兴起

巨型日用品商店和专业超级商店的崛起、垂直营销系统的形成以及一系列零售兼并收购的涌现构建了超级巨型零售商的核心。凭借卓越的信息系统和采购能力，这些零售商巨头可以提供更好的商品选择、优质的服务和强有力的价格优势。因此，它们通过排挤那些实力较弱的小型竞争者，进一步发展壮大。

巨型零售商还扭转了零售商与生产商之间势均力敌的态势。如今，为数不多的零售商控制了与消费者接触的通路，这使它们在与制造商进行交易谈判的时候处于优势地位。例如，你可能没有听说过专业涂料和密封胶生产商 RPM 国际（RPM International）的名字，但是你可能已经用过一两个耳熟能详的 DIY 品牌——例如，Rust-Oleum 油漆、Plastic Wood 和 Dap 填充料、Mohawk 和 Watco 修饰剂以及 Testors 水泥和油漆等——所有这些，你都可以在当地的家得宝商店里买到。对 RPM 国际而言，家得宝是一个非常重要的客户，占到其产品销售的很大比例。但家得宝 830 亿美元的销售额几乎是 RPM 国际 46 亿美元销售额的 18 倍。结果，家得宝能够并且经常凭借这种优势迫使 RMP 国际和其他较小规模的供应商作出让步。[25]

直复、网络、移动和社交媒体零售的增长

大多数消费者仍旧通过传统方式来完成绝大多数的购买活动：他们前往商店，找到想要的东西，耐心地排队等待支付现金或者用信用卡付费，然后把商品运回家。然而，消费者现在也有很多无店铺的替代方式，包括通过网站、移动应用程序和社交媒体进行直复和数字购物。正如我们将在第 17 章讨论的，直复和数字营销是当前发展最快的营销形式。

今天，多亏了先进的技术、方便实用且富有吸引力的网站和移动应用程序、不断改进的在线服务，以及日臻成熟的搜索技术，在线零售才得以繁荣和发展。事实上，虽然在线购物目前只占全美零售总额的 8%，但是它比整体零售购买具有更加生机勃勃的增长步伐。去年美国的在线零售额增长了 14%，而零售总额只增加了 2.2%。[26]

零售商网站、移动应用程序和社交媒体也在很大程度上影响了店内购买。据估计，美国零售总额的一半以上要么直接在网上交易，要么受到网上搜索的影响。如今，网上总销售的 15% 由移动设备完成。各类零售商依赖社交媒体吸引它们的顾客群。例如，麦当劳的脸书粉丝数量上领先于各大零售商，诺德斯特龙在 Pinterest 上的粉丝数量最多。推特粉丝数最多的是星巴克。维多利亚的秘密在 YouTube 和 Instagram 上的粉丝数量最多。[27]

网络、移动和社交媒体零售的迅猛发展对店铺零售商而言既是福音也是诅咒。尽管这为它们提供了吸引顾客和提高销售的新渠道，但也带来了网上零售商的竞争。对一些惊慌失措的店铺零售商而言，许多购物者如今将实体店当作展厅，在那里考察商品，然后用电脑或移动设备在网上购买，有时甚至就在店里这样做——这一过程被称为**“逛展厅”**（showrooming）。如今，90% 拥有智能手机的购物者在店内购物时会使用手机。一半的购物者在网上订购之前会到传统的实体店去考察产品。[28] 诸如塔吉特、沃尔玛、百思买、Bed Bath & Beyond 和玩具反斗城等已经受到逛展厅行为的重创。

为此，许多零售商纷纷制定战略积极应对。还有些干脆利用它作为机会展示店内购物与单纯网店购物的优势。逛展厅的对立面是逛网站（webrooming），消费者先在网上考察产品，然后到店里购买。对实体零售商而言，关键是如何将逛展厅的惠顾者转化为真实的购买者。

全渠道零售的需求

店内和网络零售之间的界线正在迅速模糊。对大多数顾客而言，通过店铺还是网络购物已经不再重要。互联网和数字设备催生了全新的购物者和购物方式。如今的全渠道购买者可以毫无障碍地跨越网络和实体店渠道完成整个购买过程。他们已经习惯了随时随地搜索和购买——无论是在店铺、网络还是路上，甚至在商店里网购。为了满足这些全渠道购物者的需求，实体店零售商必须掌握全渠道零售，整合店铺和网络渠道创造统一的购物体验。

越来越多的网络销售增长份额由成功融合虚拟和实体世界的全渠道零售商们获得。不少实体商店的数字化已取得显著成功，而包括亚马逊在内的网上零售商

纷纷采用开办展厅、快闪店和其他与购物者面对面接触的方式实现扩张。“对所有零售商而言，无论是否投入其中，全渠道已经是不争的事实。消费者随时随地能够找到你，很好。如果不能，你就把他们让给了可以这样做的竞争对手，”一位分析人员说，“局限于网上经营的零售商缺乏只有店内体验可以提供的高度互动。只在线下营业的零售商无法提供流畅轻松的信息浏览体验，而这正是购买决策的起点。”[29]

例如，梅西百货发现跨渠道购物的顾客创造的价值是单一渠道购物者的 8 倍。它近来一直在精简实体店，积极推进多渠道战略。它在旧金山开办了一家创意实验室，创造网上购物技术的新创意。它还在俄克拉何马的塔尔萨开办了一个 130 万平方英尺的巨型订单执行中心，每天可以处理 32.5 万份订单。梅西百货最近还为其移动应用程序增加了一项图片搜索功能，30 万粉丝可以直接通过 Instagram 购物。梅西百货甚至在全美 17 个市场提供当天送达服务。梅西百货的首席全渠道官说：“我们的目标是为购物者提供最佳购物体验，无论他选择何种方式与我们互动：移动、电脑、店铺，还是全部。”[30]

越来越重要的零售技术

随着全渠道购物越来越普遍，零售技术已经成为极为重要的竞争工具。勇于革新的零售商正在使用先进的信息技术和软件系统来提高预测水平、控制存货成本、与供应商进行电子化互动、实现店铺间的信息传递，以及完成店内商品出售。它们采用精密、复杂的系统来完成收款扫描、射频识别存货跟踪、商品处理、信息分享以及消费者互动。

最令人惊讶的先进零售技术可能是零售商如何与消费者实现联系。随着网络和移动购物改变了零售顾客的行为和预期，各种类型的零售商纷纷整合实体和数字渠道，以创造新时代的零售环境。例如，惠顾 AT&T 芝加哥新旗舰店的顾客，可以在数十个展台中的任何一个试用最新款手机应用程序和电子设备。手拿 iPad 的热情员工与顾客谈论技术，随时提供帮助和建议。凭借 130 块数字显示屏和一面 18 英寸的视频墙，这一开放空间的每个方面都精心设计，旨在吸引顾客了解未来无线技术和服务，并让他们体验 AT&T 的设备和服务对生活的影响。这“就犹如步入了一个网站之中”，AT&T 的零售总裁如是说。[31]

许多其他先进技术正在零售商展厅中找到用武之地。其中之一是信标技术，蓝牙连接可以通过顾客的智能手机，当顾客在附近店铺购物时致以问候，并与他们互动。例如，当顾客步入梅西百货，信标技术会唤醒其智能手机或平板电脑中的应用程序，问候他们，提醒他们店铺特有的奖励、优惠和折扣，并且个性化地推荐店内产品。该项技术还可以链接店内和居家浏览；如果顾客在网上为某个产品点赞，应用程序会在他到店时提醒该产品的具体位置，播放简短的产品视频，或许还会为其提供专门的优惠。采用该项技术的目的在于，为梅西百货喜爱技术和社交的顾客提供一位值得信赖的购物伙伴，使其店内购物体验更加个性化。[32]

还有零售商尝试使用虚拟现实技术来强化店内购物体验。例如，顾客可以在曼哈顿的北面商店内戴上虚拟现实头盔，在虚拟世界进行徒步健行、登山，甚或到定点跳伞的场地，体验一下身着北面装备从 420 英尺高的悬崖上勇敢地跃下。

万豪的客人们可以戴上虚拟现实眼镜到夏威夷或伦敦等旅游胜地来一场身临其境的旅行。英特尔开发了一间“智能”试衣间，购物者挥挥手就可以更换服装和颜色。汽车制造商奥迪正在经销商展厅中测试虚拟现实技术，让顾客借助 iPad 选择任何一种奥迪车型之后，定制所有零部件，从发动机和轮胎，到油漆颜色和内部座椅。然后，戴上头盔和耳机在虚拟现实中体验自己定制的汽车的视野和声音。他们可以在车外四处看看，打开油箱和车门或者引擎盖检查一番，甚至坐在驾驶座上。尽管目前应用虚拟现实技术还比较困难和昂贵，但显然未来很有潜力。[33]

绿色零售

如今的零售商越来越注重环境可持续问题。它们正不断地“绿色化”自己的商店和运营，推广更加环保的产品，开展帮助顾客提高环境责任感的项目，与渠道商合作减少对环境的影响。

在最基础的层次，大多数大型零售商正通过可持续的建筑设计、施工和运营，努力使自己的门店更加环保。例如，在“有利于人类和地球”的可持续发展战略下，家具零售商宜家长期的目标是实现 100% 可持续发展 [34]：

> “有利于人类和地球”战略的第一步是，提高宜家遍布 28 个国家和地区的 328 家大型商店的能源效率和独立性。为了给商店提供能源，宜家一直努力开发和运作 224 台风力发电机，并安装了 70 万块太阳能板——其 90% 的美国门店建有太阳能板。到 2020 年，宜家将运用可再生材料生产自己所消耗的能源。在店内，宜家只使用 LED 节能照明。大多数店铺还将店内餐厅的废弃食物分类用于堆肥或送到处理中心，转化为动物饲料或为汽车和公交车提供能源的沼气。有些宜家门店为顾客提供塑料、纸张、CFL 灯泡、电池，甚至报废电器等产品回收中心。

零售商还不断绿色化它们的产品采购。例如，宜家现在只在店铺里出售 LED 照明产品，其所售的家具中，越来越大比重的产品由棉花、木材和其他具有可持续性和可再生的资源制成。宜家供应商必须严格遵守其 IWATY 供应商行为规范的可持续性标准。宜家的目标是让所售家具都由可再生或可循环使用或再生材料制成。“可持续发展是宜家业务的核心，”该公司说，“以确保我们对人类和地区的影响是积极的。”

许多零售商还设立项目帮助消费者制定更具环保责任的购买决策。史泰博的“善待地球”（Easy on the Planet）项目通过帮助顾客在其商店识别所出售的绿色产品和循环使用打印机墨盒、移动电话、计算机及其他办公技术产品来“方便地采取环保行动”。史泰博每年大约回收 3 000 万个打印机墨盒和 1 000 万磅旧技术产品。[35]

最后，许多大型零售商与供应商、分销商合作创造更加可持续的产品、包装和分销系统。例如，亚马逊与所售产品的生产商紧密合作减少和简化包装。除了自己大量的可持续发展行为之外，沃尔玛运用巨大的购买能力敦促其供应商团队改善各自的实践以减少环境影响。该零售商甚至制定了全球可持续产品指数（Sustainable Product Index）用于评价供应商。它还计划将这一指数转化为一套简单的消费者评估指数，以帮助他们制定更具可持续性的购买决策。

绿色零售有助于企业提高收益和降低成本。可持续的实践吸引希望支持环保企业和产品的消费者，进而提高零售商的收益；同时，通过降低成本帮助零售商增加盈利。例如，亚马逊减少包装的努力增加了顾客的便利性，消除了“包装厌恶”，同时节省了包装成本。而科尔士百货的环保建筑不仅吸引顾客和保护环境，而且降低了企业的运营成本。

主要零售商的全球扩张

拥有独特风格和强势品牌定位的零售商越来越多地向其他国家扩张。很多零售商从本国成熟、饱和的市场抽身，转向全球市场发展。过去几年，一些美国零售巨头，例如麦当劳和沃尔玛，凭借非凡的营销能力，已经成为全球范围的佼佼者。

然而，在全球化方面，绝大多数美国零售商明显地落后于欧洲和亚洲零售商。世界前 20 家零售商中有 9 家是美国企业，其中只有 6 家在北美之外建立了零售店（沃尔玛、家得宝、沃尔格林、亚马逊、开市客和百思买）。世界零售 20 强中的另外 11 家非美国零售商中，有 10 家在至少 10 个国家设有零售店。外国零售商中，法国的家乐福、Groupe Casino 和欧尚（Auchan），德国的麦德龙（Metro）、利德尔（Lidl）和奥乐齐，以及英国的 Tesco 和日本的“7 和我”（Seven & I）等都已经积极进行全球扩张。[36]

国际零售充满挑战，但也蕴涵着机会。零售商在跨越国家、地区和文化时，不得不面对差异巨大的零售环境。仅仅调整在母国很有效的经营往往不足以在国外市场取得成功。相反，走进全球市场，零售商必须充分理解和满足当地市场的需求。

13.4 批 发

批发（wholesaling）涉及将产品和服务出售给以转售或商业用途为目的的购买者的全部活动。我们可以将那些主要从事批发活动的企业称为**批发商**（wholesaler）。

批发商大多从生产商进货，然后主要销售给零售商、产业消费者客和其他批发商。因此，很多重要的大型批发商很少被最终消费者知晓。比如，你对麦克森公司（McKesson）了解多少？这家巨型多元化保健服务提供商，销售额高达 1 790 亿美元，是全美领先的药品、健康和美容、家庭保健、药品供应和设备产品批发商。或者，你知道批发商 Arrow Electronics 吗？它通过分布在 56 个国家的 460 多个网点组成的全球网络，为 10 万家代工厂和组织客户每年提供价值 230 亿美元的计算机芯片、电容器，以及其他电器和计算机零部件。还有，你可能从来没有听说过固安捷（Grainger），即使它在遍及 150 个国家超过 200 万家企业和机构客户中非常知名、非常重要。[37]

固安捷可能是你从未听说过的最大的市场领导者。它拥有价值 100 亿美元的业务，为 200 万活跃客户和 4 800 家制造商的产品提供超过 150 万次产品保养、维修和维护服务（MRO）。通过其分支机构、服务中心、销售代表、商品目录和网站，固安捷为顾客提供所需的服务，以确保它们的设施运行平稳——包括从灯泡、吸尘器、展示箱到螺栓和螺帽、发动机、阀门、电动工具、测试设备和安全装备等各种物品，从而与顾客建立了良好的关系。在北美，固安捷旗下的 709 家分支机构、33 家战略性布局的分销中心、超过 2.35 万名员工以及创新性的网站每天会处理 11.5 万笔交易。它的顾客包括从工厂、车库和杂货店到学校和军事基地在内的组织机构。

固安捷的运营基于一个简单的价值主张：让顾客更容易且成本更低地找到和购买 MRO 物料。最初，它只是一家提供设备保养产品的一站式商店。如今，它强调通过在更广泛的方面帮助顾客找到一切 MRO 问题的解决方法，与他们建立持久的关系。固安捷的销售人员就像是一名顾问，会为购买者提供一切协助，从改进他们的供应链管理到削减存货以及提高仓储运营效率。

那么，你为什么会没听说过固安捷呢？可能是因为这家企业经营着并不绚丽多彩的 MRO 物料，这些产品对于每个企业都很重要，但对最终消费者就不是那么重要了。更可能的原因是：固安捷不是一家零售商。而且像其他绝大多数批发商一样，它在幕后经营，只把产品销售给企业。

为什么批发商对于经销商而言非常重要？为什么制造商会采用批发商，而不是直接将产品销售给零售商或者消费者？简单地说，批发商通过履行以下一项或几项渠道职能实现增值。

- 销售和促销：批发商的销售人员可以协助制造商以低成本到达很多小客户。与距离更远的制造商相比，批发商与购买者联系更加紧密，更能得到购买者的信任。
- 采购和产品类别管理：批发商可以根据客户的需要选择产品、建立产品组合，从而大大减少客户的工作量。
- 化整为零：批发商整车地购买商品，再化整为零，把大包装的商品分装成小包装，为客户省钱。
- 仓储：批发商保管存货，从而降低了供应商和客户的存货成本和风险。
- 运输：批发商比生产商更接近客户，因此能够更快地将商品递送给购买者。
- 融资：批发商通过提供信用为客户融资，通过提前订货和按时付款为供应商融资。
- 承担风险：批发商持有商品所有权，并承担失窃、损坏、消耗和过时老化的成本。
- 市场信息：批发商向供应商和客户提供关于竞争者、新产品和价格变动的信息。
- 管理服务和建议：批发商常常帮助零售商培训售货员、改进店面布置和陈设，并建立会计和存货控制系统。

批发商类型

批发商主要分为三种类型（见表 13－3）：独立批发商、经纪人和代理商，以及制造商和零售商的分支机构和办事处。**独立批发商**（merchant wholesaler）是批发商中最大的群体，大约占批发商总量的 50%。独立批发商大致包括两种类型：全面服务批发商和有限服务批发商。全面服务批发商提供全套服务，而形形色色的有限服务批发商为它们的供应商和客户提供较少的服务。各种不同类型的有限服务批发商在分销渠道中承担着不同的专业化职能。

表 13-3 批发商的主要类型

类型	描述
独立批发商	独立所有，对所经销的产品拥有所有权的企业。在不同的行业中，它们被称为经纪人、分销商或工厂供应批发商。这类批发商包括全面服务批发商和有限服务批发商。
全面服务批发商	提供一整套服务内容：保管存货，维持销售队伍，提供赊销、配送并提供管理支持。全面服务批发商包括批发商人和产业分销商。
批发商人	主要向零售商销售并提供全面服务。综合商品批发商经营多条产品线。全线批发商经营一条或两条较深的产品线。专卖批发商仅仅专业化经营一条产品线中的一部分。
产业分销商	将产品销售给制造商而非零售商。提供多种服务，例如存货保管、赊销和递送。其经营的产品种类可能繁多，也可能是一般商品产品线或者是特殊的产品线。
有限服务批发商	比全面服务批发商提供的服务要少。有限服务批发商分为几个类型。
现购自运批发商	经营有限的几条快速消费品产品线，以现金支付的方式销售给小型零售商。通常不提供送货服务。例如，一家小型鱼店店主可能会开车前往一家现购自运的鱼类批发商，以现金支付方式购买鱼产品，然后自己将商品运回店铺。
卡车批发商	主要履行销售和运输职能。经营几条易腐商品（例如牛奶、面包、点心）的产品线，它们在前往超级市场、小型杂货店、医院、餐馆、工厂食堂和宾馆送货的时候，通过现金交易完成销售。
直运批发商	没有存货，也不进行产品加工处理。当接到一笔订单时，就选择一家制造商，由该制造商将商品直接运送至顾客。直运批发商在从接受订单到货物送达顾客的时间段中，拥有商品所有权并承担风险。它们经营大宗商品，例如煤炭、木材和重型设备。
货架批发商	为食品杂货和药品零售商提供服务，大多集中在非食品产品领域。它们向零售店派出货运卡车，送货人员负责玩具、平装书、五金器具、保健和美容用具等商品的准备。它们为商品标价，保持商品新鲜，准备售点陈设并完成存货记录。货架批发商保留商品的所有权，只有在商品出售给消费者的时候才向零售商收款。
生产合作社	由农业生产者会员所有，收集农产品并在当地市场上销售。合作社的利润在年底分发给会员。它们经常努力提高产品质量，推广合作社品牌，例如阳光少女（Sun-Maid）葡萄干、新奇士橙子或者钻石（Diamond）核桃。
邮购批发商	向零售客户、产业客户和机构客户寄送产品目录，出售有特色的珠宝、化妆品、特殊食品等小型商品。没有外勤销售人员。主要的客户为郊外小型商业区企业。订单通过邮寄、卡车或其他运输方式交付。
经纪人和代理商	不拥有商品所有权。主要的职能是促成购买和销售，从销售价格中赚取佣金。通常专门针对特定的产品线和顾客类型。
经纪人	主要的职能是将买方与卖方撮合在一起，并协助洽谈交易。由雇用它们的一方支付佣金，不保管存货，参与融资和风险分担。例如食品经纪人、地产经纪人、保险经纪人和证券经纪人。

续表

类型	描述
代理商	比经纪人更持久地代表买方或卖方。分为几种不同的类型。
制造商代理商	代表两家或多家进行互补性产品生产的制造商。与每家制造商签订涵盖定价、分管区域、订单处理、运输服务和担保以及费率等内容的正式书面协议。这种方式通常应用于服装、家具和电器产品等产品线。绝大多数制造商代理商都是小型企业，只雇用几名经验丰富的销售人员。雇用它们的是那些无力建立自己的销售队伍的小型制造商以及通过代理商来开辟新的销售区域或无法维持全职销售人员的区域的大型制造商。
销售代理商	持有契约型授权，销售一家制造商的所有产品。制造商或者对销售业务不感兴趣，或者认为自身不能胜任。销售代理商相当于企业的销售部门，对销售价格、条款和条件等具有重要影响。多用于纺织品、工业机械和设备、煤炭和焦煤、化学制品和金属制品领域。
采购代理商	通常与买方保持长期关系，负责为其进行采购。一般为买方接收、检查、仓储和运送商品。向客户提供有用的市场信息并帮助它们以低廉的价格获取最优质的商品。
佣金商人	持有商品实体并协商交易。它们通常不会被长期雇用。多见于农产品市场，被那些不愿意自己销售产品或者没有参加生产合作社的农业生产者雇用。佣金商人将大批商品运至中心市场，以最优的价格出售，扣除费用和佣金后，将余额返还给制造商。
制造商和零售商的分支机构和办事处	由买方或卖方自己而非通过独立的批发商来完成批发业务。各个分支机构和办事处可以专门致力于销售或采购。
销售分支机构和办事处	由制造商建立以改进存货控制、销售和促销。销售分支机构可保管存货，多见于木材、自动化设备和零部件行业。销售办事处也可不保管存货，多见于纺织品和食品杂货行业。
采购部	与经纪人和代理商扮演的角色相似，但属于买方组织的一部分。很多零售商在像纽约和芝加哥这样的主要市场中心建立采购部。

经纪人和代理商与独立批发商的差异主要体现在两方面：它们并不拥有商品的所有权，而且只履行几项职能。像独立批发商一样，它们一般在产品线和顾客类型上实现差异化。**经纪人**（broker）将买方与卖方撮合在一起，协助双方洽谈。**代理商**（agent）更长久地代表买方或卖方。制造商代理（通常称为制造商代表）是最常见的代理批发商类型。第三种主要的批发商类型，即由买方或卖方自己通过**制造商和零售商的分支机构和办事处**（manufacturers' and retailers' branches and offices），而非独立批发商完成批发业务。

批发商营销决策

批发商面临不断增大的竞争压力、要求更加苛刻的客户、新兴的技术，以及大型产业、机构和零售商采购者更多的直接购买计划。因此，它们必须重新审视自己的营销战略。与零售商一样，批发商的营销决策包括细分市场和目标市场选择、差异化和定位，以及营销组合——产品和服务组合、批发定价、促销和分销（见图 13-2）。

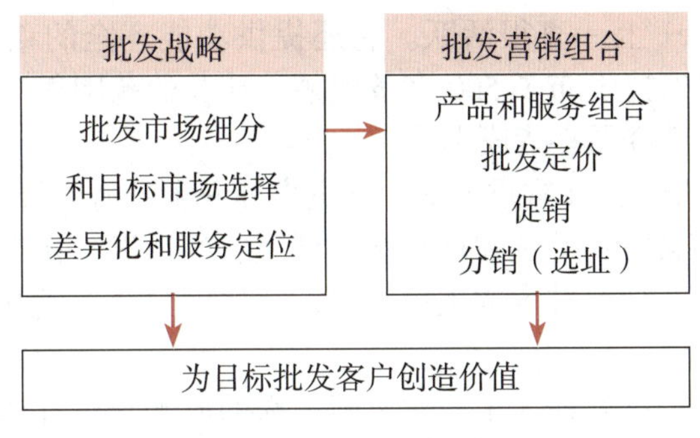

图 13-2 批发营销战略

市场细分、目标市场选择、差异化和定位决策

与零售商一样，批发商必须进行市场细分，定义其目标市场，并进行有效的差异化和定位——它们无法为每一个客户服务。它们可以根据客户的规模（仅针对大型零售商）、类型（仅针对便利店）、对服务的需求（需要赊账的客户）或者其他指标选择目标群体。在目标客户群体内，它们可以识别出更有利可图的客户、设计强有力的产品或服务组合，并与客户建立更加密切的关系。它们可以提供自动再订购系统、建立管理培训和咨询系统，甚至发起自愿连锁。它们可以通过提高订单规模或向小客户加收服务费来摆脱盈利性较差的客户。

营销组合决策

与零售商一样，批发商必须就产品和服务组合、定价、促销和分销进行决策。批发商通过提供产品和服务来增加客户价值。批发商通常面临巨大的压力，既要提供品种齐全的产品和服务，又要有足够的存货以应对即时送达的需求。然而，这样的做法有损利润。现在的批发商正在削减产品线数量，只提供那些更加有利可图的产品种类。它们也开始重新思考对于建立稳固的客户关系而言，哪些服务是最重要的，哪些服务应当削减，哪些应该保留，但要向客户收取费用。关键在于发现目标客户评价最高的服务组合。

定价也是一项重要的批发商决策。批发商通常在商品成本上加一个标准的百分比来进行定价——例如 20%。各种费用可能占 17%，剩下的 3% 则是利润。在食品杂货批发行业中，平均利润率通常低于 2%。最近的经济衰退给批发商带来削减成本和降价的巨大压力。零售商和产业客户普遍面临销售和利润下滑，这些客户反过来要求批发商降价。批发商可能通过降低某些产品线的利润率来保住重要的客户；如果能大量提高供应商销售量的话，批发商也可能向供应商索要特殊的价格折扣。

虽然促销对于批发商的成功是至关重要的，但大多数批发商并不关注这一点。它们以前大多不会系统而有计划地使用商业广告、销售促进、人员销售和公共关系。很多批发商在人员销售上已经落伍了——它们依然将销售过程看做一名销售人员与客户之间的商谈，而不是通过销售团队来完成重要客户发展、销售和服务。批发商还需要借鉴零售商所使用的一些非人员销售技术。它们需要制定整体促销战略，并且更好地利用供应商的促销材料和项目。

数字和社交媒体正发挥越来越重要的作用。例如，固安捷在脸书、YouTube、推特、领英和 Google+ 上一直很活跃。它还提供功能齐全的移动应用程序。在其 YouTube 频道上，固安捷发布了 500 多条视频，涉及的范围很广，从公司及其产品和服务到帮助客户持续降低存货成本。

最后，分销（选址）是非常重要的——批发商必须精心选择地点、设施和网址。以前，典型的批发商会将地址选在低租金、低税收的地区，在建筑、设备和系统上投入甚少。然而今天，随着技术的飞速发展，这样做只会造成其物资处理、订单处理和递送系统的过时。

如今，先进的大型批发商为了应对不断上涨的成本，对自动化仓储和信息技术系统加大了投入。订单从零售商的信息系统直接发送到批发商的系统中，机械化设备拣出商品并自动送到汇集商品的装运平台上。大多数大型批发商应用技术完成会计、票据、存货控制以及预测工作。现代批发商正在根据目标客户的需要调整其服务，并寻求进一步降低经营成本的方法。它们还扩大网上交易。例如，电子商务是固安捷增长最快的销售渠道，使其跻身美国和加拿大最大的电子卖主队伍，名列第 13 位。网络和移动采购现在占批发商总销售的 40% 以上。[38]

批发业的发展趋势

现在的批发商面临极其严峻的挑战。这一行业面对近十年来最持久的趋势——不断要求更高的效率时，依然很脆弱。最近的经济环境已经迫使企业进一步降低价格和剔除不能根据成本、质量增加价值的供应商。积极进取的批发商总是在寻求更好的方法来满足供应商和目标客户不断变化的需求。它们意识到，自己存在的唯一理由就是通过提高整个营销渠道的效率和有效性来实现增值。

同其他类型的营销者一样，一切为了建立增值的客户关系。例如，西斯科公司（Sysco）是销售额达到 490 亿美元的食品配送公司，在幕后为 42.5 万家餐厅、学校、医院、学院和其他商业客户备餐供货。[39]

> 无论是休斯敦 Reliant Stadium 的热狗、Jersey Mike's 的原味意大利三明治、希尔顿饭店的蟹饼，还是当地医院食堂的火腿和奶酪，原材料都很有可能来自西斯科公司——美国最大的食品供应商。西斯科供应经营餐饮业所需的所有产品，从盒装海鲜、鸡肉和牛肉，到 25 磅一袋的大米或意大利面，再到罐装番茄酱和辣番茄酱、盒装塑料手套以及大桶洗涤剂。使西斯科对客户而言如此有价值的是，其加工和递送这些产品比客户自己完成更加可靠、高效和实惠。
>
> 例如，西雅图 Pike Place 市场中代表性的餐厅 Lowell's，通过西斯科市场（Sysco Market）网上订购系统便利地处理几乎所有产品。其订单在西斯科自动化的配送中心迅速准确地得到处理。然后，Lowell's——自己或在西斯科销售人员和调度人员的帮助下——可以通过 My Sysco Truck 程序追踪所有递送的地点。西斯科不懈努力寻求新方法增加更多的价值和建立信任，从产品安全可追踪性，到从当地中小型农场、牧场和加工商采购，再到满足业务定位于可持续发展和社群的客户的要求。总之，西斯科很好地践行了自己的座右铭："西斯科提供优质产品。"

大型零售商和大型批发商的界限越来越模糊。很多零售商的经营形式，例如批发会员店和超级购物中心，行使了不少批发商职能。反过来，许多大型批发商正在着手建立自己的零售业务。例如，超价商店是美国最大的食品批发商，但也是美国最大的食品零售商之一。该公司大约一半的销售来自其 Cub Foods、Save-A-Lot、Farm Fresh、Hornbacher's、Shop'n Save 和 Shopper 商店。[40]

批发商将会继续增加为零售商提供的服务——零售定价、联合广告、营销和管理信息报告、会计服务、在线交易等。但是，最近糟糕的经济状况和服务需求的增加，一再挤压批发商的利润空间。那些不能找到有效途径向客户让渡价值的批发商将迅速被淘汰。幸运的是，计算机化、自动化和互联网系统越来越普遍的使用，有助于批发商控制订货、运输和存货保管成本，提高生产率。

关键术语

零售（retailing）
零售商（retailer）
惠顾者营销（shopper marketing）
专卖店（specialty store）
百货店（department store）
超级市场（supermarket）
便利店（convenience store）
超级商店（superstore）
品类杀手（category killer）
服务零售商（service retailer）
折扣店（discount store）
廉价零售商（off-price retailer）
独立廉价零售商（independent off-price retailer）
工厂直销店（factory outlets）
仓储会员店（warehouse club）
公司制连锁店（corporate chains）
特许经营（franchise）
购物中心（shopping center）
逛展厅（showrooming）
批发（wholesaling）
批发商（wholesaler）
独立批发商（merchant wholesaler）
经纪人（broker）
代理商（agent）
制造商和零售商分支机构和办事处（manufacturers' and retailers' branches and offices）

概念讨论

1. 定义全渠道零售，并解释其与惠顾者营销的联系。
2. 解释零售商在设计吸引和留住顾客的战略时，必须考虑的各种营销决策。
3. 列举并描述三种廉价零售商。廉价零售商商与折扣店有何区别？
4. 列举并描述三种主要的批发商类型。
5. 讨论批发商的营销组合决策。当前，批发商面对的主要挑战是什么？

案 例

Bass Pro Shops：为讨厌购物的人创造自然主题公园

户外用品大型零售商 Bass Pro Shops 40 多年来似乎一直在打破零售规则，并享受成果。凭借遍布美国和加拿大的 90 多家连锁店铺，这家密苏里州斯普林菲尔德的私人持股公司去年获得 43 亿美元销售收入——每家店近 5 000 万美元——成为美国最大的户外用品零售商。有悖于传统的零售智慧，Bass Pro Shops 商店规模巨大，管理费用很高。甚至更加大胆的是，该连锁商店通过瞄准讨厌购物的顾客取得了零售成功。典型的 Bass Pro Shops 顾客是深居简出的男性户外运动者。他们渴望精彩的户外运动，但厌恶拥挤的人群和购物。

过去数十年间，Bass Pro Shops 从一家流行的邮购目录销售商演变成全美最受欢迎的店铺零售商。尽管 Bass Pro Shops 选址常常较为偏远，顾客却蜂拥而至选购打猎、钓鱼和其他户外装备。去年近 2 亿人次光顾 Bass Pro Shops 商店。为亲临这家“偏远零售店”，顾客平均驱车超过 50 英里才能到达一家 Bass Pro Shops 商店（有人甚至驱车数百英里前往），平均停留 2 小时。学校、教堂和老年人中心甚至用公共汽车送人们去。

弥补市场空缺

那么，Bass Pro Shops 成长为全美第一的原因是什么？ Bass Pro Shops 吸引一大批原本厌恶购物的人来到店内的能力是其双钩战略的重要内容，该战略可以追溯到公司最初创建的日子。首先，每一家店都保证产品类别像密西西比河那样宽，像马里亚纳海沟那样深。1971 年，约翰尼·莫里斯（Johnny Morris）——钓鱼比赛参赛者和户外运动热爱者——因为在运动用品商店买不到像样的渔具而苦恼。大学一毕业，他就迫不及待地租了一辆 U-Haul 拖车开始环美公路旅行，采购最新和最好的高端渔具，塞满了整整一车。回到斯普林菲尔德后，他在父亲开在桌石湖附近的酒店中出售。就这样，Bass Pro Shops 诞生了。

第一家 Bass Pro Shops 商店的销售很快就超过了其父亲的酒品销售，几年内，莫里斯对 Bass Pro Shops 的愿景逐步成形。那时，运动用品的销售分散在许多分别迎合不同户外运动的独立零售商手中。为了满足全国顾客的需要，Bass Pro Shops 于 1974 年刊印了自己首份邮购目录。从那时起，目录销售就成为公司业务的中流砥柱。

与此同时，公司开始填补实体店的空白。由于当时还没有一家全国连锁能够为户外运动热爱者提供服务，Bass Pro Shops 很快将领域扩展到渔具之外，先后增加了狩猎、野营、户外炊具、户外鞋品和服装以及自然主题的礼物等等。在这一扩展期间，Bass Pro Shops 不仅经营领先的制造商品牌，也开发了一系列商店品牌，包括其首个私有品牌 Bass Tracker——首个且迄今为止仍是市场领先的专业钓鱼艇产品品牌。通过制造和直接销售，Bass Pro Shops 不仅将巨大的成本节约让渡给顾客，而且可以与几乎任何一家公司开展价格竞争。

随着 Bass Pro Shops 在 1970 年代的迅速发展，其战略的第二个方面通过在其总部附近开设首家户外世界展厅得到巩固和强化。从那天起，Bass Pro Shops 不仅仅是出售众多时尚户外用品的连锁店，而且成为一个为惠顾者提供互动性顾客体验的地方。如今的 Bass Pro Shops 为户外运动热爱者创造出一个自然历史主题公园——运动商品领域的“迪士尼乐园”。

自然主题公园

以田纳西州孟菲斯的商店为例——孟菲斯金字塔内的 Bass Pro Shops。孟菲斯灰熊队的前主场，占地 535 000 平方英尺、32 层楼高的玻璃和钢结构的金字塔现在入驻了最大的 Bass Pro Shops 商店。这家商店里陈列着各种野生动物，从水泥地板上压印着的鹿、鸭子、火鸡、熊、山猫和狼的足迹，到知名艺术家亲手绘制的展示当地自然风光的壁画。

金字塔中的 Bass Pro Shops 店使野生生物立体、鲜活起来。众多运动姿态、栩栩如生的动物标本——从草原狗、鹿、麋鹿和北美驯鹿，到棕熊、北极熊、麝牛和岩羊——都置于自然的立体布景当中，让顾客有令人震惊的身临其境之感。尽管这些动物都是标本，但令金字塔商店骄傲的还有一个 60 万加仑水域供鱼和其他野生生物生存和栖息，包括柏树沼泽——四周环绕着 100 英尺高的树木、有着 84 000 加仑水的短吻鳄栖息地（每周六投喂），以及禽舍——有四个供五种鸭栖息的人工池塘。

如此精心安排的野生生物展示为在这个户外世界中最鲜活和有吸引力的零售探险构建了基础。到访者可以乘坐全美最高的独立玻璃观光电梯直达观景台——一个位于金字塔顶部、动人心魄的悬臂式玻璃地板观景台。在那里，店内店外的景色一览无余。商店内部也有许多亮点，包括拱廊射击展厅、射箭和手枪区、伯莱塔手枪中心、互动的鸭子水禽中心，以及有103间客房的大柏树旅馆。

因为到Bass Pro Shops金字塔的访客常常会停留一天时间，商店还设有两家提供全面服务的餐厅，包括公司自有的六家连锁餐厅之一的Uncle Duck's Fishbowl & Grill。餐厅提供以航海为主题的就餐环境，餐厅内外有海水水族馆，让就餐者全视角地观赏异域风情的热带鱼。餐前或餐后，就餐者可以在Fishbowl海洋主题的13道保龄球馆开胃或消耗热量，扔出去的球会从鲨鱼张开的大嘴里送回来。

一半规模——满是乐趣

金字塔内的Bass Pro Shops比其他连锁店都要大，也更加炫目。但是每一家Bass Pro Shops的户外世界商店都精心设计，以同样有魅力的体验让购物者沉浸其中。大多数商店规模不超过200 000平方英尺——大约沃尔玛购物中心的平均规模——只有一家餐厅，没有旅馆。但是，Bass Pro Shops的构成要素在其许多北美店铺同样大放异彩。一位母亲这样总结在Bass Pro Shops的体验：

> 我们最近带着两个5岁的孩子进行了一次家庭出行。他们非常享受我们的Bass Pro Shops之旅！那里既是零售商店，也是野生动物博物馆。对任何户外运动热爱者而言，那里有太多吸引人的地方。孩子们喜欢看真实的鱼和鸭子，还有大量栩栩如生的动物标本，有他们可以乘坐的小船以及可以藏身的树木。商店里开设了一家餐厅，提供不同价位的产品。你也不是一定要花钱才能尽情观赏。强烈推荐！

凭借在每一家商店建立剧场般和娱乐式的零售设计，Bass Pro Shops不仅成为讨厌购物的男性户外运动者的天堂，还受到其他人的喜爱和欢迎。"首先，我不是一位户外运动爱好者，所以我来Bass Pro Shops不是为了购物，"一位访客说道，"但我要说我爱这家商店，我感觉自己好像在博物馆和水族馆里。"

Bass Pro Shops还开展各种特别活动，提供更多的原因吸引惠顾。例如"家庭夏令营""职业骑牛者""秋季狩猎经典""万圣节Bass Pro时尚庆典"等等。每个活动都有丰富的表演和互动内容，包括全美和当地知名专家参与的钓鱼和狩猎培训。但是没有哪个Bass Pro Shops活动比得过"圣诞仙境"（Santa's Wonderland）。这个为期六周、铺张华丽的狂欢活动将每一家Bass Pro Shops变身为不折不扣的圣诞村，在白雪皑皑的小山和被彩灯等装饰得古朴华美的圣诞树之间，有淳朴的乡村小屋、移动的模型火车、卡通圣诞人物、可以互动说话的驯鹿和生动的小精灵。孩子们可以在游戏区玩耍，尝试一下古旧的模型火车、RC卡车、轨道车、激光和泡沫飞镖枪。家庭可以在各种活动台前欢度快乐时光，制作装饰品和手工品带回家。他们还可以享受各种美味食品。当然，没有圣诞老人的亲临，圣诞仙境就不会完整，该活动的主要特点还包括一份大片效果的免费照片。

尽管Bass Pro Shops的零售设计如此奇妙，在以此方式营销优质户外运动产品的道路上，公司并非独行者。以内布拉斯加州为基础的Cabela's早于Bass Pro Shops开始营业。Cabela's与Bass Pro Shops有几乎同样数量的门店，年收入也相当。Cabela's的零售体验也与Bass Pro Shops的几乎一样，布满动物的立体布景、水族馆、和射击艺术馆等。

然而，两家连锁店至少有一处明显的差异：当Bass Pro Shops繁荣发展时，Cabela's长期和成功的运营却陷入困境，销售下滑并出现亏损。不敌来自网上销售商的激烈竞争，Cabela's最近被《福布斯》列为全美第二大处境不佳的连锁零售商，紧随如今不景气的Radio Shack。Cabela's正在探寻逃避破产的应对方案，目前最好的选择显然是将公司出售给Bass Pro Shops。没错，第一大户外用品零售商现在考虑收购第二大同行。如果一切顺利，Bass Pro Shops不仅规模翻倍（这两家零售商很少在相同市场开店），还会取得包括成本节约、与制造商更大的谈判实力等规模经济优势。

但是即使对Cabela's的收购不能达成，Bass Pro Shops仍会继续进行自己数十年来一直坚持的——用自然主题公园非常卓越的零售体验令顾客惊喜。“人们在这里花时间，当他们离开时，”莫里斯这样说Bass Pro Shops，“已经迫不及待地期待下一次探索。这是一种体验，是创造记忆，是与家人和朋友共度的时光，是乐趣。”

资料来源：Sean McCoy, “Mega-Outdoors? Bass Pro, Cabela's Merger May Be on Horizon,” *Gear Junkie*, May 31, 2016, https://gearjunkie.com/bass-pro-shops-cabelas-acquisition; Liyan Chen, “Next RadioShack? Here Are the Most Troubled Retails Stores,” *Forbes*, February 10, 2015, www.forbes.com/sites/liyanchen/2015/02/10/next-radioshack-here-arethe-most-troubled-retail-stocks/#7d35e34dbc44; “Cabela's May Have a New Suitor,” *Fortune*, April 20, 2016, www.fortune.com/2016/04/20/cabelas-suitor-goldman-sachs/; Lee Tolliver, “Money Hasn't Changed Humble Bass Pro Founder,” *The Virginian-Pilot*, January 16, 2011, www.pilotonline.com/sports/outdoors/money-hasn-t-changed-humble-basspro-founder/article_939a1378-026d-517b-9875-dd01ddc69b8e.html; and www.basspro.com/webapp/wcs/stores/servlet/CFPageC?appID=94&storeId=10151&catalogId=10051&langId=-1&tab=3, www.tripadvisor.com, and www.basspro.com, accessed September 2016.

讨论题

1. 定义Bass Pro Shops的目标市场选择战略。该零售商是否提供真正差异化的体验？
2. 基于零售营销组合理论，说明Bass Pro Shops是如何成为全美领先的户外用品零售商的。
3. 按照零售商的主要类型，你会如何为Bass Pro Shops分类呢？
4. 为什么Bass Pro Shops会成功，而Cabela's仍然在勉力挣扎？
5. 对Bass Pro Shops而言，收购Cabela's是不是一个好主意？请解释。

注 释

请扫描二维码或登录中国人民大学出版社官网www.crup.com.cn下载本书注释。

14 吸引消费者和沟通顾客价值：整合营销沟通战略

学习目标

- 定义沟通顾客价值的促销组合工具。
- 讨论变化中的市场营销沟通环境及整合营销沟通的必要性。
- 简要说明沟通过程，以及开展有效营销沟通的步骤。
- 解释制定促销预算的方法，以及影响促销组合设计的因素。

在本章和随后的三章中，我们考察市场营销组合的最后一个工具——促销。公司的市场营销活动远不止创造顾客价值，还必须运用促销手段清晰地、有说服力地沟通这种价值。促销不是一种简单的工具，而是多种工具的组合。在整合营销沟通观念下，公司必须仔细地协调这些促销工具以传递关于组织及其品牌的清晰的、一致的和有力的信息。我们首先介绍各种促销组合工具；然后，考察迅速变化的沟通环境，以及整合营销沟通的必要性；最后，讨论开展营销沟通的步骤，以及编制促销预算的过程。在随后三章中，我们将考察具体的营销沟通工具：广告与公共关系（第 15 章）；人员销售和销售促进（第 16 章）；直复、网络、社交媒体和移动营销（第 17 章）。

我们先来看一场优秀的整合营销沟通运动。在竞争激烈的零食和糖果行业，众多知名品牌也不得不为生存而战斗，士力架“饥饿的时候，你就不是你自己了”的运动赋予这个标志性品牌新生命。不论从哪里——电视、手机屏幕、朋友圈，甚或是士力架糖果包装上——你都能看到这一信息。这场整合营销沟通运动清晰、一致地以充满活力和令人难忘的方式沟通和传递了品牌“士力架横扫饥饿”和“饥饿的时候，你就不是你自己了”的定位，并使士力架成为世界上领先的甜品小食。

引例 士力架：饥饿的时候，你就不是你自己了

一切始于2010年超级碗士力架那则目前仍然堪称经典的广告。广告中年过八旬的黄金女郎贝蒂·怀特（Betty White）作为一名表现得像是贝蒂·怀特的运动员现身社区橄榄球比赛——当然，不堪一击。然而，在吃过士力架之后，这名球员变回了自己，活力四射地投入比赛。广告结尾的口号如今在消费者中早已耳熟能详，“饥饿的时候，你就不是你自己了”，紧随其后的广告标题是，“士力架横扫饥饿”。

这则贝蒂·怀特广告引发巨大的蜂鸣效应，使一度低迷的士力架品牌重新焕发生机。根据尼尔森的调查数据，这则广告是当年超级碗赛事中最大的亮点，并在《今日美国》的广告排行榜上得到了最高评分，还获得了其他很多荣誉。这则广告犹如病毒一样迅速传播开来，吸引了数以百万计的网络观众。它为品牌创造了大量免费的媒体报道。“饥饿的时候，你就不是你自己了”这句口号为这场持久而成功的整合营销沟通运动奠定了基石，正是这场运动将士力架推向了全球糖果市场的前列。

所有伟大的营销沟通运动都始于一则独特的品牌信息——使品牌真正与众不同的东西。数十年来，玛氏公司根据最重要的品牌属性为士力架定位：士力架可以有效补充能量。士力架将巧克力、牛轧糖、焦糖等成分与富含蛋白质能量的花生融合在一起，成分比大多数普通条状糖果丰富得多。“士力架横扫饥饿”这一广告语强调了士力架能够饱腹的特点。在这场运动之前，士力架被宣传为年轻的男运动员的正餐替代品。例如，曾有一则经典的平面广告展示了一位母亲带着士力架送儿子参加橄榄球训练的场景。

但是直到2000年代早期，士力架一成不变。其定位逐渐陈旧，陷入销售增长停滞和市场份额下降的困境。品牌需要新的创意——能够焕发士力架活力和扩大市场吸引力的概念。玛氏公司并没有摒弃以往成功的定位，而是通过“饥饿的时候，你就不是你自己了”这一新鲜主题强化和丰富原有的定位。于是，保留“士力架横扫饥饿”作为品牌的定位基础，“你就不是你自己了”这一新创意核心以一种极具吸引力的聪明方式为定位注入新的活力。

新的标语“饥饿的时候，你就不是你自己了”开发了更有力和普遍的情感诉求——饥饿。这是与广大消费者息息相关的感受。几乎所有人都与饥饿会如何改变你这一话题相关联。这一定位对不同性别、不同年龄的消费者，对公司职员、工人，或大学生都很重要。它甚至可以跨越全球文化差异。最终，“你就不是你自己了”的主题出现在无数富有想象力和娱乐性的广告之中，在多种媒体平台播放。

从最初那则贝蒂·怀特的超级碗广告开始，“饥饿的时候，你就不是你自己了”运动在80多个国家发展出众多富有创意的广告。在一则令人印象深刻的广告中，棒球教练罗宾·威廉姆斯（Robin Williams）在指导队伍时胡言乱语，面对原本激烈的比赛他却说要制作气球动物和茶壶套，用温柔打败对手。随后士力架为2015年超级碗制作了广告《布雷迪家庭》（Brady Bunch），其中粗鲁的丹尼·特乔（Danny Trejo）扮演怒吼的玛西亚（Marcia），怪异的斯蒂夫·巴斯米（Steve Buscemi）扮演不开心的简（Jan）。这则广告在当年超级碗广告收视量排名中位列第三，并获得首次超级碗最佳广告奖（广告界的奥斯卡）。在第50届超级碗期间，士力架广告模仿那张身着白色连衣裙站在地铁通风栅栏口上的玛丽莲·梦露的标志性照片——只不过这次，上升气流揭露的是面目狰狞的威廉·达福（William Dafoe）瘦骨嶙峋的腿和三角裤。这则广告仅在士力架的YouTube渠道吸引的观看次数就超过了1 100万人次。

“你就不是你自己了”运动在平面广告领域也很有成效。有一则广告是3位短跑运动员一起在跑道上准备就位，但其中之一却面朝错误的方向。另一则广告表现了4位组成人墙的

足球运动员都用手护着下腹，唯独一人却毫无防护，只见他用手护住头，运动衫上拉盖住了脸。甚至有一则广告根本没有用人物来阐明重点，在这回的角色反转中，一匹斑马居然狂追一头狮子。这些广告最后都会以一个简单的画面表现士力架被切开的横截面和广告语“横扫饥饿，做回自己”结束。

除了电视和平面广告，“饥饿的时候，你就不是你自己了”运动跨越范围广阔的数字、移动、位置和其他媒体甚至是包装，充分地整合在一起。士力架现在的“饥饿棒”包装直接强化了运动信息，上面的标签包含情绪描述，诸如烦躁、疯狂、混乱、发牢骚、急躁、乖戾、发傻和戏精等等。士力架鼓励顾客让有叛逆行为的朋友吃恰当标签的士力架。玛氏公司甚至举办了一场很有意思的 2 分钟迷你真人秀视频，表现士力架热线接线员调度自行车信使将不同包装的士力架递送给有相应情绪的候选人。

士力架“饥饿时，你就不是你自己了”运动为吸引顾客互动和激发消费者生成的内容而设计了大量数字元素。例如，最近名为“与你的士力架来次自拍”的竞赛邀请品牌 1 100 多万脸书粉丝分享“饥饿时你是谁”的图片——优胜者将获得 10 万美元和个人专属士力架棒。士力架的“你不是 YouTube”运动邀请 13 位 YouTube 网红及其 700 万粉丝分享他们的“你就不是你自己了”时刻。士力架还发起一场 YouTube 竞赛，邀请粉丝提交他们的照片、视频或者梗，用话题“# 吃士力架”(#EatASnickers) 进行分享。

另一场在英国的数字运动中，英国明星发布四条“完全不符合他们特点”的推特——例如，职业足球运动员里奥・费迪南德（Rio Ferdinand）发推特谈起了编织毛衣的乐趣；超模凯蒂・普莱斯（Katie Price）发信息称“大规模量化宽松会扭曲政府债券市场流动性”——这些名人在发布奇怪的推特之后，又紧跟着发布第五条推特，宣传士力架，并引用运动口号“# 饥饿的时候，你就不是你自己了”(#yourenotyouwhenyourehungry)。这种数字努力在强化士力架品牌信息的同时，有效地吸引和娱乐了该品牌热衷数字媒体的粉丝们。

除了多样性，无论什么平台——平面媒体、包装、电视，或者电脑、移动屏幕或其他——士力架运动都不仅仅是将这些聪明的内容简单地拼凑在一起。使该运动如此有效的是，在该品牌“士力架横扫饥饿”和“饥饿的时候，你就不是你自己了”的定位下，精心整合所有部分。这一信息以一种吸引人和令人难忘的方式唤起人们重要的情感共鸣——当你感到饿时，很可能有点儿不在状态。无论你在哪里或者如何接收这一信息，该运动都传达了一种清晰和一致的品牌信息。

于是，六年之后，士力架这场流行的“饥饿的时候，你就不是你自己了”运动仍然具有活力。这场全球性促销运动开展之前，士力架巧克力在激烈的市场竞争中正逐渐丧失市场份额。但是，贝蒂・怀特出演的广告在超级碗比赛上首次亮相后不久，士力架就超过了玛氏公司麾下另一个品牌 M&M 成为全球最畅销的甜品类零食，该定位迄今依然有效。凭借不断扩充的产品线，包括士力架黑巧克力、士力架杏仁巧克力、士力架黄油花生巧克力、小士力架和士力架冰激凌巧克力等，士力架品牌的年销售额达到 35 亿美元，占玛氏公司年销售总额的 10% 以上。如此优异的成绩很大程度上归功于“饥饿的时候，你就不是你自己了”这一创新性整合营销沟通运动。对公司及其顾客而言，该品牌长期坚守的承诺“士力架横扫饥饿”比以往任何时候都要真实可靠。[1]

仅靠制造优质的产品、制定吸引人的价格和使目标顾客能够方便地买到产品，还不足以建立良好的顾客关系。公司还必须向顾客沟通其价值主张，而且必须有明确的目的和周详的计划。所有沟通努力必须相互协调，组合成整合营销沟通方案。优秀的沟通对建立和维持各种关系都非常重要。在公司努力建立盈利性的顾客关系

的过程中，有效的沟通尤其重要。

14.1 促销组合

公司的**促销组合**（promotion mix），又称为**营销沟通组合**（marketing communications mix），由广告、销售促进、人员销售、公共关系和直复与数字营销等工具的特定组合构成，用于有说服力地沟通顾客价值和建立顾客关系。以下是主要的促销工具及其定义。[2]

- **广告**（advertising）：由特定广告主出资发布的非人格化的对观念、商品或服务的各种形式的展示和促销。
- **销售促进**（sales promotion）：为鼓励产品和服务的购买或销售而进行的短期激励。
- **人员销售**（personal selling）：公司的销售人员为实现达成销售和建立顾客关系的目的而进行的商品介绍和展示。
- **公共关系**（public relations）：通过获得有利的宣传，建立良好的企业形象，处理或应对不利的流言、事故和事件，与公司的各种公众建立良好的关系。
- **直复与数字营销**（direct and digital marketing）：与仔细确定的个体消费者和消费者社群直接联系以获得即刻反馈和培养持久顾客关系。

每一种促销方法都有与消费者沟通的特殊工具。例如，广告包括广播、印刷、互联网、移动、户外以及其他形式。促销包括折扣、优惠券、陈列和示范。人员销售包括销售展示、展销和激励计划。公共关系包括新闻发布会、赞助、特殊事件以及网页。直复营销包括目录、直接答复电视、信息亭、网络、移动电话等。

同时，市场营销沟通并不局限于这些具体的促销工具。产品的设计、价格、形状和包装，以及出售它的商店，都会向消费者传递产品或企业的信息。因此，尽管促销组合是公司主要的沟通活动，但是为了取得最佳的沟通效果，整个市场营销组合——促销与产品、定价和渠道，都必须协调一致。

14.2 整合营销沟通

在过去数十年中，市场营销者的大众营销艺术已经趋于完美——向广大顾客销售高度标准化的产品。在这一过程中，他们建立起有效的大众媒体沟通技巧，以支持大众营销战略。大公司通常在电视、杂志或其他大众媒体上投资数百万美元甚至数十亿美元发布广告，用单一的广告就可以影响数千万顾客。但是，今天，市场营销者面临新的营销沟通现实。也许再也没有一个营销领域像营销沟通这样，正在经历如此巨大且深刻的变化，营销沟通者迎来了一个既令人兴奋不已又充满挑战的新时代。

新的市场营销沟通模式

一些重要的因素正在改变营销沟通的面貌。首先，消费者在变化。在这个数字化的无线时代，他们在信息更加灵通的同时，具有更强的沟通能力。他们可以利用互联网和其他技术自主地搜索信息，而不必再依赖市场营销者提供。而且，他们还能够方便地联系其他消费者交换关于品牌的信息，甚至创造自己的市场营销信息和体验。

其次，市场营销战略在变化。随着大众市场的细碎化，市场营销者逐渐放弃了大众营销。他们越来越倾向于设计更加聚焦的市场营销计划，在更加精确定义的微观市场中，与顾客建立更加紧密的联系。

最后，通信技术的巨大进步极大地改变了公司和顾客间的沟通方式。数字时代孕育了大量新型的信息和沟通工具——从智能手机和 iPad，到卫星和有线电视系统，再到互联网的方方面面（电子邮件、社交网络、品牌网站以及其他）。这些新沟通方式和工具的迅猛增长对营销沟通产生了惊人的影响。就像大众营销曾经推动大众媒体沟通增长一样，新的数字媒体催生了新的市场营销沟通模式。

尽管电视网、杂志及其他大众媒体仍然非常重要，但它们日渐失去主导地位。广告商现在越来越多地使用更加专业和聚焦的媒体，以更加个人化和互动性的信息影响更小的细分市场。新媒体包括从专业有线电视频道和用于网络的视频到网络广告、电子邮件和短信、博客、移动目录和优惠券，以及诸如推特、脸书、Google+和 Pinterest 等社交媒体。新媒体席卷市场营销领域。

广告行业的一些专家甚至预测，将出现一种令人绝望和沮丧的“纷乱局面”，旧的大众媒体沟通模式将被完全摧毁。大众媒体的成本越来越高，受众却越来越少。一方面是广告扎堆，另一方面是观众对信息暴露的控制权日益提高，借助诸如视频点播或 DVR 等技术，他们可以轻易地跳过节目中插播的商业广告。因此，专家们认为市场营销者将越来越远离传统的大众传媒，青睐新的数字技术。如今，营销者正将大部分营销预算从旧媒体转移到网络、社交、移动和其他新型媒体上。

近年来，尽管电视仍然是强有力的广告媒介，在总广告支出中占到 1/3 强，但其增长已经变缓甚至下降。用于杂志、报纸和广播的广告费用已经变得不重要了。而同时，用于数字媒体的开支迅猛增加，年增长率达到 15%。今年数字广告总支出将超过电视，到 2020 年数字媒体将在广告总支出中占 45%，相比之下电视只有 33%。目前增长最快的数字媒体是移动，去年的增长率高达 38%，将在 2020 年占到数字广告总支出的 74%。

越来越多的大型广告主——从耐克和宝洁，到联合利华——都转而采用“数字为先”的方式建设自己的品牌。例如，联合利华作为世界上最大的广告主之一，如今将其 80 亿美元全球营销预算中的 1/4 之多投入数字媒体。而在美国和中国等国家，数字媒体占到其营销预算的近一半。[3]

现在，有些市场营销者几乎完全依赖数字和社交媒体。例如，环保家居用品生产商 Method 就开展了一场数字促销运动，以“洁净的幸福”为主题。[4]

> Method 因采用“人们反对肮脏”和“为了洁净的爱”等口号的不落俗套的运动而著名。但是关于“洁净的幸福”运动最引人注目的事情是，它首次完全没有采用电视或杂志等传统媒体。相反，该运动的核心部分是历时 2 分钟的品牌视频，只能在 YouTube 和 Method 的脸书主页上观看。该运动还采用网络广告，并在 YouTube、脸书、推特和 Method 品牌博客等社交媒体上进行展示。Method 是那种从社交媒体型口碑获益良多的草根品牌，“洁净的幸福”运动既

符合 Method 的个性又花费不高，第一年的预算仅约 350 万美元。而竞争对手宝洁公司推出名为 Tide Pods 的片剂版汰渍等新产品时，营销预算动辄达到惊人的 1.5 亿美元。

Method 的数字化宣传运动持续整整一年之后才开始发布电视广告。即使是现在，“洁净的幸福”运动依然主要依靠数字和社交媒体，只在精心选择的市场中通过有的放矢的区域有线电视加以支持。最近的运动内容是“生活的凌乱时刻”，包括一系列浪漫喜剧风格的电视和网络广告以及其他社交媒体内容，描述一对年轻伴侣从初吻到第一个孩子诞生的生动感人的生活，其中不乏手忙脚乱的凌乱时刻，但最终是整洁有序、幸福圆满的结局。为在脸书启动这场宣传攻势，Method 举办了一场名为“洁净的幸福大奖赛”的摄影竞赛，请粉丝们提交自己照顾宠物、孩子和举办聚会的凌乱时刻。“我们热爱这场草根运动，”一位 Method 广告经理说，“尤其当你没有 1.5 亿美元巨额预算的时候，就不得不这样做啦。”

在营销沟通的新世界，与以往打断顾客强行把信息灌输给他们的做法不同，新媒体形式使市场营销者以更加互动和有吸引力的方式到达小群消费者。例如，想想如今的电视收视情况。消费者现在能够用几乎任何带屏幕的东西观看自己喜爱的节目——除了电视机，还有计算机、手机、平板电脑。而且，他们可以在自己喜欢的时间和地点观看，常常跳过广告。越来越多的节目、广告和视频只在互联网上播出。

但是，尽管对数字媒体的重视程度日益提高，传统的大众媒体仍然在大多数主要公司的营销预算中处于举足轻重的地位，这一事实也许不会很快改变。大多数业内人士并不认为旧媒体模式会迅速瓦解。相反，他们相信传统大众媒体与网络、移动和社交媒体会逐渐融合，以更加个性化和互动的方式精准地吸引目标顾客群。许多广告主和广告公司如今纷纷抓住这一时机转型。归根结底，无论采用何种沟通渠道，关键是以最好地沟通品牌信息和强化顾客品牌体验的方式整合这些媒体。

随着营销沟通环境的改变，营销沟通的作用也在发生变化。不再是仅仅制作和投放“电视广告”或平面广告，或脸书的展露广告，许多市场营销者现在用更开阔的眼光看待自己的工作，将自己视为**内容营销**（content marketing）管理者。他们利用付费的、拥有的、赢得的和分享的沟通渠道与顾客一起或在顾客之间创造、激发和分享品牌信息和对话。这些渠道既包括传统媒体，也包括可控和不可控的新媒体渠道。一位广告公司经理提醒，这已经不再只是广告。“如今是 [沟通] 情景和渠道，而不仅仅是信息本身。为有效启动与消费者的对话，营销者需要绘制顾客购买决策之旅，在这一过程中诸多不同的接触点引发互动、购买、忠诚和宣传。”[5]（参见“营销实例”。）

营销实例 这不是广告，而是内容营销

在过去那段美好的日子里，做一个广告人很简单。当一个品牌需要广告运作时，每个人都知道需要做什么。品牌团队和广告公司人员会坐在一起，想出一个创意策略，拟定一份广告媒体计划，制作并投放电视广告和平面广告，然后也许会再开一个新闻发布会来引发一些新闻话题。但是，在如今的数字时代，那种在精心打

造的“广告运动”的既定框架下，向既定的“媒体”投放“广告”的做法已经行不通了。

相反，传统广告与新数字媒体、社交媒体和移动内容之间的界限正迅速地变得模糊。特别值得重视的是，当今的品牌信息必须是社交化、移动化、互动参与式的，而且能够通过多平台传播。一位业内人士说：“如今的媒体概念正越来越多样化——它可以是广播、有线电视或流媒体；可以是网络、平板电脑和智能手机；也可以是视频、多功能媒体、社交媒体、品牌化的内容、网站横幅广告、手机应用软件及植入广告和互动技术产品。”

新的数字概念使人们对广告的定义提出了疑问。一个颇具挑衅意味的头条问道：“‘广告’到底是什么？”另一个则责备说：“随便你叫它什么，就是千万别叫它‘广告’。”事实上，许多市场营销人员认为，正是这种创造和散播了大量令人信服的信息的“内容营销”吸引了顾客，建立了品牌与顾客的关系，以及顾客之间的联系，并最终促使他们购买产品。为了适应当今数字媒体和社交媒体的发展，保持与顾客对话，品牌在传统平台和数字平台上都需要持续不断地提供新鲜的内容。

现在，许多广告商和市场营销者喜欢更宽泛地将自己定位为内容营销管理者，负责创造、激发、分享和展现营销内容——包括他们自己的，也包括消费者和其他人创造的。他们根据谁以及如何创造、控制和传递营销内容提出了一种不同于传统媒体划分方法的分析框架。这一新的分类方法界定了以下四种主要的媒体类型：付费媒体、自有媒体、赢得媒体和分享媒体（POES）。

- 付费媒体（paid media）——市场营销者付费才能使用的促销渠道，包括传统媒体（如电视、广播、平面或户外广告）、网络和数字媒体（付费搜索广告、网页及社交媒体展示广告、移动广告或电子邮件营销）。
- 自有媒体（owned media）——由公司自己所有并管理的促销渠道，包括公司网站、博客、官方社交媒体账号、品牌社群、销售人员、促销活动等。
- 赢得媒体（earned media）——公共关系媒体渠道，例如电视、报纸、博客、视频网站等，不需要市场营销者直接付费或控制，但因为观众、读者或用户感兴趣而加入相应内容。
- 分享媒体（shared media）——在消费者之间传播的媒体。例如社交媒体、博客、移动媒体、虚拟渠道，以及传统的消费者口碑。

过去，广告人通常只关注传统的付费媒体（广电、平面广告），或者赢得媒体（公共关系）。如今，内容营销者已经迅速加入自有媒体（网站、博客、品牌社区）和分享媒体（社交网络、手机、电子邮件）等新数字媒体。一则成功的付费广告止于本身，市场营销者现在积极开发能够有效利用 POES 四类媒体协同力量的整合营销内容。因此，许多电视广告已不再只是电视广告，而是随处可见的“视频内容”——既在电视屏幕上，也在手机和平板电脑上。还有一些视频，看起来像电视广告，却不在电视上发布，例如专门在网站和社交媒体上发布的网络视频。同样，平面品牌信息和图片也不再只出现于精美的杂志广告或者商品目录中。相反，由各种来源创造的这类内容出现在从正式的广告和品牌网页到手机、社交媒体甚至是独立博客上。

新“内容营销”运动与老式“广告”运动截然不同。以特卡特（Tecate）——喜力公司在墨西哥的领导啤酒品牌为例。特卡特代表了男性顾客的偏爱，包括墨西哥人最喜欢的运动——足球。但是在上届足球世界杯期间，特卡特面临着严峻的创意考验。它有意围绕比赛激发粉丝的热情，但又不能直接提及世界杯和墨西哥国家队，因为这两者都接受竞争对手科罗纳（Corona）的赞助。所以，没有投放充斥着通常陈词滥调的高预算电视广告，特卡特发起了一场虚构的、内容丰富的“足球先生”运动，并不局限于传统媒体：

> 特卡特意识到在世界杯期间，一位真正特卡特男人必须平衡人生中的两项真爱：女人和足球。所以，“足球先生”运动着手帮助男人们成功地平衡所爱，既成为“完美先生”又不间断地观看球赛。该运动围绕一封文笔优美、185 页的情书展开，读完它需要 90 分钟的时间（刚好是一场足球赛的时间长度）。
>
> 首个电视广告在一场重大比赛之前一分钟播放。广告中，一个男人深情地为爱人呈上这封长长的情书，恳求她马上认真地读一读。受到男人浪漫攻势的迷惑，她开始读那份感人肺腑的情书，立刻被感动得神魂颠倒根本没有注意到他趁机跑开与朋友们专心观看世界杯比赛了。在比赛期间，特卡特还用 5 则电视广告、一个运动网站和 47 次脸书发布实况追踪情书阅读过程，实时更新进展，比如“那封 90 分钟的信，她现在读到一半了”。最后一则赛后播出的广告显示，男人看完球赛赶回家，时机刚刚好，爱人正从狂喜中抬头，娇羞地扑入他的怀抱。在下一场球赛开始前，男人可以下载这封情书的完整版本，改成自己爱人的名字就可以用了。有 16 000 人真的那么做了，尝试了一把读信的体验。
>
> 这场宣传运动的另一则广告表现一位特卡特男人在初次约会之后拒绝了新女友到她家中去的邀请，通过否认“男性文化”和一夜情诱惑来宣告自己是心地崇高的完美男士，而且对她的爱恋格外深沉。当她被感动得神魂颠倒时，他趁机跑去看下一场球赛了。“看世界杯并因此被爱？”特卡特总结道，“生活不能比这更美好了。”

精心整合 POES 渠道，“足球先生”内容运动产生了意想不到的沟通效果。特卡特的销售额在世界杯期间增长了 11%。在为期 4 个月的营销运动中，该品牌在 YouTube 上的粉丝增长了 228%，脸书粉丝增加了 120 万，并引发大量媒体争相报道和社交媒体议论纷纷。该运动的广告和视频在 YouTube 上获得了 1 700 万次观看，在世界杯期间 YouTube 十大观看量最高的广告中占据两席。“足球先生”被广告业权威《广告时代》评选为年度最佳整合营销沟通运动。“足球先生”已经“成为墨西哥的一种文化现象，”一位特卡特的市场营销者说，“借助梗、视频和 T 恤，这一短语已是流行文化的一部分。你在饭店和出租车上都能听到它。在世界杯期间，我们虽然不能提及它，但我们大获全胜！”

所以，我们不能再简单地称之为“广告”了。今天复杂多变的市场营销沟通环境，需要的不再仅仅是精心制作和精确定点投放广告来占据媒体版面。今天的市场营销沟通者必须是营销内容战略家、创意者、联系者和分析者，他们管理品牌与顾客之间以及顾客与顾客之间的对话，推动这些对话在各种沟通媒体间协同发展。这似乎有些苛求，但有了如今的新思维方式，任何事情都可以通过 POES 整合传播！

资料来源：“How PESO Makes Sense in Influencer Marketing,” *PR Week*, June 8, 2015, www.prweek.com/article/1350303/peso-makes-sense-influencer-marketing; Randall Rothenberg, “What Is Advertising Anyway?” *Ad Week*, September 16, 2013, p. 15; Paul Nolan, “The C Word: What Is

Content Marketing," *Sales & Marketing Management*, January/February 2014; Peter Himler, "Paid, Earned & Owned: Revisited," *The Flack*, June 21, 2011, http://flatironcomm.com/2011/06/paid-earned-owned-revisited/; Laurel Wentz, "Integrated Campaign of the Year: 'Soccer Gentleman' for Tecate," *Advertising Age*, August 3, 2015, http://adage.com/article/print/299755; "Soccer Gentlemen," *Facebook Studio*, www.facebook-studio.com/gallery/submission/soccer-gentlemen-4, accessed October 2016.

整合营销沟通的必要性

市场营销者现在倾向于使用更加丰富的媒体组合和沟通手段，但这并非易事。如今的消费者受到各种品牌信息的轰炸。公司常常不能有效地整合各种沟通渠道。大众媒体广告说的是一回事，而店内促销所传达的是另一回事，公司网站、电子邮件、脸书主页或 YouTube 上发布的视频说的又完全不同。

问题的根源在于，这些信息通常来自公司的不同部门。广告信息由广告部门或广告公司策划和执行；公司内部的其他专家则负责公共关系、销售促进事件、网络或社交媒体内容。但是，消费者不会像市场营销者那样区分信息来源之间的差别。在他们的心目中，来自不同媒体的信息和促销方式——无论是超级碗赛季中的广告、店内陈列、手机应用程序，还是朋友在社交媒体上发布的消息——汇总起来构成了公司的整体形象。如果不同渠道所传达的信息彼此冲突，就可能导致混乱的企业形象、品牌定位和顾客关系。

因此，网络、移动和社交媒体的新时代为营销者带来巨大机会的同时，也造成严峻的挑战。一方面，它为市场营销者带来丰富的新工具，可以更好地了解和吸引顾客。但另一方面，它使整体营销沟通更加复杂和细碎化。如何有序整合成为市场营销者必须面对的严峻挑战。为实现这一目标，大多数公司正践行**整合营销沟通**（integrated marketing communications，IMC）的理念。如图 14－1 所示，在这一理念指导下，公司仔细地整合各种沟通渠道，传播关于组织及其品牌的一致、清晰和有说服力的信息。

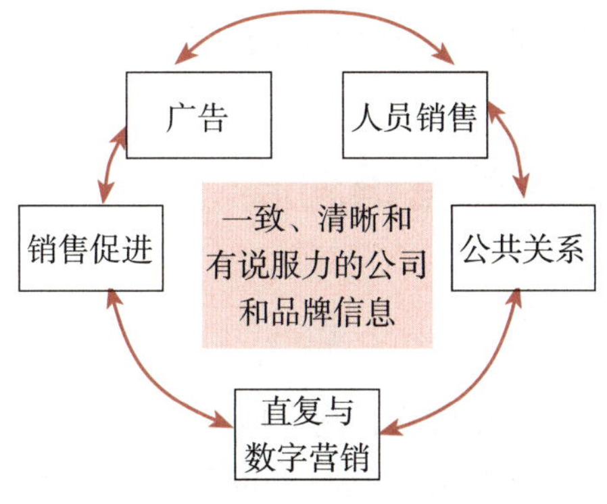

图 14－1 整合营销沟通

通常，不同的媒体在吸引、告知和说服消费者上具有各自独特的作用。例如，最近的研究表明，超过 2/3 的广告主及其广告代理商计划开展跨越既包括传统的电视，也包括数字、移动和社交媒体在内的多种观看平台的视频广告运动。这种所谓的“视频集成”将电视媒体广而告之的核心优势与数字媒体更加精准、互动和参与的长处相互结合在一起。[6] 企业需要精心地制订整体营销沟通计划，有效协同这些媒体及其作用。

家居装饰零售商劳氏的“永不停止改进”运动为我们提供了一个整合营销沟通的范例。该运动将传统高预算电视广告的影响力与社交媒体的互动力量结合起来，创造出顾客与品牌个性化的实时互动。[7]

为了确保竞争优势，劳氏曾经推出一大批高预算的电视广告和其他传统媒体广告，牢固树立其“永不停止改进”的定位。但是近年来，公司增加了大量精心整合的社交媒体互动内容，以期用传统媒体做不到的方式使劳氏的顾客体验更加个性化和丰富化。其中一个实例是，劳氏在Vine上开展的视频运动“六秒搞定”。该运动制作了数十个超短视频，用6秒时间演示各种有趣的生活技巧，解决改善家居环境时可能遇到的棘手问题——从拔除螺丝到不让松鼠靠近庭院里的植物等各个方面。这些深受好评的系列短视频一经推出就获得巨大成功，第一周就吸引了28 000次社交媒体关注，整个运动赢得了数百万次转发与分享。

除了Vine，劳氏“永不停止改进”运动还整合了大量其他社交媒体组合，每一种都发挥了独特的作用。劳氏利用其粉丝数量庞大的YouTube渠道发布篇幅更长的DIY短片和教学视频来补充和扩展Vine微视频中的话题，借助Pinterest和Instagram上具有强影响力的博主落实消费者的装修项目，脸书则提供吸引顾客参与对话的平台——所有脸书上的评论都会得到应答，推特负责发布简短评论或传播促销信息。无论哪一种平台，所有内容——从电视广告到网上视频再到脸书发布——都精心整合在劳氏“永不停止改进”的口号和帮助顾客找到改善家居环境良策的使命之下。根据劳氏的一位市场营销人员所言，这场整合营销运动不是急于立竿见影地提高销售，而是更注重“确保顾客了解劳氏所提供的价值，保持他们与品牌的联系与互动”。

过去，没有一个人或部门专门负责研究和协调各种促销工具的沟通作用。为有效地执行整合营销沟通，一些公司开始任命营销沟通总监全面负责公司的沟通努力。这有助于产生更好的沟通一致性和更显著的销售效果。由专人负责协调各种营销活动以形成统一的公司形象，是一种很好的创新。

14.3 开展有效的营销沟通

沟通过程概述

整合营销沟通涉及确定目标受众，制定精心策划的促销方案，以获得理想的受众反应。过去，营销沟通通常致力于在目标市场上获得迅速的认知、形象或偏好。但是，这一沟通战略过于短视。如今，越来越多的市场营销者开始将沟通视为管理公司及其品牌与顾客的长期关系。

由于顾客之间差别很大，公司需要为特定的细分市场、缝隙市场甚至个人制定相应的沟通计划。在强调互动性的新型沟通技术下，公司不仅需要回答“我们怎样才能到达顾客”，而且要回答“如何让顾客到达我们”。

于是，沟通过程应该从审计目标顾客与公司及其品牌所有可能的接触点开始。例如，打算购买新手机的消费者可能与其他人交谈，看电视或杂志广告，访问各种网站搜寻价格和评论，以及在百思买、沃尔玛或无线通信服务商的门店考察产品。市场营销者需要找到并评价在购买过程的不同阶段影响每一种沟通体验的重要因素。这样做有助于市场营销者更有效地配置沟通预算。

为了进行有效沟通，市场营销者还需要理解沟通是如何起作用的。沟通涉及图 14-2 中的 9 个要素。其中两个要素是沟通的双方——发送者和接收者。另两个沟通要素是主要的沟通工具——信息和媒体。沟通功能——编码、解码、反应和反馈，是沟通过程的另外四个要素。最后一个要素是系统中的噪声（干扰）。以下用麦当劳公司的电视广告“我就喜欢”(I'm lovin'it) 来解释这些要素的含义及其应用。

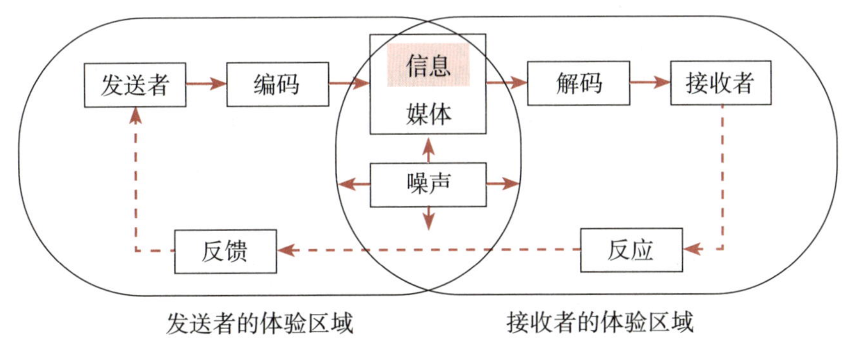

图 14-2　沟通过程中的要素

- 发送者：向另一方发布信息的主体——在这个例子中是麦当劳公司。
- 编码：将意图转化为符号形式的过程——麦当劳的广告代理商用文字、声音、插图等符号组合为一则表达其意图的广告。
- 信息：发送者传递的一组符号——实际的麦当劳广告。
- 媒体：信息从发送者传递到接收者的沟通渠道——麦当劳选择的电视台及具体的电视节目。
- 解码：接收者对发送者编码的符号赋予含义——一位消费者观看麦当劳广告，并解释其中的文字和形象的意义。
- 接收者：接收由另一方传递的信息的人——观看麦当劳广告的消费者。
- 反应：接收者在接触信息之后的反应——可以有各种可能的反应，例如消费者更喜欢麦当劳，下次更有可能吃麦当劳，传唱“我就喜欢”的广告歌，或者什么也不做。
- 反馈：接收者的某些反应反向传递给信息的发送者——麦当劳的调研显示，消费者被广告吸引并记住了广告，或者消费者写信或打电话对广告或产品提出赞扬或批评。
- 噪声：沟通过程中意外的干扰或曲解，导致接收者获得的信息与发送者发送的信息有偏差——消费者在观看电视广告时分心而错过了关键信息。

要使所沟通的信息有效，发送者的编码过程必须与接收者的解码过程协调一致。信息最好用接收者熟悉的文字和符号表达。发送者的体验与接收者的相似之处越多，信息就越可能有效。市场营销沟通人员并不一定具有与消费者相同的经历或体验。例如，广告文案的创意者可能为来自另一个社会阶层的消费者制作广告，比如，富有的企业主。但是，为了有效地进行沟通，市场营销沟通人员必须理解消费者的社会经历。

这一沟通模型指出了有效沟通必备的关键要素。发送者必须知道自己希望到达哪些受众，以及得到什么反应。他们必须善于进行信息编码，并且考虑目标受众将如何解码。他们必须通过能够准确地到达目标受众的媒体发送信息，并且建立反馈渠道，以便能够评估受众对信息的反应。而且，在如今的互动媒体环境下，公司必须做好准备“翻转”沟通过程——接收消费者发送的信息，并做出及时和恰当的反应。

开展有效营销沟通的步骤

现在考察开展有效整合沟通和促销计划的步骤。市场营销者必须做以下事情：确定目标受众；明确沟通目标；设计信息；选择沟通渠道和媒体；选择信息来源；收集反馈。

确定目标受众

营销沟通始于确定目标受众。他们应该是当前或潜在的购买者、制定购买决策的人或影响购买决策的人。受众也许是个人、群体、特定公众或一般公众。目标受众将极大地影响营销沟通人员的多项重要决策，包括说什么、怎样说、何时说、在哪里说以及谁来说等等。

明确沟通目标

一旦确定目标受众，市场营销者就必须决定希望得到的反应。当然，在许多情况下，消费者的购买行为是沟通人员最终的目标。但购买只是消费者决策制定过程的最终结果。营销沟通者需要知道目标受众现在处于何种阶段，以及需要发展到什么阶段。目标受众可能处于六个**购买者准备阶段**（buyer-readiness stages）中的某一个，这些阶段是消费者在购买决策过程中通常要经历的，包括知晓、了解、喜爱、偏好、信服和购买（见图 14－3）。

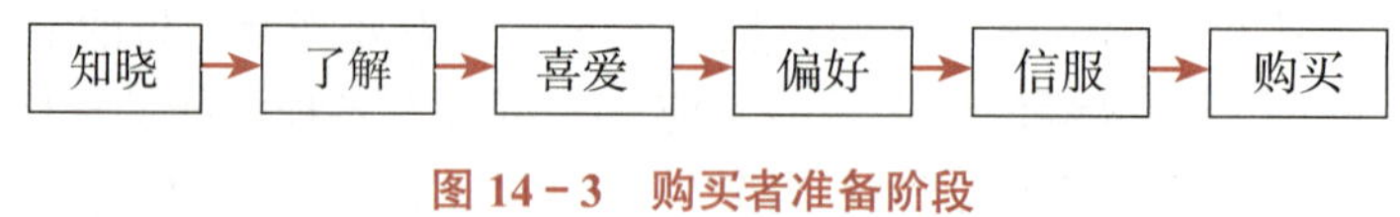

图 14－3 购买者准备阶段

目标受众可能对产品一无所知，或只闻其名，或略知一二。营销沟通人员必须首先建立知晓度和了解。例如，通用磨坊公司最近宣布从其热销的 BigG 燕麦中彻底去除人造香精和色素——涉及 Trix、Cocoa Puffs、Cap'n Crunch 和 Golden Grahams 等品牌。为了让消费者知晓这些以及其他改变，通用磨坊开展了一场声势浩大的“重新爱上燕麦”运动：

尽管燕麦仍然是美国人消费最多的早餐食品，但其销售近来因为消费者转向更健康和便利的替代品而停滞不前。“重新爱上燕麦”运动宣传新配方的燕麦让父母重新爱上它。一则时长 30 秒的电视广告表现一幕人们熟悉的家庭场景——一个小孩子央求父亲再做一遍——“再来一次！还要！还要！”父亲在女儿兴奋的央求声中再次向空中抛出一把 Trix，随后用嘴巴接住。密集的“再次爱上燕麦”运动，透着儿时早餐浓浓的怀旧情调，采用了传统媒体、数字媒体、社交媒体和店内促销等多种渠道，迅速创造知晓度和了解。[8]

假设目标受众已经知道产品，他们对它有何感觉呢？几乎所有的美国消费者都知道 Trix、Cocoa Puffs 和其他 BigG 系列的燕麦。这些品牌在 1950 年代后期就已经开始畅销了。通用磨坊希望推动顾客进一步对这种创新产品产生强烈的情感，包括喜爱（对 BigG 燕麦产生好感）、偏好（相对其他竞争性产品，对 BigG 情有独钟），以及信服（相信 BigG 才是自己的最佳选择）。

通用磨坊的市场营销者综合运用各种促销组合工具创造积极的情感，增加说服力。最初的广告侧重建立预期和与品牌的情感联系；在通用磨坊社交媒体网站上的图片、文字和视频则吸引、娱乐和教育潜在买者，解释燕麦产品的新配方和特点；新闻发布会和其他公共关系活动帮助保持消费者对该产品的兴趣和议论；一个配套的微网站（www.generalmills.com/cereal）提供补充信息和购买机会。

最后，部分目标顾客被说服了，但还未急于作出购买决策。沟通者必须引导这些潜在消费者采取最后的购买行动。为了帮助犹豫的消费者克服决策障碍，通用磨坊公司向购买者提供特殊促销价格（优惠券、店内折扣和特供品），并用其他顾客在公司网站和社交媒体网站上的积极评论来支持产品。

当然，市场营销沟通者不可能独自为 Surface 创造积极的情感和购买，产品本身必须为顾客提供卓越的价值。实际上，卓越的市场营销沟通会加速劣质产品的灭亡。这是因为潜在买者越快知道该产品，对其缺陷就认识得越快。因此，优秀的营销沟通要求“美行，而后美言”。例如，为确保其历史悠久的 BigG 燕麦更为健康的新版本取得成功，在向市场推出新配方产品之前，通用磨坊研究了 69 种颜色和 86 种口味，进行了 98 次消费者测试，完成了 301 次配方实验，花费 140 小时倾听消费者对产品的意见。

设计信息

确定理想的受众反应之后，市场营销沟通者开始制定有效的信息。理想的信息应该能够引起注意（attention）、产生兴趣（interesting）、激发欲望（desire）和促进行动（action），这就是所谓的 AIDA 模型。实际上，很少有信息能够经历所有环节，将消费者从知晓阶段一直引导到购买阶段，但是 AIDA 框架提出了一则好信息的理想质量。

市场营销沟通者组织信息时，必须决定说什么（信息内容）和怎样说（信息结构和形式）的问题。

信息内容。市场营销者必须提出恰当的诉求或主题，以产生预期的反应。诉求有三类：理性诉求、情感诉求和道德诉求。理性诉求（rational appeal）与受众的自身利益相关联，展示产品将带来的预期利益。例如，说明产品的质量、经济性、价值或性能的信息。因此，在一则广告中，天然食品营销商 Kashi 宣称“一种使命，七种谷物”，并询问消费者：“当你能够用柠檬草和椰子的时候，为什么要用人造香精和添加剂？”而瘦身公司（Weight Watchers）的广告告诉人们这样一个简单的事实："瘦身的秘密，说到底就是没有什么秘密。"

情感诉求（emotional appeal）旨在激起消极或积极的情绪，从而刺激购买。营销沟通人员可以运用诸如爱、欢乐、幽默、恐惧和愧疚等情感诉求。情感信息的提倡者认为，情感诉求可以吸引更多的注意，为广告主和品牌赢得信任。消费者在思考之前就已经开始产生情感，任何说服本质上都是有情感的。

善于在广告中讲故事的品牌常常激起消费者的情感共鸣。例如，与以往众多汽车广告注重功率和里程信息不同，奥迪于第 50 届超级碗期间推出了一则名为《指挥官》的广告，拨动消费者情感之弦。[9]

> 《指挥官》表现了怀旧、温情和父子关系。广告开场是一位情绪低落的退役宇航员，生命的活力似乎已经从他身上消失。他的儿子顺路来看望，带他出门并递给他一把奥迪 R8 V10 Plus 的钥匙——这是奥迪性能最好的车，车速可达每小时 205 英里。一开上奥迪，这位父亲仿佛回到了他人生辉煌的时刻，此时再次响起大卫·鲍伊（David Bowie）的《穿越星际》（Starman）作为影片配乐。该广告片在打动人们的同时强调了奥迪卓越的性能。如一位记者的报道，该广告片营造了"生命中最美好的时刻过眼云烟的哀伤之后，又在关照他年轻和充满勇气的自己中提供了解决之道"。这则广告深深地感染和打动了观众，在《今日美国》的广告效果排行榜中跻身 10 强，仅一个月内就在 YouTube 上吸引了 800 多万次观看。

道德诉求（moral appeal）帮助受众了解什么是"对的"和"恰当的"。它们通常用于鼓励人们支持社会事业，诸如清洁环境或帮助弱势群体。例如，高露洁的广告运动敦促人们"在刷牙时关上水龙头"以节约水资源。其中一则广告展现一个发展中国家的小男孩头顶一个水桶的画面，并提醒道："你两分钟内浪费的水可满足他和家人一天所需。"

信息结构。市场营销者还必须决定如何处理三个信息结构问题。第一，应该直接给出结论，还是让受众自己判断？研究表明，在许多情况下，广告主最好提出问题，让购买者得出自己的结论。

第二，应该在开始还是最后提出强有力的论点？一开始就抛出强有力的论点虽然可以引起强烈的注意，但可能导致虎头蛇尾。

第三，应该提供单方面的论点（只提产品的优势），还是两方面的论点（宣扬产品优势的同时，也承认其不足之处）？通常，单方面的论点在销售展示中更加有效，除非信息接收者受教育程度很高，或者可能听说过相反的意见，或者沟通者有需要克服的负面联想。例如，亨氏传达这样的信息："亨氏番茄酱因为好，所以流出慢"；李施德林漱口水（Listerine）这样宣传："每天两次李施德林的坏味道"。在这种情况下，两方面信息可以提高广告主的可信度，使购买者对竞争产品的诱惑具有抵抗力。

信息形式。市场营销沟通者还需要为其信息确定对目标市场有吸引力的形式。在平面广告中，沟通者必须决定标题、文案、插图和色彩。为了吸引注意，广告主可以运用虚构和对比；吸引眼球的图片和标题；独特的构图；文字的大小和定位，以及色彩、造型和变化。例如，瑞兹（Reese's）花生巧克力的广告大胆而直白，采用了相近的橘色、黄色和棕色。字体简洁的文字就呈现在经典产品的图片上，巧妙地结合了该品牌糖果两大特色成分，"当巧克力和花生酱相遇，新的恋情开始了"和

“自从花生酱与巧克力相互吸引，花生酱依然和果酱交谈，但关系就非常别扭了”。

沟通者必须精心计划从开始到结束的每一个细节。如果信息通过产品或其包装来传达，市场营销沟通者还必须关注其质地、结构、气味、色彩、大小和形状。例如，色彩本身就能强化一个品牌的信息识别。一项研究表明，色彩增加了 80% 的品牌认知——想想塔吉特（红色）、麦当劳（黄色和红色）、约翰迪尔（绿色和黄色）、IBM（蓝色）以及 UPS（棕色）。因此，在设计有效营销沟通的过程中，市场营销者必须仔细考虑色彩和其他似乎微不足道的细节的影响。

选择沟通渠道和媒体

接下来，市场营销沟通者必须选择沟通渠道。沟通渠道可以分为两大类——人际沟通和非人际沟通。

人际沟通渠道。在**人际沟通渠道**（personal communication channels）中，两个或更多的人彼此直接沟通。他们的具体沟通方式包括面对面谈话、打电话、通信、电子邮件，甚至是网上聊天。人际沟通渠道之所以很有效，是因为人们可以直接对话和反馈。

有的人际沟通渠道由公司直接控制。例如，公司的销售人员与目标顾客接触。但是，有关产品的其他人际沟通是通过不由公司直接控制的渠道到达购买者的，可能是独立的专家对购买者的忠告和建议（消费者权益组织、网上购物指南等），也可能是目标购买者与邻居、朋友、家庭成员以及同事交谈时进行的沟通。后者也称作“**口碑影响**”（word-of-mouth influence），其影响在许多产品领域都不可小视。

人际影响对昂贵的、有风险或高可视度的产品尤其重要。最近的一项研究发现，亲戚或朋友的推荐对全球的消费者都是最有影响力的因素：50% 以上的消费者说亲朋好友是影响他们知晓和购买的首要因素。另一项研究发现，90% 以上的顾客信任熟人的推荐，而 72% 的人信任网上其他消费者发布的评论，而信任广告的人在 36% ～ 63% 之间，取决于哪种媒体。[10] 那么，难道还要怀疑，如今在诸如亚马逊这样的网站，很少有人会在查看现有用户的产品评论之前就贸然购买大件商品？谁不曾基于其他顾客的评论或“买了该商品的人还买了……”之类的推荐，才在亚马逊上购买，或者因为差评而放弃购买呢？

公司可以采取措施推动对自己有利的人际沟通行为。例如，有些公司为自己的品牌培养意见领袖（opinion leaders）——其观点受到其他人的追随——将产品以优惠的条件提供给他们使用，或者通过培训使他们更加了解公司及产品，以便能够告知和影响其他人。**蜂鸣营销**（buzz marketing）指培养意见领袖，并激励他们将关于产品和服务的信息传播给所在社群的其他人。例如，网飞公司招募“图画大师”——有大量 Instagram 粉丝的网红。这些图画大师环游世界，在网飞流行影视剧的拍摄场景和取景地拍下照片或制作视频，发布到 Instagram 上，让网飞用户与自己心爱的剧目有更深刻的互动。[11]

社交营销公司 BzzAgent 用独特的方式制造蜂鸣效应。它为客户的品牌创造顾客，然后将他们转变为有影响力的品牌倡导者。[12]

> BzzAgent 组建起一支天然的口碑大军，他们是全球数百万在社交媒体上非常活跃并乐于谈论、推荐产品的真实购物者。一旦顾客有要求，BzzAgent 就

会搜索自己的数据库，选出符合产品目标顾客特点的“代理商”。被选中的志愿者收到产品样品，创造自己的品牌体验。BzzAgent敦促他们通过面对面的谈话和借助推特、脸书、网络电话、视频分享、博客等社交分享渠道分享自己对产品的真实看法。如果产品的确不错，积极的口碑会迅速传播开来。如果产品不那么好，也值得立刻知晓。BzzAgent成功地为数百家顶级营销公司——从宝洁、雀巢、可口可乐和雅诗兰黛，到克罗格、迪士尼和唐恩都乐等——创造了有效的口碑宣传。这些“品牌代理商”不是虚假的。相反，BzzAgent告诉其品牌倡导者：“这是产品；如果你相信它，说出你真实的想法。BzzAgent绝不允许发布夸大、虚假或不真实的信息。”

非人际沟通渠道。非人际沟通渠道（nonpersonal communication channels）是没有人际接触或反馈的信息传播途径，包括主要媒体、气氛和事件。主要媒体有印刷媒体（报纸、杂志、直邮）、广电媒体（广播、电视）、陈列媒体（告示牌、标志、海报）以及网络媒体（电子邮件、公司网站）。气氛是一种经过设计的环境，用于创造和强化购买者的产品购买倾向。因此，律师事务所和银行的设计注重表现信任和顾客可能看重的其他特质。事件是通过策划活动与目标受众沟通信息。例如，公共关系部门安排新闻发布会、盛大的开业典礼、展销会、公众参观日以及其他事件。

非人际沟通直接影响购买者。而且，运用大众媒体常常引发更多的人际沟通，进而间接地影响购买者。沟通信息首先从电视、杂志和其他大众媒体传达到意见领袖，然后从这些意见领袖传递给其他人。于是，意见领袖位于大众媒体与受众之间，将信息传播给那些较少接触媒体的人。这意味着，大众沟通者应该将其信息直接瞄准意见领袖，再通过他们将信息带给其他人。有趣的是，市场营销者常常在广告和促销活动中嵌入消费者代言人或意见领袖，利用非人际沟通渠道替代或刺激人际沟通。

选择信息来源

在人际沟通和非人际沟通中，信息对目标受众的影响也受到受众对沟通者看法的影响。来源可靠的信息往往更具说服力。于是，许多食品公司向医生、牙医和其他保健服务提供商促销，激励这些专业人士向患者推荐其产品。市场营销者雇用名人（知名的运动员、演员、音乐家，甚至是卡通形象）代言，向目标市场传递信息。许多NBA球星都将自己的形象出借给耐克、麦当劳和可口可乐等品牌。女演员泰勒·斯威夫特（Taylor Swift）为封面女孩、州立农场保险、康卡斯特以及独立家具零售商Rooms to Go等众多品牌代言，还在凯马特超市有自己的服装产品线；演员乔治·克鲁尼（George Clooney）代言雀巢咖啡机；网球明星大威廉姆斯（Serena Williams）为佳得乐、耐克和魔音节拍（Beats By Dre）代言。

不过，公司在选择名人代言品牌时，必须格外小心。代言人选择不当可能使品牌陷入尴尬境地，甚至玷污品牌形象。例如，包括耐克、安海斯－布希、无线电器材公司（Radio Shack）、玉兰油、崔克（Trek）自行车以及吉罗（Giro）头盔在内的10多个大品牌都在自行车选手兰斯·阿姆斯特朗（Lance Armstrong）因非法服用兴奋剂被取消环法自行车赛冠军和终身禁赛时遭遇了尴尬。阿姆斯特朗一度被视为模范的品牌代言人，一年的代言收入接近2 000万美元。“品牌与名人之间的联系犹如婚姻般充满风险。”一位专家如此评论。另一位说：“99% 的名人能帮助他们的品牌伙伴，1% 的不太靠谱。”[13] 品牌选择恰当的名人代言太重要了。

收集反馈

信息发送之后，市场营销沟通者还必须调查它对目标受众的影响。这包括询问目标受众是否记得该信息，看过多少次，还能回忆起哪些要点，有何感受，以及对产品或公司过去和现在的态度。市场营销沟通人员更乐意测量信息对实际行为的影响——有多少人购买了产品，是否与其他人谈论过产品，或者惠顾过商店。

根据市场营销沟通过程中的反馈，营销者可能需要改变促销计划或产品本身。例如，梅西百货运用电视和报纸广告通知所在区域的消费者有关店址、服务和促销活动的信息。假设反馈调研显示，某区域的购物者中有 80% 可以回忆起看过的商店广告，知道其商品促销信息。这些知晓的购物者中有 60% 在上个月惠顾过梅西百货，但惠顾者中只有 20% 对购物体验感到满意。

这些结果意味着，尽管促销创造了高知名度，但梅西百货并不能给予顾客他们所期望的满意。因此，梅西百货需要在继续开展成功的沟通计划的同时，改善消费者的购物体验。相反，如果调查显示，只有 40% 的消费者知道商店的促销和活动，其中只有 30% 最近进行过购物，在购物的消费者中有 80% 很快再次惠顾，那么梅西百货就需要加强促销计划，以充分利用其在店内创造顾客满意的优势。

14.4 制定总促销预算和组合

我们已经考察了开展有效沟通的主要步骤。现在考虑以下问题：公司应该如何决定促销总预算及其在主要促销工具之间的分配，以创造理想的促销组合？公司如何组合使用各种促销工具来建立整合营销沟通？

制定总促销预算

公司面临的最艰难的营销决策之一是，应该在促销上花多少钱。百货业巨头约翰·华纳梅克（John Wanamaker）曾经说过：“我知道我的广告费有一半被浪费了，但不知道是哪一半。我花费 200 万美元做广告，但我不知道这笔钱是只够一半还是多花了一倍。”因此，不同的行业和公司在促销支出上存在很大差别不足为奇。消费者包装商品的促销费用可能占销售总额的 10% ～ 12%，化妆品大约为 20%，工业机械产品只有 1.9%。在特定的行业中，既有促销费用很低的公司，也有在促销上投入大笔金钱的公司。[14]

公司是如何决定其促销预算的呢？我们将考察四种制定促销总预算的常见方法：量入为出法、销售比例法、竞争对等法和目标 – 任务法。

量入为出法

一些公司使用**量入为出法**（affordable method），以公司能够负担的水平为标准制定促销预算。小企业常常运用这种方法，因为公司的广告花费不能超出现有的承受能力。它们从总收益中减去运营费用和资本费用，然后将剩余资金的一部分用于广告。

遗憾的是，以这种方法决定预算完全忽视了促销对销售业绩的影响。它倾向于在所有支出中最后考虑促销，即使在广告对企业成功非常关键的情况下也是如此，从而导致每年促销预算都不确定，营销人员很难制订长期的营销计划。量入为出法有时会导致在促销上花费过度，但更多的时候会导致促销费用不足。

销售比例法

另一些公司运用**销售比例法**（percentage-of-sales method），按当前或预期销售额的特定比例来制定促销预算。或者，按单位售价的一定比例来做预算。销售比例法有一定的优点。它易于操作，有助于管理者思考单位促销支出、销售价格和利润之间的关系。

尽管具有这些显著的优点，但是其调整余地很小。它错误地将销售额视为促销的原因而非结果，尽管研究已经发现，促销支出和品牌优势之间正相关，两者的关系常常表现为效果和原因，而非原因和效果。在这种方法下，强势品牌因为拥有较高销售额，便可以获得最高的促销预算。

于是，按销售额的一定比例来确定预算的做法是以资金的可获得性，而非市场机会为基础的。它可能会阻止为扭转销售下降而增加促销投入。由于预算按照每年的销售额而变化，很难制订长期计划。最后，除了过去做过的或竞争者正在做的，该方法不能为选择特定的比例提供任何基础。

竞争对等法

还有一些公司使用**竞争对等法**（competitive-parity method），按照与竞争对手相当的标准制定促销预算。它们监视竞争者的广告，或者从公开的数据或行业协会获取行业促销费用的估计，然后根据行业平均水平制定预算。

有两种观点支持该方法。第一，竞争者的预算代表行业的集体智慧。第二，与竞争者的促销费用相当有助于避免发生促销战。遗憾的是，这两种观点都不可靠，没有依据表明竞争者就能比公司自己在促销费用的制定上技高一筹。而且，不同公司之间差异很大，每个公司都有自己独特的促销需求。最后，没有证据表明，与竞争者对等的预算就可以真的避免促销战。

目标 – 任务法

最合乎逻辑的方法是**目标 – 任务法**（objective-and-task method），公司根据自己的促销目标和打算完成的任务来制定促销预算。采用这种预算方法必须做到：（1）确定特定的促销目标；（2）决定为实现这些目标，需要完成的促销任务；（3）估计完成这些任务的成本。这些成本的总和就是计划的促销预算。

目标 – 任务法的优点在于，它迫使管理层理清促销费用与促销结果之间的关系。但这种方法最难操作。通常，公司很难判断实现既定目标需要完成哪些特定的任务。例如，假设三星公司希望其最新型号的便携式摄像机在 6 个月的导入期内达到 95% 的知名度。为实现这一目标，公司应该采用哪些特定的广告信息和媒体计划呢？这些信息和媒体计划的成本是多少？三星公司的管理者必须考虑这些问题，即使它们很难回答。

构建促销组合

整合营销沟通的概念表明，公司必须仔细地协调各种促销工具，构建高度整合的促销组合。公司应当如何决定运用哪些促销工具呢？即使同一行业内的公司在设计促销组合时，也会存在很大差别。例如，玫琳凯将大部分促销经费用于人员销售和直复营销；其竞争者封面女孩在消费者广告上投入很大。我们现在探讨影响市场营销者选择促销工具的各种因素。

各种促销工具的特点

每种促销工具都具有不同的特点和成本。市场营销者在构建促销组合时，必须理解这些特点。

广告。广告能够将信息传递给地域分布很广的受众，而且每次暴露的平均成本较低，广告主能够多次重复发布信息。例如，电视广告可以到达广泛的观众群。近 1.11 亿美国人通过电视观看了最近的美国超级碗比赛；超过 4 300 万人至少观看了奥斯卡金像奖颁奖典礼的部分实况转播；2 200 多万粉丝观看了最新一季的《海军罪案调查处》(NCIS)。而且，一则广受欢迎的电视广告可以借助网络和社交媒体进一步扩大其到达率。例如，芬兰移动游戏公司超级细胞（Supercell）的流行游戏《部落战争：复仇》(Clash of Clans ：Revenge）在 2015 年超级碗上发布了由连姆·尼森（Liam Neeson）主演的广告，除了到达 1 亿多电视观众外，还成为那一年 YouTube 上观看量最大的超级碗广告，观看数量达到了人震惊的 8 200 万人次。对那些希望到达广大受众的公司而言，电视广告是最佳选择。[15]

除了到达率，大规模的广告传递了关于销售方的正面信息，诸如规模、受欢迎程度以及成功。因为广告的公众性，消费者往往认为广告中的产品更可信赖。广告有非常强的表现力——综合运用视觉、声音和色彩，艺术化和戏剧化地表现产品。一方面，广告可以用于树立长期的形象（例如可口可乐的广告）；另一方面，广告可以刺激短期的销售提高（例如连锁百货公司科尔士关于周末特惠的广告）。

广告当然也有一些不足之处。尽管它可以迅速地到达许多人，但它是非人际沟通，不能像公司的销售人员那样直接地说服潜在顾客。对大多数产品而言，广告只能与受众进行单向的沟通，受众可能不注意或不反应。另外，广告费用可能很高。尽管有的广告形式如报纸和广播广告可能以较少的预算完成，但电视等其他广告形式则需要大笔的预算。例如，时长一分钟的《部落战争：复仇》的超级碗广告仅在购买媒体时间上就花费 900 万美元，这还不包括广告的制作成本。它的制作成本几乎每秒 15 万美元。

人员销售。在购买过程的特定阶段，尤其在建立买方的偏好，使其信服并采取购买行动上，人员销售是最有效的工具。这种方式涉及两人或多人之间的互动，所以每个人都可以观察其他人的需求和特点，快速地作出调整。人员销售还可以建立各种顾客关系，从就事论事的销售关系到个人友谊。一位高效的销售人员为了建立长期关系，需要为顾客解决问题，时时将顾客的利益放在心上。最后，人员销售使购买者通常感到有必要倾听和作出回应，即使仅仅是一句礼节性的“不了，谢谢你”。

但是，这些独特的效果是有代价的。建设一支销售团队比制作一则广告需要更长期的投入——广告可以随时发布和停止，但是销售人员规模很难快速改变。人员销售也是公司最昂贵的促销工具，平均每次销售访问要耗费公司 600 美元。[16] 美国公司花在人员销售上的费用是广告的 3 倍。

销售促进。销售促进包括多种多样的工具——优惠券、折扣、加量不加价及其他——所有这些工具都有各自的独特性。它们吸引顾客的注意力，激发强烈的购买动机，还可以增强产品的吸引力，因此经常用于扩大产品供给和刺激疲软的销售。销售促进通常可以得到迅速的反应——广告在劝说“买我们的产品吧”，促销则在鼓励“现在就买”。但是，销售促进的效应是短期的，在建立长期品牌偏好和顾客关系上常常不如广告或人员销售那么有效。

公共关系。公共关系常常得到人们更多的信任——新闻故事、特写报道、赞助和事件对读者而言似乎都比广告更加真实、可信。公共关系还可以到达许多不愿意接触销售人员和广告的潜在顾客——信息是作为新闻，而不是以推销为目的的沟通传递给购买者的。而且，公共关系可以与广告配合使公司或产品引人注目。市场营销者往往没有充分发挥公共关系的作用，或者仅把它作为一种补充手段。其实，经过缜密策划的公共关系与其他促销组合要素结合使用，可以非常有效，而且经济实惠。

直复与数字营销。直复与数字营销有多种形式——直邮、目录、电话营销、网络营销以及其他，它们都具有四个明显的特征。直复营销是非公众性的：信息通常直接针对特定的个人；直复营销是即刻的和定制化的：信息可以非常迅速地准备好，并且针对特定顾客度身定制；直复营销是互动性的：它允许市场营销人员和消费者之间建立对话，信息也可以根据消费者的反应进行及时的修改。因此，直复与数字营销很适合高度目标化的市场营销努力，以及建立一对一的顾客关系。

促销组合战略

市场营销者可以选择两种基本的促销组合战略——推式促销和拉式促销。图 14－4 比较了这两种战略。对这两种战略而言，具体促销工具的相对重要性是不同的。**推式战略**（push strategy）将产品通过分销渠道向最终消费者推广。制造商针对渠道成员开展营销努力（主要是人员销售和交易促销），旨在吸引它们购买产品并向最终消费者促销。例如，约翰迪尔很少对最终消费者促销其割草机、园艺拖拉机和其他家用消费品。相反，约翰迪尔的销售人员与劳氏、家得宝、独立经销商以及其他渠道成员合作，敦促后者向最终消费者推销约翰迪尔的产品。

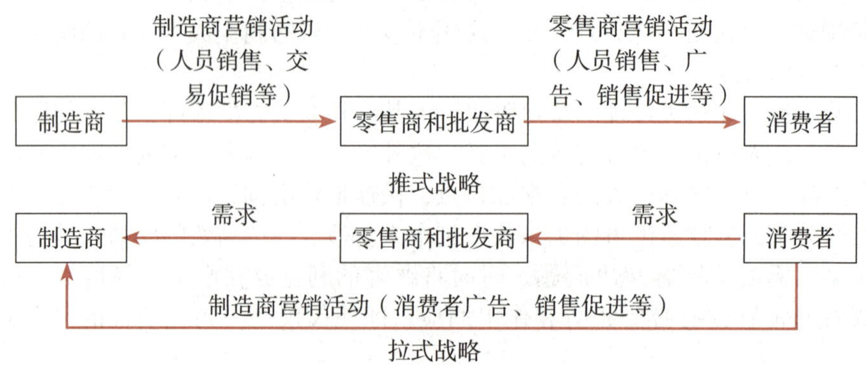

图 14－4 推式与拉式促销战略

运用**拉式战略**（pull strategy）时，制造商将营销努力（主要是广告和消费者促销）集中在最终消费者身上，引导他们购买产品。例如，联合利华运用电视和平面广告、品牌网站、YouTube 频道、脸书主页和其他渠道，直接向年轻的目标顾客推广 Axe 美容产品。如果拉式战略有效的话，消费者会向诸如 CVS、沃尔格林或者沃尔玛等零售商求购产品，这些零售商就会向联合利华订货。因此，在拉式战略下，消费者需求在整个渠道中“拉动”产品。

有些工业产品公司只运用推式战略；有的直复营销公司只使用拉式战略。但是，大多数企业会综合使用两种战略。例如，联合利华每年在消费者营销和销售促进上的花费超过 80 亿美元，旨在建立品牌偏好和吸引消费者进店购买。[17] 同时，它依靠自己和分销商的销售人员、开展交易促销活动在渠道中推动产品，以便当消费者需要某种产品时，货架上有充足的货源。

公司在设计其促销组合战略时，需要考虑许多因素，包括产品和市场类型，以及产品生命周期阶段。例如，在消费者市场和组织市场，不同促销工具的重要性存在差异。B2C 公司通常更频繁地采用拉式战略，将资金更多地投向广告，其次是销售促进、人员销售和公共关系。反之，B2B 市场营销者更倾向于推式战略，在人员销售上投入更多资金，其次才是销售促进、广告和公共关系。

整合促销组合

制定促销预算和构建促销组合之后，公司必须采取措施确保促销组合中所有的营销要素完美地整合。在公司整体沟通战略的指导下，各种促销要素应该相互合作传递企业独特的品牌信息和卖点。整合促销组合应该从顾客出发。无论是广告、人员销售、销售促进、公共关系，还是直复与数字营销，在每个顾客接触点上的沟通必须传递一致的信息和定位。整合的促销组合确保每一个顾客接触点上的沟通努力在顾客希望的时间、地点，以顾客偏爱的方式进行。

为有效整合促销组合，企业所有职能必须合作，共同计划沟通努力。许多公司甚至在沟通计划的各个阶段将顾客、供应商和其他利益相关者包括进来。公司范围内分散的或割裂的促销活动可能稀释营销沟通的影响力，削弱或模糊定位。相反，整合促销组合能使公司所有促销努力的协同效应最大化。

营销沟通的社会责任

公司在构建促销组合时，必须清楚地了解营销沟通中涉及的大量法律和道德问题。大多数市场营销者致力于开诚布公地与消费者和经销商沟通。然而，也难免出现一些问题，公共政策部门为此制定大量的法律和规定对广告、促销、人员销售和直复营销行为进行监管。我们将在这一部分讨论关于广告、促销和人员销售的常见问题，在第 17 章中讨论直复与数字营销问题。

广告与销售促进

依据法律，公司必须避免虚假或欺骗性广告。广告主不可以做出虚假的承诺，比如暗示产品具有某种实际上并不具有的功效。企业还必须避免有欺诈可能的广告，即使实际上还没有人上当受骗。汽车制造商不能做广告称自己的产品 1 加仑汽油能行驶32英里，除非它在正常的情况下确实如此。面包店不能仅仅因为自己的面包片比别家的薄，就在广告中声称自己的产品含有更少的卡路里。

销售者必须避免偷梁换柱式的广告，不会用虚假的承诺来吸引购买者。例如，一家大型零售商在广告中声称，某种缝纫机售价只有179美元。但当消费者上门试图购买广告中展示的产品时，销售人员却把它说得一无是处，竭力劝说顾客购买另一台价格昂贵的缝纫机。这种行为既不道德，也不合法。

公司的交易促销活动也受到严格的管制。例如，根据《鲁宾逊–帕特曼法案》，卖方不得通过交易促销为特定的顾客提供优惠。公司必须向所有的中间商提供平等的交易条件，包括促销津贴和服务。

公司不仅要避免诸如欺骗性或偷梁换柱式的广告等违反法律的行为，而且要运用广告和其他形式的销售促进来鼓励和推进社会责任计划、行动和创意。几乎所有行业的企业如今都推广各种与其品牌相关的社会和环保事业。例如，谷歌最近开展了一场耗资5 000万美元的营销和广告运动"用代码完成"，鼓励年轻女性在科学和技术领域有所建树。该公司发现74%的女中学生对科学、技术、工程和数学（STEM）感兴趣，但是到了高中阶段，却只有不足1%的女生愿意选择计算机科学专业。通过广告、专门的数字和社交媒体网站、事件以及与非营利组织的合作，谷歌的运动有效地宣传了一种理念，年轻女性热爱的事物——从智能手机上的移动应用程序到时装，再到她们最爱的电影——都是"由代码完成的"。谷歌说："简而言之，代码是一种让你用技术书写你自己的故事的工具。""女孩们最初有着对科学和技术的热爱，但在成长的道路上消退了。让我们助力激发她们的热情。"[18]

人员销售

公司的销售人员必须遵循"公平竞争"的原则。在美国，大多数州已经颁布了有关法案，列明哪些行为属于欺诈性销售，应该明令禁止。例如，销售人员不可以夸大购买产品的好处，对消费者说谎或者误导他们。为避免偷梁换柱的行为，销售人员的陈述必须与广告中的宣传相吻合。

对那些在家中接受拜访的消费者和那些去商店搜寻商品的消费者适用不同的原则。由于在家中接待销售人员拜访的人可能感到意外，特别容易受到高压销售技巧的影响，联邦贸易委员会制定了三天冷静期（three-day cooling-off）规则，对那些并未主动搜寻商品的人给予特别的保护。根据这一规定，在家、工作场所、宿舍或卖家临时占用的场地——例如酒店房间、会议中心和饭店——购买价格高于25美元的物品的消费者，可以在72小时内无条件取消合同，退还商品，拿回他们所支付的全部货款。

许多人员销售涉及组织间的交易活动。向组织出售时，销售人员不可以向采购人员或其他能够影响销售结果的人员行贿。他们不可以通过贿赂或商业间谍活动来获得或使用竞争者的技术或商业秘密。最后，销售人员不可以暗示不真实的事情来贬低和诋毁竞争者或竞争性产品。

关键术语

促销组合（营销沟通组合）（promotion mix（marketing communications mix））
广告（advertising）
销售促进（sales promotion）
人员销售（personal selling）
公共关系（public relations）

直复与数字营销（direct and digital marketing）
内容营销（content marketing）
整合营销沟通（integrated marketing communications，IMC）
购买者准备阶段（buyer-readiness stages）
人际沟通渠道（personal communication channels）
口碑影响（word-of-mouth influence）
蜂鸣营销（buzz marketing）
非人际沟通渠道（nonpersonal communication channels）
量入为出法（affordable method）
销售比例法（percentage-of-sales method）
竞争对等法（competitive-parity method）
目标 – 任务法（objective-and-task method）
推式战略（push strategy）
拉式战略（pull strategy）

概念讨论

1. 列举并简要描述企业营销沟通组合中五种主要的促销工具。
2. 讨论内容营销，以及市场营销者如何运用新框架来决定如何以及由谁创造、控制和扩散营销内容？
3. 什么是整合营销沟通？企业如何运用整合营销沟通？
4. 讨论市场营销沟通者用以传播信息的两大类沟通渠道。
5. 企业如何决定促销预算？

案 例

沃尔沃卡车：前所未有的整合营销沟通

说起沃尔沃，你可能会想到在瑞典制造的朴素、稳重、实用而安全的轿车——教授和年轻人、带着孩子的已婚夫妇用来运送日用品回家。但这个故事讲述的是另一种沃尔沃——卡车制造商“沃尔沃集团”。请记住，沃尔沃不仅生产 SUV 或皮卡。我们要谈论的是重型卡车和拖车、挖掘和建筑用车以及公共汽车。与沃尔沃轿车一样，沃尔沃集团是一个独立的公司，也是世界上最大的商用卡车制造商之一，有 Renault Trucks、Mack Trucks、UD Trucks 等多个品牌，其中最大的是沃尔沃卡车(Volve Trucks ）。

几年前，沃尔沃卡车面临严峻挑战。它正在准备20年来首次重要的产品上市——一年之内推出 5 种新型号的卡车。为了这一上市，沃尔沃卡车需要一个整合营销沟通战略，以实现雄心勃勃的目标——让全球的人谈论商用卡车。沃尔沃卡车感兴趣的不仅仅是在其通常的目标客户即公司卡车买家之间创造蜂鸣效应，而且希望吸引普通大众，提高他们对品牌的认知度、记住品牌的优势所在，并让国内外的人们谈论、分享和支持品牌。实现这一目标——沃尔沃卡车如何在当代公众视野中保持品牌活力——将是一次前所未有的广告成功。

消费者方式

通常的情况是，当 B2B 公司希望宣传一项新产品，会求助自己所在行业的专业广告代理公司。沃尔沃以前也是这样做的，与代理商在诸如平面广告、公共关系和直邮广告等各种传统媒体合作。但是当这家瑞典卡车公司准备推出全新重型卡车产品线时，意识到自从上次重大产品上市以来，媒体领域已经发生了翻天覆地的变化。新媒体世界呼吁用完全不同的方式传播品牌信息——可能胜出竞争者的独特之处。

沃尔沃卡车这次没有向在商业卡车领域经验颇丰的 B2B 广告代理商求助，而是谋求 Forsman & Bodenfors 公司的帮助——瑞典领先的创意广告商之一，曾经为宜家、UNICEF 和沃尔沃轿车等公司策划和执行开创性的消费者运动。Forsman & Bodenfors 设计这场运动之前，通过细致的研究发现了两大关于商用卡车的重要洞察。首先，长途卡车司机爱他们的卡车，与它们建立情感联系，犹如普通消费者与自己的日常座驾一样。其次，大量因素影响卡车的购买决策——包括朋友、家人、同事、老板，甚至客户和卡车所运载的产品的主人。

掌握这些洞察之后，该团队开始策划一项整合营销运动，通过展示新卡车的特征令经验丰富的卡车司机们感到惊喜的同时，也用精彩的示范吸引广大公众的关注。传统的电视广告远超预算，而且并不能很好地适应该运动需要沟通的信息或广告商希望创造的蜂鸣效应。所以 Forsman & Bodenfors 选择使用社交媒体，推出名为“现场测试”的营销运动。这是一场充分整合的促销努力，围绕一系列堪称好莱坞大片即视感的纪录片风格的影片展开。

用“现场测试”吸引大众

首部在沃尔沃卡车的 YouTube 渠道发布的影片名为《芭蕾舞女演员》（The Ballerina），这则花絮风格的视频时长3分钟，表现了世界高空绳索纪录的女保持者菲斯·狄琪（Faith Dickey）行走在两辆快速行驶的沃尔沃卡车之间的绳索上，刚好在卡车通过隧道前及时成功地完成任务。视频以令人印象深刻的方式展示了新型沃尔沃卡车卓越的稳定性和精准性。尽管“现场测试”运动最终演变为多特点、长期的运动，但恰恰是在《芭蕾舞女演员》发布之后，该运动的战略才开始真正成形。“当你为 YouTube 创作视频时，你不能提前计划太多，因为那时候你还不能真正了解一个创意或一则影片将会多么流行。”该广告代理商的高级合伙人比约·恩格斯特罗姆（Bjorn Engstrom）说。

首战告捷之后，沃尔沃卡车和代理商制作了另外5部影片。在《机械师》（The Mechanician）中，沃尔沃卡车呼啸驶过一位将身子埋在沙地里的工程师的头顶，示范卡车12英寸的底盘高度。《钩子》（The Hook）中关于沃尔沃客车两个钩子的强度的戏剧化证明居然是总裁克莱斯·尼尔森（Claes Nillson）做出的，他当时站在一辆悬挂在港口之上的沃尔沃客车车头上，亲自证明前置悬挂系统的卓越性能。《仓鼠》（Hamster）示范了沃尔沃卡车转向多么容易，名叫查理的小仓鼠受到胡萝卜的诱惑在附着于卡车方向盘上的联动盘上跑动，轻易带动巨大的矿用自卸卡车转向。互动的360度体验有效地展示了沃尔沃卡车杰出的机动性。《追逐》（The Chase）从沃尔沃卡车的视角，看它如何穿过西班牙乡镇狭窄的街道，驶离公牛群。

每一则视频发布时，都伴随着各种专为扩展该运动的信息和推动 YouTube 流量而设计的支持性促销努力。沃尔沃卡车在《卡车新闻》上刊登平面广告，在平面媒体发布沃尔沃工程师的访谈，在社交媒体发布视频。这些视频还有另一个目的——为沃尔沃卡车扩大社交媒体的粉丝基础，为该运动的效果助力。在一年略多的时间里，该运动的戏剧性视频高调首发的前夜，沃尔沃卡车 YouTube 频道的订阅量增加了2 300%，达到85 000人，其脸书主页也迎来了1 700%的增长，达到290 000人。

但是完成全垒打的是第一轮“现场测试”运动的最终章节。在《史诗级一字马》（Epic Split）中，两辆金色闪亮的全新沃尔沃卡车并排行驶，动作演员尚格云顿（Jean-Claude Van Damme）把脚搁在后视镜上，在两车行进中逐渐分开并维持距离的过程中完成了惊人的大劈叉。这一戏剧性视频突出了沃尔沃卡车动态转向系统——这项电子控制的机械系统每秒调整 2 000 次，有着无与伦比的精准性。一个月内，该视频在 YouTube 上吸引了 6 000 万点击量，成为有史以来转发量最大的非超级碗汽车广告。当月月底，沃尔沃卡车向经销商的发货量比上年同期增加 31%。

整合营销沟通的协同性

尽管“现场测试”运动的每一则视频本身都值得赞美，但各部分综合产生的结果比任何一则视频的影响都更加令人印象深刻。根据 Forsman & Bodenfors 的数据，该运动产生了 1 亿次以上的视频观看，800 万次社交媒体转发，2 万多次专题评论。它还催生了数千个恶搞视频，引发额外的 5 000 万次观看。其中，包括动作明星查克·诺里斯（Chuck Norris）在圣诞前夕发布的、槽点十足的圣诞祝福视频《查克的问候》（Greeting from Chuck）。他站在两架 Lockheed C-5s 飞机机翼上表演劈叉，同时头顶上 11 个飞行员组成了一个圣诞树。总之，该运动的媒体影响价值超过 1.7 亿美元。该运动也收获了诸多奖项——包括戛纳创意效果大奖——《广告时代》授予沃尔沃卡车“年度最佳广告主”称号。

该运动还在目标顾客中产生了可度量的行为。一份对 2 200 名商业卡车车主的调查显示，一半看过视频的人说他们下次购买时更愿意选择沃尔沃，而 1/3 的人要么已经在与经销商签约，要么已经访问过沃尔沃卡车的网站。“如果我与我们全球 140 个市场中的销售人员谈话，”沃尔沃卡车公共关系经理安德斯·威何姆森（Anders Vilhelmsson）说，“他们常常告诉我们，顾客在交谈中总是首先提及这些病毒影片。”

仅以小额预算就取得所有这些成就，难怪沃尔沃卡车会继续延展“现场测试”运动。追随前面 6 则视频设定的模式，该团队随后又制作了一些充满想象力的视频，包括沃尔沃拖车车头与超级汽车之间的比赛，以及沃尔沃卡车在一家豪华赌场前紧急制动时由隐藏摄像机捕捉到的一位服务员的夸张反应。最近，另一则视频《看看谁在开车》（Look Who’s Driving）成为该运动迄今为止最成功的新内容。视频显示一辆沃尔沃 FMX 自卸卡车——该广告语宣称“我们出产的最结实的卡车”，但远程控制器后面居然是一个 4 岁萌娃。

绝不是为了耍噱头而采用的引人注意的花招，“现场测试”运动成功完成了一项意义重大的任务——通过选择对新车型和目标受众都非常重要的产品属性，沃尔沃通过吸引世界各地人们的故事有效地传播了这些属性特征。该运动成功地实现了一年内推出 5 种新车型的目标，而且第二阶段最终产生的社交媒体粉丝基础规模是第一阶段数量的翻番。该运动还帮助沃尔沃卡车在世界范围内取得了创纪录的销售佳绩和市场份额。更加令人惊羡的是，沃尔沃卡车是在小额预算的前提下完成这一切的。在整合营销沟通的世界里，“现场测试”是真正的史诗级运动。

资料来源：Ann-Christine Diaz, “The Story behind AT&T’s Disturbing Phone Safety Ad,” *Advertising Age*, July 27, 2015, http://adage.com/print/299678/; John McDermott, “AT&T’s Anti-Texting Campaign: Lots of Impressions, Zero Success,” *Digiday*, August 14, 2014, http://digiday.com/platforms/att-asks-twitter-whether-anti-texting-drivingcampaign-working/; Paul Polizzotto, “Millennials Are Embracing Corporate Social Responsibility Campaigns,” *Advertising Age*, December 18, 2015, http://adage.com/print/301796/; “Why That ‘Like A Girl’ Super Bowl Ad Was So Groundbreaking,” *Huffington Post*, February 2, 2015, www.huffingtonpost.com/2015/02/02/always-superbowl-ad_n_6598328.html; Sheila Shayon, “How P&G Is Making the Always #LikeAGirl Movement Unstoppable,” *Brandchannel*, July 8, 2015, www.brandchannel.com/2015/07/08/pg-always-like-agirl-070815/; and information from www.apple.com/environment/; www.itcanwait.com/all, www.rainforest-alliance.org/about; www.rainforestalliance. org/followthefrog, and http://always.com/en-us, accessed October, 2016.

讨论题

1. 沃尔沃卡车运用的是哪一种促销组合元素？

2. “现场测试”运动怎样展示了整合营销的特点？你如何评价“现场测试”运动的整合效果？

3. 这场“现场测试”采用的消费者营销方法是否适用于所有的 B2B 营销者？请解释。

4. 为保持这次运动所取得的成功，沃尔沃卡车可能会遇到哪些挑战？

注 释

请扫描二维码或登录中国人民大学出版社官网 www.crup.com.cn 下载本书注释。

15 广告与公共关系

学习目标

- 说明广告在促销组合中的作用。
- 描述开展广告运动时的首要决策。
- 确定公共关系在促销组合中的作用。
- 解释企业如何利用公共关系与公众沟通。

在分析了完整的整合营销沟通计划之后，我们将更加深入地了解具体的营销沟通工具。本章讨论广告与公共关系。广告是指通过使用付费媒体向消费者沟通公司或品牌的价值主张，以达到告知、劝说及提醒消费者的目的。公共关系则指公司与不同的公众建立良好关系——从消费者和普通大众到媒体、投资者、捐赠者以及政府。与所有的促销组合工具一样，广告和公共关系必须融入完整的整合营销沟通计划之中。我们将在随后的两章中，讨论促销组合的其他内容：人员销售、销售促进以及直复与数字营销。

让我们先来了解一次杰出的广告运动。20 年前，政府雇员保险公司（GEICO）还是美国车险业一个名不见经传的小公司，如今却在这个竞争异常激烈的行业中稳居第二位。GEICO 的成功在很大程度上归功于它那场盛大的广告运动——不仅打造出经典广告语和精灵古怪的可爱的壁虎形象，而且几乎颠覆整个行业。值得注意的是：好的广告真的很重要。GEICO 就是一个典范。

引例 GEICO：借助优秀的广告从无名小卒成长为大腕

GEICO成立于1936年，最初选择的目标顾客是政府雇员和有异常驾驶记录的非现役军官。与竞争者不同，GEICO没有保险经纪人，而是直接向顾客销售，从而维持低成本并以低保费的形式将节省下来的钱回馈顾客。近60年来，GEICO的市场营销几乎全部依赖直邮和电话广告。

1994年，当GEICO决定扩大顾客基础时，它意识到必须同时扩充自己的营销力量。于是，它开始进军大众媒体，由此彻底地改变了保险广告的面貌。GEICO起步并不快，它只花费了区区1 000万美元来开展首个全国性广告运动，涉及电视、广播和平面广告。不久，身价过亿的投资者沃伦·巴菲特（Warren Buffett）买下了这家公司，并慷慨地告诉市场营销人员在开发业务时“钱不是问题”，所以“事情有了突飞猛进的发展”。随后10年间，GEICO的广告费用增长了50倍，年度广告支出超过5亿美元。

如今，你一定对GEICO及其能说会道的壁虎了解甚多。但是最初，这家保险公司对如何向全国观众介绍这个名称滑稽且鲜为人知的品牌一筹莫展。和所有优秀的广告一样，GEICO的宣传运动起步于一个简单但极具说服力的主题——强调GEICO直接面对顾客的直销系统在便利性和省钱方面的优势。迄今为止，GEICO数以百计的广告和所有促销活动都旨在向美国家庭传递如今人们已经耳熟能详的信息：“你只要用15分钟就可以节省15%或更多的汽车保险费用。”

但真正令GEICO的广告与众不同的是，它选择了一种创新的方式使自己的价值主张生动起来。当时，市场上的竞争者大多使用严肃而煽情的口号——“好事达保险是你的得力助手”或者是“州立农业保险就在你身边”。为了使自己的广告独树一帜，GEICO决定采用幽默的手法。这一创造性的方法显然很有效果，销量开始节节攀升。

市面营销人员在努力发展品牌时发现，顾客显然不太容易准确地说出GEICO这个名字（政府雇员保险公司的缩写）。GEICO常常被误读为“gecko”（壁虎）。于是误打误撞，那只有魅力的绿色壁虎应运而生。1999年，GEICO发布了一则时长只有15秒的广告，其中那只现在已经很著名、带有英国口音的壁虎召开新闻发布会真诚地恳求道：“我是壁虎，不要把我与那个可以让你节省很多汽车保险费的GEICO混淆在一起。以后别再叫我了。”这则广告一度被认为是“败笔”，但是很快，消费者的电话和来信几乎淹没了公司，他们希望可以常常见到那只壁虎。然后，你懂的，GEICO创造了历史。

那只壁虎仍然是GEICO标志性的发言人，但是它充其量也就只能做这么多了。所以这么多年来，为了保持促销活动的新鲜度和娱乐性，GEICO源源不断地以常常引发热议的巧妙创意来讲述有关品牌价值的故事，使壁虎广告时时保持新意。GEICO刚开始网上业务时，在宣传运动中采用一群穴居人形象的竞争者认为，GEICO的广告口号“GEICO.com很容易使用，连穴居人也可以做到”有意侮辱自己。之后，为了应对“转向GEICO真的能让你的汽车保险费节省15%或更多吗？”这一问题，GEICO发起了名为“反问”的广告运动：“高个子埃德·琼斯（Ed Jones）太高了吗？”“林肯真的诚实吗？”以及“小猪在回家路上一直‘喂喂喂’大叫吗？”还用一则广告向世界介绍了麦克斯维尔（Maxwell）——一头能说会道的猪——在以它为主角的宣传运动中，强调了GEICO在数字、社交和移动营销方面的进步。该品牌最近一次的“比……更快乐”运动，还推出了另一个能说会道的动物形象，广受欢迎的骆驼卡莱布（Caleb）。它兴冲冲地宣称GEICO的顾客“比驼峰日那天的骆驼更快乐”。

最近，在“你就是这么做的”系列广告中，GEICO 发现了另一条途径，以有趣和难忘的方式来强调其价值定位。在其中一则广告中，幼稚的彼得·潘（Peter Pan）烦躁地打断一场古板无趣的会议午宴，因为当你是彼得·潘，“你永远年轻。你就是这么做的”。另一则广告表现了一位母亲在儿子正沉浸于詹姆斯·邦德（James Bond）似的探险时，打电话来抱怨其父亲拒绝请灭鼠人员来处理后院的松鼠，因为如果你是妈妈，“你总是在最不合时宜的时候来电话。你就是这么做的”。这些系列广告的最后都会这样总结：“如果你想在车险上省钱，就来找 GEICO。你就是这么做的。”

GEICO 的获奖运动“不可跳过”推出了一系列观看者无法跳过的滑稽好笑的网络视频广告。每一则广告都表现了看似枯燥无趣的日常生活场景，例如一家人吃着意大利面晚餐。广告开头，巨大的 GEICO 标志大大咧咧地出现在屏幕中间，广告语说：“你不能跳过这则广告，因为它已经结束了。15 分钟就能让你的车险节省 15% 甚至更多。”但那正是好笑的地方。例如，在那则家庭晚餐视频中，家中的大狗忽然跳上餐桌，一家人都愣住了，听任它有条不紊和滑稽可笑地依次将每个人面前的意大利面一扫而光（你一定要看看——它真的不可跳过）。“不可跳过”运动在戛纳国际广告节上赢得了大奖，并获《广告时代》首次年度运动大奖。

“不管你在这些年中看过多少 GEICO 的广告——数量肯定不少——它们似乎总是充满新意。”一位专家观察说。公司的首席营销官解释说：“我们努力让顾客时时记着我们，却又不让他们感到厌烦，不会感到重复和雷同。”但是，无论如何多样化，每一次小型促销运动都带有明显的 GEICO 风格，并且每一则广告都会以那句重要的品牌口号“只需 15 分钟，让你节省 15%”结尾。

GEICO 在广告和内容营销上一直大量投资，在受测媒体中的开支比其他保险公司高出近一倍。如今，GEICO 的年度广告预算超过 11 亿美元，成为全美第三大广告主。在巨额投资的支持下，该品牌富有创意且持续不断的广告信息，取得了丰厚的回报。曾经鲜为人知的 GEICO 品牌如今在保险购买者中享有超过 90% 的知名度。而且，在多年取得两位数的市场占有率之后，GEICO 最近超过好事达保险公司，在竞争激烈的美国车险市场中上升至第二位。

不仅如此，品牌广告除了有效地促进 GEICO 惊人地成长之外，也改变了整个保险行业的产品营销方式。如今，从好事达保险公司到前进保险公司等诸多竞争者纷纷改变以前乏味的广告风格，在广告运动中注入了幽默和有趣的因素。一位分析者断言：“这一战略对 GEICO 绝对有效。”这很好地解释了“GEICO 如何通过广告从一个名不见经传的小公司成长为行业大腕”，另一位分析师说。[1]

正如前面章节所讨论的，公司不仅要创造顾客价值，还需要做更多，它必须清楚而且有说服力地向目标消费者沟通这些价值。在本章中，我们将具体讨论两种营销沟通工具：广告和公共关系。

15.1 广　告

广告（advertising）可以追溯到人类历史刚有记载的时期，考古学家在地中海地区的国家挖掘出了表明不同事件和所售产品的标志物。罗马人在墙上绘画，预告角斗士的战斗。腓尼基人在路边的大岩石上画图，促销他们的商品。在古希腊的鼎盛时期，小贩在街头叫卖牲口、手工艺品甚至化妆品。有一首早期的商业歌曲这样写道："那些忽闪着大眼睛、脸颊如黎明般美丽的姑娘，那些已褪去女孩子的稚嫩的年轻女子，还有那些知道公道价格的女人，她们都会从伊索那里购买喜欢的化妆品。"

然而，现代广告和这些早期的活动有显著差别。现在，根据广告媒体测量，美国广告主每年的广告费用超过 1 900 亿美元，全球广告花费超过 5 450 亿美元。宝洁公司是全球最大的广告主，它仅在美国的广告支出就达 46 亿美元，全球广告费更是高达 115 亿美元。[2]

虽然大部分广告是商业公司做的，各种非营利机构、专业机构和社会机构也借助广告向各自的目标公众宣传自己的使命和目的。实际上，美国排名第 39 位的广告支出机构正是一个非营利组织——美国政府。它以多种方式进行广告活动。例如，美国联邦政府的疾病控制中心开展了一场长期的禁烟广告运动，名为"来自老烟民的忠告"。其第四年的推广费用为 7 000 万美元，重点表现人们为由吸烟造成的疾病付出惨痛代价。[3] 广告是一种吸引、告知和劝说的好方法，无论其目的是在全球销售可口可乐，还是在发展中国家教育人们如何健康地生活。

营销管理部门制定广告方案时，需要做出四个重要决策：确定广告目标、编制广告预算、制定广告策略（创意决策和媒体决策）和评估广告运动（见图 15－1）。

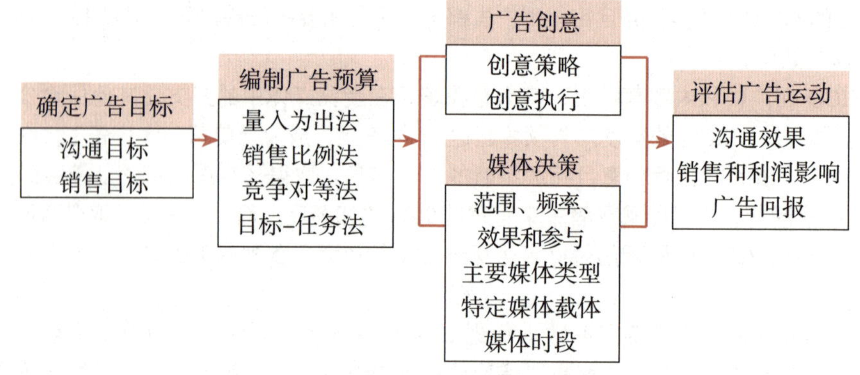

图 15－1 广告中的重要决策

15.2 主要广告决策

确定广告目标

制订广告计划的第一步是确定广告目标。这些目标应当根据既定的目标市场、定位和营销组合决策来确定，明确广告在整个营销计划中的地位和作用。广告的总体目标是通过沟通顾客价值来帮助吸引顾客和建立顾客关系。下面讨论具体的广告目标。

广告目标（advertising objective）是在一定期限内针对特定目标对象而设定的一项具体的沟通任务。广告的目标可以根据告知、劝说和提醒等目的来分类。表 15－1 给出了每种广告目标的例子。

表 15-1 可能的广告目标

告知广告	
沟通顾客价值	建议产品的新用途
建立品牌和企业形象	通知市场价格变动
告知市场有新产品出现	描述所能提供的服务
介绍产品功能	更正错误的印象
劝说广告	
树立品牌偏好	劝说顾客立即购买
鼓励消费者改用本公司品牌	劝说顾客接受推销访问
改变顾客对产品价值的感知	说服顾客向他人介绍本公司品牌
提醒广告	
维持顾客关系	提醒顾客购买的地点
提醒顾客可能不久会用到此产品	在产品的淡季使顾客仍记得该品牌

告知广告（informative advertising）主要用于新产品的导入时期，目标是建立基本需求。因此，高清电视的早期制造商首先告知消费者这一新产品的图像质量和便利性。随着竞争的加剧，劝说广告（persuasive advertising）愈加重要，其目标是建立选择性需求。举例来说，当高清电视的优点被广泛认可之后，三星公司开始试着劝说消费者，自己的品牌能够在相同价位提供最好的品质。这些广告旨在吸引顾客和创造品牌社群。

一些劝说广告已经演变成了比较广告（comparative advertising）或进攻性广告（attack advertising），公司直接或间接地与一个或几个其他品牌进行比较。比较广告应用的范围很广，从软饮料和快餐到租车、信用卡、移动通信服务。例如，百事长期采用比较广告，将矛头直指可口可乐。[4]

百事与可口可乐的恩怨多年前在其推出名为"百事挑战"的长期宣传运动时就开始了。在那场运动中，百事大肆宣传其在商场和其他公共场所进行盲试的结果——与可口可乐相比，消费者始终更喜欢百事的口味。从那以后，百事定期推出比较广告骚扰比自己强大的竞争对手，从显示圣诞老人（长期以来一直与可口可乐广告相联系的标志性人物）选择喝百事可乐而非可口可乐的广告，到百事的送货司机偷拍到可口可乐的司机偷偷摸摸地喝光一罐百事可乐。在另一则广告中，一位快乐的百事司机嘲笑一位可口可乐顾客，告诉他"你还有北极熊"（另一个可口可乐广告的标志性符号），画面中一只毛发蓬乱的北极熊悲伤地抚摸着可口可乐顾客。这些比较广告在百事粉丝中广为流传。"很少有什么能像看我们挚爱的蓝色与红色针锋相对那样吸引粉丝们关注的了。"百事品牌营销和数字经理说道，"对我们而言，以往的比较广告效果不错，这是我们认为可行而且粉丝们乐意看到的。"

比较广告运动往往引发争议。很多时候，这恰恰是运用它们的原因和意义。已经确立地位的市场领导者希望将其他品牌阻隔在消费者的考虑集之外，而挑战者希望有所改变，竭力将自己的品牌挤进消费者的对话，争取与市场领导者平等的地位。例如，微软有着很长时间成功开展比较广告的历史，无论是针对市场领先的竞争对手发起挑衅，还是防范挑战者的攻击。

但是，广告主使用比较广告必须谨慎。此类广告往往会激起竞争对手的反击，导致广告战最后两败俱伤。被惹恼的竞争者可能会采取更激烈的行为，诸如向相关部门投诉甚至引发虚假广告诉讼。以竞争者对美国酸奶巨头乔巴尼（Chobani）的比较广告的应对为例。

> 一则“乔巴尼简单 100”希腊酸奶广告表现一位女士仔细查看一罐优诺 Greek100 酸奶上的标签，“山梨酸钾？真的吗？那东西是用来杀臭虫的吧。”该广告结尾强调“乔巴尼简单 100”希腊酸奶不含任何防腐剂。另一则广告，一位女士坐在水池边，漫不经心地将手中的达能轻适（Light and Fit）希腊酸奶扔进垃圾桶，画外音响起：“甜蜜素？为什么？那里面添加了氯。‘乔巴尼简单 100’希腊酸奶天然甜味，只含 100 卡路里。”竞争者毫不留情地进行了反击。优诺酸奶的制造商通用磨坊公司状告乔巴尼用广告误导消费者。达能公司向乔巴尼发出停止令律师函，要求它停播上述广告。随后，乔巴尼反诉达能，请求法院确认乔巴尼的广告没有误导。结果究竟如何尚有待时日。但是这样的争端对任何一方都不可能有好处。[5]

提醒广告（reminder advertising）在产品成熟阶段很重要，它帮助维持顾客关系，并且使消费者一直记住产品。耗资巨大的可口可乐电视广告并非要告知或劝说顾客立即购买，而是建立并维持可口可乐的品牌关系。

广告的目的是帮助消费者作出对企业有利的购买决策。一些广告设计旨在让消费者立即采取行动。例如，Weight Watchers 的一则直复电视广告敦促消费者马上拿起电话注册，而百思买周末促销的报纸插页广告鼓励顾客赶紧进店选购。然而，许多广告的重点是建立或巩固长期的顾客关系。比如，表现知名运动员身穿耐克的运动装备克服极限挑战的耐克电视广告，从来不直接要求购买。正相反，其目的是在一定程度上改变顾客考虑和感受耐克品牌的方式。

编制广告预算

确定广告目标之后，公司就要为每个产品编制**广告预算**（advertising budget）。我们已经在第 14 章中讨论过制定促销预算的一般方法。下面讨论市场营销者编制广告预算时需要考虑的一些特殊因素。

一个品牌的广告预算常常取决于它处于产品生命周期的哪个阶段。例如，新产品通常需要较高的广告预算，以建立知名度并争取消费者试用。而成熟的品牌通常需要相对于销售额较低百分比的预算。另外，在竞争者众多并且广告密集和混乱的情况下，品牌必须做大量的广告才能在纷乱中脱颖而出，吸引足够的注意。对于那些无差异的品牌，即与同一产品类别中的其他品牌极为相似的产品（软饮料、洗涤剂），可能需要高额的广告费用使自己与众不同。当企业的产品与竞争对手的差别很大时，可以用广告向消费者指出这些差异。

不管使用什么方法，编制广告预算都不容易。公司如何才能知道自己的广告费决策是正确的呢？像可口可乐和卡夫这样的公司已经建立了精密的统计模型，来决定促销费用与品牌销售额之间的关系，以帮助制定对不同媒体的“最优投资”决策。当然，影响广告效果的因素非常多，有些因素可控，有些则不可控，所以衡量广告费用的效果仍然是一个颇有争议的问题。在很多情况下，编制广告预算必须在进行大量定量分析的同时，依赖市场营销人员的经验判断。

这样做的结果是，广告预算在经济不景气时最容易被削减。削减品牌建设广告显然不会对短期的销售有太大伤害。例如，在这次经济衰退之初，美国广告支出比上一年度锐减了 12%。但是，从长期来看，削减广告费用可能导致对品牌形象和市场份额的长期损害。事实上，能够在竞争者削减广告费用的时候维持甚至增加广告投入的公司最终获得了竞争优势。

例如，在这次经济衰退期间，当竞争者纷纷削减开支时，汽车制造商奥迪“在其他人退缩的时候保持了原来的步伐”，奥迪广告经理说，“当整个行业都减速和削减支出时，我们为什么要后退呢？”结果，奥迪的品牌知名度和买者考虑率在经济衰退期反而达到了历史新高，超过宝马、梅赛德斯和雷克萨斯，为经济衰退之后的市场竞争奠定了强有力的地位。奥迪现在是市场上最炙手可热的汽车品牌之一，与宝马和奔驰在全球豪华轿车市场并驾齐驱。[6]

制定广告策略

广告策略（advertising strategy）包括两个主要方面：广告创意和媒体决策。过去，媒体计划通常被认为是次要的，广告创意才是最重要的。广告创意部门先创作出好的广告，然后媒体部门针对期望的目标受众选择最好的媒体刊登这些广告。这么做经常引发创意部门与媒体部门之间的摩擦。

然而现在，暴涨的媒体成本、更加聚焦的目标市场营销战略，以及新型数字媒体和社交媒体的发展，都提升了媒体策划的重要性。关于广告运动使用什么媒体的决策——电视、报纸、杂志、视频、网站或者社交媒体、移动电话或者电子邮件，有时比广告运动的创意元素更加重要。而且，如今更为常见的是通过品牌与消费者之间、消费者与消费者之间的互动来共同创造品牌内容和信息。所以，越来越多的广告主致力于努力实现精心策划的创意与表达该创意的媒体之间的珠联璧合。正如上一章所讨论的，目标是跨越各种媒体创造和管理品牌内容，无论这些媒体是你购买的、拥有的、赢得的还是分享的。

构思广告信息和品牌内容

不论预算水平高低，只有能够赢得关注并且发挥良好沟通作用的广告才是成功的。在如今耗资巨大且鱼龙混杂的广告环境中，出色的广告创意尤为重要。

美国每户家庭平均可以收看 190 个电视频道，有 7 200 多种杂志供消费者选择。[7] 再加上无以计数的广播电台以及不断增长的商品目录、直接邮购、户外媒体、电子邮件和网络、移动及社交媒体的展露，消费者在家、工作场所以及往返两者之间的所有场合都可能被广告轰炸。例如，美国人每年接触到的网络广告累计达 5.3 万亿条，日常接触 5 亿条推特、40 亿条 YouTube 视频、5 800 万帧 Instagram 照片、500 万条 Pinterest 信息以及 47.5 亿条脸书上分享的内容。[8]

突破重围。一旦这种广告扎堆的情况惹恼了消费者，会给广告主造成巨大困扰。以有线电视网广告主的情况为例，制作一则30秒的广告平均要耗费34.2万美元。如果广告在黄金时段的热门节目中播出，通常还需要为这30秒的播放时间再支付12.2万美元。如果在特别受欢迎的节目，如《周日晚间橄榄球赛》(Sunday Night Football)(80.3万美元)、《嘻哈帝国》(Empire)(49.7万美元)、《生活大爆炸》(34.8万美元）或者一些大型事件，例如超级碗（每30秒高达500万美元）插播广告，收费会更高。实际上，尽管代价如此之高，它们的广告只能夹在其他广告、公告和电视网节目宣传的大杂烩中。黄金时段每小时播出超过20分钟的非节目内容，广告平均每隔6分钟插播一次。电视和其他广告媒体上的这种混乱的扎堆现象造成了越来越让人反感的广告环境。[9]

电视观众曾经一直是广告主热衷于捕捉的受众。但如今的数字技术向消费者提供了大量新的、丰富的信息和娱乐选择——互联网、视频点播、社交和移动媒体、平板电脑和智能手机，以及其他。数字技术使消费者有能力选择观看或不观看某个节目。多亏数字视频录像播放器（DVR）系统的快速普及，消费者可以选择不看广告。

因此，广告主已不能再通过传统媒体向被动的消费者灌输千篇一律的广告创意。如今，仅仅为了获得并抓住注意力，广告创意也必须有更完善的规划、更丰富的想象力，并对消费者而言更具娱乐性和情感联系。以强行入侵式的传播作为营销的基本前提已不再奏效。除非广告提供的信息有趣、有用或者足够娱乐，否则消费者就会干脆跳过。

融合广告与娱乐。为突破重围，许多市场营销者正探索广告和娱乐相互融合的模式，称为**“麦迪逊和葡萄藤”**①(Madison &Vine)。你可能听说过麦迪逊大道，在纽约市的这条街道上汇集了全美众多大型广告公司的总部。你可能也听说过好莱坞和葡萄藤街，位于加利福尼亚州好莱坞市的好莱坞大道与葡萄藤街的交叉口，长久以来一直是美国娱乐业的中心。现在，麦迪逊大道与好莱坞葡萄藤街结合到一起形成新的交集，代表着“广告+娱乐”模式的兴起，试图打破现有的广告乱局，以更有吸引力的创意打造一条影响消费者的全新途径。

广告与娱乐的融合通常有两种形式：广告娱乐(advertainment)或品牌整合(brand integration)。广告娱乐的目的是使广告本身非常具有娱乐性或非常有用，使人们想要看它。你是不是认为，不会有人特意看广告？再想想吧。举例来说，超级碗橄榄球联赛已经成为广告娱乐的年度盛宴。每年，上亿人关注这一赛事，看娱乐化广告的人和看比赛的人几乎一样多。而且，赛事之前和之后发布的网络广告还能吸引数千万人次的观看。如今，一些娱乐广告或其他品牌信息在电视上播出之前，人们就已经在YouTube上观看过了。

除了使常规广告更具娱乐性，广告主还创造新的广告形式，使之看上去不那么像广告，反而更像微电影或秀。大量新型品牌信息平台——从网络视频短片和博客到病毒视频和移动应用程序——现在广告和娱乐之间的界限日益模糊。例如，作为其高度成功的经典广告运动“真美”的一部分，联合利华的多芬品牌制作了一段引人深思的视频《多芬真美素描》(Real Beauty Sketches)，讲述女性如何看待自己。该视频比较由FBI受训的素描专家分别根据女性自己的描述和陌生人的描

① “麦迪逊和葡萄藤”的业务模式即市场营销与娱乐（包括体育）的融合。——译者

述绘出的形象。结果显示，陌生人的描述更准确、更客观。这些女性都因此受到强烈的触动。视频在结束时总结道："你比自己想象的更美。"尽管这则获奖视频从未在电视上播放过，却只用 2 个月的时间就在 YouTube 上吸引了全球 1.63 亿次观看，使之成为有史以来点击量最高的视频。其他反响热烈的多芬"真美"视频——《演变》(Evolution）和《改变一件事》(Change One Thing）等——都传达了类似的认知。[10]

营销者为突破如今的广告乱局吸引消费者而殚精竭虑。例如，美国著名面包企业 Hostess Brands 公司——纸杯蛋糕、Twinkies 夹心饼干、Ho Hos、Ding Dongs 等水果馅饼和英式糕点生产商，最近分享了一条推特，庆祝全美职业棒球大联盟赛季开幕。该推特包含一张棒球装饰的纸杯蛋糕图片和粗体字的标题"持球触地"（TOUCHDOWN）。不出所料，大批推特粉丝蜂拥而至指出错误，而这正是 Hostess 希望看到的反应。该推特引发大量关注，"那个'持球触地'的标题是故意的，" Hostess Brands 的营销总监说，"针对爱开玩笑的年轻观众娱乐一下。"

一位分析人员指出，其他品牌也纷纷"试水"。例如，JC 彭尼曾经发布语无伦次的推特，引起广泛关注。人们怀疑该零售商的社交媒体人员要么喝醉了，要么被黑客攻击了。相反，JC 彭尼说，社交媒体人员戴着手套促销商店的冬季商品呢。宝洁公司的卫生纸品牌 Charmin 以" #tweetfromtheseat"为标题的推特运动用幽默创造互动和促进蜂鸣，让人们回答和分享诸如" Charmin 问：上厕所时你对网络流量怎么看?"和"没有厕纸了，你会大喊求助、摇动晾干，还是发信息给朋友求助?"等问题。[11]

品牌整合（或品牌化的娱乐（branded entertainment））使品牌成为其他形式的娱乐或内容不可分割的一部分。品牌整合最常见的形式是产品植入（product placements）——将品牌作为道具嵌入其他节目。可能是星巴克的咖啡产品在微软全国广播公司（MSNBC）的节目《早安，乔》(Morning Joe)；或者是微软的 Surface 平板电脑和必应搜索引擎在《基本演绎法》(Elementary）和《绿箭侠》(Arrow）中的惊鸿一瞥；也可能是《复仇者联盟：奥创纪元》(Avenger : Age of Ultron）中黑寡妇骑着哈雷 - 戴维森首款电动摩托 Livewire 风驰电掣的炫酷场景。

植入广告甚至可能写入电影或电视剧的剧本中实现无缝连接。例如，GoPro 摄像机在电影《火星救援》（The Martian）中与马特 · 达蒙（Matt Damon）有对手戏。热映的电视剧《嘻哈帝国》有三集剧情围绕百事的广告制作展开，讲述男主角流行歌手贾马尔（Jamal)，经过努力最终成为百事的新代言人，并在随后的剧情中拍摄了真实的百事商业广告片。这次《嘻哈帝国》的品牌整合花费百事约 2 000 万美元。[12]

类似地，轻松喜剧《喜新不厌旧》（Black-ish）有一集的故事情节围绕别克昂科拉（Buick Encore）展开，当时主人公德瑞（Dre）和鲍（Bow）打算为他们的女儿佐伊（Zoey）买车。德瑞列举了昂科拉所有的优点，非常满意。但是，当同事提醒他青少年驾车的风险，德瑞对佐伊是否准备好了拥有一辆车而犹豫不决。德瑞的母亲鲁比（Ruby）加深了他的忧虑但自己可以要这辆车。鲁比甚至将自己与这辆车的自拍照发到脸书上，宣称"赞美主，我儿子终于给他的母亲买了辆别克"。在那集结束的时候，佐伊如愿以偿地得到了那辆车。《喜新不厌旧》其他剧集的故事情节还曾围绕从州立农场保险公司到奇宝特快餐店等多个品牌展开。

品牌整合从最初考虑用电视提高消费者关注，如今已经迅速扩展到娱乐产业的其他部分。如果仔细看，你还会看到在电影、电子游戏、漫画书、百老汇音乐剧甚至是流行歌曲中的产品植入。例如，去年最上座的 31 部电影中包含了 430 个可辨认的品牌植入。[13] 备受关注的影片《乐高大电影》几乎就是经典乐高积木长达 100 多分钟的产品植入。一位影评人写道："观众们看得很开心，对影片中的推销浑然不觉……乐高将产品深深植入个人情境之中，竭力表现产品的诸多功能。电影大部分是乐高激动人心地展示其积木作为创造性工具能够做什么，而人际因素则真正体现了这部电影是多么完美的产品植入。"《乐高大电影》上映之后，乐高集团的年销售额猛增了 13%。[14]

原生广告（native advertising）又称为赞助的内容（sponsored content），是与品牌整合相关的一种形式，指广告或其他品牌生成的网上内容，但对其呈现的网站或社交媒体而言就像是"原生的"。也就是说，这些品牌内容从形式和功能上与网站或社交媒体平台上的其他内容看上去并无二致。它可能是《赫芬顿邮报》（*Huffington Post*）、BuzzFeed（新闻聚合网站）、Mashable（新闻博客），甚至《纽约时报》和《华尔街日报》网站上的一篇文章，由广告主付费、撰写和投放，但采用了与网站编辑人员所撰写的文章一模一样的格式。它也有可能是品牌制作的视频、照片、信息或网页，因为与脸书、YouTube、Instagram、Pinterest 或推特等社交媒体的原生内容在形式和感觉上都很搭，可以完美融入其中而不被察觉。常见的原生广告实例包括：推特中的促销信息，脸书上的促销故事，BuzzFeed 的付费发布或者 Snapchat 的"品牌故事"广告，移动应用程序的"故事"栏目中出现的品牌发布等。原生广告是越来越流行的品牌内容。它帮助广告主在品牌与消费者内容之间创造重要联想。根据全美广告主协会（ANA）最近的一项研究，"鉴于如今的媒体环境，消费者可以躲开广告的地方比以往任何时候都多，广告主正寻求使自己的信息被关注和有影响力的新途径"。[15]

因此，"麦迪逊和葡萄藤"如今是广告、品牌内容和娱乐业的全新交集。其目的在于让品牌信息成为范围更广阔的消费者内容和对话的一部分，而不是入侵或打断它。正像广告公司 JWT 指出的，"我们相信广告不应该再打断人们感兴趣的节目，而应成为人们的兴趣所在"。但是广告主必须小心，别让这一新交集本身变得拥挤不堪。即使是新的品牌内容形式和整合，如果过多过滥地使用，"麦迪逊和葡萄藤"反而有可能产生更多的混乱，而这原本是它要竭力避免和突破的。到那时，消费者会转移兴趣。

信息与内容策略。有效地进行广告创意的第一步是制定创意策略——决定向顾客传播什么样的信息。广告的目的是用某种方式让消费者对产品或公司有印象或有所反应，顾客只有在觉得自己能受益时才会做出积极的反应。所以，制定有效的创意策略从确认顾客利益开始，顾客看重的利益可以作为广告的诉求点。理想的情况是，广告创意策略严格遵循公司的定位和顾客价值策略。

创意策略的陈述应当平实，直截了当地概括出广告主想要强调的利益和定位点。然后，广告主必须设计一个激发兴趣的**创新性概念**（creative concept），或者是一个好创意，用富有特色、令人难忘的方法让创意策略变成现实。简单的信息创意在这个阶段发展成为优秀的广告运动。通常，文案作者与艺术总监会合作产生多个概念构想，并期望其中的一个最终能变成优秀的创意。概念构想可以是一种形象、一个词组或者两者的结合。

概念构想将指导广告运动中具体诉求的选择。广告的诉求应具有三个特点。第一，它们应当是有意义的，能明确指出使消费者渴望和感兴趣的产品利益。第二，它们必须是可信的，消费者必须相信产品或服务的确能够提供所承诺的利益。

然而，那些最有意义和最可信的产品利益未必就是最适合强调和突出的特色。诉求点还应当是独特的，可以说明自己的产品与竞争品牌相比好在哪里。举例来说，冰箱最有意义的利益是冷藏保存食物。然而，通用电气公司的咖啡冰箱因安装了内置过滤热水处理器和 Keurig K-Cup 单杯冲泡系统为消费者提供咖啡、茶和其他热饮而与众不同。类似地，手表最有意义的利益是准确计时，但如今已经很少有手表广告会强调这种利益。相反，根据产品可提供的独特利益，手表广告主可以从多个广告主题中选择一个。多年来，天美时公司一直生产让人买得起的“轻轻触动，永不停息”的手表。劳力士的广告从来不谈论计时，而是突出其品牌的“完美魅力”，强调“一个多世纪以来，劳力士始终代表着奢华和地位”的事实。

创意执行。有了好的创意之后，广告主必须把它转换成赢得目标市场关注和兴趣的真正的广告。创意团队必须找到最好的方法、风格、格调、文字和样式来执行创意。任何创意都可以用不同的**执行风格**（execution style）来呈现，例如：

- 生活片段。这种方式表现一个或多个“典型”人物在正常环境下使用某种产品。比如，宜家的内容——从微网站和 Instagram 上的发布，到平面广告和电视广告——表现人们在用宜家家具和家居用品布置的房间内幸福生活。

- 生活方式。这种方式表现一种产品怎样符合某种特定生活方式。例如，Athleta 运动装表现一位保持高难瑜伽姿势的女性，并声称“如果说身体是你的神殿，逐步使之完美”。

- 幻境。这种方式围绕产品及其使用创造一种奇妙的情境。例如，CK《进入幻境》（Drive in to Fantasy）广告表现一个穿着 CK 睡衣的女人幸福地徜徉在黄昏的海滩上。

- 情调或形象。这种方式围绕产品或服务建立一种情调或形象，如美丽、爱情、好奇、宁静或骄傲。除了暗示，不做产品性能的说明。例如，百威啤酒催人泪下的广告片《丢失的小狗》（Lost Dog）讲述了一只走丢的小狗面对恶狼的威胁，得到同伴百威 Clydesdales 马的救助。该广告虽然只字未提百威啤酒的口感或质量，却有效地触动了观众的心弦，成为 2015 年超级碗期间的最佳广告。

- 音乐。这种方式表现人物或卡通形象演唱关于该产品的歌曲。例如，M&M 的《爱的歌谣》（Love Ballad）广告是“有 M 更美好”广告运动的一部分。该广告表现了唱着密特·劳弗（Meat Loaf）的歌曲《为了爱我奋不顾身》（I'd Do Anything for Love）的红色 M&M 巧克力豆，努力展现自己对女演员娜雅·里维拉（Naya Rivera）的忠诚。但是，当里维拉无法抗拒将红豆加到曲奇、蛋糕和冰激凌等自己喜爱的食物上，红豆却犹豫了，它唱着回答道：“但我不想做……和……和……还有……”

- 人物象征。这种方式塑造一个代表产品的人物。这个人物可以是动画形象，（例如洁碧先生（Mr.Clean）、GEICO 的壁虎（Gecko），或者品食乐的面团宝宝（Pillsbury Doughboy）），也可以是真实的形象（如前进保险公司活泼的发言人弗洛（Flo）、多瑟瑰啤酒（Dos Equis）的“世上最有趣的人”，或者罗纳德·麦当劳）。

- 专业技术。这种方式展现公司在制造产品方面的专业知识。例如，波士顿啤酒公司（Boston Beer Company）的吉姆·科赫（Jim Koch）讲述他多年酿制塞缪尔·亚当斯（Samuel Adams）啤酒的经验。

- 科学证据。提出该品牌优于其他品牌的调研结果或科学证据。多年来，佳洁士牙膏一直用科学证据来使消费者信服，它比其他品牌更能防止蛀牙。
- 证言或代言。这种广告的特色是请可信度高或受欢迎的人来代言该产品。可以请一个普通人讲述他多么喜欢该产品。例如，全食在其名为“价值才重要”的营销运动中邀请真实的顾客参加。也可以是代言产品的名人，例如泰勒·斯威夫特为健怡可乐代言，NBA 球星斯蒂芬·库里为安德玛代言。

广告主还要为广告确定一个基调。例如，宝洁公司总是用一种肯定的语气讲述产品的优点。其他广告主用幽默的方式使自己的广告脱颖而出，百威淡啤的广告就以幽默著称。

广告主必须在广告中使用引人注意、让人难忘的字眼。例如，不是简单地宣称其太阳镜既能保护你的眼睛又很好看，LensCrafters 的广告说：“防晒霜永远不可能这么好看。”宝马汽车没有宣称“宝马是性能卓越的汽车”，而是运用更有创意和影响力的词汇：“终极驾驶机器。”恒适袜子没有平淡地述说自己的袜子比便宜货耐穿，而是调侃道：“买便宜的袜子，脚趾头会告诉你不合算。”

最后，格式也会影响广告的效果和成本。有时，对广告设计稍作改变可以使效果大为改观。在平面广告中，插图是读者第一眼注意到的东西，它必须足以吸引读者的注意力。其次，标题必须有效地吸引和引导目标受众阅读相关内容。最后，广告的主要文案必须简洁且有说服力。此外，这三个因素必须有效地融为一体来展现顾客价值。新颖的格式会让一则广告在众多广告中脱颖而出。例如，涂料零售商宣伟（Sherwin-Williams）最近的广告采用了引人入胜的展示方式——表现艳丽的色彩和独特的设计——引起关注并传递大量信息。一旦读者被展示所吸引，标题问道：“色彩将引领你去往何处？”同时，宣伟那广为人知的“覆盖地球”的标志突出了品牌。

消费者生成的内容利用了现今不断进步的数字和社交媒体技术，许多公司正从消费者身上发掘营销内容、创意灵感，甚至是广告和视频。它们搜索现有的视频网站，或者建立自己的网站，或者赞助广告创意比赛和其他促销活动。有时，出色的效果令人难以忘怀。如果处理得当，消费者生成的内容可以很好地将顾客的声音整合进品牌信息，进而产生更高的消费者品牌涉入度。

也许最著名的消费者生成的内容当属百事立体脆品牌举办的年度“冲击超级碗挑战赛”。十多年来，立体脆邀请消费者创作 30 秒视频广告，优胜者收到大笔现金奖励，并在超级碗上发布。基于“冲击超级碗挑战赛”的成功，立体脆现在举办新的营销运动，鼓励粉丝全年制作有趣的广告和其他内容。[16]

各行各业的品牌——从汽车和快餐连锁店，到家具品牌和宠物食品制造商——如今都常常在各自的传统营销运动或社交媒体营销中，融入用户生成的社交媒体内容。例如，时尚家具制造商西部艾尔玛（West Elm）开展了一场名为“# 我的西部艾尔玛”（#MyWestElm）的营销运动，收集关于西部艾尔玛产品的由用户生成并在网上分享的照片，将它们用作促销信息在公司的网站、脸书和 Pinterest 上发布，并附上类似产品在公司网店中的链接。迄今为止，总计上传了 18 000 张照片，“我的西部艾尔玛”网站每月吸引 200 万用户。而且，40% 的西部艾尔玛产品网页现在包含用户生成的照片，向购买者展示其他顾客是如何在现实生活中使用产品的。[17]

消费者生成的内容可以使顾客成为品牌的日常组成部分。例如，匡威没有依赖强势广告，而是让消费者参与共同创造品牌和书写品牌故事（参见“营销实例”）。运动摄像机制造商 GoPro 一直在其网站和社交媒体网站上呈现消费者制作的视频，作为一种让消费者彼此分享独特体验的途径。这些视频吸引了大量粉丝，创造了一个富有凝聚力的顾客社群，帮助形成和分享 GoPro 的用途和魅力。用户生成的优质的 GoPro 内容，是热衷于冒险和探索的专业和业余人士捕捉到的大量极富诱惑力的镜头。有些内容太好了，以至于公司设立 GoPro 许可部，专门负责将最优秀的用户制作的 GoPro 内容许可给其他品牌用于促销运动，邀请它们“运用最佳的 GoPro 内容讲述你们的品牌故事”。[18]

营销实例　匡威：让顾客共同创作品牌故事

标志性品牌匡威历史悠久，堪称传奇。故事起源于 1923 年，匡威公司推出了第一双帆布胶底鞋——查克·泰勒全明星（Chuck Taylor All Stars），它在全球还有许多别名，如 Cons、Connies、Convics、Verses，或者干脆就叫 Chucks。在 1930 年代至 1960 年代的数十年当中，Chucks 一直深受人们的热爱。第一支奥林匹克篮球队穿着它赢得了比赛，随后它更是主宰篮球场长达 50 年——无论是专业的还是业余的选手都对它情有独钟。直到 1970 年代中期，70% ～ 80% 的篮球运动员依旧穿匡威。

但是，匡威的品牌故事差点儿在 10 多年前终止。1990 年代，运动鞋市场迅猛增长，匡威却没能跟上时代发展的步伐。耐克、阿迪达斯和锐步等强有力的新竞争者用更高性能的新鞋和更完备的市场方案迅速占领市场。到 2001 年，匡威的市场份额跌至 1%，这个一度在市场上占据绝对优势的品牌宣告寻求破产保护。

要不是一个谁也没想到的求购者的深谋远虑，匡威的故事很有可能就这么黯然结束了。在匡威进入破产程序后，已经成为市场主导者的耐克介入，悄悄地低价收购了它。耐克在这个尽管奄奄一息但仍然值得尊敬的老品牌上看到了希望和潜力，但也面临一个相当棘手的难题——像耐克这样的大品牌如何使没落的标志性品牌匡威起死回生呢？答案是：让顾客去做。没有沿用耐克品牌那种通过强力营销建立品牌形象和定位的模式，匡威邀请顾客共同创造匡威品牌和创作品牌故事。

这其实正是匡威顾客们长期以来一直在做的事情。匡威发现，尽管其市场份额锐减，但仍然有一批忠诚的追随者。即使匡威公司从来没有做过篮球鞋以外的其他宣传，活跃的品牌粉丝们却热衷于以完全不同的方式定义该品牌。1990 年代，街头少年们喜欢穿价格实惠的匡威鞋，并将此作为一种表达个性的方式。后来一些新兴的艺术家、设计师以及音乐家也开始流行穿款式简单而经典的 Chucks。匡威逐渐成为那些反主流人群的最爱，他们显然已经厌倦了流行时尚。匡威迷们可以买到价格便宜但穿着舒适的 All Stars 系列鞋，然后根据个人意愿在上面随意涂鸦或改造，充分彰显自己的个性。

匡威意识到，现在的年轻消费者并不喜欢被动接受一个中规中矩的完美品牌；他们热衷于去体验品牌、参与建设它的过程，并与其他志同道合的人分享。所以，与其强行把一个塑造好的品牌推入市场，还不如把品牌交给消费者，让他们为匡威书写新的篇章。重新点燃活力的匡威品牌的核心观念在于，如今主导品牌的是消费者，而不是公司。在消费者眼中，今天的匡威与其说是鞋子，不如说是一种自我表达，是一种匡威体验。匡威清楚自己的角色，那就是为消费者提供他们想要的优质产品。也就是说，它只是参与这个品牌的故事而不是完全地支配它。

因此，现在的匡威较少依赖大预算的营销运动，而是更多地运用消费者生成的内容，让顾客表达自我和分享品牌体验，来建设品牌。匡威积极运用社交媒体——吸引年轻消费者参与并让他们帮助定义品牌的理想论坛。如今，匡威将其90%以上的营销费用于新兴媒体。想想看：匡威已经成为脸书上最受欢迎的运动鞋品牌，其脸书主页上的粉丝量达到3 700万，比其母公司同时也是市场领导者耐克的粉丝量还多50%。匡威还拥有超过100万推特粉丝和360万Instagram粉丝。这对于一个只在美国市场上占有3%份额的利基品牌而言，实在令人惊叹。

匡威激发消费者生成营销内容的最近事例是它开展的“由你创造”运动。该运动邀请人们分享照片展示自己独家定制的匡威鞋和背后的匡威体验与故事，来尽情地展示个性和表达自我。这场运动的灵感来源于数以千计的消费者已经借助社交媒体分享匡威照片、视频和其他内容的事实。“这一创意基于已经发生的事实，”一位匡威营销人员说，“人们在周末、假期，或任何时候给自己的匡威鞋拍照。一天内我们就看到13 000～15 000个匡威话题。”

“由你创造”运动帮助激发和组织消费者生成内容的过程。该运动收集全球各地粉丝们提交的定制匡威篮球鞋的照片，制作精心整理的作品集在网上展出，由创造它们的消费者展示和签名。作品集中的照片既来自帕蒂·斯密斯（Patti Smith）和安迪·沃霍尔（Andy Warhol）等知名人士，更来自大批热爱匡威品牌的普通消费者。匡威全球营销副总裁说，“这是一场匡威鞋钟爱者的庆典”。

“由你创造”还利用实体展览来展示粉丝们的创作，并鼓励他们分享品牌体验。例如，匡威在富乐客、诺德斯特龙和Journeys等合作伙伴零售网点进行橱窗和店内展示。有一些网点提供简易肖像工作室，让现场的人们也成为运动的一部分。在纽约熨斗大厦的匡威门店和通过移动应用程序，“由你创造”采用虚拟现实体验让消费者穿上由艺术家罗恩·英格利斯（Ron English）、女演员乔安娜·德兰（Joanna Delane）、音乐家金·塔夫（King Tuff）和城市探险家托马斯·米德兰（Thomas Midlane）等人的鞋子走路。

“由你创造”运动很好地彰显了匡威的品牌哲学，让消费者定义品牌和分享品牌体验。匡威这样总结道：“我们制造鞋。可你们做的更多——开始穿上我们的篮球鞋，做你喜欢的事情。你演奏音乐、创作艺术、在街道上滑板、放松心情。你穿着它们犹如穿上时装。你穿着它们去上班。你随心所欲地对待它们。直到今天，这种精神还在传承。只要穿上它们开始做你自己，真正的生活便开始了。你定义它们。你决定自己的旅程。它们成为你彰显个性和自我表达的一种方式。它们成为你的一部分。它们由你创造。”

匡威得体地闪退在一边，让消费者自己谈论品牌、分享“由你创造”的品牌体验。这种“以退为进”的方式获得丰厚回报。自从被耐克收购以来，匡威的销售激增了10倍，从2亿美元增长到近20亿美元。近年来，耐克的销售年增长速度达到令人印象深刻的10%，而匡威的销售增长率是其两倍。所有的成功基于这样一个事实：匡威用于促销的开支不到销售收入的1%，而耐克的是10%。这显然是让顾客谈论品牌的又一个好处。

资料来源：Ashley Rodrigues, " Converse Breaks ' Made By You ' Campaign for Chuck Taylors, " *Advertising Age*, March 2, 2015, http://adage.com/print/297320; Jennifer Rooney, " With ' Made By You, ' Converse Lets Wearers ' Portraits Sell Chucks, " *Forbes*, March 2, 2015, www.forbes.com/sites/jenniferrooney/2015/03/02/with-made-by-you-converse-lets-wearers-portraits-sell-chucks/#115405b11f5f; Jennifer Rooney, " Geoff Cottrill Departs as CMO of Converse, " *Forbes*, February 5, 2016, www.forbes.com/sites/jenniferrooney/2016/02/05/geoff-cottrill-departs-as-cmo-of-converse/#c3e37865d992; " How Does Converse Remain Relevant after All These Years? " *Copernicus Marketing*, http://copernicusmarketing.com/copernican-news/building-your-brand/how-does-converse-remain-relevant -after-all-these-years/, accessed October 2016; and www.converse.com and www.converse.com/us/en/about/about-us.html, accessed October 2016.

并非所有消费者生成的内容都能这么成功。许多大型公司已经明白，业余者制作的广告和其他内容可能……非常业余。但是，如果干得好，消费者生成的内容可以从对产品或服务具有实际体验的消费者那里获得新颖的品牌创意和新鲜的视角。这样的运动可以激发消费者参与，让消费者谈论和思考品牌及其价值。

选择广告媒体

选择**广告媒体**（advertising media）的主要步骤包括：（1）确定广告的范围、频率、效果和参与；（2）选择主要媒体类型；（3）选择特定媒体载体；（4）选择媒体时段。

确定范围、频率、效果和参与。为选择媒体，广告主必须先确定为达到广告目标，需要的广告范围和频率。范围（reach）衡量在给定的时期内，目标市场中接触到该广告运动的人数所占的比例。例如，广告主希望在前 3 个月的宣传活动中能接触到 70% 的目标市场。频率（frequency）衡量目标市场中一般人接触到广告的次数。例如，广告主可能希望平均每人接触 3 次。

但广告主想要做的不仅仅是以一定的频率接触到一定数量的消费者。广告主还必须决定期望的媒体效果（media impact），即通过某一特定媒体所展示的信息的质的价值（qualitative value）。例如，同样的信息刊登在一种杂志（如《时代周刊》）上可能比登在其他媒体（如《国家咨询》）上更加可信。由于电视同时运用了视觉和声音，对那些需要详细展示的产品而言，电视信息比广播信息更有影响力。而那些消费者在设计和特征上有所参与的产品，互动网站或社交媒体网页比直邮方式的宣传效果更好。

通常，广告主想要选择那些能吸引而非仅仅接触消费者的媒体。任何一种媒体，广告内容与其受众的相关性都要比信息到达多少人重要得多。例如，当马自达想在纽约国际汽车展上预告出售 100 辆其标志性的马自达 MX-5 Miata 车的 25 周年版时，没有采用高预算、高覆盖的媒体。相反，它快速在脸书、推特和 Google+ 直接向广大的 MX-5 Miata 粉丝发送消息，引导他们访问微网站，在那里人们可以预订这辆运动型小轿车。这一在恰当媒体吸引恰当受众的做法，令马自达大获成功。一个月之后微网站启动之时反响热烈，不到十分钟限量版 Miata 销售一空。[19]

尽管尼尔森正着手评估某些电视、广播和社交媒体的媒体参与性（media

engagement)，但大多数情况下，这种评估依然很难。当前的媒体评估标准包括排名、读者群、收听率、点击率等。但是，真正的参与发生在消费者内在。仅仅测量有多少观众接触到了特定的电视广告、视频或社交媒体发布，就已经很难了，更不用说测量观众对这些内容的投入程度。市场营销者仍然需要了解顾客如何与广告和品牌创意建立联系，成为更为广泛的品牌关系的一部分。

高度参与的观众更有可能接受品牌信息，进而与他人分享。因此，可口可乐不是简单地计算某次媒体投放的消费者印象（consumer impression）——有多少人观看、收听或阅读一则广告，还要追踪由此引发的消费者表达（consumer expression），诸如评论、点赞、晒图或上传视频、在社交网络上分享品牌内容。如今具有更多能力的消费者往往比公司产生数量更多的品牌信息。

例如，据估计每年在 YouTube 上关于可口可乐的内容有数亿次观看。但是，其中只有 18% 的内容是由可口可乐公司自己制作的，余下的 82% 都来自与品牌关系密切的消费者。所以，许多可口可乐的营销运动旨在激发与品牌相关的消费者表达，而非仅仅是消费者印象。例如，该品牌最近的“分享这瓶可乐”夏季运动——在 20 盎司可乐瓶上用 1 000 多个最常见的名字替换了公司标志性的品牌符号——鼓励可口可乐迷们与朋友和家人分享这瓶可乐。消费者还在网上用“# 分享这瓶可乐”（#ShareaCoke）为话题分享他们的可口可乐照片、故事和体验，选出有特色的内容展示在品牌网站和公司广告牌上。“分享这瓶可乐”运动吸引粉丝们在网上分享了 50 多万张照片和 600 万个虚拟可乐瓶，可口可乐的脸书粉丝量暴涨 2 500 万。[20]

选择主要媒体类型。如表 15－2 所总结的，主要的媒体类型包括：电视；数字、移动和社交媒体；报纸；直邮；杂志；广播；户外广告。每种媒体都有各自的优缺点。媒体策划者偏爱那些能够快速、有效地将广告创意呈现给目标顾客的媒体组合。因此，他们必须考虑各种媒体的效果、信息传递的有效性和成本。

表 15－2 主要媒体类型简介

媒体	优点	缺点
电视	广泛覆盖大众市场；每次展露成本低；结合画面、声音和动作；感官吸引力强	绝对成本高；易受干扰；展露时间短暂；很难选择受众
数字、移动和社交媒体	选择性好；低成本；直接；互动性强	相对影响小；受众控制展露时间
报纸	灵活；及时；很好地覆盖当地市场；普及；可信度高	有效期短；印刷质量差；传阅性差
直邮	很好地选择受众；灵活；在同一媒体中没有广告竞争者；个性化	每次展露成本相对较高；有“垃圾邮件”印象
杂志	很好的人口和地理选择性；可信、有威望；印刷质量好；时效长、传阅性强	购买广告前置时间长；高成本；不能保证刊登位置
广播	本地接受度高；很好的人口和地理选择性；低成本	只有听觉效果；展露时间短暂；注意力差（收听时心不在焉）；听众分散
户外广告	灵活；高重复展露度；低成本；信息竞争少；位置选择性好	受众选择性小；创意受限

正如我们在上一章中所讨论的，如今的媒体组合仍然以传统大众媒体为主，但是，随着大众媒体的成本提高和受众减少，企业现在普遍增加了成本更低、针对性更强、互动也更充分的数字、移动和社交媒体。现在的市场营销者综合运用付费媒体、自有媒体、赢得媒体和分享媒体等多种媒体，为目标顾客创造和递送以品牌为中心的内容。

除了网络、移动和社交媒体的迅猛增长，有线和卫星电视系统也在繁荣发展。这些系统允许小范围地播出瞄准特定目标群体的专题节目，例如体育、新闻、营养、艺术、家装和园艺、烹饪、旅游、历史、财经等。康卡斯特和其他有线电视运营商甚至在研究和测试一种更加聚焦的系统，可以针对特定的社区或家庭、进而针对特定类型的消费者播放特定类型的广告。例如，对只在西班牙裔社区运营的西班牙语电视频道投放特定广告，或者只有养宠物的人才会看到来自宠物食品公司的广告。

最后，在努力寻找更便宜、更有效瞄准目标顾客的广告方式的过程中，广告主发现了很多替代媒体。近来，不管你去哪里或者做什么，你可能经常遇到一些形式新颖的广告。

> 贴在购物车上的小广告牌敦促你购买帮宝适纸尿裤，商店收银台的传送带上也投放了当地雪佛兰经销商的广告。出去走走，一辆车身喷有 Glad 垃圾袋广告的城市垃圾车，或绘有小幅 Caesar 比萨饼广告的校车驶过。附近的消防栓装饰着肯德基炸鸡的广告。你逃到棒球场，结果发现广告牌大小的电子显示屏正播放着百威啤酒的广告，还有安装电子信息屏的软式小型飞艇在头顶上懒洋洋地盘旋着。隆冬时节，你在看上去像个炉子的城市公交站亭等车——站亭裹上了一圈圈电热丝！原来是一则广告正在介绍驯鹿咖啡（Caribou Coffee）温热的早餐三明治。
>
> 如今，在任何地方你都可能发现广告。出租车上的移动电子信息接收器连接 GPS 定位仪，无论车开到哪里，都能够锁定当地的商店和餐馆。DVD 包装盒、停车票据、地铁通道、高尔夫记分牌、送货卡车、比萨饼盒子、加油站、ATM、市政垃圾车、警车、医生的检查表和教堂公告牌上都在出售广告位。甚至有一家公司将专供饭店、体育馆和购物中心的免费厕纸作为广告载体出售——展示广告主的标识、优惠券和供手机扫描的二维码（可下载电子优惠券或链接广告主的社交媒体主页）。你几乎无处可逃。

这些替代媒体看起来有些牵强，有时让消费者感觉厌烦，他们称其为“广告催吐剂”。然而对许多市场营销者而言，这些媒体能够省钱，而且提供了在生活、购物、工作和娱乐等地方接触特定消费者的办法。

影响媒体选择的另一个重要趋势是，“媒体多重任务者”的数量快速增长，这些人同时接受多种媒体。例如，一边看电视一边手中拿着智能手机给朋友发短信或在谷歌上搜寻产品信息的人已经屡见不鲜了。最近的一项调查发现，90% 的消费者在看电视时都会一心多用，而千禧一代和 X 一代的消费者在看电视时平均要进行三项额外的媒体活动，包括浏览网页、发送短信、阅读邮件等。尽管多重任务往往与他们当时所看的电视节目相关——例如查看相关产品和节目信息，但大部分活动与电视内容无关。市场营销者在选择媒体类型时，需要考虑媒体之间的相互影响。[21]

选择特定媒体载体。媒体策划者还必须选择最佳载体——在一般媒体类别中具体的媒体。例如，电视载体包括《摩登家庭》（Modern Family）和《 ABC 晚间世界新闻》（ABC World News Tonight）。杂志载体包括《新闻周刊》、《真简约》（*Real Simply*）和 *ESPN*①。互联网和移动设备媒体包括推特、脸书、Instagram 和 YouTube。

媒体策划者必须计算到达每千人所需的成本。例如，如果美国全国版《福布斯》杂志上全页四色的广告要 163 413 美元，而《福布斯》的读者群有 90 万人，每千人的成本就是 181 美元左右。同样的广告在读者数量为 15.5 万人的《彭博商业周刊》美国东北地区版上可能只需 48 100 美元，每千人成本约 310 美元。[22] 媒体策划者根据每千人成本给每种杂志排序，倾向于到达目标顾客每千人成本更低的杂志。在上面的案例中，如果一位市场营销者瞄准东北部的企业经理，选择《商业周刊》无疑更有效，即使其每千人到达成本较高。

媒体策划者必须同时考虑不同媒体的广告制作成本。报纸广告的制作成本很低，而华丽的电视广告则代价不菲。许多网络和社交媒体广告制作费用不高，但要制作网上视频和广告片的话，成本攀升很快。

在选择媒体载体的过程中，媒体策划者还需平衡媒体费用与多个媒体效果因素的关系。首先，策划者应当评估媒体载体的受众质量。例如，对好奇纸尿裤的广告而言，育婴杂志可能有更高的刊登价值，男性生活方式杂志的刊登价值就很低。其次，媒体策划者应考虑受众的契合度（audience engagement）。例如，《时尚》的读者一般比《时代》的读者更留意广告。最后，策划者应评估载体的编辑质量，《时代》和《华尔街日报》要比《明星》和《国家调查者》（*National Enquirer*）等八卦杂志更可信赖、更有权威性。

选择媒体时段。广告主还必须决定如何安排全年的广告时间。假如某种产品的销售在 12 月进入高峰并在 3 月下降（比如，冬天户外防滑链），公司可以根据季节变化增减其广告开支，或者整年保持相同的广告费用。大多数公司依照季节变化来做广告，例如，减肥产品和服务的市场营销者往往在新年伊始加大宣传，瞄准那些在假期大快朵颐的消费者。Weight Watcher 年度广告预算的 1/4 强用在了 1 月。相反，Peeps 牌小鸡和小兔形状的棉花糖一直是复活节最受欢迎的糖果。复活节期间的销售大约占到该品牌业务量的 70%。最近，它开展了一场名为“天天都是假日”的运动，力求将需求拓展到复活节之外，在诸如情人节、万圣节、感恩节、圣诞节等假日都进行大力宣传。而有些广告主只做季节性广告，例如，宝洁公司只在感冒和流感多发季节为其 Vicks NyQuil 做广告。[23]

如今的网络和社交媒体使广告主能够制作广告对事件进行实时回应。例如，雷克萨斯最近通过脸书的新闻栏目发布其在北美国际车展上推出的一款新车型。仅仅 10 分钟内就有大约 10 万人观看了这一发布实况，随后的数天内又有 60 万人在网上观看了视频。奥利奥对 2014 年超级碗期间突然停电事件做出及时反应，在推特上立刻发出一条与停电有关的广告“你依然可以享受黑暗”（暗指黑色的奥利奥饼干）。这则快速反应的广告在仅仅 15 分钟内就获得了数千次转发和点赞。与此异曲同工的是 Arby’s 在 2013 年格莱美颁奖典礼期间制造的巨大蜂鸣效应，它第一

---

① 美国最受欢迎的体育类双月刊之一，由 ESPN 公司出版，它是全球最大的体育电视网，其控股股东为迪士尼公司。——译者

时间发了条推特调侃法瑞尔·威廉姆斯（Pharrell Williams）那顶糟糕的薇薇安·威斯特伍德（Vivienne Westwood）帽子——它看起来有点像 Arby's 的标志。那条推特说："嗨，@法瑞尔，我们能拿回自己的帽子吗？"赢得了 7.5 万次转发和 4 万次点赞。[24]

评估广告效果和广告投资回报

广告效果评估与**广告投资回报**（return on advertising investment）已成为大多数公司的热门议题，尤其是在低迷的经济环境下。即使是在经济复苏、广告预算增长的情况下，与消费者一样，广告主仍然对广告开支精打细算。这逼着高层管理者和公司质问他们的营销经理："我们如何才能知道我们在广告上花对了钱？""我们能从广告投资中获得什么回报？"

广告主应当定期评估两类广告结果：沟通效果与销售和利润效果。衡量一则广告或一场广告运动的沟通效果，就是判断该广告以及媒体是否很好地沟通了广告信息。广告测试可以在播出前后进行。在广告推出前，广告主可以向消费者展示广告，询问他们的感觉，并且测量信息的回忆程度或态度的前后变化。在广告发布后，广告主可以测试广告如何影响消费者回忆或产品认知、了解和偏好，也可以对整个广告运动进行沟通效果的事前评估和事后评估。

广告主对衡量广告和广告运动的沟通效果很在行。但是，广告的销售和利润效果测量就困难得多。例如，广告运动使得品牌认知度上升 20%，且品牌偏好上升 10%，那么销售和利润又是怎样的呢？除了广告，销售和利润往往受到众多因素的影响，比如产品特性、价格和可获得性。

衡量广告销售和利润效果的方法之一是与过去的广告费用和销售、利润额做比较，另一种方法是通过实验。例如，为了测试不同广告支出水平的效果，可口可乐公司在不同的市场调整广告的支出额，然后测量各地销售和利润水平的差异。还可以设计更复杂的实验，包含其他变量，如广告本身或使用媒体有所不同。

但是，有众多因素影响广告效果，其中一些可控，一些不可控。要精确测量广告支出的效果非常困难。管理者常常依赖大量的主观判断和定量分析来评价内容和广告的效果。在内容为王的数字时代尤其如此，大量的广告和其他内容都是实时生成和传播的。于是，与企业在正式发布之前对传统的高预算媒体广告进行仔细预测试不同，数字营销内容的运用通常未经测试。一位首席营销官指出，对数字和社交媒体的"测试 [和评估] 非常困难，仅是因为我们发出内容的数量 [和时机]"。[25]

其他广告因素

制定广告策略和方案的时候，公司还必须解决另外两个问题。第一，公司如何组织广告和内容职能，也就是由谁负责广告任务？第二，面对国际市场的复杂性，公司应如何调整广告战略和方案？

广告组织

不同的公司实施广告方案的组织方式也往往各不相同。小公司的广告可能由销售部的某位员工来负责就可以了。大公司会建立负责编制广告预算的广告部门，与广告代理机构合作，解决广告代理商不能处理的事情。多数大公司求助外部广告公司，因为它们有很多优点。

广告代理机构（advertising agency）如何工作呢？广告代理机构出现在 19 世纪中后期，由为媒体工作的销售人员和经纪人创立，靠向企业出售广告版面或时段收取佣金。随着时间流逝，这些销售人员开始帮助客户制作广告。最后，他们组成了代理机构，变得更接近广告主而非媒体。

如今的代理机构雇用专业人员，能够比企业自己的员工更好地完成广告和品牌内容任务。代理机构能带来外部人士的视角，以及在不同客户和情境中积累的经验，有助于更好地解决企业的问题。因此，如今，即使是拥有强大广告部门的企业，也要使用广告代理机构。

一些广告代理机构规模很大，美国最大的广告公司扬罗必凯每年在美国的收入为 37 亿美元。近年来，许多广告商依靠兼并其他广告公司快速扩张，从而出现了许多庞大的控股公司。其中最大的集团 WPP 旗下有几家大型广告、公关和促销代理机构，全球总收入近 190 亿美元。[26]

多数大型广告代理机构拥有人力和资源为客户解决广告宣传中各方面的问题，从制订广告计划到策划广告运动，再到准备、发布和评估广告与其他品牌内容。大品牌通常雇用好几个广告代理商处理从大众媒体广告运动到惠顾者营销和社交媒体内容等多种业务。

国际广告决策

国际广告主会面临许多国内广告主不曾遇到的复杂问题，最基本的问题是国际广告应该调整到什么程度才能适应各国市场的特点。

一些广告主已经尝试以高度标准化的全球性广告来支持其全球品牌，如在曼谷和巴尔的摩采取相同的广告宣传运动。例如，麦当劳在其全球 100 多个市场中，将创意元素和品牌介绍统一在人们已经耳熟能详的广告主题“我就喜欢”之下。奥利奥最近在全球 50 个市场开展名为“扭开奥利奥，打开内心”的运动传递简明而统一的信息——“向不同的人打开内心，你会发现彼此的相似之处”。[27] 士力架在 80 个国家，从美国和英国到墨西哥、澳大利亚甚至俄罗斯都采用了相似版本的广告：“饥饿的时候，你就不是你自己了。”不论在哪个国家，这些广告针对所有人都很重视的人类共同的情感——人们在饥饿时往往感到不适，甚至会做出些反常的事。一条士力架能够帮助他们做回自己。士力架让各国的市场营销者用当地语言和任务来表现相同的主题。除此之外，其广告在全球范围非常相似。

近年来，日益兴起的在线社交网站和视频共享网站激起了全球品牌广告标准化的需求。许多大规模的营销和广告宣传运动都包含了大规模的在线宣传。相互连接的消费者现在能够通过互联网和社交媒体轻松地跨越国界，这使广告主很难以受控制的、有序的方式推出针对不同市场的宣传运动。因此，大多数全球消费者品牌至少开始跨国协同自己的数字网站。例如，可口可乐全球的官网和社交媒体网站———从澳大利亚到法国、罗马尼亚和俄罗斯——都惊人地一致，突出了大家熟悉的可乐红、标志性的可乐瓶、可口可乐的音乐和“品味感觉”（Taste the Feeling）的主题。

标准化带来很多好处：更低的广告成本、全球广告工作更大程度的协调、更一致的全球形象。然而，标准化也有缺点，最重要的是，它忽略了各国市场在文化、人口特性和经济情况上存在差异的事实。因而，大多数国际广告主"以全球的观点思考，以当地的现实为基础行动"。它们开发全球广告策略，使全球广告有更高的效率和一致性。然后，调整广告宣传活动，使之更能适应当地消费者的需求和期望。例如，尽管 Visa 在全球采用"心驰所向"（Everywhere you want to be）这一统一的主题，但它在特定市场中的广告通常会运用当地的语言和创意，使之更接近当地市场。

全球广告主面临一些特殊的问题。例如，各国的媒体在成本和可获得性上存在巨大差别，对广告业的监管程度也有差异。许多国家的法律体系对企业的广告费用、使用的媒体、广告词的性质和广告方案等方面或多或少都有限制。这些限制常常要求广告主在不同国家间调整广告宣传活动。

因此，尽管广告主可以设计全球广告策略，从整体上指导广告工作，但是必须调整具体的广告方案，以适应当地的文化风俗、媒体特点以及相关法规。

15.3 公共关系

另一种重要的大众促销工具是**公共关系**（public relations），由旨在与公司的各种公众建立良好关系的活动构成。公共关系部门处理以下部分或全部工作[28]：

- 新闻关系或新闻机构：创造并在新闻媒体上刊登有新闻价值的信息，吸引大众对某些人物、产品或服务的注意。
- 产品宣传：宣传特定的产品和品牌。
- 公共事务：建立并维持与全国和当地社区的关系。
- 游说：建立并维持与立法者和政府官员的良好关系，以影响相关立法和监管。
- 投资关系：维持与股东和其他金融界人士的关系。
- 开拓渠道：与捐赠者或非营利机构成员合作，以获得资金或志愿者的支持。

公共关系用于推广产品、人物、地点、创意、活动、组织甚至国家。企业运用公共关系与消费者、投资者、媒体和社区建立良好关系，也常常为公司有新闻报道价值的事件和活动提供支持。例如，几年前 CVS 健康公司宣布，不惜牺牲与烟草有关的 20 亿美元收入，也要在旗下所有门店停售香烟和烟草产品。这一大胆的决定极有新闻报道价值，但却没有多少机会完整地讲述这一故事。为此，CVS 精心策划了一场名为"CVS 停售烟草"的公关运动，告诉消费者、华尔街投资者和保健社群这一决策对顾客和公司都有助益。[29]

> 借助在《纽约时报》《华尔街日报》《波士顿环球报》等主要报纸上的整版广告，辅以多媒体新闻发布会播放 CVS 的总裁和其他管理者发出声明的视频，CVS 开始了这场声势浩大的公关运动。除了通过广告和新闻发布会向公众解释停售烟草产品"是对我们的顾客和公司都有益的好事"，与"我们的目标——帮助人们追求更健康的生活"相一致，CVS 还创造了一个信息丰富的微网站 cvsquits.com，在公司的众多网站和社交媒体网站上推出宣布这一决定的旗帜广

告和“#cvsquit”话题标签。主要的平面和广电媒体都争相报道“CVS 停售烟草”运动及其故事，共产生了 2 557 次广电提及，媒体曝光总计 2.18 亿次。这一新闻还在网上迅速传播，成为脸书和推特上最热门的话题，产生了 20 万次社交媒体提及和 15.2 万次转发。

正式停售的那一天，CVS 的 CEO 敲响了纽约证券交易所的大钟，CVS 健康公司的总经理在纽约布莱恩公园的活动中熄灭了一支 50 英尺高的香烟。这两件事也得到众多媒体报道。最后，在拒绝烟草产品的同时，CVS 开展了一场全美范围的宣传运动，帮助烟民戒烟，巩固公司“帮助人们追求更健康的生活”这一定位信息，促成更多正面的新闻报道。

“CVS 停售烟草”公关运动取得了令人印象深刻的结果。在国会大厦，8 位美国参议院议员、12 位众议院议员和其他有影响力的领导人发布声明，敦促其他零售商追随 CVS 的步伐。CVS 的股票价格在停售决定公布之后的 3 周内大涨 9.2%。一项调查显示，1/4 当前不去 CVS 药房购物的消费者说自己会在它停售烟草之后去 CVS 购买处方药。“CVS 停售烟草”运动被《公关关系周刊》（*PR Week*）授予年度大奖。“这是公共关系领域的新标准，”一位评委说，“对重大商业决策的公共关系产生对股票价值、消费者行为和品牌声誉有真实商业影响的、令人惊喜的结果。”

公共关系的作用和影响

与其他促销形式一样，公共关系能够吸引顾客并使品牌成为其生活和谈话的一部分。而且，公共关系以比广告低得多的成本，对公众的认知产生强烈影响。如果公司有有趣的品牌故事、事件、视频或其他内容，可能被多家媒体选中报道或被消费者分享，其效果与花费几百万美元的商业广告是一样的，甚至更好。以汉堡王最近的公共关系活动为例。[30]

去年，弗洛伊德·梅威瑟（Floyd Mayweather）和曼尼·帕奎奥（Manny Pacquiao）在洛杉矶对决，实况转播原本是一场无广告的付费点播节目。所以，当“国王”——汉堡王那个有着卷发、华丽长袍的略显古怪的吉祥物——在这场“世纪之战”开始之前出现在梅威瑟的随行团中时，着实引发了不小的骚动。不光有全球收看现场直播的 440 万观众，“国王”还席卷脸书和推特，为汉堡王创造了极大的蜂鸣效应。汉堡王为此付给梅威瑟大约 100 万美元，但与公司为 30 秒超级碗广告花费 500 万美元相比少多了。一个月之后，这个留着大胡子的吉祥物又出现在贝尔蒙特赛马会的主人包厢里，站在教练鲍勃（Bob）身后。鲍伯的赛马美国法老（American Pharoah）那天争夺三冠王。当电视机镜头在赛前扫过鲍伯，“国王”格外抢镜，一时间又激起社交媒体的疯狂议论。亮相贝尔蒙特赛马会才花费汉堡王 20 万美元，用于捐赠与赛事有关的慈善团体。

还有一次巧妙的公关行动是，汉堡王最近向竞争者麦当劳发出邀请，呼吁在和平日那天停火。除了一大堆网上内容之外，汉堡王还在《纽约时报》和《芝加哥论坛报》上刊登整版的广告，公开建议两家连锁店联合开发和出售 McWhopper——把“你们的巨无霸和我们的皇堡中所有最好吃的东西，统一在一个热爱和平的美味汉堡之中"，所得捐给和平日组织。麦当劳拒绝了，但是这一姿态为汉堡王带来了巨大且积极的公关效果。通过这些和其他公共关系举措，汉堡王找到一种将自己加入社交媒体日常对话的好方法。一位公关专家说："汉堡王最近找到通过做些令人意想不到的，甚至有点玩世不恭的事情来博得关注的窍门。"另一位专家说："[这些公关活动]以非常低的成本产生了巨大的宣传效果。如果你有恰当的火花，将比付费媒体点燃更多口碑。"

尽管公共关系的潜在力量很大，但常常由于有限的和分散的使用，而不受重视，被形容为营销手段中的"继子"。公共关系部门一般设在公司总部，或者由第三方代理机构负责。其员工忙于应对各类公众，如股东、员工、立法者、媒体，以至于那些支持产品营销目标的公共关系反而被忽视了。而且，营销经理和公共关系人员的论调并不总能协调一致。许多公共关系人员认为，他们的工作仅在于沟通，营销经理则对广告和公共关系如何影响品牌建设、销售额和利润，以及顾客契合和顾客关系更感兴趣。

然而，这种情况正在改变。尽管公共关系在公司的整体营销预算里仍然只占很小的一部分，但是它也可以成为强有力的品牌建设工具。尤其在如今的数字时代，广告、公关和其他内容之间的界限日益模糊。例如，品牌网站、博客、品牌视频和社交媒体活动广告，是广告还是公关？这些都是营销内容。随着获得的和分享的数字内容迅速增长，公共关系在品牌内容管理中发挥着越来越大的作用。

与其他部门相比，公共关系常常对创造重要的营销内容负责，为品牌吸引顾客而非仅仅发布消息。一位专家说："公共关系人员是组织中最善于讲故事的人。总之，他们创造内容。"另一位认为："社交媒体的发展推动公共关系专业人员从策划新闻发布会和组织活动等幕后，走到品牌建设和顾客契合的前沿。"[31] 关键在于，公共关系应该与广告在整合营销沟通方案中并肩作战，共同建立品牌与顾客的关系。

15.4 主要公共关系工具

公共关系常用的工具有多种，新闻是其中主要的工具之一。公共关系专业人员会找出或创造对公司及其产品和人员有利的新闻。有时新闻故事自然而然就发生了，有时则需要公共关系人员策划一些事件或活动来制造新闻由头。还有一种常见的公共关系工具是特殊事件，其内容从新闻发布会、演讲、品牌巡回展、赞助到多媒体展示，或者为了接触和吸引目标公众而设计的教育性活动。

公共关系人员还要准备书面材料来接触和影响目标市场。这些材料包括年报、小册子、公司新闻通讯和杂志。DVD 以及在线视频等视听材料正日益成为沟通的新工具。企业识别材料也有助于树立一个公众易于辨别的公司形象。标识、文具、小册子、招牌、名片、建筑物、制服、公司的汽车及卡车等，所有这些只要有吸引力、容易区别和记忆，都可以成为营销工具。最后，公司还可以对公益活动投入金钱和时间，以改善品牌的社会声誉。

我们曾在前面的章节讨论过，网络也是一种重要的公共关系渠道。网站、博客和诸如 YouTube、脸书、Pinterest 和推特等社交网络成为影响和吸引公众的新途径。正如上文提到的，公共关系的核心优势是讲故事和引发谈论的能力，这与网络、移动和社交媒体的特点完美匹配、相得益彰。

与其他促销手段一样，在考虑何时以及如何使用公共关系时，管理部门应当制定公共关系目标，选择公共关系信息和载体，实施公共关系计划并评估结果。在企业全方位的整合营销沟通中，公共关系应该与其他促销活动紧密配合，融为一体。

关键术语

广告（advertising）
广告目标（advertising objective）
广告预算（advertising budget）
广告策略（advertising strategy）
“麦迪逊和葡萄藤”（Madison & Vine）
创新性概念（creative concept）
执行风格（execution style）
广告媒体（advertising media）
广告投资回报（return on advertising investment）
广告代理机构（advertising agency）
公共关系（public relations）

概念讨论

1. 解释市场营销者制订广告计划时进行的营销决策。
2. 根据什么重要目的进行广告目标分类？请解释。每类列举两个例子。
3. 论述市场营销者如何从过于密集和混乱的广告环境中脱颖而出。
4. 什么是广告代理商？讨论如今广告代理商的运营方式与以往相比有哪些变化。
5. 定义公共关系并解释公共关系的主要职能。

案　例

好事达：让车险广告大战更加混乱

1950 年春天，好事达保险公司销售总经理戴维斯·艾利斯（Davis Ellis）的女儿在高中毕业前患上了肝炎。一天晚上忧心忡忡的他下班回家，正好遇到妻子从医院回来。在门廊相遇时，妻子告诉他：“医院让我们放心……医生是你们的得力助手。”

之后不久，好事达保险公司要发起一场重要的全国性广告运动，艾利斯正是管理团队中的一员。当该团队讨论品牌应该向目标顾客传递什么信息时，艾利斯想起那天妻子那句“医生是你们的得力助手”曾给予自己多么大的宽慰。这短短的一句话意味着安全、可靠和责任，恰恰是好事达希望顾客建立的品牌联想。于是，一句著名的广告语诞生了——“好事达是你的得力助手”。

2000 年代早期，西北大学的一项研究表明，好事达保险长期采用的这句广告语在美国拥有最高的认知度。好事达保险多年来固守着第二大保险公司的地位，仅次于州立农业保险公司。2003 年，好事达聘请演员丹尼斯·海斯伯特（Dennis Haysbert）作为品牌代言人。他出演了好事达 10 多则广告，每次结尾都会问：“你有得力助手吗？”海斯伯特低沉的嗓音令电视观众倍感亲切。如今，“得力助手”已经成为所有广告运动中使用时间最久的口号。

广告震动

尽管数十年来好事达的广告效果不错，但 1990 年代后期，公司难免与行业中其他企业一样落入俗套。大型车险公司在广告运动上的投入都不太大，广告内容也比较乏味，多以煽情的宽慰性信息为主。例如，好事达的“好事达是你的得力助手”；州立农业保险的“就在你身边”。整个行业都以低预算和低强度广告为特点，没有哪个品牌的营销特别突出。

但是，在巨额广告预算和直接销售、价格低廉这些特色的支持下，GEICO 的壁虎横空出世，彻底终结了保险业广告活动风平浪静的日子。GEICO 的那场广告运动一石激起千层浪，引发保险行业的广告开支和创意激增，并很快升级为一场大规模的广告战。一度保守的车险广告变成了创意的秀场，与其他行业一样涌现出不少前卫和精彩的广告。例如：

● GEICO。在亿万富翁沃伦·巴菲特的伯克希尔·哈撒韦公司（Berkshire Hathaway）收购 GEICO，并承诺为其市场扩张提供一切财力支持之后，GEICO 打响了车险业的广告大战，给车险业广告带来前所未有的冲击。一系列富有创意的 GEICO 广告运动内容涵盖方方面面，从文明化的穴居人到瞪着眼睛的货币。其中，还数那只能说会道的壁虎影响最大。带着它标志性的英国腔，这只壁虎使 GEICO 想传达的品牌信息更加简洁明了——“只需 15 分钟，让你节省 15%”。与其他行业代言人不同，这只活灵活现的壁虎给以往乏味的保险业及其保守的品牌注入了个性和活力。

● 前进保险公司。前进保险公司跟随 GEICO 的步伐，创造了一个讨人喜欢的角色——活泼的销售员弗洛。前进保险公司创造乐观向上的弗洛形象旨在说服市场中的消费者，前进保险公司能够给予他们更优惠的交易。弗洛帮助前进保险公司紧随 GEICO 之后成为第四大车险公司。弗洛主要在人们准备购买车险的时候提供帮助。前进保险公司在随后发布的补充性广告运动中推出了新角色——留着大胡子、身着皮夹克的信使（Messager）和有着滑稽的自尊感、提到自己用第三人称的自信随和的男人布拉德（Brad）。就像 GEICO 的壁虎一样，弗洛、信使和布拉德以鼓吹节省保费为首要诉求。

● 州立农业保险公司。在 GEICO 和前进保险公司凭借直销、低价和高调的促销模式震动整个行业之后，以代理商为基础的传统车险公司不得不做出回应。具有 90 年历史的州立农业保险公司多年来一直是行业领导者，几乎不怎么做广告。与好事达保险公司类似，它拥有一句长期使用、人们耳熟能详的广告语：“宛如一位好邻居，州立农业保险公司就在你身边”——由流行音乐偶像巴瑞·曼尼洛（Barry Manilow）于 1971 年制作，韵律简单且朗朗上口。感受到新对手不断增强的威胁，州立农业保险公司开始有力地反击，推出一场以这句经典广告语为核心的新广告运动——“魔法旋律”。广告表现每当年轻驾驶员——包括勒布朗·詹姆斯等陷入困境用令人熟悉的旋律召唤时，州立农业保险的代理商就会神奇地出现。这一广告运动旨在使消费者相信，他们仍然需要来自 1.8 万家州立农业保险代理商的服务。为了使广告更有效果，该公司将广告预算增加了一倍。

当“得力助手”遭遇“破坏狂”

在激烈的竞争和广告创意比拼中，好事达保险公司连维持自己原有的市场份额都很难，更别说实现增长了。尽管有海斯伯特担任公司的宣传大使，好事达还是连续两年痛失市场份额。显然，这个品牌急需属于自己的角色来彰显品牌个性。所以，好事达将混乱拟人化。借助由演员迪恩·温特斯（Dean Winters）扮演的令人恐怖的“破坏狂”（Mayhem）形象，好事达保险公司创造了一个与之前海斯伯特塑造的抚慰人心的英雄截然不同的角色。这一角色及相关的广告运动旨在使消费者相信，购买车险除了价格之外，还有其他重要因素值得考虑。“我们知道我们需要……一个响亮的声音告诉人们我们关心他们，”好事达的高级营销副总裁丽萨·柯克伦（Lisa Cochrane）说道，“‘破坏狂’来了，改变对话，打断保险的同质化，为你提供一些思考以确保选择正确的承保内容。”负责该运动的广告公司李奥·贝纳（Leo Burnett）的一位经理直言不讳地说：“我们就是要踢弗洛的屁股。”

“破坏狂”做了各种可能导致重大车险索赔的怪异事件。他首先作为一颗倒伏在汽车上的树出现，然后又化身一个情绪激动的青年开着自己粉色的 SUV 猛撞一辆毫无戒备的汽车。按照柯克伦所说，这两则早期广告播出之后，“使人印象深刻”。随后，“破坏狂”的恶作剧无穷无尽、突如其来。他可能变成一头鹿，在黑夜跃入车流，“因为那正是我们鹿儿常做的事情”；化作一场倾盆大雨，偏爱有漏洞的天窗；变成一台功能紊乱的 GPS 导航仪，引导司机撞上别人的车；变成大雪，重压车库屋顶导致坍塌，将里面停放的汽车弄得面目全非……每一则诡异的广告结尾都会警告说，“如果你买了低价打折保险，就要自己承担损失了”，并问道，“你有得力助手吗？”

通过这些别致的广告，好事达创意新奇的“破坏狂”运动赢得诸多好评，也为公司的广告语“好事达是你的得力助手”注入令人瞩目的现代元素，有利于使品牌定位为更优越的选择，有效地与价格导向的竞争者区别开来。即使是长久以来较成功的“得力助手”运动也需要一些新意。实际上，破坏狂不仅仅是好事达的广告运动，它也突出表现了整个车险广告世界的特点。

“破坏狂”广告运动不仅受到消费者的认可和接受，而且在第一年就赢得了大约 80 个广告大奖。但是，该运动更大的影响可能在于，“破坏狂”的角色已经根深蒂固地融入了流行文化之中。尽管“破坏狂”在脸书上的粉丝只有弗洛 490 万粉丝数的 1/3 略多，但他的互动次数却是前进保险公司那个活泼的发言人的 5 倍。最近该角色的创作者看到一个身着“破坏狂”服装的捣蛋鬼走在大街上，她称这一广告是“使她为之一振的职业生涯的闪光点”。

“破坏狂”不只流行，而且恰当地传递了品牌信息。在每一则广告的结尾，他都向大众发出警告：“如果你购买的是廉价的保险，就要自己承担损失。”然后令人感到可靠和放心的海斯伯特会及时奉上解决之道。他问道：“你有得力助手吗？”“选择好事达保险公司吧。你在省钱的同时还能得到更好的保护，免受‘破坏狂’的侵扰。”这一“值得多付一点点”的信息从消费者价值的角度把好事达保险定位于行业高端的位置。

“破坏狂”归来

好事达的广告不仅创意新奇，而且很有效。用“破坏狂”广告补充海斯伯特的得力助手广告后几年内，好事达的无提醒品牌知晓度达到 74%，与行业领先者州立农业保险公司相差无几，尽管后者的广告预算要高出 60%。而且，“破坏狂”广告运动成功地遏制了好事达保险市场份额下滑的态势。好事达的 CEO 托马斯·威尔逊（Thomas Wilson）说：“效果不错。我们的业务正在提升。”这一切促使好事达保险继续扩展这一运动，针对拉美裔消费者推出了“破坏狂”的堂弟“厄运”。借助 25 则电视广告和大量广播广告、户外展示和网络旗帜广告，“破坏狂”在过去 6 年间已经对整个广告业造成重大冲击和改变。

在扩展的运动中，好事达保险将“破坏狂”带入了一个新水平，赋予该角色自己的推特账户。尽管看上去他加入推特比较晚，但好事达的创意者说这种延迟是有意的。“我们一直很小心地避免滥用‘破坏狂’形象或使之过度曝光，”好事达的广告经理詹妮弗·伊戈兰德（Jennifer Egeland）说道，“我们希望在合适的时机将他引入推特空间。”

恰当的创意对“破坏狂”的角色形象有利。最近的橄榄球赛季开始时，“破坏狂”就他应该在下一则广告中扮演什么进行民意调查——是炭火烤架，还是廉价的弹簧索？消费者投票选择了弹簧索。破坏狂却没有听从，他发出推特问道：“我的后盖烧烤太糟糕了。谁借个火呗？”紧接着上传了由于烧烤失误造成汽车起火的视频。好事达随后发布了两则新的“破坏狂”广告——“后盖烧烤失火”和“廉价弹簧索”，让所有人皆大欢喜。还有一则以话题“#破坏狂促销”（#MayhemSale）的广告为好事达的社交媒体网站吸引了大批流量。广告中，毫无戒备的足球迷马特（Matt）和香农（Shannon）的家被一个精通社交媒体的强盗给打劫了。这则广告推动网站流量猛增，并赢得了 ADDY 金奖。

凭借所有这些活动和公众的反应，好事达保险公司似乎拥有了保持市场地位的有力武器。但是，全面的车险广告战表明，永远比竞争者领先一步是多么的重要。去年，好事达将其广告预算增加到8.87亿美元，甚至比市场领导者州立农业保险(8.02亿美元）还要多。但是，两家公司最终在 GECIO 让人咋舌的 11 亿美元广告支出面前都相形见绌。如今，超过 11 家车险品牌在开展全国性电视广告运动。总体上，车险公司每年在信息传播上的花费超过了 60 亿美元。这使得消费者倍感困惑，他们只能在众多品牌创意精巧的广告大潮面前纠结不已。

如此激烈的竞争、巨额的广告预算和聚焦顾客的广告使该行业的市场份额变化莫测。去年的数据显示，GEICO 已经凭借 10.8% 的市场份额略胜好事达（10%），登上第二位的宝座，仅次于州立农业保险公司。尽管近年来好事达的车险业务持续增长，但 GEICO 的增长势头更为强劲。鉴于此，好事达需要重新考虑广告投入所创造的价值，即怎样才能减缓 GEICO 的增长，夺回第二名的宝座。

资料来源：Victoria Moran, “Leo Burnett Chicago Wins Best of Show Gold ADDY Award for Allstate’s #MayhemSale Campaign,” *Advertising Age*, June 8, 2016, www.adage.com/print/304370; Ashley Rodriguez, “How Allstate’s Mayhem Disrupted the Chatter around Insurance,” *Advertising Age*, June 10, 2015, www.adage.com/print/298779; Steve Daniels, “GEICO Overtakes Allstate as No. 2 Auto Insurer,” *Advertising Age*, March 3, 2014, www.adage.com/print/291947; E.J. Schultz, “Allstate’s Mayhem Joins Twitter…Now What,” *Advertising Age*, October 14, 2013, p. 28; Anthony Crup, “Allstate’s Marketing Boss Talks Up ‘March Mayhem,’” *Adweek*, March 25, 2014, www.adweek.com/print/156471; and advertisements and other information accessed at www.allstatenewsroom.com and www.allstate.com/mayhem-is-everywhere.aspx, June 2015.

讨论题

1. 好事达保险公司“得力助手”的广告语为什么能够历经时间的考验成为最持久的广告口号？
2. 根据教材所述的创造广告信息的过程分析“破坏狂”广告。
3. 讨论如何为“破坏狂”运动选择广告媒体，这一过程与其他公司的广告运动有何不同。
4. 根据本案例中的信息，说明好事达如何测量“破坏狂”广告运动的效果。
5. “破坏狂”广告运动有效吗？为你的答案提供证据。

注 释

请扫描二维码或登录中国人民大学出版社官网www.crup.com.cn下载本书注释。

16 人员销售和销售促进

学习目标

- 讨论公司的销售人员在为顾客创造价值和建立顾客关系中的作用。
- 指出并解释销售人员管理的六个主要步骤。
- 讨论人员销售过程，区分交易导向和关系导向的市场营销。
- 解释如何设计和实施销售促进活动。

在前面两章中，我们学习了通过整合营销沟通来沟通顾客价值，以及促销组合的两大内容——广告和公共关系。我们将在这一章中学习整合营销沟通的另两个组成部分——人员销售和销售促进。人员销售是营销沟通的人际方式，销售人员直接与顾客和潜在顾客沟通，建立顾客关系并完成销售。销售促进指短期的激励活动，旨在激发对产品或服务的购买或销售。尽管本章将分别考察人员销售和销售促进这两种促销工具，但是它们必须与其他促销组合工具整合才能更好地发挥功效。

首先，让我们看看现实生活中的销售人员。提及销售人员，你马上会想到什么？也许你想到了卖力推销的零售店员、声嘶力竭的电视购物推销员或者彬彬有礼的二手车销售员。但是，这些固有印象不再是如今大多数销售人员的真实写照。相反，如今的销售人员要取得成功，不能利用顾客，而必须倾听他们的需求，帮助他们找到解决问题的方法。对大多数公司而言，人员销售在建立盈利性顾客关系中发挥着非常重要的作用。以顾客关系管理（CRM）方案行业的领导者 Salesforce 公司为例，该公司不仅仅出售市场领先的销售管理软件，还特别擅长实践——有效的人员销售。

引例 Salesforce：你需要一支优秀的销售团队

Salesforce在价值200亿美元的CRM市场中遥遥领先。公司的标志嵌在柔软洁白的云朵之中，突出Salesforce基于云计算的成功模式（不需要购买或安装软件）。基于云计算的系统如今已经相当普遍，但当15年前Salesforce率先尝试时，这一概念还是世界领先的。从那以后，该公司就确立起自己作为领先的创新者的形象，持续不断地探索帮助客户企业运用最新的网络、移动、社交媒体和云技术与其顾客保持联系并取得最佳销售效果的新方法。

Salesforce帮助企业"改善销售"。它提供"客户成功平台"，包括五花八门基于云计算的销售人员自动化和CRM工具，收集、组织、分析和传递有关顾客、销售以及单个销售代表和整体销售团队业绩的详细数据。凭借云端后台，Salesforce的顾客可以随时随地，借助任何载体——台式电脑、手提电脑、平板电脑或智能手机等——联网获得数据和分析报告。Salesforce还与主要社交媒体整合，在Salesforce聊天平台——相当于企业客户的脸书——提供工具，用于社交媒体监测、实时顾客互动和协调。

Salesforce的创新性产品使其成为世界上最大和增长最快的CRM平台，领先于微软、甲骨文、SAP和IBM等诸多高科技竞争者。去年，该公司的销售收入高达62亿美元，较前年提高了令人赞叹的24%，比5年前增长了4倍。Salesforce连续6年在《福布斯》"全球最具创新力公司"排行榜中名列前茅。

创新性的产品和平台在Salesforce的成功中发挥了至关重要的作用。但是，即使是最好的产品也无法自我销售，该公司恰恰非常擅长将自己推广的东西——有效的个人销售——付诸实践。与那些购买其产品的公司一样，Salesforce拥有一支经验丰富、训练有素、积极主动的销售队伍，正是他们将公司的产品带给顾客。从许多方面看来，Salesforce自己的销售人员服务为其出售的产品和服务提供了榜样——不仅仅是对Salesforce云的使用，更在于取得公司对其顾客所承诺的、"特别有效的"销售团队。

Salesforce建立杰出销售团队的工作始于招聘和雇用顶级销售人员。Salesforce积极而严格筛选的招聘程序从全球最优秀的候选销售代表中进行。平均每年仅从10万名申请者中雇用4.5%。经验很重要。对小企业销售代表，销售团队希望至少具有两年以上销售经验；对服务主要顾客的销售经理，则要求20年的经验。为了找到如此经验丰富的候选人，Salesforce放肆地从竞争对手那里拉人，用高能文化和优厚的待遇引诱成功的销售人员加盟自己的公司。

一旦被雇用，就像你预期的，Salesforce的销售人员可以接触到最新的高科技销售工具。实际上，新雇员第一项重要任务就是在家通过20小时的视频彻底学习Salesforce的技术。他们不仅仅要销售这些技术，而且必须亲自使用。不过，Salesforce一开始就会告诉你的是，尽管其杰出的云计算技术能力可以帮助最优化顾客接触和销售过程，但并不能替代优秀员工的销售技巧。所以，在培训和提升新员工的销售能力时，该公司首先会强调经过实践检验的销售基本规律和原则，在此基础上进行现代化的调整。

在Salesforce，优秀销售的首要基本原则是倾听和了解。每位新雇员通过Salesforce为期一周的销售训练营，都必须学会建立顾客关系的第一步——询问探索性问题和让顾客说话，努力理解关于顾客处境和需求的所有事情。一位Salesforce高级销售经理说："85%的销售人员不能静下心来真正地理解顾客的业务。"

理解顾客引出第二条基本原则：移情——让顾客知道你理解他们的问题和感受到他们的痛点。移情能够建立融洽的关系和可靠的信任，是达成交易和建立长期关系的重要步骤。倾听、了解和移情是重要的初步行动，仅做到这些还远远不够。“如果你本身是负责任和有帮助的，就会像一个行政助理那样处处为顾客着想。”这位 Salesforce 的销售经理说。

随后的重要步骤是提供解决方案——说明 Salesforce 基于云的解决方案将如何帮助顾客，使他们的销售团队在联系顾客和达成交易的过程中更加有效果和效率。Salesforce 相信，提供解决方案的最佳途径是讲述故事，突出其他顾客使用产品的成功经历。“会讲故事非常非常重要，”Salesforce 的销售效率经理说道，“它是公司推广和与顾客或潜在顾客互动的基础。”Salesforce 告诉自己的销售人员，如果遇到拒绝——诸如“我不放心将自己的数据放到云存储中”，“我现在的系统就很好用”，或者“太贵了”——故事是他们最有力的工具。一位 Salesforce 的销售经理说，“面对拒绝时，我们通常讲一则相关的顾客故事”。“我们不是顾客故事中的英雄，”另一位经理说，“是顾客如何运用我们的方案取得成功，而不是我们怎样拯救他们。”

当提及竞争者，Salesforce 的销售人员是凶猛的。但是 Salesforce 训练其销售代表采用高姿态——强调 Salesforce 的优势，而不是竞争者的弱点。“在内部，我们有这样的标语：碾压微软、干掉甲骨文，”Salesforce 的那位销售经理说，但是“当你走出去面对顾客时，必须小心，你要引导他们而不是贬低微软。哪怕我们心里的确想这样做。”

因此，有效而专业的销售远不止热情的招呼和友好的寒暄，或者玩转高技术 CRM 工具和数据分析。即使让 Salesforce 最引以为傲的是由大数据支持并结合大量前沿技术的、业内最佳的销售和顾客联系工具，其销售代表仍然非常重视老派的销售原则。在 Salesforce——或其他任何地方——优秀的销售都是始于吸引和倾听顾客，理解和设身处地地考虑他们的问题，并通过提供有意义的解决方案建立互利关系。这才是建立极其成功的销售队伍和 Salesforce 品牌的方法。[1]

在本章中，我们将仔细考察促销组合中的另两种工具——人员销售和销售促进。人员销售是指市场营销人员面对面地直接与顾客沟通，向顾客销售产品，并建立顾客关系。销售促进是指短期的激励活动，目的是激励顾客的购买、中间商的支持和销售团队的努力。

16.1 人员销售

罗伯特·路易斯·史蒂文森（Robert Louis Stevenson）曾经指出：“每个人都靠推销某种东西来生活。”世界各地的企业雇用销售人员将产品和服务销售给企业客户或最终消费者。我们也可以在其他许多类型的机构中找到销售人员。例如，大学依靠招生人员来招收新生，教会则利用教友委员会吸纳新教友。博物馆和艺术团体利用资金筹措者联系捐款人并筹集款项。即使政府也聘用销售人员。例如，美国邮政局用销售人员将快递和其他服务推销给企业客户。

人员销售的性质

人员销售（personal selling）是世界上最古老的职业之一。通常，从事销售工作的人有各式各样的称呼，包括：推销员、销售代表、代理、区域经理、客户经理、销售顾问、销售工程师、代理人以及客户开发代表。

人们对销售人员抱有很多成见，包括一些不好的印象。推销员可能让人联想起电视剧《办公室》(The Office）中邓德·米福林纸业公司（Dunder Mifflin）那个缺乏常识和社交技巧，却又拘谨和固执己见的销售员德怀特（Dwright）。或者会想起在电视广告中大声吆喝，叫卖各种东西的推销员。但是，现代的销售人员与这些老套形象大不相同。

正如在本章引例中介绍的 Salesforce 公司的销售人员那样，大多数销售人员是受过良好教育和培训的专业人士，他们为顾客增加价值并维持长期的顾客关系。他们听取顾客意见，评估顾客需要，组织力量解决顾客问题。最好的销售人员是那些为了相互的利益与顾客精诚合作的人。让我们来看看通用电气公司的柴油机车业务：

> 要出售一台价格高达 200 万美元的高科技柴油机车可不是仅靠能说会道和亲切微笑就能成交的。在这个行业中，一笔大买卖动辄数十亿美元。通用电气的销售人员背后有一个全面且专业的团队，所有人都在想方设法地满足大客户的需求。对客户而言，购买一批机车往往涉及来自采购组织各个层次数十位甚至数百位决策制定者以及不同层次的影响者。销售流程是非常伤脑筋的，而且很慢。一次重要的销售从最初的销售演示到最后的交易达成，可能会耗费数年时间。一旦得到订单，销售人员必须不断地保持接触，密切追踪客户的设备需求，确保客户始终满意。真正的挑战在于基于卓越的产品和紧密的合作，与客户建立日复一日、年复一年的伙伴关系，最终赢得生意。

销售人员（salesperson）包括许多不同的职务。从一个极端来讲，销售人员可能主要是订单接受者，如站在柜台后面的百货商店售货员；从另一个极端来讲，销售人员是订单获取者，他们实现产品和服务的销售并建立顾客关系，范围从家居用品、工业设备和飞机到保险和信息技术服务。本章将重点讨论更具创造性的销售工作，以及建立和管理高效销售团队的过程。

销售人员的作用

人员销售是促销组合中通过人际互动进行促销的方式。广告在很大程度上是与目标消费群体间的非人员沟通。相反，人员销售涉及销售人员与消费者之间的人际互动——无论是面对面，还是通过电话、邮件或推特，抑或是借助视频或网络会议以及其他方式。在更加复杂的销售环境中，人员销售比广告更有效。销售人员可以对顾客进行深入调查，了解更多问题，调整营销提供物和展示内容，以适应每个顾客的特殊需求。

人员销售在各个公司的作用有所不同。有些公司根本没有销售人员，例如，只通过网络在线销售或通过目录销售的公司，或者通过制造商代表、销售代理人或经纪人出售商品的公司。然而，在大多数公司中，销售人员发挥了重要的作用。通常，销售工业品的公司，如 IBM、杜邦或波音，销售人员直接与顾客打交道。而诸如宝洁或耐克等消费品公司，销售人员承担了重要的幕后工作。他们必须与批发商和零售商合作以获得它们的支持，并帮助它们更有效地向最终消费者出售宝洁的产品。

连接公司和顾客

销售人员在公司和顾客之间起到关键的纽带作用。在很多情况下，销售人员同时为两个主顾服务——一个是卖方，一个是买方。首先，他们代表公司与顾客接触，发现并发展新的顾客，将公司的产品和服务信息告诉顾客。他们通过接近顾客、介绍产品、回应反对意见、谈判价格和条件、达成交易、提供顾客服务和维持顾客关系来出售产品。

同时，销售人员代表顾客与公司打交道，在公司内部扮演着消费者利益的维护者，管理买方 - 卖方关系。销售人员将顾客对公司产品和行动的看法转达给相关人员。他们了解顾客需要，与公司内的其他营销或非营销人员一起努力，提高顾客价值。

事实上，对很多顾客而言，销售人员就是公司——公司在他们面前唯一的可见化身。因而，顾客有可能对销售人员进而对其所代表的公司和产品产生忠诚感。“对销售人员的忠诚”这一概念在考察销售人员的顾客关系建立能力时尤为重要。顾客与销售人员的牢固关系将导致顾客与公司及其产品的牢固关系。相反，与销售人员关系疏离的顾客很可能与公司及其产品的关系也很薄弱。

正因为销售人员在建立公司与顾客之间的联系中起到关键的作用，他们必须始终以顾客解决之道为核心。实际上，以顾客解决之道为核心不仅是销售人员而且是整个公司的必由之路。

协调营销和销售

理想的情况是，销售人员与公司其他营销职能人员（营销策划者、品牌经理和调研人员）紧密合作，共同为顾客创造价值。然而遗憾的是，一些公司仍然将“营销”和“销售”视为两种独立的职能。当出现这种情况时，彼此分离的营销和销售部门经常不能很好地相处。一旦发生问题，营销人员（营销策划者、品牌经理和调研人员）就责怪销售人员对一个优秀的战略执行不力。反过来，销售人员也责怪营销人员脱离了顾客的真正需求。营销人员有时觉得销售人员“脚陷在泥浆中”（行动不力），而销售人员则感觉营销人员“头陷在泥浆中”（筹划不力）。两个团队都不愿充分地肯定对方的贡献。如果不能很好地修复营销和销售职能间的这种分裂，顾客关系和公司业绩难免会受到损害。

公司可以采取多种措施来帮助营销与销售职能更密切地合作。最起码，公司可以通过安排联席会议和明确沟通渠道来增加两者间的沟通。可以创造机会让销售人员与营销人员一起工作。品牌经理和调研人员可以跟踪销售电话或者出席销售计划会议。反之，销售人员可以参与营销计划会议，分享他们最真实和前沿的顾客知识。

公司也可以为销售和营销职能建立共同的目标和奖励制度，或者指定营销 - 销售联络人——来自营销部门，能与销售团队共同合作，并帮助协调营销和销售团队计划和行动的人。最后，公司可以任命一位首席收益官（chief revenue officer）（或者首席客户官（chief customer officer））——一名更高层的营销经理，负责同时监督营销和销售工作。承担这种角色的人能够帮助营销和销售以创造顾客价值、获取市场回报为共同目标进行协作。[2]

16.2 管理销售人员

我们将**销售人员管理**（sales force management）定义为分析、计划、执行和控制销售人员的活动，包括设计销售团队的策略和结构，以及招募、选拔、培训、激励、监督和评估销售人员。主要的销售人员管理决策如图16－1所示。

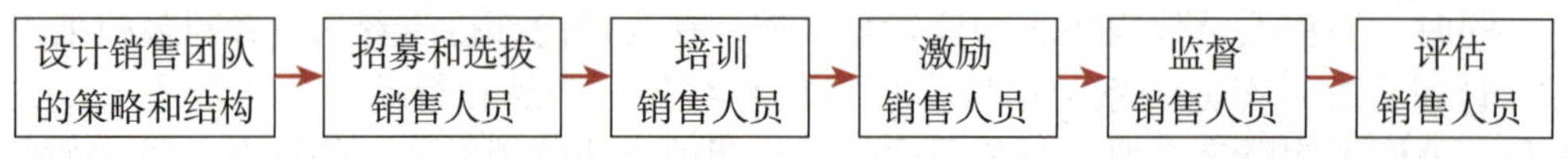

图16－1　销售人员管理的主要步骤

设计销售团队的策略和结构

营销经理面临几个有关销售团队的策略和设计的重要问题。销售人员及其任务应该如何安排？销售团队的规模应有多大？销售人员应单独推销产品，还是与公司的其他人员一起以小组为单位销售产品？他们应该到现场去销售，还是通过电话或网络或社交媒体销售？我们将在下面讨论这些问题。

销售团队结构

公司可以根据产品线来划分销售责任。如果公司只向一个行业销售一条产品线，而且顾客分布于各地，决策就相对简单。在这种情况下，公司可采用区域销售结构。然而，如果公司向许多不同的顾客销售多种不同的产品，就可能需要采用产品销售结构、顾客销售结构或者两者的结合。

在**区域销售团队结构**（territorial sales force structure）中，每个销售人员都分配到一个专职服务的地区，并在区域内向所有顾客推销公司的产品或服务。这种组织方式清晰地定义了每个销售人员的工作，并明确其责任和义务，有助于加强销售人员与当地顾客建立关系的愿望，从而使销售更为有效。最后，因为每个销售人员只在限定的地区内活动，差旅费用相对较低。区域销售组织通常由多层级的销售管理职位来支持。例如，每位地区销售代表向区域经理汇报，区域经理向大区经理汇报，大区经理向销售总监汇报。

如果公司拥有的产品种类繁多且复杂，就可能采用**产品销售团队结构**（product sales force structure）。在这种结构中，销售人员根据产品线来划分。例如，通用电气公司在其主要业务的不同产品和服务事业部里雇用不同的销售人员。举例而言，在通用电气基础设施集团内，公司将销售团队分为航空、能源、交通和水处理产品及技术。没有哪个销售人员能够成为所有产品类别的专家，所以根据产品划分销售团队很有必要。类似地，在通用电气医疗集团内，公司则为诊断成像、生命科学、集成IT解决方案等产品和服务雇用各类销售人员。总而言之，像通用电气这样庞大、复杂的公司，很有可能拥有众多独立的销售团队，为其销售多元化的产品和服务。

越来越多的公司开始采用**顾客（市场）销售团队结构**（customer（or market）sales force structure），它们按照顾客或行业来组织销售人员。依照行业的不同，是服务现有顾客还是寻找新顾客，以及是大客户还是一般客户，分别设立不同的销售团队。围绕顾客组织销售力量，可帮助公司与重要的顾客建立更紧密的关系。许多公司甚至组建特殊的销售团队来专门处理个别大客户的需求。例如，通用电气航空公司就有一个专门的波音销售团队。而宝洁公司的销售代表整合成不同的客户业务开发（CBD）团队，每一支 CBD 团队都专门服务于某个重要客户，比如沃尔玛、西夫韦或 CVS 健康。其中，宝洁的沃尔玛客户业务开发团队由数百人组成，在沃尔玛的总部阿肯色州的本顿维尔与沃尔玛的采购人员紧密合作。这种 CBD 组织可以集中为重点客户提供专门服务，全面满足其各种需求。这让宝洁公司"通过与客户如'战略伙伴'般的合作实现业务增长"，而不是仅仅作为供应商。[3]

当公司向分布很广的各类顾客销售很多不同种类的产品时，往往会结合使用几种类型的销售结构。销售人员可根据顾客和地区、产品和地区、产品和顾客或者地区、产品和顾客来做专业化分工。例如，宝洁公司根据客户专门配置销售人员（为西夫韦、CVS 健康或其他大客户安排不同的销售团队），也为每个重要的客户团队划分区域（区域 CBD 代表、区域经理、地区经理等等）。要知道，并不存在一种适合所有公司和情况的单一结构。理想的销售组织结构应该既符合顾客需要，又适合企业的总体营销战略。

销售团队的规模

公司在确定销售团队的组织结构之后，就要开始考虑销售团队的规模。销售人员的数量可以从几名到上万名不等。有些企业的销售人员规模庞大——例如在美国，百事雇用 3.6 万名销售人员；美国捷运有 2.34 万名；通用电气有 1.64 万名；思科系统有 1.4 万名。[4] 销售人员是公司最具生产力也最昂贵的资产之一。因此，增加他们的数量会同时增加销售额和成本。

许多公司采用工作负荷法（workload approach）确定其销售人员的规模。采用这种方法的公司先将顾客根据其规模、交易数量以及与保持顾客所需努力相关的其他因素分成不同的等级，然后再确定拜访这些顾客的理想次数，最终得到所需的销售人员数量。

以下例子可供参考。假设公司有 1 000 个 A 类顾客和 2 000 个 B 类顾客。A 类顾客每年需要拜访 36 次，B 类顾客每年只需要拜访 12 次。在这种情况下，销售人员的工作负荷，即每年必须拜访的次数为 60 000 次 [（1 000 × 36）+（2 000 × 12）= 36 000+24 000=60 000]。又假设平均每个销售人员每年能完成 1 000 次销售拜访，则该公司需要拥有 60 名（60 000 ÷ 1 000）专职的销售人员。

其他销售团队策略和结构问题

销售管理部门必须决定谁将参与销售工作，以及不同的销售及辅助人员应当怎样合作。

外部和内部销售人员。公司可能有**外部销售人员**（outside sales force）（或**现场销售人员**（field sales force））或**内部销售人员**（inside sales force），或两者兼而有之。外部销售人员外出拜访顾客，内部销售人员在公司通过电话、互联网、社交媒体互动或接待来访的潜在顾客等方式开展业务。近年来，由于外部销售的成本不断增加，而网络、移动和社交媒体技术迅猛发展，内部销售人员的作用日渐提高。

一些内部销售人员为外部销售人员提供支持，使他们有更多时间向主要顾客推销，并寻找潜在的新顾客。例如，技术辅助人员提供技术信息并答复顾客的问题。销售助理为外部销售人员提供后勤支持，他们提前打电话确认会谈时间、追踪送货，以及在顾客联系不到销售人员时回答相关疑问。采用这种内部与外部销售人员组合的方式能够更好地为重要顾客服务。内部人员提供日常评价和支持，而外部人员与顾客面对面地合作，建立关系。

实际上，内部销售人员所做的不仅仅是提供支持。电话营销者和网络推销员利用电话和互联网发现新的销售机会、审核潜在顾客，或者直接向顾客推销或提供服务。电话营销和网络销售能够以低成本的方式有效地向难以接触到的小型顾客推销。例如，根据产品和顾客的复杂性，一位电话营销者每天可以与 20 ～ 33 个决策者接触和联系，相比之下，外部销售人员平均只能有 4 次接触。而且，一次典型的 B2B 人员销售访问的平均费用接近 600 美元，而一次常规的企业电话营销或网络接触平均只需 25 ～ 75 美元。[5]

虽然联邦政府的谢绝来电登记削弱了电话销售对消费者的影响，但是电话营销仍然是许多 B2B 营销人员的重要手段。对于一些规模较小的公司，电话和网络销售可能是主要的销售途径。大型公司也常常使用这些策略，直接向中小企业客户销售或为较大的企业提供帮助。

除了出于节省成本的考虑之外，在今天的数字、移动和社交媒体环境中，许多买家本身也越来越接受——甚至更偏爱——电话和网络接触而不是以往要求的面对面人员访问。不少顾客更倾向于在网上收集信息，一项研究表明，一位典型的买家声称他只有在独立完成了大约 60% 的购买过程之后才会联系销售代表。他们通常利用电话、网络会议和社交媒体互动来与卖家商讨和达成交易。一位内部销售咨询专家说："运用诸如 GoToMeeting.com 和 WebEx 等虚拟会议软件，Skype 等沟通工具，以及诸如推特、脸书和领英等社交媒体，不需要面对面的会议照样可以方便地达成销售。"[6]

由于这些趋势，电话和网络销售比人员销售增长更快。一项研究还注意到如今出现了一种"复合销售代表"——现场销售代表和内部销售代表的现代结合体，他们常常远程工作。大约 41% 的外部销售活动现在可能在家中、办公室甚至是旅途中，通过电话或移动设备完成。[7] 对于很多产品及销售场景，电话或网络销售可以像人员销售拜访一样有效。

团队销售。如果产品比较复杂、顾客的要求较高且苛刻，仅靠单个销售人员可能无法处理一个大客户的所有需求。多数公司正使用**团队销售**（team selling）为需求复杂的大型客户提供帮助。销售团队能够发现个体销售人员发现不了的问题、解决方案和销售机会。这种销售团队可能包含公司各个领域——销售、营销、技术和支持服务、研发、工程、运营、财务及其他——或者各个层次的专家。

在很多情况下，向团队销售的转变反映了顾客购买组织的变化。许多大客户采用基于团队的购买决策，相应地要求销售方也必须以团队的形式提供服务。面对需求复杂的大型客户，仅靠一个销售人员不可能应对——他不可能面面俱到地了解客户所要求的各种产品和服务。在这种情况下，销售往往由战略客户团队在高级客户经理或者客户业务经理的指挥下完成。

例如，宝洁公司的沃尔玛客户业务开发（CBD）团队是一个由 300 多人组成的全面的多功能客户服务单位，包括一位 CBD 经理、数位 CBD 客户经理（每位负责一个专门的宝洁产品类别)，并得到市场营销战略、产品开发、运营、信息系统、物流、财务和人力资源等多位专家的支持。

团队销售也有一些不足。例如，销售人员之间不可避免会有竞争，并且经常将突出的个人业绩作为培训和奖励的目标。习惯于对顾客全权负责的销售人员可能不善于与团队中的其他人一起工作并彼此信任。此外，销售团队有时会让习惯于与一位销售人员打交道的顾客感到混乱或烦琐。最后，评估团队销售中的个人贡献比较困难，从而产生一些棘手的激励问题。

招募和选拔销售人员

人员销售管理成功的关键是招募并选拔优秀的销售人员。普通的销售人员与优秀的销售人员在业绩上有天壤之别。在典型的销售团队中，前 30% 的销售人员能够带来 60% 的销售额。因此，谨慎选择销售人员可以大幅提高总体销售业绩。

除了销售业绩上的差距，选拔工作不当还会导致高代价的人员流动。销售人员离职时，公司不得不额外支出重新寻找和培养新人的成本，加上所丢失的销售额，代价将非常高。一家销售咨询公司计算得出雇用一位糟糕的销售人员的总成本高达令人吃惊的 61.6 万美元。[8] 而且，销售团队中存在太多新手势必会降低工作效率。而人员频繁流动也会破坏与重要顾客之间的关系。

优秀的销售人员与一般的销售人员有哪些区别呢？为了更好地研究和理解优秀销售业绩的来源，著名的盖洛普民意调查机构的成员之一——盖洛普管理咨询公司，采访了成千上万名销售人员。该项研究表明，最好的销售人员应当具备四种非常重要的才能：内在驱动、严谨的工作作风、达成交易的能力以及和顾客建立关系的能力。[9]

最好的销售人员是内在驱动的，他们拥有为了超越而不懈努力的内在动力。有些销售人员追求金钱、他人认可，或者一种竞争并取胜的满足感。有些则被更好地提供服务和建立关系的渴望所驱动。优秀的销售人员往往具备以上所有这些激励因素。但是，另一项分析发现最好的销售人员受到强大使命感的驱动："以崇高目标进行销售的销售人员，热切希望为顾客带来利益。他们的业绩总是远远超过那些仅仅关注销售目标和金钱的销售人员。"抱有这种与顾客相关的使命感的销售行为不仅更成功，而且往往具有更强的盈利性，也带给销售人员更大的满足感。[10]

优秀的销售人员具有严谨的工作作风。他们制订详细的、有组织的计划，并且能够按时完成。但除非销售人员能带来更高的销售额和建立更好的顾客关系，否则激励和纪律性都将是空谈。优秀的销售人员自觉提高完成工作所需的技巧和知识。可能最重要的是，顶尖的销售人员都是杰出的顾客问题的解决者和关系的建立者。他们深深懂得顾客的需求。如果问问销售经理，他们一定会如数家珍地说出优秀销售人员应该具备的特质：善于倾听，有移情能力，有耐心，有爱心，反应快。优秀的销售人员能够设身处地地为顾客着想，从顾客的角度看问题。他们不仅希望被顾客喜欢，更希望为顾客创造价值。

也就是说，不存在唯一正确的销售方法。成功的销售人员运用的方法各不相同，但一定采用最适合其发挥自身优势和天赋的方法。例如，有些销售人员喜欢在应对挑战和说服他人的推销过程中感受刺激。一些人可能运用"温和"的天赋实现相同的目标。“对销售代表而言，关键是理解和培养自己的天赋，只有这样才能够发展自己独特的方法，以自己的方式赢得生意。”一位销售专家说道。[11]

在招募销售人员时，公司应该好好分析一下销售工作本身，并且分析在该领域成功的销售人员所具备的特征，从而识别哪些特质是这个行业中成功的销售人员所必需的。然后，公司必须招募合适的销售人员。人力资源部门通过现有销售人员推荐、使用招聘代理机构、利用网络和社交媒体搜索、在公司网站和行业杂志上刊登招聘广告以及校园招聘等途径招募销售人员。还有一种渠道就是从其他公司吸引优秀的销售人员，这些人不需要太多培训就能够很快地参与工作。

招募工作可能会吸引很多求职者，公司必须从中挑选最好的。选拔的方式很多，从简单的非正式会谈到耗时的笔试和面试。许多公司对应聘者进行正式的测验，一般考察销售能力、分析和组织技能、个性和其他特性。但是，测验分数只能提供一方面的参考信息，此外还应考虑个人特征、证明材料、以往的从业经历和面试反应等。

培训销售人员

新的销售人员通常会接受为期数周或数月，甚至一年或更长时间的培训。完成最初的培训之后，绝大多数公司会通过研讨会、销售会议和网络电子学习等方式为销售人员的职业生涯提供持续的培训。据报道，美国公司每年在销售培训上花费近 200 亿美元。虽然培训很花钱，但也会带来很高的回报。例如，最近一项研究表明，管理服务公司 ADP 进行的销售培训仅仅 90 天内就带来近 340% 的投资回报。[12]

培训有多种目标。首先，销售人员需要了解顾客以及如何与顾客建立关系。所以，培训计划必须让他们熟悉不同类型的顾客及其需求、购买动机和购买习惯；知道如何有效地推销，包括有关销售流程的基本知识的培训。销售人员还需要了解并熟悉公司及其产品和竞争者。所以，一个有效的培训计划必须向他们介绍公司的目标、组织、主要产品和市场，以及主要竞争者的策略。

今天，许多公司在销售培训中增加了电子学习的方式。网上培训可以是对产品的简单文字描述，也可以是用于锻炼销售技能的网络销售练习，还可以是再现现实中销售访问场景的动态过程的高级仿真练习。最基础的形式之一是虚拟导师培训（VILT）。利用这一方法，一小群销售人员远程登录一个网络会议网站，由销售导师运用网上图像、视频和其他互动工具引导培训进程。[13]

网上培训取代现场培训可以降低差旅费用和其他培训成本，也可以少占用销售人员的工作时间。它还可以为销售人员提供即时的点播培训，随时随地根据需要决定培训内容。大多数电子学习是基于网络开展的，也有许多公司现在借助各种移动数字设备提供点播培训。

许多公司现在应用富有想象力的和成熟的电子学习技术使销售培训更加有效，有时甚至更加有趣。例如，学习方案解决公司底线业绩（Bottom-Line Performance，BLP）开发了一款基于游戏的销售培训软件，名为《知识大师》（Knowledge Guru），帮助销售人员学习和记忆重要产品、公司和顾客信息，掌握销售技巧和过程。[14]

> 公司可以运用《知识大师》设计通关游戏，向新销售人员教授基础的知识、新产品信息，或者用业绩挑战的拓展游戏来培训新销售技巧。销售人员可

以在手机、平板电脑、台式电脑上离线或联网独自玩这款学习游戏，也可以与其他人竞争。整个过程中，培训人员可以追踪每个销售人员的学习成绩。一些财富500强企业使用《知识大师》为有时显得枯燥或令人生畏的培训任务增添趣味性和吸引力。例如，IT网络公司思科系统将《知识大师》作为其认证的销售人员项目的内在组成部分。一位帮助将《知识大师》导入项目的思科系统公司的项目经理说："在与顾客合作之前，新的销售代表必须深刻理解和掌握自己的产品和技术。《知识大师》对强化这一技术知识很重要，参与者将其视为一种非常有效的学习工具。"最重要的是，该款游戏真的很有效，帮助所有思科系统用户的销售人员实现培训目标的平均比率高达87%。

激励销售人员

为了吸引优秀的销售人员，公司的薪酬计划必须吸引人。薪酬由几个要素组成——固定报酬、浮动报酬、费用津贴和附加福利。固定报酬一般是工资，是销售人员的固定收入。浮动报酬可能是佣金或奖金，根据销售业绩而定，旨在激励销售人员更努力地工作并取得更好的业绩。

销售人员薪酬计划应该既能激励销售人员，又能指导他们的活动。薪酬计划应该指导销售人员从事与整体销售和营销目标一致的活动。[15] 例如，如果战略旨在获得新业务和实现快速增长，那么薪酬计划可以包括较高比例的佣金和新客户奖金，用来鼓励销售人员提高销售业绩和开发新顾客。相反，如果公司的目标是追求当前客户的利润最大化，则薪酬计划中底薪所占比例可较高，并针对当前顾客销售额和顾客满意度进行额外奖励。

事实上，越来越多的公司不再使用高佣金奖励计划，因为这很容易使销售人员在业务上追求短期效益。它们担心，过分追求短期业绩的销售人员会过分逼迫顾客而破坏顾客关系。相反，各公司现在设计的薪酬计划旨在鼓励那些建立持久顾客关系和长期顾客价值的销售人员。

经济不景气的时候，一些公司很可能借助降低销售报酬来减少成本。但是，尽管一些削减成本的措施在生意不振时起到了一定的效果，但是普遍削减销售人员薪酬通常是"迫不得已的下下之选"。企业任何时候都离不开优秀的销售人员，降低他们的薪酬会让他们在你最需要的时候离开。因此，如果你压榨销售人员，也必将使顾客关系枯竭。如果公司不得不削减薪酬开支，也不要一刀切，比较好的战略是保持业绩最佳员工的高薪酬，而削减低业绩员工的薪酬。

指导和激励销售人员

对新销售人员并不是分配一个销售区域、给予薪酬、进行培训就算完事，还要对他们进行指导和督促。指导的目的是帮助销售人员以正确的方式做正确的事，从而提高工作效率。激励的目的是鼓励销售人员努力工作，精力充沛地完成销售目标。如果销售人员能有效并且努力地工作，他们将实现自己的全部潜能，为自己和公司带来利益。

指导销售人员

各公司对销售人员指导的密切程度是不一样的。有些公司帮助销售人员识别目标顾客并制定拜访计划。有些可能还具体规定销售人员应该花多少时间用于寻找新顾客，以及其他时间安排上的先后顺序。一种方法是制定每周、每月、每年的拜访计划（call plan）——提示需要拜访哪些现有的或潜在的顾客，以及进行哪些活动。另一种方法是时间－责任分析（time-and-duty analysis）。除了安排销售的时间，该方法还安排了销售人员旅行、等待、休息和处理杂事的时间。

图16－2展示了销售人员如何利用他们的时间。一般来说，实际销售时间只占销售人员总工作时间的37%。[16]公司总在寻找节约时间的方法——简化行政事务，制订更好的销售拜访计划和路线，为销售人员提供更多、更优质的顾客信息，使用电话、电子邮件或视频会议代替出差，等等。

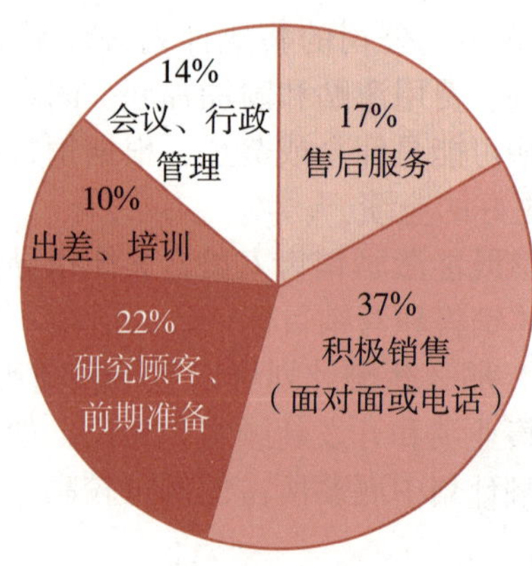

图16－2 销售人员的时间分配

资料来源："2014 Performance Optimization Study," *CSO Insights*, www.csoinsights. com. Used with permission.

许多公司已采用销售人员自动操作系统，使销售团队的操作计算机化、数字化，随时随地帮助销售人员更有效率地工作。各公司现在普遍使用高科技来武装自己的销售人员，例如笔记本电脑或平板电脑、智能手机、无线网络连接、视频会议技术以及顾客接触和关系管理软件。凭借这些技术装备，销售人员能够更有效地整理现有和潜在顾客的资料、分析和预测销售情况、安排销售拜访、进行演示、准备销售和费用报告以及管理顾客关系，最终实现更好的时间管理、改善的顾客服务、更低的销售成本和更高的销售业绩。总之，技术已经改变了销售人员执行任务和吸引顾客的方式。

激励销售人员

除了指导销售人员，销售经理还要激励他们。有些销售人员可能不需要太多管理和督促就能做得很好。对他们而言，销售或许是世界上最有吸引力的工作。但销售有些时候也是非常令人沮丧的。销售人员经常单独工作，有时必须出差，远离家人。他们也可能面临强大的竞争对手和难以相处的顾客。因此，销售人员经常需要一些特殊的激励才能做得更好。

管理人员可以通过组织气氛、销售配额和正向激励来提升销售人员的士气和业绩。组织气氛是指销售人员对自己有机会获得好业绩、体现自身价值并得到回报的感觉。有些公司对待销售人员的方式就好像他们并不十分重要，销售人员的业绩因此不会很好。另一些公司把销售人员看成价值贡献者，为销售人员提供加薪和晋升的机会。毫无疑问，这些公司将会获得更高的销售业绩和更低的离职率。

许多公司在激励销售人员时往往采用**销售配额**（sales quota）——规定销售人员的最低销售量以及销售额在公司各产品间的分配比例。销售人员的薪酬往往与他们完成的销售配额直接挂钩。公司也使用各种正向激励来鼓舞销售人员。销售会议可以给销售人员提供一种社交场合，让他们摆脱日常工作休息一下，并且有机会见到公司的同事彼此交流，在一个大集体中找到归属感。公司也可以举办销售竞赛来激励销售人员超过预定的销售额。其他一些激励措施还包括荣誉称号、实物或现金奖励、度假以及利润分享计划。

评估销售人员和团队业绩

我们已经学习了管理部门应该如何与销售人员进行沟通，使他们明白自己的任务，并激励他们完成任务。这个过程需要良好的反馈，也意味着要收集有关销售人员的日常工作信息，以评估他们的业绩。

管理部门可以从几个方面获得销售人员的相关信息。最重要的来源是销售报告，包括每周、每月工作计划以及所在区域的长期营销计划。销售人员还要对所完成的活动撰写访问报告，并提交部分或全部报销的费用报告。公司也可以监控销售人员所在区域的销售和利润业绩数据。还有一些其他信息来自个人观察、顾客调查以及与其他销售人员的谈话。

销售管理部门可以使用各种销售报告以及其他信息评估销售人员。评估一般围绕两个方面进行：销售人员规划工作的能力和完成计划的能力。正式的评估要求管理层制定清晰的业绩评估标准并及时沟通。评估必须为销售人员提供建设性的反馈，激励他们更努力地工作。

管理层有时还需要评估整个销售团队的业绩。销售团队是否实现了既定的顾客关系、销售额和利润目标？是否与营销部门的其他团队和公司的其他部门有效合作？销售人员产生的成本是否与其产出相匹配？与其他营销活动一样，公司同样要衡量销售投入的回报。

社交销售：网络、移动和社交媒体工具

社交销售（social selling）——运用网络、移动和社交媒体吸引顾客、建立稳固的顾客关系和提高销售业绩——的发展是目前增长最快的销售趋势。新的数字销售技术为销售人员在数字和社交媒体时代联系吸引顾客提供了新途径。一些分析家甚至预测，互联网将意味着人员销售的消亡，因为销售人员最终会被网站、社交媒体、移动应用、视频会议技术和其他直接接触顾客的工具取代。“不要相信！”一位销售专家说道。另一位说：“面对面的销售会越来越少，但从卖方而言，仍然需要有人管控与顾客的互动，销售人员依然发挥作用。”[17]（参见“营销实例”。）恰当使

用网络和社交媒体不会代替销售人员，而是使他们更有效率和效果。

营销实例 B2B 销售人员：在数字和社交媒体时代，谁需要他们

我们很难想象没有销售人员的世界。但是根据一些分析人员的观点，未来 10 年销售人员会越来越少。随着互联网的迅猛发展，移动设备、社交媒体及其他技术将顾客和公司直接联系在一起，谁还会需要面对面的销售呢？有人断言，销售人员正在被网站、电子邮箱、博客、移动应用程序、视频分享、虚拟展销会，诸如领英、脸书等社交媒体，以及众多数字时代的互动工具取代。

福里斯特公司预测，未来 5 年，美国为组织客户提供服务的销售人员将减少 22%。这意味着 1/5 的销售人员将失去工作。一位灾难预言者大胆宣称："这个世界再也不需要销售人员了。销售是一种正在走向衰败的职业，很快将像煤油灯和旋转播号电话一样被淘汰。"

那么，互联网时代，B2B 人员销售真的会消亡吗？网络、移动技术和社交媒体将取代历史悠久的面对面人员销售模式吗？为了回答这些问题，《销售力》（*Selling Power*）杂志组建了一个销售专家团队，请他们评估 B2B 销售行业的未来。该专家团队认同科技将彻底改变销售职业的观点。现今，人们交流模式的革命性改变正在影响着企业的各个方面，销售当然也不例外。

但是，B2B 人员销售模式会在互联网时代消亡吗？"不要相信！"《销售力》杂志这样说道。科技网络和社交媒体不会很快取代人际互动的买卖关系，该专家团队承认销售发生了很大的变化，技术的确能够极大地推进销售过程，但是无法完全取代销售人员的作用。"互联网可以接收订单和传播信息，但是它不能发掘顾客的需求，"一位专家团成员补充道，"它不能建立关系，也不能甄别潜在顾客。必须要由人来定义公司的价值定位和独特信息，并将其传达给市场。而这个人就是销售代表。"

如果要说有什么消亡了的话，那就是被一位专家团成员称为顾客维护的角色——那些会在周五到顾客的办公室拜访，询问"嗨，有什么需要我做的吗"的接收订单的人。解释者，即仅仅传递产品和服务信息的销售代表，也没有未来，因为顾客完全可以从网上更快更方便地获得这些信息。这些人并没有创造价值，所以很容易被电脑取代。但是，那些擅长发掘新顾客、管理顾客关系、增加现有顾客的交易量的销售人员将会很受欢迎。一位销售专家说："这样的销售人员会更有价值，他们不会被淘汰。"

毫无疑问，科技正在改变销售这一职业。如今，顾客不再依赖于从销售人员那里获得产品的基本信息和知识，而是自己通过网站、网上搜索、社交媒体和其他渠道进行充分的购前调查。许多顾客的购物始于网上，在第一次销售会议之前，他们就开始对某些问题、竞争性产品和供应商进行了解。他们不需要基本的信息或产品知识，他们需要的是解决方案和新洞察。一项调查表明，企业客户在联系供应商之前至少已经完成了购买过程的 57%。所以，如今的销售人员需要"进入探索和建立关系的阶段，揭露痛点并且聚焦于潜在顾客的业务"，一位专家团成员如是说。实际上，这类咨询式的销售代表的工作有望在未来 5 年迅速增长。

科技非但不能取代销售人员，反而在提升他们的能力。实际上，今天的销售人

员并没有做什么全新的事，他们一直在进行顾客研究和建立社交网络。只不过，如今他们借助一系列高科技的数字工具和应用程序来做这件事，格外兴奋和努力。

例如，很多公司迅速开展了基于网络社区的销售。软件公司 SAP 就是其中的典范，它于 5 年前创建了 EcoHub——公司自己的网站、有社交力量的社交媒体，还是一个有着很多客户、SAP 软件专家、合作伙伴，而且有很多人希望加入的移动市场。EcoHub 社群增长迅速，很快就在 200 个国家和地区拥有 200 多万用户，并且在网络上扩展非常广阔，包括一个专门的网站、移动应用、推特、领英、脸书、Google+ 网页、YouTube 频道等。EcoHub 发展出超过 600 家提供解决方案的“店面”，访客可以在那里“发现、评估和购买”来自 SAP 及其合作伙伴的软件方案和服务。EcoHub 还允许用户评论和分享他们从其他社区成员那里得到的方案和建议。

SAP 惊讶地发现，这个最初供顾客讨论问题和解决方案的地方，如今已经变成重要的销售场所。丰富的信息、网站上平等且及时的讨论和交流深深地吸引顾客，甚至达成过金额高达 2 000 万～ 3 000 万美元的大额交易。事实上，EcoHub 已经演化成 SAP 商店、一个巨大的 SAP 市场。在这个市场上，顾客可以与 SAP 及其合作伙伴充分互动来分享信息、发表评论、发现问题和评价购买 SAP 的解决方法。

然而，尽管这个 SAP 商店成功地吸引了新的潜在顾客，并且引领他们经过了产品发现和评估的初始阶段，它仍然不能代替 SAP 及其合作伙伴的销售人员。恰恰相反，它帮助他们拓宽了研究，提高了效率。其真正的价值在于为 SAP 及其合作伙伴的销售人员创造了大量销售线索和潜在顾客。一旦潜在顾客在网上发现、讨论和评估过 SAP 的解决方案，SAP 将主动联系他们，提出合同、建议或者开始谈判进程，进而开始面对面的人员销售。

所有这一切表明，B2B 人员销售模式并没有濒临消亡，它只是正在改变。随着销售人员逐渐适应和接受数字和社交媒体时代的销售，采用的工具和技术将不同。不过，专家团队十分赞同 B2B 营销者永远不能离开强大的销售团队。不管世界如何改变，那些能够有效发掘顾客需要、解决顾客问题并且与顾客建立关系的销售人员都是受欢迎的和成功的。尤其是对于那些大额的 B2B 销售，“新技术可以通过在与顾客谈判之前就与顾客建立强有力的联系使销售变得更容易，但要让顾客最终签署合同，离不开销售代表”。

资料来源：Based on information from Andy Hoar, “ Death of a (B2B) Salesman, ” *Forbes*, April 15, 2015, www.forbes.com/sites/forrester/2015/04/15/death-of-a-b2b-salesman/#2bfaac2539be; “ Robots Can’t Close, ” *Sales & Marketing Management*, November 13, 2015, https://salesandmarketing.com/content/robots-can’t-close; Lain Chroust Ehmann, “ Sales Up! ” *SellingPower*, January/February 2011, p. 40; Paul Nolan, “ Mapping the Buyer’s Journey, ” *Sales and Marketing Management*, March 27, 2015, www.salesandmarketing.com/content/mappingbuyer’s-journey; John Ellett, “ SAP’s Success Formula for B2B Social Selling, ” *Forbes*, April 1, 2016, www.forbes.com/sites/johnellett/2016/04/01/saps-success-formula-for-btob-social-selling/#1ecd7ec213cb; and https://store.sap.com/and https://scn.sap.com, accessed October 2016.

新的数字技术为销售人员确定和了解潜在顾客、吸引顾客、创造顾客价值、达成交易，并培育顾客关系，提供了强有力的工具。社交销售技术可以为销售人员创造巨大的组织利益。它们帮助销售人员有效利用宝贵的时间，节省差旅费用，并为

他们提供了销售和服务顾客的新途径。

但社交销售并未真正改变销售的基础。寻找潜在顾客、吸引顾客和管理顾客关系始终是销售人员的首要责任。只不过，如今更多的工作通过数字化方式来完成。但是，网络和社交媒体极大地改变了顾客的购买过程，进而也改变了销售过程。在如今的数字世界，许多顾客不再像以往那样严重地依赖销售人员提供的信息和帮助。相反，他们自己完成更多的购买过程，尤其是购买的早期阶段。他们越来越多地在与销售人员交谈之前，就运用网络和社交媒体资源来分析自己的问题、研究解决方案、征询建议和评价购买方案。最近一项关于企业买家的研究发现，92% 的买家从网上搜索开始，在接触供应商之前平均完成了近 60% 的购买过程。[18]

因此，与以往只能从销售代表那里得到促销手册、价格和产品建议的日子相比，如今的顾客对销售过程有更多的控制。他们可以浏览公司网站、博客和 YouTube 视频来寻找和遴选卖家；可以在诸如领英、Google+、推特或脸书等社交媒体上与其他买家分享经验、确定解决方案和评价他们拟购的产品。因此，当销售人员介入购买过程时，顾客对公司产品的了解往往不亚于销售人员。当顾客需要销售人员的时候，他们更倾向于数字化接触，并希望实时响应和反馈。

为了应对这种新的数字化购买环境，卖家正围绕新的顾客购买过程重新安排销售过程。为了尽早吸引顾客，它们前往“顾客所在地”——社交媒体、网站论坛、网上社群、博客等。不仅在顾客打算购买的时间和地点，而且要在顾客了解和评价拟购产品的时间和地点就开始吸引他们。

销售人员如今大量使用数字工具监督顾客社交媒体行为，以发现趋势，确定潜在顾客，了解顾客希望购买什么、他们对供应商有何想法，以及究竟是什么影响交易等问题。他们从网上数据库和诸如 Hoovers 和领英等网站发掘潜在顾客名单。当潜在顾客访问其网站和社交媒体网站时，销售团队会通过实时聊天工具发起对话。他们运用 WebEx、Zoom、GoToMeeting 或 TelePresence 等网络会议工具与顾客谈论产品和服务，并且在 YouTube 和脸书主页上提供视频和其他信息。

如今的销售人员越来越多地使用社交媒体在购买过程的各个阶段吸引顾客。一项关于 B2B 营销者的最新调查发现，他们最近削减了传统媒体和事件的预算，增加了对社交媒体的投入，范围涉及专门的网上顾客社群到网上论坛、社交媒体和移动应用程序。以领先的金属切割和机械技术制造商牧野公司（Makino）为例。[19]

> 近来，牧野机械工具 YouTube 频道上的一则新视频成为广受关注的热点。视频展示了使用中的牧野五轴加工中心，机器在一个新的工业零部件上钻孔，金属碎屑随之四散飞扬。听起来令人兴奋吗？也许你不这样想。但对合适的产业客户而言，该视频太令人着迷了。YouTube 只是牧野用于支持和辅助其销售人员吸引和告知客户、强化客户关系的种类繁多的社交媒体之一。例如，牧野持续主办一系列行业网络研讨会，将公司定位为行业中的思想领先者。牧野发起和完成数百个网络研讨会，主题涉及从如何发挥机械工具的最佳性能到如何完成金属切割过程等诸多内容。对特定行业（比如航天或医药）度身定制的网络研讨会内容，通过精心选择、有的放矢的网络广告和电子邮件邀请进行促销。网络研讨会有助于建立牧野的客户数据库、产生销售机会、建立客户关系、通过在网上提供相关信息和教育客户来帮销售人员做好准备。牧野公司还运用脸书、YouTube 和推特等社交媒体来告知客户和潜在客户牧野最近的创新

和活动，用视频展示公司的机械产品在现实场景中的使用。这类数字内容和社交媒体并不能完全替代销售人员。相反，它们帮助销售人员建立甚至更加硕果累累的客户关系。如今提及组织间销售，牧野明白社交营销至关重要。

最终，数字技术有助于销售人员提高效率和效果。技术帮助销售人员做以往一直由最优秀的销售代表做的事情——通过解决顾客的问题来建立顾客关系——而且做得更好、更快和更省钱。

但技术也存在一些局限性。首先，它们并不便宜，而且，系统可能会吓到技术能力不高的销售人员或者顾客。此外，有一些东西你是不能通过网络完成或者接触的，如人际互动。基于这些原因，一些高科技专家建议，销售人员应该使用网络技术完成部分培训、销售会议和初步的顾客销售演示，但当交易快要达成时，最好转向传统的、面对面的会谈。

16.3 人员销售过程

现在，让我们从关注设计和管理销售队伍转向讨论人员销售的实际过程。**销售过程**（selling process）包括一系列步骤，销售人员必须好好把握。这些步骤关注如何获得新顾客以及如何从他们那里获得订单。当然，绝大多数销售人员把大多数时间用在维持老顾客和建立持久顾客关系上。我们将在后面讨论人员销售过程中的关系问题。

人员销售的步骤

如图16－3所示，人员销售包括七个步骤：发掘潜在顾客和核查资格、销售准备、接近顾客、介绍和示范、处理异议、成交、跟进和维持。

发掘潜在顾客和核查资格

人员销售过程的第一步是**发掘**（prospecting）——找出合适的潜在顾客。接近合适的潜在顾客对于成功推销至关重要。销售人员不想随意拜访任何一位潜在顾客。他们希望拜访那些最可能欣赏和响应公司价值主张的人——公司能够服务好并获得盈利的人。

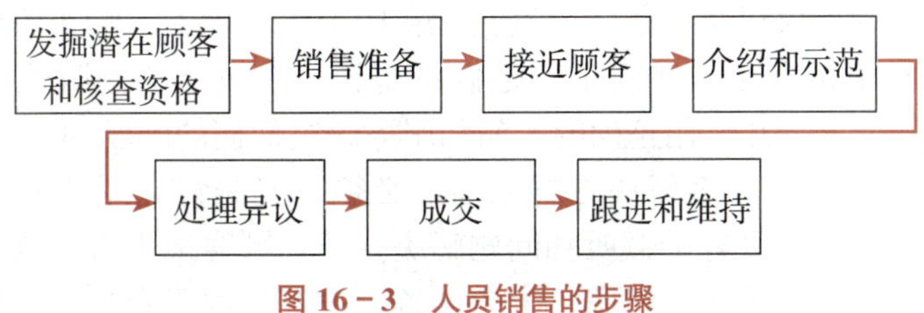

图16－3 人员销售的步骤

销售人员必须经常联系足够多的潜在顾客才能得到订单。虽然公司也会提供线索，但销售人员还需要具备自己发现潜在顾客的技巧。最好的来源是熟人推荐。他们可以请求现有顾客提供潜在顾客名单，或求助其他信息来源，如供应商、经销商、非竞争的销售人员，以及网站或其他社交网络。还可以在工商名录或网上寻找潜在顾客，利用电话或信件来追踪线索；或者作为最后的选择，他们可以未经预约直接到各处办公地点拜访顾客（称为“贸然拜访”）。

销售人员还需要知道如何核查顾客（qualifying），即如何识别好的并过滤差的潜在顾客。通过查看潜在顾客的财力、营业额、特殊需求、所在位置以及增长潜力，销售人员可以确定潜在顾客是否合格。

销售准备

在拜访潜在顾客之前，销售人员应该尽可能多地了解企业客户（需求是什么，谁将参与购买）及其采购人员（采购人员的性格和购买风格）。这一步称为**销售准备**（preapproach）。一次成功的销售早在你踏进潜在顾客的办公室之前很久就已开始。销售准备始于细致的调查。销售人员可查找行业标准指南和在线资源、熟人和其他人来了解这家公司，他可以仔细搜索潜在顾客的网站和社交媒体主页了解关于其产品、购买者和购买过程的信息。然后，销售人员必须运用调查结果制定顾客策略。

销售人员应该设定拜访目标，可以是核查顾客、收集信息或是马上达成交易。另一项工作是确定最好的接近方法，可以是亲自拜访、电话联络、信函或电子邮件。还需考虑一天或一周中最佳的拜访时机，因为很多潜在顾客在某些时候会很忙。最后，销售人员应该针对该顾客制定一个总体销售策略。

接近顾客

在**接近**（approach）阶段，销售人员要知道如何会见顾客，并使彼此的关系有一个良好开端。这一步涉及销售人员的仪表、开场白以及随后的谈话。开场白应该积极，力求在双方关系的开始阶段就建立好感。开场白之后，可以接着洽谈几个关键的问题以更多地了解顾客的需求，或者展示陈列或样品以吸引顾客的注意力和好奇心。在销售的全过程中，倾听顾客的想法非常重要。

介绍和示范

在销售过程中的**介绍**（presentation）阶段，销售人员会向购买者讲述“价值故事”，解释公司的产品如何能够解决顾客的问题。顾客问题解决型销售人员比那些强硬推销型或急速交易型的销售人员更符合如今的关系营销观念。

这一步骤的目标应该是展现公司的产品和服务怎样满足顾客的需求。如今的顾客需要的是解决问题，而不是笑脸；需要的是结果，而不是令人眼花缭乱的吹嘘。而且，他们需要的不仅仅是产品。尤其在现在的经济环境下，购买者还想知道你的产品会怎样为他们的业务增加价值。他们希望销售人员能够倾听他们所关心的事情，理解他们的需求，并且用正确的产品和服务解决他们的问题。

但销售人员在介绍顾客解决方案之前，必须首先制订介绍计划。这种提供解决方案的销售方式要求良好的倾听和问题解决技巧。顾客最不喜欢具有以下特点的销售人员：施加压力、迟到、欺骗、未做准备、没有条理或者喋喋不休。相反，他们最青睐的品质包括：善于倾听、有同情心、诚实、有责任感、周到细致和有始有终。优秀的销售人员不仅仅知道如何销售，更重要的是，他们知道应如何去倾听和建立牢固的顾客关系。正如一句销售谚语所言，“你有两只耳朵一张嘴。多听少说。”办公产品生产商 Boise Cascade 的一则经典广告强调了倾听的重要性。画面显示一位 Boise Cascade 销售人员长着巨大的耳朵。“您会注意到 Boise Cascade 与众不同，尤其是我们的销售人员，”广告说，“在 Boise Cascade，我们的客户代表有独特的能力倾听您的需要。”

最后，销售人员要事先准备介绍时使用的工具。良好的人际沟通技巧只有在有效的销售介绍中才能体现出来。但如今，过多的媒体和混乱的沟通环境给进行销售演示的销售人员提出了很多新的难题。信息负荷过量的顾客具有更加丰富的演示观看经验。而且，销售代表必须在演示中克服来自手机、短信、移动上网设备的多重干扰。为此，销售人员必须以更具吸引力和简洁有力的方式来传达他们的信息。

因而，今天的销售人员正在采用先进的演示技术，能够向一人或多人进行多媒体演示，包括复杂演示软件、网上演示技术、互动白板、数字投影仪。

处理异议

通常，在倾听销售人员讲解产品或被要求下订单时，绝大多数顾客会表示异议。这些异议有些是合理的，有些完全是出于顾客个人心理的，并且有很多异议并没有直接说出来。在**处理异议**（handling objections）时，销售人员应该采取积极的态度，寻找隐含的异议，要求顾客陈述清楚异议，并把这些异议作为提供更多信息的机会，最终把这些异议转变为购买的理由。每一位销售人员都需要在异议处理能力方面接受培训。

成交

在处理顾客异议之后，销售人员应该设法达成交易。有些销售人员无法进入这一**成交**（closing）阶段，或者不能把它处理好。他们可能对自己缺乏信心，或是对向顾客要求订单有罪恶感，或是没有掌握适当的成交时机。销售人员应该知道如何识别购买者发出的成交信号，包括身体的动作、言辞或者意见。例如，顾客可能在座位上身体前倾，不断点头赞许，或者询问价格和付款条件。

销售人员可以使用各种达成交易的技巧。他们可向潜在顾客要求订单，重申双方协议的要点，提议帮助顾客填写订单，询问顾客想要这一型号还是另一种型号的产品，或者告诉购买者现在如果不买会有所损失。销售人员也可向购买者提供一些成交的特殊理由，例如特价优惠或额外赠送。

跟进和维持

推销过程的最后一步是顾客**跟进和维持**（follow-up）。如果销售人员希望保证顾客满意并在日后重复购买，这一步非常重要。在达成交易后，销售人员应该安排送货时间、购买条款等一切细节问题。当货物送达后，销售人员应该安排一次跟进拜访，确保产品的安装、指导以及服务都正确无误。这次拜访能够帮助销售人员发现新的问题，展现自己对顾客的关心，并减少顾客的担忧。

人员销售与顾客关系管理

以上讨论的推销过程各步骤都是交易导向的——它们的目标在于帮助销售人员

与顾客达成一笔具体的交易。但在大多数情况下，企业并不只是简单地追求一次销售，而是希望能以互惠互利的方式与顾客建立长期深入的关系。因此，企业希望向顾客展示自己有能力满足顾客需求并建立一种长期共赢的顾客关系。在建立长期共赢的顾客关系上，销售人员通常扮演着重要的角色。因而，正如图16－3所示，必须在建立和维持共赢的顾客关系的背景下，理解销售的过程。

成功的销售组织认识到，要赢得并保持顾客，仅仅靠制造优质产品和指导销售人员达成交易是不够的。如果公司只希望达成交易获得短期业务，它只需要简单地将价格削减到等于或低于竞争对手的价格水平就可以了。相反，大多数公司希望销售人员进行价值销售——展示并传递更高的顾客价值，并基于该价值获得对顾客和公司双方都公平的回报。

遗憾的是，热衷于达成交易的销售人员常常通过降价而不是销售价值来走捷径。销售管理的挑战是敦促和指导销售人员从用削价来讨好顾客转向为公司创造价值。让我们来看看罗克韦尔自动化公司（Rockwell Automation）是如何销售价值而非价格的。[20]

> 在沃尔玛降价的压力下，一家调味品生产商要求几个彼此竞争的供应商代表——包括罗克韦尔自动化公司的销售代表杰夫·波利奇基奥（Jeff Policicchio）——帮助自己设法降低运营成本。波利奇基奥仔细考察该客户的工厂之后，很快找到了主要问题：该客户32个大型调味品蓄水池的抽水泵运行不佳，经常造成停工，致使生产不畅。波利奇基奥迅速收集成本和使用数据，运用个人电脑上罗克韦尔自动化公司的价值评价工具为客户的抽水泵问题制定了一个有效的解决方案。
>
> 第二天，当他和竞争对手的销售代表向生产经理展示各自的降低成本方案时，波利奇基奥提出了以下价值主张："采用罗克韦尔的抽水泵方案，通过减少停工期、降低加工中的管理成本和减少在维修零件上的开支，贵公司每台抽水泵至少可节省16 268美元——你们共有32个泵。"与竞争者的方案相比，波利奇基奥的解决之道初始价格较高。但是，竞争对手的销售代表都只提供了含糊的承诺，而没有说明为客户节约的准确成本。大多数只是简单地降低自己产品的价格。
>
> 波利奇基奥的价值主张令人印象深刻——尽管其初始价格较高——工厂经理更愿意购买和试试罗克韦尔的泵。当试用效果甚至比预期的还好时，客户订购了整批水泵。通过解释有形的价值而不仅仅是压低价格，波利奇基奥不仅达成了这次交易，而且为公司赢得了一个忠诚的顾客。

价值销售需要倾听顾客，理解他们的需求，精心协调公司的全部力量来创建基于顾客价值的长期关系。

16.4 销售促进

人员销售和广告常常与另一种促销手段密切配合——销售促进。**销售促进**（sales promotion）是指短期的激励活动，目的是鼓励对某一产品或服务的购买或销售。广告为购买某一产品或服务提供了理由，而销售促进提供了立即购买的理由。

销售促进的例子随处可见。星期天的报纸中夹着插页，里面有一张 Meow Mix Tender Centers 的优惠券，购买猫粮可以获得 1 美元折扣。Bed Bath & Beyond 在你最喜欢的杂志中刊登广告，所有商品八折出售。当地超市走道尽头的促销陈列处用高高堆起的成箱可口可乐——12 瓶一箱，4 箱 12 美元——诱惑着消费者冲动购买。购买惠普笔记本电脑，可以免费升级内存。同意在当地报纸为 Stihl 电动除草机和园艺工具做广告的五金店，可享受 10% 的折扣。销售促进包括各种以激发更迅速或更强烈的市场反应为目的的促销手段。

销售促进的快速发展

许多组织，包括制造商、分销商、零售商和非营利组织，都采用促销手段。它们的目标包括最终购买者（消费者促销）、零售商和批发商（交易促销）、产业客户（产业促销），以及销售团队成员（销售人员促销）。如今，在一般的消费品公司中，用于销售促进的开支占市场营销总费用的 60%。[21]

销售促进的快速发展，尤其是在消费者市场上的增长，主要有以下几个方面的原因。第一，在公司内部，产品经理面临越来越大的增加销售的压力，而销售促进已被看做一种有效的短期销售工具。第二，在公司外部，公司面临更激烈的竞争，互相竞争的品牌差异不大。竞争者越来越多地借助促销活动来使自身的产品差异化。第三，由于成本上升、媒体混乱和法规管制，广告的效果日益减弱。第四，消费者更加趋于交易导向，规模日益增大的零售商也要求从制造商那里得到更多优惠。在当前的经济环境下，消费者要求更低的价格和更多的优惠。销售促进有助于吸引如今越发节俭的消费者。

日益增加的销售促进活动带来了与广告混乱类似的促销混乱。太多的产品在优惠销售，某种促销很可能被淹没在其他促销的海洋中，从而削弱了其激发立即购买的能力。制造商在寻求摆脱这些干扰的方法，如提供更高额的折扣券、创造更具刺激性的售点陈列，或者通过新兴的数字媒体——如互联网或移动电话，发送促销信息。一项研究表明，最大的 100 家零售商中，有 90% 使用移动优惠券等数字促销。数字促销能有效地促进店内和网上销售。[22]

在设计促销方案时，公司必须首先确立促销目标，然后选择实现这些目标的恰当工具。

销售促进目标

销售促进的目标各不相同。卖方可以使用消费者促销来增加短期顾客购买或者加强顾客品牌参与。交易促销的目标包括让零售商接受新产品和更多库存、提前购买、宣传本公司产品，并给予更多的货架空间。产业促销被用于产生业务兴趣，刺激购买，回报客户和激励销售人员。对于销售人员而言，促销目标包括得到对现有或新产品的更多支持，或者签下新的顾客。

销售促进常常和广告、人员销售、直复营销或者其他促销组合工具一起使用。消费者促销通常要做广告，也可以给广告和其他营销内容带来兴奋点和推动力。交易和销售人员促销可以有力地支持公司的个人销售过程。

在经济低迷和销售不景气时，企业往往会提供更大幅度的折扣以刺激消费者购买。总之，销售促进不仅仅是创造短期销售额或暂时的品牌转换，它应该有助于强化产品定位和建立长期的顾客关系。如果设计合理，每一种促销工具都有建立短期的兴奋点和长期的顾客关系的潜力。营销人员越来越注意避免只顾价格的快速成交式促销，而倾向于能建立品牌价值的促销。所有的“常客营销计划”和近年来迅速增加的“忠诚俱乐部”就是典型的例子。大多数酒店、超市和航空公司向经常惠顾的顾客提供常客折扣，以吸引他们再次惠顾。各种类型的公司都提供奖励计划。这类促销计划实际上是通过增加价值而非降低价格来建立顾客忠诚。

例如，顾客在户外用品商店 REI 一次性支付 20 美元就可以成为终身会员。一旦成为会员，他们会收到会员专享优惠券和折扣价，有机会买到专属的限量版产品和参加活动，以特价参加 REI 赞助的旅行、服务和培训。另一项会员特权是 REI 红利——每年年底获得有效购买 10% 的现金返还。除了这些补贴，REI 会员项目的成功在于它让会员感觉到自己是 REI 户外探险社群名副其实的一分子。

主要销售促进工具

许多工具可以用来实现销售促进目标。下面介绍一些针对消费者、交易商和产业用户的主要促销手段。

消费者促销手段

消费者促销（consumer promotions）包括样品、折扣券、现金返还、实物奖品、售点陈列、竞赛、抽奖和事件赞助等各种工具。

样品（samples）是指某产品一定量的试用品。赠送样品是介绍新产品或为已有产品创造新兴奋点最有效也最昂贵的方法。有些样品是免费的，有些则收取少量成本费。样品可以挨家挨户地派送、邮寄、在商店或摊位上分发、随同另一产品附赠或在广告和电子邮件中强调。有时，样品被整合成样品包，用于促销其他产品和服务。赠送样品可以是一种有效的促销工具。例如，37 年来，本杰瑞每年都会安排一天作为“免费蛋筒日”，邀请顾客到其冰激凌店免费品尝经典口味的冰激凌。这一独特的样品促销在全美各地取得了巨大成功，每到那一天，该品牌大多数门店外的队伍都会蜿蜒得很长很长。本杰瑞利用“免费蛋筒日”致谢顾客，创造独特的惊喜。同时，样品项目也产生大量热议，本杰瑞希望因此而吸引到店的新顾客能够成为常客。

折扣券（coupons）是一种凭证，当消费者购买特定商品时，可以享受一定的优惠。多数消费者喜欢折扣券。去年美国消费品公司总共分发了超过 3 210 亿份折扣券，平均面值超过 1.68 美元。消费者兑现了其中超过 25 亿份折扣券，总计节省了约 30 亿美元。[23] 折扣券能够促进新品牌的早期试用，或者刺激成熟品牌的销售额增加。不过，为应对如今折扣券泛滥的问题，大多数主要的消费品公司已经减少折扣券的发放，更加努力地提高针对性。

同时，市场营销者在寻求分发折扣券的新方法，例如超市货架折扣券分发机、售点折扣券电子打印机、网络和移动折扣券计划。数字折扣券是现在增长最快的折扣券类别，它可以实现高度的针对性和个性化，这是纸质折扣券所做不到的。无论是家中打印的或借助智能手机或其他移动设备使用的，数字优惠券使用率的增长都比传统优惠券要快得多。一项研究发现，最近 40% 的智能手机用户使用过数字优惠券。[24]

随着智能手机的普及，越来越多的人将其视为生活的一部分，有些人甚至到了没有手机简直无法生活的地步。企业越来越将其视为分发折扣券、传递优惠和其他营销信息的首选发布平台。例如，连锁药店沃尔格林的顾客可以通过多种移动渠道获得折扣券。[25]

运用沃尔格林的智能手机应用程序，顾客可以随时下载价值从 50 美分到 5 美元不等的折扣券，商品覆盖从保健和美容产品到纸尿裤等日常用品。这种折扣券方便扫描——不需要事先剪下来或打印。顾客只需要在沃尔格林的移动应用程序上找出折扣券，收银员直接扫描即可。沃尔格林还向运用诸如 Foursquare、Yelp 或者 Facebook Place 等手机应用程序及其在全美 8 100 多家门店登记的顾客推送移动折扣券。沃尔格林的所有门店都拥有移动扫描能力，使之成为全美最大的零售移动折扣券项目。一位分析人员说："借助手机移动应用程序，沃尔格林正运用技术实现超越。它们始终想着顾客。"

现金返还（cash refunds）（或者回扣（rebates））与折扣券类似，所不同的是在购买后才发生价格削减，而不是在零售店内。消费者将"购买证明"寄给制造商，制造商再将购买价格中的部分退款寄回给消费者。例如，托罗公司（Toro）为其扫雪机做了一次聪明的季前促销，如果购买者的市场区域内积雪低于平均水平，就给予现金返还。竞争者在短时期内无法推出相应的优惠，因而这次促销非常成功。

特价品（price packs）（又叫减价交易（cents-off-deals））以产品的常规价格为基础给消费者提供优惠。生产厂家直接将优惠价格写在标签或包装上。特价品可以是单独包装、降价销售的产品（如买一送一），或者把两件相关产品捆绑在一起组合出售（如牙膏和牙刷）。在刺激短期销售额方面，特价品甚至比折扣券更有效。

实物奖品（premiums）是为激励购买产品，以免费或很低的价格提供的某些商品，从儿童玩具到电话卡和 DVD 光盘。实物奖品可以附在产品的包装内（外）随货赠送或者通过邮寄发放。例如，多年来，麦当劳在其开心乐园餐中提供了多种实物奖品，从《小马宝莉》中的人物到豆宝宝和乐高全息杯。顾客可以访问 www.happymeal.com 玩游戏、阅读电子书和观看与当前开心乐园餐代言人相关的影片。[26]

广告特制品（advertising specialties），也叫做推广产品（promotional products），是指作为礼物送给消费者的印有广告主名称、标识或信息的有用物品。典型的物品包括 T 恤和其他衣服、笔、咖啡杯、日历、钥匙链、鼠标垫、火柴、购物袋、高尔夫球和帽子。去年美国的市场营销者在广告特制品上花费了近 200 亿美元。这些物品相当有效。"最好的效果能坚持数月，逐渐将品牌名称印在使用者的头脑中。"一位促销产品的专家说。[27]

售点促销（point-of-purchase（POP）promotions）包括在售点的陈列与展示。回想你最近一次去当地的西夫韦、开市客、CVS 药店或 Bed Bath & Beyond 的情形。如果你没有被过道展示品、促销招牌、"货架插卡"或为特定食品提供免费品尝的演示者绊倒过的话，那你的运气真不错。遗憾的是，许多零售商不愿意处理每年由制造商提供的大量陈列用品、招牌和海报。制造商不得不提供更好的售点宣传材料，帮助零售商布置现场，并配合使用电视、印刷材料或网络来展示和传递信息。

竞赛（contests）、抽奖（sweepstakes）、游戏（games）为消费者提供赢得一些奖项的机会，如现金、旅游或商品，获得这种机会可能全凭运气或需要付出额外的努力。竞赛是由消费者提交某种参赛作品——如广告短歌、谜语或建议——由评审小组选出最佳的参赛者。抽奖要求消费者报名参加抽奖。参与游戏的消费者每次购买产品时，将得到猜奖数字或遗失的字母之类的东西，这些也许能使消费者得奖，也许不能。

各种公司都使用抽奖和竞赛来创造品牌关注度，提高顾客的参与率。例如，谷歌的“Doodle 4 Google”竞赛邀请孩子们根据“假如我能发明一件东西使世界更加美好……”的主题设计谷歌公司的标识，奖品从 T 恤和平板电脑到 3 万美元的大学奖学金。家乐氏的 Eggo 品牌在脸书上发起一场“美味的 Eggo 华夫饼!”竞赛，参加者需要提交自己最好的华夫配方——获胜者可以获得 5 000 美元。多芬开展“真美应该勇于分享”竞赛，号召其在脸书上的粉丝们提名一位朋友，并说出为什么她“展示了真正的美丽”。获胜者可以成为多芬的品牌代言人。

最后，市场营销者可以通过**事件营销**（event marketing）（或事件赞助（event sponsorships））推广自己的品牌。他们可以制造自己的品牌营销事件，或作为他人所举办活动的唯一或指定赞助商。这些事件包括节庆、聚会、马拉松、音乐会或其他需要赞助的集会等。事件营销往往规模和影响很大，并且可能是增长最快的推广领域。有效的事件营销将事件和赞助与品牌的价值主张很好地联系起来。凭借今天数字媒体的社交分享能力，即使当地事件也可以产生深远的影响。例如，得而达水龙头公司（Delta Faucet）利用一场充满想象力的事件向偏爱舒适和家庭导向的目标顾客促销其 H2Okinetic 省水莲蓬头——与高水流型号相比，在性能相当的前提下可节水 40%。[28]

> 得而达的“#HappiMess”促销运动基于对顾客如何在制造和克服大混乱过程中体会最幸福时刻的洞察。为向顾客直接展示其省水莲蓬头即使在恶劣的条件下也能发挥良好的性能，得而达与游戏《勇士冲刺》(Warrior Dash）合作，在夏天赞助全美各地的 5 公里泥地赛跑。在每场比赛的终点，得而达都会建一个巨大的冲淋站，装备 184 个得而达莲蓬头。赛后，满身泥垢的参赛者可以在那里冲洗干净。“《勇士冲刺》是一个很好的例子，人们弄得一身一塌糊涂但却乐趣无穷，”一位得而达水龙头公司的高级品牌经理说道，“我们希望人们欢迎这些有趣的时刻，相信我们的产品能够帮助他们重归秩序和洁净。”在印度的一场赛事中，331 人聚集到莲蓬头下，创下了最多人同时淋浴的吉尼斯世界纪录。体验过之后，有 75% 的受访跑者表示他们会考虑购买得而达的产品。冲淋站还设有一个自拍点。结果，该事件使得社交媒体上关于得而达“#HappiMess”运动的热议增加了 85%，使该品牌的销售量提高了 50%。

所有类别的品牌现在都开展事件营销。但是一次性的事件鲜有成效，精心策划的事件只有成为品牌更丰富的促销活动和定位的有机组成部分的时候才能取得成功。以功能型饮料制造商红牛为例。被一位商业记者盛赞为“事件营销之王”的红牛每年都会在全球发起数百个事件，让品牌社群体验红牛的激情世界。

交易促销手段

制造商绝大部分的促销费用是针对零售商和批发商（79%），而非最终消费者

（21%）的。[29] **交易促销**（trade promotions）能说服零售商和批发商为某一品牌提供货架空间，在广告中促销，并向最终消费者积极“推销”。在货架空间如此紧缺的今天，制造商必须经常提供降价、补贴、退货保证或免费商品给零售商和批发商，为自己的产品在渠道商那里争得“一席之地”，并且持续保有足够的货架空间。

制造商使用多种交易促销手段。许多消费者促销手段也可用于交易促销，如竞赛、实物奖品、陈列等。制造商也可以提供直接折扣（discount，price-off，off-invoice，off-list），即对在一定时期内的每一次购买都给予降价优惠。制造商也可以提供津贴（allowance）（通常是每箱便宜多少），作为对大力推销制造商产品的零售商的酬劳。广告津贴（advertising allowance）用于补偿零售商为产品所做的广告活动，而陈列津贴（display allowance）则作为对特殊展示的补偿。

制造商可以提供免费商品（free goods），即中间商购买一定数量或者购买某一特色或规格的产品，会得到额外的几箱产品；也可以提供推广金（push money），即给经销商或其销售人员现金或礼物，激励他们积极“推销”制造商的产品；还可给零售商免费的特殊广告制品（specialty advertising items），即印有公司名称的特制品，如钢笔、日历、备忘录、手电筒和手提袋等。

产业促销手段

公司每年用于产业客户促销的花费达数十亿美元。**产业促销**（business promotions）能够产生潜在的产业客户、刺激购买、奖励客户并激励销售人员。产业促销包括很多与消费者或交易促销相同的手段。这里强调两种重要的产业促销手段：产业会议和展销；销售竞赛。

许多公司和行业协会组织产业会议和展销（conventions and trade shows）来推广产品。向该产业销售的公司在展销会上展示产品。参展厂商有很多好处，如创造新的销售机会，联络客户，介绍新产品，会见新客户，出售更多产品给现有客户，并以刊物和视听材料来培训客户。展销还能帮助公司接触销售人员没有接触到的众多潜在客户。

一些展销会的规模非常大。例如，国际电子消费品展销会有 3 600 家厂商参展，吸引了超过 17 万专业观众。更有甚者，在德国慕尼黑举办的 BAUMA 国际采矿和建筑设备博览会，有来自 57 个国家和地区的 3 400 家参展商向超过 200 个国家和地区的 53 万名参会者宣传其最新产品和革新，总展出面积约 610 万平方英尺。[30]

销售竞赛（sales contest）的目的在于激励销售人员或经销商在某一时期内提高销售业绩。销售竞赛激励并认可业绩好的员工，他们可获得免费旅行、现金奖励或其他礼物作为奖励。有些公司采取根据业绩绩点的方法，得到一定点数的人可以将点数换成各种不同的实物奖品。销售竞赛在与可测量、可达到的销售目标（如发现新客户、恢复老客户或者增加客户利润率）相联系时，效果最好。

设计促销方案

除了选择促销类型，市场营销者还要设计完整的促销方案，包括以下几项决策。首先，他们必须确定激励规模（size of the incentive）。促销要取得成功，最低限度的激励是必需的，较高的激励将产生更多的销售额。市场营销者还要制定参与条件（conditions for participation）。激励可以针对所有人或者只限于某些特定的群体。

市场营销者必须决定如何宣传并实施促销活动。例如，一张 2 美元的降价折扣券可以放在包装盒中、摆在店内、夹在广告页里，也可以通过互联网或移动设备下载等形式分发出去。每种分发手段的接触范围和成本都不一样。越来越多的市场营销者综合使用多种媒体。促销时间的长短（length of the promotion）也很重要。如果促销时间过短，许多潜在顾客（他们在那段时间可能不购买）将错过机会。如果促销时间过长，顾客又会认为是长期性的降价推销，而使这种活动失去激发“马上购买”的能力。

销售促进效果的评估也很重要。市场营销者应当衡量其促销投入的回报，就像他们评估其他营销活动的回报一样。最常见的评估手段是比较促销活动前后以及过程中销售额的变化。市场营销者需要反问自己：促销是否吸引了新顾客或使原有顾客购买更多？企业是否能留住这些新顾客重复购买？长期顾客关系以及从促销中获得的销售额是否能证明所投入的成本具有合理性？

很明显，销售促进在整体促销组合中起到了重要的作用。为了恰当地运用销售促进，市场营销者需要确定销售促进目标、选择最佳的工具、设计销售促进活动方案、实施销售促进方案以及评估结果。此外，销售促进必须与整合营销沟通活动中其他的促销组合要素妥善配合。

关键术语

人员销售（personal selling）
销售人员（salesperson）
销售人员管理（sales force management）
区域销售团队结构（territorial sales force structure）
产品销售团队结构（product sales force structure）
顾客（市场）销售团队结构（customer (or market) sales force structure）
外部销售人员（或现场销售人员）(outside sales force (field sales force))
内部销售人员（inside sales force）
团队销售（team selling）
销售配额（sales quota）
社交销售（social selling）
销售过程（selling process）
发掘（prospecting）
销售准备（preapproach）
接近（approach）
介绍（presentation）
处理异议（handling objections）
成交（closing）
跟进和维持（follow-up）
销售促进（sales promotion）
消费者促销（consumer promotions）
事件营销（event marketing）
交易促销（trade promotions）
产业促销（business promotions）

概念讨论

1. 定义人员销售，并说明其在企业促销组合中的作用。
2. 列举和说明四种销售报酬要素。有哪些不同的销售报酬组合？怎样运用它们来实现公司的营销目标？
3. 什么是社交销售？它如何影响组织中的销售职能？
4. 列举并说明销售过程的主要步骤。
5. 什么是销售促进？讨论其作为短期消费者促销工具的增长。

案 例

SunGard：通过推广 SunGard 方式来实现持续增长

如果问你哪些公司登上了最近一期《销售力》杂志的最佳销售雇主 50 强榜单，你一定会想到 IBM、宝洁或者施乐等因出色的销售能力而长期闻名的品牌。但是，可能会令你感到意外的是，拔得今年榜单头筹的居然是一家不那么有名的软件和技术公司——SunGard。

到底是什么使得 SunGard 受到销售人员的青睐？首先，SunGard 在行业中具有非常高的品牌知名度和卓越的品牌声誉。它长期以来一直为销售人员提供出色的薪酬和培训，也一直保持着很高的顾客增长率和保留率。但是，尽管 SunGard 长久以来在这些方面做得很棒，但使它成功登上《销售力》榜单的原因却是其不久前刚刚完成的 SunGard 销售力模型。

一个新行业的开拓者

1970 年代晚期，Sun Oil 公司（如今已更名为 Sunoco）的信息技术部开拓了一项如今已经成为全球所有公司必备的技术服务。Sun Oil 公司与费城地区的另外 20 家公司达成一项协议，为其数据库系统提供备份支持服务。为了创造所需能力，这个集团建立了一个特殊的备份数据恢复中心。但是，由于该集团中的一些成员公司总是拖欠该数据恢复中心费用，Sun Oil 公司最终接管了它并开始出售相关的计算机服务。1983 年，Sun Oil 公司将其信息技术部剥离出去，单独成立了一家新的公司，即 SunGard。

从那以后，SunGard 借助兼并逐步扩张。现在，它的年销售收入达 30 亿美元，已经成为全球领先的软件信息技术公司之一，为金融服务行业、K-12 教育和公共部门组织提供技术处理方案，并为 70 多个国家的 1.6 万名客户服务。作为一家 B2B 服务提供商，SunGard 需要非常强大的销售能力。

优秀，但不够卓越

当拉塞尔·弗拉丁（Russell Fradin）出任 SunGard 的 CEO 时，公司尽管业务状况良好，但也存在一些隐患。首先，互联网的发展为 SunGard 的客户和潜在客户提供了解决各自问题所需要的信息。不论是私人企业还是公共业务部门，政府管制都不断加强。而且，全球化的发展使 SunGard 的销售代表在满足客户需求时面临越来越严峻的挑战。尽管其他公司也同样面对这些问题，但这无疑增加了压力——任何能找到有效途径应对这些挑战的公司将大大提升自己的战略优势。

与此同时，SunGard 还面临诸多内部问题。公司有多条产品线，但弗拉丁觉得对优秀的产品组合而言，SunGard 的销售团队并未发挥出应有的潜力。公司数千名销售代表将大部分的时间和精力用于销售授权软件，而不是针对客户的问题开发更丰富的解决方案。此外，由于多部门和产品线以及高度分散的销售努力，经常出现多位销售代表争取同一位客户的情况，进而降低了生产率，甚至造成一些客户流失。

基于这些问题，弗拉丁问自己："SunGard 怎样才能使自己的销售团队——公司最大和最重要的投资——更有效呢？" SunGard 在招募、雇用和培训销售人员等方面拥有恰当的制度，而且其销售主管为持续改善这些制度和做法也做出了不少努力。但是，弗拉丁认为公司要实现增长和提高业绩，这些远远不够。如果不进行大刀阔斧的变革，日益严峻的挑战很可能会限制未来的销售和利润。弗拉丁坚信，SunGard 需要彻底变革其销售模式。

根据一份来自全球销售咨询公司 ZA Associates 的报告，通过彻底变革销售团队使销售效率从优秀提升为卓越的公司可以实现 20% 的利润增长。但这种变革需要巨大的努力，用好几个月去计划和执行，甚至更久的时间去坚持。最重要的是，它需要组织中的每一位成员，从最底层的职员到资深经理和主管，都全身心地投入。它还要求组织中的每个人清晰地认识到这样做对自己和整个组织的利益是什么。如此激烈的变革很可能会使公司失去一些客户和员工，甚至在盈利之前造成短期的业绩下滑。

果断采取改革行动

考虑到所有的挑战，弗拉丁雇用吉姆·尼维（Jim Neve）和肯·鲍威尔（Ken Powell）来领导 SunGard 的全球销售。这两人搭档曾经成功地完成其他大型销售队伍的变革，他们计划在 SunGard 如法炮制。“我们需要使销售渠道最大化，出售尽可能广泛的解决方案，并以协调一致的方式进入市场，”鲍威尔说道，“我们必须为自己建立一个持续增长的引擎。”

尼维和鲍威尔将这次销售团队转型命名为“SunGard 式销售”。这可不只是一个酷炫的名字而已，更是一个由特定目标和特点所界定的理念。最重要的是，此次转型将基本销售模式从以满足顾客需求为基础的销售转向以顾客洞察为基础的销售。为此，SunGard 的销售代表需要透彻地理解客户的购买决策过程，甚至在客户自己意识到之前就预测他们的需求，并针对性地发展客户关系。关注产品功能与价格远远不够，销售互动需要吸引来自 SunGard 所有业务单位的技术和服务支持，而不是局限于特定的部门或产品线。为了做到这一点，SunGard 的销售人员需要尽可能多地熟悉公司的各种产品，了解每一位客户的业务情况。

在彻底调查了 SunGard 销售人员的需求后，尼维和鲍威尔草拟了一份详细的转型计划。销售代表需要更好的培训、详细的竞争分析以及更加有效的促销运动。他们需要更准确的数据，减少行政手续，简化 SunGard 最主要的 CRM 销售管理工具“Salesforce”的界面。为了实现这些目标，尼维和鲍威尔决定重整 SunGard 的核心销售职能，包括对销售人员的招募、培训、管理以及付酬。

这次转型将耗费大量的时间、精力和金钱。但计划一经推出，就得到了公司上下的鼎力支持。“整个公司都渴望变革，”鲍威尔说道，“所有人都深知必须变革。”为弥补成本，公司决定调整预算，从效率低下的项目中抽取资金，重新分配到转型计划上。

关于招聘工作，SunGard 采用了一套全新的人才评估工具，确定理想的工作资历和评估潜在雇员的技能及行为方式。公司还雇用了一群销售发展经理来负责提高新销售代表第一年的劳动生产率，确保新销售代表接受所有必要的培训，充分了解公司的结构、战略计划、产品和销售工具。这些举措减轻了一线销售经理的任务，使他们能够更多地专注于销售线索。销售发展经理的报酬与销售代表第一年的业绩密切相关。

对于现有的销售人员，SunGard 修改了程序、标准、培训和工具，确保所有内容具有一致性。同时，公司对 Salesforce CRM 软件及销售管理工具进行了重大改进，旨在为销售人员提供销售过程各个阶段所需的所有信息。如今，销售人员可以运用这个重要的工具便捷地接触到诸如案例研究、客户信息和市场数据等各种内容。公司还提供其他的工具指导销售人员高效完成达成交易所必需的步骤。

但是，为了同时提高新销售人员和现有销售人员的效率，SunGard 还必须在如何评估和跟踪销售业绩上进行更彻底的变革。例如，变革之前，公司需要手工记录激励和任务，以及利益相关者不容易看到相关信息。在新机制下，诸如个人目标和预期等指标，以及成交数量和客户流失情况都纳入自动体系，销售代表和经理可以借助移动设备随时获得相关信息，甚至可以运行“如果……会怎样”的情景模拟来判断不同条件下的潜在盈利。这种功能通过提高责任感和激发竞争精神有效地激励着销售代表。

从转型到成果

新的销售结构和工具逐步扎根，很快就有了成效。“公司许多产品组合还远未发挥潜力占据充分的市场份额。”托德·阿尔布莱特（Todd Albright）说道，他在转型计划启动后加入 SunGard 担任副总裁，负责美洲的销售业务。很快，公司的市场份额开始提升。“SunGard 大量的资产以前未被充分利用，”尼维总结说，“我们找到恰当的方法有效地加以利用，并将它们转化成新的销售和收益增长。”

随着 10 亿美元的销售计划顺利实施，SunGard 正直击目标。例如，销售代表第一年销售能力的进步。在转型之前，大约 75% 的新销售代表在第一年年底才能实现第一单销售，平均大约是 40 万美元。新政策实施之后，销售效率迅速翻番，年销售额增加了 3 000 万～ 4 000 万美元。

如果销售队伍的效率能够很方便地提高，那么所有公司都将拥有杰出的销售能力。转型并不容易，但 SunGard 愿意为此付出任何代价。转型才刚刚开始一年，正如预期的那样，SunGard 的收入比上年下滑了 16%。但是，得益于更高效的经营，不断降低的费用使利润增长近 35%。到第二年年底，收入止跌回升，弗拉丁说：“客户对这些倡议反应积极，知道我们的产品和服务有助于提高他们的业务竞争力。我们对自己的销售能力和有机增长特别高兴。”

值得注意的是，SunGard 的销售队伍能够比以往更好地协调和配合。经过更好的培训，拥有更好的工具，销售人员可以基于顾客洞察高效地达成交易。公司的产品和服务可以跨越产品线组合出售，而不再局限于单一的产品线内部。而且，销售代表更加致力于发展与客户的伙伴关系，帮助他们顺利地运营，促进其合规地增长。通过将销售团队改造为“SunGard 式销售”，SunGard 将迎来可持续发展的有机增长。

资料来源：Henry Canaday, “ Selling the New SunGard Way,” *Selling Power*, www.sellingpower.com/content/article/?a=10217/selling-thenew-sungard-way&page=1, accessed June 2016; “50 Best Companies to Sell for in 2015,” *Selling Power*, www.sellingpower.com/2015/50-best-companies-to-sell-for/, accessed June 2016; Andris Zoltners, P. K. Sinha, and Sally Lorimer, “ Improving Your Sales Force: Fine-tune or Transform? ” *Harvard Business Review*, November 13, 2012, http://blogs.hbr.org/2012/11/improving-your-sales-force-fin/; and information from www.sungard.com/about-us and www.sungard.com/financials, accessed June 2016.

讨论题

1. 比较 SunGard 转型前后的销售团队结构。
2. SunGard 的新销售团队结构有什么积极和消极之处？
3. 开始变革之前，SunGard 所面临的挑战对其销售效率有怎样的影响？
4. 说明 SunGard 转型计划应对管理销售团队不同步骤的具体方法。
5. “SunGard 式销售”真的有用吗？为什么？

注 释

请扫描二维码或登录中国人民大学出版社官网www.crup.com.cn下载本书注释。

17 直复、网络、社交媒体和移动营销

学习目标

- 定义直复与数字营销并讨论其快速增长为顾客和企业带来的益处。
- 识别和讨论直复与数字营销的主要形式。
- 解释企业如何运用各种网络营销战略应对互联网和数字时代。
- 讨论企业如何运用社交媒体和移动营销吸引消费者和创造品牌社群。
- 确定和讨论传统的直复营销形式，评价直复营销面对的公共政策和道德问题。

在前三章中，我们学习了通过整合营销沟通进行顾客沟通的价值，以及与顾客沟通的具体要素：广告、公共关系、人员销售和销售促进。本章关注直复营销及其增长最快的形式——数字营销（网络、社交媒体和移动营销）。如今，网络使用和网络购物迅猛发展，数字技术快速进步——从智能手机、平板电脑等数字设备到移动和社交媒体。受到以上因素的激励，直复营销发生了巨大的变化。当你阅读本章时，请记住：虽然本章将直复与数字营销作为独立的工具，但是它必须与沟通组合中的其他要素进行整合运用。

首先，让我们一起来看看亚马逊——一家只开展直复与数字营销的公司。在过去 20 多年的时间里，亚马逊从一家鲜为人知的网上初创企业迅速发展为最强大的网上经营者之一。一项调查表明，当人们想在网上搜索或购买产品，首先想到求助亚马逊的比例高达惊人的 40%。亚马逊是如何在这么短的时间内成为如此成功的直复营销和数字营销佼佼者的呢？在通过令人满意的个性化网上客户体验创造顾客参与、价值和关系方面，很少有网上营销者能够做得如亚马逊那般出色。

引例 亚马逊：直复与数字营销的典范

提到网上购物时，十有八九你会首先想到亚马逊。这位网上先锋于 1995 年在网络世界打开其虚拟的大门开始营业，在其创立者杰夫·贝佐斯位于西雅图郊外家中的车库里出售书籍。如今亚马逊仍然卖书——很多很多的书，但是还出售从音乐、电器产品、工具、家居用品、服装和日用品，到时装、裸钻和缅因州大龙虾等各种商品，琳琅满目，应有尽有。大多数分析人员都将亚马逊视为我们这个数字时代直复营销的典范。

从创业之初，亚马逊就保持了凶猛的增长势头。其年销售额从 1997 年的 1.5 亿美元猛增到如今的 1 070 亿美元。在过去 5 年间，亚马逊的销售收入增长了 3 倍。亚马逊在全球有 3 亿多活跃顾客，仅仅上一个“网购星期一”它就售出了大约 5 200 万件商品——每秒 600 多件！现在，亚马逊是美国第二大零售商，仅次于沃尔玛。

亚马逊取得如此惊人的成功，秘诀是什么？创立者兼 CEO 贝佐斯的总结言简意赅：“迷恋于服务顾客。”本质上，该公司始终是以顾客为中心的公司。贝佐斯说：“为顾客创造真实的价值是一切决策的核心。”亚马逊坚信，只要做对顾客有利的事情，企业就能盈利和发展。所以，公司一切决策始于对顾客需要的认知，并始终坚持努力满足他们的需要。不是考虑以现在的能力可以做什么，亚马逊首先会问：谁是我们的顾客？他们需要什么？然后去发展满足顾客需要所必备的能力。

在亚马逊，所有决策都以改善顾客体验为宗旨。实际上，在亚马逊的许多会议上，最令人印象深刻的是房间里有一张空着的椅子——那张空椅子代表着最重要的人：顾客。有时候，那张椅子并非空置，而坐着一位经过特别训练、代表顾客利益的特殊员工——“顾客体验抬杠者”。

亚马逊对服务顾客需要的迷恋，推动公司在许多方面大胆冒险和创新，这点没有一家公司能够与其匹敌。例如，注意到购买书籍的顾客需要更好的电子书和其他数字内容，亚马逊开发了自己的首个原创产品——Kindle 电子阅读器。亚马逊为此耗时 4 年多，并开发出一系列全新的技能。亚马逊“一切始于顾客”的理念获得丰厚的回报。Kindle 是公司最畅销的产品之一，亚马逊现在售出的电子书比实体书还要多。而且，公司不断增长的 Kindle Fire 平板电脑产品线如今引领着低价平板电脑市场。这些最初为改善顾客体验做出的努力，如今为亚马逊在蓬勃发展的数字、移动和社交媒体领域赢得了强有力的先机和优势。Kindle 不仅可以接触到亚马逊出售的大量电子书、音乐、视频和移动应用程序，还使顾客能够比以往任何时候都更容易地与这位数字巨头互动。顾客使用 Kindle 平板电脑在亚马逊网站上购物、在公司博客和社交媒体主页上与公司互动。

亚马逊希望为每一位顾客创造独特的网上体验。大多数亚马逊常客会感受到与公司的紧密关系令人惊喜，尤其是在几乎完全没有实际人际互动的情况下。亚马逊对为每一位顾客提供独特而有个性的网上购物体验这件事几乎到了痴迷的程度。例如，亚马逊网站用顾客自己独有的主页问候他们，提供个性化的推荐。亚马逊是首家筛选顾客以往购买和浏览记录，根据其购买模式提供个性化网站内容的公司。亚马逊希望为每一位顾客提供独特的购物体验。从某种意义上说，如果它有 3 亿顾客，就应该有 3 亿门店。

亚马逊网站的访客会获得一组特别的利益：丰富的选择、优越的价值、低廉的价格和便利性。但是使购买体验真正特殊的是“发现”因素。一旦登录亚马逊网站，你肯定会逗留一阵子——浏览、学习和发现。为让顾客享受更大的选择性和发现所喜爱的产品及信息，亚马逊甚至允许竞争性零售商——从小店铺到马狮百货这样的大公司——在亚马逊网站上通过

“亚马逊市场”（Amazon Marketplace）出售各自的产品，这相当于建立了一个规模惊人的虚拟购物中心。扩大的选择性吸引了更多顾客，所有人都能从中受益。去年，亚马逊顾客从亚马逊市场中来自全球各地的数万个第三方卖家手中购买了数十亿件商品，占到亚马逊总销售量的近 50%。

亚马逊还凭借“亚马逊超级会员服务”提供快速送货体验。只要缴纳 99 美元的年费，会员所有符合条件的订单都可以享受隔日送达服务，外加通过会员流媒体视频无限量观看电影和电视节目，以及从 Kindle 用户外界图书馆借阅电子书籍。亚马逊正加快发展当日送达服务。它最近推出“即刻尊享”（Prime Now）服务，在一些大都市为数万种商品提供免费两小时送达服务（或者以 7.99 美元的价格购买一小时送达服务）。“过去 6 周我丈夫和我通过‘即刻尊享’服务下单的数量多得都让我有些不好意思了，”一位兴奋不已的顾客说道，“太实惠、太方便了，而且还不可思议地快速。”

亚马逊网站早已不仅仅是一处购物之地，而成为一个顾客可以浏览产品、研究购买方案、与其他访客分享观点和评论、与作者和专家网上聊天的网上社群了。以这种方式，亚马逊所做的远远超出网上销售产品的范畴。它吸引顾客互动，创造直接的、个性化的顾客关系和令人满意的网上体验。连续多年，亚马逊几乎在所有跨行业顾客满意度排名中名列前茅。

鉴于其强势增长，许多分析人员看好亚马逊，认为它会成为网络世界的沃尔玛。实际上，有人认为它已经是了。尽管在沃尔玛 4 820 亿美元的总销售额面前，亚马逊的 1 070 亿美元有些相形见绌，但是亚马逊的网上销售额比沃尔玛高出近 8 倍。而且，亚马逊的电子商务收益增长速度远超沃尔玛。换句话说，是沃尔玛想成为网上的亚马逊，而不是相反。尽管沃尔玛规模巨大，但要想在网上赶超亚马逊，首先要实现亚马逊那样卓越的网上顾客体验，这可不容易。

亚马逊已经成为直复与数字营销的典范。贝佐斯曾经说：“我之所以如此迷恋顾客体验，是因为我坚信它是驱动企业成功的根本动力。”一切都始于顾客价值。如果亚马逊为顾客创造卓越的价值，就能赢得他们的购买和忠诚，成功会以公司销售收入和利润的形式接踵而来。正如贝佐斯所言：“假如事情陷于复杂，我们通过问自己‘怎样对顾客最好？’来简化它。我们坚信如果能做到这一点，从长远看一切困难都能迎刃而解。”[1]

我们在前面章节讨论的很多营销和促销工具都是在大众营销的环境下发展起来的。所谓大众营销，是指用标准化的信息和由中间商分销的产品瞄准较宽泛的目标市场。但是，今天，随着精准目标营销的发展和数字技术的进步，许多企业正在采用直复营销——要么像亚马逊那样将直复营销作为主要营销方法，要么作为其他方法的补充。在这一章中，我们将探讨直复营销的爆炸性发展及其增长最快的形式——运用网络、社交媒体和移动营销渠道的数字营销。

17.1 直复与数字营销

直复与数字营销（direct and digital marketing）指直接与精心挑选的单个消费者和顾客社群互动，以期获得顾客的即时响应和建立持久的顾客关系。企业运用直复营销针对精准界定的细分市场或个人的需求和兴趣度身定制产品或促销内容。借助这种方式，企业可以建立顾客契合、品牌社群和提高销售。

例如，亚马逊借助网站和移动应用程序与顾客进行直接互动，帮助他们在网上找到和购买几乎所有可以在互联网上出售的商品。类似地，GEICO 通过电话、公司网站、移动应用程序，或者诸如脸书、推特和 YouTube 等社交媒体与顾客直接互动，建立个人与品牌之间的关系，提供保险选择，销售保单或服务顾客。

直复营销新模式

早期的直复营销者——购物目录公司、直接邮寄公司和电话营销公司——主要通过邮件和电话收集顾客信息和销售产品。现在，在数据库技术飞速发展和新营销媒体——尤其是互联网——的推动下，直复营销已经脱胎换骨。

在前面的章节里，我们把直复营销作为直接分销渠道，也就是不包含中间商的营销渠道进行讨论。现在，我们将直复营销归结为营销沟通组合中的一个要素——一种直接与消费者沟通的方法。实际上，直复营销不仅仅是渠道和沟通手段。

大多数企业仍然将直复营销作为营销其产品的补充渠道或者补充媒体。所以，许多百货公司，比如西尔斯或梅西除通过实体商店完成大部分商品销售外，同时也通过直接邮寄、在线目录和社交媒体主页进行销售。百事旗下的激浪品牌主要通过大众媒体广告及其零售商伙伴的渠道进行营销，同时辅以直复营销。激浪的营销组合由 55% 的电视广告和 45% 的数字营销构成。它利用数个品牌网站和各种社交媒体吸引顾客参与多种品牌社群活动，从设计自己的激浪生活方式页面到共同创造广告运动和决定应该退出或撤销哪种口味的限量产品。通过这些直接互动，激浪创造了最具品牌激情的忠诚顾客群之一，而这带来了丰厚的回报——使之成为美国第四大软饮料品牌。[2]

也有一些企业认为，直复营销已不仅仅是补充渠道或补充媒体。直复营销——尤其是其最新形式，即网络营销——已构成一种完整的商务模式。有些企业已经将这种直复营销新模式作为自己唯一的经营方式。脸书、亚马逊、谷歌、eBay、网飞、GEICO 和 Priceline.com 等企业都将直复营销作为进入市场的主要或唯一方式，并取得了巨大成功。例如，网上旅行公司 Priceline.com 只通过网络、移动和社交媒体渠道出售服务。Priceline.com 及诸如 Expedia、Orbitz 等其他旅游企业在很大程度上加速了传统线下旅行社的消亡。[3]

直复与数字营销的快速增长

直复与数字营销已经成为增长最快的营销形式。据报道，美国企业今年在直复与数字营销上的投入接近 1 630 亿美元，比去年增长了 6%。随着直复营销越来越多地以互联网为基础不断发展，数字化的直复营销在营销支出和销售中所占的份额急剧增加。例如，据估计美国市场营销者去年仅在数字广告上的支出就达到 600 亿美元，较上一年增长 20%。数字广告总支出——包括在线展示和搜索广告、视频、社交媒体、移动、电子邮件和其他——现在在媒体支出中所占比重最大，超过了电视。随着消费者在平板电脑和智能手机上消磨的时间越来越多，市场营销者在移动广告上的投入激增。仅去年一年，各行各业用于移动广告的开支就增长了 66%，2019 年有望达到美国广告总支出的 29%。[4]

直复与数字营销的发展和好处

对于买方来说，直复营销方便、简单且私密，可以让顾客随时随地进行网上购物和获取大量相关信息。例如，亚马逊通过网站和移动应用程序提供的信息远远超过我们所能消化吸收的数量，从十大最畅销产品排行榜、详尽的产品描述、专家和用户的产品评价，到基于顾客以往搜索和购买经历的推荐。

通过直复营销，买者能够借助电话或卖者的网站、移动应用程序与卖者互动，准确地了解他们所希望得到的信息、产品或服务，然后当场订购。最后，对感兴趣的顾客，数字营销通过网络、移动和社交媒体提供品牌互动和社群——一个可以与其他粉丝分享品牌信息和体验的地方。

对于卖方来说，直复营销提供了低成本、高效率的方法帮助企业快速有效地影响顾客。如今的直复营销者能够锁定小群或者个别顾客。由于直复营销具有一对一的特征，企业可以通过电话或网络与顾客进行直接互动，更好地了解顾客需求，并针对顾客的偏好定制产品或服务。相应地，顾客可以提问并自愿做出反馈。

直复和数字营销还为卖方提供了更大的灵活性，让营销者可以随时调整价格和促销计划，创造立刻、及时、个人的契合和提供方案。例如，家装零售商劳氏发布了一系列 Vine 短视频《六秒搞定》(Fix in Six) 展示自己动手解决诸如怎样防止松鼠在春天的菜园捣乱、假期结束后如何收纳圣诞节彩灯等各种问题的小窍门。

特别值得注意的是，在今天的数字环境下，直复营销为实时营销（real-time marketing）提供了很多机会。实时营销将品牌与顾客生活中重要时刻和重大事件联系起来，是推动顾客经过购买过程，建立顾客互动、社群和个性化关系的有效工具。例如，在一些地方，唐恩都乐利用移动广告宣传“找到最快的咖啡”，吸引在手机上用谷歌地图或谷歌搜索引擎搜索“附近咖啡馆”的人们。点击广告就会显示附近唐恩都乐门店的位置和等待时间。从奇宝特、星巴克到红十字会等众多品牌都运用推特与顾客实时沟通，提供重要的促销和事件信息，以及其他新闻和消息。

17.2 直复与数字营销的形式

直复与数字营销的主要形式如图 17－1 所示。传统的直复营销工具包括面对面销售、直接邮寄营销、购物目录营销、电话营销、电视直销、信息亭营销。近年来，令人眼花缭乱的新型数字化直复营销工具大量涌入营销领域，包括网络营销（网站、网络广告和促销、电子邮件、网络视频和博客等）、社交媒体营销和移动营销。我们先讨论从不久前开始广受关注的新型数字化直复营销和社交媒体营销工具，然后考察目前仍然广泛使用和非常重要的传统直复营销工具。重要的是，我们必须始终如一地记住所有这些工具——无论是新型数字化的还是更加传统的——都必须充分地融入整合营销沟通计划。

正如前面所述，**数字和社交媒体营销**（digital and social media marketing）是增长最快的直复营销形式。它通过网站、网络视频、电子邮件、博客、社交媒体、移动应用程序和移动广告等数字化营销工具和其他数字平台，直接激发顾客通过电脑、智能手机、平板电脑等数字化设备随时随地参与互动。网络和数字技术的广泛应用对顾客和营销者双方都产生了巨大影响。

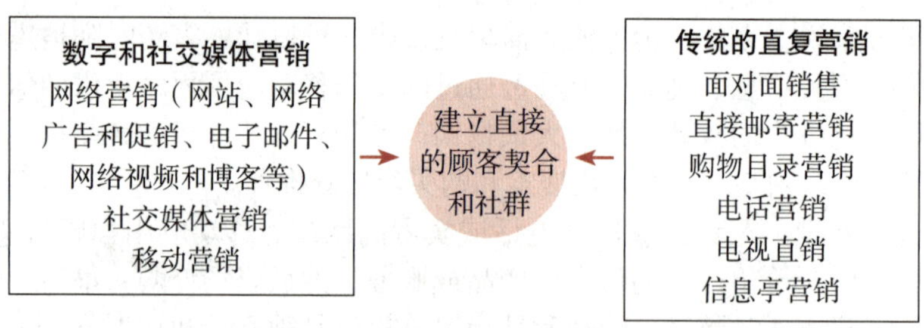

图 17－1 直复与数字营销的形式

17.3 营销、互联网与数字时代

目前，世界上的大部分交易在连接着个人和企业的数字网络中进行。人们借助网络随时随地获得信息、了解品牌、联系彼此。在物联网时代，几乎所有事情、所有人都数字化地彼此连接在一起。数字时代从根本上改变了顾客对于便利、速度、价格、产品信息、服务和品牌互动的看法。由此给市场营销者提供了一种为顾客创造价值、吸引顾客参与并建立顾客关系的全新方式。

网络的使用和影响持续稳定地增长。美国家庭网络渗透率达到了 87%，美国网民平均每天在数字媒体上花费 6 个多小时，而且主要依赖移动设备。全球超过 46% 的人口可以使用互联网，30% 的人使用移动互联网，随着手机上网的普及，移动成为最受欢迎的上网方式，这一比例到 2020 年底很可能会翻番。[5]

半数以上的美国家庭经常在网上购物，网购以两位数的年增长率持续稳健发展。美国去年的网上零售总额估计达到 3 500 亿美元，占社会商品零售总额的 7.1%。到 2020 年，随着消费者越来越多地由实体店转向数字商店购物，这一数字有望突破 5 200 亿美元（占社会商品零售总额的 8.9%）。也许更为重要的是，据估计几乎一半的美国零售总额要么直接在网上交易，要么与互联网有紧密关联。[6] 不少消费者即使在实体店内，也不忘利用智能手机和平板电脑寻找最优惠的价格。如今的全渠道消费者越来越精通于融合线上线下渠道完成购买，数字渠道在他们的购买过程中将发挥前所未有的重要作用。

为了跟上这一生机勃勃的市场，各种公司现在都纷纷开展网络营销。一些网络公司只在网上经营，范围非常之广，从直接在网上销售产品和服务给最终消费者的电子零售商例如亚马逊和 Expedia.com，到搜索引擎和门户网站（例如谷歌、必应、雅虎和 DuckDuckGo）、交易网站（eBay、Craigslist）、内容网站（例如电子版《纽约时代》、ESPN.com 和维基百科），以及社交媒体（脸书、推特、YouTube、Instragram 和 Snapchat）。

如今，已经很难找到还没有建立网站的企业。即使是专注线下经营的传统企业，现在也开始建立自己的线上销售、营销渠道和品牌社群。传统实体商店的网上销售比重正不断扩大。例如，梅西百货如今是世界上第 7 大电子零售商，其收入约 20% 来自网上。史泰博的网上销售比重约 22%，而威廉姆斯－索诺玛则高达

50%。[7]

实际上，**多渠道营销**（multichannel marketing）公司比单纯线上经营的竞争者更为成功。例如，家装零售商家得宝在美国有近 2 000 家门店，但其近年来的增长热点一直是网上销售。过去 5 年间，家得宝的网上销售年增长率接近 40%。[8]

以前，在网上出售胶合板、预制门、洗碗机或者聚乙烯墙板也许难以想象，但家得宝近来的确这么做了，而且还不止这些。去年，家得宝在网上售出了价值约 47 亿美元的商品，与内曼·马库斯、巴诺、蒂芙尼或阿贝克隆比费奇等零售商的销售总额旗鼓相当。家得宝如今跻身世界最大的 10 大网络商家。其网上销售产品超过 100 万件，相比之下一家典型的家得宝实体店只销售大约 35 000 件。

这家家装零售商现在为顾客提供多接触点和递送模式。当然，顾客可以在家得宝实体店里购买，也可以在家、工作场所或任何地方，借助电脑、平板电脑、智能手机从网上下单，然后等待发货或去店里自取。目前，超过 40% 的网上订单由顾客到店自提。顾客在店内如遇缺货，手拿平板电脑的销售人员会帮助顾客预订产品，随后递送或自取。总之，家得宝将网络作为驱动线上和线下销售重要的销售渠道，以及提供产品、项目及其他信息以改善顾客体验的重要途径。"顾客购物和与我们互动的方式正在改变。"家得宝说。公司的目标是做到"无论我们的顾客在哪里购买——在数字世界、实体商店、家中，还是办公场所，都能享受无缝隙和无摩擦的购买体验。顾客在哪里，我们就必须在哪里"。

图 17－1 总结了直复数字营销和社交媒体营销的主要形式，包括网络营销、社交媒体营销和移动营销。接下来，我们从网络营销开始依次讨论。

网络营销

网络营销（online marketing）指通过互联网借助公司主页、网络广告和促销、电子邮件、网络视频和博客等方式进行的营销。社交媒体和移动营销也发生在网上，并和其他形式的数字化营销协调配合。然而，因为其特性突出，我们随后会单列一个部分专门讨论飞速发展的社交媒体和移动营销。

网站和品牌网上社群

对大多数公司而言，开展网络营销的第一步是建立一个网站。网站依据目的和内容不同而差别很大。一些网站主要是**营销网站**（marketing website），专门吸引顾客，推动他们直接购买或实现其他营销目的。

例如，许多汽车公司都运营营销网站，现代汽车就是一例。每当有潜在顾客造访现代汽车公司的网站，这家汽车生产商就会立刻努力将询价转为销售，进而建立长期关系。该网站首页上有促销信息，随后提供大量有用的信息和互动的销售功能，包括对当前现代车型的详细描述、帮助进行车辆定制的设计工具、计算当前旧车以旧换新价值的计算区域、关于经销商地址和服务的信息，甚至还有一个征询报价的地方，存货搜索和预订试驾时间功能鼓励顾客勇于尝试，惠顾现代汽车的经销商。

与此不同的是，**品牌社群网站**（branded community website）不销售任何东西。其主要目的是展现品牌内容、吸引消费者和建设顾客 – 品牌社群。这类网站通常提供种类丰富的品牌信息、视频、博客、活动和其他一些有利于建立紧密的顾客联系以及促进顾客 – 品牌互动的特色内容。

例如，在 ESPN 的网站上，你买不到任何东西，但该网站创建了一个巨大的品牌体育社群。[9]

> 在 ESPN 的网站上，运动迷可以接触到海量的体育信息、统计数据和最新的比赛动态。他们可以根据自己的运动偏好和喜欢的球队，按运动种类、队名、球员和作者分类，定制属于自己的个性化网站内容。该网站吸引用户投入竞赛和赛事（例如足球、棒球、篮球、冰球和扑克比赛）。世界各地的体育迷可以在赛事之前、之中和之后与其他粉丝甚至是明星一起参与网上讨论。用户之间可以互为好友并相互发送信息，在信息栏和博客中发表评论。借助免费下载的各种小工具和应用程序，用户还可以定制自己的网站体验，在各种终端上实现同步。总之，ESPN 的网站创建了一个没有围墙的虚拟品牌社群，创造出一种令粉丝们流连忘返的难忘体验。

创建网站是一回事，获得网站访问量是另一回事。为了吸引访问者，企业通过线下印刷品和广播广告，以及其他网站的广告和链接大力推广自己的网站。但是，今天的网络使用者很快就会抛弃那些不合格的网站。创造有吸引力和高价值内容是让访问网站的消费者乐意停留并再次访问的关键因素。

最起码，一个网站应该便于使用、外观设计专业且形式上具有吸引力。但是，网站最重要的还是有用性。提及网上冲浪和网上购物，大多数人重视网站实际内容而非网站样式，重视网站功能而非华丽的外表。例如，ESPN 的网站算不上华丽，大多数时候页面被填得满满当当的。但它能使访问者迅速有效地找到各种想要的运动信息和追踪赛事内容。因此，有效的网站往往包含深入和有用的信息、帮助购买者发现和评估心仪产品的互动工具、与其他相关网站的链接、不断更新的促销优惠和令人愉悦的娱乐特征。

网络广告

由于消费者上网的时间越来越多，许多企业正将更多的营销支出投向**网络广告**（online advertising），以期提高品牌销售或吸引访问者访问其网络、移动和社交媒体网站。网络广告正成为一种新的主流媒体。网络广告的主要形式包括展示广告和搜索内容关联广告。两者共同在企业数字营销支出中占到 30% 的比重，是最大的数字营销预算项目。

网络展示广告可能出现在上网者的屏幕的任何位置，并且与其正在浏览的网站内容相关。例如，当你在 Travelocity.com 上浏览假日套餐时，很可能看到来自 Enterprise 租车公司提供免费升级服务的广告。近年来，展示广告在吸引和保持顾客关注方面取得了长足的进步。如今的富媒体广告融合了动画、视频、音效和互动。例如，当你在电脑或手机屏幕上浏览与体育相关的内容时，很可能会看到吉列锋隐致顺剃须刀（Gillette Fusion PROGLIDE）以明艳的蓝色和绿色为主色调的旗帜广告突然跃上屏幕底部，配着醒目的标题“我们优雅的刀片”。点击之后，会出现一桢全屏互动广告，内含 15 秒展示视频、转换到吉列锋隐致顺剃须刀产品微网站的按钮，以及即刻购买链接。类似地，在浏览最喜爱的徒步旅行网站时，你可能会看到来自北面品牌颇为吸睛的视频广告：滚动的品牌标志和弹出的广告面板，伴随右上角的视频播放，同时提供产品信息和通往北面网站及店铺定位的实时链接。这种内容丰富有趣的动态广告能吸引消费者互动并产生很大的影响。[10]

最重要的网络广告形式是搜索内容关联广告（search-related ads）（或情境广告（contextual ads））。这类与内容和图片相关的广告及链接，会伴随谷歌、雅虎和必应等搜索引擎的搜索结果出现在页面的顶部或旁边。比如，在谷歌上搜索“LED TV”，你会在搜索结果列表的顶端和旁边看到 10 个或更多不太显眼的广告，从三星和松下到百思买、亚马逊、沃尔玛、Crutchfield 和 CDW。谷歌去年 745 亿美元的收入中，有 90% 来自广告。搜索广告是一种可以随时待命的媒介，而且结果很容易度量。[11]

广告主从搜索网站购买搜索词条，仅当消费者从该网站的广告链接点击进入时才需付费。例如，在你的搜索引擎中输入“可乐”或“可口可乐”，甚至是“软饮料”或“奖励”时，几乎无一例外地会看到“我的可乐奖励”出现在最前列，也许还伴随着一则展示广告和可口可乐 Google+ 主页的链接。这绝非巧合，可口可乐通过购买搜索广告来支持其广受欢迎的顾客忠诚计划。该软饮料巨头最初采用的是传统的电视和平面广告，但很快就发现，将顾客带到其网站 www.mycokerewards.com 注册的最有效方法是搜索内容关联广告。如今，公司购买的几十个搜索关键词都会让 mycokerewards.com 出现在搜索结果列表的顶部或旁边。

电子邮件营销

电子邮件营销（Email marketing）依然是一种重要的和逐步发展的数字营销工具。一位研究人员说道：“社交媒体是数字营销中炙手可热的新事物，但电子邮件仍然是个中翘楚。”[12] 全球每秒发送 2 亿多份电子邮件。据估计，72% 的成年人更愿意公司通过邮件与自己联系，91% 说喜欢接收与自己有生意往来的公司发送的促销邮件。而且，电子邮件的使用已不再局限于个人电脑，如今 65% 的电子邮件是在移动设备上打开和阅读的。难怪最近有一项研究表明，25% 的企业称电子邮件是投资回报最高的沟通渠道。[13]

如果使用得当，电子邮件可以成为最好的直复营销媒介。如今的电子邮件绝不像以前那种只有文字的邮件一样古板无趣。它们丰富多彩，引人入胜，个性化且具互动性。电子邮件让市场营销者将具有高度针对性、个性化和有利于建立关系的信息传递给目标顾客。例如，玩具制造商费雪运用电子邮件向订阅者及时发送签到、更新和生日祝福。一位母亲可能会在宝宝的第一个生日收到一封漂亮的写着“祝您的宝贝生日快乐”的个性化邮件，包含适龄游戏时间、父母小智慧以及产品信息的链接。[14]

类似地，眼镜品牌沃毕帕克向在家中试戴的顾客先后发出 9 封电子邮件。每一封都提供与试戴过程各个步骤相配合的个性化提示，从最初的注册和订单确认，到帮助选择和归还镜架的说明。一位顾客说：“令人感到奇妙的是，整个过程中沃毕帕克好像就在你身边一样。”沃毕帕克还会在交易达成后发送贺信和售后服务邮件。例如，它向购买一周年的顾客发出个性化邮件：“您已经佩戴沃毕帕克镜架一周年了。请向它转达我们的生日祝福！我们衷心希望这第一个 365 天是快乐的。”而且，想着有些顾客可能希望“更加正式”，邮件还会附上通往沃毕帕克公司网站的链接。[15]

不过，随着电子邮件营销越来越广泛的使用，**垃圾邮件**（spam）逐渐泛滥。不请自来的广告邮件将消费者的邮箱塞得满满当当，激起了人们的不满和愤怒。据调查，全世界发送的邮件中，七成是垃圾邮件。[16] 电子邮件营销者必须在为消费者增加价值和成为令人讨厌的入侵者之间寻求平衡。

为了解决这个难题，大多数合法的市场营销者目前正在实施获得许可的电子邮件营销，仅向那些“选择加入”的顾客发送电子邮件广告。许多公司使用结构化电子邮件系统，让消费者选择他们想要接收的信息。亚马逊列出了一长串选择加入的营销资料目录，基于顾客的偏好和以往的购买经历，向那些选择加入的消费者发送少量有用的、“我们认为你会想知道”的信息。很少有顾客会反对这样的促销信息，事实上很多人对此表示欢迎。亚马逊通过更高的反应率和避免打扰不愿意接收电子邮件的顾客来获益。实际上，最近的垃圾邮件大奖（SPAMMY）——每年选出最差和最受欢迎的电子邮件发送者，亚马逊在最受欢迎的电子邮件订阅榜单上高居榜首。[17]

网络视频

网络营销的另一种形式是在品牌网站主页或者诸如YouTube、脸书等社交媒体上发布数字视频。一些视频是专门为网站和社交媒体制作的，包括指导操作的视频和公共关系视频，旨在进行品牌促销和与品牌相关的娱乐活动。其他的多是公司为电视和其他媒体制作但在广告运动之前或之后上传到网络上的视频，以提高广告运动的到达率和影响。

优秀的网络视频可以吸引数百万的消费者。网络视频的观众正在剧增，75%以上的美国人喜爱观看网络视频。YouTube用户如今每分钟上传500小时以上的视频。仅脸书一家全球每天视频观看量达80亿人次；Snapchat有60亿人次观看。[18]

市场营销者希望他们的视频可以像病毒一样迅速地传播。**病毒式营销**（viral marketing）是口碑营销的数字版本，涉及制作视频、广告和其他营销内容，这些内容极具感染力，消费者会主动搜索它们并转发给朋友。因为消费者自觉地搜索和传递，病毒式营销的成本非常低。而因为来自朋友，这些视频或者其他信息的接收者更有可能观看或阅读。

所有种类的视频都可以病毒式传播，吸引用户并给品牌带来正面的曝光。例如，谷歌安卓发布了一则令人禁不住要转发的视频《永远的朋友》(Friends Furever)，表现一群不大可能结伴的动物——猩猩与狗、熊与老虎、猫与小鸭子——在一起快乐地玩耍。该视频是安卓历时两年的“在一起，但不相同”营销运动的最新内容。该运动突出人们能够求同存异、和谐共处，彰显安卓的核心能力——与多种不同设备兼容，即使每一种设备都有各自的设计和特点。这则暖心的《永远的朋友》视频迅速流传开来，最初9个月内在YouTube上获得了2 400万次观看，在脸书、推特和博客上有超过640万次转发，成为有史以来转发次数最高的视频。[19]

许多品牌制作跨电视、网络和移动媒体的多平台视频。例如阿迪达斯最近的“勇敢面对”（Take It）运动——一系列60秒视频广告充满令人激动的情节，表现著名的阿迪达斯运动员在训练和比赛中顽强不屈，坚持到底——最初在电视上投放，但关注程度很快猛增到广告排行榜榜首。该运动生动地传达了鼓舞人心的信息："行动者被铭记，退缩者被遗忘。没有人能坐享其成，奋斗吧！"最初的广告在 NBA 全明星赛的周末播出，但那只是个开始。该视频广告播出的第一周在 YouTube 上的观看次数就达到了令人惊叹的 2 100 万次，两个月内超过了 4 000 万次。该系列的其他视频广告也吸引了数百万次观看，使该运动成为十年来最成功的病毒式营销运动。[20]

值得注意的是，尽管能够取得以上重大的成功，市场营销者通常无法控制他们的病毒式营销信息最终会达到什么效果。他们可以在网上播撒内容的种子，但是除非内容能够在消费者中引发共鸣，否则这些种子的作用不大。一位创意总监说道："你希望创意的种子足够突出，能够成长为参天大树。但是如果人们不喜欢它，根本就传播不开来。如果人们喜欢，可以稍稍传播出去；只有当人们热爱这个创意时，它才能像熊熊燃烧的火焰一样席卷开来。"[21]

博客和网上论坛

品牌还可以通过各种吸引特殊兴趣爱好的人群的网上论坛开展网络营销。**博客**（blogs）是在线日志，在这里，个人或者公司可以写下他们的想法和其他内容，常常是与一些很细小的主题相关。博客的主题可以是任何内容，政治、棒球、日本料理、修理汽车、品牌，甚至是最近播出的电视剧。一项研究表明，如今美国的博客数量超过 3 100 万。许多博主会用推特、脸书、Instagram 等社交网络来推广自己的博客，吸引更多的阅读量。这可以让博客，特别是在各种社交网络上有广大忠实关注者的博客，建立巨大的影响力。

大多数市场营销者已经介入博客领域，通过一些与品牌相关的博客内容来接近顾客社群。例如，在可口可乐 Unbottled 博客中，粉丝们和公司内部成员可以"探究真相"，分享从新产品和可持续发展倡议，到生动有趣且具鼓舞人心的粉丝故事"传播幸福"。在网飞公司的博客中，网飞团队的成员（自身就是狂热的影迷）谈论网飞新产品的特点，怎样从网飞产品中获得更多回馈的技巧，以及收集订阅者的反馈。在西南航空公司员工撰写的富有创意的博客"西南杂谈"中，建立双向对话，让顾客对公司文化和运营有深入了解。同时，也让西南航空直接与顾客互动，获得反馈。

除了自己的博客，许多市场营销者还会借用第三方博客来传播营销讯息。例如，一些时尚博主拥有的粉丝数量达数百万之众，甚至比主要时尚杂志的博客和社交媒体账户的粉丝基础还要庞大。例如，23 岁的丹妮尔·伯恩斯坦（Danielle Bernstein）在纽约城时装技术学院念本科的时候开始经营"我们穿什么"博客。该博客如今是 140 万粉丝每天的着装灵感之源。由于粉丝群如此庞大，不少品牌蜂拥而至，为了在伯恩斯坦和诸如 BryanBoy、The Blonde Salad、Song of Style 和 Gal Meets Glam 等其他时尚博主的博客、脸书和 Instagram 网站发布一条消息和产品图片支付 15 000 美元或更多。已有众多赞助商的产品在伯恩斯坦发布的图片中露面，从 Schultz Shoes 和 Revolve Clothing 这样的小品牌，到耐克、兰蔻和诺德斯特龙这样的大品牌。[22]

作为一种营销工具，博客具有许多独特的优势。它为企业加入消费者的网络和社交媒体会话提供了一种新鲜的、原创的和个性化的低成本方法。但是，博客空间页是杂乱且难以控制的。尽管公司有时可以利用博客来吸引顾客，建立有意义的关系，博客仍然是一种由消费者主导的媒介。无论是否积极参与博客，企业都应该监督和倾听。市场营销者可以利用来自消费者网上谈话的洞察改善自己的营销计划。

17.4 社交媒体与移动营销

社交媒体营销

正如我们在本章中一直讨论的，互联网越来越普遍的使用、数字技术和设备的迅猛发展催生了网络**社交媒体**（social media）和数字社群的浪潮。无数独立的商业化社交网络应运而生，为消费者提供了一个可以彼此聚集并交换想法和信息的网络虚拟空间。如今，几乎所有人都在脸书和 Google+ 上交流互动以拉近彼此的关系，发布推特，在 YouTube 上观看今日最热视频，在 Pinterest 上编辑粘贴或在 Instagram 和 Snapchat 上分享图片。当然，哪里有消费者聚集，哪里就是市场营销者关注的地方。

大多数市场营销者现在试图抓住电子营销的趋势。一项调查表明，92% 的美国企业现在认同社交媒体营销对其业务发展非常重要。[23] 有趣的是，就在市场营销者学习如何运用社交媒体吸引顾客的同时，社交媒体本身也在学习如何使其社群成为适合营销内容的平台，让社交媒体用户和品牌双方都能够获益。大多数社交媒体，即使是最成功的那些，依然面对货币化的问题：怎样在不赶跑忠诚用户的前提下，利用大规模社群的营销潜力挣钱？

利用社交媒体

市场营销者可以通过两种方式参与到社交媒体之中：他们可以利用现有的社交媒体，也可以创建自己的。利用现有的社交媒体最简单易行。因此，大多数品牌——无论大小——在许多社交媒体上建立主页。考察从可口可乐、耐克到维多利亚的秘密，甚至是 NFL 的旧金山 49 人队等品牌的网站，你会发现每一个品牌都有脸书、Google+、推特、YouTube、Flickr、Instagram 或其他社交媒体的链接。这些社交媒体可以创造巨大的品牌社群。例如，芝加哥公牛队拥有 1 800 万脸书粉丝；可口可乐的脸书粉丝更是多达令人吃惊的 9 700 万。

一些社交网络规模庞大。超过 16 亿人每月会登录脸书。类似地，推特每月的活跃用户超过 3.05 亿；而 YouTube 的 10 亿多用户平均每分钟上传 500 小时的视频。这份榜单还包括：Google+ 的活跃用户有 3.59 亿；Instagram 有 4 亿；领英和 Pinterest 各有 1 亿。[24]

虽然这些大型社交媒体网络引人瞩目，但无数小型社交媒体也很活跃。小型社交媒体网络可以迎合各种志趣相投的小群体的需求，为希望定位特殊兴趣群体的营销者提供了理想的平台。现在，每种兴趣、爱好、群体已经至少有一个对应的社交媒体网络。Goodread 是一个拥有 5 500 万活跃读者的社交网络，人们可以“遇到你下一本喜爱的书”，然后与朋友们讨论；母亲们可以在 CafeMom.com 上分享视频和相互安慰；FarmersOnly.com 为那些享受“蓝天，自由平静的生活，广阔的土地，还可以养动物并感激自然”的彻头彻尾的“乡下人”提供网上约会，“因为城里人可理解不了这些”。在 Birdpost.com，热心的鸟类观察者维护着一个他们所观看到的鸟类的清单，通过卫星地图同其他爱好者分享鸟类景观。[25]

社交媒体营销的优势和挑战

使用社交媒体既有优势又有挑战。有优势的方面是，社交媒体针对性强且高度个性化，这使得市场营销者可以与个体消费者和顾客社群创作和分享定制化的品牌内容。社交媒体的互动性使之成为企业发起顾客对话和倾听顾客反馈的理想平台。例如，TOMS 鞋——顾客每买一双鞋，公司就向需要的孩子免费提供一双鞋，“买一捐一”——最近开展了一场为期两周的“# 没有鞋”（#withoutshoes）运动，为每一位给自己的光脚拍一张快照并在 Instagram 上分享的人捐赠一双鞋，也敦促他人这样做。该运动最终捐出了 29.6 万双鞋，吸引顾客主动将公司乐善好施的信息传播给全球数百万人。[26]

社交媒体也是即刻的和实时的。企业可以根据品牌突发事件和活动创造及时和重要的营销内容，随时随地接近和影响顾客。正如本章前面所讨论的，社交媒体的飞速发展引发了实时营销的热潮，市场营销者引发和加入消费者对话，讨论当前发生的情况和事件。市场营销者可以密切关注动态，创造相应的内容来吸引顾客参与互动。

社交媒体的成本效益很高。尽管创造和管理社交媒体内容可能代价不菲，但大多数社交媒体都是免费或低价的。因此，相对于电视和平面广告等昂贵的传统营销媒体而言，社交媒体的投资回报率很高。社交媒体的低成本使无法承担高预算营销运动的小型企业和品牌也能够方便地使用。

社交媒体最大的优势也许是其参与互动和社交分享的能力。社交媒体特别适用于建立顾客互动和社群，吸引顾客投入与品牌或其他顾客之间的互动。社交媒体能够比其他任何一种营销沟通渠道更有效地吸引顾客提供和分享品牌内容、体验、信息和创意。

以“你购买和出售手工制品”的网上手工艺品市场 Etsy 为例。Etsy 运用其网站和移动网站，以及大批社交媒体建立了一个 Etsy 生活方式社群，买者聚集在一起学习、探索、交换和分享与手工制作、古董产品等主题相关的想法。除了其活跃的脸书、推特和 YouTube 账户，Etsy 还在图片分享网站 Instagram 上吸引了 78 万品牌粉丝，分享创意和手工项目的图片。它还在图片美编社交网站 Pinterest 上吸引了近 100 万粉丝，主题涉猎广泛，从“DIY 项目”、“趣味”和“我们喜爱的物件儿”，到“ Etsy 婚礼”等等，甚至还有供粉丝发布最爱食谱的“好吃！食谱分享”，Etsy 会出售食谱中用到的一些成分。所有这些都是 Etsy 生活方式的组成部分。通过网络和社交媒体上密集的展示，Etsy 建设了一个由 2 400 万买家和 160 万卖家构成的活跃和投入的全球社群，它称之为“我们共同创造的市场”。[27]

社交媒体营销也面临诸多挑战。首先，许多企业仍然在探索如何才能更有效地利用社交媒体，而且成果很难度量。其次，社交网络在很大程度上由用户掌控。企业使用社交媒体的目的是使品牌成为顾客谈话及生活的一部分。然而，市场营销者不能简单生硬地介入消费者的数字化互动，而是需要自然地融入。市场营销者必须通过开发具有持久吸引力的内容，成为消费者网上体验中有价值的部分，切忌粗暴地侵入。

因为消费者对社交媒体内容有更大的控制权，即使是看起来很无害的社交媒体活动也可能会事与愿违。海洋世界（Sea World）推出“海洋世界关怀”的营销运动，希望公众了解其努力在室内和野外保护虎鲸和其他水生物种时，就遭遇过这样的情况。

> 作为这场内容丰富的运动的一部分，在意识到“有些人对人工护理的虎鲸的生存状况有疑问”，海洋世界邀请推特用户用话题标签“#问问海洋世界”（#AskSeaWorld）直接向公司提问。但是这一推文标题没有如海洋世界预期的那样引发建设性的提问和回答，而是转变为一场对海洋世界猛烈抨击的噩梦。愤怒的推特用户借机利用该推文标题叱责虐待动物的行为，海洋世界成为他们发泄不满的对象。以下是一些代表性的回应：“你知道自己囚禁那些无辜的动物、为了娱乐而虐待它们、对公众撒谎来挣得大笔金钱，怎么还能安然入梦呢？”“你认为将孩子带离它们的母亲是道德的吗？赶紧清空水箱吧。”[28]

显而易见。一位社交营销者提醒说，借助社交媒体，“你可以密切地接触消费者，但谨记这里是他们的地盘”。另一位社交营销者说道：“社交媒体是一个高压锅，数十万甚至数百万人会看到你的想法，他们试图毁灭它，找到它的弱点和愚蠢之处。”[29]

整合社交媒体营销

使用社交媒体看起来也许就是在脸书或者推特主页上发布信息和促销，或往 YouTube 和 Pinterest 上传视频和图片来创造品牌口碑等这般简单。但事实并非如此，大多数大公司现在纷纷设计全面的社交媒体努力来支持或与其他品牌营销战略要素和策略相融合。成功使用社交媒体的公司可不是采用一些分散的努力仅仅追逐消费者点个赞或发条推特信息，而是整合范围广泛的多种媒体，创造与品牌相关的社交分享、互动以及顾客社群。

管理品牌的社交媒体努力可能是一项艰巨的任务。例如，星巴克是世界上最成功的社交媒体营销者之一，其核心社交媒体团队通过在 12 个不同的社交平台上的 30 个账户与粉丝们保持联系。仅 Frappuccino 在脸书、推特、Instagram 和图片库分享搜索器（We Heart It）上就有 110 多万粉丝。管理和整合所有这些社交媒体内容无疑极具挑战性，但值得投入。顾客无须到实体店就可以与星巴克进行网上互动，而且是吸引顾客主动参与。[30]

除创造网上互动和建立网上社群之外，星巴克的社交媒体努力还有效增加了门店的客流量。例如，6 年前，星巴克推出首次大型社交媒体促销活动，顾客买一杯早餐饮料，就可以得到一份免费的糕点。结果约 100 万人到店参与。星巴克近期开展了“推特一杯咖啡”（Tweet-a-Coffee）促销运动，让顾客向朋友推送包括“#tweetacoffee”和朋友账号的信息，即送出一张价值 5 美元的礼品卡。该运动在不到 1 个月的时间内，就为星巴克带来了 18 万美元的营业收入。星巴克的全球数字营销总监说：“社交媒体不仅仅是互动、讲故事和创造联系，它们可以对企业产生切切实实的影响。”[31]

移动营销

移动营销（mobile marketing）指向移动中的消费者通过他们的移动设备递送营销信息、促销和其他营销内容。市场营销者运用移动营销在购买和关系建立的过程中随时随地到达顾客，并与他们互动。移动设备的广泛采用和移动流量的迅猛增加使得移动营销成为大多数品牌的不二选择。

随着手机、智能手机和平板电脑的使用数量激增，移动设备在美国家庭的渗透率已经超过 100%（许多人拥有不止一部移动设备）。大约 40% 的美国家庭目前是没有固定电话的纯粹移动家庭。65% 以上的美国人拥有智能手机，超过 60% 的智能手机用户用它来连接移动互联网。他们不仅浏览移动互联网，而且是各种移动应用程序的积极使用者。全球移动应用程序市场增长迅猛：共有 300 多万种移动应用，平均每部智能手机上安装 11 ～ 20 种应用程序。[32]

大多数人喜欢用手机，甚至严重依赖手机。一项研究发现，近 90% 拥有智能手机、平板电脑、电脑和电视机的消费者只有在不用手机的时候才会使用其他设备。平均而言，美国人每天会查看 46 次手机——18 ～ 24 岁的年轻人每天查看 74 次；每天花 40 分钟使用移动应用程序、聊天、发短消息和浏览网页。因此，尽管电视机在人们的生活中仍然很重要，但手机迅速变成人们的“首选屏幕”。离开家后，手机几乎就是人们唯一关注的屏幕。[33]

对于消费者来说，一部智能手机或平板电脑就相当于一位便利的购物伙伴，随时可以获得最新的产品信息、价格对比、来自其他消费者的意见和评论，以及电子优惠券。一项最近的研究发现，90% 的智能手机携带者会在购物的时候使用它。因此，电子渠道购买总量中有超过 42% 的交易是由移动设备完成的就不足为奇了。[34] 移动设备为营销者提供了一种有效的平台，借助移动广告、优惠券、短信、移动应用程序和移动网站等工具，吸引消费者深度参与和迅速购买。

在美国，移动营销的花费不断提高，仅去年一年就增加了 66%，而且有望在未来 4 年内实现翻番，甚至更多。[35] 几乎所有的主要营销者——从耐克、宝洁、梅西百货，到当地银行或者超市，再到类似红十字会等非营利机构——如今都试图把移动营销整合到直复营销计划之中。

企业用移动营销来刺激当前购买，简化购买过程，丰富品牌体验（参见“营销实例”）。这使得市场营销者在消费者表达购买兴趣或者制定购买决策时，为他们提供更多的信息、激励和选择。例如，塔可钟运用移动广告在其所谓的“移动重要时刻”联系顾客。[36]

> 为了推广早餐，塔可钟运用移动广告瞄准精心选择的目标受众，在顾客开始新的一天时影响他们。根据诸如清晨消费者首先会用哪些移动应用程序、他们最喜爱什么新闻应用程序或者他们什么时候会查看早餐食谱等特定行为，它的移动广告有的放矢。一位塔可钟的营销人员说：“我们已融入顾客早晨的行为之中。”塔可钟还根据地理位置投放移动广告，运用谷歌 Waze 的导航和交通应用程序甄别特定顾客的位置，甚至提供到达附近门店的详细指引。通过这些方法，塔可钟可以根据每位顾客的行为、经历和环境定制移动广告。一位营销人员说，移动营销让塔可钟“当顾客早晨醒来开始考虑早餐时就及时出现”。

营销实例 移动营销：随时随地吸引顾客

如今，只要有一部智能手机或其他移动设备，你就能够随时随地学习、工作或购物。谷歌的 Waze 移动应用程序凭借社群成员持续和可靠的更新，能够帮助你驾驶——实时精确地找到交通拥堵路段、事故、限速和燃油价格。红盒租借亭操作起来太慢了？下载红盒应用程序吧，你只要借助移动设备就可以轻松找到和预订心仪的 DVD，方便的时候去租借亭提取。

REI 的飞雪项目（Powder Project）应用程序为你提供美国和加拿大“偏远地区和人迹罕至”的滑雪地的信息。除了雪地条件、滑道开放数量、地图指示等基础信息，这款移动应用程序还提供实景、GPS 导航、高程剖面、论坛以及一大批互动功能，加上与 REI 的链接，让你在发现需要 K2 滑雪新套装或双人 Hubba Hubba 帐篷时直接点击、轻松购买。

欢迎来到移动营销的世界。如今，智能手机和其他移动设备已然改变了人们的生活，成为不可或缺的沟通、信息和娱乐中心。它们还彻底改变了人们逛街和购物的方式，为市场营销者提供新机会以更加有效和令人满意的方式吸引顾客。

市场营销者正积极应对移动连接和应用的巨大增长。移动广告开支的增长去年达到令人咋舌的 66%，并有望在未来的 4 年中翻番。仅仅 7 年之前，苹果应用程序商店还只拥有 10 000 款产品，这在那时就已经是数量惊人了。但是到去年，这一数量激增到 150 万。安卓的谷歌 Play 现在以 160 多万款产品领先。移动已经成为今天市场营销的新前沿，尤其是对依赖年轻消费者群体的品牌而言。移动设备具有非常个人化、持续呈现和随时运作等特点。这使得它们成为取得快速反应的理想媒介，尤其对时间紧迫、个性化强的产品而言，更是如此。

成功的移动营销远不止给人们提供电子优惠券和购买链接那么简单。相反，它强化品牌互动、创造一种“无缝隙”的购买体验。例如，凭借亚马逊的移动应用程序——多亏了“一键下单”、尊享会员和其他功能——顾客可以随时随地下单购买，并在一天内收到商品。而他们所需要做的仅仅是在智能手机上简单地搜索或浏览，点击一下按钮即可。

消费者从亚马逊这样的营销巨头那里逐渐建立起对这种无缝隙移动购物体验的预期。最近移动能力的快速发展，从定位技术到移动支付系统，越来越多的企业成为各自行业中的亚马逊。以基于移动应用程序的车辆共享服务商 Getaround 为例。

> 仅在美国，每天个人车辆闲置的时间就高达 60 亿小时。车辆共享服务商 Getround 让车主通过在 Getround 社群与他人分享闲置车辆的时间来挣钱。这家年轻的公司已经拥有由 30 万会员组成的快速增长的顾客基础，收取 60% 的出租费——根据车辆不同，平均每月 500～1 000 美元不等。Getround 打理一切——顾客联系与支持、保险、道路救援以及支付。要使用 Getround，你只需下载一款移动应用程序，并提供信用卡和驾照信息。然后你就可以用这款移动应用程序搜索和查阅附近数千辆可用车辆，在需要的时候随时按小时数或天数租用一辆。借助手机的 GPS 定位功能所选择的车辆，用应用程序开启车门即可驾驶。之后，用信用卡或苹果支付一键付款。就这么简单。Getround 的移动应用程序甚至可以提供出行管理工具，帮助你来一场说走就走的旅行。

除了使购买过程变得更加便利，移动营销还可以做得更多。它将广告、优惠券和其他促销方式推向了新的高度。移动营销者可以使促销个性化，并将品牌融入顾客重要的日常经历之中。例如，移动奖励网络 Kiip 专门帮助品牌以顾客的日常活动为依据，在恰当的时机向他们提供恰当的奖励。该代理商最初在诸如《僵尸农场》(Zombie Farm) 和《超级蹦蹦蹦》(Mega Jump) 等视频游戏应用程序中植入品牌奖励计划。达到新游戏层级或符合其他特定目标的玩家会得到一张心仪的零售商的优惠券，比如美国服饰（American Apparel)。

如今的 Kiip 已经发展为有 2 500 款移动应用程序和 6 000 万用户的网络，涉及游戏、健身、任务管理、音乐和烹饪等诸多类别，每月为麦当劳、Propel、Sour Patch Kids、宝洁和万事达等客户提供超过 5 亿份奖励。对像 MapMyRun 那样的健身应用程序和与 Any.do 类似的任务管理应用程序，Kiip 将奖励与现实成就相联系。当用户完成了任务清单上的任务或达到了跑步目标，就会获得相关品牌提供的奖励。例如，宝洁公司的 Secret 香氛最近为 MapMyRun 的女性用户提供免费下载健身时播放的歌曲作为奖励。刷新个人纪录的 Any.do 用户可以得到来自休闲食品巨头亿滋公司（Mondelez）提供的免费清至（Trident）口香糖。

Kiip 帮助市场营销者在积极的时刻到达目标用户，并针对目标用户的实时行为和成就提供奖励。例如，在阅读移动应用程序中读完特定页数的读者获得免费订阅杂志的机会；使用情侣应用程序保持联系的人们获得从 1-800-Flowers 购花的优惠。Kiip 甚至与车联网公司 Mojoi 合作，后者的 4G 远程信息处理设备插入汽车的诊断接口后，可以追踪关于车辆状况的信息，了解车主的行车过程。借助 Mojio，Kiip 帮助客户——从保险公司、汽修店到停车缴费和加油站——提供与特定驾驶地点和行为相联系的奖励。

与典型的旗帜广告、弹幕广告或电子邮件不同，Kiip 提供的奖励信息强化用户常规行为而非打断他们。根据 Kiip 的创立者兼 CEO 所言，“与其说是实时营销，不如说是实时需求满足。”实际上，他断言 Kiip 根本不从事移动广告业务——而是从事幸福业务。“我们希望利用幸福感，”他说，“当你感到幸福时，所有的事情都那么美好。”移动没有时间限制，关联性强，并根据消费者回应的形式奖励幸福感。用户对 Kiip 的移动促销使用率达到 22%，而相比之下普通的应用程序广告只有 0.3%。Kiip 的服务还将移动应用程序的再次使用率提高了 30%，使用时长达平均水平的两倍。

许多消费者最初对移动营销存疑，但是如果移动营销递送了有用的品牌和购物信息、有趣的内容、及时的优惠券以及折扣价格，他们常常会改变看法。大多数移动营销活动只瞄准自愿选择或下载移动应用程序的顾客。在日益拥挤的移动营销空间，除非看到真正的价值，否则顾客不会这么做。因此，营销者面对的挑战是：开发有价值的移动提供物、广告和移动应用程序，让顾客放下戒备之心。

资料来源：Denise Restauri, “ With the Getaround App, Your Idle Car Can Pay for Itself,” *Forbes*, February 25, 2016, www.forbes.com/sites/deniserestauri/2016/02/25/this-millennial-is-upending-the-transportation-industry-andshe-needs-your-car/#616b02e843f4; Lindsay Harrison, “ Kiip: For Making Mobile Ads That People Want, ” *Fast Company*, February 11, 2013, www.fastcompany.com/most-innovative-companies/2013/kiip; Christina Chaey, “ How Kiip Ties Brand Rewards to Game and Life Achievements to Make Mobile Ads Engaging, ” *Fast Company*, July 23, 2012, www.fastcocreate.com/1681287; Neil Undgerleider, “ Advertisers Are about to Enter Your Connected Car,” *Fast Company*, April 11, 2014, www.fastcompany.com/3028744/most-innovative-companies/advertisersare-about-to-enter-your-connected-car; Katherine Dunkin, “ Building a Peer-to-Peer Car Sharing Network at Age 27,” *Entrepreneur*, August 20, 2014, www.entrepreneur.com/article/236473; “ Digital Ad Spending to Surpass TV Next Year, ” *eMarketer*, March 8, 2016, www.emarketer.com/Article/Digital-Ad-Spending-Surpass-

TV-Next-Year/1013671; and www.powderproject.com/, www.kiip.com/me, www.getaround.com/mobile, www.getaround.com/tour, and www.getaround.com/tour/benefits, accessed October 2016.

如今的多媒体移动广告可以创造大量的互动和影响。例如，梅西百货最近围绕一款想象力丰富的当红移动应用程序发起一场促销运动——“巴西：一场奇妙之旅”。该促销运动以巴西设计师设计的特色服装和店内巴西狂欢文化体验活动为特色。购物者用智能手机扫描店内的条形码，就可体验一次虚拟的奇妙之旅，了解巴西时装和体验巴西文化，比如亚马孙河探险、参加里约热内卢狂欢节，或者观看一场巴西足球比赛。

大多数市场营销者还选择特定的电话和移动服务提供商创建自己的移动网站。还有些公司开发实用的或娱乐性的移动应用程序，吸引顾客和促成购买。例如，本杰明摩尔（Benjamin Moore）的“色彩魅力”移动应用程序邀请顾客拍摄色彩绚丽的图片，然后用 3 500 种本杰明摩尔油漆与之配色。星巴克的移动应用程序让顾客把自己的智能手机当作星巴克卡便捷地完成交易。嘉信理财（Charles Schwab）的移动应用程序为顾客随时随地提供最新的投资新闻，帮助他们监控账户和达成交易——“帮助你与自己的钱随时保持联系”。

与其他类型的直复营销一样，企业必须负责任地运用移动营销，否则有可能惹恼对广告备感厌烦的消费者。大多数人不希望频繁地被广告打扰，所以市场营销者必须找到聪明和清晰的方法在手机上吸引消费者。关键在于提供真正有用的信息和交易条件，使消费者乐于参与和使用。许多市场营销者在顾客许可的基础上提供移动广告。

总之，数字直复营销——网络、社交媒体和移动营销——为企业的未来带来巨大机遇的同时，也提出了严峻的挑战。其最激情的鼓吹者仍然预想着这样一个时代：互联网和网络营销替代了杂志、报纸甚至商店，成为主导的信息来源和购物场所。但是，大多数市场营销者保持着一种更为审慎和现实的观点。对大多数企业来说，数字化的社交媒体营销仅仅是一种接近市场的重要手段，需要与营销组合中的其他方法相互配合。

17.5 传统直复营销形式

尽管快速发展的数字营销工具近来格外引人瞩目，传统直复营销工具仍非常活跃并且被广为使用。我们现在来看看图 17 - 1 右侧列出的传统直复营销形式。

主要的传统直复营销形式包括面对面销售、直接邮寄营销、购物目录营销、电话营销、电视直销、信息亭营销等。我们在第 16 章深入讨论了人员销售。这里，我们考察其他的传统直复营销形式。

直接邮寄营销

直接邮寄营销（direct-mail marketing）是指将产品、宣传单、纪念品或其他东西寄送给某个特定地址的人。直复营销商借助精心选择的邮寄列表，每年发送成千上万的邮件——信、产品目录、广告、宣传册、试用品、CD 和 DVD 及其他“长着翅膀的销售人员”。美国市场营销者在直邮上的开支是 470 亿美元（包括目录和非目录邮件），占所有直复营销费用的 30%。[37]

直接邮寄这种方式非常适合一对一的直接沟通。它可使高度细分的目标市场实现个性化，具有柔性，而且能够方便地评估结果。虽然直接邮寄的每千人成本高于大众媒体，如电视或杂志，但其沟通的人群是更理想的潜在顾客。直接邮寄可以成功地推广各种产品，从图书、保险、旅游、礼品、美食、服装和其他消费品，到各种工业品。慈善组织也频繁地使用直接邮寄的方式来筹集每年几十亿美元的善款。

一些分析人员预计在未来的几年里，随着市场营销者转而使用诸如电子邮件和移动营销等更新的数字形式，传统直邮方式的运用会呈下降趋势。电子邮件、移动营销和其他新兴的直复营销方式与美国邮政局的“蜗牛邮件”相比，传递信息的速度快多了，成本也更低。

虽然新型的数字直邮促销逐渐流行，但传统形式仍然在广泛使用。邮件营销提供了一些数字形式所不具备的独特优势。它为人们提供有形的信息便于持有和保存，还能用于派发样品。“邮件使一切显得更真实，”一位分析人员说，“它创造了一种与顾客间的情感联系，而数字形式往往做不到。人们拿着它阅读，进而被吸引。这与网上体验完全不同。”相反，电子邮件容易被屏蔽或删除。“借助垃圾邮件过滤，顾客常常拒绝公司的信息，”一位直复营销者说，“有时候你不得不邮寄信件。”[38]

传统的直邮可以成为整合营销运动中有效的组成部分。例如，GEICO 严重依赖电视广告建立品牌的顾客知晓度和定位。但是，它同时也运用大量的老式直邮广告来避免电视广告过度饱和带来的困扰。GEICO 运用直邮广告邀请仔细挑选的目标顾客立刻采取行动，通过登录 geico.com 网站、拨打 1-800-947-AUTO 或与当地的 GEICO 经纪人联系购买车险节省保费。GEICO 努力使其直邮信件不像电视和数字广告那样容易被潜在顾客跳过。例如，潜在顾客收到一封写有个人地址的邮件，信封上面有醒目的“省钱”字样和二维码，吸引他们查看信封里面的内容，或干脆用手机扫描二维码。扫描二维码进入公司的移动网站之后，潜在顾客可以看到更多信息，并受到激励采取购买行动。

如果遇到对此不感兴趣的人，直邮很可能被视为垃圾邮件或骗人的把戏。出于这一原因，明智的市场营销者仔细选择直邮的目标受众，避免浪费金钱和时间。他们设计以对方认可为基础的营销方案，只向希望收到相关信息的人寄送邮件。

购物目录营销

技术的进步以及个性化、一对一营销的不断发展，带来了**购物目录营销**（catalog marketing）的巨大变化。《购物目录时代》（*Catalog Age*）杂志曾经将购物目录定义为“销售多种商品并提供直接订购的、超过 8 页且装订成册的印刷品”。现在这个定义必须做出改变，与时俱进。

随着互联网的迅猛发展，越来越多的购物目录逐渐数字化。种类繁多的纯网络购物目录商已经出现，大多数传统的印刷目录商也已经将网络目录和移动目录购物移动应用程序加入自己的营销组合之中。例如，消费者只需在手机或平板电脑上轻轻滑动手指就能看到来自诸如梅西百货、Anthropologie、里昂比恩、Hammacher Schlemmer 或 Coldwater Creek 等零售商的目录信息。在最新版 Eddie Bauer 目录送达信箱的数日之前，消费者就能够在平板电脑或移动设备上通过 eddiebauer.com 网站看到了，或者借助 Pinterest 之类的社交媒体获得核心信息。Eddie Bauer 的移动目录让消费者享受随时随地浏览和购买的便利。

数字目录消除了印刷和邮寄成本，还能够实时进行商品配置，根据需要随时增加或删减产品及其特性，并适应市场需求变化及时调整价格。传统的印刷目录受到版面的限制，容量有限，网上目录可以提供的商品数量则不受限制，还可以采用更丰富的展示形式。顾客可以随时获得电子目录，甚至是在实体商店购物时。电子目录还可以提供更丰富的展示形式，包括搜索和视频。最后，电子目录还具有互动性。例如，宜家的目录应用程序可以让顾客尝试房间设计和色彩搭配，以考察宜家的产品在他们自己的空间里是否合适，并通过社交媒体与他人分享产品和设计创意。

尽管网络购物目录具有这些优势，但是从你那被塞得满满的邮箱就可看出，纸质购物目录仍旧保持着兴盛的态势。美国直复营销商去年总共寄出了 120 亿份目录——平均每个美国家庭 97 份。[39] 为什么在这个数字化的新时代，企业仍然不愿放弃纸质购物目录呢？一方面纸质目录是促进网上销售的最佳途径之一，这使它们在数字时代比以前更重要。一项调查发现，约 75% 的 Lands' End 购买者说他们登录零售商网站或移动网站购买之前已经看过了印刷目录。而男装公司 Bonobos 发现，首次购买者中有 30% 是受到目录启发而来的，而且这些买者比没有看过目录的顾客多消费 50% 以上。[40]

除了推动即刻销售的能力，纸质目录还可以和顾客建立情感联系。翻阅纸质目录对购买者仍然具有电脑页面所不能替代的吸引力。许多卖家改良自己的目录，使之不仅仅是罗列产品和价格的大册子。例如，Anthropologies 将其目录称为杂志，包含各种生活方式图片。“当然我们在努力出售衣服和配饰，” Anthropologies 的首席营销官说，“但是我们的杂志可以更好地激发兴趣和吸引互动。”

类似地，除了每年出版 10 余种传统目录之外，巴塔哥尼亚还围绕特定的主题发放其他目录。一份最近的目录表现了鹰，采用了许多图片：在智利，孩子和秃鹫一起；在加利福尼亚，野生动物保护志愿者放飞康复后的红尾鹰。

这份目录包括的商品很少，43 页篇幅的厚厚册子只在最后四页呈现了产品。这类目录是“我们与最亲密的朋友和真正了解品牌的人的对话”，一位巴塔哥尼亚营销者说道。“数年前，目录还只是一种推销工具，现在它已经成为一种富有感召力的信息来源，”另一位直复营销者说，“我们知道顾客喜爱触觉体验。” [41]

电话营销

电话营销（telemarketing）是指使用电话对消费者或商业顾客进行直接销售。美国市场营销者今年在电话营销上的支出将达到 440 亿美元，几乎与直邮一样多。[42] 我们对向消费者进行的电话营销都很熟悉，但其实 B2B 营销者也在广泛地使用电话营销。市场营销者使用拨出电话直接向消费者和企业销售，并通过拨入电话接收由电视或平面广告、直接邮寄或购物目录激发的订单。

设计合理且定位准确的电话营销具有很多好处，包括便利的购买及更多的产品和服务信息。但不请自来的营销电话常常让消费者恼火，几乎每天都有骚扰电话将他们拖离餐桌或者塞满电话录音。为此，美国于 2003 年设立了全美拒绝来电注册，由联邦贸易委员会管理。法规禁止大多数电话营销者对已注册的号码进行骚扰（尽管仍可以接到来自非营利组织、政客和最近有商务往来的企业的电话）。消费者对此反应热烈。迄今为止，超过 2.22 亿个家庭和移动电话号码已经通过 www.donotcall.gov 或者拨打电话进行注册。[43] 违反规定拨打电话的企业将会被处以每次高达 16 482 美元的罚款。因此，这一举措非常有效。

全美拒绝来电注册对部分消费者电话营销产业构成了损害。但两种主要的电话营销形式——消费者打入电话和企业间电话营销，仍然保持强劲的发展势头。电话营销还是非营利组织筹集资金的主要工具。禁止拨打的规定显然对一些直复营销者而言利大于弊。许多直复营销者将电话中心的活动从常常使顾客愤怒的“突袭式”电话转向管理现有顾客关系。他们正开发“选择加入”电话系统，这一系统可以为那些希望企业通过电话或者电子邮件与其联系的顾客提供有用的信息和产品。相比以前那种侵入性方式，这种选择加入模式对市场营销者更有价值。

电视直销

电视直销（direct-response television marketing）有两种主要形式：直接答复的电视广告（direct-response television advertising）和互动电视广告（iTV）。直复营销者运用直接答复的电视广告节目播放广告，通常是 60 ～ 120 秒，带有劝说性地介绍一种产品并向顾客提供一个免费电话或网址进行订购。电视直销也包括关于某个产品的 30 分钟或是更长时间的广告节目或商业信息片（informercials）。

成功的电视直销广告能激发大量销售。例如，鲜为人知的商业信息片制造商 Guthy-Renker 帮助推进主动方案（Proactiv Solution）痤疮治疗和其他“变革型”产品成为强势品牌，赢得近 500 万名活跃的顾客并产生 18 亿美元的年销售额（而与之形成鲜明对比的是，美国痤疮治疗产品在药店的年销售额只有大约 1.5 亿美元）。Guthy-Renker 现在结合 DRTV 和脸书、Pinterest、Google+、推特、YouTube 等社交媒体来创造吸引消费者参与和购买的有效整合的直复营销渠道。[44]

多年来，商业信息片总是与有些可疑的商业广告联系在一起，比如洗涤剂、去污剂、厨房小器械和无须努力锻炼就能保持身材的秘诀等。例如，过去几年诸如推销电动拖把和神奇花园钻的安东尼 · 苏利文（Anthony Sullivan）、售卖 ShamWow 抹布的文西 · 欧福尔（Vince Offer）等声嘶力竭的电视推销员已经在电视销售中成功吸金数十亿美元。诸如 OxiClean、ShamWow 和 Snuggie（有袖子的毯子）等品牌已经成为互动电视直销的经典影片。直复营销者 Beachbody 借助大量的练习视频——从 P90X 和 T-25 到有氧和嘻哈腹肌训练——在电视上播出练习前后的对比故事、练习片段和来自视频制作者激动人心的话语，年收入超过 5.7 亿美元。[45]

近来，一些大企业或组织，从宝洁、迪士尼、露华浓和苹果，到丰田、可口可乐、百威英博，甚至是美国海军，都开始使用商业信息片销售其产品、向顾客推荐零售商、传播产品信息、招募成员或者吸引购买者登录网络、移动和社交媒体网站。

互动电视是一种更新的直接答复电视广告形式，让观众与电视节目和广告互动。多亏了互动电视系统、连接网络的智能电视和智能手机、平板电脑等技术，消费者现在可以通过他们的电视终端、手机或其他设备获取更多的信息或直接从电视广告推荐的渠道进行购买。例如，时装零售商 H&M 最近发布广告，让拥有某种三星智能电视机的观众与商业信息片远程互动。广告中显示一份简短的功能列表，提供产品信息、将信息发送到另一台设备和直接购买等选项。[46]

有意思的是，随着电视屏幕与其他屏幕之间的界限日益模糊，互动电视和商业信息片不仅出现在电视上，而且可以在移动、网络和社会媒体平台播放，增加了更多类似互动电视的直复营销方式。而且，如今大多数电视广告常常突出网站、移动和社交媒体链接，以便多屏消费者实时联系，获得和分享关于广告品牌的更多信息。

信息亭营销

由于消费者正越来越习惯于数字和触摸屏技术，许多企业把信息和获取这些信息的机器——称作信息亭（Kiosk）（很像老式的自动贩卖机，但功能要强大得多）——放在商店、机场、旅馆、大学校园等处。最近，信息亭正出现在每一个角落，从自助服务的酒店和航空公司的值机设备，到购物中心里的自助产品信息亭，再到允许顾客订购缺货商品的店内订购设备。“自动售货机，不久前还在使用机械杠杆和投币口，现在却拥有了‘大脑’。”一位分析家说。许多现代“智能售货机”具有无线功能。一些自动售货机甚至可以运用人脸识别软件，猜测使用者的性别和年龄，并据此进行产品推荐。

消费者可以使用柯达、富士和惠普的店内信息亭上传存储卡、手机和其他数字存储器中的图片，自行编辑和完成高清彩色冲印。安装在超市、药店和大型商场中的“西雅图最好的咖啡”自动售货机甚至可以随时为路过的顾客研磨新鲜的咖啡豆来冲泡和提供经典美式咖啡、摩卡和拿铁。红盒在麦当劳、沃尔玛、沃尔格林、CVS、Family Dollar 和其他零售网点放置了超过 3.5 万个 DVD 出租亭。顾客可以通过触摸屏选择自己喜欢的 DVD，然后刷银行卡按每天不到 2 美元的价格租片观看。

ZoomSystems 为从苹果、丝芙兰和美体小铺到梅西百货和百思买等众多零售商创造名为 ZoomShops 的小型独立售货亭。例如，全美现在有 100 家百思买快捷 ZoomShops 售货亭，位于机场、热闹的购物中心、军事基地和景点等场所，消费者可自助购买便携式媒体播放器、数码相机、游戏机、耳机、充电器、旅行装备和其他流行产品。根据 ZoomSystems 的统计，如今的自助零售“既有传统零售商立刻满足需求的功能，又能向消费者提供网上购物的便利”。[47]

直复与数字营销中的公共政策问题

直复营销者及其顾客通常能够共享彼此有益的双赢关系，但是偶尔也会出现一些阴暗面。一些直复营销者采用进攻性的，有时甚至是欺骗性的销售手段，给顾客造成困扰和伤害，使整个行业蒙羞。直复营销的滥用包括：过分打扰顾客、不公正行为甚至是直接的欺骗和欺诈行为。直复营销行业还面临对隐私问题日益增加的关注，网络营销者尤其必须处理好互联网的安全问题。

冒犯、不公正、欺骗和欺诈

过度的直复营销会惹怒或冒犯顾客。例如，大多数人不喜欢那些过于嘈杂、时间很长且没完没了的电视直销广告，我们的信箱和电子邮箱经常收到不请自来的垃圾邮件，我们的电脑常常会出现令人讨厌的横幅广告和弹出广告。

除了会惹怒顾客，一些直复营销商还因恶意利用那些冲动或不精明的购买者而受到指责。瞄准电视购物爱好者的电视购物频道和商业信息节目似乎是罪魁祸首。这些节目往往充斥着能言善辩的主持人、精心策划的表演，以及对大减价、产品经久耐用和购买无比方便等利益的鼓吹，竭力煽动那些对购买宣传缺乏免疫力的消费者。

欺诈行为，比如投资骗局或伪造的慈善募集活动，近年来不断出现。网络欺诈，包括身份盗窃和金钱骗局，也成为严重的问题。2005 年以来，互联网犯罪投诉中心（Internet Crime Complaint Center）收到的网络诈骗投诉案件增长了近 3 倍，每年约 275 000 件。去年，欺诈投诉所涉及的资金损失高达 8 亿美元。[48]

互联网欺诈的常见手段是网络钓鱼（phishing），即一种身份盗窃行为，利用欺诈性的邮件和欺骗性网站骗取使用者的私人信息。例如，消费者可能收到貌似来自其银行或信用卡公司的电子邮件，声称他们的账户安全受到威胁，要求他们登录一个指定的网址并确认账号、密码，有时甚至是社会保障号。如果消费者按照指示操作的话，就会将自己的敏感信息泄露给骗子。虽然许多消费者对这些伎俩越来越警惕，但一旦中招就会损失惨重。同时，这些不正当的行为会损害合法网络营销者的品牌形象，以及他们在网站、电子邮件和其他数字化交易中建立起来的消费者信任。

消费者还很担心网络的安全性，他们害怕那些不择手段的窥探者会窥视自己的线上交易，窃取私人信息或截获信用卡或借记卡账号。一项研究显示，尽管网上购物如今已经很普遍，仍有高达 70% 的参与者忧心忡忡，担心自己的信息被盗。在这个大量消费者数据被从零售商、电信服务商和银行，到医疗部门和政府机构的各种组织泄露的时代，这些担心不无道理。据报道，仅去年一年，美国就发生了 781 起重大的数据安全纰漏。[49]

消费者对网络营销的另一个担忧是，如何保护易受伤害的人或限制未经许可的人登录网站。例如，成人用品的营销者发现很难限制非成年人进入自己的网站。尽管脸书不允许 13 岁以下的孩子设立账户，但据估计脸书 18 岁以下的用户中有 40% 实际年龄不足 13 岁。脸书每天要删除 20 万低龄用户。不仅仅是脸书，年轻用户登录诸如 Formspring 的社交网站，在迪士尼和其他游戏网站上与陌生人交朋友。各州和国家立法者对此深表忧虑，目前正在讨论有助于更好地在网上保护孩子的法案。遗憾的是，这要求更先进的技术方案。正如脸书所言，“这可不那么容易”。[50]

消费者隐私

侵犯隐私可能是目前直复营销行业所面临诸多的公共政策问题中最棘手的一个。消费者通常会从数据库营销中受益，因为他们可以收到更多更符合自己兴趣的商品信息。但也有许多批评者指出，市场营销者可能对消费者的生活习性过于了解，以至于利用这一点对消费者实施不公正的营销活动。他们认为，数据库的广泛使用会在某种程度上侵犯消费者的隐私。消费者也担心自己的隐私被泄露。尽管他们现在更愿意通过数字和社交媒体与市场营销者分享个人信息和偏好，但仍然对隐私问题心怀忐忑。最近的一项调查发现，92% 的美国网民担心自己的网上隐私被泄露。另一项研究显示，超过 90% 的美国人对企业收集和使用他们在社交媒体网站上分享的个人数据和信息感到无能为力。[51]

在如今的"大数据"时代，几乎每次消费者在社交媒体发布信息、发送推文、访问网站、购买彩票、使用信用卡或通过电话或网络订购产品，他们的名字就会进入某些公司的预设数据库。直复营销商通过精密的大数据分析，可以挖掘和利用这些数据库精准地销售其产品或服务。大部分市场营销者已对收集和分析这些细化的消费者信息轻车熟路了。甚至专家有时都惊讶于市场营销者能够了解那么多。以《广告时代》的一位记者为例。[52]

> 提到瞄准顾客，我也并非新手——不仅仅因为我在《广告时代》工作，而且我的工作本身就常常涉及直复营销。然而当作为一项实验，我们要求数据库营销公司提供关于我的人口和心理资料时，仍然让我大吃一惊。太准确了！仅仅依靠公开的信息来源，它对我了解甚多，除了我的生日、家庭电话、所属政党之外，还知道我大学毕业、已婚、父母中已有一人离世；发现我是几家银行的客户，持有什么信用卡和"低档"百货商店的购物卡。它不仅知晓我在目前的房子里住了多久，买房子时花了多少钱，现在价值多少，用了何种抵押方式，甚至——真的非常接近事实地猜测到——我还有多少款项没有付清。它估计我的家庭收入，并且再一次非常准确地推测出我是英国人后裔。
>
> 这还仅仅是个开始，该公司还清楚地知道我的心理特征，将我划归以下群体：购物时更依赖自己的观点而不是他人的推荐；反感夸张和激进的广告；家庭导向并对音乐、跑步、运动、计算机感兴趣，热心于音乐会；始终在线，通常使用网络追踪运动和时事新闻；将健康视为核心价值。这可怕吗？当然。

许多消费者和政策制定者担心，如果公司营销产品或与其他公司交换数据时，没有对信息的使用设置权限，那么现有信息的泄露可能会使消费者面临信息被滥用的处境。例如，他们通常质疑，网上卖家是否会在访问其网站的消费者的浏览器上植入小程序，运用追踪到的信息针对性地进行广告和其他营销努力？是否应该允许信用卡公司将全世界数百万个持卡人的资料透露给接受其信用卡的商户？或者州政府是否应该兜售驾照持有者的姓名和地址，以及身高、体重和性别等信息，并且允许服饰零售商以过高和过重的人为潜在目标，从而制造满足特别要求的服装？电信公司是否应该向数据分析公司提供手机使用数据，后者向市场营销者出售客户洞察呢？例如，SAP 公司的"消费者洞察 365"收集和出售的顾客洞察，就来自移动运营商提供的数据，涉及 2 000 万～2 500 万移动用户每日通话、上网和短信活动的记录。[53]

采取行动

为约束过量的直复营销，不少政府机构正在研究"不可呼叫名单""不可邮递名单""不可追踪名单""反垃圾邮件法"。同时，对于网络隐私和安全问题，联邦政府也在采取积极的立法行为对网络和移动运营商获得和使用用户信息进行规范。例如，美国国会正在起草相关法案，赋予消费者对网上信息更大的控制权。联邦贸易委员会正采取更加积极的措施制定与网上隐私相关的政策。

对这些问题的关注呼吁市场营销者在立法者介入之前就采取更积极的措施监督和阻止隐私滥用。例如，为防止越来越多的政府管制，四大广告组织——美国广告代理商协会、全美广告主协会、直复营销协会和互动广告协会——最近发布了新的网站指南。该指南呼吁市场营销者提醒消费者他们的行为受到追踪。广告行业就广告选择图标（advertising option icon）——三角形中的小"i"达成一致。该图标被刊登在大多数针对互动行为的网络广告上，告诉消费者他们为什么会观看到某则特定的广告，并请消费者允许他们在没有事先征求同意的情况下发送这些广告。[54]

儿童的隐私权特别受到关注。2000 年，美丽国会通过了《儿童网上隐私保护法》（Children's Ohline Privacy Protection Act），该法要求以儿童为目标群体的所有网站必须在其网站上指明该隐私政策。它们必须向这些儿童的父母表明它们所收集和使用的信息，并且在收集 13 岁以下儿童的私人信息前，必须得到其父母的允许。随着在线社交网络、移动电话和其他新技术出现，许多保护隐私的团体正在督促美国参议院扩充《儿童网上隐私保护法》，将新技术和青少年包括进去。大家主要担心社交网络中的第三方挖掘大量数据，以及社交网络自己含糊不清的隐私政策。[55]

许多公司用自己的方式回应消费者所关注的隐私和安全问题。一些公司仍然采用行业内通行的做法。例如，信任标章中心（TRUSTe）是一个自我规范的非营利组织，与许多大型公司赞助人进行合作，包括微软、雅虎、AT&T、脸书、迪士尼和苹果，审计这些公司的隐私和安全措施，帮助消费者安全地进行网上浏览。根据这些公司的网站资料，"信任标章中心认为，互信和开放的环境将有助于创建和维持互联网，使其成为每个使用者的免费、随意和富于多样性的社区"。公司为了让消费者放心，通常把其信任标志"借"给那些满足顾客隐私和安全性标准的网站、移动应用程序、电子邮件营销者，以及其他网络和数据媒体渠道。[56]

直复营销整个行业也会引起公共政策问题。例如，直复营销协会——规模最大的、由从事直复营销、数据库营销和互动营销的企业组成的协会，《财富》500 强中近一半企业都是其会员——发起了一个"美国消费者隐私承诺"计划。该计划要求所有的协会成员必须坚守一系列完备的消费者隐私条例。成员必须同意，当租用、兜售或与其他公司交换任何私人信息时，必须通知消费者；必须遵从消费者的要求放弃进一步索要或者向其他营销者泄露消费者的信息。最后，必须遵守直复营销协会的服务偏好规则，在名单中将不愿意接收邮件、电话或电子邮件的消费者删除。[57]

直复营销者深知，一旦对以上这些问题考虑不周，直复营销行为的滥用将会引起越来越多消费者的消极态度、更低的回应率，以及更严格的州立法和联邦立法。大多数直复营销者与消费者有相同的需求：消费者需要作为目标群体接收真实的、设计精良的营销信息，而市场营销者需要消费者给予营销信息必要的重视和回应。直复营销成本很高，因而不能无的放矢。

关键术语

直复与数字营销（direct and digital marketing）
数字和社交媒体营销（digital and social media marketing）
多渠道营销（multichannel marketing）
网络营销（online marketing）
营销网站（marketing website）
品牌社群网站（branded community website）
网络广告（online advertising）
电子邮件营销（Email marketing）
垃圾邮件（spam）
病毒式营销（viral marketing）
博客（blogs）
社交媒体（social media）
移动营销（mobile marketing）
直接邮寄营销（direct-mail marketing）
购物目录营销（catalog marketing）
电话营销（telemarketing）
电视直销（direct-response television marketing）

概念讨论

1. 讨论直复营销与数字营销对买卖双方的利益。
2. 定义全渠道零售。零售商如何应对全渠道消费者？
3. 什么是博客？市场营销者如何运用博客营销产品和服务？博客对市场营销者而言，有何利弊？
4. 讨论传统的直复营销形式如何继续发挥重要促销工具的作用。
5. 什么是网络诱钓鱼？它如何影响网络营销？

案　例

阿里巴巴：世界上最大的网络零售商并非亚马逊

在电子商务领域，令沃尔玛都相形见绌的新霸主是阿里巴巴。这家扎根中国的巨型企业去年售出价值超过 4 850 亿美元的产品和服务，迅速建立起业务既囊括所有传统网上市场，也包括网络投资服务的网上帝国。即使如沃尔玛那般成功，其年销售额 1 070 亿美元也无法与阿里巴巴相提并论。实际上，去年阿里巴巴超越沃尔玛成为世界上最大的公司。这家新崛起的中国企业是如何成就其网上零售的丰功伟绩的？让我们先来看看阿里巴巴的创立者马云。

不大可能的开始

马云看上去几乎不可能是那个驾驭全球最强悍的企业的领导人。美国科技新锐往往诞生于加州车库。马云在校学习时成绩并不好，在考上师范学院之前曾有两次高考落榜。在最终开始担任英语教师一个月挣 12 美元之前，马云找了好几份工作都被拒。

但是马云很有活力和热情，具有远大的志向和野心，这些让他得到一个绰号“疯狂杰克”。在 1990 年代中国出口激增的时期，马云创办了一家翻译公司。一次去美国出差的时候，他接触到了互联网，惊奇地发现上面几乎没有任何关于中国的内容。在中国创办一家互联网公司的努力失败后，1999 年马云在其住所里聚集 17 位朋友开始创办一个网络市场。在传奇的电子商务营销者亚马逊和 eBay 创立仅仅几年之后，马云用愿景和个人魅力替代编码技能，开创了阿里巴巴。

回馈大众

不与更加全球化的网上卖家相比较，很难客观地评价阿里巴巴。实际上，阿里巴巴常常被称为“中国的亚马逊”。但是阿里巴巴与亚马逊、eBay、谷歌、沃尔玛、开市客、西尔斯和数以千计其他成功的电子零售商大相径庭，这或许可以解释为什么中国企业增长如此之快，并且在未来还会成长得更大。

首先，中国有令人敬畏的国内市场。亚马逊和其他在美国起步的企业，母国市场只有 3.2 亿人口。这一市场拥有世界上最发达的零售业和最高的生活标准。随着技术迅猛发展，大量雄心勃勃的新创企业激烈竞争，使美国零售业迅速发展。熟悉技术的美国消费者争相将自己的一部分购买活动从实体店转向网络渠道。

中国拥有 10 多亿人口，是世界上增长时间最长、最快的经济体，中国市场具有巨大的能量和潜力。但是也许更为重要的是，阿里巴巴起步的时候，中国的零售业仍然处于蒙昧时代。“电子商务在美国就像是甜品，仅仅是主菜的补充，”马云说，“但是在中国，由于传统零售的商业基础设施落后，电子商务问世之初就成为主菜。”

随着许多中国人摆脱贫穷成为中产阶层，他们同时接触网络和其他各种形式的购买渠道。相对于美国市场，这里的竞争者相对较少。中国市场的规模和特点促进阿里巴巴迅速发展，拥有超过 4.2 亿活跃用户，这一顾客基础轻轻松松就超过了美国总人口。而且相比于美国网络渗透率已经接近饱和高达 88%，中国只有 52%，这意味着巨大的增长潜力。

为调整传统零售业以适应网络时代，亚马逊和其他美国电子零售商运营着一个“管理的市场”——它们拥有自己的分销中心，直接出售部分自有产品，甚至营销自己的品牌。这些特征都与传统零售结构相仿。因此，一方面，美国电子零售商从既有的分销渠道和对运营保持高度的控制权中获利；另一方面也要求它们对基础建设和员工队伍进行巨额投资。实际上，过去四年中，有两年亚马逊是亏损的。另两年，其最高盈利水平也只有销售收入的 0.5%。沃尔玛线上线下销售的利润率都只有很低的个位数。

但阿里巴巴没有也不运营大型分销中心，不买断在其网站上出售的商品。它只雇用 36 000 人，与亚马逊 23 万员工的规模相比简直不值一提。阿里巴巴只是建设联系买卖双方的市场平台。这听起来与 eBay 的方式类似，但马云坚持说不是。“亚马逊和 eBay 是电子商务企业，但阿里巴巴不是，”马云最近说，“阿里巴巴只帮助别人做电子商务。我们不出售产品。”这使得阿里巴巴对顾客体验缺乏控制，但马云也不用因为纠结于如何维持低价的负担而夜不能寐。阿里巴巴让市场力量决定商品价格，自己退居后台看着现金源源不断地流入。过去 3 年，它的平均利润率约为 40%。

广为涉猎

持续的现金流允许阿里巴巴投资几乎所有能想到的业务。初期，阿里巴巴主要联系出口商与世界其他地方的企业。但是公司很快转变重点，开始迎合国内市场不断增长的购买能力。与其西方对手的发展模式不同，阿里巴巴通过开发和收购各种网站，建立主要的事业部。例如，淘宝网是一个帮助小企业和个人向消费者出售商品的网站。但与 eBay 的使命结构有很大差别，淘宝卖家只需支付广告促销的费用。从购物者的立场看，阿里巴巴的天猫网站更类似于亚马逊，让大企业与顾客彼此联系，包括许多全球公司，例如耐克、宝洁、苹果，甚至还有像开市客这样的零售商。

阿里巴巴的发展还采用了其他途径。尽管看上去这家迅速崛起的中国集团公司一直在模仿，但马云的愿景确实也在诸多领域有所创新。例如，支付宝虽然与贝宝类似，但因为人们在由国有银行主导的环境中渴望投资机会，支付宝为顾客提供回报诱人的金融产品。在推出这项业务的第一年，支付宝用户就存入了820亿美元。

另一个“追随硅谷大师”的例子是即将推出的天猫影院（Tmao Box Office），又称TBO，“旨在成为美国的网飞”，包括运营阿里巴巴影业集团制作的原创内容。在电视观众还不适应付费观看模式的环境中，阿里巴巴此举是一个真正的先锋。这一先锋努力随后扩展为众包的电影投资基金，允许普通人以较低的风险成为制片人，这很可能颠覆中国传统电影融资模式。

阿里巴巴还花费数百亿美元投资新创企业。如今，阿里巴巴集团业务覆盖多种服务与技术，包括音乐、游戏、博客、社交网络、活动票务销售、运输、共享单车、可穿戴设备以及智能手机。阿里巴巴在美国著名的投资包括：投资2亿美元收购Snapchat，向Lyft注资10亿美元，最近又购买了业务长期萎顿的Groupon公司5.6%的股份。显然，马云善于在交易市场中发现别人没有看到的价值。

随着阿里巴巴业务范围不断扩张，马云的愿景和创新似乎没有穷尽。毕竟，有多少美国网络行家能够说自己创办一个节日呢？仅仅7年以前，马云不遗余力地推广“光棍节”（11月11日）。这个原本单身人士的节日如今成为世界上规模最大的购物节。去年的这一天，阿里巴巴24小时内实现了143亿美元的销售，几乎是狂热的美国人“网购星期一”那天在所有电子商务公司总花销的5倍。

为实现2020年收益翻番的目标，对阿里巴巴而言有一项重要的任务日益紧迫——国际扩张。这家中国最成功的大型网络公司虽然目前一直聚焦于潜力巨大的国内市场，但它仍然有宏大的全球野心，即将做出改变。“我们计划更多地投资美国和欧洲市场，获得更多流量……建立品牌知晓度，”阿里巴巴出口事业部的国际B2C经理说，“我们最大的优势是量大——1亿多种产品，可以为能够购买我们价廉物美的产品的顾客提供更多选择。”阿里巴巴能否成功进军全球市场还有待时间的检验。一位分析人员最近预测，阿里巴巴可能与eBay结盟。

与此同时，诸如网飞和亚马逊等美国公司也正努力探寻扩大中国业务的有效途径。但是，尽管双边巨大的市场意味着显著的发展机会，但要判断这些美国公司能否将自己在美国运营得非常成功的商业模式输出到中国，还有待时日。

在美国竞争者尽力应对阿里巴巴时，它们还将面对一个更大的障碍。中国人民喜欢马云。在美国人看来，诸如贝佐斯、扎克伯格、拉里·佩奇和谢尔盖·布林以及乔布斯等技术创业者，是构建世界数字生态系统的远见卓识之士。但是在中国，人们崇敬马云，他将一家当地弱势企业转变为年营业收入超过亚马逊、脸书、谷歌和苹果等美国公司收入总和的市场主导者。这种爱国主义情感坚不可摧。

资料来源：Melanie Lee, “Alibaba Breaks 3 Trillion RMB Milestone,” *Forbes,* March 21, 2016, www.forbes.com/sites/melanieleest/2016/03/21/alibaba-groups-3-trillion-rmb-breakthrough/#78cf4ba22a43; Jason Lim, “Alibaba Group FY2016 Revenue Jumps 33%,” *Forbes*, May 5, 2016, www.forbes.com/sites/jlim/2016/05/05/alibaba-fy2016-revenue-jumps-33-ebitda-up-28/#25890c0e61a9; Kathy Chu and Sarah Nassauer, “Alibaba Acknowledges Looming Challenges,” *Wall Street Journal*, March 21, 2016, www.wsj.com/articles/alibaba-to-announce-transaction-volumemilestone-3-trillion-yuan-1458539799; Aaron Back, “Alibaba Dreams of E-commerce Globally but Acts Locally,” *Wall Street Journal (Eastern Edition)*, June 24, 2015, p. C12; Jillian D'Onfro, “How Jack Ma Went from Being a Poor School Teacher to Turning Alibaba into a $160 Billion Behemoth,”

Business Insider, September 14, 2014, www.businessinsider.com/the-story-of-jack-ma-founder-of-alibaba-2014-9#ixzz3dqFm4M9B; Charles Riley, " Alibaba Is Not the Amazon of China, " *CNNMoney*, September 16, 2014, http://money.cnn.com/2014/09/15/investing/alibaba-amazon-china/; Mohanbir Sawhney and Sanjay Khosla, " Alibaba vs. Amazon: Who Will Win the Global E-Commerce War? " *Forbes*, September 22, 2014, www.forbes.com/sites/forbesleadershipforum/2014/09/22/alibaba-vs-amazon-who-will-win-the-global-e-commercewar/; and Paul Carsten, " Alibaba's Singles' Day Sales Surge 60 Percent to $14.3 Billion, " *Reuters*, November 11, 2015, www.reuters.com/article/us-alibaba-singles-day-idUSKCN0SZ34J20151112.

讨论题

1. 作为一家数字零售商，阿里巴巴如何为中国消费者提供价值？哪些价值对中国市场而言是独特的？

2. 既然阿里巴巴没有买断或分销任何在其网站上销售的商品，请描述公司为了取得成功需要开发哪些能力。

3. 参照本章所述数字与网络营销的不同形式，分析阿里巴巴的商业模式。

4. 阿里巴巴能否在中国之外的国家取得成功？请解释原因。

注 释

请扫描二维码或登录中国人民大学出版社官网www.crup.com.cn下载本书注释。

第4篇

拓展市场营销

18 创造竞争优势

学习目标

- 讨论通过竞争分析来理解竞争者和消费者的必要性。
- 解释基于创造顾客价值的竞争性营销战略的原则。
- 阐释在真正的市场导向企业中，平衡顾客导向和竞争导向的必要性。

在前面的章节，我们学习了市场营销的基础知识，了解了市场营销的目的是为顾客创造价值，并从顾客那里获得价值回报。优秀的市场营销者通过理解顾客需要、设计顾客导向的市场营销战略、构建递送价值的营销方案，以及与顾客和营销伙伴建立关系，来赢得、保持并发展顾客。在最后三章，我们将这个概念延伸到三个特殊领域——创造竞争优势、全球营销以及社会责任和可持续市场营销。

首先，我们来仔细看看微软的竞争战略，这个技术巨头整个 1990 年代和大部分 2000 年代统治了全球计算机软件市场。其 Windows 和 Office 产品一直是个人电脑市场的不二选择。但是，随着独立个人电脑需求的下降和数字连接设备的猛增——从智能手机和平板电脑到互联网电视——强大的微软最近发现自己在快速变化的数字环境中必须彻底改变竞争性营销战略。这个技术巨人如今自我改造为消费者在后个人电脑（PC）时代不可或缺的重要品牌。

引例 微软：后 PC 时代的新竞争性营销战略

15 年前，若谈及高技术那肯定是全能的 PC。英特尔提供 PC 的微处理器，诸如戴尔和惠普这样的制造商生产和营销机器。但是，只有微软才是真正驱动行业的力量——它开发使大多数 PC 运行自如的操作系统。作为主导的软件开发商，微软提供的 Windows 操作系统和 Office 套件几乎适用于每一台电脑。

Windows 操作系统的巨大成功驱动微软的销售收入、利润和股价一路攀升。到 2000 年初，微软的总市值已经突破 6 190 亿美元的纪录，成为有史以来最有价值的公司。在那些辉煌的日子里，没有公司比微软更有价值。从竞争的角度看，没有公司比它更强大。

但是走过新世纪的第一个十年，世界爱上了一些迷人的新数码设备和技术，PC 销售增长逐渐停滞。这一切始于 iPods 和智能手机，并迅速演进为全套数码设备——从电子阅读器、平板电脑和造型优美的笔记本电脑，到网络电视和游戏。这些设备不像老式 PC 那样孤立存在，而是彼此联结和可移动。它们将用户联入一个令人眼花缭乱且永远生机勃勃的信息、娱乐和社交世界。而且，最为重要的是，这些设备无须使用微软的普适产品就能进入市场。渐渐地，甚至是可靠的老式 PC 也成为一种数字连接的设备——通往网络、社交媒体和云计算的接口。这些大都不需要一度不可或缺的微软软件。

在这一新的数字连接的世界中，微软发现自己被诸如谷歌、苹果、三星，甚至是亚马逊、脸书等更加富有魅力的新竞争者甩在了后头，它们好像可以提供各种数码产品——智能设备、连接技术，甚至是数码站点。在新的竞争环境下，尽管仍然财务状况良好，且仍然是居于主导地位的 PC 软件开发商，但微软的光辉暗淡了。2000 年——主要由于股票市场技术泡沫的破裂——微软的市值暴跌了 60%。当其他技术公司的股价逐渐恢复时，微软的股票价格和利润却在 2000 年代早期的水平徘徊了十多年。

在过去的几年间，为使自己更好地适应新数字世界的秩序和大量的新竞争者，微软对其愿景和竞争战略进行了引人瞩目的大转型。如今的微软希望成为一个提供全线数字设备和服务的公司，创造将人们连接到沟通、效率管理、娱乐和其他内容的“愉悦且无缝隙的技术体验”。

在这一全新的竞争战略引导下，微软发布了一系列新的、改进的或者收购的数码产品和服务。过去数年间，它推出了许多产品：新版 Windows 和 Office 产品，不仅适用于电脑，而且适用于平板电脑和智能手机；新一代的 Xbox 游戏控制台，也可用于电视、娱乐和电影服务，与 iTune、谷歌 Play 竞争；Skype 的升级版；OneDrive 云存储方案；甚至创新的新数字硬件——微软 Surface 平板电脑和微软 SurfaceBook 笔记本电脑——希望引发更具创新性的 Windows 设备。

但是这些新的单件创新产品都还不足以讲述微软转型的完整故事。更加重要的是这些软件、硬件和服务产品合作递送完整数字体验的方式。一切围绕 Windows 10——先前 Windows 版本在数码时代的惊人进化产物。Windows 10 采用了彩色的互动页面和触摸屏导航，具有互动特点，可与苹果、谷歌和亚马逊的竞争者正面竞争。最出色的是，Windows 10 可以跨台式机、平板电脑、手机和公司自己的 Xbox 等无缝使用，提供云基础的连接，这正是当今用户所渴求的。

运用 Windows 10 软件和移动应用程序配以 Windows 为基础的设备和云计算服务，你可以在平板电脑上选择一部电影，在电视或 Xbox 上播放，在手机上看完它，暂停用 Skype 接个电话或给朋友发条信息。你在某个 Windows 设备上做的事情可以自动在其他设备上更新。Playlist 创造的或在移动设备上购买的歌曲和电视节目会在你家中的电脑或笔记本电脑上等待你。Windows 10 还具有社交功能，例如，它自动更新来自朋友的推特和照片。新 Windows 似乎在为顾客按下所有恰当的数字按钮。在推出的最初 8 个月，就有 2 700 万台设备安装，使之成为 Windows 近 30 年历史上最成功的新产品上市。

微软最新版的 Office 软件——Office365——也为连接的时代而成功转型。Office365 将微软备受尊崇的办公管理套件定位为一种服务，而非孤立的软件。缴纳年费之后，你会获得最新版 Office 软件，在 OneDrive 上 1 万亿字节的云储存服务，每月 60 分钟的 Skype 电话通话时间，免费更新和其他新功能，以及借助手机和通过微软应答台（Answer Desk）提供的免费技术支持。微软还为苹果设备发布了一版 Office。于是，Office 如今可以跨越设备、操作系统和云使用，使人们可以比以往更加便利地随时与他人保持连接、创造和分享文件。

也许微软最显著的彻底改变是开发自己的硬件设备。过去，公司依赖合作伙伴如戴尔、惠普和诺基亚来开发运行其软件的电脑、平板电脑和手机。但是，为了在今天如火如荼的数字和移动市场获得更好的控制权，微软现在自己开发运行 Windows 的设备。

最初，微软开发了先进的 Surface 平板电脑——平板电脑与迷你笔记本电脑的独特结合。最近，它发布了首款专用笔记本电脑 Surface Book，与苹果的 MacBook Pro 正面竞争。微软还认真地涉猎手机，先是收购随后又出售了手机厂商诺基亚，现在有传言说微软很快会推出自己的基于 Windows 的 Surface 手机。Surface 产品线，与 Xbox 一起，使微软对除个人电脑之外的三大重要的数字屏幕——平板电脑、电视和手机，有更多的控制权。

微软改进的竞争战略还为其在企业市场保持长期竞争优势起到重要作用，公司为企业用户开发了大量新市场产品和服务。除了为企业客户提供的 Windows、Office 和企业移动套件的灵活组合之外，微软如今提供 Azure，一款“为现代企业提供的云”。它最近收购了 Yammer，一个网络服务提供商和企业社交网络工具——类似于企业界的脸书。最后，微软还在探索广泛的未来数字技术，从智能聊天机器人、机器学习和虚拟现实到物联网应用。

因此，微软的竞争战略转型运行良好，公司采取了正确的行动在时代的潮头保持领先。销售在过去几年上升势头明显，微软如今步入正轨，对未来的发展自信满满。但是，能否继续成功将取决于微软有效适应——甚至引领——营销环境中迅速变化的能力。“微软面对的机会是巨大的，”微软的 CEO 说，“但是要抓住它，我们必须明确重点、迅速行动，并且持续变革。”[1]

如今的企业面临前所未有的残酷竞争。我们曾在前面的章节中讨论过，企业要想在当今竞争激烈的市场中获得成功，必须从产品和推销观念转向顾客和营销观念。

本章将详细讨论企业如何在吸引、保留、发展顾客方面超过竞争者。企业面对既有的竞争格局和严酷的经济环境，为了在市场竞争中获胜，不仅要善于管理产品，还要善于管理顾客关系。理解顾客非常关键，但仅仅做到这点远远不够。建立有价值的顾客关系并获得**竞争优势**（competitive advantage），要求企业比竞争者更好地向目标消费者传递价值和满意。从顾客角度看，竞争优势就是顾客优势，是公司真正超越竞争者的优势。

本章将探讨竞争性营销战略——企业如何分析其竞争者，如何为吸引顾客和建立有价值的顾客关系而开发以顾客价值为基础的成功战略。第一步是**竞争者分析**（competitor analysis），即如何识别、评估以及选择主要竞争者。第二步是制定**竞争性营销战略**（competitive marketing strategy），即企业面对竞争者如何定位，才能获得最大的竞争优势。

18.1 竞争者分析

为了制定有效的竞争性营销战略，企业需要尽可能多地了解有关竞争者的情况。为此，企业必须经常在营销战略、产品、定价、渠道和促销等方面，与竞争者进行比较。唯有这样做，企业才能够发现自己具有潜在竞争优势和劣势的领域。如图 18－1 所示，进行竞争者分析，首先要识别和评估竞争者，然后选择可以攻击或规避的竞争者。

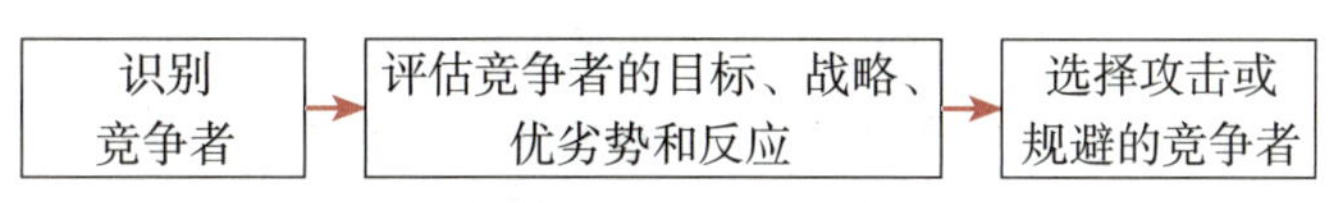

图 18－1 分析竞争者的步骤

识别竞争者

通常，识别竞争者看起来是一项简单的任务。狭义上，企业可以把竞争者定义为以相似的价格向相同的顾客提供类似产品和服务的其他企业。所以，阿贝克隆比费奇公司可能将 Gap，而不是诺德斯特龙或塔吉特视作主要竞争者。丽思卡尔顿酒店可能将四季酒店视作主要竞争者，而不是假日酒店、汉普敦酒店或散布于全美各地的廉价旅馆。

但实际上，企业面对的是范围更广泛的竞争者。企业可能会将竞争者定义为所有生产相同或类似产品的企业。于是，丽思卡尔顿酒店会认为自己在和其他所有酒店竞争。广义上，竞争者可能包括所有生产能提供相同服务的产品的企业。这样，丽思卡尔顿酒店可能认为自己不仅是与其他酒店竞争，而且在与其他任何为疲劳的旅行者提供住宿的人竞争。最后，在更为广泛的意义上，竞争者可能包括所有彼此争夺顾客手中钞票的企业。这样，丽思卡尔顿酒店可能认为自己在与那些提供包括游轮、夏日别墅以及出国度假等旅行和休闲服务的企业竞争。

企业必须避免“竞争者近视症”。一个企业往往更可能葬送在其潜在竞争者而不是现有竞争者的手下。例如，夺走柯达公司胶卷市场的并非其老对头富士公司，而是那些根本不用胶卷的数码相机制造商（参见“营销实例”）。一度炙手可热的视频出租超市 Blockbuster 并非败于其他传统的实体零售商。它首先受到诸如网飞等直复营销者和红盒等自动售货机营销商的打击，后又受到新型数字视频下载服务和技术的冲击。等到 Blockbuster 意识到这些意料之外的竞争者并采取应对措施时，为时晚矣。

营销实例　柯达：没有及时发现竞争者——无胶卷

柯达，曾是个令人肃然起敬的品牌，曾几何时全球几代人对其耳熟能详。一个多世纪以来，人们依靠柯达的产品捕捉令人难忘的“柯达瞬间”——记录和分享个人或家庭的重大事件。柯达的技术还支持着好莱坞电影产业的发展。1972 年，歌手保罗·西蒙（Paul Simon）甚至推出了一首热门单曲《柯达彩色胶片》(Kodachrome)，歌词描写柯达产品与人们生活之间密切的情感联系。

然而今天，柯达已经宣告破产，根据美国《破产法》第十一章的相关规定进行重组。曾经是蓝筹股中佼佼者的柯达，如今股价一落千丈沦为垃圾股；它一度垄断了所处的行业，占据85%的相机市场和90%的胶卷市场，如今却不得不在所有的市场中挣扎求生；一度日进斗金，却在破产前的最后4年中，每月亏损4 300万美元；全球雇员曾经超过10万人，如今公司主要是美国员工，人数已经缩减到不足1万。

为什么这样一个传奇品牌会陨落得如此之快？柯达是在市场营销和竞争上短视的牺牲品，也就是说，它只关注少数的现有产品和竞争者，而忽略了顾客需求的变化以及新兴的市场动态。迫使柯达破产的不是那些竞争性的胶卷厂商，而是柯达没有及时关注的竞争者——根本不用胶卷的数码摄像技术和相机。一直以来，柯达都致力于生产最好的胶卷，但在快速发展的数字世界，顾客不再需要胶卷。因为顽固地坚持其优势产品，柯达的数字化转型远远落后于对手。

1880年，乔治·伊斯曼（George Eastman）基于干板摄影技术创立了柯达公司，并于1888年推出了使用玻璃片记录图像的柯达相机。为了扩大市场，伊斯曼随后开发出胶卷和具有创新意义的柯达微型布朗尼（Brownie）胶卷相机。他用1美元的低廉价格出售相机，但从胶卷和冲印照片所需的化学产品及相纸的销售中获取巨大利润。尽管柯达为从医疗保健到出版等多种行业开发了创新的成像技术，但在整个20世纪期间，相机和胶卷仍然是公司主要的收入来源。

有趣的是，柯达公司的工程师早在1975年就发明了世界上第一台数码相机，虽然这台相机足有烤面包机大小，仅可以记录粗糙的黑白图像。可惜的是，柯达公司并没有意识到数码摄像技术背后潜藏着的巨大商机，而是担心数码技术的推广和应用会损害自己宝贵的胶卷生意，公司因此搁置了数码相机的研制。当时的管理者根本无法想象没有胶卷的世界。柯达因此固守胶卷市场，将自己所有的创新和竞争重点都集中在生产更好的胶卷和比其他胶卷制造商更具创新性上。当柯达公司终于认识到自己的错误时，为时已晚。

柯达公司被自己对于胶卷的执着和偏爱蒙蔽了双眼，没能注意到与拍摄和分享图像相关的新竞争趋势。柯达的公司文化沉湎于以往辉煌的历史。“它是一个被历史绊住脚步的公司，”一位分析人士这样说道，“那段铸就了无数辉煌、赚取了大量财富的历史如此重要，以至于成了它的负担。”

到1990年代末柯达最终推出便携数码相机的时候，市场已经被索尼、佳能和其他十余家相机厂商占领。紧接着，随着越来越多的人用手机和其他移动设备拍照，并即时通过短信、电子邮件和线上照片共享网络分享，市场上很快又涌现一批全新类别的竞争者。作为数码竞争中的落伍者，柯达几乎成为一个缅怀过去的名字，在一群几十年前根本不存在的新时代数码竞争者面前一败涂地。

曾经创造辉煌的柯达一路走来，恰恰被成功迷住了双眼，逐渐背离了创立者乔治·伊斯曼“为客户定义需要，因竞争创造动力”的初衷。根据一名传记作者所言，伊斯曼的遗产并非胶卷，而是创新。“乔治·伊斯曼从不沉湎于过往。他总是向前看，努力做比自己以往做过的更好的事，即使他自己就是当时市场中最出色的人。”如果柯达公司保留了伊斯曼的哲学，那么它很可能在数码科技时代也是市场领导者，我们仍然能够用柯达数码相机或智能手机抓拍“柯达瞬间”并在柯达公司运营的网站和图片分享社交网络上分享。

如果柯达从破产中重新走出来，凭借其品牌的知名度，这些想象中的事情似乎仍有可能发生。但事实上这种可能性不大。在破产计划中，柯达声明将会停止生产数码相机（并不再生产其著名的柯达彩色胶卷），而是计划将其品牌特许给其他厂商制造相机。公司几乎所有的收益均来源于组织客户。因此，根据柯达的命运，著名的“柯达瞬间”注定已经成为历史。

资料来源：Questin Hardy, “ At Kodak, Clinging to a Future beyond Film,” *New York Times*, March 22, 2015, p. BU1; Ernest Scheyder, “ Focus on Past Glory Kept Kodak from Digital Win, ” *Reuters*, January 19, 2012, www.reuters .com/article/2012/01/19/us-kodak-bankruptcy-idUSTRE80I1N020120119; Dawn McCarty and Beth Jink, “ Kodak Files for Bankruptcy as Digital Era Spells End to Film, ” *Bloomberg Businessweek*, January 25, 2012, www.businessweek.com/news/2012-01-25/kodak-files-for-bankruptcy-as-digital-era-spells-end-to-film.html; Michael Hiltzik, “ Kodak's Long Fade to Black, ” *Los Angeles Times*, December 4, 2011; “ Kodak to Stop Making Digital Cameras,” *Digital Photography Review*, February 9, 2012, www.dpreview.com/news/2012/02/09/Kodak_exits_camera_business; and www.kodak.com/ek/us/en/corp/aboutus/heritage/milestones/default.htm, http://investor.kodak.com/annuals.cfm, and www.kodak.com, accessed October 2016.

企业可以从行业的角度识别竞争者。它们可能会认为自己从事的是石油行业、药品行业或饮料行业。如果一个企业想要成为行业内有效的参与者，就必须理解该行业的竞争类型。企业也可以从市场的角度来识别竞争者。这样，企业可以将竞争者定义为那些试图满足相同顾客需求或企图与相同顾客建立关系的企业。

从行业的角度来看，谷歌一度将自己的竞争者界定为其他搜索引擎供应商，诸如雅虎或微软的必应。现在，谷歌对其在数字世界服务的网络和移动需求有更加开阔的视野。在这一市场定义之下，谷歌不得不开始提防诸如苹果、三星、微软，甚至亚马逊和脸书等以往不可能的竞争者。

总之，竞争的市场观念要求企业在定义实际和潜在竞争者时具备更为广阔的眼界。例如，从行业的视角看，Cinnabon 长期将自己定义为一个主要开设在机场的小型新鲜烘焙食品连锁店。但是，从市场的角度看，则要让品牌成长为在更广泛的竞争者，与消费者包装食品竞争者竞争[2]：

> Cinnabon 长期以其“世界著名的肉桂甜甜圈”而为人们所熟知，在当地的购物中心或机场散发着诱人的肉桂芳香。但是，Cinnabon 从更广阔的市场视野意识到，自己所做的不仅是在商业中心出售肉桂甜甜圈。相反，它出售“难以抗拒的享受”，以“芳香”“柔软”“湿润”“骄纵”为特点。Cinnabon 的粉丝们“渴望 Cinnabon 的香味，把它当作宠爱自己的一种方式”，该品牌的 CEO 说道。这一认识导致通过与从品食乐集团到绿山咖啡（Green Mountain Coffee）、塔可钟、喜诗（Air Wick），甚至是品尼高沃特加（Pinnacle）等企业许可合作的形式扩张进入消费品领域。每一个合作伙伴现在都制作有着 Cinnabon 诱人的味道和香气的产品。目前，Cinnabon 消费者包装食品的年收入超过 10 亿美元，占到该品牌总收益的 75%。

评估竞争者

在识别主要竞争者之后，营销管理者现在要解决的问题是：各个竞争者在市场中追求的目标是什么？战略是什么？优势和劣势是什么？它们会如何应对企业采取的行动？

明确竞争者的目标

每个竞争者都有一组目标。企业需要知道竞争者对当前盈利性、市场份额、现金流、技术领先性、服务领先性和其他目标的相对重视程度。了解了竞争者的目标组合，就能够解释竞争者对其当前状况是否满意，以及对于不同的竞争性行为将作出什么反应。例如，一个追求成本领先的企业将对竞争者在削减成本的生产技术上取得的突破，而不是其广告费用的增加，反应更为强烈。

企业还必须关注其竞争者在不同细分市场的目标。如果企业发现某些竞争者开拓了一个新的细分市场，这可能就是一个机会。如果发现竞争者正计划进军目前由本企业提供服务的细分市场，企业必须警觉并提前做好战斗准备。

识别竞争者的战略

一个企业的战略与另一个企业的战略越相似的，这两个企业相互竞争的可能性就越大。在大多数行业中，竞争者可以划分为追寻不同战略的集团。**战略集团**（strategic group）是指那些在相同产业的相同目标市场中采用相同或者相似战略的一组企业。比如，在汽车行业，福特和丰田属于同一个战略集团。都生产中低价位的全线主流汽车产品，得到良好的担保和广泛的经销商网络支持。宝马、奥迪和梅赛德斯属于另一个战略集团，更聚焦于豪华和性能。相反，法拉利、兰博基尼和迈凯伦则生产比较窄的产品线，集中于性能非常高、价格昂贵的运动汽车，采用独家经销和支持网络。

识别战略集团能够帮助企业获得不少重要的发现。比如，当一个企业进入某个战略集团时，该集团内部的成员就将成为其主要竞争者。所以，假如一个企业要进入由福特和丰田组成的战略集团，只有开发比这两家公司更具优势的战略才能取胜。特斯拉正是通过导入更加主流的电动汽车这样做的，比如特斯拉 3 型车。特斯拉只有当其车型远远比主要汽车生产商的混合动力和纯电动车性能更高才能成功。

虽然竞争主要存在于战略集团内部，但是也存在于战略集团之间。首先，有些战略集团可能会出现消费者细分市场的重叠。例如，无论采用的战略有何不同，几乎所有的汽车生产商都提供高性能的车型。其次，顾客可能看不出不同战略集团的提供物之间有何差异——他们可能觉得高端的福特和梅赛德斯之间的质量差不多。最后，某个战略集团的成员很有可能进入新的战略细分市场。因此，丰田的雷克萨斯分部提供预售雷克萨斯 LFA“超级跑车”，起价 375 000 美元，与法拉利或兰博基尼竞争。福特则用其性能出色、售价为 400 000 美元的限产福特 GT 伴随成功的赛车项目影响该细分市场，彰显其创新和技术造诣。[3]

企业需要审视产业内战略集团的各个维度，了解各个竞争者如何向顾客递送价值。为此，它需要了解每个竞争者的产品质量、特征和组合，顾客服务，定价战略，渠道网络，销售人员战略，广告和促销方案，以及网络和社交媒体方案。企业还需要了解各个竞争者的研发、制造、采购、财务以及其他战略的细节。

评估竞争者的优势和劣势

市场营销者需要认真评估每个竞争者的优势和劣势，以回答一个重要的问题：“我们的竞争者能够做什么？”第一步应该收集关于竞争者过去几年的目标、战略以及业绩表现等方面的数据。诚然，这些信息有时往往很难收集到。比如，B2B 营销人员发现很难评估竞争者的市场份额，因为不像包装消费品公司那样，可通过数据服务机构收集信息。

企业一般通过二手数据、个人经历和口碑了解竞争者的优势和劣势，还可以通过顾客、供应商和经销商进行原始数据的营销调研。他们可能在网络和社交网站上考察竞争者。或者参照其他企业进行**标杆瞄准**（benchmarking），将本企业的产品和流程与竞争者或者其他行业中的领先企业进行比较，以寻求改进质量和绩效的方法。标杆瞄准已经成为提高企业竞争力的有力工具。

评估竞争者的反应

下一步，企业需要知道："我们的竞争者将要做什么？"仅仅了解竞争者的目标、战略以及优势和劣势，仍不足以解释其可能的行为以及对本企业降价、促销和新产品推介等活动的反应。此外，每个竞争者都有其独特的经营哲学、内部文化和指导观念。营销经理想要预期竞争者可能的行动和对本企业行动的反应，就必须深刻理解竞争者的思维模式。

每一个竞争者的反应模式都不相同。有些企业对竞争者的行动不会做出迅速、有力的反应。这可能是因为它们认为自己的顾客很忠诚，可能是因为它们行动迟缓，也可能是因为它们缺乏做出反应的资金。一些竞争者只对某些类型的行动做出反应，对其他的活动则不然。一些竞争者对于任何行动都迅速做出强有力的反应。所以，宝洁不会允许竞争者的新产品轻易进入市场。许多企业都避免与宝洁直接竞争，而是寻找好对付的目标，因为它们知道宝洁公司一旦受到挑战，一定会猛烈还击。

在一些行业，竞争者相对和睦地共处；在另一些行业，它们经常大打出手。例如，美国通信行业的竞争者多年来一直短兵相接、拼杀惨烈。威瑞森、AT&T 和 T-Mobile 利用比较广告毫不留情地相应攻击：

> 威瑞森的电视广告刚发动了最新一轮攻击，用彩色球解释自己的网络远远比特定竞争者的优越。AT&T、T-Mobile 和斯普林特随即应对，果断地反击和批驳威瑞森的论调。例如，T-Mobile 发起了一场推特话题为"#破球挑战"（#BallBusterChallenge）的运动，邀请消费者和媒体对 T-Mobile 与威瑞森的网络进行一对一比较，声称其 LTE 网络不仅是全美最快的，而且是增长最快的。这项挑战在全美铺开，敦促威瑞森用户直接对比 T-Mobile 的网络，逐一测试数据速度、短信和电话。如果哪位顾客的威瑞森网络在三次对比测试中有两次胜出 T-Mobile，就可以收到 100 美元。但如果顾客输了，要以"#破球挑战"为话题在数据媒体发布一张照片，注明"T-Mobile 的网络和威瑞森的一样好"或者"威瑞森的网络不敌 T-Mobile"。同时，T-Mobile 在超级碗赛事上播出自己的广告，纠正威瑞森过时的信息，并配套以推特话题。[4]

选择攻击或回避的竞争者

企业制定上述决策，选择目标顾客、定位及其营销组合战略，就已经在很大程度上确定了主要的竞争者。这些决策界定了企业所属的战略集团。管理层现在必须决定应当与哪个竞争者展开最猛烈的竞争。

强竞争者还是弱竞争者

企业可以把注意力集中于某类竞争者。大多数企业喜欢将其火力瞄准弱竞争者。这样做需要的资源少、时间短。但是这样做，企业的收获也不大。有人认为，企业应当与强竞争者竞争，来磨炼企业的能力。有时，公司无法避开最大的竞争对手，就像威瑞森与 AT&T 的情况一样。但是，即使是强竞争者也有弱点，战胜这些弱点经常会带来丰厚的回报。

顾客价值分析（customer value analysis）是一种评估竞争者优势和劣势的有效工具。顾客价值分析的目标是确定顾客的利益点，以及顾客如何评价不同企业的产品的相对价值。为了进行顾客价值分析，企业必须知道顾客最看重的产品属性及其所占的权重，然后针对顾客看重的产品属性，比较自己与竞争者的表现。

获得竞争优势的关键是在每个目标市场中考察与竞争者产品的差异，发现自己希望能以竞争者不能做到的方式满足顾客需求的地方。如果在顾客看重的属性上，本企业的产品超过竞争者的产品，从而传递更多的价值，那么企业就可以索要更高的价格并赚取更高的利润，或索要相同的价格以获取更多的市场份额。但是，如果企业在一些关键属性上的表现比竞争者差，企业就应该在这些方面加大投资，或寻找能使本企业领先于竞争者的其他重要属性。

“好的”还是“坏的”竞争者

一个企业确实需要竞争者，并能从中获益。竞争者的存在会带来几方面的战略利益。竞争者可以分担市场和产品开发成本，并促使技术规范化。它们可以服务吸引力较小的细分市场，或带来产品差异化水平的提高。最后，竞争者的存在还有助于总需求的增加。

比如，你可能认为苹果推出新颖时尚的 iPad 平板电脑会给亚马逊个头更小、不太漂亮的 Kindle 电子阅读器造成麻烦，后者先于 iPad 3 年在市场亮相。许多分析家以为苹果创造了 Kindle 的终结者。但是，事实并非如此，竞争性的 iPad 创造了增长惊人的平板电脑需求，对两家公司都有好处。Kindle 的销售自 iPad 问世以来增长迅速。苹果现在占据高价平板电脑市场的主要份额，亚马逊的 Kindle 则领导着低价平板电脑市场。作为额外的好处，iPad 使用量的增加带动了亚马逊电子书和其他电子内容的销售增长，消费者可以用免费的 Kindle 应用软件在 iPad 上阅读。紧随 iPad 的上市，平板电脑的需求迅速增长，吸引了一大群新竞争者，如三星、谷歌和微软。

当然，企业不可能将所有竞争者都当成是有益的。一个产业经常包含“好的”竞争者和“坏的”竞争者。“好的”竞争者依照产业内的规则行事。而“坏的”竞争者则相反，总是犯规。它们竭力收买而不是赢得市场份额，冒高风险，并按照它们自己的规则行事。

例如，近来全美传统报纸都面临“坏的”竞争者。与传统报纸内容重合的数字服务是“坏的”竞争者，因为它们提供免费的实时内容，而以订户为基础的传统报纸一天才印刷一次，更新速度无法与之相提并论。《赫芬顿邮报》（*Huffington Post*）就是一例，这份荣获过普利策大奖的网上报纸由阿里亚娜·赫芬顿（Arianna

Huffington）于 2005 年创办，最初只是作为一个让人们发表自由评论的端口。这份报纸迅速发展和扩张，成为美国当今最具影响力的新闻博客网站，如今归属于美国在线（AOL）。该网站提供新闻、博客和原创内容，涵盖政治、商业、娱乐、技术、流行、生活方式、文化、喜剧、健康生活、女性话题和当地新闻等。该网站由广告支持，对用户免费，这与付费订阅的传统报纸不同，极尽“坏的”竞争者之能事。如今，HuffingtonPost.com 是全美国访客量第 38 位的网站。[5] 近年来，正是这些如此异端的竞争者使许多传统报纸纷纷破产。

发现未被占领的市场空间

相比与现有竞争者正面交锋，许多企业都在搜寻那些尚未开发的市场空白，试图提供不存在直接竞争者的产品和服务。所谓的“蓝海战略”，目标就在于避免竞争。[6]

在谋求盈利性增长时，企业长期陷入激烈的正面竞争。企业集聚竞争优势，争夺市场份额，并且为差异化而苦苦挣扎。但是，在如今过度拥挤的行业中，正面竞争的唯一结果就是与竞争对手在一个不断缩小的利润“红海”中彼此残杀。两位营销专家在《蓝海战略》一书中指出，虽然大多数企业都在这样的红海中竞争，但是这种战略很难带来未来的盈利性成长。未来领先企业的成功不是通过与竞争者进行较量，而是通过创造无竞争的“蓝海”市场空间来实现的。这样的战略转移，即所谓的“价值创新”，为企业及其顾客带来了巨大的价值增加，创造出新的需求，并为竞争者设置了障碍。通过创造并占领“蓝海”，企业可以使大多数竞争对手无所适从。

苹果公司一直以来执行的战略是率先推出创造全新类别的产品，例如 iPod、iPhone 和 iPad。类似地，红盒发明了在便利场所出租 DVD 的自动服务终端。Keurig 不是与 Hamilton Beach、Mr.Coffee 等传统咖啡机品牌竞争，而是发明了一次一杯的基于咖啡胶囊的咖啡机。多亏了这一蓝海战略，Keurig 咖啡机和咖啡胶囊的年销售额超过 45 亿美元，占单人份咖啡市场 60% 的份额。[7]

另一个例子是太阳马戏团（Cirque du Soleil），它将马戏表演重塑为一种更为高级的现代娱乐形式，将目标市场确定为成年人而不再是孩子。当马戏行业不断衰退的时候，太阳马戏团大胆创新，去除高成本和有争议的动物表演和丑化女性的内容，突出艺术性的戏剧体验。太阳马戏团并没有与当时的市场领导者林林兄弟（Ringling Bros）和巴纳姆与贝利马戏团（Barnum & Bailey）直接竞争。相反，它采用完全不同以往的模式，创造一种毫无争议的新市场空间，与现有的竞争者不相关。结果令人惊叹。多亏了这一蓝海战略，太阳马戏团如今是重新定义的马戏行业毫无争议的领先者。创立之后仅仅 20 年的时间里，公司获得的收入就比林林兄弟和巴纳姆与贝利马戏团在它们最初 100 年里挣得的还要多。但是最近，随着传统马戏团也纷纷改进经营，以及大量小型模仿者的涌现，太阳马戏团的蓝海“如今也满是鲨鱼了”，公司的一位主管说。太阳马戏团必须继续寻找新的创新方式与竞争者区别开来，为顾客创造价值。[8]

设计竞争情报系统

我们已经描述了企业需要了解的有关其竞争者的主要信息类型。企业必须收集、解释、传递和使用这些信息。收集这些竞争情报的资金和时间成本往往很高昂，因而企业必须以一种节约且有效的方式设计竞争情报系统。

竞争情报系统首先确定主要的信息需求类型及其最佳来源。然后，系统连续不断地从各个领域（销售人员、渠道、供应商、市场调研公司、互联网和社交媒体网站、网上舆情监控、贸易协会）和公共数据（政府出版物、发言和网上数据库）等途径收集信息。接下来，系统会检查信息的有效性和可靠性，对其进行解释，并以适当的方式进行组织。最后，系统将会把关键信息发送给相关决策者，并回答管理人员提出的关于竞争者情况的问题。

在这个系统的帮助下，企业管理人员将通过报告、电话、电子邮件、公告栏、实时通讯等形式，及时地收到关于竞争者的信息。而且，当他们需要对竞争者的突发性举措做出解释，想要了解竞争者的劣势和优势，或需要知道竞争者将如何对公司的某个既定行动做出反应时，就可以连接到系统寻求帮助。

18.2 竞争战略

在识别和评估主要的竞争者以后，企业就必须制定总体的市场营销战略，通过提供卓越的顾客价值来获得竞争优势。但是，企业可以采用何种竞争性营销战略呢？对于特定企业或企业内部不同的分部和产品，哪一种战略才是最好的呢？

营销战略方法

并不存在一种适合所有企业的最佳战略。每个企业都要根据自己的行业地位和目标、机会、资源，制定最合理的战略。即使是在一个企业内部，不同的部门或产品也可能要求不同的战略。强生公司对其在稳定的消费品市场上的领先品牌，比如邦迪、泰诺、李施德林或强生婴儿用品，采用一种营销战略，而对高科技医疗业务和产品，比如 Monocryl 外科缝合线和 NeuFlex 填充剂，采取不同的营销战略。

企业在战略计划的过程上也存在不同。许多大企业开发正式的竞争性营销战略并严格执行。而另一些企业开发非正式的战略并经常改变。有些企业，比如哈雷－戴维森、红牛和 Shinola 都是由于打破了许多营销战略常规才获得成功的。这些企业没有设置庞大的营销部门，进行昂贵的市场调研，制定详细的竞争战略，以及花费巨资做广告。相反，它们在企业运行中制定战略，延伸有限的资源，贴近顾客，为顾客需要创造更满意的解决方案。它们建立购买者俱乐部，使用蜂鸣营销，专注于获得顾客忠诚。并不是所有的市场营销都必须采用宝洁、麦当劳和微软之类的营销巨头的模式。

事实上，营销战略和实践的方法通常经历三个阶段：创业营销、规范化营销和内部创业营销。

- 创业营销（entrepreneurial marketing）。大多数企业是靠一些有聪明才智的人创办起来的。他们抓住机会，制定灵活的战略，想方设法吸引注意。吉姆·科赫（Jim Koch）创立了波士顿啤酒公司（Boston Beer Company），自 1984 年在厨房中根据珍贵的家庭啤酒配方起步，如今其山缪亚当波士顿淡啤酒（Samuel Adams Boston

Lager）已经成为全美最畅销的手工啤酒。在营销方面，科赫将一瓶瓶山缪亚当啤酒装在箱子里，一个酒吧一个酒吧地上门推销，讲述自己的故事，教育消费者如何识别酿造质量和成分，请人们品尝啤酒，说服酒吧进货。10 年来，他没有做过广告，而是通过人员销售和草根公共关系活动进行推广。“完全是游击营销，”科赫说道，“大企业太强了，我们不得不采取创新的做法。”如今，他的年销售收入已经达到 6.28 亿美元，在手工酿酒市场 1 000 多家竞争者中名列前茅。[9]

- 规范化营销（formulated marketing）。随着小企业的成功，它们不可避免地要转向规范化营销：开发正式的营销战略并严格地遵守。波士顿啤酒公司现在雇用大批销售人员，并设有进行市场调查和战略计划的营销部门。尽管波士顿啤酒的战略远不及销售收入超过 400 亿美元的巨型竞争者百威公司那么正式和全面，但也像营销活动开展得十分专业的公司一样采用了一些常规的营销工具。
- 内部创业营销（intrepreneurial marketing）。很多大型的成熟企业陷在了规范化营销之中。它们紧盯着尼尔森公司的最新调查数据，审视市场调研报告，调整自己的竞争战略和方案。这些公司有时失去了创立之初的营销创造力和热情，需要在企业内重新树立当初使之成功的创新精神，在公司上上下下鼓励更多的主动性和创新性。

许多公司在核心营销运营中推行内部创业。例如，IBM 鼓励各个层级的员工借助博客、社交媒体和其他平台自主地与顾客互动。谷歌鼓励所有的工程师和研发人员将 20% 的时间用于开发自己“酷炫和古怪”的新产品创意，从而催生了一大批创新，Google News、Gmail 和 AdSense 等就是其中具有轰动效应的产品。脸书资助“黑客马拉松”，鼓励内部团队提出和展示内部创新的创意。公司历史上最重要的创新之一——推文按钮——就是“黑客马拉松”的成果。[10]

值得重视的是，开发有效的竞争性营销战略的很多方法。在营销规范化和创新之间始终存在制衡关系。规范化营销是比较容易学习的，这也是本书主要关注的内容。但是正如我们看到的，对许多企业而言，无论是小企业还是大企业、新企业还是成熟企业，恰恰是战略中的创新和热情帮助它们获得和维持市场成功。明白这一点之后，让我们来看看公司可以采用的基本竞争战略。

基本竞争战略

30 年前，迈克尔·波特提出了企业可以采用的四种基本竞争战略——三种成功战略和一种失败战略。[11] 这三种成功战略包括：

- 总成本领先（overall cost leadership）。企业努力将生产和分销成本降到最低。低成本使企业的价格比竞争者低，从而赢得巨大的市场份额。沃尔玛和捷蓝航空都是该战略杰出的践行者。
- 差异化（differentiation）。企业集中精力创造高度差异化的产品线和营销活动，塑造行业领先者的印象。如果价格不是太高，大多数消费者都喜欢拥有这一品牌的产品。耐克和卡特彼勒分别在运动装备和重型建筑设备行业采用了这种战略。
- 聚焦（focus）。企业集中服务于几个细分市场，而不是追求整个市场。比如，丽思卡尔顿酒店聚焦于 5% 的顶级商务和休闲旅客。博世专注于生产具有最佳音响效果的顶级品质的电器产品。Hohner 在口琴市场拥有 85% 的市场份额。

寻求清晰战略的企业很可能业绩良好。谁能够把这个战略实施得最好，谁就能获得最多的利润。而那些没有清晰战略——走中间路线的企业，业绩会最差。西尔斯百货、假日酒店都因没有突出最低成本、最高感知价值或某一市场的最好服务商而陷入困境。采用中间路线者试图在各个方面都做好，结果往往是所有方面都没有做好。

迈克尔·特里西（Michael Treacy）和弗雷德·威瑟玛（Fred Wiersema）两位营销顾问提出了一种更加以顾客为中心的竞争性营销战略分类。[12] 他们建议企业通过向顾客递送卓越的价值来获取领先地位。企业可以采用以下三种战略中的一种来递送卓越的顾客价值。这些战略称为价值原则（value disciplines）：

- 卓越运作。企业通过行业内领先的价格或便利性提供卓越的价值。企业努力降低成本并创建精干、高效的价值传递系统。它们为那些期待可靠、优质的产品或服务，但又要求廉价、方便的顾客服务。沃尔玛、宜家、Zara 和西南航空是这方面的典范。

- 贴近顾客。企业通过精准地细分市场和定制产品或服务，贴切地满足目标顾客的需求，来提供卓越的价值。通过与顾客的紧密关系和对顾客细致入微的了解，企业专门满足独特的顾客需求。企业授权员工对顾客的需求做出迅速响应。贴近顾客的公司服务于那些愿意为精确地满足自己需求的产品和服务支付溢价的顾客，而且为了建立长期顾客忠诚和获取顾客终身价值而不遗余力。例如，网上鞋子和配件零售商 Zappos 奉行顾客亲密文化，热衷于为其顾客“递送幸福”。其他善于建立顾客关系的公司包括雷克萨斯、诺德斯特龙和丽思卡尔顿。

- 产品领先。企业通过持续的产品和服务创新来提供卓越的价值，目标是不断地淘汰自己和竞争者的产品。产品领先者欢迎新理念、新构思，坚定地寻求新解决方案，努力尽快将新产品推向市场。这些企业服务于那些为了追求顶级产品和服务而不在乎价格和便利性的顾客。特斯拉就是一个典型的产品领先者[13]：

> 任何型号的特斯拉汽车都不便宜，而且必须等上一段时间才可以到货。但它绝对是最先进的电动汽车。特斯拉 S 型车只需 3 秒不到的时间就能从 0 提速为 60mph，这一车速快到离奇，因而被称为“荒诞模式”。它还有许多创新特征，例如可缩进式门把手，17 英寸触摸屏，可以与录音棚相媲美的音响系统，以及众多安全特征。最重要的是，完全不需要换为燃油驱动，因为根本就没有油箱。特斯拉 X 型跨界休旅车甚至装上了猎鹰翅膀式的车门。
>
> 对希望领先汽车潮流的人而言，特斯拉的卓越产品能够激发他们的想象力。因此，售价 35 000 美元、性能尚不完全可靠的特斯拉 3 型发布后数天之内，在预订需要 1 000 美元定金，并且一年甚至更长时间内还不大可能供货的情况下，蜂拥而至的 40 万份订单让特斯拉应接不暇。汽车研究所 Edwards 这样总结说：“特斯拉之所以成功，不是因为它生产电动车，而是因为它创造一款碰巧有着创新性电力传动系统的运动汽车。它是顾客钟爱的车。”

一些企业成功地做到了符合不止一条价值原则。比如，联邦快递在卓越运作和贴近顾客方面都做得很出色。但这种企业只是凤毛麟角——很少有企业可以在这几个原则上都出类拔萃。试图在所有价值原则上都做到最好的企业，通常会在所有方面都平庸无奇。

大多数杰出的企业聚焦于其中一个原则，并且在这个原则上遥遥领先，而在其他两方面达到行业标准。这样的企业设计完整的价值传递网络，全身心地支持所确立的原则。比如，沃尔玛知道贴近顾客和产品领先很重要。与其他折扣商相比，它提供非常好的顾客服务以及完美的产品组合。不过与诺德斯特龙和威廉姆斯 - 索诺玛这些追求贴近顾客的零售商相比，沃尔玛提供的服务比较少，产品组合的深度也比较小。相反，沃尔玛专注于出色的运作——聚焦于降低成本和优化“采购 - 运货”流程，使顾客能够以最低的价格买到合适的产品。

类似地，Equinox 健身俱乐部希望有效率，采用最新的运营技术。但是真正使这家豪华俱乐部与众不同的是其顾客亲密性。Equinox 健身用可以提前预约课程的移动应用程序、冷藏的桉树香味毛巾、更衣室中的科颜氏产品等等宠爱自己的顾客。而且，每个门店都有休闲中心和提供各种有机食品的区域。“令人印象深刻的健身需要意想不到的奢华。独家科颜氏产品、绿色风尚的便利设施、充满激情和活力的地方，”Equinox 健身说，“我们不只是一家健身俱乐部，而是一个安乐的圣堂。它不是健身，而是生活本身。”

将竞争战略按照价值原则分类是很吸引人的。它按照全身心地为顾客递送卓越价值来定义营销战略。每一个价值原则都界定了一种建立持久顾客关系的特殊方式。

竞争定位

在任何一个时点上，处于同一个既定目标市场中竞争的企业，目标和资源各不相同。一些企业大，一些企业小。一些企业拥有很多资源，一些企业为资源缺乏所困。一些企业年代久远，陈规颇多，一些企业年轻而有活力。一些企业追求市场份额的快速增长，一些企业谋求长期利润。因此，企业在目标市场上处于不同的竞争地位。

通常，企业可以根据企业在目标市场中所扮演的角色来考察竞争战略，包括领导者、挑战者、跟随者和补缺者。假定每个行业存在如图 18 - 2 所示的企业。其中 40% 的市场份额掌握在**市场领导者**（market leader）手中，它们占有最大的市场份额。另外 30% 的市场份额掌握在**市场挑战者**（market challenger）手中，这些挑战者正在为增加自己的市场份额而努力。还有 20% 的市场份额掌握在**市场跟随者**（market follower）手中，它们试图在现有行业秩序下维持自己的市场份额。剩下的 10% 的市场份额由**市场补缺者**（market nicher）占有，它们服务于那些不被其他企业重视的小细分市场。

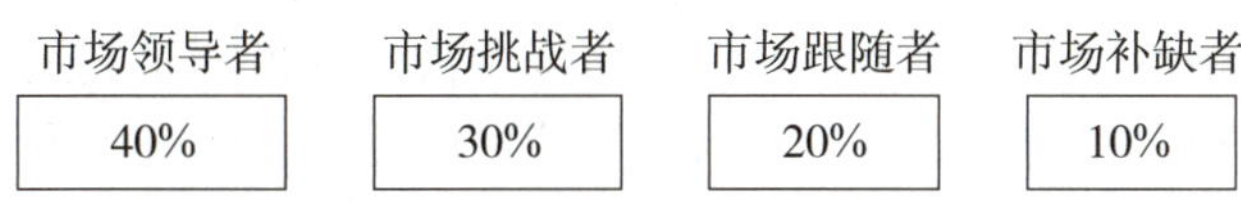

图 18 - 2 竞争性市场地位与角色

表 18 - 1 展示了市场领导者、市场挑战者、市场跟随者和市场补缺者各自可能采用的具体营销战略。[14] 但是请记住，这些分类通常不适用于整个企业，而仅适用于企业在特定行业中的位置。诸如通用电气、微软、谷歌、宝洁或迪士尼这样的大型企业可能在某些市场上是领先者，而在另一些市场上则是补缺者。宝洁在许多细

分市场处于领导地位，比如洗衣粉和洗发水市场，但在香皂市场上要挑战联合利华公司，在面巾纸市场上挑战金佰利公司。这些企业通常会根据不同的业务单元或产品所处的竞争环境来确定不同的战略。

表 18－1 市场领导者、市场挑战者、市场跟随者和市场补缺者的战略

市场领导者战略	市场挑战者战略	市场跟随者战略	市场补缺者战略
扩展整个市场 保护市场份额 扩大市场份额	全面正面进攻 间接进攻	紧紧跟随 保持一定距离跟随	根据顾客、市场、质量－价格和服务补缺 多重补缺

市场领导者战略

大多数行业存在一个公认的市场领导者。这个领导者拥有最大的市场份额，经常在价格调整、新产品引入、渠道覆盖和促销花费上引导其他企业。领导者可能会受到其他企业的认可或尊敬，也可能不会，但其他企业都承认其主导地位。竞争者会把领导者视作其挑战、模仿或回避的对象。一些知名的市场领导者包括沃尔玛（零售）、亚马逊（网上零售）、麦当劳（快餐）、威瑞森（无线通信）、可口可乐（饮料）、卡特彼勒（挖掘设备）、耐克（运动鞋和装备）、脸书（社交媒体）和谷歌（网络搜索服务）。

领导者的生活并不轻松。它必须始终保持警惕。其他企业会不断地挑战其优势或攻击其劣势。市场领导者很容易错失良机而跌至第二位或第三位。产品创新可能会伤及领导者（正如苹果公司开发 iPod 并从索尼公司的随身听便携音响设备上夺过市场领导者的位置那样）。市场领导者可能变得傲慢、自满，并错误地判断竞争形势（正如西尔斯将其领导地位输给沃尔玛一样）。市场领导者还可能面对新的、生机勃勃的竞争者而显得过时、守旧（就像阿贝克隆比费奇将其重要地盘让给了诸如 H&M、Urban Outfitters 和美洲鹰（American Eagle）等时尚或低成本品牌）。

为了保住第一的位置，领先企业可以采取以下三种行动：第一，它们可以想方设法扩大总需求。第二，它们可以凭借良好的防御和进攻行动，保护现有的市场份额。第三，即使市场规模保持不变，它们也可以努力进一步扩大自己的市场份额。

扩大总需求

当市场总需求扩大时，受益最大的往往是领导企业。如果美国人吃更多的快餐，麦当劳肯定获益最多，因为它在快餐市场中占有的份额是其最大竞争者——赛百味和汉堡王份额之和的 3 倍多。如果麦当劳可以使更多的美国人认为在节约的时代，快餐是外出就餐的最好选择，显然它将比竞争者获得更多的益处。

市场领导者可以通过吸引新的使用者、开发新用途、增加产品使用量来扩大市场。市场领导者通常可以采用多种方法发现新的使用者或未开发的细分市场。比如，一直以男孩为目标市场的欧洲最大的玩具生产者乐高现在成功地吸引了女孩们。乐高深入地洞察了男孩和女孩在玩玩具行为上的差别，2011 年据此为女孩们推出了“乐高朋友”系列。这一系列的产品有色彩柔和的积木和建筑组件，鼓励女孩们搭建奥莉薇的小屋（Olivia’s House）、艾玛的宠物沙龙（Emma’s Pet Salon）或安德

莉亚的城市主题公园咖啡馆（Andrea's City Park Café）等。“乐高朋友”成为公司历史上最成功的产品线之一，促使乐高公司在一年内对女孩的销售提高了3倍。仅仅去年一年，“乐高朋友”系列产品的销售就比前一年增加了30%。[15]

市场营销者常常通过发现并宣传产品的新用途来扩大市场。例如，WD-40公司通过发现新用途进行市场扩展的本领令人叹服，使这种流行产品成为大多数美国家庭真正重要的生存必备品之一[16]：

> 数年前，公司发起征集WD-40的2 000种独特用途活动。活动收到30万份提议，公司精挑细选了最佳的2 000份，发布在公司的网站上。有些消费者建议简单而实用，例如避免藤椅吱嘎作响，弄松卡住的乐高积木块，或者清洁蜡笔印记。似乎很多人使用WD-40帮助松鼠从喂鸟器的管道里滑脱。另一些人报告了非常不同寻常的用法。一个男人用WD-40抛光其玻璃眼珠；另一人用来脱下假腿。一名亚洲的公共汽车司机用WD-40驱逐盘踞在他车下的蟒蛇。抑或那位用WD-40逼退了发怒的熊的密西西比海军军官怎么样？正如公司总结的：“你经常听说，‘在生活中你只需要两件东西：强力胶布和WD-40。如果它移动但是不应该动，用强力胶布。如果它不动但应该动，用WD-40。’千真万确。”

最后，市场领导者可以通过说服人们更频繁地使用产品或在某种场合下更多地消耗产品来提高产品使用量。例如，金宝汤公司发布公告宣传新配方，敦促人们喝汤和购买其他金宝汤的产品。在“金宝厨房”的网站上，访问者可以搜寻或交换菜谱，创建他们自己的菜谱栏目，学习更健康的饮食方法，并报名参加每天或每周的就餐邮件（Meal Mail）活动。金宝汤公司在其脸书和推特网站上，邀请消费者加入名为“金宝厨房”的网上社群参与讨论。

保护市场份额

在设法扩大总体市场规模的同时，领先企业也必须保护自己现有的业务不受竞争者的攻击。沃尔玛必须不断警惕塔吉特和开市客；卡特彼勒必须警惕小松；苹果的iPad和iPhone必须警惕三星；而麦当劳必须警惕温迪和汉堡王。

市场领导者可以采取哪些措施保护自己的地位呢？首先，它必须避免或弥补自己的劣势，以防竞争者找到可乘之机。为此，它应该严格履行价值承诺，使价格符合顾客从品牌中感受到的价值。领导者应当及时“填补漏洞”，以免竞争者闯入。

但最好的防御是发起有效的进攻，而最好的反应是持续的创新。领导者不应当满足于现状，而应当在新产品、顾客服务、分销有效性和削减成本方面处于行业的领先地位。它应当不断提高竞争效果和为顾客创造价值。当挑战者发起袭击时，市场领导者要果断地反击。例如，在价值53亿美元的全球一次性尿布市场，市场领先者宝洁公司——凭借其帮宝适和乐芙适品牌——一直对挑战者，比如金佰利公司的好奇品牌，进行无情的反击。[17]

> 宝洁公司在一次性尿布和婴儿护理产品的研发上投入大量资源，致力于生产“零渗漏、超级干爽、超级舒适，就像内裤一般妥帖”的极品尿布。在其全球5家婴儿护理中心，宝洁的研究人员不断突破科学与时尚的局限，保持超越挑战者的技术优势。宝洁的婴儿护理部门如今拥有5 000多个已经获得批准和

正待批准的专利。例如，2010 年，宝洁推出最干爽帮宝适（Dry Max Pampers），这一产品也许是尿布领域 25 年来最大的创新了——比以往的产品薄了 20%，却具有两倍的吸水能力。最近，它推出了帮宝适超级护理短裤，一种可以像穿短裤那样一拉而就的全方位弹性尿布。下一步的尿布创新：植入传感器的智能尿布，可以通过智能应用程序提醒父母他们的宝贝尿湿了，甚至告诉父母穿着尿布的宝宝是否生病了。除了推进技术领先，宝洁还运用其营销吸引顾客互动，说服他们宝洁的尿布才最适合他们的宝宝。总之，多亏了坚持不懈的创新和品牌建设，宝洁在美国保有 42.9% 并不断增长的市场份额，挑战者金佰利只有 37%。在巨大的中国市场，宝洁有 42% 的份额，金佰利只有 11%。

扩大市场份额

市场领导者常常通过进一步增加其市场份额来发展壮大。在很多市场中，市场份额的小小提高意味着销售额的巨大增长。比如，在美国洗发水市场，市场份额 1% 的增长就意味着年销售额增加 7 000 万美元；在碳酸饮料市场，则价值 10 亿美元。[18]

研究表明，平均而言，利润随着市场份额的增加而增长。根据一项研究，许多企业都寻求市场份额的扩张，进而提升利润。例如通用电气宣称要成为其进入的每一个市场中数一数二的厂商，否则就退出。为此通用电气放弃了电脑、空调、小电器和电视机业务，因为它不能在这些行业获得统治地位。

一些研究发现，许多行业都有一个或几个高利润的大型企业，一些可以获利并聚焦经营的企业，以及很多利润微薄的中型企业。似乎企业的获利性随着它在所服务的市场上相对于竞争者的份额增加而增加。例如，雷克萨斯虽然在整个汽车市场上占有非常小的份额，但因其是豪华汽车市场上的领导品牌而获得高额利润。而它之所以在所服务的市场中获得高市场份额，是因为它做了很多正确的事，比如生产高质量的产品，创造好的服务体验，以及建立紧密的顾客关系。

但是，企业绝对不能认为，获得市场份额的增长就会自然而然地提高利润。企业战略才是决定其利润增长的关键。有很多高市场份额但低利润率的企业，也有很多低市场份额但高利润率的企业。提高市场份额的成本可能远远超过其收益。只有当单位成本随着市场份额的增加而减少，或企业提供质量更高的产品且索要的溢价足以弥补成本的增长时，更高的市场份额才可能产生更高的利润。

市场挑战者战略

行业第二位、第三位或排名更后的企业有时规模也很大，例如百事、福特、劳氏、赫兹租车和 AT&T。这类企业可以采取以下两种竞争战略之一：它们可以挑战领导者和其他竞争者，以争取更大的市场份额（市场挑战者）；或与其他竞争者和平共处，不挑起事端（市场跟随者）。

市场挑战者必须首先确定要挑战的竞争者及其战略目标。市场挑战者可以攻击市场领导者，这是一种风险高但潜在收益也高的战略，目的是夺取市场领导者地位。有的挑战者可能只是想获得更多的市场份额。

虽然市场领导者看上去具有最强的实力，但是市场挑战者经常采取一些战略利用“后发优势”。挑战者观察领导者的成功经验并且予以改进。比如，家得宝创建了家装超市，但是在观察和学习到家得宝的成功经验之后，第二位的劳氏凭借其更为明亮的店面、更宽阔的走道和被认为更乐于助人的销售人员，将自己定位成消费者心目中友好的、可以替代家得宝的选择。过去 10 年，市场挑战者劳氏一直比家得宝增长更快，盈利性也更好。

实际上，市场挑战者常常模仿和改进市场领导者的点子。例如，麦当劳最初模仿随后优化了由白堡（White Castle）率先推出的快餐体系。沃尔玛的创始人山姆·沃尔顿承认自己大多数的做法仿照了折扣店先锋索尔·普莱斯（Sol Price）创办的 FedMart 和 Price Club 连锁，并使之臻于完善，才让沃尔玛成为如今的主导零售商。

或者，市场挑战者也可以回避市场领导者，挑战那些与自己规模相当或更小的当地或区域性企业。这些较小的企业缺乏足够的资金支持，或者不能很好地为其顾客服务。一些主要的啤酒企业并不是通过挑战大竞争者，而是通过吞并小企业或区域竞争者而成长到如今的规模。例如，SABMiller 通过兼并 Miller、Molson、Coors 和数十个其他品牌而成为世界第二大酿酒商。如果企业紧紧追逐一个当地的小企业，其目标可能是迫使这家企业倒闭。最重要的一点仍然是：必须谨慎地选择挑战时机，并有一个明确的、可实现的目标。

市场挑战者如何才能最有效地攻击选定的竞争者并实现自己的战略目标？它可以发动一场正面进攻（frontal attack），与竞争者在产品、广告、价格和分销活动上短兵相接地较量。它攻击的是竞争者的优势而非劣势。竞争结果取决于谁具有更强的实力和耐力。百事就是这样挑战可口可乐的，福特也正面进攻了丰田。

但是，如果市场挑战者的资源不如竞争者雄厚，那么正面进攻几乎没有任何意义。因此，许多市场新进者避免正面冲突，它们知道市场领导者可以通过广告战、价格战和其他报复措施来阻止自己。与其正面进击，不如对竞争者的劣势或竞争者市场覆盖面的漏洞发起间接进攻（indirect attack），通过采取一些让现有市场领导者难以还击或选择忽视的策略，借机获得立足点。

例如，想想市场挑战者红牛当初进入美国软饮料市场时，是如何迎战市场领导者可口可乐和百事的吧。红牛通过在非传统的分销点出售高价的补缺产品间接地攻击市场领导者。开始时，红牛在市场领导者势力较弱的非常规网点出售，例如酒吧或夜店，在那里 20 多岁的年轻人狂饮富含咖啡因的饮料以便能够通宵达旦地跳舞。一旦有了忠诚的顾客群，该品牌就进入更加传统的渠道，侵入了可口可乐和百事的势力范围。最后，红牛运用了一系列游击营销策略而非市场领导者使用的高成本传统媒体。间接进攻的方式对红牛而言非常有效。尽管美国市场竞争异常激烈，但红牛现在是价值 65 亿美元的品牌，在功能饮料市场获得了 43% 的份额，而可口可乐和百事的功能饮料份额加起来也只有 4%。[19]

市场跟随者战略

不是所有的亚军企业都想挑战市场领导者。市场领导者从不会轻率地应对挑战。如果市场挑战者的诱饵是更低的价格、改进的服务或者新增的产品特性，市场领导者可以快速地做出与之相应的行动以削弱其攻势。在争夺顾客的残酷争斗中，市场领导者可能拥有更持久的力量。例如，几年前，凯马特推出新的低价“蓝光促销”活动来直接挑战沃尔玛的天天低价策略，挑起了一场不可能取胜的战争。沃尔玛很容易地击退了凯马特的挑战，凯马特为此付出惨重代价。因此，许多企业倾向于跟随而不是挑战市场领导者。

市场跟随者可以获得很多好处。市场领导者经常承受开发新产品和新市场、扩张渠道和培育市场的巨大支出。市场跟随者可以吸取市场领导者的经验，复制或改进市场领导者的产品和方案，而这么做通常所需的投入较少。虽然市场跟随者可能不会替代市场领导者，但是它通常可以同样盈利。

跟随并不等同于消极或完全照搬市场领导者的做法。市场跟随者必须知道如何保持现有顾客并赢得恰当的新顾客。它必须把握一种巧妙的平衡，既保证紧紧追随市场领导者赢得顾客，又要保证跟随的距离不会太近，以免遭到报复。每个市场跟随者都试图努力给目标市场带来鲜明独特的优势——选址、服务或融资。市场跟随者通常是市场挑战者攻击的主要目标。因此，市场跟随者必须保持低制造成本和价格，或高质量的产品和服务，并且趁新市场打开之际及时进入。

市场补缺者战略

几乎每一个行业都有一些专门服务于缝隙市场的企业。它们不去追求整个市场或者大规模的细分市场，而瞄准“子细分市场”。市场补缺者通常是资源有限的小企业，不过大企业的小分部也可能采用这一战略。在整个市场中占有低市场份额的企业也可以通过高明的补缺战略获得高盈利。

为什么市场补缺者可以盈利呢？主要原因是市场补缺者非常了解目标顾客群，以致它们能比那些偶尔向缝隙市场销售的企业更好地满足顾客的独特需要。正因为提供了更大的附加价值，市场补缺者可以把价格定得高出成本很多。大众营销者得到的是高销售量，而市场补缺者得到的是高利润率。

市场补缺者试图寻找一个或更多安全和可获利的缝隙市场。一个理想的缝隙市场应足够大且有发展潜力，是一个能够让企业有效服务的市场。或许更重要的是，市场补缺者服务的市场对一些实力强大的竞争者没有吸引力。随着缝隙市场的发展和越来越有吸引力，企业可以通过培养专业技能并树立顾客信誉在竞争中保护自己。

补缺战略的关键在于专业化。市场补缺者通过深入地满足精准确定的目标顾客群的特殊需要来谋求发展。例如，提到网上约会网站，人们通常想到的是eHarmony.com 和 Match.com 等。但是近来，一些补缺型网站增长很快，它们只聚焦于精心界定的小型人群的偏好。[20]

市场补缺者可以专注于若干市场、顾客、产品或营销组合等任一方面。比如，它为特定的最终用户提供专业服务，如律师事务所专门为刑事、民事或经济法律市场服务，也可以专门服务于既定规模的顾客群体。许多市场补缺者专门为那些被大企业忽略的中小顾客提供服务。

一些市场补缺者聚焦于一个或几个特定的顾客，将其所有产品都销售给某个企业，比如沃尔玛或通用汽车。其他补缺者通过地理市场进行专业化，仅在某一地点、区域销售。“质量－价格”补缺者在低端或高端市场经营。比如，惠普公司专门服务于高质量、高价格的计算器市场。最后，服务补缺者提供从其他公司无法得到的服务。比如，LendingTree 提供在线借款和房地产服务，将房屋买卖者与相互争夺顾客业务的全美抵押贷款人和经纪人联系在一起。“当贷款人竞争时，你赢了。”

补缺也承担一些重大风险。比如，缝隙市场可能会很快饱和，或者发展壮大到足以吸引大型竞争者进入。这正是许多企业实施多重补缺战略的原因。通过开发两个或更多缝隙市场，企业可以增加生存机会。即使一些大型企业，也偏爱采用多重补缺战略来覆盖整个市场。例如，服装制造商 VF 公司营销 30 多个生活方式品牌，其补缺市场包括从牛仔服、运动服、休闲服到户外装备和工作服等众多种类。例如，VF 的 Vans 品牌生产鞋、服装以及冲浪板和滑雪板等。7 for All Mankind 品牌在专卖店和高端百货店出售高价牛仔服和配饰。北面与天伯伦品牌为狂热的户外运动者提供高端装备和服装。相反，Red Kap、Bulwark 和 Chef Designs 工作服品牌为企业和公众机构生产各种制服和保护服，从警察到厨师的装备。总之，这些分散的补缺品牌联合起来使 VF 成为年销售额达 124 亿美元的服装帝国。公司声称，无论你是谁，“我们都适合你的生活”。[21]

18.3 平衡顾客导向和竞争导向

一个企业无论是市场领导者、市场挑战者、市场跟随者，还是市场补缺者，都必须密切关注自己的竞争对手，并制定能最有效实现定位的竞争性营销战略。同时，它必须在快速变化的竞争环境中不断地调整战略。因此，产生了这样一个问题：企业花费大量的时间和精力来追踪竞争对手，会损害其顾客导向吗？答案是肯定的。一个企业会因为过于以竞争为中心而忽视了维持可盈利的顾客关系——这个更为重要的焦点。

竞争导向的企业（competitor-centered company）往往将其大部分时间花在追踪竞争者行动和市场份额上，并试图找出应对战略。这种方式有利有弊。有利的一面是，企业确立了战斗导向，警惕地观察自己在定位中的劣势，并搜寻竞争者的不足。不利的一面是，企业会因过分重视防御而变得过于被动。企业根据竞争者的行动来决定自身的行动，而不是执行自己的顾客关系战略。结果，企业仅仅是简单地适应或沿用行业的做法，无法寻求突破性新方法创造更多顾客价值。

相反，**顾客导向的企业**（customer-centered company）在设计战略的过程中，更多地关注顾客的发展。很显然，顾客导向的企业在识别新机会和制定合理的长期战略方面更为有利。通过观察顾客需求的变化，企业可以决定哪些顾客群体和哪些新兴需求是最值得服务的。然后，它可以集中资源，为目标顾客递送卓越的价值。实践表明，如今的公司必须是**市场导向的企业**（market-centered company），密切观察其顾客和竞争者，避免盲目地专注于竞争者或片面地聚焦于顾客。

图 18－3 显示，公司可能拥有四种导向中的任何一种。最初，企业可能是产品导向，对顾客和竞争者都很少关注。随后转变为顾客导向，并开始关注顾客需求。之后，企业开始关注竞争者，成为竞争导向。如今，企业需要成为市场导向，平衡对顾客和竞争的关注。它们需要观察顾客，通过递送比竞争者更多的顾客价值，发现建立有利可图的顾客关系的突破性方法，而不是简单地盯着竞争者，并试图通

过现有的经营方法击败它们。正如前面所说，营销的起点是对顾客和市场的正确理解。

以竞争为中心 \ 以顾客为中心	不是	是
不是	产品导向	顾客导向
是	竞争导向	市场导向

图 18-3　企业导向的演变

关键术语

竞争优势（competitive advantage）
竞争者分析（competitor analysis）
竞争营销战略（competitive marketing strategy）
战略集团（strategic group）
标杆瞄准（benchmarking）
顾客价值分析（customer value analysis）
市场领导者（market leader）
市场挑战者（market challenger）
市场跟随者（market follower）
市场补缺者（market nicher）
竞争导向的企业（competitor-centered company）
顾客导向的企业（customer-centered company）
市场导向的企业（market-centered company）

概念讨论

1. 定义竞争优势。企业如何确立自己的竞争优势？

2. 企业如何确定自己的竞争者？关于已确认为竞争者的企业，营销经理希望了解什么信息？

3. 描述市场挑战者可以采取的战略，并解释市场挑战者为什么可能比市场领导者更有优势。

4. 什么是市场补缺者？讨论与这一竞争地位相联系的战略和风险。

5. 比较各种企业导向如何适应快速变化的竞争环境。是否存在所有企业都应该遵循的一种导向？

案　例

YouTube：谷歌对视频主导地位的追求

毋庸置疑，谷歌——现在是上市公司 Alphabet 的一部分——是一家成功的企业。凭借去年高达 715 亿美元的年收入，成为全美规模排在第 36 位的公司，而且谷歌比前面 35 家企业都要年轻。但是，为这家耀眼的年轻公司赢得强大实力和影响力的并非其收入的快速增长。毕竟，谷歌驱动所有台式电脑互联网搜索总量的 70%，而移动设备上的统计数据更是高达 95%。

但是要为这个无可争议的搜索之王确定竞争对手，就不那么清楚了。当然，在搜索方面，谷歌一直锁定微软（必应）和雅虎。但是，如果论及对竞争者的关注，谷歌可能更加关注苹果、亚马逊、脸书和三星。实际上，谷歌始终关注和评估这些公司的一举一动。

这些看上去很不一样的公司为何最终彼此激烈竞争了呢？事实表明，这些公司在最终目标上并没有太大的不同——满足全球消费者的数字需求，这是快速演进和难以界定的需求集合。但是，随着消费者将自己的时间和注意力越来越多地转向手中联网的设备，谷歌意识到在数字空间尽可能赢得最大份额的"时间支出"才是真正要追求的目标。尽管谷歌和竞争者苹果、亚马逊、脸书、微软、三星彼此起步于各自不同的产品类别，但对网上霸权的共同渴求已经模糊了市场边界，使得这些公司彼此直接竞争。

想想谷歌互联网导向的产品组合——谷歌邮箱、谷歌浏览器Chrome、谷歌地图、谷歌地球、谷歌驾驶、谷歌文件和谷歌图片等等。随口说哪个都面临好几个竞争者。目前，在安卓领域，谷歌钱包、Chromebooks和Google+及其竞争者在多个领域缠斗在一起。甚至进一步扩大到"Moonshot"项目，将一些疯狂到不大可能实现的创新项目置于谷歌母公司Alphabet的伞下——物联网、无人机、机器人、新能源以及自动驾驶汽车——谷歌及其竞争者如此纠缠以至于很难把事情分开。

谷歌知道要尽可能有竞争力，否则不足以多元化进入各种业务领域和产品线。不能分散孤立地发展，每个部分必须整体协同。对谷歌而言，所有项目以互联网搜索和组织世界信息为中心。但是最终，谷歌希望在消费者的数字世界有大作为。最明显的证明是谷歌希望成为领先的流视频节目源的努力，其麾下的YouTube就是这些努力的中心。

"我想要我的电视！"

提及人们如何消磨时光，工作和睡眠占去了大部分时间。但是最近的一项研究表明，休闲活动占的比例不小，居于第三位。美国人平均每天休闲娱乐的时间为5.3小时，包括社交、玩游戏、阅读、健身和放松等等。但是用于看电视的时间在总休闲时间中占到一半。如今，这包括在各种设备上观看视频。尽管传统电视仍然是最重要的，现在人均每天在网络视频上花费的时间约70分钟，而且这一数字增长迅速。大多数的观看时间用于移动设备，而非传统的计算机。实际上，视频将在未来几年占到所有移动流量的80%。

移动、可点播的和数字技术给我们带来的大量新观看渠道，必然造成或部分造成传统有线电视黄金时段不可避免的逐渐式微。所有这一切引发为赢得视频观众而展开的前所未有的密集战争。一度只通过广播和有线电视网诸如NBC、ABC、CBS、HBO、MTV、TNT、TBS和ESPN等消费的内容如今也纷纷通过新渠道播放。

最具主导性的新玩家是网飞公司。这家一度在通过邮件分销或出租DVD领域领先的企业，如今成为领先的流媒体电视和电影节目源。190个国家和地区的7 500多万付费网飞会员每月观看380亿小时无广告流媒体内容。在美国，随便一个周末的夜晚，网飞都可以吸引互联网总流量的1/3强。尽管其大多数内容来自外部资源，网飞迅速成为原创内容的生产商。实际上，凭借大火的连续剧《纸牌屋》（House of Cards）、《杰西卡·琼斯》（Jessice Jones）等，网飞赢得了金球奖和艾米奖，更不用说为其庞大的用户基础每月增加数百万新用户。凭借即将推出的著名喜剧演员切尔西·汉德勒（Chelsea Handler）担纲的脱口秀节目，网飞首次涉足电视直播。

凭借 67 亿美元的年收入并将其中大部分用于开发原创内容，网飞让电视和有线电视网络的经理们难以入眠。

论及网络视频，谷歌可一点儿也不腼腆害羞。它通过谷歌 Play 媒体商店出租和出售电影和电视节目与 iTunes 竞争。更为重要的是，它自己的 YouTube 凭借视频网站访问总量 77% 的份额成为流媒体视频的遥遥领先者。YouTube 一直为谷歌创造收益，其中广告客户是主要的收入来源——这已经成为网络视频的标准模式。另外，YouTube 为观看者提供第二种谷歌选择来出租或者购买电影和电视节目，以及选择预付费的点播渠道。去年，YouTube 以一己之力为谷歌创造了约 90 亿美元的收入。

鉴于谷歌在网络视频上甚至比网飞还要挣钱，你可能认为它会对此感到满意。但是，谷歌从未满足于现状。它明白在网络视频的竞争中，不进则退。

竞争激烈

随着网络视频的爆炸性增长，网飞已经不是谷歌唯一担心的竞争者了。其他高端视频网站，诸如 Hulu 和 Crackle 也被纳入其中。但是，也许更令人震惊的是，谷歌其他凶猛的竞争者也都用它们自己的网络视频门户网站带来切切实实的威胁。说起订购服务，亚马逊的超级会员服务凭借约 1/3 付费用户仅次于网飞屈居第二。Hulu Plus 紧随其后。苹果发明了网上媒体商店 iTunes。拥有 10 亿多用户的苹果，当然借助其全球最受欢迎的硬件设备为其视频门户网站吸引大量观众。

脸书如今每天的观看量激增到 80 亿次，而且还在增长——这一数据意味着，它已经成为世界上最大的社交网络 YouTube 的最大威胁。凭借 Surface 和 Xbox 界面，甚至连微软也在 Windows 媒体商店领域迈出了第一步。连推特最近都与 NFL 签约直播周四晚上的比赛。还有威瑞森、雅虎，甚至阿里巴巴也在为它们的视频内容争夺全球观众的注意力。这个行业的竞争显然已经白热化。

这些玩家纷纷大量投资，试图建立自己的视频帝国。近来最核心的部分，则是原创内容。在这一领域，网飞一路领先，彻底改变了竞争模式。许多好莱坞演员、导演和制片人都纷纷加盟网飞，不仅为了挣钱，还为了传统渠道所不能提供的艺术自由的诱惑。“[竞争者们] 敬畏网飞对消费者和媒体公司的影响力。”环球电视公司（Universal Television）的前主席和微软媒体与娱乐部负责人布莱尔·韦斯特雷克（Blair Westlake）说道。虽然它们尚不能与网飞相提并论，但亚马逊、Hulu 和 Crackle 都对原创内容虎视眈眈。

就在最近一届圣丹斯电影节（Sundance Film Festival）上，苹果公司在帕克市主街的帝国饭店招待一线明星，只有受到邀请的人士才可以进入 iTunes 厅。苹果在高知名度电影节上的亮相是其当前开发系列独家内容——将只通过 iTunes 和苹果设备上的移动应用程序播放的内容、与网飞竞争的计划的一部分。

苹果追求“双轨”方式进行内容开发。首先是收集短片、音乐视频，根据歌手 Dr. Dre 与 Beats 电器的创立者吉米·拉温（Jimmy Lovine）的同事拍摄的纪录片，苹果斥资 30 亿美元买下并重新命名为苹果音乐（Apple Music），以此应对 Spotify（一个正版流媒体音乐平台）。总体来看，这一内容不仅吸引观众而且有助于促销苹果音乐。第二条路径是按网飞、亚马逊和 Hulu 的路数开发原创电视风格的节目。凭借超过 2 000 亿美元的现金储备，苹果有足够的财力为这两种方式提供充足的资金支持。

当苹果悄悄地完成这一系列行动时，脸书也在追求自己的路径。有传言说，脸书的马克·扎克伯格对视频很痴迷。实际上，脸书预言其平台上书写文字内容将会终结。在 5 年的时间内，脸书“将彻底‘动’起来，可能全是视频”，脸书欧洲、中东和非洲的负责人尼古拉·门德尔松（Nicola Mendelsohn）说：“在这个太多信息向我们涌来的世界上，视频实际上是讲故事的最好方式。”

凭借其无人能敌的到达、分析和瞄准目标受众的能力，脸书在说服电影公司运用社交网络作为预告片和先睹为快的播放平台方面一直非常成功。但是脸书现在正用金钱和其他资源努力超越好莱坞的促销伙伴。它旨在成为观看原创内容的重要站点之一。为此，它推出了脸书实况（Facebook Live）——一个专为分享任何事情而设计的视频直播平台。例如，乌比·戈德堡（Whoopi Goldberg）用系列视频日记提供最新奥斯卡影片的现场幕后解说，收获了数百万点击量。这只是冰山的一角。脸书正与从电视制片人、喜剧演员、音乐家到运动员、厨师、政治家和记者等各种人商谈开直播，包括独家内容。

按自己的方式制作视频

要在这个非常拥挤的领域胜出竞争者，谷歌应该做些什么？你可能认为谷歌 Play 会是网飞或者 Hulu 的翻版。的确，一些分析人员建议谷歌干脆收购一个已经取得成功的视频门户网站，既然它有 750 亿美元之多的雄厚现金储备。但是谷歌不想成为另一个网飞，而是希望发挥自己的优势——YouTube，巩固其作为网上视频领导者的定位。去年，YouTube 推出自己的付费订购服务 Red。观众只要每月花费 9.99 美元，就可以不受广告打扰地在任何界面上观看 YouTube 的所有内容。用户可以存储视频，设置播放列表离线观看。甚至还有为音乐视频提供的纯音乐环境，将 YouTube Music 和谷歌 Play Music 完美整合，使 Red 成为一个无广告的流媒体音乐服务。

这些特征都很出色，但 YouTube Red 最大的亮点当属最近推出的 Originals——只对 Red 订户独家提供的原创节目。与网飞、亚马逊甚至苹果不同的是，YouTube 开发节目有得天独厚的优势。首先也最重要的是，它可以利用在自家平台上蹿红的网红明星。出自《行尸走肉》（The Walking Dead）制片人的真人秀节目《吓吓 PewDiePie》，就是由 YouTube 上最大的明星菲利克斯·科尔伯格（Felix Kjellberg）出演；《独角兽岛之旅》（A Trip to Unicorn Island）是一部聚焦“超级女人”莉莉·辛格（Lily Singh）的纪录片；《求生之路》（Fight of the Living Dead）将 YouTube 上的天才们置于一场僵尸大战之中。

即使 YouTube 可以签约自己的网红明星出演顶级质量的节目，它对这些明星也不是十拿九稳，胜券在握。例如，网飞最近与 YouTube 超级网红米兰达·辛格斯（Miranda Sings）签约出演原创的喜剧连续剧《喷子滚开》（Haters BACK Off!）。YouTube 有大量土生土长的名人可供选择，但它现在可能不得不将他们加到潜在竞争威胁者的名单上。

YouTube Red 目前有 10 个节目可看。还有更多的在制作过程之中，包括展示行业天才的高调节目 YouTube Originals，即将启动并运营。其为个人、导演和制片人提供非常有竞争力的报酬，让好莱坞业内人士和谷歌竞争者得到消息——YouTube 意味着生意。

资料来源：Nicole LaPorte, “ Apple, Facebook, Google, and Alibaba Take Hollywood, ” *Fast Company*, May, 2016, pp. 68-96; Sarah Mitroff, “ Everything You Need to Know about YouTube Red,” *Cnet,* February 17, 2016, www.cnet.com/how-to/youtube-red-details/; Cassie Werber, “ Facebook Is Predicting the End of the Written Word, ” *Quartz*, June 14, 2016, www.qz.com/706461/facebook-ispredicting-the-end-of-thewritten-word/; " Mobile Spearheads Digital Video Advertising's Growth, " *eMarketer*, February 22, 2016, www.emarketer.com/Article/Mobile-Spearheads-Digital-Video-Advertisings-Growth/1013611; Leah Libresco, " Here's How Americans Spend Their Working, Relaxing, and Parenting Time, " *FiveThirtyEight*, June 24, 2015, http://fivethirtyeight.com/datalab/heres-how-americans-spend-their-working-relaxing-and-parentingtime/; Farhad Manjoo, " The Great Tech War of 2012," *Fast Company*, November, 2011, pp. 106-146; and www.youtube.com/red, accessed July 2016.

讨论题

1. 列举 YouTube 的竞争优势。
2. 在谷歌所有的竞争者中，它应该攻击哪些？避开哪些？
3. 谷歌遵循哪种基本的竞争战略？
4. 你如何根据竞争定位给谷歌分类？为什么？
5. 谷歌是以市场为中心的公司吗？请解释。

注 释

请扫描二维码或登录中国人民大学出版社官网 www.crup.com.cn 下载本书注释。

19 全球市场

学习目标

- 讨论国际贸易体系，以及经济、政治和法律、文化环境如何影响公司的国际营销决策。
- 描述三种进入国际市场的重要方法。
- 解释公司如何为国际市场调整其市场营销组合。
- 确定三种主要的国际市场营销组织形式。

迄今为止，我们已经学习了有关公司如何制定和执行市场营销战略来创造顾客价值和建立持久顾客关系的基础知识。在这一章中，我们将这些基础知识扩展到全球营销中。我们已经在前面的各章谈到过一些全球市场的话题——现在想要找一个不涉及一点国际问题的市场营销领域已经很困难了，本章更侧重于企业在全球市场中营销其品牌时可能遇到的特殊问题。通信、交通和其他技术的进步已经使世界变得越来越小。今天，几乎所有企业，无论规模大小，都会遇到这样或那样的国际营销问题。这里将讨论市场营销者进入全球市场时需要制定的六种决策。

让我们用瑞典家具和家居用品零售商宜家的例子开始全球营销探索之旅。宜家在全球 51 个国家和地区成功地经营，吸引着不同偏好、语言和文化的顾客。宜家奉行高度标准化的国际经营模式，旨在为普通消费者提供价廉物美的家具。但是，宜家逐渐认识到，应对全球市场可不能简单地一刀切。

引例 宜家：全球标准与当地调整之间微妙的平衡

全球最大的家具零售商宜家，是第五大全球标志性品牌。去年，超过 7.71 亿名购物者涌入这家斯堪的纳维亚零售商遍布在 51 个国家和地区的 368 家巨型商店，创造超过 370 亿美元的销售收入。平均每家店年收入约 1 亿美元，比沃尔玛平均每家店的销售收入 2 倍还要多。宜家很大，而且越来越大——其收入在过去 10 年翻了一番。

宜家为如何在全球环境做生意提供了一个典范。远不止是一家大型家具商，宜家通过吸引不同国家和文化的消费者取得了全球成功。从北京到莫斯科，再到俄亥俄州的米德尔敦，顾客被宜家生活方式吸引，以低廉的价格购买时尚又简单实用的家具。宜家的全球使命是“为众人创造更好的日常生活……通过提供各种设计精良、时尚的家具产品，价格很低以至于很多人都买得起”。

宜家通过建立全球标准化和当地市场调整之间的恰当平衡取得引人瞩目的全球成功。无论你在哪里的宜家购物，你会发现巨大的商店，熟悉的蓝色和黄色品牌标志，种类繁多的当代斯堪的纳维亚设计风格的家具，以及实惠的价格。同时，宜家仔细地调整其商品结构、商店运营和营销活动，以迎合全球在意义、语言和文化等方面迥异的各个市场中顾客的独特需求。

宜家战略的许多方面是全球标准化的。最初，所有产品都是当代风格的瑞典家具，其经典的简约设计具有长久的全球吸引力。低价格是另一项在宜家的全球配方中持久不变的因素。作为一个标杆，每件宜家产品都设计成按类似竞争性产品的半价出售。宜家通过不懈地聚焦降低成本来维持低价。在世界范围内大量出售标准化产品本身也有助于降低成本、维持低价。同样，宜家节约空间的“平板”包装和陈列方式——出售家具部件，由顾客在家中安装——也是标准化的体现。

宜家遍布全球的店铺共享标准化的设计，都非常大，平均规模约 30 万平方英尺，比沃尔玛超级购物中心的平均规模还要大 50%。为消除如此巨大的规模可能造成的不便，各处的宜家都会划分成三个重要部分：展厅以真实房间的样子陈列家具；市场提供各种小物件；仓库使顾客方便地拉出自己心仪的装在平板包装盒里的家具，推着去结账。在全球任何一家宜家门店，父母可以把孩子托付给儿童游乐区，也可以全家在快餐吧或提供三餐的餐厅里就餐，在宜家逛上好几个小时也不会厌烦。

尽管宜家尽可能地进行标准化经营，但是，它已经意识到在全球营销中，没有放之四海而皆准的方案。宜家也是历经磨难才认识到这一点。1980 年代早期，宜家美国的第一家店在费城开业，货品都是进口的，和其在欧洲所售产品一模一样。但美国人不感兴趣。例如，宜家的床太小太硬，不符合美国人的喜好。由于销售很不理想，宜家甚至一度考虑撤出美国市场。

不过，公司果断作出了一个生死攸关的决策，后来成为宜家扩张进入全新的国际市场的基石——深入研究市场，并作出相应调整。“文化距离越远，越是需要我们去理解、学习和适应。”宜家调研部门的管理者说道。正是基于对美国消费者更好的理解，宜家进行了一系列调整，包括改变床垫的结构，增加大尺寸的床。随后，宜家的销售迅速上升。现在美国是宜家第二大市场，仅次于德国。

宜家如今在世界范围内经常调整产品设计和结构，以适应当地消费者的不同需求和偏好。例如，尽管宜家在中国的店铺出售的许多产品与世界其他地方的相同，但也包括电饭煲和筷子。中国消费者喜爱偏硬的床垫，所以宜家提供的产品大多数比较硬。因为中国城市人口众多，平均居住空间远远小于欧美国家，中国宜家便提供较小的电器和产品，为家庭节省空间和便于收纳。

但是，在不增加成本的情况下改变产品设计和结构余地有限。一位分析人员说："记住，宜家模式的关键是数量、数量、数量：需要巨大的规模经济效应来维持低成本，而这意味着尽可能多地创造普遍适用的解决方案。"所以宜家不是在全球一味地改变产品本身，而是常常只调整其营销和产品采购，向当地顾客显示宜家标准化的产品如何适合他们的生活和文化。那位分析人员说："宜家格外擅长展示同样的产品如何适合不同地区的生活习惯。"

例如，在日本和荷兰的宜家展厅中可能摆放着同样的床和橱柜，但是日本的陈列展示榻榻米毯子，而荷兰的房间装上了倾斜的天花板。在美国，同样的床会被覆盖装饰性枕头。类似地，发行量巨大的宜家目录（每年印刷量高达 2 170 万册）也在当地场景中定制化地展示标准宜家产品。宜家用 32 种语言出版 67 个版本，每一个版本都精心准备，反映当地的口味和偏好。

除了改变设计、产品种类和构成，宜家常常调整其基本的商店运营，以将当地文化特色和差异转化为竞争优势。例如，宜家的中国店对中国消费者颇具吸引力。但是宜家的中国顾客希望获得更多，而不仅仅是价格实惠的斯堪的纳维亚设计风格的家具。

在中国，每年有数百万消费者惠顾宜家开办的 20 家大型商场。宜家品牌的中文翻译有"舒适的家"之意，消费者也是这么理解宜家的理念的。一位观察者说："顾客会与家人一起到店，在陈列的床上躺躺，在装饰前摆姿势拍照，或者在店内逛上几小时。"一家中国宜家店甚至举办了几场婚礼。

在美国或其他西方市场，这种行为会被视为不受欢迎的逗留。但中国宜家的管理者却鼓励这种行为，相信惠顾者对商店感到融洽和熟悉的话，会在日后购买。"也许你 10 年来一直惠顾宜家，吃过那里的瑞典肉丸、热狗或者冰激凌，当你想要给自己买个沙发时就会首先考虑宜家。"公司的亚太区总裁说道。实际上，的确如此。多亏了这种文化理解和具有竞争力的低价，中国如今是宜家增长最迅速的市场。宜家全球最大的 10 家店铺有 8 家在中国。中国消费者如何看待瑞典肉丸的？宜家中国的营销经理说："人们喜欢它！"[1]

过去，美国公司不太重视国际市场。它们认为，能偶尔地从出口中得到一些额外销售收入固然好，但美国国内市场很大，充满了机会，也更安全。而且，管理者不需要学习他国语言，应对陌生的和价值不断波动的外国货币，担心政治和法律环境的不确定性，或者调整产品以适应不同的顾客需求和预期。但是，如今，境况大不相同。各大公司，从可口可乐、耐克到谷歌、脸书，甚至 NBA，都进入了全球市场。

19.1 当今的全球营销

便捷的通信、交通和资金流动正使世界迅速"变小"。在一个国家开发的产品——麦当劳的汉堡包、网飞的视频服务、三星的电子产品、Zara 的时装、卡特彼勒的挖掘设备、德国的宝马汽车、脸书的社交网络——在其他国家也受到消费者的热爱。一位穿着意大利套装的德国商人，在日本餐馆里会见英国朋友，回家后饮用俄罗斯伏特加，观看美剧《生活大爆炸》，浏览全球朋友在脸书上刚发布的消息……这样的事早已不足为奇。

过去30多年，国际贸易迅猛发展，全球跨国公司的数量已经翻番，增加到65 000多家。这些跨国公司中有一些真正的巨型企业。实际上，世界上最大的150个经济体中，只有88个是国家，其余的62个是跨国公司。目前，世界上最大的公司是沃尔玛（根据加权平均的销售额、利润、资产和市值），其年收益已经超过世界排名第26位的国家的GDP。[2] 尽管最近世界范围的经济衰退导致国际贸易有所下降，去年全球产品和服务贸易仍然达到16.5万亿美元，约占世界GDP总量的22%。[3]

长期以来，许多美国公司在国际市场中取得了成功，可口可乐、麦当劳、星巴克、耐克、通用电气、IBM、苹果、谷歌、高露洁、卡特彼勒、波音，以及其他数十家美国公司已经将世界作为它们的市场。而诸如丰田、三星、雀巢、宜家、佳能和阿迪达斯等外国企业的名字，也已经在美国家喻户晓。有些产品和服务看上去是美国货，但实际上是由外国公司生产或拥有的，例如本杰瑞冰激凌、百威啤酒、普瑞纳（Purina）宠物食品、7-11便利店、通用电气和RCA电视机、三花（Carnation）牛奶、环球影城（Universal Studios）和汽车旅馆Motel 6等，不胜枚举。米其林是一个地道的法国轮胎制造商，但其目前有39%的交易量发生在美国。典型的美国制造商强生公司麾下的许多品牌，例如邦迪、强生婴儿洗发水等在海外市场也很畅销，其交易总额的一半发生在美国以外。而美国的卡特彼勒公司现在更多地属于世界市场，其销售总额的62%来自美国本土之外的市场。一度完全美国化的麦当劳现在有近2/3的收入来自海外市场。而美国人偏爱的可口可乐，如今在全球200多个国家和地址销售3 500多种产品，每天让消费者“品味感觉”① 超过19亿次。[4]

随着全球贸易的发展，全球竞争也日益加剧。外国公司积极地扩张进入新的国际市场，国内市场不再充满机会。如果公司耽误了国际化的步伐，就可能被西欧和东欧、中国和环太平洋国家、俄罗斯、印度、巴西和其他国家日益增长的市场阻隔在外。那些固守国内市场想图个安逸的企业，不仅会失去进入其他国家市场的机会，而且有可能失去国内市场。那些根本没有考虑国外竞争者的国内公司会突然发现，这些竞争者已经来到了自家后院。

具有讽刺意味的是，尽管企业迈出国门的愿望比以往任何时候都要强烈，但风险也大得多。进入全球市场的公司可能面对不稳定的政局和货币、政府的限制性政策和管制，以及较高的贸易壁垒。最近低迷的全球经济环境也带来了严峻的挑战。另外，腐败是一个日趋严重的问题，一些国家的官员常常把生意交给贿赂额最高的，而不是最优秀的投标者。

全球企业（global firm）是在一个以上的国家开展经营活动，并获得市场营销、生产、研发和融资优势的公司，而这些优势是只在国内经营的企业无法得到的。全球企业将世界视为一个统一的市场。它寻求不同国家市场的共性，建立跨国品牌，在全世界选择最合适的地方融资、购买原材料和零部件、制造并营销产品。

例如，世界最大的电梯制造商奥的斯电梯（Otis Elevator）总部位于美国康涅狄格州的法明顿，其销售总额的80%来自美国以外的市场。它在法国购买电梯门，在西班牙采购齿轮部件，在德国购买电机，在日本购买特殊的电机驱动器。它在美洲、欧洲和亚洲的工厂制造，在美国、奥地利、巴西、中国、捷克、法国、德国、

---

① “品味感觉”是可口可乐公司广告语。——译者

印度、意大利、日本、韩国和西班牙设计与测试。奥的斯电梯是全球商业和航空航天业巨头联合技术公司（United Technologies Corporation）的全资子公司。[5] 如今许多全球公司——无论规模大小——都实现了真正的无国界。

这并不意味着每个中小企业都必须在十几个国家经营才能够取得成功。规模较小的公司可以实施全球性补缺战略。但是，世界正越变越小，所有在全球行业中经营的公司——不论规模大小——都必须在世界市场中评价和确立自己的定位。

全球化的快速推进意味着，所有的公司不得不回答以下基本问题：我们应该在国内、经济区域或全球如何定位？谁是我们的全球竞争者？它们的战略和资源优势是什么？我们应该在哪里生产或采购产品？我们应该与其他企业在世界范围内形成怎样的战略联盟？

如图 19－1 所示，公司在国际市场营销中面临六项主要决策，本章将依次讨论。

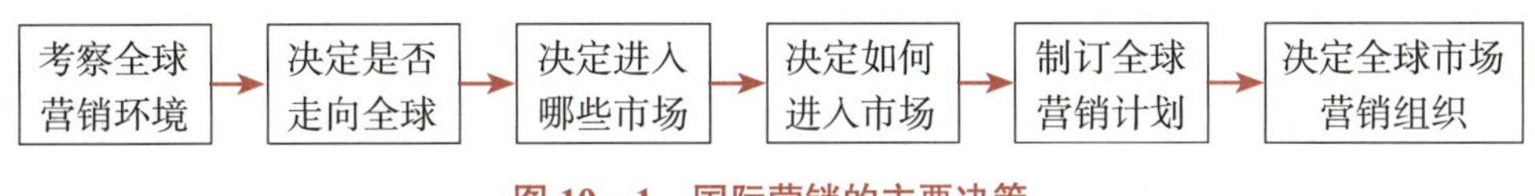

图 19－1　国际营销的主要决策

考察全球营销环境

在决定是否进行国际化经营之前，公司必须全面了解国际市场营销环境。最近 20 年间，这一环境发生了重大的变化，既创造了新的机会，也带来了新的问题。

国际贸易体系

希望从事国际化经营的美国公司必须首先理解国际贸易体系。力图将产品出售给其他国家的顾客的企业往往会面临不同的贸易限制。外国政府可能对某些进口产品征收较高的关税和税收，旨在增加收入或保护本国企业。关税还常常用于限制其他国家的贸易活动。

例如，在确定中国太阳能电池和电池板制造商在欧盟国家的售价低于市场价之后，欧盟最近对中国太阳能电池板征收进口税。中国政府第二天就采取了报复性措施，对欧盟出口中国的葡萄酒征收关税。该关税虽然针对的是来自西班牙、法国和意大利的葡萄酒，但影响甚至扩散到在太阳能电池板争端中支持中国的德国。该争议在中国太阳能电池板生产商同意接受欧洲最低价格，而欧盟同意帮助中国发展自己的葡萄酒产业作为在中国推销葡萄酒的回报后，才得以解决。[6]

外国政府还可能设定配额，限制某些产品的进口数量，目的是节约外汇，并保护当地的产业发展和就业机会。从事国际化经营的企业也许还会遇到外汇管制，即限制外汇总量以及与其他货币兑换的汇率。

公司还可能面临非关税壁垒，例如对外国公司投标的偏见、限制性产品标准或者东道国的其他管制或限制。例如，沃尔玛一度野心勃勃地计划要在巨大而细碎的印度市场开设数百家沃尔玛超市，最近却搁置了该计划。除了诸如糟糕的电力、恶劣的道路等艰难的市场条件外，印度 5 000 亿美元的社会零售总额中有 96% 的份额被大批夫妻店控制。印度因设置大量非关税壁垒来保护这些居市场主导地位的小店而名声不佳。这类壁垒之一是政府的相关规定，在印度的外国零售商所售商品的30% 必须从当地小企业进货。这一规定对沃尔玛而言几乎是无稽之谈，因为小型供应商根本无法满足这个零售巨头所需要的商品数量。而印度的少数大型零售商却可以不必遵守这一规定，这使得沃尔玛很难在竞争中获利。沃尔玛现在正寻找一个当地的合作伙伴帮助它打开巨大的印度市场。[7]

同时，有些力量帮助不同国家和地区之间开展贸易。例如，世界贸易组织（WTO）和各种区域性自由贸易协定。

世界贸易组织。建立于 1947 年、调整于 1994 年的关贸总协定（GATT）致力于通过降低关税和其他国际贸易壁垒来促进世界贸易的发展。它是世界贸易组织（WTO）的前身，WTO 于 1995 年取代 GATT，继续执行原先由 GATT 完成的任务。WTO 和 GATT 成员（目前的数量是 162 个国家和地区）已经在一起经过了 8 轮谈判，重新评估贸易壁垒，为国际贸易设定新规则。WTO 还调解国际贸易争端，执行贸易制裁。其行动已经卓有成效。最初的 7 轮谈判将全球产品的平均关税从 45% 降低至 5%。[8]

最近完成的一轮谈判，又称乌拉圭回合，拖延了 7 年之久后，终于在 1994 年完成。乌拉圭回合的影响将延续很多年，因为新的协议将促进全球贸易的长期增长，它将世界商品关税降低了 30%。该协议还拓展了 WTO，将覆盖范围扩大到农业和服务，并加强了版权、专利、商标和其他知识产权的国际保护。新一轮的全球 WTO 谈判，即所谓的多哈谈判，于 2001 年末在卡塔尔的多哈举行，原来预计在 2005 年达成协议，但到 2016 年讨论还在继续。多哈回合涉及从知识产权到农业等广泛的贸易问题。[9]

区域性自由贸易区。一些国家或地区以突破国际贸易的管制为共同目标而组织起来建立集团，形成自由贸易区或者**经济集团**（economic community）。欧盟（EU）就是其中典型的代表，它于 1957 年成立时称为“欧洲共同体市场”。欧盟致力于创建一个单一的欧洲市场，减少甚至消除壁垒，使产品、服务、资金和劳动力在成员国之间自由流动，并制定与非成员国和地区的贸易政策。今天，欧盟是世界上最大的市场之一。其 28 个成员国拥有近 5 亿名消费者，出口量占世界总出口量的 20% 以上。[10] 欧洲的一体化为美国和其他非欧洲企业提供了巨大的贸易机会。

过去 15 年间，欧盟 19 个成员国采用欧元作为统一的货币，推动一体化向前又迈进了重要的一大步。欧元的广泛采用将减少在欧洲做生意的货币风险，使以前货币较弱的成员国成为更有吸引力的市场。但是，采用统一货币也导致一些问题，例如，诸如德国和法国等欧洲经济强国最近不得不陷入支持希腊和葡萄牙等弱国的困境。最近的欧元危机使不少分析家预测欧盟甚至有可能解体。[11]

即使采用了欧元，欧盟也不可能跨越 2 000 年的传统而成为“欧洲联邦”。一个拥有 20 多种不同语言和文化的国家集团要走到一起，并像一个国家实体那样行动，毕竟困难重重。在 2016 年全民公投中，英国人决定退出欧盟。尽管真正从欧盟分离出去，形式多样而复杂，需要经历为期数年的谈判，但英国“脱欧”的决定在欧盟乃至全球引发了极大的不安，人们对欧洲经济和政治的统一怀有深深的忧虑。不过，欧盟凭借其超过 20 万亿美元的年 GDP 总量，仍然是一股不可小觑的全球力量。[12]

1994 年美国、加拿大和墨西哥签订《北美自由贸易协定》（NAFTA），建立一个重要的自由贸易区。该协议创造了一个由每年生产和消费价值 20.75 万亿美元商品和服务的 4.78 亿人口构成的单一市场。在过去 20 年间，北美自由贸易区逐步消除了三个成员国之间的所有贸易壁垒和投资限制。于是，该协定很快带来了成员国之间的贸易繁荣。北美自由贸易区成员国之间的年贸易量从 1993 年的 2 888 亿美元增长了近 3 倍，2011 年达到 1.1 万亿美元。[13]

跟随北美自由贸易区的显著成功，《中美洲自由贸易协议》（CAFTA）于 2005 年在美国、哥斯达黎加、多米尼加共和国、萨尔瓦多、危地马拉、洪都拉斯和尼加拉瓜之间建立了一个自由贸易区。在拉丁美洲还有其他自由贸易区。例如，2004 年模仿欧盟模式建立的南美洲国家联盟（UNASUR）由 12 个国家组成，是继北美自由贸易区和欧盟之后，全世界最大的贸易集团之一，拥有超过 4.18 亿人口，经济总量超过 4.1 万亿美元。与北美自由贸易区和欧盟类似，UNASUR 旨在 2019 年前消除成员国之间的关税。[14]

另外两个重要的世界贸易协定是跨太平洋伙伴关系协定（TPP）和跨大西洋贸易与投资伙伴关系协定（TTIP）。最近签署的 TPP 承诺在 12 个环太平洋国家之间降低贸易壁垒和增加经济合作：美国、澳大利亚、文莱、加拿大、智利、日本、马来西亚、墨西哥、新西兰、秘鲁、新加坡、越南。伴随 TTIP 协定，美国和欧盟之间还在谈判当中。这些重要的贸易协定具有重大的，有时甚至是充满争议的经济和政治影响。例如，12 个 TPP 国家人口总共为 8 亿，几乎是欧盟的两倍，占到全球贸易的 40%。[15]

国际市场营销者必须明白，每个国家都有自己的独特之处。一个国家对不同产品和服务的接受意愿及其作为一个市场对外国企业的吸引力，取决于其经济、政治、法律和文化环境。

经济环境

国际市场营销者必须研究各个国家的经济发展状况。有两种经济因素反映了一个国家的市场的吸引力：该国的产业结构及其收入分配。

第一种经济因素是该国的产业结构。一个国家的产业结构决定了其产品和服务需求、收入水平和就业水平。例如，在自给自足的经济中，绝大多数人口从事简单的农业劳作。他们大多数的产出供自己消费，余下的小部分用于交换简单的产品和服务。这种经济只能提供很少的市场机会。许多非洲国家属于这类经济结构。另一个极端则是工业经济。工业经济国家是产品、服务和资本的主要输出国。它们彼此之间开展商品贸易往来，也将原材料和半成品出口给其他经济类型的国家。这些工业化国家的各种生产活动及其大规模的中产阶层，使之成为各种商品的巨大市场。例如美国、日本和西欧各国。

新兴经济是那些快速增长和工业化进程中的国家或地区。例如金砖（BRICS）国家——巴西、俄罗斯、印度、中国和南非。随着制造业的增长，这些国家需要进口更多的原材料、钢铁和重型机械，而纺织品、纸制品和汽车的进口逐步减少。工业化往往会产生一个新的富裕阶层和一个虽然规模较小但增长迅速的中产阶层，这两个阶层对新型的进口产品都有较高的需求。随着发达市场越来越停滞且竞争越来越激烈，如今许多市场营销者瞄准新兴市场中蕴涵的增长机会。

第二种经济因素是该国的收入分配。工业化国家有低、中、高收入的家庭。相反，在自给自足经济的国家可能主要是低收入的家庭，其他经济形态的国家中家庭收入可能相差很大。但是对各种商品而言，即使是贫穷的国家或发展中国家，也可能存在有吸引力的市场。近年来，随着全球经济趋弱，美国国内和新兴市场的增长都放慢了速度，许多公司开始将目光转向新目标——所谓的“金字塔底层”，即尚未开发的广大市场，由世界上最贫穷的消费者构成（参见“营销实例”）。

营销实例　国际营销：瞄准经济金字塔底层的财富

许多企业现在都注意到这样一个令人震惊的数据：约 70 亿世界人口中，有 40 亿（相当于 57%）仍然生活在贫穷之中。被称为“金字塔底层”的穷人看似毫无市场潜力。但是，尽管他们个人的收入微不足道，作为一个群体，这些消费者代表的年购买力却高达令人吃惊的 5 万亿美元。而且，这一巨大的细分市场在很大程度上尚未开发。全球的穷人很少甚至无法接触到那些较富有的人司空见惯的最基本的产品和服务。全球经济低迷不仅使国内市场停滞，而且减缓了新兴市场的增长，企业于是越来越关注金字塔底层，希望寻求新的增长机会。

企业怎样才能通过满足收入低于贫困线的消费者来实现盈利呢？首先，价格必须恰当。一位分析人员说，在这种情况下，“恰当”指“比你能想象的还要低”。正因为考虑到这一点，许多企业为了使自己的产品更加价廉，而简单地提供小份包装或低技术版本的产品。例如，宝洁公司在尼日利亚以 23 美分的价格出售吉列刀片，1 盎司包装的碧浪洗衣液售价约 10 美分，10 片一包的夜用帮宝适（一晚只需一片）售价 2.3 美元。尽管小份产品的销售利润很薄，但借助巨大的销售量，宝洁依然获得了成功。

以尿布产品为例：仅尼日利亚每年就有 600 万名新生儿，几乎是美国市场的一半，后者的总人口是前者的 2 倍。尼日利亚惊人的出生率为宝洁最畅销的品牌帮宝适创造了一个巨大的空白市场。但是，典型的尼日利亚妈妈每个月的日用开支只有大约 30 美元。宝洁公司面临的挑战是使这些妈妈买得起帮宝适，并说服她们帮宝适值得她们付出自己稀缺的金钱。为了在像尼日利亚这样的市场中保持低成本和恰当的价格，宝洁发明了一种简单的一次性尿布。这种产品尽管价格上要便宜许多，但仍然保持了一定的高质量。宝洁公司的产品研发经理说，我们在创造这种廉价的新产品时，“要突出让消费者高兴的属性，而不是削弱原来的产品”。也就是说，尿布需要定价低廉，但还必须提供其他廉价尿布所不能提供的利益——长达 12 小时让宝宝舒适和干爽。

即使可以以恰当的价格出售恰当的尿布，在尼日利亚销售尿布对宝洁公司而言仍然困难重重。在西方国家，婴儿一天通常要消耗大量的一次性尿布。但在尼日利亚，大多数婴儿用棉布作尿布。为使更多的尼日利亚人接受和买得起帮宝适，宝洁公司将尿布作为一天一次的产品来营销。公司的广告声称，“一片帮宝适等于一个干爽的夜晚”，告诉尼日利亚妈妈们整晚保持宝宝干爽将有助于他们更好地睡眠和成长。该广告信息深深触动了宝洁研究人员发掘出来的尼日利亚人的情感——父母希望孩子应该有比自己更好的生活。于是，多亏了低廉的价格、符合顾客需要的产品和精准的定位，帮宝适的销售增长很快。在尼日利亚，帮宝适品牌几乎已经成为尿布的代名词。

宝洁公司认识到，在大多数情况下，向金字塔底层销售并获利需要做的远不止开发一次用量的包装和制定低廉的价格，而是要求彻底的创新，开发出能给予贫困的人们物超所值感受的廉价新产品。让我们来看看另一个例子，印度家电生产商 Godrej & Boyce 怎样通过由顾客驱动的创新成功地在印度打开了低价冰箱市场。

> 由于购买和使用成本很高，传统的压缩制冷冰箱在印度的渗透率只有18%。Godrej & Boyce 并没有简单地生产其高档冰箱的廉价、简装版本，而是专门组建了一个团队研究使用劣质冰箱或根本没有冰箱的印度消费者的需求。该团队观察到，住在郊区和乡下的人通常月收入在 125 ～ 200 美元，4 ～ 5 名家庭成员只有一间简陋的住房，而且经常搬家。这些消费者买不起传统的冰箱，就几家共用一台，还常常是二手货。但是，即便有公用的冰箱，也只能储存较少的食物。所以他们不得不每天购物，只能买少量的蔬菜和牛奶。而且，不稳定的电力使得哪怕冷藏一点点食物都要冒险。
>
> Godrej & Boyce 认为低端细分市场对传统冰箱几乎没有需求，而是需要全新的产品。于是，它研发出了 ChotuKool——一种糖果红色、上开盖、小身型的轻便冰箱，可以冷藏少量食物，保鲜一两天。这台神奇的小冰箱没有采用压缩机和制冷剂，而是借助通电后可以制冷的芯片；上开盖的设计有利于在开启时将冷气保留在冰箱内部。总之，ChotuKool 的能耗不到传统冰箱的一半，而且可以在电力中断时——这种情况在印度农村时有发生——使用电池。最精彩的是，售价只有 69 美元。ChotuKool 能够更好地满足低端消费者的需求，价格却只有大多数低端传统冰箱的一半。

金字塔底部的人群为能够以恰当的价格开发恰当产品的企业提供了巨大的、尚未开发的市场机会。像宝洁这样的企业积极行动抓住机会。宝洁公司已经为获得新顾客设定了远大的目标，将公司的重点从其当前主要收入来源的西方发达国家转向亚非等地区的发展中国家。

但是，成功地打开这些发展中的新市场要求的不仅仅是提供现有产品的廉价版本。“我们的创新战略绝非仅仅针对低端消费者将高端产品简化，”宝洁的 CEO 说道，“你必须针对那些消费者的特殊需求开发合适的产品。如果不这样做，你就会失败。”

资料来源：*See* Erik Simanis and Duncan Duke, “ Profits at the Bottom of the Pyramid,” *Harvard Business Review*, October 2014, pp. 87-93; Matthew J. Eyring, Mark W. Johnson, and Hari Nair, “ New Business Models in Emerging Markets, ” *Harvard Business Review*, January-February 2011, pp. 89-95; Mya Frazier, “ How P&G Brought the Diaper Revolution to China,” *CBS News*, January 7, 2010, www.cbsnews.com/8301-505125_162-51379838/; David Holthaus, “ Health Talk First, Then a Sales Pitch, ” April 17, 2011, *Cincinnati.com*, http://news.cincinnati.com/article/20110417/BIZ01/104170344/; “ Godrej & Boyce Is Getting Sexier in a Hurry, ” *The Economic Times*, October 7, 2015, http://economictimes.indiatimes.com/magazines/brand-equity/godrej-boyce-is-getting-sexier-ina-hurry/articleshow/49241727.cms; and “ The State of Consumption Today, ” *Worldwatch Institute*, www.worldwatch.org/node/810, accessed October 2016.

如今，从汽车、计算机到软饮料，几乎各行各业的公司都将目光聚集在自给自足经济和新兴经济体中日益增长的中低收入消费者身上。例如，随着软饮料销售在北美和欧洲市场失去增长空间，可口可乐不得不寻找他途来实现其雄心勃勃的增长目标。它将目光投向了非洲，那里尽管充满挑战，却具有潜在的长期增长机会。许多西方企业将非洲视为尚未开发的、最后的战场，贫穷、政局动荡、交通不安全，

以及洁净水和其他资源短缺等问题长期困扰着这片大陆。但是，可口可乐看到了值得冒险的巨大机会。非洲大陆有超过11亿且仍然不断增长的人口数量，正在形成的中产阶层，以及2.4万亿美元GDP和支出能力。全球10个增长最快的市场中有6个在非洲[16]：

> 自可口可乐在非洲开始运营以来，占据了非洲和中东地区29%的市场，百事只有15%。对可口可乐而言，那里仍然有很大的增长空间。例如，非洲人年均可乐和其他软饮料的消费量不足北美的1/13。在非洲营销与在发达地区很不相同。可口可乐不仅通过传统渠道在大城市中营销，而且借助更加草根的策略深入较小的社区。
>
> 众多小店铺为可口可乐在非洲的发展发挥了很大的作用。在非洲大陆有不计其数的贫穷社区，拥挤的街道两边随处可见漆着可口可乐标志性红色，用可口可乐公司提供的冷柜出售低价可乐产品的小店。可口可乐原始但有效的经销商网络负责向这些小店供货，他们常常用手推车将一箱箱可乐送到店铺，甚至顶在头顶一次送一箱。由于当地糟糕的路况和拥挤的人流，手工搬运往往是最佳途径。可口可乐的首要原则是使其产品"冷藏且方便"。"如果他们没有像样的道路可以用卡车长途运输，那我们就用船、独木舟或者手推车。"可口可乐南非总裁说道。例如，在尼日利亚的一个地区——女性划着独木舟直接向居民出售可口可乐。

政治和法律环境

世界各国在政治和法律环境上常常差异显著。公司决定是否在某个国家做生意时，应该考虑该国对待国际采购的态度、政府的官僚作风、政局稳定性以及金融管制等因素。

一些国家对外国企业非常友好；一些国家却对外国投资存有敌意。例如，印度用进口配额、金融管制等限制措施干扰外国企业，使得在那里经营成为一种挑战。相反，邻近的亚洲国家诸如新加坡和泰国对外国投资很友好，为它们提供激励和有利的经营条件。政局和管制稳定性是另一个问题。例如，俄罗斯近期与欧洲、美国和其他国家的地缘政治冲突，无疑使在那里做生意的难度和风险增加。[17]

公司还必须考虑一个国家的货币管制政策。销售者希望他们所获取的利润能够用有价值的货币支付。较为理想的状况是，买者能够以卖者的货币或以其他世界流通的货币支付货款。缺少这种货币的时候，卖方可能接受一种受管制的货币（blocked currency）——买方政府限制这种货币的汇出，买方只能在当地购买自己所需的其他商品，或者将所购商品在其他地方出售换回所需货币。除了外汇管制，不断波动的汇率也给国际市场营销者带来很高的风险。

大多数国际贸易涉及现金交易。然而，许多国家硬通货很少，不足以支付从其他国家的购买。它们可能希望用其他东西替代现金来支付相关款项，这就推动了易货贸易（counter trade）的增长。易货贸易涉及产品或服务的直接交换。例如，委内瑞拉通常在国际市场上用剩余的石油换取食品，例如圭亚那的大米，萨尔瓦多的咖啡，尼加拉瓜的糖、咖啡、肉等，多米尼加共和国的大豆和面粉。委内瑞拉甚至用石油交换古巴的医生和医疗服务。[18]

文化环境

每个国家都有自己的风俗、道德规范和禁忌。设计全球市场营销战略时，公司必须了解在各个细分市场中，文化怎样影响消费者的反应，以及自己的市场营销战略如何影响当地文化。

文化对市场营销战略的影响。在制订营销计划之前，公司必须理解不同国家的消费者对产品的看法和使用习惯。世界市场上常常有意想不到的事情发生。例如，法国男性对化妆品和洗漱用品的平均使用量是其妻子的2倍。德国人和法国人比意大利人食用更多品牌化包装的意大利面。大约49%的中国人在上班路上吃早餐。大多数美国女性在睡觉时打散发型并卸妆，而15%的中国女性在睡觉时保持发型。[19]

轻视文化规范和差异的公司可能会犯非常尴尬的错误，并为此付出高昂的代价。下面就是一些例子。[20]

> 可口可乐最近因在俄罗斯最受欢迎的社交媒体网站上发布的一则圣诞广告而身陷风波，该广告显示了圣诞树、雪花、包装精美的圣诞礼物，以及信息"与可口可乐共庆新年"。但是，广告中的地图没有把克里米亚包括进去。广告在俄罗斯自然遭到强烈的批评，于是可口可乐很快重新绘制了地图，加上了这一有争议的区域，说"我们抱歉……地图现在改好了"。可想而知，新的地图在邻近的乌克兰引发激烈的抗议，那里的立法者呼吁抵制可乐。可口可乐最后只好在两地同时撤下这则引起公愤的广告。

各国的商业道德和行为也存在很大的差异。例如，美国经理喜欢直接谈生意，并很快地进行针锋相对的讨价还价。但是，日本和其他亚洲商人常常认为，这种行为很失礼。他们喜欢先礼貌地寒暄一阵，而且他们很少在面谈中直接说"不"。另一个例子是，紧紧地握手在大多数西方国家是一种普遍和合乎礼仪的问候方式，在有些中东国家却不被接受。微软公司的创立者比尔·盖茨曾经因与韩国总统握手时左手放在外套口袋中而引发国际争议，韩国人认为这样的举止是非常不礼貌的。在有些国家，受到款待时如果不吃完盘中的食物显得失礼；而在另一些国家则相反，把盘中食物吃个一干二净显得主人准备得不够丰盛。[21] 美国经理到其他国家做生意之前，需要了解这些文化因素。

同理，能够很好地理解文化差异的公司也可以利用文化差异在国际市场中进行产品定位和开展市场营销运动。例如，英国服装零售商马狮百货（Marks & Spencer）决定开设其首家海外内衣和美容商店时，令许多人吃惊的是避开巴黎、伦敦和纽约，而选择了沙特阿拉伯。在沙特阿拉伯运营要求一些重大但值得的文化调整[22]：

> 沙特阿拉伯市场非常繁荣，这个国家有一个快速增长和富裕的消费者阶层。但是，这个信仰伊斯兰教的国家有诸多的文化限制和宗教规矩。在沙特阿拉伯，女性外出时要穿长长的黑袍。但是，她们在家里或国外旅行时常常穿西式服装，所以西式时装店也非常流行。
>
> 向沙特阿拉伯的女性推销时，马狮百货必须遵守严格规定的宗教和文化限制。例如，根据政府法规，其内衣商店只能雇用清一色的女性员工。因为女性的面容不能显露，而且某些服装是被禁止的，马狮的店内营销使用风格平淡的图片，视频中也避免出现这些镜头。沙特阿拉伯禁止在购物中心和商店播放音乐，所以马狮去除了通常采用的背景音乐。多亏这些和其他许多文化调整，沙特阿拉伯成为马狮销售业绩最高的新兴市场之一，即使在那里会有额外的运营成本，但事实证明非常值得。马狮现在在沙特阿拉伯已经开办了6家内衣和美容商店、16家全品类百货商店。

因此，理解文化传统、偏好和行为不仅可以帮助公司避免令人尴尬的错误，而且可以有效地利用跨文化机会。

市场营销战略对文化的影响。当市场营销者担心文化影响他们的全球营销战略时，其他人却在担心市场营销战略对全球文化的影响。例如，社会评论家担忧诸如麦当劳、可口可乐、星巴克、耐克、谷歌、迪士尼和脸书等大型美国公司不仅“全球化”它们的品牌，而且正“美国化”世界文化。美国文化的其他元素也逐步渗透全球。例如在中国，学习英语的人数甚至超过了在美国说英语的人数。全球收视率最高的 10 个电视节目中，有 7 个出自美国。如果你集合来自巴西、德国和中国的商人，他们很可能用英语交易。正如一位观察家所言，将全球青少年联系起来参与某个社群的一定“是美国文化——音乐、好莱坞电影、电玩、谷歌、脸书，美国消费者品牌。世界的其他地方正变得越来越（甚至更）像美国——好的和坏的方面”。[23]

“今天，全球化常常长着米老鼠的耳朵，吃着巨无霸汉堡包，喝着可口可乐或百事可乐，用着微软的 Windows 软件。”托马斯·弗里德曼（Thomas Friedman）在其著作《雷克萨斯和橄榄树：理解全球化》(*The Lexus and the Olive Tree*：*Understanding Globalization*）中这样写道。另一位作者写道：“有些中国小孩知道的第一个英语单词就是米奇。”[24]

批评者担心，由于这种“美国化”，全球各国正在失去自己的文化认同。土耳其的少年观看 MTV，通过脸书网站与全球各地的人联系，向他们的父母索要更多的西式服装及外国流行文化和价值的其他标志物。欧洲小山村中的祖母不再每天早上去当地集市为晚餐准备肉、面包和其他食物。相反，她们如今在沃尔玛购物中心采购。在星巴克进入中国市场之前，一些中国人从来不喝咖啡，可现在他们涌进星巴克，因为这是一种新生活方式的标志。同样，麦当劳仅在北京一个城市中就有 80 多家门店，很多孩子认为它是中国品牌。

这种担忧有时会引发人们对美国全球化的强烈反对。著名的美国品牌在一些国际市场成为抵制和抗议的目标。可口可乐、麦当劳、耐克、肯德基等企业作为美国的标志，被反对全球化的抗议者挑出来作为重点声讨的对象，当反美情绪高涨之时尤为如此。例如，麦当劳在莫斯科的旗舰店被俄罗斯食品安全局关闭数周。[25]

尽管这类问题确实存在，但支持全球化的人认为，对“美国化”和美国品牌潜在伤害的担忧有些夸大了。美国品牌在国际市场经营得非常好。明略行咨询公司（Millward Brown Brand Z）最近的全球消费者品牌调查发现，排名前 20 的品牌中有 16 个是美国品牌，包括苹果、IBM、谷歌、麦当劳、微软、可口可乐、通用电气、亚马逊和沃尔玛等著名品牌。[26]

不少有代表性的美国品牌在全球迅猛增长。例如，中国消费者显然对苹果的 iPhone 和 iPad 格外青睐。当苹果公司最近在中国推出其最新款 iPhone 产品时，市场需求是如此之旺，以至于公司不得不在北京的一些门店停止发售，以免造成拥挤和骚乱。类似地，许多国际市场痴迷于美国快餐食品。肯德基在日本推出令人吃惊的双层肉夹肉汉堡包——两块炸鸡胸肉中间加培根和双层奶酪，再缀以“秘密酱汁”时，粉丝们在餐厅门口排起长队甚至彻夜等候只为尝鲜。“就像 iPhone 发售时一样，”肯德基国际营销总裁说道，“人们简直疯狂了。”这款美国限时发售的产品，在世界范围内取得了巨大成功，从加拿大到澳大利亚、菲律宾和马来西亚受到消费者的热烈欢迎。更广泛地，肯德基在日本已经成为当地的文化习惯了。例如，该品牌长期以来是日本重要的圣诞晚餐之一，标志性的山德士上校也成为日本风格的圣诞老人。[27]

> 日本的肯德基圣诞传统始于 40 多年前。当时，肯德基为帮助品牌顺利起步，在日本推出“圣诞肯德基”广告运动。现在，吃肯德基炸鸡已经成为这个国家最流行的圣诞假日传统之一。每家肯德基店都会展示真人大小栩栩如生的山德士上校塑像，装扮着传统的毛边红外套和圣诞帽。日本消费者通常在一个月之前就开始订购他们的特别圣诞餐——一个特别炸鸡桶搭配红酒和蛋糕，大约 40 美元。去年，约 360 万日本家庭购买了肯德基圣诞大餐。那些没有提前预订的人很可能要排蜿蜒几个街区的长队，或者吃不到肯德基令人渴望的 11 种调料香味混合的组合装了。每一年的圣诞都是肯德基在日本最成功的销售日，12 月的销售量往往是其他月份的 10 倍之多。

更重要的是，文化交换是双向的——美国也受到了他国文化的影响。的确，好莱坞主导全球电影市场。但是，英国原创的电视节目正在美国化，例如《纸牌屋》《与明星共舞》《地狱厨房》（Hell’s kitchen）等。中国和俄罗斯的年轻人穿上 NBA 超级明星的队服的同时，具有坚实的国际基础的足球运动在美国的流行度不断提高。

现在美国的孩子也越来越受到亚洲和欧洲文化的影响。大多数孩子对凯蒂猫（Hello Kitty）、皮卡丘（Pikachu）以及任何世嘉（Sega）和任天堂游戏人物等舶来品如数家珍。J.K. 罗琳（J.K.Rowling）的非常英国化的小说《哈利・波特》正影响美国年轻一代的思想，更不用说数百万美国老年人也热衷于此。现在，英语仍然是互联网的主导语言，接触网络通常意味着第三世界的年轻人更多地暴露在美国流行文化之下。但是，同样的技术也使在美国学习的东欧学生可以听到波兰、罗马尼亚或者白俄罗斯的网络新闻和音乐。

因此，全球化是双向的。如果全球化有米老鼠的耳朵，那它也带着法式贝雷帽，用 LG 手机打电话，在宜家买家具，开着丰田的凯美瑞汽车，用松下 OLED 电视机收看英国的电视节目。

决定是否走向全球

并非所有的公司都需要到国际市场上冒险才能生存。例如，大多数当地企业仅仅需要在本国市场好好营销就可以。国内经营相对容易和安全，管理者不需要学习另一个国家的语言和法律，也不必应付货币价值的频繁波动和面对不确定的政治法律环境，或者重新设计产品以适应不同顾客的期望。但是，在全球行业中经营的公司则不同，它们在特定市场的战略定位受到其全球化定位的极大影响，因此必须在地区或世界范围的基础上竞争，才能获得成功。

以下因素中的任何一种都可能将公司推向国际竞争的舞台。例如，全球竞争对手可能通过提供更好的产品或更低的价格攻击公司的母国市场，而公司可能要在竞争对手的本国市场中反击，以牵制它们的资源；或者公司的顾客可能正在全球扩张并要求国际服务；或者外国市场很可能带来额外的销售和利润机会。例如，正如我们在本章引例中讨论过的，可口可乐公司近年来非常强调国际增长以缓解由于美国软饮料市场增长停滞和下降对收益造成的影响。如今，可口可乐近 60% 的总销售收入和 81% 的利润来自美国之外，公司正努力扩大自己在 90 个新兴市场的份额，例如中国、印度和整个非洲大陆。[28]

在进入国际市场之前，公司必须权衡一些风险并回答有关其全球经营能力的问题。公司了解其他国家消费者的偏好和购买行为吗？能够比竞争对手提供更有吸引力的产品吗？能够适应其他国家的商业文化并有效地与外国人打交道吗？公司的管理者具有必要的国际化经验吗？管理层考虑过他国法规和政治环境的影响吗？

决定进入哪些市场

在进入国外市场之前，公司应该努力制定国际营销的目标和政策，明确所希望的国外销售数量。大多数公司最初进入国际市场时规模并不大。一些公司的计划本身就是小规模的，将国际销售视为其业务的一小部分。有些公司则有较大的计划，认为国际业务与国内业务地位同等，甚至更加重要。

公司还需要确定在多少个国家开展市场营销活动。必须小心，不能扩张太快，一下子进入太多的国家而消耗太多，或超出自己的经营能力。而且，公司需要决定进入的国家类型。一个国家市场的吸引力取决于产品、地理因素、收入和人口、政治氛围和其他因素。销售者可能偏好某些国家集团或世界市场的某些部分。近年来，出现了许多重要的新兴市场，在提供巨大的发展机会的同时，也带来令人望而生畏的挑战。

在确定可能的国际市场之后，公司必须仔细地逐一评价它们。有许多因素需要考虑。例如，亚马逊扩张进入印度的决定似乎轻而易举。这个网上零售商已经在诸如德国、日本和英国等国际市场取得骄人的业绩，与美国市场共同创造了公司 95% 的利润。印度现在是世界上增长最快的经济体，拥有 12.5 亿人口，是美国人口数量的 4 倍、欧洲的两倍。而且，只有 1/4 的印度人口现在能够上网，曾经有过网购经历的印度人并不多，这为网络购物留下巨大的增长空间。

但是，亚马逊想要扩张至新的市场，例如印度，就必须考虑以下重要问题。自己能否在每个国家与当地竞争者有效竞争？能否有效应对消费者的文化多样性和购买行为差异？能否在每一个国家克服环境和管制障碍？能否克服使人气馁的基础设施问题？

亚马逊在进入印度市场的过程中遇到诸多挑战。例如，它必须面对两个著名的当地竞争者——Flipkart 和 Snapdeal，以及众多规模较小的印度新创企业。目前，Flipkart 一家就独占了 44% 的印度电子商务份额，而亚马逊只有 15%。亚马逊还面临一团乱麻的印度规章制度，包括禁止外国公司直接向印度人销售的法律。于是，不能像在美国那样采购商品并转售，亚马逊在印度只能是一个商贩的平台，类似于其在西方运营中的“由亚马逊实施”的部分。

包裹的递送是另一大障碍。印度的特点是，泥泞坑洼的乡村道路和拥堵的城市街道，根本没有类似联邦快递、UPS 或美国邮政局等可靠的递送服务。为了快速地递送包裹，亚马逊不得不组建自己的摩托递送服务，由数千摩托车手用后座上大大的黑色篮筐在全国穿梭送货。还有一个令人头痛的问题是支付。只有 60% 的印度人有银行账户，而其中又只有小部分人有信用卡。大多数顾客在所采购的商品送货上门时，或者从遍布全国的当地小店里自取货物时，用现金支付。当地小店还是大多数无法上网的印度消费者进行网购的地方。店主指导消费者浏览亚马逊网站、下单，并在他们取货时收取现金。

于是，亚马逊进入印度的决定实际上并不容易。“人口规模如此之大，要用万亿美元而不是十亿美元来衡量。”一位亚马逊国际零售高级副总裁说。但是，这也是一项非常艰巨和复杂的任务。亚马逊仓库墙上刷着的一条标语道出了这一挑战：“改变印度销售方式，改变印度购买方式。”[29]

公司应该将可能进入的国家市场根据一些评价因素排序，包括市场规模、市场增长、经营成本、竞争优势和风险水平等，目的在于判断各个市场的潜力，如表 19-1 所示。然后，市场营销者必须判断哪个市场的长期投资回报率最高。

表 19-1　市场潜力指标

人口特征	社会文化因素
教育 人口规模和增长 人口年龄结构	消费者的生活方式、信念和价值观 商业道德和方式 文化与社会规范 语言
地理特点	**政治和法律因素**
气候 国家规模 人口密度——城市、农村 交通结构和市场可到达性	国家优先政策 政局稳定性 政府对全球贸易的态度 政府的官僚作风 货币和贸易管制
经济因素	
GDP 规模和增长率 收入分配 工业基础设施 自然资源 金融和人力资源	

19.2　决定如何进入市场

一旦公司决定在国外销售，就必须确定最佳的市场进入模式。它可以选择出口、联合企业和直接投资。图 19-2 显示了进入市场的三种方法和每种方法的具体形式。如图 19-2 所示，从左至右，各种进入战略所涉及的投入和风险越来越大，但控制性和潜在利润也逐步增大。

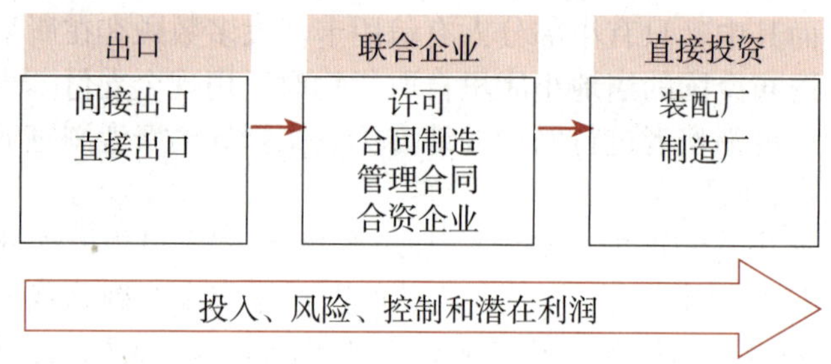

图 19－2 市场进入战略

出口

进入国外市场最简单的方法是**出口**（exporting）。公司可能偶尔被动地将其剩余产品出口，也可能采取积极的行动对某一特定的市场扩大出口。无论哪种情况，公司都在母国生产所有产品，出口产品可能根据东道国市场的需求特征进行调整，也可能不调整。因此，公司的产品线、组织结构、投资或使命的变动最小。

公司通常从间接出口开始，即通过独立的国际市场营销中间商。间接出口涉及较少的投资，因为企业并不需要建立海外营销组织或网络。它涉及的风险较小。国际市场营销中间商具有相关知识和服务经验，在销售过程中较少犯错误。公司最终可能会转向直接出口，即由自己来处理出口业务。这种战略涉及的投资和风险会在一定程度上提高，但其潜在回报也比较高。

联合企业

进入国际市场的第二种方式是**联合企业**（joint venturing）——与外国公司组建合资企业生产或营销产品或服务。联合企业与出口的差异在于，公司与东道国的伙伴一起在海外销售或营销。它与直接投资的不同在于，与国外企业形成了合作关系。有四种类型的联合企业：许可、合同制造、管理合同和合资企业。

许可

对制造商而言，**许可**（licensing）是一种进入国际市场的简单途径。公司与国外的被许可人达成协议，被许可人支付费用和许可费，就可以从公司（许可人）获得加工工艺、商标、专利、商业秘密或其他有价值事项的使用权。公司因此以很小的风险进入该国市场，同时，被许可人无须白手起家就获得生产技术或知名的产品和品牌。

在日本，百威啤酒由麒麟酿酒厂（Kirin）生产，味滋康公司（Mizkan）生产新奇士果汁、饮料和甜品。东京迪士尼乐园是在迪士尼公司的许可下，由东方大地公司（Oriental Land Company）所有和经营的。这项为期 45 年的许可给迪士尼公司带来了许可费、一定比例的营业收入以及食品和商品的销售收入。可口可乐通过向遍布全球的装瓶商授权，并提供生产可乐所需的糖浆在全球销售。其全球伙伴包括从沙特阿拉伯的可口可乐装瓶公司到非洲的啤酒制造商 SABMiller，再到位于欧洲的可口可乐 Hellenic。这些装瓶商在28个国家为5.93亿人生产和销售136个可口可乐品牌，从意大利、希腊到尼日利亚和俄罗斯。[30]

但是，许可也有潜在的弊端。公司不能像对自己投资设立的公司那样自如地控制被许可方，即使被许可方经营成功，公司也不能享受利润。许可合同到期之后，公司可能会发现自己培养了一个强劲的竞争对手。

合同制造

另一种选择是**合同制造**（contract manufacturing），公司与国外制造商签订合同，由其负责生产产品和提供服务。例如，宝洁公司在九大合同制造商的帮助下，为印度6.5亿名消费者提供产品和服务。大众汽车与俄罗斯最大的汽车制造商GAZ集团签约，为俄罗斯市场生产大众捷达，以及出售斯柯达Octavia和Yeti等型号汽车。[31]合同制造的缺点是，对生产过程控制较少，损失了潜在的制造利润。其好处是，公司不必冒很大的风险就能较快地进入当地市场，而且日后还有机会与当地制造商形成伙伴关系，或者收购它。合同制造还可以减少建厂投资、运输和关税成本，同时有助于满足东道国当地的制造要求。

管理合同

在**管理合同**（management contracting）的方式下，由国内公司向国外公司提供管理知识，后者自己提供资本。换言之，公司出口的是管理服务，而不是产品。希尔顿就是运用这种方式管理全球各地的连锁酒店。例如，该酒店连锁企业在从英国和意大利到秘鲁、哥斯达黎加，再到中国、俄罗斯和坦桑尼亚经营希尔顿旗下的“双树”（DoubleTree）。该物业属于当地人，希尔顿运用自己驰名全球的酒店管理专长进行管理。[32]

管理合同是一种进入外国市场风险较低的方法，而且它从一开始就能产生收益。如果公司日后有机会购买被管理的外国公司的股份，这种方法就具有更大的吸引力。但是，如果该公司能够更好地运用其管理能力，或者通过接管整个企业获得更大的利润，这种安排就不明智。管理合同还禁止公司一定时期内在当地建立自己的经营机构。

合资企业

合资企业（joint ownership）是由当地公司与国外投资者联合创办的企业，合资方分享所有权和控制权。公司可以收购当地公司的股权，或者双方共同出资组建一个新公司。有时，出于某些政治或经济原因，合资可能是公司唯一的选择。例如，公司也许因为缺少在国外市场独自经营的资金、物力或管理人才，或者外国政府以合资作为准许进入其市场的条件。香港迪士尼乐园和上海迪士尼乐园都是与中国国有企业上海申迪集团组建的合资企业。迪士尼和上海申迪集团分别拥有上海迪士尼乐园43%和57%的股份。[33]

通常，公司采用合资企业形式是为了在开发全球营销机会时实现优势互补。例如，为增加在中国手机和平板电脑市场的显露度和影响力，芯片制造商英特尔最近斥资15亿美元购买中国国有企业清华紫光集团20%的股权，后者控制着中国两大国内移动芯片制造商。这项合资股权投资将帮助英特尔更好地理解中国消费者，也有助于得到中国管理当局更有利的对待。迄今为止，英特尔在最近中国对外国技术公司的调查中并未受损。[34]

合资企业也有一些缺点。合资伙伴也许在投资、营销或其他政策上出现分歧。许多美国公司喜欢将收益再投资以求加速增长，但当地企业常常偏好将这些收益收回；美国企业强调市场营销的作用，当地投资者可能更重视销售。

直接投资

对外国市场卷入度最深的是**直接投资**（direct investment）——建立国外组装厂或制造厂。例如，除了在中国成立合资企业，英特尔还投巨资建立了自己的制造厂和研究中心。它最近花费 16 亿美元为其位于中国中部城市成都、拥有 10 年历史的芯片工厂进行升级改造；投资 25 亿美元在中国东北部著名的港口城市大连建设一家崭新的加工厂。“中国是我们增长最快的主要市场，”英特尔的 CEO 说，“我们相信这些将带来未来增长的市场投资，对更好地服务我们的客户非常关键。”[35]

假如公司在出口中积累了诸多经验，而且国外市场足够大，那么国外建厂的进入方式会提供许多优势。公司可以通过廉价劳动力或原材料、外国政府的投资激励、运费的节省等大幅降低成本。公司还可以在东道国提升形象，因为它创造了就业机会。通常，公司可以与政府、客户、当地供应商和分销商建立更深的关系，使其更好地适应当地市场。最后，公司能保持对投资的全部控制，因而可以按长期的国际目标制定制造和营销政策。

直接投资主要的缺点是公司面对许多风险，比如货币限制和贬值、市场衰退或者政权更替等。但在有些情况下，公司要想在东道国经营，只能承担这些风险，别无选择。

19.3 制订全球营销计划

在一个或多个外国市场经营的公司必须决定在多大程度上调整其市场营销战略和方案，以适应当地的市场条件。一个极端是运用**标准化全球营销**（standardized global marketing）的全球公司，它们在全球范围内运用几乎一模一样的市场营销战略和市场营销组合。另一个极端是**调整的全球营销**（adapted global marketing）。在这种情况下，生产者根据各个目标市场的需求特点，调整其市场营销战略和市场营销组合要素，虽然成本较高，但有望获得较大的市场份额和回报。

近年来，跨国经营的公司应该选择调整的全球营销战略，还是标准化全球营销战略的问题，引发了激烈的争论。一方面，一些国际市场营销者相信，技术正使世界变得越来越相似，这为“全球品牌”和标准化全球营销铺平了道路。全球品牌化和标准化反过来使品牌的力量愈发强大，并通过规模经济降低成本。

另一方面，市场营销理念认为，为每个目标顾客群量身定制独特的营销方案，效果会更好。如果这一理念在一个国家内部有效，就可以在更广泛的国际市场应用。尽管全球市场日益一体化，但不同国家的消费者仍然有非常不同的文化背景。他们仍然在需求和欲望、购买能力、产品偏好和购物模式上存在显著差别。而且，这些差别很难消除。大多数市场营销者因此调整自己的产品、定价、渠道和促销，以适应不同国家的消费者需求。

但全球标准化不是一个非此即彼的命题，而是一个程度问题。大多数国际市场营销者认为，公司应该“全球思维，当地行动”——它们应该在标准化与调整之间追求一种平衡，充分利用其卓越的全球品牌知名度的同时，针对具体的市场调整营销和运营。

以全球最大的化妆品制造商欧莱雅公司为例。欧莱雅及其品牌，无论在范围，还是在诉求上都是真正的全球化。其麾下的知名品牌原创于六种以上不同的文化，包括法国（巴黎欧莱雅、卡尼尔（Garnier）、兰蔻），美国（美宝莲（Maybelline）、科颜氏、SoftSheen-Carson、拉夫·劳伦、Urban Decay、Clarisonic、Redken），英国（美体小铺），意大利（乔治·阿玛尼（Giorgio Armani））和日本（植村秀（Shu Uemura））。公司杰出的国际成功来自其卓越的“全球－当地”平衡，在调整和差异化品牌以适应当地需求的同时，在全球各个市场间整合它们以求最优化的全球影响[36]：

> 凭借从入户访问到在装备了高科技设备的“卫生间实验室”中进行的观察等各种调研手段和方法所得到的研究洞察，欧莱雅深入挖掘和理解对世界上不同地区的消费者而言，美意味着什么。一位中国女性每天早晨用于美容化妆有几分钟？泰国人怎样洗头？一位日本或法国女性涂睫毛油时一般会刷几下？欧莱雅运用如此详尽的洞察，在当地市场创造产品和为品牌定位。例如，260多位科学家在欧莱雅上海研究中心工作，为中国消费者的偏好度身定制从口红、草本洗面奶到黄瓜乳液等各种产品。
>
> 欧莱雅还调整品牌定位，针对国际需求和期望开展营销活动。例如，20多年前公司购买了销售停滞不前的美国化妆品生产商美宝莲。为重振该品牌并实现国际化，它将该品牌的总部从田纳西迁至纽约，并在产品标签上增加了“纽约”两字。所创造的都市、市井风情和纽约形象，伴随中等价位，成功地使这个原本平淡无奇的化妆品品牌在全球市场运行良好。这一改进很快为美宝莲在西欧该品类市场中赢得了20%的市场份额。年轻的都市定位还征服了亚洲市场，那里的女性消费者几乎没有意识到时尚的“纽约”美宝莲品牌实际上属于法国化妆品巨头。欧莱雅的CEO这样总结公司的全球营销模式：“我们拥有全球品牌，但我们需要根据当地需求进行调整。”当欧莱雅的前CEO在联合国教科文组织（UNESCO）大会上演讲称欧莱雅为“美容联合国”时，没有一个人提出异议。

总体来看，当地品牌仍然在消费者购买中占绝大部分。大多数消费者，无论住在哪里，都过着非常当地化的生活。所以，全球品牌应该脚踏实地吸引当地消费者，尊重当地文化，并成为它的一部分。例如，7-11之所以能成为全球最大的便利店连锁企业，正是得益于在每一个市场巧妙地调整运营，以最大限度符合当地顾客对“便利”的不同定义和期望。

产品

公司可用于调整产品和营销沟通计划适应全球市场的战略主要有五种（见图19－3）。[37] 我们首先讨论三种产品战略，然后讨论两种沟通战略。

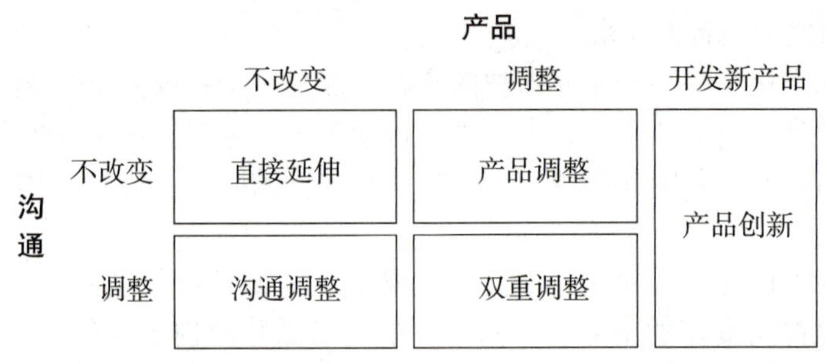

图 19－3 五种全球产品－沟通战略

直接产品延伸（straight product extension）指公司对产品不作任何改变地在国外营销。高层管理者对营销人员说："把产品原封不动地拿去，为它找到客户。"尽管如此，第一步还是要先发现外国消费者是否使用该产品，以及他们偏好何种产品形式。

直接延伸在有些情况下是成功的，但在另一些情况下却是灾难。苹果的 iPad、吉列的剃须刀、百得的工具，甚至是 7-11 的思乐冰（Slurpees）都以相同的形式成功地在全球销售。但当通用食品公司在英国推出其标准化的粉状 JELL-O 时，却发现那里的消费者偏爱固体华芙或蛋糕。无独有偶，飞利浦公司在将咖啡机尺寸缩小以适应日本人较小的厨房，缩小剃须刀的大小以适应日本人比较小巧的手掌之后，才开始在日本实现盈利。松下冰箱将产品宽度缩减 15% 以适应中国人较小的厨房空间之后，一年内销售量就激增了 10 倍。[38] 直接延伸是有吸引力的，因为它不需要额外的产品研发成本，也不需要改变制造过程或制订新的促销计划。但是，如果产品不能满足特定市场的消费者，从长期来看，它也可能造成高昂的代价。

产品调整（product adaptation）指根据当地条件或需求对产品做出修正和改变。例如，在美国，唐恩都乐出售覆着糖霜、填充了果酱和奶油、裹着巧克力的优质甜甜圈给顾客早上带着路上吃。但是，在韩国你会发现名叫 Chewisty 的橄榄油和的木薯淀粉制作的甜甜圈；在中国，唐恩都乐的甜甜圈覆盖着芒果布丁或绿茶；在俄罗斯，唐恩都乐的甜甜圈里填塞着烫烫的奶油。在全球许多主要的市场中，唐恩都乐不仅仅改变甜甜圈产品。例如，在印度，它还调整了整个菜单、运营方式甚至是名字，以适应当地文化[39]：

> "我奶奶最近才知道什么是甜甜圈。"一位 20 多岁的印度职业女性说道，她正大口吃着唐恩都乐的原创恶棍鸡肉汉堡，"我不认为有人会仅仅为了吃甜甜圈到这里来"。事实表明，印度消费者不会一大早就吃覆着糖霜的甜甜圈，甚至也不大会边走边吃早餐。人们通常在家中与家人一起吃早饭。与美国人不同，他们也许会吃个甜甜圈当做甜食，但他们会先吃正餐。
>
> 所以，唐恩都乐针对印度市场重新制定了战略，作出重大调整，从主要是"早晨品牌"转型为更倾向于"下午品牌"。首先，它改变了店铺的营业时间，早上较晚才开门但晚上营业到比较晚。它甚至把名字也改成"唐恩都乐和其他"（Dunkin' Donuts & More）。可以肯定的是，该连锁店提供品种丰富的印式甜甜圈——用从大米布丁、藏红花粉到开心果碎等各种东西填充和覆盖（在印度最畅销的产品项目是"这是个错误"——一种白色巧克力甜甜圈，覆盖着番石榴和辣椒）。但不再作为早餐，而是餐后甜点。为与新名字中的"和其他"

相一致，唐恩都乐的菜单包括阵容庞大的三明治、肉卷和 8 种汉堡包（都不含牛肉），比如"残暴恶棍蔬菜汉堡包"等。这些改变在印度市场反响很好，唐恩都乐计划明年在印度增开 100 家门店。

产品创新（product invention）指为满足特定国别市场的需要而创造新产品。随着市场日益全球化，从电器制造商和汽车制造商到糖果和软饮料生产者，各行各业的公司纷纷开发能够满足发展中国家低收入消费者特殊要求的产品。

例如，中国家电生产商海尔为新兴市场中的农村用户开发了更结实的洗衣机，因为公司发现那里的农民不但用洗衣机洗衣服，有时还用它来洗土豆，普通的轻型洗衣机常常被泥巴堵住无法正常工作。太阳能照明系统制造商 d.light Solar 为发展中国家数千万没有可靠电能的消费者开发出经济实惠的太阳能家庭照明系统。d.light Solar 的挂灯和便捷灯笼除了阳光不需要其他能源，一次补充阳光后可以持续 15 小时。该公司已经拥有了 1 000 万用户，每月增加 100 万户，并计划到 2020 年达到 1 亿用户。[40]

促销

公司可以采用与母国市场相同的沟通战略，也可以根据当地市场作相应调整。让我们看看广告策略。一些全球公司在世界各地运用标准化的广告主题。例如，雪佛兰最近将以前聚焦美国的"雪佛兰驰骋至深"（Chevy Runs Deep）定位和广告主题替换为更具全球性的"开拓新天地"（Find New Roads）。这个新主题"适用于全球所有的市场"，通用汽车的营销总裁说道，"该主题在像美国这样的成熟市场和像俄罗斯和印度之类增长潜力巨大的新兴市场都意义深刻。"是时候更加全球一致地传递雪佛兰的品牌信息了。雪佛兰在 140 多个国家出售汽车，目前其近 2/3 的销售收入来自美国之外的市场，而 10 年前这一比例还只有 1/3。[41]

当然，即使在高度标准化的沟通运动中，也必须适应语言和文化的差异进行细微的调整。例如，百事针对年轻人"活在当下"的宣传运动在全球采用了相似的主题和内容，根据不同市场稍作调整，用当地消费者形象、语言和事件来展现。类似地，时尚休闲服装零售商 H&M 在西方市场的广告常常采用裸露肌肤的模特展示新款时装。但是在中东，人们对在公共场合裸露肌肤持更为保守的态度，该零售商不得不采用数字技术修改广告，让这些模特穿戴整齐。

全球公司常常难以跨越语言障碍，结果导致尴尬，甚至失败。看似平淡无奇的品牌名称和广告语在翻译成另一种语言时可能无意中犯忌或产生歧义。例如，伦敦的 Interbrand 公司创造了数千个家喻户晓的品牌名称，诸如 Prozac 和 Acura，最近它推出了一份品牌黑名单，这些是你永远不想在当地的克罗格超市看到的品牌：Krapp 卫生纸（丹麦）、Plopp 巧克力（斯堪的纳维亚）、Crapsy 水果燕麦（法国）、Poo 爽身粉（阿根廷）和 Pshitt 柠檬水（法国）。类似地，在翻译过程中，广告主题常常失去或被添加一些含义。肯德基在中国的广告口号"吮指"听起来像"吃下你的手指"。摩托罗拉的"哈罗，摩托"的铃声在印度听起来就像"你好，大胖子"。

营销者必须小心地避免这种错误，在特殊的海外市场对品牌及其信息进行本土化传播时要格外谨慎。在重要但文化差异巨大的市场，如中国，仅仅一个品牌名称决策就可能成就或毁掉一个品牌：

> 结束了一天漫长的工作，拥有较高生活水平的北京人迫不及待地冲回家，穿上舒适的“持久和坚韧”（Enduring and Persevering），打开一罐令人神清气爽的“美味又有趣”（Tasty Fun）饮料，然后跳进“快速飞奔”（Dashing Speed）直奔当地小酒吧，和朋友喝一杯冰镇的“幸福力量”（Happiness Power）。如何翻译？在中国，这些品牌的名字分别是耐克、可口可乐、奔驰和喜力。对于西方人来说，这些名字听着特别怪异，但对想在中国这个世界最大、发展最快的消费者市场成功做生意的品牌而言，可不是开玩笑的。与世界上其他地方相比，品牌名称在中国也许具有更深刻的意义。
>
> 比较理想的做法是，为了保持全球一致性，品牌的中文名称最好发音听起来与原文相近，同时又能够用含义深远的词汇传递品牌优势。Nike 的中国品牌名“耐克”，在这点上就做得很好。它不仅发音与英文相似，而且有“持久、坚韧”的含义，有力地呈现了该品牌全球统一的口号“想做就做”（Just Do It）的精髓。类似地，宝洁的 Tide 品牌在中国被翻译成“汰渍”，有“去掉污渍”的意思，对洗衣粉而言简直是一个完美的名字。其他对中国消费者而言，既悦耳又有效地传递品牌本质的名称包括：Lay’s 品牌零食——乐事（快乐的事）；Reebok——锐步（很快的步伐）；Colgate——高露洁（更好的清洁）。[42]

另一些公司没有采用全球标准化的广告策略，而是遵循**沟通调整**（communication adaptation），针对当地市场的需求特点充分地调整沟通信息。消费者产品营销者联合利华对麾下众多品牌就是这样做的。例如，在美国和大多数西方国家，跑步被认为是一种积极的、健康的活动，耐克的广告聚焦于产品和个人成绩。但是，在中国，许多人视跑步为一种枯燥的运动，甚至是一种惩罚——有点儿严厉和痛苦。在亚洲污染严重的城市大部分人不会这么做，尤其是在行人、自行车、汽车甚至是人力车拥挤不堪的街道上。一位观察家嘲弄地说：“如果有人在那样的城市中跑步（西方人常常这样）简直是个笑话，人们会回头看看他是谁。”

但是中国是世界上最大的运动鞋市场，对耐克来说蕴涵着无限商机。所以，耐克的广告在中国没有强调产品和个人成绩，而是试图让更多的中国人穿上跑鞋。它的广告和社交媒体都突出选择在城市街道上跑步的普通人，让他们用自己的语言表达原因。一位年轻女士说：“我跑步是为了探究内在的自己。”另一位说：“我跑步是为了逃避。”莎拉（Salad）是一位生活在上海的压力重重的办公室职员，她跑步是因为“这座城市总是吵闹和忙碌。这让我的日子压力山大。我认为跑步可以阻断这些噪声和干扰”。为了使跑步成为更具社会性的活动，耐克还在北京等大城市赞助晚间“月光跑”、上海马拉松，通过健身顾问、实时音乐和明星向学生和年轻的专业人士介绍跑步是一种课后工余有趣和有用的运动，旨在让更多的人至少尝试跑一跑。但是，要改变人们对于这项运动的基本观念并不容易。“我们还需要走很长的路。”一位耐克市场营销人员说道。[43]

在全球营销中，也需要调整媒体选择决策，因为各国的媒体在可获得性和管制程度上存在很大差异。例如，欧洲限制电视广告的播放时间：法国每天可以有 4 小时的广告时间，北欧国家干脆不允许播放电视广告。广告主必须提前几个月就购买好广告时段，即使这样也无法控制播出时间。不过，在欧洲和亚洲，手机广告的接受程度比较高。各国杂志广告的效果差别也很大。杂志在意大利是一种主要的媒体，但在奥地利影响很小。报纸在英国是全国性的媒体，在西班牙则是地方性的。[44]

定价

公司在制定国际价格时，会面临众多问题。例如，百得公司应该如何在全球制定其电动工具的价格？它可以制定一个全球统一的价格，但是这种价格对贫穷的国家来说可能太高，对富裕的国家来说可能过低。它也可以在不同的国家制定当地消费者负担得起的价格，但是这种定价忽略了各国之间实际成本的差异。最终，公司还可以在世界各地采用标准的成本加成法定价，但这种定价方法可能使百得公司在成本高的国家失去竞争力。

无论公司如何为它们的产品制定价格，国外售价都可能会比国内价格高。苹果 iPad 3 在美国的售价是 399 美元，在英国却要 546 美元。为什么？苹果面对价格阶升（price escalation）问题。它必须在出厂价上增加运输费用、关税、进口商毛利、批发商毛利和零售商毛利等一系列成本。由于这些增加的成本，产品必须以 2 ～ 5 倍的价格在另一个国家出售，才能够获得相同的利润。

在向发展中国家贫穷的消费者出售产品时，为了克服价格阶升的问题，许多公司为其产品制作更简单或更小的版本，以便以较低的价格出售。还有些公司在新兴市场推出更实惠的品牌。例如，联想公司的摩托罗拉分部开发出超级便宜的 Moto G 智能手机。尽管没有光鲜亮丽的外表，但产品功能齐全，在美国非合约售价只有 179.99 美元。摩托罗拉首先将它引入规模最大和增长最快的新兴市场之一——巴西，随后进入南美、中东、印度和亚洲其他国家。最初瞄准的是消费者希望低价格的新兴市场，后来发现 Moto G 也在美国和欧洲等主要发达市场中受到对价格比较敏感的消费者欢迎。

Moto G 手机让苹果公司感受到了竞争压力，后者一直降价出售较陈旧的机型而不是开发更便宜的新产品。大多数人都能买得起的 Moto G 手机如今是巴西最畅销的智能手机，售价为 260 美元，相比之下 iPhone 的价格为 1 080 美元起。这款低端手机也帮助一度在巨大的印度智能手机市场萎靡不振的摩托罗拉，一举拿下排名第四的位置。[45]

最近的经济和技术因素对全球定价产生了影响。例如，互联网正使得全球价格差异更加明显。当公司在互联网上出售商品时，顾客可以看到产品在不同国家的售价。他们甚至可以直接从价格最低的公司或经销商处订购产品。这促使公司采用更加标准化的国际定价。

分销渠道

跨国公司必须采用**整体渠道观**（whole-channel view）看待向最终消费者分销产品的问题，图 19－4 展示了卖家和最终买家之间的两种重要联系。第一种联系是国家之间的渠道，将公司的产品从生产地运送到东道国的进口地点。第二种联系是东道国国内的渠道，将产品从市场进入地运送到最终消费者手中。整体渠道观对整个全球供应链和市场营销渠道都高度关注。要在全球市场竞争中获胜，公司必须有效地设计和管理整个全球价值递送网络。

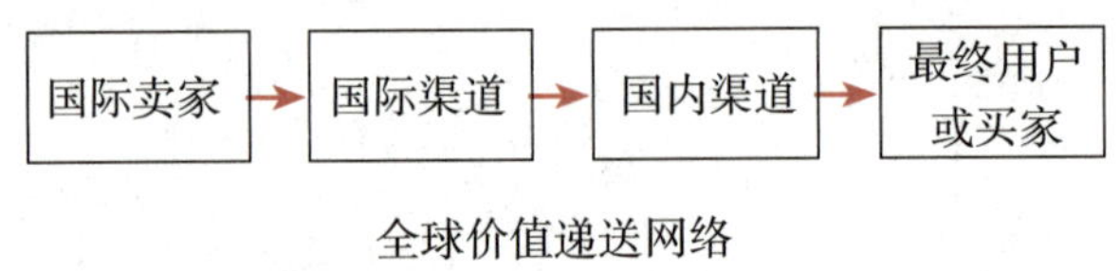

图 19-4 国际市场营销的整体渠道观念

国内的分销渠道因国家不同而各异。首先，各个国家市场的中间商数量和类型存在很大的差别，服务于这些中间商的交通基础设施也是如此。例如，在美国，大规模的零售连锁主导着市场，但在其他国家，大部分的零售业务可能由众多独立的小型零售商来完成。在印度或印度尼西亚，商品由数百万零售商经营的小商店或在集市上销售。

在新兴市场中，公司常常必须克服分销渠道设施和资源供应的挑战。例如，在尼日利亚，达美乐比萨为了获得清洁的水源，不得不在多个餐厅后面挖井和安装水处理装置。类似地，在南非实在难以采购到优质牛肉，汉堡王最终投资 500 万美元在当地开办自己的养牛场，而不是购买当地牧民饲养的瘦巴巴的牛提供的少量牛肉。[46] 为了服务巴西西北部亚马孙河盆地，雀巢甚至开创了一个能将产品直接带给顾客的船上超市。这艘船载有 300 种不同的雀巢产品，为亚马孙河沿岸 27 座城镇中约 150 万顾客提供服务，每天停靠一站。顾客可以在 nestleatevoce.com 网站查询这家船上超市的行程表，拨打免费电话或发送短信询问其他信息，据此计划自己的购物活动。[47]

即使在有相似类型零售商的市场中，零售惯例也有可能大相径庭。例如，你会发现中国的大城市中有不少沃尔玛、家乐福、乐购和其他零售商。但是，在这些商店中出售的消费者品牌在西方通常依赖消费者自助，而在中国这些品牌会雇用身穿制服的店内导购——称为“促销员”或“推销员”——发放赠品、面对面地叫卖产品。在北京的沃尔玛，随便哪个周末，你都会发现 100 多个这样的导购员为卡夫、联合利华、宝洁、强生以及众多当地的竞争性品牌进行推销。“中国消费者通过媒体知道了这些品牌名字，”一位中国零售营销服务经理说道，“但是他们希望在购买之前感受产品，获得更详细的信息。”[48]

19.4 决定全球市场营销组织

公司至少可以用三种方式管理国际营销活动：大多数公司最初组建一个出口部门，然后创建一个出口事业部，最终发展成为一家全球组织。

公司通常通过简单地出售其产品涉足国际市场营销。如果其国际销售扩展了，就用一个销售经理和一些助手组建一个出口部。随着销售增加，出口部可能扩展为包括各种营销服务，以便它可以积极地打理业务。如果公司希望开始建立联合企业或直接投资，出口部就不够了。

许多公司涉足数个国际市场。公司可以将产品出口给一个国家，通过许可进入另一个国家，与第三个国家的企业合资，还可以在第四个国家直接投资或建立分支机构。它迟早会成立一个国际事业部或子公司来专门负责所有的国际业务。

国际事业部的组织方式有多种。其员工包括市场营销、制造、调研、财务、计划和人力资源等各个领域的专家。他们为各个运营单位制订计划并提供服务，可以以三种方式组织起来。它们可以是地理型组织（geographical organizations），在不同的国家设立经理负责管理销售人员、分支机构、分销商和被授权的国外企业；也可以是世界产品小组（world product groups），分别负责不同产品在世界范围内的销售；还可以是国际分公司（international subsidiaries），分别对各自的销售和利润负责。

不少公司已经超越了国际事业部阶段，成为真正的全球组织（global organizations）。例如，我们上文所讨论过的欧莱雅尽管创始于法国，但已经不再明确界定母国市场，也没有母国员工的概念。相反，该公司以围绕截然不同的多种文化背景的管理者建立全球品牌团队而著称。世界各地欧莱雅的管理者为他们的品牌带来多种文化视角，正像他们自己具有比如德国、美国或中国，甚至同时三者的文化背景。正如一个在东南亚推出男性护肤产品线的团队中，有一位具有印度 - 美国 - 法国背景的管理者，他说："我不会单一地思考问题。我拥有英语、印度语和法语的文化背景提供丰富的参考。我阅读这三种语言的书籍，与来自不同国家的人们会晤，享受不同文化的食物，等等。"[49]

全球组织不再认为自己是在国外销售的国内市场营销者，而将自己视为全球市场营销者。公司高层管理者和员工在世界范围内进行生产设施、市场营销政策、资金流和物流系统的规划。全球运营单位直接向公司的执行总裁或执行委员会，而不是国际事业部的主管报告。经理人员接受全球经营而非仅仅国内或国际经营的培训。公司从不同的国家招聘所需的管理人才，在价格最低的国家购买零部件和原材料，在预期回报率最高的国家进行投资。

今天，大公司如果希望继续在竞争中取胜，就必须更加全球化。随着外国公司成功地进入国内市场，公司必须更积极地开拓外国市场。它们必须改变，从将国际经营视为次要的业务，转变为将全世界视为一个无边界的市场。

关键术语

全球企业（global firm）
经济集团（economic community）
出口（exporting）
联合企业（joint venturing）
许可（licensing）
合同制造（contract manufacturing）
管理合同（management contracting）
合资企业（joint ownership）
直接投资（direct investment）
标准化全球营销（standardized global marketing）
调整的全球营销（adapted global marketing）
直接产品延伸（straight product extension）
产品调整（product adaptation）
产品创新（product invention）
沟通调整（communication adaptation）
整体渠道观（whole-channel view）

概念讨论

1. 国际市场营销者进入外国市场时需要考虑哪些环境因素？
2. 列举和解释企业在国际市场中的市场进入方法。
3. 列举和解释作为进入他国市场的方法的四种联合企业。联合企业与其他国际市场进入方法有何不同？
4. 简要说明全球市场产品战略，并为每一种战略列举实例。

5. 解释整体渠道观的含义，以及为什么在国际营销中很重要。

案 例

欧莱雅：美丽联合国

一家法国公司如何在澳大利亚成功地以法国品牌名称营销一家韩国美容护肤品的美国版本？问问欧莱雅吧，这个世界上最大的化妆品营销者每年在130个国家和地区出售价值超过280亿美元的化妆品、护发用品、皮肤护理产品和香水。欧莱雅的成功基于其自称为“普遍化”的理念。它深入理解当地市场关于美丽的定义，并根据不同文化差异设计特定的诉求来营销自己的品牌。于是，它发现了在标准化品牌以寻求全球影响与调整它们以满足当地需要和期望之间的最佳平衡之道。

欧莱雅是一家高度全球化的公司。其分支机构遍布130个国家，半数以上的销售收入来自欧洲和北美以外的市场。欧莱雅的著名品牌起源于多种不同的文化，包括法国（巴黎欧莱雅、卡尼尔、兰蔻）、美国（美宝莲、科颜氏、SoftSheen-Carson、拉夫·劳伦、Urban Decay、Clarisonic、Redken）、英国（美体小铺）、意大利（乔治·阿玛尼）和日本（植村秀）。凭借这些和其他著名的品牌，这位全球营销大师在化妆、护肤和染发领域具有无可争议的世界领先地位，在护发领域则仅次于宝洁屈居第二。

你值得拥有

欧莱雅的普遍化战略与其“为所有人美丽”的使命紧紧相连。欧莱雅发现女性世界的秘密——女人们希望自我感觉良好。而且她们如何感觉与她们如何照顾自己及其容颜有内在关系。这一认知不论种族、文化、年龄或者社会经济地位，都是真实和一致的。出于这一原因，欧莱雅依据“为所有人美丽”的使命，致力于为大众提供顶级的奢侈美容产品。

这家以巴黎为基础的商业巨头，销售化妆品的历史已逾百年，其使命的重要性在1970年代变得比以往更明显。当时，公司以一则展示女性视角的广告推出Superior Preference染发剂，结尾语强调“你值得拥有”。从广告播出的那一刻起，这几个字就引起了女性的巨大反响。品牌传达了关于女性想什么的重要信息——她们的自信、果敢和时尚。

最初只是一句广告语，后来这句话超越了初衷，甚至成为社会结构的一部分，被全球女性借助各种语言用于希望支持自己和宣告自我价值的任何情景中。如今，全球80%的女性知道这句话，并以积极和有力的方式回应它。而且，“你值得拥有”也融入欧莱雅的日常行动之中。

来自多视角的美

为在全球市场实现“为所有人美丽”的使命，欧莱雅依赖大批高度跨文化的管理者。该公司因围绕有多文化深度背景的管理者建立全球品牌团队而闻名。与许多全球公司在世界市场的不同部分建设自治分公司、事业部和管理团队，最终构成完整国际框架的做法不同，欧莱雅认为这样的结构无法在标准化和适应之间谋求平衡，而这一平衡是当今化妆品行业的制胜关键。公司围绕在多种文化中都具有深厚背景的管理者组建全球团队，允许他们在各团队间转移。

一名真正的跨文化管理者能够从多视角看待事物，可以在任何时候以自己像德国人、美国人、中国人，或者同时是三种人那样进行思考。在东南亚推出男士护肤产品线的团队中，有一位具有印度－美国－法国三种文化背景的管理者。他解释说：我不会单一地思考问题。“我拥有英语、印度语和法语的文化背景提供丰富的参考。我阅读这三种语言的书籍，与来自不同国家的人们会晤，享受不同文化的食物，等等。”

例如，一位有着法国－爱尔兰－赞比亚背景的护肤品营销经理注意到，在欧洲，面霜往往要么“增色”（被认为是化妆品），要么“紧致”（被认为是护肤品）。但是，在亚洲，许多面霜综合了这两种特质。意识到在欧洲有越来越多的亚裔人口，这一美容趋势蕴涵商机，这位经理领导团队为法国市场开发了一款具有紧致功效的增色面霜，事实证明这款产品非常成功。随着全球经营环境对这类跨文化知识整合的需求日益增长，欧莱雅跨文化管理者为企业全球战略的实施提供了内在捷径。这一管理结构也为欧莱雅在新产品开发上建立了重要的竞争优势。

为美深度研究

欧莱雅通过深度研究，竭力理解对世界各地的消费者而言美丽意味着什么。它在研发上的投入超过所有主要的竞争对手，不遗余力地研究当地人独特的美容和个人护理行为。其全球研发努力的目标之一就是，获得对全球女性和男性关于美容和护理行为的深刻理解。欧莱雅称之为美容仪规：

> 中国女性每天早晨花几分钟化妆？在曼谷，人们怎样洗发？日本女性或法国女性用睫毛刷时一般刷几下？这些美容仪规，重复成千上万次，形成了根深蒂固的文化。既有传统的传承，也受到气候和生活状况的影响，人们理想中的美因不同国家而各异。他们为欧莱雅的研究提供了数量惊人的丰富信息源。在这些仪规之后，是生理学的现实：柔顺、直而短的睫毛不能像浓密、弯曲的长睫毛一样化妆。

为了促进这一重要的研发努力，欧莱雅在全球各地建立了研发中心，开发被它称为“地理美容学”的当地观察科学。通过从入户观察和在实验室中观察得到的洞察促进了这一科学的发展。欧莱雅的研究团队借助这些装配高科技设备的实验室，精心研究全球消费者行为。

欧莱雅的研发项目形成了关于保健和美容的区域仪规，带来了诸如湿度和温度等影响产品使用的当地条件和限制因素的精确信息。这些洞察为研发团队在为当地市场创造产品的过程中提供大量依据。综合来自全球各地的洞察，产品可以适应多个市场。

例如，以欧莱雅在里约热内卢的实验室为应对巴西女性提出的特殊问题而开发的一条护发产品线 Elseve Total Reparacao 为例。在巴西，一半以上的女性拥有卷曲的长发，由于潮湿的气候、日晒、频繁洗发和头发拉直处理，头发常常干枯、无光泽。Elseve Total Reparacao 可以改善这一状况，因此立刻在巴西大卖。欧莱雅迅速将其推广至南美和拉美的其他市场。公司随后在全球寻找与巴西女性面临相似气候特征和护发仪规的市场，相继在欧洲、印度和其他东南亚市场推出 Elseve Total Reparacao，受到当地消费者的热烈欢迎。

这样的调整常常在欧莱雅的多个品牌间发生。让我们回到本案例开头提及的那款在澳大利亚以法国品牌销售的韩国美容护肤品——Blemish 护肤霜（BB 霜）。它最初由韩国皮肤病专家创造，用于皮肤保湿和遮盖细小的疤痕，很快成为韩国热销产品。凭借对全球肤色和化妆的深度了解，欧莱雅研究人员根据美国市场的条件和肤色开发出成功的新一代 BB 霜（在那里 BB 霜代表美容霜），以“美宝莲纽约”这一品牌推出。还不止于此，欧莱雅还用卡尼尔品牌为欧洲创造了另一款当地版本，随后被引入世界其他市场，包括澳大利亚。

欧莱雅的全球研发努力催生了“肤色地理学”——一份获得专利的世界地图，使之能够根据全球女性的需要调整化妆品。以类似的方式，公司通过科学量度包括弯曲直径、蜷曲指数、波浪数量和卷须等在内的卷曲特征，将关于发质类别的传统划分从 3 个（非洲、亚洲和欧洲）扩充至 8 个。

欧莱雅不仅在全球调整其产品配方，而且根据国际需求和预期调整品牌定位和营销。例如，20 多年前，公司收购缺乏活力的美国化妆品生产商美宝莲。为焕发该品牌的活力并实现全球化，将其总部从田纳西迁往纽约，并在品牌标签上增加了“纽约”两字。由此产生的都市感、时尚感和纽约形象，配合提供日常上班妆容的中等价位，该品牌在全球市场取得成功。这一改进很快为美宝莲在西欧市场同类产品中赢得了 20% 的市场份额。这一年轻的都市定位还在亚洲受到追捧。

除了收购像美宝莲这样的品牌，欧莱雅还收购已经享有较高知名度的品牌和为既定市场制造的产品。这使得公司能够以比重新建立品牌所需的成本低很多的代价迅速进入市场。这样的例子有羽西——一家在面霜中采用草本成分的公司。欧莱雅在 10 年前收购该公司，去年羽西产品的销售增长了 20%。

欧莱雅及其品牌是真正全球性的，其为大众提供高档美容产品的方式很有效。在过去 4 年间，总收益增长了 30%。就在去年，即使在西欧市场增长缓慢，巴西市场衰退的情况下，欧莱雅的收益仍然提高了 12%。在美国，当主要竞争对手联合利华收入下降、痛失市场份额的时候，欧莱雅仍然保持了增长。

欧莱雅在国际市场上的巨大成功源自其取得的“全球 - 当地”平衡，在最大化全球市场影响的同时，在当地市场调整和差异化品牌。欧莱雅是少数既取得当地品牌灵敏度，又享有全球品牌一体化的公司之一。“我们尊重全球消费者之间的差异，”欧莱雅的 CEO 说道，“我们拥有全球品牌，但我们需要根据当地需要加以调整。”欧莱雅的前 CEO 在联合国教科文组织大会上发言时，曾将欧莱雅描述为“美容联合国”，没有人对此提出异议。

资料来源：Based on information from Andrew Roberts, “ L’Oréal Sales Beat Estimates on Accelerating Luxury Growth, ” *Bloomberg Businessweek*, February 11, 2016, www.bloomberg.com/news/articles/2016-02-11/l-oreal-sales-beat-estimates-on-acceleratinggrowth-in-luxury; “ Leading Global Cosmetics Company L’Oréal Saw Its Sales Grow 12 Percent Last Year, ” *US News*, February 11, 2016, www.usnews.com/news/business/articles/2016-02-11/loreal-2015-salesup-across-markets-net-profit-down; “ Our Mission Is ‘ Beauty for All, ’ Says L’Oréal Global CEO Jean-Paul, ” *The Economic Times*, January 30, 2015, http://articles.economictimes.indiatimes.com/2015-01-30/news/58625572_1_l-oreal-loreal-jean-paul-agon; Hae-Jung Hong and Yves Doz, “ L’Oréal Masters Multiculturalism, ” *Harvard Business Review*, June, 2013, pp. 114-119; Liza Lin, “ L’Oréal Puts on a Happy Face in China, ” *Bloomberg Businessweek*, April 1-7, 2013, pp. 25-26; “ A Worldwide Approach to Beauty Rituals, ” www.loreal.com/researchinnovation/when-the-diversity-of-types-of-beauty-inspires-science/aworld-wide-approach-to-beauty-rituals.aspx, accessed June 2016; and additional information and quotes from www.lorealparisusa.com/en/about-loreal-paris/overview.aspx, accessed June, 2016.

讨论题

1. 在五大全球产品与沟通战略中，哪一种最能描述欧莱雅的做法？

2. 用 1 ～ 5 打分，请判断欧莱雅在每个全球市场调整其产品的程度。为你的答案提供支持。

3. 欧莱雅的全球战略有什么弊端？

4. 欧莱雅运用哪一种战略进入新市场？公司如何从这种做法中获利？
5. 欧莱雅是否会延续如此高水平的成功？为什么？

注 释

请扫描二维码或登录中国人民大学出版社官网www.crup.com.cn下载本书注释。

20 可持续市场营销：社会责任和道德

学习目标

- 定义可持续市场营销，并讨论其重要性。
- 了解对市场营销的主要批评。
- 定义消费者保护主义和环境保护主义，并解释它们对市场营销战略的影响。
- 描述可持续市场营销的原则。
- 解释道德规范在市场营销中的作用。

在本书的最后一章，我们将考察可持续市场营销的概念，即通过对社会和环境负责任的市场营销活动满足消费者、企业和社会当前与未来的需求。我们从可持续市场营销的定义入手，随后讨论市场营销因其对个体消费者和其他企业的影响而经常遭致的批评，以及消费者保护主义、环境保护主义和其他促进可持续市场营销的公众运动。最后，看看公司本身如何从积极地追求不仅为个体顾客而且为整个社会带来价值的可持续市场营销实践中获利。可持续市场营销不仅是一件需要去做的正确的事情，而且对企业有利。

首先，让我们看看世界上第三大消费品公司联合利华开展可持续营销的例子。17 年来，联合利华公司一直被道琼斯可持续发展指数誉为食品和饮料行业的领先者。该公司最近推出“可持续生活计划”（Sustainable Living Plan），旨在到 2020 年使企业规模翻番的同时减少对自然环境的影响，并增加社会福利。这真是个雄心勃勃的目标。

引例 联合利华的可持续发展：每天都创造更美好的未来

保罗·波尔曼（Paul Polman）6 年前接任联合利华 CEO 一职时，这家食品、家居和个人护理产品公司还是个蛰伏的巨人。尽管拥有一大批明星荟萃的品牌——包括多芬、Axe、Noxzema、Sunsilk、OMO、Hellmann's、Knoor、立顿和本杰瑞等，联合利华的销售和利润却经历了近 10 年的停滞不前。公司需要重新焕发活力和设定目标。"为让一切回归正途，我们首先需要知道为什么会陷入困境。"波尔曼说道。

为回答"为什么会陷入困境"这一问题，并找到更加鼓舞人心的使命，波尔曼超越销售增长、利润提升和股价提高等常见的公司目标。他认定增长是实现更广阔的社会和环境使命之后水到渠成的事情。联合利华是为"消费者，而不是股东"而存在的，他说，"如果我们在运营中符合消费者需求和环境利益，对我们的社会影响承担责任，那么股东自然会从中获益。"

评价和促进可持续发展在联合利华并非新鲜事。在波尔曼挂帅之前，公司就已经实施了多个项目管理其产品和运营的影响。现有的项目和结果虽然不错，但远不能让波尔曼满意。于是，2010 年后期联合利华推出了"可持续生活计划"—— 一个将社会带到新水平的积极的长期计划。根据该计划，公司开始"每一天都在全球为人们创造更加美好的未来：为我们工作的、与我们做生意的、使用我们产品的数十亿人，以及生活品质依赖我们今天保护环境方式的后代们"。根据波尔曼所言，联合利华长期的商业成功取决于能否管理好自己的行为对社会和环境的影响。

"可持续生活计划"提出，联合利华到 2020 年要实现三个重要的社会和环境目标：（1）帮助超过 10 亿人采取行动改善健康和福利；（2）使制造和使用我们产品所造成的环境影响减半；（3）发展我们的业务，改善数百万人的生活。"可持续生活计划"整合了联合利华已经在做的所有努力，并设定了雄心勃勃的新目标。这些目标跨越整条价值链，从公司如何采购原材料到消费者如何使用和处理其产品。公司说："我们的目标是使我们的活动更具可持续性，并鼓励我们的客户、供应商和其他人也这样做。"

在上游供应方面，联合利华一半以上的原材料来自农业，所以公司帮助供应商发展符合公司对环境和社会影响高预期的可持续农业活动。联合利华依据两套标准评价供应商。首先是《联合利华供应商行为规范》，要求关于人权、劳动实践、产品安全和关爱环境等负社会责任的行为。其次是专门针对农业供应商的《联合利华可持续农业规范》，详细规定了联合利华对可持续农业活动的要求，以便公司与供应商"共同致力于可持续发展之旅"。

但是"可持续生活计划"远不止创造更加负责任的供应商和分销渠道这么简单。联合利华产品的温室气体排放总量中，约 68% 源自消费者使用产品的过程。所以，联合利华还与其客户合作减少其产品在使用过程中的环境影响。每天，全球 190 个市场中 20 亿多人使用联合利华的产品。所以，消费者日常的小行动都可以产生很大的改善。联合利华总结出这样一个公式："联合利华品牌 × 日常小行动 × 数十亿消费者 = 大改变"。

例如，世界上近 1/3 的家庭使用联合利华洗涤用品，每年大约 1 250 次洗涤。所以，根据"可持续生活计划"，联合利华既创造环保型洗涤产品，又激励消费者改善洗涤习惯。

联合利华在全球鼓励消费者洗衣物时用较低温度的水，并使用恰当剂量的洗涤剂。比如奥妙和 Persil Small & Might 浓缩洗涤剂，采用简化包装降低运输成本和污染的同时，更重要的是，改良后的配方使之在低温下也能有很好的清洗效果，大大减少能源和水的使用量。联合利华估计，这些变化成功地使温室气体排放量减少了 15%。由于发展中国家和新兴市场常常供水不足，人们更习惯手洗衣物，联合利华为此专门设计和生产了 Comfort One Rinse 织物柔顺剂。该创新性产品只需以往用水量的 1/3 就能漂洗干净，节约了消费者的时间、力气和每次约 30 升的用水量。

这样的能源和用水节约并没有显示在联合利华的收入报表中，但它们对人类和我们生活的星球非常重要。公司说："如果我们能够激发全世界的人每天从我做起、从小事做起，哪怕小小的改变也会为世界带来巨大的不同，这样才能算取得了最终的成功。"为实现这一目标，联合利华确立了"变化的五个层次"——其市场营销人员据此激励人们采取特殊的可持续发展行为。该模型帮助市场营销人员确定改变的壁垒和动机。这些变化依次包括：易于理解、易于行动、渴望、回报和养成习惯。

联合利华的"可持续生活计划"效果如何呢？迄今为止，很好。联合利华在其"使可持续生活被世界普遍接受"的基本使命和 79 项雄心勃勃的"可持续生活计划"目标上取得了长足的进步。公司已经实现了 13 项特定的目标，57 项正在有效实施之中，另 9 项也取得了很好的进展。尽管全球经济不景气，联合利华的利润却持续增长。

波尔曼称，"可持续生活计划"不仅仅为人类和环境做正确的事情，而且惠及联合利华。对可持续发展的不懈追求，在通过降低能耗和最小化浪费为公司节省开支的同时，也极大地促进了创新，创造新产品、新消费者利益，甚至是新市场机会：联合利华一半以上的销售目前来自发展中国家——正是面临可持续发展挑战最严峻的地区。

总之，波尔曼预测，"可持续生活计划"将在不增加环境影响的情况下，帮助联合利华实现规模翻番的同时，为数十亿人创造更加美好的未来。"我们不认为可持续发展与盈利性增长之间存在冲突，"他总结说，"制造和销售消费者产品的日常行动推动经济和社会进步。全球数十亿人理应过上由肥皂、洗发水和茶等日用品提供帮助的更优质的生活。可持续发展不是一个白日梦。它可以实现，毋庸置疑。"[1]

负责任的市场营销者发现消费者想要什么，并提供相应的产品和服务为购买者创造价值，以期获得利润回报。市场营销理念是一种顾客价值和互惠互利的哲学。这样做的最终结果是，通过"看不见的手"来引导经济满足消费者不断变化的需求。

但并不是所有的市场营销者都会遵从这种市场营销理念。实际上，一些公司的营销活动旨在满足它们自己而非消费者的利益。而且，即使是满足某些消费者当前需要的、初衷良好的市场营销活动，也可能在当前或未来产生对其他消费者或社会的损害。具有社会责任的市场营销者必须考虑自己的行为从长期来看是否可持续。

本章考察可持续市场营销，以及企业的市场营销活动对社会和环境的影响。我们首先要解决的问题是：什么是可持续市场营销？它为什么很重要？

20.1 可持续市场营销

可持续市场营销（sustainable marketing）要求具有社会和环境责任的行为，即在满足消费者和企业当前需要的同时，保护或加强后代满足需要的能力。图 20－1 比较了可持续市场营销理念与前面几章讨论过的其他市场营销理念。

	企业需要：当前	企业需要：未来
消费者需要：当前	市场营销理念	战略规划理念
消费者需要：未来	社会营销理念	可持续市场营销理念

图 20-1 可持续市场营销

市场营销理念认为，组织应该通过比竞争者更有效地确定和满足目标顾客当前的需要和欲望来实现繁荣和发展。它致力于通过给予顾客现在想要的来满足公司短期的销售、成长和利润目标。但是，满足消费者当前的需要和欲望并不总是符合消费者或企业未来的最佳利益。

例如，麦当劳公司早期营销味美但多盐重油的快餐，曾经为顾客创造了即刻的满足，也为公司实现了销售和利润。然而，批评人士指出，麦当劳和其他快餐食品连锁企业对造成美国长期肥胖病流行负有责任，既损害了消费者的身体健康，也加重了国家医疗系统的负担。现在，越来越多的消费者开始寻求更加健康的饮食，导致快餐食品行业的销售和利润骤降。除道德行为和社会福利问题，麦当劳还因其规模巨大的全球经营活动对环境产生的诸多影响受到指责，涉及从废弃的包装、固体垃圾，到门店低效的能源使用等各个方面。于是，麦当劳的战略无论从消费者还是从公司利益而言，都是非持续性的。

如图 20-1 所示，与社会营销理念注重消费者未来的福利，战略规划理念注重公司未来的需要不同，可持续市场营销理念兼顾两者。可持续市场营销要求公司承担对社会和环境的责任，既满足顾客和公司的当前需要，也满足他们未来的需要。

最近十多年来，麦当劳开始实施更加可持续的战略，针对这些挑战采取了一系列措施，推出多样化的沙拉、水果、烤鸡、低脂牛奶和其他健康食品。公司还赞助重要的教育运动——比如，其中一个名为“这就是我吃什么和做什么……我热爱它”——帮助消费者更好地理解均衡膳食及健康生活方式的重要性。而且，它宣布了“提供更营养的选择”承诺清单，包括继续致力于儿童福利，扩充和改善营养均衡的菜品，增加消费者和员工所能接触到的营养信息。麦当劳目前的全美统一菜单中有 80% 的项目热量“低于 400 卡路里”，包括基本款奶酪汉堡包、水果枫糖燕麦和由 8 克全麦面粉、100% 蛋清以及全精肉加拿大培根制成的蛋清喜悦麦满分等等。[2]

麦当劳的可持续发展战略还对环境问题做出了回应。例如，它呼吁食物供应的可持续性，减少包装，采用环保包装，倡导循环使用。店面的设计也更加强调社会和环境责任。麦当劳甚至制定了一份环境平衡计分表，用于评价其供应商在诸如用水、能耗和固体废弃物管理等方面的表现。由此可见，麦当劳为可持续盈利的未来进行了很好的定位。

真正的可持续市场营销需要一个运行顺畅的市场营销系统，其中消费者、公司、公共政策的制定者以及其他人齐心协力，努力确保市场营销行为符合社会和环境责任。然而遗憾的是，市场营销系统并不总能够顺利地发挥效用。我们将在以下部分考察可持续性问题：对市场营销最常见的社会批评有哪些？人们采取什么措施克服市场营销的弊端？执法者和政府机构采取了哪些措施促进可持续市场营销的发展？明智的公司如何开展符合社会责任和道德规范的市场营销活动，为个体顾客和整体社会创造可持续的价值？

20.2 对市场营销的社会批评

市场营销受到众多批评。这些批评有些是公正的，有些不是。社会评论认为，某些市场营销活动损害个体消费者、社会整体和其他企业的利益。

市场营销对个体消费者的影响

美国消费者很担心，现有的市场营销系统能否很好地服务于他们的利益。调查显示，消费者对市场营销活动通常抱有复杂的甚至是敌对的态度。消费者权利的倡导者、政府机构和其他批判者一直在指责，市场营销通过高价、欺骗行为、高压销售、劣质或不安全的产品、有计划地报废以及对弱势消费者糟糕的服务，损害消费者的利益。无论是对消费者利益还是对企业福利而言，这些受到质疑的市场营销行为都不是可持续的。

高价格

许多批评者认为，美国现行的市场营销系统导致商品价格高于它们在更“合理的”系统中应有的水平。这种高价让人很难接受，尤其在经济不景气的时候。他们指出，三种因素——高分销成本、高广告和促销成本以及过高的利润加成导致了价格居高不下。

一种经久不衰的收费是贪婪的营销渠道成员的加成价格超过其服务价值。这导致分销成本太高，公司用较高的价格迫使消费者承担了这些额外的成本。中间商辩解说，自己所做的工作是很有必要的，否则只能由生产商或消费者来承担。它们的价格反映了消费者对服务的要求——更便利、更大型的商店和齐备的存货，较多的选择，较长的营业时间，退货，等等。事实上，它们认为，零售商之间的竞争是如此激烈，以至于零售业的毛利率相当低。而沃尔玛、开市客等低价商店和其他折扣店，迫使竞争对手提高运作效率并维持低价。

人们还指责，现代市场营销推动价格上升，以弥补密集的广告、销售促进和包装所需的开销。例如，大量促销的制造商品牌的售价远远高于产品本身差异不大的商店品牌。批评者认为，大量的包装和促销费用只是增加了产品的心理价值，而不是功能价值。市场营销者承认广告确实使产品成本增加了，但也通过告知潜在顾客产品的购买信息和品牌特征而增加了价值。有品牌的产品往往售价更高，是因为品牌向购买者提供了质量保证。消费者固然可以以较低价格购买到产品的使用功能，但他们想要也乐意为产品使其感到富有、有魅力或者与众不同的心理利益支付更多的钱。

批评者还指责一些公司对产品的加成率过高。他们指责药品行业，一粒生产成本仅为 5 美分的小药片却要花费消费者 2 美元；殡葬业利用顾客因失去亲人而悲伤迷茫的心情，狮子大开口；汽车维修和其他服务也常常漫天要价。市场营销者回应说，大多数企业都会尽力公平地对待顾客，因为它们希望建立顾客关系和长期经营。消费者常常不理解高利润的原因。例如，药品的利润除弥补促销和分销现有药品的成本，还要包括试制和检验新药的高昂的研发成本。正如著名的制药公司葛兰素史克在其广告中所说："今天的药品支撑着明天的奇迹。"

欺骗行为

市场营销者有时被指责采用欺诈手段误导消费者，使他们相信自己得到的价值比实际多。常见的欺骗行为有三类：欺骗性促销、欺骗性包装和欺骗性定价。欺骗性促销包括过分夸大产品的特点或性能，或者用优惠的价格吸引顾客惠顾后却声称断货转而推荐其他高价产品等做法。欺骗性包装包括通过精巧的设计或误导性标签夸大包装的效果，或者以误导性术语描述包装内的商品。

欺骗性定价包括诸如虚假地宣传"出厂价"或"批发价"，或者先设定一个虚假的高价，再装模作样地大幅打折等做法。例如，像 JC 彭尼和科尔士这样的零售商去年摊上官司，被诉使用了"虚高的"原价。针对梅西百货的一起经典诉讼，指控该零售商用"有名无实的让利噱头"欺骗消费者，"声称提供大幅度折扣，但所谓的原价或日常价、参考价却是捏造、随意和虚假的"。[3]Overstock.com 最近在一起价格欺诈案中被加利福尼亚州法院罚款 680 万美元。该诉讼指控这位网上巨头总是在广告中声称其价格低于编造的"原价"。例如，Overstock.com 以 449 美元的价格出售一套阳台家具时，声称该产品原价是 999 美元。但当顾客收到商品后却发现上面还有沃尔玛标明 247 美元的价签。[4]

欺骗性行为导致相应法规的制定及其他消费者保护行动。例如，《惠勒 – 利法案》（Wheeler-Lea Act）授权联邦贸易委员会管制"不公平或欺骗的行为或做法"。联邦贸易委员会随后颁布了打击欺骗行为的指导意见。尽管有这些法规，一些批评者认为欺骗性宣传依然很普遍，甚至一些知名品牌也是如此。例如，光亮公司（Luminosity）最近同意支付 200 万美元平息联邦贸易委员会指控其用毫无根据的宣传欺骗消费者，承诺其"脑力训练游戏"能够保护他们免于认知能力退化。"光亮公司利用消费者对随着年华老去认知能力退化的恐惧，暗示它们的游戏可以避免记忆力下降甚至阿尔茨海默病"。联邦贸易委员会消费者保护局的主管说："但它们根本没有支持其广告的科学依据。"[5]

最棘手的问题是，如何定义"欺骗性行为"。例如，一位广告主声称其口香糖能"撼动你的世界"时，本意可不是要你照字面意思理解，它很可能是在运用"夸张的手法"。但是，其他人则认为，过于夸赞和美化形象的宣传实际上是在以微妙的方式伤害消费者。以万事达卡的《无价》（Priceless）系列广告为例，它表现了消费者尽管会遇到一些不如意，但总归会实现他们的梦想。这些广告暗示信用卡可以使美好的事情发生。但是，批评者指责这些由信用卡公司塑造的美好景象鼓励一种寅吃卯粮的态度，导致许多消费者过度使用信用卡消费。

市场营销者认为，大多数公司都竭力避免欺骗性行为，因为这种行为最终会损害企业的长期利益，是不可持续的。盈利性的顾客关系建立在价值和信任的基础上。如果消费者没有得到他们所期望的产品和服务，就会转向更加可靠的企业。另外，消费者通常会保护自己不上当受骗。大多数消费者能够识别市场营销者的销售意图，并在购买时加倍小心，有时甚至对真实的产品宣传也存有戒备之心。

高压销售

销售人员有时被指责进行高压销售，即说服顾客购买自己并不真正想要的商品。正因为如此，人们常说保险、房地产和二手车是被卖而不是被买。销售人员通过培训，能够用流利的、预先设计好的谈话诱使顾客购买。他们竭力推销产品，因为在销售竞赛中胜出的人往往可以得到数额可观的奖金。类似地，电视购物广告中推销员利用“大喊大叫的”促销展示，给消费者造成一种紧迫感，只有意志力极强的人才能抗拒。

但是在大多数情况下，市场营销者从高压销售中所得甚少。这种技巧只在为追求短期利益而进行一锤子买卖的情况下可能有效。但是，大多数公司还是希望与有价值的顾客建立长期关系。高压销售或欺骗性销售会对顾客关系造成严重损害。例如，设想宝洁的客户经理试图对沃尔玛的采购者施加压力，或者 IBM 销售人员想要威逼通用电气的信息技术经理，这肯定是不起作用的。

伪劣、有害或不安全的产品

另一些批评者将矛头指向了低劣的产品质量或功能。常见的抱怨是产品和服务的质量差；其次是产品安全问题。产品安全一直是一个备受关注的问题，主要原因包括公司的冷漠、产品复杂性提高以及糟糕的质量控制。第三种抱怨是许多产品不能带来什么利益，甚至反而有害。

例如，以软饮料行业为例。多年来，许多批评者认为，高糖、高卡路里的软饮料是造成越来越多的美国人患上肥胖症和引发其他健康问题的罪魁祸首。人们指责贪婪的饮料营销者利用弱势消费者挣钱，将美国变为一个肥胖的国度。尽管美国软饮料消费最近几年已经下降了不少，饮料公司现在纷纷转向发展中国家寻求增长。根据公共利益科学中心（Center for Science in the Public Interest，CSPI）的报告《碳酸化的世界》（Carbonating the World），2008 年诸如中国、印度和墨西哥等新兴市场还只占到全球软饮料消费的一半略多。但是到 2018 年就已经接近 70% 了。CPSI 指责饮料公司的行为就像烟草行业一样，将有害的产品营销给本来就难以为其民众提供充分医疗保健的国家。[6]

软饮料行业向新兴市场中不了解内情或不谨慎的消费者积极促销是不是缺乏社会责任的行为？或者只是提供刺激消费者味蕾的产品，让消费者自行选择，简单地满足他们的需要？监督公众口味是行业应该承担的责任吗？正如许多有关社会责任的事件一样，人们对究竟什么是对、什么是错，仁者见仁，智者见智。在一些分析家批评行业时，另一些人认为消费者自身也有责任。也许不应该卖大杯饮料，但是并没有人强迫你购买和饮用呀。

大多数制造商还是希望并努力生产优质的产品。毕竟，公司对待产品质量和安全问题的方式直接影响（毁坏或促进）其声誉。公司如果出售劣质或不安全的产品，可能会与消费者及相关监管机构发生灾难性冲突。更重要的是，消费者如果对公司的产品不满意，他们不仅将来不再购买，而且会劝说其他消费者也不要购买。在如今社交媒体和网络评论泛滥的环境中，关于劣质的负面口碑一旦传播开来，将像野火一样迅速蔓延并难以遏制。质量缺陷与可持续市场营销背道而驰。如今的市场营销者深知，唯有优质的产品和服务才能带来消费者满意，进而创造可持续的顾客关系。

故意提前淘汰

批评者还指责一些公司故意提前淘汰产品，导致产品在真正需要更换之前就过时了。一些企业因产品故意使用容易断裂、损耗、生锈或腐蚀的材料和零部件受到指责。还有一些企业因创造认知淘汰——即便产品本身没有破损，企业也不断地改变消费者的流行观念，鼓励他们更多和更早地购买——而受到批评。一个明显的例子是持续变化的服装时尚。一些批评者认为，正因为这样才导致高度浪费的用过就扔的穿衣文化。“太多的时装最终沦为垃圾，”一位设计师惋惜地说，“它们原本还可以穿很多年，但仅仅因为审美过时而被丢弃。”[7]

还有一些商家被指责故意保留产品的先进功能，逐步推出使旧型号过时的新产品，迫使消费者成为“系列置换者”。评论家称，这种情况在家用电器行业时有发生。大多数人都可能有一抽屉昨天还炙手可热的畅销品——从手机和照相机，到 iPod 和闪存驱动器——现在已经沦为不值一提的垃圾。几乎所有的东西一两年就会过时。例如，早期的 iPod 采用不可拆卸电池，大约 18 个月就必须更换。直到不满的顾客发动集体诉讼，苹果公司才开始提供可替换的电池。但很快，新产品面市——也就大约 18 个月的时间——老型号的 iPod 过时了。

市场营销者辩解说，消费者喜欢风格的改变，他们喜新厌旧，即使旧产品仍然可以使用，他们也总想要最近的技术创新。没有人强迫消费者必须购买这些新玩意，如果没有人喜欢，新产品自然会失败。说到底，大多数公司并不愿设计很快就会被淘汰的产品，因为它们不希望自己的顾客转而购买其他品牌。相反，它们追求持续改进是为了确保产品能够一直符合或超过顾客的期望。

大多数所谓的故意提前淘汰是自由社会中市场竞争和技术力量作用的结果，正是这些力量为消费者带来了不断改善的产品和服务。例如，假如苹果公司在过去的 10 年里只生产一种新的 iPhone 或 iPad，那么很少有消费者会购买。相反，购买者想要最新的技术创新。“淘汰并不是公司强加给我们的，”一位分析人员认为，“这是进步，是我们非常想要的。通常，市场给我们的恰恰是我们想要的。”[8]

对弱势者的低质服务

最后，美国市场营销系统一直因对弱势者的劣质服务受到指责。例如，批评者声称，都市里的穷人常常不得不在较小的商店购物，忍受劣质的产品和高昂的价格。在低收入居民区开设大型全国连锁店有助于降低价格，但主要的连锁零售商歧视穷人，尽量避免在这些地方开设商店。

例如，美国贫困地区的超市数量比富裕地区少 30%。结果，许多低收入消费者发现自己身处“食品沙漠区”，充斥着提供冷冻比萨、奇多膨化食品、甜点和可乐的小超市，水果和蔬菜或新鲜的鱼和鸡却很难买到。美国农业部在全美城市和郊区确认了 6 500 个“食品沙漠区”。目前，大约 2 350 万美国人——包括 650 万儿童——生活在难以买到经济实惠的新鲜食品的低收入地区。相应地，缺乏健康的、买得起的新鲜食品对这些区域的消费者的健康造成了不利影响。[9]

诸如沃尔玛、沃尔格林和超价等不少全国性连锁店最近同意开设更多的商店，给服务不足的社区带去有营养的和新鲜的食品。另一些零售商发现它们可以通过聚焦其他公司忽略的低收入区域实现盈利。例如，费城的布朗超市公司（Brown's Super Stores，Inc.）就是一例[10]：

当杰夫·布朗（Jeff Brown）在低收入的费城西南部社区开设第一家食品杂货超市的时候，大多数人都以为他疯了。他怎么可能在一片“食品沙漠区”挣钱呢？但是，布朗如今在费城及其周边的低收入区经营着 7 家 ShopRite 商店并取得了盈利。布朗知道为低收入区的消费者提供服务可不是仅仅开家店，放上健康食品那么简单。价格必须要低廉，同时食品质量和服务必须好。所以，布朗从高端零售店借鉴经验，例如手工上架新鲜水果和产品避免损伤并使之更加引人注目。他的 ShopRite 店铺还雇用经验丰富的肉贩、鱼贩和驻店厨师吸引消费者选择更加健康的产品，例如在店内现场加工的烤鸡。

也许最重要的当属布朗的 ShopRite 商店已经成为其运营所在社区的一部分。甚至在新店开业之前，布朗及其同事们就会与当地社区领导人合作，了解人们真正需要什么。他们调研社区的人口特征，根据社区偏好定制产品和服务。布朗的 ShopRite 还是社区居民会聚之地，在商店内为当地社区中心会议和活动提供空间。公司甚至与当地非营利组织合作，提供诸如信用合作社、社会工作者、健康诊所等免费服务。这些服务帮助社区，也通过建立更频繁的顾客互动和忠诚的顾客基础，帮助了布朗的 ShopRite。“说到底，就是将超市置于社区中心。”一位食品零售专家总结说。

显然，必须建立更好的市场营销系统为穷人服务。实际上，许多市场营销者通过创造真正有价值的合法产品和服务为这些消费者服务，依然可以实现盈利。即使市场营销者不采取措施弥补这一缺口，政府也可以有所作为。例如，联邦贸易委员会已经采取行动制裁那些宣传虚假价值、无理拒绝服务或对穷人收取过高价格的商家。

市场营销对整个社会的影响

美国的市场营销系统一直因在社会中增加了若干“弊端”而受到指责，例如造成太多的物质主义、太少的社会商品以及严重的文化污染。

不当的欲望和物质主义

批评者指责市场营销系统过分强调对物质产品的占有，以致美国人似乎有着无尽的占有欲。美国人对他人的评价常常基于他们拥有什么，而非他们是什么样的人。批评者并不认为消费者对物质商品的过度兴趣是一种自然而然的心态，而将其视为由市场营销创造的错误欲望。他们声称，市场营销者刺激人们对商品的需要，创造美好生活的物质模式。于是，市场营销者引导人们曲解“美国梦”，造成无止境的大量消费。

根据这一观点，市场营销的目的是促进消费，成功市场营销必然的结果是不可持续的过度消费。根据这些批评者的观点，更多并非总意味着更好。例如，非营利组织新美国梦中心（Center for a New American Dream）的使命是“帮助美国人减少和改变消费行为，以提高生活质量、保护环境和促进社会公平”。借助教育视频和诸如“更多乐趣，更少物品！”的宣传运动，该组织与个人、机构、社区和企业合作，帮助保护环境资源，抵制文化商业化，促进商品生产和消费模式的积极转变。[11]

市场营销者辩解说，这些批评高估了营销创造需求的能力，着实有些言过其实。实际上，人们对广告和其他营销工具有着很强的抵抗力。营销只有在吸引现存的欲望，而非创造新欲望时，才是最有效的。而且，人们在进行重大购买决定时，常常会从多个方面收集信息，而不是依赖单一的信息来源。即使少数购买会受到广告信息的影响，也只有在产品确实实现了所承诺的价值时，顾客才会重复购买。最后，从新产品的高失败率可以看出，企业并不能操纵需求。

在更深的层次上，我们的欲望和价值观不仅受到市场营销者的影响，同时也受到家庭、同辈、宗教、种族背景和教育的影响。如果说美国人是高度物质主义者，这些价值观与其说是企业和大众传媒单独影响的结果，还不如说是更深层的社会化过程。而且，消费模式和态度也受到诸如经济等宏观力量的影响。正如我们在第1章中讨论的，最近的经济衰退抑制了物质主义和消费开支。

而且，今天的消费者更加支持企业保护环境和其他社会责任的努力。因此，市场营销者不是鼓励如今更为成熟和理性的消费者过度花费，而是努力帮助他们花更少的钱获得更多的价值。例如，巴塔哥尼亚最近开展的“自觉消费”运动实际上敦促顾客少买，告诉他们“不要买你不需要的东西”并且“买之前请三思”。类似地，里昂比恩公司的“何时”运动鼓励顾客购买并长时间使用产品，而不是经常购买新的。它问道：“何时用后即丢成为理所当然的？”答案是“在里昂比恩，从不。当你从我们这买了东西，我们希望你长期喜欢它，持久使用。”[12]

社会公共产品太少

企业被指责过量地销售私有产品，而牺牲公共产品。随着私有财富的增加，人们要求更多的公共服务，而这些通常不能及时提供。例如，汽车保有量（私有产品）的增加要求更多的公路、交通管理、停车场和警力（公共产品）。私有产品的过度销售导致很高的“社会成本”。对汽车而言，社会成本包括交通拥堵、燃油短缺和空气污染。例如，美国人平均每年在堵车上浪费42小时，全美的成本一年超过1 600亿美元——每位通勤者960美元。在此期间，他们还浪费了31亿加仑的汽油，排放了数百万吨温室气体。[13]

我们必须找到一种平衡私有产品与公共产品的方法。一种方案是由生产商承担它们造成的所有社会成本。例如，政府要求汽车制造商提高发动机的效率和安装更好的污染控制系统。汽车制造商随即提高售价来弥补这些额外的成本。但是，如果购买者发觉某些车价格太高，这些汽车的生产商会因为销路不佳而破产。需求因此而转向那些能够承担私有成本和社会成本的产品。

另一种方案是让消费者承担社会成本。例如，世界上许多城市开始征收“拥堵费”，以缓解交通拥堵问题。在新加坡——面积大约是华盛顿特区的3.5倍——就将这类措施用到极致：

> 为控制拥堵和污染问题，新加坡政府使拥有一辆车的成本非常高。新车购买需要按市价的100%甚至更高纳税，买者还必须花费上万美元购买“权利证书”。结果，一辆丰田卡罗拉在新加坡的价格近96 000美元，丰田普锐斯约154 000美元。再加上高昂的燃油成本和只要在国内驾车就会自动收取的“电子道路通行费”，使得拥有一辆车代价高得令大多数人望而生畏。只有大约15%的人有车，使拥堵、污染和其他汽车问题降到最低，也使新加坡成为亚洲

最绿色的城市之一。[14]

文化污染

批评者还指责，市场营销系统造成文化污染。我们的感官时常受到市场营销和广告的冲击：电视广告打断了严肃的节目；印刷广告几乎充斥了杂志的版面；户外广告牌破坏了优美的风景；直邮广告塞满了邮箱。更有甚者，这些干扰常常用有关物质主义、性、权势以及地位等方面的信息，不断地污染着人们的心灵。一些批评者呼吁，必须彻底改变这一切。

针对这些“广告干扰”的指责，市场营销者这样辩解：首先，他们希望自己的广告只到达目标受众，但是由于所使用的是大众沟通渠道，有些广告不可避免地传递给了对产品不感兴趣的人，使其感到厌烦或被打扰。根据自己的兴趣购买杂志或喜欢营销邮件和短信的人们就很少抱怨上面的广告，因为广告介绍了他们感兴趣的产品。其次，广告使很多电视、广播和网站对受众免费，并使杂志和报纸得以维持较低的成本。许多人认为，看商业广告是享受这些利益的代价。而且，消费者发现，许多电视广告本身也很好看，例如，在超级碗比赛期间，观看广告的观众数量与观看比赛的一样多，甚至更多。最后，今天的消费者有许多选择。例如，他们可以更换频道略过或根本避免看到广告，毕竟我们有那么多有线、卫星和网络频道。因此，为吸引消费者的注意力，广告代理商就不得不使广告更具娱乐性并提供有价值的信息。

市场营销对其他企业的影响

批评者还指责，公司的市场营销活动伤害其他公司并减少竞争。这涉及三个问题：收购竞争对手，市场营销所造成的进入壁垒，以及不公平的竞争行为。

批评者声称，假如公司是通过收购竞争者而不是依靠研发新产品来扩张，那么其他公司就会因此受到伤害，并降低了竞争程度。过去数十年间，大量的兼并和行业整合已经引起社会各界的关注，人们担心有活力的年轻竞争者会被吞并，竞争会减弱。事实上，每个重要行业——零售、娱乐、金融服务、公共事业、交通、汽车、电信、医疗等——主要竞争者的数量一直在减少。

收购本身是一个复杂的话题。有时收购有利于社会，例如当公司通过收购可以获得规模经济，从而降低成本和价格时；当一个管理有序的公司接管一个经营不善的企业，提高其生产效率时；当原本不太有竞争力的行业在收购后，可能变得更具活力时。但是，收购也会产生弊端，需要政府的严格监管。

批评者还指责，市场营销活动妨碍新公司进入行业。大型市场营销者可以运用专利和大量的促销费用，联合供应商或经销商排斥或驱逐竞争者。关注反垄断法的人承认，某些障碍是规模经营所带来的经济优势的必然结果。其他进入壁垒则可以由现行和新的法规来应对。例如，一些批评者建议对广告支出征收累进税，以减少销售成本作为主要进入壁垒的影响。

最后，有些企业实际上采取了不公平的竞争行为，故意伤害或摧毁其他企业。它们可能将自己的价格设定在成本之下，威胁终止与供应商的业务，或凭借它们的规模和市场主导地位来不公正地打击竞争对手。尽管许多法律努力防止这种掠夺性的竞争，但要证明某种竞争行为存在掠夺性意图是很困难的。

近年来，搜索巨头谷歌一直被指责采用掠夺性做法驱逐小规模竞争者。例如，欧盟委员会（European Commission）最近控告谷歌在欧盟市场内滥用其网络搜索主导地位，伤害竞争者和消费者。[15] 该委员会还开始着手调查涉及谷歌安卓移动操作系统的反垄断问题。谷歌的网络搜索引擎号称占领了 92% 的欧洲市场份额；安卓操作系统的市场份额也高达主导性的 71%。

欧盟委员会正式起诉谷歌操纵其搜索引擎导致有利于它自己的购物服务，严重损害竞争者的利益。该委员会声称，这类“行动人为地从竞争性购物服务分流，并遏制对手的竞争能力，损害消费者和扼杀创新”。该委员会未来的反垄断调查可能从谷歌的购物服务扩大到诸如网上和移动渠道对旅游服务和饭店的搜索。然而，谷歌坚持自己的网络搜索和手机操作构成了公平和有效的竞争，为消费者提供最佳利益。一旦反垄断指控成立，欧盟委员会可能用数十亿美元的罚款重创谷歌。

20.3 消费者推动可持续市场营销行为

可持续营销呼吁，企业和消费者都应承担更多的社会责任。一些人将企业视为诸多经济和社会诟病的根源，认为需要时常发起一些草根运动来敦促企业合乎规范。消费者保护主义和环境保护主义就是其中两项重要的运动。

消费者保护主义

消费者保护主义（consumerism）是一场公民和政府机构为增强买者相对于卖者的权利和力量而倡导的有组织的运动。传统的卖者权利包括：

- 只要不对个人健康和安全构成威胁，卖者有权以任何大小、式样出售任何产品；即使有危险，只要标识适当的警告或控制即可。
- 只要在类似的购买者中不存在歧视，卖者有权随意制定产品价格。
- 只要不被视为不公平竞争，卖者有权决定使用多少促销费用。
- 只要在内容或手段上不存在误导或欺诈，卖者有权采用任何宣传方式。
- 只要不存在不公平或误导，卖者有权采用任何刺激购买的促销方案。

传统的买者权利包括：

- 有权自由购买产品。
- 有权要求产品安全。
- 有权要求产品性能与厂商所承诺的一致。

对比这些权利，我们可以发现权利的天平向卖者倾斜。购买者固然可以拒绝购买，但是大多数人都感到，面对精明的卖者，消费者往往缺少信息、教育和保护来作出明智的决策。消费者保护团体呼吁增加消费者权利。

- 有权知晓产品的重要信息。
- 有权得到保护，免受有问题的产品和营销行为的伤害。
- 有权影响产品和营销活动，使它们能够改善消费者的“生活品质”。
- 有权以保护未来消费者利益的方式，进行当前的消费。

消费者保护主义者和由政府制定的消费者保护法案依据上述各项权利，进一步提出更详细的建议。关于知晓权的建议包括：了解贷款的真实利率（借款的真实信息）；产品的真实价格（单价）；产品的基本成分（营养含量信息）；产品的真实利益（真实的广告）。关于消费者保护的提议包括：强化消费者的权利，以免受到商业欺诈；要求更高的产品安全性；确保信息隐私；增强政府机构的保护能力。关于生活品质的建议包括：控制某些产品的成分和包装；减少广告干扰的程度。关于保护未来消费者利益的提议包括：促进使用可持续的原材料；循环利用和减少固体垃圾；管理能源消费。

可持续市场营销不仅有赖于消费者，也需要企业和政府承担责任。消费者有权利也有责任保护自己，而不是将这一责任交给政府或他人。当消费者认为自己遭遇某项不公平交易时，可以采取几种补救方法，包括联系公司和大众媒体，联系联邦、州或地方政府机构，以及向小额赔偿法庭投诉。消费者还应该做出谨慎的购买选择，回报那些承担责任的公司、惩罚不这样做的企业。最终，消费者自己决定是否放弃不负责任的消费，转向可持续消费。

环境保护主义

消费者保护主义关注的是市场营销系统是否有效地满足消费者的欲望，环境保护主义则关注市场营销活动对环境的影响，以及向消费者提供服务所需的环境成本。**环境保护主义**（environmentalism）是一场由公民、企业和政府机构为保护和改善人们当前和未来生存环境所组织的运动。

环境保护主义者并不反对营销和消费，他们只是希望人们和组织更多地关心自己的行为对环境的影响。“实现社会福利的途径并不是一味减少消费，”可持续发展的倡导者、联合利华的 CEO 鲍尔·波尔曼说道，“而是要负责任地消费。”[16] 市场营销系统的目标不应该是消费、消费者选择和消费者满意最大化，而应该是生活品质的最优化。“生活品质”不仅意味着消费者产品和服务的数量和质量，还体现为生活环境的质量。环境保护主义者希望，生产者和消费者在制定决策时，都要考虑当前和未来的环境成本。

环境保护主义关心全球气候变暖、掠夺式的资源开采、森林乱砍滥伐、酸雨、有毒废弃物以及乱扔垃圾对生态系统造成的毁坏，新鲜水资源的供给，以及其他问题。还关心休闲娱乐区的消失以及由于空气污染、水污染和经过化学处理的食品所引起的健康问题。

过去数十年，这些关注导致联邦和州政府颁布了许多法律法规监管工商活动对环境的不利影响。一些公司对政府的环境监管表示不满，甚至有抵触情绪，声称自己被迫承担高额成本，以致失去竞争力。一些公司只是为了敷衍消费者对环境的关注，只求自己的所作所为不会引发政府的新监管措施，或者不惹怒环境保护主义者。

但是，近年来，大多数公司接受了不破坏环境的责任。它们从保护转向防范，从受到法律规制的约束不得已而为之转向主动承担责任。越来越多的公司正在实施**环境可持续发展**（environmental sustainability）政策。简而言之，环境可持续发展既能帮助拯救地球，又能产生利润。环境可持续发展是重要而艰难的社会目标。如今，明智的公司正在采取更为积极的行动，不是因为他人迫使它们这样做，或者出于对短期利润的追求，而是因为它们认识到，这是一件正确的事情——对顾客、公司和地球的未来有利。例如，消费者产品巨头联合利华成功地确立其环境可持续发展的使命——致力于"创造可持续的生活"。

公司可以运用图 20－2 中的矩阵，判断自己在环境可持续发展方面取得的进展。它既包括对企业和环境产生短期回报的内外部"绿色"行动，也包括带来长期回报的"超越绿色"行为。

	今天：绿色	明天：超越绿色
内部	防止污染 在污染发生之前就予以消除和减少	新的环保技术 开发新的环保技术和能力
外部	产品影响 在整个产品生命周期中使环境影响最小化	可持续发展愿景 为未来可持续发展制定战略框架

图 20－2　可持续发展的环境保护主义

在最基本的层次上，公司可以实施"防止污染"的战略，这不仅仅涉及污染治理——在废弃物产生后再清理它们，而且意味着在废弃物产生之前就予以消除或使之最小化。重视预防的公司推行内部"绿色营销"计划——设计和开发对生态环境无害的产品，采用可循环利用、可降解的包装材料，更有效地控制污染，以及更节能地运作。

例如，在创造新产品方面，运动鞋和服装生产商阿迪达斯在投产之前会考虑对环境的影响。这导致低浪费的鞋和服装，比如 Element Soul 鞋子，在性能和可持续性发展两方面都提供了显著的利益。凭借其简化的设计——只有 12 个零部件取代了以往的 50 个——轻巧的鞋子使运动员奔跑时更加自然，同时也在生产中减少了废料以及对原材料和能源的使用。阿迪达斯还在更广阔的范围内为产品设计和制造建立了限制物质清单：不用 PVC，不用濒危物种做原材料，逐步减少不可再生资源的使用。阿迪达斯还确立了雄心勃勃的内部目标，在运营中降低温室气体排放和能源、水及纸张的消耗。它在全球门店组建了绿色团队，在内部促进阿迪达斯的环境项目，敦促同事们"绿色思维"，例如减少需要填埋的办公垃圾。[17]

在更高的层次上，公司可以执行"产品环保责任制"——不仅使生产和产品设计中产生的污染最小，而且将产品在整个生命周期内对环境的不利影响降到最低，并持续降低成本。许多公司正采用"环保化设计"（design for environment，DFE）和"从摇篮到摇篮"（cradle-to-cradle）的做法。在设计阶段就未雨绸缪，设计在使用后更容易回收、再利用和循环使用，或者安全返回自然成为生态循环一部分的产品。"环保化设计"和"从摇篮到摇篮"的做法不仅有利于保护环境，而且提高了公司的获利能力。

例如，IBM 10 多年前开始一项新业务——IBM 全球资产续用服务（Global Asset Recovery Services）——专门拆卸电脑主机和其他设备，回收或恢复里面的器件，进行再利用和循环使用。去年，IBM 在世界范围内加工了超过 5 430 万磅报废产品和产品废料、从旧设备上拆卸的芯片以及有价值的金属。自 2002 年以来，IBM 处理了 10.9 亿磅机器、零部件和物料。IBM 全球资产续用服务为 99% 的回收产品找到用途，只有不到 1% 的部分进行填埋或焚化处理。IBM 全球资产续用服务最初只是一种保护环境的努力，如今已经成长为 IBM 一项价值数十亿美元的重要业务，在全球 22 个地方循环使用电子设备并盈利。[18]

当今的“绿色”行动重视改善公司已经为保护环境所采取的措施。图 20－2 中指出的“超越绿色”行动则面向未来。首先，公司内部可以开发新的清洁技术。许多在可持续发展上有长足进步的组织仍然受到现有技术的限制。为实施全面可持续发展战略，它们需要开发新技术。

例如，可口可乐保证到 2020 年，回收再利用和循环使用其在世界各地使用的包装。它还承诺大幅减少对环境的影响。为实现这些目标，该公司大量投资于处理诸如循环使用、资源利用和分销等诸多环境问题的清洁型新技术。[19]

首先，为解决其塑料瓶导致的固体垃圾问题，可口可乐斥巨资建立了世界上最大、最先进的塑料瓶再生循环利用工厂。为了寻找更加彻底的解决办法，公司正在研究和测试用铝、玉米或生态塑料制成的新瓶子。它一直在逐步用含有 30% 植物类物料的植物瓶取代塑料瓶包装。而且，该公司正在设计更加环保的分销方案。当前，大约 1 000 万台售货机和冰箱不仅消耗大量能源，还采用产生温室气体的氟利昂冷藏可乐。为了消除这样做对环境的不利影响，公司已经安装了 140 万台节能达 30%～40% 的无氟利昂新型冷藏柜。可口可乐公司甚至还开发了一条“eKOCool”太阳能冷藏柜产品线，不仅节约能源，而且在印度这类新兴经济体的农村也可以使用，传统能源在那里往往不可靠。公司现在可以做到近 100% 的“水平衡”，向社区和大自然补偿其装瓶厂在生产可口可乐饮料过程中取用的新鲜水。

其次，公司应该确立可持续发展的愿景，作为未来行动的指南。这种愿景指出公司的产品和服务、生产工艺和政策应该如何发展，以及开发什么新技术。这种可持续发展的愿景为公司提供可遵循的框架进行污染控制、承担产品责任和开发新环保技术。

大多数公司如今都很重视图 20－2 中矩阵的左上象限，大量投资于防止污染的行动。而一些高瞻远瞩的公司则履行产品环保责任，并开发新的环保技术。但是，仅仅重视环境可持续发展矩阵中的一两个象限，会显得鼠目寸光。比如，仅仅投资于矩阵左半部的公司目前可能有一个好位置，但将来很可能不堪一击；只对右半部给予特别关注的公司虽然有很好的环境愿景，但缺乏实现该愿景所需的技术。因此，公司对环境可持续发展的所有四个象限都应给予充分的重视。

例如，北面公司就是通过自身环境可持续发展的举措及其对供应商行为的影响这样做的[20]：

北面在加利福尼亚州阿拉梅达市的新总部大厦，完全采用了太阳能板和风力发电，产生的电能供应大厦绰绰有余。该建筑运用了蒸发制冷系统，避免使用排放量大的冷却剂。公司其他区域的总部和分销中心也安装了太阳能或节水装置。在制造方面，北面与供应商紧密合作实现其使用聚酯纤维的目标——占到其 80% 的产品线——来自完全回收再利用的材料。北面还与供应商合作，在各自的工厂里减少浪费和降低对化学材料、水及能源的消耗。2010 年以来，北面的供应商已经从制造过程中减少使用 100 多辆液罐车的化学物，节约超过 230 个奥林匹克游泳池的用水量。

另外，北面全身心投入激励顾客减少如今快时尚潮流导致的浪费。公司对服装和装备承诺终身担保，每年回收和修理超过 80 000 件产品。北面还开展了一个名为“征集旧衣”的项目，向顾客收集任何品牌的破损或不想要了的二手服装用于回收再利用或翻新。所有投入其回收箱的物品被送到一个循环利用中心，在那里被仔细分类、回收再利用以延长生命周期或作为制造其他产品的原材料。

对北面而言，成为环境可持续发展不仅仅是做正确的事情，还能带来很好的业务发展。效率更高的运营和浪费更少的产品不仅对环境有利，也为公司节约了成本，帮助公司为顾客递送更多的价值。这是一个多赢的情况。“北面的核心是激发户外探险和环境保护的全球运动，”北面的总裁说道，“我们相信企业的成功最终与有一个健康的地球密不可分。”[21]

规范市场营销的公众行动

环境保护主义向市场营销实践提出一些特殊的挑战。我们在第 3 章中已经列举了许多与营销相关的法律法规，问题在于如何将这些法律法规转化为营销经理在制定关于顾客关系、产品、定价、促销和分销渠道等各项决策时能够理解的语言。图 20－3 说明了营销经理所面对的主要法律问题。

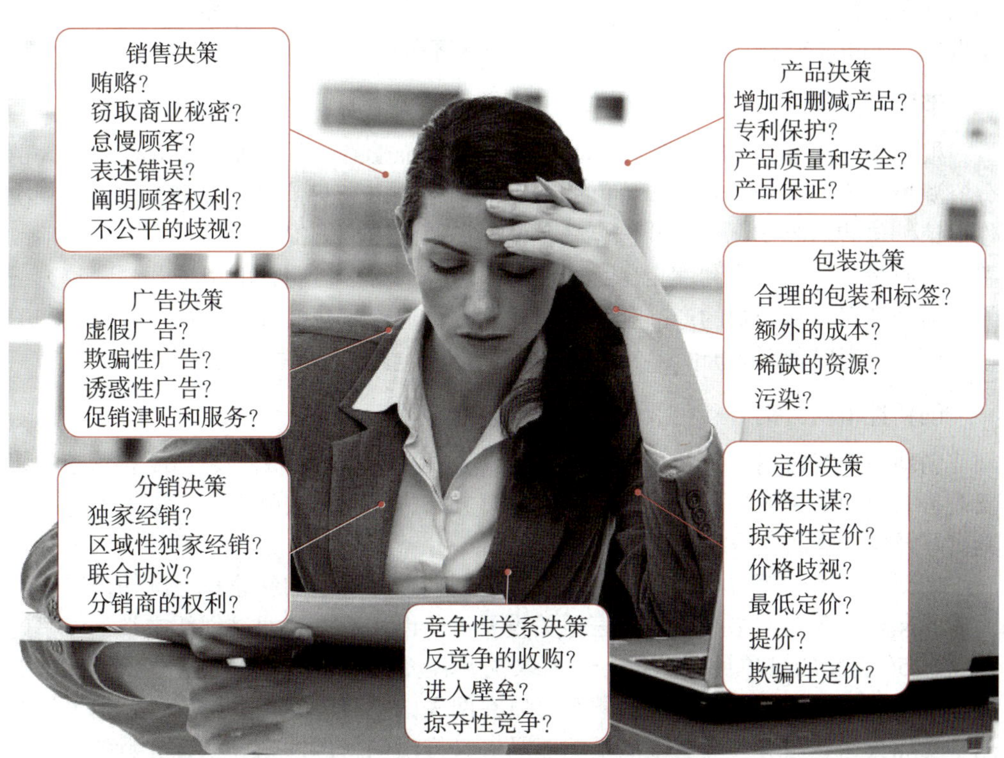

图 20－3　可能产生法律问题的主要市场营销决策领域

照片资料来源：Wavebreakmedia/Shutterstock.

20.4 可持续市场营销的企业行为

最初，许多公司反对消费者保护主义、环境保护主义和可持续市场营销的其他要素。它们认为，人们对营销的批评是不公平和不重要的。但是时至今日，越来越多的公司已经开始接受新的消费者权利，至少在原则上如此。它们也许反对某部法案中的个别条款，认为这不是解决消费者问题的恰当方式，但是它们也承认消费者的确拥有知情权和受到保护的权利。许多公司已经积极响应，将可持续市场营销作为一种创造即时和未来的顾客价值、强化顾客关系的手段。

可持续市场营销的原则

可持续市场营销观念认为，企业的市场营销应该支持市场营销系统长期的可持续发展。可持续市场营销包括五条指导原则：消费者导向的市场营销、消费者价值市场营销、创新性市场营销、使命感市场营销以及社会营销。

消费者导向的市场营销

消费者导向的市场营销（consumer-oriented marketing）是指公司应该从消费者的视角看待和组织市场营销活动。它应该努力地感受、服务和满足特定消费者的需要——现在的和未来的。我们在本书中讨论过的所有优秀的市场营销者都有一个共同点：对向精心挑选的顾客递送卓越价值充满激情。只有通过顾客的眼睛来看待这个世界，公司才能够建立持久的和可盈利的顾客关系。

消费者价值市场营销

根据**消费者价值市场营销**（customer value marketing）原则，公司应该将大部分资源投入为顾客创造和递送价值的营销活动中。市场营销者的许多工作——一次性促销、包装的改变、直复广告等——也许在短期内能够提高销售，但与切实地改善产品质量、特色或便利性相比，增加的价值要少得多。明智的市场营销者致力于不断提升消费者从公司的产品和服务中得到的价值，来建立长期的消费者忠诚和关系。通过为消费者创造价值，公司反过来也可以从消费者那里获得回报。

创新性市场营销

创新性市场营销（innovative marketing）原则要求公司不断追求产品和营销的切实改善。公司如果忽略更先进的创新性经营方法，终将失去顾客，在竞争中不敌找到更好经营方法的竞争对手。

创新性市场营销者从不停止寻求更好地创造顾客价值的新途径。例如，快速和可靠的递送服务对网络购物者而言至关重要。所以，亚马逊通过创新之举——率先对超过 50 美元的订单免费送货——来取悦顾客。而且，亚马逊并未止步于此。随后推出了亚马逊超级会员服务，顾客可以在两天内免费收到包裹，或者只用少量费用享受隔天送达服务。仍然不满足的亚马逊又推出创新的即刻尊享会员服务，在主要都市中对上万种商品提供超快的当天送达，甚至是一小时送达。它从未停止缩短送货时间的努力，甚至大力投资研发无人机、无人驾驶汽车和机器人。数年来，正是这种坚持不懈的创新——从相关产品推荐、顾客评价和一键下单，到亚马逊市场、Kindle 电子阅读器以及亚马逊云服务——帮助亚马逊强化顾客购物体验，成为网上零售的主导者。

使命感市场营销

使命感市场营销（sense-of-mission marketing）原则意味着，公司应该以广泛的社会视角而非狭隘的产品视角定义自己的使命。当公司明确了自己的社会使命，员工会对自己的工作感觉良好，并有更加清晰的努力方向。品牌如果能够与更广泛的社会使命相联系，将有利于使公司和消费者双方的长期利益最大化。

例如，成功的家具零售商宜家具有极强的使命感——通过"以尽可能多的人们可以接受的低价，提供设计精美、性能优良的家具产品"，为人们创造更美好的日常生活。美国强生公司的旗舰品牌"强生婴儿"（Johnsons Baby）以致力于理解婴儿极其特殊的营养需要为使命，继而运用专长为父母提供安全有效的婴儿护理产品。公司最近推出名为"我们的承诺"的广告和社交媒体运动，向父母保证："我们郑重承诺承担责任，始终运用我们的知识和研究带给您安全、创新的产品，践行我们纯净、温存和柔和的承诺。"在第一则《我们的承诺》（Our Promise）视频中，强生的员工恳切地说道："我们与你们一样也是父母。我们将始终倾听并与你们在一起。特此承诺。"使命感营销使强生婴儿品牌成为世界领先的婴儿护理品牌，在全球市场占到近 25% 的份额。[22]

一些公司以广泛的社会视角定义公司使命。例如，TOMS 通过"买一捐一"模式追求盈利和使世界更美好的双重目标。在 TOMS，"做好事"和"做得好"相辅相成。为实现改变社会的使命，TOMS 必须挣钱。同时，该品牌的社会使命让顾客有更充分的理由购买它的产品。

但是，追求社会责任和利润双重目标绝非一件容易的事情。数年来，诸如本杰瑞、天伯伦以及美体小铺等公司都因"将责任置于利润之上"而享有盛誉、受到尊敬，却也时常为理想的财务回报而苦恼。但是，近年来涌现出新一代的社会创业者，这些受过良好培训的企业管理者知道，要"做好事"，必须首先"使企业盈利"。

而且，如今有社会责任的企业不再仅仅是小型社会良知的创业者独享。许多大型企业和品牌——从沃尔玛和耐克到星巴克、可口可乐和 CVS 健康——纷纷承担社会和环境责任的使命。目的驱动的使命非但没有与收入和利润冲突，而且可以促进收益和利润。例如，使命感营销以及为顾客做好事帮助 CVS 健康成为全美最大的保健公司（参见"营销实例"）。

营销实例　CVS 健康：平衡目标与利润

2014 年，CVS 作出了一个大胆的决定：停止出售香烟和其他烟草产品。这是一个充满风险的决定。尽管赢得了来自健康倡导者和政府官员的高度赞誉，但这一停售决定立刻导致公司损失高达 20 亿美元的烟草及相关产品销售额，并有可能使在 CVS 顾客中占很大比例的烟民转投沃格林斯、来德爱、沃尔玛或家乐氏等竞争者的怀抱，它们都还继续出售香烟。

但是对 CVS 而言，停售香烟可不是一个盲目的决定。CVS 坚信一条重要的使命："我们遍布全国的门店就在你身边，一天数百万次帮助人们追求更健康的生活。"出售香烟与帮助人们追求更健康的生活岂不是背道而驰？所以，CVS 毅然决定将全部烟草产品下架。公司宣布："CVS 不再出售烟草产品。这是正确的决定。"

停售烟草产品是 CVS 发展历程中的里程碑，立刻引发各大媒体高度关注。但是，禁烟只是其向由社会责任目标驱动的企业彻底转型的举措之一。在"帮助人们追求更健康的生活"使命的指导下，CVS 经历了从传统的"街边药店"到"多领域保健公司"长达 10 年的转变。实际上，CVS 不再仅将自己视为一家零售药店，而是一家药房创新公司。公司说，"我们创新药房，在为人们提供的独特健康体验和更好的健康护理环境中发挥更加积极的支持作用。"

为了实现这一目标，CVS 在停售烟草的同时，将名称从 CVS Caremark 改为 CVS 健康。为了真正遵循使命和与新名称相配，CVS 健康如今提供"帮助人们追求更健康的生活"所需的各种产品和服务。当然，一切以 CVS 健康 9 600 家零售药房网络为基础，正是这一庞大的网络出售种类繁多的处方和非处方药品、个人护理产品、保健和美容辅助产品以及一般商品。CVS 药房处理处方药的数量比其他任何药店连锁企业都要多，处方药占到该连锁零售商总销售的 71%。其中 1 100 多家 CVS 门店还开设了 CVS 快捷诊所，由专业人士诊治轻症患者的健康问题、接种疫苗和提供一些无须事先预约的护理。

CVS 健康对其"帮助人们追求更健康的生活"之使命的追求超越了零售药房业务。例如，公司的 CVS Caremark 分部提供药品福利管理（PBM）服务，帮助大公司和保险公司管理它们的处方药项目。CVS Caremark 帮助客户管理成本的同时，为 7 500 万 Caremark 成员改善健康状况。CVS 健康最近收购了为居家患者提供家庭输液服务的 Coram，以及向护理员和老年公寓提供处方药的分销商 Omnicare。CVS 健康还不断扩大顾客联系活动的范围，包括针对顾客的慢性病和特殊健康条件提供定制化的店内或电话咨询。总之，CVS 健康如今更愿意将自己视为健康护理的一站式购物之地。

除了以上这些产品和服务，CVS 健康还通过研究、消费者外展服务和教育、支持与健康相关的项目和组织，在保健管理领域发挥积极作用。例如，它与各种组织合作，努力在美国控烟；与美国癌症协会和国家城市联盟合作，游说禁烟立法；与美国儿科医学会、让孩子远离烟草运动以及教育公司合作，开展与禁烟相关的教育。

CVS 健康最近斥资 5 000 万美元开展了一场为期 5 年的"成为第一"运动，与美国健康组织和青年团体合作，通过教育、倡议、控烟和健康行为项目来反对吸烟。"我们正处于全国努力结束烟草泛滥的紧要关头……烟草威胁我们下一代的健康和福利，"CVS 健康的首席医药官说，"我们与公共健康领域的专家合作……为造就远离烟草的下一代而努力。"

那么，CVS 健康的使命感营销效果究竟如何呢？2014 年公司停售烟草产品之后，有趣的事情发生了。尽管网点销售当年下降，总体收入却增加了近 10%。在随后的 2015 年，收入又增加了 10%。显然，因停售烟草产品造成的收入损失已经由新收入来源抵消，包括那些由停售烟草决策吸引而来的新顾客。

听起来有些奇怪，连烟民本身也成为新销售收入的来源。事实表明，70% 的烟民希望戒烟。CVS 在将烟草下架的同时，推出了"让我们一起戒烟"的辅助项目帮助烟民克服不良习惯，并为此创办了一个信息丰富的配套网站，提供建议和其他资源。在店内，原来摆满香烟的区域如今陈列督促消费者的标语："我们戒烟了。咨询训练有素的药剂师或快捷诊所里的护士，他们会帮助你戒烟。"CVS 健康如今已经成为追求戒烟产品和服务的人们青睐的首选零售商。第一年年底，CVS 戒烟产品的处方量就增加了 63%，而 CVS 戒烟网站的访问量达到近 100 万次。

但是，也许更重要的是，CVS 停售烟草产品的决策使之声名鹊起，一方面赢得了更多不吸烟的消费者，另一方面也带来了更多 PBM 合伙伙伴和客户。尽管很难判断这些来源的具体获益，但是将烟草产品下架之后几个月内，CVS 的药品福利服务创造的收入就增加了 12%，公司 PBM 业务赢得了价值 110 亿美元的新合约。

戒烟的决策还为 CVS 带来了另一个重要机会。CVS 停售烟草大约一年之后，塔吉特寻找合作伙伴收购和经营其店内 1 700 家药房，CVS 自然成为不二之选。塔吉特在 10 年之前就停止出售香烟和烟草产品了。CVS 的新形象和使命感战略与具有类似"拒绝烟草"理念的塔吉特及其顾客完美吻合。于是，CVS 健康坚持"帮助人们追求更健康的生活"的使命所取得的收获远远超过销售收益和利润。事实证明，做好事与多挣钱并不矛盾。CVS 健康雄心勃勃的使命并没有阻碍销售，而是推动企业实现新的增长和利润。CVS 健康如今不再只是"街角的药店"，而是发展为 1 530 亿美元的保健巨头，在《财富》500 强中位列第 10，是美国最大的保健类公司。CVS 健康目前 85% 的收入来自保健。

关于戒烟的决策，"我想不到还有哪家美国公司会牺牲 20 亿美元的收入去做自己觉得应该做的好事。"CVS 的首席营销官说。"这真是个绝妙的决策，已经得到多方面的证实。"他补充道，对 CVS 健康来说，成功意味着"以为企业创造经济价值的方式，每天为人们做正确的事情"。

资料来源：Bruce Japsen, " CVS Kicks In Another $50 Million for Anti-Tobacco Push, " *Forbes*, March 10, 2016, www.forbes.com/sites/brucejapsen/2016/03/10/cvs-kicks-in-another-50m-to-anti-tobacco-push/#41c6eb5f11f3; Phil Wahba, " She Thanks You for Not Smoking, " *Fortune*, September 11, 2015, fortune.com/2015/09/11/cvshealth-helena-foulkes/; " Golden Halo Winner (Business): CVS Health, " *Adweek*, May 25, 2015, www.adweek.com/print/164911; Kristina Monllos, " CVS Health's Marketing Chief on Turning the Pharmacy Brand into a Healthcare Player, " *Adweek*, March 28, 2016, www.adweek.com/print/170437; and information from cvshealth.com/about/factsand-company-information, http://investors.cvshealth.com, and https://cvshealth.com/about/purpose-statement, accessed October, 2016.

社会营销

按照**社会营销**（societal marketing）原则，公司制定市场营销决策时，必须考虑消费者的欲望、公司的要求、消费者和社会的长期利益。公司应该明白，忽视消费者和社会长期利益最终会给消费者和社会造成损害。明智的公司将社会问题视为市场机会。

可持续市场营销要求公司，不仅提供使人感到愉悦的产品，而且生产能为消费者和社会带来利益的产品。图 20－4 清楚地表明了它们的差别。实际上，产品可以根据即刻满足和消费者的长期利益两个维度进行分类。

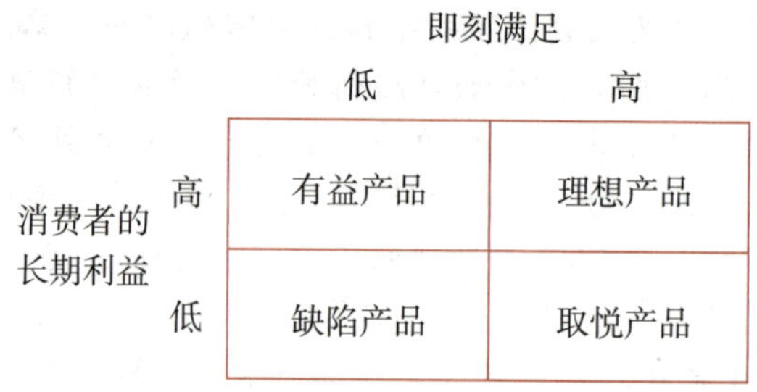

图 20－4　产品的社会分类

缺陷产品（deficient products），如难吃且无效的药品，既没有即时的吸引力，也没有长期的利益。**取悦产品**（pleasing products）能带来高度的即刻满足，但从长期看却可能损害消费者，包括香烟和垃圾食品。**有益产品**（salutary products）当前的吸引力很小，但从长期看对消费者有利，例如自行车头盔或者保险产品。**理想产品**（desirable products）既能够提供高度的即刻满足，又能够产生长期利益，例如味美又有营养的早餐食品。

公司应该尽力使所有产品都转变为理想产品。取悦产品存在的问题是，虽然目前畅销，但最终可能损害消费者的利益。因此，此类产品的出路在于，不降低其讨人喜欢的品质的同时，增加产品的长期利益。对有益产品而言，挑战是应该增加一些令人愉快的品质特征，使其符合消费者的预期。

例如，家庭和个人清洁产品品牌 Method 以帮助人们"去除污秽"为使命。许多有效的家庭清洁产品含有化学甚至有毒成分，可能有害于使用者健康和环境。Method 产品采用天然配方，使用有机和无毒成分。该品牌声称"我们偏爱来自植物而非化学工厂的成分"。Method 还采用可回收和可再生的包装，与供应商合作减少产品生产过程中的碳排放。Method 使用诸如风力发电和太阳能等可再生能源维持其在芝加哥的制造厂的运营。总之，公司声称："Method 清洁产品去除污渍，但不伤害人类、生物和地球。"正如 Method 的共同创立者和"首席绿色监督官"所言："在创造产品时，优美的设计和环境责任同等重要，我们不应该在产品性能和可持续性上顾此失彼。"

20.5　市场营销道德与可持续发展的公司

市场营销道德

良好的道德是可持续市场营销的基石。长期而言，不道德的市场营销会损害顾客和整个社会的利益，最终毁掉企业的声誉和销售，危及企业的生存。于是，满足长期消费者利益和企业福利的可持续市场营销目标，只有通过有道德的市场营销行为来实现。

市场营销者面对许多道德困境，常常不清楚怎样处理才最好。并非所有的管理者都具有很强的道德责任感，公司需要制定营销道德准则——组织中的每位成员都必须遵守的一般原则。这些准则应该包括分销商关系、广告标准、顾客服务、定价、产品研发和一般的道德准则等。

即使最好的道德指南，也不可能解决市场营销人员面对的所有道德困境。表 20－1 列举了一些市场营销人员在职业生涯中可能面对的道德难题。假如市场营销人员在所有这些情况下，都选择立刻达成销售的行为，他们的营销行为很可能被视为不道德的。如果完全拒绝这些行为，他们作为市场营销管理者又可能没有工作成效，并且会因为持续的道德压力而不愉快。管理人员需要一套指导原则，以帮助他们评估每一种情况的道德重要性，并决定如何把握道德水准。

但是，在道德和社会责任问题上，应该以什么原则指导公司及其市场营销经理呢？一种观点是，这类问题应该由自由市场和法律制度来决定。在这一观点下，公司及其管理者不承担道德判断的责任。公司可以问心无愧地做市场和法律允许的任何事情。然而，历史上，公司行为合法但极不负责任的例子很多。

另一种观点没有将责任置于制度之上，而是将其交到公司及其管理者手中。这种更加明智的观点指出，公司应该具有“社会良知”。公司及其管理者在制定决策时，应该以较高的伦理和道德标准要求自己，而不是仅仅按“制度允许的”行事。

表 20－1　市场营销的道德困境

1. 研发部门只是稍微改变了产品，并非真正实现“新的和改良的”产品。但是，你知道将这句话放到包装上和广告中会增加销售。你该怎么做？
2. 有人提议在产品线中增加一个简单的型号，再通过广告将顾客吸引到商店中。该产品不是很好，但是销售人员可以借此机会劝说购买者转而购买价格更高的其他产品。你被要求批准这一简单型号。你该怎么做？
3. 你正在考虑雇用一位产品经理，他刚刚离开竞争者的公司，并且很乐意告诉你竞争者下年的所有计划。你该怎么做？
4. 一位重要区域的经销商最近遇到了一些家庭问题，导致其销售业绩下滑。看起来处理家庭问题还会耗费他一段时间和精力，而你正失去许多销售机会。从法律上说，你可以根据业绩标准终止该经销商的特许权并取代他。你该怎么做？
5. 你有机会赢得一位对你和公司都很重要的大客户。采购代理暗示“礼物”会影响其决策。你的助理建议送一台高档大屏幕高清电视机到客户家中。你该怎么做？
6. 你听说一位竞争者的产品具有一种能够使其销售遥遥领先的新特点。年度展销时，该竞争者将召开经销商会议秘密展示这一特点。你很容易派人混入会议，获悉这一新特点。你该怎么做？
7. 你必须在广告公司提出的三种广告运动方案中作出选择。a 是一种软性销售方式，提供真诚和坦白的信息；b 运用大量的性诉求，并夸大产品的利益；c 采用吵闹的挑逗性广告，一定会吸引观众注意。初步测试表明，这些广告运动方案的效果依次为：c，b，a。你该怎么做？
8. 你正面试一位应聘销售岗位的能干的女性。她比你面试过的男性求职者条件更好。然而，你知道本行业中的一些重要客户更愿意与男性销售人员打交道，如果雇用她，你将损失一些销售额。你该怎么做？

公司及其市场营销管理者必须明确一种具有社会责任和道德的行为哲学。在社会营销观念下，每位管理者不仅要遵守法律的规定，更要建立基于个人诚实、公司良知以及消费者长期福利的标准。

以公开和公正的方式处理道德和社会责任问题有助于在诚实和信任的基础上建立稳固的顾客关系。例如，美国庄臣公司（SC Johnson）是诸如 Pledge、Shout、

Windex、Ziploc 和莎伦保鲜膜（Saran Wrap）等众多家居用品品牌的制造商。庄臣公司坚信“真诚是我们 DNA 的一部分。从 1886 年以来就深深融合在我们家族之中”。基于这种信仰，该公司有着行善事的悠久传统，即使牺牲销售也在所不惜。仅举关于长期的市场领导者，也是庄臣最知名和优秀的品牌之一——莎伦保鲜膜一例，就可管中窥豹。[23]

> 50 多年来，莎伦保鲜膜一直采用聚偏二氯乙烯（PVDC），正是这种材料使得其保鲜膜具有非常突出的特征——极强的密封性和出众的微波炉安全测试结果。如果没有 PVDC，莎伦保鲜膜并不会比 Glad 和雷诺兹（Reynolds）的同类产品更好，这两家的保鲜膜不含 PVDC。2000 年代早期，管理当局、环保组织和消费者开始表现出对含氯材料的担心，尤其是聚氯乙烯（PVC）。实际上，庄臣根据自己名为“绿色名单”（Greenlist）的测试流程分析——根据对环境和人类健康的影响严格测试和评估产品——发现 PVC 的危险性后，立刻承诺在产品和包装中不再使用这种原料。
>
> 不久，庄臣更进一步。2004 年，它将 PVDC 也去除了，尽管这种重要的成分尚未遭到质疑和审查。公司开发了不含 PVDC 的新版莎伦保鲜膜，并坦陈产品效果略差。结果，莎伦保鲜膜的市场份额从 2004 年的 18% 不断下滑，如今只有 11%。数年来，即使这类决定有时危及产品销量，却也帮助庄臣赢得和巩固了顾客的信任。“我不后悔做出这个决定，”庄臣的 CEO 说，“尽管代价不菲，但这是应该做的正确的事情，我因此而问心无愧。我们更加坚信自己是什么样的公司，我们希望庄臣代表什么。”

与环境保护主义一样，道德问题对国际市场营销人员提出了特殊的挑战。在不同的国家，企业道德标准和实践存在很大差异。例如，贿赂和回扣对美国公司而言是违法的，有 60 多个国家签署和批准了各种反贿赂和反腐败协议，但在许多国家却是标准的商业惯例。世界银行估计，每年全球发生的贿赂金额总计超过 1 万亿美元。一项研究表明，来自某些国家的公司在新兴市场国家寻求合作时，更加喜欢运用贿赂，其中最喜欢使用贿赂的公司来自印度、俄罗斯；包括塞拉利昂、肯尼亚和也门在内的一些国家则腐败成风；而冰岛、芬兰、新西兰和丹麦等国家的公司较为廉洁。[24] 问题是，公司是否必须降低道德标准，以便在较低标准的国家有效地竞争。回答是，不！公司应该在世界范围内坚守一套统一的道德标准。

许多行业和专业协会已经制定道德准则，而且许多公司正采用这些准则。例如，美国市场营销协会—— 一个由市场营销管理者和学者组成的国际性协会，就制定了一套道德准则，号召市场营销者遵守 [25]：

- 不伤害。这意味着通过在决策中执行高水平的道德标准和遵循所有适用的法律及规范来有意识地避免伤害行为或疏忽。
- 在市场营销系统中培养信任。这意味着追求真诚和公平的交易，提高交换过程的效率，并避免在产品设计、定价、沟通和分销中的欺骗行为。
- 接受道德价值观。这意味着通过坚持诚实、责任、公平、尊重、透明和公民责任等核心价值观来建立关系和加强消费者对营销诚实的信心。

公司还制定方案来指导管理者认识一些重要的道德问题，以及如何恰当地应对。例如，举办实习班和研讨班，成立道德委员会。而且，大多数美国大公司都任命高级道德官员来处理道德事宜，帮助员工解决所面临的道德问题和困境。大多数公司已经制定了自己的道德规范。

谷歌就是一个很好的例子。谷歌的道德规范是它那句众所周知的座右铭“不作恶”得以贯彻的保证。其详细规范的核心信息很简单：谷歌的员工（内部称为谷歌人）必须通过坚守最高可能的商业道德标准来赢得用户的忠诚和信任。谷歌的道德规范要求“为我们的用户提供同等的机会接触信息，尽我们所能满足他们的需要和给予他们最好的产品和服务。也要更广泛地做正确的事情——遵守法律、诚实行动和彼此尊重”。

谷歌要求所有的谷歌人——从董事会成员到新加入的员工——积极履行道德规范——无论是字面上的规定还是蕴涵的精髓，并鼓励同事们也这样做。它敦促员工向管理者、人力资源代表或使用道德热线报告任何违背道德规范的行为。“如果你有疑问或认为你的同事或整个公司未达到我们承诺的标准，不要沉默，”该规范指出，“我们希望——也需要——你的声音”。[26]

但是，书面的准则和道德计划并不能确保实际的道德行为。道德和社会责任要求整个公司的投入，它们必须成为公司整体文化的组成部分。正如谷歌道德规范所说：“要想穷尽我们可能面对的所有道德困境是不可能的。我们依赖彼此优秀的判断力为我们自己和我们的公司坚守高水平的诚信标准。记住……不作恶。如果你发现了不正确的事情，说出来！”

可持续发展的公司

市场营销的基础是这样一种信念，即满足顾客需要和欲望的公司能够兴旺发达。不能满足顾客需要的公司，以及有意或无意伤害当前顾客、社会或未来顾客的公司将衰亡。

一位观察家说道：“可持续发展是日益明显的商业大趋势，犹如电子化和大规模生产一样，将对公司的竞争甚至是生存产生重大影响。”另一位说道：“越来越多地，人们不仅仅根据即期的业绩结果，更依靠他们的行为最终对社会福利的影响来评价公司及其领导者。这一趋势在几年前就初见端倪，只是现在非常明显了。所以，端起可循环使用的杯子盛装的公平贸易咖啡，做好准备应对吧。”[27]

可持续发展的公司是那些以承担社会、环境和道德责任的行为为顾客创造价值的公司。可持续市场营销不仅关注当今顾客的需要和欲望，还要关心未来的顾客，确保企业、股东、员工以及所有人赖以生活的地球的存续和发展。可持续市场营销要求，公司通过为现在和未来的顾客创造价值并因此获得回报，建立盈利性顾客关系。

关键术语

可持续市场营销（sustainable marketing）
消费者保护主义（consumerism）
环境保护主义（environmentalism）
环境可持续发展（environmental sustainability）
消费者导向的市场营销（consumer-oriented marketing）
消费者价值市场营销（customer value marketing）
创新性市场营销（innovative marketing）
使命感市场营销（sense-of-mission marketing）
社会营销（societal marketing）

缺陷产品（deficient products）　　有益产品（salutary products）
取悦产品（pleasing products）　　理想产品（desirable products）

概念讨论

1. 比较市场营销理念、社会营销理念和可持续市场营销理念如何满足消费者和公司的需要。

2. 社会对市场营销的主要批评有哪些？市场营销者如何回应这些批评？

3. 讨论努力推动企业可持续发展的两大重要草根运动。

4. 什么是环境可持续发展？公司应该如何估测自己实现它的举措？

5. 说明市场营销者以负责任和讲道德的方式开展运营，可以采用的可持续发展原则。

案 例

阿迪达斯：有目标的运动服

过去 15 年，作为阿迪达斯集团的 CEO，赫伯特·海纳（Herbert Hainer）成绩斐然。虽然这家全球运动鞋和服装巨头几乎在所有运动领域都建立了自己的领导地位，但海纳真正的传奇却在与篮球、棒球甚至足球关系不大的领域——在他的影响下，阿迪达斯成为可持续发展领域的佼佼者。去年，这家德国运动巨头在“全球 100 家最佳可持续发展公司”排行榜中位列第五。

马拉松，不是短跑

有些公司已经将可持续发展融入企业基因。诸如巴塔哥尼亚、本杰瑞、Method 等公司由一群认为创造履行社会责任的产品、实施可持续发展的公司和业务实践优先于挣钱的人创立。但像联合利华、宝马和阿迪达斯等公司——现在都是可持续发展的领先者——经历了一段时间才认识到，在善待环境和提供更优工作条件的同时，也可以在自己的行业取得财务成功。实际上，这些公司主张，建立在可持续发展实践基础上的精良战略计划使企业取得更好的财务业绩。

阿迪达斯是近 20 年之前才意识到这一点的。1998 年，公司发布了首份正式的环境宣言。随后数年，它对照社会和环境目标考查自己的业绩，并在每一年的年报中披露。2008 年，公司修改了可持续发展战略，使之比以往的更加全面和雄心勃勃。

如今，几乎所有企业都声称要减少自己的碳足迹。阿迪达斯的可持续发展计划为真正希望有所作为的其他企业树立了榜样。简而言之，要在地球及其居民的健康和福利上取得切实成效，就不能只做表面文章。对希望有所作为的公司而言，可持续发展必须深深扎根于组织文化之中。

阿迪达斯将可持续发展融入核心业务的程度，正体现了这样的文化投入。阿迪达斯的可持续发展宣言，将提升自己可持续发展和社会责任的努力比喻为一场马拉松，而非短跑。“这需要准备和设定恰当的节奏，完成长途奔跑既需要动力也需要很强的毅力。而且最重要的是耐力：克服障碍和困难，坚信终点线就在前面。”

前不久，阿迪达斯确立了一套形成其公司文化的核心价值观：业绩、激情、真诚和多样性。如果这些只作为标语停留在公司总部的墙上，则毫无意义。但是在阿迪达斯，这些价值观“促使我们致力于按照社会对一个有责任的公司的期望为准则行动”。这些价值观创造的文化基础，驱动企业“设计对环境有利的产品……减少我们日常运营和供应链对环境的影响……为我们的供应商设定必须达到的工作场所标准……关心我们员工的福利与职业发展……以及对我们运营的社区作出积极贡献”。

可持续发展的4P

为了将这一文化落实到行动上，阿迪达斯坚持4P——不是构成营销组合的4P，而是阿迪达斯构建和评价自己可持续发展目标和业绩的四大支柱——人员（people）、产品（product）、星球（planet）和合作伙伴（partnership）。阿迪达斯称之为“公平行动框架”。

人员。“我们积极影响员工、工厂工人和我们业务所在地的社区居民的生活。”为做到对人们生活产生积极的影响，阿迪达斯要么提供财务支持，要么派出员工担任志愿者，参与数百个社区项目。而且，“人员”支柱在企业做正确事情的过程中提供基本常识。

当印度尼西亚一家服装厂的厂主，由于不能解决与阿迪达斯在经营上存在的分歧，于6个月之后匆忙关闭时，数百位工人面临失业。阿迪达斯没有置之不理，而是确保工人们能够得到妥善照顾。这包括数百万美元的人道援助、介绍工作服务，以及直接支持印度尼西亚政府改善工人的权利。这些努力对阿迪达斯产品制造者的生活有直接和积极的影响。

产品。“我们发现了制造产品的更好方式——主要通过提高效率、增加使用更加可持续的原材料以及创新。”在产品方面有许多具体的目标，例如将产品中使用的颜色减少50%，通过虚拟化减少中间环节的产品样品，在鞋和服装中使用更多的可持续性原材料。公司聚焦这些及其他倡议的效果可以追踪诸如水资源消耗、碳排放和产品被填埋处理的数量等因素的影响。

例如，阿迪达斯的虚拟项目已经在4年间减少了240万件样品的需求。其采购100%“可持续棉花”的创想考虑了用水、土壤的健康和纤维的质量。阿迪达斯提前实现了目标的43%。创新纤维使用的增加，减少了产品洗涤次数，进而节约5 000万升的用水量。

星球。“我们减少自身运营和供应商工厂的环境足迹。”除了产品行动减少环境影响之外，阿迪达斯还针对运营设施和人员行为设定目标。关于这方面的一项重要倡议是公司及其供应商工厂的ISO 4001认证。为促进办公楼、工厂和分销中心向认证的国际标准靠拢，阿迪达斯设定了具体目标并为员工提供特别指导。

例如，公司有减少15%能耗的目标。具体的行动指南包括不用时关闭计算机，离开家和办公室时关灯。为取得减少50%纸张使用的目标，鼓励员工“打印前请三思”和“重复使用”等。目前，阿迪达斯几乎实现了所有既定目标。

合作伙伴。“我们与关键利益相关者互动、与伙伴们协同努力改善我们的行业。”合作伙伴支柱提供方向和激励来寻求与供应商、分销商以及其他正努力实现与阿迪达斯同样的可持续性目标的组织建立关系。这包括与伙伴组织合作帮助它们制定战略，便于它们走上正轨并取得进步。例如，阿迪达斯集团是可持续服装联盟的积极参与者，该联盟是一个致力于制定衡量和追踪整个价值链中的产品的全面环境和社会影响指数的贸易协会。

通过做好事而取得成功

这些仅仅是阿迪达斯将可持续发展落实到行动并取得优异成果的几个例子。阿迪达斯不仅实现了目标，而且因此广受赞誉。最近第五的排名并非其第一次进入全球 100 强排行榜——而是公司第 11 次跻身其中。阿迪达斯还获得专注可持续发展投资的著名投资公司 RobecoSam 评选的黄金级地位和行业领袖大奖。过去 15 年，阿迪达斯一直是道琼斯可持续发展指数成分公司。

尽管阿迪达斯在可持续发展实践中成绩斐然，却仍然存在一个大问题：所做的这些好事都能像许多公司声称的那样，最终转化为卓越的财务业绩吗？许多阿迪达斯的利益相关者对这一问题存疑。海纳担任 CEO 期间，超级明星耐克增长为全球主导地位的企业，阿迪达斯的财务业绩却不那么理想。耐克的收入逐年提高，阿迪达斯却业绩平平，增长乏力。耐克不仅在美国市场超过了阿迪达斯，甚至在阿迪达斯的根据地——欧洲，销售增长率也高于阿迪达斯。耐克甚至在德国公司长期以来始终全球领先的足球领域抢了阿迪达斯的风头。

但是阿迪达斯继续在努力使公司和世界更好的道路上奋勇向前。用海纳自己的话说，“我们并不完美，我们也并不始终正确。但是，我们全力以赴，我们立志在每一件事上展现‘公平行动’的精神。所以让我向你承诺，我们会继续为自己的行为负责。我们会继续将可持续发展融入业务战略。”

资料来源：Margaret Ekblom, “Adidas’s Version of Sustainability Ethics—The World Is Flat,” *Stakeholderorgwed*, April 14, 2016, https://stakeholderorgwed.wordpress.com/2016/04/14/adidas-and-the-4psto-achieving-sustainable-ethics/; “Spotlight on the 2016 Global 100,” *Corporate Knights*, January 20, 2016, www.corporateknights.com/reports/global-100/spotlight-on-the-2016-global-100-14533333/; and information from www .adidas-group.com/en/sustainability/managing-sustainability/general- approach/#/our-sustainability-strategy/and www .adidas-group. com/ en/ sustainability/reporting-policies-and-data/sustainability-reports/, accessed June 2016.

讨论题

1. 尽量多地举例说明阿迪达斯如何应对社会关于营销的批评。
2. 在本章讨论的五大可持续营销原则中，哪一条最适合解释阿迪达斯的做法？
3. 根据产品的社会分类（见图 20–4），分析阿迪达斯的业务。
4. 如果阿迪达斯没有如此重视社会责任，会不会取得更好的财务业绩？请解释。

注 释

请扫描二维码或登录中国人民大学出版社官网 www.crup.com.cn 下载本书注释。

附录　营销计划

营销计划：导论

作为一个营销者，你需要一个优秀的营销计划来为你的品牌、产品或者公司提供指导和工作重点。依靠详细的营销计划，公司可以更有把握地向市场投放新产品或者提高现有产品的销售量。非营利组织也采用营销计划来指导筹款和其他活动。即使是政府机构，也为各种活动制订营销计划，如树立公众的正确营养观念以及刺激地方旅游业的发展。

营销计划的目的与内容

与涉及整个组织的使命、目标、战略和资源分配的总体构思的商业计划不同，营销计划有其更为具体的范围。营销计划用来陈述组织如何以顾客需求为起点，通过具体的营销战略和战术实现其战略目标。营销计划也与组织内部其他部门的计划相联系。若某个营销计划号召每日销售 20 万单位的产品，其生产部门必须调整到相应产量水平；财务部门必须筹集足够的资金；人力资源部门必须招聘和培训所需人员……没有一定水平的组织支持和组织资源，任何营销计划都无法取得成功。

尽管各个公司营销计划的实际长度和格式各有不同，但基本上包含了第 2 章所描述的部分。规模较小的企业可以制订较短或不那么正式的营销计划，而大型公司经常需要非常规范的营销计划。为了有效指导营销计划的实施，计划的每个部分都必须描述得足够详细。有时公司会在内部网上公布营销计划，以方便不同地点的经理和员工对计划的具体内容进行协商，共同改进。

调研的作用

营销计划不是无源之水、无本之木。为了制定一系列成功的战略和行动方案，营销者需要最新的关于环境、竞争和市场细分的信息。评估当前营销环境的第一步往往从分析内部数据开始，然后辅之以针对总体市场、竞争、关键问题，以及外部环境中蕴涵的威胁和机遇等进行调查的营销情报和研究。营销计划一旦开始实施，假如结果无法达到事先设想的那样，营销者应该采用调研技术衡量目标的进展情况并确定需要改进之处。

最后，市场营销者通过营销研究获取关于顾客需要、期望、感知和满意水平的信息。这种对顾客更深刻的理解有助于在充分信息的基础上制定市场细分、目标市场选择、差异化和定位等决策，从而为建立竞争优势奠定基础。因此，营销计划需要列明营销调研开展的内容以及调研结果的运用。

关系的作用

营销计划重点说明公司如何建立和维持盈利性的顾客关系。然而，在制订计划的过程中，营销者必须着重阐明一系列内部和外部关系。首先，营销计划影响到营销人员彼此间以及与其他部门间如何相互配合来为顾客递送价值、创造顾客满意。其次，营销计划也影响到公司将如何与供应商、分销商和战略联盟伙伴打交道以实现计划中所明确的各种目标。最后，营销计划指导公司如何与包括政府监管者、媒体和社区公众在内的其他利益相关群体交往。所有这些关系对组织的成功起到至关重要的作用，所以在制订营销计划时必须把它们纳入考虑范围。

从营销计划到营销实践

公司通常制订年度营销计划，虽然某些计划涵盖的时间可能更长。在执行之前，营销者就早早地开始制订规划，从而为营销调研、详尽分析、管理评价以及跨部门合作留出足够的时间。在行动计划实施后，营销者随时监控结果，将其与计划进行比较，分析差距，并采取必要的纠偏措施。一些营销者制订权变计划，以应对某些特殊情况。环境始终在变化，而且有些变化无法预测，营销者必须对随时更新和调整营销计划有所准备。

为了进行有效的执行和控制，营销计划必须对如何衡量目标的进展做出明确的说明。经理们通常用预算、进度表和绩效标准来监控和评价计划的实施结果。根据预算，他们可以比较在某个星期、月份或其他时间段内的计划支出和实际支出。借助进度表，管理者可以明了任务应该何时结束，以及实际所用的时间。公司运用绩效标准跟踪营销计划的结果，可以检查是否偏离了既定目标，常用的绩效标准包括：市场份额、销售量、产品盈利水平以及顾客满意度。

营销计划实例：冰莹饮料公司

概述

冰莹饮料公司（Chill Beverage Company）计划推出一种名叫 NutriWater 的新型维生素饮用水。虽然瓶装水市场已经步入成熟期，维生素饮用水的需求仍有上涨空间。NutriWater 用口号"期待更多"来传达定位，暗示该品牌可以提供更多的特性和优势。冰莹饮料公司充分利用其现有的经验和在忠诚顾客群中的品牌权益，这些忠诚顾客是饮用冰莹碳酸饮料 Chill Soda 的千禧一代。NutriWater 的目标市场也是千禧一代——偏爱软饮料或高热量含糖饮料的消费者群体。

初步的营销目标是第一年在美国市场实现 3 500 万美元的销售额，争取瓶装水市场 2% 的份额。根据这一市场份额目标，公司预计的第一年销售量可突破 2 000 万瓶，并在最后一个季度达到盈亏平衡。

当前的营销环境

冰莹饮料公司成立于 2010 年，通过向利基市场销售新兴产品而在饮料行业成功立足和发展。公司没有直接挑战诸如可口可乐、百事等已经非常成功的软饮料巨头，而是聚焦行业边缘。其玻璃瓶包装软饮料产品 Chill Soda 有 6 种独特口味，深受市场欢迎。公司旗下现在有数十种饮料口味，许多是该品牌独有的。过去几年，冰莹饮料公司成功地推出了数条新产品线，包括能量饮料、天然果汁饮料和冰茶。自成立以来，公司每年都在增长。最近一年，它实现了 2.3 亿美元的销售收入和 1 860 万美元的净利润。作为未来增长战略的一部分，冰莹饮料公司现在准备进入一个新饮料领域——维生素饮用水。

多年来，美国人消费的碳酸饮料多于其他任何一种瓶装饮料。但是，对健康和糖尿病的担忧已经令苏打水受到冷遇——销售在过去 11 年里直线下降。与此同时，瓶装水的消费进入上升轨道，而且一直没有变缓的迹象。目前美国消费者，每年瓶装水的人均消费量超过 36.5 加仑（碳酸软饮料 42 加仑），每年增加 7%，比 15 年前的消费量翻了一番还要多。这个价值 150 亿美元的市场，美国瓶装水的销售有望在今后 4 年间增长 35%。已经超过牛奶、啤酒和咖啡的消费量。专家预测，瓶装水的销售将在明年超过碳酸软饮料。

行业集中度越来越高，以及新型瓶装水的出现使得市场竞争前所未有地激烈。三家全球公司主导着美国市场。其中，雀巢公司凭借 50 多个全球品牌的产品组合——包括波兰泉（Poland Spring）、雀巢纯生（ Nestlé Pure Life）、箭头（Arrowhead）、鹿园（Deer Park）和冰山（Ice Mountain）等——成为纯净水市场的领头羊。而如果把瓶装水所有的子类别（气泡水、增强水、调味水等）包括在内，可口可乐公司以 22.9% 的市场份额在美国市场领先，雀巢公司以 21.5% 的市场份额在瓶装水市场中位居第二,百事公司以 16.2% 的市场份额紧随其后。

虽然从整体上看，瓶装水行业增长强劲，但是功能水分类市场甚至更加强劲，最近一年增长速度达到 12%。在当前的市场环境中，功能水的繁荣基于对拥有健康意识的消费者所承诺的附加利益，融入了诸如维生素、矿物质（包括电解质）、草本植物以及其他添加物。所以，功能水拥有口味和便利的标准利益，以及生活方式和福祉的额外诉求。大多数功能水口感偏甜且添加香味，与通过补充电解质实现解渴目的的运动饮料不同。

为成功进入这个由大型全球公司主导并包含众多小型竞争对手的维生素饮用水市场，冰莹饮料公司必须根据自己的特点和优势慎重选择目标市场。

市场概述

瓶装水市场产品种类繁多。仅纯净水就分为泉水、净化水、矿物质水和蒸馏水。尽管这些不同种类的水都作为消费者产品销售，但也可以作为其他类型瓶装水的核心成分，包括增强水、调味水、苏打水或这些类别的随意组合。瓶装水作为品类似乎有无限的灵活性。

有些消费者认为不同品牌之间没什么差异，一些消费者却为不同品牌产品的特征和优点所吸引。比如，有的消费者可能认为泉水比其他种类的水更健康，有的消费者喜欢水合作用优化过的水，有的消费者则偏爱含有维生素、矿物质、草药或添加其他成分的水，还有的消费者根据口味做出选择。行业内对瓶装水的定位无外乎软饮料、运动饮料、功能饮料和其他类型饮料的低热量、健康的替代品。

瓶装水品牌还根据规格、包装和是否冷藏而彼此区分。冰莹饮料公司 NutriWater 品牌的目标市场是偏爱健康可口的单人份瓶装饮料的消费者。这里的"健康"意味着低热量和添加营养成分。该市场包括希望增强健康的传统饮料消费者，以及不喜欢普通瓶装水的非软饮料消费者。冰莹饮料公司第一年关注的细分市场具体包括运动员、具有健康意识和社会责任感的人、偏爱独立公司的千禧一代。

Chill Soda 品牌已经在千禧一代中建立起忠诚顾客的稳定基础。随着这一代人逐渐长大，他们在寻找替代高热量软饮料的理想产品，冰莹饮料公司将他们作为首要的目标市场。表 A－1 展示了 NutriWater 将如何满足目标顾客的需求。

表 A－1 NutriWater 的细分市场需求和相应的产品特性 / 优点

目标细分	顾客需求	相应产品特性 / 优点
运动员	• 保湿和补充必要的矿物质 • 提高运动成绩所需要的能量	• 电解质和碳水化合物 • 维生素 B、碳水化合物
健康意识者	• 控制体重 • 优化营养 • 避免有害的化学物质和添加剂 • 比纯净水更美味	• 卡路里是全糖饮料的一半 • 更多的维生素 A、B、C、E 和锌、铬、叶酸；其他产品中没有的维生素 • 纯天然成分 • 6 种新口味
社会责任者	• 支持帮助解决社会问题的事业	• 每出售一瓶就向"维生素天使"组织捐赠 25 美分
千禧一代	• 反感大众传媒广告 / 精通技术 • 非主流文化态度 • 快节奏生活方式的饮食需求	• 非入侵式网络和社交网络促销策略 • 小型私有企业 • 包含每日人体所需的基本维生素和矿物质（电解质）

产品评价

冰莹饮料公司的新产品——NutriWater 维生素饮用水具有以下特点：

- 6 种新口味：桃子芒果、草莓石榴、猕猴桃火龙果、蜜橘、蓝莓葡萄和酸橙。
- 单人份包装，20 盎司，PET 可回收瓶。
- 配方健康、营养和有能量。
- 富含每日人体所需的基本维生素和矿物质（电解质）。
- 更高的维生素含量——维生素含量比市场上现有的领先产品高 2 ～ 10 倍。

- 更多的维生素种类——包括市场现有的领先产品所没有的维生素 A、维生素 E、维生素 B2 和叶酸。
- 纯天然——不含人工香料、色素和防腐剂。
- 使用天然的甜味剂——纯蔗糖和零卡路里的甜叶菊。
- 每出售一瓶，冰莹饮料公司就向旨在保护维生素缺乏症孩子的非营利组织“维生素天使”捐赠 25 美分。

竞争分析

瓶装水市场在 1990 年代进入了一个强劲增长的阶段，产品种类也迅速增加。除了各种纯净水之外，新种类不断涌现，包括加味水——例如纯水乐牌 Flavorsplash——以及功能水。功能水结合了软饮料和纯净水的特点，吸引了虽然知道自己应该少喝软饮料多喝水，但又喜欢软饮料味道的消费者。功能水品牌的发展始于新创企业和精品饮料公司，如 SoBe 和维生素水的发明者 Glaceau。21 世纪初，大部分成功的小品牌纷纷被主要的饮料公司并购，为更大规模的公司在该类别和瓶装水的多样化上提供了坚实的市场优势。得到这些领先的饮料公司的营销专家和预算的支持，功能水的增长速度超过了纯净水。

可口可乐的 Vitaminwater 一度是第四大瓶装水品牌，位列雀巢纯生、可口可乐的 Dasani 和百事的 Aquafina 之后。在大多数品牌维生素强化水中含有少量维生素和大量糖被媒体曝光之后，维生素水的许多品牌销售暂时有所下滑。但可口可乐并未失去阵地，其 Smartwater——Vitaminwater 的原味产品——上升为第四大品牌。目前，功能水销售占到总瓶装水市场约 20%，业内人士预测销售在明年会超过非功能水。

种类繁多，加上市场领导者主导，导致强化水市场竞争异常激烈。尽管存在各类瓶装水甚至其他饮料（软饮料、功能饮料、果汁和茶等）的间接竞争，我们这里只考虑来自领先功能水品牌的直接竞争。功能水品牌要么甜且有香味，要么只有香味，要么无糖也无香味。甜味的功能水通常添加糖和零卡路里的甜味剂，因此虽然有甜味，但糖分、碳水化合物和卡路里的含量只有普通软饮料和甜味饮料的一半。使用的甜味剂种类往往成为品牌的有效差异点。包括市场领导者在内的许多品牌都出售普通的和零卡路里的两类产品。也可能含糖或零卡路里的甜味剂。

不同品牌的强化水在价格上一般没有显著差异，但根据零售店的类型而有所不同，比如便利店的价格要比杂货店高。20 盎司瓶装强化水的价格一般在 1 ～ 1.89 美元之间，一些小众品牌的价格会稍高一些。可口可乐的 Smartwater 是领先的功能水品牌，是一种添加电解质的无味净水。冰莹饮料公司推出的新产品 NutriWater 将主要面临来自有香味和添加强化水品牌的竞争，主要包括：

- Vitaminwater：被称为能量品牌（Energy Brands）的 Glaceau 公司于 2000 年推出 Vitaminwater 品牌，2007 年可口可乐以 41 亿美元收购该公司进军非碳酸饮料市场。Vitaminwater 共有 15 个品种，采用瓶装和盒装两种形式，与市场上其他品牌相比为消费者提供了更多选择。Vitaminwater 有各种不同口味，但根据功能不同命名，例如，Stur-D（强健骨骼）、Defense（加强免疫系统）、Focus（精力集中）和 Restore（运动后的恢复）。该品牌目前的口号是“随时随地补充水分——早晨、中午和夜晚”。Vitaminwater 经过蒸馏、去离子和过滤，并添加结晶果糖（玉米糖浆）和纯天然赤藓糖醇甜味剂。它采用 20 盎司瓶装与盒装两种形式，年销售额超过 11 亿美元，占据 61% 的强化水市场，远远超过其他瓶装水品牌。

● Propel：佳得乐在 2000 年推出 Propel 品牌，仅一年之后百事收购了这个领先的运动饮料生产者。Propel 最初提供普通的零卡路里产品，以“健身水”为特点营销。但是，现在只是作为一种不含热量的饮料。Propel 有 10 种不同的选择，每一种都含有维生素 B、维生素 C、维生素 E、抗氧化剂和电解质，使用三氯蔗糖作为甜味剂。Propel 有 16.9 盎司、20 盎司、24 盎司 3 种规格的 PET 瓶装和多瓶套装形式。该品牌以 1.83 亿美元的年收入和 9% 的市场份额成为第三大功能水品牌。

● SoBe Lifewater：2000 年，百事收购 SoBe 公司。为了应对可口可乐公司的 Vitaminwater，SoBe 于 2008 年通过超级碗广告成功推出 Lifewater 品牌。Lifewater 产品线包括 6 个零热量种类。每个种类都拥有包含维生素、矿物质和草本植物的独特配方，提供不同的利益。Lifewater 不含人工香精和色素，采用优质甜叶菊作为甜味剂，以“纯天然”为主要诉求点。Lifewater 采用 20 盎司的 PET 瓶包装和套装，以 1.44 亿美元的年收入和 7% 的市场份额成为第四大功能水品牌。

● 利基品牌：至少有四家企业在功能水市场上，通过独立零售商在小规模销售商品，如 Assure、Ex Aqua Vitamins、Ayala Herbal Water 和 Skinny Water。有些品牌含有独特的添加剂或采用富有艺术感的玻璃瓶。

虽然竞争很激烈，NutriWater 仍自信可以在目标细分市场中成功地建立品牌形象和获得认可。该品牌的优势是高维生素含量、纯天然成分和对社会事业的支持。冰莹饮料公司相信，凭借其他战略资产的支持，它能够建立起保证 NutriWater 市场增长的竞争优势。

表 A－2 总结了主要的竞争产品。

表 A－2 竞争产品

竞争者	品牌	特性
可口可乐	Vitaminwater	常规水和零卡路里水；15 个品种；每一种口味根据维生素和矿物质的混合配方提供不同的功能；蒸馏、去离子和 / 或过滤；添加结晶果糖和赤藓糖醇作为甜味剂；采用 20 盎司瓶装和盒装形式
百事	SoBe Lifewater	常规水和零卡路里水；15 个品种；6 个功能种类；含有维生素、矿物质和草药；不含人工香料和色素；使用糖和赤藓糖醇作为甜味剂；纯天然；采用 20 盎司瓶装和 1 升盒装形式
百事	Propel	零卡路里；7 种口味；基于“补充＋激发＋保护”的健康定位；含有维生素 B、维生素 C、维生素 E 和抗氧化剂、电解质；规格有 16.9 盎司、20 盎司、24 盎司的瓶装，粉状包，液体浓缩剂
亚利桑那饮料	RESCUE Water	含热量；5 种口味，每种口味有不同的维生素和矿物质配方；添加绿茶；含椰汁成分；Twinlab 品牌维生素；使用高科技塑料瓶

渠道与物流分析

可口可乐公司收购 Vitaminwater 给独立分销系统留下了很大的空间。Nutri-

Water 在美国通过一家独立经销商向零售商网点分销，这种策略不仅可以避免与可口可乐和百事发生正面冲突，而且直接面向 NutriWater 的目标顾客。在推出核心品牌 Chill Soda 之后，冰莹饮料公司为零售专卖店配置专门摆放 NutriWater 的冷藏柜。这些零售商包括：

- 连锁食品杂货店。地区连锁食品杂货店，如中西部的 HyVee、东部的韦格曼斯和西部的 WinCo。
- 健康和天然食品商店。如全食超市连锁店、当地健康食品合作社。
- 健身中心。全国连锁健身中心，如 24 小时健身（24 Hour Fitness）、Gold's Gym 和其他地区性连锁健身中心。

在品牌打开市场之后，渠道将扩展到更大型的连锁店、便利店以及目标顾客消费市场中重要的独立商店。

优势、劣势、机会和威胁分析

NutriWater 虽然具有强大的优势，但其最主要的劣势是缺乏品牌知名度和品牌形象。不断增长的市场和消费趋势给它带来了巨大机会，但来自零售市场的进入壁垒和瓶装水的形象问题也对它造成了威胁。

表 A－3 总结了 NutriWater 的主要优势、劣势、机会和威胁。

表 A－3　NutriWater 主要的优势、劣势、机会和威胁

优势	劣势
• 高品质 • 多种饮料营销专长 • 社会责任 • 非主流形象	• 缺少品牌知名度 • 预算有限
机会	**威胁**
• 不断增长的市场 • 分销网络的缺口 • 追求健康的潮流 • 非主流形象	• 有限的货架空间 • 强化水的形象不佳 • 环境问题

优势

NutriWater 依赖以下优势：

1. 高品质。NutriWater 是强化水种类中维生素含量最高的，达到了 RDA 水平（每日推荐剂量）。它纯天然，不含人工色素、香料和防腐剂，并使用纯蔗糖和纯天然的甜叶菊作为甜味剂。

2. 多种饮料营销的专长。仅仅 10 年间，Chill Soda 从零起步，快速成长为一个拥有忠诚顾客群的软饮料品牌，它的成功源于高度聚焦市场空缺。

3. 社会责任。每一位顾客都能为帮助全球营养不良的儿童做出贡献。虽然 NutriWater 的价格与其他竞争性产品相差不大，但较低的促销成本使它仍然能够在保持盈利能力的同时，承担 25 美分 / 瓶的慈善捐赠。

4. 非主流形象。大品牌拥有优质产品和强大的分销关系，同时也要维持大企业的形象和公司的制度。而冰莹饮料公司却以私企的形象获得了成功。Vitaminwater 和 SoBe 之前也是一样，但它们现在都被大型跨国公司收购了。

劣势

1. 缺少品牌知名度。作为一个全新品牌，NutriWater 进入市场时几乎没有品牌知名度。为了阻断 NutriWater 与软饮料之间的联想，不能突出它与 Chill Soda 的紧密关系。这个问题将会在促销和分销策略中得到解决。

2. 预算有限。作为一个小型公司，冰莹饮料公司可用于促销和研发的资金较少。

机会

1. 不断增长的市场。虽然瓶装水整体市场的增长势头已经在一定程度上减缓，但仍然保持了 3% 的增长速度。在排名前六的饮料之中，软饮料、啤酒、牛奶和果汁都在下滑，咖啡的增长率低于 1%。比瓶装水市场的增长更为重要的是，强化水类别正以接近两位数的速度增长。

2. 分销网络的缺口。市场领导者一般直接向零售商销售，这让它们在大型全国连锁中很有优势。但是，目前主要的强化水品牌都没有通过独立经销商销售。

3. 追求健康的潮流。体重和营养一直是美国消费者关注的热点问题。美国 34% 的肥胖率是发达国家中最高的，超过 60% 的人口超重。这个数字还会继续增长。而且，美国人平均每天所摄取的卡路里有 21% 来自饮料，这一数字在过去 3 年中增加了 2 倍。消费者在仍然热衷于风味饮料的同时，寻求低卡路里的替代品。

4. 非主流形象。千禧一代与 X 一代和“婴儿潮”一代相比，更不喜欢大众营销信息和全球公司。

威胁

1. 有限的货架空间。对于任何商品而言，竞争都是一种威胁，而由于货架空间有限，零售饮料市场的竞争尤为激烈。零售商推出一个新产品就意味着需要减少其他品牌产品的货架或冷藏柜空间。

2. 强化水的形象不佳。强化水最近发生了形象危机，可口可乐公司被美国食品与药品管理局起诉违反规定夸大宣扬维生素的营养价值。这场诉讼曝光了瓶装水第一大品牌实际上只含有很少的营养价值，基本等同于糖水的事实。市场上的主要品牌都增强零卡路里产品线。它们不再在产品标签上宣传健康利益。这既是潜在的威胁，但也是冰莹饮料公司可以利用的机会。

3. 环境问题。环保组织一直向公众强调瓶装水的环境成本，包括垃圾填埋、生产和运输过程中的碳排放和塑料中有害化学物质的影响。

目标和问题

冰莹饮料公司为 NutriWater 进入市场的前两年制定了宏伟的目标。

第一年的目标

冰莹饮料公司计划在 NutriWater 进入市场的第一年，实现占领强化水市场 2%

的份额，或销售额达到约 5 000 万美元的目标，并且在第一年末实现盈亏平衡。以 1.89 美元的零售价计算，要实现该目标，销量需要达到 26 455 026 瓶。

第二年的目标

冰莹饮料公司计划在第二年推出新口味，包括零卡路里品种，并实现销售额翻番，达到 1 亿美元。

问题

在新品牌的推广过程中，最主要的问题是基于对目标顾客非常重要的定位建立品牌知名度和有意义的品牌形象。为实现这一目标，冰莹饮料公司将采取非传统的促销手段，激发口碑营销。而为了保证产品销售和沟通的顺利开展，建立完善的分销商和零售商关系也至关重要。需要测量品牌知名度和认知率，以便在必要时适当调整营销策略。

营销战略

NutriWater 的营销战略涉及建立一个“价格相同但获益更多”的定位，采用市场流行价格，但提供更多利益。该品牌将采用差异化渠道，覆盖主要竞争对手没有开发的市场。其主要的目标市场是千禧一代，该顾客群体由少年（10 ～ 12 岁）、青少年（13 ～ 18 岁）和青年（19 ～ 33 岁）组成。NutriWater 最关注的是青年市场。而青年市场中包含运动员、有健康意识和社会责任的人。

定位

NutriWater 的品牌定位反映了“期待更多”的价值主张。这需要该品牌根据产品特性（期待更多维生素含量和纯天然成分）、令人满意的利益（期待更充足的营养）和价值（为社会事业做贡献）进行差异化。营销活动的重点在于向市场传达这样一种信息：NutriWater 不仅仅是一种饮料，它通过多种形式向消费者提供更多价值。

产品战略

随着品牌知名度的提高和零售渠道的顺畅，NutriWater 将推出更多的品种，例如针对追求健康的消费者推出的零卡路里产品。冰莹饮料公司在品牌建设方面的经验将成为 NutriWater 产品策略不可或缺的部分。营销组合的每个方面都必须与品牌相一致。

定价

各种类别的强化水在价格上差异不大，领导性品牌尤其如此。因此 NutriWater 采取竞争导向的定价策略。考虑到 NutriWater 希望建立优质形象，一定要避免低成本定位。制造商并没有为这类产品制定统一的零售价，而是随着不同的零售类型以及产品是否冷藏等条件而不同。一般来说，20 盎司的瓶装竞争产品在折扣店售价不到 1 美元，便利店售价却高达 1.89 美元。冰莹饮料公司最初并没有将折扣店和便利店作为 NutriWater 的销售渠道，从而可以将价格定在相同终端类似产品平均价格区间的高端。每瓶 NutriWater 在食品杂货连锁店的售价约 1.59 美元，而在健康食品店和健身中心的售价为 1.99 美元。

分销战略

根据渠道和物流分析部分所得到的信息，NutriWater 将采取选择性分销战略，采用知名的区域性零售商、健康和天然食品商店和健身中心。这种分销战略通过独立饮料经销商网络来执行，目前还没有其他重要的强化水品牌采用这种战略。冰莹饮料公司的核心品牌 Chill Soda 就是通过这种战略获得了成功。此外，它还在一些特殊场所——比如溜冰、冲浪和滑雪用品商店，文身店，时装店和音乐商店等目标顾客可能出现的地方——放置带有品牌标识的冷藏柜。同时，该品牌还通过与 Panera、巴诺、塔吉特和星巴克等零售商签约合作来实现品牌扩展。NutriWater 也可以像 Chill Soda 一样，先从小商店做起，逐步扩展到较大的连锁店。但它并没有瞄准 Chill Soda 最初选用的小商店，因为那些网点更适合 Chill Soda 的软饮料品牌定位和目标顾客。

营销沟通战略

与核心品牌 Chill Soda 一样，NutriWater 的营销沟通战略将不会采用以传统大众传播广告为基础的沟通战略，不用广电或者平面广告。NutriWater 的促销资源将集中在三个部分：

- 网络和移动营销：NutriWater 典型的目标顾客在网络上花费的时间远远多于用于传统媒体的时间。因此，该战略的核心是建立官网和移动品牌网站，通过在脸书、Google+ 和推特等社交媒体发送信息吸引消费者访问这些网站。同时，NutriWater 还通过 Foursquare 和脸书提供的基于地点的服务，鼓励消费者惠顾当地的零售店。另外，手机广告运动也对网络营销活动起到支持和促进作用。
- 商业促销。与 Chill Soda 品牌一样，NutriWater 的成功也需要依赖与零售商建立的亲密关系来保证产品的供应。对零售商的激励将包括售点陈列、提供带有品牌标识的冷藏柜、批量折扣和销售竞赛。这些推动型营销战略将与其他拉进型营销策略相结合。
- 事件营销。在滑雪和滑板比赛、高尔夫球赛以及音乐会等活动的现场，安排团队派发 NutriWater 的样品。

营销调研

为了与网上促销保持一致，还需要运用有效到达目标顾客的调研方法，冰莹饮料公司将会监督网上关于产品的讨论。借助这种方式，公司能够估计消费者对于品牌、产品的认知度以及总体满意度。未来为了更好地开发新产品和新分销渠道，需要采用众包的方法。

行动方案

NutriWater 将于 2 月上市销售。下面简要地罗列了为实现既定目标，上半年的行动计划。

1 月。冰莹饮料公司的销售代表将与独立经销商和零售商一起工作，指导它们开展促销运动，并对积极销售 NutriWater 给予激励和奖励。销售代表要确保经销商和零售商已经充分了解产品的特征和优点，以及指导它们如何展示售点促销材料和使用冷藏柜。在品牌网站和其他诸如脸书等社交媒体平台发布产品的上市日期和销售地点等预告信息。为了营造更大的声势，向著名产品评论员、意见领袖、有影响力的博主和名人提供试用产品。

2月。在产品上市当天，必须在零售点放置冷藏柜，进行售点展示。品牌网站和诸如脸书、Google+、推特等社交网站将会进行促销运动。该运动的口号是“期待更多”，表明NutriWater除优质的产品、理想的利益之外，还有其为“维生素天使”组织捐赠帮助营养不良儿童的巨大价值。

3月。为了加强网络营销和社交营销，利用Foursquare和脸书Places应用程序所提供的基于地点的服务，引导消费者找到并惠顾附近的零售网点，及时更新售点陈列和指示。促销运动的信息必须高度聚焦于“期待更多”的各个方面。

4月。开展手机广告推广活动，吸引消费者访问品牌官网及社交网站，提升商店客流。

5月。举办销售竞赛，为4周内卖出最多NutriWater的经销商和零售商提供额外的激励和奖金。

6月。开展事件营销运动，组织NutriWater的销售代表在诸如音乐会和体育赛事等现场进行宣传。这将进一步增强品牌的影响力，并为顾客及潜在消费者提供试用产品的机会。

预算

冰莹饮料公司为NutriWater设定的第一年的销售目标是5 000万美元，也就是说按平均售价1.89美元计，需要销售26 455 026瓶。如果平均批发价每瓶95美分，收益可达2 510万美元。冰莹饮料公司期望在第一年的年末实现盈亏平衡。我们假设每瓶批发价95美分，变动成本22美分，预计第一年的固定成本是1 250万美元。基于这些假设，盈亏平衡量的计算如下：

$$\frac{12\ 500\ 000}{0.95-0.22}=17\ 123\ 287\text{（瓶）}$$

控制

冰莹饮料公司计划对产品质量、品牌意识、品牌形象以及消费者满意度实施严格的监控。这有利于公司及时改正错误，防止可能发生的问题。避免偏离既定计划，还需要监控其他早期预警指标，例如月销售额（根据细分市场和渠道统计）和月支出等。考虑到市场波动，还需要准备权变计划来应对环境的突然变化，比如消费者偏好转移、新产品的出现以及新竞争者的加入等。

资料来源：Hadley Malcolm, “Bottled Water about to Beat Soda as Most Consumed Beverage,” *USA Today*, June 8, 2016, www.usatoday.com/story/money/2016/06/08/americans-cut-calories-drinking-morebottled-water/85554612/; Elizabeth Crawford, “Functional and Sparkling Bottled Water Sales Are ‘Very Hot in the US,’ Analyst Says,” *Food Navigator*-USA, May 23, 2016, www.foodnavigator-usa.com/Manufacturers/Functional-sparking-bottled-water-sales-are-very-hot-in-the-US; “Channel Check,” *Bevnet*, June 2016, p. 26; “2016 State of the Industry: Bottle Water Market Has Potential to Surpass CSDs,” *Beverage Industry*, July 11, 2016, www.bevindustry.com/articles/89424-state-of-the-industrybottled-water-market-has-potential-to-surpass-csds; “U.S. Bottled Water Market Grows by 6.4 Percent in 2015,” *Beverage Industry*, February 26, 2016, www.bevindustry.com/articles/89123-us-bottled-watermarket-grows-64-percent-in-2015; and product and market information obtained from www.sobe.com, www.vitaminwater.com, www.propelwater.com, and www.nestle-waters.com, accessed July 2016.

尊敬的老师：

您好！

为了确保您及时有效地获得培生整体教学资源，请您务必完整填写如下表格，加盖学院的公章后以电子扫描件等形式发我们，我们将会在2～3个工作日内为您处理。

请填写所需教辅的信息：

采用教材			□ 中文版 □ 英文版 □ 双语版
作　者		出版社	
版　次		ISBN	
课程时间	始于　年　月　日	学生人数	
	止于　年　月　日	学生年级	□ 专科 □ 本科 1/2 年级 □ 研究生 □ 本科 3/4 年级

请填写您的个人信息：

学　校			
院系/专业			
姓　名		职　称	□ 助教 □ 讲师 □ 副教授 □ 教授
通信地址/邮编			
手　机		电　话	
传　真			
official email（必填） （eg：×××@ruc. edu. cn）		email （eg：×××@163. com）	
是否愿意接受我们定期的新书讯息通知：　□ 是　□ 否			

系/院主任：________________（签字）

（系 / 院办公室章）

____年____月____日

资源介绍：

——教材、常规教辅资源（PPT、教师手册、题库等）：请访问 www. pearson. com/us/higher-education。（免费）

——MyLabs/Mastering 系列在线平台：适合老师和学生共同使用；访问需要 Access Code。（付费）

地址：北京市东城区北三环东路 36 号环球贸易中心 D 座 1208 室（100013）

Please send this form to：copub. hed@pearson. com

Website：www. pearson. com

教师教学服务说明

中国人民大学出版社管理分社以出版经典、高品质的工商管理、统计、市场营销、人力资源管理、运营管理、物流管理、旅游管理等领域的各层次教材为宗旨。

为了更好地为一线教师服务，近年来管理分社着力建设了一批数字化、立体化的网络教学资源。教师可以通过以下方式获得免费下载教学资源的权限：

在中国人民大学出版社网站 www. crup. com. cn 进行注册，注册后进入“会员中心”，在左侧点击“我的教师认证”，填写相关信息，提交后等待审核。我们将在一个工作日内为您开通相关资源的下载权限。

如您急需教学资源或需要其他帮助，请在工作时间与我们联络：

中国人民大学出版社　管理分社

联系电话：010－82501048，62515782，62515735

电子邮箱：glcbfs@crup. com. cn

通讯地址：北京市海淀区中关村大街甲 59 号文化大厦 1501 室（100872）